「키워드로 푸는 성경」에 대한 격찬

귀납적인 성경 연구를 하는 학생은 저자가 의도한 의미가 하나님의 말씀을 이해하는 데 매우 중요하다는 것을 안다. 이 책은 성경의 저자들이 문맥 속에서 각 책마다 사용한 단어들의 용례와 의미를 이해하고자 애쓰는 사람의 장서로 환영받는 책이다. 앞으로 성경을 연구하는 데 이 귀중한 새 도구를 사용할 생각을 하니 흥분되는 마음을 감출 수가 없다.

– **케이 아더**(Kay Arthur)
협동 설립자/CEO, 국제 프리셉트 사역

「키워드로 푸는 성경」은 학생들과 교회에서 성경을 가르치는 교사들이 신속하게 사용할 수 있는 가장 유용한 참고서가 될 것이다. 우선 건전한 단어 연구의 원리들에 대한 설명이 나온다. 그리고 단어의 의미는 각각 격리된 단어들에서가 아니라 구절, 문장, 문단 가운데 다른 단어들과 함께 사용되는 방식에서 발견된다는 사실에 세밀하게 주목하는 것을 포함하여 각 구절에서의 의미가 제시된다. 더욱이 저자들은 구절들 사이의 연결, 신학적인 이해 및 반성, 그리고 오늘날 사람들의 삶에 성경을 적용하는 데 매우 중요한 신구약 사이의 연결을 명료하게 설명한다.

– **리차드 E. 애버벡**(Richard E. Averbeck)
트리니티 복음주의 신학교, 구약학과 셈족어 담당 교수

나는 이 도구가 지난 25년 간 내 사역에 도움이 되었다면 얼마나 좋았을까 생각한다. 이 「키워드로 푸는 성경」 시리즈는 하나님의 말씀을 진지하게 연구하는 학생과 가르치는 이에게 많은 시간을 절감해 주고, 해석의 많은 오류로부터 보호해줄 것이다. 서론에 실린 개론적인 글은 시리즈에 속한 책 전체에 적용된 용어 분석의 방법을 가르쳐주므로 이것들만으로도 특별한 주목을 받을 가치가 있다. 성경 말씀의 정확한 해석과 선포를 위해서 이 새로운 도구를 적극적으로 추천한다.

– **마크 L. 베일리**(Mark L. Bailey) **박사**
달라스 신학교 총장

「키워드로 푸는 성경」은 성경을 연구하는 사람의 책상 위에 놓여 있어야 한다. 이 책은 책별, 장별, 절별로 정리되어 있어서 사용하기 편하고 실용적이다. 문맥 속에서 핵심단어들에 대한 선택적인 분석은 단어가 속하는 장소, 곧 성경적인 진술들 자체에 초점을 지속적으로 둔다. 이 자료는 진지한 학생과 주해가를 위해서 언어적/주해적인 열쇠와 신학 사전들 사이의 공백을 연결해준다.

– **윌리엄 D. 배릭(William D. Barrick) 박사**

매스터스 신학교, 구약학 교수

성경 단어들의 연구는 과학이며 예술이다. 보크 박사는 이 둘 모두의 대가다. 이 책은 책임 있고 간결한 단어 연구를 신속하게 활용하기 원하는 사역자들과 성경 교사들의 필요를 충족시킨다.

– **대니얼 I. 블록(Daniel I. Block) 박사**

남침례교 신학교, 협동 학장, 구약 해석학 석좌 교수

단지 개별적인 단어들과 연결된 논평들은 성경책에 대한 완벽한 주석서를 대신할 수 없다. 그러나 단어들이 등장하는 구체적인 문맥들에서 성경 단어들에 대한 간결하고 정확한 통찰을 찾는다면, 이 책의 방법과 내용보다 더 좋은 책은 좀처럼 찾기 어렵다. 더욱이 대럴 보크 박사는 미국 복음주의 신학계에서 선두를 달리는 전문가다. 그는 결코 당신을 잘못된 길로 인도하지 않을 것이다.

– **크레이그 블롬버그(Craig Blomberg) 박사**

덴버 신학교, 신약연구 교수

대럴 보크 박사와 유진 메릴(「키워드로 푸는 성경」 구약 편집자) 박사가 단어 연구의 창문들을 열어놓아 나의 성경 연구에 신선한 바람이 불어왔다. 오늘 아침에 나는 빈 무덤에서 달려온 여인에게 '쓸모없는 이야기'로 번역된 단어 배후의 흥미진진한 역사를 배웠다. 나는 이 사용하기 간편한 도구를 가지고 성경을 탐독하고 있다.

– **디 브레스틴(Dee Brestin)**

「A Woman's Journey」 시리즈, 「The Friendships of Woman」의 저자

효율적인 의사소통은 조심스런 정의와 분명한 예와 설득력 있는 적용을 요구한다. 고대 성경의 메시지를 현대의 청중들에게 전달하는 것은 이 세 분야에 있어서 대단한 기술을 필요로 한다. 「키워드로 푸는 성경」은 측량할 수 없을 정도로 도움을 줄 것이다.

– **스튜어트 & 질 브리스코(Stuart & Jill Briscoe)**

엠브룩 교회(Brookfield, WI)의 사역자, 저술가

이 책은 성경 본문을 놀라울 정도로 조명해줄 귀중한 정보를 가지고 있는 금광이다. 분명한 문체로 쓰인 이 책은 다양한 독자에게 어휘와 배경 자료를 쉽게 접근하고 사용할 수 있게 한다. 더욱이 편집자

는 단어를 연구하는 방법에 대하여 간결한 개론을 서문에 싣고 있다. 당신의 성경을 꺼낸 다음, 「키워드로 푸는 성경」을 펴고 하나님 진리의 더 깊은 지식 속으로 여행을 시작하기 바란다.

– M. 마이클 캐럴 R.(M. Daniel Carroll R.) 박사

덴버 신학교 구약학 교수

나는 「키워드로 푸는 성경」이 '진리의 말씀을 옳게 분별하려는' 진지한 소원을 가진 모든 사람에게 가장 많이 도움을 주는 유일한 도구가 될 것이라고 예언한다. 이 책은 내 연구 책상 위에서 가장 중요한 자리를 차지한다. 이 책을 통해 많은 수확을 거두기 바란다.

– O. S. 호킨스(O. S. Hawkins) 박사

남침례교단 연금 위원회 의장

성경을 연구하는 학생이 이용할 수 있는 가장 정확하고도 학술적인 단어 연구를 원한다면, 그것이 바로 이 책이다. 내 동료인 보크와 메릴 박사는 팀을 잘 구성하여 참으로 신뢰할 만한 참고서를 만들어 냈다. 이 책은 살아 있는 말씀으로부터 나오는 유용한 통찰로 가득 찬 보물 상자이며, 탐구하는 지성이 기꺼이 사용할 수 있도록 준비된 책이다. 나는 이 책을 추천하는 데 결코 주저하지 않는다.

– 하워드 G. 헨드릭스(Howard G. Hendricks)

달라스 신학교 기독교 리더십 센터 소장

바쁜 사람이 「키워드로 푸는 성경」을 발견하는 것은 목수가 완벽한 연장 일체를 발견하는 것과 같은 일이다. 이 책에 모든 것이 다 들어 있다. 어휘 분석, 원어의 음역, 번역의 비교, 핵심 있는 주석, 성경에 대한 참고 구절이 설명되어 있다. 그리고 더 중요하게는 각 표제어는 단어에 대한 가장 문맥적인 의미 설명을 포함한다. 이 책을 가지고 있으면, 정확하고 권위 있게 하나님의 말씀을 가르치는 일이 훨씬 수월해질 것이다.

– 우드로우 크롤(Woodrow Kroll)

백 투더 바이블(Back to the Bible) 총재

보크 박사가 우리에게 선사한 이 책은 우아하고 단순한 모양으로 본문의 감각과 각 구절의 의미를 경이롭게 포착한다. 이것처럼 강단에서든 교인의 자리에서든 하나님의 말씀과 더 큰 관계를 얻는 데 도움을 주는 유용한 도구가 어디 있는가!

– J. 오티스 레드베터(J. Otis Ledbetter)

목사, 저술가, Heritage Builders Association의 공동 설립자

빠른 삶의 현장에 있는 기독교 사역자에게 이 책은 매우 위대한 도구다. 이 책은 본문의 어휘를 다루기 때문에, 「키워드로 푸는 성경」은 본문의 의미를 포착하는 일을 향한 먼 길을 잘 안내할 것이다. 이 책은 단음적인 방식으로 통찰 위에 통찰을 가져오는 좋은 스승의 말을 듣는 것과 같다. 참고 대조는 통계적인 정보와 같이 특별히 소중하다. 교사들과 목회자들을 위한 손에 와 닿는 유용한 도구요, 성경을 읽는 독자의 호기심을 함양하는 데 결정적으로 도움을 주는 자료다.

– **엘머 A. 마틴스**(Elmer A. Martens)

재세례파 형제 신학교(Mennonite Brethren Biblical Seminary), 구약학 명예교수

「키워드로 푸는 성경」은 개인 성경공부와 가르침과 설교에 있어서 평신도와 목회자의 사역을 크게 증진시킬 것이다. 존경받는 학자들이 내린 건전하고 학식 있는 판단에 근거한 본서의 정확하고 분명한 의미 제시는 이 시리즈가 성경 연구 자료들 가운데 귀중한 자리를 차지할 것을 확신시켜준다. 마침내 최정상급의 학계는 하나님의 말씀을 더욱 풍성하게 이해하는 데 걸림돌이 되었던 히브리어와 헬라어 단어들의 미로를 헤치고 나갈 분명하고도 확실한 길을 교회에 제공하게 되었다.

– **케네스 매튜**(Kenneth Matthews)

샘포드 대학교 비손 신학교, 신학부 교수

신약의 진지한 학생들은 대럴 보크 박사가 집필하는 모든 것이 읽을 가치가 있다는 사실을 발견했다. 이 참고서 역시 예외가 아니다. 이 책은 충만하면서도 텅 빈 책이다. 도움을 주는 자료와 통찰이 경이로울 정도로 가득 차 있기에 충만한 책이요, 대단히 많은 주석을 가득 채우고 있는 탈선적이며, 이색적이고 쓸모없는 자료로부터 놀랍게도 자유롭기 때문에 텅 빈 책이다.

– **앨 모힌니**(Al Mawhinney) **박사**

개혁 신학교 올란도 캠퍼스, 신약교수 및 교무처장

손끝에 와 있는 얼마나 큰 지식의 부요함인가! 「키워드로 푸는 성경」은 내가 사용할 계획을 가진 강력한 자료일 뿐만 아니라, 성경을 연구하는 모든 진지한 학생에게 이 책을 사용할 것을 기꺼이 추천한다.

– **조쉬 맥도웰**(Josh McDowell)

저술가 및 강사

내가 애호하는 성경지식 주석서를 사용하는 데 도움을 줄 이 굉장한 자료를 가지게 되어 매우 흥분되고 감사한다. 나는 단어 배후에 있는 의미를 배우는 것을 사랑한다. 이 책은 나의 연설, 가르침과 집필을 위해 더 큰 이해를 내게 제공할 것이다. 나는 성경 본문을 생동감 있게 해주는, 간단하지만 강력한

사상들과 함께 단어들을 설명하는 방식에 대해 감사한다.

— **캐시 콜라드 밀러(Kathy Collard Miller)**

「Daughters of the King」 성경연구 시리즈, 「Princess to Princess」의 저자 및 인기 있는 여성 집회 강사

「키워드로 푸는 성경」은 내 장서에 있을 것이다. 얼마나 대단한 도구인가!

— **베스 무어(Beth Moore)**

Living Proof Ministries, 저술가 및 인기 강사

「키워드로 푸는 성경」은 하나님의 말씀을 읽고 연구하고 묵상하는 누구에게나 유용한 도구다. 성경말씀을 들이마실 때 항상 수반하는 흥미를 더해줄 이러한 지침서들을 인하여 두 편집자 대렐 보크와 유진 메릴(「키워드로 푸는 성경」, 구약 편집자)에게 경의를 표한다. 각 구절에서 핵심단어들의 중요한 의미를 아는 것은 날마다 또는 주마다 먹는 양식인 하나님의 말씀에 참으로 성경의 양식을 더해줄 것이고, 모든 사람에게 믿음과 실천의 궁극적인 향상과 강화를 가져다줄 것이다.

— **톰 필립스(Tom Phillips)**

빌리 그래이엄 전도협회 부총재

「키워드로 푸는 성경」은 젊고 성숙한 그리스도인들을 위해 성경 연구에 통찰과 깊이를 가져다주는 책들을 공급하는 일에 헌신한 출판사로 알려진 빅터 북스가 출판한 또 다른 좋은 자료다.

— **래리 리차드(Larry Richards) 박사**

「Home Bible Study Library」 시리즈의 저자

설교자들은 성경 자체를 이해하고 그 메시지를 다른 사람들에게 전달하는 데 동원할 수 있는 모든 도움을 필요로 한다. 「키워드로 푸는 성경」을 소장하는 것은 책과 관련한 탁월한 투자다.

— **해돈 W. 로빈슨(Haddon W. Robinson) 박사**

고든 콘웰 신학교, 설교학 석좌교수

이 책은 온전한 주석과 전통적인 성경 단어 연구 사이에 특별한 위치를 점유하는 잘 구상된 작품이다. 종종 도움을 주는 배경지식과 함께 문맥적인 배경에서 핵심단어들의 의미를 제공함으로써 이 이례적인 책은 성경을 이해하는 데 준비된 자료를 제공한다. 목회자뿐만 아니라 평신도를 위해서도 쓰였으므로 이 책을 성경과 함께 읽으면 큰 풍성함을 얻을 것이다.

— **로버트 L. 소시(Robert L. Saucy)**

탈봇 신학교, 조식신학 교수

나의 가장 좋은 친구들 가운데 일부는 특별히 하나님의 말씀을 이해하는 데 더 깊은 단계로 나를 데리고 가는 책들이다. 나는「키워드로 푸는 성경」을 나의 '가장 좋은 친구들'의 명단에 추가한다.

– 조셉 M. 스토웰(Joseph M. Stowell) 박사
무디 성경 연구원 총장

우리가 하나님의 오류 없는 진리를 더욱 효과적으로 파내려가는 것을 돕는 도구는 어떤 것이든지 소유할 가치가 있다.「키워드로 푸는 성경」은 바로 그러한 도구다. 이 책은 당신과 나와 같은 사람이 하나님의 말씀 속에 숨겨진 보화를 찾는 일을 도와준다.

– 루시 스윈돌(Luci Swindoll)
Women of Faith, 저술가 및 강사

성경의 언어에 깊이 몰두한 전문가들은 성경의 어휘로 학생에게 길을 열어주는 위대한 도구다. 보크 박사는 성경의 본문 속으로 학생을 안내하는 탁월한 주석가이다.

– 윌렘 A. 반게메렌(Willem A. VanGemeren) 박사
트리니티 복음주의 신학교, 구약학 교수

성경을 연구하는 진지한 모든 학생을 위한 소중한 도구다. 새 신자나 베테랑 교사 모두 이 책으로 도움을 받을 것이다. 연구서들의 특징은 명료성과 간략성과 정통성과 실용성이다. 우리가 이 새로운 도구를 사용할 수 있게 되었으니 얼마나 행운인가!

– 워렌 W. 위어스비(Warren W. Wiersbe) 박사
저술가 및 집회 강사

성경의 축자적인 영감은 성령 하나님께서 성경의 개념들뿐만 아니라 단어들도 영감의 대상으로 삼으신 것을 의미한다. 그러므로 하나님께서 성경을 통해 우리에게 전달하신 것을 이해하기 위해서, 우리는 성경의 단어들 – 단어들의 기원, 사용들과 의미들 – 을 이해할 필요가 있다. 이 책은 성경의 중요한 단어들의 배경과 문맥 속에서 단어들의 의미를 알기 원하는 학생들을 위한 탁월한 자료다. 성경을 올바로 이해하고, 그 메시지를 정확하게 전달하기 원하는 모든 사람을 위한 유용한 도구가 바로 이 책이다.

– 로이 B. 주크(Roy B. Zuck) 박사
달라스 신학교 성경강해 원로 명예교수, 저술가 및「Bibliotheca Sacra」편집자

키워드로 푸는
성경

사도행전-에베소서

다보데

키워드로 푸는 성경
사도행전–에베소서

1쇄 인쇄 2013년 1월 21일
1쇄 발행 2013년 2월 8일

책임 편집 대럴 L. 보크
옮긴이 이재학
펴낸곳 주) 도서출판 디모데 〈파이디온 선교회 출판 사역 기관〉

등록 2005년 6월 16일 제 319 – 2005 – 24호
주소 서울 강남구 개포동 1164–21
전화 마케팅실 070) 4018–4141
팩스 마케팅실 02) 574–2631
홈페이지 www.timothybook.com

값 35,000원
ISBN 978–89–388–1551–4

심층 성경 연구 시리즈

사도행전-에베소서에 나오는
핵심 단어의 배경 지식과
문맥적인 의미의 탐구

키워드로 푸는 성경

사도행전-에베소서

대럴 L. 보크 책임 편집 | **이재학** 옮김

차례

서문

Ⅰ.「키워드로 푸는 성경」에 관한 소개

건축중인 건물을 지켜보는 것은 사람을 매료시킨다. 건물의 각 부분이 모두 완성된 후에 비로소 청사진의 진면목이 드러난다. 이와 유사하게 성경이란 집의 건축 벽돌과 같은 단어들은 하나님과 그분의 세계에 관해 생각을 바꾸게 하는 개념들을 드러낸다. 단어들의 구성은 부분의 의미를 결정할 뿐만 아니라, 전체의 개념을 형성하기도 한다. 신약 성경의 단어를 연구하는 것은 주석적이며 신학적인 발견에 도달하는 가장 기본적인 구성 요소에 대한 탐구를 포함한다. 사람들은 신약에서 단어를 검토할 때, 주석적이며 신학적인 의미의 출발점을 형성하는 단위들을 주목한다. 성경 연구자들 앞에 놓여 있는 것을 이해하는 것뿐만 아니라, 그러한 이해가 어떻게 존재하는지 결정하는 일은 흥미 있는 일이다.

「키워드로 푸는 성경」은 개별적인 문맥 속에 있는 핵심 단어들의 기본적인 의미를 쉽게 참고하기를 원하는 평신도와 목회자를 위해 고안되었다. 이 책은 구체적인 문맥 속에서 특정한 용례의 정보를 줄 수 있는 단어의 배경에 대해 적절한 정보를 곳곳에서 제공한다. 단어 자체가 주어진 항목에 대한 상세한 정보를 제공할 의도로 주어진 것이 아니기 때문에 이 도구 자체는 '단어 연구서'나 사전이 아니다. 사전 또는 단어 사전들과 같은 다른 도구들은 단어에 대해 종합적인 정보를 제공한다. 오히려「키워드로 푸는 성경」의 개별적인 항목들은 구체적인 구절에서 단어의 용례에 초점을 맞추고, 이 단어가 왜 이곳에서 그러한 의미를 가지는가를 설명하는 일을 돕는다. 그러므로「키워드로 푸는 성경」은 성경을 읽을 때 곁에 두고 참고용으로 사용할 수 있도록 고안되었다. 이와 같은 의도 때문에 이 책의 내용은 성경 자체의 순서에 따라 전개된다. 이 책은 또한 독자에게 신약 연구서들에서 발견되는 공통적인 약어들을 소개하는 역할을 한다.

독자들은 이 책들과 「성경지식 사전(The Bible Knowledge Commentary, BKC)」의 관계를 인식하는 것이 중요하다. 신약 기고자들은 헬라어에 대한 전문 지식을 가지고 있는 학자로 해당 책을 가르치고 저술해왔기 때문에 선정되었다. 모든 기고자들은 신약 연구 분야에서 가르치고 있다. 핵심단어 연구 책들에 참여한 학자들의 경우, 각자 적합하다고 판단한 대로 해당 책과 단어를 취급할 수 있도록 허락받았다. 이것은 어떤 부분에는 이 책들과 BKC 사이에 본문을 어떻게 해석하느냐에 대해 차이점이 있을 수 있음을 의미한다. 이러한 차이점은 종종 해석에 여러 가능성의 범위를 반영한다. 따라서 이 책들 사이에 해석을 '잘 어울리게 하려는' 노력은 전혀 없었다. 몇몇 개별적인 성경책들의 경우에는 이러한 차이점이 책 전체를 어떻게 해석해야 하는지에 영향을 줄 것이다. 어휘상의 문제점들과 구체적으로 관련될 경우, 이러한 차이점은 해석상의 선택을 언급할 때 논의되었다.

시리즈의 각 기고자들은 주어진 항목을 왜 논의하는지 확립하면서 다음과 같은 일부 핵심적인 관심에 초점을 두도록 요청받았다.

1. 기고자들은 주어진 문맥에서 단어를 어떻게 번역할지에 대해 논쟁이 있을 때 관련 단어를 논의할 수 있다. 그러한 경우에 해당 구절에서 문제가 되는 단어를 다양한 영역본들이 어떻게 번역했는지 주목함으로 그 의미의 가능성들을 확인할 수 있다. 참고한 번역본들은 King James Version(KJV), New King James Version(NKJV), Revised Standard Version(RSV), New Revised Standard Version(NRSV), NET Bible(NET), New American Standard Bible(NASB), New International Version(NIV), New Living Translation(NLT), New English Bible(NEB), Revised English Bible(REB), Contemporary English Version(CEV) 등이다. 단어의 의미를 결정하기가 힘들 때는 어떤 번역이 왜 나은지에 대한 설명을 시도하기도 했다.
2. 어떤 단어들은 해당 구절의 의미에 특정한 의미를 지닌다. 이 경우, 의미에 대한 논의

는 더 큰 구절의 이해에 중요하다. 이것은 특정한 용어를 정확하게 논의해야 하는 '핵심' 단어가 되게 한다.

3. 다른 본문들은 헬라어의 의미를 이해하는 데 구체적으로 중요한 배경을 가지고 있어, 헬라어를 알지 못하거나 다룰 줄 모르는 자 또는 헬라어에 세련되지 못한 자들을 위해서 그 배경이 어떤 것인지를 분명하게 해주는 항목을 두었다.
4. 어떤 표제어는 이러한 특성들을 모두 가진다. 외국어의 모든 논의는 음역을 사용했다. 그래서 헬라어(구약의 경우 히브리어나 아람어)를 알지 못하는 자들도 용어를 어떻게 발음하는지 알 수 있다. 각 논의 표제어 끝에 단어의 기본 형태를 기록해 상세한 사전 자료를 참고하는 것을 더욱 수월하게 했다. 헬라어를 아는 사람은 음역된 단어를 적절한 헬라어로 바꾸어야 할 필요가 있다.

기고자들은 만일 독자가 해당 용어에 대해 더 많은 정보를 참고하기를 원하면, 그들이 추가적인 논의에 도움을 얻을 수 있도록 (사전적인 도구들과 같은) 핵심적인 참고 자료를 간략하게 언급하면서 용어에 대한 핵심 정보를 간결하게 논의하도록 요구받았다. 해당 선택의 의의는 종종 한두 문장으로 전개된다. 목적은 관련된 단어가 더 큰 구절에 어떻게 기여하는지 보여줄 목적으로 간결하게 설명하는 것이다.

각 표제어는 간결한 일상 언어를 사용하여 기술한다. 이 도구의 목적은 단어가 가지는 헬라어의 언어적인 배경과 신학적-해석적인 요점을 문맥 속에서 분명하게 하는 것이다. 성경 전체 또는 신약에서 용어의 사용에 대한 추가적인 기술이 제공될 수 있으나 주어진 논의를 위해 필수사항은 아니었다. 이 책은 주석이 아니므로 가능한 모든 용어를 논의하지 않았다. 선택된 단어는 그 용어가 구절에서 핵심 역할을 하기 때문이거나 헬라어의 배경이 이해를 증진하기 때문이다. 일반적으로 한 구절에서 하나 혹은 두 단어가 논의된다. 어떤 구절들은 논의되지 않고, 어떤 구절들은 한 단어 이상 논의된다. 만일 동일한 단어가 기본적으로 동일한 의미로 여러 번 한 책에 사용될 경우, 기고자는 그 단어를 한 곳에서 토론했고, 나중에 다른 곳에서는 이 논의를 참고하도록 했다. 이것은 불필요한 반복을 피하는 데 도움이 되었다.

표제어의 설명은 다음과 같은 형식을 가진다.

1:33 세례를 베푸는 자(The one who baptizes, *baptizōn*) – 공관복음과 같이 요한은 예수님을 성령으로 백성에게 '세례를 베풀' 자로 소개한다(마 3:11, 막 1:18, 눅 3:16). 또한 1장 25절을 보라. *[baptizō]*

표제어는 해당 구절에서 둘째 혹은 그 다음 항목이 아니면, 가장 먼저 지적되고 진한 서체로 나온다. 진한 서체는 기고자가 논의중에 있는 단어나 구절을 번역한 것이다. 만일 구절에서 한 단어가 논의의 초점이면 그 용어는 밑줄로 표기된다. 그리고 그 용어는 문구에 나오는 형태로 음역된다. 이것은 헬라어를 알지 못하는 독자가 문맥 속에서 헬라어의 발음을 알도록 도와준다. 가끔 독자의 번역과 표제어 설명의 번역 사이에 사소한 차이점이 나타나는데, 이때 그 번역에서 어떤 용어가 진한 서체로 기술되었는지를 알아낼 필요가 있다. 사람들은 다양한 번역을 사용하기 때문에 기고자에게 자신의 번역을 선택하고 그것을 설명하게 하는 것이 최상이라고 생각한다. 일부 표제어에는 독자를 위해 대체적인 번역이 언급되고, 그 용어에 대한 설명이 이어서 나온다. 헬라어에 대한 약간의 지식을 가진 독자가 사전에서 그 단어에 대해 더 많은 정보를 원할 경우에 참고할 수 있도록, 표제어 설명 끝에 괄호로 표기한 것은 음역으로 된 용어의 기본형을 제공한다. 이 기본형은 사전에 실린 기본형과 그것이 어떻게 발음이 되는지 알도록 도와준다. 어떤 경우에는 한 단어 이상이 괄호들 속에 들어 있다. 이것은 한 어휘 이상 논의되고 있음을 가리킨다.

우리는 이 도구가 QT, 성경공부 혹은 가르치기 위한 준비에 많은 유익이 되기를 기도한다.

II. 단어 연구방법에 관한 논의

오랫동안 성경을 연구하는 사람은 해석이 종종 곧바로 성경이 가르치는 것에 대한 직접적 일치의 문제가 아니라는 것을 안다. 심오하고 복잡한 작품과 같이 성경 본문이 정확하게 가르치는 것에 대한 불일치는 있을 수 있다. 분명히 성경 용어들은 그러한 논의들에 있어 중요한 부분이다. 무엇이 의견의 일치를 방해하는가? 어떻게 해석자는 그러한 불일치를 가져오는 방해물들을 극복할 수 있는가? 우리는 어떻게 성경 본문이 의미하는 것과 실제적으로 의미하는 것의 가능성들을 가지고 해석 작업을 할 수 있는가? 우리는 그러한 불일치의 유형들에 대해 얼마나 민감해야 하는가? 어떤 차이점이 다른 차이점보다 더 중요한가? 이 서론적인 글의 나머지 부분은 우리가 단어의 의미를 이해하는 것을 방해하는 것과 단어들이 해석될 때 어떻게 취급되어야 하는지에 대한 설명을 시도할 것이다. 단어 분석을 생각할 때, 우리는 몇 가지 근본적인 질문들을 우선적으로 고려해야 한다. 단어 연구의 기본적인 법칙들은 무엇인가, 어떤 방해물들이 단어들의 의미 이해를 방해하는가? 이 두 질문에 대한 논의가 차례로 나온다.

그리고 세 번째로는 단어 연구에 두 가지 중요한 접근, 즉 통시적인(혹은 '시간에 따른' 종합적인 단어 연구)접근과 공시적인(혹은 '주어진 시점에' 좀더 초점을 둔 단어 연구) 접근에 대해 개괄적인 논의를 할 것이다. 네 번째와 마지막으로는 단어의 연구에서 종종 발생하는 흔한 오류를 포함해 단어 분석의 단계들을 상술할 것이다. 인간이 유한한 피조물인지라 결과적으로 모든 애매함과 논쟁이 제거되지 않을 수도 있다. 그러나 주석가들은 왜 그 구절이 본문에서 그렇게 말하는지를 이해하게 하며, 서로 토론하고 성경에 대한 각자의 통찰과 관찰에서 유익을 얻으며 자기 자신의 이해를 다른 사람에게 분명히 말할 수 있도록 해주어야 할 것이다.

A. 단어 연구의 기본적인 규칙들

단어들과 해석에 대해 보편적으로 동의해야 하는 세 가지 근본적인 법칙이 있다.

1. 주석가는 원독자를 위한 저자의 의도를 우선적으로 찾아야 한다.[1] 의사소통은 근본적으로 한 마음에서 다른 마음으로 생각을 전달하는 것을 포함한다. 성경 연구에 있어서 해석자의 목표는 원저자가 선택한 용어들을 사용해 말한 것을 이해하는 것이다. 우리는 단어가 자동적으로 의미를 갖지 않는다는 것을 인식할 필요가 있다. 단어는 단어를 사용한 저자에게서 그 의미를 부여받는다. 「키워드로 푸는 성경」에 나오는 대부분의 표제어들은 해당 구절이 교훈하는 것에 대한 모든 반영을 위한 출발점이기 때문에 이 차원에서 의미를 다룬다.

   이러한 숙고에서 다른 중요한 점들이 파생된다. 메시지는 의사소통을 위해서 청중과 잠재적으로 반드시 공유될 수 있어야 한다. 메시지는 저자의 청중이 인식할 수 있는 의미의 범주와 관련되어야 한다. 그렇지 않으면 메시지는 이해될 수 없다. 이러한 고찰은 어떤 저자가 자신이 사용하는 단어로 새로운 의미를 전달할 수 있다는 것을 부인하지 않는다. 그렇지만 이것은 저자가 새로운 의미를 의도할 때, 그의 독자가 용어의 새로운 의의를 포착할 수 있도록 이에 대한 신호를 보낼 것을 시사한다.[2]

2. 우리는 단어의 정확한 의미를 확립하기 위해서, 해당 단어가 가질 수 있는 의미들의 범위를 인식해야 한다. 해석자는 종종 한 단어가 어떤 의미를 가진다고 단순하게 가정한다. 그렇지만 용어의 의미는 상황에 따라, 사람에 따라 그리고 가장 중요하게는 문맥에 따라 변할 수 있다. 그러므로 해석자는 성경의 메시지를 구성하는 단어를 연구할 때 주어진 문맥에 매우 민감해야 한다. 「키워드로 푸는 성경」이 단어의 의미를 논의할 때 주어진 문맥에서 단어를 다루는 것은 이러한 사실 때문이다. 단어는 '자동적인' 일반 의미를 지니지 않는다. 단어마다 의미의 범주를 가지고 있으나 구체적인 문맥에서 구체적인 의미를 가진다.

3. 단어들은 문맥 속에서 작용하고 그 문맥으로부터 의미를 받는다. 이 사실은 중요하다. 분리되고 격리된 각 단어는 성경의 의미를 이해하는 열쇠를 제공하지 않는다. 그 대신 다른 단어와 관계 속에 있는 단어는 본문의 메시지를 제시하는 개념들의 기초를 형성한다. 따라서 단어의 의미를 결정함에 있어서 해석자의 주요 관심사는 단어가 사용되는 구절과 문단과 책의 배경이다. 다시 말해서, 단어는 바둑판에 있는 바둑알과 같다. 단어의 중요성과 의의는 그것이 문장과 문단 속에 있는 다른 단어와 맺는 관계에 의해 결정된다.

이들 세 가지 기본적인 법칙은 해석자에게 어휘 분석을 위한 견고한 토대를 제공한다. 이것은 하나님의 말씀을 정확하게 해석하기 위해서 반드시 인식해야 하는 중요한 과정이다.

B. 의미의 복잡성들

의미의 의미들

의미를 파악하기 매우 어렵게 만드는 것의 일부는 의미 자체의 복잡성이다. 우리 대부분은 단어를 다루고 이를 해석하고자 할 때 얼마나 많은 의미의 범주들과 상호작용을 하는지 생각하지 않는다. 형식적으로 말해서, 의미와 단어의 연구는 의미론이라 불리는 형식적이고 광범위한 학제와 매우 밀접하게 연관되어 있다.[3] 의미론은 '의의' 또는 '의미'에 관한 연구다. 의미론은 단어를 연구함에 있어서 방법론의 쟁점에 관해 많은 통찰을 해석자에게 제공할 수 있다. 사전의 차원에서 이 분야의 목적은 의미가 단어를 통해 어떻게 전달되는가를 검토하는 것이다.

의미론에 있어서 사전적인 의미의 문제들 가운데 하나는 사실 단어의 의미에 대해 말함으로써 의미하는 것이 무엇인지 결정하는 것이다.[4] 의미론을 연구하는 학자들은 의미의 가능한 의미들을 25가지나 제시했으나 여기에서는 몇 가지 구분으로 주해와 관련한 극히 중요하고 세심한 주의의 필요성을 지적한다. 이러한 구분들의 목록을 제시하면 다음과 같다.

1. **함축적 의미**(Entailment meaning)는 문맥에서 분명하지 않은 결론이나 의도의 어떤 유형을 암시하는 단어나 사상과 관련되어 있다. 예를 들면, 예수님께서 하나님만이 하실 수 있는 일을 행하시는 것을 보여주는 구절은, 비록 예수님께서 하나님이시라는 신학적인 주장이 구체적으로 본문에 분명하게 제시되지 않지만 예수님께서 신이시라는 사상을 함의한다(막 2:1–12).
2. **감동적 의미**(Emotive meaning)는 감동적인 힘을 수반하는 용어 사용에 적용된다. 야고보가 독자들의 형편없는 행동으로 말미암아 그들을 간음하는 사람들이라고 부를 때(4:4), 그는 그들로 의도적으로 부끄럽게 하려는 감동적인 의미를 가진 용어를 선택한다. 민감한 해석자는 용어가 가지는 이와 같은 감정적인 뜻을 주목할 것이다.
3. **심층적 의미**(Significance meaning)는 다른 새로운 문맥에 놓였을 때 새로운 의미를 가지는 용어나 개념을 가리킨다(예를 들면, 신약의 구약 인용은 이전 본문에 추가적인 뜻을 가져올 수 있다). 예수님께서 사도행전 4장 25–27절에서 시편 2편을 인용해 유대인들을 메시아의 원수로 간주하며 호소하실 때, 원수의 범주는 하나님에 의해 선택된 통치자를 이스라엘이 반대했던 시편의 일반적인 기대에서 확대된다. 언급되는 사람의 변환은 예수님의 오심과 그분에 대한 많은 유대인들의 배척으로 얼마나 많은 것들이 변했는지를 보여준다. 유대인들의 소망을 표현했던 본문은 현재 복음에 대립되는 것으로 그들의 입장을 지금 표면에 드러낸다.
4. **백과사전적 의미**(Encyclopedic meaning)는 용어가 가질 수 있는 모든 가능한 의미를 뜻한다. 우리는 사전, 고전어 사전이나 완전한 단어 연구 도구를 이용해 그와 같은 목록을 만들 수 있다.[5] 이와 같은 가능한 의미의 범위는 그릇된 해석과 가능한 다양한 해석들을 허용한다. 해석자의 목적은 의미의 이러한 가능성들을 참고하여 그 가운데 어떤 구체적인 의미가 주어진 문맥에서 적절한지 결정하는 것이다.
5. **문법적 의미**(Grammantical meaning)는 중급 헬라어 문법 과목에서 배우는 범주들 같은 용

어의 문법적인 역할을 가리킨다. 어떤 해석자들은 사실상 종종 모든 행위가 가능한 의미를 제한하는 것일 때에도 의미를 확보하기 위해 의미의 제한된 분야를 사용한다. 단어들이 가능한 의미들을 가지고 있는 것과 마찬가지로, 문법적인 범위들도 종종 그 정확한 뜻은 문맥적인 요소들에 의해 결정되는 다양한 뜻이나 용도를 가진다.

6. **은유적 의미**(Figurative meaning)는 의미와 지시대상물이 용어가 묘사하는 것에 직접적으로 적용되기 때문이 아니라, 그것이 일으키는 연관성 때문에 용어의 용례를 지시한다. 예를 들면, 예수님께서 '산들을 움직일' 수 있는 믿음에 대해 말씀하실 때, 그것은 지구를 이동시키는 기구의 사용을 가리키는 것이 아니고, 경이로운 일들을 할 수 있는 믿음을 가리키는 것이다. 논쟁 가운데 많은 경우는 용어가 문자적인지 은유적인지에 관한 것이다. 이것은 항상 고려해야 할 적절한 질문이다. 일반적으로 장르와 관용어와 저자의 스타일에 대한 이해는 은유들을 해석하는 데 도움을 줄 수 있다.

의미의 이러한 의미들은 주어진 용어의 뜻을 결정하는 데 중요하며, 또한 용어의 연구를 심사숙고할 때 반드시 주목해야 한다. 그러나 이것들은 단어의 세 가지 기본 요소와 같은 용어의 연구에는 중추적이지 않다.

단어의 세 가지 요소들

가장 추상적으로 생각해볼 때, 단어는 그 의도된 의미에 가장 직접적으로 기여하는 세 가지 기본적인 요소로 구성되어 있다. 그것은 기호, 인식 그리고 지시대상물이다. 실제로 단어는 주어진 문화나 특정문화 안에서 의미를 전달하는 상징물이다.[6] 단어는 그 자체로 의미를 지니지 않고, 문화적인 관습과 용례를 통해 의미를 부여받는다.

단어의 첫 번째 요소는 단어를 구성하는 상징들의 집합체인 기호다. 예를 들면, 영어 단어 'p-a-r-a-c-l-e-t-e'는 9개의 알파벳 상징으로 이루어졌다. 이 상징들은 우리로 하여금 단어를 구별하고 발음하게 해준다. 그래서 우리는 그 의미를 이해할 수 있다. 때때로 단어를 구성하는 상징들을 알지 못하기 때문에 애매한 것이다. 어떤 사람이 이스라엘에 가서 히브리어를 공부한 적 없이 히브리어를 이해하려고 시도를 했다면, 그는 단어들을 구성하는 상징들을 읽을 수조차 없기 때문에 의미를 파악하는 일을 시작도 할 수 없을 것이다. 번역이나 설명 없이 독자는 본문 작업을 할 수 없다. 이 책에 기고한 학자들은 헬라어 본문을 대할 때 헬라어에 대한 지식과 그 언어에 대한 경험을 적용함으로 독자들에게 서비스를 제공한다. 이것은 히브리어와 아람어 지식을 겸비하고 구약 책들에 기고한 학자들의 경우도 마찬가지다. 이와 같이 원어로 된 문서의 해석은 기술적 주해로 알려져 있다.

단어의 두 번째 요소는 상징과 연관된 내용인 인식(sense)이다.[7] 단어의 의미는 단어의 사전적인 '정의'와 긴밀하게 관련되어 있다. 그러나 용어의 의미에 의해 언급된 개념은 본문이 실제적으로 주어진 용어로 언급하는 것을 정확하게 밝힐 필요는 없다. 예를 들면, 'paraclete'에 해당되는 헬라어 용어는 영어로 그 자체가 애매모호한 '위로자'(comfort)를 뜻한다. 이것은 이 단어가 구체적으로 피고와 유사한 대상이나 동정적인 권고자를 구체적으로 가리킬 수 있기 때문이다. 모호성은 부분적으로 '수용자'(receptor)라는 언어(이 경우 영어)가 소유하는 모호성에서 기인한다. 추가적으로 우리는 무엇이 구체적으로 위로자로서 언급되었는지 밝혀내야 한다. 이 경우, 실제로 용어의 의미는 정확하게 기술되고 정체를 밝히는 것과 반대되는 속성의 묘사다. 그래서 의미는 독자로 하여금 종종 본문의 의미에 근접하게 하지만, 그 의도된 의미가 정확하게 언급하는 것이 무엇인지 항상 상술하거나 분명하게 밝히지는 않는다. 해석은 기술되는 것이 정확하게 무엇인지 우리에게 탐구할 것을 요구한다. 단어가 등장하는 문맥은 용어의 뜻을 결정하는 데 도움을 줄 수 있을 뿐만 아니라, 희망적으로는 그 지시대상물(단어가 실제적으로 가리키는 것)을 결정하는 데도 도움을 줄 것이다. 그럼에도 불구하고 일단 용어의 일반적인 내용이 분명하면, 그 의미와 관련해 구절의 일반적인 방향을 알게 된다.

단어의 세 번째 요소는 지시대상물이다. 지시대상물이란 특정한 문맥에서 용어가 지시하는 실제적인 물체다. 예를 들면, 요한복음 14-16장에서 'paraclete'의 지시대상물은 분명히 인간적으로 동정적인 인물도 덮개도 아니다. 오히려 이 단어는 예수님께서 부활 후에 신자들과 함께 있게 하기 위해서 보내실 자를 가리킨다. 확실하게 말하면 이것은 성령에 대한 언급이다. 가능한 곳에서 지시대상물을 밝혀내는 것은 해석에 있어서 명확성과 명료성을 낳는다.

단어 의미의 복합적인 성격과 단어의 다양한 요소들은 해석자가 단어의 연구에 접근할 때 세심한 주의를 가질 것을 요구한다. 성경을 연구하는 자들이 단어 연구의 근본적인 원리들, 곧 의미의 의미와 단어의 기본적인 요소들을 일단 파악했다면, 단어 분석의 실제적인 절차에서 주의 깊고 정확하게 전진할 수 있다.

Ⅲ. 통시적이고 공시적인 단어 분석

단어 의미는 두 가지 방식으로 검토될 수 있다. 첫째, 단어가 시대를 거쳐 과거에 어떻게 사용되었으며, 의미에 있어서 어떤 변화를 겪었는지를 검토함으로써 단어를 역사적으로 연구할 수 있다. 이것을 통시적인 단어 분석이라고 한다. TDNT와 NIDNTT와 같은 전문적인 단어 연구 도구들은 이와 같은 방식으로 단어를 연구한다.[8] 이 두 참고 도구들은 고대 헬라 시대를 시작으로 신약을 거치거나 심지어 교부 시대(즉, 교회 '아버지'들의 시대)까지의 단어 용례를 연구한다. 이와 같은 방식으로 단어를 연구하는 것은 용어가 가질 수 있는 가능한 의미들을 지적한다.

둘째, 단어는 주어진 시대(예를 들면, 구약과 신약 시대 사이를 가리키는 중간기 시대, 혹은 주후 70년 전 시대) 안에서 또는 구체적인 저자(예를 들면, 바울, 요한, 마태, 필로 또는 요세푸스)의 기록들 속에서 연구될 수도 있다. 이것을 공시적인 단어 분석이라고 한다. 시간적이든 문학적이든 구체적인 문맥에서 단어의 의미는 해석자의 주요 관심사이므로 이것은 아마도 사전적인 분석의 가장 중요한 단계일 것이다.

다음 단락은 신약의 단어 분석을 위해 사용된 통시적이고 공시적인 과정들에 대한 본보기를 제시한다. 기고한 학자들의 작업 속에서 우리는 그와 같은 단어 연구의 과정이 가지는 다양한 차원을 추정할 수 있다. 「키워드로 푸는 성경」은 단지 이와 같은 방법으로 기술된 결과다. 다음 단락은 헬라어로 작업을 하고 헬라어로 된 많은 범위의 도구들을 활용할 수 있는 사람에게 유익할 것이다. 헬라어 지식을 소유하지 못한 독자들은 신약 자체 안에서 단어 연구 방법론에 대한 논의와 단어 연구들에서 흔히 빚어지는 실수들에 대한 논의로 곧장 넘어가는 것이 좋다.

A. 신약 단어 분석을 위한 기본적인 절차: 준비하기

단어와 그 용례를 파악하기 위한 준비는 우리에게 다양한 도구를 요구한다. 이러한 도구들은 책과 컴퓨터 두 가지 종류다. 먼저 책으로 된 기본 자료들의 경우, 일반적인 헬라어 용례를 위해서는 「Liddell-Scott-Jones(LSJ)」 사전, 코이네 헬라어 용례를 위해서는 「Moulton and Milligan(MM)」 사전, 「Bauer-Arndt-Gingrich-Danker(BAGD)」 사전 또는 최근 업데이트 판인 「Bauer-Danker-Arndt-Gingrich(BDAG)」 사전을 포함한다. 여기에 헬라어 구약성경(칠십인경)을 위해서 「Hatch-Redpath」 사전, 헬라어 신약, 또는 이차적으로 견실한 신약 번역에 관한 성구 사전과 같은 사전들을 포함할 수 있다. 컴퓨터 프로그램들도 성구 사전과 같이 동일한 임무를 성취할 수 있다. 만일 컴퓨터로 사용하는 본문이 가장 업데이트된 본문이라면 사실 칠십인경과 다른 도구들을 위해서는 컴퓨터 성구사전이 사용하기에 가장 효과적일 수 있다. Accordance란 탐구 프로그램은 매킨토쉬를 사용하는 자들에게는 가장 유익한 것으로 입증된 반면, 개인용 PC를 위해서는 Logos Library 컴퓨터 시스템이 이 연구를 위해 가장 유용하다. 두 프로그램 모두 고대 문서 탐색을 가능하게 하는 '학자용' 버전에는 선택된 고대 문서들이 들어 있는 개별적인 프로그램이 함께 제공된다. 고전 헬라어와 관련해 컴퓨터 도움을 위해서는 Thesarsus Linguae Graecae(TLG), 온라인으로는 Perseus 프로젝트(www.perseus.tufts.edu)가 있다. 이 두 도구는 헬라어에 대한 상세한 지식을 요구한다. 수준 높은 학생들이 참고도서로 사용할 수 있는 다른 도구들은 10권으로 된 「Theological Dictionary of the New Testament(TDNT)」, 4권으로 된 「The New International Dictionary of the New Testament(NIDNTT)」와 3권으로 된 「Exegetical Dictionary of the New Testament (EDNT)」를 포함한다.[9] 불행하게도 영어를 사용하는 학생들이 쉽게 활용할 수 있도록 단권으로 된 견실한 최신판 어휘 도구는 없다. 이것은 우리가 「키워드로 푸는 성경」 시리즈를 출판한 다른 이유다. 위에 언급된 도구들은 개인적으로 통시적인 단어 연구를 위한 기본적인 참고 도서의 일부다.

세밀한 분석을 위해서 어떤 용어를 선정할지에 대한 몇 가지 선택이 존재한다. 첫째, 영어로는 단어의 정의들이 분명하지 않은 어떤 단어를 연구하기 위해 선택할 수 있다. 둘째, 문맥 속에서 외관상 동의어와 반대어를 가진 단어들은 좋은 후보들이 된다. 셋째, 아주 드물게 혹은 단 한번만(hapax legomenon-단 한번만 사용됨) 단어들이 구절 속에서 개념적으로 중요성을 지니면 역시 좋은 후보들이다. 넷째, 상징들의 정확한 의미는 종종 투명하지 않으므로 좋은 선택이 된다. 그렇지만 가장 중요한 단어들은 반복적으로 사용되거나 구절의 개념적인 중요성을 지니는 것으로 보이는 용어들이다. 구절의 의미를 확인하기 위해서는 이러한 단어들을 이해해야 한다.

주석가는 주어진 구절에서 핵심 용어들을 어떻게 발견하는지에 대해 배워야 한다. 만일 개인적으로 본문을 읽어도 이러한 핵심 용어들을 발견하지 못한다면, 헬라어 본문에 대한 어휘적으로 민감한 주석들이나 영어 번역 배후에 있는 헬라어를 다루는 견실한 주석들을 사용하면 이러한 단어들을 찾는 데 도움을 얻을 수 있다. 이러한 핵심 용어들을 발견하는 다른 방법은 다른 영어 성경들을 비교하는 것이다. 번역본들이 헬라어 원문을 분명하게 구별된 영어로 번역한다면, 아마도 차이점들 배후에 있는 용어는 더 세밀하게 검토할 가치를 지닐 것이다.

B. 단어 연구 방법: 통시적인 단어 연구의 네 단계와 공시적인 용례의 두 단계

통시적인 연구 1: 고전적 용례를 위해 검토하기

통시적인 단어 연구는 네 가지 개별적인 단계를 포함하고 있는데, 각 단계는 어떤 도구나 도구들의 세트를 활용한다.[10] 고전 헬라어 시대 기간(주전 900-300년) 동안 사용된 용어의 검토는 리델-스코트-존스(Liddel-Scott-Jones)가 편집한 사전을 활용할 것을 요구한다.[11] 다음 단계는 헬라 또는 코이네 시대(주전 330-주후 330년)다. 여기에서 고려되는 세 그룹의 자료들은 칠십인경, 성경 밖에 있는 인기 있는 자료들과 신약 성경이다. 칠십인경(LXX)의 연구는 해치(Hatch)와 레드페쓰(Redpath)의 성구 사전의 사용을 요구할 것이다.[12] 코이네 시대의 성경 밖에 있는 자료들 속에 사용된 용어들의 검토는 LSJ와 몰튼(Moulton)과 밀리간(Milligan)의 책의 사용을 요구한다.[13] 신약 성경에서 사용된 용어의 연구는 신약 성구 사전을 요구하는데, 이 가운데 가장 최신판은 바크만(Bachmann)과 슬래비(Slaby)가 출판한 책이나 헬라어 신약 성경의 네슬-알란드(Nestle-Aland) 27판 또는 유비에스(UBS) 4판과 연결된 컴퓨터 프로그램들이다.[14]

실제적으로 말해서, 연구를 진전시키는 최상의 방법은 몇 장의 종이를 사용해 이 네 기간들 가운데 사용된 단어들에 대한 연구의 결과를 기록하는 것이다. 이렇게 하면 생각을 조직적으로 정리하고 자료에 대한 결론을 내리는 데 궁극적으로 도움을 줄 것이다. 그러한 연구는 컴퓨터 워드 프로세스 프로그램을 이용해서 기록할 수도 있다. 주해를 위한 가장 중요한 결과들은 문맥과 저자의 의도를 핵심적으로 고려하면서 해당 본문에 더욱 가까이 나아갈 때 드러날 것이다.[15]

다음 단락은 헬라어 명사 ἀρραβών(arrabōn으로 음역되고 발음됨)를 사용해 단어 연구의 네 단계를 예를 들어 설명한다. 용례에 근거해서 볼 때 이 단어의 가능한 정의들은 (1) 보증금(earnest-money), 예치금(caution-money), (2) 저당물(pledge), 약조금(earnest), (3) 선물(present)과 뇌물(bribe)이다.[16] 이사에우스(Isaeus)[17]와 아리스토텔레스(Aristotle)의 글들 속에 나타나는 예는

ἀρραβῶν이 여러 단계의 지불에서 첫 번째 지불을 가리키는 상업적인 용어임을 보여준다. LSJ가 언급하는 고전적인 자료들은 로엡(Loeb) 고전 도서전집(LCL)에서 확인될 수 있다.[18]

고전 시대 단어의 용례에 관한 연구는 단어의 가능한 의미들을 유추해낼 수 있는 기초를 제공한다. 그렇지만 이러한 연구는 예문들이 용어의 뜻을 예증할 수 있더라도 드물게 사용된 단어들의 경우에만 중요한 의미를 가진다.

통시적인 연구 2: 헬라 시대 성경적인 용례를 위해 검토하기

이 구체적인 단계는 히브리어 구약 성경의 헬라어 번역인 칠십인경에서 헬라어 용어들이 어떻게 사용되었는지를 연구한다.[19] 여기에서 연구는 더욱 흥미 있기도 하고, 복잡하기도 하다. 더욱 흥미 있는 것은 이 단계의 목적 가운데 하나가 칠십인경에서 용어가 가질 수 있는 종교적 또는 신학적인 의미를 결정하는 것이기 때문이고, 더욱 복잡한 것은 이 단계가 히브리어의 지식을 요구하기 때문이다.

그러나 이 단계는 잠재적인 오류로부터 자유롭지 않다. 한 가지 흔한 오류는 단순하게 칠십인경에 나오는 헬라어 번역 배후에 있는 히브리어 단어를 발견하고 나서 헬라어 개념을 파악하기 위해 히브리어 단어의 번역을 결정하는 것이다. 이러한 절차는 세 가지 중요한 사실을 무시한다. 첫째, 언어에서 단어는 의미에 있어서 정확하게 중복되지 않는다.[20] 둘째, 칠십인경은 종종 풀어쓴 번역(의역)이지 히브리어의 축어적 번역이 아니다.[21] 사실상 어떤 곳에서는 칠십인경 배후에 있는 정확한 표현은 매우 불확실하다. 셋째, 종종 개별적인 헬라어 용어가 선택된 것은 번역자가 특정한 히브리어 용어를 번역하려고 시도했기 때문이 아니라, 그 구절이 전통적으로 읽혀지고 통역된 방식 때문이다. 이러한 사실은 어떤 용어가 히브리어에서 헬라어 의미를 선택했다거나 전문적인 히브리어 용례를 지적한다고 주석가가 성급하게 결론 내리는 것을 경고한다. 단어는 유사한 방식으로 사용될 수 있으나 그렇다고 해서 이것이 같은 의미를 수반한다는 것을 의미하는 것은 아니다.

주석가는 일단 헬라어 칠십인경 용어들이 번역하는 히브리어 단어의 목록을 만든 다음에, 가능하다면 히브리어 사전과 더불어 성경에 사용된 히브리어 단어들을 위한 신학적인 사전에서 이들 히브리어 용어들의 의미들을 연구해야 한다.[22]

칠십인경에서 ἀppaβώυ을 조사해보면 이 용어가 다말과 유다에 관한 구절인 창세기 37장 17–18절과 20절에만 나오는 것을 알 수 있다.[23] 이 구절들에서 ἀppaβώυ의 의미는 물건이 다말에게 보증으로 주어졌기 때문에 분명하게 '저당물'(pledge)이다. 여기에 사용된 대로 이 용어는 일종의 '사업상' 거래를 의미한다. 비록 돈이 교환된 것은 아니지만, 가족의 인장과 끈과 지팡이가 있었다. (NIV에서 '보증물'로 번역됨) 히브리어 용어 עֵרָבוֹן를 언뜻 살펴보면 칠십인경의 용어는 단지 히브리어의 용어를 단지 음역한 것임을 알 수 있다. 이 단어는 '차용어', 곧 빌려온 단어다.

통시적인 연구 3과 공시적인 연구 1: 성경 외적인 헬라 시대 (또는 코이네 시대) 용례들을 위해 검토하기

이 단계로 넘어올 때, 우리는 통시적인 분석에서 공시적인 분석으로 넘어가기 시작한다. 이 단계에서 연구의 목표는 해당 용어가 주전 330–주후 100년의 기간 사이에 가지는 의미의 다양성을 추적하는 것이다. 실제적으로 코이네 시대는 이 후대 시기를 넘어 확대되지만, 신약 용례를 연구할 때 연구자는 신약 성경의 시기를 넘어서 연구할 필요는 없다.

성경 밖에 있는 자료들 속에서 헬라 시대의 헬라어 단어들을 연구하는 데 중요한 자료는 몰튼(Moulton)과 밀리간(Milligan)의 책이다.[24] 이 도구는 파피루스와 비석명으로 된 유물들에서 발견되는 것과 같은 코이네 헬라어 단어들의 용례를 예로 보여준다. 어떤 예문들은 번역되지 않은 채로 실려 있으나 다행히도 대부분의 예문들은 시기가 밝혀졌을 뿐만 아니라 번역, 요약되어 있다. 어떤 예문들은 신약 시대 이후의 자료들이기 때문에 배제되어야 한다. 그러나 용어들의 일상적 용례를 생생하게 보여주는 탁월한 예문들은 많이 나온다.[25]

몰튼과 밀리간의 책에서 ἀρραβών를 즉각적으로 보면 몇 가지 중요한 사실이 드러난다.[26] 첫째, 표제어는 이 용어가 히브리어 차용어임을 지적한다. 이것은 번역한 히브리어 용어와 칠십인경 용어를 비교한 후의 고찰이다. 둘째, 표제어는 용어의 다른 철자를 제시한다. 셋째, 몇 가지 유용한 예문들에 따르면, ἀρραβών은 젖소를 구매하는 데 1천 드라크마의 보증금으로, 땅을 구매하는 데 160드라크마의 보증금으로, 그리고 쥐를 잡는 사람의 봉사에 대한 대가로 8드라크마의 계약금으로 사용되었다. 이러한 예문들은 이 단어가 상업적인 용어로 사용된 것을 분명하게 보여준다. 표제어의 내용은 다음과 같이 말한다. "위의 일상적인 용례는 고린도후서 1장 22절, 5장 5절과 에베소서 1장 14절에서 '보증금' 또는 나중에 충분히 수여될 것을 미리 주는 일부란 신약의 의미를 충분하게 확증한다."[27]이 표제어에서 그들은 신약 용어를 '보증금'으로 정의했을 뿐만 아니라, 이것을 '나중에 충분히 수여될 것을 미리 주는 일부'로 풀어서 설명한다.[28]

어떤 경우, 코이네 시대 용어의 연구는 새로운 의미들을 표면으로 드러낼 것이다. 그러나 일반적으로 코이네 자료들은 신약의 글들과 동시에 사용된 용어의 일반적인 이해에 관한 정보를 제공할 것이다.

통시적인 연구 4와 공시적인 연구 2: 성경적인 용례(신약)를 위해 검토하기

이 단계의 목표는 신약에서 용어의 의미를 결정하는 것이다. 여기에는 다양한 방식이 있다. 첫째, 신약 자료들의 각 저자의 목록을 작성하고, 저자별로 용어의 용례를 연구할 수 있다. 이 접근 방법은 연구자로 하여금 각 저자가 용어들을 독특하게 다루는 것을 주목함으로써 가치 있는 성경-신학적인 고찰들을 할 수 있게 해준다. 둘째, 특정한 장르(예를 들면, 복음서, 바울 서신들, 묵시록 등) 안에서 용어의 사용을 연구할 수 있다. 이러한 구분의 가치는 장르가 용어들과 이미지들의 사용에 어떤 영향을 주는지 검토할 수 있게 해준다는 것이다. 셋째, 연대기적인 순서로 본문을 연구함으로 용어의 사용을 연구할 수도 있다. 이 과정은 최종적으로 기록된 형태의 복음서들이 상당히 전에 일어났던 사건들을 묘사하기 때문에 아마도 복음서에서 도움이 별로 되지 않을 것이다. 그러나 바울 서신이나 일반 서신들에서 이 세 번째 접근 방법은 저자의 신학이나 초대 교회의 신약의 발전을 추적하는 데 도움을 줄 수 있다(여기에서 '발전'은 새로운 연관들을 자연스럽게 가져온 새로운 주제의 소개를 단순하게 의미할 수 있다).

그러면 이제 ἀρραβών에 대해 발견하는 것은 무엇인가?[29] 이 단어는 세 번 모두 신약의 바울 서신에 나온다(고후 1:22, 5:5, 엡 1:14). 이 단어의 사용은 그것이 성령과 인침의 사상과 관련되어 있음을 보여준다. 고린도후서 1장 22절에 따르면 하나님께서는 "장차 올 것을 보증하면서 담보물(ἀρραβών)로 성령을 우리 마음에 두셨다." 고린도후서 5장 5절에서 바울은 하나님께서 "장차 올 것을 보증하면서 성령을 담보물로 우리에게 주셨다"고 진술한다. 에베소서 1장 13-14절은 신자들이 "하나님의 소유가 된 자들의 구속 때까지 우리의 기업을 보증하는 담보물인 약속된 성령으로 우리를 그 안에서 인 치셨다"고 말한다. 그러므로 신자들에게 주시는 하나님의 성령 선물은 하나님께서 그들에 대한 소유권(인)을 가지고 계신 것뿐만 아니라, 그들에 대한 미래 기업의 보증도 보여준다. 분명하게 바울에게 성령은 보증물, 즉 더 올 것의 약속이다.

이것은 기본적인 네 단계 과정의 결론을 내린다. 그렇지만 주석가가 이 시점에 물을 수 있는 질문은 "내가 어떤 도구들을 가지고 있느냐?"는 것이다. 이상적으로 볼 때, 주석가는 앞에 언급된 모든 도구들을 소유해야 한다. 그러나 최소한으로 소유해야 하는 것은 바우어 사전, 헬라어 신약 성구 사전과 TDNT나 NIDNTT이다. TDNT의 이점은 그곳에 실린 글들이 종종 고대 참고자료들을 충분히 열거하고, 적절한 고대 본문들의 일부분을 인용하며, 주어진 구절에서 주석적인 가능성들에 대한 언급을 자주 포함하고 있다는 것이다. NIDNTT는 개념을 점검하고, 논의와 방법론에 있어서 가장 업데이트되었고 더욱 간결하다는 이점을 가진다. 또한 TDNT의 한 권으로 된 축약판(종종 '작은 키텔, Kittel'로 언급됨)은 빨리 참고할 수 있는 안내서와 완전판 TDNT으로 들어가는 통로로 유익하다.[30] 핵심자료에 대한 간결한 논의를 제시하고 있는 다른 유용한 도구는 Exegetical Dictionary of the New Testament(EDNT)다.[31] 이러한 모든 도구들이 사용한 방법론과 접근 방법은 평가를 받아야 할 필요가 있다. 이것은 특히 신약의 저작 시기와 저자, 또는 어떤 핵심용어들의 적절한 역사적인 배경에 따른 논쟁들과 연결된 쟁점들의 적합성에 대한 어떤 역사적인 판단들을 내릴 때 그렇다. 그러므로 이러한 도구들은 이것들이 어떻게 작용하고 있는지 이해하며, 그 한계점들과 가정들을 알고 있는 수준 높은 연구자들을 위한 것이다.

Ⅳ. 오류 피하기: 단어 분석에서 빚어지는 일반적인 오류들

이 단락의 마지막 단계로 넘어가기 전에 한 가지 추가적인 쟁점에 주목할 필요가 있다. 그것은 바로 단어 연구 과정에서 빚어지는 일반적인 오류다.[32] 가장 흔한 오류 가운데 몇 가지를 아래 문단에 열거하면 다음과 같다.

1. '어근 오류'로도 알려진 **어원적 오류**(etymological fallacy)는 한 단어의 의미는 그 어근 또는 어근들의 의미에 지배를 받는다고 가정한다.[33] 또한 이것은 단어의 원래 의미는 후대의 저자가 그 단어를 사용할 때 의미하는 것이라고 가정할 수 있다. 비록 단어의 뜻은 관련될 수 있지만, 어떤 저자가 단어의 구성 요소들을 알고 용어를 인용하는지는 확실하지 않다. 그러므로 문맥적인 요소가 저자가 어원적인 의미를 의식하고 있다는 것을 분명하게 하지 않는 한 어원에 호소하지 않는 것이 최상의 방책이다.
2. **부당한 총체성 양도**(illegitimate totality transfer)는 한 단어는 어떤 구절에서든 그 단어가 가질 수 있는 의미의 전부를 수반한다고 가정한다. 이것은 '의미의 과부하'(meaning overload)로 불릴 수 있다. 그러나 언어학자들은 "어떤 용어의 바른 의미는 전체 문맥에 최소한의 내용을 기여하는 것이다"라는 데 동의한다.[34] 이러한 오류가 가지는 함축적 의미들 가운데 하나는, 용어에 대한 전문적인 의미 또는 특별한 의미가 다른 문맥들에서 유입되기보다는 문맥적으로 결정되어야 할 필요가 있다는 것이다. 이중적인, 또는 전문적인 의미의 어떤 유형이 문맥과 저자의 스타일 또는 장르에 의해 분명하게 암시되지 않는 한, 주어진 문맥에서 추가적인 뉘앙스를 더하지 않는 것이 최상의 방책이다.

3. 다른 오류는 **의미론적 시대착오**(semantic anachronism)다. 이것은 한 단어의 후대 의미를 이전 용어에 집어넣어 해석하는 것을 말한다. 종종 이러한 오류를 제공하는 것은 교회가 오늘날 성경적인 용어를 사용하는 방식이다. 단어의 옛 용례와 다른 의미는 종종 발전한다. 이것의 간단한 예는 일상적인 현대교회에서 거의 항상 '칭의-성화-영화'를 의미하는 '구원'이다. 오늘날 이 용어는 초기 용례에서 가능했던 것과 같이 이들 구체적인 요소들 가운데 어느 하나보다는 폭넓게 모든 꾸러미를 가리킨다. 다른 말로 표현하면, 후대의 의미가 초기 용례에 주입되어 읽혀져서는 안 된다. 이 문제의 다른 예는 초기 자료들에서 의미를 확증할 수 없는 1세기의 의미를 지지하기 위해서 후기 유대나 헬라 문서들을 활용할 때다. 자료들의 시기에 주의 깊은 안목을 가지면 이러한 오류를 분명하게 방지할 수 있다.

4. **의미론적 퇴보**(semantic obsolescence)는 더 이상 사용되지 않는 초기 의미를 용어에 부여할 때 일어난다. 이것은 신약의 단어 연구에서 고전 헬라어의 의미를 1세기의 코이네 헬라어 용어에 수여하는 것과 동일하다. 한 가지 영어 예로 충분하다. 흠정역(KJV)이 일부 장소에서 읽기 어려운 한 가지 이유는, 그 용어들의 어떤 의미들은 주후 1611년 이후에 더 이상 사용되지 않기 때문이다. 용어는 존재하지만 그것이 원래 가졌던 의미를 더 이상 수반하지 않는 경우다.

5. **규범적 오류**(prescriptive fallacy)는 한 단어는 오로지 한 가지 의미를 가지고 모든 구절에서 이 의미를 가진다고 주장한다. 예를 들면, 한 단어가 14회 가운데 'X'라는 의미를 13회 가진다면, 논란이 되는 경우에도 이것은 반드시 'X'를 의미한다는 것이다. 그러나 단어 의미는 단어 횟수가 아니라, 문맥에 의해 결정된다.[35]

6. **단어-개념 오류**(word-idea fallacy)는 용어의 연구를 개념의 연구라고 가정한다. 그러나 개념의 연구는 단어 연구보다 광범위하며, 많은 용어는 유일한 개념과 관련될 수 있다. 예를 들어, 왕 되신 예수님의 개념을 연구한다면 이때 '왕'(basileus)이라는 용어가 등장하는 본문에만 국한되지 않는다. 연구를 위해 포함될 다른 적절한 용어는 '통치하

다', '통치', '왕국' 등이다.

7. **참고 오류**(referential fallacy)는 의미를 지시대상물에 제한한다. 그러나 원리가 주어지고, 명령이 제공되며, 상징이 사용되거나 추상적인 개념이 표현되는 문맥에서 그 의미를 유일한 지시대상물에 제한하는 것은 잘못이다. 그러한 경우들에 용어의 구체적인 지시대상물은 구절이 관계될 수 있는 유일한 대상은 아니다.[36]

예를 들어, 바벨론에서 귀환하는 것을 '새로운 출애굽'으로 묘사했을 때, 구약 선지자들은 이전 이미지를 자기들의 경험에 적용한 것이다. 신약 저자들이 원래 여호와를 가리켰던 구약 구절을 인용해 예수님께 적용했을 때, 그들은 예수님께서 행한 행동들에 비추어 본문과 상응하는 구약을 해석한 것이다. 그들은 이러한 구절들에 대한 이해를 하늘에 계신 하나님께만 국한시키는 데 제한하지 않았다. 그러나 주목해야 할 것은 저자의 원래 지시대상물들을 넘어갈 때 해석자는 주석의 전문적인 영역(주석의 목적은 저자의 원래 의도를 복원하는 것이다)을 넘어서 적용으로 들어간다는 것이다.

8. **동사 평행구 지지**(verbal parallelomania)는 여러 다른 문맥에서 동일한 용어의 존재는 개념적인 평행구, 용어들의 차용 또는 문학적인 의존을 자동적으로 가리킨다고 주장하는 일부 성경 주석가들의 관습을 말한다. 인정된 바와 같이 많은 고대 문화들은 막연하게 유사한 문맥에서 유사한 용어를 사용했고, 헬라 종교 세계는 신약에도 나타나는 용어들을 사용했다. 그러나 필로의 용어 '로고스' 사용은 이 단어가 사도 요한에게 의미하는 것과 같이 그에게 동일한 의미를 가진다는 것을 뜻하지 않는다. 모든 적절한 본문을 면밀하게 비교 검토한 후에만 가능한 평행과 차용과 문학적인 의존의 신빙성을 확증할 수 있다.

9. 아마 가장 심각한 것은 **선택적 증거의 오류**(selective evidence fallacy)일 것이다. 이것은 자신이 변호하기 원하는 해석을 지지하는 증거만 인용하는 것을 의미한다. 분명히 판단 과정에서 의도하지 않는 오류들은 종종 발생한다. 그러나 어떤 사실을 의도적으로 회피하는 것은 부정확하고 편견에 사로잡힌 결론에 항상 도달하고 만다.

이러한 아홉 가지 오류들은 단어들의 의미를 결정할 때 주석가를 방해할 수 있는 일부 장애물의 단면을 보여준다. 때때로 주석가는 해석의 작업에 참여할 때 이러한 장애물 가운데 하나 또는 그 이상에 걸려넘어진다. 이러한 이유 때문에 다른 참고서들과 대화를 하는 것이 주해 과정의 본질적인 부분이다. 그래서 우리는 단어의 분석 과정에서 마지막 한 단계를 포함시킨다. 이것은 우리의 연구 결과들을 다른 성경학자들이 밝혀낸 결과들과 비교하는 것이다.

V. 다른 권위 있는 참고서들 참고하기: BAGD,[37] BDAG, TDNT, NIDNTT

이러한 자료들을 참고하면 우리가 시도한 ἀρραβών에 대한 분석이 다른 사람들의 분석과 일치함을 알 수 있다. 예를 들어, TDNT 기사는 이 단어가 "더 큰 어떤 것을 약속하는 행동을 항상 암시한다"고 말한다.[38] 그러므로 성령은 "그들이 미래에 구원을 충만하게 소유하게 될 것을 보증하는 것"이다.[39] 이것은 용어 ἀρραβών이 가지는 문맥적인 함의에 대한 탁월한 묘사다. NIDNTT는 이러한 묘사와 일치하며, 성령은 하나님으로 말미암은 은혜로운 선물이기 때문에 누구도 하나님을 빚진 자로 말해서는 안 된다고 지적한다.[40] 이것은 그 이미지가 일상적인 용례와 다름을 보여주는 한 가지 예다. BAGD는 ἀρραβών을 '첫 분할금', '담보물', '계약금'과 '보증금'으로 정의한다. 이것은 "구매 대금의 일부를 미리 지불하여 해당 물품에 대한 법적인 권리를 확보하거나 계약을 유효하게 하는 것"을 뜻하는 상업적 또는 법적인 용어다.[41]

이것으로 단어 분석의 마지막 단계를 마감한다. 그러므로 용어가 신약 시대(공시적인 단어 분석)뿐만 아니라, 여러 시대를 통해(통시적인 단어 분석) 어떻게 사용되었는지를 추적했다.

사전적인 분석은 엄청난 과정을 요구하지만 필요한 일이다. 사전적인 연구를 통해 용어들의 의미에 대한 이해를 방해하는 장애물은 종종 극복되거나 현저하게 줄어든다. 단어 연구의 기본적인 규칙들을 이해하는 데 애쓰고, 의미의 복합성들을 파악하며, 건전한 방법론을 활용하고, 단어 연구에서 빚어지는 일반적인 오류를 피하는 주석가는 성경이란 건물의 건축 벽돌들인 단어를 해석할 때 높은 수준의 정확성을 성취할 수 있을 것이다.

결론

「키워드로 푸는 성경」에 기고한 학자들은 더 많은 대중이 성경의 의미와 핵심 어휘 사항들에 접근할 수 있다는 소망으로 연구 결과를 제공한다. 일부 전문적인 면이 있지만 이 글은 헬라어 연구와 관련된 약간의 배경 지식을 가지고 있는 사람들을 위해서, 적절하고 주의 깊은 어휘 연구에 정보를 제공하는 기본적인 방법론을 제시한다. 이것과 병행을 이루는 구약에 적용되는 글은 해당하는 책들에 소개할 것이다. 우리는「키워드로 푸는 성경」의 사용자가 이 책을 통해 교훈과 개인적인 유익을 얻을 수 있기를 바란다.

대럴 L. 보크

주

1. 이것은 주석가의 최초 목적이다. 주석가는 인간 저자의 메시지를 파악하는 데 전념한다. 우선적으로 목적은 저자가 활동한 배경 속에 제시된 대로 메시지를 이해하는 것이다. 그 메시지가 앞서 나왔든 나중에 나왔든, 다른 성경책과 연결을 짓는 과정은 뒤따르는 신학적인 과정의 임무다. 이 후기 단계에서 우리는 '계시의 점진', 하나님께서 의도하신 '충만한 의미', 신약에서 구약의 사용과 적용과 본문의 개인적인 적용과 같은 개념들을 가지고 씨름한다. 이 모든 것은 주어진 배경 속에서 주어진 문서의 메시지에 대한 우선적인 주해적 관심을 넘어선 후기의 반성을 포함한다. E. D. 허쉬(Hirsh)는 Validity in Interpretation(New Haven: Yale University Press, 1967)에서 저자의 의도에 대한 좋은 토론과 변호를 제시한다. 저자의 의도와 관련하여 조심스런 경고에 대하여 J. P. Louw, Semantics of New Testament Greek (Philadelphia/Chico: Fortress/Scholars, 1982), 48을 보라. 충만한 의미에 대한 복잡한 쟁점은 D. J. Moo, "The Problem of Sensus Plenior," in Hermeneutics, Authority, and Canon, ed. D. A. Carson and J. Woodbridge (Grand Rapids: Zondervan, 1986), 179–211, 397–405에 잘 다루어졌다.
   저자의 의도를 말할 때, 우리는 저자의 주어진 시점에서 반드시 생각했을 것이나 그가 왜 기록했는지 재현하려고 노력하지 않는다. 오히려 해석자의 목적은 저자가 그의 메시지를 위해서 선택한 용어들을 통하여 전달하고자 했던 것을 확인하는 것이다. 단어는 자동적으로 의미를 수반하지 않고 그 의미는 그 원래 배경에서 분리될 때 다양하게 이해될 수 있으므로 저자의 의도를 이야기하는 것이 본문의 의미에 대하여 이야기하는 것보다 더욱 적절하다. 주석가의 관심사는 저자의 표현 선택에서 비롯되는 의미, 곧 저자가 단어를 제시할 때 그것에 부여한 의미다.
2. 이것은 역사적으로 민감한 해석에서 구약 구절들이 가리키는 것을 결정하기 위해서 나중에 주어진 신약 구절들을 이용하지 않을 것을 의미한다. 우리가 시간의 경과란 요소를 끌어들일 때 의미는 다양한 방식으로 나타난다. 그러므로 주해적이고 해석적인 과정의 단계에서 후기 계시로 나갈 때, 원 메시지를 전적으로 불분명하게 하지 않는다면 원 메시지의 진의를 흐리게 할 수도 있다. 이 복잡한 분야와 관련하여 이 복잡한 쟁점을 다루기 위해서 복음주의 학자들이 제시한 네 가지 모델을 검토하고 평가하는 D. L. Bock, "Evangelical and the Use of the Old Testament in the New," in Bibliotheca Sacra 142 (1985):209–23, 306–17과 더욱 최근에 필자가 쓴 "The Use of the Old

Testament in the New," in Foundations for Biblical Interpretations. David S. Dockery, Kenneth A. Matthews and Robert B. Sloan, eds. (Nashville: Broadman & Holman, 1994), 97-114를 참고하라.

3. J. Barr, The Semantics of Biblical Language (Oxford: Oxford University Press, 1961), 1; A. Thiselton, "Semantics and New Testament Interpretation," in New Testament Interpretion, ed. I. H. Marshall (Grand Rapids: Eerdmans, 1977), 75-104, 특별히 75; M. Silva, Biblical Words and Their Meanings: An Introduction to Lexical Semantics (Grand Rapids: Zondervan, 1983)를 보라. 신약 단어 연구에 적용되는 의미론의 모든 국면에 대한 탁월한 연구를 위해서는 J. P. Louw, Semantics of the New Testament를 보라. 이 연구는 단어, 문장과 문단과 관련하여 의미의 문제를 다룬다. 의미론의 폭넓은 분야를 위해서는 S. Ullmann, The Principles of Semantics, 2d ed.(Oxford: Blackwells, 1957), 1-137, 197-259; idem, Semantics: An Introduction to the Science of Meaning (Oxford: Blackwells, 1962)을 보라.
4. G. B. Caird, The Language and Imagery of the Bible (Philadelphia: Westminster, 1980), 37-61.
5. 표준적인 사전에서 단어의 의미들은 개별적인 의미를 반영하는 구절들과 함께 단순하게 열거된다. 그것들은 용어의 '의미의 범위'와 관련하여 의미론적으로 차트화될 수 있다. 여기서 의미는 단어가 가질 수 있고 의미의 범주와 연결될 수 있는 다른 용어들과 함께 나란히 놓이는 의미의 범주들로 분류될 수 있다(Thiselton, 'Semantics', 91을 보라. 여기서 그는 단어 pneuma를 차트로 제시한다. 또한 Louw, Semantics, 60-66을 보라). 동일한 범위의 개념을 다루는 단어들은 동일한 의미론적 영역을 공유한다. 의미론적인 영역 중심으로 된 사전은 개념적인 그룹 짓기에 따라서 단어들을 검토한다. J. P. Louw and E. A. Nida, eds., Greek-English Lexicon of the New Testament Based on Semantic Domain (New York: United Bible Societies, 1988)을 보라. 이 시리즈의 책들에서 이 책의 약어는 LN이다. 단어 사이의 다양한 관계들에 대해 탁월하게 다룬 것을 보려면 Silva, Biblical Words, 118-35를 보라.
6. 이 요점은 다른 언어들과 알파벳들의 존재에 의하여 예증된다. 이것들은 단지 개념들을 단어로 표현하는 다른 상징적인 체계들이다.
7. Silva, Biblical Words, 101-3.
8. Theological Dictionary of the New Testament, ed. E. Kittel and G. Friedrich, trans, G. W. Bromiley, 10권(Grand Rapids: Eerdmans, 1964-76), 약어로 TDNT와 The New International Dictionary of New Testament Theology, ed. E. Brown, 4권(Grand Rapids: Zondervan, 1975-85), 약어로 NIDNTT이다. 이들 도구에 있어서 차이점은 TDNT가 상세한 기본 형태와 연결된 개별적인 사전적인 용어들을 열거하는 데 반하여, NIDNTT는 개념들, 즉 유사한 사전적인 용어들이 속하는 그룹들 또는 필연적으로 동일한 기본형을 공유하고 있지 않을 수도 있는 동의어들에 따라서 단어

들을 구성하고 있다는 것이다. TDNT는 더욱 상세한 역사적인 정보를 제공하는 반면, NIDNTT는 관련된 용어들을 분명하게 연결시키기 때문에 개념들을 더 잘 다룬다. TDNT의 비판과 관련하여 J. Barr, Semantics, 21–45, 206–62를 보라.

9. 이러한 도구들은 때때로 성경책들의 저작 시기와 저작자에 대하여, 또는 이 도구들을 사용하는 학생에게 중요한 역사적인 지식을 요구하는 역사적인 배경과 연결된 쟁점들에 대하여 비평적인 가정을 하기 때문에 수준 높은 연구자들을 위한 것이다. 이러한 도구들을 위한 핵심적인 도서 정보는 도구가 적용하는 개별적인 세부 항목의 논의 다음에 나온다.

10. 추가될 수 있는 다섯째 단계는 기독교 교부들의 문서에서 신약 용어들이 어떻게 사용되고 있는지에 대하여 연구하는 것이다. 이 단계를 위해서 G. W. H. Lampe, A Patristic Greek Lexicon (Oxford: Clarendon, 1961–68)을 사용하라. 이 책은 교부들의 글들 속에서 용어들의 사용에 대하여 알 수 있게 해준다. 헬라 교부들의 책들의 가장 완벽한 모음집은 J. P. Migne, Patrologia Graeca, 161권(New York: Adlers, 1965–1971)이다. 이들 가운데 많은 책들은 번역되었으며, 다른 시리즈에서도 발견된다. 가능한 여섯째 단계는 유대인 또는 랍비들의 문서(예를 들면, 히브리어나 아람어 문서들)에서 관련된 용어들의 사용에 대하여 검토하는 것이다. 이 단계를 위해, 신중하게 사용할 책은 H. L. Strack and P. Billerbeck, Kommentar zum Neuen Testament aus Talmud and Midrash, 6권 (Munchen: Beck, 1921–61)이다. 또한 참고할 책은 M. Jastrow, A Dictionary of the Targumim, the Talmud Babli and Yerushalmi, and the Midrashic Literature (London: Judaica, 1971)이다.

11. H. G. Liddell and R. Scott, A Greek–English Lexicon: A New Edition Revised and Augmented Throughout with Supplement, rev. H. S. Jones and R. McKenzie, 제9판 (Oxford: Oxford University Press, 1924–40; 증보판, 1968). 이 책은 이후부터 LSJ로 표기되었다. Liddell–Scott에 의해 편집된 중급 사전은 LS로 표기되었다.

12. E. Hatch and H. A. Redpath, A Concordance to the Septuagint and the Other Greek Versions of the Old Testament(외경 포함), 2권 (1897; 재판, Graz: Akademische Drucku. Verlagsantalt, 1975; 재판 Grand Rapids: Baker, 1983).

13. J. H. Moulton and G. Milligan, The Vocabulary of the Greek New Testament (Grand Rapids: Eerdmans, 1974)

14. H. Bachmann and H. Slaby, eds., Computer–Konkordanz zum Novum Testamentum Graece (New York: W. de Gruyter, 1980). 또 사용할 수 있는 색인은 Westcott과 Hort의 1881판을 토대로 쓰인 W. F. Moulton과 A. S. Geden의 Concordance to the Greek Testament, 제5판 (Edinburgh: T.&T. Clark, 1897; supplement, 1977)이다. Computer–Konkordanz의 주요 장점들은 가장 최근의 그리스 본문을 인용했다는 것뿐만 아니라, 인용하는 단어마다 더 폭 넓은 문맥을 제

공한다는 것이다. 완비한 단어 통계를 갖춘 K. Aland의 2권으로 이루어진 Vollstandige Konkordanz zum griechishen Neuen Testament(Berlin: Walter de Gruyter, 1978, 1983)는 수준 높은 연구자들에게 이득이 될 것이다. Strong과 Young의 신약 색인들처럼 가장 일반적으로 사용되는 것들은 흠정역(KJV)과 함께 사용하기에 적합하다. 다른 색인들은 어느 특정한 영문 성경을 위해서 사용된다. 이런 색인들은 기본적인 용어의 뜻풀이에는 충분하나 가장 좋은 색인들은 헬라어를 기본으로 하고 더욱 최근의 본문과 연결되어 있는 것들이다. 어떤 이들은 흠정역을 근거로 한 신약 성경이 가장 훌륭하다고 주장한다. 그러나 이 주장은 우리의 현재 헬라어 신약 성경의 필사본 기초가 흠정역이 제작된 17세기 때의 것보다 향상되었다는 사실을 무시한다.

15. 어휘에 관한 문제에서 강조되어야 할 것은 용례에 대한 증거는 숫자로 헤아리는 것이 아니라 그 무게가 중요하다는 것이다. 그러므로 의미가 불확실한 단어는 반드시 가장 대중적인 뜻을 반영하는 것은 아니며, 문맥은 항상 가장 중요한 요소가 될 것이다.

16. LSJ, 246.

17. LSJ 는 Isaeus 8.20을 인용한다. 하지만 표제어의 용어는 이 부분에서 찾을 수 없고, 8.23에서 찾을 수 있다. 이 예시는 참고 문헌을 참고하는 것의 중요성을 명확히 보여준다. 그래야만 오류와 오타들을 발견하고 제거할 수 있다.

18. The Loeb Classical Library (Cambridge, Mass.: Harvard University Press)는 그리스어와 라틴어 본문과 영문 번역으로 구성된 막대한 모음집(약 450권)이다.

19. 성경 연구에 있어서 칠십인경의 중요성에 관한 유용한 자료를 위해서는 F.W. Danker의 Multipurpose Tools for Bible Study 제3판(St. Louis: Concordia, 1970), 81–95의 "The Use of the Septuagint"와 Karen H. Jobes과 Moises Silva의 Invitation to the Septuagint(Grand Rapids: Baker, 2000)를 참고하라.

20. 예를 들면, 독일어에서 역사라는 단어는 'Geschichte' 와 'Historie' 2개가 있지만 영어에는 역사라는 단어가 'history' 하나뿐이다. 이 두 독일 단어 가운데 하나와 영어 단어를 동일시한다는 것은 독일어 전문용어의 정확성을 떨어뜨리는 것이다. Silva는 이런 분야의 문제점들을 Biblical Words, 52–73에서 자세히 설명한다.

21. 사실 칠십인경의 번역 성격은 책마다 차이가 있다. 세부적인 내용을 위해서는 J. Roberts, The Old Testament Text and the History of the Ancient Versions (Cardiff: University of Wales Press, 1951), 172–87을 참고하라. 칠십인경 연구의 최근 개관을 위해서는 Early Judaism and its Modern Interpreters, ed. R. Kraft and G. W. E. Nickelsburg (Philadelphia: Fortress, 1986), 223–37에 실린 E. Tov, "Jewish Greek Scriptures"를 참고하라.

22. F. Brown, S. R. Driver, and C. A. Briggs, eds., A Hebrew and English Lexicon of the Old Testament (Oxford: Clarendon Press, 1907); L. Koehler and W. Baumgartner, eds., Lexicon

in Veteris Testamenti Libros, 2d ed. (Leiden: Brill, 1958). 후자는 새로운 이름(Hebraisches und aramaisches Lexikon zum Alten Testament, 3 vols. [Leiden: Brill, 1967, 1974, 1983])으로 완전한 개정중이다. 연구자는 몇 권이 출판된(12권 계획) G. J. Botterweck and H. Ringgren, eds., Theological Dictionary of the Old Testament(Grand Rapids: Eerdmans, 1974-)를 참고하라.

23. Hatch and Redpath, Concordance to the Septuagint, 160.

24. 각주 13번을 참고하라. 이 책은 출판된 지 다소 오래되었다(1932). 그러나 The Society of Biblical Literature(SBL)의 작업 그룹이 개정을 준비중이다. 그렇지만 언제 업데이트된 판이 나올지 불확실하다. 매우 수준이 높은 연구자들이 참고할 수 있는 자료는 몰튼과 밀리간의 책에 실린 유용한 정보를 업데이트하는 파피루스 모음집 시리즈다.

25. 몰튼과 밀리간의 책은 주어진 단어의 모든 횟수 가운데 단지 작은 샘플만 포함한다. 그래서 이 시기에 용어들에 대한 완벽한 논의를 제공하는 것으로 간주해서는 안 된다. 이러한 자료의 완벽한 논의는 한 권으로 모집된 형태로 존재할 수 없다. 그렇지만 약간의 파피루스 자료 업데이트는 www.perseus.tufts.edu에 나오는 Perseus 프로젝트 사이트에 온라인으로 이용 가능하다.

26. Mouton and Miligan; Vocabulary, 79

27. Ibid.

28. 표제어는 몇 가지 흥미 있는 후기 본보기를 포함한다. 한 예는 ἀppaβώυ를 '아내를 사는 것'과 연결한다. 두 번째 예는 '약혼반지'를 ἀppaβώυ로 말한다. 다시 보증으로서의 대상에 대한 묘사는 여기서 매우 분명하다.

29. Bachmann and Slaby, Computer-Konkordanz, 222.

30. G. Bromiley에 의하여 준비된 'Little Kittle'(Grand Rapids; Eerdmans, 1985)는 TDNT의 단권 축약판이다.

31. Horst Balz and Gerhard Schneider, eds. Exegetical Dictionary of the New Testament. 3권(Grand Rapids; Wm. B. Eerdmans, 1990-93). 다른 단어 도구인 C. Spicq, Theological Lexicon of the New Testament. 3권(Peabody, Mass: Hendrickson Publishers, 1994)은 매우 유용하지만 이 사전은 단어를 선택적으로만 다룬다. 이 책이 인용될 때 이것은 Spicq로 축약된다.

32. 오류들에 대한 좀더 종합적인 논의를 위해서, D. A. Carson, Exegetical Fallacies (Grand Rapids: Baker, 1984), 25-66을 참고하라. 그는 그러한 오류를 16개 언급한다. 이 논문은 단지 아주 흔한 오류만 언급할 것이다.

33. Louw, Semantics, 23-31; Silva, Biblical Words, 35-51; Barr, Semantics, 107-60을 보라.

34. E. A. Nida, "The Implications of Contemporary Linguistics for Biblical Scholarship," Journal of Biblical Literature 91 (1972):86; Louw, Semantics, 51-52.

35. 이것은 특별히 초보적인 학생에게 주해를 종종 복잡하게 하는 주요 쟁점을 제기한다. 사람은 용어

의 의미가 문맥적으로 가능하다는 사실을 단지 보여줌으로써만 단어의 의미를 확립하지 않는다. 종종 주석가들은 문맥이 변호된 의미를 지지할 수 있다고 보여주었을 때 자기들의 임무가 완성되었다고 생각한다. 그렇지만 선택되어야 할 의미는 십중팔구 여러 가지 가능성 가운데 하나다. 종종 문맥은 의미의 다양성을 지지할 수 있으나, 문맥에 가장 자연스럽게 어울리고 문맥적으로 최소한의 압력을 받는 것이 그 단어의 의미다.

36. 이 오류는 언급된 것들 가운데 가장 추상적인 것이며 간단하게 설명하기 어렵다. 더욱 상세한 논의를 위해서, Silva, Biblical Words, 103-8을 보라.

37. BAGD는 W. Bauer, A Greek-English Lexicon of the New Testament and Other Christian Literature, trans. W. F. Arndt and F. W. Gingrich, rev, Ed. F. W. Gingrich and F. W. Danker (Chicago: University of Chicago Press, 1979)의 약어다. 이 사전에 세 번째 수정판은 2000년에 출판되어 이 판에서 Danker의 역할이 두드러지게 나타나기 때문에 그것을 앞에 두어 BDAG로 축약된다. 이 사전의 이전 판이 여기서는 예로 인용되었다.

38. TDNT, 1:475.

39. Ibid.

40. NIDNTT, 2:39-40.

41. BAGD, 109.

저자 소개

대럴 L. 보크(Darrell L. Bock)

학사, 신학석사, 에버딘 대학교 철학박사
달라스 신학교 신약학 연구 교수
크리스천 리더십 센터 영성 개발과 문화 교수
총 편집자, 서문과 사도행전 집필

존 D. 그래스믹(John D. Grassmick)

학사, 신학석사, 글래스고 대학교 철학박사
달라스 신학교 학무부총장, 신약학 교수
갈라디아서 집필

해럴드 W. 훼너(Harold W. Hoehner)

학사, 신학석사, 캠브리지 대학교 철학박사, 신학박사
달라스 신학교 신약학 석좌 교수
로마서, 에베소서 집필

데이빗 K. 로워리(David K. Lowery)

학사, 신학석사, 에버딘 대학교 철학박사
달라스 신학교 신약학 교수
고린도후서 집필

제이 E. 스미스(Jay E. Smith)

학사, 신학석사, 트리니티 신학교 철학박사
달라스 신학교 신약학 부교수
고린도전서 집필

약어 및 고대 자료

성경 이외의 자료들에 대해서는 표준 약어를 사용하였다. 이 자료들의 포괄적인 목록은 The SBL Handbook of Style: For Ancient Near Eastern, Biblical and Early Christian Studies에 나온다. 이 책의 편집에 Patrick H. Alexander, John F. Kuttsko, James D. Ernest, Shirley A. Decker-Lucke와 성서문학회의 David L. Peterson이 참여했다(Peabody, Mass: Hendrikson, 1999). 많이 사용되지만 비교적 생소한 약어들 가운데 일부만 아래 목록에 실었다.

ABD Auchor Bible Dictionary

Acts of Paul(바울행전) 주후 2세기의 기독교 작품으로 사도 바울의 선교와 죽음을 상술하고 있다. 신약 외경의 하나다.

Acts of Paul and Thecla(바울행전과 데클라) 사도 바울이 데클라란 처녀에게 미친 영향에 대한 이야기로서 신약 외경의 하나다.

Aelius Spartianus(아이루스 스파르티아누스) The Historia Augusta의 여섯 가지 필사본들 가운데 하나로 추정되는 것으로서 주후 111~284년 사이의 로마 황제들과 폭군들의 전기들을 모아 놓은 책이다.

Aeneas Tacticus(아에네아스 탁티쿠스) 주전 4세기, 초기 그리스의 병법 작가들 가운데 한 사람

Aeschylus(아에쉴루스) 주전 5세기, 그리스의 극작가 및 비극 배우

Andocides(안도키데스) 주전 5세기, 그리스의 웅변가

Appian(아피안) 주후 2세기, 로마의 역사가

Apollonius Citiensis(아폴로니우스 시티엔시스) 주전 1세기, 그리스의 의사

Apuleius(아푸라이우스) 주후 2세기, 로마의 저술가

Aristophanes(아리스토파네스) 주전 5세기 말, 그리스의 극작가

Aristotle(아리스토텔레스) 주전 4세기, 그리스의 철학자로서 플라톤의 제자이며, 알렉산더 대왕의 스승

ASV American Standard Version

AT The Complete Bible: An American Translation

AV Authorized Version of the Bible(King James)

BAGD Bauer, Arndt, Gingrich와 Danker의 A Greek-English Lexicon of the New Testament and

Other Early Christian Literature, 제2판, 1979

Barnabas(바나바스) 위경의 하나인 바나바 서신(바나바가 쓴 것으로 보이지 않음)

BDAG auer, Danker, Arndt와 Gingrich의 A Greek-English Lexicon of the New Testament and Other Early Christian Literature, 제3판, 2000

BDB Brown, Driver 및 Briggs의 A Hebrew and English Lexicon of the Old Testament, Oxford, 1907

DBF R. W, Funck이 번역하고 개정한, F. Blass와 A. Debrunner의 A Greek Grammar of the New Testament and Other Early Christian Literature, 1961

Bib Biblica: the Pontifical Biblical Institute Journal

BKWS D. Bock(NT)와 E. Merrill(OT)이 편집한 Bible Knowledge Word Study, 전6권, Colorado Springs, 2002.

Callimachus(칼리마코스) 주전 3세기, 그리스의 학자 및 문헌 역사가

CBQ Cathoric Bible Quarterly

CEV Contemporary English Version

Chrisostom(크리소스톰) 주후 4세기 말-5세기 초, 기독교 감독 및 설교자

Cicero(키케로) 주전 1세기, 로마의 웅변가 및 철학자

DDD K. van der Toorn, B. Becking과 P. W. Van der Horst가 편집한 Dictionary of Deities and Demons in the Bible, 1999

Dead Sea Scrolls(사해 두루마리) 주전 2세기 중반부터 주후 70년까지의 유대인 분리주의자의 문헌(아래의 'Q'를 보라)

Demosthenes(데모스테네스) 주전 4세기, 그리스의 웅변가 및 정치가

Didache(디다케) 주후 1세기 말의 기독교 문서

Dio Cassius(디오 카시우스) 주후 2세기 말-3세기 초, 로마의 역사가

Diodorus Siculus(디오도루스 시쿨루스) 주전 1세기, 그리스의 역사가

Diogenes Laertius(디오게네스 라에르티우스) 주후 3세기, 그리스 철학가들의 전기 작가

Dionysius of Halicarnassus(할리카르낫소스의 디오니시오스) 주전 1세기, 로마 제국의 그리스 역사가

DPL D. G. Reid가 편집한 G. Hawthorne와 R, Martin의 Dictionary of Paul and His Letters, 1993

EDNT Exegetical Dictionary of the New Testament, 전3권, 1978-80, 1990년 영어판

Eng. 이것은 장절이 표기된 영역본을 가리킨다.

Epictetus(에픽테토스) 주후 1-2세기, 그리스 작가

ESV English Standard Version

Eubulus(에불루수) 성 에불루스로 알려진 초대 교회의 순교자

Euripides(에우리피데스) 주전 5세기, 그리스의 극작가 및 비극 배우

HALOT M. E. J. Richardson의 감수 아래 번역, 편집한 Koehler, Baumgartner, Stamm의 The Hebrew and Aramaic Lexicon of the Old Testament, 전4권, Leiden, 1994–99

HCSB Holman Christian Standard Bible

Heraclitus(헤라클레이토스) 주전 6세기 말–5세기 초, 소크라테스 이전의 그리스 철학자

Herodotus(헤로도토스) 주전 5세기, 그리스의 여행가 및 철학자

Hesiod(헤시오드) 주전 7세기, 그리스의 시인이자 음유 시인

Hippocrates(히포크라테스) 주전 5세기 말–4세기 초, 그리스의 의사

Homer(호머) 주전 8세기, 전설적인 그리스의 시인이자 음유 시인

Iignatius(이그나티우스) 교부, 주후 98–117년 사이에 순교했다.

Irenaeus(이레니우스) 주후 2세기의 교부

Isaeus(이사에수스) 주전 5세기 말–4세기 초, 그리스의 웅변가

ISBE G. W. Bromiley가 편집한 International Standard Bible Encyclopedia, 전4권, Grand Rapids, 1979–88

Isocrates(이소크라테스) 주전 5세기 말–4세기 초, 그리스의 수사학자

Jerome(제롬) 주후 4세기 말–5세기 초의 교부

JB Jerusalem Bible

JETS Journal of the Evangelical Theological Society

Josephus(요세푸스) 이스라엘에 살았던 주후 1세기의 유대 역사가. 그의 네 작품(유대 고대사, 유대 전쟁사, 생애, 아피온 반론)은 유대인의 생활, 관습, 믿음에 대한 내용을 담고 있어 고대의 중요한 문헌들에 속한다.

Justin Martyr(순교자 저스틴) 주후 2세기의 교부

KJV King James Version

Letter of Aristeas(아리스테아스의 편지) 주후 2세기 중반의 헬라주의적 유대 문서(대부분 픽션으로 보임)

Livy(리비우스) 주전 1세기–주후 1세기, 로마의 역사가

LN Louw와 Nida의 Greek–English Lexicon of the New Testament Based on Semantic Domains, 전2권, 1988

Longus(롱구스) 주후 2세기, 그리스의 작가이자 연애소설가

LSJ Liddell, Scott, Jones 그리고 McKenzie의 English–Greek Lexicon

Lucian(루시안) 주후 2세기, 그리스의 수사학자 및 풍자 작가

LXX 70인경

Lysias(리시아스) 주전 5세기 말–4세기 초, 그리스의 웅변가

m 이 약어는 미쉬나(Mishnah)를 가리킨다. 미쉬나는 구전 율법을 집대성한 유대의 법전으로 주후 2세기에 완성되었다. 미쉬나는 유대교와 관련이 있는 광범위한 주제들을 다루는 많은 책들로 구성되어 있으며, 이 약어 다음에 소논문 책의 이름이 명기된다.

Martial(마르티알리스) 주후 1세기, 로마의 시인

Menander(메난드로스) 주후 4세기 말–3세기 초, 그리스의 극작가이자 희극 작가

Midrash on Psalms Mishnah(시편 미드라쉬) 유대적인 시편 주석서로, 편집 시기가 알려지지 않고 있다.

MLB Modern Language Bible

MM Moulton–Milligen의 Vocabulary of the Greek New Testament, 1930

MOFFAT A New Translation of the Bible

NAB New American Bible

NASB New American Standard Bible

MT Masoretic Text

Musonius Rufus(무소니우스 루푸스) 주후 1세기, 로마의 금욕주의(스토아파) 철학자

NCV New Century Version

NEB New English Bible

NET New English Translation

NewDocs 여러 권의 수집록으로 New Documents Illustrating Christianity으로 알려져 있다.

NJB The New Jerusalem Bible

NIDNTT C. Brown이 편집한 New International Dictionary of New Testament Theology, 전4권, Grand Rapids, 1975–85

NIDOTTE W. A VanGemeren이 편집한 New International Dictionary of Old Testament Theology and Exegesis, 전5권, Grand Rapids, 1997

NIV New International Version

NKJV New King James Version

NLT New Living Translation

NRSV New Revised Standard Version

NT 신약 성경

OCD S. Hornblower와 A. Spawforth가 편집한 The Oxford Classical Dictionary, 제3판, 1996

OT 구약 성경

p Tebt. 텝투니스 파피루스(Tebtunis Papyri)를 가리키는 약어다. 이것은 이집트의 텝투니스에서 발견된 고대의 문헌으로 주전 3세기-주후 3세기의 것으로 추정된다.

PHILLIPS New Testament in Modern English

Philo(필로) 주전 1세기-주후 1세기, 그리스의 유대인 철학자

Philodemus(필로데모스) 주전 1세기, 로마의 쾌락주의 철학자 및 시인

Pindar(핀다로스) 주전 5세기, 그리스의 서정시인

Plato(플라톤) 주전 4세기, 그리스의 철학자로 소크라테스의 제자

Plutarch(플루타르크) 주후 1-2세기, 그리스의 작가

Pollux(폴루데우케스) 주후 2세기, 그리스의 문법 학자 및 소피스트

Polybius(폴리비우스) 주전 2세기, 그리스의 역사가

Posidippus(포시디푸스) 주전 3세기, 그리스의 시인

Pseudo-Phocylides(포실리드의 위경) 주전 6세기의 그리스 철학자 포실리드의 작품으로 여겨지는 위경서 가운데 하나다.

Q 쿰란문서를 가리키며, 이 문자 앞에 숫자를 기록하여 문서를 구별한다. 숫자는 해당 문서가 쿰란의 어느 동굴에서 발견되었는지를 말해준다. 이 문서들은 사해 두루마리의 일부분이다.

Quintilian(퀸틸리아누스) 주후 1세기, 로마의 수사학자

Rab. Rabbah의 약어로 성경의 책 앞에 사용된다. 성경의 책들에 대한 더 광범위한 유대적 주해서로서 미드라쉬 랍바(Midrash Rabbah)로 불린다. 다뤄진 열 권의 책들은 창세기에서 신명기까지 그리고 예레미야애가, 룻기, 전도서, 아가와 에스더이다.

REB Revised English Bible

RSV Revised Standard Version

RV Revised Version

Seneca(세네카) 주후 1세기, 로마의 철학자 및 극작가

Shepherd of Hermas(헤르마스의 목자) 주후 2세기의 기독교 문헌으로 일부 초대교회 교부들은 이것을 경전으로 간주했다.

SIG Sylloge Inscriptionum Graecarum이란 제목의 묘비명 수집록

Sophocles(소포클레스) 주전 5세기, 그리스의 극작가 및 비극 배우

Soranus(소라누스) 주후 2세기, 그리스의 산부인과 의사

Strabo(스트라보) 주전 1세기-주후 1세기, 그리스의 역사가 및 철학자

Str-B Strack-Billerbeck, Kommentar zum Neuen Testament aus Talmud und Midrasch, 전6권, 1986

Suetonius(수에토니우스) 주후 2세기, 로마의 전기 작가 및 역사가

Symmachus(심마쿠스) 주후 2세기 말, 학자 및 저자로서 구약 성경을 헬라어로 번역했다.

t 토세프타(Tosefta)의 약어로서 미쉬나를 보충한 유대의 랍비 문서를 가리킨다. 이 약어는 토세프타에서 언급된 소논문 책의 이름 앞에 나온다.

Tacitus(타키투스) 주후 1세기 말-2세기 초, 로마의 역사가

TCNT Twentieth Century New Testament

TDNT G. Kittel과 G. Friedrich가 편집한 Theological Dictionary of the New Testament, 전10권, 1964

TDOT G. J. Botterweck와 H. Ringgren이 편집하고 J. T. Willis, G. W. Bromiley와 D. E. Green이 번역한 Theological Dictionary of the Old Testament, 전11권, Grand Rapids, 1974

Tertullian(터툴리안) 주후 2세기 말-3세기 초, 교부 및 저술가

TEV Today's English Version

Theocritus(데오크리토스) 주전 3세기, 그리스의 시인

Theodore of Mopsuestia(몹시수에스티아의 데오도르) 주후 4세기, 초대교회의 감독 및 작가

Theodoret(데오도레트) 주후 5세기, 초대교회 감독 및 작가

Theodotion(데오도티온) 주후 2세기, 히브리어 성경을 헬라어로 번역한 헬라파 유대인 학자

Theophrastus(테오프라스토스) 주전 4세기, 그리스의 철학자

Theophylact(테오필라크트) 주후 11세기, 많은 주석서들의 집필자

Thucydides(투키디데스) 주전 5세기, 그리스의 역사가

TLNT C. Spicq가 편집하고 J. D. Ernest가 번역한 Theological Lexicon of the New Testament, 전3권, 1994

TNIV Today's New International Version

TWAT G. J. Botterweck 와 H. Ringgren이 편집한 Theologisches Worterbuch zum Alten Testament, 전6권 W. Kohlhammer, Germany, 1973

Vulg. Vulgate

TWOT R. L. Harris, G. L. Archer Jr., B. K. Waltke가 편집한 Theological Wordbook of the Old Testament, 전2권, Chicago, 1980

WEYMOUTH(웨이머스) Weymouth's New Testament in Modern Speech

Xenophon(크세노폰) 주전 5세기 말-4세기 초, 그리스의 작가

YCS Yale Classical Studies

음역(Transliteration)

「키워드로 푸는 성경」은 헬라어를 위해 표준 음역 체계를 사용한다. 아래는 각 글자가 어떻게 상응하는지 보여주는 목록이다. 이것은 독자에게 헬라어 글자를 읽는 데 도움을 줄 것이다.

α	—	a	ν	—	n
β	—	b	ξ	—	x
γ	—	g	ο	—	o
δ	—	d	π	—	p
ζ	—	z	ρ	—	r
η	—	ē	σ, ς	—	s
θ	—	th	τ	—	t
ι	—	i	υ	—	y*
κ	—	k	φ	—	ph
λ	—	l	χ	—	ch
μ	—	m	ψ	—	ps
			ω	—	ō

■ 이중 모음의 경우는 예외다. 아래를 보라.

정상적인 음역의 특별한 경우는 다음과 같은 변형을 포함한다.

ῥ	—	rh	αυ	—	au
῾	—	h	ει	—	ei
γγ	—	ng	ευ	—	eu
γκ	—	nk	ηυ	—	ēu
γξ	—	nx	οι	—	oi
γχ	—	nch	ου	—	ou
αι	—	ai	υί	—	hui

음역에 대한 색인에서 우리는 단어들의 순서를 번역할 때 알파벳 순서를 따른다.

사도행전

대럴 L. 보크(Darrell L. Bock)

1:1. 첫 번째 책(First <u>book</u>, *logon*) – 이 단어는 누가복음과의 연결을 암시하며, 문맥상으로 누가가 기록한 두 권의 책 가운데 먼저 쓴 책을 가리킨다(BAGD, 477–78, laζ, BDAG, 600,1b, '이전 보고서'–KJV, '첫 번째 설명'–NASB, '이전 책'–NIV, '첫 번째 책'–RSV, ESV, '이전 설명'–NFT). 누가는 먼저 쓴 책에서 예수님께서 행하시며 가르치기 시작하신 것을 이야기했는데, 이제부터 이야기할 사도행전에서도 예수님께서는 여전히 적극적으로 활동하신다(Bruce, *Acts: GreekText, 98*). [*logos*]

1:2. 그가 위로 취해졌다(He was taken up, *anelēmphthē*) – 누가복음과의 연결을 암시하는 두 번째 단어로, 누가복음 24장 44–53절에 언급된 예수님의 승천을 가리킨다('그가 올라갔다'–NLT, '그가 위로 데려감을 받았다'–대부분의 다른 역본들). 이 단어는 하나님께서 예수님을 하늘로 직접 데려가심으로써 예수님의 주장이 옳다고 변호하셨음을 떠올리게 한다. 사도행전 2장 30–36절은 이 주제를 자세히 설명한다. 예수님께서 성령을 통해 선택하신 사도들에게 주신 명령은 하나님의 약속이 이루어졌다는 소식을 세상에 전하라는 것이었다(눅 24:47, 49). [*analambanō*]

1:3. 많은 <u>증거</u>로(by many <u>proofs</u>, *tekmēriois*) – '증거'라는 용어는 '설득력 있는 방법이나 결정적인 방법으로 어떤 것을 알게 하는 것'(BAGD, 808, BDAG, 994, '확실한 증거'–KJV, KNJV, '설득력 있는 증거'–NIV, NASB)을 의미한다. 이 단어는 표적을 암시할 때도 있지만, 사도들로 하여금 하나님께서 행하신 일에 관한 극단적 의심과 실망에서 벗어나 용기를 갖게 한 부활 이후 예수님의 출현을 가리킨다(눅 24장과 행 2장을 비교하라). [*tekmērion*]

하나님의 <u>나라</u>(<u>Kingdom</u> of God, *basileias tou theou*) – 이것은 예수님의 가르침의 핵심이

며, 예수님의 메시아 사역 과정에서 시작되는 약속된 하나님의 통치를 가리킨다(Bock, Jesus, 565–93). 누가는 누가복음에 비해 사도행전에서 이 용어를 자주 사용하지는 않는다. 이 단어는 누가복음에 32회 나오지만, 사도행전에는 6회만 언급된다(1:3, 8:12, 14:22, 19:8, 28:23, 31). 하나님의 나라는 누가가 강조하는 핵심 요소들 가운데 하나다(눅 9:2, 6). 예수님의 부활은 왕국의 전파를 가능하게 했다(행 28:23, 31). [*basileia*]

1:4. 아버지의 <u>약속</u>(The <u>promise</u> of the Father, *epangelian tou patros*) – 이 약속은 성령의 선물을 가리킨다. 하나님께서 백성들의 마음에 명령하시는 일을 가능하게 하는 분이 바로 성령이시다(눅 24:49, 행 2:16–18, 30–33). 이 선물은 아버지께서 보내시는 것이며, 하나님께서 약속하신 통치의 일부분이고, 하나님께서 성령을 주시는 것을 보고 메시아가 오셨음을 알게 된다(눅 3:15–17, 행 2:30–36). 사도행전에서 성령께서는 선교를 위해 하나님의 백성을 무장시켜 복음을 선포하도록 허락하는 분으로 활동하신다. "예루살렘을 떠나지 말라"는 명령에서는 성령께서 그 나라의 중심 도시인 예루살렘에서 활동을 시작하실 것이 암시되고 있다. 사도행전 1장 8절은 이 출발 지점인 예루살렘을 강조하고 있다. 메시아를 십자가에 못 박은 도시에서 약속된 선교가 시작된다. [*epangelia*]

1:5. <u>성령</u>으로(With the <u>Holy Spirit</u>, *en pneumati hagiō*) – 이 말은 누가복음 3장 15–17절의 세례 요한의 가르침에 뿌리를 두고 있으며, 예수님께서 하신 말씀을 생각나게 한다. 사람들이 메시아가 오셨다는 것을 알게 되는 것은 약속된 자가 물이 아닌 성령으로 세례를 베푸시기 때문이다. 이 약속은 사도행전 2장에서 실현된다. 그러므로 이 구절은 사도행전 1장 4절이 성령께서 새로운 신자 공동체 안에 머물면서 선교 사명을 수행하도록 도와줄 것이라는 약속과 어떤 관련이 있는지를 보여준다. 신약에서 '거룩한 영'으로 성령을 지칭하는 경우는 총 90회인데, 그 가운데 40회가 사도행전에 나온다. [*pneuma* + *hagios*]

1:6. 회복하다(Restore, *apokathistaneis*) – 이것은 제자들의 질문에서 핵심 용어다. 제자들은 구속과 왕국에 대한 하나님의 계획에 이스라엘이 언젠가는 포함될 것이라고 여전히 기대하고 있다. 제자들은 예수님의 공생애 기간과 부활 이후의 출현을 통해 가르침을 받았음에도 불구하고 이스라엘 왕국의 회복에 대한 사상을 포기하지 않고 있다. 사실 세속적 용법에서 이 동사는 '원래의 상태로 되돌리다'라는 의미를 지닌다(EDNT 1:129). 70인경에서 이 동사는 언젠가 이스라엘에 발생하게 될 종말론적인 회복을 가리킨다(렘 16:15, 23:8, 24:6, 호 2:3, 6:11, 11:11, 시 14:7, 85:1). 사도행전 1장 8절에서의 예수님의 대답은 자신의 활동이 모든 민족들을 위한 것임을 암시한다. 그렇다고 해서 예수님께서 이스라엘이 언젠가는 왕국에 들어가게 될 것이라는 사상을 부정하시는 것은 아니다. 베드로는 사도행전 3장 19–21절에서 구약의 선지자들의 약속이 아직도 유효하다는 개념을 거듭 강조하고 있다. 이 단어는 사도행전 가운데 여기에서만 사용된다. [*apokathistēmi*]

1:7. 너희가 알 것이 아니라(Not for you to know, *ouk…gnōnai*) – 예수님의 대답은 이스라엘이 왕국으로 회복될 것이라는 개념에 반대하지 않는다. 그보다 예수님께서는 제자들에게 하나님의 심판 시기를 알 수 없을 것이라고 말하면서 그들의 사고 방식을 교정하신다. 예수님께서는 그 시기가 하나님의 주권에 속하는 문제라고 대답하신다. 또한 제자들에게 하나님의 약속의 메시지를 세상에 전달하는 것에 관심을 가져야 한다고 사도행전 1장 8절에서 말씀하신다. 마지막 사건들의 때는 아버지(Father) 그분의 권위로 결정된다(*eqeto*). [*ginōskō*]

1:8. 권능(Power, *dynamin*) – 이것은 보내심을 받은 성령께서 제자들 안에 거하시게 될 때 제자들에게 주어지는 것을 가리킨다. 성령께서는 제자들에게 땅 끝까지 이르러 예수님의 증인이 되는 능력을 주셨다. [*dynamis*]

증인들(Witnesses, *martyres*) – 이 단어는 부활하신 예수님을 목격하거나 만난 사람들을 가리키는 사도행전의 핵심 용어다. 증인들은 하나님께서 예수님을 통해 하신 일을 직접 증언할 수 있다. 이 단어는 신약에서 35회 사용되는데, 이 가운데 사도행전에 13회 나온다. 사도행전을 제외한 다른 곳에서는 단지 어떤 것을 목격하거나 경험한 사람이라는 더 광범위한 뜻을 지닌다. 사도행전은 이 용어를 협의적으로 사용하고 있는데(BAGD, 494, 2c, BDAG, 620, 행 1:22, 2:32, 3:15, 5:32, 10:39, 42, 13:31, 22:15, 22:20), 이 어법은 누가복음 24장 48절로 거슬러 올라간다(TDNT 4:492–93). [*martys*]

땅 끝까지(Unto the end of the earth , *heōs eschatou tēs gēs*) – 이 말은 선교의 범위가 땅 끝임을 강조한다('땅의 가장 멀리 떨어진 부분'–KJV, '땅의 가장 먼 부분'–NASB, '땅의 끝들'–NIV,NLT, '땅의 가장 멀리 있는 부분들'–NET). 선교의 목표는 모든 민족들에게 나아가는 것이다(마 28:19). 이 말은 사도행전 13장 47절에 다시 나온다. 이 개념은 히브리 성경의 시편 72편 8절의 '하나님의 왕국의 주권이 땅 끝까지 확장될 것'이라는 소망과 연관이 있다. 70인경에서는 이 문구를 '땅의 경계들'(*peratōn tēs oikoumenēs*)로 번역하는데, 하나님의 왕국이 끝내 땅 전체로 확장될 것이라는 사상의 또 다른 표현법이다. 사도행전 13장 47절에 나오는 이 말의 배경으로 사용되고 있는 70인경의 이사야 49장 6절이 훨씬 더 비슷하다. 70인경에서 이 말은 종 이스라엘이 모든 민족들을 위해 땅 끝까지 확장되는 빛과 구원으로서의 역할을 감당하는 존재가 될 것이라는 언약과 관련이 있다. 신약은 단지 복음을 전파하라는 명령에 대한 암시로 '빛'이 되라는 요구를 언급할 뿐이다. 때가 되면 왕국에서 그 약속이 완전히 이루어질 것이다. [*eschatos + gēs*]

1:9. 그가 위로 들림을 받았다(He was lifted up, *epērthē*) – 이 구절은 '들어올리다'라는 동사의 수동태를 사용하고 있다(BAGD, 282, 2a, BDAG, 357, 1, '위로 취해졌다'–NIV, NLT). 하나님께서는 '제자들이 보는 데서' 예수님을 구름 속으로 데리고 가셨다. 이 구절은 예수님을 하나님의 오른편에 있게 한 승천을 묘사한다(행 2:33). [*epairō*]

1:10. 흰 옷(White robes, *esthēsesi leukais*) – 누

가복음 24장 4절과 비슷한 이 묘사는 천사 또는 거룩한 존재의 출현을 연상하게 하는 의복, 곧 '영광스러운 옷차림'을 가리킨다(계 3:5, BAGD, 312[*esthēs*], 472, 2[*leukos*], BDAG, 593, 2[*leukos*]). 이렇게 자세하게 묘사한 것은 하늘의 선포를 강조하기 위해서다. [*esthēs* + *leukos*]

1:11. 위로 취해진 사람(The one who was taken up, *ho analēmphtheis*) – 이 동사는 하나님께서 하늘로 데려가신, 예수님의 고향을 가리키는 또 하나의 핵심 용어다(행 1:2, 22, 딤전 3:16, BDAG, 66). [*analambanō*]

같은 방식으로 그가 오실 것이다(In the same way he shall come, *houtōs eleusetai*) – 이것은 부사구다(BADG, 598, 2, BDAG, 742, 2). 천사는 예수님의 다시 오심이 사람들이 조금 전에 본 올라가심과 정반대 방식이 될 것을 암시하고 있다('동일한 방법으로'–KJV, '동일한 방식으로'–NIV, RSV, NET). 예수님께서는 하늘로 올라가신 것과 똑같은 방식으로 내려오실 것이다. 이것은 예수님의 미래의 영적 임재에 대한 단순한 비유적 표현이 아니다. 예수님께서 육체적으로 이 땅에 다시 오실 것에 대한 주장이다. [*houtōs*]

1:13. 다락방(Upper room, *hyperōon*) – 근동 지역에서는 집의 평평한 지붕 위에 방을 만들었다(BAGD, 842, BDAG, 1034, '위층의 방'–NET). 이 단어는 사도행전에만 나온다(9:37, 39, 20:8). 남은 열한 명의 사도들과 그들과 함께 있던 사람들, 곧 여자들과 예수님의 어머니 마리아 그리고 예수님의 형제들은 예루살렘에서 이 다락방에 함께 모여 기도하면서 성령의 임재를 기다렸다. [*hyperōon*]

1:14. 마음을 같이하여(With one accord, *homothymadon*) – 이 용어는 신약에서 11회 나오며, 이 가운데 사도행전에 10회 나온다. 한 단체가 한 사람처럼 행동하는 것을 가리킨다('마음을 같이하여'–KJV, ESV, RSV, '한 마음으로'–NASB, NET, '함께 계속해서 만나'–NLT). 이 용어는 일반적으로 유대인들이나 다른 사람들이 어떤 것에 반대하여 행동하는 것을 묘사하는 데 사용된다(행 7:57, 12:20, 18:12, 19:29). 사도행전의 다른 본문들에서 제자들은 어떤 것에 관해 마음의 일치를 이루고 있다(행 2:46, 4:24, 5:12, 8:6, 15:25). 이 용어는 교회가 중요한 시기에 근본적인 일치를 이루고 있음을 강조한다. 교회는 순종하는 마음으로 성령을 기다렸으며, 기다리는 동안 기도하고 있다. 사도행전 1장 15절은 약 120명의 사람들이 그 자리에 참석했다고 전한다. [*homothymado*n]

1:16. 필요하다(It is necessary, *edei*) – 이 표현은 사도행전뿐만 아니라 누가복음에 매우 자주 나오며, 하나님의 계획에 따라 어떤 일이 발생했음을 암시한다. 신약에서 101회 사용되며, 이 가운데 누가복음과 사도행전에 40회 나온다. 베드로는 예수님을 체포자들의 손에 넘긴 유다의 배반이 하나님의 계획의 일부였음을 강조한다. [*dei*]

1:18. 이 사람이 밭을 샀다(This man bought a field, *houtos…ektēsato chōrion*) – 유다의 행동에 대한 이 간단한 서술이 많은 논쟁을 불러일으

키는 이유는 마태복음 27장 3-10절에서 유대인 지도자들이 유다가 다시 돌려준 돈으로 밭을 샀다고 증언하고 있기 때문이다. 우리는 유다가 그 매매의 직접 당사자라기보다는 매매 이면의 '원인이 되는' 요인이었다고 추정할 수 있다. 이 동사는 어떤 것을 취득하는 것을 가리킨다. [*ktaomai*]

불의로 인해 얻은 보상으로(From the reward from his wickedness, *ek misthou tēs adikias*) – 이 용어는 소유격으로 사용되고 있으며, 종종 '…의'(of)로 번역된다. 이 용어가 어떤 단어를 수식하는지 분명치는 않다('그의 불의의 대가로' –NASB, '그의 불의로 얻은 보상으로'–NIV, '그가 자신의 배반으로 벌어들인 돈으로'–NLT). 이 구절에서 소유격 용어를 사용한 것은 그 보상이 유다의 사악한 배신 행위에 기인한 것임을 묘사하려는 의도가 있음을 보여준다. [*adikia*]

가슴이 터졌다(He burst open, *elakēsen*) – 유다의 갑작스러운 죽음은 그의 비참한 운명을 보여준다. 그것은 하나님께서 유다의 불의한 행동을 심판하셨다는 증거다. 한편, 이것은 유다가 목을 매어 죽었다고 말하는 마태복음 27장 3-10절과 외견상으로 차이가 있다. 사도행전은 유다의 육체가 보인 최후의 상태만을 묘사한다. 이 동사는 신약에서 여기에만 사용된다. 유다는 악인으로서의 최후의 운명을 맞는다(삼하 20:10, 제2 마카비 9:1-18, 잠 4:18-19). [*lakaō*]

1:20. 거처(Habitation, *epaulis*) – 이 용어는 시편 69편 25절에서 유래한다. 베드로는 유다 사건을 시편의 말씀의 성취로 묘사하고 있다. 이 용어는 '개인적인 소유나 계약에 의해서 주거지로 사용하고 있는 재산'을 가리킨다(BAGD, 283, BDAG, 360, '장소'–NIV, '가정'–NLT, '주거지' –KJV, RSV, '거처'–NKJV, '집'–NET, '막사' –NASB, ESV). 설교자 베드로는 이 단어를 모형론적으로 사용한다. 그렇다고 해서 유다가 이 사건이 적용되는 유일한 모형이라는 뜻은 아니다. 유다의 사건은 단지 하나의 성취된 모형으로, 그것을 대신할 만한 다른 사례들을 얼마든지 찾아볼 수 있다. 아마 누가는 시편의 원래 문맥에서 하나의 사례를 찾았을 것이다. 이 용어는 신약에서 여기에만 사용된다. [*epaulis*]

그의 직무(His office, *tēn episkopēn autou*) – 대명사를 사용하여 시편 109편 8절을 앞의 시편 69편과 결합하고 있다. 이 두 시편이 동일한 단어를 사용하는 것에 근거하여, 두 시편을 함께 결합하여 묘사하는 이런 형태의 방식을 유대 사상에서 쉽게 볼 수 있다. 같은 의미의 단어들을 사용하여 구절들을 결합하는 방법을 '제네라 사바'(zenera shavah)라고 부른다. 베드로는 시편을 인용하여 유다의 직무를 반드시 다른 사람이 맡아야 한다고 주장한다('책무의 지위'–NET, '그의 지도자의 위치'–NIV). [*autos*]

1:21. 필요하다(It is necessary, *dei*) – 사도행전 1장 16절에서 한 번 사용했던 핵심 용어다. 베드로는 유다의 직무를 대신할 사람은 반드시 증인으로 섬길 수 있는 사람이어야 한다고 강조한다. 증인은 반드시 처음부터 제자들과 함께했던 사람이어야 한다. '증인'의 개념에 대한 더 자세한 논의를 위해서 사도행전 1장 8절을 참고하라. 어떤 역본들은 문장의 구조상 이 표현을 1장 22절에 배치하고, '…해야만 한다'로 번역한다(ESV, NET). [*dei*]

1:24. 그들이 기도했다(They prayed, *proseuxamenoi*) – 누가는 이 사건을 긍정적인 측면에서 바라본다. 함께 모인 사람들은 기도했고, 예수님께 순종했으며, 성경을 찾아보았다. 그들은 경건하게 행동했다. 그들은 하나님께서 선택하신 사람이 누구인지를 확인하게 해달라고 기도했다. 문화적인 맥락에서 볼 때, 1장 26절에서 제비뽑기를 사용한 것은 하나님의 선택을 따르겠다는 암시다. 사도행전에서 기도는 매우 중요하다. 동사 '기도하다'는 16회, 명사 '기도'는 9회 나온다. 누가는 기도가 초기 공동체의 특성이라고 주장한다(행 2:42). [*proseuchomai*]

1:26. 제비를 뽑다 (Cast lots, *edōkan klērous*) – 이것은 신약에 나오는 제비뽑기에 관한 두 번의 언급 가운데 하나다('그들의 제비뽑기를 발표하다', KJV). 다른 하나는 예수님께서 십자가에 달리실 때 그분의 옷을 걸고 한 군인들의 제비뽑기인데, 사복음서 모두 시편 22편 18절을 인용하면서 자세하게 언급한다(마 27:35, 막 15:24, 눅 23:34, 요 19:24). 하지만 여기에서 이 용어는 긍정적이며 신앙심으로 포장되어 있다(구약의 레 16:8, 수 18:6, 19:51, 23:4, 대상 6:65, 24–26장, 느 10:34, 11:1, 사 34:17, 그리고 욘 1:7에서 제비뽑기는 각 지파의 몫을 결정했다. 욜 3:3절, 옵 11절 그리고 나 3:10에서 제비뽑기는 전리품을 나누는 사람에 관한 심판이란 부정적인 의미로 사용되고 있다). 여호수아와 역대상의 본문들은 제비뽑기가 이스라엘의 형성 과정에 깊이 뿌리내리고 있음을 보여준다. 잠언 18장 18절은 제비뽑기를 논쟁의 중재자이신 하나님의 계획을 아는 하나의 방법으로 간주한다. [*klēros*]

2:1. 오순절(Pentecost, *pentēkostēs*) – 유대인의 명절로서 유월절로부터 50일째 되는 날이다(출 23:16–19, 34:22, 레 23:15–21, 민 28:16, 신 16:9–12). 오순절은 '칠칠절'로도 불린다. 이스라엘 사람들은 과거 이 날에 중요한 일들이 발생했다고 믿었다(희년서 6:17–18은 평화를 가져오는 율법 수여의 언약이 옛날 노아의 시대 때부터 지켜온 것이라 말하고 있고, 희년서 1:1, 15:1은 사건이 오순절 축제의 시기인 3월 중순에 일어났다고 추정하고 있다. 희년서[Jubilees]가 오순절과 율법의 수여를 같은 날의 사건으로 간주했을 가능성이 있다. EDNT 3:70). 오순절의 시기에 대한 이런 확신은 출애굽기 19장 1절에 근거한다. 비록 누가가 상세하게 말하고 있지는 않지만, 그렇다면 성령께서 강림하신 날은 율법이 이스라엘에 주어졌던 바로 그 날이다. [*pentēkostē*]

2:2. 강한 바람(Mighty wind, *pnoēs biaias*) – 보통 '강한'으로 번역되는 이 용어는 그 방을 채운 바람처럼 강력하고, 심지어는 격렬하기까지 한 사건을 가리킬 수도 있다('격렬하게 휘몰아치는 바람'–NASB, '격렬한 바람'–NIV, '강하게 휘몰아치는 바람'–ESV, '격렬한 바람이 불어오는'–NET). 방언의 유포는 이런 사건과도 같았다. 그곳에 바람이 분명히 불어왔다. 성령이 바람과 연관되는 것은 이상한 일이 아니다. 여기에서 성령을 뜻하는 용어(*penuma*)는 바람을 뜻하는 단어(*pnoē*)와 관련이 있다(BAGD, 680, 1, BDAG, 838). [*pnoē* + *biaios*]

2:3. 혀들(Tongues, *glōssai*) – 이 용어는 문맥적으로 해석할 필요가 있다. 사도행전 2장에서

이 용어는 사람들의 입으로 표현된 다른 언어들을 가리킨다. 사도행전 2장 6절의 설명처럼 사람들은 전에 그 언어를 배운 적이 없었다(BAGD, 162, 1b, 2, BDAG, 201, 2). 신자들 사이에 배포된 방언은 번지고 있는 불꽃에 비교되고 있다(사 5:24). 방언이 복음 전도를 가능하게 하는 능력으로 기능하고 있는 것 같다. 그 결과 각 사람은 각자의 언어로 하나님의 일에 관해 듣게 되었다. [*glōssa*]

2:4. 거룩한 영(Holy Spirit, *pneumatos hagiou*) – 이 구절에서 성령을 두 번 연속해서 언급함으로써 성령이 지금 일어나고 있는 일을 주도하신다는 것을 암시하고 있다. 성령으로 말미암아 사람들은 능력으로 충만함을 받았고, 성령께서 소리로 말하게 하실 때 사람들은 다른 방언들('다른 언어들', NET)을 말했다. 따라서 이 구절에서 성령 충만은 성령이 이끄시는 대로 방언을 말하게 되었다는 뜻이다. 요엘서 2장을 인용하고 있는 사도행전 2장 17–18절에서 베드로가 말하고 있는 것처럼, 이 사건에서 성령은 나이, 종족, 성별, 계급과 상관없이 모든 신자들에게 배포된다. 사도행전에서 성령의 충만은 섬김(행 9:17)이나 하나님 말씀의 전파(행 4:8, 31, 13:9)를 위한 것이다. 때론 사역을 위한 새로운 충만도 있다(행 6:3, 5, 7:55). 한편으로 베드로는 성령의 도래를 하나님의 약속이 성취되고 있다는 징조이며, 세례 요한이 말한 메시아 시대의 시작이라고 설명한다(눅 3:15–16, 행 2:16–40). [*pneuma* + *hagios*]

2:6. 어리둥절해졌다(bewildered, *synechythē*) – 수동형으로 사용된 이 용어는 당황하거나 놀란 것을 가리킨다(BAGD, 775, BDAG, 953, '어리둥절해졌다'–RSV, ESV, NASV, NLT, '얼떨떨하여'–NET, '어리둥절한'–KJV). 사람들이 당황한 것은 한꺼번에 많은 언어들로 증언했기 때문이다. [*syncheō*]

2:7. 갈릴리 사람들(Galieans, *Galilaioi*) – 갈릴리 사람들은 교육을 받지 못한 사람으로 여겨졌으며, 억양으로 갈릴리 사람임을 구분할 수 있었다(행 4:13, 막 14:70). 그런 그들이 지금 아람어나 헬라어가 아닌 다른 언어를 말하고 있다니 얼마나 놀라운 일인가! [*Galilaios*]

2:8. 그가 태어난 지방의 말(His own dialect, *idia dialektō*) – 본문은 사람들이 들었던 것이 자신들의 모국어였다고 설명하고 있다('우리가 태어난 곳의 언어로'–NASB, '그 자신의 모국어로'–NIV, RSV, ESV, NET). 2장 6절에서 방언을 말하는 것을 들은 사람들은 화자들(the speakers)뿐이다. 그렇다면 이때 말하는 기적과 듣는 기적이 이중으로 일어난 것이 아니다. 외국어로 말한 것이 분명하다. 해당되는 민족들의 목록이 2장 9–11절에서 열거되고 있는데, 여러 다른 언어들로 연설했음을 거듭 말하고 있다. 여러 나라 말로 방언을 말한 것은 복음의 목표가 처음부터 땅 끝까지 전파되는 데 있다는 것을 보여준다. 화자들은 하나님의 큰일을 선포하고 있다. 이 문맥에서 하나님의 큰일은 복음을 가리킨다(행 2:11). [*idios* + *dialektos*]

2:12. 당황한(Perplexed, *diēporoun*) – 이 용어

는 '어떤 일에 관해 어찌할 바를 모르게 되다'라는 뜻이며(BAGD, 187, BDAG, 235), 사도행전 2장 6절의 '어리둥절하게 되었다'라는 표현과 동일한 의미다('의심하였다'–KJV, '당황하여'–ESV, NLT, NIV, '큰 혼란에 빠져'–NET). 군중들은 무슨 일이 일어나고 있는지 알 수 없었다. 이 용어는 누가복음 9장 7절에서 도대체 예수님의 사역이 무엇 때문에 문제되고 있는지를 결정하지 못하는 헤롯의 무능력을 묘사할 때 사용되었다(행 5:24, 10:17 참고). [*diaporeō*]

2:13. 조롱하여(Mocking, *diachleuazontes*) – 이 용어는 '누군가에게 야유를 보내다'('그들을 비웃다', NET), 또는 '누군가를 냉혹하게 비웃다'(BADG, 191, BDAG, 240)라는 뜻이다. 몇몇 사람들은 눈앞에서 벌어지고 있는 사건이 통제를 벗어난 모습, 즉 '새 술'에 취한 것과 같은 모습을 보여준다고 생각했다. 존경심과 이해심이 부족한 군중들은 벌어지고 있는 특별한 일들을 조롱했으며, 그 사건에 대한 또 하나의 자연스러운 설명을 찾고 있었다. [*diachleuazō*]

2:15. 제 삼 시(Third hour, *hōra tritē*) – 일몰에서 일출까지의 계산에서 '제 삼 시'는 아침 아홉 시를 의미했다(BAGD, 896, 2b, BDAG, 1102, 2c, NLT, NET, NIV는 오전 9시로 번역하고 있다). [*hōra*]

2:16. 이것은 곧…이다(This is what, *touto estin to*) – 이 관용 표현은 지금 일어나고 있는 사건들을 설명하고, 그 사건들을 요엘 2장 28–32절(맛소라 사본의 3:1–5)의 구절과 연관시킨다(BADG, 596, 1a, BDAG, 740, 1a). 다시 말해 베드로는 이 사건들을 요엘의 약속의 성취로 선언한다. 베드로의 요점은 이 사건들이 요엘이 말했던 것과 동일하다는 것이 아니라 요엘서와 이 사건들이 직접적인 연관이 있다는 것이다(지시대명사와 'to be' 동사의 구문과 비교하기 위해서는 마 3:17, 17:5, 막 9:7, 행 4:10을 참고하라). [*houtos* + *eimi* + *ho*]

2:17. 마지막 날들(Last Days, *eschatais hēmerais*) – 베드로는 여기에서 요엘의 '그 (일들) 후에'라는 표현 대신 '마지막 날에, 말세에'라는 표현을 사용한다. 요엘서의 시기를 '마지막 날들'과 동일시하기 때문에 이러한 변경은 일종의 해석으로 이해된다. 유대적인 해석에선 이 본문을 마지막 때의 하나님의 일에 적용했다. 모든 부류의 신자들에게 성령을 부어주시겠다고 약속하고 있는 이 본문은 새 언약으로 간주되는 약속들을 생각하게 한다(렘 31:31–33, 겔 34–37, 특히 겔 36:22–32, 사 54:13, Bock, Proclamation, 164–69, Midrash on the Psalms 14 §6 [57b], Rab. 신 6:14[203a]). [*eschatos* + *hēmera*]

나의 성령을 부어줄 것이다(I will pour out my Spirit, *ekcheōapo tou pneumatos mou*) – '붓다'를 뜻하는 동사와 '성령'을 연결함으로써 '모든 육체'에 성령을 부으실 것이라는 요엘의 약속을 훌륭하게 요약하고 있다. 인용의 나머지 부분은 모든 성별, 나이, 계급의 사람들에게 성령이 부어진다는 점을 설명한다. 유다의 최후가 묘사되고 있는 사도행전 1장 18절에서의 용법을 제외하면, 이 동사의 용법은 모두 이 사건이나 사도행전 10장 45절의 이방인들에게 성령을 부어주신 것을 가리킨다(행 2:17-18, 33). 사도행전 2장 33절에서 이 동사가 다시 나오는 것이 중요한 이유는 예수님께서 성령의 부어주심을 주관하시기 때문이다. 이것은 예수님께서 말세에 대한 약속을 책임지고 이행하시는 행동이다. 이 행위는 예수님께서 하나님의 우편에서 일하시는 것처럼 부활과 승천을 통해 하나님의 아들로 입증되었다는 증거다(33절 참고). [*ekcheō*]

예언할 것이다(Shall prophesy, *prophēteusousin*) - 방언들을 통해 하나님의 큰 일이 선언되었고(행 2:11), 그 선언을 예언으로 묘사하고 있다. 이 개념은 2장 18절에서 다시 강조된다. 청중들이 듣고 있는 메시지는 하나님께로부터 그들에게 직접 온 것으로, 하나님께서 최근의 사건들을 통해 행하신 일과 행하고 계신 일이 어떤 것인지를 알려준다. 환상과 꿈을 밀접하게 연관시킴으로써 성령을 통해 계시하신 내용은 누구나 일반적으로 알 수 있는 것이 아님을 강조한다. 성령을 통해서 계시된 내용은 성령의 활동을 통해서만 알 수 있다. 이 동사는 사도행전에서 희귀 단어이며, 이곳과 (방언과 관련 있는) 사도행전 19장 6절 그리고 (전도자 빌립의 결혼하지 않은 네 딸의 일을 언급하는) 사도행전 21장 9절에만 나온다. [*prophēteuō*]

2:18. 남종들과 여종들(Menservants and maidservants, *tous doulous mou kai epi tas doulas*) - 이것은 사도행전 2장 17-18절에 나오는 세 개의 병행구들(아들들/ 딸들, 젊은이/ 노인, 남자/ 여자) 가운데 하나다('남녀 종들이 서로 똑같이' -NLT, '남녀 종들 모두에게'-NIV, '남녀 노예들 모두에게'-NASB). 이 특별한 병행구는 성령께서 '그' 당시(즉, 2:17의 '마지막 날')의 계급에 따라 차별하지 않았음을 나타내고 있다. [*doulos, doulē*]

2:19. 기사들…징조들(Wonders…signs, *terata…sēmeia*) - 사도행전에서 '기사들'(*terata*)을 의미하는 용어는 9회 사용되며, 이 구절은 그 가운데 하나다. 신약 전체에서 16회, 그 가운데 사도행전 2-6장에 6회 나온다(2:19, 22, 43, 4:30, 5:12, 6:8). 이것은 '기적'이란 의미로 널리 사용되는 용어이며, 기적의 특성을 강조한다('조짐들', NET). 어떤 때에 이 단어는 예수님의 기적을 가리킨다(2:22). 하지만 대부분의 경우 이 단어는 초대교회 사람들의 기적을 가리킨다. '징조'(*sēmeia*)를 뜻하는 두 번째 용어는 사도행전에 13회 나온다. 이것은 기적들에서 강조되는 것은 교훈이나 징조이며, 하나님께서 일하신다는 암시다('놀랄 만한 표적들', NET). 십자가에 못 박히신 예수님에 대한 피조물의 반응으로서 심판과 함께 도래할 암흑시대에 대한 묘사일 수도 있겠지만, 이 구절 후반부와 20절에서 묘사되고 있는 우주적 징조들은 아직까지 발생하지 않은 것이 분명하다. 피, 불, 연기와 어두운 태양과 핏빛 달을 함께 열거함으로써 다가올 심판에서 대변혁 가운데 있게 될 피조물을 묘사하고 있다. 이것이 주의 날과 관련된 이미지이며(20절 참고), 요엘서의 인용과 결합되고 있다. [*tēras, sēmeion*]

2:20. 주의 날(Day of the Lord, *hēmeran kyriou*) - 이 표현은 하나님의 심판의 때를 가리키며, 구약에서 여러 심판 사건들을 묘사할 때 사용되

었다. 하지만 신약에서 이 표현은 보통 결정적인 심판의 시기란 제한적인 뜻만을 갖고 있다. 이 표현은 신약에 7회 나온다(행 2:20, 고전 1:8, 5:5, 고후 1:14, 살전 5:2, 살후 2:2, 벧후 3:10). 이 구절과 비슷한 이미지를 갖고 있는 베드로후서는 불에 의해서 풀어지는 피조물에 대한 묘사를 사용하여 이 심판의 범위가 매우 포괄적임을 보여준다. [*hēmera + kyrios*]

2:21. 주의 이름을 <u>부르는</u> 사람은 누구든지(Whoever <u>calls on</u> the name of the Lord, *hos an epikalesētai*) – 요엘서의 인용 끝부분에서는 독자들에게 하나님을 향해 구원을 요청하라고 요구한다. 이것은 믿음으로의 초대다. 신약에서 이 동사가 30회 사용되고 있으며, 그 가운데 20회가 사도행전에 나온다. 대부분 '주의 이름'을 크게 소리쳐 부르는 것을 가리킨다(행 9:14, 21, 15:17, 22:16). 중요한 병행 본문은 사도행전과 동일한 표현이 나오는 로마서 10장 13절이다. 거기에서 바울은 복음의 전파와 함께 믿음으로의 초청을 논의하고 있다. 베드로가 여기에서 하고 있는 일이 바로 그것이다. 이 표현은 초대교회의 전통을 반영하며, 교회가 복음을 어떻게 제시했는가를 보여주는 초기의 사례다. [*epikaleō*]

2:22. 증언했다(Attested, *apodedeigmenon*) – 이 단어는 '어떤 실체의 특성을 보여주거나' 증언하는 것을 의미한다(BAGD, 89, 2, BDAG, 108, 2, '하나님께서 너희에게 입증하신'-KJV, '하나님께서 너희에게 증거하신'-NASB, RSV, '하나님께서 너희에게 공인하신'-NIV, '하나님께서 너희에게 증명하신'-NET). 베드로는 예수님의 기적 사역을 그분이 어떤 분인지를 하나님께서 증명하시는 사건으로 묘사한다. [*apodeiknymi*]

능한 일들(Mighty works, *dynamesi*) – 이것은 사도행전 2장에서 사용된, 기적을 뜻하는 세 번째 용어다('강력한 행동들', NET). 징조와 기사는 사도행전 2장 19절에서 나왔다(19절의 논의를 참고하라). 이 일들은 예수님의 일과 사역, 즉 사도행전에서 '증거'라고 부르는 것을 하나님께서 지지하신다는 것을 증언한다. 이 용어는 사도행전에 10회 나오는데, 대부분 초대교회의 기적 행위를 가리킨다. [*dynamis*]

2:23. <u>명확한 계획과 선견지명에</u> 따라(According to the <u>definite plan and foreknowledge</u> of God, *hōrismenēboulēkai prognōsei*) – 예수님의 죽음을 두 가지 요소의 결합에 의한 것으로 간주한다. 즉, 하나는 하나님의 계획이며, 다른 하나는 예수님을 넘겨주어 십자가에 못 박히게 한 유대인들 가운데 '불법한 자들'의 행동이다. 이 구절의 시작 부분에 있는 이 문구는 예수님의 죽으심이 하나님의 계획의 일부였음을 강조하고 있다('이미 확정된 계획', NET). 선견지명을 뜻하는 이 용어는 신약에서 이 구절과 베드로전서 1장 2절에 단 2회 나온다. 베드로는 연설의 이 시점에서 예수님이 하나님께서 선택하신 분이라는 증거에도 불구하고 이스라엘의 지도자들이 그분을 거절했다는 것을 강조하고 있다. 이스라엘 사람들의 죄와 책임이 온 민족에게 퍼졌기 때문에, 베드로는 사도행전 2장 36-38절에서 그들에게 회개하라고 요구할 때 예수님을 십자가에 못 박아 죽인 '너희'(복수)라고 지칭한다. [*horizō, boulē, prognōsis*]

2:24. 고통(Pangs, *ōdinas*) – 이 용어는 죽음을 출산의 고통에 버금가는 고통스런 경험으로 묘사하고 있다(BAGD, 895, 2a, BDAG, 1102, bα, '사망의 고민'-NASB, NIV, '죽음의 공포'-NLT, '사망의 고통'-RSV, ESV, '사망의 아픔'-NET). 실제로 이 단어는 혼합된 은유에 가깝다. 올바른 표현은 사망의 '굴레'다. 그러나 이 구절의 끝에서는 사망이 예수님을 잡아두는 데 실패하고 있다고 말한다. 베드로는 이 용어를 사용하여 사망과 사망의 고통이 예수님을 붙잡아둘 수 없었다는 것을 강조한다. 예수님께서는 사망 자체보다 훨씬 더 위대하시다. [*ōdin*]

2:25. 흔들리지 않는(Not be shaken, *saleuthō*) – 베드로는 지금 시편 16편 8-11절을 인용하고 있다. 이것은 그 어떤 것도 의인을 요동하게 할 수 없다는 선언으로 시작한다. 이 믿음은 하나님에 대한 신뢰로 발전한다. 부활을 성경의 또 하나의 성취로 보고 있는 베드로는 이 시편 말씀을 예수님과 그분의 죽으심에 적용한다. 예수님께서는 죽음 앞에서도 하나님을 향한 충성심이나 일하시는 하나님에 대한 인식이 흔들리지 않았다(BAGD, 740, 2, BDAG, 911). 다른 문맥에서 이 용어는 '동요하거나 소요를 일으키는 것'이란 의미다(행 17:13). [*saleuō*]

2:26. 나의 육체(My flesh, *hēsarx*) – 이 용어는 시편 기자의 육체적 보존을 강조하고 있다('내 몸'-NET, NLT, NIV, '내 육체'-KJV, NASB, RSV, ESV). 육신이 사망의 한가운데에서도 소망할 수 있기에 자신의 마음이 기뻐하고, 자신의 혀가 노래한다고 묘사하고 있다. 시인은 전적으로 하나님에 대한 믿음과 신뢰에 의지한다. 베드로는 성경이 부활을 통한 의로운 왕의 입증과 회복을 강조한다는 것을 말하기 위해 이 시편 본문을 인용하고 있다(31절). 2장 27절의 '거룩한 자'는 31절에서 '육신'(*sarx*)으로 교체된다. 이것은 베드로가 거룩한 자의 부활의 육체적 특성을 강조하고 있다는 증거다. 거룩한 자임을 증명하기 위해서는 생명으로의 즉각적인 부활, 즉 육체적 존재의 소생이 필요하다. 즉각적인 부활의 개념은 유대교에서 새로운 사상이었다. 유대인들은 종말 때에 모든 사람이 부활한다고 믿었다. 즉 심판에 앞서 의인과 악인 모두 부활할 것이다. 따라서 그들은 종말 이전에 이 즉각적이고도 특별한 부활이 누군가에게 일어난다는 것을 기대하지도 않았다. 그런데 이 새로운 개념이 예수님의 부활로 말미암아 새롭게 나타났고, 베드로는 성경이 육체의 부활을 예언하고 있으며 그것을 지금 그들이 볼 수 있다고 주장한다. [*sarx*]

2:27. 음부(Hades, *hadēn*) – 이것은 죽은 사람이 심판받기 위해 모여 있는 장소, 즉 게헨나(*Gehenna*) 또는 저승(*Sheol*)에 해당하는 헬라어다(BAGD, 16,1, BDAG,19, '무덤에'-NIV, '죽은 자들 가운데'-NLT, '음부에'-REV, ESV, NET, NASB). 이것은 하나님의 임재 가운데 있는 것과 대조된다. 인용에서는 하나님께서 그분의 거룩한 자의 영혼을 음부에 버려두고 떠나지 않으실 것이라고 선언한다. 이 개념은 31절에 다시 등장한다. [*hadēs*]

거룩한 자(Holy One, *ton hosion sou*) – 사도행전의 문맥에서 이 용어는 예수님을 '하나님의 일을 위해 구별된 존재'로서 묘사한다. 이 인용은 사도행전 13장 34-35절에 다시 나온다. 시편 16편의 '거룩한 자'가 누구를 지칭하는 것인가에 관해 중요한 해석학적 논쟁이 있다. 시편이 다윗으로 여겨지는 시편 기자에 대한 일인칭 표현을 많이 사용하고 있을지라도 더 넓은 문맥에서 볼 때, 베드로는 사도행전 2장 30-31절에서 '거룩한 자'가 다윗이 아니라 오직 예수를 가리킨다고 말하고 있다. 다음과 같은 두 견해가 가능하다. (1) 어떤 이들은 시편과 이 구절 모두를 예수님에 관한 언급으로 이해한다. (2) 약간 다르지만 좀 더 적절한 독해법은 시편 기자에 대한 하나님의 변호를 예수님에 대한 하나님의 변호와 비슷하거나 같은 것으로 이해하는 것이다. 더 나아가 시편은 상당 부분 예수님께만 적용되며 아무에게나 적용되지 않는다. 이런 의미에서 시편과 그 말씀의 성취는 단지 예수님께만 적용되고, 시편의 예언도 이 사건만을 가리킨다고 볼 수 있다. [*hosios*]

썩음을 보다(To see corruption, *idein diaphthoran*) – 이것 역시 시편 16편과의 관계에서 상당히 논란이 되고 있는 또 하나의 용어다. 사도행전에서 이 표현은 예수님께서 무덤에서 소멸되지 않으셨다는 사실을 가리킨다(BAGD, 190, BDAG, 239, '썩음을 당하다'–NASB, '썩음을 보다'–NIV, '무덤에서 썩다'–NLT, '썩음을 경험하다'–NET). 일부 독자들은 이 구절이 시편 기자의 장수 경험을 가리킨다고 주장한다. 그들은 베드로가 인용한 시편 내용을 확대된 모형, 즉 과거에 시편 기자에게도 적용되었지만 앞으로 예수님께 더 잘 적용될 것으로 간주했다. 시편 기자가 요절하지는 않았지만, 예수님만이 사망 자체로부터 보호되었기 때문에 썩음을 보지 않으셨다. 이 같은 '보호'는 오로지 예수님께만 해당되었으며, 시편 기자에 의해 보호에 대한 확신으로 견고하게 선언되었다. 신약은 썩음이라는 명사를 잘 사용하지 않고 있는데, 이 구절과 사도행전 2장 31절 그리고 (시 16편과 예수님을 썩음에서 보호하는 것을 연관시키는) 사도행전 13장 34-35절에서만 사용하고 있다. [*diaphthora*]

2:28. 당신 앞에서(Your presence, *prosōpou sou*) – 이것은 '거룩한 자'가 하나님 앞에 서게 될 것에 대한 확신의 표현이다. 이 용어는 종종 어떤 사람의 얼굴을 나타내며, 따라서 어떤 사람 앞에 있게 되는 것을 뜻한다. [*prosōpon*]

2:30. 선지자(A prophet, *prophētēs*) – 사도행전 2장 29-31절에서 베드로는 자신의 시편을 이해하는 방식과 그 시편이 하나님의 약속을 어떻게 이루는가를 설명하고 있다. 다윗은 죽어서 매장되었으므로 시편은 근본적으로 다윗에 관한 설명이 될 수 없다. 그러나 다윗은 선지자, 즉 하나님께서 행하고 계신 것을 말하도록 영감을 받은 사람이다. 선지자로서 그는 하나님께서 그분의 '거룩한 자'와 함께 행하고 계신 것을 선언하고 있다. [*prephētēs*]

맹세(An oath, *horkō*) – 여기에서 말하는 맹세는 다윗의 자손이 항상 보좌에 앉아 왕국의 책임을 수행한다는 사무엘하 7장 8-16절의 다윗 언약을 가리킨다. 이 용어는 사실 시편 132편 11절에서 유래된다. 이 구절 뒷부분의 다윗의 보좌에 대한 언급에서는 이 약속의 최초의 성취이신 그리스도의 하나님 우편에서의 통치를 바라고 있다. 베드로는 32-36절에서 예수님께서 성령

을 부어주심으로 이 다윗 언약과 메시아 권세가 성취되기 시작한다고 말하고 있다. [*horkos*]

2:31. 미리 보았다(Foresaw, *proidōn*) – 여기에서 베드로는 시편이 예수님의 부활을 예언하고 있다고 말한다. 베드로는 음부(*Hades*)에 버려두지 않으셨다는 표현에서 예수님의 부활을 미리 보았다('미리 보았다'-RSV, ESV, '이것을 미리 봄으로써'-NET, '미래를 들여다보다'-NLT, '앞을 바라보았기 때문에'-NIV, '앞을 내다보았다'-NASB, '미리 이것을 보았기 때문에-KJV). 이 사건들은 하나님의 계획의 일부였다. [*prooraō*]

육신(Flesh, *sarx*) – 베드로는 부활하신 예수님의 육신이 보존되었다는 것을 강조한다. 그는 시편을 인용하여 설명하면서, 앞의 27절의 '거룩한 자'란 표현을 '육신'으로 변경하고 있다. 예수님의 영이 다시 살아나셨을 뿐만 아니라, 그분의 육신도 부활해서 육체적으로 다시 살아나셨다. 예수님께서 나타나셨다가 사라지신 것으로 보아 예수님의 부활 이후의 몸이 부활 이전과 완전히 동일하지는 않은 것 같다. 예수님께서는 부활하셨지만 여전히 죽음의 상처를 지니고 계셨다. 이것은 그 상처가 고난과 본질적인 관련이 있음을 보여준다. 하나님께서는 예수님을 살리심으로써 시편 16편의 보호의 약속을 성취하셨다(32절). [*sarx*]

2:32. 증인들(Witnesses, *martyres*) – 사도행전의 핵심 용어로서 직접 부활하신 예수님을 만난 것을 증언할 수 있는 남녀를 가리킨다. 베드로는 자신과 다른 사람들이 부활과 부활이 표상하는 성취의 증인이라고 선언한다. [*martys*]

2:33. 높임을 받다(Exalted, *hyposōtheis*) – 수동태로 사용된 이 단어는 예수님을 하나님의 우편으로 높이 올리는 일을 하나님께서 주도하셨다는 것을 암시한다. 이 동사의 이런 용법은 사도행전 5장 31절에서 다시 나온다. 요한복음은 인자가 위로 들림을 받게 될 것을 종종 언급한다(요 3:14, 8:28, 12:32-34). 예수님께서는 위로 들림 받아 권위의 자리에 앉으셔서 하나님의 계획에 따라 새로운 방법으로 일하신다. 약속된 성령을 부어주신 것은 약속된 메시아와 주로서의 권세에 속한 행동들 가운데 하나다. [*hypsoō*]

오른쪽(Right hand, *dexia*) – 오른쪽이라는 표현은 시편 110편 1절의 인용으로 35절에 다시 나온다. 예수님이 하나님께서 계신 곳으로 높임을 받아 하나님 옆에서 섬긴다는 개념이다('하늘에서 가장 존귀한 영광의 보좌, 즉 하나님의 오른편에 앉아', NLT). 하나님의 얼굴을 가장 가까이 볼 수 있는 곳에 거하게 된다는 뜻의 비유적 표현이다. [*dexios*]

그가 부어주신다(He has poured out, *execheen*) – 똑같은 동사가 사도행전 2장 17-18절에 나오는 요엘의 인용 가운데 등장했었다. 이런 식의 어구 결합은 유대 사상에서 쉽게 발견된다. 동일한 동사의 결합은 인용 부분에 대한 주석에 해당된다. 따라서 베드로는 예수님께서 약속하신 성령을 아버지께로부터 받아 부어주신 것은 구원의 축복과 관련된 권위를 지니셨다는 증거이며, 하나님께서 요엘을 통하여 하신 약속의 성취라고 선언한다. 따라서 이 사건들은 설명할 수 없는 것이 아니다. 성경의 약속에 따라 설명되고 있다. 오순절 축제에 참여한 사람들은 예수님을 통해서 발생한 하나님의 구원의 약속이 이루어

지는 것을 보고 듣고 있는 중이었다. [*ekchēo*]

2:34. 내 주에게(To my Lord, *tōkyriō*) – 베드로는 또다시 구약의 시편 110편 1절을 인용한다. 주 하나님께서 다윗의 주이신 메시아에게 말씀하시는데, 그 내용은 바로 다윗의 주에게 권세의 자리, 곧 하나님의 오른편에 앉아 있으라고 명령하신다는 것이다. 이 인용문에서 사용하고 있는 '주'란 칭호는 사도행전 2장 36절의 연설에서 다시 중요해질 것이다. 베드로는 또한 인용 부분을 부활하신 주께 적용하듯이 다윗에게 적용해서는 안 된다는 것을 분명하게 짚고 넘어간다. 왜냐하면 다윗은 하나님 옆으로 올라가지 못했기 때문이다. 따라서 본문은 궁극적으로 예수님과 관련이 있다. [*kyrios*]

앉다(Sit, *kathou*) – 이 동사는 하나님께서 다윗의 후손 가운데 한 사람을 다윗의 보좌에 '앉게 하실 것'(*kathizō*에서 *kathisai*)이라고 말하고 있는 사도행전 2장 30절에서 사용된 단어와 관련이 있다. 그 두 용어의 개념을 결합하면 그 자리에 앉는 것은 약속의 성취다. 다윗의 후손을 다윗의 보좌에 앉게 하실 것이라는 약속 때문에 하나님께서는 예수님을 오른편에 앉게 하신다. 자리에 앉아 계심과 그것으로 인해서 시작되는 성령의 부어주심은 하나님께서 예수님을 이스라엘 사람들에게 주와 그리스도 되게 하셨다는 증거다(36절). 또한 성령의 부어주심은 세례 요한이 누가복음 3장 15–17절에서 메시아를 알아보는 방법에 관해 말한 것의 성취다. 오실 분은 물이 아니라 하나님의 성령으로 세례를 베풀 것이다(눅 24:49, 행 1:4–5 참고). [*kathēmai*]

2:35. 발판(footstool, hypopodion) – 예수님께서는 하나님의 모든 적들을 이기고 승리를 거두실 권세를 갖고 계신다. 이로 인해 메시아의 통치가 확정되고, 영원히 확정될 것이다. 메시아를 반대하는 모든 사람들은 결국 그분에게 복종하게 될 것이다(시 2편, 눅 20:43, 히 1:13, 10:13). 그 총체적 복종이 예수님으로 말미암아 이제부터 일어나게 될 것이다. [*hypopodion*]

2:36. 주(Lord, *kyrion*) – 하나님께서는 제자들에게 하나님의 일에 대한 증언을 가능하게 하는 성령을 부어주심으로써 예수님께서 그리스도이심을 증명하신다. 또한 성령을 나누어주신 것은 하늘에서 일하시는 예수님의 권세를 보여준다. 예수님께서 구원에 관한 주권을 갖고 계시며, 구원의 은혜를 나누어주신다는 것을 암시한다. 사도행전에서 예수님께서는 자주 '주'로 등장하신다(4:33, 8:16, 11:17, 20, 15:11, 26, 16:31, 19:5, 13, 17, 20:21, 24, 35, 21:13, 28:31). 메시아가 집행하는 권세를 보여주고 있다. 예수님께서는 다시 오실 때까지 아무 일도 하지 않고 지내시기 위해 하나님 우편으로 가신 것이 아니다. 그분은 메시아 주로서 하나님의 구원을 중재하신다. [*kyrios*]

2:37. 마음에 찔림을 받다(Pierced to the heart, *katenygēsan*) – 이 동사는 보통 감정과 연루된 강렬한 고통을 가리킨다(BAGD, 415, BDAG, 523, '심장을 도려내다'–RSV, ESV, '심하게 괴로워했다'–NET, '마음에 찔림을 받다'–NASB, '그들에게 철저하게 죄를 깨닫게 했다'–NLT, '그들의 마음을 찔렀다'–KJV). 이 용어는 신약에서

유일하게 여기에서만 사용된다. [*katanyssomai*]

2:38. 회개하다(Repent, *metanoēsate*) – 이 동사는 사도행전에서 5회(3:19, 8:22, 17:30, 26:20) 나온다. 누가가 용서하는 사람에게 어떤 태도를 보여야 하는지를 묘사할 때 선호하는 용어들 가운데 하나다. 헬라어에서 이것은 '마음의 변화'를 의미한다. 하지만 히브리어에서 이 동사는 '돌아서다'라는 개념을 갖고 있으며, 방향의 변화를 반영한다. 누가복음 24장 47절에서 예수님께서는 자신이 말하고 있고, 제자들이 선포해야만 하는 이 단어의 구약에서의 의미를 강조하신다(그 결과 NLT의 "너희 각 사람이 죄에서 돌아서서 하나님께로 향해야 한다"라는 번역은 지나치게 구체적인 경향이 있다. 과거의 죄를 다 다루어야만 한다는 느낌을 주지 않는 "죄에서 돌아서서 하나님께로 향하라"는 번역이 더 적절할 수도 있다). 베드로의 선언은 누가복음 24장에서의 예수님의 요구에 순종하는 행동이다. 베드로는 청중들에게 예수님을 십자가에 못 박게 한 태도에서 방향을 변경하여 하나님께 용서를 구할 것을 요구하고 있다. [*metanoeō*]

세례 받다(Be baptized, *baptisthētō*) – 세례는 구원에 속하는 죄 씻음의 상징이다. 이 씻음은 예수님께서 가져다주시는 죄 용서와 예수님의 생애와 사역이 제공하는 새롭고 깨끗한 삶의 시작을 묘사한다(롬 6:1–11). 베드로가 베드로전서 3장 21절에서 말한 것처럼 여기에서 중요한 것은 물로 씻는 행위 자체가 아니라 세례가 표상하는 의미다. 세례에 반영되어 있는 의미는 사람을 구원으로 이끄시는 하나님을 향한 간청이다. 그러므로 베드로가 세례를 요구한 것은 예수님의 일을 잘 설명하는 그보다 더 나은 방법이 없기 때문이다. [*baptizō*]

이름으로(In the name, *epi tōonomati*) – 이 단어는 예수님의 인격과 권위에 호소하고 있다. 예수님의 이름은 죄 용서와 세례의 유익들과 관련이 있다. 사도행전 2장 21절에서 베드로는 청중들에게 주의 이름을 부를 것을 요구했다. 세례가 예수님의 이름과 권세로 베풀어진다는 사실은 구원에 관한 예수님의 주권을 또다시 암시한다. 용서와 성령을 제공하시는 분은 바로 그리스도시다. 하나님과 관계를 맺도록 복음이 제공하는 것은 용서와 성령의 내주하심이다. [*onoma*]

용서(Forgiveness, *aphesin*) – 신약에서 17회 나오는 이 용어를 자주 사용되는 표현이라고 할 수는 없다. 그 가운데 누가복음과 사도행전에서 10회 나온다(눅 1:77, 3:3, 4:18, 24:47, 행 2:38, 5:31, 10:43, 13:38, 26:18). 이 단어가 사용된 모든 구절들은 예수님의 선교의 내용을 잘 요약하고 있다(눅 3:3은 예수님의 오심을 위해 세례 요한이 어떤 일을 했는지를 보여준다). [*aphesis*]

성령의 <u>선물</u>(<u>Gift</u> of the Holy Spirit, *dōrean tou hagiou pneumatos*) – 사도행전에서 '선물'에 관한 총 4회의 언급 모두 교회의 복음 전파에 응답하는 사람들에게 주어지는 성령의 선물을 가리킨다(행 2:38, 8:20, 10:45, 11:17). 성령의 선물은 사도행전 2장 17–18절에서 암시하듯이 새 시대의 약속이다. 성령께서는 새 생명과 능력을 주어 메시지를 전파하게 하신다. [*dōrea*]

2:39. 약속(The promise, *hēepangelia*) – 문맥상으로 이 약속은 사도행전 1장 4절과 2장 33절에서 암시하듯이 성령과 관련이 있다. [*apange-*

lia]

멀리 떨어져 있는 사람들(Those who are far off, *makran*) – 이것은 '먼 거리에 있는 사람들'이란 뜻이다. 사도행전의 전개 과정에서 그리고 초대교회의 관점에서 볼 때, 이사야 57장 19절의 '먼 데 사람들'이라는 표현에 이방인들(엡 2:17)이 포함되는 것으로 이해했을 것이다. [*makran*]

2:40. 너희 자신을 <u>구원하라</u>(<u>Save</u> yourselves, *sōthēte*) – 이 권면은 베드로의 설교에서 발견되는 두 번째 적용이다. 첫 번째 적용은 2장 38절의 '회개하라'는 권면이었다. 베드로는 심판으로부터의 하나님의 구원을 제시하고 있다. 이 구절은 베드로가 주의 심판의 날에 구원받으려면 주의 이름을 불러야만 한다고 주장한 사도행전 2장 20–21절과 관련이 있다. [*sōzō*]

구부러진(Crooked, *skolias*) – 이 용어는 심판을 준비하지 않고 하나님의 바른 길과 전혀 다른 길을 가는 세상 사람들의 특성을 나타낸다(눅 3:3–5). 신약에서 드물게 사용되고 있는데, 누가복음 3장 5절, 빌립보서 2장 15절 그리고 베드로전서 2장 18절('거만한'을 뜻함, BDAG, 930, BAGD, 756–2)에 나온다. [*skolios*]

2:41. 받아들였다(Received, *apodexamenoi*) – 수용을 의미하는 이 용어는 제시되는 복음에 대한 적절한 반응, 즉 메시지를 받아들인다는 뜻이다('인정한 사람들'–NIV, NET, '믿은 사람들'–NET, '받아들인 사람들'–RSV, ESV, KJV). 신약에서 이 동사는 누가복음과 사도행전에만 나온다. 그러나 다른 문맥에서 이 단어는 일상적인 의미로 사용되고 있는데, 단순히 '어떤 사람을 환영하다' 혹은 '사회적 변화를 환영하다'라는 뜻으로 사용된다(눅 8:40, 9:11, 행 18:27, 21:17, 24:3, 28:30). 이 단어는 여기에서만 전문적이고 종교적인 용법으로 사용되고 있다. [*apodechomai*]

영혼들(Souls, *psyai*) – 이것은 한 개인을 언급하는 표현법이다. 일종의 환유적 표현으로 이 단어는 개인과 관련이 있으며, 그 개인을 책임적 존재가 되게 하는 영혼으로 묘사하고 있다. 따라서 이 단어는 전인으로서의 개인을 상징한다(BDAG, 1099, 3, 그러나 BDAG의 주해에 따르면 헬라 세계에서 영혼은 인간에게만 유일하게 있는 것이 아니기 때문에 이 단어는 단순히 한 존재의 육체적이 아닌, 즉 물질적이 아닌 부분을 묘사한다). 따라서 '삼천 명의 영혼'(NIV, NLT), '삼천 명의 사람들'(NET), '삼천 명의 영혼들'(ESV, RSV)이 베드로의 설교에 응답했다는 의미다. [*psychē*]

2:42. 친교(Fellowship, *koinōnia*) – 이 용어는 사도행전에서 여기에만 사용된다. 신약에서 19번 언급되는데, 바울 서신에서 14번 나온다. 이 용어는 친교나 교제를 일컬으며, 보통 결혼으로 인해 발생하는 상호 관계의 유형을 묘사할 때 사용되었다(BAGD, 438–39, 1, BDAG, 552, 제3 마카비 4:6). 누가는 이 용어를 사용해서 초대교회의 인격적이고 상호적인 관계의 특징을 강조하고 있다. [*koinōnia*]

떡을 떼는 것(The breaking of bread, *tēklasei tou artou*) – 떡을 뗀다는 이 표현은 신약에서 이곳과 누가복음 24장 35절, 단 2회 나온다. 누가복음에서는 순수한 식탁 교제를 뜻한다.

이 표현이 주의 만찬(NLT)을 가리키는지, 아니면 주의 만찬이 포함된 공동 식사를 가리키는 것인지 명확하지 않다. 어느 경우든 이 구절은 초대교회에 가르침, 교제, 떡을 떼는 것 그리고 기도가 포함된 인격적 상호 작용이 있었음을 암시한다. [*klasis* + *artos*]

2:43. 두려움(Fear, *phobos*) – 이 단어는 제자들에게 발생한 이상한 일들이 사람들 사이에 놀라움과 존경심을 불러일으켰다는 증거가 된다('경외'–ESV, '두려움'–RSV, '경건한 두려움'–NET, '깊은 경외감'–NLT). 이 주제는 사도행전에서 자주 발견된다(5:5, 11, 9:31, 19:17). [*phobos*]

기사들과 표적들(Wonders and Signs, *terata kai sēmeia*) – 이 표현은 2장 19절에서 동일한 순서로 등장한 바 있다. 거기에서 기사들은 하늘에서, 징조들은 땅에서 일어난다. 이 일들은 사도행전 2장 19절에서 언급하는 하나님의 심판의 때, 즉 주의 날에 일어나는 일들의 전조나 모형으로 보인다. 초대교회의 관점에서 볼 때, 아직 심판의 때는 도래하지 않았지만 자신들의 메시지와 믿음의 진정성을 입증하기 위해 하나님께서 매우 특별한 방식으로 자신들 가운데 활동하고 계신다는 것을 강조할 필요가 있었다. [*teras* + *sēmeion*]

2:44. 믿는 사람이 다(All who believed, *hoi pisteuontes*) – 사도행전 2장 41절에서처럼 이 표현은 새로운 메시아 공동체의 메시지에 응답한 사람들을 묘사한다('믿는 사람이 다', NIV, NLT). 이 새로운 공동체의 구성원들은 전파된 메시지를 듣고 믿음의 반응을 보였기 때문에 '믿는 사람들'로 불린다. [*pisteuō*]

공동으로(Common, *koina*) – 재산의 공동 소유를 통해 믿는 사람들의 일치를 강조하고 있다('그들이 가지고 있던 모든 것을 나누었다', NLT). 사도행전에서 이 단어는 후에 다시 사용된다(4:32). 두 본문 모두에서 이 진술은 공동체에서 일어나고 있는 깊은 친교와 상호 돌봄에 대한 긍정적인 암시로 간주된다. 이 용어는 다른 곳에서 '부정한' 음식을 나타낼 때 사용되기도 한다(행 10:14, 11:8). 사도행전 10장과 11장에서 이 용어는 유대의 정결 사상과 연관이 있다. 베드로는 사도행전 10장 28절에서 자신의 체험에 근거하여 이방인을 더 이상 부정하다고 여기지 않는다. 그 의미는 사도행전 2장과 4장에서의 용법과 차이가 있다. [*koinos*]

2:45. 필요를 가졌다(Had need, *chreian eichen*) – 이 관용구는 신앙 공동체에 속하는 사람 전부를 돌보려는 새로운 공동체의 노력을 강조하고 있다(행 4:35과 비슷하다). 이 일을 실천하는 방법과 관련된 어려움이 사도행전 6장의 표면에 나타났지만, 그 어려움을 해결하기 위해 교회는 신속하게 움직였다. 행정적인 차원에서 이 필요를 해결하는 것이 바로 초대교회 집사들의 의무였다(6:3). 필요한 만큼 가지는 일에서 정직하지 못함은 사도행전 5장 1–11절에서 아나니아와 삽비라에 대한 심판이라는 결과를 야기했다. 누가는 새로운 공동체가 구성원들에게 관심을 가졌다는 암시로서 이 관대함을 강조한다. 바울은 사도행전 20장 34절에서 말한 것처럼 목회하는 동안 자신의 필요를 스스로 충당했다. [*chreia* + *echō*]

2:46. 기쁜(Glad, *agalliasei*) – 이 용어는 사도행전에서 단 한번 여기에서 사용되며, 예수님에 대한 믿음을 구심점으로 친교를 통해 하나가 된 새 공동체의 기쁨을 묘사한다. 이 용어는 여기뿐만 아니라 신약의 누가복음 1장 14, 44절, 히브리서 1장 9절, 유다서 24절에서 사용된다. [*agalliasis*]

순전한 마음(Simple heart, *aphelotēti kardias*) – 이 용어는 신약에서 이곳에서 유일하게 사용되며, 사람들이 '세속에 물들지 않은 순진함'을 가졌었다는 개념을 전달하고 있다(MM, 95–95, '너그러운'–NLT, '겸손한'–NET, '관대함'–NLT, '순진한'–NIV). 일부 역본들의 '관대한 마음'이란 번역은 그들의 순진하고 겸손한 마음을 반영한다. [*aphelotēs*]

2:47. 칭송을 받으니(Having favor, *echontes charin*) – 이 새 공동체는 처음으로 '은혜', 즉 공동체 밖에서 그들을 지켜보는 사람들의 호감을 샀다. 이 두 단어의 결합은 신약에 몇 차례 등장한다(눅 17:9, 고후 1:15, 딤전 1:12, 딤후 1:3, 히 12:28). 이 용어는 다른 사람들이 이 새로운 공동체를 칭찬했다는 개념을 전달한다('모든 사람들의 선한 뜻', NLT, NET). [*echō*+ *charis*]

구원 받는 사람(Being saved, *tous sōzomenous*) – 이것은 메시지를 받은 사람들(2:41)과 믿는 사람(2:44)이라는 용어와 함께, 메시지에 응답한 사람들을 묘사하는 또 하나의 용어다. 여기에서는 그들을 구원받거나 구출된 사람들로 묘사한다. 이것은 베드로가 주의 이름을 불러 구원을 받으라고 권했을 때, 사도행전 2장 14절에서 그들에게 제시한 소망이 이루어지고 있다는 뜻이다(2:40 참고). [*sōzō*]

3:1. 제 구 시(Ninth hour, *enatēn*) – 오늘날 시간으로 오후 세 시였다. [*enatos*]

3:2. 자선(Alms, *eleēmosynēn*) – 구제는 예루살렘에서 중요한 종교적 의무들 가운데 하나로 간주되었다(눅 11:41, 12:33 참고). 이 용어는 신약에서 13회 사용되며, 그 가운데 11회가 누가복음과 사도행전에 나온다(마 6:2–3에 2회 나온다). 11회 가운데 3회가 이 장면에서 등장한다(2–10절). NET는 '돈을 요구하다', NLT는 '사람들에게 구걸하다'로 번역한다. 고넬료는 사도행전 10장 2, 4, 31절에서 자선으로 인해 칭찬을 받는다. [*eleēmosynē*]

3:5. 주의를 기울였다(Fixed his attention, *epeichen*) – 절름발이는 무엇인가를 얻기를 소망하면서 모든 주의를 그들에게 기울였다. 이 용어는 '특별히 주의하다'라는 의미다(BAGD, 285, 2a, BDAG, 362, 2, '그들에게 주의를 집중했다'–NIV, '그들을 간절히 바라보았다'–NLT, '그들의 말에 귀를 기울였다'–KJV, '그의 주의를 기울였다'–RSV, ESV, '주의를 기울였다'–NET). [*epechō*]

3:6. 이름으로(In the name, *en tōonomati*) – '이름'에 호소하는 것은 예수님의 권세에 호소하는 것이다. 사도행전 2장 38절의 논의를 참고하라. 여기에서 예수님께서 역사하시면 그 사람이 걷게 될 것이다. [*onoma*]

3:7. 강하게 되다(Were made strong, *estereōthēsan*) – 이 용어는 신약에서 단 3회 사

용된다. 사도행전 16장 5절에서는 더 강한 믿음의 확신을 가리킨다. 사도행전 3장 7절과 16절에서는 이 사람이 치유를 받아 경험한 신체적 강건함을 가리킨다. 영어 단어 '스테로이드'(*steroids*)는 이 용어에 뿌리를 두고 있다. [*stereoō*]

3:10. 놀람(Amazement, *ekstaseōs*) – 야이로의 딸(막 5:42)과 중풍병자의 치유(눅 5:26) 사건에서처럼 사람들은 기적을 보고 놀란다. 이 용어는 어떤 사람이 경험에 의해 정서적으로 큰 충격을 받은 상태를 묘사한다(BAGD, 245, 1, BDAG, 309, 1). 이 구절은 놀람과 경이란 표현을 함께 사용함으로써 기적에 대한 사람들의 반응을 강조하고 있다. [*ekstasis*]

3:11. 놀랐다(Astounded, *ekthamboi*) – 사도행전 3장 10절에서 '놀람'(*thaubous*)이란 뜻으로 사용된 단어의 강조형이며(여기에서는 접두사 *ek*가 추가되고 있음), 10–11절에서 군중들의 반응에 대해 사용된 세 번째 표현이다. 이 명사(*thamboso*)의 동사(*thaumazō*)가 3장 12절에서 군중들의 놀람에 관한 베드로의 질문에서 등장한다. 여기에서 이 용어는 '크게 놀라다'라는 뜻을 갖고 있다. 신약에서 이 단어가 사용되는 곳은 이곳이 유일하다. [*ekthambos*]

3:12. 응시하다(Stare, *atenizete*) – 이 용어는 3장과 4장에서 베드로가 앉은뱅이를 주목한 것을 묘사할 때에도 사용되었다. 지금 치유의 기적으로 인해 군중들의 시선은 베드로와 요한에게 향하고 있다. 베드로는 군중들의 적절한 믿음과 관심을 끌기 위해 애쓰고 있다. 이 치유를 가능하게 한 것은 사도들 자신의 권능과 경건이 아니라, 하나님과 영광을 입으신 예수님이셨다. 그 시대에는 마술가가 명성을 얻는 일이 흔했는데, 베드로는 그런 오해를 불식시키기 위해 자신에게 군중들의 시선이 향하지 않게 하는 중대한 조치를 취했다. [*atenizō*]

3:13. 우리 조상들의 하나님(The God of our fathers, *ho theos tōn paterōn hēmōn*) – '우리 조상의 하나님'이란 호칭은 언약의 약속의 맥락에서 하나님에 대해 말하는 하나의 방식이다(3:25, 5:30, 7:32, 13:17, 32, 22:14, 26:6 참고). 이 용어는 출애굽기 3장 6절에서 유래한다(Bruce, Acts, Greek Text, 139). 그렇다면 하나님께서는 지금 예수님을 통해 자신의 백성들을 위해 새로운 방법으로 일하고 계신 것이다. [*theos* + *patēr*]

종(Servant, *paida*) – 베드로는 예수님을 하나님의 종으로 묘사한다. 아마 이사야 52장 13절을 인용하여 이렇게 말했을 것이다. 이 용어는 또한 솔로몬의 지혜서 2장 13절에서 거절당한 의인을 묘사하는 데 사용되지만, 메시아적 취지로 사용한 것은 아니다. 하지만 제2 바룩 70장 9절에서는 이 단어를 사용하여 메시아를 묘사한다(Bruce, Acts, Greek Text, 139–40, Witherington, 179–80은 행 3:19에서도 암시하듯이 하나님께서 메시아 예언을 성취하고 계시다는 데 이 단어의 요점이 있다고 주장한다). 후기 유대의 조나단 탈굼(targum to Johathan)에서는 이사야 42장 1절과 52장 13절을 번역할 때, '종'이라는 용어에 '메시아'라는 용어를 추가한다. 따라서 이 호칭에는 메시아적 색채가 들어 있다고 보는 것이 적절하다. [*pais*]

3:14. 거룩한(Holy, *hagion*) – 신약의 몇몇 곳에서 이 호칭은 예수님을 가리킨다(막 1:24, 눅 4:34, 요 6:69). 두 번은 귀신들의 고백으로, 한 번은 제자들의 고백으로 사용되었다(요 6장). 누가복음 1장 35절에서도 이와 비슷하게 성령으로 잉태된 아기 예수를 '거룩한 이'라고 부른다. 어떤 사람들은 이 호칭이 하나님을 가리킨다고 생각한다(레 11:44–45, 70인경의 시 77:41, Witherington, 181). 예수님께서 높임을 받아 하나님 우편에 앉아 계시기 때문에 이와 같은 비교가 가능하다. [*hagios*]

의로운(Righteous, *dikaion*) – 이 호칭 또한 이사야 53장 11절에 뿌리를 두고 있다. 유대 사상에서 '의로운 자'는 메시아를 나타내는 표현이었다(1 Enoch 38:2, 46:3, 53:6, 솔로몬의 시편 17:35). 누가는 예수님을 의로운 자로 묘사함으로써 누가복음 23장 47절의 십자가를 회상하게 한다. 거기에서 예수님께서는 무죄한 자로 죽으셨다. 이 호칭은 사도행전 7장 52절과 22장 14절에 다시 나온다. 하나님 앞에서 의인이었던 무죄한 자가 사형 선고를 받았다. [*dikaios*]

3:15. 저자/ 지도자(Author/ Leader, *archēgon*) – 이 단어의 정확한 의미는 명확하지 않지만 저자나 지도자 가운데 하나를 뜻했을 것이다(BAGD, 112, 1, BDAG, 138–39, '생명의 길로 인도하다'–EDNT 1:163–64). 예수님께서는 생명을 거두어가시는 분이 아니라 생명을 주시는 분이 분명하다. 그렇다면 예수님께서는 단지 생명의 길을 보여주는 분(지도자)이신가, 아니면 생명을 가능하게 하시는 분이신가('저자'–NLT, NIV, RSV, ESV, '창시자'–NET)? 16절에서 (EDNT의 주장에도 불구하고) 암시하는 것처럼 치유된 사람을 자유롭게 하는 방법을 제공하신 분은 예수님이셨기 때문에 '저자'라는 최근의 이해가 더 나아 보인다. 여기에서 둘 다를 뜻할 가능성도 있다. [*archēgos*]

3:16. 믿음(Faith, *pistei*) – 사도행전에서는 믿음을 응답 용어로 자주 사용한다. 사도행전 14장 9절에서 믿음을 생기게 하는 것은 치유다. 하지만 사도행전 20장 21절에서는 믿음이 핵심 메시지다. 사도행전 3장에서 이 사람을 건강하게 만든 것은 예수님의 이름(인격)과 예수님께서 어떤 분이신가에 대한 믿음이다. [*pistis*]

완전한 건강(Perfect health, *holoklērian*) – 이것은 단 한번만 사용되는 용어이며, '온전하게 하다 또는 온전한 행복'을 뜻하므로 온전한 건강('완전한 건강'–NET, '완전한 치유'–NIV, '완벽한 건강'–NASB, RSV, ESV)의 뜻을 지닌다. 70인경에서 이 용어는 제물로 드리기에 합당한 흠없는 동물을 가리킨다(슥 11:16). [*holoklēria*]

3:17. 무지(Ignorance, *agnoian*) – 이것은 '어떤 것에 대한 지식의 부족'을 의미한다. 하지만 무지하다고 해서 책임을 면할 수는 없다. 이것이 바로 군중들이 베드로의 메시지에 응답해야만 하는 이유다. 무지에도 불구하고 책임이 있다는 것을 보여주는 이 용어의 비슷한 사례들은 에베소서 4장 18절과 베드로전서 1장 14절에서 찾아볼 수 있다. 사도행전 17장 30절은 열방을 위해 무지의 때를 간과하시는 하나님에 대해 말하고 있다. 그러나 이것은 더 이상 사실이 아니다. 열방은 이제 더 잘 알아야만 하고, 응답해야만 한다.

[*agnoia*]

3:18. 고난 받다(Suffer, *pathein*) – 예수님의 고난을 성경에 예언된 것으로 요약하고 있는 이 동사는 누가복음과 사도행전에 자주 나온다(눅 9:22, 17:25, 24:26, 46, 행 17:3). 비록 죄인들 때문에 발생한 예수님의 죽으심이지만 하나님 모르시게 진행된 일은 아니었다. [*paschō*]

3:19. 회개하다(Repent, *metanoēsate*) – 베드로의 메시지에 대한 핵심 반응은 회개하는 것이다(행 2:38 참고). 회개의 요청은 17장 30절과 26장 20절에 다시 나온다. 사도행전 8장에서도 이 단어가 사용되고 있는데, 논란이 많다. 베드로가 마술사 시몬에게 구원의 초청을 하고 있는 것인가, 아니면 그의 행실을 고치라고 요구하는 것인가(행 8장의 논의를 참고하라)? 사도행전에서의 다른 모든 곳에서 이 동사는 사도행전 3장 이곳에서와 마찬가지로 구원으로 이끄는 응답을 의미한다. [*metanoeō*]

돌아서다(Turn, *epistrepsate*) – 이것은 사도행전에 나오는 또 하나의 응답 용어다. 이 용어는 하나님을 향하여 돌아서는 것, 즉 삶의 방향의 변화라는 개념을 전한다. 이 단어는 신약에서 36회 사용되며, 그 가운데 누가복음과 사도행전에 18회 나온다. 대부분의 경우 기본적인 정의의 범위에서 벗어나지 않으며(눅 1:17, 행 9:35, 11:21, 14:15, 15:19, 26:18, 26:20, 28:27), 회개에 대한 히브리적인 이해를 보여준다(눅 24:44–47). [*epistrephō*]

닦아 없애다(Blotted out, *exaleiphthēnai*) – 이 용어는 '닦아내다, 지우다 또는 제거하다'라는 의미다(BAGD, 272, 2, BDAG, 344). 이것은 잉크로 기록된 글자들을 없애기 위해 파피루스를 씻는 것을 묘사하는 데 사용되었다. 이것은 흔적을 남기지 않는 제거법이다. [*exaleiphō*]

새로워지는 때(Times of refreshing, *anapsyxeōs*) – 이 용어는 고통을 완화시키거나 상처를 치료하는 데 필요했던 '차갑게 하는 것'을 가리킨다('기분을 상쾌하게 해주는 것'–NLT, '상쾌하게 해주는'–NIV, RSV, NET). 이것은 또한 개구리 재앙이 끝났을 때의 안도감을 묘사하는 데 사용되기도 하였다(BAGD, 63, BDAG, 75, TDNT 9:664). 그리고 메시아 시대를 묘사하는 데 사용된 용어였다. 베드로는 메시아 시대의 축복에 참여할 수 있는 기회를 베푸는 것 같다. 그것은 곧 하나님을 향해 돌아설 때 주어지는 결과다. 죄를 용서받았을 때, 이 같은 새로움이 생길 수 있다. 예수님으로 인해서 시작된 메시아 시대에 성령께서 행하시는, 정결하게 하는 사역에 대한 언급으로 생각할 수도 있다. [*anapsyxis*]

3:21. 회복(Restoration, *apokatastaseōs*) – 이 용어는 구원의 완성, 즉 이스라엘의 예언자들이 약속한 완전한 회복이 일어나는 때를 가리킨다(BAGD, 92, BDAG, 112). 이 용어와 동일한 어원에 속한 단어가 두 개의 단락을 연결하고 있는 사도행전 1장 6절에 나온다. 옛 선지자들이 약속했던 것처럼 예수님께서 다시 오시면 모든 것들을 회복하실 것이다. 이 용어는 신약 가운데 여기에서만 나온다. [*apokatastasis*]

3:22. 선지자(Prophet, *prophētēn*) – '나 같은 선지자'란 문구는 신명기 18장 15절의 인용이다. 이

사람은 모세와 마찬가지로 약속된 지도자 겸 선지자다. 모세와 같은 인물에 대한 종말론적인 기대는 유대 사상에서 흔히 발견된다(1QS 1:9-11, 4QTest 1:5-8, 제1 마카비 14:41). 그들은 모세와 같은 선지자에게 복종하라는 명령을 받았다. 베드로는 청중들에게 이 명령에 충실하게 응답할 것을 요구하고 있는 중이다. 모세와 같은 선지자는 하나님께로부터 계시를 제공받을 뿐만 아니라 백성들을 인도한다. 따라서 예수님에 대한 베드로의 설명은 매우 훌륭하다. [*prophētēs*]

3:23. 멸망할 것이다(Sall be destroyed, *exolethreuthēsetai*) – 이 용어는 완전한 멸망을 묘사한다(BAGD, 276, BDAG, 351, '완전하게 끊어내다'–NIV, 출 22:20, 제1 마카비 2:40). 이 단어의 개념은 사도행전 3장에서 인용한 레위기 23장 29절에 나타난다. 신약 가운데 유일하게 여기에서 사용된다. 베드로는 모세와 같은 선지자인 예수님께 응답하지 않는 사람들에게 심판을 경고하고 있다. 응답하지 못한 사람들은 하나님의 백성들 가운데 머물지 못할 것이다(TDNT 5:171). [*exolethreuō*]

3:24. 이 날들(These days, *hēmeras tautas*) – 베드로는 하나님께서 선지자를 통해 하신 약속이 성취되는 날들을 설명하고 있다. 예수님께서는 약속된 종말과 구속의 때를 가져오신다. 예수님께서 그것을 완성하기 위해 하늘에서 다시 오실 때까지 그 약속의 성취 과정은 계속된다. [*hēmera*]

3:25. 씨(Seed, *spermati*) – 베드로는 아브라함 언약, 즉 창세기 12장 1-3절에서 하나님께서 아브라함에게 주시고, 창세기 여러 곳에서 거듭 확인하신 약속으로 다시 돌아간다. 이 약속은 세상에 복이 될 '씨'(KJV, NASV, '후대'-RSV, '자손'-ESV, NIV, '후손들'-NET, NLT)에 초점이 맞추어져 있다. 또한 이 용어는 창세기에서 이삭, 야곱 그리고 그의 열두 아들을 의미했다. 그러나 베드로는 민족의 구원을 대표하는 존재, 즉 종(행 3:13, 26 참고)이신 예수님이 바로 그 '씨'라고 구체적으로 말한다. 바울은 갈라디아서 3장 16절에서 예수님께서 하나이시며 유일한 '씨'임을 강조한다. 3장 29절에서는 '씨'이신 예수님을 통해서 하나님과 관계를 맺은 모든 사람들을 가리키는 표현으로 이 용어를 사용한다. 성경이 가르치는 것처럼 예수님께서는 다른 하나님의 피조물들이 하지 못한 일을 행하셨다(겔 34장). 따라서 이 용어는 하나의 특별한 씨앗(예수 그리스도)이나 육적, 영적인 예수님의 모든 후손들을 가리킨다. 사도행전에서 이 용어는 아브라함의 육신적 씨인 이스라엘 사람들을 가리킨다. 이스라엘은 약속을 전해준 선지자들의 후손으로서 이 메시지를 받아들여 응답해야 할 의무가 있는 사람들이다. 그들은 이 사실을 깨닫고 예수님을 믿어야만 한다. [*sperma*]

3:26. 일으켜 세워(Having raised up, *anastēsas*) – 이 용어는 의미가 매우 모호하다. 부활에 대한 언급일 수도 있으나 역사의 무대에서 어떤 중요한 역할로 등장하는 사람을 나타내기도 한다. 하나님께서 예수님을 죽은 자들로부터 다시 살리심으로써 예수님의 중요성이 명백해졌지만, 사도행전의 여러 구절들에서 이 용어

가 어떤 의미로 사용되고 있는지 확실하게 알기가 힘들다. 여기에서 베드로는 예수님께서 먼저 유대인에게로 보내심 받았다는 것을 강조한다(롬 1:16–17). [*anistēmi*]

돌아서다(Turning, *apostrephein*) – 이것은 복음 메시지에 대한 또 하나의 응답 용어다. 돌아서는 것과 동일한 개념을 갖고 있지만, 여기에서는 '악함에서 돌아서다'라는 뜻으로 사용된다. 죄 용서뿐만 아니라 의를 위해 하나님께 나아오는 믿음에서 하나님의 포용성이 표명되고 있다. [*apostrephō*]

4:1. 성전 경비대장(Captain of the temple, *ho stratēgos*) – 이 용어는 성전 경내에서 평화를 유지하는 책임을 맡고 있는 지휘관을 가리킨다(BAGD, 770, 2, BDAG, 948, 2). 누가복음 22장 4, 52절과 사도행전 5장 24, 26절에서 이 인물이 등장한다. [*stratēgos*]

사두개인들(Sadducees, *Saddoukaioi*) – 귀족들로 이루어진 이 단체는 1세기의 예루살렘과 성전 경내의 종교 활동을 감독했다. 평화 유지를 위해 로마를 돕는 것이 그들의 책임이었다. 그들은 성전 경내를 통제했으며, 대제사장의 가문은 이 단체 출신이었다. [*Saddoukaios*]

4:2. 짜증이 났다(Annoyed, *diaponoumenoi*) – 사두개인들은 사도들의 혁신적인 설교를 듣고 '크게 동요되어'(NIV) 또는 '짜증이 나서'(RSV) 설교를 중단시키고자 했다(BAGD, 187, BDAG, 235, NET의 '화를 내다'는 그들의 짜증의 결과를 암시하는 표현일 수도 있다). 이 용어는 신약에서 드물게 사용되며, 여기와 바울이 귀신 들린 노예 소녀를 보고 괴로워하는 사도행전 16장 18절에서만 나온다. [*diaponeomai*]

4:5. 장로들(Elders, *presbyterous*) – 그 당시 통치의회 산헤드린의 구성원들인 지도자들을 가리키는 일상 용어다(BAGD, 700, 2aβ, BDAG, 862, 2aβ). 사도들에게 집중되었던 이목은 그 도시의 지도자들을 함께 모이게 만들었다. [*presbyteros*]

4:6. 대제사장 안나스(Annas the high Priest, *Hannas*) – 이 당시의 제사장은 가야바였다. 반면에 안나스는 한때 대제사장 자리에 있었던 사람이었다. 그는 대제사장 가문의 족장이기 때문에, 오늘날 정치 지도자들이 퇴직한 후에도 예전 직함으로 불리고 있는 것과 마찬가지로 대제사장으로 불렸다. [*Hannas*]

4:7. 어떤 권세로(By what power, *en poia dynamei*) – 베드로와 요한은 자신들의 권세와 능력의 출처를 밝히라는 요구에 직면했다. 기적을 행하는 권세를 누군가에게서 받은 것이 분명하다는 점에서 이 질문은 그들의 행위의 기원에 관한 것이다. 어떤 유대인들은 예수님께서 하나님이 아니라 바알세불의 능력에 힘입어 기적을 행하신다고 생각했다(눅 11:15). 이 질문 또한 비슷하다(눅 20:1–8은 지도자들과 예수님 사이의 또 하나의 비슷한 논쟁을 소개한다). 사두개인들은 제자들에게 이런 권세를 허락한 적이 없었으므로 그 권세가 어디에서 온 것이냐고 질문했다. [*dynamis*]

4:9. 심문을 받다(Examined, *anakrinometha*) – 이 동사는 법률적 맥락에서 어떤 사람의 범죄 여부를 심문할 때 사용된다(BAGD, 56, 1b, BDAG, 66, 2, 눅 23:14, 행 12:19, 17:11, 24:8, 28:18). [*anakrinō*]

착한 일(A good deed, *euergesia*) – 이 용어는 사도들이 받았던 사법적 조사의 주제보다는 고대 세계에서 일반적으로 칭찬이나 상을 받았던 유익한 활동과 관련이 있다(BAGD, 319, 2, BDAG, 405, 그리고 66, 2의 진술). 베드로의 주장에는 다음과 같은 반어적 의미가 숨어 있다. 즉 우리가 어째서 여기에서 이 착한 일을 하고 있는가? 디모데전서 6장 2절은 신약에서 이 단어가 사용되는 다른 한 곳이다. [*euergesia*]

4:10. 건강한(Well, *hygiēs*) – 이 용어는 3장 16절에서 사용된 '완전한 건강'처럼 이 단락에서 사용되는 두 번째 '건강' 용어다(행 3:16의 논의를 참고하라). 여기에서 이 용어는 육체적 건강을 가리킨다(BAGD, 823, BDAG, 1023). 70인경에서 이 단어는 '안전하게' 귀환한 군인을 묘사할 때 사용되었다(수 10:21, TDNT 8:311). 이 단어는 사도행전 가운데 여기에서만 사용된다. 이 치유는 3장 7절에서 설명한 것처럼 힘이 생긴 결과였다. 건강을 회복한 것은 십자가에 못 박히셨다가 이제는 다시 살아나신 나사렛 예수의 역사하심으로 가능했다. [*hygiēs*]

4:11. 돌(The stone, *ho lithos*) – 이 단어는 시편 118편 22절의 거절당한 왕에 대한 설명과 관련이 있다. 이 시편 구절은 신약에서 보통 예수님께서 거절당하신 후에 하나님께서 예수님을 높이시고 받아주신 것을 묘사할 때 사용된다(마 21:42, 막 12:10, 눅 20:17, 롬 9:32–33, 벧전 2:8). 베드로가 말하고자 하는 요점은 사람들이 거절하더라도 하나님께서 예수님을 하나님의 일을 할 수 있는 곳으로 높이시는 것을 막을 수 없다는 뜻이다. [*lithos*]

4:12. 구원(Salvation, *ho sōtēria*) – 베드로는 이 치유를 어떤 것이 온전한 구출(deliverance)인가를 보여주는 그림으로 간주한다. 이 구출에서 예수님만이 할 수 있는 역할을 생생하게 묘사한다. 구출과 이 구출이 묘사하고 있는 구원을 가능하게 한 것은 예수님의 이름(예수님의 인격)의 권세다. 실제로 베드로는 예수님의 이름을 불러서 구원받을 필요(*dei*)가 있다는 말로 자신의 설교를 마무리한다. 다른 대안은 없다. 예수님만이 구원의 유일한 길이시다. 이 명사는 사도행전에 6회 나온다(4:12, 13:26, 47, 16:17은 구원을 가리키며, 7:25, 27:34는 '구조, 구출'을 가리킨다). [*sōtēria*]

4:13. 교육 받지 못한(Uneducated, *agrammatoi*) – 이 용어는 신약에서 유일하게 여기에서만 사용된다. 이 용어는 '글자를 알지 못하는'사람, 즉 학교를 다니지 못했거나 공식 교육을 받지 못한 사람을 가리킨다. 문맥상으로 이 용어는 주로 종교적인 가르침과 연관이 있다. 병 고침 받은 사람이 베드로, 요한과 함께 서 있는 모습이 바로 그들의 손으로 행한 일이라는 당혹스런 증거지만, 그들에게서 많은 것을 기대할 수 없을 것이라고 짐작했다. 따라서 사도행전 4장 14절의 설명처럼 지도자들은 아무런 대답도 하지 않았

다. [*agrammatos*]

4:16. 유명한 표적(Notable Sign, *gnōston sēmeion*) – 역본들은 이 용어를 다양하게 번역한다('유명한 표적'–ESV, RSV, '놀라운 이적'–NIV, '주목할 만한 기적'–NASB, '유명한 기적'–KJV). 이 용어의 기본적인 의미는 '친숙한 것에 속하는, 알려질 가능성이 있는'이다. 하지만 이 문맥에서는 명백하게 특별한 사건, 즉 유명한 기적을 가리킨다(BAGD, 164, 1a, BDAG, 204, 1a). 지도층들은 사도들을 멈추게 하고 싶었지만, 부정할 수 없는 기적 때문에 난처한 지경에 빠졌을 것이다. [*gnōstos*]

4:17. 경고하다(Warn, *apeilēsōmetha*) – 이 용어는 보통 '어떤 것을 갖고 누군가를 협박하다'(BAGD, 82–83, BDAG, 100, 제4 마카비 9:5)라는 뜻으로 경고를 뜻하는 '부드러운' 용어가 아니다. 관련 명사(*apeilē*)는 '위협'이란 뜻이다. 이 용어는 이곳과 예수님께서 고난 받을 때에도 위협하지 않으셨다고 말하는 베드로전서 2장 23절에만 나온다. 유대의 지도자들은 자신들의 경고를 무시할 경우 응분의 조치가 뒤따를 것이라고 경고하고 있다. 이 용어의 강조형(*prosapeilēsmenoi*)이 사도행전 2장 21절에 나온다. [*apeileō*]

4:18. 말하지 말라(Not to speak, *phthengesthai*) – 이 단어는 '어떤 일을 발설하거나 말하다'라는 뜻이다. 이것은 예수님의 이름을 다시는 언급하지 말라는 유대 지도자들의 명령을 가리킨다(BAGD, 875, BDAG, 1054). [*phthengomai*]

4:19. 하나님 보시기에(In the sight of God, *enōpion tou theou*) – 이 표현은 '하나님 앞에서'라는 뜻이지만 사전에서는 '하나님 보시기에'라는 의미를 제시한다(BAGD, 270, 3, BDAG, 342, 3). 그렇다면 베드로는 지도층에게 하나님 보시기에 또는 하나님의 뜻에 비추어볼 때, 하나님께서 함께 일하기로 선택하신 사람에 대해서 말하지 않는 것이 하나님 앞에서 옳은지 아닌지를 결정하라고 제안하는 중이다. [*enōpion*]

4:24. 주권자(Sovereign, *despota*) – 일상의 대화에서 이 용어는 보통 통치자를 의미한다. 이 단어는 신약 전체에 10회 나오며, 그 가운데 사도행전에서는 여기에만 나온다(눅 2:29과 계 6:10에서 이 단어는 하나님을 지칭하는 데 사용되고 있다). 이것은 통치하거나 권세를 갖고 있는 사람을 묘사한다(TDNT 46–49, 요세푸스는 기도중에 하나님을 부를 때 이 용어를 사용하곤 했다, '만유의 주'–NET). 유대 사상에서 이 용어는 보통 하나님을 지칭하는 데 사용되는데, 사도행전의 여기에서처럼 하나님을 지칭하면서 그 분이 모든 만물의 창조자임을 말하는 수식어가 첨가되기도 한다(솔로몬의 지혜서 6:8, 8:3, 제1 에스드라 4:60, 제3 마카비 2:2, 유딧 9:12). [*despotēs*]

4:25. 이방인의 분노(The Gentiles rage, *ephruaxan ethnē*) – 이 용어는 신약에서 사도행전에만 나온다. 이것은 거만하게 행동하는 것과 관련 있으며, 시편 2편 1절을 부분 인용한 것이다. 일상 용법에서 이 단어는 경주를 앞두고 코를 킁킁거리는 말들 같은 '힘찬 동물들'을 가리킨다(BAGD,

867, BDAG, 1067). 이방인이란 용어는 기도에서 거론한 사람들의 신분을 밝히는 설명의 일부로 27절에 다시 나온다. [*phruassō* + *ethnē*]

사람들이 헛된 일들을 상상하다(People imagine vain things, *laoi emeletēsan*) – 이 동사는 '어떤 일에 대해 생각하다' 혹은 '중재하다'라는 뜻이다(BAGD, 500, 3, BDAG, 627, 3). 여기에서는 열방이 아무런 도움도 안 되는 헛된 일이나 공허한 일들을 '생각하다'라는 뜻으로 사용된다. 27절에서는 이 열방에 이스라엘 백성들(*laois Israēl*)까지 가세한다. 시편 2편과 같은 민족주의적 본문에서 유대인들이 예상하기에, 하나님께서 보내신 지도자들을 반대할 것 같은 사람들은 이방인이기 때문에 이 반대자들에 이스라엘을 포함시킨 것은 놀라운 독법이다. 시편 2편을 해석할 때의 관건은 바로 메시아의 신분(*identity*)이다. 예수님께서 메시아시다. 따라서 이런 예수님을 반대한다면 그들이 누구든지 그들에게 시편을 적용할 수 있다. [*meletaō*]

4:26. 함께 모여(Gathered together, *synechthēsan*) – 이 문맥에서 이 동사는 주와 기름 부음 받은 자를 반대하기 위해 '함께 나아오다'라는 뜻이다. 이 구절에서 '연결' 용어이며, 27절에서 시편을 성취하고 있는 사람들의 신분을 밝힐 때 다시 사용된다. [*synagō*]

4:27. 너희는 기름 부음을 받았다(You anointed, *echrisas*) – 이것은 이 단락에서 나오는 또 하나의 '연결' 용어다. 이것은 26절의 그리스도(*christou*)라는 용어와 연결된다. 이 모든 반대는 하나님께서 기름 부으신 종을 향한 것이다('종'에 대한 논의를 위해 행 3:13과 4:25, 30을 참고하라). 25절에서는 다윗을 '종'으로 지칭한다. 다윗과 예수님 두 분 다 하나님의 뜻을 실천했다고 알려져 있지만, 이 칭호는 하나님의 뜻을 실천하도록 부름을 받은 사람을 나타내는 일반 용어에 가깝다. [*chriō*]

4:29. 내려다보다(Look upon, *epide*) – 제자들은 하나님께 믿는 자들을 반대하는 사람들의 위협을 굽어보실 것을 기도한다(BAGD, 284, BDAG, 360). 그들은 하나님께서 자신들의 곤경에 관심 가져주실 것을 요구한다. [*epeidon*]

위협들(Threats, *apeilas*) – 이 용어는 위에서 '경고'로 번역한 동사의 명사형이다(행 3:17, 21). 교회는 자신들을 박해하는 사람들을 올바르게 판단해주실 것을 기도하지 않았다. 사람들의 위협 앞에서 담대할 수 있는 능력을 달라고 기도했다. [*apeilē*]

4:30. 당신의 손을 내밀어(You stretch out your hand, *tēn cheira sou ekteinein*) – 실제적인 간구는 하나님께서 손을 내밀어 치유해주시고 역사해달라는 것이다. 제자들은 장차 치유자들로서 사람들의 주목을 받게 될 것이다. 하지만 그들은 하나님께서 예수님을 통해 치유를 행하시는 것으로 이해했다. 이것은 베드로가 말한 내용 가운데 핵심에 해당한다. [*ekteinō*]

4:31. 흔들렸다(Was shaken, *esaleuthē*) – 제자들이 있던 현장이 흔들린 것은 하나님의 임재의 증거다(BAGD, 740, 1, BDAG, 911, 시 18:7[70인경의 시 17:8]은 이 단어가 구약에서 사용되고 있

는 하나의 사례다). [*saleuō*]

4:32. 함께 사용하다(Common, *koina*) – 이 단어는 사도행전 2장 44절에서 논의했다. 하지만 여기에서 한 번 더 그 진의를 언급할 필요가 있다. 이 명사는 '어떤 것을 다른 사람들과 함께 나누다'라는 뜻을 지닌 일련의 동족 용어들 가운데 하나다. '친교'(*koinōnia*)라는 용어 역시 여기에 속한다. 이것은 그들이 어떤 식으로 함께 사용했는가를 보여준다. 함께 사용하는 것은 34절에서 구체적으로 묘사하는 것처럼 소유물로까지 확대되었다. [*koinos*]

4:33. 능력(Power, *dynamei*) – 주께서 그들의 기도에 응답하시고 그들로 하여금 부활, 즉 사도행전 4장 31절에서 '하나님의 말씀'으로 부르는 것에 관해 강력하게 증언하게 하신다. [*dynamis*]

4:34. 가난한 사람이 없다(Not a needy person, *oude gar endeēs*) – 공동체의 사람들이 서로 나누었기 때문에 궁핍하거나 가난한 사람이 없었다. 이것은 하나님께서 신명기 15장 4절에서 요구하신 기준과 일치한다(마 25:35–40 참고). 누가는 공동체 내의 상호 돌봄에 대한 이 모든 설명을 공동체의 신앙심, 하나님과 서로를 향한 상호적인 헌신의 증거로 제공하고 있다. 또한 이것은 그들이 서로를 돌볼 가치가 있는 가족, 혹은 친구로 여겼다는 증거다(Witherington, 162–63에서는 쿰란의 에세네파[*Essenes*]가 이런 규범을 갖고 있었지만 우정이나 가족애를 보이기 위한 목적이 아니라 제의적 정결이 그 이유였다고 설명한다, 1QS 5:1–3, 9:3–11, CD 9:1–15). 헬라 문화 역시 그런 공동체에 호감을 갖고 있었다(Plato, Republic 449c, Aristiotle, Nic Ethics, 1168b, 역사가 필로는 이것이 유대교에서 전해진 것이라고 본다, Abraham, 235). [*endeēs*]

4:35. 누구든 필요한 것이 있었을 때에(As any had need, *chreian eichen*) – 누가는 사람들이 필요한 것을 공동체로부터 제공받았다고 두 번째로 진술하고 있다(행 2:45). [*chreia + echo*]

4:36. 레위인(A Levite, *Leuitēs*) – 바나바는 이스라엘에 제사장들을 공급하는 지파 출신이었다. 여기에서 그는 매우 구체적인 방법으로 공동체의 필요를 위해 수고했다. [*Leuitēs*]

4:37. 그것을 사도들의 발 앞에 두다(Set it at the feet of the apostles, *ethēken pros tous podas tōn apostolōn*) – 5장까지 확장되는 이 장면에서 이 표현은 세 번 나온다(4:35, 37, 5:2). 사도들의 발 앞에 돈을 놓는 것은 공동체의 필요를 충족시키기 위해 교회에 땅 판 돈을 바쳤다는 의미다. 바나바는 이런 일이 어떻게 이루어졌는가에 대한 긍정적인 본보기이고, 5장의 아나니아와 삽비라는 부정적인 본보기다. 아나니아와 삽비라는 바나바와 규범상 쌍벽을 이루는 존재다. [*tithēmi*]

5:2. 그의 아내의 지식으로(With his wife's knowledge, *syneiduiēs*) – 이 표현은 삽비라가 아나니아의 행동에 대해 함께 알고 있다는 것을 나타낸다(BAGD, 791,1, BDAG, 973, 1). 그녀는 이 상황에서 남편의 정신적 후원자였고, 남편의

행위를 묵과함으로써 그 행위에 동의했다. 이 단어는 신약의 고린도전서 4장 4절에서 한 번 더 나온다. [*synoida*]

5:3. 사탄이 네 마음에 가득 찼다(Satan filled your heart, *eplērōsen ho satanas*) – 베드로는 사단이 그들의 결정을 조정하도록 기회를 주는 일이 어떻게 가능했는지를 묻고 있다. '마음에 가득 찼다'는 것은 다른 사람의 영향이 매우 강력하여 그 사람의 행동을 좌우한다는 뜻이다(BAGD, 670, 1, BDAG, 828, 1). 사탄이 마음속에 가득한 결과는 성령을 속이는 것이었다. 그들은 교회가 아닌 하나님께 잘못을 했다(성령과 하나님 사이의 거룩한 관계를 암시하는 행 5:4은 이것을 명확하게 지적하고 있다). 이것은 성령 충만의 반대 개념이다. [*plēroō* + *satanas*]

5:4. 네가 너의 마음속에서 이 일을 계획했다(You contrived in your heart this deed, *ethou en tēkardia sou to pragma touto*) – 베드로는 이 행동에 대한 책임이 바로 아나니아에게 있다고 말한다. 그는 땅과 땅 판 돈을 자신이 원하는 대로 가질 권리가 있었다. 그 누구도 그것을 내놓으라고 강요하지 않았다. 지금 이 표현은 아나니아가 이 일을 하기로 마음에 '결정했다'는 뜻이다. [*tithēmi*]

5:6. 매장했다(Buried him, *ethapsan*) – 매장을 즉시 거행하는 것이 특이한 일은 아니다. 그 당시 유대 사회에서는 제의적 정결의 문제 때문에 시신을 하룻밤을 넘기지 않고 매장해야만 했다. 그렇게 하지 않을 경우, 특히 하나님에 대한 범죄에 해당되었다(신 21:22-23). [*thaptō*]

5:9. 성령을 시험하다(To tempt the Spirit, *peirasai to pneuma*) – '유혹하다'(RSV)라는 번역은 문맥상 좋은 번역이 아니다. 베드로는 지금 삽비라에게 성령을 '시험한'(NET) 이유에 관해 묻고 있다(BAGD, 640, 1e, BDAG, 793, 1c). 이 시험은 성령에 관한 것인데, 진행되고 있는 일에 성령께서 속아 넘어가시는지 아닌지 그 능력을 시험하고자 했다. 성령께서는 알고 계신다. 그리고 베드로의 말은 성령께서 어떤 일이 진행되었는지를 모두 알고 계심을 강조하고 있다. [*peirazō*]

5:13. 나머지 가운데 한 사람도 감히 그들과 함께하는 사람이 없었다(No one of the rest dared join them, *tōn de loipōn oudeis etolma kollasthai*) – 첫 번째 단어인 '감히 …하다'(*tolmaō*)는 '용기를 갖다, 또는 도전에 직면해서 어떤 일을 감히 하려고 하다'라는 뜻이다(BAGD, 821, 1a, BDAG, 1010, MM, 638). 두 번째 단어인 '함께하다'(*kollaō*)는 '가깝게 교제하다'라는 뜻이다'(BAGD, 441, 2b, BDAG, 556, 2b). 이제는 '나머지'(*loipōn*)가 누구를 가리키는 것인지 논의할 차례다. 대부분 이 표현이 불신자들을 가리킨다고 주장한다. 그렇다면 사도들을 매우 존경하며 많은 사람들이 믿었음에도 불구하고(5:14) 사도들이 행한 기적들이 군중들을 두려워하게 만들었단 말인가! 이런 병렬 배치는 혼동을 불러일으킬 염려가 있으므로 적절하지 않은 것 같다. 이스라엘의 지도자들이 함께하지 않았을 가능성이 있다. 왜냐하면 13절에서 사람과 '나머지' 사이를 구별하고 있다고 주장할 수 있기 때문이다. 따

라서 '나머지'는 12절의 '사도들'과 대조되는 사람들, 즉 유대 지도층의 위협에 자신들을 노출시킬 필요가 없다고 생각한 다른 신자들로 설명하는 것이 가장 적절해 보인다. 하지만 14절이 보여주는 것처럼 많은 사람들이 믿고 주께로 나아왔다. [*tolmaō* + *kollaō*, *loipos*]

5:15. 그림자(Shadow, *hēskia*) – 베드로의 그림자가 치료의 능력이 있었다는 구절은 그를 통하여 역사하시는 주님의 능력이 어느 정도였는지를 보여준다. 베드로는 병자를 만질 필요조차 없었으며, 그의 그림자만으로 충분했다. 이것은 예수님의 사역과 비슷하다(눅 4:31–44). [*skia*]

5:16. 더러운 귀신들에게 괴로움을 받는(Being harassed by unclean spirits, *ochloumenous hypo pneumatōn akathartōn*) – 베드로는 두 부류의 사람들, 즉 병자들과 귀신 들린 사람들을 치유하고 있었다. 더러운(악한) 귀신들에게 시달림을 받은 것은 두 번째 그룹이다. 이 용어는 여기에서만 사용되며, '어떤 것 때문에 괴로움을 받거나 시달리는 것'을 뜻한다. [*ochleō*]

5:17. 시기(Jealousy, *zēlou*) – 이 용어는 사도행전에서 2회 사용되며, 이곳은 그 가운데 하나다. 사도행전 13장 45절을 보면, 비시디아 안디옥에서 바울의 활동에 대해 비슷한 반응을 보인다. [*zēlos*]

5:18. 사도들을 잡아갔다(Arrested the apostles, *epebalon tas cheiras epi tous apostolous*) – 이 용어는 보통 폭력을 사용하여 나쁜 의도로 '누군가를 잡아가다'라는 뜻이다(BAGD, 289–90, 1b, BDAG, 367, 1b, 행 5:18, 21:27). 여기에서 '체포하다'라는 뜻으로 사용하고 있다. [*epiballō*]

공동 감옥(Common prison, *tērēsei dēmosia*) – 이것은 문자적으로 '공공의 구금'을 가리키며, 오늘날의 '교도소'에 해당한다. '공공의'란 뜻을 지닌 용어인 *dēmosios*는 히브리의 랍비 어휘에서 차용했다. 도시의 공공 장소임에도 불구하고 사도행전 5장 19절은 사도들이 특별한 감시를 받고 있었다고 밝히고 있다. '감옥'(*tērēsis*)을 뜻하는 이 단어는 사도행전에 단 2회 나온다(행 4:3). [*tērēsis* + *dēmosios*]

5:19. 주의 천사(Angel of the Lord, *angelos de kyriou*) – 이 구출을 초자연적이라 말하는 것은 천사들의 출현과 활동 때문이다. 이 표현은 사도행전 8장 26절과 12장 7, 22, 23절에 다시 나온다. [*angelos*]

5:20. 이 생명의 말씀(Words of this life, *ta rhēmata tēs zōēs*) – 여기에서 천사들은 사도들에게 유대의 지도층이 전하지 못하도록 금지했던 것을 전하라고 지시한다(행 4:17–18). 이 표현은 말씀을 전파해야 하는 이유를 말하고 있다. 그들이 전파하는 메시지에 생명의 말씀, 즉 참되고 영원한 생명으로 인도하는 말씀이 담겨져 있다는 것이다. [*rhēma* +*zōē*]

5:21. 원로원(Senate, *gerousian*) – 이 용어는 장로들로 구성된 유대의 가장 큰 의회를 가리킨다(BAGD, 156, BDAG, 195, MM, 124). 이 용어는 보통 70명의 지도자들로 구성된 최고 의회인 산

헤드린을 가리킨다. 그러나 여기에서는 원로원과 의회를 구분하고 있다(행 45:27의 '의회'를 참고하라). 사도들에 관한 문제를 의논하기 위해 둘 다 소집되었다. [*gerousia*]

5:24. 당황했다(Perplexed, *diēporoun*) – 이 동사는 '어떤 일에 관해 어찌할 바를 모르다'는 뜻이다. 그들은 감옥 문이 그대로 있고, 경비병들이 제자리에 있는데 어떻게 죄수들이 사라질 수 있는지를 설명할 수 없었다(23절). 이 용어는 누가복음과 사도행전에서만 나온다(눅 9:7, 행 2:12, 행 10:17). [*diaporeō*]

5:26. 무력을 사용하지 않다(Without force, *ou meta bias*) – 사도들이 성전 맡은 자들의 체포에 순순하게 응했기에 그들은 아무런 폭력을 쓰지 않고 의회로 돌아왔다. 이 구절은 성전 맡은 자들이 폭력을 쓰지 않았음을 강조한다. 그들이 폭력을 쓰지 않은 것은 백성들이 돌로 칠 것을 두려워했기 때문이었다. 이것은 백성들이 사도들이 진정한 예언자들이며, 그들을 감금하는 것이 옳은 일이 아님을 충분히 알고 있었다는 뜻이다. 이 용어는 이 단락에 나오는 또 하나의 랍비 문학의 차용어이며, 누가복음과 사도행전에서만 사용된다(행 21:35, 27:41). [*bia*]

5:27. 의회(Council, *synedriō*) – 이 용어는 사도행전 5장 21절에도 나오며, 히브리어에서 헬라어로 직접 유입된 차용어다. 이 히브리 용어는 산헤드린을 위한 미쉬나에 나오며, 예루살렘의 최고 의회를 가리킨다(BAGD, 786, 2, BDAG, 967, 1c). 그들은 로마가 다루기를 원치 않는 종교와 정치적 사안들을 결정했다. 그들은 주로 성전 경내의 평화를 유지하는 책임을 맡고 있었다. [*synedrion*]

5:28. 피(Blood, *haima*) – '그의 피를 우리에게 돌리다'라는 표현은 어떤 사람의 죽음에 대해 책임을 진다는 뜻의 관용구다(막 23:35, 27:35, 행 18:6, 삼하 1:16, BAGD, 22–23, 2a, BDAG, 26a, 2a). 의회가 우려하고 있는 것은 두 가지인데, 하나는 도시 전체를 사도들의 가르침으로 가득하게 한다는 것이고, 다른 하나는 사도들이 예수님의 죽음에 대한 책임을 지도층에게 돌리고 있다는 것이다. 지도층들이 두려워한 것은 예수님을 죽였다는 비난을 받음으로 자신들의 권위가 약화될 수도 있기 때문이었다. [*haima*]

5:29. 마땅히 순종해야 한다(Must obey, *peitharchein dei*) – 베드로는 자신이 가장 중요하게 생각하는 권세는 하나님이라고 밝힌다. 그는 하나님께 순종해야 할 의무(dei)가 있다(TDNT 6:9–10). 사도들은 처음 경고를 받았을 때부터 이 사실을 여러 번 말했다(행 4:19–20, 5:32). [*dei + peitharcheō*]

5:30. 그를 나무에 매달아(Hanging him on a tree, *kremasantes epi xylou*) – 여기에서 베드로는 사도들이 예수님의 피를 의회의 수뇌부에 돌리고 있다고 비난한다. 왜냐하면 의회의 영향력 행사로 인해 예수님께서 처형당하셨기 때문이다. '나무에 매달아'라는 표현은 십자가에 못 박힌 것뿐 아니라 저주받은 죽음을 가리킨다(신 21:22). 이것은 하나님께서 보내신 자를 거

역하는 매우 잘못된 행위다(31절). 이 비난이 반셈족주의는 아니다. 그러나 이스라엘의 지도자들이 예수님의 주장과는 다르게 예수님을 유대교에 대한 위협으로 간주했기 때문에 그들이 져야 할 책임에 대한 설명이라 할 수 있다. 요세푸스(Ant. 18.63-64) 또한 이스라엘의 지도자들이 예수님의 죽음에서 중요한 역할을 했다고 기록하고 있다. 따라서 베드로의 비난은 신약 성경 밖에서도 입증되고 있는 주장이다. [*kremannymi* + *xylon*]

5:31. 하나님께서 <u>높이셨다</u>(God <u>exalted</u>, *ho theos…hypsōsen*) – 유대의 지도자들이 예수님을 죽이는 것으로 사건이 종료된 것은 아니었다. 하나님께서 예수님을 자신의 우편으로 높이시어 하나님의 일과 권세에 참여하게 하심으로 '지도자'와 '구주'로 삼으셨다. 예수님을 거절한 유대의 지도자들이 보기에 이 높이심은 하나님께서 예수님에게 찬성표를 던지신 것이었다. [*hypsoō*]

지도자(Leader, *archēgon*) – 이 용어는 통치자 또는 지도자와 같은 뛰어난 지위를 가진 사람을 가리킨다(BAGD, 112, 1, BDAG, 138, 1). 이것은 다양하게 번역되고 있다('지도자'–ESV, RSV, NET, '임금'–NIV, NLT, KJV). 하나님과 함께 권위를 공동으로 행사하는 이미지를 제공한다. 베드로의 요지는 하나님께서 예수님이 죽은 뒤에 이 역할을 맡기시기 위해 그분을 들어 올리셨다는 것이다. [*archēgos*]

회개함과…(죄)사함을 주시려고(To give repentance…and forgiveness, *dounai metanoian…aphesin hamartiōn*) – 예수님의 높아지심은 그분의 피가 더 이상 이스라엘 지도자들의 머리에 남아 있을 필요가 없다는 뜻이다. 하나님께서 예수님을 통해서 주시는 회개와 용서로 인해 모든 허물들을 용서받을 수 있다. 한 나라의 지도자들이 어떻게 행동하느냐에 따라서 국가가 어떤 위기에 처하는가를 주목하라. 예수님께서는 이스라엘 나라에 용서받을 수 있는 회개의 기회를 제공하신다. 이것 또한 예수님께서 구세주로 불리시는 이유를 설명하고 있다. [*metanoia* + *aphesis*]

5:32. 성령(Holy Spirit, *to pneuma to hagion*) – 베드로가 여기에서 성령을 언급함으로써 그의 대답에 삼위 일체의 세 인격 모두가 언급되고 있다. 성령께서는 첫 번째 증인인 사도들과 함께 베드로의 주장이 사실임을 검증하는 두 번째 증인이시다. 하나님께서는 순종하는 사람들에게 성령을 주시며, 성령을 받은 사람들에 의해 성령의 증거가 이루어진다(*peitharchousin*). 베드로는 성령 받은 사람은 사도들의 메시지를 보고 듣게 될 것이라고 강하게 암시하고 있다('순종'이란 용어에 대해 더 알기 위해서는 행 5:29의 논의를 참고하라). [*pneuma* + *hagios*]

5:33. 격노했다(Enraged, *dieprionto*) – 이 용어는 '다른 사람의 마음을 상하게 하다'라는 뜻이다. 그러나 여기에서 이 단어는 '격노하다, 분노심이 폭발하다'라는 부정적인 의미를 갖고 있다(BAGD, 187, BDAG, 235, 행 7:54). [*diapriō*]

5:34. 가말리엘(Gamaliel, *Gamaliēl*) – 이 사람의 랍비로서의 명성은 1세기에 널리 알려졌었다. 그는 후대의 랍비 전승에서 장로 가말리엘로 불

렸다(그는 때로 가말리엘 1세로도 불린다). 그가 죽은 후 토라(Torah, 율법)에 대한 존경심이 멈추어졌다고 전해진다(m Sotab 9:15). 사도행전 22장 3절에서 바울은 자신을 가말리엘의 문하로 소개한다. 가말리엘은 사도들의 문제를 조심해서 처리하라고 경고했다. [*Gamaliēl*]

5:36. 드다(Theudas, *Theudas*) – 드다는 폭동을 일으켰으나 아무것도 얻지 못한 혁명가다. 가말리엘은 이 운동들이 하나님께로부터 난 것이 아니라면 더 이상 유지되지 못할 것이고, 어떤 일도 일어나지 않을 것이라고 말하고 있다. 하지만 이 인물에 관해 논란이 있다. 요세푸스(Ant. 20.5.1.97–98)가 파두스(Fadus)의 통치 시대(A.D. 44–46) 동안에 혁명을 일으킨 드다를 언급하고 있지만, 그는 가말리엘이 이 말을 한 시기보다 10년 이상 늦게 활동한 인물이기에 적절하지 않다. 이 이름이 흔한 이름이란 점과 (뒤에서 갈릴리 유다와 함께 언급된) 인구 조사로 발생한 폭동의 시기를 감안한다면 가말리엘이 그 이전의 드다를 언급했을 가능성이 크며, 요세푸스가 언급하고 있는 인물과도 구별된다. [*Theudas*]

5:37. 갈릴리의 유다(Judas the Galilean, *Ioudas ho Galilaios*) –가말리엘은 실패한 이 두 번째 폭동의 시기를 인구 조사 때로 간주한다. 요세푸스는 이 사람에 대해서도 언급하고 있다(Ant. 20.5.2.100–102). [*Ioudas*]

5:38. <u>만일</u> 이것이 사람에게 속했으면(<u>If</u> it is of men, *ean ēex anthrōpōn*) – 이 운동이 사람에게 속했을 가능성이 삼인칭 헬라어 조건절로 제시되고 있다. 따라서 이 전제를 제시할 때 그 전제가 사실인지 아닌지에 대한 설명을 생략하고 있다. 이 운동은 사람에게 속할 수도, 그렇지 않을 수도 있다. [*ean*]

5:39. 그러나 <u>만일</u> 이것이 하나님께 속했으면(But <u>if</u> it is of God, *ei de ek theou*) – 38절과는 다른 if(*ei*, 만일…이라면)라는 용어를 사용함으로써 이 운동이 하나님께 속했을 가능성을 일인칭 헬라어 조건절을 사용하여 더욱 더 생생하게 제시한다. 이 조건절은 이 운동이 하나님께로부터 났을 가능성이 더 많다고 제시한다. 여기에서 가말리엘은 공식적인 자리에서 셈족의 언어, 즉 아람어나 히브리어로 말했을 것이며, 그런 자리에서 이런 표현상의 구별이 가능했을 리가 없다. 따라서 누가는 가말리엘이 매우 명확하게 주장한 것(즉, 이 운동이 실제로 그리고 사실상 하나님께로부터 난 것이라면 어느 것도 그것을 막을 수 없다는 것)을 요약하여 전달하고 있거나, 아니면 누가의 입장에서 가말리엘이 제기한 가능성들 가운데서 사실을 강조하기 위해서 가말리엘의 말에 이 헬라어상의 미묘한 차이를 첨가했을 것이다. [*ei*]

하나님을 대적하는(Opposing God, *theomachoi*) – 이 단어는 신약에서 유일하게 이곳에서만 사용된다. 하나님께로부터 난 운동에 반대하는 것은 그분과 맞서 싸우는 것이다. 가말리엘은 이 운동이 하나님께로부터 났을 경우 사람은 결코 이 운동을 막을 수 없으며, 이 때문에 조심할 것을 요구하는 것이라고 말한다. [*theomachos*]

5:41. 불명예를 겪다(To suffer dishonor,

atimasthēnai) – 명예를 지향하는 사회에서 명예를 잃는 것은 일반적으로 부끄러운 것으로 간주되었다(BAGD, 120, BDAG, 148). 이스라엘의 지도자들은 사도들을 모욕하고 처벌하면 그들을 멈추게 할 것이라는 기대로 매질을 했다. 하지만 사도들은 예수님의 이름의 증인으로 합당하다고 칭찬받는 것을 대단히 명예스러운 일이라고 생각했다. 따라서 사도들은 예수님을 주로 전파할 때에 그분의 이름을 선포할 수 있었음을, 그리고 그들이 채찍질을 당한 후에도 계속해서 해야 할 어떤 일이 있음을 기뻐했다(42절). [*atimazō*]

6:1. 헬라주의자들(Hellenists, *Hellēnistōn*) – 셈어를 사용하는 사람들과 달리 그리스어를 사용했던 유대인들을 가리킨다(BAGD, 252, BDAG, 319). 언어와 문화의 차이는 얼마간의 사회적 차이를 야기했고, 그로 인해 교회에서 다툼이 생겨났다. 인종적인 문제들이 심각하게 대두되지 않았다 하더라도 다툼의 가능성은 존재했다. 헬라파 과부들이 히브리파 사람들과 똑같은 대우를 받지 못한 일로 인한 이 다툼에 대해 누가는 매우 솔직하게 전하고 있다. [*Hellēnistēs*]

6:2. 기쁘시게 하지 않는다(It is not pleasing, *ouk areston*) – 이 단어는 보통 '옳다'로 번역되고 있으나(RSV, ESV, NET, NIV) 열두 사도가 말씀 전파보다 식탁을 더 섬기는 것을 더 이상 용인할 수 없었다는 뜻이었을 것이다. 하지만 이 특별한 용어는 사도들이 식탁을 섬기는 것이 하나님을 기쁘시게 하는 일('바람직한', NASB)이 아니었다는 것을 암시한다. 사도들은 하나님께서 자신들에게 하라고 명령하신 일, 즉 가르치고 증언하는 일을 해야만 했다(BAGD, 105, BDAG, 130, 요 8:29, 사 38:3). [*arestos*]

말씀 전파를 그만두다(Cease preaching, *kataleıpsantas ton logon tou theou*) – 이 관용어(*kataleipō*)는 '어떤 일 하는 것을 그만두다' 또는 '하나를 위해 다른 하나를 소홀히 하다'라는 뜻이다(BAGD, 413, 2c, BDAG, 521, 7c). 문맥상으로 이 문구는 문자적으로 '식탁을 섬기기 위해 하나님의 말씀을 두고 떠나다'라는 뜻이다. 열두 사도들은 자신들이 가장 먼저 할 일이 하나님의 말씀을 가르치는 것임을 알고 있었다. [*kataleipō* + *logos*]

6:3. 성령이 충만한(Full of the Spirit, *plēreis pneumatos*) – 과부들의 문제를 해결하도록 선정된 사람들은 칭찬을 받고, 성령 충만하며, 지혜가 충만해야 했다. 이 문맥에서 성령으로 충만하게 되었다는 것은 영적으로 매우 민감하여 성령의 인도함을 받는다는 의미다. 성령께서는 매우 활동적이심으로 그들은 성령의 능력과 도우심으로 '충만하게 된다'(BAGD, 670, 2, BDAG, 827, 1b). 이 표현은 이 단락에서 그들의 다른 특성들과 함께 반복되고 있다(5절의 '믿음과 성령이 충만한', 8절의 '은혜와 권능이 충만하여'). [*plērēs* + *pneuma*]

6:4. 전념하다(Devote, *prokarterēsomen*) – 이 용어는 어떤 특정 활동에 전념하기 위해 어느 하나에만 계속 힘쓰는 것을 가리킨다(BAGD, 715, 2a, BDAG, 881, 행 1:14, 2:46). [*proskarterhō*]

6:5. 선택했다(Chose, *exelexanto*) – 사도들은

이 일곱 사람을 선택할 때에 헬라파 진영의 사람들을 선정했다. 그들의 출신은 이름에서 암시된다. 따라서 문제를 제기한 쪽에서 해결의 임무를 맡은 것을 볼 수 있다. 이것은 매우 지혜롭게 문제를 해결했다는 또 하나의 암시다. [*eklegomai*]

6:7. 믿음에 복종하는(Obedient to the faith, *hypēkouon tēpistei*) – 이 관용어는 내적으로 순종하는 성품이 믿음의 일부분임을 암시한다. 이것은 사람들이 믿었다고 말하는 누가 특유의 표현 방식이다. 이 사건에서는 이스라엘 제사장들의 반응을 강조하고 있다. 이스라엘의 다른 지도층들도 이 새로운 메시아 공동체의 설교에 반응을 보이고 있었다. [*hypakouō + pistis*]

6:9. 회당(Synagogue, *synagōgēs*) – 누가는 스데반의 공적 사역을 다룰 때 예루살렘에 회당을 갖고 있던 헬라파 유대인들이 어떻게 스데반의 설교에 반대했는가를 적고 있다. 스데반은 아시아에서 온 유대인들의 반대에 직면했는데, 앞으로 바울 역시 이러한 반대에 직면하게 될 것이다. 회당은 유대인들에게 기도의 집이었고, 교육의 장이었다. 그 당시 문화적 소수였던 헬라파 유대인들은 회당에 모여 이스라엘의 하나님을 예배했었다(눅 4:16, BDAG, 963). [*synagōgē*]

6:10. 당해낼 수 없었다(Could not withstand, *antistēnai*) – 반대자들은 성령으로 말미암아 생겨난 스데반의 지혜에 '맞설' 수가 없었다. 이것은 예수님께서 이 단어가 나오는 누가복음 21장 15절에서 제자들에게 하신 약속의 성취다. [*anthistēmi*]

6:11. 모독하는 말(Blasphemous words, *rhēmata blasphēma*) – '모독'은 기본적으로 비방이다(Bock, Blasphemy). 그렇다면 그들은 스데반에게 하나님과 모세를 모독한다고 비난하고 있는 것이다. 우리는 스데반이 구체적으로 어떤 말을 했기에 이런 비난을 받게 되었는지 알 수 없지만, 13–14절에 의하면 율법과 성전에 관해 스데반이 어떤 말을 했다는 것을 알 수 있다. 사도행전 7장의 스데반의 설교는 이 비난에 대한 대답이다. 물론 누가는 비난을 잘못된 것으로 간주하고 있고(13절), 스데반은 설교를 통해서 자신을 변호하게 될 것이다. [*rhēma + blasphemos*]

6:12. 선동하다(Stirred up, *synekinēsan*) – 이 용어는 어떤 사람을 동요하도록 부추겨 감정적으로 자극하거나 흥분하게 하는 것을 말한다. 이것은 그들을 '흥분하게' 만든다는 의미의 관용어법이다(BAGD, 773, BDAG, 952). 이것은 신약에서 이 용어의 유일한 사용이며, 일반 헬라어 문서들에서는 잘 찾아볼 수 없다. [*synkineō*]

6:13. 거짓 증인들(False witnesses, *martyras pseudeis*) – 이 구절의 이 표현은 스데반이 연설한 주제에 대한 언급일 가능성도 있다. 하지만 증인들이 스데반의 말을 율법과 성전에 대한 거절로 본 것은 잘못이다. 특히 스데반의 대답은 성경에 근거한 것이기 때문에, 사도행전 7장은 스데반에 대한 비난이 옳지 못한 것임을 보여주는 상세한 설명으로 읽어야만 한다. [*pseudēs*]

반대하여(Against, *kata*) – 증인들은 스데반의 말을 유대교 신앙의 두 가지 신성한 요소, 즉 성소(성전)와 율법에 반대하는 공격으로 보고 있다. 사도행전 6장 14절은 스데반이 예수님께서 감람산 강론(마 24장, 막 13장, 눅 21장)에서 가르치신 성전 파괴와, 역시 예수님의 가르침(막 7:1–19)에 근거를 둔 개념인 율법의 규례들을 고칠 것을 예언했다고 자세히 설명하고 있다. 누가는 스데반을 예수님의 생애가 지닌 의미를 잘 깨닫고 있는 사람으로 묘사한다. 예수님의 생애가 지닌 의미에 대해서는 사도행전의 나머지 부분에서 말하게 될 것이다. 예를 들어, 음식 규례들은 사도행전 10장에서 변경되고, 할례는 사도행전 15장에서 다른 풍습들과 함께 논의되고 있다. [*kata*]

6:14. 나사렛 예수가 <u>파괴할 것이다</u>(Jesus of Nazareth <u>will destory</u>, *katalysei*) – 이 부분에도 거짓 혐의가 들어 있다. 예수님께서는 성전 파괴를 직접 주도하겠다고 주장하신 적이 없다. 단지 이스라엘이 예수님을 거절함으로써 하나님의 심판을 받게 될 것이라고 말씀하셨다(요 2:19, 눅 13:33–35). [*kataluō*]

6:15. 천사의 얼굴(Face of the angel, *prosōpon angelou*) – 이 표현이 정확하게 무엇을 말하고자 했는지 이해하기가 힘들다. 아마도 스데반이 하나님의 인도하심을 받아 하나님을 만나는 사람 특유의 특징, 즉 하나님의 영광의 기운을 드러냈다는 암시로 보인다(출 34:29–35, 눅 9:29, 바울은 '천사와 같은' 얼굴을 가졌었다[Acts of the Paul, 3], Bruce, Acts: Greek Text, 189). [*prosōpon* + *angelos*]

7:2. 하란(Haran, *Charran*) – 3절에서 부분적으로 인용되고 있는 창세기 12장 1절을 보면, 하나님께서는 하란에서 아브라함에게 나타나신다. 하지만 하나님께서 그들을 갈대아 우르에서부터 이끌어내셨다고 말하고 있는 창세기 15장 7절은 그 이전에 아브라함에게 나타나셨을 가능성을 암시하고 있다(Polhill, 189). 스데반은 하나님께서 땅을 가진 민족이 되게 할 것이라는 약속을 통해 이스라엘을 부르셨다는 말로 시작한다. 그 약속은 아브라함에게서 처음 시작된다(행 7:3, 5, 7, 17). 하지만 사람들은 그 약속의 성취와 관련하여 하나님께서 부르신 지도자들과 예언자들의 말을 듣지 않는 경우가 종종 있었다. [*Charran*]

7:3, 4. 땅(Land, *tēn gēn*) – 하나님께서 제공하시는 땅에 대한 이 언급은 하나님께서 아브라함을 통해 이스라엘에 하신 약속의 일부분으로 민족을 이루는 것과 관련 있다. 4절에서는 이스라엘이 지금 바로 그 땅에 거주하고 있다고 말하고 있다. [*gēs*]

7:5. 약속하셨다(Promised, *epēngeilto*) – 스데반은 땅에 대한 약속이 이스라엘에게 영구적으로 주어졌다고 말하고 있다. 이것은 하나님께서 아브라함을 통해 이스라엘에게 하신 약속과 서약에 대한 스데반의 이해를 보여준다. 이스라엘에게 땅을 주시겠다는 이 약속의 영구성은 하나님의 서약과 말씀과 관련 있는 문제다. [*epangellomai*]

후손(posterity, *spermati*) – 약속은 문자적으로 '씨'(*the seed*)에게로 확대되고 있는데, 보통 '아브라함의 후손들'(NIV, NET, NLT)로 번역되고 있다('자손'-ESV, '후손'-RSV, '씨'-KJV). 이 용어는 사도행전 7장 6절에 다시 나온다(행 3:25의 논의를 참고하라). [*sperma*]

7:6. 나그네(Aliens, *paroikon*) - 애굽에서 사백 년 동안 머문 시기는 히브리인들이 자신들의 땅이 아닌 곳에서 나그네 되었던 시기였다. 출애굽기 12장 40절은 이스라엘이 애굽에서 '나그네'('외국인'-NET, '이방인'-NIV)의 지위로 보낸 기간을 사백삼십 년으로 기록하고 있다. 창세기 15장 13절은 이 기간을 사백 년으로 언급하고 있는데 이는 개략적인 숫자다. [*paroikos*]

7:7. 예배하다(Worship, *latreusousin*) - 사도행전에서 이 동사는 5회 사용되며, 이 구절은 그 가운데 첫 번째다(7:42, 24:14, 26:7, 27:23). 여기에서 하나님께서는 하나님께서 주시는 땅에서 그들이 예배하도록 하겠다고 약속하신다. 이 구절은 예배에 대해 언급하는 창세기 15장 14절과 병행 구절이다. [*latreuō*]

7:8. 할례(Circumcision , *peritomēs*) - 할례는 생후 팔 일째 되는 날에 남자아이의 성기의 포피를 제거하는 행위로, 하나님과 이스라엘 백성 사이에 맺은 계약의 증거 의식이다. 할례는 유대인들이 하나님과 맺은 약속이며, 그 약속이 생명과 관련이 있다는 것을 떠올리게 한다(창 17:1-4, 21:4). 아브라함은 이 계약에 순종하였으며, 이 순종의 행위를 통해 계약을 지킨다는 것을 증명했다. 로마서 4장은 할례 문제를 다루고 있는 중요한 본문이다. [*peritomē*]

7:9. 하나님께서 그와 함께 계셨다(God was with him, *ēn ho theos met autou*) - 이 시점에서 스데반은 불순종의 첫 번째 증상으로 요셉을 향한 그 형제들의 질투심을 소개하고 있다. 요셉은 형제들의 질투심 때문에 노예로 팔렸다. 이 사건으로 인해 이스라엘 백성들은 '이방 땅(애굽)에서 나그네'로 그들의 때를 보내게 되었다. '그와 함께 계셔'라는 관용구는 요셉이 어려운 환경에 처했지만 하나님께서 그를 보호하셨다는 뜻이다. 사도행전 7장 10절은 하나님께서 요셉을 구출하여 지혜의 선물을 주시고, 그로 온 애굽을 다스리게 하셨다고 설명하고 있다(창 39-41장). [*theos* + *meta* + *autos*]

7:11. 기근(Famine, *limos*) - 기근 때문에 요셉은 가족들과 재회한다. 이 만남은 창세기 41장 52절-50장 26절에서 자세히 묘사되고 있다. 요셉은 이 사건들을 정리하면서 형제들이 나쁜 마음으로 그렇게 했으나 하나님께서 그것을 선으로 바꾸셨다고 말했다(창 45:4-13). 이 참담한 상황에서 하나님을 신뢰하는 요셉의 자세는 매우 모범적이다. [*limos*]

7:16. 무덤(Tomb, *mnēmati*) - 훗날 야곱이 매장되기도 한 이 무덤을 아브라함이 구입한 것은 후손들에게 이 땅을 주시겠다는 하나님의 약속을 그가 믿었다는 증거다. 그는 자신이 사용하지 않고 후손들이 사용하게 될 가족 매장지를 믿음으로 구입했다. [*mnēma*]

7:17. 약속하신(Promised, *hōmologēsen*) - 어떤 문맥에서 이것은 '어떤 일을 하기로 진지하

게 약속하거나 서약하다'라는 의미를 갖는다. 다른 문맥에서 '신조를 고백하다' 또는 '고백하다'라는 뜻으로 사용되기도 한다. 여기에서 이것은 약속의 성취와 관련이 있다. 하나님께서는 아브라함에게 하신 약속을 실행하신다(BAGD, 568, 1, BDAG, 708, '그의 약속을 이루시기 위해'–NIV, '하나님께서 자신의 약속을 이루실 때에'–NLT, '하나님께서 허락하신 약속'–ESV, RSV, '약속을 성취하다'–NET). 이 용어는 사도행전 23장 8절('합의하다')과 사도행전 24장 14절('고백하다')에도 나온다. [*homologeō*]

7:18. 요셉을 알지 못했다(Did not know Joseph, *ouk ēdei ton Iōsēph*) – 이 표현은 우리를 출애굽기 1장 8–11절로 데려간다. 스데반은 애굽의 새 임금으로 인한 모세의 경험을 이야기하고 있다('요셉에 관해 아무것도 알지 못했던'–NIV, NLT, '요셉을 알지 못했던'–RSV, '요셉을 알지 못한'–ESV). [*oida* + *Iōsēph*]

7:19. 우리 족속(Our race, *to genos hēmon*) – 스데반은 여기에서 자신이 이스라엘 족속의 일원이라며 자신의 신분을 밝히고 있다('우리 백성', NIV, NLT). 그는 자신을 신실한 유대인이며, 이스라엘 민족의 구성원으로 여기고 있다. [*hēmeis*]

내다버렸다(Exposed, *ektheta*) – 이 용어는 신약 가운데 이 구절에서만 사용되며, '밖에 내다버리다' 또는 '어떤 것을 포기하다'라는 뜻이다(BAGD, 240, BDAG, 303, '던져버리다'–NIV, '포기하다'–NLT, NET). 여기에서는 '내다버리다'라는 뜻으로 사용되고 있다. 이 용어는 출애굽기 1장 16절의 이스라엘 남자 아기들을 죽이라는 명령을 요약하고 있다. [*ekthetos*]

7:20. 아름다운(Beautiful, *asteios*) – 모세가 하나님 보시기에 아름다웠으며 하나님의 은총을 받았음을 나타내는 이 용어는 모세가 받은 교육보다는 외모를 가리키는 것이 분명하다(BAGD, 117, 2, BDAG, 145, '아름다운'–RSV, '평범한 아이가 아닌'–NIV). 이 표현은 70인경의 출애굽기 2장 2절과 비슷하다. 히브리어 성경은 단순히 아이가 '잘 생겼다'고 말하고 있는데, 아마도 건강한 아이를 묘사하는 표현일 것이다. [*asteios*]

7:22. 능한(Mighty, *dynatos*) – 모세가 바로의 집에 머물 때 높고 힘 있는 지위에 올라 그 역할을 잘해냈다는 뜻이다('힘 있는'–NIV, NET, '능한'–ESV, NLT). 이것은 모세가 권력의 자리에 올랐다는 것을 출애굽기 2장보다 더 상세하게 요약해준다. [*dynatos*]

7:24. 억울한 일을 당하다(Being wronged, *adikoumenon*) – 모세는 '불의'를 목격했는데, 그것은 바로 애굽 사람이 히브리 사람을 때린 것을 가리킨다. 이 용어는 '학대당하다'(NIV), '학대당하는'(NLT), 혹은 '부당하게 상처를 입다'(NET)로 다양하게 번역된다. 모세는 정의를 회복하기 위한 시도로 애굽 사람을 쳐서 죽인다. [*adikeō*]

7:25. 구출하다(Giving deliverance, *didōsin sōtērian*) – 모세의 행동은 이스라엘을 구출하는 그의 소명의 상징이다. '구출을 제공하다'라

는 표현은 일상 용어다. 하지만 종종 종교적인 상황에서 '구원을 제공하다'라는 뜻으로 사용되며, 일상적인 영역에서는 '어떤 사람을 구조하다'라는 뜻으로 사용된다('그들을 구출하기 위해 그를 사용하는'–NIV, '그들을 구출하기 위해 그를 보냈다'–NET, '하나님께서 그들을 구출하고 계셨다'–NET). 하나님의 구원자나 하나님께서 선택하신 지도자들을 깨닫지 못하는 안타까운 현상은 스데반의 연설의 핵심 주제 가운데 하나다. [*didōmi* + *sōtēria*]

7:26. 그들을 화해하게 하다(Reconciling them, *synēllassen*) – 이 용어는 신약에서 단 한번만 나온다. 이 단락은 서로 싸우고 있는 두 명의 이스라엘 사람을 화해시키려는 모세의 시도를 설명하면서 미완료 시제를 사용하고 있다. 그러나 그 시도는 거절당한다(이 이야기와 관련 있는 출 2:13을 참고하라). 이 용어는 두 사람 사이에 '재판관'이 되려는 모세의 시도를 포함하고 있다. [*synallassō*]

7:27. 통치자와 재판장(Ruler and judge, *archonta kai dikastēn*) – 여기에서 자세하게 말하고 있지 않지만, 이 두 칭호는 하나님께서 장래의 지도자인 예수님에게 맡기신 역할과 비슷하다. 사도행전 7장 35–37절은 모세와 예수님 사이의 이런 연결 고리를 제시하기 시작한다. 그렇다면 모세는 예수님께서 하신 일과 하실 일에 대한 '유형' 또는 '모형'이다. 모세의 거절당함은 스데반이 따라가고 있는 모형에 해당한다. 이것은 또한 예수님께도 적용되는 모형이다. [*archōn*, *dikastēs*]

7:31. 이상하게 여겼다(Wondered, *ethaumazen*) – 이 용어는 어떤 특별한 것이나 놀라운 것을 보고 놀란 상태에 있는 사람을 묘사한다('기이하게 여겼다'–NLT, RSV, '당황한'–NIV, NET). 모세는 불타고 있는 덤불을 이상하게 생각했던 것이 분명하다(출 3:3). 사도행전은 이 용어를 자주 사용한다(행 2:7, 3:12, 4:13, 13:41). 맛소라 사본과 70인경은 모세가 본 것을 '위대한 환상'으로 지칭하며, 모세는 왜 덤불이 타버려 없어지지 않는지 의아하게 생각했음을 전하고 있다. 출애굽기 3장 1절은 주의 천사가 모세에게 나타났다고 말하고 있다. 반면에 4절에서는 모세가 하나님을 보았으며, 하나님께서 덤불 가운데서 말씀하셨다고 말하고 있다. [*thaumazō*]

7:32. 너희 조상의 하나님(God of your fathers, *ho theos tōn paterōn*) – 하나님께서는 족장들에게 하나님 자신을 약속의 하나님으로 소개하신다(행 3:13 참고). [*theos* + *patēr*]

7:33. 거룩한 땅(Holy ground, hagia) – 모세가 서 있던 장소는 '신성한' 혹은 '특별히 성별된 장소'였다. 왜냐하면 하나님께서 그곳에서 모세를 만나셨기 때문이다. 이 용어는 출애굽기 3장 5절의 표현을 그대로 옮긴 것이다. [*hagios*]

7:34. 탄식하는(Groaning, *stenagmou*) – 이 용어는 신약에서 2회 사용되며, 이 구절은 그 가운데 하나다. 로마서 8장 26절에서 성령은 말할 수 없는 탄식으로 우리를 위해 간구하신다. 사도행전에서 이 표현은 출애굽기 3장 7절의 인용이다('탄식하는'–NIV, ESV, NET, '울부짖다'–NLT).

하지만 70인경은 다른 히브리 용어(*karugēs*)를 사용하고 있다. 여기에서 고난은 하나님께서 장차 베푸실 구원을 바라고 있다. [*stenagmos*]

7:35. 해방자(Deliverer, *lytrōtēn*) – 스데반은 사도행전 7장 27절에서 모세를 통치자와 재판관으로 불렀다. 여기에서 그 칭호를 다시 사용하고 있으며, 하나님께서 해방자에게 주시기로 결정하신 초자연적 수단들에 대한 언급을 첨가하고 있다. 이 단어는 신약의 이곳에서만 명사형으로 사용된다. 사도행전 7장 35절은 출애굽기 7장 1–3절을 잘 요약하고 있다. [*lytrōtēs*]

7:36. 기사…표적(Wonders…signs, *terata…sēmeia*) – 모세의 손을 통해 활동하시는 하나님께서 어떤 특별한 일을 하고 계심을 암시하고 있다(행 2:19의 논의를 참고하라). 사도행전 3장 37절에서는 모세와 같은 또 한 명의 선지자가 일어나서 모세처럼 하나님의 증거를 받게 될 것을 암시하고 있다. 여기에서는 출애굽기 7–17장의 기사를 염두에 두고 있다. [*teras, sēmeion*]

7:37. 선지자(Prophet, *prophētēn*) – 스데반은 여기에서 신명기 18장 15절을 인용하여 모세의 속성을 예수님의 속성에 비교하고 있다. 모세는 예수님과 마찬가지로 지도자와 선지자였다. 모세는 예수님께서 하나님의 길과 뜻을 계시 받으신 것처럼 시내 산에서 거룩한 계시를 받았다. 마지막으로 모세는 예수님과 마찬가지로 하나님의 백성들의 해방자였다. [*prophētēs*]

7:38. 회중(Congregation, *ekklēsia*) – 이것은 사람들의 '모임'을 뜻하는 일상 용어다. 신약의 여러 다른 본문들에서 이 용어는 교회를 가리킨다. 이 구절에서 이 용어는 단순히 하나의 목적을 위해 함께 모인 사람들로 조직된 모임을 묘사한다(NIV, NLT, '회중'–ESV, NET). [*ekklēsia*]

살아 있는 말씀(Living oracles, *logia zōnta*) – 이것은 모세에게 선물로 주신 하나님의 율법에 대한 설명으로('생명을 주는 말씀'–NLT, '살아 있는 말씀'–NIV, '살아 있는 하나님의 계시'–ESV, RSV, NET), 출애굽기 20장 1–18절과 관련이 있다. 스데반의 요지는 모세가 이스라엘이 어떻게 살아야 하는가에 대한 계시를 받은 것처럼 예수님께서도 하나님의 계시를 받고 이와 비슷한 일을 하셨다는 데 있다. 아직 스데반의 연설이 끝나지 않았기 때문에 그 요점이 명확하게 드러났다고 할 수는 없지만, 이스라엘의 역사에 대한 스데반의 회고가 진행되고 있는 이 시점에서 볼 때 그것은 분명하다. [*logion + zaō*]

7:39. 복종하기를 거절했다(Refused to obey, *ouk ēthelēsan hypēkooi*) – 이것은 스데반의 핵심 요지다. 이스라엘은 하나님께 순종하는 데 줄곧 실패했다(순종하기를 '거절했다', NLT). 그들은 하나님께서 선택하신 지도자들을 거듭해서 따르지 않았다. 스데반은 이스라엘이 하나님을 섬기는 일에 실패한 원인이 우상을 향한 데 있다고 40절에서 밝히고 있다. 순종을 뜻하는 이 용어는 신약에서 이 구절과 고린도후서 2장 9절('순종하는가를 알아보려고')과 빌립보서 2장 8절('예수님께서 죽기까지 순종하셨다')에만 나온다. [*thelō+hypēkoos*]

7:40. 신들(Gods, *theous*) – 스데반은 출애굽기 32장 1절에 기록된, 우상과 거짓 예배로 되돌아간 이스라엘 사람들에 대해 말하고 있는 중이다. 41절에서는 금송아지를 만들어 우상을 만든 것을 언급하고 있다. 하나님과 그분에 대한 예배를 거절하는 것은 제1 계명에서 지적된 것이었다(출 20:3, 23). 백성들은 얼마 지나지 않아 하나님께 불순종했고, 하나님을 향한 충성을 외면했다. [*theos*]

7:41. 우상(Idol, *eidōlō*) – 이것은 사도행전에 나오는 우상에 대한 두 번의 언급 가운데 하나다. 이 구절에서는 금송아지를 언급하고 있다. 반면에 사도행전 15장 20절에서 예루살렘 회의는 우상에 연루되는 것을 금지하고 있다. [*eidōlon*]

7:42. 그들을 넘겨주었다(Gave them over, *paredōken*) – 우상 숭배의 관점에서 볼 때 이 표현은 하나님의 심판을 의미한다. 하나님께서는 그들이 죄 기운데 살아가는 것과 그것의 모든 결과들을 허용하신다(롬 1:24, 26, 28, '그들을 포기했다', NLT). 이어서 스데반은 70인경의 아모스 5장 25–27절을 인용한다. 이것은 광야에서의 죄악뿐만 아니라 그 이후의 우상 숭배를 회고하는 장면인데, 우상 숭배의 죄가 여러 세대 동안 이스라엘에 어떤 재앙이 되었는지를 강조한다. 죄는 더욱 더 큰 죄로 발전한다. 결국 하나님의 심판을 받아 그들은 그 땅에서부터 쫓겨났다(행 7:43). [*paradidōmi*]

7:43. 몰록(Moloch, *Moloch*) – 이것은 가나안과 페니키아의 하늘과 태양의 신을 가리킨다(BAGD, 526, BDAG, 657). 이 용어는 종종 몰렉(*Molech*)으로 표기되기도 한다(NIV). 이 구절에서의 철자법은 그리스어를 반영하고 있다. [*Moloch*]

레판(Rephan, *Rhaiphan*) – 변덕스러운 이스라엘 사람들은 이 신도 섬겼다(BAGD, 737, BDAG, 903, 때로 Rompha로 표기된다). 70인경의 아모스 5장 26절에서는 이것을 '새턴'(*Saturn*)으로 번역하고 있다. [*Rhompha*]

7:44. 장막(Tent, *hē skēnē*) – 스데반은 지금 신성한 예배 장소에 대해 말하고 있다. 이 천막은 '장막'으로 불린다(NIV, NLT, NET). 하나님께서는 광야에서 모세에게 하나님을 예배하는 장소로서 사용될 장막을 만들라고 명령하셨다(출 25:9–26:1). [*skēnē*]

7:45. 하나님께서 <u>쫓아내셨다</u>(God <u>thrust out</u>, *exōsen*) – 여기에서 이스라엘이 땅을 얻게 된 공로가 하나님께 돌아가고 있다. 하나님께서 다른 민족들을 그 땅에서 몰아내셨다. 이것은 여호수아서의 내용의 요약이다. [*exōtheō*]

7:46. 거처(Habitation, *skēnōma*) – 사도행전에서 여기에만 사용되는 이 용어는 '잠자거나 거주하는 장소'를 가리킨다(BAGD, 775, 1, BDAG, 929). 이것은 솔로몬이 장막 대신에 건설한 성전을 가리키며(47절), 시편 132편 5절에 대한 언급이다(왕상 8:4). [*skēnōma*]

7:48. 지극히 높으신 이(Most High, *ho hyphistos*) – 이 칭호는 하나님의 주권과 유일성을 강

조한다(창 14:19). 이것은 사람이 손으로 세운 어떤 건물도 하나님을 가둬둘 수 없다는 점을 강조한다(BAGD, 850, 2, BDAG, 1045, 2). [*hyphistos*]

7:49. 발판(Footstool, *hypopodion*) – 이 용어는 이 땅에 관한 하나님의 주권과 통치를 다시 묘사하고 있다. 다시 말하면, 땅은 하나님께서 발을 디디시는 장소다(시 99:5[70인경의 98:5]). 하나님께서는 땅을 작게 보신다. 땅 위에 세운 건물로 그분을 결코 가둬둘 수 없다. 이 이미지는 이사야 66편 1절에서 유래한 것이다. 이 인용구에서는 하늘이 하나님의 보좌라고 말하고 있는데, 하나님의 보좌는 하나님의 통치를 암시한다. [*hypopodion*]

7:50. 내 손(My hand, *hēcheir mou*) – 여기에서는 창조주 하나님을 강조하고 있다. 하늘과 땅을 만드신 하나님께서는 그것들 안에 들어 있는 그 어떤 것보다 더 위대하시다. [*cheir*]

7:51. 목이 곧은(Stiff-necked, *sklērotrachēlos*) – 이 구절은 스데반의 연설의 핵심에 해당한다. 스데반은 지금 자신의 청중에게 매우 중요한 비난을 퍼붓고 있다. 그는 신약 가운데 여기에서만 등장하는 이 용어로 비난을 시작한다. 이 표현은 자신의 머리를 돌려볼 수 없는 교만한 사람들을 묘사하고 있다. 이 표현은 출애굽기 33장 3, 5절, 34장 9절, 신명기 9장 13과 같은 본문들을 생각나게 한다. [*sklērotrachēlos*]

할례를 받지 못한(Uncircumcised, *aperitmētoi*) – 이 표현을 통해 스데반은 이스라엘 사람들이 할례 받지 못한 사람들처럼 행동하고 있다고 비난한다. 그들은 언약에도 불성실하다. 그들의 마음과 귀는 반응을 보이지 않는다. 이 용어 역시 신약 가운데 여기에서만 발견된다. 이용어의 뿌리는 구약에 있다(레 26:41, 렘 4:4, 6:10, 9:26, 겔 44:7, 9). [*aperitmētos*]

거스르다(Resist, *antipiptete*) – 신약에서 여기에만 사용되는 세 번째 용어다. 이 동사는 '어떤 것을 반대하거나 저지하다'라는 의미다. [*antipiptō*]

너희의 조상들(Your fathers, *hymōn*) – 여기에서부터 스데반은 대명사를 변경함으로써 불순종하는 사람들을 '우리의 조상'이 아니라 '너희의 조상'으로 지칭한다. 이것은 지금까지의 연설에서 '우리의 조상'이라고 말한 것과 대조된다. 이스라엘 민족을 하나님께 순종하는 사람들과 그분을 거절하는 사람들로 구분하고 있다. 스데반은 52절에서 비난의 이유를 밝히고 있다. [*hymeis*]

7:52. 예고한 자들(Those who announced beforehand, *prokatangeilantas*) – 사도행전 3장 18절에서 이 용어가 유일하게 다른 용법으로 사용되고 있다. 이 구절은 거절당하고 죽임을 당한 선지자들을 암시한다. 비록 구약이 그런 거절의 사례들 가운데 어느 것도 살인에 해당한다고 말하고 있지 않지만, 선지자들에 대한 박해는 구약에서 쉽게 볼 수 있다. 유대 전승은 예레미야가 돌에 맞아 죽었고, 이사야는 톱으로 켜 죽임을 당했다고 전한다('예레미야가 돌아 맞았다'–제4 바룩서 9:25–32, '이사야의 죽음'–제4 바룩서 9:22, Ascension [*Martyrdom*] of Isaiah 45:1–

14). [*prokatangellō*]

의로운 자(Righteous One, *dikaiou*) – 이 칭호는 예수님을 가리킨다(행 3:14의 논의를 참고하라). [*dikaios*]

7:53. 천사들(Angels, *angelōn*) – 유대 전승은 천사들이 율법의 수여에 관여했다는 데 동의하며, 바울 또한 이렇게 말하고 있다(갈 3:19). 이 개념의 뿌리는 천사들이 시내 산에서 하나님을 수행하고 있다고 말하는 70인경의 신명기 33장 2절에 있다(Pohill, 200). [*angelos*]

7:54. 격노했다(Enraged, *dieprionto*) – 청중들은 스데반의 설교를 듣고 또다시 분개한다(행 5:33의 논의를 참고하라). [*diapriō*]

이를 갈다(Gnash, *ebrychon*) – 이 행동은 격렬한 분노의 표시이며, 이 용어는 신약에서 여기에만 사용된다(BAGD, 148, BDAG, 184, 시 112:10[70인경의 시 111:10]). [*brychō*]

7:55. 예수님께서 서 계신 것을(Jesus standing, *estōta*) – 신약에서 하나님의 오른편에 대한 대부분의 언급들은 시편 110편 1절에서처럼 하나님의 오른편에 앉아 있다는 뜻이다. 여기에서는 예수님께서 서서 스데반과 그의 간증을 환영하고 영접하시는 것처럼 보인다. 스데반은 예수님께서 오른쪽에 서 계신 것을 보았다고 말했는데, 그 후 하나님을 모독한다는 이유로 돌에 맞게 된다. 유대인들이 생각하기에 그 누구도 하나님의 면전에 머물 권세가 있는 사람은 없었다. 스데반은 하나님의 우편에 서 계신 예수님에 대해 증언하다가 순교당했다. [*histēmi*]

7:56. 사람의 아들(Son of Man, *ton huion tou anthrōpou*) – 이 구절은 사복음서 외에 이 호칭을 사용하고 있는 세 본문들 가운데 하나이며(계 1:13, 14:14), 사복음서 외에 이렇게 정확한 호칭이 등장하는 유일한 곳이다(요한계시록 본문들에는 '인자 같은' 이로 되어 있다). 예수님 자신이 이 호칭으로 불리는 것을 좋아하셨으며, 이 호칭은 결국 하나님 오른편에서 심판의 권세를 갖고 계신 분을 지칭하게 되었다(눅 22:69). 이 때문에 스데반은 지금도 살아계시며 활동하시는 심판자 예수님께서 하나님 옆에 서 계신 것을 보고 있다고 말한다. 군중들은 이 말을 듣고 극도의 광란 상태에 빠진다. [*huios + anthrōpos*]

7:57. 자신들의 귀를 막았다(Stopped their ears, *syneschon to ōta*) – 이 행위는 하나님을 모독하는 말을 듣지 않으려고 귀를 막아버린 것을 나타낸다(Philo, *Decalogue*, 69–69는 이런 태도들에 관해 유대인이 느꼈던 정서를 표현하고 있다). 문자적인 차원에서 이 행위는 사람들이 귀에 할례를 받지 않았기 때문에 하나님께서 행하신 일에 관해 듣기를 원치 않는다는 스데반의 말을 실제로 입증하는 사례다. [*synechō, ous*]

7:58. 그를 돌로 쳤다(Stoned him, *elithoboloun*) – 스데반을 돌로 치는 것은 폭도로서의 행동이었다. 군중은 로마로부터 그렇게 할 수 있는 권한을 받은 적이 없었다(Bock, *Blasphemy*, 7–12). 하지만 그들은 마음속으로 하나님을 모독한 것에 대한 형벌이라고 생각했다. 그들은 스데반을 거짓 선지자로 취급하고 있는 중이었다(신 13:1–3). 스데반을 도시 밖으로 내다버린 것

은 그의 죽음으로 인해 도시가 부정하게 되는 것을 막기 위해서였다. [*lithoboleō*]

7:59. 주 예수(Lord Jesus, *kyrie Iēsou*) – 스데반은 심판자이신 예수님의 역할을 인정하고 그분에게 기도한다. 이 구절과 다음 구절에서 스데반이 예수님을 주님이라고 부른 것은 예수님을 향한 존경심의 표현이다. 유대적인 관점에서 볼 때 죽은 사람을 영접해주실 것을, 벌을 내리거나 벌을 면제해주실 것을 하나님께만 기도했다. 따라서 스데반은 예수님께서 하나님과 같은 역할을 하고 계신다는 '과격한' 견해를 보이고 있다. [*kyrios*]

7:60. 이 죄를 그들에게 돌리지 마옵소서(Do not hold this sin against them, *mēstēsēs autois tautēn tēn hamartian*) – 이 '심판'의 맥락에서 이 동사는 죄에 대한 책임을 묻지 말라는 법적 취지로 사용되고 있다(BAGD, 382, Ⅰ, 2c, BDAG, 482, A3). 따라서 스데반은 누가복음 6장 26-36절에서 예수님께서 가르치신 대로 자신의 적들을 위해 기도한다. 이 기도는 누가복음 23장 34절에 기록된 예수님의 기도와 비슷하다. [*histēmi*]

잠이 들었다(Fell asleep, *ekoimēthē*) – 이것은 죽음을 뜻하는 완곡 표현이다(BAGE, 437, 2a, BDAG, 551, 2a, 행 13:36), [*koimaō*]

8:1. 찬성하고 있었다(Was consenting, *ēn syneudokōn*) – 이 구문은 '어떤 것에 찬성하다'를 뜻하는 용어와 함께 'to be'(…이 되다) 동사의 미완료형으로 구성되어 있다. 사울은 스데반의 처형과 관련해서 진행되고 있는 모든 일에 찬성하고 있었다. [*eimi* + *syneudokeō*]

흩어졌다(Scattered, *diesparēsan*) – 이 단어는 신약에서 3회, 모두 사도행전에서 사용되고 있다(8:4, 11:19). 예루살렘 교회는 강한 핍박을 받아 주변 지역으로 흩어졌다. 이 장 후반부에 나오는 빌립을 둘러싼 사건들이 암시하는 것처럼 이 흩어짐(보통 '디아스포라'[*diaspora*]로 불림)으로 인해 중요한 도약이 발생하게 될 것이다. 사도들 외에 다른 신자들이 예루살렘에 남아 있지 않았던 이유는 분명하지 않다. 아마도 핵심 도시인 예루살렘에 믿을 만한 증인들이 남아 있어야 한다고 생각했을 것이다. [*diaspeirō*]

8:2. 통곡(Lamentation, *kopeton*) – 이 단어는 신약에서 단 한번 사용된다(BAGD, 443, BDAG, 558). 통상적으로 이런 애도에는 가슴을 치는 것과 우는 것이 수반된다. [*kopetos*]

8:3. 잔멸하는(Ravaging, *elymaineto*) – 이 용어는 어떤 것을 손상시키거나 못 쓰게 만드는 어떤 사람을 묘사한다(BAGD, 481, BDAG, 604, 대하 16:10, 사 65:8, 25). 이 용어 또한 신약에서 단 한번 사용된 용어다. [*lymainō*]

끌고 가는(Dragging, *syrōn*) – 이 단어는 사도행전에서 데살로니가 사람들이 바울을 원형경기장으로 끌고 간 것을 묘사할 때 다시 사용된다(17:6). 루스드라에서 사람들은 바울을 돌로 친 후에 그를 성 밖으로 끌어낸다(행 14:19). 요한복음 21장 8절은 물고기가 든 그물을 끌어당기는 것을 언급할 때 이 용어를 사용하고 있다. [*syrō*]

8:6. 주의를 기울였다(Gave heed, *proseichon*) – 이 용어는 '어떤 일에 세심한 주의를 기울이다'라는 의미다(BAGD, 714, 1aβ, BDAG, 880, 2b). 이 문구는 사도행전 8장 10–11절에서 마술사 시몬의 말을 듣고 따르는 것을 언급할 때 두 번 더 나온다. [*prosechō*]

8:9. 마술을 행하다(Magic, *mageuōn*) – 이 용어는 신약에서 단 한번 사용되며, 마술을 행하는 사람을 묘사한다. 이 사건에서 우리는 귀신 축출, 치유 그리고 마술을 행하는 사람과의 일대 일 대면을 목격하게 된다. 이 단어의 명사형(*mageiais*)은 11절에 나오며, 그것 또한 신약에서의 유일한 사용이다. 이 사람이 마술사 시몬이라는 이름으로 불린 이유는 그가 마술로 유명했기 때문이었다. 시몬과 빌립 사이의 차이는, 빌립은 하나님께 영광을 돌렸던 반면에 마술사 시몬은 자신의 위대함에 관심을 집중시켰다는 데 있다. [*mageuō*]

8:10. 하나님의 능력(Power of God, *hēdynamis tou theou*) – 이 말은 아마도 '하나님께로부터 온 능력'이란 뜻일 것이다. 군중들은 마술사 시몬이 초자연적 능력을 가졌다고 생각했다. 따라서 빌립과 시몬과의 일대 일 대면은 누가 실제로 하나님에 대해 말하고 하나님을 위해 일하는 사람인가에 대한 질문이 포함된 것으로 그려지고 있다. [*dynamis*, *theos*]

8:12. 왕국(Kingdom, *basileias*) – 여기에서 그리스도에 대한 메시지를 왕국에 대한 메시지로 지칭하고 있는데, 이것은 두 개념 사이의 관계를 보여준다. 왕국은 예수님께서 가르치실 때 자주 등장한 주제들 가운데 하나였다. 하나님의 통치는 예수님께서 하신 일에서 증명되고 있었다. 빌립은 하나님의 통치에 관해 전파하고 있었다. 복음에 대한 응답은 곧 왕국에 대한 응답이다. 이 메시지를 믿은 사람들은 남녀 모두 세례를 받았다. [*basileia*]

8:13. 믿었다(Believed, *episteusen*) – 빌립의 말을 듣고 응답하여 세례를 받은 사람들 가운데 시몬이 있었으며, 시몬은 빌립을 따라 다녔다. 여기에서 '시몬도 믿고'라는 표현에 관해서, 시몬이 믿고 세례를 받은 다른 사람들과 같이 진실한 믿음을 가졌는지 아니면 더 광범위한 문맥에서 묘사되고 있는 것처럼 형식적인 믿음을 가졌는지에 대해 많은 논의가 있다. 이 질문에 대한 대답은 사도행전 8장 20–24절에 나오는 베드로의 책망과 시몬의 반응을 어떻게 해석하느냐에 달려 있다. 어떤 이들은 사마리아 사람들이 빌립이 전하는 메시지를 믿었다고 상세하게 언급하고 있다. 반면에 시몬의 믿음에 대해서는 명확한 목적어를 사용하지 않고 언급한다는 점을 지적한다. 엄밀하게 말해서 이 말의 의미를 어휘의 사용 차원에서 결정할 수 있는 문제는 아니다(Witherington 288, 행 8장 20, 21, 24의 논의를 참고하라). [*pisteuō*]

놀랐다(Amazed, *existato*) – 이 동사는 11절에서 시몬이 군중들을 놀라게 한 것을 묘사할 때 사용된 적이 있다. 지금 마술사 시몬은 빌립이 가진 뛰어난 능력, 다시 말해 18–19절에서 돈 주고 사기를 원할 만큼 뛰어난 능력을 보고 놀란다. [*existēmi*]

8:14. 받았다(Received, *dedektai*) – 이것은 복음을 받아들이는 방법을 뜻하는 또 하나의 응답용어다. 이 구절에서는 한 지역이 하나님의 말씀을 '받았다'고 전하고 있다. 12절에서 하나님의 말씀은 왕국에 대한 메시지로 칭해졌다(행 1:3의 '왕국'에 대한 논의를 참고하라). 사도들은 베드로와 요한을 보내 사마리아에서 어떤 일이 일어나는지를 알고자 했다. [*dechomai*]

8:16. 그들 가운데 어느 누구에게도 <u>내리신</u> 일이 없었다(Had not yet <u>fallen</u> on any of them, *oudepōgar ēn ep ouden autōn epipeptōkos*) – 표면상으로 교회는 성령 받음을 사람들이 참된 믿음을 가졌다는 명확한 증거로서 받아들였던 것 같다. 복음에 대한 반응에서 성령 받음이 사도행전 2장과 같이 전개되기 위해서는 시간이 필요했다(행 2:39의 선언을 참고하라). 반면에 사도행전 10장에서 성령 받음은 믿음의 즉각적인 결과로 나타났다. 성령 받음에 대한 서로 다른 이야기들은 사도행전에서 성령을 받는 일정한 틀이 없음을 보여준다. 하나님께서는 서로 다른 사람들에게 다른 것을 강조하기 위해 여러 가지 방법으로 행하신다(18절의 논의를 참고하라). 사도행전 2장과 여기에서는 성령의 강림을 그리스도께서 오시기 전에는 존재하지 않았던 어떤 일로 간주한다. 그것은 새 시대의 이정표였다. 누가는 새 공동체들이 믿음으로 말미암아 하나님의 약속에 참여할 때 성령을 받았다고 진술하고 있다(행 10–11, 19장 참고). [*epipiptō*]

8:17. 받았다(Received, *elambanon*) – 성령 받은 것을 어떻게 알았는지 정확하게 암시하지 않고 않다. 성령 받은 사람들이 방언을 말했는가, 아니면 어떤 다른 암시를 통해서인가? 본문은 이것을 밝히지 않고 있다. 그러나 시몬이 성령 받음의 결과를 보고 반응을 나타낸 것으로 보아 시각적으로 확인할 수 있는 어떤 것이 분명히 있었음을 알 수 있다. [*lambanō*]

8:18. 사도들의 안수로(Laying on of the apostles'hands, *dia tēs epitheseōs tōn cheirōn*) – 여기에서 사도의 이 사역, 곧 안수하는 것은 예루살렘 교회로 하여금 직접적인 관할권을 벗어난 곳에서 일어나고 있는 일을 인정하도록 돕는 역할을 한다. 바울은 사도행전 19장 6절에서 세례 요한의 제자 몇 사람에게 안수를 한다. 아나니아는 바울에게 안수하여 성령을 받게 했다(9:17). 안수를 통해 성령을 받았음을 말하고 있는 본문은 이 세 곳밖에 없다. 여러 곳에서 많은 사람들이 믿었음에도 불구하고 이 일을 묘사하고 있지 않는 것으로 보아 안수를 통해 성령을 받는 것은 예외적인 일로 보인다. [*epithesis, cheir*]

8:19. 이 권능(This power, *tēn exousian tautēn*) – 이 용어는 권위 혹은 권리를 가리킨다(BAGD, 278, 2, BDAG, 352, 2, '힘'–NLT, KJV, ESV, NET, RSV, '능력'–NIV, '권세'–NASB). 시몬은 성령을 받게 하는 능력을 원했으며, 그런 권능을 위해서라면 기꺼이 돈을 지불할 의사가 있었다. [*exousia*]

8:20. 네가 함께 망하다(Perish with you, *eis apōleian*) – 이 용어는 시몬의 상태에 대한 질문

을 제기한다. 왜냐하면 베드로는 시몬과 그의 은이 함께 '멸망'할 것이라고 선언하기 때문이다. 이것이 바로 이 용어가 의미하는 바다(BAGD, 103, BDAG, 127, 2). 이 용어는 영원한 파멸의 의미로 자주 사용된다(마 7:13, 계 17:8, 11, 히 10:39, 빌 1:28, 벧후 3:7, 롬 9:22, 우상 숭배로 인해서 발생하는 일을 뜻하는 용어[신 8:19, 12:2]). 이 용어를 이런 식으로 해석할 경우 앞에서 언급했던 시몬의 믿음은 참된 믿음이라 할 수 없다. 베드로가 시몬에게 성령의 일에 참여할 수 없다고 말하고 있는 8장 21절 역시 시몬을 제외시키고 있는데, 이것은 시몬의 믿음이 불완전한 것임을 암시한다. [*apōleia*]

하나님의 선물(Gift of God, *dōrean tou theou*) – 여기에서 선물은 성령과, 그 성령을 다른 사람들에게 전달하는 능력이다. 베드로는 시몬이 성령을 받게 하는 능력을 돈 주고 살 수 있다고 생각할 뿐 아니라 그것이 하나님의 주권적 은혜에 속하는 문제임을 알지 못하는 것을 보고 충격을 받았다. [*dōrea*]

8:21. 부분도 분깃도 없다(Part nor lot, *meris oude klēros*) – 이 두 용어 모두 시몬의 믿음의 부족함을 암시하고 있다. '분깃'을 가진다는 것은 할당된 몫을 가지는 것을 뜻하며(BAGD, 435, 2, BDAG, 548, 창 48:6), '부분' 역시 같은 의미를 갖고 있다(BAGD, 505, 2, BDAG, 632–33, 2, 창 31:13, 33:19). 하나의 개념을 위해서 두 개의 단어를 사용하는 이유는 내용을 강조하기 위해서다('부분도 없고 분깃도 없고'–ESV, '몫 또는 부분'–NET, '부분 또는 몫'–NIV, '부분 혹은 일부'–NASB, 골 1:12에서도 이 두 단어는 함께 나온다). [*meris, klēros*]

8:22. 회개하다(Repent, *metanoēson*) – 베드로는 시몬에게 생각을 바꾸고, 성령의 선물을 돈 주고 사려고 욕심 부린 것에 관해 용서를 구하는 기도를 하라고 요구한다(행 3:19 참고). [*metanoēo*]

마음에 품은 것(Intent, *epinoia*) – 이 용어는 생각이나 개념을 묘사한다. 따라서 마음과 관련될 때는 생각을 가리킨다(제4 마카비 17:2, 솔로몬의 지혜서 9:14, 14:12). 거의 대부분 우리가 소원이라고 부르는 것을 표현한다('이런 생각'–NIV, '악한 생각'–NLT, '의도된 것'–NET, RSV, '의향'–NASB). 베드로는 시몬에게 이런 태도를 회개하라고 요청하고 있는데, 이런 태도를 악한 것으로 묘사하고 있다. [*epinoia*]

8:23. 쓰디 쓴 담즙(Gall of bitterness, *cholēn pikrias*) – 시몬은 불법의 사슬('불법의 끈')에 매여 있을 뿐 아니라, '쓰디쓴 독' 혹은 '쓰디쓴 담즙'에 빠져 있다(*cholē*, BAGD, 883, 2, BDAG, 1086, 2, 신 29:18[70인경의 신 29:17], 1 QS 2:11–17). 이것은 그가 비난받을 만한(*pikria*) 사람, 혹은 쓴 맛을 느끼거나 자신의 입에 쓴 맛이 남아 있는 사람이라는 뜻이다(출 15:23, 신 32:32, BAGD, 657, 1, BDAG, 813, 1). NET는 이 단어를 구체적인 감정('심하게 질투하는')의 관점에서 번역한다. NET는 시몬이 그 때에 사도들이 가진 것을 질투했다고 분명하게 묘사한다('쓴 맛으로 가득 찬', NIV, NLT). 하지만 이 표현은 시몬이 처해 있는 처지와 더 관련이 있으며, 그가 거기에서 취했던 태도보다는 그런 태도로 인해 생겨난 위

험과 더 관련이 있다('쓰디 쓴 담즙', ESV, RSV, NASB, KJV). 베드로가 말하는 내용이 자신에게 임하지 않게 해달라는 시몬의 소원(24절)은 그가 자신의 상태에 대해 진정으로 걱정했다는 것을 보여준다. [*cholē, pikria*]

8:24. 나를 위해 기도해주십시오(Pray for me, *deēthēte hymeis hyper emou*) – 이 구절은 상당히 많은 논란이 있는 부분이다. 시몬이 정말 진지하게 자신을 위하여 기도해달라고 베드로에게 부탁하고 있는 것인가, 아니면 베드로가 먼저 기도해주면 자신은 아무 일도 하지 않아도 될 거라고 빈정대는 거절인가? 본문에 이 점이 명확하게 나타나지는 않는다. 만약 시몬이 베드로에게 자신과 함께 기도하자고 요청했을 뿐만 아니라, 기도하겠다고 약속했더라면 진지한 대답이 좀 더 분명하게 제시되었을 것이다. 그러나 베드로가 회개를 요청했음에도 불구하고 시몬 자신은 아무것도 하지 않았기 때문에 시몬의 이 부탁에는 무시하는 뜻이 담겨 있다고 볼 수 있다. [*deomai*]

8:26. 가사(Gaza, *Gazan*) – 이스라엘 남서쪽에 위치한 도시로서 애굽으로 가는 사막에 들어서기 전에 마지막으로 물을 공급받을 수 있는 곳이었다(블레셋의 다섯 주요 도시들 가운데 한 곳 [BDAG, 186, 창 10:19]). 신약에서 단 한번 여기에서 언급된다. [*Gaza*]

8:27. 내시(Eunuch, *eenouchos*) – 남성이 거세된 이 남자들은 보통 하렘(harem, 회교권에서 여자의 방이나 이교도들의 출입이 금지된 성지를 뜻한다, BAGD, 323, 1, BDAG, 409)을 지키거나, 회계 담당자(Polhill, 223)의 일을 했다. 이 내시는 멀리 떨어진 곳에서 온 중요 인물을 나타낸다. 구약의 이사야의 글을 읽고 있는 것으로 보아 이 내시는 유대인이었을 가능성이 크다. 또한 하나님을 경외하는 사람(이스라엘의 하나님을 섬긴 이방인)이었을 가능성도 있으나 확실하지는 않다. 그는 육체적 상태 때문에 예배 참여에는 제한이 있었을 것이다(신 23:1). [*eunouchos*] *treasurer*

8:30. 깨닫다(Understand, *ginōskeis*) – 빌립은 내시에게 읽고 있는 것을 '아느냐'고 질문했다. 이 문맥에서 이것은 이사야가 말하고 있는 것에 관한 내시의 이해력과 관련이 있다. [*ginōskō*]

8:31. 지도하다(Guides, *odēgēsei*) – 내시는 이사야의 예언에 관해 논의하자고 요청한다. 일상적 어법에서 이 용어는 맹인을 인도하는 것처럼, 혹은 모세가 이스라엘 사람들을 인도하는 것처럼 어떤 사람을 또 하나의 다른 장소로 안내하는 것을 의미한다(출 32:34, 마 15:14, 눅 6:39, BAGD, 553, 2, BDAG, 690). [*odēgeō*]

8:32. 구절(Passage, *periochē*) – 내시가 읽고 있는 부분은 이사야 53장 7절이다. 거기서는 억울하게 굴욕을 당하는 고난 받는 종의 무죄한 고난('정의가 그를 부정하였다', 개역개정판에서는 '공정한 재판을 받지 못하였다'로 번역하고 있다)을 번제물로 드려지는 어린 양과 비교하고 있는데, 그 내용이 33절에서 설명되고 있다. 빌립은 이 구절을 사용해서 예수님에 관해 말할 것이다. 사악한 세대(33절)만이 이런 식으로 생명을 취할

수 있다. [*periochē*]

8:33. 정의가 부정되었다(Justice was denied, *hēkrisis autou ērthē*) – 이 동사는 '어떤 것을 없애다' 또는 '치워 버리다'라는 뜻이다(BAGD, 24, 4, BDAG, 28–29, 3). 무죄한 자의 죽음으로 인해 정의가 사라졌다. [*aireō*]

8:34. 그 자신에 관해(About himself, *eautou*) – 내시가 이런 식으로 질문했을 때, 아마도 이 구절이 이사야와 관련이 있다고 생각했을 것이다. 빌립은 이 구절이 예수님과 관련이 있다고 설명한다. [*eautou*]

8:39. 위로 이끌려갔다(Caught up, *hērpasen*) – 이 구절은 빌립이 어떻게 사라졌는지를 상세하게 설명하지 않는다. 다만 성령이 그를 '이끌어 갔다'고 말할 뿐이다. 이 동사는 데살로니가전서 4장 17절에서 다시 나온다. 이 사건은 성도들이 들림 받아 공중에서 예수님을 영접하게 된다는 개념에서 데살로니가전서 4장 17절과 어느 정도 관련이 있어 보인다. [*harpazō*]

9:1. 위협을 내뿜다(Breathing threats, *empneōn apeilēs*) – 호흡을 뜻하는 이 단어는 여기에서 단 한번 사용된다. 이것은 위협과 살기를 내뿜는 것과 관련한 관용적 표현의 일부다(BAGD, 256, 1, BDAG, 324, 1). 따라서 이것은 신자들을 향한 사울의 매우 적대적인 태도를 나타낸다. 이 동사는 이스라엘이 땅을 정복할 때 한 명의 생존자도 남겨 두지 않았다고 진술하고 있는 여호수아 10장에서 여러 번 사용되고 있다(28, 30, 33, 38–39절). [*empneō*]

9:2. 도(The Way, *tēs hodou*) – 이것은 기독교 신앙을 뜻하는 초기의 이름이었다(행 24:14, 19:9, 23, 24:22, 때로 주의 도, 혹은 하나님의 도로 불렸다, 18:25–26). [*hodos*]

9:3. 두루 비추었다(Flashed about, *periēstrapsen*) – 이 사건에 대한 세 번의 설명 가운데 첫 번째다. 세 번의 설명 가운데 두 번은 예수님께서 사울에게 맨 처음 나타나신 것을 묘사할 때 이 동사를 사용하고 있다. 신약에서 이 용어는 이곳과 22장 6절에서만 사용된다. 이 용어는 근본적으로 어떤 지역 모두를 골고루 비추는 것을 가리킨다('두루 비추었다'–ESV, NET, NIV, NASB, NET, '빛이 번쩍였다'–RSV, 제4 마카비 4:10에서는 무기가 폭발할 때 번쩍이는 빛을 묘사할 때 이 단어를 사용한다). [*preiastraptō*]

9:4. 사울아 사울아(Saul, Saul, Saoul, *Saoul*) – 이름을 두 번 연속하여 부르는 것은 격앙된 감정의 표시다(눅 10:41, 삼하 19:4). [*Saoul*]

9:5. 박해하는(Persecuting, *diōkeis*) – 이 동사는 4–5절에 두 번 나온다. 사울이 교회를 반대하여 행한 일은 사실상 여기에서 높임을 받으신 주로 나타나시는 예수님에 대한 공격이었다. 이 동사는 사도행전에 9회 나온다(7:52, 9:4–5, 22:4, 7, 8, 26:11, 14–15). 그 가운데 6회가 이 사건에 대한 세 번의 묘사에서 나온다. 그리고 교회를 반대한 바울의 초기 활동을 묘사할 때 2회 나온다. 바울은 사도행전 26장 11절에서 자신이 사도

행전 9장에서 행동한 것처럼 외국의 도시들에서 믿는 자들을 박해했다고 말하고 있다. [*diōkō*]

9:7. 소리를 듣고(Hearing the voice, *akouontes men tēs phōnēs*) – 본문은 사울 주위에 있던 사람들이 음성은 들었으나 아무것도 보지 못했다고 말하고 있는데, 개인적 환상의 가능성을 제거하기 위한 의도가 들어 있다. 비록 바울만이 이 사건의 취지를 온전하게 이해한다 하더라도 어떤 일이 발생했는지는 널리 알려진 것 같다. 바울은 사도행전 22장 9절에서 그들이 빛을 보았으나 소리를 듣지 못했다고 보고하고 있는데, 그들이 그 소리를 이해하지 못했다는 의미로 말한 것일 수도 있다. [*akouō, phōnē*]

9:13. 악(Evil, *kata*) – 이 문맥에서 악은 사울이 다른 사람들과 함께 믿는 자들을 추적할 때 박해와 구금에 참여했던 것을 가리킨다. [*katos*]

9:14. 이름을 부르는 사람(Who call upon the name, *epikaloumenous*) – 이것은 믿는 자들, 즉 구원을 받기 위해 주의 이름을 부르는 사람들을 묘사하는 또 하나의 오래된 표현이다(행 2:21). 사울은 그런 믿음을 멈추게 하려고 시도하는 중이었다. 15–16절, 21절 그리고 27절은 이름의 주제를 언급하고 있다. [*epikaleō*]

9:15. 택한 도구(Chosen instrument, *skeuos eklogēs*) – 하나님께서는 사울이 지금 새로운 부르심을 받았다고 말씀하신다. 그는 하나님께서 사용하시기 위해 '택한 그릇'이며, 주의 이름(14절)을 이방인들과 임금들과 이스라엘에 전하는 일을 해야 한다. 사울의 활동을 통해 예수님께서 활동하시는 영역을 보여주게 될 것이다. 사람을 가리키는 표현으로 사용되고 있는 '그릇'(*skeuos*)이란 용어는 수행해야 할 어떤 직무나 역할이 있는 사람을 의미한다(BAGD, 754, 2, BDAG, 927, 3). [*skeuos, eklogē*]

9:17. 안수하여(Laying on his hands, *epitheis ep auton tas cheiras*) – 이것은 어떤 사람에게 안수하여 성령을 받게 하는 신약의 두 번째 사건이다(행 8장의 사마리아 사람들, 행 19장의 요한의 제자들, 행 8:18의 논의를 참고하라). [*epitithēmi, cheir*]

9:18. 비늘(Scales, *lepides*) – 신약에서 단 한번 사용되는 용어다. 일상적 어법에서 이것은 물에 사는 생물들의 몸을 덮고 있는 것을 가리킨다. 그러므로 사울의 눈에서 떨어진 것이 고기의 비늘과 비교되고 있다. [*lepis*]

9:20. 하나님의 아들(Son of God, *ho huios tou theou*) – 매우 놀라운 사실이지만 사도행전에서 '하나님의 아들'이라는 온전한 문구는 단 한번 사용되고 있다('아들'이란 표현은 행 13:33에 나온다). 사도행전은 그리스도(22절 참고), 주, 의로운 자, 심판자와 같은 다른 칭호들을 더 많이 사용한다. 사람들이 이 선언을 어떻게 생각했는가는 사도행전 13장 16–41절에 언급되어 있다. [*huios*]

9:21. 이 사람이 <u>아니냐</u>?(Is this <u>not</u>, *ouk*) – 이런 형식의 부정의문문의 질문에서는 긍정적인

대답이 예상된다. 지금 예수님을 하나님의 아들로 전파하고 있는 사람은 전에 신자들을 잔멸하려고 시도했던 바로 그 사람이었다. [*ou*]

때려 부쉈다(Made havoc, *ho porthēsas*) – 바울이 신자들을 약탈하거나 그들의 완전한 파멸을 시도하고 있던 사람으로 묘사되고 있다(BAGD, 693, BDAG, 853). 이 용어는 이 구절과 갈라디아서 1장 13절, 23절에만 나온다. 거기에서 바울은 자신이 교회를 박해했다고 말할 때 이 용어를 사용한다. [*portheō*]

9:22. 증언하다(Proving, *symbibazōn*) – 이 용어는 보통 '어떤 것을 결합하다'라는 의미다. 하지만 여기에서는 '명제를 변호하다'라는 뜻으로 사용하고 있다. 이것은 아마도 사울이 예수님께서 그리스도시라는 것을 사실적으로 증명하기 시작했다는 뜻일 것이다(BAGD, 777, 3, BDAG, 956–57, 3). 70인경에서 이것은 보통 어떤 것을 '가르치는 것'(출 4:12, 15)이나 '알게 하는 것'(출 18:16)을 가리킨다. [*symbibazō*]

9:25. 광주리(Basket, *spyridi*) – 이 바구니들은 장바구니처럼 음식(마 15:37, 막 8:8, 20)이나 의복을 담는 용도로 사용되었다. 바울은 자신에게 다가오는 박해를 피하기 위해 광주리에 숨었다. [*spyris*]

9:27. 담대하게 전파했다(Preached boldly, *eparrēsiasato*) – 이 동사는 '자유롭게, 공개적으로, 혹은 두려움 없이 말하다'라는 의미다(BAGD, 631, 1, BDAG, 782, 1, 29절 참고). 사도행전은 이 동사를 자주 사용한다(행 13:46, 14:3, 18, 26, 19:8, 26:26). 바나바가 사울을 위해 두 가지를 변호하는데, 이것이 그 가운데 하나다. 다른 하나는 다메섹 도상에서 주께서 사울에게 나타나신 것이다. [*parrēsiazomai*]

9:29. 헬라주의자들(Hellenists, *Hellēnistas*) – 이 용어는 헬라파 유대인들을 가리킨다. 그들은 앞으로 바울을 자주 반대할 것이다. [*Hellēnistēs*]

9:31. 교회(Church, *ekklēsia*) – 오늘날 신자들의 공동체를 가리킬 때 일반적으로 사용하는 용어를 여기에서 처음으로 사용하고 있다. 교회는 예루살렘에서 상당히 먼 곳인 갈릴리와 사마리아로 확산된다. 이 문맥에서 교회는 건물이나 장소가 아니라, 예수님에 대한 믿음을 지닌 사람들의 모임이다. [*ekklēsia*]

위로(Comfort, *paraklēsei*] – 교회가 경험한 평안과 성장은 박해 받고 있는 교회에 성령께서 제공하신 도움의 일부였다. 여기에서 그 도움은 성령의 위로, 또는 격려로 불리고 있다. 사도행전 4장 17–32절은 성령의 위로가 어떻게 진행되었는가를 보여준다. [*paraklēsis*]

9:34. 치료하다(Heals, *iatai*) – 이 동사는 이곳을 포함하여 사도행전에서 4회 사용된다(9:34, 10:38, 28:8, 28:27). 여기에서 '치료'는 사도행전 4장 1–12절에서와 마찬가지로 부활하신 예수님과 연관이 있는 것이 분명하다. [*iaomai*]

9:36. 자선 행위(Acts of charity, *eleēmosynōn*) – 이 용어는 구제금을 제공하거나 너그러운 기부를 통해 긍휼을 베푸는 행위를 뜻한다. 구제는

유대 사상에서 매우 존경받는 행동이었다(Tobit 1:3, 16–17, 4:7–8, 시락서 7:10). 이것은 도르가의 인품을 강조한다. [*eleēmosynē*]

9:37. 그녀를 씻었다(Washed her, *lousantes*) – 씻는 것은 도르가의 시신을 매장할 준비를 하는 것이었다. 그러나 일반적으로 매장은 해지기 전에 행하기 때문에 그녀의 시신을 다락방(*hyperō*)에 놓은 것이 이상하다. 그녀가 죽은 자들 가운데서 다시 살아날 것이라는 믿음과 소망을 표현하는 행동일 수도 있다. 구약에서 다락방에 놓인 시신들은 엘리야와 엘리사가 포함된 소생 기사들에서 언급되고 있다(왕상 17:19, 왕하 4:10, 21, Marshall, 179). [*louō*]

9:40. 다비다(Tabitha, *Tabitha*) – 도르가의 아람식 이름이다(BAGD, 802, BDAG, 987). [*Tabitha*]

9:43. 무두장이(Tanner, *byrsei*) – 무두장이 시몬을 언급할 때, 시몬의 직업을 별명으로 간주하는 단어다. 무두장이는 죽은 동물의 시체를 가지고 작업하는 부정한 직업이다. 베드로가 율법적 정결에 예민한 바리새인이 아니라 어부 출신의 사도였음을 감안할 때 이것을 지나치게 강조할 필요는 없다(Marshall, 180). 베드로가 이러한 부정한 장소에 머무른 것은 교회의 지도자들이 유대 정결법의 여러 조항들에 지나치게 예민하지 않았다는 증거다. [*bryseus*]

10:1. 백부장(Centurion, *ekatontarchēs*) – 고넬료는 약 600명으로 구성된 고대 로마의 보병 대대(speira)의 하급부대로서 약 100명의 남자들로 구성된 중대급 부대의 지휘관이었다. 그는 호민관 휘하에서 근무했다(BAGD, 237, BDAG, 298–99). 사도행전은 군인들에 대해 자주 말한다(10:22, 21:32, 22:26, 24:23, 27:1, 6, 11, 43). [*ekatontarchēs*]

10:2. 경건한(Devout, *eusebēs*) – 고넬료가 매우 긍정적으로 묘사되고 있다. 그는 경건한, 즉 하나님을 경외하는 사람이었고, 많이 구제하고 항상 기도하는 사람이었다. 경건을 뜻하는 이 단어는 신약에서 3회 사용되며, 하나님을 향한 고넬료의 존경심을 가리킬 때 2회, 베드로후서 2장 9절에서 1회 사용된다. 하나님을 경외하는 고넬료(행 13:16, 26)는 완전히 유대교로 개종한 사람은 아니었다. 그러나 이방인으로서 이스라엘의 하나님께 노출되어 하나님께 응답했던 사람이다. [*eusebēs*]

10:3. 제 구시(<u>Ninth</u> hour, *hōran enatēn*) – 오후 3시를 말한다. [*enatos*]

10:4. 겁에 질려서(In terror, *emphobos*) – 이 용어는 마치 당황하고 놀란 것처럼 두려워하거나 무서워하는 모습을 가리킨다(BAGD, 257, BDAG, 326). 이 표현은 신약의 다른 세 곳에서 3회 나온다(눅 24:5, 행 24:25, 계 22:23). [*emphobos*]

기념물(Memorial, *mnēmosynon*) – 이 용어는 신약 가운데 이곳에서만 사용되고 있다. 이 용어의 뿌리는 구약(레 2:2, 9, 16, 5:12)과 유대 사상(시락서 38:11, 45:20)으로 거슬러 올라간다. 이것은 하나님께 기념물로 드려진 제물이며, 하나님께서는 그 제물을 기쁘게 받으신다. [*mnēmosynon*]

10:8. 욥바(Joppa, *Ioppa*) – 예루살렘 북서쪽에 위치한 블레셋 연안의 항구 도시로서(BAGD, 378, BDAG, 477), 가이사랴에서 약 48킬로미터 거리에 있다. [*Ioppē*]

10:9. 제 육 시(Sixth hour, *hōran ektēn*) – 낮 12시경을 말한다. [*ektos*]

10:10. 황홀(Trance, *ekstasis*) – 이 문맥에서 이 용어는 사람이 하나님과 직접 교통하는 황홀한 상태를 가리킨다. 이 단어는 사도행전에만 나온다(11:5, 22:17). 다른 곳에서 이 단어는 경악하거나 심란한 상태를 가리킨다(막 5:42, 눅 5:26, 막 6:8, 행 3:10). [*ekstasis*]

10:11. 아마포 천(Linen cloth, *othonēn*) – 이것은 돛이나 의복을 만드는 데 쓰인다(BAGD, 555, BDAG, 693). 이 용어는 신약에서 이 환상을 묘사할 때 2회 사용된다. [*othonē*]

10:14. 속되고 부정한(Common or unclean, *koinon kai akatharton*) – 베드로는 지금 신실한 유대인의 입장에서 대답하고, 이런 부정한 것들을 먹는 데 동의하는 것은 율법의 위반(레 10–11장)이라고 진술하고 있다. 그는 결코 그렇게 할 수 없었을 것이다. [*koinos, akathartos*]

10:15. 깨끗하게 했다(Cleansed, *ekatharisen*) – 베드로에게 하나님께서 깨끗하게 하시고, 깨끗하다고 선언하신 것은 더 이상 속되고 먹지 못할 것이 아니라는 대답이 들려왔다. 환상은 새 시대가 출발했다는 것을 보여준다. 소리가 세 번 반복된 것(16절)은 베드로에게 이 음식을 먹어도 된다는 확신을 주기 위해서였다. 이 환상은 베드로가 사도행전 10장 28절에서 설명하는 것처럼, 유대인을 이방인과 구별하던 것을 상징한다. 하나님께서는 이제는 깨끗해진 부정한 음식의 비유를 사용하심으로, 과거에는 부정했으나 이제는 깨끗하게 된 이방인들을 묘사하신다(깨끗한 것과 더러운 것에 관한 예수님의 가르침에 대해서는 막 7:1–23을, 특히 지금 깨끗하다고 선언된 음식에 관해서는 막 7:19의 설명을 참고하라). [*katharizō*]

10:17. 당황했다(Perplexed, *diēporei*) – 베드로는 어떤 일이 일어나고 있는지를 정확하게 이해하지 못했다. 고넬료가 보낸 사람들이 도착하고, 성령께서 하시는 말씀을 들었으며, 사람들의 설명을 듣고 나서(17–22절, 행 11:12) 베드로는 그 사건에 대해 생각을 정리하게 되고, 하나님께서 어떤 일을 하고 계신지를 이해한다. 이 용어는 누가복음과 사도행전에만 나온다(눅 9:7, 행 2:12, 5:24). [*diaporeo*]

10:22. 칭찬받는(Being well spoken of, *martyroumenos*) – 사도행전 10장 2절에서 고넬료에 관해 말한 것을 거의 반복하고 있는 이 구절에서 이것은 새로운 내용이다. 유대인들이 고넬료에 대해 '증언했다'라는 것은 그들이 고넬료를 칭찬했다는 뜻이다(BAGD, 493, 2b, BDAG, 618,

2b, 행 16:2, 22:12, '그 사람에 대해 칭찬했다' –NET, RSV, '다른 사람의 존경을 받는'–NIV). [*martyreō*]

10:25. 예배했다(Worshipped, *prosekynēsen*) – 26절에서 베드로는 이 숭배를 거절하고 있다. 비슷한 사건이 사도행전 14장 13–15절에서 일어난다. 그 사건에서는 '숭배하다'라는 용어를 사용하고 있지 않지만, 사람들이 바울과 바나바에게 제물을 바치고 싶다고 말하고, 바울은 그것을 거절한다. [*proskyneō*]

10:28. 불법적(Unlawful, *athemiton*) – 이 용어는 어떤 일을 허용하지 않거나 허락하지 않는다는 뜻이다(BAGD, 20, BDAG, 24). 다른 문맥에서 이 용어는 '추잡한 짓을 하다'라는 뜻으로 사용될 때도 있다(벧전 4:3). 이 용어는 신약에서 2회 사용된다. 유대인들은 부정하다는 이유로 이방인들과의 공개적인 교제를 금지했다(*m Obolot* 18:6–7). [*athemitos*]

속되거나 부정한(Common or unclean, *koinon ēakatharton*) – 이와 동일한 표현이 사도행전 10장 14절에서 부정한 음식을 먹지 않겠다는 베드로의 서약을 묘사할 때 사용된 적이 있다. 하나님께서 베드로에게 보여준 환상에서는 먹는 것이 허락되었다고 말했다. 따라서 여기에서 베드로는 환상중에 먹으라고 허락한 것을 이방들과 자유롭게 교제할 수 있는 것으로 해석한다(이방인들의 식습관은 유대인들에게 걱정거리 가운데 하나였다). [*koinos, akathartos*]

10:30. 빛난 옷(Bright apparel, *esthēti lampra*) – 천사들을 묘사할 때 사용된 두 용어들이 여기에서 함께 사용되고 있다(눅 24:4, 행 1:10). [*esthēs, lampros*]

10:31. 기억했다(Remembered, *emnēsthēsan*) – 이 용어는 사도행전 10장 4절의 고넬료의 기도를 기억나게 한다. 사도행전 10장 4절에서 고넬료의 기도가 하나님 앞에 기념물로 상달되었다. 사도행전 10장 31절에서 하나님께서는 그의 구제를 기억하신다. 사도행전 10장 4절은 기념물을 뜻하는 명사를 사용하고 있고, 여기에서는 동사를 사용하고 있다. [*mimnēskomai*]

10:33. 듣다(Hear, *akousai*) – 고넬료와 그의 일행은 베드로가 말하는 것이 주께로부터 온 것임을 알고 있기 때문에 베드로가 하는 말을 받아들일 준비가 되어 있다. [*akouō*]

10:34. 편견이 없다(No partiality, *ouk estin prosōpolēmptēs*) – 이 용어는 기독교 작품들에서만 발견되며, 신약에서 여기에만 나온다(BAGD, 720, BDAG, 887, 약 2:9에서 이 용어의 다른 형태가 사용되고 있으며, 롬 2:11에서는 이 용어가 같은 의미로 사용되고 있다). 이 용어는 70인경에서 유래하며(레 19:15, 시 82:2, 말 2:9, 시락서 4:32), 하나님께서 얼굴들을 영접하신다는 개념을 함축하고 있다. 따라서 이 표현의 요지는 하나님께서 백성들에게 응답하실 때 차별하지 않으신다는 데 있다. 모든 사람들은 하나님께 나아갈 수 있는 똑같은 가능성을 갖고 있다. [*prosōpolēmptēs*]

10:35. 그분을 두려워하다(Fears him, *ho phoboumenous*) – 베드로는 어느 민족 가운데서든지(*en panti ethnei*) 하나님께서 인정하시는 사람(*dektos*)의 두 가지 특징을 힘주어 말하고 있다. 첫 번째가 하나님을 경외하는 사람이다. 잠언서 1장 7절에서는 하나님 경외하는 것을 지혜의 시작이라고 부른다. 고넬료가 이런 특징을 지녔기 때문에 하나님께서 그에게 계시를 베푸셨다. [*phobeō*]

의를 행하다(Dose what is right, *ergazomenos dikaiosynēn*) – 하나님께서 인정하시는 사람의 두 번째 특징은 옳은 일을 하거나 '의를 행하는' 사람이다. 고넬료가 받았던 칭찬은 사도행전 10장 2, 4, 22절에 기록되어 있다. 요지는 고넬료가 값을 치르고 의를 획득한 것(롬 4:5)이 아니라 하나님께서 그의 의로움을 보시고 베드로를 보내 하나님의 방법에 대해 더 많은 것을 계시하셨다는 것이다. [*ergazomai, dikaiosynē*]

10:36. 평화(Peace, *eirēnēn*) – 베드로는 복음으로 인해 생기는 것이 바로 '평화'라고 묘사한다. 이것은 구약의 '샬롬'(*shalom*)에 해당되는 개념(시 72:7, 85:8, 잠 3:17)으로 하나님과 함께 사이좋게 서 있는 관계다. [*eirēne*]

모든 사람의 주(Lord of all, *pantōn kyrios*) – 여기에서는 기독론이 베드로의 설교의 주제다. 예수님께서는 주로서 모든 사람들보다 높임을 받으셨다. 예수님께서 모든 사람의 주님이시기 때문에 복음은 고넬료 같은 사람을 포함하여 모든 사람들을 향한다. 38절에서는 예수님의 권세를 하나님께서 성령과 능력을 기름 붓듯 하신 것(*echrisen*)의 결과로 묘사하고 있다. 그 때문에 예수님께서는 선한 일을 행하시고(*euergetōn*), 마귀에게 눌린 사람들(*katadynasteuomenous*)을 고치셨다. [*kyrios*]

10:38. 억압받는(Oppressed, *katadynasteuomenous*) – 이 용어는 '힘을 사용하여 어떤 사람을 제압하다'라는 뜻을 갖고 있다. 이 용어는 여기와 야고보서 2장 6절에 나온다. 야고보서에서 이 용어는 가난한 자에 대한 부자들의 행동과 관련이 있다. [*katadynasteuō*]

하나님께서 그와 함께 계셨다(God was with him, *ho theos ēn met autou*) – 이 묘사는 사도행전 7장 9절에서 요셉에 대해 말한 것과 비슷하다. 하나님께서 예수님을 통해 일하셨으며, 특별한 방법으로 예수님과 함께 계셨다는 표현이다. [*theos, meta*]

10:39. 증인들(Witnesses, *martyres*) – 베드로는 자신이 보았던 것을 증언한다. 사도행전 1장 8절의 논의에서 강조한 것처럼 증인은 사도행전에 사용되는 전문 용어다. 베드로는 사도행전 10장 41절에서, 택하신 증인들이 부활하신 예수님을 목격한 사람들이었다고 말할 때 이 개념을 반복한다. 증인들은 심지어 부활하신 예수님과 함께 먹고 마시기까지 했다. [*martys*]

10:40. 나타나셨다(Manifest, *emphanē*) – 이 용어는 부활하신 예수님을 보았다는 사실을 강조한다. 예수님께서 생명을 회복하셨다. 이 용어는 이사야 65장 1절을 인용하여, 하나님께서 요구하지 않은 자들에게 나타나셨다고 말하는 로마서 10장 20절에서 유일하게 사용되고 있다.

[*emphanēs*]

10:42. 백성(People, *laō*) – 이 중요한 용어는 보통 하나님의 백성들을 가리킬 때 사용된다(행 15:14). 그러나 여기에서는 열방의 백성을 뜻하는 일반적 의미로 사용되고 있다. 스데반이 설교를 통해 증명하는 것처럼 복음 메시지는 열방을 위한 것이다. [*laos*]

하나님께서 살아 있는 자와 죽은 자의 재판장으로 정하신(Ordained by God to be judge of the living and the dead, *ho hōrismenos hypo tou theou kritēs zōntōn kai nekrōn*) – 하나님께서는 예수님을 모든 사람들의 재판장으로 정하시고, 그분에게 그 역할을 맡기셨다. 예수님의 부활은 심판자로서의 역할을 증명하며, 예수님께서 주라고 불리시는 이유를 설명한다. 유대 사상에서는 인자만이 이런 존귀한 역할을 맡을 수 있다(단 9:7–14을 인용한 제1 에녹 39–72). 인자는 예수님께서 자주 사용하시던 자기 칭호였다. 헬라어에서 주이신 예수님의 심판자로서의 역할(행 10:34–36)은 동일한 개념을 표현했다. 이 개념은 사도행전 17장 31절에서 다시 나온다. 베드로는 39절과 41절에 나오는 증인이란 명사의 동사형인 *matyreō*라는 용어를 43절에서 사용하여, 모든 선지자들이 예수님에 대해 증언했다고 계속해서 언급한다. [*horizō, kritēs*]

10:43. 그를 <u>믿는 사람들은</u> 모두 다(Everyone <u>who believes</u> in him, *panta ton pisteuonta eis auton*) – 베드로는 죄의 용서를 가져오는 것은 자신이 조금 전에 설명한 예수님을 믿는 믿음이라고 강조한다. 따라서 구원의 방법은 살아 있는 자와 죽은 자의 재판장을 통해서이며, 죄를 용서받기 위해 그분을 의지함으로써 복음으로 말미암는 평강의 길로 나아가게 된다(36절). [*pisteuō*]

10:44. 성령이 내려오셨다(The Holy Spirit fell, *epersen to pneuma to hagion*) – 새로운 시대의 특징인 성령의 도래와 약속의 성취는 이방인들도 구원받을 수 있다는 것을 확증했다(45절과 행 11:15–17을 참고하라). 방언을 말하고 하나님을 찬양한 것으로 보아 그 자리에 성령께서 계셨던 것이 분명하다(46절). [*epipiptō, pneuma + hagios*]

10:45. 놀랐다(Amazed, *exiestēsan*) – 이 동사는 직접 그리고 즉각적으로 이방인들에게 성령 부어주시는 것을 본 유대인들이 놀라는 모습을 묘사한다. 이 용어는 여러 핵심 구절들에서 발생하고 있는 일에 대한 반응을 표현할 때 사용된다(행 2:7, 2:12, 8:9, 11, 13, 9:21, 12:16). [*existēmi*]

부어주었다(Poured out, *ekkechytai*) – 유대인들은 구원과 관계가 있는 성령의 선물이 이방인들에게 주어지는 것을 보고 놀랐다(*exestēsan*). 하나님께서는 요점을 강조하기 위해 직접 일하신다. 유대인들은 발생한 일의 중요성을 즉시 이해했다. [*ekchynnō*, 참고–*ckcheō*]

10:47. 우리와 <u>같이</u> 받았으니(<u>Just as</u> we have, *hōs kai hēmeis*) – 베드로는 사도행전 2장에서 오순절 축제에 참석했던 사람들이 성령을 받을 때처럼 이방인들이 성령 받은 것을 보고 즉시 세례를 베풀라고 명령한다. 베드로는 성령을 부어주

시는 사건의 의미를 이해하고 있다. [*hōs*]

11:1. 하나님의 말씀을 받았다(Received the Word of God, *edexanto ton logon tou theou*) – 이것은 복음에 대한 긍정적인 반응을 뜻하는 요약 용어다. 하나님의 말씀을 '받았다'는 것은 복음 메시지를 진심으로 영접했다는 것이다. [*decohmai*]

11:2. 할례에 속한 사람들(Those of the circumcision, *hoi ek peritomēs*) – 고넬료의 회심 장소에 있지 않았던 유대적인 배경을 지닌 예루살렘 사람들은 베드로가 이방인들을 인정하고 그들과 함께 먹었다고 비난했다(3절). 4–10절에서 설명하는 것처럼 베드로도 음식에 대한 환상을 보기 전에는 그들과 같은 견해를 갖고 있었다. 베드로는 자신이 본 환상에 대해 다시 말하면서, 자신의 삶을 변화시킨 사건의 핵심 요소들만을 반복하여 사건의 중요성을 강조하고 있다. [*peritomē*]

11:3. 그들과 함께 먹다(Eat with them, *synephages*) – 할례자들은 이방인들도 율법을 지켜야만 하며 부정한 음식을 멀리하고, 언약에 참여한다는 증거로 세례를 받기 전에 할례를 받아야 한다고 이해했다(창 17:9–14, 또한 행 10:14의 정결과 부정한 것에 대한 논의를 참고하라). 유대인들이 보기에 베드로는 이방인들과 교제를 갖기 전에 그들이 정결하게 되었다는 것을 증명했어야 했다. 할례 문제는 사도행전 15장까지 끈질기게 반복적으로 다뤄질 것이다. [*synesthiō*]

11:5. 환상(Vision, *horama*) – 이 용어는 사도행전 10장 10절의 황홀 상태를 설명하면서 새롭게 추가한 표현이다. 베드로는 그 사건에 대해 다시 말하면서, 보자기와 음식이 환상이었다고 언급한다. 이 용어는 환상(창 15:1), 묵시(사 21:2) 혹은 꿈(단 2:1)을 가리킬 수도 있지만 계시적인 요소를 암시한다. [*horama*]

11:5–11. 이 사건이 처음으로 설명되고 있는 사도행전 10장 10–17절의 논의를 참고하라. 사도행전 11장 5–11절은 그 장면의 반복에 해당한다. 거기에서 논의된 용어들은 여기에서도 적용된다.

11:12. 성령(Spirit, *to pneuma*) – 베드로는 이방인을 구원의 대상에 포함하는 일의 주도권이 환상을 통한 하나님의 일하심과 성령의 인도하심에 있다고 생각한다. 하나님께서 이 새로운 일을 주관하신다. [*pneuma*]

차별하지 말고(Making no distinction, *mēden diakrinanta*) – 성령께서는 베드로에게 가라고 명령하신다. 환상은 인종적으로 어떤 구별이 없다는 것을 명시하고 있다. 이 말은 사도행전 10장 34–43절에 기록된 베드로의 설교의 주제를 설명하는 데 도움이 된다. 이 용어는 비슷한 논증을 제공하는 사도행전 15장 9절에 다시 나온다. [*diakrinō*]

11:14. 구원 받은(Saved, *sōthēsē*) – 이것은 황홀 상태를 다시 말하면서 새롭게 첨가된 또 하나의 설명이다. 10장 33절에서 고넬료는 주께서 베드로를 통해 명령하시는 것을 들을 준비가 되어 있다고 말했으나 여기에서는 구원 받을 말씀이라고 말한다. 고넬료는 구원이 중심 주제임을 생각

보다 빨리 깨닫는다. [*sōzō*]

11:15. 처음에(In the beginning, *en archē*) – 여기에서의 시작은 약속된 것이 나타나기 시작했다는 뜻으로 사도행전 2장에서 성령을 부어주신 것을 가리킨다. 베드로의 논증은 다음과 같다. "이방인들이 새로운 시대에 대해 동일한 약속을 받아들일 수 있다면, 다시 말해서 그들도 하나님께서 주권적으로 부어주신 성령을 받게 된다면 그때 누가 반대할 수 있단 말인가?" [*archē*]

11:16. 기억했다(Remembered, *emnēsthēn*) – 베드로는 오실 성령에 대한 약속과 연관된 하나님의 말씀을 떠올리고 있다(세례 요한은 눅 3:15–16에서, 예수님께서는 행 1:4–5에서 오실 성령에 대해 말하셨다). 다시 말해서 성령의 오심은 새로운 시대가 시작되었다는 위대한 암시였다. [*mimnēskomai*]

11:17. 같은 선물(Same gift, *isēn dōrean*) – 베드로는 이방인들이 주 예수 그리스도를 믿을 때 유대인 신자들이 받았던 것과 똑같은 선물을 받았다고 논증한다. 이것은 이방인들도 구원 받았다는 암시다. 사도행전 2장과 비교하라(눅 24:49). [*isos, dōrea*]

막다(To resist, *kōlysai*) – 베드로는 하나님께서 시작하신 것을 막을 수 없다고 말한다. 이 동사는 '어떤 일을 막다, 중단시키다'(민 11:28), 또는 '어떤 일을 거절하다'(창 23:6)라는 뜻이다. [*kōluō*]

11:18. 하나님께 영광을 돌렸다(Glorified God, *edoxasan ton theon*) – 하나님께 영광을 돌렸다는 것은 이 새로운 일로 인해 하나님을 찬양했다는 뜻이다(BAGD, 204, 1, BDAG, 258, 1, 행 21:20). [*doxazō*]

생명에 이르게 하는 회개를 인정하셨다(Granted repentance to life, *ho theos tēn metanoian eis zōēn edōken*) – 이것은 복음에 대한 반응을 나타내는 또 하나의 요약 문구다. 하나님께서는 이방인들에게 '생명 얻는 회개'(NIV)를 주셨다. 회개와 생명을 얻게 하는 이 새로운 일을 주도하신 분은 하나님이시다. 사람들은 이방인들에게도 복음을 제공해야 한다는 것을 이제야 이해한다. 유일하게 남아 있는 문제는 사도행전 15장에서 다뤄질 율법과 할례에 관한 것이다. [*metanoia, zōē, didōmi*]

11:19. 흩어졌다(Scattered, *diasparentes*) – 이 진술은 사도행전 8장 1절과 매우 비슷하다. 스데반의 박해 때문에 사마리아뿐만 아니라 멀리 베니게와 구브로 그리고 안디옥으로 흩어졌던 신자들이 지금 복음을 전파하고 있다. [*diaspeirō*]

11:20. 헬라인들(Greeks, *Hellēnistas*) – 여기 나오는 헬라인들은 주 예수 그리스도에 관한 메시지를 듣고 있는 것으로 보아 헬라파 유대인들로 생각된다. 이 메시지는 고넬료가 높임을 받으신 예수님의 일에 관해 들었던 것과 매우 비슷했을 것이다. [*Hellēnistēs*]

11:21. <u>믿고</u> 주께로 <u>돌아온</u> 사람들(Those who <u>believed turned</u> to the Lord, *ho pisteusas epestrepsen*) – 신약에서 두 개의 동사가 함께 사

용되고 있는 유일한 구절이다. 이 표현은 신자가 된 사람들의 복음 전파에 대한 반응을 요약한다. 그들의 믿음에는 주께로 돌아오는 것이 포함된다('돌아오다'[*epistrephō*]라는 동사에 대해서는 행 3:19의 논의를 참고하라). [*pisteuō, epistrephō*]

11:23. 굳건한 마음으로(With steadfast heart, *tēprothesei tēs kardias*) – 이 용어는 목적이 생기거나 어떤 일에 관해 결심하는 것을 가리킨다(BAGD, 706, 2a, BDAG, 869, 2a에서는 이 이 용어를 마음과 관련지어 '경건'으로 번역하고 있다). 사도행전 27장 13절은 이 단어의 일상적 용법을 보여준다. 다른 역본들은 이 용어를 약간 다르게 번역하고 있다('확고한 목적으로'–RSV, '경건한 마음'–NET, '온 마음을 다해'–NIV). [*prothesis*]

신실하게 머물러 있다(To remain faithful, *prosmenein*) – 하나님의 은혜에 응답하는 것을 보는 바나바의 반응은 기쁨이었다. 그는 사람들에게 계속해서 주께 신실하게 머물러 있을 것을 요청했다(BAGD, 717, 1a, BDAG, 883, 1a). 이 동사는 의미상으로 요한복음의 '거하라'는 요청과 비슷하다. [*prosmenō*]

11:26. 안디옥(Andioch, *Antiocheian*) – 이 도시는 시리아의 오론테스 강에 위치했었다. 셀레우코스 제국의 수도였으며, 큰 유대인 공동체가 있었다(BAGD, 75, BDAG, 90, 1). 바울과 바나바는 여기에서 일 년 동안 가르쳤다. 안디옥은 사도행전에서 자세히 설명하고 있는 핵심 공동체다(행 11:27, 13:1, 14:26, 15:22, 24, 30, 35, 18:22). 바울은 후에 이곳에서 이방인과의 식탁 친교와 관련하여 베드로를 책망한다(갈 2:11). [*Antiocheia*]

그리스도인(Christians, *Christianous*) – 이 용어는 신약에 단 3회 나온다(행 26:28, 벧전 4:16, EDNT 3:447–78). 이 이름이 매우 중요한 이유는 사람들이 제자들을 메시아이신 그리스도 예수와 동일시했다는 것을 보여주기 때문이다. 사도행전에서 그리스도인을 뜻하는 다른 명칭으로는 성도(9:13), 제자들(6:2), 믿는 무리(4:32), 교회(8:1), 형제들(1:15)이 있다. [*Christianos*]

11:28. 글라우디오(Claudius, *Klaudiou*) – 글라우디오는 A.D. 41년부터 54년까지 로마의 황제였다. 아가보의 기근 예언은 글라우디오의 통치 기간 동안의 중대 사건들 가운데 하나다. A.D. 40–41년과 46–47년에 시작된 기근에 관한 기록들이 현재 남아 있다(Talbert, 117, Josephus, *Ant*. 3.320–21, 20.51–53). 사도행전 12장의 사건들을 감안할 때, 최초의 기근은 제국 전체에 광범위하게 일어났던 것 같다. 아가보는 사도행전 21장 10–11절에서 바울의 운명을 예언한다. [*Klaudios*]

11:29. 구제금을 보내다(To send relief, *eis diakonian pempsai*) – 멀리 떨어져 있는 유대 교회를 돕는 것은 다름 아닌 이방 교회들이다. 이 구절은 문자적으로 '봉사를 보내다'라는 의미다. 핵심 단어인 *diakonia*에서 '봉사하는 사람'이라는 뜻을 지닌 '집사'(*deacon*)라는 용어가 생겨났다. 여기에서 이 단어는 '후원금'이나 '후원 물자'를 보내다는 뜻이다(BAGD, 184, 4, BDAG, 230, 4,

행 6:1, 12:25). [*diakonia, pempō*]

12:1. 헤롯(Herod, *Hērōdēs*) – 이 사람은 헤롯 대왕의 손자인 헤롯 아그립바 1세다. 그는 수년 동안 유대를 통치했다. 그는 A.D. 37년에 빌립과 루사니아(눅 3:1)가 통치하던 영토를 다스리라는 갈리굴라 황제의 명을 받았다. 하지만 그는 헤롯 안디바와 정통성을 놓고 전쟁을 해야만 했기에 실제로 A.D. 41년까지는 헤롯 대왕이 다스리던 제국 전체에 대한 통치권을 행사하지 못했다. A.D. 41년에 갈리굴라 황제의 승인을 받았으며, A.D. 44년까지 통치했다. [*Hērōdēs*]

폭력적인 손(Violent hands, *tas cheiras kakōsai*) – 이 동사는 '악을 행하다'라는 뜻을 갖고 있다. 다음 구절에서 야고보(요한의 형제)의 죽음을 묘사하고 있는 것으로 보아, 이 악이 매우 폭력적이었던 것이 분명하다. 사도행전 12장 3절이 말하는 것처럼 헤롯은 무교절 축제 기간에 베드로를 체포했다. [*kakoō*]

12:2. 칼(Sword, *machairē*) – 미쉬나(*m Sanhedrin* 7.3)는 '(로마) 정부'가 행한 것과 비슷한 칼을 사용하는 이 처형에 대해 말하고 있다. 이것은 너무 폭력적인 처형이었기 때문에 유대인들 사이에서도 많은 논란이 있었다. [*machaira*]

12:4. 패들(Squads, *tetradiois*) – 이것은 네 명의 군인으로 이루어진 수비대를 가리킨다(BAGD, 813, BDAG, 1001). 열여섯 명의 군인들이 유월절이 끝날 때까지 베드로를 지키고 있었을 것이다. 사도행전 12장 6절은 베드로가 두 명의 군인들 사이에서 두 개의 쇠사슬에 매여 있었으며, 두 사람이 보초를 서고 있었다고 말한다. 그러나 12장 7–8절에 의하면, 그들은 베드로가 천사들의 도움을 받아 탈출하는 것을 볼 수도 없었고 막을 수도 없었다. [*tetradion*]

12:5. 간절히(Earnest, *ektenōs*) – 이것은 열심과 끈기 있는 기도를 가리킨다(BAGD, 245, BDAG, 310). 12장 6–10절의 구조는 이 기도에 대한 응답이다. [*ektenōs*]

12:9. 생시(Real, *alēthes*) – 본문은 베드로가 '실제' 사건이 아니라 환상을 보고 있는 것으로 생각했다는 것을 강조한다(BAGD, 36–37, 3, BDAG, 43, 3). [*alēthēs*]

12:11. 구조하셨다(Rescued me, *exeilato*) – 베드로는 지금 그 구조가 실제 사건이었음을 인정하고 있다. 이 동사는 '어떤 사람을 자유롭게 하다'라는 뜻을 갖고 있다(행 7:34, 23:27). [*exaireō*]

12:14. 기쁨으로(From the joy, *apo tēs charas*) – 하녀 로데는 베드로의 목소리가 들려오자 너무 기쁜 나머지 베드로가 집안으로 들어올 수 있도록 문 여는 일을 잊어버렸다. [*chara*]

12:15. 미친(Mad, *mainē*) – 모여 있던 사람들은 베드로가 문 앞에 있다는 것을 믿지 않았다. 그 상황은 로데가 미쳤거나 아니면 천사의 출현으로 발생한 일이라고 생각했다. 사도행전 26장 25절에서 베스도가 바울의 변명을 듣고 그에게 미쳤다고 소리칠 때 이와 동일한 용어를 사용하고

있다. [*mainomai*]

12:17. 주(The Lord, *ho kyrios*) – 천사가 바울을 호위하여 감옥에서 나오게 했지만, 이 구조를 주도하고 계신 분은 바로 주님이시다. [*kyrios*]

12:18. 소동(Stir, *tarachos*) – 이 단어는 일상 언어에서 시민들의 동요를 나타낸다(삼상 5:9, 행 19:23). 하지만 여기서는 정신적인 동요를 가리킨다(BAGD, 805, BDAG, 991). 베드로의 탈출로 그들은 동요했다. [*tarachos*]

12:19. 그들을 사형에 처해야만 한다(They should be put to the death, *apachthēnai*) – 이 동사는 '끌려가다'라는 뜻으로 사용되고 있다. 그러나 이 문맥에서는 끌고 가서 사형을 집행하다는 의미의 완곡 표현이다(BAGD, 79, 2c, BDAG, 95, 2c). 중죄인이 탈출했을 때 간수들은 대부분 사형을 선고 받았다. 사도행전 16장 27절과 27장 42절은 간수들이 사형당할 것을 두려워하여, 자신들의 목숨을 구하거나 사형을 당하지 않기 위해 죄수들을 죽이려고 한 것을 보여준다. [*apagō*]

12:22. 신의 소리(The voice of a god, *theou phōnē*) – 군중들은 헤롯을 찬양했으며, 그를 신과 비교했다. 사실 헬라어에서 신을 뜻하는 용어는 어느 정도 강조적인 위치, 즉 명사 앞에 배치된다. 사도행전은 이 상황을 교만으로 묘사한다. 그 교만은 헤롯에 대한 하나님의 심판과 그의 죽음을 초래했다. [*theos, phōnē*]

12:23. 내리쳤다(Smote, *epataxen*) – 요세푸스는 헤롯의 죽음에 대해 좀 더 세속적 관점에서 자세하게 말하고 있다(Josephus, *Ant*.19.343–352). 여기에서는 헤롯이 하나님께 영광을 돌리지 않았기 때문에 주의 천사가 그를 쳤고('내리쳤다'–KJV, RSV, '때렸다'–NASB, NIV, NLT, '때려 눕혔다'–NET), 그 결과 그의 육신이 '벌레에게' 먹혀버렸다. 이것은 그가 병이 들어 죽었다는 뜻이다. 요세푸스는 헤롯이 주의 사자에게 내리침을 받은 지 5일이 채 되기 전에 죽었다고 말한다. 이 단어는 구약에서 유래했으며, 심판을 묘사할 때 종종 사용된다(창 8:21, 출 9:13, 12:23, 민 14:12, 신 28:22, 계 11:6, 19:15, BAGD, 634, 2, BDAG, 786, 2). [*patassō*]

벌레에게(With worms, *skōlēkobrōtos*) – 이 표현은 신약에서 여기에만 나오는데, 끔찍한 죽음을 생생하게 묘사하고 있다. [*skōlēkobrōtos*]

13:1. 선지자들(Prophets, *prophētai*) – 사도행전에서 교회의 특정 선지자들의 이름이 언급되고 있는 얼마 되지 않는 본문들 가운데 하나다. 그들의 이름은 아가보(행 11:27–28, 21:10), 바울과 바나바와 함께 예루살렘 공의회의 편지를 전달하도록 파송된 유대와 실라(15:32), 여선지자들이었던 빌립의 딸들(21:9)이다. 사도행전 13장에서 여러 선지자들이 헬라 이름을 갖고 있는 것이 중요하다. 그들의 이름은 하나님께서 인종적 차별 없이 일하고 계신다는 것을 보여준다. [*prophētēs*]

13:2. 따로 세우다(Set apart, *aphorisate*) – 성령께서는 바나바와 바울을 특별한 목적을 위해

따로 세우라고 요구하신다. 이 동사는 기본적으로 '어떤 사람이나 어떤 물건을 분리하다'라는 뜻이다. 이것은 이 구절에서처럼 '어떤 사람을 어떤 자리에 임명하다'라는 뜻으로 사용될 수도 있다(BAGD, 127, 2, BDAG, 158, 2, 갈 1:15, 롬 1:1, '따로 세우다'-NIV, RSV, NASB, NET, '바치다'-NLT). 성령께서 어떤 방식으로 이 명령을 전달하셨는지를 주목하라(4절 참고). [*aphorizō*]

13:5. 살라미(Salamis, *Salamini*) – 이 도시는 구브로(키프로스) 동쪽 해안에 위치했다. [*Salamis*]

유대인들(Jews, *Ioudaiōn*) – 사도행전에서 여러 번 나타나는 바울의 관례지만, 유대인의 회당에서 먼저 복음을 전하기 시작한다. 복음 메시지에 이방인을 포함시킨 것은 유대인을 제외시켰다는 뜻이 아니다. 복음은 유대인에게 여전히 유효하다. [*Ioudaios*]

13:6. 거짓 선지자(False prophet, *pseudoprophētēn*) – 사울과 바나바를 처음으로 반대한 사람이 '예수의 아들'이라는 이름을 지닌 거짓 선지자라는 점에서 바예수(Bar-Jesus)에 대한 본문의 설명은 역설적이다. 그의 다른 이름은 엘루마다(8절). 사도행전 8장에 나오는 마술사 시몬의 경우처럼, 이 이야기에서는 교회의 설교자와 마술사의 대결 구조다. 그렇다면 지금 영적 전투가 묘사되고 있는 것이다. 이것은 사도행전에서 누군가를 거짓 선지자라고 부르고 있는 유일한 본문이다. 요세푸스도 또 한 명의 악명 높은 유대인 마술사의 이야기를 하고 있다(Josephus, *Ant*. 20.236-37, Pohill, 293). [*pseudoprophētēs*]

13:7. 총독(Proconsul, *anthypatō*) – 사도행전에서는 몇몇 지역의 총독들의 이름을 명기하고 있다(13:8, 12, 18:12, 19:38). 그들은 로마의 통치 지역에서 행정부를 이끌던 행정 장관들이었다(BAGD, 69, BDAG, 82). 서기오 바울은 마음의 문을 열고 말씀을 들었던 지혜로운 사람으로 묘사되고 있다. [*anthypatos*]

13:8. 엘루마(Elymas, *elymas*) – 학자들은 이 이름이 어떻게 해서 마술사란 뜻을 갖게 되었는지를 토론한다. 두 가지 견해가 가능한데(Pohill, 293, Witherington, 401), 하나는 '현인'을 뜻하는 아람어 어근 *alim*-의 어미 변화로 간주하는 것이고, 다른 하나는 '꿈 해석자'를 뜻하는 아람어 *haloma*에서 생겨난 것으로 보는 것이다. [*Elymas*]

13:10. 악행(Villainy, *rhadiourgias*) – 이 용어는 신약에서 단 한번 사용되며, '파렴치한', '부도덕한'이란 뜻이다(BAGD, 733, BDAG, 902). 이것은 보통 속임수를 이용해서 이익을 탐하는 사람, 즉 사기꾼을 가리킨다. 이 사람이 하는 일은 주의 바른 길을 굽게 만들며, 하나님을 대적하는 것이다. [*rhadiourgia*]

13:11. 눈이 멀다(Blind, *typhlos*) – 이것은 소수의 '심판의 기능을 하는 기적들' 가운데 하나다. 다른 기적들로는 사도행전 5장의 아나니아와 삽비라, 그리고 사도행전 12장의 헤롯에 대한 심판 등이 있다. 하지만 이 사건에서 심판은 일시적이다. 여기에 중요한 상징적 의미가 들어 있다. 거짓 선지자는 바울이 일할 때 어둠속에 앉아 있

다. 하나님의 방법이 마술을 이긴다. [*thphlos*]

13:13. 요한이 떠났다(John left, *Iōannēs*) – 이 사람은 마가라 하는 요한이다(행 12:25, 13:5). 그가 떠난 이유는 말하지 않는다. 하지만 나중에 이것은 바울과 바나바 사이의 불화의 원인이 된다(행 15:37–38). 밤빌리아는 예루살렘에서 약 645킬로미터 떨어진 소아시아 남쪽에 위치한다. [*Iōannēs*]

13:15. 권면의 말씀(Word of exhortation, *logos paraklēseōs*) – 회당에서 성경을 읽은 후에 보통은 설교나 간단한 강해 순서가 있는데, 여기에서는 권면의 말씀으로 불린다. 이때 율법서의 한 부분과 예언서의 한 부분을 읽었을 것이다(*m Megillah* 4:1–5은 회당의 예배 순서를 간략하게 논의하고 있다). [*logos, paraklēsis*]

13:16. 하나님을 경외하는 너희(You who fear God, *hoi phoboumenoi ten theon*) – '하나님을 경외하는 너희'라는 표현은 아마도 청중 가운데 이스라엘의 하나님을 경외한 헬라인들을 가리키는 것 같다. 바울이 13장 26절에서 아브라함의 후손과 하나님을 경외하는 사람들이라고 말할 때, 청중이 이 두 부류로 이루어져 있다는 것을 재차 확인하게 된다. [*phobeō, theos*]

13:17. 높이 들린 팔(Uplifted arm, *brachionos hypsēlou*) – 이것은 하나님께서 출애굽 동안에 이스라엘을 구출하기 위해 행동하신 강력한 방법에 대해 말하는 상징적인 표현이다(출 6:1, 15:16). 사도행전에서 유일하게 '하나님의 팔'을 언급하는 본문이다('큰 권능으로', NIV). 이 용어는 신약에서 모두 3회 사용되며, 하'나님의 팔' 을 가리킨다(눅 1:51, 요 12:38). 17–22절에서 말하는 모든 행동들의 주어는 바로 하나님이시다. [*brachiōn, hypsēlos*]

13:18. 그들에 대해 참았다(Bore with them, *etropophorēsen*) – 이 동사는 '어떤 사람의 태도나 감정을 참아내다'라는 뜻이다(BAGD, 827, BDAG, 1017). 따라서 이것은 이스라엘의 믿음의 부족에도 불구하고 하나님께서 신실하시다는 뜻이다. 신약에서 유일하게 이곳에서 사용되고 있으며, 70인경에는 나오지 않는다. 이 동사는 잘 사용되지 않았기 때문에 여기에서 좀 더 긍정적인 의미를 지닌 단어로 바뀌었을 가능성이 있다(*trophophoreō*에서 *etrophophorēsen*으로). 70인경에서 *etrophophorēsen*은 '어떤 사람을 보살피다'라는 의미다(70인경의 신 1:31). 하지만 70인경과 일치하는 독법보다 일치하지 않는 독법을 설명하는 것이 더 힘들다. 아무튼 '그들에 대해 참다'라는 번역이 조금 더 적절해 보인다(Metzer, *Textual Commentary*, 405–6). [*tropophoreō*]

13:19. 사백오십 년 동안(Four hundred fifty years, *tetrakosiois kai pentēkonta*) – 이 기간에는 애굽에서의 거주 기간이 포함되었을 것이다(애굽 400년, 광야 40년, 가나안 정복 10년, Polhill, 300, n. 29, Witherington, 410). [*tetrakosioi, pentēkonta*]

13:22. 일으켜 세우다(Raised up, *ēgeiren*) – 하

나님께서는 '역사의 현장'에서 다윗을 왕으로 일으켜 세우셨다. 이 동사는 바울이 하나님께서 예수님을 죽은 자들 가운데서 살리신 것에 대해 말하고 있는 30절과 37절에서 다른 의미로 사용된다. [*egeirō*]

내 마음에 맞는 사람(A man after my heart, *kata tēn kardian*) – 다윗을 하나님의 마음에 맞는 사람으로 긍정적으로 묘사하고 있는데, 이것은 다음 구절에서 하나님의 뜻을 따르는 사람이란 뜻으로 설명되고 있다. 이 표현은 사무엘상 13장 14절에서 유래한다. [*kata, kardia*]

13:23. 후손(posterity, *spermatos*) – 바울은 여기에서 다윗 언약에 의한 약속, 즉 다윗의 후손(문자적으로 '씨')에게서 이스라엘의 구주가 나올 것을 말하고 있다(삼하 7:16–16, 사 9–11). 바울은 그 구주와 예수님을 동일시한다. 이 연설에서 다윗 시대까지의 이스라엘 역사를 한 단계 한 단계 상세하게 전개하고 있다는 점이 흥미롭다. 그 다음에 바울은 이스라엘 역사에서 천 년이란 시간을 뛰어넘어 다윗의 아들이 민족을 구원할 것이라는 약속을 직접 언급한다. 여기에서 바울은 예수님의 사역이 하나님께서 다윗에게 하신 약속의 실현임을 강조하고 있다. [*sperma*]

구주(Savior, *sōtēra*) – 이 칭호는 사도행전에서 두 본문에서만 나온다(5:31). 이것은 또한 누가복음 2장 11절의 예수님의 탄생 예고에 나온다. 복음서에서 이 용어를 예수님과 관련하여 사용한 또 다른 예는 요한복음 4장 42절이다(눅 1:47에서는 하나님을 구주와 연관 짓는다). 이 용어는 예수님의 역할을 구원자로 서술한다(BAGD, 801, 2, BDAG, 985, b). 70인경에서 이 용어는 하나님을 가리키는 일반적인 명칭이었다. 예수님 당시에는 이 단어가 의사에서 통치자에 이르기까지 유명한 사람을 일컫는 명예로운 호칭으로 사용되었다. 하지만 신약에서 이 용어가 정치적 통치자에게 사용된 적은 없으며, 오직 하나님과 예수님께만 사용되고 있다. [*sōtēr*]

13:25. 나는 풀어드릴 <u>자격</u>조차도 없다(I am not <u>worthy</u> to untie, *ou ouk eimi axios*) – 유대의 종들은 주인의 신발 끈을 풀 자격조차 없었다(눅 3:16의 논의를 참고하라). 요한은 자신이 종들이 하는 매우 하찮은 일조차도 할 자격이 없다고 느꼈다. 하지만 누가복음 3장 16절에서 이 말이 예수님께서 성령으로 세례를 주실 것이라는 요한의 예언보다 앞에 위치한다는 사실에 더 중요한 의미가 있다. [*axios*]

13:26. 구원(Salvation, *sōtērias*) – 이 용어는 사도행전 4장 12절에서 논의했다. 사도행전 13장 23절, 34–39절에서 증명하고 있듯이 구원의 메시지는 구출과 그 구출을 가능하게 하는 것에 대한 메시지다. [*sōtēria*]

13:27. 알지도 못하고…깨닫지도 못하다(Not recognize…nor understand, *agnoēsantes…agaginōskomenas*) – 유대의 지도자들은 두 번 실패했다. 첫 번째는 예수님과 예수님께서 하신 일을 알지 못한 것이며, 두 번째는 매 안식일마다 회당에서 읽은 예언서를 깨닫지 못한 것이다. 이것 때문에 그들은 성경의 예언처럼 자신들의 구주를 정죄했다. 성취의 주제가 연설 전체에 흘러넘친다(27, 29절과 성경 인용들). [*agnoē,* *anaginōskō*]

13:28. 죽일 만한 이유가 없다(Nothing deserving death, *mēdemian aitian thanatou*) – 예수님께서 죄가 없으심에도 불구하고 죽임을 당하셨다는 사상은 예수님의 무죄함을 진술하고 있는 누가복음 23장 1–25절의 주제다. 예수님께서는 죄가 없으심에도 불구하고 빌라도의 허락으로 사형당하셨다. [*mēdeis, aitia, thanatos*]

13:29. 나무(Tree, *xylou*) – 구약에 의하면, 나무에 달린 죽음은 저주 받은 죽음이다(신 21:23). 십자가는 나무로 만들어졌기 때문에 여기에서 나무에 비교되고 있다. 베드로는 사람들이 예수님께 저주 받은 죽음을 맞게 했다는 것을 강조하고 있다. [*xylon*]

13:31. 증인(Witnesses, *martyres*) – 예수님을 만나고 예수님의 부활을 경험한 사람들을 칭하는 전문 용어로서 사도행전 1장 8절에서 다루었다. [*martys*]

13:32. 약속하다(Promised, *epangelian*) – 바울은 하나님께서 조상들에게 주신 약속(여기에서 이 단어는 단수다)에 대해 설교한다. 다시 한 번 성취의 주제가 제기되고 있다. 이것은 다음 구절에서도 마찬가지다. [*epangelia*]

13:33. 우리에게(To us, *hēmin*) – 바울은 자신의 청중들에게 이 구원을 받을 수 있다고 솔직하게 말한다. 이 주제는 바로 다음 구절인 13장 34절에서 다시 나오는데, 거기에서는 다윗의 거룩하고 확실한 복이 '너희에게'(바울의 청중들에게) 제공되고 있다. 하나님께서는 다윗에게 하신 약속을 지키시며, 장차 응답하게 될 모든 사람들에게 그 약속을 확장하신다. [*hēmeis*]

일으키다(Raising, *anastēsas*) – 이것은 사도행전 13장 30절에서 사용된 동사와 다른 동사로서 예수님을 다시 일으킨다는 개념을 갖고 있다. 이것이 '역사의 현장에 다시 세우시는 것'(행 3:22, 26, 7:37)을 가리키는지, 아니면 부활을 가리키는지에 대해서는 얼마간의 논쟁이 있다. 그러나 이 용어가 등장하는 문맥에 부활에 관한 언급이 있기 때문에(특히 34절을 참고하라) 부활을 가리키는 것이 분명하다. 이 용어를 부활의 의미로 사용한 것이 사도행전 2장 24, 32절, 10장 41절, 17장 3, 31절에서 발견된다. [*anistēmi*]

아들(Son, *huios*) – 사도행전에서 이 칭호는 예수님께 사용하는 소수의 언급들 가운데 하나다(행 9:20의 논의를 참고하라). 이 칭호는 하나님께서 예수님을 당신의 아들로 기름 부으셨음을 강조하는 시편 2편 7절에서 인용한 것이다. [*huios*]

13:34. 썩음(Corruption, *diaphthoran*) – 예수님께서 돌아가신 이후에 육체적 썩음을 경험하지 않으셨다는 논의는 사도행전 2장 25–30절에도 나온다(행 2:27의 논의를 참고하라). 사도행전 13장에선 부활이, 약속된 축복을 하나님께서 사람들에게 나누어주시는 수단이었음을 강조하기 위해 70인경의 이사야 55장 3절을 인용하고 있다. 이것은 36–37절에서 다시 나오는데, 이 연설의 중심 사상이다. [*diaphthora*]

다윗(David, *Dauid*) – 이사야는 과거 한때 다

윗에게 주어진 약속들이 하나님의 백성들을 구원하는 데 사용되어질 것이라고 진술했다. 이 약속들은 신실하거나 확실하며(하나님께서는 말씀을 지키신다), 거룩하다(신성하다, 구별하다). [*Dauid*]

13:35. 거룩한 자(Holy One, *hosion*) – 사도행전 2장 25-28절에서도 시편 16편 10절을 인용하고 있다. 이 연설에서 '거룩한 자'는 '구주'와 '아들'이라는 칭호과 더불어 예수님께 사용된 또 하나의 칭호다(행 2:27의 논의를 참고하라). 바울은 죽은 후에 무덤에 묻힌 다윗과 달리 예수님께서 썩음을 당하시지 않았다고 말한다(37절). [*hosios*]

13:38. 이 사람을 <u>힘입어</u>(<u>Through</u> this man, *dia toutou*) – 바울은 역사에 대한 자신의 개관에 근거하여 이 주장을 하고 있다. '너희에게'(바울의 청중들에게) 죄의 용서가 효력을 미치게 된 것은 부활하신 주이시고, 아들이시며, 거룩한 자이신 예수님을 힘입어서다. 대명사의 변화를 주목하라(26절에서 바울은 '우리에게'라는 표현을 사용했다). 바울은 이스라엘의 역사에 대해서는 '우리'라고 말했지만, 바울의 청중은 아직까지 축복의 영역 밖에 머물러 있다. 그래서 바울은 구원을 제공할 때 '너희'라고 말했던 것이다. 그들은 바울과 교회가 이미 소유하고 있는 것을 받기 위해 응답할 필요가 있다. 바울 또한 모세와 율법이 줄 수 없는 것, 즉 칭의(의롭다 하심을 받는 것)를 예수님께서 주신다고 진술하고 있다(39절). [*dia*]

13:39. 이 사람 안에서(In this one, *en toutō*) – 사람이 자유롭게 되는 것(*dikaioutai*)은 율법을 통해서가 아니라 예수님의 인격과 사역의 영역을 통해서다. 예수님과 그분이 하신 일을 믿는 모든 사람들은 하나님 앞에서 이런 자유를 누릴 수 있다. 구원의 축복, 즉 하나님께서 오래 전에 다윗에게 약속하신 것과 동일한 축복을 경험하기 위해 반드시 필요한 핵심적인 반응이 있다면 그것은 바로 믿음이다. [*en*]

자유롭게 되다(Freed, *dikaioutai*) – 이 동사는 종종 하나님께서 의롭다고 선언하시는 것을 묘사할 때 사용된다. 이것은 사실 '의롭게 하다' 또는 '유리하게 판결하다'라는 뜻이다(롬 3:20, 24, 28). 사도행전 13장의 문맥에서는 이 동사가 '요구로부터 자유롭게 되는 것'을 의미할 수도 있음을 보여준다(BAGD, 197, 3a, BDAG, 249, 3). 예수님의 죄 용서는 율법의 의무(롬 6:7)와 죄의 부채로부터 우리를 자유롭게 한다. [*dikaioō*]

13:40. 조심하다(Beware, *blepete*) – 바울은 청중들에게 심판을 받지 않도록 조심할 것을 요청한다. 누가복음 21장 8절은 이 용어를 비슷한 의미로 사용하고 있다. 이 표현은 '어떤 것을 주의해서 보다'라는 뜻이다. [*blepō*]

13:41. 보라(Behold, *idete*) – 바울은 여기에서 하박국 선지자의 경고를 인용한다(70인경의 1:5). 하박국 선지자는 청중들에게 하나님께 주의를 기울이지 않고 하나님께서 하신 일을 깨닫지 못한 일로 심판 받는 일이 없도록 하라고 경고했다. [*eidon*]

비웃는 자들(Scoffers, *hoi kataphronētai*) – 이 용어는 신약에서 유일하게 여기에서 사용되며, 어떤 것을 싫어하거나 경멸하는 사람을 가리킨다(BAGD, 420, BDAG, 529). 그리스도 안에서 하나님께서 일하시는 것을 거부하는 사람이 이 범주에 속한다. 이 용어는 70인경에서 잘 사용되지 않는다(합 1:5, 2:5, 슥 3:4). [*kataphronētēs*]

13:43. 하나님의 <u>은혜</u> 가운데 <u>머물러 있다</u>(<u>To remain</u> in the <u>grace</u> of God, *prosmenein to chariti tou theou*) – 구원의 메시지를 하나님의 은혜로 묘사하고 있다. 바울은 자신의 말을 듣고 응답한 유대인들과 일찍이 유대교로 개종한 사람들에게 그 은혜 가운데 신실하게 머물러 있을 것을 촉구한다(행 11:23의 논의를 참고하라). [*prosmenō, charis*]

13:45. 비방했다(Reviled, *blasphēmountes*) – 이 용어는 비방을 뜻하는 강한 의미를 지니고 있다. 이것이 하나님과 관련될 때 '모독하다'라는 뜻으로 사용된다. 유대인들은 시기심 때문에 바울의 말을 반박하며 강하게 반대했다. [*blasphemeō*]

13:46. 너희가 그것을 밀어냈다(You thrust it out, *apōtheisthe*) – 이것은 거절을 뜻하는 또 하나의 그림 용어다. 유대인들은 하나같이 하나님의 말씀을 가져다가 그것을 밖으로 밀어내거나 거절했다(BAGD, 103, 2, BDAG, 26, 2, 왕하 4:27). 이 용어는 '어떤 것을 강하게 밀어젖히거나 거절하다'라는 의미다(시 60:10[70인경의 시 59:12]). [*apōtheō*]

합당하지 않은(Not worthy, *ouk axious*) – 바울은 여기에서 그들이 영생을 받기에 합당하지 않은 선택을 했다고 말하고 있다. 그들은 자신들의 선택에 대해 책임을 져야 한다. [*axios*]

영생(Eternal life, *tēs aiōniou zōēs*) – 사도행전의 이 단락(이 구절과 48절)에서 이 용어가 유일하게 나온다(행 11:18과 5:20은 '생명'과 밀접한 관계가 있다). 지금 구원의 메시지가 영생의 소망과 동일시되고 있다. [*aiōnios, zōe*]

이방인들(Gentiles, *ethnē*) – 사도행전에서 안디옥은 바울이 대부분의 유대인들에 의해 거절을 당한 후 이방인들을 향해 발걸음을 옮긴 여러 도시들 가운데 첫 번째 도시다(행 18:6, 28:28). 하지만 이방인들에게로 향한 것이 절대적인 것은 아니다. 왜냐하면 바울은 그 이후에도 가는 곳마다 먼저 유대인들에게 복음을 전했기 때문이다. [*ethnos*]

13:47. 이방인들을 위한 빛(Light for the Gentiles, *phōs ethnōn*) – 바울은 여기에서 종의 역할을 규정하고 있는 이사야 49장 6절을 인용한다. 바울은 바나바와 자신이, 하나님께 나아가는 길에 관해 민족들을 인도하는 역할을 맡으라는 주의 명령을 받았다고 말하고 있다. 이 역할은 길을 비추는 빛의 역할과 비슷하다. 사실 바울과 바나바는 복음을 세상에 전하도록 예수님의 부르심을 받은 주의 종들이다. [*phōs, ethnos*]

땅의 가장 먼 부분들(Uttermost parts of the earth, *eschatou tēs gēs*) – 이 표현은 사도행전 1장 8절의 메아리에 해당하며, 이사야 49장 6절에서 유래한다. 하나님의 계획은 메시지를 땅 끝까지 전달하여 세상의 모든 지역의 모든 민족들을 구원하는 것이다. [*eschatos, gē*]

13:48. 정해진(Ordained, *tegamenoi*) – 이 용어는 사도행전에 4회 나온다(15:2, 22,10, 28:23). 다른 문맥에서 이것은 '어떤 것에 임명되거나 배정되다'라는 뜻이다. 여기에서는 구원에 관한 하나님의 주권적 활동을 가리키며, 하나님께서는 영생을 주기로 작정된 자에게 구원을 베푸신다는 것을 의미한다(BAGD, 806, 1b, BDAG, 991, 1b, 동사가 수동형으로 사용되고 있다는 것에 주목하라. 다시 말해서 하나님께서 정해 놓은 것을 행하신다는 의미다). 하나님께서는 이스라엘의 역사적 사건들 가운데 능동적으로 행하셨던 것처럼 이방인들을 데려오는 일에서도 능동적으로 행하셨다. [*tassō*]

13:50. 선동했다(Incited, *parōtrynan*) – 이 동사는 '다른 사람에게 적대적 감정을 갖도록 부추기다'라는 뜻이다(BAGD, 629, BDAG, 780). 이것은 신약의 이곳에서 단 한번 사용되며, 70인경에는 나오지 않는다. [*parotrynō*]

13:51. 그들의 발에서 먼지를(Dust from their feet, *ton koniorton tōn podōn*) – 이 관습은 어떤 행위에 대한 책임이 어느 단체나 도시에 있다는 것을 몸짓으로 알리는 하나의 방법이다. 그들은 자신들이 그곳에 있었다는 흔적을 발 위에 조금도 남기지 않았다. 예수님께서는 누가복음 9장 5절에서 이 행동을 하셨다. [*koniortos, pous*]

14:1. 이고니온(Iconium, *Ikoniō*) – 소사아시에 위치한 도시로 바울이 자주 방문했던 곳이다(행 14:19, 21, 16:2). 수리아의 안디옥에서 북서쪽으로 약 16킬로미터 떨어져 있으며, 비시디아 안디옥에서 동남쪽으로 약 160킬로미터 떨어져 있다. 오늘날 코냐(Konya)로 불리며, 터키에 위치해 있다. [*Ikoniō*]

14:2. 그들의 생각을 악하게 만들었다(Made their minds evil, *ekakōsan tas psychas*) – 이 구절은 믿지 않는 유대인들이 이방인들에게로 나아가려고 노력하는 바울과 바나바의 선교를 방해한 방법에 대해 말하고 있다. 여기에서 이 동사는 '다른 사람에 대해 나쁘게 생각하도록 만들다'(BDAG, 502, 2), 또는 '어떤 사람들의 생각을 더럽히다'(BAGD, 398, 2)라는 의미다. 이 구절에서 '생각'(*psychē*)이란 뜻으로 사용되고 있는 이 단어는 한 사람의 느낌과 감정 또는 판단을 나타낼 때도 있다(BAGD, 893, *1aγ*, BDAG, 1009, 2c). [*kakoō, psychē*]

14:3. 표적들과 기사들(Signs and wonders, *sēmeia kai terata*) – 이 두 용어들에 대해서는 사도행전 2장 19절을 참고하라. 이 두 용어들의 순서가 사도행전 2장 19절과 반대다. 여기(그리고 행 4:30, 5:12, 15:12)에서는 '표적들'을 먼저 언급한다. 서신들에서 이 순서는 변함이 없다(롬 15:19, 고후 12:12, 살후 2:9, 히 2:4). 신약에서 '기사'(*teras*)라는 단어는 반드시 '표적'(*sēmeion*)과 함께 사용되며, 16회 나온다. [*sēmeion, teras*]

14:5. 모욕하다(To insult, *hybrisai*) – 이 용어는 누군가를 무례한 태도로 대하는 것을 가리킨다(BAGD, 831, BDAG, 1022, 마 22:6, 눅 18:32). [*hybrizō*]

14:8. 루스드라(Lyrtra, *Lystrois*) – 소아시아의 이고니움에서 남서쪽으로 약 72킬로미터 떨어진 도시다. [*Lystra*]

14:9. 구출 받을 만한 믿음(Faith to be delivered, *pistin tou sōthēnai*) – 여기에서 이 구절이 의미하는 것은 앉은뱅이가 고침을 받는다는 뜻이다(BAGD, 798, 1c, BDAG, 982, 1c). 바울이 말하는 것은 영적인 구원이 아니다. 하지만 군중들이 치유에 대해 반응할 때 바울이 한 영적인 발언들(15–17절)뿐 아니라, 이 장면이 바울과 바나바가 행한 표적과 기사(3절)에 해당하기 때문에 영적인 방향에서 기적에 대한 묘사가 진행되고 있다. [*pistis, sōzō*]

14:11. 신들(Gods, *theoi*) – 이방인 군중들은 앉은뱅이의 치유에서 창조적 능력을 보고 바울과 바나바가 신들이라고 생각한다. 그들은 바울을 해석의 신인 헤르메스(Hermes)에, 바나바를 제우스 신(Zeus)에 비교한다. [*theos*]

14:13. 제사(Sacrifice, *thyein*) – 제우스 신전의 제사장은 축하하고 기념하는 감사의 제사를 드리고자 했다. 그러나 바나바와 바울은 하나님만이 그런 영예를 받으실 권리가 있다며 그들을 만류했다. [*thyō*]

14:14. 그들의 옷을 찢었다(Tore their garments, *diarrēxantes ta himatia autōn*) – 유대교에서 옷을 찢는 것은 하나님을 모독하는 말에 대한 반응이다(막 14:63–64). [*diarrēssō, himation*]

14:15. 너희는 이 헛된 일들을 버리고…살아 계신 하나님께로 돌아와야만 한다(You should turn from these vain things to the living God, *hymas apo toutōn tōn mataion epistrephein epi theon zōnta*) – 이것은 사도행전에서 다른 신을 믿는 이방인들을 대상으로 한 첫 번째 설교다(고넬료는 하나님을 경외하는 사람이었다). 바울은 자신의 청중들에게 헛되고 죽은 우상들을 버리고, 살아계시며 하늘과 땅과 그 안에 있는 만물을 창조하신 하나님께로 돌아오라고 권면한다. 창조주 하나님께서는 창조하신 피조물에게 책임을 물으신다. 사도행전에서 바울은 이교도를 대상으로 아덴에서 한 번 더 연설을 한다(행 17:22–31). [*epistrephō*, *mataios*, *theos* + *zaō*]

14:16. 허락했다(Permitted, *eiasen*) – 이 동사는 하나님께서 모든 민족들에게 영적으로 직접적이고 적극적인 개입을 하지 않으심을 말하고 있다. 하나님께서는 그들이 각자 자기들의 길을 가도록 허용하셨다(BAGD, 212, 1, BDAG, 269, 1). 이 동사는 '어떤 사람을 혼자 남겨두다'라는 뜻이다. 하나님께서는 모든 민족들의 필요를 계속해서 채워주셨다. 하지만 특별 계시의 견지에서 볼 때 하나님께서는 아무런 일도 하지 않으셨다. [*eaō*]

14:17. 증언하지 아니하다(Without witness, *amarthyon*) – 하나님께서는 민족들에게 하나님 자신에 대해 증언하지 않으신 것이 아니다. 왜냐하면 비와 결실기가 음식과 기쁨을 제공했기 때문이다. 이 용어는 신약 가운데 유일하게 여기에서 사용된다. [*amartyros*]

만족하게 하다(Satisfying, *empiplōn*) – 이 동사는 만족하도록 '가득 채워주다'라는 의미를 갖고 있다(BAGD, 256, 1, BDAG, 323, 눅 1:53, 6:25, 요 6:12에서 이 용어를 사용하고 있다). 바울의 연설 때문에 바울 일행에게 희생 제물을 드리려던 무리는 그 일을 그만두었다(18절). [*empiplēmi*]

14:19. 돌로 쳤다(Stoned, *lithasantes*) – 가까운 안디옥과 이고니온의 유대인들이 좇아와서 바울에게 불리한 말을 했다. 바울이 행한 기적을 보고 처음에 기뻐했던 무리는 바울을 거짓 선지자로 여겨 돌로 쳤으며, 그가 죽은 줄 알고 성 밖으로 끌어냈다. [*lithazō*]

14:20. 더베(Derbe, *Derbēn*) – 더베는 루스드라에서 남동쪽으로 약 48킬로미터쯤 떨어진 작은 마을이다. 더베와 루스드라 그리고 이고니온은 소아시아의 중앙 지역에서 삼각형을 이루었다. 바울과 바나바는 안디옥으로 돌아오는 길에 이 지역에 다시 들렀다(21절). [*Derbē*]

14:22. 계속해서 믿음 안에 있다(Continue in the faith, *emmenein tēpistei*) – 이것은 이미 복음을 받아들인 신자들에게 계속해서 믿음 안에 있으라는 특별한 요청이다(행 11:23과 13, 43의 논의를 참고하라). [*emmenō*, *pistis*]

환난(Tribulation, *thlipseōn*) – 이것은 왕국의 완전한 도래 전에 발생하게 될 고난과 박해를 말한다. 예수님께서는 감람산 강론(눅 21:5–36)에서 이 주제를 말씀하신 적이 있다. 신자들은 예수님께서 다시 오실 때까지 자신들의 믿음으로 인해 고난을 겪게 될 것이다. [*thlipsis*]

14:23. 장로들(Elders, *presbyterous*) – 장로들은 사도행전 11장 30절에서 예루살렘의 기근을 도와달라는 요청을 받은 사람들로 언급되었다. 그 시점까지 장로들은 도시의 유대인 지도자들을 가리켰다. 하지만 지금 여기에서 우리는 공동체를 이끌 장로들의 임명을 보게 된다. 이것은 바울과 바나바가 새로운 신자 공동체에서 장로들을 택한 것에 대한 첫 번째 보도다. [*presbyteros*]

주께 그들을 위탁했다(Committed them to the Lord, *parethento autous tōkyriō*) – 이 동사는 '누군가를 다른 사람에게 맡기다'라는 뜻이다. 바나바와 바울은 기도와 금식을 통해 주께서 이 지도자들을 돌보시고 안전하게 지켜주실 것을 부탁하고 있다(BAGD, 623, 2bβ, BDAG, 772, 3b). 바울은 또한 사도행전 20장 32절에서 에베소 교회의 장로들을 위해 이 일을 한다. [*paratithēmi*]

14:26. 하나님의 은혜(Grace of God, *tēchariti tou theou*) – 이것은 하나님의 돌보심에 대해서 증언하는 또 하나의 다른 방법이다. 하나님의 은혜가 여행 내내, 그리고 심지어 박해에 직면했을 때조차도 그들에게 계속 부어졌다. 이 구절은 사도행전 13장 1–2절의 장면을 생각나게 한다. [*charis*]

14:27. 믿음의 문(A door of the faith, *thyran pisteōs*) – 하나님께서 이방인들에게 믿음을 통해 나아오게 하셨기 때문에 이 보고의 요지는 바로 이방인 선교다. 이 비유의 요점은 이방인들이

하나님께 나아오는 일이다. [*thyra, pistis*]

15:1. 모세의 관례(Custom of Moses, *to ethei tōMōuseōs*) – 몇몇 유대인 신자들은 이방인들이 모세의 관례로 불리는 율법과 어떤 관련이 있는지에 대한 문제를 제기했다. 특히 할례가 그들의 관심사였다. 이 관례는 창세기 17장의 아브라함을 향한 하나님의 명령에서 시작하며, 이 관례를 아브라함 언약에 포함하는 것이 기본적인 태도였다. 유대인의 관점에서 볼 때 언약에 대한 이런 성실함이 없다면 구원은 불가능했다. 유대인들은 이미 할례를 받았기 때문에 이제 막 믿기 시작한 이방인들의 할례가 문제시되었을 것이다. 그렇다면 이방인이 그리스도인이 되기 위해 유대인처럼 되어야 하는가? 이것은 예루살렘 회의의 중대한 의제다. [*ethos, Mōusēs*]

15:2. 다툼(Dissension, *staseōs*) – 이 용어는 의견의 차이가 상당히 컸다는 것을 암시하며, 합의에 도달하지 못한 것을 가리킨다(BAGD, 764, 3, BDAG, 940, 3, 행 23:7, 10). 다른 문맥에서 이 용어는 폭동이나 반란을 뜻하기도 한다(행 19:40, 눅 23:19, 25). [*stasis*]

15:3. 회심(Conversion, *tēn epistrophēn*) – 이 용어는 생각의 변화, 즉 방향의 '전환'을 가리키며 '돌아서다'(*epistrephō*)라는 동사의 명사형이다. [*epistrophē*]

15:5. 바리새파 (Party of the Pharisees, *haireseōs tōn Pharisaiōn*) – 지금 불평하고 있는 모임은 바리새적 배경을 가진 유대인 신자들의 모임이다. '파'(party)란 용어는 뚜렷한 신념을 지닌 소집단을 가리킨다(BAGD, 23, 1a, BDAG, 27–28, 1a). 이 용어는 사도행전 5장 17절에서 사두개인에게, 사도행전 26장 5절에서 바리새인에게, 사도행전 24장 5, 14절과 28장 22절에서는 그리스도인들에게 사용된다. 이 모든 것은 누가가 기독교를 유대교의 자연스런 연장으로 생각하고 있다는 증거다. 왜냐하면 처음에 유대인들에게 주어졌던 약속들이 이제 메시아 예수님 때문에 이루어진 새 공동체에 주어졌기 때문이다. [*hairesis*]

모세의 율법을 지키다(To keep the Law of Moses, *terein ton nomon Mōuseōs*) – 그들은 지금 두 가지, 즉 할례를 존중할 것과 모세의 율법을 지킬 것을 요구한다. 바리새인들은 이방인들도 유대인들과 똑같이 살아야 한다고 생각했다. [*tēreō, nomos*]

15:7. 하나님께서 선택하셨다(God chose, *exelexato*) – 베드로는 이방인을 포함한 것은 하나님께서 직접 주도하신 일이며, 자신을 사용하여 이방인들에게 복음을 나누어주시는 것이 하나님의 계획이라고 말한다. 하나님께서 이 방법을 선택하셨다. 이와 동일한 용어가 족장들을 통해 일하시는 하나님의 결정(행 13:17)과 유다를 대신할 사람의 선택(행 1:24)을 설명할 때 사용되고 있다. [*eklegomai*]

15:8. 우리에게와 마찬가지로(Just as also to us, *kathōs kai hēmin*) – 베드로는 사도행전 11장 17절과 마찬가지로 이방인들이 성령을 받은 모습과 오순절 날 유대인들이 성령을 받는 모습을

비교하고 있다. 사도행전 15장 9절은 베드로의 신학적 결론에 해당한다. [*kathōs*]

15:9. 차별하지 않았다(No distinction, *outhen diekrinen*) – 베드로가 내린 첫 번째 결론은 하나님께서 유대인과 이방인들을 똑같이 받으신다는 것이다. 이것은 사도행전 10장 34–35절의 고넬료를 향한 설교에서 강조했던 사항이다. [*outheis diakrinō*]

믿음으로 그들의 마음을 깨끗하게 했다(Cleansed their hearts by faith, *tēpistei katharisas tas kardias autōn*) – 하나님께서는 믿음을 보시고 이방인들의 마음을 깨끗하게 하셨다. 이 일은 전부 하나님의 명령에 의한 것이며, 정결 예식을 통해 불결의 문제를 해결하고 있는 유대교에서 매우 일반적인 관습, 즉 정결하게 하는 행위로 그려지고 있다. [*katharizō, pistis*]

15:10. 멍에(Yoke, *zygon*) – 이것은 사도행전 가운데 여기에서만 사용된다. 이것은 동물의 움직임을 제한하기 위해 동물에게 씌우는 틀을 가리킨다(BAGD, 339, 1, BDAG, 429). 베드로는 율법의 규정들이 하나님의 의도보다 더 많은 제한을 이방인들에게 요구하고 있다고 주장한다. 신약에서 이 용어의 다른 용례들은 상징적이다(갈 5:1, 딤전 6:1, 마 11:29–30). [*zygos*]

15:11. 우리는 주 예수 그리스도의 은혜로 말미암아 구원받는 줄을 믿는다(We believe that we shall be saved through the grace of the Lord Jesus, *dia tēs charitos tou kyriou Iēsou pisteuomen sōthēnai*) – 이것은 신앙 고백과 거의 마찬가지로 제공된 바울의 신학적 개요다. 예수님의 공로 때문에 은혜로 말미암아 구원받는다. 이 말이 내포하고 있는 뜻은 바리새인들의 주장처럼 구원이 율법의 행위에 의한 것이 아니라는 것이다. [*sōzō, dia, charis*]

15:14. 그의 이름을 위할 백성(A people for his name, *laon tōonomati autou*) – 예루살렘에 거주하는 유대계 그리스도인을 대표하는 야고보는 여기에서 베드로를 지지하는 말을 한다. 그는 하나님께서 하신 일은 하나님을 대신해서 세상에 하나님의 이름을 증거할 백성을 이방인 가운데서 택하신 것이라고 결론 내린다. 이때 '백성'(*laon*)이란 용어가 중요하다. 왜냐하면 이 용어는 보통 하나님의 백성들을 묘사할 때 사용되기 때문이다(13:17). 이방인들이 유대인이 되는 과정을 거치지 않고 직접 하나님의 백성이 된 것은 새 시대의 혁명이었다. [*laos, onoma*]

15:15. 선지자들의 말씀이 동의한다(The words of the prophets agree, *symphōnousin hoi logoi tōn prophētōn*) – 야고보는 지금 선지자들의 가르침이 이 사실과 얼마나 조화를 이루는지, 혹은 얼마나 일치하는지를 말하고 있다. 여기에서 이 동사는 문자적으로 '같은 소리를 내다', 즉 조화를 이루거나 일치한다는 의미다(BAGD, 780, 1a, BDAG, 960–61,1). 사도행전에서 이 단어는 아나니아와 삽비라가 교회를 속이기로 합의하는 장면에서 사용된다. [*symphōneō*]

15:16. 다윗의 장막(The dwelling of David, *tēn skēnēn Dauid*) – 70인경의 아모스 9장 11절의 인

용으로, 야고보는 이방인들이 알고 있는 본문을 인용하여 존경심을 표현하고 있다. 이 구절은 다윗 왕조의 재건을 선언하고 있는데, 그것은 메시아이신 예수님의 오심으로써 성취된다. 사도행전 3장의 선언처럼, 하나님께서는 예수님을 통해 회복의 사역을 하시는 중이다. [*skēnē, Dauid*]

15:17. 남은 사람들이 주를 <u>찾게 하려고</u>(<u>So that</u> **the rest of men <u>may seek</u> the Lord**, *hopōs an ekzētēsōsin hoi kataloipoi tōn anthrōpōn ton kyrion*) – 다윗 왕조를 다시 세우는 목적은 단지 유대인뿐 아니라 나머지 모든 인류가 하나님을 찾게 하는 데 있다. 이것은 다윗 언약뿐만 아니라 아브라함의 씨를 통해 세상이 복을 받을 것이라는 아브라함을 향한 맹세의 성취다(창 12:3). 다윗 집의 재건으로 복음의 문이 모든 사람들에게 열리기 때문에 우리는 이 성취가 미래적인 것이 아니라 현재적임을 알고 있다. 하나님께서 사도행전 10–11장에서 하신 일이 바로 성취에 해당한다. 따라서 야고보는 이방인을 포함하는 것이, 하나님께서 선지자들을 통해서 하시겠다고 말씀하신 다윗 집의 회복에 대한 계획의 일부였다고 주장한다. 이 거룩한 두 사건과 성경은 교회에 이방인들을 포함하는 것을 지지한다. 사도행전에서 '찾다'를 뜻하는 동사가 여기서 단 한번 사용되고 있다(히 11:6, 또한 하나님을 찾는 사람들을 믿음의 사람들로 묘사할 때 이 동사를 사용한다). [*hopōs, kataloipos, ekzēteō*]

15:18. 예로부터 알게 하시는(**Known from of the old**, *gnōsta ap aiōnos*) – 이사야 45장 21절에서 인용한 이 문구는 '오래' 전부터 혹은 오랫동안 이들 일을 알게 하신 계시의 하나님에 대한 지식을 강조하고 있다. 아마도 하나님의 계획의 일부분으로서의 '처음'을 뜻하는 것 같다. [*gnōstos aiōn*]

15:19. 괴롭게 하지 말고(**Not to trouble**, *parenochlein*) – 이 동사는 '불필요한 고통이나 어려움을 일으키다'라는 뜻이다(BAGD, 625, BDAG, 775, EDNT 3:38). 야고보는 하나님을 향한 믿음으로 돌아선 이방인들이 율법에 대한 문제로 부담감을 느낄 필요가 없다고 말한다. 이 용어는 신약에서 유일하게 여기에서만 사용된다. 이 단어는 70인경에서 무거운 짐을 지우거나 잔소리를 하다는 뜻으로 사용된다(삿 14:17, 16:16, 삼상 28:15, 미 6:3). [*parenochleō*]

15:20. 절제하다(**To abstain**, *apechesthai*) – 이 동사는 '어떤 것과 접촉을 피하다'라는 의미다(BAGD, 85, 3, BDAG, 103,5). 예루살렘 회의는 이방인들에게 혹여나 걸림돌이 될 수 있는 다음의 네 가지를 멀리할 것을 요구했다. 즉 우상에게 바친 더러운 제물(말 1:7), 이교적 제의들과 신전의 음행과 연관된 부도덕, 목매어 죽인 것들 그리고 피. 아마도 이것은 참되신 한 분 하나님께 충실해야 하고, 예배가 도덕적이어야 하며, 레위기 17장 13–14절과 18장 6–30절에서 말하는 것처럼 피 흘리지 않고 목매어 죽인 것과 부정한 동물들을 먹는 것을 조심하라는 요구였을 것이다 유대인들과 이방인들이 섞여 사는 사회에서 목매어 죽인 것을 멀리하는 일에는 분명 한계가 있었을 것이다. 아마도 이 금지 사항들이 이방 신전에 참석하는 것들이나 그 신전에서 일

어나는 일들과 특히 관련이 있었을 가능성이 크다(Witherington, 462–65, 그는 또한 이것이 창 9:3–4의 노아 시대의 율법에 호소한 것도 아니라고 말한다. 거기에 고기에 대한 문제는 언급되어 있지도 않다. 이것은 또한 레 17–18장에 호소하려는 시도도 아니다. 율법을 추가하여 이방인들에게 의무를 지우는 것은 이미 앞에서 이루어진 논증에 의해 필요 없어졌기 때문이다. 이 조처에서 표현되고 있는 핵심 개념들, 즉 목매어 죽인 것들과 우상에게 바쳐서 더러워진 것은 이 구약 본문들에서 등장하지 않는 것들이다. 이 문제들 가운데 일부가 고전 8–10장에서 다뤄지고 있다). [*apechō*]

15:21. 읽혀지다(Is read, *anaginōskomenos*) – 모세의 글을 읽은 것을 언급한 것은 선교를 위해서 뿐만 아니라 유대인들을 위한 배려이기도 하다. 유대인들은 매주일 율법을 읽었으며, 그 율법은 그들에게 매우 민감한 것이었다(고전 9:19–23 참고). [*anaginōskō*]

15:24. 너희를 <u>괴롭게 했다</u>(<u>Troubled</u> you, *etaraxsan*) – 안디옥, 수리아 그리고 길리기아에 있는 교회에 보낸 편지들에서는 어떤 사람들이 예루살렘 지도자들의 지시도 받지 않고 그들을 '불안하게 한 것'을 말하고 있다. 이 동사는 여기에서 '누군가를 동요하게 하거나 불안하게 하다'라는 뜻이다(BAGD, 805, 2, BDAG, 990). 이 용어는 또한 사도행전 17장 8절에서 군중들의 동요를 묘사할 때 사용된다. [*tarassō*]

너희의 마음을 <u>혼란하게 하다</u>(<u>Unsettling</u> your minds, *anaskeuazontes tas psychas*) – '혼란하게 하다'라는 이 단어는 '부수다, 찢다'라는 의미다. 따라서 사람의 심적 상태를 나타낼 때는 마음의 고통을 가리킨다(BARD, 69, BDAG, 71). 이 용어는 신약에서 유일하게 이곳에 등장하며, 70인경에는 나오지 않는다. [*anaskeuazō*]

15:26. 그들의 생명을 <u>내어놓았다</u>(<u>Risked</u> their lives, *paradedōkosi tas psychas autōn*) – 이 동사는 '어떤 것을 넘겨주다'라는 뜻이므로, 이 문맥에서 이 용어는 바울과 바나바가 자신들의 믿음을 공유하는 일로 거의 죽을 뻔했던 것처럼 예수 그리스도를 위하여 자신들의 생명까지도 기꺼이 버리는 사람들을 가리킨다. 편지에서는 이 사람들을 예루살렘 회의를 대표하는 귀중한 증인들이라고 칭찬했다. [*paradidōmi*]

15:28. 짐(Burden, *baros*) – 편지에서는 이방인들에게 20절에 열거된 네 가지 일들 이외에 다른 부담이나 책임(BAGD, 133–34, 1, BDAG, 167, 1, Judith 7:4, 시락서 13:2)을 지우지 않겠다고 말하고 있다. 사도행전의 이 구절에서 유일하게 사용되고 있다. [*baros*]

필요한(necessary, *epanagkes*) – 이 부사는 반드시 필요한 일들, 의무적으로 해야 할 일들을 묘사한다(BAGD, 282, BDAG, 358). 이 금지 조항은 유대인들을 실족하게 하는 것을 막을 의도뿐 아니라, 이방인들이 예배할 때 하나님께 죄짓지 않게 하려는 의도가 있다. 이 구절의 이 단어는 신약의 유일한 사용이며, 70인경에는 나오지 않는다. [*epangakes*]

15:32. 견고하게 했다(Strengthened, *epestēr-*

ixan) – 이 동사는 신약에서 4회 사용되며, 모두 사도행전에 나온다(14:22, 15:41, 18:23). 14장 22절에서 이것은 믿음에 머물러 있으라는 권면의 일부였다. 여기에서는 유다와 실라의 권면의 결과였다. 41절에서 바울과 실라는 수리아와 길리기아로 다니며 교회들을 견고하게 했다. 18장 23절에선 갈라디아와 브루기아의 교회들이 견고하게 되었다. [*epistērizō*]

15:38. 떠나다(Withdrawn, *apostanta*) – 사도행전 13장 13절에서 바울의 1차 선교 여행 도중에 예루살렘으로 돌아간 마가라 불리는 요한을 여기에서 다시 언급하고 있다. 정확하게 어떤 일이 있었는지는 상세하게 말하지 않는다. [*aphistēmi*]

15:39. 심한 말다툼(Sharp contention, *paroxysmos*) – 이 용어가 부정적으로 사용될 때 의견 차이로 인한 분노, 짜증, 또는 화냄을 뜻한다(BAGD, 629, 2, BDAG, 780, 2). 히브리서 10장 24절에서는 이 단어를 긍정적인 의미로, 어떤 사람에게 자극을 주거나 부추겨서 사랑하게 한다는 뜻으로 사용하고 있다(70인경의 신 29:27 참고, 70인경의 렘 39:37에서 이 용어는 하나님의 진노를 가리킨다). [*paroxysmos*]

16:1. 디모데(Timothy, *Timetheos*) – 디모데는 국제 결혼으로 태어난 아이였기 때문에 특별한 문제를 일으켰다. 그의 어머니는 믿는 유대 여자였고(딤후 1:5), 아버지는 헬라인이었다. 3절에서 바울은 디모데를 선교 여행에 데리고 가기 전에 할례를 받게 했다. 이 행동은 그 지역에 있는 유대인들에게 말썽거리를 제공하지 않으려는 것이었다. 비록 바울은 율법에 관련해서 자유했지만, 다인종 공동체에서 그리고 복음의 맥락에서 율법이 어떤 영향을 미치는가에는 신경을 쓰고 있는 것이다. 다시 말해서 바울은 미래에 자신의 복음 전도의 청중이 될 사람들의 풍습에 신경을 쓰고 있는 것이다. 후대의 탈무드 문서인 b. Yeb. 45b에서는 어머니의 민족성이 자녀들에게 미치는 영향을 다음과 같이 말하고 있다. "율법은 우상 숭배자나 노예가 이스라엘의 딸과 동거했을 때 (이 결합을 통해서 태어난) 아이는, 결혼한 여자의 경우에도 그리고 결혼하지 않은 여자의 경우에도 모두 적법한 자녀로 인정한다."[*Timotheos*]

16:4. 결정 사항들(Decisions, *dogmata*) – 예루살렘 의회의 결정 사항이 루스드라와 더베에 전달되었다. 바울은 이 민감한 규정들과 동일한 맥락에서 디모데에게 할례를 행하기로 결정했다(BAGD, 201, 1, BDAG, 254, 1). 이 용어는 사도행전에서 2회 사용되며, 이곳은 그 가운데 하나다. 사도행전 17장 7절에서 이 용어는 가이사의 칙령을 가리킨다(엡 2:15과 골 2:14에선 이 용어를 모세의 율법을 지칭할 때 사용한다). [*dogma*]

16:6. 금지했다(Forbidden, *kōlythentes*) – 성령이 어떻게 아시아에서 계속 말씀을 전하지 못하게 했는지 상세하게 기록하지 않고 있다. 사도행전 27장 43절은 행동을 하지 못하게 막는다는 뜻을 가진 이 동사의 일상적인 용법을 보여준다(또한 행 8:36과 10:47과 11:17도 마찬가지다, BDAG, 580). 10절에서 바울은 거룩한 환상을 통해 마게도냐의 빌립보로 가라는 지시를 받게 될 것이다. [*kōluō*]

16:7. 허락하지 않다(Did not permit, *eiasen*) – 이것은 예수님의 영이 바울에게 비두니아로 가지 말라고 지시했음을 암시하는 두 번째 용어다('허용하지 않았다'–NET, RSV, NIV, '허락하지 않았다'–NASB, '그들을 묵인하지 않았다'–KJV). [*eaō*]

16:8. 드로아(Troas, *Trōada*) – 이 도시는 오늘날 터키 서부 지역으로 알려진 동에게 해 연안, 즉 소아시의 북서쪽 끝에 위치하고 있다. 이곳은 안디옥으로부터 약 940여 킬로미터 거리에 있으며, 아소(Assos, 터키의 작은 항구 도시)의 바로 북쪽에 있다. [*Trōas*]

16:10. 우리를 부르셨다(Had called us, *proskeklētai*) – 하나님께서 선교를 이끌고 계시며, 그들을 마게도냐로 직접 보내신다. 여기에서 '부르다'라는 용어는 특정한 사역, 즉 복음 전파를 가리킨다. [*proskalēo*]

16:12. 빌립보(Philppi, *Philippous*) – 이 도시는 로마의 식민지이며, 마게도냐의 수도였다. 이곳은 오늘날의 그리스가 있는 에게 해 맞은편의 드로아 북서쪽에 위치했으며, 수리아 안디옥에서 약 1,127킬로미터 떨어져 있다. [*Philippoi*]

16:14. 자색 옷감들(Purple goods, *porphyropōl is*) – 신약에서 여기에만 사용되고 있는 이 용어는 루디아를 '자색 옷감을 거래하는 상인'으로 묘사하고 있다(BAGD, 694, BDAG, 855). 이것은 그녀가 고급 옷감을 가지고 장사했으며, 부자들을 상대했다는 증거다(출 26:1). [*porphyropōlis*]

하나님을 섬기는 사람(Worshipper, *sebomenēton theon*) – 이 용어는 다신론자였다가 이스라엘의 하나님을 섬기는 사람이 된 이들을 묘사한다. 그들은 단일신론을 채택하고, 회당에 참석했지만 율법 전체를 지키지는 않았다(Josephus, Ant. 14.110은 성전에 헌금을 한 어떤 예배자들을 묘사한다. BAGD, 746, 2a, BDAG, 918, 1b). 그녀는 바울의 메시지에 "마음을 열고 주의를 기울였다."[*sebomai*]

16:16. 점치는 귀신(Spirit of divination, *pneuma pythōna*) – 사도행전 13장의 바예수의 경우와 마찬가지로 바울은 귀신의 지시를 받는 사람과 일대 일 대면을 한다. python은 점치는(*manteuomenē*) 신을 가리킨다(BAGD, 728–29, BDAG, 896–987). 이 귀신은 여인들에게 종교적 황홀 상태에서 미래를 예언하게 했다. 이 용어는 종종 복화술을 의미하기도 한다. [*pneuma, pythōn*]

점을 쳐서(Soothsaying, *manteoumenē*) – 이 용어는 신약에서 여기에만 사용된다. 이것은 어떤 사람이 점을 치는 행위를 가리킨다(신 18:10, 왕하 17:17, BAGD, 491, 1, BDAG, 616). [*manteuomai*]

16:17. 종들(Servants, *douloi*) – 여자는 바울과 그의 일행을 종들로 묘사한다. 바울 또한 이 용어를 자기 자신에게 사용하고 있다(롬 1:1). [*doulos*]

지극히 높은 하나님(Most High God, *tou theou hypsistou*) – 하나님의 유일성을 강조하는 이 칭호는 하나님을 참된 한 분 하나님으로 선언한다. 이 여자가 말한 것이 역설적으로는 진리이지만, 그녀가 많은 신들을 대리했다는 사실 때문에 그녀의 증언을 결코 환영할 수만은 없다. 이 칭호는 신약에서 일반적으로 잘 사용하고 있지 않지만, 누가복음에서는 자주 사용된다(눅 1:32, 35, 76, 6:35, 8:28, 행 7:48절의 논의를 참고하라). 이 구절 이외에서는 히브리서 7장 1절만이 '지극히 높은 하나님'이라는 완전한 표현을 사용한다. [*theos, hyphistos*]

16:18. 괴로워했다(Annoyed, *diaponētheis*) – 이 동사는 '어떤 것을 사용하여 방해하거나 괴롭히다'라는 의미다(BAGD, 187, BDAG, 235, 행 4:2). 바울은 여인을 중지시킴으로써 하나님의 능력이 귀신들보다 우위에 있음을 증명했다. 이 여인의 활동으로 돈을 벌고 있던 사람들은 바울의 귀신 축출을 좋게 받아들이지 않았다. [*diaponeomai*]

16:20. 유대인(Jews, *Ioudaioa*) – 바울 일행을 데리고 관리들을 찾아간 노예 주인들은 이 일행이 유대인들로 이루어졌다고 말하면서 사안을 민족적인 문제로 바꾸어 접급한다. 유대인들과 초기에 복음을 전파했던 사람들과의 밀접한 관련은 누가가 종종 진술하고 있는 주제다(행 21:39, 26:4–5). [*Ioudaios*]

요란하게 하다(Disturbing, *ektarassousin*) – 그들은 바울 일행이 '평화를 어지럽히고 있다'라고 고발한다. 관리들의 가장 중요한 책임은 바로 평화 유지였다. 이 동사는 고통을 초래하다는 뜻이다(BDAG, 309, 솔로몬의 지혜서 18:17). [*ektarassō*]

16:21. 로마 사람(Romans, *Rhōmaiois*) – 민족적인 쟁점이 계속되고 있다. 빌립보 사람들은 바울 일행이 로마 사람들이 받아들일 수 없는 풍속을 전한다고 비난한다. 로마 사람들은 이런 차이에 대해서는 관용을 강조했고 인종별, 종교별로 각자의 풍속을 지키는 것을 허용했기 때문에, 설령 바울이 그 누구에게도 어떤 것을 강요한 적이 없다 하더라도 로마 사람들이 일반적으로 행하지 않는 것을 행하게 만든다는 비난은 심각한 것이었다. 그리스도인들은 로마 법이 가르치는 대로 황제를 숭배하지 않았기 때문에(행 17:7 참고) 그들의 이 불평은 로마 사람들에게 그리스도인이 될 것을 권면함으로써 가이사에 대한 충성심에서 멀어지게 하고, 신실한 로마 시민이 되지 못하게 한다는 데 초점을 맞추고 있는 것이 분명하다. 유대교에 대한 로마의 태도에 관해서는 타키투스(*Historiaw* 5:5)와 키케로(*Pro Flacco,* 28)를 참고하라. [*Rhōmaiois*]

16:22. 그들을 매질하다(Beat them, *rhabdizein*) – 사실 이 매질에는 바울 일행을 낙담시켜 복음 전하는 것을 그만두게 할 의도가 있었다. 라틴 문화권에서 이 처벌은 *admonitio*로 불리며, 이 단어에서 '훈계'(*admonition*)라는 용어가 생겨났다. 이 용어는 처벌에 '경고'의 요소가 들어 있음을 강조하고 있다. 이런 식의 매질은 *fustigatio*(BAGD, 733, BDAG, 902)로, 줄이나 가죽으로 때리는 것은 *catigatio*로, 쇠사슬로 세게 때리는 것은 *verberatio*로 불리었다. 신약에서 이 단어가 유일하게 사용되고 있는 다른 곳은 고린도후서 11장 25절이다. 이 단어의 일상적 용법은 밀을 타작하는 것과 관련이 있다(사 6:11, 룻

2:17). [*rhabdizō*]

16:24. 차꼬에(In stocks, *xylon*) – 이 용어는 여기에서 실제로 나무를 가리킨다. 차꼬는 나무로 만들어졌으며, 탈출을 막기 위한 용도로 사용되었다. 신약에서 이 용어가 이런 의미로 사용된 유일한 곳이다. [*xylon*]

16:26. 족쇄들(Fetters, *desma*) – 지진 때문에 죄수들은 자유롭게 되었고, 그들을 제어하던 족쇄와 결박들이 풀어졌다. 사도행전의 여러 곳에서 이 용어는 감옥에 갇힌 사람을 뜻하는 비유적 표현으로 사용되고 있다(행 20:23, 23:29, 26:31). 다른 곳에서 이것은 곧 사슬을 가리킨다(행 26:29). [*desmos*]

16:27. 자결하려고 하다(About to kill himself, *ēmellen heauton anairein*) – 간수는 자신이 필경 사형 당하게 될 줄로 알고(행 12:19의 논의를 참고하라), 자결하는 것이 더 낫다고 결심했다. 그러나 바울은 자신의 일행 모두가 여전히 감옥에 남아 있다는 말을 하여 간수가 자결하는 것을 막는다(28절). [*mellō, anaireō*]

16:30. 내가 어떻게 해야 합니까(Must I do, *dei poiein*) – 일어난 일을 생각해볼 때, 바울이 구원의 방법을 알고 있는 것이 분명했으므로 간수는 그에게 어떻게 해야 구원을 받겠느냐고 질문한다. [*dei, poieō*]

16:31. 주 예수를 믿다(Believe in the Lord Jesus, *pisteuson epi ton kyrion Iēsoun*) – 이것은 구원에 대한 질문에 대해 사도행전에서 제공하는 가장 간단한 대답들 가운데 하나다. 바울은 간수에게 주 예수님을 믿는 것이 해야 할 일의 전부라고 말했다. 예수님을 믿는 믿음만이 간수와 그의 가족 모두를 구원할 것이다. 이 말이 의미하는 모든 것은 32절에 요약되어 있다. 사도행전 16장 34절에서는 그와 온 집안이 '하나님을 믿으므로' 크게 기뻐했다고 묘사하고 있다. [*pisteuō*]

16:33. 세례를 받다(Baptized, *ebaptisthē*) – 에디오피아의 내시와 고넬료의 가족들의 사건에서처럼(행 8:38, 10:48), 여기에서도 믿음의 고백 직후에 세례를 받는다. 간수는 죄수들의 상처를 씻어 주었다. 그러나 그 자신은 더 좋은 씻음을 받았다. [*baptizō*]

16:34. 그들 앞에 음식을 차려주다(Set food before them, *parethēken trapezan*) – 이것은 환유법을 사용하고 있는 또 하나의 관용구다. 헬라어에서는 그가 '식탁을 차리다'로 읽는다. 이것은 그가 '그들을 위해 식사를 준비했다, 그들 앞에 음식을 차려주다'라는 의미다(BDAG, 1013, 2). [*trapeza*]

16:35. 경찰(Police, *rhabdouchous*) – 상관들이 보낸 부하들은 실제로 바울 일행을 채찍질한 사람들이었을 것이다. 이 용어는 매질하는 사람들, 즉 릭토르(고대 로마에서 죄인을 포박하고 처벌하던 하급 관리)로 알려진 사람들을 가리킨다. 이 사람들은 오늘날의 경찰과 같은 역할을 했다(BAGD, 773, BDAG, 902). 이 용어는 막대기를

지닌 사람들이라는 뜻이다. 이 명사가 신약 다른 곳에서는 사도행전 16장 38절에서 발견된다. [*rhabdouchos*]

16:37. 유죄 판결을 내리지 않고(Uncondemned, *akatakritous*) – 로마의 율법은 이유 없이 로마 사람을 매로 치는 것을 허용하지 않았다. 바울은 감옥에서 그냥 나가기를 거절하고, 로마 시민인 자신이 유죄 판결도 받지 않고 매를 맞았다고 주장한다. 바울은 자신을 고발한 사람들에게 자신의 무죄함을 분명한 공식적 사실로 알리기를 원했다. 리비(Livy, *History of Rome* 10,9.4)는 주전 248년의 포르시안 법(Porcian law)에 따라 로마 시민을 매로 치거나 죽이는 것에 대해 중벌을 부과했었다고 기록하고 있다. [*akatakritos*]

16:39. 회유하다(Conciliated, *parekalesan*) – 이 용어는 상관들이 바울 일행을 찾아와 권면하고 위로하며 회유했다는 것을 암시한다(BAGD, 617, 5, BDAG, 765, 5). 이 용어는 또한 탕자의 비유에서 큰아들에 대한 아버지의 반응에 사용된다(눅 15:28). RSV, NET, NLT는 이 단어를 '사과하다'로 번역하지만, 너무 지나친 의역이다. '그들에게 청하다'(NASB)와 '와서 그들을 회유하다'(NIV)가 훨씬 더 나은 번역이다. [*palakaleō*]

17:1. 데살로니가(Thesslonica, *Thessalonikēn*) – 이 도시는 빌립보에서 남서쪽으로 약 113킬로미터 거리에 있으며, 그리스 동부의 에게 해 연안에 위치하고 있다. [*Thessalonikē*]

17:3. 필요했다(It was necessary, *edei*) – 회당에서의 바울의 2단계 논증은 그리스도께서 고난을 당하고 죽은 자 가운데서 다시 살아나셔야 할 것을 성경이 예언하고 있다는 개념에서 시작한다. 이것은 하나님의 계획의 필연적 결과였다. 논증의 두 번째 단계는 예수님께서 이 계획을 성취하셨다는 것이었다. [*dei*]

17:5. 천한 사람들(Rabble, *agoraiōn*) – '하층 계급'을 뜻하는 이 용어는 시장 주위를 배회하는 사람들을 가리키며, 보통 '시장 사람들'로 번역된다(BAGD, 13, BDAG, 14–15). 하지만 이 용어를 악하다는 개념과 연관 지을 때는 '불량한 사람들'이라는 개념이 더 적절하다. 이 용어는 70인경에 나오지 않는다. 사도행전 19장 38절에서 이 용어는 시장에서 열렸던 시민 재판을 가리킨다. [*agoraios*]

선동했다(Were stirring up, *ethoryboun*) – 이 동사는 미완료시제이므로 시기하는 유대인들이 따라와서 군중들을 선동했다는 개념을 지닌다. 이 동사는 '폭동을 선동하거나 일으키다'라는 의미다(BAGD, 363, 1, BDAG, 458, Josephus, *Ant*, 18.65). 다니엘서 8장 17절에서 이 용어는 천사의 출현으로 두려움에 빠진 다니엘의 모습을 가리킨다. 사도행전 20장 10절에서 바울은 사람들에게 유두고의 추락으로 인해 동요하지 말라고 말한다. [*thorybeō*]

17:6. 세상을 어지럽히다(Turn the world upside down, *hoi tēn oikumenēn anastatōsantes*) – 바울 일행에 대한 이 설명은 직역하면 '세상을 뒤엎거나 전복시키다'라는 뜻이다. 그들은 빌립보에

서의 경우처럼 세상을 어지럽히고 평화를 방해한다는 이유로 고발당했다(행 16:20, BAGD, 61, BDAG, 72, '안정되게 서 있는 어떤 것을 넘어뜨리다', 갈 5:12과 행 21:38에서 동사 *anastatoō*를 사용하고 있다). [*oikoumenē, anastatoō*]

17:7. 다른 임금(Another king, *basilea heteron*) – 이것은 빌립보 사람들이 고발한 내용보다 훨씬 더 과장된 것이다. 야손이 포함된 바울 일행은 다른 임금을 선언함으로써 정치적으로 가이사를 위협하고 있다고 고발당한다. 가이사의 지위가 도전받지 않도록 보장하는 것이 그 도시를 맡은 사람들의 가장 중요한 정치적 의무였다. 이 고발이 중요한 이유는 비록 고발자들이 말하는 것과 같은 의미는 아니지만, 바울이 왕으로 선포되신 메시아 예수를 전파했다는 것을 보여주기 때문이다. [*basileus*]

17:9. 보석금(Bail, *ikanon*) – 이 문맥에서 이 용어는 '충분한 어떤 것'을 맡기는 것, 즉 '법적인 담보물'이나 '보석금'을 가리킨다. 이것은 바울 일행이 법을 어기지 않을 것을 보증하는 것이다 (BAGD, 374, 1c, BDAG, 472, 1). [*ikanos*]

17:10. 베뢰아(Beroia, *Beroian*) – 마게도냐의 도시로서, 데살로니가에서 남서쪽으로 약 64킬로미터 떨어진 곳에 위치하고 있다. 이 도시는 또한 베리아(Berea)로도 불린다. [*beroia*]

17:11. 성경을 <u>조사하다</u>(<u>Examining</u> the Scriptures, *anakrinontēs tas graphas*) – 이 동사는 그리언어로서 보통 법적인 조사나 심리를 뜻하는 전문 용어였다. 그들은 바울의 주장이 사실인지를 알기 위해서 성경에 대한 바울의 증언을 조사했다. 이 때문에 그들은 데살로니가 사람들보다 더욱더 신사적이라는 칭찬을 받았다. [*anakrinō*]

17:12. <u>높은 지위에 있는</u> 헬라 <u>여자들</u>(Greek <u>Women of the high standing</u>, *tōn Hellēnidōn gynaikōn tōn euschēmonōn*) – 누가는 데살로니가에서처럼(행 17:4) 유대인들과 헬라인들뿐만 아니라 높은 지위에 있는 여자들의 복음에 대한 반응을 기록하고 있다. 데살로니가에서 여자들을 이름이 널리 알려진 사람들(*tōn prōtōn*)이라고 묘사하는 반면에, 여기에서는 여자들의 높은 사회적 신분을 강조하고 있다. [*gynē, euschēmōn*]

17:13. 선동했다(Stirring up, *saleuontes*) – 이것은 사도행전 17장 5절에서 사용된 것과 다른 용어로서 '소란을 피우다'라는 의미를 지닌다(17장 5절의 논의를 참고하라). 이 구절에서 두 개의 동사가 사용되고 있으며, 첫 번째 동사는 '흔들다, 방해하다'라는 의미다(사 7:21, BAGD, 740, 2, BDAG, 911). 누가는 바울을 향한 유대인들의 태도를 묘사할 때 다양한 표현을 사용한다. 누가는 또한 유대인들이 바울이 가는 곳마다 따라가기 위해 매우 많은 노력을 했다는 것을 자세하게 말하고 있다. [*saleuō*]

소동을 벌이다(Incite, *transsontēs*) – 이것은 또 하나의 다른 '방해' 용어다. 이 용어는 늘어나는 박해에 대해 말하고 있는 사도행전 17장 8절뿐 아니라 거짓 교사들의 활동에 대해 말하는 사도행전 15장 24절에도 나온다. [*tarassō*]

17:15. 아덴 사람들(Athens, *Athēnōn*) – 헬라의 핵심 도시로서, 헬라 세계의 철학의 중심지였다. 베뢰아에서 남동쪽으로 약 240여 킬로미터 떨어진 곳에 위치했다. [*Athēnai*]

17:16. 격분했다(Provoked, *parōxyneto*) – 바울은 우상들로 가득한 도시를 보고 내적 분노를 표출한다. 이 동사는 '화를 내다'(70인경의 신 9:7-8, 스 9:14) 또는 '어떤 것을 멸시하거나 능욕하다'(70인경의 신 31:20, 시 74:10)라는 의미를 갖고 있다. 바울은 우상이 가득한 것을 보고 매우 심란해한다. 솔로몬의 지혜서 14장 11-12절은 우상들에 대해 '사람들을 넘어지게 하고 어리석은 자의 발을 붙드는 가증한 것(혐오스러운 것)'이라고 말하고 있다(사 44:9-20 참고). [*paroxynō*]

17:17. 경건한(Devout, *sebomenois*) – 누가는 사도행전에서 이 용어를 자주 사용한다(13:43, 50, 16:14, 17:4, 18:7, 13, 19:27). 그는 보통 '하나님을 두려워하는 사람들' 혹은 '하나님을 경외하는 사람들'을 묘사할 때 이 용어를 사용한다(19:27은 예외인데, 거기서는 '여신을 섬기다'라는 뜻으로 사용되었다). [*sebomai*]

17:18. 에피쿠로스 학파(Epicurean, *Epikoureiōn*) – 에피쿠로스(Epicurus, 기원전 341-270년)의 추종자들로 종교와는 무관하며, 이들은 신들을 관심의 대상에 포함시키지도 않는다. 그들은 일종의 세속적 불가지론자들이었다. [*Epikoureios*]

스토아 학파(Stoic, *Stoikōn*) – 제논(Zeno, 기원전 340-265년)의 가르침을 추종하는 철학자들로서 인간의 단일성과 신과의 밀접한 관계를 주장한 범신론자들이었다. 이성, 세계 국가 그리고 '국제 도시'(혹은 거대 도시로서의 공동체)가 그들의 주요 주제들이었다. 그들은 추구하는 바가 에피쿠로스 파와 매우 달랐다. [*Stoikos*]

말쟁이(Babbler, *ho spermologos*) – 이 용어는 문자적으로 씨앗들을 쪼아먹는 새들을 가리키며, '거리 청소부' 혹은 '쓰레기 장사'라는 상징적 의미를 갖고 있다(BAGD, 762, BDAG, 937). '말쟁이'가 비교적 전통적인 번역이다(RSV, NET, NIV, NLT). 그러나 이 단어는 약간의 지식을 가지고 자신이 말한 것에 관해 다 알고 있는 것처럼 행세하는 사람이란 의미를 함축하고 있다. 어떤 역본들은 '어리석은 말쟁이' 혹은 '과시하기를 좋아하는 사람'으로 번역한다('어리석은 말쟁이'-NASB, LN 33, 381, 27.19). 바울이 예수님과 부활을 전했기 때문에 에피쿠로스 학파와 스토아 철학자들은 이같이 판단했다. [*spermologos*]

외국의 신들(Foreign divinities, *xenōn daimoniōn*) – 이것은 바울이 가르치는 주제에 대한 철학자들의 설명이다. '신적 존재'(*daimonion*)를 뜻하는 이 단어는 어떤 형태의 신에게든지 사용할 수 있다. 이교도들의 관점에서 볼 때, 이 단어는 하나의 신을 가리켰을 것이다. 철학자들은 바울이 어떤 새로운 신에 대해 논하고 있다는 것을 인정하고 있다. 따라서 그들은 바울이 '외국의 신들'을 전한다고 말한다. 그들은 20절에서 *xenos*란 용어를 변형한 단어를 사용해서 '어떤 이상한 것'(또는 '생소한 것', *xenizonta*)에 대해 바울이 이야기한다고 말한다. [*xenos, daimonion*]

17:19. 아레오바고(Areopagus, *Areion pagon*) – 이 장소는 아덴 사람들이 서로의 관심거리와 호기심거리를 토론하는 곳이었다(21절). 이곳의 라틴식 지명은 '화성의 언덕'(Mars Hill)이며, 아덴에서 잘 알려진 아크로폴리스(역주–고대 그리스 도시 국가의 언덕에 쌓은 성채)에 있는 파르테논 신전 바로 아래에 있다. [*Areios, pagos*]

17:22. 매우 종교적인(Very religious, *deisidaimonesterous*) – 이 용어는 최상급으로 사용된 비교급 형용사다. 이 용어에 대해 많은 논쟁이 있으며 번역이 쉽지 않다. 역본들은 '지나치게 종교적이어서'(RSV, NET, NLT, NIV, NASB, NKJV) 또는 '지나치게 미신적이어서'(KJV)로 번역한다. 이 용어의 의미는 상당히 광범위하다고 할 수 있다. 이 용어는 긍정적으로는 (그 추구가 진정한 것인지의 여부와는 상관없이) 거룩하고 초월적인 존재를 추구하는 것을 가리키며, 부정적으로는 미신까지도 포함한다(BDAG, 216). 유대인들은 종종 헬라의 영성에 대해 이런 식으로 말했다(요세푸스는 아덴 사람들을 모든 헬라 사람들 가운데 가장 경건한 사람으로 묘사할 때 이 용어를 사용했다[*Ag, Apion* 2.130]). 바울은 이 말로 연설을 시작함으로써 청중들의 관심을 끌고자 했기 때문에, 여기에서 주된 사상은 아마도 긍정적이었을 것이다(BAGD, 173). 바울은 아덴 사람들의 종교성이 잘못된 것이라고 나중에 말할 것이다(17:23, 24–27, 30). 바울은 그들이 우상을 믿고 있다 하더라도, 그것은 하나님을 더듬어 찾는 시도라고 인정한다. 그는 자신의 말이 그들에게 도움이 되기를 바라고 있다. [*deisdaimōn*]

17:24. 세상을 지으신 분(The One who made the world, *ho poiēsas ton kosmon*) – 바울은 '알지 못하는 신'이 바로 하늘과 땅의 창조자이신 하나님이라고 소개하면서 시작한다. 그분은 신전들이나 종교적 성소들에 계시지 아니하는 위대한 창조주 하나님이시다(사 42:5). 바울은 창세기 1–2장의 가르침에서 시작한다. [*poieō, kosmos*]

손으로 만든(Made with hands, *cheiropoiētois*) – 이것은 어떤 것을 비하하는 표현이며(막 14:58, 행 7:48, 히 9:11, 24, 엡 2:11), 문자적으로 '손으로 만든'(NASB, '사람의 손으로 만든'–NET, '사람이 만든'–RSV, NLT)이란 의미다. 이 용어는 하나님께서 하시는 일과 대조되는 의미에서 사람이 하는 어떤 일을 묘사한다. 사도행전 17장 25절은 하나님께서는 모든 생명과 호흡의 원천이시기 때문에 다른 신들처럼 사람의 손으로 섬김을 받지 않으신다는 것을 언급함으로써 이 주제를 계속 다루고 있다. 즉 하나님께서는 누군가로부터 무엇을 받으실 필요가 없으시다. [*cheiropoiētos*]

17:26. 한 사람에게서 만드셨다(Made from one, *epoiēsen te ex henos*) – 이것은 아담의 창조를 가리킨다(창 1–2장). 이것은 모든 사람들의 뿌리가 창조주 하나님께 있다는 것과 모든 사람은 하나님 그분 앞에 책임을 져야 하며, 그리고 모든 사람이 그분을 찾으며 살아야만 한다는 것을 증명하려는 의도로 말한 것이다. [*poieō, heis*]

17:27. <u>더듬어 찾다</u>(<u>Feel</u> after him, *psēlaphēsian*) – 이 동사는 신약에서 4회 사용된다(BAGD, 892, BDAG, 1098–99, 눅 24:39, 요

일 1:1, 히 12:18). 이것은 보통 '어떤 것을 만지거나 쥐다'라는 뜻이다. 예를 들어, 누가복음과 요한일서의 요지는 예수님을 손으로 만졌다는 것이다. 여기에서 이 동사는 영적으로 하나님을 더듬어 찾는 것, 즉 불확실한 방법으로 어떤 것을 찾는 것을 가리킨다. 인간은 하나님을 자신들의 손으로 '쥐기'를 기대하며, 불완전한 방법으로 하나님을 찾는다. [*psēlaphaō*]

17:28. 그를 힘입어…우리가 <u>기동한다</u>(In him…we <u>move</u>, *en autō…kinoumetha*) – 이 본문은 이교적 사상들을 언급하는 것처럼 보인다(BADG, 432, 3, BDAG, 545, 3, Polhill은 이 인용이 크레타 사람 에피메니데스[Epimenides of Crete, 기원전 6세기]의 사행시에 뿌리를 두고 있는지에 관한 논쟁을 다룬다[375–76]. 그의 요지는 고대의 사유에서 이런 사상이 자주 등장했을 가능성이 별로 없다는 것이다). 바울은 사람들이 하나님께서 그렇게 먼 곳에 계시는 분이 아니며, 바울 일행이 하나님의 창조 영역 안에 존재한다는 사실을 알고 있다고 말한다. [*kineō*]

우리가 그의 <u>소생</u>이다(We are his <u>offspring</u>, *kai genos esmen*) – 이 구절은 다른 이교도 시인 아라토스(Aratus, *Phaenomena*, 5, 기원전 315–240년)에게서 유래한다. 바울은 인용 부분을 '너희 시인 중에도 어떤 사람들의 말과 같이'라는 말로 소개한다. 바울은 성경을 직접 인용하기보다는 헬라인들이 잘 알고 있는 개념을 사용해서 시작하며, 연설에서는 성경을 암시할 뿐이다. 바울이 인용한 아라토스의 글은 모든 사람들이 하나님과 관계를 맺고 있다는 것을 인정한다. 우리들은 하나님의 피조물이므로 신들의 형상을 만들어 신을 창조하는 일을 해서는 안 된다(Witherington, 530). [*genos*]

17:30. 무지의 시대(Times of ignorance, *chronous tēs agnoias*) – 이 표현은 신에 대한 헬라의 사상들이 지식에 근거해서 형성된 것이 아니라고 주장하고 있다. 바울은 무지가 하나님께 응답하지 못한 것에 대한 변명이 될 수 없다고 설명한다. 이 구절 끝부분에서 단언하고 있는 것처럼 하나님께서는 모든 사람에게 회개하라고 명령하신다. 무지는 사도행전 3장 17절에서 다루었으므로 그곳의 논의를 참고하라. [*chronos, agnoia*]

간과했다(Overlooked, *hyperidōn*) – 이 동사는 '못 본 체하다, 무시하다'라는 뜻이다. 이 용어는 70인경에서처럼 '못 본 체하다'라는 의미였을 것이다(TLNT 2:396–97, 나 3:11, 겔 7:19). 이 경우에 바울은 하나님께서 과거에 열방들을 구조하시기 위해 아무 것도 하지 않으셨다는 의미와 같은 말을 하고 있다. 하나님께서는 열방들을 무시하셨다. 하지만 이제 하나님께서는 행동하신다. 모든 곳의 모든 사람들에게 회개하라고 요청하신다. 회개하라는 요청은 우상을 버리고 돌아오라고 요구한다는 점에서 사도행전 14장 15절과 비슷하다. [*hyperoraō*]

17:31. <u>한 사람에 의해</u> <u>세상을</u> <u>공의로</u> <u>심판하다</u>(<u>Judge the world</u> in righteousness <u>by a man</u>, *krinen tēn oikoumenēn en dikaiosynē, en andri*) – 바울은 사도행전 10장 42절에서 예수님께서 모든 산 자와 죽은 자의 재판장이라고 주장했다. 바울은 여기에서도 그러한 사실을 강조한다. 하지만 그가 부활에 대해서 말하자마자 연설은 중

단된다. [*krinō*+ *oikoumenē*, *en* + *anēr*]

증거를 보이다(Showing proof, *pistin paraschōn*) – 이 구절은 '증거를 보이거나 제공하다'라는 뜻이다(BAGD, 662, 626, 1b, BDAG, 818, 1c, 2). 부활은 하나님께서 예수님을 재판장으로 부르신 것에 대한 증거다. 사도행전 2장 32-36절은 사도행전 10장 40-42절과 마찬가지로 이 개념을 설명했다. 예수님께서는 다시 살아나시어 하나님의 오른편에 세움 받으시고, 하나님 옆에서 통치하신다. 바울이 부활에 대해 말할 때 연설은 중단된다. [*pistis*, *parechō*]

17:32. 어떤 사람들은 조롱했다(Some mocked, *echleuazōn*) – 이 동사는 '조롱하거나 비웃다'라는 뜻이다(BAGD, 882, 1, BDAG, 1085, 제2 마카비 7:27, 제4 마카비 5:22, 솔로몬의 지혜서 11:14). 이것은 바울의 메시지를 거절했다는 암시다. 이 단어는 신약 가운데 여기에서 단 한번 사용된다. 모든 사람이 다 거절한 것은 아니었다. 그 가운데 일부는 바울의 말을 다시 들을 의사를 갖고 있었다. 믿은 사람들의 명단이 34절에 기록되어 있다(아레오바고의 관리 디오누시오 다미리라 하는 여자와 또 다른 사람들). 따라서 바울의 연설에 대한 반응은 두 가지였다. [*chleuazō*]

18:1. 고린도(Corinth, *korinthon*) – 고린도는 아덴에서 서쪽으로 약 64킬로미터 떨어진 곳에 있으며, 그리스의 중심지이며 매우 번창하는 도시였다. 이 도시는 지중해 바다로 향하는 동쪽과 서쪽의 교차 지점에 위치했다. [*korinthos*]

18:2. 유대인들에게 로마를 떠나라(Jews to leave Rome, *Ioudaious apo tēs Rhōmēs*) – 글라우디오 황제가 유대인들에게 평화를 해친다는 이유로 로마를 떠날 것을 명령했기 때문에 브리스길라와 아굴라는 로마를 떠날 수밖에 없었다. 이것은 크레스투스(Chrestus)의 선동으로 폭동을 일으켰던 유대인들을 로마에서 강제 추방한 A.D. 49년의 칙령으로 보인다. 아마도 크레스투스는 예수 그리스도를 암시하는 것 같다(Suetonius, *Life of Claudias* 25, Witherington에서는 이 칙령의 배경을 충분히 논의하고 있다[593-594]). 이것은 아굴라와 브리스길라 두 사람이 로마에 있을 때부터 그리스도인이었음을 말하는 것일 수도 있다. [*Ioudaios*, *Rhōmē*]

18:6. 너희 피(Your Blood, *to haima hymōn*) – 바울은 지금 유대인 청중들의 행동을 비판하고 있는 중이다(겔 33:4-5). 피는 환유적 표현으로 생명을 가리킨다. 이 표현은 고린도 사람들이 자신들의 생명에 대한 책임을 하나님 앞에서 져야 한다는 뜻이다. [*haima*]

이방인에게로(To the Gentiles, *eis ta ethnē*) – 바울이 유대인들을 전적으로 포기한 것은 아니다. 왜냐하면 그는 로마(행 28:17-24)와 다른 곳에서 계속해서 유대인들을 만나게 될 것이기 때문이다. 사도행전 13장 46절과 마찬가지로 바울은 이제부터 이방인에게 초점을 맞출 것이다(행 13:46의 논의를 참고하라). [*ethnē*]

18:9. 환상(Vision, *di horamatos*) – 하나님께서는 다시 환상을 통해서 바울을 극적으로 이끄신다. 그리고 바울의 복음 전파를 격려하기 위해 고린도에서 많은 사람들이 믿게 될 것이라고 말

씀하신다(10절). 사도행전 11장 5절의 이 용어에 대한 논의를 참고하라. [*horama*]

18:12. 갈리오(Gallio, *Galliōnos*) – 아가야의 총독인 이 사람에 관해서는 많은 정보가 있다. 그는 스토아 철학자인 세네카(Seneca, B.C. 4년–A.D. 65년)의 아들이었다. 그는 사람들에게 인기가 있었지만 반셈족주의자로 유명했다(Seneca, *Naturales Quaestiones, 4a, Preface,* 11, Dio Cassius, *History of Rome* 61.35, Witherington, 551). 그는 열병 때문에 고린도를 떠나야 했기에 고린도 총독으로 그리 오래 있지는 않았다(Seneca, *Epistilae Morales* 104. 1). 우리는 그가 A.D. 51–53년에 고린도에 있었을 것이라고 추정할 수 있으며, 사도행전의 시대를 더 잘 이해하는 데 도움이 된다. [*Galliōn*]

18:13. <u>율법</u>에 반대하다(Contrary to the <u>Law</u>, *para ton nomon*) – 바울에 대해 불평하던 유대인들은 바울이 율법을 어겼다고 고발했다. 갈리오는 이런 종교적인 문제들은 자신과 아무런 관련이 없다고 판단한다. 그 문제들은 로마가 아니라 유대의 율법과 관련이 있다. 갈리오는 범죄와 사회적 동요에만 관심을 가질 뿐이다. 따라서 그는 바울을 정죄하기를 거절한다. 지금 누가는 그리스도인들이 법적으로 로마에 위협이 되지 않았다는 것을 설명하고 있는 중이다. 이 논쟁은 유대교, 율법 그리고 히브리 성경으로까지 소급되는 쟁점들과 관련이 있다. [*nomos*]

18:17. <u>때리다</u>(<u>Beat</u> him, *etypton*) – 이 용어는 사적인 폭력 행사를 가리킨다. 갈리오는 그 일을 상관하지 않았다. 이것은 로마의 통치에 아부하는 일과는 상관없는 일이었다. 회당장 소스데네가 믿었다는 사실은 바울이 고린도에서 영향력이 있었다는 증거다. [*typtō*]

18:18. 겐그레아(Cenchreae, *Kenchreais*) – 항구 도시로서 고린도에서 남동쪽으로 약 11킬로미터 정도 떨어져 있다. [*Kenchreai*]

서원하다(Vow, *euchēn*) – 바울이 머리를 깎은 것은 하나님 앞에서 했던 서원과 관련 있다. 이 서원의 내용이 무엇인가에 대해서는 알기가 어렵지만, 나실인의 서원이었을 가능성이 크다(민 6:1–21). 또 하나의 견해는 이 서원을 특별서원으로 보는 것이다. 바울은 하나님의 보호에 감사하는 의미에서 이렇게 했을 수도 있다(Witherington, 557). 만약 이것이 나실인의 서원이었다면 율법과 전통을 따르기 위해서 바울은 예루살렘에서 희생 제물을 드림으로써 이 서원을 마무리할 필요가 있었을 것이다(*m Nazir* 3.6, 5:4). 바울이 고린도전서 9장 20절에서 유대인의 관례를 준수한 이유를 설명하고 있기 때문에 이 서원이 바울답지 않은 행동은 아니다. [*euchē*]

18:19. 에베소(Ephesus, *Epheson*) – 헬라의 중심 도시로서 이방의 유명한 여신들 가운데 하나인 아데미(Artemis)의 신전이 있었던 곳이다. 하지만 바울은 자신이 예전에 섬겼던 교회들을 방문하기 위해 안디옥으로 다시 가기를 원했기에 에베소에 오래 머문 것 같지는 않다(23절). 누가는 사도행전 19장에서 바울이 에베소에 되돌아온 것을 말하고 있다. 이 도시는 에게 해 연안에 위치했으며, 오늘날은 터키 서부에 있다. [*Ephesos*]

18:22. 안디옥(Antioch, *Antiocheian*) – 바울이 안디옥에 돌아오는 것으로 사도행전이 기록하고 있는 2차 선교 여행(15:36–18:23)이 끝난다. 다음 구절에는 에베소에서의 아볼로의 사역을 간단하게 다룬 후에 3차 여행의 시작을 묘사한다. [*Antiocheia*]

18:24. 아볼로(Apollos, *Apollōs*) – 알렉산드리아 출신의 웅변가로 믿는 유대인이었다. 본문은 그를 '언변이 좋고' 성경에 능통한 사람으로 묘사하고 있다. 그의 이름은 신약에 자주 등장한다(행 19:1, 고전 1:12, 3:4–6, 22, 4:6, 16:12, 딛 3:13). [*Apollōs*]

18:25. 열심히(Fervent, *zeōn*) – 이 용어는 열광적인, 흥분한 혹은 '열중하는' 어떤 사람을 묘사한다(BAGD, 337, BDAG, 426, '대단한 열심을 가지고 말했다', NLT). 이 용어는 문자적으로 '끓어오르다'라는 뜻이다(Josephus, *Ant*. 13.345). 그러나 이것은 보통 긍정적인 감정을 나타내는 데 사용되고 있다. 신약에서 로마서 12장 11절에 다시 한 번 사용되며, 거기에서도 긍정적인 의미로 사용된다. [*zeō*]

18:26. 설명했다(Explained, *exethento*) – 이 단어는 '자세하게 설명하다', 또는 '다른 사람을 어떤 것으로 채우다'라는 의미다(BAGE, 245, 2, BDAG, 310, 2). 여기에서 브리스길라와 아굴라는 요한의 세례만 알고 있는 아볼로에게 성령의 선물에 대해 말해줌으로써 세례에 대한 이해를 한 단계 높여준다(행 19:2 참고). 그 결과 아볼로는 복음에 대해 훨씬 더 정확하게 이해하게 되었다. 브리스길라와 아굴라는 다른 사람이 없을 때 아볼로를 가르쳤다. 이것은 사역자들 모두가 하나님께서 행하신 일에 대해 전부 다 알지는 못했지만 그들의 사역이 효과적이었으며, 열린 마음으로 가르침을 받았다는 것을 보여준다. 이 동사는 사도행전에만 나오며, 세 곳에서의 용례는 여기와 동일한 의미를 지닌다(11:4, 18:26, 28:23). 이 동사의 또 하나의 가능한 의미는 '어떤 것을 버리다, 또는 폭로하다'이다(행 7:21). [*ektithēmi*]

18:27. 아가야(Achaia, *Achaian*) – 이 지역은 서쪽, 즉 에게 해 건너편에 위치했으며, 고린도와 아덴이 이 지역에 속했다. [*Achaia*]

18:28. 반박했다(Refuted, *diakatēlencheto*) – 이 동사는 사도행전에서 여기에만 나온다. 이것은 '어떤 사람을 논쟁에서 이기다'라는 의미다(BAGD, 184, BDAG, 229). 아볼로는 유능한 연설가였음이 분명하다. [*diakatelenchomai*]

19:2. 성령이 계심을 결코 듣지 못했다(Never heard that there is a Holy Spirit, *all oud ei pneuma hagion estin ēkousamen*) – 이 말은 요한의 제자들이 성령께서 계심을 알지 못했다는 의미는 아닐 것이다. 왜냐하면 세례 요한이 성령의 오심에 관해 말한 적이 있기 때문이다(눅 3:15–16). 이보다는 하나님의 성령께서 오셨다는 것을 들어본 적이 없다는 뜻이다. 실제로 바울은 4절에서 세례 요한이 자신의 제자들에게 예수님을 따르라고 말했다는 것을 강조한다. 누가복음 3장 15–16절에서 메시아께서 성령으로 세례 주실 것을 말할 때 바로 이 점을 암시했다. [*akouō*, *pneuma +hagios*]

19:4. 오시는 이를 믿다(Believe in the one who is to come, *eis ton erchomenon met auton hina pisteusōsin*) – '오시는 이'를 믿으라는 바울의 요청은 누가복음의 여러 본문들을 생각나게 한다(3:15–16, 7:20–23, 13:35, 19:38). [*erchomai*]

19:6. 그들에게 안수했다(Laid hands on them, *epithentos…tas cheiras*) – 이것은 사도들이 사도행전 8장에서 성령이 임하게 한 것처럼 바울도 그렇게 했다는 하나의 사례다. 이 구절은 바울의 사역을 베드로와 요한의 사역과 비교함으로써 바울의 활동이 중요하다는 것을 암시한다. [*epitithēmi, cheir*]

19:9. 완고한(Stubborn, *esklērynonto*) – 이 동사는 실제로 '어떤 일에 대해 마음이 굳어지다'라는 뜻이며, 따라서 이것이 감정과 연관될 때 고집 부리는 것을 말한다(BAGD, 756, 2, BDAG, 930). 구약에서 이 표현은 바로와 관련이 있다(출 8:15, 9:35). 신약에서 가끔 사용하고 있는데, 항상 동일한 의미를 갖는다(히 3:8, 13, 15, 4:7, 롬 9:18). 유대인들은 하나님의 나라에 관한 바울의 메시지를 거절했다. 그러자 바울은 두란노 서원으로 자리를 옮긴다(9절, BAGD, 830, BDAG, 1020–21). [*sklērynō*]

19:11. 특별한(Extraordinary, *tychousas*) – 이 용어는 보통 '어떤 것을 경험하다' 혹은 '어떤 일이 발생하고 있는'이란 뜻이다(BAGD, 829, 2d, BDAG, 1019). 하지만 이것은 때로 일반적인 경험을 벗어난 것을 가리키며, 여기서는 바울이 행한 기적들이 특별했다는 뜻이다(행 28:2 참고). [*thychanō*]

19:12. 그의 몸에서 가져갔다(Carried away from his body, *apopherethai apo tou chrōtos*) – 마술을 보는 것과 같은 느낌을 주는 이 본문은 바울의 특별한 능력을 강조하고 있다. 바울의 몸에 걸쳤던 손수건과 앞치마를 가져다가 병자들에게 얹으면 그들이 치유되었다. 예수님(막 5:27–43, 6:56)과 베드로(행 5:15)도 이와 비슷한 기적들을 행했다. 여기에서 말하는 손수건은 머리에 둘렀던 땀받이용 띠를 가리킨다(Polhill, 401). [*apopherō, chrōs*]

19:13. 유대인 엑소시스트들(Jewish exorcist, *Ioudaiōn exorkistōn*) – 에베소는 혼합주의가 성행한 도시였다. 유대인 엑소시스트가 사도행전 8장에서 마술사 시몬이 했던 것과 같은 방식으로 바울과 경쟁하려고 했다. 에베소의 마술사들과 귀신 축출은 매우 유명했다(Wi therington, 580, Josephus, *Ant*, 8.42–49). 보통 귀신 쫓는 일을 행할 때 정확한 이름이나 능력 있는 이름을 사용하는 것이 중요했으며, 유대인 엑소시스트들은 바로 이 일을 하고 있었다. 이상한 점은 그들이 바울의 복음을 믿지 않으면서도 복음의 능력은 이용하려 했다는 것이다. [*Ioudaios, exorkistēs*]

19:15. 너희는 누구냐(Who are you, *tines este*) – 귀신들은 자신들이 스게와의 아들들을 알지 못한다고 인정한다. 귀신들의 이 질문은 귀신의 세계에 관해 누가 합법적인 권세를 갖고 있는지

를 보여준다. 그는 바로 유대인 엑소시스트들이 아니라 바울이다. [*tis, eimi*]

19:17. 찬양했다(Extolled, *emegalyneto*) – 스게와의 아들들에게 일어난 일을 전해들은 모든 에베소 사람들은 주 예수 그리스도의 이름을 찬양했다(BAGD, 497, 2, BDAG, 623, 2, 행 10:43, 5:13, 눅 1:46). [*megalynō*]

19:19. 그것들을 불태웠다(Burned them, *katekaion*) – 마술이 성행한 이 도시에서 마술을 거부하고 책들을 모아 불태운 것은 믿게 된 많은 사람들에게서 나타난 변화에 관한 중요한 진술이다. [*katakaiō*]

은(Silver, *argyriou*) – 책들을 불태운 것은 금전적인 손해이기도 했다. 그 책들의 가치가 은 오만에 달했다는 것은 중요한 사실이다. '드라크마'는 로마의 화폐 단위로서 노동자의 하루의 품값을 뜻하는데, 은 오만은 노동자가 137년 동안 하루도 쉬지 않고 일한 임금에 해당한다(BDAG, 128, 2c, BAGD, 105,2c). [*argyrion*]

19:21. 로마(Rome, *Rhōmēn*) – 이곳에서부터 사도행전의 마지막 단락이 시작된다. 이 책은 로마에서 끝난다. 그러나 바울은 먼저 예루살렘으로 가야만 했다. [*Rhōme*]

19:22. 돕는 사람들(Helpers, *diakonountōn*) – 여기에서 디모데와 에라스도는 바울의 '일꾼들'로 묘사되고 있다. 여기에서 일꾼이란 돕거나 봉사하는 사람을 가리킨다(BAGD, 184, 2, BDAG, 229–30). [*diakoneō*]

19:23. 소동(Stir, *tarachos*) – 사도행전 12장 18절에서 사용된 적이 있는 이 용어는 사회적 소요를 가리킨다. 이 용어는 신약에서 단 두 번 사용된다(70인경은 삼상 5:9에서 이 용어를 사용한다). [*tarachos*]

19:24. 아데미(Artemis, *Artemidos*) – 이 여신은 에베소 사람들이 섬기던 풍요의 여신이었다. 본문이 암시하는 것처럼 에베소에서는 모든 영업 활동이 이 신상을 중심으로 이루어지고 있었다. 소아시아 지역 곳곳에서 이 여신을 숭배했으며, 에베소는 그 숭배의 중심지였으므로 에베소에서 가장 인기가 있는 것이 바로 이 여신이었다(BAGD, 110, BDAG, 135). 에베소에서는 종교적 영업 활동이 보장되었으며, 이것이 바로 데메드리오 같은 은장색이 그곳에서 사업을 한 이유였다. 그는 은으로 여신의 신전(naous)의 모형을 만들었다. 새 신앙과 우상과의 만남 그리고 그 우상에 대한 도전은 사도행전의 주제다. 에베소에서 아데미가 인기를 얻게 된 유래에 대해서는 하늘로부터 떨어진 돌에 대한 전설을 언급하고 있는 35절을 참고하라. [*Artemis*]

19:26. 손으로 만든 신들은 신이 아니다(Gods made with hands are not gods, *ouk eisin theoi hoi dia cheirōn ginomenoi*) – 사도행전 17장 29절에서처럼 우상들의 신성이 이 논쟁의 핵심 주제다. 바울은 우상 숭배가 생존 방식이었던 많은 헬라 사람들에게 우상 숭배를 버릴 것을 권유했다. 데메드리오가 우상 숭배가 제공한 영업 활동으로 이익을 얻었던 사람들을 규합하여 도움을 받고자 시도할 정도로 우상 숭배가 이교도들의

종교적 영업에 미치는 영향은 중대했다. [*theos, cheir*]

19:27. 무시당하다(Deposed, *kathaireisthai*) – 여신의 위대함은 사라질 것이다. 이 동사는 '어떤 것을 아래로 가져가다'혹은 '없애다'라는 뜻이다(BAGD, 386, 2b, BDAG, 488, 2b, 신 28:52, 왕상 19:14, 시락서 10:14). 은장색이 보기에 아데미의 고상한 명예가 흔들리고 있었다. [*kathaireō*]

19:29. 혼란(Confusion, *synchyseōs*) – 이것은 시민 봉기로 인한 큰 소동을 가리킨다(BAGD, 775, BDAG, 954). 이것은 신약에서 이 용어의 유일한 사용이다. 70인경의 창세기 11장 9절의 바벨이란 이름에서 '혼란'을 뜻하는 이 용어가 사용되고 있다는 점이 매우 흥미롭다(삼상 14:20 참고). [*synchysis*]

19:32. 분란(Confusion, *sunkechymenē*) – RSV에서 '혼란'으로 번역되고 있는 이 용어는 29절의 용어와는 다른 것이다. 이것은 '뒤섞이다' 또는 '당황하게 되었다'라는 뜻이다(BAGD, 775, BDAG, 953). 사람들은 바울이 표명한 입장에 대해 어떻게 대응해야 할지 알지 못했다. 이 동사 또한 창세기 11장 7, 9절의 바벨에 대한 논의에서 등장하고 있다는 점이 매우 흥미롭다(제2 마카비 10:30 참고). [*syncheō*]

19:34. 유대인(A Jew, *Ioudaios*) – 에베소 사람들은 유대인인 알렉산더까지도 아데미에 찬성하는 사람이 아니라는 이유로 말하는 것을 허락하지 않았다. [*Ioudaios*]

19:35. <u>하늘에서 내려온</u> 돌(Stone <u>fallen from the sky</u>, *diopetous*) – 이 문구는 '하늘에서 떨어졌다'라는 뜻이며, 제우스에게서 내려온 거룩한 표적들로 여겨졌던 운석들에 대한 언급이다. 서기장의 말은 아데미가 에베소에서 대단하게 숭배되었던 이유를 설명해준다(BAGd, 199, BDAG,250–51). [*diopetēs*]

19:36. 부인할 수 없다(Cannot be contradicted, *anantirrētōn*) – 이 용어는 부인할 수 없는 어떤 일을 가리킨다(BAGD, 58, BDAG, 68–69). 서기장은 기적적인 일들이 전에도 아데미를 위해 발생한 적이 있기 때문에 사람들에게 당황하지 말라고 요구한다. 이 논증은 사도행전 5장 33–39절에서의 가말리엘의 논증과 유사하다. 아데미가 참으로 여신이라면 그때 에베소 사람들은 여신의 종말에 관해 걱정할 필요가 없다. 하지만 우상들이 실제로 아무런 능력이 없다면 우상에 대한 신앙을 어떤 방식으로든 표현해서는 안 된다. 아데미를 신봉했던 사람들에게 서기장의 이러한 논증은 설득력 있었을 것이다. [*anatirrētōs*]

19:38. 고소(Complaint, *logon*) – 이 용어의 전문적인 의미는 '어떤 사람에 대해 고소를 제기하다'이다. 서기장은 사람들에게 소요를 일으키지 말고 공식적인 소송을 하라고 부탁한다. 39–41절이 보여주는 것처럼 그들을 서기장의 말에 귀를 기울인다. [*logos*]

19:40. 소요를 일으키다(Rioting, *staseōs*) – 서기장은 바울과 다른 사람들이 직접적으로나 물리적으로 여신을 반대하는 행동을 했다는 어떤 직접적인 증거가 없기 때문에 오히려 시민들이 로마에 의해 소요죄로 체포되지 않을까 걱정했다(37절, Polhill, 413). [*stasis*]

20:1. 마게도냐(Macedonia, *Makedonian*) – 이 지역은 오늘날의 그리스 북부에 위치한다. [*Makedonia*]

20:3. 공모(Plot, *epiboulēs*) – 이것은 사도행전에서 등장하는 또 하나의 박해 용어다. 어떤 사람에게 해를 가하려는 계획을 뜻하는 용어다(BAGD, 290, BDAG, 368). 이 용어는 신약에서 사도행전에만 나온다(9:24, 20:19, 23:30). 바울 일행의 이름들을 살펴보면 많은 사람들이 헬라파 신자였음을 알게 된다. [*epiboulē*]

20:5. 드로아(Troas, *Trōadi*) – 이 지역은 오늘날 서부 터키로 불리는 에게 해 연안의 동쪽에 위치하고 있으며, 에베소에서 북서쪽으로 약 241킬로미터 떨어져 있다. [*Trōas*]

20:9. 일으켜보니 죽어 있었다(Taken up dead, *ērthēnekros*) – 바울이 강론하는 동안에 유두고가 높은 곳에서 추락하여 죽은 것으로 여겨진다. [*airō + nekros*]

20:10. 생명이 그에게 있다(Life is in him, *hēgar psychēautou en autō*) – 이것은 '영혼'(soul)이라는 용어가 한 사람 전체를 나타내는 또 한 사례다. 바울은 유두고가 죽지 않았다고 사람들을 안심시킨다. 이 장면은 엘리야와 엘리사가 이보다 앞서 생명을 회복시키는 권세를 가졌던 것처럼 바울 역시 그런 권세를 가졌다는 증거다(왕상 17:21–22, 왕하 4:34–35). 이것은 또한 야이로의 딸과 나인성 과부의 아들을 살리신 예수님의 행동과 매우 비슷하다(눅 7:11–17, 8:40–56). [*psychē*]

20:14. 미둘레네(Miletus, *Mitylēnēn*) – 이 해안 도시는 오늘날의 서부 터키 지역인 에게 해 연안에 위치하며, 에베소에서 남쪽으로 약 48킬로미터 거리에 있다. [*Mitylēnē*]

20:16. 예루살렘에 도착하려고 서두르고 있었다(Hastening to be at Jerusalem, *espeuden⋯ eis Ierosolyma*) – 바울은 오순절에 맞추어 예루살렘에 가기 위해 에베소를 그냥 지나친다. 에베소에 들렀다가는 거기에서 지체할지도 모를 것을 우려했던 것 같다. 밀레도는 예루살렘에서 약 981킬로미터 떨어진 곳에 있었다. [*speudō*]

20:17. 장로들(Elders, *presbyterous*) – 에베소 교회에 장로들이 있는 것으로 보아 바울이 에베소를 떠나기 전에 교회와 교회의 지도자들을 구성했다는 것을 알 수 있다. 이 장로들은 교회를 목양하고 이끄는 책임을 졌을 것이다. 이들을 향한 연설은 사도행전에서 신자들을 대상으로 행한 유일한 연설이다. [*presbyteros*]

20:19. 시련들(Trials, *peirasmōn*) – 이 용어는 바울이 경험한 모든 박해를 한마디로 표현한 것

이다. 그는 주를 섬기는(*douleuōn*) 동안에 많은 '시련들'을 겪었으며, 자신의 편지들에서 종종 자신을 노예로 칭하고 있다(롬 1:1). 바울은 환난이 예수님을 믿는 일의 일부라고 이미 교회들에 경고했다(행 14:22). 교회가 몇몇 사람들의 강한 반대에 직면했다는 사실은 그리 놀라운 일이 아니다. [*peirasmos*]

20:20. 위축되지 않았다(Did not shrink, *hypesteilamēn*) – 이 동사는 '뒤로 물러서다'라는 뜻이다. 바울은 교회를 가르치는 일에 관해 겁을 내지 않았으며, 두려움으로 인해 뒤로 물러서지도 않았다(BAGD, 847, 2c, BDAG, 1041, 2b). 이 동사는 사도행전 20장 27절에 다시 나온다. 거기서도 바울은 꺼리지 않고 하나님의 뜻을 다 전했다고 선언한다. 바울은 교회가 복음 전파로 인해 생겨날 수도 있는 박해에 대비하기를 원했다. [*hypostellō*]

유익한(Profitable, *sympherontōn*) – 이 용어는 '더 나은 것을 하다', '은혜를 베풀다' 또는 '유익한'이란 뜻이다(BAGD, 780, 2b, BDAG, 960, 2b). 바울은 일부 사람들이 부정적인 태도를 보일 때조차도 바르게 가르치려고 노력했다. [*sympherō*]

20:21. 회개와…믿음(Repentance…faith, *metanoian…pistin*) – 이 두 단어의 결합은 바울의 선교를 훌륭하게 요약한다. 바울은 사람들이 하나님께 회개하고 주 예수 그리스도에 대한 믿음을 갖기를 원했다. 바울에게 회개와 믿음은 동전의 양면과 같았다. 회개는 방향의 변화를 나타내며, 믿음은 방향을 완전히 변화시킨 사람들이 예수님을 신뢰하는 것이다. 이것은 유대인들과 헬라인들이 모두 들을 필요가 있는 메시지였다. 바울은 로마서에서도 이 점을 강조한다(3:19–4:25). [*metanoia, pistis*]

20:22. 결박당하다(Bound, *dedemenos*) – 이 비유적 표현은 성령께서 바울을 '포로'로 잡고 계시다는 뜻이다. 성령께서는 바울을 포로로 잡아 예루살렘으로 가게 하셨다. 바울은 예루살렘에서 어떤 일을 당할지 몰랐다. 이 예고는 불길한 느낌을 준다. 왜냐하면 바울은 예루살렘에서 체포되어 로마를 향한 마지막 여행을 시작하게 될 것이기 때문이다. 사도행전 20장 23절을 보면, 예루살렘에서 결박들과 환난들(이 용어들이 복수형임을 유의하라)이 바울을 기다리고 있다고 성령께서 말씀하신다. [*deō*]

20:24. 나의 행로를 <u>완성</u>할 수만 있다면(If only I may <u>accomplish</u> my course, *hōs teleiōsai ton dromon mou*) – 바울은 복음을 전파하는 일이 자신의 삶에서 가장 중요하다고 설명한다. 그는 자신의 생명은 복음을 전파하는 일에 비하면 결코 중요한 것이 아니라고 말한다. 그는 또한 자신의 일을 완료하거나 완성해야 할 필요가 있는, 행로가 있는 경주(*dromos*)에 비교한다. '경주' 혹은 '정해진 행로'를 뜻하는 이 용어는 신약에 3회 나온다(행 13:25, 딤전 4:7) [*teleioō, dromos*]

20:26. 깨끗한(Innocent, *katharos*) – 이 용어는 제의적으로 정결하게 드려진 예배 행위를 나타낸다. 바울이 여기에서 사실상 사람들의 생명('피')과 관련하여 자신은 '깨끗하며' 또는 '책임

이 없다'고 말한다(마 5:8, 시 23:4[70인경의 시 24:4]). 바울은 정결과 예배란 말을 중요하게 생각한다. 왜냐하면 하나님을 향한 올바른 반응을 다루는 것이 바울의 사명이기 때문이다. 그의 사역은 성실하게 수행된 예배 행위다. [*katharos*]

20:27. 하나님의 모든 조언(Whole counsel of God, *pasan tēn boulēn tou theou*) – 이 용어는 하나님의 뜻을 가리키며, 사도행전에 자주 나온다(2:23, 4:28, 13:36, 히 6:17, 엡 1:11, 눅 7:30). 바울은 복음을 전파하기 위해 하나님의 계획의 모든 측면들에 유념했던 것처럼 보인다. 은혜의 아름다움과 박해의 가능성이 교회를 기다리고 있었다. [*boulē*]

20:28. 감독자들(Overseers, *episkopous*) – 장로들의 중요한 역할은 감독, 즉 양 떼를 돌보고 인도하는 것이다. 장로들은 자기 자신과 교회를 잘 돌볼 필요가 있다. 감독의 개념은 보통 관리자나 보호자의 개념과 연관이 있었다(이 단어의 다른 용법들은 빌 1:1, 딤전 3:2, 딛 1:7에서 볼 수 있다, BAGD, 299, 2, BDAG, 379, 2). [*episkopos*]

교회를 보살피다(To care for the church, *poimainein tēn ekklēsian*) – 이 동사는 '양을 치다'라는 뜻이다. 장로는 목자가 자신의 양을 돌보는 것과 같이 교회를 돌본다. 장로는 보호하고 다스리며 돌보는 일을 한다(BAGD, 683, 2aβ, BDAG, 842, 2). 에스겔 34장에선 목자의 역할을 제대로 하지 않는 사례를 설명하고 있다. 목자 개념에 대한 긍정적인 사례들이 바울의 목회서신(디모데전후서, 디도서)에서 발견된다. 베드로전서 5장 2절에선 이 이미지를 다시 한 번 명확하게 사용하고 있다. [*poimainō*]

그 자신의 피로 얻은(Obtained with the blood of the his own, *hēn peripoiēsato dia tou haimatos tou idiou*) – 이 문구는 하나님께서 교회를 세우기 위해 지불하신 값을 강조한다. 하나님께서는 자신의 생명('피'는 생명, 즉 *haimatos*를 뜻하는 환유적 표현이다)으로 교회를 '사셨다'(*peripoieō*). 이 구절에서는 아들에 대해 분명하게 말하지 않는다. 오히려 교회를 얻기 위해 그 자신, 즉 아들을 주시는 하나님에 대해 말하고 있다. 이것은 아브라함이 이삭을 기꺼이 바쳤던 것과 비슷하다. 여기에서만 하나님께서는 다른 사람들의 유익을 위해 제물을 가져오신다. 교회는 하나님께서 피로 사신 것이기 때문에 교회를 감독하는 장로들의 책임이 매우 크다. [*peripoieō, haima, idios*]

20:29. 사나운 이리들(Fierce wolves, *lykoi bareis*) – 바울은 박해자들을 사납고 위험한 이리들에 비교한다. 그들은 양을 먹어치움으로써 양떼를 없애버리려고 한다. 감독자들은 양을 지키기 위해 이리들에 대비를 할 필요가 있다. 양을 지키는 것이 감독자의 가장 핵심적인 특성이다. 예수님께서는 이리들의 위협에 대해 말씀하셨다(마 7:15, 10:16, 눅 10:3, 요 10:12). [*lykos, barys*]

20:30. 어그러진(Perverted, *diestrammena*) – 이 용어는 '어떤 것을 빗나가게 하다, 또는 찌그러뜨리다'라는 뜻이다(BAGD, 189, 1b, BDAG, 237, 2, 행 13:10, 빌 2:15, 잠 10:9, 11:20). 이것은 똑바르고 참된 어떤 것과 대조된다. 바울은

거짓 교사들이 제자들을 하나님의 진리로부터 멀어지게 할 것이라고 경고한다. [*diastrephō*]

끌어내다(To draw away, *apospan*) – 이 동사는 '어떤 장소에서 끌어내다'라는 뜻이다(BAGD, 98, 2, BDAG, 120, 2). 이것은 어떤 사람을 가지 말아야 할 방향으로 잡아당기는 것을 나타낸다(눅 22:41, 행 21:1). 이리들의 가르치는 목적은 사람들을 하나님의 바른 길에서 벗어나게 하고, 하나님에 대한 충성심을 버리게 하는 데 있다. [*apospaō*]

20:31. 조심하다(Be alert, *grēgoreite*) – 바울은 마지막으로 양을 지키는 목자처럼 깨어 주의하라고 부탁한다(고전 16:13, 벧전 5:8). [*grēgoreō*]

훈계하다(Admonish, *nouthetōn*) – 이 동사는 '훈계하다, 경고하다'라는 뜻이다(BAGD, 544, BDAG, 679, 고전 4:14, 살전 5:12). 바울은 눈물을 흘리면서까지 장로들에게 깨어 있을 것을 거듭 촉구함으로써 자신의 책임을 이행한다. 마지막으로, 바울은 편안한 마음으로 그들을 하나님의 돌봄과 은혜에 부탁한다(32절). [*noutheteō*]

20:32. 부탁하다(Commend, *paratithemai*) – 이 동사는 '어떤 사람 앞에 무엇을 놓다'라는 뜻이다(BAGD, 623, 2bβ, BDAG, 772, 행 14:23, 벧전 4:19). 바울은 하나님께 제자들을 돌보고 보호하실 것을 부탁하고 있다. [*paratithēmi*]

기업(Inheritance, *klēronomian*) – 사람이 하나님의 은혜의 약속(또는 말씀) 안에 머물 때 하나님께서 하나님의 것으로 구별하신 사람들에게 주시는 기업에 참여하게 된다. 이들 상속자들은 32절에서 '거룩하게 하심을 입은'(*hēgiasmenois*) 자들로 묘사된다. 바울은 또한 은혜가 믿음 안에 있는 사람들을 든든하게 세울 수 있다고 말한다. 이 문맥에서 기업은 '초자연적 구원'을 가리키며, 그 구원은 은혜에 근거한 복음의 결과다(BAGD, 435, 3, BDAG, 548, 3, 벧전 1:4). [*klēronomia*]

20:34. 손으로 <u>일했다</u>(Hands <u>ministered</u>, *hypēretēsan hai cheires autai*) – 이 동사는 '봉사를 제공하다'라는 뜻이며, 신약에서 사도행전에만 나온다(BAGD, 842, BDAG, 1035, 행 13:36, 24:23). 바울은 사역을 하면서 경제적으로 어떤 사람에게 의지한 적이 없다는 것을 피력한다. 그는 다른 사람이 가진 것을 탐낸 적이 없으며(33절), 필요한 돈은 자기의 손으로 벌어서 사용했다. [*hypereteō*]

20:35. <u>약한 사람</u>을 <u>당연히 도울 의무가 있다</u>(<u>Must help</u> the <u>weak</u>, *dei antilambanesthai tōn asthenountōn*) – 여기에서 바울은 약한 사람을 돕고 그들에게 관대해야 할 도덕적 의무를 제기한다. 이 구절은 복음서 외에 예수님의 말씀을 직접 인용하고 있는 소수의 본문들 가운데 하나다. 여기에서 '약한'이라는 용어는 가난한 자와 병든 자를 가리킨다(행 9:37, 19:12). 다른 문맥들에서 이 용어는 '힘이 부족해서 괴롭힘을 당하는 사람'(고후 12:10)이나 '특별하게 예민한 양심의 소유자'(롬 14:2, 고전 8:12)를 의미할 때도 있다. [*dei, antilambanō, astheneō*]

20:38. 슬퍼하며(Sorrowing, *odynōmenoi*) – 이 동사는 '고통을 겪다'라는 뜻을 갖고 있다(BAGD, 555, 2, BDAG, 692, 사 53:4, 마리아와 요셉이

예수님을 찾아다닐 때의 고통—눅 2:48, 부자의 지옥에서의 고통—눅 16:24). 이 문맥에서 이 용어는 감정적 고통을 가리킨다. 따라서 장로들은 다시 보지 못할 것이라는 바울의 말을 듣고 그것이 하나님의 뜻인 줄을 알면서도 감정적인 고통에 빠져들었다. [*odynaō*]

21:1. 우리가 갔다(We came, *ēlthomen*) – 1인칭 복수('우리')의 사용은 사도행전의 이 단락에서 누가가 바울과 함께 동행하고 있다는 것을 암시한다. 사도행전에는 이런 단락이 모두 네 개다(행 16:10–17, 20:5–25, 21:1–18, 27:1–28:16). [*erchomai*]

21:3. 두로(Tyre, *Tyron*) – 이 도시는 예루살렘으로 가는 길에 들르는 여러 정박지들 가운데 마지막 항구였다(21:1–3). 두로는 지중해 동쪽 연안에 위치하고 있었으며, 예루살렘에서 약 161킬로미터 거리에 있다. [*Tyros*]

21:4. <u>성령</u>으로 말미암아(Through the <u>Spirit</u>, *dia tou pneumatos*) – 이 구절에서 다른 신자들이 바울의 안전을 걱정하여 예루살렘에 가지 말라고 간청하는 장면이 시작된다. 비슷하면서도 조금 더 상세한 사건이 사도행전 21장 11–14절에 나온다. 마치 성령께서 바울이 고난 받게 될 것이라고 알려주신 것처럼 보인다. 따라서 신자들은 바울에게 가지 말라고 설득하는 중이었다. 하지만 바울은 설득당하지 않았다. [*pneuma*]

21:7. 돌레마이(Ptolemais, *Ptolemaida*) – 이 항구는 지중해 연안에 위치했으며, 두로에서 남동쪽으로 약 40킬로미터 거리에 있다. [*Ptolemais*]

21:8. 가이사랴(Caesarea, *Kaisareian*) – 바다에 인접해 있는 이 도시는 갈멜 산 남쪽에 위치했다. 헤롯 대왕이 건설한 도시였으며(BAGD, 396, 2, BDAG, 499, 2), 누가는 이 도시를 자주 언급한다(행 8:40, 9:30, 10:1, 24, 11:11, 12:19, 18:22, 21:16, 23:23, 25:1, 4, 6, 13). [*Kaisareia*]

21:9. 결혼하지 않은(Unmarried, *parthenoi*) – 빌립의 네 딸들은 결혼하지 않은 여선지자들이었다. 여기에서는 그들을 처녀라고 지칭함으로써 결혼하지 않은 상태임을 암시하고 있다(BAGD, 627, BDAG, 777). [*parthenos*]

21:11. 허리 띠(Girdle, *zōnēn*) – 이것은 바울의 허리띠를 가리킨다(마 3:4, 막 1:6, 계 1:13, 15:6). 아가보는 바울이 감옥에 갇힐 것을 예언할 때 바울의 허리띠를 가져다가 수족을 매었다. 유대인들은 바울을 감옥에 가둘 것이며, 로마인들의 손에 넘겨줄 것이다. [*zōnē*]

결박하다(Bind, *dēsas*) – 유대인들이 실제로 바울을 결박한다는 뜻이라기보다는 바울이 체포당하도록 유대인들이 원인을 제공할 것이라는 의미에서 이 용어는 원인을 나타내는 용법으로 사용되고 있다(행 21:27–36). [*deō*]

21:13. 죽다(To die, *apothanein*) – 바울은 주 예수의 이름을 위하여 자신의 생명을 기꺼이 내어놓을 수 있다고 말한다. 사도행전 21장 4절의 논의를 참고하라. [*apothnēskō*]

21:14. 주의 뜻(Will of the Lord, *tou kyriou to thelēma*) – 모든 사람은 예루살렘으로 가서 자신의 운명을 따르겠다는 바울의 결정을 주의 뜻으로 받아들인다. 성령께서 바울이 어떤 상황에 직면하게 될지를 말씀해주셨지만(행 20:22–23), 누가의 기록에 바울이 순종하지 않았다는 암시는 없다. [*thelēma*]

21:19. 이방인들 중에서(Among the Gentiles, *en tois ethnesin*) – 사도행전에서 늘 그런 것처럼, 다시 한 번 이방인들 사이에서의 사역이 이 보고의 중심이다(행 11:1, 15:4–11). [*ethnos*]

21:20. 유대인들 중에서 수만 명(Thousands among Jews, *posai myriades eisin en tois Ioudaiois*) – 예루살렘의 신자들은 유대인들 사이에 복음에 대해 눈에 띄는 반응이 있다는 것을 언급한다. 따라서 율법에 대한 유대인의 민감성을 특히 고려할 때, 이제부터 문제는 유대인과 이방인 사이의 관계를 어떻게 다루느냐이다. [*myrias, Ioudaios*]

21:21. 모든 유대인에게…가르치다(Teach…all Jews, *didaskeis…pantas Ioudaious*) – 바울의 가르침과 관련해서 유대인들이 보고 받은 문제는 바울이 유대인들에게 자신들의 관습을 지키지 말고, 모세를 배반하며, 아들들에게 할례를 행하지 말라고 가르친다는 것이다. 이 문제는 이방인과는 관련이 없었다. 율법과 이방인과의 문제는 이미 사도행전 15장에서 다루어졌기 때문이다. 이 문제는 이미 믿음을 갖고 있던 유대인들의 율법의 실천과 관련이 있었다. 예루살렘에서는 새 신자들 사이에서는 선교적인 목적이 없는데도 계속해서 율법을 존중해야 하는가의 문제로 크게 우려하고 있었다. 고린도전서 9장 19–23절은 이 문제에 대한 바울의 가르침의 일부를 보여준다. [*didaskō, Idouaios*]

21:23. 서원(Vow, *euchēn*) – 바울은 성전에서 유대인 네 사람의 서원에 함께 참여할 것을 요청받았다. 바울은 이미 나실인의 서원을 행한 적이 있으므로(행 18:18) 바울에게 그렇게 불리한 요구가 아니었다. [*euchē*]

21:24. 그들의 비용을 지불하다 (Pay their expenses, *dapanēson ep autois*) – (이방인들이 사는 지역을 여행한 것에 대해) 정결 의식을 행하고, 희생 제물의 값을 지불하며 그리고 머리를 깎는 이 모든 것은 서원의 일환이다. [*dapanaō*]

율법을 지키다(Keep the Law, *phylassōn ton nomon*) – 목적은 바울이 율법을 지키며, 따라서 율법을 존중하고 있다는 것을 증명하는 데 있다. 예루살렘의 사도들은 바울이 율법을 지켜 행한다는 것을 보여줌으로써 바울을 반대하는 유대인 신자들의 주장을 반박하기를 바랐다. [*phylassō*]

21:25. 우리가 (편지를) 보냈다(We have sent, *epesteilamen*) – 유대인들과 이방인들에게 허용된 관습들에 차이가 있던 것이 분명하다. 이방인들에게 우상의 제물과 피와 목매어 주인 것과 음행을 피해야 한다는 예루살렘 회의의 결정들을 상기시키고 있다(행 15장). [*epistellō*]

21:26. <u>만료되었다</u>(Would be <u>fulfilled</u>, *eklērōsin*) – 바울은 여기에서 자신의 서원을 시작한다. 그는 서원 기간을 성전에 신고했을 것이다. 사도행전 21장 27절은 서원이 7일에 걸쳐 진행되었다고 말한다. 바울이 언제 서원을 시작했는가에 대해서는 암시가 없다. [*ekplērosis*]

21:27. <u>아시아</u>로부터(From <u>Asia</u>, *hoi apo tēs Asias*) – 또다시 아시아에서 온 유대인들이 몰래 따라와 바울을 눈여겨보고 있다(행 17:13, 24:18). [*Asia*]

21:28. <u>헬라인들</u>을 성전으로 데려왔다(Brought <u>Greeks</u> into the temple, *Hellēnas eisēgagen eis to hieron*) – 바울은 백성(유대인)과 율법과 성전을 반대하라고 가르칠 뿐만 아니라 헬라인들을 성전으로 데려왔다는 비난을 받는다. 유대인의 신념 체계에 따르면, 이것은 성소를 더럽히는 행위였다. 이 비난은 성전에 대한 유대인의 민감성을 보여준다. 성전의 중요한 지역에 들어가는 것이 이방인들에게 허용되지 않았다(m. *Mid*. 2,3, Josephus, *Ant*. 15.417은 성전에 들어간 이방인들은 사형에 처해졌다고 진술하고 있다). 여인의 뜰 바깥쪽에 세워진 약 1.4미터 크기의 돌 표지판에는 외국인들이 성소에 들어가는 것을 금한다는 경고문이 라틴어와 헬라어로 적혀 있었다. 그 표지판들 가운데 두 개가 발견되었는데, 거기에는 "외국 사람은 누구든지 성전과 그 경내에 들어갈 수 없습니다. 위반을 하다 체포되는 사람은 그로 인해 발생하는 죽음에 대해 자신이 책임을 져야 합니다"라고 적혀 있었다. 사도행전 21장 29절에선 바울이 전에 에베소 사람 드로비모와 교제했기 때문에 이런 비난을 받았다고 말하고 있다. 하지만 드로비모는 바울과 함께 성전에 간 적이 없었다. [*Hellēn*]

21:30. 흥분했다(Was aroused, *ekinēthē*) – 때때로 이 단어는 '어떤 일이 발생하게 하다'라는 뜻으로 사용된다. 여기에서 이것은 감정적으로 자극을 받아 소동을 일으키는 군중들을 가리킨다(BAGD, 432, 2b, BDAG, 545, 2b). [*kineō*]

21:31. 천부장(Tribune, *chiliarchō*) – 바울이 생명의 위협을 받고 있다는 소식이 그 지역의 평화를 유지하도록 파병된 로마 보병대의 지휘관, 즉 천부장의 귀에 들어간다. 군중들은 군대가 나타나자 바울에 대한 매질을 멈춘다. [*chiliarchos*]

21:33. 결박당하다(Be bound, *dethēnai*) – 사도행전 21장 11절에서 예언했던 것처럼 바울은 이방인에 의해 결박되어 갇힌다. [*deō*]

21:34. 소동(Uproar, *thorybon*) – 무리들 가운데 큰 혼란과 소동이 있었다(마 26:5, 막 5:38, BAGD, 363, 1, BDAG, 458, 1). [*thorybos*]

21:37. 헬라어(Greek, *Hellēnisti*) – 천부장은 랍비인 바울의 모국어가 아람어나 히브리어일 것이라고 추측했는데, 바울이 헬라어를 말할 줄 아는 것을 보고 매우 놀란다. 이런 사소한 점까지도 바울이 이방인들을 위해 사역할 준비가 되어 있었다는 것을 보여준다. 바울을 폭동을 일으켰던 다른 애굽 사람(38절)으로 생각했던 것은 천부장의 착각의 일부였다. [*Hellēnisti*]

21:39. 다소(Tarsus, *Tarseus*) – 바울의 고향인 다소는 헬레니즘과 수사학과 스토아 철학의 중심지로 유명했다(Straboo, *Geog*. 14.5–13–15, Witherington, 662–663). 그곳의 인구는 수십만 명에 달했다. 바울은 여기에서 문화인으로 그려지고 있다. [*Tarseus*]

21:40. 히브리어(Hebrew, *Hebraidi*) – 여기에서 언급된 히브리어는 아마도 그 지역에서 주로 사용하는 민족 언어인 셈족의 아람어를 뜻했을 것이다(BAGD, 213, BDAG, 270). [*Hebrais*]

22:1. 변명(Defense, *apoligias*) – 바울이 사도행전에서 하게 될 여러 차례의 변호 연설(또는 '변증' 연설) 가운데 첫 번째 것이다(행 22:1–21, 23:1–11, 24:10–23, 26:1–29). 헬라에서 '변증'은 자신들의 믿음이나 행동의 옳음을 주장하는 변호 연설이다. 사도행전의 뒷부분에는 이런 연설들이 많이 있다. 바울은 예수님에 관해 전파할 때 하나님과 하나님의 약속에 충실했다고 말한다. 비록 기독교가 '새로운' 신앙이기는 하지만 그 역사가 짧은 것은 아니다. 한 종교의 가치는 그 시대와 관련이 있기 때문에 그 문화에서 뿌리내리는 것이 중요하다. 기독교에 대한 이러한 문화적 변호는 사도행전의 핵심 주제들 가운데 하나다. [*apologia*]

22:3. 가말리엘(Gamaliel, *Gamaliēl*) – 바울을 훈련시킨 랍비이며, 사도행전 5장 34절에서 언급되었다(그곳의 논의를 참고하라). [*Gamaliēl*]

엄격한 태도(Strict manner, *kata akribeian*) – 이 명사는 '어떤 일에 관해 엄격하거나 정확한 것'을 의미한다(BDAG, 39). 바울은 율법을 매우 철저하게 준수한 바리새인들 사이에서 자신의 위치를 설명하는 중이다. 이 단어는 신약 가운데 유일하게 여기에서 사용된다. [*akribeia*]

열심 있는(Zealous, *zēlōtēs*) – 바울은 자신을 하나님에 대하여 열심이 있는 자, 즉 충성스럽거나 열광적인 추종자로 묘사한다(갈 1:14, BAGD, 338, 1a, BDAG, 427,1) [*zēlōtēs*]

22:4–5. 내가 박해했다(I persecuted, *ediōxa*) – 바울은 유대인 장로들이 잘 알고 있는 것처럼 자신이 어떻게 '도'(the Way)를 박해하고 사람들을 체포했는지를 간략하게 말한다. 바울 자신에 대한 이 모든 설명은 하나님을 따르는 일에 대한 바울의 열심을 보여준다. 더 많은 사람들을 체포하기 위해 다메섹으로 가는 여행 도중 모든 것이 변화되었다. [*diōkō*]

22:6. 빛(Light, *phōs*) – 사도행전 9장 3절에서 비슷한 용어가 부활하신 예수님의 영광을 묘사할 때 사용되고 있다. 실제로 사도행전 22장 6–11절의 많은 부분이 사도행전 9장 3–8절의 반복이다(그곳의 논의를 참고하라). [*phōs*]

22:8. 나사렛의(Of Nazareth, *ho Nazōraios*) – 이 부분은 사도행전 9장에 나오지 않는다. 바울은 자신에게 나타나신 예수님께서 천사도 아니시고 유령도 아니시며 나사렛에서 살았던 분이라고 묘사한다. [*Nazōraios*]

22:12. 경건한 사람(Devout man, *eulabēs*) – 아나니아를 경건한 사람으로 묘사한 것은 하나님

께서 바울이 자신의 새로운 역할을 깨달을 수 있도록 사용하시는 사람의 인품을 강조하기 위한 것이다(눅 2:25, 행 2:5, 8:2). [*eulabēs*]

22:13. 시력을 회복했다(I received my sight, *aneblepsa*) – 이 표적은 바울이 '빛'으로 돌아온 것을 상징할 수도 있다(행 9:12, 17). [*anablepō*]

22:14. 임명했다(Appointed, *proecheirisato*) – 아나니아는 하나님께서 바울을 선택하셨다는 사실을 긍정하고 있다. 이 부분 역시 사도행전 9장에 나오지 않는다. 그러나 사도행전 9장 15절에서 바울을 하나님의 택하심을 받은 도구라고 말하고 있는데, 이 용어와 비슷한 개념이다. [*pro-echeirizomai*]

의인(The Just One, tou dikaion) – 또다시 예수님께서 '의로우신' 분 또는 '높임을 받으신 분'이라는 사실이 강조되고 있다(행 3:14의 논의를 참고하라). [*dikaios*]

22:15. 증인(Witness, *martys*) – 교회의 박해자였던 바울은 예수님을 만나는 경험을 통해 부활하신 주를 위한 '증인'으로 변화했다. 그는 하나님께서 예수님을 죽은 자 가운데서 다시 살리셨다는 것을 이제 증언할 수 있었다. [*martys*]

22:16. 그의 이름을 불러(Calling on his name, *epikalesamenos*) – 이 믿음의 반응은 주의 이름을 부르는 것으로 묘사되고 있다. 이것은 사도행전 2장 21절에서 처음 사용된 표현이다(그곳의 논의를 참고하라). 이렇게 하나님께 기도할 때 죄를 씻게 된다. [*epikaleō*]

22:17. 황홀(Trance, *ekstasei*) – 사도행전 10장 10절에 나오는 베드로의 보자기의 환상과 마찬가지로(이 환상은 11:5에서도 언급되고 있다) 바울도 황홀 상태에서 주의 지시를 받는다. 하나님께서 직접 말씀하실 때 바울은 의식이 일시 정지된 상태였다(BAGD, 245, 2, BDAG, 309). 바울은 주 예수께서 예루살렘 사람들이 바울의 말을 듣지 않을 것이므로 예루살렘에서 나가라고 지시하셨다고 설명한다(18절). [*ekstasis*]

22:20. 찬성하다(Approving, *syneudokōn*) – 바울은 자신이 스데반의 죽음에 찬성했다고 말한다. 이것 역시 사도행전 8장 1절에서 언급했다. 바울은 자신도 예수님에 관한 유대인의 정서에서 자유로울 수 없었다고 말한다. 그러나 하나님께서는 바울에게 잘못하고 있다는 것을 알려주셨고, 바울은 지금 그 사실을 증언하고 있다. [*syneudokeō*]

22:21. 이방인에게로(To the Gentiles, *eis ethnē*) – 바울에게 중요한 것은 이방인 선교였다. 그가 원해서 그렇게 된 것이 아니다. 하나님께서 이방인들을 섬기라고 직접 명령하셨다. 이방인을 하나님의 약속과 메시지에 포함시키는 것에 불만이 있더라도 바울을 비난해서는 안 된다. 이 사건들에 책임을 지실 분은 바로 하나님이시다. [*ethnē*]

22:22. 살려둘 필요가 없다(Ought not…to live, *ou…zēn*) – 군중들은 이방인들이 메시지의 청중에 포함된다는 바울의 말을 듣고 소동을 일으킨다. 이것은 누가복음 4장 26-30절의 예수님을

향한 반응과 동일하다. 거기서 예수님께서 이방인들이 엘리야와 엘리사의 축복을 받았다고 말씀하시자 회당 안에 있는 사람들이 크게 화를 냈었다. [*zaō*]

22:23. 그들의 옷을 <u>던지고</u>(<u>Throwing</u> their garments, *rhiptountōn ta himatia*) – 이것이 어떤 행동이었는지는 분명하지 않다. 그들이 자신들의 옷을 펼쳐서 흔들었을까, 아니면 그들의 겉옷을 벗어 공중으로 던졌을까? 그들이 옷을 펼쳐서 흔들었거나(Witherington, 675), 옷을 던졌을 것이다(BAGD, 736, 1, BDAG, 906, 1). 이 동사는 보통 '어떤 것을 멀리 던지다'라는 뜻으로 사용된다(출 32:19, 신 9:17). [*rhipteō+himation*]

<u>티끌</u>을 날렸다(Threw <u>dust</u>, *koniorton ballontōn*) – 티끌을 던지는 것은 방금 전해들은 어떤 일에 대한 슬픔이나 분노의 표시다. 이것은 군중들이 하나님을 모독하는 어떤 말을 들었다는 암시다(제2 마카비 4:41). 그들은 자신들이 들은 말들의 소리까지 흔들어 없애는 것으로 묘사되고 있다. [*koniortos*]

22:24. 채찍질하며(By scourging, *mastixin*) – 또다시 바울은 매질을 당할 지경에 처한다. 이번 채찍질은 더 많은 정보를 알아내기 위한 것이다(행 16:22의 논의를 참고하라). 사도행전 16장에서와 달리 이번 매질은 채찍이 사용된 카티가티오(*a catigatio*)다. *mastix*라는 용어는 '매질'을 뜻한다(BAGD, 495, 1, BDAG, 620, 1). [*mastix*]

22:25. 로마 사람(Roman, *Rhōmaion*) – 사도행전 16장에서처럼 바울은 로마 시민인 자신이 이런 대접을 받을 이유가 없다고 말한다. 그는 재판도 받지 않고 채찍질을 당했던 것이다. 백부장은 로마 시민으로서의 바울의 권리를 침해하지 않기 위해 상황을 천부장에게 보고하기로 결정한다(26절). 키케로는 "로마 시민을 결박하는 것은 범죄다. 로마 시민을 미워하여 매질을 하거나 죽이는 것은 살인 행위다"라고 말했다(*Against Verres* 2.5.66). [*Rhōmaios*]

22:28. 돈(Money, *kephalaiou*) – 천부장은 많은 돈을 들여 시민권을 얻었다는 것을 인정한다. 이 용어는 '자본' 혹은 '금액'이란 뜻이다(BAGD, 429–30, 2, BDAG, 541). 이 용어는 신약에서 유일하게 여기에만 이 의미로 사용된다. 바울은 천부장과 달리 나면서부터 시민이었다(28절). 이 구절은 한 개인으로서의 바울의 높은 사회적 지위를 다시 강조한다. 신약에서 이 용어의 유일한 다른 사용은 히브리서 8장 1절이다. 거기서 이 용어는 주장의 '핵심', 즉 요점을 가리킨다. [*kephalaion*]

22:30. 진정한 이유(The real reason, *to asphales*) – 이 용어는 '어떤 것을 확실하게 결정하다'라는 뜻이다(BAGD, 119, 1b, BDAG, 147, 2). 사도행전의 다른 용례들에서 이 단어는 사실을 알 수 없는 어떤 일을 가리킨다(행 21:34, 25:26). 이 용어는 대개 어떤 것을 결정하기 어려운 문맥에서 등장한다. [*asphalēs*]

23:1. 선한 양심(Good conscience, *syneidēsei agathē*) – 바울은 하나님 앞에서 자신의 양심이 깨끗하다는 선언으로 시작한다. 그는 또 한번의

변호 연설을 이 같은 말로 시작하게 될 것이다. 거기서 그는 하나님 앞에서 양심에 거리낌 없기를 힘쓴다고 말한다(행 24:16). 이 두 본문들은 사도행전에서 유일하게 '양심'이란 용어를 사용한다. 바울은 디모데전서 1장 15, 19절에서 선한 양심을 언급한다. [*syneidēsis, agathos*]

23:2–3. 치다(To strike, *tuptein*) – 대제사장의 이 행동은 바울이 말하는 것을 무례하게 여겨 거부했다는 증거다. 바울은 하나님께서 대제사장을 똑같은 방법으로 거부하실 것이라고 선언한다. [*tuptō*]

회칠한 담(Whitewashed wall, *toiche kekoniamene*) – 이 표현은 신약에 단 한번 나온다. 하지만 비슷한 표현이 마태복음 23장 47절에서도 나온다('회칠한 무덤', 겔 13:10). 이 묘사는 일종의 모욕으로 어떤 사람이 겉으로 깨끗한 것처럼 보인다는 뜻이다(BAGD, 443, BDAG, 558). [*toichos, koniaō*]

23:4. 비방하다(Revile, *loidopeis*) – 바울이 대제사장을 질책하는 소리를 들은 사람들은 바울이 율법을 위반했다며 비난한다. 왜냐하면 어느 누구도 백성의 통치자에게 욕을 해서는 안 된다고 율법이 가르치기 때문이다(출 22:28, BAGD, 479, BDAG, 602). 이 동사는 사도행전에서 유일하게 여기에만 사용된다. 이것은 종교적인 논쟁을 뜻하는 일반적인 용어이며, 신약의 다른 곳에서 3회 나온다(요 9:28, 고전 4:12, 벧전 2:23). [*loidopeō*]

23:5. 나는 알지 못했다(I did not know, *ouk ēdein*) – 자신이 대제사장과 말하고 있다는 것을 알지 못했다는 바울의 변명은 많은 논쟁의 대상이 된다. 바울이 자신을 치라는 대제사장의 명령을 듣지 못했든지, 그의 시력이 좋지 못해서 그 명령을 내린 사람이 대제사장인 줄 알지 못했든지 둘 가운데 하나다. 두 번째 견해는 바울을 때리라는 지시가 있었다는 것을 전제하는 것일 수도 있다. [*oida*]

23:6. 소망(Hope, *elpidos*) – 바울은 자신의 메시지가 약속과 성취에 대한 유대인의 소망과 일치한다고 주장한다. '소망'이란 용어는 사도행전에 8회 나온다(2:26, 16:19, 24:15, 26:6–7, 27:20, 28:20). 바울이 자신의 메시지를 설명하고 있는 사도행전의 끝부분에서 이 용어를 얼마나 자주 사용하고 있는가에 유의하라. [*elpis*]

부활(Resurrection, *anastaseōs*) – 바울이 부활에 대해 말한 이유는 바리새인들은 부활을 믿었지만, 사두개인들은 믿지 않았기 때문이다(8절 참고, Josephus, Ant. 18.12–17). 바울은 두 파당 사이에 싸움을 일으킬 생각이었다. 그는 자신이 유대적인 가르침을 지지한다는 이유로 심문을 받는 것이라고 주장한다. [*anastasis*]

23:7. 다툼(Dissension, *stasis*) – 이 용어는 보통 분열을 언급할 때 사용된다. 예루살렘 회의가 열린 것은 이 분열 때문이었다(15:2). 이 용어는 신약에 9회 나오며, 그 가운데 사도행전에 5회 나온다(19:40, 23:7, 10, 24:5). [*stasis*]

23:9. 크게 떠들다(Clamor, *kraugē*) – 이 용어는 신약에 6회 나오며, 그 가운데 사도행전에서

는 여기에만 사용된다(마 25:6, 눅 1:42, 엡 4:31, 히 5:7, 계 21:4). 이것은 '고함'(눅 1:42)이나 여기에서처럼 '큰 소리로 말을 주고받는 것'을 가리킨다. 몇몇 바리새인들은 바울의 말을 듣고 바울이 죄가 없다고 말한다. [*kraugē*]

다투었다(Contended, *diemachonto*) – 이 동사는 신약에서 여기에만 사용된다. 이것은 '어떤 일 때문에 다투다' 또는 '어떤 것 때문에 싸우다'라는 뜻이다(단 10:20, 시락서 8:1, 3, 38:28, BAGD, 186, BDAG, 233). [*diamachomai*]

23:10. 찢겨질 것 같다(Would be torn apart, *diaspasthē*) – 천부장은 유대인들이 바울에 관해 싸우다가 바울의 몸을 상하게 할 것을 염려했다. 이 동사의 다른 유일한 용례는 마가복음 5장 4절이다. 거기서 귀신들린 사람은 사슬을 끊어버린다. 70인경의 사사기 14장 6절에서는 사자가 어린아이를 찢는 것을 묘사할 때 이 용어를 사용한다. [*diaspaō*]

23:11. 용기를 내다(Take courage, *tharsei*) – 이 동사는 사도행전 가운데 여기에서만 사용된다. 주께서는 바울이 예루살렘과 로마, 두 곳 모두에서 증인이 될 것이라고 격려하신다. 이 용어는 신약에서 모두 7회 사용된다(마 9:2, 22, 14:27, 막 6:50, 10:49, 요 16:33). 이 동사는 예수님의 다락방 담화에도 나온다. [*tharseō*]

23:12. 맹세(Oath, *anethematisan*) 이것은 실패의 벌로 자신이 저주 아래 놓이게 될 것이라면서 어떤 일을 하겠다고 서약하는 것을 가리킨다(제1 마카비 5:5 는 서원에 대해 말하고 있다, BAGD, 54, 1, BDAG, 63). 이 동사는 신약에서 4회 사용되며, 그 가운데 3회가 이 단락에서 사용되고 있다(14, 21절). 마가복음 14장 71절은 베드로가 예수님을 알지 못한다고 맹세하며 부인했던 것을 언급하고 있다. 여기에서 사십여 명의 무리(13절)가 반드시 바울을 죽이기 전에는 먹지도 않고 마시지도 않겠다고 맹세한다. 그들은 바울을 죽이려는 계획을 실행하기 위해 자신들이 매복 후 기습할 수 있는 곳으로 천부장이 바울을 이송하도록 대제사장들, 장로들과 함께 음모를 꾸몄다(15절). 그러나 바울의 조카가 이 계획을 전해 듣고 바울과 천부장에게 알림으로써 이 음모는 무산된다. [*anathemematizō*]

23:16. 매복(Ambush, *enedran*) – 이 용어는 신약에 2회만 나온다. 사도행전 25장 3절에 따르면 그들은 베스도 총독 앞에서 한 번 더 음모를 꾸민다. 이 용어의 동사형은 사도행전 23장 21절에 나온다. [*enedra*]

23:20. 묻다(Inquire, *pynthanesthai*) – 이 동사는 '질문하다' 또는 '물어보다'라는 뜻이다(BAGD, 729, 1, BDAG, 897, 1). 신약에서 12회 사용되며, 사도행전에 7회 나온다(행 4:7, 10:18, 29, 21:33, 23:19, 20, 34). 유대인들은 먼저 바울을 이송하게 하고, 그 다음에 바울을 습격할 구실로써 바울에게 물어볼 것이 많이 있는 것처럼 위장할 예정이었다(21절, 16절의 논의를 참고하라). [*pynthanomai*]

23:23. 밤 제 삼시(Third hour of the night, *tritēs hōras tēs nyktos*) – 이것은 오늘날 밤 아홉 시를

가리킨다. 천부장은 470명의 군인을 동원해 바울을 경호했고, 로마가 그에게 훨씬 더 나은 경호를 제공할 수 있는 가이사랴로 데리고 갔다(행 21:8의 논의를 참고하라). 이렇게 해서 바울은 총독 벨릭스에게로 가게 될 것이다(24절). [*tritēs, nyx*]

23:24. 짐승(Mount, *ktēnē*) – 천부장은 바울을 무사히 가이사랴로 보내기 위해 타고 갈 것을 준비하라고 명령을 내렸다(BAGD, 455, BDAG, 572). 이것은 어떤 동물이든 탈 수 있는 것을 나타내는 일반 용어이며, 반드시 말을 가리키는 것은 아니다. 이 용어는 선한 사마리아 사람의 이야기에서 사용된다. 그는 부상당한 사람을 짐 나르는 짐승에 태워 여관으로 옮겼다(눅 10:34). [*ktēnos*]

23:26. 글라우디오 루시아(Claudius Lysias, *Klaudios Lysias*) – 천부장 글라우디오 루시아는 바울을 총독에게 보내면서 상황을 설명하는 편지를 썼다. 그는 편지에서 천부장인 자신의 역할을 강조했는데, 이것은 이 기회를 이용하여 자신이 얼마나 일을 잘하고 있는지 말하려 했다는 뜻이다. 특히 그는 바울이 로마 시민인 줄 알고(27절) 구출했다고 과장하고 있다. [*Klaudios Lysias*]

벨릭스(Felix, *Phēliki*) – 벨릭스는 로마의 총독으로 그 지역의 평화를 유지하는 책임을 지고 있었으며 A.D. 52-60년에 다스렸다. 그는 매우 잔인했으며, 권력 남용으로 유명했다(Tacitus, Historiae 5.9, Josephus, Ant 20.142-171). [*Phēlix*]

23:29. <u>율법</u>에 관한 <u>의견 차이</u>(<u>Disagreement</u> about their <u>Law</u>, *zētēmatōn tou nomou*) – 천부장은 이 다툼은 로마와는 아무런 관련이 없고, 다만 유대의 율법과 관련된 문제들이라고 보고했다. 이 보고의 상세한 내용이 중요한 이유는 이 다툼이 유대교와 관련된 사안들에 관한 것이라는 중립적인 입장을 진술하고 있고, 새로운 믿음을 가진 사람들이 유대적인 약속의 실현이라고 주장하고 있음을 보여주기 때문이다. '논쟁'을 뜻하는 이 용어는 신약에 단 5회 나오는데, 모두 사도행전에 나온다(행 15:2, 18:15, 25:19, 26:3). [*zētēma, nomos*]

죽일 만한 가치가 없다(Nothing worthy of death, *mēden de axion thanatou*) – 이 문구는 누가복음 23장 14-15절에 나오는 예수님에 대한 빌라도의 판결과 동일한 용어들을 사용한다. [*axios, thanatos*]

23:31. 안디바드리(Antipatris, *Antipatrida*) – 이 도시는 예루살렘에서 북서쪽으로 약 48킬로미터 거리에 있으며, 가이사랴로 가는 중간 지점이었다. [*Antipatris*]

23:34. 길리기아(Cilicia, *Kilikias*) – 바울은 길리기아의 다소 출신이었다. [*Kilikia*]

24:1. 변호사(Spokesman, *rhētoros*) – 더둘로가 웅변가로 소개되고 있다. 신약에서 이 용어가 사용되는 유일한 곳이다. [*rhētōr*]

바울을 소송한다고 총독에게 <u>통보했다</u>(<u>Informed</u> the governor of the case against Paul, *enephanisan tōhēgemoni kata tou Paulou*) – 더둘로는 바울에 대한 소송을 제기했다. 이 동

사는 신약에서 10회 나오는데, 그 가운데 5회가 사도행전에 등장한다(23:15, 22, 24:1, 25:2, 15). 이 다섯 번의 사용 모두가 바울을 현장 심문하는 것과 관련 있다. [*emphanizō*]

24:3. 많은 평안/ 태평(Much peace, *pollēs eirēnēs*) – 더둘로는 2-3절에서 통치자를 대단하게 칭찬하면서 자신의 말을 시작한다. 이것은 일반적인 웅변 기법이다. 그는 치안 유지(총독의 가장 큰 책임) 그리고 그의 통치를 받고 사는 것을 매우 즐겁게 만든 그의 정치적 개혁에 대해 감사한다. [*eiērenē*]

24:5. 전염병(Pestilent, *loimon*) – 바울은 처음에는 평화를 어지럽게 한다는 이유로 고소당한다. 그는 사람들을 감염시키는 전염병과 같은 사람이다(BAGD, 479, entry Ⅱ, '사회에 위험한 사람'). 이 단어는 신약에서 종말의 징조들에 대해 말하고 있는 누가복음 21장 11절에 다시 나온다. [*loimos*]

선동가(Agitator, *staseis*) – 바울은 평화를 어지럽게 한다고 고소당한다. 지금까지 이 용어는 무려 네 번이나 나왔다(15:2, 19:40, 23:7, 10). 이것은 사도행전에서의 마지막 사용이다(23장 7절의 논의를 참고하라). [*stasis*]

종파(Sect, *haireseōs*) – 더둘로는 바울을 나사렛 종파의 주모자로 생각했다. 여기에서 종파는 동일한 믿음 체계를 가진 것으로 인정받는 단체다. 이 용어는 사도행전에서 6회 사용된다(5:17, 15:5, 24:14, 26:5, 28:22). [*hairesis*]

24:6. 더럽히는(Profane, *bebēlōsai*) – 비록 거짓이기는 하지만 여기에서 성전을 더럽게 한다는 비난을 다시 제기하는 이유는 그것이 이 소동의 원인이었기 때문이다(BAGD, 138, BDAG, 173). 이 용어는 마태복음 12장 5절에서 제사장들이 성전에서 안식을 범한 후의 성전의 상태를 묘사할 때 또 나온다. 그러나 제사장들은 성전에서 안식을 범했어도 어떤 처벌을 받지 않았다. [*bebēloō*]

24:9. 주장하는(Claiming, *phaskontes*) – 이 용어는 신약에 3회 나오며(행 24:9, 25:29, 롬 1:22), 불확실한 주장을 가리킨다. 이를테면, 사도행전 25장 19절에는 바울의 부활에 대한 믿음과 관련한 보고가 있다. 그러나 거기서 누가는 이 용어를 사용함으로써 보고자가 그것의 사실 여부를 확신하지 못하고 있다는 것을 암시한다. 유대인들은 더둘로의 보고가 정확하다고 주장한다. 그러나 누가는 이 단어의 사용을 통해 이 주장에 관한 자신의 의심을 표현하고 있다. 로마서 1장 22절도 이 용어를 동일하게 사용하고 있다. [*phaskō*]

24:10. 재판장(Judge, *kritēn*) – 바울은 총독을 민족의 재판장이라고 불러 그의 권위를 인정한다. 전에 갈리오는 이런 문제들을 재판하기를 거절했었다(행 18:15). 이 용어는 또한 사도행전 10장 42절에서 살아 있는 자와 죽은 자의 재판장이신 예수님에 대한 언급으로 사용되고 있다. [*kritēs*]

변명하다(To make my defense, *pologoumai*) – 이 동사는 바울이 벨릭스 앞에서 변호하게(*apologia*) 되어 기쁘다고 말하는 것을 보여준다. 바울은 회당이나 도시에서 그 누구와도 논쟁을 하거나 소동을 일으킨 적이 없었다. 한마디로 바울은 쓸데없는 참견을 하지 않고 있었다. [*apologeomai*]

24:13. 입증하다(Prove, *parastēsai*) – 이 용어는 '증명하다' 혹은 '자기 의견을 굽히지 않다'라는 의미다. 바울을 고발한 사람들은 그의 혐의를 입증하지 못하고 있다(BAGD, 627–28, 1f, BDAG, 778, 1f). 이 용어는 사도행전 4장 10, 16절과 9장 41절에 나온다. [*paristēmi*]

24:14. 모든 것을 다 믿다(Believing everything, *pisteuōn pasi*) – 바울은 '도'를 따라 '우리의' 조상의 하나님을 섬기고, 율법과 예언서에 기록된 모든 것을 다 믿는다고 고백한다. 그의 단 한 가지 죄가 있다면 그것은 이스라엘의 하나님께 충성한 것이었다. [*pisteuō, pas*]

24:15. 소망(Hope, *elpida*) – 조사를 받고 있는 바울은 구체적으로 '의인과 악인'의 부활을 소망하고 있다. 이것은 예수님에 의한 심판을 암시한다. 바울은 고발자들 역시 부활을 믿고 있다고 주장한다(행 23:6의 논의를 참고하라). 그들은 부활이 성취될 방식을 놓고 논쟁하고 있다. [*elpis*]

24:16. 비난할 것이 없는 양심(Blameless conscience, *aproskopon syneidēsin*) – 바울은 두 번째로 하나님 앞에서 깨끗한 양심을 가지고 있다고 주장한다(행 23:1). 그 다음에 17–18절에서 자신의 체포 과정을 간단하게 말하고 있다. 바울은 자신이 단지 구제 헌금을 전달하고 성전에서 제물을 드렸을 뿐이며, 어느 누구도 선동한 적이 없다고 진술한다. [*aproskopos, syneidēsis*]

24:20. 나쁜 짓(Wrongdoing, *adikēma*) – 바울은 자신이 어떤 잘못을 해서 기소되었느냐고 질문한다. [*adikēma*]

24:21. <u>죽은 자로부터의</u> 부활(<u>Resurrection</u> from the <u>dead</u>, *anastaseōs nekrōn*) – 바울이 변명할 수 있는 한 가지 사실은 자신이 죽은 자의 부활을 믿는다는 이유로 심문을 받고 있다는 것이다. 물론 바울과 반대자들 사이의 쟁점은 부활이 예수님과 어떤 관련이 있느냐는 것이다. 부활하시고 높임을 받으신 예수님에 대한 전파를 가능하게 한 것은 바로 부활이다. [*anastasis, nekros*]

24:22. 다소 정확한 지식(A rather accurate knowledge, *akribesteron eidōs*) – 총독 벨릭스는 '도'에 관해 정확하게 이해하고 있는 사람으로 간주되고 있다. 이 용어는 사도행전에서의 5회 사용 가운데 맨 마지막 등장이다(행 18:25, 26, 23:15, 20). 이 용어는 신약의 다른 곳에서 4회 사용되고 있다(마 2:8, 눅 1:3, 엡 5:15, 살전 5:2). [*akribōs, oida*]

24:25. 의(Righteousness, *dikaiosynēs*) – 바울은 벨릭스와 드루실라 앞에서 세 가지 주제, 즉 의와 절제와 심판을 강론했다. 어떤 역본들은 이 용어를 '정의'(RSV)로 번역한다. 그러나 문맥상으로 볼 때 '의'(KJV, NIV)가 더 좋은 번역으로

보인다. [*dikaiosynē*]

절제(Self-control, *egkrateias*) – 헬라 문화의 도덕적 환경 때문에 절제를 언급했던 것 같다(BDAG, 216, BDAG, 274). 사도행전에서 이 구절에만 사용되며, 신약에 모두 4회 나온다(갈 5:23, 벧후 1:6[2회]). [*egkrateia*]

장래의 심판(Future judgment, *tou krimatos tou mellontos*) – 사도행전의 헬라적 맥락에서 보통 그러했던 것처럼 하나님의 심판이 핵심 요점이다(행 10:42, 17:29–31). 비록 24절에서 바울이 그리스도 예수님을 믿는 믿음(도)에 대해 말하고 있지만, 주제는 하나님 앞에서의 도덕적 책임인 것 같다. 높임을 받으신 심판자로서의 예수님의 역할이 바울의 강론의 핵심 주제였던 것이 분명하다. [*krima*]

24:26. 돈(Money, *chrēmata*) – 이 용어의 문자적 의미는 '소유물'이다. 하지만 문맥적으로는 뇌물을 가리킨다(BAGD, 885, 2a, BDAG, 1089). 바울이 절제와 도덕적 선에 대해 방금 말했기 때문에 돈을 받을까 바랐다는 표현은 약간 풍자적이다. 이 용어는 시몬이 베드로에게 돈을 주고 성령을 베푸는 권리를 얻으려 했던 사도행전 8장 18절에서 사용되었다. [*chrēma*]

24:27. 총독 베스도(Porcius Festus, *Porkion Phēston*) – 팔레스타인의 새 총독은 벨릭스보다 훨씬 더 공정하다는 평판을 얻었다(BAGD, 856, BDAG, 1053, Josephus, Ant. 20.182–197). 그는 60대 초반의 통치자로 이름은 베스도였고, 보르기오 가문의 사람이었다(BAGD, 693). [*Phēstos*]

25:3. 매복하다(Ambush, *enedran*) – 또다시 바울을 예루살렘으로 이송할 때 매복했다가 기습해서 살해하려는 음모가 진행되고 있다(행 23:16 참고). [*enedra*]

25:7. 중대한 죄목(Serious charges, *barea aitiōmata*) – '무거운' 혹은 '중대한'(*barea*) 죄목들이 어떤 것인지 상세하게 말하지 않는다. 누가는 이 죄목을 결코 증명할 수 없었다고 진술한다. 이 진술은 바울의 무죄를 강조한다. [*barys, aitiōma*]

25:8. 가이사(Caesar, *Kaisara*) – 바울은 율법이나 성전이나 가이사에게 죄를 범하지 않았다고 선언한다. 이것은 바울이 유대인들의 풍습을 반대하고, 예수님을 또 한 사람의 왕으로 선포하는 죄를 범했다는 혐의로 고발당했다는 것을 암시한다. 가이사에게 죄를 범하지 않았다고 말한 것이 중요하다. 왜냐하면 만약 바울이 치안을 어지럽히는 것으로 보였다면 바울을 재판할 책임이 총독에게 있었기 때문이다. [*Kaisar*]

25:10. 아무 잘못이 없다(No wrong, *ouden ēdikēsa*) – 바울은 즉시 자신의 무죄를 주장한다. 새 운동의 관련자들은 어떤 법도 위반하지 않았다. [*oudeis, adikeō*]

25:11. 가이사에게 상소하다(I appeal to Caesar, *epikaloumai Kaisara*) – '크게 외치다'라는 뜻의 이 용어는 로마 시민이 로마에 있는 가이사에게 자신의 사정을 들어달라고 법적으로 상고할 때 사용된다(BAGD, 294, 2αβ, BDAG, 373,

3). 바울은 다시 예루살렘으로 가기를 원치 않았다. 베스도는 이 상소를 받아들이게 될 것이다(12절). 그렇게 하면 자신이 바울에 관해 결정을 내릴 필요가 없기 때문이다. [*epikaleō, Kaisar*]

25:13. 아그립바(Agrippa, *Agrippas*) – 이 사람은 아그립바 2세로 추정된다(대략 A.D. 28–92년). 그는 헤롯 아그립바 1세의 아들이며, 헤롯 빌립이 헤롯 대왕으로부터 맨 처음에 물려받은 지역을 통치했다. 아그립바 2세는 반쪽 유대인이었다. 따라서 로마 총독은 이 문제를 잘 알고 있는 아그립바의 도움을 받고자 했다. 아그립바는 종교적인 문제들에서 관대하다는 평판을 받고 있었다. [*Agrippas*]

25:15. 판결(Judgment, *katadikēn*) – 이 용어는 '유죄 선고'나 '유죄 판결'을 뜻한다(BAGD, 410, BDAG, 516). 이 용어는 신약에서 여기에만 사용된다. [*katadikē*]

25:16. 관례(Custom, *ethos*) – 로마 사람들은 어떤 범죄로 고발당한 경우 누구나 고소인들을 만나서 자신을 변호할 수 있는 권리를 갖고 있다고 믿었다. 따라서 베스도는 바울과 고발자들의 협상을 주선했다. [*ethos*]

25:18. 바울의 사건에서 그런 악행의 혐의는 하나도 없다(No charge in his case of such evils, *oudemian aitian epheron hōn egōhyenooun ponērōn*) – 베스도는 바울에 대한 혐의가 자신이 짐작하던 것이 아니라고 진술한다. 보통 로마의 재판관들이 다루는 일들에 바울이 관여했다는 '근거(증거)가 하나도' 없었다. 이 진술은 사도행전 23장 29절에서 글라우디오 루시아가 바울을 죽이거나 구속할 사유가 없다고 말했던 것과 비슷하다. [*oudeis, aitia, ponēros*]

25:19. 미신(Superstition, *deisdaimonias*) – 이 용어는 이미 사도행전 17장 22절에서 사용되었다. 거기서 바울은 우상 숭배자들을 묘사할 때 이 용어를 사용했다. 이것은 자신들이 찬성하지 않는 다른 사람들의 종교를 묘사할 때 사용된 로마의 일반적인 용어다(Polybius xii. 24.5, EDNT 1:282). [*deisdaimonia*]

예수님께서…죽으셨다…살아나셨다(Jesus…dead…alive, *Iēsou…ephasken…zēn*) – 베스도는 예수님께서 부활하셔서 지금 살아 계신다는 주장이 이 논쟁의 핵심이라는 것을 이해하고 있다. [*Iēsous, phaskō, zaō*]

25:21. 황제(Emperor, *Sebastou*) – 이 용어는 실제로 '존경할 만한' 또는 '존경 받는'이라는 의미다(BAGD, 745, BDAG, 917). 이것은 Augustus('숭배 받을 가치가 있는', MM 570)에 해당하는 공식적인 헬라어다. 기원전 27년의 옥타비아누스 이후의 황제들을 묘사할 때 이 용어를 사용했다. [*Sebastos*]

25:23. 크게 위엄을(Great pomp, *pollēs phantasias*) – 바울의 재판은 군대의 지휘관들과 도시의 고관들이 모두 참석하는 공식 행사로 변경되었다. 이 용어는 신약에서 여기에만 사용된다. [*phantasia*]

25:24. 살려두어서는 안 된다(Ought not to live, *mēdein auton zēn mēketi*) – 베스도는 유대인들이 바울의 생명을 노리고 있다는 것을 강조한다. [*zaō*]

25:25. 사형 받을 만한 아무런 일도 하지 않았다(Done nothing worthy of death, *mēden axion auton thanatou*) – 바울이 사형을 받을 만한 아무런 일도 하지 않았기 때문에 또 다시 바울의 무죄를 선언하고 있다(행 23:29의 논의를 참고하라). 베스도는 바울의 불법 행위를 발견하지 못했으며, 바울이 가이사에게 상소하지 않았다면 풀어주었을 것이다. [*axios, thanatos*]

25:26. 써서 보낼 만한 어떤 일(Have something to write, *ti grapsai*) – 베스도는 황제에게 보고할 자료가 필요했다. 따라서 그는 아그립바 2세에게 바울이 로마에서 심문 받게 된 이유를 설명하는 일을 도와달라고 부탁한다. [*graphō*]

25:27. 불합리한(Unreasonable, *alogon*) – 이 용어는 '의미가 없거나 목적이 결여된 어떤 일을 하다'라는 뜻이다(BAGD, 41, 2, BDAG, 48). 이 용어는 신약에 단 3회 나온다(벧후2:12, 유 10절). 베스도는 죄수의 죄목을 제시해야 죄수를 로마로 보낼 수 있었다. [*alogos*]

26:1. 그의 변명(His defense, *apelogeito*) – 이것은 사도행전에 나오는 바울의 마지막 변호 연설이다. 바울은 예수님을 위해 사역하는 자신의 부르심에 대해 다시 한 번 간략하게 말한다. [*apologeomai*]

26:3. 잘 알려진(Familiar, *gnōstēn*) – 바울은 전형적인 수사적인 방식으로 유대인의 모든 풍속들과 문제들을 아그립바가 잘 알고 있다고 말하면서 지도자를 추켜올리고 있다. 바울은 아그립바가 이 문제를 결정하는 데 도움이 될, 잘 준비된 사람이라고 생각했다. [*gnōstēs*]

26:5. 가장 엄격한 종파(Strictest sect, *kata tēn akribestatēn hairesin*) – 바울은 바리새파가 유대교에서 가장 엄격한 종파라고 말한다. 그는 자신이 그 단체의 일원임을 시인한다. [*arkribēs, hairesis*]

26:6. 소망(Hope, *elpidi*) – 이 용어는 사도행전의 마지막 단락에서 자주 나온다. 바울은 자신이 조상들의 소망을 믿는다는 이유로 심문받고 있다고 말한다(7절, 행 23:6의 논의를 참고하라). [*elpis*]

26:8. 믿을 수 없는(Incredible, *apiston*) – 바울은 하나님께서 죽은 자들 가운데 누군가를 다시 살리실 수 있다는 것을 믿을 수 없는 일로 여기는 이유를 질문한다. 부활은 많은 유대인들에게 핵심에 해당하는 믿음이었다(단 12:1-2, 제2 마카비 7장). [*apistos*]

26:10. 투표를 하다(I cast my vote, *katēnegka psēphon*) – 이 표현은 문자적으로 '돌이나 조약돌을 내려놓다'라는 뜻이다. 고대 세계에서는 대개 이 방식으로 투표를 했다. 바울은 스데반의 순교에 찬성했다고 진술함으로써 자신이 그리스도인들을 반대했던 과거에 대한 설명을 끝마

친다(9-11절). 그는 자신이 그리스도인들을 (예수님에 관해 말하면서) 하나님을 모독했다는 이유로 잡으려 했고, 심지어는 외국의 도시에서까지 그들을 박해했다고 계속 진술한다. 많은 유대인들은 신자들이 예수님께 신앙 고백하는 것을 보고 하나님을 모독한다고 생각했을 것이다. [*psēphos*]

26:13. 빛(Light, *phōs*) – 바울은 자신이 예수님과 만난 이야기를 세 번째로 하고 있다(행 9, 22장). 이야기는 항상 하늘에서 밝은 빛이 나타나는 것으로 시작한다. 여기에서 바울은 빛이 해보다 더 밝았다고 묘사한다. [*phōs*]

26:14. 뾰족한 가시채를 발로 차다(To kick against the goads, *kentra laktizein*) – 이것은 가축들을 통제할 때에 사용했던 채찍같이 끝이 뾰쪽한 생긴 막대기다. 틀림없이 예수님께서는 바울에게 하나님의 훈육과 지시에 맞서 싸우는 이유를 묻고 계신다. 이 용어는 보통 끝이 뾰쪽한 막대기를 뒷발로 차는 말들을 묘사할 때 사용되었다(BAGD, 428, 2, BDAG, 539-40, 시락서 38:25). 바울은 하나님의 부르심에 순종하여, 하나님의 백성들을 박해하는 일을 멈추었다. [*kentron, laktizō*]

26:15. 예수(Jesus, *Iēsous*) – 바울에게 나타나신 주님은 부활하신 예수님이셨다. 예수님께서는 신자들의 고난을 자신의 고난과 거의 동일시하신다. 이 장면으로 인해 바울은 예수님께서 다시 살아나신 것, 하나님께서 예수님을 다시 살리신 것, 그리고 예수님께서 산 자와 죽은 자를 심판하는 권세를 수여받으셨다는 것을 믿게 되었다. [*Iēsous*]

26:16. <u>섬기고</u> 증언하다(To <u>serve</u> and bear witness, *hypēretēn kai martyra*) – 하나님께서 바울에게 하나님을 섬기는 것과 하나님을 위한 증인이 되는 두 역할을 맡기셨다. [*hypēretēs, martys*]

26:17. <u>백성들</u>과 <u>이방인들</u>(<u>People</u> and the <u>Gentiles</u>, *ek tou laou kai ek tōn ethnōn*) – 바울은 유대인(여기에서는 '백성들'로 불림)과 이방인을 위해 사역했다. 그는 둘 다에게로 보내심을 받았다. 비록 바울이 이방인들에게 나아가기 위해 보낸 시간 때문에 이방인을 위한 사도로 불리고 있지만, 사실은 유대인과 이방인 모두에게 증언했다. [*laos, ethnos*]

26:18. 그들의 눈을 <u>뜨게 하다</u>(<u>To open</u> their eyes, *anoixai ophthalmous autōn*) – 바울의 소명은 유대인과 이방인 둘 다의 눈을 뜨게 하여 어둠에서 빛으로 돌아오게 하는 데 있었다. 예수님께서 이 두 그룹 모두 사단의 수중에 있다고 생각하셨다는 사실을 잊지 마라. 방향(*epistrepsai*)의 변화만이 그들을 하나님께 다시 데려갈 수 있다. [*anoigō, ophtalmos*]

죄의 용서(Forgiveness of sins, *aphesin hamartiōn*) – 바울은 이 구절에서 방향을 바꾸는 것의 두 가지 유익, 즉 죄의 용서(행 2:38, 5:31의 논의를 참고하라)와 하나님과의 지속적인 관계에 대해 말한다. [*aphesis, hamartia*]

<u>나를 믿어</u> <u>거룩하게 된</u> 사람들에게 <u>할당된 몫</u>(A <u>place</u> among those who are <u>sanctified</u> by faith in me, *klēron en tois hēgiasmenois pistei te eis eme*) – 용서는 그리스도에 의해 형성된 새로운 공동체에 주어질 기업에 눈을 뜨게 한다. 사람들이 거룩하게 된다는 것은 예수님을 섬기도록 '성별된다'는 뜻이다(딛 2:11-14). 이것은 복음이 주는 또 다른 유익, 즉 믿음으로 말미암아 예수님과 관계를 맺게 된 하나님의 백성들에게 할당된 몫(기업)이다. [*kleros, hagiazō, pistis, egō*]

26:20. 그들이 회개하고 돌아와야 한다(They should repent and turn, *metanoein kai epistrephein*) – 이 핵심 구절은 바울이 설교할 때 무엇을 요구했는지를 보여준다. 그는 유대인과 이방인 둘 다에 똑같은 것, 즉 회개하고(그들의 마음을 바꾸는 것) 돌아서는 것(그들의 삶의 방향을 바꾸는 것)을 요구했다. 예수님에 대한 믿음은 이 과정이 끝나는 곳에 있다. 믿음을 갖기 위해 죄에 관한 본인의 마음을 바꾸어야만 하고, 예수님을 통해 구원을 제공하시는 하나님께 돌아서야만 한다. 이것은 '회개하다', '돌아서다', '믿다'라는 용어들을 복음을 제시할 때 적합한 것으로 만든다('회개'에 대해 더 알려면 행 2:38의 논의를 참고하고, '돌아서는 것'에 관해 더 알려면 행 3:19의 논의를 참고하라). [*metanoeō, epistrephō*]

회개에 합당한 행동을 하다(Performing deeds worthy of repentance, *axia tēs menanoias erga prassontas*) – 바울은 도덕률 폐기론자(antinomian, 은혜가 제공될 것이기 때문에 사람의 행동과 하나님의 도덕률이 중요하지 않다고 생각하는 사람)가 아니었다. 그는 청중들에게 열매 맺는 생활을 할 것과 그들의 삶 가운데 방향의 변화를 나타내라고 권면했다. 이것은 세 번째로 해야 할 책임이 아니다. '하다'에 해당하는 용어는 분사이며, 행동을 하는 것은 회개하고 돌아서는 것과 동시에 발생하는 어떤 일을 의미한다. 하나님을 신뢰하는 것은 그분에게 응답하는 존재가 되는 것이다. [*ergon, prassō*]

26:21. 이 이유로(For this reason, *heneka toutōn*) – 바울은 소망의 메시지를 전한 일로 체포되었다고 생각한다. 그는 유대인과 이방인 모두에게 방향의 변화를 요구하는 메시지를 전했다. 이 메시지에 이방인을 포함시킨 것이 이 소동의 중요한 이유였던 것 같다. 바울에 대한 많은 불만 가운데 하나는 그가 이방인을 성전으로 데리고 가서 성전을 더럽혔다는 것이었다. 누가복음 4장 25-30절은 이방인이 약속된 축복에 포함되자 일부 유대인들이 어떤 행동을 했는가를 보여준다. [*heneka, houtis*]

26:22. 선지자들과 모세(Prophets and Moses, *hoi prophētai…kai Mōusēs*) – 바울은 지금 자신의 메시지가 선지자들과 모세에게 뿌리를 두고 있다고 선언한다. 그는 그리스도를 전하는 것이 새로운 것처럼 보이지만, 사실은 구약의 히브리 성경에 뿌리를 두고 있다고 주장한다. 따라서 바울은 종교적 혁명가가 아니며, 진리의 배교자도 아니다. 단지 하나님께서 오래 전에 약속하셨던 것을 전할 뿐이다. [*prophētēs, Mōusēs*]

26:23. 그리스도께서 고난받으신다(The Christ suffer, *pathētos ho christos*) – 바울은 성경에서 가르치고 있는 세 가지 일, 즉 그리스도께서 고난을 받으시고(*pathētos*), 죽은 자 가운데서 먼

저 다시 살아나시고, 유대인과 이방인 둘 다에 빛을 전하실 것이라고 진술한다. 여기에서 고난의 의미로 사용된 용어는 형용사이며, 그리스도께서 거절당하실 것을 설명하고 있다. 이사야 53장, 시편 2, 118편 등의 내용이 여기에서 인용되고 있다(행 8:32-33, 행 4:25-26, 행 4:11 참고). [*pathētos, Christos*]

죽은 자들로부터 다시 살아난 첫 번째 사람(Be the first to raise from the dead, *prōtos ex anastaseōs nekrōn*) – 바울은 골로새서에서 예수님의 부활을 경험한 첫 번째 사람이었다고 말한다(골 1:15-20). 나사로와 다른 이들이 다시 살아났지만 이내 다시 죽었다. 예수님께서는 새로운 영적 생명으로 다시 살아나신 첫 번째 사람이다. 여기에서 생각나는 본문들은 시편 16편 8-11절과 시편 110편 1절이다(행 2:22-36). [*anastasis, nekros*]

그가 백성들과 이방인 둘 다에게 빛을 전할 것이다(He would proclaim light to both the people and to the Gentiles, *phōs mellei katangellein tōte laōkai tois ethnesin*) – 복음을 길을 인도하는 빛으로 묘사하고 있다. 이 빛은 유대인들('백성')과 이방인들 둘 다에 전해진다. 두 그룹들은 유대인들과 이방인들 '둘 다'를 의미하는 접속사(te)에 의해 강하게 결합되고 있다. 성경은 항상 하나님의 축복에 유대인들과 이방인들 둘 다를 포함시킨다(창 12:3). 예수님으로 말미암아 두 그룹 모두에게 기회가 주어진다. 이 말을 듣고 필시 유대인 청중 대부분은 매우 당황했을 것이다. [*katangellō, phōs*]

26:24. 미친(Mad, *mainē*) – 베스도는 바울이 미쳤다고 말한다(BAGD, 486, BDAG, 610, 렘 25:16[70인경의 32:16], 렘 29:26[70인경의 36:26]). 베스도는 부활뿐 아니라, 유대인과 이방인이 둘 다 동일한 소망에 참여한다는 바울의 주장을 믿을 수가 없었다. [*mainomai*]

26:25. 온전한 말(Sober truth, *sōphrosynēs rhēmata*) – 이것은 문자적으로 '맑은 정신으로 하는 말'이란 뜻이다. 비록 미쳤다는 비난을 받고 있지만, 바울은 자신의 말이 매우 온전한 것이라고 주장한다. 바울이 자신의 사상에 대한 통제력을 잃어버린 것이 아니다. 오히려 그의 사상은 매우 온전하며 충분한 생각의 결과다. [*sōphrosynē, rhēma*]

26:26. 한쪽 구석에서(In a corner, *en gōnia*) – 이 비유적 표현은 어떤 것을 숨겨 두는 잘 보이지 않는 장소를 가리킨다(BAGD, 168, BDAG, 209). 바울은 예수님을 둘러싼 사건들이 모든 사람들이 알 수 있도록 공개적으로 일어난 일들이라고 말하고 있다. 바울이 주장하고 있는 것 가운데 비밀스런 것은 하나도 없다. [*gōnia*]

26:28. 그리스도인(Christian, *Christianon*) – 사도행전에서 이 용어는 두 번째이자 마지막으로 사용되고 있다(행 11:26). 이 용어는 사도행전 11장에서 경멸의 의미로 사용되었다. 아그립바 역시 여기에서 이 말을 심각한 뜻으로 사용하지 않았을 것이다. 이 용어는 그리스도인으로서 고난을 당한 사람들이 하나님을 영화롭게 한다고 가르치는 베드로전서 4장 16장에서 다시 사용되고 있다. [*Christianos*]

26:29. 나는 하나님께 기도한다(I pray to God, *euxaimēn an tōtheō*) – 이 용어는 바울이 자신의 말을 듣는 사람 모두가 그리스도인이 되기를 바란다는 것을 암시한다. 이 대답은 바울의 마음을 분명하게 표현하고 있다(BAGD, 329, 1, BDAG, 417, 1). 이 용어는 사도행전 27장 29절에 다시 나온다. [*euchomai*]

26:31. 사형을 당하거나 감옥에 갇힐 만한 일을 한 것이 없다(Nothing to deserve death or imprisonment, *ouden thanatou ēdesmōn axion*) – 또다시 바울이 사형당할 만한 일을 하지 않았다는 판결이 내려진다. 이것은 바울에 관한 세 번째 무죄 선언이다(행 23:29, 25:25). [*oudeis, thanatos, desmos, axios*]

26:32. 가이사(Caesar, *Kaisara*) – 가이사에게 상고했기 때문에(행 25:5, 11, 21) 바울은 석방될 수 없었다. 그러나 그것 때문에 로마에서 증언하게 될 것이다. 사도행전 27장은 이 여행을 상세하게 묘사하고 있다. [*Kaisar*]

27:1. 아구스도 보병대/ 황제의 부대(Augustan cohort, *speirēs Sebastēs*) – 율리오가 바울과 죄수 몇 사람을 넘겨받는다. 본문은 그를 아구스도대 또는 황제 부대의 백부장으로 부르고 있다. 이 부대가 요세푸스가 말하는 아그립바 2세의 수비대는 아니다(Ant, 19,365–66). 그보다는 수리아와 유대 지역의 주둔했던 보병대였을 것이며, 이 부대가 죄수들을 호송했을 가능성이 많다(Witherington, 758). '황제'(*Sebastēs*)를 뜻하는 용어에 대해서는 사도행전 25장 20절에서의 논의를 참고하라. [*speira, Sebastos*]

27:2. 아드라뭇데노(Adrmyttium, *Adramyttēnō*) – 소아시아 서북부의 미시아(Mysia)에 있는 항구로서 에베소에서 북쪽으로 약 177킬로미터 거리에 있다. 신약에서는 여기에 단 한번 나온다. [*Adramyttēnos*]

27:4. 구브로를 바람막이로 하여(Under the lee of Cyprus, *hypepleusamen*) – 이것은 구브로 섬이 방패처럼 바람을 막아는 주는 곳으로 항해했다는 뜻이다(BAGD, 846, BDAG, 1040). 이 구절과 사도행전 27장 7절에서 신약 가운데 유일하게 이 용어를 사용하고 있다. [*hypopleō*]

27:5. 무라(Myra, *Myra*) – 소아시아의 남쪽 끝에 위치한 이 항구는 골로새에서 남동쪽으로 약 174킬로미터 거리에 있다. [*Myra*]

27:7. 니도(Cnidus, *Knidon*) – 소아시아 연안의 남서쪽에 있으며, 에베소에서 남쪽으로 약 174킬로미터 거리에 있다. [*Knodos*]

그레데(Crete, *Krētēn*) – 이 섬은 지중해 북쪽에 위치하고 있으며, 니도에서 남서쪽으로 241킬로미터 이상 떨어져 있다. [*Krētē*]

27:8. 미항(Fair Havens, *Kalous limenas*) – '아름다운 항구'라는 뜻이며, 그레데 남쪽 중앙에 위치했다. [*kalos, limēn*]

27:9. 금식(Fast, *nēsteian*) – 이 금식은 속죄일과 관련이 있을 것이다. 따라서 바울은 바다 여

행이 특별히 위험한 때인 겨울이 시작되기 전, 즉 늦가을인 9월과 10월에 여행했을 것이다. [*nēsteia*]

바울이 충고했다(Paul advised, *parēnei*) – 바울은 보통 죄수가 아니었다. 이 동사는 '강하게 권하거나 간청했다'라는 뜻이다(BAGD, 616, BDAG, 764). 신약에서 이 동사는 사도행전 27장 22절에서 단 한번 다시 나온다. 바울은 이 여행이 위험하다고 느꼈고(10절), 출발을 미루자고 제안했다. [*paraineō*]

27:12. 뵈닉스(Phoenix, *Phoinika*) – 뵈닉스는 미항에서 서쪽으로 약 61킬로미터 거리에 있다. [*Phoinix*]

27:14. 사나운 바람(Tempestuous wind, *typhōnikos*) – 이 용어에서 영어 단어 '태풍'(typhoon)이 유래한다. 헬라어에서 이것은 북동쪽에서 불어오는 거센 폭풍을 가리킨다. 이 폭풍 때문에 바울이 탄 배가 남쪽으로 밀려갔다(15절). [*typhōnikos*]

27:16. 가우다(Cauda, *Kauda*) – 이 작은 섬은 뵈닉스의 남쪽에서 약 118킬로미터 거리에 있다. [*Kauda*, 참고–*Klauda*]

27:17. 스르디스(Syrtis, *Syrtin*) – 이 만은 좁았고, 항해자들을 위험에 빠뜨렸다(BAGD, 794, BDAG, 977). [*Syrtis*]

27:20. 폭풍우가 우리를 덮쳤다(Tempest lay on us, *epikeimenou*) – 이 용어는 어떤 것에 직면하거나 공격을 당하다, 또는 어떤 것에 힘을 가하는 것을 가리킨다(1 Esd. 5:72, 제1 마카비 6:57). 이 문맥에서는 폭풍우의 공격을 가리킨다(BAGD, 294, 2a, BDAG, 373, 2b). 항해자들은 며칠 동안 해를 보지 못했고, 자신들 모두가 죽을 것이라고 생각했다. [*epikeimai*]

27:21. 타격과 손상(Injury and loss, *hybrin tautēn kai tēn zēmian*) – 이 두 용어들은 사도행전 27장 10절에도 나온다. 바울은 항해자들이 자신의 말을 주의해서 들어야만 했다고 말하면서 이제부터라도 잘 들어주기를 바라고 있다. [*hybris, zēmia*]

27:22. 생명의 손상이 없다(No loss of Life, *psychēs oudemia*) – 바울은 비록 배는 파손될지라도 생명은 손상되지 않을 것이라고 예언한다. 그는 선원들이 생각하는 것처럼 상황이 그렇게 나쁜 것은 아니므로 안심하라고 말한다. 다시 한번 이 모습은 바울이 보통 죄수가 아님을 보여준다. [*psychē, oudeis*]

27:23. 하나님의 천사(Angel of God, tou theou…angelos) – 하나님께서는 항해에 눈을 떼지 않고 계신다. 천사는 바울에게 어떤 일이 일어날지 말해준다. 길고 위험한 여행이지만 바울은 로마에 도착하게 될 것이다. [*angelos*]

27:24. 가이사(Caesar, *Kaisari*) – 천사는 바울이 가이사 앞에 서게 될 것이고, 함께 있는 모든 사람들이 살아날 것이라고 말한다. 바울은 사도행전 19장 21절이 예언한 것처럼 로마에 도착하게 될 것이다. [*Kaisar*]

27:25. 하나님을 믿으라(Faith in God, *pisteuōgar tōtheō*) – 바울은 배에 탄 사람들을 구하실 것이라는 하나님의 약속을 신뢰하는 믿음에 대해 명확하게 언급한다(24절). 이 항해는 처음부터 끝까지 하나님께서 약속을 어떻게 지키시며 백성들을 어떻게 구원하시는지에 대한 비유이기도 하다. [*pisteuō, theos*]

27:26. 한 섬에 걸리다(Run onto an island, *eis nēson…expesein*) – 바울은 배가 한 섬에 걸리게 될 것이라고 예언한다. 이 여행은 힘들지만 모든 사람이 생존하게 될 것이다. [*nēsos, ekpiptō*]

27:28. 길(Fathoms, *orguias*) – 한 길은 약 1.85 미터다. 이것은 사람이 양팔을 활짝 폈을 때의 길이다(BAGD, 579, BDAG, 721). 바다의 깊이는 약 27미터에서 37미터 사이였다. 바다에서 14일을 보낸 후에 드디어 육지에 도착했다. [*orguia*]

27:31. 바울(Paul, *Paulos*) – 바울은 지금 사건들을 진두 지휘하고 있다. 그는 어느 누구도 도망가지 못하도록 구명보트의 줄을 잘라 버리라고 말한다. 그렇게 하지 않으면 배 안에 있는 사람들은 살아남지 못할 것이다. 이 충고는 단순한 예언 그 이상이었고, 현명한 조언이었다. 숙련된 사공들이 배를 버리고 떠났다면 그 배를 안전하게 육지로 몰고 갈 사람이 없었을 것이다. [*Paulos*]

27:34. 머리카락 하나 상하지 않다(Not a hair is to perish, *oudenos gar hymōn thrix*) – 이 관용구는 한 사람도 죽지 않을 것이라는 뜻이다. 다시 말해서 그들의 머리카락 하나도 상하지 않게 될 것이다. [*oudeis, thrix*]

27:35. 떡을 뗀 후에 그는 하나님께 감사 드렸다(Taking bread he gave thanks to God, *labōn arton eucharistēsen tōtheō*) – 이 묘사에서 예배 분위기를 느낄 수 있다 해도 과언이 아니다. 바울은 하나님의 인도하심으로 말미암아 배 위에 있는 사람들을 구원할 수 있었다(이것과 눅 22:19의 최후의 만찬을 비교하라). 바울이 모두 276명의 사람들(37절)을 하나님의 돌보심과 이끄심에 맡길 때 거룩한 일이 진행되었다. 이 동사는 사도행전에서 2회만 사용되며, 이곳은 그 가운데 하나다(28:15). [*eucharisteō*]

27:38. 밀을 바다에(Wheat into the sea, *ton siton eis tēn thalassan*) – 이제 배 안에 있는 사람들은 바울의 충고를 온전히 받아들인다. 누가는 그들이 밀을 던진 것은 다음과 같은 두 가지 사실을 보여준다고 생각했다. 첫째, 그들은 자신들이 빠른 시일 내에 다시 음식을 맛보게 될 것을 확신했다. 둘째, 그들은 바울의 예언을 충분히 확신했으며, 해변 가까운 곳에 배를 대기 위해서 배를 더 가볍게 하기를 원했다. [*sitos, thalassa*]

27:40. 키(Rudders, *pēdaliōn*) – 방향타는 배의 방향을 유도한다. 선원들은 배가 육지를 향해 가도록 배를 안전하게 고정시켰던 닻줄을 끊어 버렸다. 하지만 이 계획은 배가 암초에 걸려 선미가 부서짐으로써 실패하게 된다(41절). 이 용어는 신약에서 한번만 사용된다. 일반적으로 배 한 척에는 한 명의 선원에 의해 작동되는 가로

대와 연결된 두 개의 키가 있었다(BAGD, 656, BDAG, 811). 야고보서 3장 4절에선 혀를 키에 비유하고 있다. [*pēdalion*]

돛(Foresail, *artemōna*) – 이것은 배의 앞 돛대의 큰 돛을 가리킨다(BAGD, 110, BDAG, 135). 이 용어는 신약에서 여기에만 사용된다. [*artemōn*]

27:42. 계획(Plan, *boulē*) – 군인들은 죄수들이 도망가게 되면 자신들의 목숨을 값으로 지불해야 했기에 자신들이 살기 위해 죄수들을 죽일 계획을 세운다. 이것은 사도행전에서 이 용어를 인간의 뜻('의지')이란 의미로 사용하고 있는 몇몇 본문들 가운데 하나다(5:38, 27:12). 대부분의 경우 이 용어는 하나님의 뜻을 가리킨다(2:23, 4:28, 13:36, 20:27). 이 용어는 신약에서 12회 사용되며, 사도행전에 7회 나온다. 또한 누가는 복음서에서 이 용어를 2회 더 사용한다(눅 7:30, 23:51, 고전 4:5, 엡 1:11, 히 6:17). [*boulē*]

27:43. 바울을 <u>구원하려</u> 하여(Wishing <u>to save</u> Paul, *boulomenos diasōsai ton Paulon*) – 백부장은 모든 사람의 안전을 위해 바울이 반드시 필요한 사람이라는 것을 깨닫고 바울이 살해당하는 것을 바라지 않았다. 모든 사람들은 바울의 예언처럼 안전하게 해변에 도착한다(행 27:22). [*diasōzō*]

28:1. 멜리데(Malta, *Melitē*) – 이 섬은 지중해의 시실리 정남쪽에 있으며, 바울 일행이 마지막으로 정박했던 가우다에서 북서쪽으로 약 869킬로미터 거리에 있다. [*Melitē*]

28:2. 특별한 친절(Unusual kindness, *philanthrōpian*) – 이 용어는 무조건적인 친절에 속하는 박애심, 즉 인간에 대한 사랑을 가리킨다(BAGE, 858, BDAG, 1055–1056). 이 섬 주민들은 방문자들을 환영했고, 불을 피워 그들을 따뜻하게 했다. 이 용어는 신약에서 두 번 사용된다(딛 3:4). [*philanthrōpia*]

28:3. 독사(Viper, *echidna*) – 바울이 나무 한 더미를 불에 집어넣을 때 나무 더미 속에 있던 독사가 그를 물었다(BAGD, 331, BDAG, 419). [*echidna*]

28:4. 살인한 자(Murderer, *phoneus*) – 원주민들은 독사에 물린 바울을 살인자라고 생각했다. 그들은 뱀에 물린 것을 심판의 행위로 해석했다. [*phoneus*]

공의(Justice, *he dikē*) – 여기에서는 공의를 의인화하고 있다. 공의는 신처럼 사건들을 이끄는 운명을 가리킨다(BAGD, 198, 2, BDAG, 250, 제4 마카비 4:21, 8:22, 12:12, 호 13:14[LXX]에서는 죽음의 공의가 어디에 있느냐고 질문한다). 이 단어는 신약에서 3회 사용되고 있는데, 여기에서만 이 의미로 사용된다(살후 1:9, 유 7절) [*dikē*]

28:6. 불행(Misfortune, *atopon*) – 이 용어는 '비정상적거나 놀라운 어떤 일'을 의미한다(BAGD, 120, 1, BDAG, 149). 이 문맥에서는 섬의 원주민들이 처음에 생각했던 불행이 임하지 않았다는 뜻이다. 그들이 예상한 것처럼 뱀에 물린 바울의 손이 부어오르지 않자 불행이 그에게 일어나지

않을 것이라고 생각한다. 놀랍게도 바울은 뱀에 물리고도 살아남는다. [*atopos*]

그는 신이었다(He was a god, *einai theon*) – 바울이 독사에 물렸으면서도 아무 이상이 나타나지 않자 섬의 원주민들의 바울에 대한 인식이 크게 달라진다. 그는 이제 살인자가 아니라 오히려 신으로 추앙되고 있다. [*theos*]

28:9. 고침을 받았다(Were cured, *etherapeuonto*) – 바울은 보블리오와 함께 섬의 모든 병자들을 치료한다. 바울은 심판을 받지 않았을 뿐 아니라 바울 때문에 고침을 받은 사람들에게 은혜의 샘이 되었다. 여기에서의 요지는 바울을 죄인이라고 할 만한 이유가 없다는 데 있다. 바울은 하나님을 대신해서 그들에게 도움을 준다. 이것은 사도행전에서 이 동사의 다섯 번째 사용이다(4:14, 5:16, 8:7, 17:25). 바울 외에 사도행전에서 치유의 은사를 받은 다른 제자들로는 베드로, 요한 그리고 빌립이 있다. [*therapeuō*]

28:11. 쌍둥이 형제들(Twin brothers, *Dioskourois*) – 이들은 제우스와 그의 아내 레다에게서 태어난 쌍둥이 아들들인 카스토르와 플록스를 가리키며, '구세주들'이다(BAGD, 199, BDAG, 251). 이 여행에서는 이방인 여행자들에 대한 보호가 추가되었다. [*Dioskouroi*]

28:12. 수라구사(Syracuse, *Syrakousas*) – 이 항구는 시실리의 동쪽 연안에 위치하며, 멜리데에서 약 145킬로미터 거리에 있다. [*Syrakousai*]

28:13. 레기온(Rhegium, *Rhēgion*) – 이탈리아의 서쪽 끝에 위치하고 있으며, 수라구사에서 약 151킬로미터 거리에 있다. [*Rhēgion*]

보디올(Puteoli, *Potiolous*) – 이 항구는 이탈리아의 중서부 연안에 위치했으며, 레기온에서 약 386킬로미터, 로마에서 약 185킬로미터 떨어진 곳에 있다. [*Potioli*]

28:15. 트레이스 타베르네/ 세 여관(Three Taverns, *Triōn tabernōn*) – 이 도시는 보디올에서 북서쪽으로 약 146킬로미터, 로마에서 남동쪽으로 약 34킬로미터 거리에 있다. [*treis, tabernai*]

28:17. 아무것도 하지 않다(Done nothing, *ouden enantion poiēsas*) – 바울은 로마의 유대인들에게 자신의 무죄를 선언한다. 그는 유대인과 싸우거나 그들의 풍습을 배척한 적이 없는데도 로마인의 손에 넘겨진다. [*oudeis, poieō*]

넘겨졌다(Was handed over, *paredothēn*) – 감금 장소를 옮긴다는 뜻의 이 용어는 예수님의 체포를 설명할 때 사용되었다(눅 18:32, 24:7, 20). [*paradidōmi*]

28:18. 이유가 없다(No reason, *Mēdemian aitian*) – 바울의 무죄에 대한 인식이 처형할 이유를 찾지 못한 로마 관리들에게로 확대된다. 누가는 누가복음 23장에서 예수님의 무죄를 강조했던 것처럼 여기에서 바울의 무죄를 강조한다. [*aitia*]

28:19. 가이사(Caesar, *Kaisara*) – 바울은 유대인들의 반대에 대처하기 위해 가이사에게 상소할 수밖에 없었다. [*Kaisar*]

고발하지 않았다(No Charge, *ouk…katēgorein*) – 이것은 어떤 사람을 법적으로 고발한다는 전문 용어다(BAGD, 423, 1, BDAG 553, 1a). 바울은 유대인들과 이런 싸움을 해본 적이 없었다. 유대인들이 지금 몰려와서 바울이 전하는 복음을 듣고 있다. 바울이 찾아가서 복음을 들으러 오라고 한 것이 아니다. [*katēgoreō*]

28:20. 이스라엘의 소망(The hope of Israel, *tēs elpidos tou Israēl*) – 또다시 바울은 자신이 이스라엘의 소망을 전파하고 있기 때문에 사슬에 매이게 되었다고 주장한다(행 23:6, 24:15, 26:6 참고). [*elpis*]

28:21. 편지들이 없다(No letters, *oute grammata*) – 로마에 사는 유대인들은 유대의 어느 곳으로부터도 기록으로든 구두로든 바울에 관해 보고 받은 적이 없었다. [*gramma*]

28:22. 어디서든지 그것은 반대를 받는다(Everywhere it is spoken against, *pantachou antilegetai*) – 그리스도인들의 '종파'(또는 '당')에 관한 소문이 널리 퍼져 있었다('종파'라는 용어에 대한 논의는 행 5:17과 24:5을 참고하라). [*pantachou, antilegō*]

28:23. 하나님의 나라(Kingdom of God, *basileian tou theou*) – 예수님으로 말미암아 시작된 하나님의 통치는 바울이 사도행전에서 다루는 주제들 가운데 하나였다. 이 중심 주제는 사도행전 전체에서 자주 나오지는 않지만(행 1:3, 8:12, 14:22, 19:8, 행 1:3의 논의를 참고하라), 마지막 장에서 두 번 나온다(31절). [*basileia*]

모세와 선지자의 율법으로부터(From the Law of Moses and the prophets, *tou nomou Mōuseōs kai tōn prophētōn*) – 바울은 성문서와 예언서를 가지고 예수님께서 하나님의 약속의 중심에 서 계신다는 것을 증명하고자 한다. 바울은 그들에게 '증언' 또는 '증거'했다(*diamartymenos*). 어떤 사람들은 바울의 말을 받아들였으나 설득당하지 않는 이들도 있었다(24절). [*nomos, prophētēs*]

28:25. 성령(Holy Spirit, *to pneuma to hagion*) – 바울은 이사야 6장 9절을 인용함으로써 성령께서 자신을 통해 말씀하고 계신다는 점을 강조한다. 바울은 26–27절에서 이사야 6장 9절을 인용한다. 본문은 하나님의 백성들의 완고함을 선언하고 있다('너희 조상들에게'). 그들은 하나님을 믿지도 하나님께 순종하지도 않을 것이다. 이사야의 사역에 영향을 행사한 불순종이 다시 등장한다. 이것은 이스라엘 역사의 패턴을 나타낸다. 바울에 대한 그들의 반응은 하나의 슬픈 선례이며 하나님을 향한 응답이 없는 과거의 모습을 나타낸다. 스데반의 연설에서도 비슷한 패턴을 말한다. 두 보고는 모두 많은 선지자들뿐만 아니라 사사기에서 역대기에 이르기까지의 책들이 말하는 것과 비슷하다. [*pneuma, hagios*]

28:26. 않고…않다(Never…never, *ou mē…ou mē*) – 이 두 개의 부정 용어들은 이 구절에 2회 나오며, 강조 어법이다. 이사야의 말들은 이스라엘이 하나님의 말씀을 듣고 하나님의 행동을 보

는 것 같을지라도 하나님의 길을 이해하거나 깨닫기를 거절하고 있다고 고발한다. 이 책망은 하박국 1장 5절을 인용하고 있는 사도행전 13장 41절과 많이 비슷하다. [*ou, mē*]

28:27. 우둔해지다(Grown dull, *epachynthē*) – 이스라엘의 문제는 우둔한 마음에 있다. 이 동사는 '뚱뚱해지다'라는 뜻이며, 가득 차서 둔해진 마음을 묘사한다(BAGD, 638, 2, BDAG, 790). 그것의 핵심까지 관통할 수 있는 것은 아무것도 없다. [*pachynō*]

무거운(Heavy, *bareōs*) – 그들의 귀 또한 정상이 아니어서 잘 듣지를 못한다. 이 용어는 신약에서만 2회 사용된다(마 13:15). 귀가 피곤하고 너무 무거워서 제대로 기능하지 못하는 것으로 묘사되고 있다. 바울은 또한 감겨진 눈에 대해 말한다. 이스라엘 사람들의 감각을 느끼는 기관들 가운데 제대로 응답하고 있는 것은 아무것도 없다. [*bareōs*]

돌아오다(Turn, *epistrepsōsin*) – 이스라엘의 적절한 반응, 곧 하나님께로 돌아오는 일은 일어나지 않았다(행 3:19의 논의를 참고하라). 하나님의 백성들이 돌아오기만 하면 고침을 받을 것인데, 그들은 그렇게 하기를 거절했다. [*epistrephō*]

28:28. 민족들에게로(To the nations, *tois ethnesin*) – 바울은 지금까지 해왔던 대로 구원의 메시지를 가지고 이방인들을 향할 것이라고 선언한다(행 13:46과 18:6의 논의를 참고하라). [*ethnos*]

구원(Salvation, *sōtērion*) – 예수님과 왕국에 대한 메시지는 곧 구원의 메시지다. 성경은 약속을 했고, 하나님께서는 그 약속을 예수님을 통해 이루셨다. 비록 이스라엘 사람 대부분이 메시지와 관련해 아무것도 원치 않는다 할지라도 그것은 전파되고 들려질 것이다. [*sōtērios*]

들을 것이다(Will listen, *akousontai*) – 바울은 이방인들이 응답하게 될 것이라고 설명한다. 그들은 이스라엘이 듣지 못하는 것을 듣는 귀를 갖게 될 것이다. [*akouō*]

28:29. 이 구절이 사도행전의 원본에 존재했다는 사본상의 증거가 확실하지 않기 때문에 최근에 여러 역본들은 이 구절을 생략한다.

28:31. 하나님의 나라(Kingdom of God, *tēn basileian tou theou*) – 바울은 로마의 감옥에서 2년이 넘는 기간을 지내면서 자신을 방문한 모든 사람들에게 하나님 나라를 전파했다. 즉 그는 백성들 사이에서 하나님의 통치에 대한 약속을 전파했다. 누가는 예수 그리스도에 관한 복음을 하나님의 나라의 메시지와 동일시한다. [*basileia*]

주 예수 그리스도(Lord Jesus Christ, *tou kyriou Iēsou Christou*) – 바울의 논의의 중심에 계신 분은 예수님이시다. 예수님께서는 높임을 받으셔서 주가 되셨고 하나님의 기름 부음 받은 자, 곧 그리스도로 일하신다. 바울은 예수님의 권세와 하나님께서 약속하신 왕국을 통치하는 권리를 함께 강조한다. 사람들은 예수님께 나아와야만 한다. 그것이 하나님께서 메시아라고 입증하신 분에 대한 우리의 책임이다. 사도행전은 승리의 수식으로 끝맺는다. 구원의 메시지가 로마라는 이방의 수도에 온 것처럼 '땅 끝'으로 나아가기 시작했다(행 1:8). 그것은 예루살렘에서 출발한 길고 긴 여행이다. [*kyrios, Iēsous, Christos*]

로마서

해럴드 W. 훼너(Harold W. Hoehner)

1:1. 종(Servant, *doulos*) – 이 단어는 '다른 사람에게 전적으로 위임된 사람, 노예, 신하'라는 개념을 전한다(BDAG, 260). 여기에서는 그리스도 예수의 '노예'라는 뜻이다. 헬라인들은 이 용어를 몹시 싫어했고, 아시아 사람들은 왕들과 하나님의 신하들을 뜻하는 영광스런 칭호로 생각했다. 모세(수 14:7), 여호수아(수 24:29, 삿 2:8), 다윗(시 8:3) 그리고 선지자들(왕하 17:13)은 주의 종이나 노예로 불리는 것을 무척 영예롭게 여겼다. [*doulos*]

그리스도(Christ, *Christou*) – 문자적으로 '기름 부음을 받은 사람'을 뜻하며(LN §§53.82), 메시아이신 예수님께 사용된 칭호다. 메시아는 이방의 지배로부터 이스라엘을 구원하실 분이었다. [*Christos*]

예수(Jesus, *Iēsou*) – 이 단어는 '주께서 구원하신다'라는 뜻을 지닌, 히브리 이름 여호수아(*Joshau*)의 헬라어 음역이다. [*Iēsous*]

<u>사도로</u> <u>부르심을</u> <u>받은</u>(<u>Called</u> to be an <u>apostle</u>, *klētos apostolos*) – 이 어휘는 하나님의 부르심을 표현하며, 사람의 야망과 대조된다. '사도'란 단어는 '전달자, 사절, 다른 사람을 대신하여 보내진 사람'을 뜻한다(MM, 70, BAGD, 99, BDAG, 122). 전문적으로 이 용어는 예수님과 함께 있던 열두 제자를 나타내지만, 후에 바나바와 바울과 같은 사람들이 사도에 포함되었다. 따라서 바울은 하나님의 특별한 부르심에 따라 사도의 직책을 갖게 되었음을 강조한다. [*klētos, apostolos*]

하나님의 <u>복음</u>을 위해 <u>구별되었다</u>(<u>Set apart</u> for the <u>gospel</u> of God, *aphōrismenos eis euaggelion theou*) – 70인경에서는 87회, 신약에서는 10회, 그리고 바울의 서신들에서는 4회 '구별하다'라는 동사를 사용하고 있다(롬 1:1, 고후 6:17, 갈 1:15, 2:12). 이 용어는 어떤 목적을 위해 따로 구별하다는 뜻을 갖고 있다. 모세가 계명을 받을 때 시내 산이 구별되었고(출19:23), 이스라엘을 위해 레위인이 구별되었다(민 8:11). 갈라디아서

1장 15-16절에 따르면 바울은 출생 전부터 이방에 하나님의 아들을 알리고 전파하도록 구별되었다. 이 문맥에선 이 구별이 실현되는 것을 보여준다. 이 단어는 하나님을 위해 바울과 바나바를 구별하는 사도행전 13장 2절에서도 사용된다. '복음'(*euangelion*)은 본래 '좋은 소식을 전하는 사람에게 주는 상'(삼하 18:22 비교)을 의미했지만, '기쁜 소식'(NRSV, NLT) 또는 하나님께서 보내신 예수님에 관한 기쁜 소식으로 잘 번역되고 있다(BAGD, 317-18, BDAG, 402-3). 로마서에서 기쁜 소식은 예수님이 죽으심으로 많은 사람들을 구원하셨다는 것이다. [*aphōrizō, euangelion*]

1:2. 미리 약속하신(Promised beforehand, *proepēngeilato*) - 이것은 하나님께로부터 온 이 복음이 성경에서 예언자들을 통해 미리 약속하신 것임을 보여주는 삽입 구절이다(롬 16:25-26 비교). 따라서 복음은 구약에서 이미 제시된 것이었다. [*proepangellomai*]

1:3. 그의 아들에 관하여(Concerning his Son, *peri tou huiou autou*) - 바울은 1절의 하나님의 복음에 대해 다시 언급한다. 그 복음은 하나님의 아들, 즉 예수님에 관한(*peri*) 것이었다. [*peri*]

그는 다윗의 씨로 나셨고(Who was born of the seed of David, *tou genomenou ek spermatos Dauid*) - 동사 *gennaō*('태어났다') 대신에 *ginomai*('되다, 만들어지다')를 사용한 것은 구약에서 예언자가 제공한 소망을 성취하기 위해 하나님의 아들이 다윗의 혈통을 통해 나셨음을 증명하기 위해서다. [*ginomai, Dauid*]

육신으로는(According to the flesh, *kata sarka*) - 모든 사람들은 육신을 갖고 태어나기 때문에 이 표현은 처음에 이상해 보인다. 그러나 이 문맥에서 하나님의 아들이 성육신 이전에 이미 존재하고 있음을 암시하는 것이 중요하다. 이 문구는 다른 사람들에게는 해당되지 않았을 것이다. 예수님께서 육신의 '연약함, 관계들, 필요들 그리고 욕구들'(Dunn 1:13)을 갖고 낮아지심으로 이 땅에서 생활하신 것을 가리킨다. [*sarx*]

1:4. 그는 능력으로 하나님의 아들로 임명되셨다(Who was appointed the Son-of-God-in-power, *tou horisthentos huiou theou en dynamei*) - 많은 역본들은 *horizō*를 '선포하다'로 번역한다(KJV, ASV, NASB, NIV, NRSV). 그러나 신약에서 이 단어를 사용하고 있는 일곱 개의 본문들(눅 22:22, 행 2:23, 10:42, 11:29, 17:26, 31, 히 4:7)에서는 '결정하다', '임명하다'라는 의미로 사용되고 있다(BAGD, 580-81, BDAG, 723, LN §30.83). 역본들이 일반적인 어법을 피하는 이유는 그것이 예수님께서 부활 후에 비로소 하나님의 아들이 되셨다는 것을 암시하기 때문이다. 하지만 일반적인 의미는 반드시 보존되어야만 한다. 왜냐하면 이 표현은 예수님께서 부활 중에 '하나님의 아들'로 임명되신 것이 아니라 부활의 때에 '능력으로 하나님의 아들'로 임명되셨다고 주장하기 때문이다. 이것은 예수님께서 부활 이후에 제자들에게 '하늘과 땅의 모든 권세를 내게 주셨다'라고 말씀하신 것과 같은 맥락이다. *dynamis*는 신약에서 119회, 로마서에서 8회(1:4, 16, 20, 8:38, 9:17, 15:13, 19) 사용되며, '권능, 능력'(TDNT 2:285, EDNT 1:356) 또는 '기적

들을 행하는 능력'(BDAG, 262)을 가리킨다. 따라서 하나님의 아들은 육신을 갖지 않았을 때는 하늘에 계셨으며(3절), 육신으로 이 땅에 오셨을 때는 약함 가운데 있는 하나님의 아들이 되셨고(4절), 사역하실 때 성령의 능력을 필요로 하셨다(마 12:28, 눅 4:14, 18, 행 10:38). 하지만 하나님 아버지께서는 예수님이 세례 받을 때(마 3:17, 막 1:11, 눅 3:22), 변모했을 때(마 17:5, 막 9:7, 눅 9:35) 아들로 간주하셨으며, 그리고 예수님의 부활의 때에 능력으로 하나님의 아들로 임명하셨다(마 28:18, 고전 15:23–28 비교). [*horizō, dynamis*]

거룩한 영에 따라서(According to the Holy Spirit, *kata pneuma hagiōsynēs*) – 문자적으로 번역하면 '거룩의 영에 따라서'다. 성령을 가리키는 독특한 표현으로 보는 것이 적절하다(Cranfield 1:63–64, Dunn 1:15, Moo, 49–50). [*pneuma, hagiōsynē*]

부활에 의해(By the resurrection, *ex nastaseōs*) – 이 전치사구는 부활의 수단, 이유 또는 시기를 나타내는 표현일 수도 있다. 따라서 예수님께서는 부활에 의해, 부활로 인해 또는 부활의 때에 능력으로 하나님의 아들로 임명되셨다. [*anastasis*]

우리 주 예수 그리스도(Jesus Christ our Lord, *Iēsou Christou tou kyriou hēmōn*) – 약함 가운데 있는 하나님의 아들이 되셨고, 부활에 의해 성령의 능력으로 하나님의 아들로 임명되었던 아들이 '우리 주 예수 그리스도'로 불리고 있다. '주'(*kyrios*)는 70인경에 약 8,400회(정경들에서 7,412회) 나오며, 대부분의 경우(약 6,165회) '야훼'(*Yahweh*)를 가리킨다. 이 단어는 신약에 717회 등장하는데, 이 가운데 바울 서신들에 274회, 로마서에 43회 나온다. 신약에서 이 단어는 세 가지 의미로 사용된다. 첫째, 포도원 '주인' 혹은 '소유자'(마 21:40, 막 12:9, 눅 20:13), 노예들의 주인들(마 10:24–25, 요 13:16, 15:20, 롬 14:4, 엡 6:5, 9, 골 3:22, 4:1) 또는 정치 지도자(행 25:26). 둘째, 하나님께 사용된 것이 틀림없다. *kyrios*가 야훼 하나님을 뜻하는 구약의 인용문을 사용하는 신약의 본문들에서 이런 어법이 특히 나타난다(예를 들면, 롬 4:8, 시 32:2, 롬 9:28–29, 사 10:22–23, 롬 10:16, 사 53:1). 셋째, kyrios가 예수님께 사용되고 있다. 특히 바울이 주란 표현을 사용할 경우 예수님을 가리킨다. 왜냐하면 그는 성령으로 말하는 자는 예수님을 저주 받을 자라 하지 않고 주로 선언하기 때문이다(고전 12:3, 비교–롬 10:9). 하나님께서는(*theos*) 예수님을 죽은 자 가운데서 다시 살리셨다(롬 10:9). 부활 이후 예수님께서는 하늘에서 오른편에 앉아 계신(엡 1:20) 주(*kyrios*)이시다. 예수, 그리스도 혹은 예수 그리스도와 연관이 있는 '우리 주'라는 표현은 신약에서 73회, 바울 서신에서 54회, 로마서에서 12회 사용된다. 그러므로 바울은 로마 사람들에게 인사하는 이 문맥에서 신자들을 아버지 하나님에게서뿐 아니라 주이신 예수 그리스도로부터 오는 은혜와 평강을 소유한 사람들이라고 진술한다. [*kyrios*]

1:5. 은혜(Grace, *charin*) – '은혜'(*charis*)는 신약에만 나오는 단어로서 그리스도께서 속죄의 죽으심을 통해 죄인들에게 구원을 제공하시고(예를 들면, 롬 3:23–24, 엡 1:7, 2:8), 믿는 자들의 구원을 가능하게 하시는 것으로 인해(고전

15:10, 엡 4:7, 29) 공로가 없고 받을 자격이 없는 사람들에게 제공되는 하나님의 호의를 가리킨다(BAGD, 877–78, BDAG, 1079–80, TDNT 9:372–402, NIDNTT 2:115–24). 이 단어는 신약에 115회, 바울 서신에 100회, 로마서에 24회 나온다. 한마디로 은혜는 곧 복음이다. [*charis*]

사도의 직분(Apostleship, *apostolēn*) – 이 용어는 신약에서 단 3회 사용되며(행 1:25, 고전 9:2, 갈 2:8), '하나님께서 기독교 메시지를 위해 택하신 사절들'만이 사도에 속한다. 따라서 이것은 '사도의 직무', '사도의 지위'를 가리킨다 (BDGA, 121, 비교–BAGD, 99). [*apostolē*]

믿음의 순종(Obedience of faith, *hypakōn pisteōs*) – '믿음'(*pistis*)이란 단어는 기본적으로 사람이나 신들에 대한 '신뢰', '확신'을 의미한다 (Hesiod, *Opera et Dies*, 327, Sophocles, *Oedipus Tyrannus*, 1445, *Oedipus Coloneus*, 611, 950, Thucydides, 1.120.5). 이 단어는 70인경에 59회, 정경들에 32회 나오며, '신뢰', '성실', '충성'이란 의미다(BDB, 53, 비교–TDOT 1:292–323, 신 32:20, 삼상 26:23, 대상 9:22, 잠 12:17, 22, 렘 5:1, 3). 이것은 신약에 243회 나오는데, 이 가운데 바울 서신에서 142회, 로마서에서 40회 사용되며, 기본적으로 '신뢰', '의존', '믿음'이란 개념을 전달한다(BAGD, 662–64, BDAG, 818–20, TDNT 6:174–228, NIDNTT 1:593–606). 이 구절을 '(기독교) 신앙에 대한 순종', '성실한 순종/ 믿음의 순종', '믿음의 열매로써의 순종'으로 번역할 수도 있지만, '믿음으로 이루어지는 순종'이 가장 좋은 번역이다. 로마서 10장 14–16절은 모든 사람들이 복음을 믿지 않기 때문에 복음에 순종하지 않는다고 말하고 있다. 따라서 믿음의 반대 개념은 불순종이며, 불순종은 곧 불신앙이다(엡 2:2, 롬 11:30–32, 히 4:6,11). 참된 믿음에는 그 밑바탕에 순종하려는 욕구가 들어 있다 ('순종'에 대해 연구하려면 롬 5:19을 참고하라). [*pistis*].

1:6. 예수 그리스도의 것으로 부르심을 받았다 (Called to belong to Jesus Christ, *klētoi Iēsou Christou*) – 1절에서처럼 '부르심을 받은'은 하나님의 부르심을 말한다. 여기에서 부르심은 자신의 왕국으로 부르시는 그리스도의 저항할 수 없는 부르심을 가리킨다. 이 구절은 삽입구다. [*klētos*]

1:7. 로마에서 하나님의 사랑을 받는 모든 사람들에게(To all those beloved by God in Rome, *pasin tois ousin en Hrōmēagapētois theou*) – 다른 서신들에서처럼 교회가 수신인이 아니다(고전 1:2, 고후 1:1, 갈 1:2, 살전 1:1 비교). 아마도 로마에 교회에 하나도 없었기 때문은 아니었을 것이다. 로마에는 적어도 다섯 개 이상의 가정 교회들이 있었다(16:5, 10, 11, 14, 15). [*pas agapētos*]

성도들로 부르심을 받은(Called saints, *klētois hagiois*) – 예수 그리스도의 부르심을 받은 사람들이 '성도'로 불리고 있다. 믿는 사람 모두를 성도라고 불렀다(고전 1:1–2 비교). 사람들이 거룩하게 행동했기 때문에 성도가 된 것이 아니라, 그리스도의 부르심을 받고 하나님께 영광을 돌리며 하나님을 위해 살도록 구별되었기 때문에 성도로 불린 것이다. 믿는 자들은 성도들이기 때문에 성도답게 행동함으로써 하나님의 사

랑과 의를 나타내야 한다. [*hagios*]

하나님 우리 아버지와 주 예수 그리스도로부터 은혜와 평강이 너희에게 있기를(Grace to you peace from God our Father and the Lord Jesus Christ, *charis hymin kai eirēnēapo theou patros hēmōn kai kyriou Iesou Christou*) – 이 인사말은 신약 가운데 바울 서신에서만 8회 사용되고 있다(롬 1:7, 고전 1:3, 고후 1:2, 갈 1:3, 엡 1:2, 빌 1:2, 살후 1:2, 몬 3절, 비교–딤전 1:2, 딤후 1:2). 이 '은혜'의 대상들(5절 참고)은 편지의 수신인들이다. '평강'이란 용어는 70인경에 290회(정경들에서 211회) 나오는데, 대부분 셈어를 사용하는 사회에서 흔히 쓰는 인사말인 *šālōm*을 옮긴 것이다(창 43:23, 삿 19:20, 삼상 25:6). 이것은 매우 넓은 의미에서 '행복'의 개념을 갖고 있다(창 29:6, 43:27, 삼하 18:29). 따라서 은혜는 하나님의 활동의 원인(하나님의 은혜로운 활동)을, 평강은 그 결과를 나타낸다. 죄인들에게 구원을 주시는 하나님의 은혜는 그들과 하나님 사이에 평강을 주고, 믿는 자들 상호간에 평화롭게 살게 하는 힘을 제공한다. 특징적인 것은 바울의 인사말이 '하나님 우리 아버지와 주 예수 그리스도로부터'라는 표현 다음에 나오는 것이다(롬 1:7, 고전 1:3, 고후 1:2, 갈 1:3, 엡 1:2, 빌 1:2, 살후 1:2, 몬 3절, 비교–딤전 1:2, 딤후 1:2). 아버지이신 하나님의 개념은 구약에서 15회, 신약에서 260회 이상 사용되고 있는데, 그 가운데 바울 서신에 65회가 나오는 것에 주목할 필요가 있다. 이것은 신약 시대에 '하나님 아버지'라는 표현을 많이 사용했다는 증거이며, 오직 하늘에 계신 하나님만이 '너희(우리)의 아버지'이시기 때문에 땅에 있는 사람을 아버지라 하지 말라는 예수님의 가르침(마 23:9)과도 일치한다. 예수님께서는 주기도문에서 제자들에게 하나님을 '우리의 아버지'로 부르라고 가르치셨다(마 6:9). [*charis, eirēnē, patēr*]

1:8. 믿음(Faith, *pistis*) – 이 단어는 5절에서 논의했다. 이 구절에서 바울은 로마 사람들의 주관적 믿음에 대해 말하고 있다. [*pistis*]

1:10. 기도들(Prayers, *proseuchōn*) – 이 단어는 신약에 36회, 공관복음에 7회, 사도행전에 9회, 바울 서신에 14회, 로마서에 3회 나온다(1:10, 12:12, 15:30). 이것은 영원하신 하나님을 향한 기도나 간구 또는 기도의 장소라는 개념을 나타낸다(BAGD 713, BDAG 878–79, TDNT 2(1964):807–08, NIDNTT 2:867–69). 바울은 로마에 있는 사람들을 위해 감사했을 뿐만 아니라, 기도할 때 그들을 위해 중보기도 하고, 그들을 방문하게 되기를 바란다는 자신의 의사를 표명한다. 복수형 '기도들'은 '쉬지 않고'와 함께 바울이 끊임없이 언급하고 있는 여러 번의 기도들을 가리키는 것 같다. [*proseuchē*]

1:11. 영적인 은사(Spiritual gift, *charisma… pneumatikon*) – *Charisma*는 70인경에는 나오지 않지만 신약에 17회, 바울 서신에 16회(벧전에 단 한번–벧전 4:10), 로마서에 6회 나온다(1:11, 5:15, 16, 6:23, 11:29, 12:6). 신약에서 *charisma*는 '값없이 은혜로 주어진 선물'을 의미한다(BAGD, 878, BDAG, 1081, Barclay, 62–64). 로마서에 3회 나오는 형용사 *pneumatikon*은 그 선물이 특성상 자연적이거나 물질적이기보다는 영

적인 것임을 나타낸다. 바울이 로마의 신자들에게 신령한 은사를 나누어주길 원한 이유는 그들을 견고하게 하기 위해서다. 견고함은 모든 믿는 자들의 목적이 되어야 한다. [*charisma, pneumatikos*]

1:13. 열매(Fruit, *kapron*) – 이것은 로마 사람들 가운데서 맺어진 영적인 열매에 대한 언급으로, 아마도 새로운 개종자들을 가리키는 것 같다. 하지만 믿는 자들의 의로운 성품을 언급했을 가능성이 더 많다. [*karpos*]

1:14. 빚진 자(Debtor, *opheiletēs*) – 명사 *opheiletēs*는 신약에 7회 나오며(마 6:12, 18:24, 눅 13:4, 롬 1:14, 8:12, 15:27, 갈 5:3), 직역하면 금전적인 차원에서 감당해야 할 의무가 있는 사람을 가리킨다. 여기에서처럼 비유적으로 도덕적인 차원에서 감당해야 할 의무가 있는 것을 가리킨다(BAGD, 598, BDAG, 742–43, TDNT 5:565–66, NIDNTT 2:665–66, LN §§57.222, 71.27, 88.300). 바울은 하나님께서 자신을 이방인의 사도로 임명하셨다는 사실 때문에 헬라인이나 야만인이나 지혜 있는 자나 어리석은 자에게 빚진 자라고 표현했다(11:13). 또한 바울은 자신이 죄의 권세에서 구원이라는 놀라운 메시지를 받았기 때문에 복음을 선포할 의무가 있다는 것을 깨달았다. 바울은 고린도전서 9장 16절에서 "만일 복음을 전하지 아니하면 내게 화가 있을 것임이로라"고 절규한다. [*opheiletēs*]

1:15. 열망하는/ 원하는(Eager/ Willing, *prothymon*) – 이 단어는 신약의 다른 곳, 곧 마태복음 26장 41절(막 14:38 참고)에서 단 한번 사용된다. 거기서 예수님께서는 겟세마네 동산에 있는 제자들에게 마음은 '원하지만' 육신이 연약하다고 말씀하신 후에 깨어 있으라고 권면하셨다. 바울은 빚진 자로서 로마에서 복음 전하기를 열망하거나 바란다고 말한다. [*prothymos*]

복음을 전하다(To preach the gospel, *euangelisasthai*) – 바울이 로마에 있는 그리스도인들에게 말하고 있기 때문에 이 어구는 복음 전도를 하겠다는 것이 아니라 바울의 초기 복음전도 활동으로 세워진 모든 하나님의 회중을 가르치겠다는 암시일 수도 있다. 로마서의 내용이 이것을 입증하는데, 그 이유는 로마서가 이방인들을 설득하여 그리스도께 인도하려는 목적의 복음 전도책자가 아니라 신자들의 믿음을 견고하게 할 목적으로 만들어진 교훈집이기 때문이다. [*euangelizō*]

1:16. 복음을 <u>부끄러워하지 않았다</u>(<u>Not ashamed</u> of the gospel, *Ou…epaischynomai to euangelion*) – 복음은 결코 바울을 부끄럽게 하거나(NIDNTT 3:563), 실망시키지 않을 것이다. [*epaischynomai*]

그것은 <u>구원</u>에 이르게 하는 하나님의 <u>능력</u>이므로(For it is the <u>power</u> of God unto <u>salvation</u>, *dynamis gar theou estin eis sōtērian*) – '능력'(*dynamis*)이란 단어는 4절에서 논의했다. 어떤 일을 할 수 있는 능력이나 역량을 가리킨다. 여기에서 능력은 하나님의 힘, 다시 말해 하나님 자신의 능력이다. 모리스(Morris)는 "복음은 사람들에게 충고가 아니다. 왜냐하면 그것은 사람들이 스스로를 들어올리는 것을 암시하고 있기 때문이다.

복음은 능력이다. 복음이 사람들을 들어올린다. 바울은 복음이 능력을 준다고 말하고 있지 않다. 그는 복음이 능력이며, 하나님의 능력이 복음에 있다고 말한다. 복음을 전하는 것은 단순히 많은 단어들을 입 밖으로 내는 것이 아니라, 하나님의 능력이 역사하는 것이다"라고 주장한다(67). 신약에서 45회, 바울 서신에서 18회, 로마서에서 5회(1:16, 10:1, 11:11, 13:11) 사용되고 있는 '구원'(*sōtēria*)은 '멸망으로부터의 구출'을 가리킨다(NIDNTT 3:214). 멸망으로 인도하는 죄의 굴레(3:9)에서의 해방에 대한 좋은 소식이 바로 복음 메시지가 갖고 있는 진리다. [*dynamis, sōtēria*]

믿는 모든 사람들에게(To everyone who believes, *panti tōpisteuonti*) – 동사 '믿다'(*pisteuō*)는 신약에서 241회, 그 가운데 바울 서신에서 54회, 로마서에서 21회 사용되고 있으며, 1장 5, 8, 12, 17절에서 사용된 명사 '믿음'(*pistis*)과 마찬가지로 어떤 것이 사실이며, 따라서 신뢰할 만한 가치가 있다고 확신한다는 개념을 전달한다(BAGD, 660–62, BDAG, 816–18). 그러므로 하나님의 구원의 능력은 믿고 신뢰하는 사람들에게 제공된다. [*pisteuō*]

1:17. 하나님의 <u>의</u>(<u>Righteousness</u> of God, *dikaiosynē…theou*) – '의'란 단어는 신약에서 92회, 바울 서신에서 58회, 로마서에서 34회 사용된다. 이것은 하나님의 의의 속성(롬 3:25–26) 또는 하나님과 바른 관계에 있는 사람을 가리킨다(BAGD, 196–97, BDAG, 247–48, TDNT 2:202–10, NIDNTT 3:362–65, Morris, *The Apostolic Preaching of the Cross*, 273–83). 비록 복음이 하나님의 의의 속성을 드러내고 있다고 주장하는 어떤 사람들과 다른 견해이기는 하지만, 현재의 문맥에서 의는 의롭다 하시는 하나님의 행위의 결과로서 한 사람의 의로운 상태를 가리키는 것 같다. 여기에서 이 용어는 믿음으로 얻게 되는 하나님과의 바른 관계라는 개념을 전달한다. [*dikaiosynē*]

그 안에 <u>계시되었다</u>(<u>Revealed</u> in it, *en autōapokalypteta*) – *apokalyptō*는 '계시하다, 폭로하다, 드러나다, 완전히 알려지다'라는 뜻이다(BAGD, 92, BDAG, 112). "의가 나타났다. 사람들은 의를 본능적으로 알거나 발견할 수 없다. 하나님께서 알려주시지 않는 한 그들은 결코 그것을 발견하지 못할 것이다"(Morris, 69–70). '그 안에'(*en auto*)라는 전치사구는 16절에서 언급된 '복음'을 가리킨다. 따라서 하나님의 의는 현재 복음에 계시되어 있다. [*apokalyptō*]

<u>믿음</u>에서 <u>믿음</u>으로(From <u>faith</u> to <u>faith</u>, *ek pisteōs eis pistin*) – 어려운 구절이기는 하지만 의는 행위가 아니라 믿음을 위해 만들어진 것이기 때문에 믿음을 사용해서 하나님의 의를 얻게 된다는 의미다. 예를 들어, 어떤 차가 경유가 아닌 휘발유를 사용하도록 만들어졌다면, 그 차는 휘발유를 사용해야 운행된다. [*pistis*]

의로운(Righteous, *dikaios*) – 이 형용사는 이 구절에 나오는 명사 '의'(*dikaiosynē*)와 동족어다. 이 형용사는 70인경에 442회(정경들에 302회), 신약에 79회, 바울 서신에 17회, 로마서에 7회(1:17, 2:13, 3:10, 26, 5:7, 19, 7:12) 나온다. 초기 고전 시대에 이 단어는 '관습이나 법을 따라 사는 사람'이란 의미였다. 또한 후기에도 이 용어는 '합법적이거나 공정하고 바른 일을 하는 사람'을 의미했다(LSJ, 429). 70인경과 신약에서 이 용어는 '의로운 속성, 즉 의로운 하나님이나 사람'(신 32:4, 시 11:7[70인경의 시 10:7], 마 1:19, 행 3:14, 롬 7:12, 요일 2:1), '공정하게 행동하는 사람'(창 18:25, 삿 5:11, 시 145:17[70인경의 144:17], 행 4:19, 골 4:1, 엡 6:1) 그리고 '하나님과 바른 관계에 있는 사람'(합 2:4, 롬 2:13, 히 11:4)을 나타냈다(BAGD, 195–96, NIDNTT 3:353–73, TLNT 1:320–26, Morris, *The Apostolic Preaching of the Cross*, 270–73). [*dikaios*]

1:18. 하나님의 <u>진노</u>가 하늘로부터 나타났다(<u>Wrath</u> of God is revealed from heaven, *apokalyptetai…orgētheou ap' ouranou*) – 지금 현재 하나님의 의가 복음에 나타나 있는 반면 하나님의 '진노'(*orgē*) 또는 '분노' 역시 하늘에, 더 구체적으로 말하면 자연에 나타나 있다. 진노의 대상이 되는 것은 불의한 행동이다. [*orgē*]

<u>모든 경건하지 않음</u>과 <u>불의</u>에 대하여(Against <u>all ungodliness</u> and <u>unrighteousness</u> of people, *epi pasan asebeian kai adikian anthrōpōn*) – 여기에서 진노는 경건치 않은 성품으로 불의한 행동을 하는 사람들을 향한 것이다. '모든' 악이 포함되고, 어떤 것도 예외가 없다는 것을 명심해야만 한다. [*pas, asebeia, adikia*]

그들의 불의로 진리를 <u>막는</u> 사람(Who <u>suppress</u> the truth by their unrighteousness, *tōn tēn alētheian an adikia katechontōn*) – '막다'라는 단어는 '숨겨두다, 억누르다, 가로막다'라는 뜻이다(BAGD, 422, BDAG 532–33) 사람들은 하나님에 관한 진노와 그분의 진노를 자신들의 불의한 방법으로 가로 막고 있다(LN §.13.150 비교). 이것은 사람들이 하나님과 그분의 진노에 관한 진리를 알지 못한다는 뜻이 아니라, 책임을 느끼지 않기 위해서 그들이 진리를 막고 있다는 뜻이다. '진리'는 로마서 2장 2절에서 논의할 것이다. [*katechō*]

1:19. 하나님에 관해 <u>알려진</u>(<u>Known</u> about God, *gnōston tou theou*) – 이 용어 '알려진'(*gnōstos*)은 '알려질 가능성이 있는, 이해할 수 있는'이란 의미다(BAGD, 164, BDAG, 204). 사람들은 하나님의 능력과 힘을 보고 하나님에 대해 이해하게 된다. [*gnōstos*]

하나님께서 그들에게 그것을 <u>보이셨기</u> 때문에 그들에게 그것이 <u>보인다</u>(Is <u>manifest</u> to them because God has made it <u>manifest</u> to them, *phaneron estin en autois, ho theos gar autois ephanerōsen*) – 형용사 '알려진'과 동사 '나타내다'는 둘 다(*phaneros, phaneroō*) '명확한 것, 분명하게 보이는 것, 분명한 것'을 의미한다(BAGD, 852–53, BDAG, 1047–48, LN§§ 24.19–20, NIDNTT 3:320–22). 하나님을 알 수 있는 것이 눈에 명확하게 나타난 이유는 하나님께서 잘 보이도록 하셨기 때문이다. [*phaneros, phaneroō*]

1:20. 그의 <u>보이지 않는</u> 속성들…그의 영원한 능력과 <u>신성</u> 때문에(For his <u>invisible</u> attributes…his eternal power and <u>deity</u>, *ta gar aorata autou…hēte aidios autou dynamis kai theiotēs*) – '보이지 않는 속성들'이란 표현은 '보이지 않거나 볼 수 없는 것'을 뜻하는 동사적 형용사 aoratos에서 생겨났다(BAGD, 79, BDAG, 94–95). 바울은 이것을 하나님의 영원한 능력과 신성으로 묘

사한다. '신성'(*theiotēs*)이란 단어는 하나님의 특징, 즉 그분의 신성이나 거룩한 본성을 가리킨다(BAGD, 354, BDAG, 446). [*aorato, theiotēs*]

창세로부터 만드신 것에 의해 분명하게 보이고, 이해된(From the creation are clearly seen, *being understood by what has been made, apo kriseōs kosmou tois poiēmasin nooumena kathoratai*) – '창세로부터'란 전치사구는 지식의 근원, 즉 분명하게 보여지고 있는 창조 그 자체를 가리킬 수도 있다. 하지만 하나님께서 세상을 창조하실 때부터 사람이 존재하는 사물에 대해 분명하게 이해하고 있었다고 말하는 시간에 관한 언급일 가능성이 크다. 동사 '분명하게 보여지고'(*kathoratai*)는 '외적이고 가시적인 것을 사용하여 보이지 않는 속성들을 지각하다'라는 뜻이다(NIDNTT 3:515). 따라서 사람들은 하나님께서 창조하신 것들에서 보이지 않는 하나님의 속성들을 분명하게 볼 수 있다. [*ktisis, kathoraō*]

핑계하지 못할(Without excuse, *anapologētous*) – 하나님의 창조라는 객관적 증거가 하나님의 속성들을 나타내기 때문에 사람들은 하나님의 존재를 인정하는 일에서 변명하지 못한다. 피조물이 창조 자체의 기원을 설명할 수는 없지만, 그것은 능력 있고 질서 있는 창조자를 증거한다. 따라서 사람들은 창조자와 관련된 책임에서 벗어날 수 없다. [*anapologetōs*]

1:21. 하나님을 아는 것(Knowing God, *gnontes ton theon*) – 바울은 사람들이 적어도 하나님께서 존재하신다는 사실을 알고 있음을 인정한다. [*ginōskō*]

그분을 하나님으로 영화롭게 하지도 않고 감사하지도 않고(They did not glorify as God or give thanks, *ouch hōs theon edoxasan ē ēucharistēsan*) – 비록 사람들은 하나님의 존재를 인정하고 있지만, 그들은 여전히 하나님을 영화롭게(*edoxasan*) 하지 않고(즉, 전능하신 하나님으로서의 그분의 명성을 인정하는 것), 하나님께 감사하지도 않는다. [*doxazō, eucharistēo*]

그들의 생각은 헛되다(Futile in their thinking, *emataiōthēsan*) – '헛된'(*mataioō*)은 70인경에 7회, 신약 가운데 여기에서 단 한번 사용되며, '헛된 것에 빠져서'(TDNT 4:523), 자신의 목적을 이룰 수 없게 되었다는 뜻이다. 이 문맥에서 이 단어는 창조의 목적에 관해 이해하지 못하는, 즉 하나님의 존재를 깨닫지 못한다는 개념을 전달한다. '생각'이란 단어는 로마서 14장 1절에서 논의한 것처럼 추론의 과정을 가리킨다. [m*ataioō, dialogismos*]

그들의 마음은 어두워졌다(Their hearts was darkened, *eskotisthēhēasynetos autōn kardia*) – 문자적으로 '마음'(*kardia*)은 신체 기관을 가리킨다. 그러나 비유적으로 도덕적이고 지적인 삶의 자리를 언급하는 경우가 자주 있다(TDNT 3:605–13). 성경적 어법에서 마음은 느낌과 감정의 자리(신 28:48, 시 34:18[맛소라 사본 34:19, 70인경 33:19], 요 16:6, 22, 엡 6:22), 하나님께서 거하시는 곳(롬 5:5, 엡 3:17), 긍정적인 의미에서의 종교적 도덕적 행위의 자리(삼상 12:20, 약 4:8, 엡 6:5), 부정적인 의미에서의 종교적/ 도덕적 행위의 자리(출 4:21, 롬 2:5, 엡 4:8), 의지나 결단의 자리(왕상 8:17, 고전 4:5, 엡 5:19)를 가리킨다. 이 문맥에서 마음은 생각과 이해의 자리다(신 28:28, 욥 34:10, 34, 단 2:30,

마 12:34, 눅 6:45, 롬 10:6, 엡 1:18, 비교–1QS 2:3, 4:2). 사람들은 깨달음을 통해 자신들의 생각이 헛되다는 것뿐 아니라 자신들의 미련한 마음이 더 어두워졌다는 것을 지각한다. [*kardia*]

1:22. 바보들이 되었다(Became Fools, *emōranthēsan*) – 사람들은 자신들이 알고 있다고 주장한다. 즉 자신들이 지혜롭다고 말한다. 하지만 현실적으로 그 주장은 그들을 '바보들'이 되게 하거나, 그들을 '어리석게 만들거나' 그들이 '어리석다는 것을 보여준다'(BAGD, 531, BDAG, 663, TLNT 2:536–41, TDNT 4:845–46 비교). 이것은 선과 악을 알게 되면 지혜롭게 될 것이라는 생각 때문에 바보들이 되었던 아담과 하와와 비슷하다. [*mōrainō*]

1:23. 영광(Glory, *doxa*) – 이 단어의 어법은 시대별로 다르다. 고전 헬라어에서 이것은 '(나의) 의견'이나 '명성(즉 다른 사람의 의견)'으로 번역되었다(LSJ, 444). 성경에서 이 단어를 사용할 때는 다른 그림을 제공한다. 주로 히브리 단어 *kābōd*를 번역한 이 단어는 70인경에 448회, 정경들에 207회 나온다. 이것은 어떤 사람 안에 있는 '무게'의 개념, 즉 '중요함' 또는 '중대함'의 개념을 전달한다(HALOT 2:457, TDOT 7:23, BDB, 458–59). 이 개인적인 '중대함'은 다른 사람에게 영향을 미친다. 이것은 신약에 166회 나오는데, 그 가운데 바울 서신에 77회, 로마서에 16회 나온다. 신약에서는 헬라어의 어법보다는 70인경을 따르며, '명성'과 '능력'의 의미를 제공한다. 영광은 또한 '존재의 거룩한 양식'을 나타내며, 신적 존재의 영광, 화려함, 능력, 광휘를 가리킨다(TDNT 2:247–48, BAGD, 203–04, BDAG, 257, TLNT 1:362–76). 간략하게 말하면, *doxa*는 하나님이나 사람과 관련하여 존재의 본질을 드러낸다는 개념, 즉 존재의 모든 속성들의 총합(summation)이란 개념을 전달한다. 그 존재의 본질은 좋은 방향에서든지 나쁜 방향에서든지 다른 사람에게 영향력을 행사한다. 사람의 존재 자체가 미치는 영향은 그 사람의 명성이나 영광이 미치는 영향이다. 하나님께서 스스로를 알리시는 방법 때문에, 이 단어는 화려함, 능력, 광휘의 범주들에서 하나님의 명성을 떠올리게 한다. 하나님의 명성은 하나님의 존재 자체의 결과다. [*doxa*]

썩지 않는 하나님(Incorruptible God, *aphthartou theou*) – 이 형용사(*aphthartos*)는 썩음 또는 사망의 영향을 받지 않는다는 개념을 전달하며, 따라서 '멸망하지 않는, 썩지 않는, 죽지 않는'이란 뜻이다(BAGD, 125, BDAG, 156). 존재하시고, 강한 힘이 있으신 하나님께서는 썩지 않으시고 죽지 않으신다. [*aphthartos*]

썩어질 우상(Corruptible image, *eikonos phthartou*) – 여기에서는 우상(*eikonos*)에 대해 부패나 멸망(phthartou)에 속해 있다고 말한다(BAGD, 857, BDAG, 1053). 어리석은 사람들은 멸망하지 않는 하나님의 영광이나 명성을 썩어질 사람과 새와 네 발 달린 짐승이나 기어다니는 동물 모양의 우상과 바꾸었다. 사람이 하나님을 닮은 형상을 만들어도 그것 역시 멸망하거나 죽게 된다. 이것은 이스라엘 사람들이 시내 산에서 금송아지를 만들었던 사건을 회상하게 한다(출 32장, 시 106:19–20, 렘 2:11). 하나님을 버리면 반드시 여러 종류의 우상 숭배에 빠지게 된

다. [*eikōn, phthartos*]

1:24. 하나님께서는 그들을 <u>내버려두셨다</u>(God <u>gave</u> them <u>over</u>, *paredōken autous ho theos*) – 이 문구는 이 장에서 3회 반복된다(1:24, 26, 28). 하나님께서는 사람들이 욕망의 길을 따라 살면서 응보의 심판을 쌓는 것을 그냥 두고 보신다. 하나님께서는 사람들을 어느 정도는 규제하시지만 멸망으로 이르는 타락한 길을 걸어가는 것을 내버려두신다. 이스라엘이 우상 숭배를 고집할 때 하나님께서는 그들을 우상의 중심지였던 바벨론에 넘겨주셨다. 하나님께서 그들로 하여금 악을 행하게 하신 것이 아니다. 이 악은 사람들 스스로의 행동이다. [*paradidōm*]

<u>불순한 것</u>에 대한 그들 마음의 <u>욕심</u>에(In the <u>desires</u> of their hearts to <u>impurity</u>, *en tais epithymiais tōn kardiōn autōn eis akatharsian*) – 명사 *epithyma*는 70인경에 81회(정경들에 40회), 신약에 38회, 바울 서신에 19회, 로마서에 5회(1:24, 6:12, 7:7, 8, 13:14) 나온다. 이 용어는 어떤 것에 관해 '흥미를 가지다'라는 기본적인 의미에 뿌리를 두고 있다(*thymos* 비교, '충동, 열정'). 명사와 동사(*epithymia, epithymeō*) 모두 세속 헬라어에서 '욕구, 욕망'의 의미를 전달하며(NIDNTT 1:456), '욕망, 열망, 갈망'으로 번역할 수 있다(BAGD, 293, BDAG, 372, LN §25.12). 이 단어는 중립적이고 긍정적인 의미로 사용되기도 하지만(눅 22:15, 빌 1:23, 살전 2:17, 계 18:14), 보통은 이 문맥에서처럼 '욕망, 정욕'이라는 나쁜 의미를 내포한다(예를 들면, 요 8:44, 롬 1:24, 6:12, 7:7, 8, 13:14, 갈 5:16, 엡 2:3, 4:22, 골 3:5, 살전 4:5, 딤전 6:9, 딤후 2:22, 3:6, 4:3, 딛 2:12, 3:3, 약 1:14, 15, 벧전 1:14, 2:11, 4:2, 3, 벧후 1:4, 2:10, 18, 3:3, 요일 2:16, 17, 유 16, 18절). 이곳과 6장 19절에서 사용된 단어인 '불순한 것'(*akatharsia*)은 '부도덕, 악행'을 의미하며(BAGD, 28–29, BDAG, 34), 이 문맥에서는 '성적 악행'을 가리킨다. 하나님에 대한 지식을 버릴 때 우상을 숭배하게 되며, 그 우상 숭배가 성적 음행으로 발전한다. 왜냐하면 그 어떤 사람도 자기 자신의 도덕(또는 욕망)보다 더 나은 우상을 선택하지 못하기 때문이다. [*epithymia, akatharsia*]

몸을 서로 <u>더럽히다</u>(<u>To dishonor</u> their bodies among themselves, *tou atimazesthai ta sōmata autōn en autois*) – '더럽히다'(*atimazō*)라는 동사는 '어떤 사람의 지위를 떨어뜨려 수치와 망신을 당하게 하다'(LN §87.44)라는 뜻이며, 따라서 '더럽히다, 부끄러움을 당하다, 품위가 떨어지다'의 의미로 사용된다(BAGD, 120, BDAG, 148–49). 이 구절에서 바울은 사람들이 자신들의 몸(*sōmata*)을 더럽히거나 그 품위를 떨어뜨리고 있다고 말한다. 이 문구는 그들의 성적 부도덕의 영향을 자세히 말하고 있다. 사람들은 우상을 만들어 하나님의 권위를 떨어뜨리고, 부도덕한 행동으로 자신들의 품위를 떨어뜨린다. [*atimaōz*]

1:25. 바꾸었다(Exchanged, *metēllaxan*) – 이 용어는 '어떤 것을 다른 것과 교환하다'(LN § 57.142, 비교–BAGD, 511, BDAG, 639), '물건을 교환하다, 대체하다'(TLNT 2:469, TDNT 1:259 비교)라는 뜻이다. 그들은 하나님의 진리, 즉 진실하신 하나님을 거짓된 우상들과 바꾸었다. '진리'는 로마서 2장 2절에서 논의할 것이다.

[*metallassō*]

그들은 예배하고 섬겼다(They worshipped and served, *esebasthēsan kai elatreusan*) – 첫 번째 동사는 '존경심을 보이다'(BAGD, 745, BDAG, 917)라는 뜻이고, 두 번째 동사는 '종교적 의무들을 이행하는 일을 하다'(BAGD, 467, BDAG, 587)라는 뜻이다. [*sebazomai, latreuō*]

창조주보다 피조물을(Creation rather the Creator, *tēkrisei para ton ktisanta*) – 예배와 섬김의 대상이 창조의 하나님이 아니라 피조물이다. 이것은 우상 숭배의 거짓이다. [*ktisis*]

1:26. 하나님께서 그들을 부끄러운 욕정에 내버려두셨다(God gave them over to dishonorable passions, *paredōken autous ho theos eis pathēatimias*) – 24절에서처럼 하나님께서는 사람들을 자신들의 정욕을 따라 살도록 내버려두신다. 하나님께서 그들을 '부끄러운 욕심'에 넘겨주신다. *atimia*는 70인경에 55회(정경들에 34회), 신약에 7회 나오는데, 신약의 7회 모두 바울서신에 나온다(롬 1:26, 9:21, 고전 11:14, 15:43, 고후 6:8, 11,21, 딤후 2:20). 이것은 망신이나 경멸을 당하는 것(BAGD, 120, BDAG, 149 비교) 또는 부끄러운 행동(NIDNTT, 2:50,NEB)으로 인해 '불명예스럽게 되다'라는 뜻이다. '정욕'(*pathos*)은 특히 성적인 차원에서 육체적으로 강한 욕망을 경험하는 것, 즉 '욕정, 욕망, 음탕한 욕망, 음욕을 품다'라는 뜻이다(LN §25.30, 비교-BAGD, 603, BDAG, 748). 일반적으로 강한 육체적 욕망을 가지는 것이 잘못은 아니다. 하지만 이 문맥에서 이러한 강한 육체적 욕망이 부끄럽거나 불명예스러운 이유를 바울은 계속해서 묘사한다. [*atimia, pathos*]

그들의 여자들(Their women, *thēleiai autōn*) – '여자들'(*thēlys*)은 문자적으로 '살아 있는 모든 피조물의 암컷'을 의미한다(LN §79.103, 비교-BAGD, 360, BDAG, 455). 이것은 남성과 대조되는 여성을 가리키는 것이 분명하다. 다시 말해, 이것은 여자처럼 보이는 남자를 말하는 것이 아니다. [*thēlys*]

자연스러운 용도/ 기능을 자연스럽지 못한 것으로 바꾸었다(Exchanged the natural use/ function into What is unnatural, *metēllaxan tēn physikēn chrēsin eis tēn para physin*) – 25절과 마찬가지로 여기에서도 바꾸거나 대체하는 일을 말한다. 형용사 '자연스러운'(*physikos*)은 '본성과 일치하는'(BAGD, 869, BDAG, 1069, LN §58.9)이란 뜻이다. 이것은 문자적으로 '본성을 넘어서는'이란 뜻의 전치사구인 '자연스럽지 못한 것'(*eis tēn para physin*)의 반대말이며, '본성과 어긋나는 일을 하다'라는 뜻이다. '용도/ 기능'(*chrēsis*)이란 단어는 70인경에 5회(정경들에는 삼하 1:28에서 단 한번), 신약에 2회(롬 1:26,27) 나오며, 특히 성적 관계와 연관이 있는 '용도', '기능' 또는 '관계들'을 의미한다(BAGD, 886, BDAG, 1089). 성관계에서 자연스런 관계는 남성과 여성의 관계다. 그러나 바울은 여기에서 자연스럽지 못한 관계, 즉 레즈비언 관계에 대해 말하고 있다. [*physiko, chrēsis, physis*]

1:27. 남자들(The men, *hoi arsenes*) – '남자들'(*arsēn*)이란 용어는 문자적으로 남녀 가운데 남성(BAGD, 109–10, BDAG, 135)을 의미하며, 남성다운 경향을 지닌 여자들보다는 여성과 반대

되는 의미에서의 남성을 가리킨다. [*arsēn*]

여자들과의 자연스러운 관계를 포기했다(Abandoned the natural relations with women, *aphentes tēn physikēn chrēsin tēs thēleias*) – *aphiēmi*란 단어는 '포기하다, 버리다'라는 개념을 갖고 있다(BAGD, 126, BDAG, 156, 비교–롬 4:7). 남성들은 자연스런 기능, 즉 여성들과의 성 관계를 포기한다. [*aphiēmi*]

서로를 향해 그들의 열정에 불이 붙었다(Inflamed in their passions for one another, *exekauthēsan en tēorexei autōn eis allēalous*) – '불을 붙이다'(*ekkaiō*)라는 동사는 신약에서 여기에서만 사용되며(70인경은 52회 사용), 문자적으로 '강렬한 욕망으로 들끓다'(LN §25.160), 서로를 향한 성적 욕망으로 '불타오르다'(BAGD, 240, BDAG, 303)라는 뜻이다. [*ekkaiō*]

남자들은 남자들과 더불어 부끄러운 일들을 행하며(Men with men committing shameful acts, *arsenes en arsein tēn aschēmosynēn katergazomenoi*) – 이것은 남자들의 서로를 향한 욕정에 해당하며, '부끄러운 행위'(*aschēmosynē*)로 생각되는 동성애 관계를 가리킨다(BAGD, 119, BDAG, 147). [*aschēmosynē*]

1:28. 그들은 하나님 인정하는 것을 적합하게 생각하지 않았다(They did not see fit to acknowledge God, *ouk edokimasan ton theon echein en epognōsei*) – 문자적으로 '그들은 하나님을 마음(지식)에 두기를 좋아하지 않았다'라는 뜻이다. 동사 '인정하다'(*dokimazō*)는 70인경에서 36회, 정경들에 23회, 신약에 22회, 바울 서신에 17회, 로마서에 4회 나온다(1:28, 2:18, 12:2, 14:22). 이 단어는 시험을 통해 어떤 것을 인정하거나 증명하기 위해 어떤 것을 시험하다는 개념을 갖고 있다(BAGD, 202, BDAG, 255, TDNT 2:225–60, TLNT 1:353–57, NIDNTT 3:808–100). 이것은 '어떤 것을 시험을 근거로 진짜 혹은 가치 있다고 생각하는 것'이며, 현재의 문맥에서 '그들은 하나님에 대한 지식을 갖는 것에 찬성하지 않았다' 또는 '하나님을 인정하는 것에 찬성하지 않았다'라는 뜻이다(LN §30.114, 비교–30.98). '지식'(*epignōsis*)이란 명사는 70인경에 7회, 신약에 20회 나오며, 신약의 바울 서신에 15회, 로마서에 3회 나온다(1:28, 3:20, 10:2). 이것은 완전한 지식 즉 '…에 관해 알다, …에 관해 분명하게 알다, …에 관한 지식을 갖다'라는 뜻이다(LN § 28:2, 비교–BAGD, 291, BDAG, 369). 그들은 하나님에 관해 생각하거나 알기를 원치 않았다. [*dokimazō, epignōsis*]

하나님께서 그들을 내버려두셨다(God gave them over, *paradōkn autous ho theos*) – 이것은 24절과 26절 표현의 반복이다. [*paradidōmi*]

타락한 마음(Depraved mind, *adokimon noun*) – '타락한'(*adokimon*)이란 단어는 70인경에 2회(잠 25:4, 사 1:22), 신약에 8회(롬 1:28, 고전 9:27, 고후 13:5–7, 딤후 3:8, 딛 1:16, 히 6:8) 나오며, 검사하지 않은, 즉 '자격이 없는, 가치 없는, 저급한'이란 개념을 전달한다(BAGD, 18, BDAG, 21, 비교–NIDNTT 3:808, TDNT 2:259). 이것은 진리 또는 미덕을 분별하지 못하는 이교도 철학자들의 생각이나, 믿음과 도덕적 가치들과 관련 있는 어떤 일에 대해 건전한 판단을 내릴 능력이 없는 이단자들의 생각과 관련하여 사용되고 있다(TLNT 1:136). [*adokimos*]

<u>합당하지 못한</u> 일을 하다(To do things which are <u>improper</u>, *poiein ta mēkathēkonta*) – 사람들은 마음의 도덕적 무능력으로 인해 '합당'(*kathēkō*)하지 못한 일들이나 적절하지 못한 일들을 하게 될 것이다(BAGD, 389, BDAG, 491). [*kathēkō*]

1:29. 가득한…가득한(Being filled with…full of, *peplēromenous…mestous*) – 이 용어들은 사람들이 다음과 같은 일곱 가지 악덕에 잠깐 손을 대는 것이 아니라 완전히 몰두하고 있다는 것을 암시한다. [*plēroō, mestos*]

악의(Malice, *kakia*) – 나쁨, 사악함을 뜻하는 매우 포괄적인 단어다. 이것은 연루된 어떤 행동에 관 덮는 보를 던지는 것이다. "이것은 비열하고 사악한 태도나 성향이다"(BDAG, 500). 그러므로 '나쁜 뜻, 악의, 심술궂음'으로 번역하는 것이 좋다. [*kakia*]

질투(Envy, *phthonou*) – 문자적으로 '경시, 축소, 과소 평가'란 뜻이며(TLNT 3:434), 어떤 사람이 실제로 유리하다고 생각하거나 단정하고, 그 사람을 향해 나쁜 뜻을 갖고 있는 상태', 즉 '질투, 시기'의 개념을 전달한다(LN §88.160, 비교–NIDNTT 1:577). [*phthonos*]

악독(Malignity, *kakōtheia*) – 이 단어는 70인경에 6회 나오지만 정경들에서는 사용되지 않고 신약에서도 오직 여기에만 나온다. '질투'와 마찬가지로 이것은 '심술궂은 의도, 내재된 악의'(TLNT 2:237) 또는 '의식적이고 의도적인 악함'(TDNT 3:485)을 나타내며 '비열함, 악의, 악독, 교활'로 번역된다(BDAG, 500, 비교–BAGD, 397). 이것은 모든 것을 나쁘게 해석하는 악한 성향이다. [*kakōtheias*]

1:30. 하나님을 미워하는 사람들(Haters of God, *theostygeis*) – 이 단어는 성경에서 여기에만 나오며, 하나님을 인정하기를 원치 않았던 사람들을 가리킨다. 이 선택은 우상 숭배에서 음행으로 그리고 궁극적으로는 하나님에 대한 그들의 미움으로 발전한다. 하나님을 향한 증오는 한 바퀴 빙 돌아 하나님을 하나님으로 인정하기를 거절하는 것으로 발전한다. [*theostygēs*]

교만한(Insolent, *hybristas*) – 이 단어는 70인경에서 8회, 이곳과 신약의 다른 곳에서 단 한번 나온다(딤전 1:13). 이것은 심한 악의로 사람들을 경멸하는 것이며(Cranfield 1:131), 따라서 '폭력적이고, 방탕하고, 음탕하고, 부도덕한 사람'을 의미한다(LSJ, 1841, 비교–BAGD, 832, BDAG, 1022, NIDNTT 3:27–28). [*hybristēs*]

악한 일들의 발명가(Inventor of evil things, *epheuretas kakōn*) – 성경 가운데 여기에서만 단 한번 발견되는 '발명가'라는 단어는 새 것을 새로 만들어내기 위해 전략을 사용하는 사람이란 개념을 갖고 있으며, 따라서 '발명가, 고안자'를 가리킨다(BAGD, 330, BDAG, 418). 여기에서 이것은 매우 오래 된 죄악들을 실행하는 새로운 방법이나 다른 사람에게 상처를 주는 새로운 방법들을 암시한다. [*epheuretēs, kakos*]

1:31. 언약을 깨트리는 사람들(Covenant breakers, *asynthetous*) – 이 용어는 구약에서 4회만 사용되고 있다(렘 3:7, 8, 10, 11). 거기서 예레미야는 하나님께 충성하지 않는 유대 왕국에 대해 말한다. 이것은 어떤 언약이나 합의를 지키지

않는, 즉 '약속을 지키지 않거나 합의를 따르지 않는'(LN §34.45) 것이며, 따라서 '언약을 깨는 사람들' 또는 '약속을 지키지 않는'이란 뜻이다. [*asynthetos*]

무정한(Unloving, *astorgou*) – 이 단어는 이 구절과 디모데후서 3장 3절에서만 사용되며, 다른 사람을 향한 좋은 감정의 부족으로 인해 정치적 관계나 가족 관계를 위험에 빠뜨리는 것을 나타낸다. 따라서 이것은 '비정한, 냉혹한, 다른 사람들을 존중하지 않는'(BDAG, 145–46), '애정이 없는'(BAGD, 118) 혹은 '무정한, 비인간적인, 자연스런 정이 없는'(NIDNTT 2:542)이란 의미다. [*astorgos*]

무자비한(Ruthless, *aneleēmonas*) – 이 단어는 70인경에 11회(정경들에서는 6회), 신약에서는 여기에 단 한번 나온다. 이것은 '동정심이 없는'(NEB), '무자비한, 잔인한'(비교–BAGD, 64, BDAG, 76, NIDNTT 2:597)이란 뜻이다. 이것은 로마서 1장에서 언급하는 마지막 악덕이다. 죄인들은 하나님에 대한 지식을 버린 후, 그들을 음행으로 인도하는 우상 숭배에 넘겨졌다. 무자비함은 사람이 갈 수 있는 가장 낮은 곳이다. 이것은 또한 하나님을 무시하는 사람이 동료 인간들을 더 쉽게 무시한다는 것을 증명한다. [*aneleēmōn*]

1:32. 의로운 법령(Righteous decree, *dikaiōma*) – 이 단어는 70인경에 140회, 정경들에 125회, 신약에 10회(눅 1:6, 롬 1:32, 2,26, 5:16, 18, 8:4, 히 9:1, 10, 계 15:4, 19:8) 나오며, 신약 가운데 바울 서신에 5회, 그 이외는 모두 로마서에 나온다. 이것은 의와 관련하여 다양한 의미를 갖고 있다. 이것은 '규정, 규례, 계명'(창 26:5, 출 15:25–26, 레 25:1, 눅 1,6, 롬 2:26, 8:4, 히 9:1, 10), '의로운 행동'(롬 5:18, 계 15:4, 19:8), '칭의'(롬 5:16, 비교–BAGD, 198, BDAG, 249–50, TDNT 2:219, NIDNTT 3:352, 354, 361–65, TLNT 1:343)를 나타낸다. 현재의 문맥에서 '의로운 규정' 혹은 '의로운 법령'을 뜻한다. 모든 사람들은 하나님의 법령을 무시하고 이 악덕들을 행하는 것이 '사형에 해당한다'는 것을 알고 있으면서도 계속해서 그것들에 전념하며, 그것들을 행하는 다른 사람들을 두둔한다. [*dikaiōma*]

2:1. 핑계하지 못할(Without excuse, *anapologētos*) – 이 용어는 1장 20절에서 논의했다. 사람들이 진리를 숨긴다 할지라도 하나님의 창조의 객관적 증거 때문에 하나님의 존재를 인정하는 일에 핑계할 수 없었다. 여기에서 일반적으로 사람은 다른 사람들을 판단하기 때문에 그들이 판단 받을 때 핑계할 수 없다(LN §33.438 비교). [*anapologētos*]

2:2. 하나님의 심판(Judgement of God, *krima tou theou*) – 이 표현은 70인경에 7회(왕 4권 17:26–27[왕하 17:26–27], 시 80:5, 시 80:5, 솔로몬의 시편 4:8, 8:7, 8), 신약에 2회 나온다(롬 2:2, 3). '심판'이란 단어는 신약에 27회 나오는데, 바울 서신에 12회, 로마서에 6회(2:2, 3, 3:8, 5:16, 11:33, 13:2) 나온다. '재판관이 내리는 사법적인 결정'을 의미하므로 '사법적인 판결'이라고 할 수 있다. 이 판결은 일반적으로 불리한 결정이란 뜻을 내포한다(BDAG, 567, 비교–BAGD,

450, LN §§§§30.110, 56.2, 20, 22, 24, 30, TDNT 3:942, NIDNTT 2:364–65). 따라서 이것은 죄가 없으며, 죄를 짓는 사람들을 판단할 권리가 있는 하나님의 사법적 판결이다. [*krima*]

진리(Truth, *alētheia*n) – 이 단어는 신약에서 109회 나오는데, 바울 서신에 47회, 로마서에 8회 사용된다(1:18, 25, 2:2, 8, 20, 3:7, 9:1, 15:8). 어원상으로 '숨길 수 없는 것'을 나타내므로(TDNT 1:238) 이 용어는 거짓된 것과 반대되는 참된 것이나 단순한 겉모양과 대조되는 '실재'를 뜻한다(BAGD, 36, BDAG, 42, 비교–LN §§70.4, 72.2, NIDNTT 3:874–94). 하나님의 심판은 단순한 겉모양과 대조되는 '실재'에 근거한 것이다. [*alētheia*]

2:4. 멸시하다(Despise, *kataphroneis*) – 어원상으로 이것은 '내려다보다'라는 뜻이다. 존경심의 부족을 암시하므로 '경멸하다, 멸시하다, 비웃다, 경멸하듯이 대하다'라는 뜻이다(BAGD, 420, BDAG, 529, TDNT 3:631–32, NIDNTT 1:461–62, TLNT 2:280–84). [*kataphroneō*]

인자하심…인자하심(Kindness…kindness, *chrēstotēos…chrēston*) – 이 구절에서 동일한 의미의 헬라어가 두 번 사용되고 있다. 첫 번째 단어는 명사(*chēstotēs*)이며, 두 번째 단어는 형용사(*chrēstos*)다. 명사는 70인경에 26회, 정경들에 15회 나오며, 모두 시편에서 사용하고 있고(예를 들면, 시 14:1, 3[70인경의 13:1, 3], 21:3[맛소라 사본 21:4, 70인경 20:4]), '선한, 선함'을 뜻하는 단어 *ṭôb*를 번역한 것이다(BDB, 375, TDOT 5:296–317). 신약에서는 10회 사용되는데, 모두 바울에 의해서다(롬 2:4, 3:12, 11:22, 고전 6:6, 갈 5:22, 엡 2:7, 골 3:12, 딛 3:4). 이것은 훌륭하고 자애로운 성품, 즉 '선함, 인자함, 관대함'을 나타낸다(BAGD, 886, BDAG, 1090, LN §§88.10, 67, TLNT 3:511–16). 이것은 하나님의 이해할 수 없는 인자하심이란 개념을 갖고 있다. 형용사는 70인경에 40회(정경들에 27회) 나오며, 대부분 '즐거운, 기분이 좋은, 인자한'을 뜻하는 *ṭôb*를 번역한 것이다. 신약에는 7회 나오며(마 11:30, 눅 5:39, 6:35, 롬 2:4, 고전 15:33, 엡 4:32, 벧전 2:3), 즐거운 그리스도의 멍에(마 11:30), 시간이 지날수록 더욱더 향기로운 오래된 포도주의 뛰어난 맛(눅 5:39), 적들에게 선하거나 인자한 것(눅 6:35), 선한 행실(고전 15:33) 그리고 하나님의 선하심이나 인자하심을 맛보는 것(벧전 2:3)에 대해 사용되고 있다. 이것에는 손에 딱 맞는 장갑처럼 상황에 적합하거나 어울리는 것이 포함된다. 현재의 문맥에서 좋은 번역은 '인자하심, 선하심'이며(BAGD, 886, BDAG, 1090, NIDNTT 2:105–06, TDNT, 9:483–89, LN §§22.40, 65.25, 88.9,68), 회개의 때를 허락하시는 하나님의 선하심이나 인자하심에 대해 말하고 있다. [*chrēstotēs, chrēstos*]

용납(Forbearance, *anochēs*) – 이것은 70인경에서 단 한번(제1 마카비 12:25), 신약에서 2회(롬 2:4, 3:26) 사용된 희귀 단어다. 하지만 이 단어의 동사형(*anechō, anechomai*)은 70인경에 16회, 신약에 15회 나온다. 신약에서 이 단어는 예수님께서 제자들에 대해 얼마나 더 참아야 하느냐고 물으실 때(마 17:17, 막 9:19, 눅 9:41), 갈리오가 바울을 고발하는 유대인들에 대해 참을 때(행 18:14) 사용되었으며, '참다'라는 의미를 갖고 있다(엡 4:2). 현재의 문맥에서 이 명사는 '진노가 임할 때까지의 하나님의 참으심'이란 개념을 갖고 있으며(TDNT 1:359–40), 따라서 '용납, 관용'을 의미한다(BAGD, 72, BDAG, 86). [*anochē*]

인내(patience, *makrothymias*) – 이것은 '용납'과 같은 의미의 단어다. 70인경에 5회 나오며, 통치자들과 성도들의 인내(잠 25:15, 사 57:15, 시락서 5:11, 제1 마카비 8:4), 하나님의 인내하심과 참으심(렘 15:15)을 묘사한다. 이것은 신약에 14회, 바울 서신에 10회(롬 2:4, 9:22, 고후 6:6, 갈 5:22, 엡 4:2, 골 1:11, 3:12, 딤전 1:16, 딤후 3:10, 4:2) 나온다. 예수님과 동시대 인물인 스트라보(Strabo)는 포위 공격을 받고 있는 도시의 한 주민의 불굴의 인내를 언급하고 있는데, 그 사람은 순무를 심고 그 도시가 완전히 패하기 전에 익은 순무를 먹게 되기를 소망했다(Strabo, 5.4.10). 이것은 '도발이나 불행에 직면했을 때 불평이나 저항 없이 감정적인 평온을 유지하는 상태'다(LN §25.167). 따라서 현재의 문맥에서 인내는 하나님께서 진노를 미루시는 것을 가리킨다. 진노의 날이 오기 전에 회개의 때를 허락하시기 때문에 사람은 하나님의 인자하심, 용납하심 그리고 오래 참으심을 멸시하지 말아야 한다. [*makrothymia*]

회개(Repentance, *metanoian*) – 이 명사는 70인경에 7회(정경들에서 1회, 잠 14:15), 신약에 22회 나오며, 바울 서신에서 4회(롬 2:4, 고후 7:9–10, 딤후 2:25) 사용된다. 이것은 '마음의 변화'이며 문자적으로 '회개, 방향 전환, 회심'을 의미한다(BAGD, 512, BDAG, 604–41, TDNT 4:999–1006, TLNT 2:417–77, NIDNTT 1:357–59). 이것은 '죄와 의에 관한 생각과 태도가 완전히 달라짐으로 인한 삶의 방식의 변화'를 의미한다(LN §§41.52). [*metanoia*]

2:5. 너희가 스스로에게 진노를 <u>쌓아두고 있다</u>(You <u>store up</u> wrath for yourselves, *thēsaurizeis seautōorgēn*) – '쌓아두다'(*thēsaurizō*)라는 동사는 '축적하다, 모으다, 저축하다'라는 뜻이다(BAGD, 361, BDAG, 456). 자신들을 위해 진노를 쌓아두고 있는 것은 하나님이 아니라 사람들이다. 바울은 그들의 완악하고 회개하지 않는 마음 때문에 "너희가 심판의 날에 받을 너희의 형벌을 훨씬 더 크게 만들고 있다"라고 선언한다(LN §13.135). [*thēsaurizō*]

의로운 심판(Righteous judgment, *dikaiokrisias*) – 이 단어는 이곳에서만 나오며 심판이 의로우며, 보복하는 것이 아니라는 개념을 갖고 있다. 심판하시는 분이 하나님이시기 때문에 이것은 '정당한/ 공평한 판결'이다(BDAG, 246, 비교–LN §56.27). [*dikaiokrisia*]

2:6. 보복하다/ 되갚다(Render/ repay, *apodōsei*) – 이 동사(*apodidōmi*)는 70인경에 212회, 정경들에 159회, 신약에 48회, 바울 서신에 8회 나오는데(롬 2:6, 12:17, 13:7, 고전 7:3, 살전 5:15, 딤전 5:4, 딤후 4:8. 14) 다양한 의미를 갖고 있다. 이것은 '주다, 나눠주다, 되돌려주다, 돌아오다'를 의미할 수도 있으며, 현재의 문맥에서는 '보복하다, 보답하다, 배상하다'가 적합하다(BAGD, 90, BDAG, 109–10, LN §§13.146, 36.16, 57.153, 186, NIDNTT 3:134–36). 이것은 '보상이나 형벌의 형태로 되갚는 것'을 나타낸다(TDNT 2:167). [*apodidōmi*]

2:7. 참음으로/ 인내로(By perseverance/ persistence, *hypomonēn*) – '인내'(*hypomonē*)라는 명사는 70인경에 25회(정경들에 9회), 신약에 32회, 바울 서신에 16회, 로마서에 6회 나온다(2:7, 5:3, 4, 8:25, 15:4, 5). 어원상으로 계속해서 힘든 압박을 받는다는 뜻이며, 따라서 '인내, 지속, 견딤, 불변, 참을성'을 의미한다(BAGD, 846, BDAG, 1039–40, 비교–MM, 659, LN §25.174, TLNT 3:414–20). 바울은 심판의 맥락에서 도덕주의자들에게 완전하게 참고 선을 행하며 영광과 존귀와 썩지 아니함을 구한다면 그것에 대한 하나님의 보상은 영생이라고 말하고 있다. 물론 어떤 사람도 그런 완전함을 주장할 수 없기 때문에 모든 사람들은 하나님의 은총에 의지해야만 한다. [*hypomonē*]

2:8. 이기적 야망(Selfish ambition, *eritheias*) – 이 단어의 정확한 의미를 결정하기가 어렵다. 본래 이것은 '돈을 받고 하는 일'이란 개념을 지녔다. 그러나 아리스토텔레스는 음모를 써서 정치적 직책을 얻는 이기적인 사람을 묘사할 때 이 단어를 사용한다(LSJ, 688). 따라서 이것은 ('당파적인 야망'보다는) 일과 관련된 이기적 야망이란 뜻을 갖고 있다(MM, 254, BAGD, 309, BDAG, 392, LN §§88.167, TDNT 2:660–61, TLNT 1:69–72). [*eritheia*]

순종하지 않다(Do not obey, *apeithousi*) – 이 동사(*apeitheō*)는 70인경에 49회(정경들에 35회), 신약에 14회, 바울 서신에 5회, 이외는 무두 로마서에 나온다(2:8, 10:21, 11:30, 31, 15:31). 이것은 근본적으로 '설득당하지 않는/ 확신하지 못하는' 또는 '믿지 않다'라는 의미이므로 이 용어는 '따르지 않다, 따르지 않게 되다'라는 뜻을 지닌다(BAGD, 82, BDAG, 99, LN §31.107, 36.23, TDNT 6:10–11, NIDNTT 1:588–89, 591, 593). 여기에서는 진리를 '따르지 않다'라는 뜻이다. 이 단어는 '설득당하다' 또는 '확신하다'라는 뜻의 단어 '*peithō*'에 부정을 나타내는 접두사가 첨가된 것이다. 따라서 이것은 확신할 수가 없어서 따르지 않는다는 뜻이다. [*apeitheō*]

순종하다/ 설득당하다(Obey/ persuaded, *peithomenois*) – 이것은 70인경에서 178회(정경들에서 129회), 신약에서 53회, 바울 서신에서 23회, 로마서에서 5회 사용되고 있다(2:8, 19, 8:38, 14:14, 15:14). 이것은 '설득당하다, 확신하게 되다'라는 뜻이며, 따라서 이 문맥에서 '설득하다, 순종하다, 따르다'로 번역된다(BAGD, 639, BDAG, 791–92, MM, 500–501, LN §§25.166, 31.82, 33.301, TDNT 6:1–7, TLNT 3:66–79). 많은 사람들이 불의에 설득당하거나 불의를 따른다. 따라서 7절과는 달리 하나님께서는 이기적인 욕심으로 행하는 사람들에게 진노와 분노로 갚으신다. 그들은 진리를 따르지 않는다. 그러나 불의에는 설득당한다. [*peithō*]

2:9. <u>환난</u>과 <u>곤고</u>(<u>Tribulation</u> and <u>distress</u>, *thlipsis kai stenochōria*) – 첫 번째 단어 '환난'은 70인경에 132회(정경들에 103회) 신약에 45회 나오며, 바울 서신에서 24회, 로마서에서 5회 사용된다(2:9, 5:3[2회], 8:35, 12:12). 이것은 '외적 환경 때문에 생기는 고통'을 뜻하며, 따라서 '압제, 고통, 환난'을 암시한다(BAGD, 362, BDAG, 457). 여기에서처럼 환난은 대개 마지막 심판과 관련하여 등장한다(TDNT 3:146). 두 번째 단어

'곤고'는 70인경에 13회, 정경들에 6회(신 28:53, 55, 57, 70인경의 사 8:22–23, 30:6), 신약에 4회 나온다(롬 2:9, 8:35, 고후 6:4, 12:10). 이것은 문자적으로 '좁은 장소, 좁음'을 의미하며, 사방에서 압박을 받게 되는 것, 즉 '고통, 어려움, 고뇌, 괴로움'을 나타낸다(BAGD, 766, BDAG, 943, 비교–MM, 588, LN §§22.10). 이 두 단어들은 세 번째로 함께 사용되고 있다(롬 2:9, 8:35, 고후 6:4), 이 단어들은 동의어로서 '의미의 강조를 위해' 함께 사용되고 있다(TDNT 7:604–08). [*thlipsis, stenochōria*]

2:11. 편파(Partiality, *prosōpolēmpsia*) – 이 단어는 성경에 4회 사용되며(롬 2:11, 엡 6:9, 골 3:25, 약 2:1), *prosōpon*과 *lambanō*의 합성어다. 이것은 히브리어 표현과 매우 유사하며(TDNT 6:779–80), 문자적으로 '얼굴을 받아들이다'로 번역되는데 외적인 사실들에 근거한 판단을 가리킨다(LN §88.238 비교). 예를 들면, 어떤 경찰이 교통 위반을 한 유명 인사의 얼굴을 알아보고 범칙금 고지서를 발부하지 않을 수도 있는데, 그런 경우가 바로 '편파'다(BAGD, 720, BDAG, 887, NIDNTT 1:587). 신약과 구약(신 10:17, 대하 19:7, 욥 34:19, 시 82:1–4, 행 10:34, 롬 2:11, 갈 2:6, 벧전 1:17)뿐 아니라 다른 유대 문헌들(시락서 35:12–13, 욥기 5:12–16, 21:3–5, 솔로몬의 시편 2:18, 제1 에녹 63:8)에서 증명하고 있듯이 하나님께서는 편파와는 거리가 먼 분이시다. [*prosōpolēmpsia*]

2:12. 망하다(Perish, *apolountai*) – 70인경에 374회, 정경들에 271회, 신약에 90회, 바울 서신에 12회, 로마서에 2회(2:12, 14:15) 사용된 이 단어는 문자적으로 '파괴하다, 죽이다'라는 뜻이며, '존재하기를 멈추다'(LN §13.96), 또는 '파멸하다, 파괴하다, 멸망하다'(BAGD, 95, BDAG, 115–16, LN §20:31)라는 개념을 갖고 있다. 이것이 '진노'와 함께 사용될 때 구원이나 영생과 대조되며, '단지 육체의 소멸의 차원에서가 아니라 음부(Hades)와 절망적인 운명으로의 영원한 추락의 차원에서의 결정적인 멸망'을 의미한다(TDNT 1:396, 비교–NIDNTT 1:462–65). [*apollymi*]

율법(Law, *nomos*) – 이 단어는 70인경에 431회, 정경들에 242회, 신약에 194회 나오는데, 신약의 사용 가운데 로마서에서 74회 사용된다. 이것은 '원리'(예를 들면, 롬 7:21, 23, 25, 8:2), 사람을 구속하는 법(예를 들면, 7:1–3, 4:15하, 5:13하) 또는 구약 성경(예를 들면, 3:19, 요 10:34)을 가리킬 수도 있지만, 대부분 여기에서처럼 모세 율법을 가리킨다(BAGD, 542–43, BDAG, 677–78, TDNT 4:1022–85, NIDNTT 2:438–51). [*nomos*]

2:13. 의로운(Righteous, *dikaioi*) – 1장 17절에서 논의된 이 형용사는 의의 속성, 바르거나 정의롭게 행동하는 것, 또는 하나님과의 바른 관계를 나타낸다. 현재의 문맥에서 이것은 하나님과의 바른 관계를 나타낸다(TLNT 1:325 n. 25, Cranfield 1:154, Moo, 147–48, Schreiner, 119, Morris 27–73). [*dikaios*]

의롭다고 선언되다(Be declared righteous, *dikaiōthēsontai*) – 이 동사(*dikaioō*)는 70인경에 52회(정경들에 29회), 바울 서신에 27회, 로마서에 15회(2:13, 3:4, 20, 24, 26, 28, 30, 4:2,

5, 5:1, 9, 6:7, 8:30[2회], 33) 나온다. 이것은 '죄가 없다고 하다, 의롭다고 선언되거나 다루어지다'라는 의미의 법정 용어다(BAGD, 197-98, NIDNTT 3:363-65, TLNT 1:337-43, Morris, *The Apostolic Preaching of the Cross*, 283-87). 이것은 본질적으로 의롭게 만드는 것보다는 의롭다고 선언되는 것을 의미하며, 유죄 선고의 반대 개념이다. 이것이 실질적으로 죄가 없다는 뜻의 무죄 평결은 아니다. 어떤 사람도 죄가 없을 수는 없다. 바울은 심판의 때에 율법을 듣는 사람이 아니라 율법을 행하는 사람이 의인으로 여겨지게 될 것이라고 말한다. [*dikaioō*]

2:15. 양심(Conscience, *syneidēseōs*) – 70인경에서 2회(전 10:20, 솔로몬의 지혜서 17:10), 신약에서 30회, 바울 서신에서 20회, 로마서에서 3회(2:15, 9:1, 13:5) 사용된 이 용어는 문자적으로 '공동 지식'(co-knowledge)이나 '어떤 것에 대한 지식'을 뜻하며, 따라서 '알다, 감지하다, 자각하다'이다(MM, 605, LN §§26.13, 28.4). 이것은 각 개인에게 주어진 '옳고 그름을 분별하는 내적 능력'으로 '도덕적 자각, 선악의 판단력'을 나타낸다(BDGA, 967-68, 비교-BAGD, 786, TDNT 7:898-917, TLNT 3:332-36). 깨끗한 양심은 우리가 선을 행하고 있다는 정보를 제공하지 않기 때문에 양심의 활동은 부정적일 때가 많다. 따라서 양심은 우리가 잘못된 행동을 할 때 고통을 느끼게 만드는 도구다. 결과적으로 양심은 옳고 그름에 대한 지식을 필요로 한다. 옳고 그름에 대한 양심의 자극에 무감각하게 될 때 양심은 마비될 수 있다(NIDNTT 1:348-53 비교). 바울은 계속해서 한 사람의 양심이 어떻게 반응하는지를 언급한다. 그 사람은 자신의 양심에 비추어서 고발하기도 하고 변명하기도 한다. [*syneidēsis*]

2:17. 율법을 <u>의지하다</u>(<u>Rely on</u> the law, *epanapauēnomō*) – '의지하다'(*epanapauomai*)라는 동사는 70인경에서 10회, 신약에서 여기와 누가복음 10장 6절에 나오며 '기대다, 의지하다'라는 뜻이다(BAGD, 282-83, BDAG, 358, LN §31.83). 유대인들은 마치 자신들이 하나님과의 바른 관계가 율법에 의해 결정되는 것처럼 율법에 기대거나 의지하고 있다. [*epanapauomai*]

하나님을 <u>자랑하다</u>(You <u>boast</u> in God, *kauchasai en theō*) – 동사 *kauchaomai*는 70인경에서 40회, 정경들에서 23회, 신약에서 37회, 바울 서신에서 35회, 로마서에서 5회 사용된다(롬 2:17, 23, 5:2, 3, 11). 이것은 특출하게 주목할 만한 어떤 사람이나 어떤 것에 대해 이례적으로 대단한 확신을 표현하다, 즉 '자랑하다'라는 개념을 갖고 있다(LN §33.368, 비교-BAGD, 425-26, BDAG, 536, NIDNTT 1:227-29, TLNT 2:295-302). 여기에서 이것은 우상을 섬기고 있던 이방인들과 달리 참되신 하나님을 자랑하거나 신뢰했던 유대인들과 관련이 있다. [*kauchaomai*]

2:18. 하나님의 <u>뜻</u>을 알다(And know [his] <u>will</u>, *kai ginōskeis to thelēma*) – 유대인들은 율법을 의지하기 때문에 하나님의 뜻을 알고 있다. [*ginōskō*]

최상의 것들을 <u>입증하다</u>(And <u>approve</u> the superior things, *kai dokimazeis ta diapheronta*) – '입증하다'라는 동사는 1장 28절에서 논의했다. '시험을 근거로 어떤 것을 진짜 혹은 가치 있

는 것으로 간주하다'라는 개념을 지니며(LN § 30.114), 따라서 이 용어는 무엇을 하는 것이 중요한지, 무엇을 따르는 것이 가장 좋은지를 평가하거나 '분별하는' 능력을 일컫는다(TLNT 1:356). 유대인들은 하나님의 뜻을 알고 있기 때문에 영원한 것이 무엇인지를 분별할 수 있다(BAGD, 202, BDAG, 255). [*dokimazō*]

율법으로부터/ 율법에 의해 가르침을 받았기 때문에(Because of being instructed out of/ by the law, *kaēchoumenos ek tou nomou*) – 이 용어는 원인을 나타내는 분사로서 유대인들이 하나님의 뜻을 알고 지극히 선한 것들을 분별한 이유를 진술하고 있다. 그 이유는 바로 그들이 율법의 가르침을 받았기 때문이다. [*katēcheō*]

2:20. 어리석은 자의 교사(Instructor of the senseless, *paideutēn aphronōn*) – 형용사 '어리석은'(*aphrōn*)은 70인경에서 133회(정경들에 113회), 신약에서 11회, 바울 서신에서 8회, 로마서에는 여기에서 단 한번 사용되고 있다. 이것은 올바른 판단의 결여라는 개념을 갖고 있으며 '어리석은' 또는 '바보'와 동일한 개념이다(눅 11:40, 12:20, 고전 15:36, 고후 11:16, 19, 12:6, 11, 엡 5:17, 벧전 2:15). 에베소서 5장 17절에서 이 단어는 주의 뜻을 이해함으로써 지혜롭게 된 사람과 반대되는 의미로 사용되고 있다. 이 문맥에서는 하나님의 뜻을 알고 있는 유대인들을 어리석은 자의 교사나 선생으로 여기고 있다. [*aphrōn*]

율법에 있는 지식과 진리의 모본(Form of the knowledge and truth in the law, *tēn morphōsin tēs gnōseōs kai tēs alētheias en tōnomō*) – 명사 *morphōsis*는 이곳과 디모데후서 3장 5절에서만 사용되며, '구현'(어떤 추상적인 특질을 구체화하거나 유형화한 것) 또는 '본질적인 특징들'을 의미한다(BAGD, 528, BDAG, 660, LN §58.3). 유대인들은 어리석은 자와 어린아이들에게 율법에 담겨진 지식과 진리의 본질적인 특징들에 관해서 가르쳤다. [*morphōsis*]

2:22. 우상들을 가증히 여기다(Abhor idols, *ho bdelyssomenos ta eidōla*) – '몹시 싫어하다'(*bdelyssomenos*)라는 분사는 이곳과 요한계시록 21장 8절에서만 사용되고 있다. 특히 바벨론 포로 이후에 유대인들에게 우상들은 전적으로 혐오스럽거나 가증한 것이었기 때문에 '싫어하거나 미워했다'라는 뜻을 지닌다(BDAG, 172, LN § 25.186). [*bdelyssomai*]

성전을 털다(Rob temples, *hierodyeis*) – 이 표현은 여기에서만 사용되었는데, 유대인들이 어떤 식으로 성전을 털었는지 단정하기는 힘들다. 아마도 성전에서 십일조와 제물을 훔치거나(말 3:8 비교), 성소를 더럽힘으로써 하나님의 영광을 도둑질한 것을 가리킬 수도 있다(말 1:14). [*hierosyleō*]

2:23. 율법을 자랑하다(You boast in the law, *en nomōkauchasai*) – '자랑하다'(*kauchaomai*)라는 동사는 2장 17절에서 논의했다. 현재의 문맥에서는 유대인들이 하나님의 율법을 가졌다는 사실을 자랑했다는 뜻이다. [*kauchaomai*]

율법을 위반함으로(By the transgression of the law, *dia tēs parabaseōs tou nomou*) – 명사 '위반'(*parabasis*)은 성경에 10회(시 101:3[70인경의 100:3], 롬 2:23, 4:15, 5:14, 갈 3:19, 딤전

2:14, 히 2:2, 9:15) 나온다. 율법 전체에 대한 위반, 여기에서는 특히 하나님의 법을 위반했다는 뜻이다(BAGD, 611–12, BDAG, 758, LN §36.28, NIDNTT 3:583–85). [*parabasis*]

2:24. 모독을 당했다(Blasphemed, *blasphēmeitai*) – 이 동사는 70인경에 7회, 신약에 34회 나오는데, 바울 서신에서 8회, 로마서에서 2회 사용된다(2:24, 3:8). 이것은 어떤 사람의 명성을 훼손하기 위해 그 사람에 대해 나쁘게 말하는 것으로 신들과의 관계에서뿐만 아니라 사람들과의 관계에서 발생하며, '비방하다, 모욕하다, 모독하다, 욕설을 퍼붓다'라는 뜻이다(LN §33.400, BAGD, 142–43, BDAG, 178, 비교–NIDNTT 3:341–45). 이 구절에서 바울은 유대인들이 율법을 위반함으로써 하나님의 명성을 손상시키고 있다는 것을 증명하기 위해 이사야 52장 5절을 인용한다. [*blasphēmeō*]

2:25. 율법의 위반자(Transgressor of the law, *parabatēs nomou*) – 명사 '위반자'(*parabatēs*)는 신약에 5회 나온다(2:25, 27, 갈 2:18, 약 2:9,11). 23절에서 언급된 *parabasis*와 동의어로서 습관적으로 율법을 위반하거나 따르지 않는 사람, 즉 '위반자'라는 뜻이다(LN §36.29, 비교–BAGD, 612, BDAG, 759, NIDNTT 3:584). [*parabatēs*]

할례(Circumcision, *peritomē*) – 이 단어는 70인경에 4회(창 17:13, 출 4:25, 26, 렘 11:16–나무를 '꺾는 것'을 가리킨다), 신약에 36회 나오는데, 바울 서신에서 31회, 로마서에서 15회 사용된다. 이것은 이스라엘이 하나님과 맺은 언약의 표시이며, 남자의 성기의 포피를 잘라내는 종교 의식이다(BAGD, 652–53, BDAG, 807, TDNT 6:72–84, NIDNTT 1:307–12). [*peritomē*]

무할례(Uncircumcision, *akrobystia*) – 70인경에 16회, 신약에 20회, 바울 서신에 19회, 로마서에 11회 나오며, 하나님과 언약 관계에 있지 않기 때문에 할례를 행치 않는 이방인들을 가리킨다. [*akrobystia*]

2:26. 의로운 규례들(Righteous requirements, *dikaiōmata*) – 1장 32절에서 논의했던 이 단어는 여기에서 율법이 요구하는 의로운 규례들을 가리킨다. [*dikaiōma*]

여기다/ 간주하다(Reckoned/ regarded, *logisthēsetai*) – 이 동사는 70인경에 19회(정경들에 82회), 신약에 40회 나오며, 바울 서신에서 34회, 로마서에서 19회 사용된다. 이것은 확인 가능한 사실들을 머릿속으로 숙고한 후에 사실로 판단되는 결론을 끌어내다라는 개념을 포함하고 있다(BAGD, 475–76, BDAG, 597–98, NIDNTT 3:822–26, 비교–TDNT 4:284–92). 바울은 무할례자가 율법의 의로운 요구들을 지킨다면 그 사람을 할례자로 여기거나 생각하게 된다는 개념을 전달하고 있다. [*logizomai*]

3:1. 이점(Advantage, *perisson*) – 70인경에 26회, 신약에 6회 나오며, 바울 서신에서 2회 사용되고 있는 이 형용사는 '특별한, 주목할 만한'이란 뜻을 지닌다, 여기에서는 '특권'을 나타내며, '이점'으로 번역하는 것이 좋다(BAGD, 651, BDAG, 805). 바울은 로마서 2장의 마지막 절에서 율법의 의로운 규례들을 지키는 무할례자를

할례 받은 자로 간주할 수 있다고 진술했기 때문에 "유대인들이 갖고 있는 이점이 무엇이냐?"고 자연스럽게 질문한다. [*perissos*]

가치(Value, *ōpheleia*) – '이점, 이득, 유익'(BAGD, 900, BDAG, 1107, LN §65.41)을 뜻하는 이 단어는 "할례의 가치나 유익이 무엇인가?"라는 질문에 사용되고 있다. 만약 할례에 유익이 없다면, 하나님께서 구약에서 그것을 명령하신 이유가 무엇일까? [*ōpheleia*]

3:2. 하나님의 말씀(Oracles of God, *ta logia theou*) – '신탁'(*logion*)은 70인경에 35회, 신약에 4회(모두 복수형, 행 7:38, 롬 3:2, 히 5:12, 벧전 4:11) 나온다. 이것은 '말씀, 선포, 신탁'을 의미한다(BAGD, 476, BDAG, 598, LN §33.97). 이 단어에 대해 많은 논쟁이 있지만 구약 성경, 특히 이스라엘을 구원하시겠다는 약속들 또는 메시아가 이스라엘을 구원하실 것이라는 약속을 가리키는 것 같다(TDNT 4:137–41, Moo, 182, Schreiner, 148–49, Johnson Jr., *BSac*. 130:241–45, 특히 245). 어떤 다른 민족들도 이 약속을 받은 적이 없기 때문에 유대인들은 대단한 이점을 갖고 있었다. [*logion*]

3:3. 무가치하게 만들다(Nullify, *katargesei*) – 이것은 70인경에 4회(에 4:21, 23, 5:5, 6:8), 신약에 27회 나오며, 바울 서신에서 25회, 로마서에서 6회(3:3, 31, 4:14, 6:6, 7:2, 6) 사용되고 있다. '활동하지 않게 하다' 또는 '활동의 중단을 선고하다'라는 의미다(TDNT, 1:452). 이 단어는 '없애다, 폐하다'로 번역할 수도 있지만, '무력하게 만들다, 무용지물로 만들다, 무가치하게 만들다, 무효로 하다'라는 뜻이 더 강하다(BAGD, 417, BDAG, 525–26, LN §13.100). 그러면 현재의 문맥에서 인간의 신실하지 못함이 하나님의 신실하심(미쁘심)을 무가치하게 만들거나 필요없게 만들고 있는가? [*katargēo*]

3:4. 당신은 <u>의롭다 함을 받을 것이다</u>(You will be <u>justified</u>, *dikaiōthēs*) – 2장 13절에서 논의한 것처럼 이것의 일반적인 뜻은 '의롭다고 선언하다'이다. 그러나 여기에서 '도덕적으로 의로움을 입증하다'라는 뜻이 더 어울리기 때문에 '의로움이 입증되다'로 번역할 수도 있다(BAGD, 198, BDAG, 249). 따라서 바울은 '당신의 의로움이 입증될 것이다'라고 진술하는 시편 51편 4절(맛소라 사본 51:6, 70인경 50:6)을 인용하고 있다. [*dikaioō*]

당신이 판단 받을 때에 <u>승리할</u> 것이다(Will <u>prevail</u> when you are judged, *nikēseis en tōkrinesthai se*) – *nikaō*는 70인경에 27회(정경들에는 3회, 시 51:4[맛소라 사본 51:6, 70인경 50:6], 잠 6:25, 합 3:19), 신약에 28회 나오며, 바울 서신에서 2회(롬 3:4, 12:21) 사용되고 있는 단어다. 이것은 '승리하다, 정복하다, 극복하다, 이기다'를 뜻하는 군사 용어다(BAGD, 539, BDAG, 673, TDNT 4:942–45, NIDNTT 1:65052, LN §39.57). 하나님의 행동이 판단 받을 때 하나님의 의가 이기게 될 것이다. [*nikaō*]

3:5. 하나님의 <u>의</u>(<u>Righteousness</u> of God, theou *dikaiosynēn*) – 1장 17절에서 논의된 단어인 '의'는 하나님의 의의 속성(롬 3:25–26)이나 하나님과 올바른 관계에 있는 사람(3:21–22,

4:3, 5)을 가리킬 수도 있다. 현재의 문맥에서는 하나님의 의의 속성을 나타낸다. 어떤 사람들은 불의한 행위가 하나님의 의로운 성품을 증명하는 데 도움이 된다고 주장했을 뿐 아니라, 더 나아가 그러한 행위들에 대해 진노를 내리시는 하나님께서 불의하신 분이라고 주장하기도 했다. 바울은 이런 주장들은 인간적인 견해에서 나온 것이라고 말함으로써 재빨리 대처한다. [*dikaiosynē*]

3:7. 그의 영광을 향상시키다(Enhance his glory, *eperisseusen eis tēn doxan autou*) – '향상시키다'(*perisseuō*)라는 동사는 70인경에 9회, 신약에 39회 나오며, 바울 서신에서 36회, 로마서에서 3회(3:7, 5:15, 15:13) 사용되고 있다. 이것은 '더 많이 있게 하다'라는 뜻으로 이 용어는 '풍성해지다' 또는 '심히 풍성하다'라는 의미를 지닌다(BDAG, 805, 비교–BAGD, 650–51). 그러므로 이 부분은 '그의 영광을 풍성하게 하다'로 번역된다(ASV, RSV, NASB, NRSV). NIV와 NET 역본에서는 '향상시키다'로 번역한다. 명사 '영광'(*doxa*)은 1장 23절에서 논의했으며 광채, 능력, 광휘를 지니신 하나님의 존재 자체의 명성을 가리킨다. 그러므로 바울은 거짓말을 해서 하나님의 명성을 향상시킨다면 거짓말을 한 사람이 어째서 죄인처럼 심판을 받느냐고 질문한다. [*perisseuō, doxa*]

3:8. 비방하다(Slander, *blasphēmoumetha*) – 2장 24절에서 '모독을 받았다'로 번역된 이 단어는 '다른 사람의 명성을 해치거나 손상시킬 의도로 말하다'라는 뜻이며, 이 문맥에서 적절한 번역은 '비방하다'이다. 어떤 이들은 바울이 선을 이루기 위해 악행할 것을 권한다고 중상 모략하고 있었다. [*blasphēmeō*]

정죄 받는 것이 마땅하다(Condemnation deserved, *krima endikon*) – 명사 *krima*는 2장 2절에서 논의한 것처럼 일반적으로 '심판'으로 번역된다. 그러나 여기에서는 '정죄'가 적절하다(Moo, 196n. 100). 형용사 '마땅한'(*endikos*)은 이 구절과 히브리서 2장 2절에서만 사용되고 있다. 이것은 '옳은 것에 근거한', 즉 '올바른, 마땅한'이란 뜻이다(BAGD, 263, BDAG, 332, LN §88.15). 바울은 자신을 비방하는 사람들은 심판을 받아 마땅하다고 말하고 있다. 다시 말해 그들이 심판 받는 것은 당연한 일이라는 것이다. [*krima, endikos*]

3:9. 우리는 더 나은가?(Are we better off, *proechometha*) – 이 동사(*proecchō*)는 간접 중간태이므로 "우리(유대인)가 이방인들보다 나은 점이 있는가?"라는 질문으로 바꿀 수 있다(BAGD, 705, BDAG, 869, LN §65.47). 이것은 바울이 유대인들은 하나님의 말씀을 맡았기 때문에 이방인들보다 여러 가지 나은 점이 있다고 대답한 3장 1–2절에서 제기한 질문과 비슷하다. 그러나 바울은 현재의 문맥에서 유대인들이 이방인들보다 나은 점이 하나도 없다며 부정적으로 대답한다. 바울은 1–2절에서 유대인들은 갖고 있으나 이방인들은 갖고 있지 않는 특권들을 언급했으며, 반면에 9절에서 죄의 고발과 관련하여 유대인이 이방인들보다 더 나은 것이 하나도 없다고 강조하고 있기 때문에 결코 모순된 주장을 하고 있는 것이 아니다. 바울은 유대인과 이방인이 다

죄의 권세 아래에 있다고 고발한다. [*proechō*]

죄(Sin, *harmartian*) – 70인경에 528회, 정경들에 412회, 신약에 173회 나온다. 그 가운데 바울 서신에서 64회, 로마서에서 48회 사용되는 이 단어는 의 또는 의에 대한 하나님의 표준들에서 벗어나다(BAGD, 43, BDAG, 51), 또는 '악한 일에 빠져 있다'(LN §88.289)라는 기본 개념을 갖고 있다. 이 문맥에서는 죄의 지배, 영역, 또는 권세에 대해 말하고 있는 것 같다. [*hamartia*]

3:10. <u>의로운</u> 사람은 없다(There is no one <u>righteous</u>, *ouk estin dikaios*) – 바울은 1장 17절에서 논의한 이 형용사를 시편 14편 1절의 인용에서 사용하고 있다. 이것은 하나님 앞에서 의로운 신분을 지닌 사람이나 도덕적으로 의로운 사람이 하나도 없다는 것을 암시한다(Cranfield 2:192, 비교–Moo, 203, Schreiner, 165). 바울의 논증은 독자들에게 모든 사람이 죄의 권세 아래에 있다는 조금 전의 고발(9절)을 떠올리게 한다. 이제 10–19절에서 이 점을 입증하기 위해 구약 성경 구절들(시 5:9, 10:7, 14:1–3, 36:1, 140:3, 사 59:7–8)을 사용한다. 이 묘사는 처음부터 끝까지 모든 사람 안에 죄의 권세가 깊이 자리 잡고 있음을 증명한다는 사실에 주목하라. [*dikaios*]

3:11. <u>깨닫는</u> 사람이 없다(There is no one who <u>understands</u>, *ouk estin ho syniōn*) – 동사 *syniēmi*는 70인경에 115회, 정경들에 107회, 신약에 26회 나오며, 바울 서신에서 4회 사용되고 있다(롬 3:11, 15:21, 고후 10:12, 엡 5:17). 이것은 '이해하다, 지각하다, 파악하다, (어떤 것에 대해) 통찰하다'라는 뜻이다(BAGD, 790, BDAG, 972, LN §§32.5, 26, TDNT 7:888–96, NIDNTT 3:130–33). 그렇다면 하나님의 본성과 그분의 길들을 깨닫는 사람은 하나도 없는 셈이다. [*syniēmi*]

하나님을 <u>찾는</u> 사람이 없다(There is no one who <u>seeks</u> God, *ouk estin ho ekzētōn ton theon*) – '찾다'(*ekzēteō*)라는 단어는 70인경에 132회, 정경들에 113회, 신약에 7회 나오는데, 바울은 여기에서 단 한번 사용한다. 이것은 어떤 것을 배우거나 어떤 사람을 찾기 위해 노력한다는 뜻이며, '찾다, 조사하다'로 번역할 수 있다(BDAG, 302, LN §27.35, 비교–BAGD, 240). 죄인들은 하나님이나 그분의 길들을 이해하지 못할 뿐만 아니라 찾고자 노력하지도 않는다. [*ekzēteō*]

3:12. 모든 사람이 <u>돌아섰다</u>(All have <u>turned away</u>, *pantes exeklinan*) – 동사 *ekklinō*는 70인경에 150회(정경들에 134회), 신약에 3회(롬 3:12, 16:17, 벧전 3:11) 나오며, '돌아서다, 꺼리다, 누군가를 피하다'라는 뜻이다(BAGD, 241, BDAG, 304, LN §31.99, 34.41). 이것은 어쩔 수 없는 행동이 아니라 하나님과 그분의 길들에서 의도적으로 돌아서는 것이다. [*ekklinō*]

그들이 <u>쓸모없게 되다</u>(They have <u>become worthless</u>, *ēchreōthēsan*) – 동사 *achreioō*는 70인경에 7회, 신약에서는 여기에 단 한번 나온다. 이것은 우유 같은 것이 '부패하거나' '시큼해지는 것'을 의미하는 *ālah*의 번역이며(BDB, 47, Dunn 1:150, Morris, 167n. 69), 따라서 '무익한, 쓸모없는, 타락한'이란 뜻을 지닌다(BAGD, 128, BAGD, 160). [*achreioō*]

<u>인자</u>를 베푸는 사람은 한 사람도 없다(There

is no one who does kindness not even one, *ouk estin ho poiōn chrēstotēta,* [*ouk estin*] *heōs henos*) – 2장 4절에서 논의되었던 '인자'(*chrēstotēs*)는 '상황에 어울리거나 일치하는 것'을 의미한다. 여기에서 인자의 행위를 보이는 사람이 하나도 없다. [*chrēstotēs*]

3:19. 모든 입이 침묵하게 하려고(That every mouth may be silenced, *hina pan stoma phargē*) – '침묵하다'(*phrassō*)라는 동사는 70인경에 6회, 신약에 3회 나오며(롬 3:19, 고후 11:10, 히 11:33), '입을 닫거나 막는 것'을 의미한다(BAGD, 865, BDAG, 1064–65, LN §§20.30, 33.125, 68.45, NIDNTT 3:950–51). 여기에서 이 단어는 이방인들보다 이점이 많았던 (율법 아래에 있는) 유대인들이 지금 자신들에게 불리한 압도적 증거 때문에 침묵하고 있다는 것을 설명하는 데 사용되고 있다. 그들은 하나님 앞에서 그 어떤 변명도 할 수 없다. [*phrassō*]

온 세상이 하나님께 책임이 있게 하려고(The whole world may become accountable to God, *hypodikos genētai pas ho kosmos tōtheō*) – 형용사 *hypodikos*는 여기에서만 나오며, '심판을 받을 의무가 있는, 해명해야 하는, 책임이 있는'이란 뜻이다(BAGD, 844, BDAG, 1037, LN § 56.17). "이것은 고소당한 사람의 상태를 묘사한다. 그는 자신에 대한 기소 사실을 반박할 수 있는 모든 가능성이 사라졌으므로 자신을 심문하는 재판에서 한마디도 답변할 수 없다…"(TDNT 8:558). 유대인들은 하나님과의 언약 관계라는 이점을 지녔을지라도 심판에서 아무 말도 못한다. 이점이 하나도 없는 이방인들 역시 하나님께 책임이 있으며, 하나님의 유죄 선고를 기다린다. 유대인들이 심판을 면할 수 없는 것이 확실하다면 이방인들도 하나님의 정죄를 피할 소망이 없다. [*hypodikos*]

3:20. 의롭다 하심을 얻다(Declared righteous, *dikaiōthēsetai*) – 이 표현은 2장 13절에서 논의했고, '의롭다 하심을 얻다, 의롭다고 선언되거나 의롭다고 간주되다'라는 뜻이다. 그 누구도 율법의 행위로서 의롭다 하심을 얻지 못하며, 그 누구도 선행으로 의롭다 하심을 얻을 수 없다. [*dikaioō*]

율법의 행위(Works of the law, *ergōn nomou*) – 이 표현은 신약에 8회 나오며(롬 3:20, 28, 갈 2:16에 3회, 3:2, 5, 10), 많은 논쟁을 발생시켰다. 샌더스(E. P. Sanders)는 유대인들이 율법의 행위로 의롭게 된 것이 아니었고, 선택에 의해 하나님과 언약 관계에 있게 되었으며, 율법에 순종함으로써 그 신분을 유지했다고 주장하지만 이 견해는 언약적 율법주의를 말하는 것이다. 둔(Dunn)도 유대인들이 율법의 행위를 통해 하나님과 관계를 맺었고, 율법의 준수(예를 들면, 음식 규례, 할례 등)를 통해 이방인들과 민족적인 구별을 했다는 유사한 생각을 갖고 있다(1:158–60). 하지만 이 구절은 사람이 하나님과의 언약 관계를 유지하는 방법이 아니라 사람이 의롭다 함을 받는 방법, 즉 사람이 하나님과 관계를 맺게 되는 방법에 대한 묘사다(더 자세한 논의를 위해서는 Moo, 211–17을 참고하라). [*ergos, nomos*]

왜냐하면 율법을 통해 죄에 대한 지식이 생기기 때문이다(For through the law is/ comes the knowledge of sin, *dia gar nomou epignōsis harmartias*) – 완전한 지식을 뜻하는 단어인 *epignōsis*는 1장 28절에서 논의했다. 이것은 '무엇에 관해 알다, 무엇에 관해 명확하게 알다'라는 뜻이다. 이것은 또한 명확하고 완전한 지식을 가리킬 수도 있으며(LN §28.18), 율법이 죄에 대한 완전한 지식을 제공한다고 선언하고 있는 이 문맥에 적합한 의미다. 3장 9절에서 논의한 '죄'(*hamartia*)는 의에 대한 하나님의 기준들에서 벗어난 것을 가리킨다. 따라서 율법의 행위로는 의롭다 함을 얻지 못한다. 오히려 율법을 통해 잘못된 행위(죄)에 대해 완전한 지식을 얻게 된다. [*epignōsis, hamartia*]

3:21. 율법 외에 하나님의 의가 나타났다(Apart from the law the righteousness of God has been manifested, *chōris nomou dikaiosynētheou pephanerōtai*) – 2장 13절에서 논의한 '의'는 '의롭다 함을 얻다, 하나님과 바른 관계를 갖다'라는 뜻이다. 하나님의 의는 20절의 진술처럼 율법의 행위와 상관없이 이루어진다. '나타나다'(*phaneroō*)라는 동사는 1장 19절에서 논의했으며, '분명한, 명확하게 보이는'이란 뜻이다. 완료 시제는 율법과 상관없이 의가 나타났으며, 그 효력이 계속해서 지속되고 있다는 것을 증명한다. 바울은 하나님의 의가 율법과 상관없이 율법과 선지자들에게 증거를 받았다고 말함으로써 즉시 이것이 사실임을 확인한다. [*dikaiosynē, phaneroō*]

3:22. 곧 예수 그리스도를 믿음으로 말미암은 하나님의 의(Namely, the righteousness of God through faith in Jesus Christ, *dikaiosynēde theou dia pisteōs Iēsou Christou*) – 바울은 지금 이방인과 유대인이 똑같다는 사실이 지니는 긍정적인 면에 대해 말한다. 즉 하나님과의 바른 관계는 예수 그리스도를 믿음으로 얻는 것이다. 1장 5절에서 논의된 '믿음'이란 단어는 '신뢰하다, 의지하다'라는 뜻이며, 따라서 예수 그리스도를 믿을 때 하나님과 바른 관계를 얻게 된다. 이 구절에서 문제는 일부 주석가들이 '예수 그리스도'를 목적격 소유격으로 분류해서 예수 그리스도에 대한 믿음으로 이해하기보다는 주격적 소유격으로 분류해서 예수 그리스도의 신실함으로 번역한다는 점이다. 하지만 문맥상으로는 그리스도의 신실함보다는 하나님과의 바른 관계를 얻는 수단으로서의 그리스도에 대한 믿음과 관련이 있다. [*pistis, Iēsous, Christos*]

3:24. 그의 은혜로 값없이 의롭다 함을 얻은(Being justified freely by his grace, *dikaioumenoi dōrean tēautou chariti*) – 하나님과의 바른 관계의 기초는 은혜(*charis*)다. 1장 5절에서 은혜에 대해 '받을 공로나 가치가 없음에도 주어진 호의'라고 설명했다. 비록 부사 *dōrean*은 보통 '값없이'로 번역되지만, 이 문맥에서는 '이유 없이, 까닭 없이'라는 개념을 전달한다. 예수님께서는 제자들에게 원수들이 아무런 '이유 없이' 자신을 미워했다고 말씀하셨다(요 15:25). 따라서 바울은 우리가 이유 없이 의롭다 함을 얻게 되었다고 설명하고 있다. 다시 말하면, 하나님께서는 우리에게 갚아야 할 빚이 있으시거나 우리들이 완벽하게 율법의 행위들을 이행했기 때문에 우리를 의롭다고 선언하신 것이 아니다. 참으로 하나님께

서는 믿음으로 말미암아 얻은 은혜에 기초하여 전적으로 값없이 의롭다고 선언하신다. [*charis, dōrean*]

그리스도 예수 안에 있는 <u>구속</u>으로 말미암아(Through the <u>redemption</u> that is in Christ Jesus, *dia tēs apolytrōseōs tēs en ChristōIēsou*) – 바울은 지금 은혜에 근거한 이 값없는 칭의가 십자가에서 그리스도께서 이루신 구속 때문이라고 진술한다. '구속'(*apolytrōsis*)이란 단어는 70인경에서 단 한번(단 4:34), 신약에서 10회, 바울 서신에서 7회, 로마서에서 2회(3:24, 8:23) 사용되고 있으며, 몸값을 지불하고 석방된다는 뜻이다(BAGD, 96, BDAG, 117, TDNT 4:351–56, NIDNTT 3:199–200, TLNT 2:423–29, Morris, The Apostolic Preaching of the Cross, 16–18, 40–51, Barclay, 189–96 비교). 따라서 우리는 그리스도의 죽으심에 의해 하나님께 지불된 몸값에 근거하여 죄로부터 자유롭게 된다. [*apolytrpōsis*]

3:25. 하나님께서 <u>공개적으로 전시하신</u> 분(Whom God <u>publicly displayed</u>, *hon proetheto ho theos*) – 동사 *protithēmi*는 로마서 1장 13절('내가 여러 번 너희에게 가려고 생각하거나 계획했던 것을')과 에베소서 1장 9절에서처럼 결심이나 목적의 측면에서 '앞에 놓아두다'라는 뜻이거나 여기에서처럼 장소적 측면에서 '공개적으로 전시하다'(BAGD, 722, BDAG, 889)라는 뜻이다. 그러므로 하나님께서는 공개적으로 그리스도를 화목 제물로 전시하셨다. [*protithēmi*]

화목 제물(Propitiation, *hilastērion*) – 70인경에서 28회, 정경들에서 27회(보통 언약궤의 시은좌, 곧 은혜의 처소와 관련하여 사용됨. 예를 들면, 출 25:17–22, 레 16:2, 13–15) 사용된 이 단어는 신약에서 은혜의 자리(속죄소)에 대해 말하고 있는 히브리서 9장 5절에 다시 한 번 나온다. 실제로 NET는 현재의 문맥에서 "하나님께서 예수님을 공개적으로 은혜의 자리에 전시하셨다"라고 번역하고 있다. 이 단어가 '화목 제물'로 번역되고 있지만, 어떤 이들은 단절을 초래한 죄를 강조하는 '속죄 제물'이란 표현을 좋아한다(RSV, NEB, Dodd, 82–95, Dunn 1:171, Fitzmyer, 349–50 비교). 반면에 화목 제물이란 표현은 범죄를 당한 사람, 즉 여기에서는 하나님을 강조한다(KJV, ASV, NASB, Cranfield, 1:214–18, Morris, 180–22, Moo, 231–36, Schreiner, 192–95, Morris, 144–213, 특히 184–202, Hill, 23, 한글 표준새번역은 '속죄 제물'로 한글개역개정판에선 '화목 제물'로 번역하고 있다). 많은 사람들이 '속죄 제물'이란 표현을 좋아하는 이유는 계속해서 회유할 필요가 있는 헬라의 분노의 신들처럼 하나님께서 분노하신다는 개념을 피하려 했기 때문이다. 하지만 로마서 1장 18절부터 3장 20절까지는 하나님의 진노가 중요한 역할을 하고 있다. 따라서 십자가에서 이루어진 구속으로 말미암아 하나님의 진노를 진정시키거나 만족시키는 화목 제물이란 표현이 현재의 문맥에서 더 적절하다. *–tērion*이라는 어미로 끝나는 단어는 하나님께서 진정하시거나 만족하신 장소, 즉 십자가를 암시할 수도 있다. 따라서 하나님께서는 십자가에서 이루어진 속량에 만족하신다는 것을 공개적으로 나타내셨다. [*hilastērion*]

자기의 의로우심을 <u>증명하기</u> 위해(In order to <u>demonstrate</u> his righteousness, *eis endeixin* *tēs dikaiosynēs autou*) – 명사 *endeixis*는 '증명, 증거'를 뜻한다(BAGD, 262, BDAG, 332). 1장 17절에서 논의했던 '의'는 '하나님과의 바른 관계'라는 뜻을 전달하거나 여기에서처럼 의의 속성을 뜻한다. [*endeixis*]

전에 지은 죄를 간과하심으로(Because of passing over sins previously committed, *dia tēn paresin tōn progegonotōn hamartēmatōn*) – *paresin*은 '지나치다, 처벌하지 않고 석방하다'라는 개념을 갖고 있다(BAGD, 626, BDAG, 776, TDNT 1:511–12). 하지만 이것은 그리스도의 십자가에서의 죽으시기 전의 죄들에 대한 처벌을 철회한다는 뜻이 아니다. 그보다는 처벌을 중지한다는 뜻을 갖고 있다(MM, 493, NIDNTT 3:1184). 이것은 단순히 구약의 동물 제사가 죄의 값을 지불하지 못했고, 그 때문에 하나님께서 십자가에 이르기까지 심판을 중지하셨다는 것을 보여준다(행 17:30 비교). [*paresis*]

3:26. 하나님께서 길이 참으시는 중에(In the forbearance of God, *en tēanochētou theou*) – 이 전치사구는 25절의 일부다. '참음'(*anochē*)이라는 단어는 여기와 로마서 2장 4절에만 나오며, '인내, 온순, 관용'을 나타낸다. 따라서 길이 참으시는 하나님께서 십자가 이전에 범한 죄들에 관한 심판을 중지하신다. [*anochē*]

자기의 의로우심을 증명하기 위해(In order to demonstrate his righteousness, *pros tēn endeixin tēs dikaiosynēs autou*) – 이 전치사구는 25절과 동일한 뜻이다. [*endeixis*]

이 때에(In the present time, *en tōnyn kairō*) – 하나님께서 십자가 이전에 지은 죄들에 대한 처벌을 중지하셨다고 말하는 25절과 대조적으로 바울은 지금 십자가 이후에 저지른 죄들에 대해 말하고 있다. [*nyn, kairos*]

자기도 의로우며 예수 믿는 자를 의로운 자 되게 하려고(In order that he might be just and justifier of the one who has faith in Jesus, *eis te einai auton dikaion kai dikaiounta ton ek pisteōs Iēsou*) – 하나님을 만족하게 하신 그리스도에 의해 이루어진 속량으로 인해 갈보리 이전과 이후에 범한 죄의 값이 지불되었다는 사실을 강조하고 있다. 그리스도께서 오시기 전에 범한 죄에 대한 심판은 중지되었지만, 그 죄 값은 갈보리에서 모두 지불되었다. 그리스도께서 오신 이후의 죄 값에 대한 완전한 지불 역시 십자가에서 이루어졌다. 따라서 하나님께서는 정의롭고 의로우시며, 예수님 믿는 사람을 의롭다고 선언하신다. 한마디로 하나님께서는 죄들에 대해 관대하신 것이 아니다. 그렇지 않다면 십자가는 어리석은 일이다. 십자가에서 이루신 속량으로 (과거, 현재, 미래의) 모든 죄에 대한 값이 지불되었다. 하나님께서는 누구든지 예수님을 믿기만 하면 그 사람에게 하나님 자신과의 바른 관계를 제공하실 때 의로 행동하시는 것이다. 하나님의 정의는 하나님께서 의를 선언하시는 분이라는 사실에서 나타나고 있다. [*dikaios, dikaioō*]

3:31. 그러면 우리가 믿음으로 말미암아 율법을 파기하느냐?(Do we, therefore, nullify the law through faith, *nomon oun katargoumen dia tēs pisteōs*) – 3장 3절에서 언급한 것처럼 *katargeō*라는 용어는 '활동하지 않게 하다, 활동의 중단을 선고하다'라는 의미다. 그러면 사람이 믿음으

로 의롭다 하심을 얻는다면 율법이 파기되는가? [*katargeō*]

절대로 그렇지 않다(Absolutely not, *mēgenoito*) – 이 표현은 70인경에서 46회, 정경들에서 35회, 신약에서 27회, 바울 서신에서 19회, 로마서에서 11회(3:4, 6, 31, 6:2, 15, 7:7, 13, 9:14, 11:1, 11, 12:16) 사용되고 있다. 이것은 KJV에서 '하나님께서 금지하셨다'라는 강한 부정의 의미로 번역하고 있다. [*mēginomai*]

우리가 율법을 굳게 세운다(We uphold the law, *alla nomon histanomen*) – 동사 *histēmi*는 '세우다, 놓다'라는 뜻이며, '확립하다, 떠받치다, 확인하다, 유지하다'를 의미할 때도 있다(BAGD, 381–82, BDAG, 482, LN §§76.20–21). 바울은 여기에서 믿음에 의한 칭의가 율법을 파기하는 것이 아니라 율법을 굳게 세운다는 점을 역설한다. 다시 말해서 율법은 죄인들에게 율법의 행위로는 하나님 앞에서 바로 설 수 없고 하나님 앞에서 바로 서기 위해 반드시 예수 그리스도를 믿어야 한다는 것을 보여준다. [*histēmi*]

4:3. 아브라함이 하나님을 믿었다(Abraham believed God, *episteusen de Abraam tōtheō*) – 1장 16절에서 논의된 동사 *pisteuō*는 '믿다, 신뢰하다'라는 뜻이다. 현재의 문맥에서 바울은 아브라함이 하나님을 믿었다고 말하고 있는 창세기 15장 6절을 인용한다. 성경에서 '믿다'(*pisteuō, 'āman*)라는 동사가 처음으로 창세기 15장 6절에서 등장하는 것에 유의할 필요가 있다. [*pisteuō*]

그리고 그것이 그에게(하나님께) 의로 여겨졌다(And it was credited to him for righteous, *kai elogisthēautōeis dikaiosynēn*) – 2장 26절에서 논의된 *logozomai*는 바울 서신에 34회, 로마서에 19회, 로마서 4장에 11회 나온다. 이것은 차변과 대변 둘 모두를 포함하는 상업 회계의 기록을 유지하다, 즉 '자신의 계산에 집어넣다, 자신의 장부에 달아두다, 계산으로 간주하다'(LN §57.227)라는 뜻이며, '간주하다, 여기다'로 번역할 수 있다(TBAGD, 475–76, BDAG, 597). [*logizomai*]

의(Righteousness, *dikaiosynē*) – 1장 17절에서 논의한 이 용어는 하나님의 의의 속성(롬 3:25–26)이나 하나님과 바른 관계에 있는 사람(3:21–23)을 가리킬 수도 있다. 여기에서는 후자, 즉 하나님과의 바른 관계가 하나님에 대한 아브라함의 믿음의 결과로서 아브라함의 계정에 기입되었다는 증거다.

이 구절에서 바울은 창세기 15장 6절을 인용하고, 이 장에서 자신의 논증을 전개할 때 그것을 사용하고 있다. 그는 먼저 4–16절에서 아브라함이 의롭다 함을 받지 않았다고 부정적으로 진술하고, 그 다음에 17–18절에서 아브라함이 어떻게 의롭다 함을 받았는지를 긍정적으로 진술하고 있다. 하나님께서는 아브라함이 믿음으로 받아들인 의를 아브라함의 것으로 여기셨다. [*dikaiosynē*]

4:5. 경건하지 않은(Ungodly, *asebēs*) – 이 형용사는 70인경에 242회, 정경들에 195회, 신약에 9회 나오며, 신약의 바울 서신에 3회(롬 4:5, 5:6, 딤전 1:9) 나온다. 이것은 '하나님을 두려워하지 않는, 경건하지 않은'을 뜻한다(BAGD, 114, BDAG, 141). 많은 유대인들은 아브라함이 의롭게 살았기 때문에 의롭다 여김을 받았다고 생각했다. 그러나 여기에서 우리는 하나님께서 경건

치 아니한 자를 의롭다고 하시는 것을 보게 된다. 그리고 아브라함이 의롭다고 여김을 받았을 때, 하나님께서 아브라함의 믿음의 반응을 보고 그를 의롭다고 선언하셨기 때문에 아브라함은 경건하지 않은 상태에 있었다는 것을 암시한다. 이 같은 사실은 모든 사람에게 소망을 준다. 왜냐하면 우리 모두는 죄 아래 있고, 따라서 경건하지 않기 때문이다(1:18-3:20). [*asebēs*]

그의 믿음을 의로 여기셨다(His faith is credited as righteousness, *logizetai hēpistis autou eis dikaiosynēn*) – 중요한 사실은 아브라함이 의롭다 함을 받은 것은 저절로 그렇게 된 것이 아니라 믿었기 때문이었다. 어떤 이들은 믿음(*pistis*)을 별로 중요하지 않게 보고 있으나 아브라함이 하나님께 의롭다고 인정받은 것(*logizomai*)은 '그의'(*autou*) 믿음 때문이었다. 1장 5절에서 논의한 것처럼 '믿음'은 근본적으로 '신뢰하다, 의지하다'라는 뜻이며, 어떤 형태의 행위들도 계산에 포함하지 않는다. [*logizomai, pistis, autos*]

4:6. 축복 받음(Blessedness, *markarismos*) – 성경 전체에 3회만 나오는(롬 4:6, 9, 갈 4:15) 이 단어는 '행복의 상태'를 묘사하며, 좋은 환경에 따른 '축복, 축복 받음, 행복'을 의미한다(LN §25.118, BAGD, 487, BDAG, 611, NIDNTT 1:215-17). 행위와 상관없이 우리 것으로 간주된 하나님과의 바른 관계를 갖는 것이 최고의 축복이다. [*makarismos*]

4:7. 복이 있다(Blessed, *makarios*) – *makarismos*와 비슷한 이 단어는 70인경에서 69회, 정경들에 26회 나오며, 신약 전체에서 50회, 바울 서신에서 7회, 로마서에서 3회(4:7, 8, 14:22) 사용되고 있다. 이것은 '행복해지는 것과 관련된 개념을 갖고 있으며 좋은 환경을 누린다'는 뜻을 내포한다(LN §25.119). 이것은 '행복한, 복 받은, 행운의, 특권이 있는'으로 번역할 수 있다(BAGD, 486-87, BDAG, 610-11, TDNT 4:362-70, NIDNTT 1:215-16, TLNT 2:432-44). [*makarios*]

법 없는 행동들이 용서받았다(Whose lawless deeds are forgiven, *hōn aphethēsan hai anomiai*) – 명사 *anomia*는 '사회의 법이나 규정을 완전히 무시하며 행동하는 것', 즉 '법 없이 살다, 법 없음, 법 없는 생활'을 뜻한다(LN §§ 88.139, 비교-BAGD, 71-72, BDAG, 85). '용서하다'(*aphiēmi*)라는 동사는 70인경에 126회, 정경들에 80회, 신약 전체에 143회, 바울 서신에 5회, 로마서에 2회(1:27, 4:7) 사용되고 있다. 이것은 '기각하다, 석방하다, 풀어주다' 또는 '법적 또는 도덕적 의무나 결과들에서 해방되다'라는 뜻으로 '취소하다, 용서하다, 면제하다'라는 의미를 나타낸다(BDAG, 156, 비교-BAGD, 125-26, TDNT 1:509-12, NIDNTT 1:697-703). 바울이 시편 32편 1절(70인경의 31:1)을 인용하고 있다는 사실을 염두에 둘 때, '들어서 옮기다. 들어서 위로 옮기다, 운반하다, 가져가다'(BDB, 669-71)라는 뜻의 히브리 단어 *nāśā'*에 대한 70인경의 번역이 여기에서 적합한 어법이다. 따라서 이것은 법 없는 행동들을 들어서 옮기거나 제거하는 것이다. [*anomia, aphiēmi*]

죄가 가려지다(Whose sins are covered, *hōn epekalyphthēsan hai hamartiai*) – 동사 *epikalptō*는 70인경에 19회, 신약에서 이곳에 단 한번 나오며, '가리다, 덮다'라는 뜻이다(BAGD, 294,

BDAG, 373, LN §40.11). 이것은 구약의 가르침과 일치하는데, 왜냐하면 속죄일에 죄가 가려졌기 때문이다. [*epikalyptō*]

4:8. …하는 사람은 복이 있다(Blessed is the person, *makarios anēr*) – 7절에서처럼 *makarios*는 그 죄가 자신의 계정에 기입되지 않은 사람은 '복되다, 다행이다, 행복하다'라는 뜻이다. [*makarios*]

주께서 죄를 계정에 기입하지 않은 사람에 대하여(On Whom the Lord does not credit sin, *hou ou mēlogisētai kyrios hamartian*) – 다윗의 계정에 죄가 기입되지 않았다는 사실과 관련하여 바울은 다시 '간주하다, 여기다'를 뜻하는 *logizomai*를 사용하고 있다. 칭의는 두 요소를 갖고 있다. 첫째, 그 사람의 계정에 죄가 기입되지 않는 것이다. 둘째, 그 사람의 계정에 의가 기입되는 것이다. 따라서 대부분의 경우처럼 칭의를 '죄 짓지 않은 것처럼'으로 해석하는 것은 이야기의 반쪽에 불과하다. 예수님께서 모든 죄의 값을 지불했다고 해서 자동적으로 모든 사람들이 의롭다 함을 받는 것은 아니다. 이야기의 나머지 다른 반쪽은 아브라함과 마찬가지로 의가 이야기의 처음 반쪽을 믿은 사람들의 계정에 기입될 것이라는 것이다. [*logizomai*]

4:11. 할례의 표(Sign of circumcision, *sēmeion…peritomēs*) – 명사 *sēmeion*는 70인경에 120회, 정경들에 101회, 신약 전체에 77회, 바울 서신에 8회, 로마서에 2회(롬 4:11, 15:19) 사용되고 있고, 기본적으로 '어떤 것을 알게 하는 표나 눈에 보이는 표식'을 뜻하며 (BAGD, 747, BDAG, 920), '표, 표식'을 가리킨다(TDNT 7:258, NIDNTT 2:626–27, TLNT 3:249–54). 여기에서 할례는 아브라함이 하나님과 맺은 언약을 나타내는 외적 표시다. [*sēmeion, peritomēs*]

믿음의 의의 인(Seal of the righteousness of the faith, *sphragida tēs dikaiosynēs tēs pisteōs*) – '인'(*Sphragis*)은 70인경에 72회, 정경들에 11회, 신약 전체에 16회, 바울 서신에 3회(롬 4:11, 고전 9:2, 딤후 2:19) 나온다. 이것은 소유권이나(계 7:2, LN §73.9) '어떤 것을 진짜라고 확인하거나 증명하는 것'(LN §73.9)이라는 뜻으로 '증명서, 확인서, 보증서'라는 의미를 나타낸다(BDAG, 980, 비교–BAGD, 796–97, TDNT 7:949, NIDNTT 3:499–500). 할례의 표가 의의 보증서나 증명서로 간주된다고 볼 수 있기에 여기에서는 세 번째 의미가 문맥에 적합하다. [*sphragis*]

4:12. 또한 우리 조상 아브라함의 믿음의 발자국을 따라가는(But also following in the footsteps of the faith of our father Abraham, *alla kai tois stoichousin tois ichnesin tēs…pisteōs tou patros hēmōn Abraam*) – 동사 *stoicheō*는 70인경에 단 한번(전11:6), 신약에 5회(행 21:24, 롬 4:12, 갈 5:25, 6:16, 빌 3:16) 나오며, 비유적으로 '자신의 행동의 표준으로 생각되는 사람이나 사물을 따라가는 것'을 뜻한다(BDAG, 946, 비교–NIDNTT 2:451). 따라서 '따라가다, …에 따라 살아가다'로 번역된다(BAGD, 769, LN §§ 41.12, 47, TDNT, 7:668–69). 명사 *ichnos*는 '발자국' 또는 비유적으로 '발걸음'을 뜻한다(BAGD,

384, BDAG, 485). 여기에서 이것은 할례의 유무와 상관없이 믿음의 조상 아브라함의 믿음의 발자국을 따라감으로써 의롭게 된다는 것을 나타낸다. 바울은 아브라함이 할례를 받기 전에 의롭게 되었다는 것을 강조한다. 따라서 할례의 의식이 아니라 믿음으로 하나님과의 바른 관계를 얻게 된다. [*stoicheō, ichnos*]

4:13. 약속(Promise, *epaggelia*) – 창세기 12장 1–7절에 따르면 하나님께서 아브라함에게 땅(12:1, 7, 13:14–17, 15:12–21, 17:8), 후손(2:2, 13:16, 15:5, 17:2–6) 그리고 복들(7:3, 18:18, 22, 18)을 약속하셨다. 이 문맥에서 바울은 아브라함을 향한 하나님의 약속에서 두 가지, 즉 땅에 대한 약속과 후손, 특히 이삭에 대한 약속에 초점을 맞추고 있다. [*epaggelia*]

그가 세상의 상속자가 될 것이다(That he would be heir of the world, *to klēronomon auton einai kosmou*) – 명사 *kosmos*는 보통 '세상, 지구'를 뜻하지만, 이 단락에서는 이스라엘에 맨 처음 약속했던 땅을 가리키는 것 같다. 확실하지는 않지만 궁극적으로 이 약속을 세상에 확대하는 것으로 간주할 수도 있다. [*kosmos*]

4:14. 믿음은 헛것이 된다(Faith is empty, *kekennōtai hēpistis*) – 동사 *kenoō*는 70인경에 2회(렘 14:2, 15:9), 신약에 5회(롬 14:1, 고전 1:17, 9:15, 고후 9:3, 빌 2:7) 나오며, '공허하게 만들다, 공허한, 쓸모없게 만들다'라는 의미다(BAGD, 428, BDAG, 539, TDNT, 3:661–62, NIDNTT 1:546–47, TLNT 2:308–09). [*kenoō*]

약속이 파기되다(The promise is nullifed, *katērgētai hēepaggelia*) – 3장 3절에서 언급되었던 용어인 *katargeō*는 '활동하지 않게 하다, 활동의 중단을 선언하다'라는 뜻이며, '소용없게 하다, 취소하다'로 번역할 수 있다(BDAG, 417, BDAG, 525, LN §13.100). 따라서 바울은 누군가가 율법을 근거로 상속자라고 주장한다면 믿음은 헛것이 되고 약속이 파기된다고 말한다. [*katargeō*]

4:16. 약속은 확실한 것이다(Promise may be certain, *eis to einai bebaian tēn epaggelian*) – 형용사 *bebaios*는 '사람이 걸어다닐 수 있는 곳'을 나타낸다. 따라서 '견고한, 단단한, 굳은'을 뜻한다고 볼 수도 있다. 결국은 '확실한, 믿을 수 있는'을 나타내며(TLNT 1:280, LN §71.15), '믿을 수 있는, 의존할 수 있는, 확실한'으로 번역할 수 있다(BAGD, 138, 비교–BDAG, 172, TDNT 1:601–02, NIDNTT 1:658–59). [*bebaios*]

4:18. 소망(Hope, *elpis*) – 70인경에 114회, 정경들에 78회, 신약 전체에 53회, 바울 서신에 36회, 로마서에 13회 사용되고 있는 단어인 elpis는 '소망, 기대'라는 기본 개념을 갖고 있다(Sophocles, *Oedipus Tyrannus*, 158, *Ajax*, 478, *Antigone*, 330). 하지만 이 소망은 쉽게 사라질 수도 있다(*Euripides, Iphigenia Taurica*, 414, *Suppliced*, 479). 헬라 사상에서 소망은 단지 현실의 고통을 잊기 위해 만들었으며, 이루어질 가능성이 확실하지 않은 생각 속의 꿈에 불과하다. 이와 달리 구약에서는 우리를 보호하시고 구원하실 영원하신 하나님을 바라보는 것이 바로 소망이다(TDNT 2:522–23). 신약의 소망 개념은

구약에 기초하며 기대, 하나님에 대한 신뢰 그리고 하나님께서 하나님의 계획대로 행하실 것에 대한 기다림과 같은 요소들을 갖고 있다(TDNT 2:530-31). 그리스도인들의 궁극적인 소망은 주와 함께 있는 것이다(롬 5:4-5, 8:20, 24-25, 12:12, 15:13, 갈 5:5, 골 1:5, 딛 2:13). 그들은 소망이 없는 이방인과 달리 주의 오심을 간절히 기다린다(엡 2:12, 살전 4:13-18, 5:8, 딛 2:13, 요일 3:3). 현재의 문맥에서 비록 세상은 하나님의 약속이 소망 없는 것이라고 생각했을지라도 하나님께서 약속하신 것을 이루실 것을 확신했기 때문에 전적으로 확실한 소망을 갖고 있었다(BAGD, 252-53, BDAG, 319-20, NIDNTT 2:243, TLNT 1:480-92, Barclay, 72-76). [*elpis*]

4:20. 불신으로 <u>흔들리지</u> 않았다(He do not <u>waver</u> in unbelief, *ou diekrithētēapisitia*) – 명사 *diakrinoaō*는 일반적으로 '구별하다, 판단하다, 평가하다'라는 뜻이나 신약에서만 '흔들리다, 의심하다, 나뉘다'라는 의미로 사용되고 있다(BAGD, 185, BDAG, 231, MM, 150, LN §§ 30.99, 109, 113, 31:37, TDNT 3:946-49, NIDNTT 1:503-5). 아브라함은 하나님의 약속에 대한 불신 때문에 자기 자신과 다투지 않았다. [*diakrinō*]

믿음 안에서 <u>견고하여졌다</u>(But was <u>strengthened</u> in faith, *all' enedynamōthētēpistei*) – 동사 *endynamoō*는 70인경에 단 한번(사 6:34), 신약에 7회(행 9:22, 롬 4:20, 엡 6:10, 빌 4:13, 딤전 1:12, 딤후 2:1, 4:17) 나온다. '견고하게 하다, 능력을 부여하다'라는 뜻이며 여기에서처럼 수동태로 사용될 때는 '강해지다, 견고해지다'라는 뜻이 된다(BAGD, 263, BDAG, 333, LN §74.6, 7). 아브라함은 불신앙으로 흔들리지 않았다. 오히려 믿음 안에서 견고해졌다. 수동태는 아브라함이 능력의 수령인이며, 하나님께서 그에게 그 능력을 주셨음을 암시한다. [*endynamoō*]

4:21. 충분히 확신했다(Fully convinced, *plērophorētheis*) – 이 용어는 70인경에 단 한 번, 신약에 6회(눅 1:1, 롬 4:21, 14:5, 골 4:12, 딤후 4:5, 7) 나오며, '(가득) 채우다, 성취하다' 또는 '충분히 확신하다'를 뜻한다. 수동태일 경우 여기에서처럼 '충분히 확신하게 되다, 보증을 받은, 의심하지 않는'이란 의미다(BAGD, 670, BDAG, 827, LN §31.45, 비교-TDNT 6:309-10, NIDNTT 1:735-36). '충분하고 완전한 신념'(TLNT 1:121)을 갖고 있던 아브라함은 하나님께서 약속하신 것을 성취하실 능력이 있다고 믿었다. [*plērophoreō*]

4:25. 범죄들(Transgressions, *paraptōmata*) – 이 용어는 70인경에서 22회, 정경들에서 14회, 신약 전체에서 19회, 로마서에서 9회(4:25, 5:15에 2회, 16, 17, 18, 20, 11:11, 12) 사용되고 있다. 이것은 '어떤 잘못된 걸음이나 실패 때문에 하나님의 뜻과 율법을 위반하는 것'이란 개념, 즉 '위반, 죄'의 관념을 갖고 있다(LN §88.297, BAGD, 621, BDAG, 770). *-ma*라는 어미는 결과를 나타내므로 *paraptōma*는 하나님의 율법이나 뜻(*parabasis*, 2:23 참고)을 실제적으로 범하는 것보다는 하나님의 율법을 범한 결과로서의 타락, 곧 하나님과의 관계가 깨어지는 것을 가리킨다

(Trench, 245–47 비교). 미카엘리스(Michaelis)는 "*παράβασισς*(*parabasis*)는 율법이 존재하기 때문에 생겨난 용어다(5:13 이하, 갈 3:19 비교). 이것은 계명의 위반, 즉 *παράπτωμα*(*paraptōma*)를 의미하며 더 나아가 인간의 과실로 인해 하나님과 인간의 관계가 중단되는 것을 가리킨다"라고 진술한다(TDNT 6:172, 비교–NIDNTT 3:358–86). [*paraptōma*]

5:2. 접근(Access, *prosagōgēn*) – 이 단어는 신약에만 나온다(롬 5:2, 엡 2:18, 3:12). 타동사로 사용될 때는 왕과 같은 사람에게 '소개되어지는 것'을 뜻하며(Xenophon, *Cyropaedia* 7.5.45), 자동사로 사용될 때는 항구나 육지에 접근하거나 다가간다는 뜻이다(Polybius 9.41.1, 10.1.6, Plutarch, *Aemilius Paulus* 13.5, BAGD, 711, BDAG, 876, LN §33.72, Barclay, 242–45). 이 접근은 다가감의 자유를 뜻한다. 이것은 친해지다는 개념을 전달하기는 하지만 경멸의 개념을 갖고 있지는 않다. 우리가 하나님께서 계신 곳으로 계속해서 접근한 결과로 하나님께 소개되고 있다는 것이 이 명사와 연관된 완료 시제가 암시하는 의미다. [*prosagōgē*]

우리가 하나님의 영광에 대한 소망으로 <u>자랑한다</u>(We <u>boast</u> in the hope of the glory of God, *kauchōmetha ep' elpidi tēs doxēs tou theou*) – 동사 *kauchaomai*는 2장 17절에서 논의했으며, '특출하게 주목을 받고 있는 어떤 사람이나 어떤 것에 대해 이례적으로 대단한 확신을 표명하다', 곧 '자랑하다'라는 뜻을 갖고 있다(LN §33.368). 현재의 문맥에서 믿는 자들은 소망 가운데서 자랑하거나 매우 놀라운 확신을 갖고 있다. 다시 말하면 그들은 하나님께서 믿는 자들을 위한 계획(4:18의 논의를 참고하라)을 성취하실 것이라는 완전한 확신 가운데서 자랑하고 있다. 이 성취는 하나님의 영광과 관련이 있으며, 아마도 하나님과 같아질 것이라는 미래에 대한 전망을 언급하는 것 같다(Moo, 302 비교). [*kauchaomai*]

5:3. 우리가 <u>환난</u>중에도 <u>자랑하자</u>(Let us <u>boast</u> in <u>tribulations</u>, *kauchōmetha en tais thlipsesin*) – 대단한 확신을 암시하기 위해 *kauchaomai*를 다시 사용하고 있다. 그러나 여기에서 언급하는 환난(*thlipsesin*)이나 고통은 외적 환경에 의한 것이다(2:9의 논의를 참고하라). [*kauchaomai*, *thlipsesis*]

환난이 <u>인내</u>를 이루는 것을 알기에(Knowing that tribulation produces <u>endurance</u>, *eidotes hoti hēthlipsis hypomonēn katergazetai*) – 2장 27절에서 논의된 명사 '인내'(*hypomonē*)는 '어려운 환경에서 계속해서 잘 견딜 수 있는 능력'이라는 개념을 갖고 있다(LN §25.174). 이 표현은 환난이나 고통이 인내나 참을성을 생겨나게 하기 때문에 그것이 우리에게 올 때 자랑하거나 크게 기뻐해야만 한다는 뜻이다. [*hypomonē*]

5:4. 인내는 <u>입증된 인격</u>을 [생산한다](And endurance [produces] <u>proven character</u>, *hēde hypomonēdokimēn*) – 명사 *dokimē*는 신약 가운데 바울 서신에서만 7회 사용된다(롬 5:4에서 2회, 고후 2:9, 8:2, 9:13, 13:3, 빌 2:22). '결과를 알기 위해 특별한 기준에 따라 시험하다'라는 개념을 전달하며, '입증된 인격'으로 번역할 수 있다(BDAG, 256 참고, BAGD, 202–03, LN §§

27.45, 65.12, 72.7, TDNT 2:255–60, NIDNTT 3:808–10, TLNT 1:353–61). [*dokimē*]

입증된 인격은 소망을 [생산한다](And proven character [produces] hope, *hēde dokimēelpida*) – 4장 18절에서 논의한 '소망'(*elpis*)은 하나님의 계획이 확실하게 이루어지는 것을 의미한다. 따라서 신자들은 환난으로 인해 결코 절망하지 않는다. 오히려 환난은 신자들에게 또 다른 소망을 가져다준다. [*elpis*]

5:5. 소망은 [우리를] 실망시키지 않는다(And hope dose not disappoint, *hēde elpis ou kataischynei*) – 동사 *kataischynō*는 70인경에서 77회, 정경들에서 62회, 신약 전체에서 13회, 바울 서신에서 10회, 로마서에서 3회 사용되고 있다(5:5, 9:33, 10:11). 이것은 '모욕을 주다, 창피를 주다, 부끄럽게 하다, 실망시키다'라는 뜻이다(BAGD, 410–11, BDAG, 517, LN § 25.194, TDNT 1:189–91). 소망이 우리를 부끄럽게 하지 않는 이유는 '존재하지 아니하는 어떤 것을 의지하는 것이 아니라 미래에 대한 하나님의 계획을 의지하기'(NIDNTT 3:563) 때문이다. [*kataischynō, elpis*]

사랑(Love, *agapē*) – 이 단어는 70인경에서 19회, 정경들에서 15회, 신약 전체에서 116회, 바울 서신에서 75회, 로마서에서 9회 나온다(5:5, 8, 8:35, 39, 12:9, 13:10[2회], 14:15, 15:30). 사랑을 의미하는 또 다른 단어(*erōs*)는 70인경에 3회 나오며(시 35:11[70인경의 34:11), 잠 7:18, 70인경의 30:16), 신약에는 한 번도 나오지 않는다. 이것은 소유적인 사랑을 표현하며, 주로 육체적인 사랑에 대해 사용된다. 모리스(Morris)는 "*erōs*는 두 가지 중요한 특징을 갖고 있는데 하나는 가치 있는 것에 대한 사랑이며, 다른 하나는 소유하기를 원하는 사랑이다. *agapē*는 두 가지 점에서 다른데, 가치 있는 것에 대한 사랑이 아니며 소유하기를 원하는 사랑이 아니다. 에로스와는 달리 아가페는 공로와 전혀 상관없이 주어진 사랑, 즉 주려고 애쓰는 사랑이다"라고 주장한다(*Testaments of Love: A study of LOve in the Bible*, 128, 또한 TDNT 1:21–55, NIDNTT 2:538–47, TLNT 1:8–22, Barclay, 17–46을 참고하라). 그러므로 죄인들과 믿는 자들 모두를 위한 하나님의 지속적인 사랑에서 알 수 있듯이 하나님께서 무가치한 사람과 사랑 받을 수 없는 사람에게까지 그 사랑을 베푸신다는 점에서 최고 사랑의 개념은 하나님의 사랑에 근거한다. 사랑은 사랑 받는 이의 최고의 선을 추구하는 것이다. 끝으로 신자들에게 최상의 선은 자신들을 위한 하나님의 뜻이다. [*agapē, erōs*]

5:6. 연약한/ 힘이 없는/ 무력한(Weak/ powerless/ helpless, *asthenōn*) – 이것은 연약함을 나타내는 일상 용어이며(LN §22.3), 현재의 문맥에서 '도덕적으로 무력하여 선을 행할 수 없는'으로 정의된다(LN §88.117, BAGD, 115, BDAG, 143, TDNT 1:490–93, NIDNTT 3:993–96). 여기에서 바울은 이 연약함을 죄인(8절), 경건하지 않은 자들(6절), 원수들(10절)과 동일시한다. [*asthenēs*]

적절한 때에(At the right time, *eti kata kairon*) – 명사 *kairos*는 70인경에서 444회, 정경들에서 312회, 신약 전체에서 85회, 바울 서신에서 30회, 로마서에서 6회 사용된다(3:26, 5:6, 8:18,

9:9, 11,5, 13:11). 때를 뜻하는 두 단어, *chronos*와 *kairos*와 관련하여 많은 논의가 있다. 어떤 이들은 두 단어 사이에 차이가 없다고 생각하지만, 일반적으로 크로노스는 명확하지 않은 시기를 가리키며, 카이로스는 중요한 때를 의미한다(비교–BAGD, 394–95, BDAG, 497–98, MM, 315, LN §§22.45, 67.1, 145, TDNT 3:455–62, NIDNTT 3:833–39). 이 본문에서 이 단어는 예수님께서 경건치 않은 사람들을 위해 대신 죽으신 역사 속의 중요한 때를 가리킨다. [*kairos, chronos*]

5:10. 원수들(Enemies, *echthroi*) – 6절에선 우리들을 연약하거나 경건하지 않은 자로, 8절에선 죄인들로, 10절에선 원수들과 동일시하고 있다는 점에 유의할 필요가 있다. 여기에서 무죄한 사람은 없다. [*echthrous*]

우리가 하나님과 화목하게 되었다(We were reconciled to God, *katēllagēmen tōtheō*) – 동사 *katallassō*는 70인경에 4회(렘 31:39, 제2 마카비 1:5, 7:33, 8:29), 신약 전체에 6회 나오며, 모두 바울 서신에서 사용된다(롬 5:10[2회], 고전 7:11, 고후 5:18, 19, 20). 이것은 깨어진 관계를 회복시킨다는 기본 개념을 갖고 있다. 다시 말하면 '적개심에서 우정으로의 변화'라는 뜻으로 사용되고 있다(Barclay, 165, LN §40.1, BAGD, 414, BDAG, 521, TDNT 1:254–58, TLNT 2:262–66). 주어가 하나님일 때는 동사가 능동태이며, 사람들이 주어일 때는 동사가 수동태라는 사실에 주목할 필요가 있다. 그리스도께서 성취하신 구속이 하나님의 진노를 가라앉히거나 만족시키므로 사람들은 화목하게 될 필요가 있다(Morris, *The Apostolic Preaching of the Cross*, 213–50, 특히 225–32). 칭의가 법적인 행위라면 반면에 화목은 친구 관계를 나타낸다. 따라서 우리들은 적들이었으나 하나님의 아들의 죽음으로 말미암아 하나님과 화목하게 되었다. [*katallassō*]

5:11. 화목(Reconciliation, *katallagēn*) – 70인경에서 2회(사 94:2, 제2 마카비 5:20), 신약 전체에서 4회(롬 5:11, 11:15, 고후 5:18, 19) 사용되며, 10절에서 논의한 동사와 같은 의미다. 이것은 중단되거나 깨어진 관계의 회복, 즉 '화해'다(BDAG, 521). [*katallagē*]

5:12. 죄로 말미암아 사망이(Through sin death, *dia tēs hamartias ho thanatos*) – 3장 9절에서 논의했던 단어 '죄'(*hamartia*)는 '의 또는 의에 대한 하나님의 기준들에서 벗어나는 것'을 뜻한다. 3장 9절에서처럼 이 단어는 죄의 지배, 영역 또는 권세에 대해 말하고 있다. 죄는 '사망'(*thanatos*)을 낳는다. 이 단어는 70인경에서 351회, 정경들에서 249회, 신약 전체에서 120회, 바울 서신에서 47회, 로마서에서 22회 사용되고 있다. 사망은 성경에서 주로 세 가지 의미로 묘사되고 있다(BAGD, 350–51, BDAG, 442–43, TDNT 3:7–21, NIDNTT 1:430–41). 첫째, 자연적 사망. 이것은 이 구절에서 언급되고 있는 아담의 죄 때문에 모든 사람들이 직면하는 육체적인 생명의 중단이다. 둘째, 영적 사망. 이것은 하나님으로부터 단절되는 인간의 소외다(엡 2:1–3, 4:17–19). 모든 사람들은 영적 생명을 갖고 있지 않으며, 따라서 하나님께 반응하지 못한다는 점에서 영

적으로 죽은 상태로 태어난다. 셋째, 영원한 사망 혹은 두 번째 사망. 이것은 예수 그리스도를 믿는 믿음이 없는 사람들에게 영적 사망이 계속되는 것이다(요 8:21, 24, 계 20:14, 21:8). 이것은 하나님으로부터의 영원한 분리다. 이 구절에서 '사망'은 자연적인 사망을 뜻하며, 모든 인간은 아담의 죄 때문에 사망에 직면한다. 따라서 유아들이 죽는 것은 아담의 죄 때문이지 개인적인 죄 때문은 아니다. [*harmartia, thanatos*]

5:14. 사망이 다스렸다(Death reigned, *ebasileusen ho thanatos*) – 동사 *basileuō*는 70인경에서 390회, 정경들에서 341회, 신약 전체에서 21회, 바울 서신에서 10회, 로마서에서 6회 사용되며(5:14, 17[2회], 21[2회], 6:12) '지배하다, 다스리다' 또는 절대적으로 지배하다, 즉 '다스리다, 완전히 지배하다'라는 뜻이다(LN §37.22, 64, BAGD, 136, BDAG, 170, TDNT 1:590, NIDNTT 2:373, 390–81, TLNT 1:270). 모든 사람들이 아담과 동일한 죄를 범하지 않았어도 그와 마찬가지로 사망한다는 점에서 사망은 아담의 시대로부터 모세의 시대까지 절대적 지배력을 갖고 있었다. 따라서 사망은 사람들 각자의 개인적 죄가 아니라 아담의 죄에 기인한 것이었다. [*basileuō*]

범죄(Transgression, *parabaseōs*) – 이 용어는 하나님의 율법을 어긴다는 뜻이다(2:23의 논의를 참고하라). 아담이 하나님의 명령을 어겼을 때 사망이 생겨났다. [*parabasis*]

5:15. 범죄(Transgression, *paraptōma*) – 4장 25절의 논의를 참고하라. *parabasis*는 하나님의 율법을 어기는 것이다(14절). 반면에 *paraptōma*는 하나님의 율법이나 뜻을 어김으로써 발생하는 하나님과의 관계의 중단을 암시하기 때문에 '타락'으로 번역하는 것이 더 적절하다. [*paraptōma*]

은혜의 선물(Gracious gift, *charisma*) – 이 단어는 1장 11절에서 논의했으며 '은혜로 말미암은 선물'이란 뜻이다. 현재의 문맥에서 은혜의 선물은 하나님과의 바른 관계를 가리킨다. [*charisma*]

선물(Gift, *dōrea*) – 이 명사는 70인경에서 9회, 신약 전체에서 11회, 바울 서신에서 5회, 로마서에서 2회(5:15, 17) 사용되고 있으며, '선물'을 뜻한다(BAGD, 210, BDAG, 266, LN §57.84). 17절과 연관시킬 때, 하나님과의 올바른 관계가 바로 이 선물이다. [*dōrea*]

5:16. 선물(Gift, *dōrēma*) – 이 단어는 70인경에서 단 한번(시락의 지혜 34:18), 신약에서 2회(롬 5:16, 약 1:17) 사용되고 있으며 '선물'이란 뜻이다(BAGD, 210, BDAG, 266, LN §57.84). [*dōrēma*]

정죄(Condemnation, *katakrima*) – 이것은 신약에 3회 나오는데, 모두 로마서에 나온다(5:16, 18, 8:1). "이것은 단순히 유죄 선언이 아니라 형벌의 선고를 가리킨다"(BDAG, 518, BAGD, 412, TDNT 3:951–52). 이것은 하나님의 정죄로서 영원한 저주라는 뜻이다(NIDNTT 2:365–66). [*katakrima*]

5:17. 범죄(Transgression, *paraptōma*) – 15절에서 논의한 것처럼 '타락'으로 번역하는 것이 더 좋다. [*paraptōma*]

사망이 다스렸다(<u>Death</u> reigned, *ho thanatos ebasileusen*) – 14절에서처럼 아담의 죄 때문에 사망이 절대적 지배력을 갖게 되었다. [*thanatos*]

의의 선물(<u>Gift</u> of righteousness, *tēs dōreas tēs dikaiosynēs*) – 15절에서 언급한 것처럼 여기에서 선물은 하나님과의 바른 관계를 가리킨다. [*dōrea*]

생명 안에서 다스릴 것이다(Shall <u>reign</u> in <u>life</u>, *en zōe basileusousin*) – 신자들은 사망의 지배를 받는(*basileusousin*) 대신에 풍성한 은혜와 의의 선물을 받는 사람들이며, 한 분 예수 그리스도로 말미암아 장래에 생명(*Zōē*) 안에서 다스리게 될 것이다(왕 노릇할 것이다). 이것은 아마도 의의 선물을 받은 사람들이 아담의 범죄로 인해 자연적 사망을 겪는다 할지라도 예수 그리스도 때문에 이 세상을 벗어난 곳에서 다시 살 것이라는 뜻으로 여겨진다. [*basileuō, zōē*]

5:19. 한 사람의 순종하지 아니함으로(Through the <u>disobedience</u> of one man, *dia tēs parakōs tou henos anthrōpou*) – 희귀 단어인 *parakō*는 신약에만 3회 나오며(롬 5:19, 고후 10:6, 히 2:2), 들으려고 하지 않다는 개념을 갖고 있다. 따라서 '듣기를 거절하고 순종하지 않음, 기꺼이 들으려 하지 않음, 순종하지 않음'을 뜻한다(BDAG, 76, 비교–BAGD, 618, LN §36.27, TDNT 1:223, NIDNTT 2:175, TLNT 3:28–29). 여기에서 바울은 '타락'(15절[2회], 16, 17, 18절) 대신 '순종치 않음'이란 표현을 쓴다. 아담이 타락한 것은 들으려 하지 않았기 때문이다. [*parakō*]

많은 사람이 죄인이 되었다(Many were <u>made</u> sinners, *hamartōloi katestathēsan hoi polloi*) – 동사 *kathistēmi*는 70인경에서 207회, 정경들에서 137회, 신약 전체에서 21회, 바울 서신에서 3회(롬 5:19[2회], 딛 1:5) 사용되고 있다. '어떤 사람 때문에 어떤 일을 겪게 되다'라는 뜻으로 '되게 하다, 일으키다'라는 의미를 지닌다(BDAG, 492, BAGD, 390, MM, 313, NIDNTT 1:471–72). 아담의 순종하지 아니함 때문에 우리들은 죄인이 되었다. [*kathistēmi*]

한 사람의 순종으로 말미암아(Through the <u>obedience</u> of the one man, *dia tēs hypakōs tou henos*) – 희귀한 명사인 *hypakō*는 70인경에서 단 한번(삼하 22,36), 신약 전체에서 15회, 바울 서신에서 11회, 로마서에서 7회(1:5, 5:19, 6:16[2회], 15:18, 16:19, 26) 사용되고 있다. 어원상으로 이것은 '…이 들리는 곳에 있다'라는 개념을 갖고 있으며 '순종'이란 의미다(BAGD, 837, BDAG, 1028, TDNT 1:223–24, NIDNTT 2:179, TLNT 1:450–52). [*hypakō*]

많은 사람이 의롭게 될 것이다(Many will be <u>made</u> righteous, *dikaioi katastathēsontai hoi polloi*) – 여기에서 '되게 하다, 일으키다, 임명하다'를 뜻하는 동사 *kathistēmirk*를 다시 사용하고 있다. "사람들은 그리스도의 순종으로 말미암아 의롭다고 간주된다"(*katastathēsontai*). 19절에서 대조적인 두 사실을 모두 *kathistēmi*라는 단어를 사용하여 각각 묘사하고 있다. 바울은 이 동사를 사용하여 인간에 대한 하나님의 심판을 묘사한다. 그러나 그는 구약과 후기 유대 사상의 언어와 개념들을 차용하고 있다. 심판을 묘사하는 이런 신인동형론적 방법은 죄인으로서의 존재와 칭의라는 두 가지 대조적인 측면을 제공한다. 결정적인 사건은 그리스도께서 죽기까지 순종하신 것이다(빌 2:5–11 비교). 그리스도의 순종으로 말미암아 하나님과 바른 관계를 갖게 될 실제적 가능성이 모든 사람에게 제공된다. 여기에서 아담은 '인간'을 대표하며, 사람이 아담의 순종하지 아니함으로 말미암아 '죄인'이 된다는 사실을 예증하는 데 사용되고 있다."(NIDNTT 1:472). [*kathistēmi*]

5:20. 이제 율법이 들어왔다(Now the law came in, *nomos de pareisēlthen*) – 동사 *pareiserchomai*는 이곳과 (유대주의자들이 몰래 들어와 이방인 신자들의 자유를 엿보고 있는) 갈라디아서 2장 4절에서만 사용되고 있으며, '가만히 들어오다' 또는 하나님의 계획에서 그다지 중요한 위치에 있지 않은, 율법의 부차적인 문제로서 '들어오다'라는 뜻이다(BDAG, 774, BAGD, 624, NIDNTT 1:322). [*pareiserchomai*]

범죄/ 타락을 증가하게 하려고(In order to make the transgression/ fall increase, *hina pleonasēto paraptōma*) – 동사 *pleonazō*는 70인경에서 27회, 정경들에서 20회, 신약 전체에서 9회, 바울 서신과 베드로전서 1장 8절에서 자동사로 7회, 데살로니가후서 1장 3절과 데살로니가후서 1장 3절에서 타동사로 1회 그리고 로마서에서 3회(5:20[2회], 6:1) 사용되고 있다. 이것은 기본적으로 '성장하게 하다, 증가하다'라는 뜻이다(BAGD, 667, BDAG, 824, NIDNTT 2:130–31). 죄는 아담의 타락 이후에 생겨났으며, 율법은 죄를 드러내기 위해 타락과 상관없이 들어왔다. 하지만 율법은 범죄를 증가하게 했다. [*pleonazō*]

죄가 증가한 곳에 은혜가 더욱 증가했다(Where sin increased, grace increased all the more, *hou de epleonasen hēhamartia, hyperperisseusen hēcharis*) – 동사 *pleonazō*('증가하다')가 다시 사용되며, 그 다음에 동사 *hyperperisseuō*가 뒤따른다. 이 동사는 이곳과 고린도후서 7장 4절에서만 나오며, '지나치게 많다, (훨씬 더) 풍성하게 제공되다'라는 뜻이다(BAGD, 841, BDAG, 1034, LN §78.34). 아담의 죄는 대단한 것이었다. 그러나 은혜는 훨씬 더 대단하고 풍성하게 공급되어진다. [*pleonazō, hyperperisseuō*]

5:21. 죄가 사망 안에서 다스렸다(Sin reigned in death, *ebasileusen hēhamartia en tōthanatō*) – 로마서 5장 14절에서 '다스리다'(왕 노릇하다)라는 동사를 논의했으며, '지배하다, 다스리다. 완전하게 통제하다'라는 뜻을 갖고 있다. 죄가 사망 안에서 통제하고 있는 것은 분명한 사실이다. [*basileuō*]

의로 말미암아 은혜가 다스리게 하려고(Grace might reign through righteousness, *hēcharis basileusēdia dikaiosynēs*) – 은혜는 죄보다 훨씬 더 대단하다. 왜냐하면 의의 선물, 곧 영생에 이르게 하는 하나님과의 바른 관계로 말미암아 은혜가 다스리게(왕 노릇하게) 될 것이기 때문이다. [*basileuō*]

영원한 생명(Eternal life, *zōēn aiōnion*) – *zōēaiōnios*라는 표현은 70인경에서 단 4회(단 12:2, 제2 마카비 7:9, 제4 마카비 15:3, 솔로몬의 시편 3:12), 신약 전체에서 43회, 바울 서신에서 9회, 로마서에서 4회(2:7, 5:21, 6:22, 23) 사용되며, '영원한 생명'으로 번역되고 있다. 형용사 *aiōnios*는 시작이나 끝이 없이 무한정 계속되는 것을 나타내며, 따라서 '영원한'이란 뜻이다(BAGD, 28, BDAG, 33, TDNT 1:208-09, NIDNTT 3:829-33, LN §§67.96, 133, Barclay, 33-41). 명사와 함께 사용될 때 '영원한 생명'이란 뜻이 된다. 요한복음에 따르면, 신자들은 즉시 영원한 생명을 받게 된다(요 3:15-16, 36, 4:14, 36, 5:24, 39, 6:27, 40, 47, 54, 68, 10:28, 12:25, 50, 17:2, 3). 반면에 바울은 영원한 생명을 다가올 세상에서 얻는 생명으로 간주하고 있다(롬 2:7, 5:21, 6:22, 16:25, 고후 4:17, 5:1, 갈 6:8, 살후 1:9, 몬 15절, 행 13:46, 48, NIDNTT 3:822). 아담의 죄는 사망, 즉 생명의 중단을 초래한 반면, 우리 주 예수 그리스도의 죽으심은 영생, 즉 끝이 없는 생명을 초래했다. 따라서 만약 사망이 다스린다면 그 사람은 육체적 사망에 직면하게 될 것이며 결국은 둘째 사망, 영원한 사망, 하나님으로부터의 완전한 분리에 이르게 될 것이다. 하지만 은혜가 다스린다면 육체적 사망은 겪을지라도 계속해서 영원한 생명에 있게 될 것이다. [*zōē, aiōnios*]

6:1. 죄에 <u>계속 머물겠느냐</u>(Should we <u>continue</u> in sin, *epimenōmen tēhamartia*) - 동사 *epimenō*는 로마서에 3회 나오며(6:1, 11:22, 23), 죄의 영역 안에 또는 죄의 권세 아래 '계속 있다, 있기를 고집하다, 여전히 남아 있다'라는 뜻이다(BAGD, 296, BDAG, 375, NIDNTT 3:277). [*epimenō*]

<u>은혜</u>를 증가하게 하려고(In order that <u>grace</u> might increase, *hina hēcharis pleonasē*) - 은혜가 죄보다 넘치기 때문에(5:20), "우리가 은혜를 얻기 위해서 죄의 지배를 계속해서 받아야 하는가?"라는 질문이 이어지고 있다. '증가하다'라는 동사는 5장 20절에서 논의했다. [*charis, pleonazō*]

6:2. 절대로 그렇지 않다(Absolutely not, *mē genoito*) - 이 표현은 로마서 3장 31절에서 논의했으며, 강한 부정을 나타낸다. [*mē, ginomai*]

죄에 대하여 <u>죽은</u> 우리(We who have <u>died</u> to sin, *hoitines apethanomen tēhamartia*) - 동사 *apothnēskō*는 '죽다'라는 일반적인 의미를 갖고 있으므로 여기에서 신자들이 죄의 영역에 대해 죽은 것을 나타낸다. 이것은 명령법이 아니라, 죽는 것이 명령이라기보다는 하나의 사실임을 암시하는 직설법적 표현이다. 이것은 우리가 해야 할 어떤 일이 아니라 단지 우리가 믿어야 할 하나의 사실일 뿐이다. [*apothnēskō*]

우리가 어떻게 여전히 그 [죄] 가운데서 살 수 있겠는가(How can we still live in it [sin], *pōs eti zēsomen en autē*) - 우리가 죄의 영역에 대해 죽은 것이 사실이기 때문에 당연히 죄의 영역에서 더 이상 살아서는 안 된다. 어떤 한 사람이 죽었는데 누군가가 그 사람을 주변에서 보았다고 말할 수 있겠는가? 죄의 영역에 대해 죽은 신자들의 경우도 마찬가지다. [*zaō*]

6:3. 예수 그리스도와 합하여 <u>세례를 받았다</u>(<u>Baptized</u> into Christ Jesus, *ebaptisthēmen eis Christon Iēsoun*) - '세례를 주다'(*baptizō*)라는 동사와 '세례'(baptisma)라는 명사는 헬라어의 번역이 아니라 음역이다. 이 동사는 70인경에 4회(왕하 5:14, 사 21:4, 유딧 12:7, 시락서 34:25), 신약 전체에 77회, 바울 서신에 13회, 로마서에 2

회(6:3[2회]) 나온다. 세속 헬라어에서는 '담그다, 처넣다'라는 뜻이며 수동형일 때는 '잠기다, 가라앉다'라는 뜻이다(LSJ, 305-06). 이 단어는 염료에 담근 천, 즉 염료로 물들인 천을 가리킨다. 신약에서 이 단어는 물로 세례 받은 사람들에게 사용된다(마 3:6-16, 막 1:4-9, 눅 3:7, 12, 16, 21, 요 1:25-33, 행 1:5, 2:38, 41, 8:12-16, 고전 1:13-17, 15:29). 하지만 신약에서 이 동사나 명사가 물 세례와 상관없이 사용되는 경우도 있다. 예를 들어, 마가복음 10장 38-39절에서 야고보와 요한이 다가오는 왕국에서 예수님 옆에 앉게 해달라고 요구할 때 예수님께서는 그들에게 "내가 마시는 잔을 너희가 마실 수 있으며 내가 받는 세례를 너희가 받을 수 있느냐?"라는 물음으로 대답하신다. 두 사람은 할 수 있다고 대답했고, 예수님께서는 그들에게 "너희가 내가 마시는 잔을 마시며 내가 받는 세례를 받게 될 것이다"라고 다시 말씀하신다. 잔은 문자적 의미에서의 마시는 잔이 아니며, 세례도 물 세례가 아니다. 예수님께서는 제자들에게 죽음에서까지도 자신과 하나가 될 수 있느냐고 묻고 계신 것이다. 따라서 그곳에서 이 단어는 염료로 물들인 천이 그 염료와 하나가 된다는 차원에서 '하나가 되다'라는 뜻이다. 고린도전서 10장 2절에서 이스라엘은 홍해를 건넜을 때 모세와 함께 세례를 받았으며, 그와 하나가 되었다. 현재의 문맥에서 믿는 자들은 예수 그리스도와 합하여 세례를 받았다. 다시 말하면 그들은 그리스도 또는 예수 그리스도와 하나가 된다. 물 세례는 우리가 그리스도와 하나가 되거나 연합한 것의 외적 상징이다. [*baptizō, baptisma*]

우리는 그의 <u>죽으심</u>과 합하여 세례를 받았다(We were baptized into his <u>death</u>, *eis ton thanaton autou ebaptisthēmen*) – 우리들은 예수 그리스도의 죽으심과 하나가 된다. 2절에서 우리들은 죄의 영역에 대해 죽었는데, 여기에서 바로 그것이 우리와 그리스도와 하나 됨, 특히 그분의 죽으심과 하나 됨으로 이루어졌다는 것을 알게 된다. [*thanatos*]

6:4. 그러므로 우리가 그와 함께 <u>장사되었다</u>(Therefore we were <u>buried</u> together with him, *synetaphēmen oun autō*) – 동사 *synthaptō*는 여기와 골로새서 2장 12절에서만 사용되며, '함께 매장되다, 묻히다'라는 뜻이다(BAGD, 789, BDAG, 971-72, LN §52.8). 이것 때문에 믿는 자들은 자신들이 진짜로 죄에 대해 죽었다는 것을 확신한다. 죽음이 없다면 매장도 없다. [*synthaptō*]

우리가 <u>걷게</u> 하려고(So that We might <u>walk</u>, *houtōs kai hēmeis…peripatēsōmen*) – *peripateō*의 문자적 의미는 '이리저리 걷다'이며, 고전 문학, 구약 성경(창 3:8, 출 21:19, 사 21:24, 욥 38:16) 그리고 신약(마 4:18, 행 3:8, 9, 12, 14:19, 계 2:1, 21:24)에서 자주 사용되고 있다. 그렇게 자주는 아니지만 고전 문학에서 이 용어는 비유적으로 '살아가다'라는 뜻으로 사용되고 있으며, 윤리적 행동을 가리킨다. 70인경에서는 총 38회의 사용 가운데 단 5회만(왕하 20:3, 잠 8:30, 전 11:9, 사 59:9, 시락서 13:13) 비유적으로 사용되고 있다(비교-BAGD, 649, BDAG, 803, LN §§15.227, 41.11, TDNT 5:944-45, NIDNTT 3:943-45). 신약 전체에서는 95회, 사도행전과 복음서에서 46회 나오며, 이 가운

데 4회가 비유적으로 사용된다(막 7:5, 요 8:12, 12:35, 행 21:21). 신약의 이외 다른 곳에서 49회 나오며, 2회(계 2:1, 21:24)를 제외하고 모두 비유적으로 사용된다. 복음서와 사도행전에서 문자적 의미의 사용이 지배적인 이유는 본문의 대부분이 설화체이기 때문이다. 반면에 신약의 다른 부분에서 비유적 의미가 지배적인 이유는 내용이 대부분 변증적이기 때문이다. 바울은 로마서에서 이 단어를 4회 사용하며(6:4, 8:4, 13:13, 14:15), 이 동사는 부정의 의미든지(예를 들면, 엡 2:2, 고전 3:3, 골 3:7, 살후 3:11) 긍정적 의미든지(엡 4:1, 5:2, 롬 6:4, 갈 5:16), 모두 사람의 행동이나 생활 방식에 대한 비유적 언급으로 사용되고 있다. [*peripateō*]

새 생명 가운데서(In the newness of life, *en kainotēti zōēs*) – 명사 *kainltēs*는 70인경에 단 2회(왕상 8:53, 겔 47:12), 신약에 2회(롬 6:4, 7:6) 나오며 시간의 차원보다는 질적 차원에서의 '새로움'을 의미한다(비교–BAGD, 394, BDAG, 497, TDNT 3:450–51, NIDNTT 2:670–71). 이제 그리스도께서 부활하셨기 때문에 우리들 역시 새로운 모습의 삶을 살아갈 수 있다. [*kainotēs*]

6:5. 우리는 연합하게 된다(We have become united, *symphytoi gegonamen*) – 형용사 *symphytos*는 70인경에서 3회(암 9:13, 슥 11:2, 제3 마카비 3:22), 신약에서 이곳에만 나오며 '비슷한 경험으로 밀접하게 연관되다'(LN §89.117) 또는 '연합하다, 결합되다'(TLNT 3:321–23, TDNT 7:786)라는 개념을 갖고 있다. [*symphytos*]

그의 죽으심을 닮아(In the likeness of the his death, *tōhomoiōmati tou thanatou autou*) – 명사 *homoiōma*는 70인경에서 41회, 정경들에서 37회, 신약에서 6회(롬 1:23, 5:14, 6:5, 8:3, 빌 2:7, 계 9:7) 사용되고 있다. '동일한 경험을 한 상태'를 나타내며 '닮음'으로 번역할 수 있다(BDAG, 707, 비교–BAGD, 567, LN § 64.3, TDNT 5:191–94). 여기에서 바울은 우리가 죽음에서 그리스도와 하나 되는 것과 부활에서 그리스도와 하나 되는 것을 다시 강조한다. [*homoiōma*]

6:6. 우리의 옛사람(Our old man, *ho palaios hēmōn*) – 형용사 *palaios*는 70인경에서 21회, 정경들에서 18회, 신약 전체에서 19회, 바울 서신에서 6회, 로마서에서는 이곳에 단 한번 사용되며, '오래되어 못 쓰게 된 것, 보잘것없는 것'이라는 뜻을 전달한다(LN §75, 비교–BAGD, 605, BDAG, 751, TDNT 5:719, NIDNTT 2:717). 바울은 에베소서 4장 22–24절에서 '새'사람과 대조되는 '옛'사람에 대해 말하고 있다. 옛사람은 우리가 그리스도와 새로 하나가 되기 전에 아담과 하나가 되었던 우리를 가리킨다. 새사람이 되는 것은 그리스도 안에 있는 것이다. [*palaios*]

그와 함께 십자가에 못 박혔다(Crucified with him, *synestaurōthē*) – 이 동사는 신약에서 모두 5회(마 27:44, 막 15:32, 요 19:32, 롬 6:6, 갈 2:19) 나온다. 복음서에서 3회 나오며, 모두 예수님과 함께 십자가에 못 박힌 강도들에 대해 사용되고 있다. 바울은 갈라디아서에서 자신이 그리스도와 함께 십자가에 못 박혔다고 진술한다. 현재의 문맥에서 바울은 모든 신자들이 그리스도와 함께 십자가에 못 박혔다고 진술한다. 바울은 우리 모두가 그리스도와 함께 죽어 매장되었다는 개념을 거듭 강조한다. 이 표현들이 명령법이 아니라 직설법이라는 사실에 유의할 필요가 있다. [*synstauroō*]

죄의 몸을 죽게 하려고(So that the body of sin might be nullified, *hina katagēthēto sōma tēs hamartias*) – '죄의 몸'이란 표현은 많은 논쟁을 일으키고 있다. 하지만 '죄 많은 육체'를 의미한다고 보는 것이 가장 적절하다. 이것은 육체가 처음부터 죄 가운데 있고 죄의 원천이라는 뜻이 아니다. 그보다는 육체가 죄의 지배를 받고 있다는 뜻이다. "육체가 죄의 몸이므로 몸은 죄에 속하며, 죄는 육체를 자신의 것으로 만들었다" (Morris, 251, 비교–Moo, 375–76, Schreiner, 316, 아래의 '죄의 종'들과 비교하라). 동사 *katargeō*는 3장 3절에서 논의했으며, '파기하다, 활동하지 않게 하다, 가치 없게 만들다'라는 뜻이며, 여기에서는 우리의 옛사람이 그리스도와 함께 십자가에 못 박힌 것은 죄의 몸이 활동하지 않게 하기 위해서였다는 것을 암시한다. 바울은 계속해서 또 하나의 목적을 설명한다. [*sōma, hamartia, katargeō*]

우리가 더 이상 죄를 섬기지 않게 하려고(That we no longer serve sin, *tou mēketi douleuein hēmas t ēhamartia*) – 동사 *douleuō*는 70인경에서 145회, 신약에서 25회, 바울 서신에서 17회, 로마서에서 6회(6:6, 7:6, 25, 9:12, 1:11, 14:18, 16:18) 사용되고 있다. "*douleuō*는 사람이 자율성을 버리고 자신의 의지를 다른 사람의 의지에 종속시킨다는 의미이기 때문에, 헬라인들은 노예의 신분에 속한 사람들을 크게 혐오하고 경멸했다"(NIDNTT 3:593, 비교–TDNT 2:261, BDAG, 205, BDAG, 259). 이 문맥에서 '죄'는 영역을 나타낸다. 따라서 우리의 옛사람을 그리스도와 함께 십자가에 못 박는 것은 죄의 몸이 또 다른 목적을 가지고 활동하여 더 이상 죄에 비참한 종노릇을 하지 않도록 하기 위해서다. [*douleuō*]

6:7. 자유롭게 되었다(Freed, *dedikaiōtai*) – 대부분의 영역본들(KJV, RSV, NASB, NIV, NRSV, NET)은 동사 *dikaioō*를 ASV처럼 '의롭다 하심을 얻었다'라는 일반적 번역보다는 '자유롭게 되었다'로 번역하고 있다(이 동사에 대한 연구를 위해 롬 2:13을 참고하라). 여기에서 이 동사의 어법은 믿는 자들이 (그리스도와 함께) 십자가에 못 박히고 의롭다고 선언됨으로써 사법적으로 죄의 통제로부터 자유롭게 되기 때문에 더 이상 죄의 세력의 노예가 아니라는 것을 암시한다. [*dikaioō*]

6:9. 사망이 더 이상 그의 주인이 아니다(Death is no longer master over him, *thanatos autou ouketi kyrieuei*) – 예수님께서는 부활하셨기 때문에 육체적 사망이 더 이상 그를 붙잡지 못한다. 또한 예수님께서는 사망을 정복하셨으므로 둘째 사망, 혹은 영원한 사망을 겪지 않으실 것이다. 동사 *kyrieuō*는 70인경에 59회, 정경들에 28회, 신약에 7회(눅 22:25, 롬 6:9, 14, 7:1, 14:9, 고후 1:24, 딤전 6:15) 나오며, '주인이 되다, 주가 되다'라는 뜻이다(BAGD, 458, BDAG, 576, TDNT 3:1097, TLNT 2:351–52). 예수님의 부활 때문에 사망은 더 이상 그리스도의 주인이 아니다. [*kyrieuō*]

6:11. 여기다(Reckon, *logizesthe*) – 이 동사는 로마서 2장 6절과 4장 3절에서 논의했으며, '여기다, 신뢰하다, 사실로 생각하다'라는 뜻이다. 바울은 믿는 자들에게 죄에 대하여 죽었다고 가르쳤으며(2–4절), 이제부터는 명령법을 사용해서 그들에게 한편으로는 죄에 대하여 죽지만 다른 한편으로는 그리스도 예수 안에서 하나님께 대하여 살아 있다는 것을 사실로 여기라고 가르친다. "우리가 어떤 명령을 받는지를 잘 생각할 필요가 있다. 우리는 죄에 대하여 죽고 하나님께 대하여 살아 있으라는 명령을 받는 것이 아니다. 이것들은 전제들이다. 전제들을 사실이라고 생각한다고 해서 그 전제들이 사실이 되는 것은 아니다. 이 명령법의 취지는 바로 그리스도와의 연합으로 인해서 이미 획득한 사실들을 우리의 생각에 포함시켜 바르게 깨닫게 하는 데에 있다" (Murray 1:225–26). [*logizō*]

6:12. 그러므로 너희는 죄가 너희 죽을 몸을 다스리지 못하게 하라(Therefore let not sin reign in your mortal body, *Mēoun basileuetōhēhamartia en tōthnētōhymōn sōmati*) – 로마서 5장 14절에서 논의했던 동사 *basileuō*는 '왕처럼 다스리다, 통치하다'라는 뜻이다. 형용사 '죽어야 할' (*thnētos*)은 70인경에 9회, 정경들에 4회(잠 3:13, 20:24, 욥 30:23, 사 51:12), 신약에 6회(롬 6:12, 8:11, 고전 15:53, 54, 고후 4:11, 5:4) 나오며, 언젠가는 죽게 된다는 뜻이다(LN §23.124, 비교–BAGD, 362, BDAG, 458, TDNT 3:21–22). 다시 말해서 이 부분은 죄가 소멸해가는 우리 몸의 왕 노릇을 하지 않게 하라는 뜻이다. 우리가 죄에 대하여 죽었을지언정 죄는 죽지 않았고, 우리들의 몸을 다스리기를 원한다는 사실을 잊지 말아야 한다. [*basileuō, thnētos*]

너희는 몸의 사욕에 순종하지 말고(So that you obey its desires, *eis to hypakouein tais epithymiais autou*) – 이 구절의 요점은 몸의 사욕에 순종함으로써 죄가 우리의 죽을 몸 안에서 다스리는 것을 허락하지 말라는 것이다. '순종하다'(*hypakouō*)라는 동사는 70인경에서 61회, 정경들에서 53회, 신약 전체에서 21회, 바울 서신에서 11회, 로마서에서 4회(6:12, 16, 17, 10:16) 사용된다. 이것은 5장 19절에서 논의한 명사와 마찬가지로 '순종하다, 예속되다'라는 뜻이다(BAGD, 837, BDAG, 1028–29). 명사 *epithymia*('욕망, 정욕, 사욕')는 로마서 1장 24절에서 논의했다. 죄가 우리의 소멸해가는 몸을 다스리지 않게 하라. 그때 우리는 죄 된 사욕에 순종하지 않게 될 것이다. [*hypakouō, epithymia*]

6:13. 내어주지 말라/ 제공하지 말라(Do not yield/ present, *mēde paristanete*) – 동사 *paristēmi*는 70인경에서 92회, 정경들에서 71회, 신약에서 41회, 바울 서신에서 16회, 로마서에서 8회(6:13에 2회, 16, 19에 2회, 12:1, 14:10, 16:2) 사용되고 있다. 이것은 합성어이며, 문자적으로 당신이 어떤 사람의 명령을 수행하기 위해서 그 사람 앞에 서 있다는 뜻이다. 달리 표현하면, '제공하다. 누군가의 처분에 맡기다'라는 뜻이다(BAGD, 627, BDAG, 778, TDNT 5:837–41) [*paristēmi*]

너희의 지체들(Your members, *ta melēhymōn*) – *melos*는 '몸의 한 부분'을 뜻하며 70인경에 27회, 정경들에 10회에 나온다. 사람(사 19:29[B text)과 동물들(출 29:27, 레 1:6, 12, 8:20, 9:13, 겔 24:6)의 수족을 가리킨다. 이것은 신약에 34회, 바울 서신에 29회, 로마서에 10회(6:13[2회], 19[2회], 7:5, 23[2회], 12:4[2회], 5) 사용되고 있다. 이 단어가 한 단체의 구성원이란 뜻으로 사용되지 않고, 생물의 신체 기관이나 수족이란 뜻으로 사용되고 있는 것에 유의할 필요가 있다(BAGD, 501, BDAG, 628, LN §§8.9, 63.170). 여기에서 이 용어는 사람의 수족을 가리킨다. [*melos*]

불의의 도구들로 죄에게(As instruments of unrighteousness to sin, *holpa adikias tēhamartia*) – 명사 *hoplon*(도구)은 70인경에서 67회, 정경들에서 33회, 신약에서 6회(요 8:3, 롬 6:13[2회], 13:12, 고후 6:7, 10:4) 사용되며, '도구, 무기'를 의미한다(BAGD, 575, BDAG, 716, TDNT 5:292–94). 구약에서 이 단어는 주로 '군사적 무기들'을 의미했다(예를 들면, 삼상 17:7, 왕상 10:17, 14:26, 27, 왕하 10:2, 대하 23:9, 10, 32:5, 느 4:11). 신약에서 이 용어는 항상 복수형이며, '무기들'이란 개념을 갖고 있다. 요한복음 18장 3절에서만 문자적인 의미로, 나머지 구절들에선 비유적 표현으로 사용되고 있다. 바울은 믿는 자들에게 손발이나 몸을 불의의 무기로 죄의 영역에 내어주지 말라고 명령하고 있는 중이다. [*hoplon*]

너희 자신을 하나님께 드리며(But present yourselves to God, *alla paratēsate heautous tōtheō*) – 바울은 죄를 향한 잘못된 '내어줌'(*paristēmi*)에서 하나님을 향한 긍정적 내어줌으로 관심을 유도하고 있다. [*paristēmi*]

너희 지체들을 의의 도구들로 하나님께(Your members as instruments of righteousness to God, *ta melēhymōn hopla dikaiosynēs tōtheō*) – 바울은 '지체들'과 '도구들/ 무기들'이라는 용어들을 다시 사용한다. 본문에서 너희 자신을 하나님께 드리라고 말하고 난 후, 다시 너희들의 지체들을 의의 무기들로 하나님께 드리라고 말하고 있는 것에 유의할 필요가 있다. 따라서 우리는 몸의 지체들을 하나님께 드려 도구로서 사용되기 전에 우리의 마음과 태도를 바르게 해야만 한다. [*melos, hoplon*]

6:15. 우리가 죄를 짓겠느냐(Shall we sin, *hamartēsōmen*) – 외견상으로 1절의 질문과 비슷해 보이지만 상당한 의미의 차이가 있다. 1절의 질문에서는 사람이 죄의 영역 아래 여전히 머물러도 되느냐고 질문했다. 반면에 여기에서는 사람이 죄를 지어도 되느냐고 질문하고 있다. [*hamartanō*]

우리가 법 아래 있지 않고 은혜 아래 있기 때문에(Because we are not under law but under grace, *hoti ouk esmen hypo nomen alla hypo charin*) – 우리들은 법 아래 있지 않고 은혜 아래 있기 때문에 죄에 대해 자유로운가? 죄가 더한 곳에 은혜가 더욱 넘친다면 더 많은 은혜를 얻기 위해서 죄의 영역 안에 계속해서 머물러도 되느냐는 1절의 질문은 5장 20절에 대한 대답이었다. 하지만 15절에선 율법 아래 있지 않고 은혜 아래 있기 때문에(14절) 죄를 지어도 되느냐고 질문한다. 다시 말해서, 우리에게 죄의 면허증이 있느냐고 묻고 있다. 바울은 로마서 3장 31절에서 논의한 표현을 사용해서, '절대로 그렇지 않다'(*mēgenoito*)라고 즉시 대답한다. [*charis*]

6:16. 너희는 너희의 순종함을 받는 자의 종이다(You are slaves to whom you obey, *douloi estēōh hypakouete*) – 1장 1절에서 논의한 명사 '종들'은 '다른 사람에게 자신을 전적으로 위탁한 사람'을 가리키며, 6장 12절에서 논의한 동사 '순종하다'는 '다른 사람에게 예속되다'라는 뜻이다. 그러므로 여기에서 한 가지 원리는 그것이 권력이든 사망을 낳는 죄의 영역이든 의의 열매를 맺게 하는 순종이든, 우리가 순종하는 대상의 종이라는 것이다. 맨 마지막이 올바른 선택이다. [*doulos, hypakouō*]

6:17. 너희는 죄의 종들이었다(You were slaves of sin, *ēte douloi tēs hamartias*) – 동사의 미완료 시제는 그들이 죄에 순종했다는 것을 암시하므로 그들이 과거에 죄의 종들이었음을 암시하는 것으로 보인다. [*eimi*]

그러나 너희가 마음으로부터 순종했다(But you obeyed from the heart, *hypēkousate* de *ek kardias*) – 동사의 부정과거 시제는 그들의 회개의 때를 가리키므로 그들이 과거의 어느 한 시점에 마음으로부터 순종하기 시작했다는 뜻이다. [*hypakouō*]

너희가 전해 받은 교훈의 본(The pattern of teaching to which you were entrusted, *eis hon paredothēte typon didachēs*) – 명사 typos는 70인경에서 4회(출 25:40, 암 5:26, 제3 마카비 3:30, 제4 마카비 6:19), 신약 전체에서 15회, 바울 서신에서 8회, 로마서에서 2회(5:14, 6:17) 사용되고 있다. 이것은 '힘을 주거나 눌러서 만든 눈에 보이는 자국이나 흔적'이란 개념을 갖고 있으며(LN §8.56), 따라서 '모형, 표시, 자국' 또는 '형상, 모양, 형태'를 의미한다(BAGD, 829–39, BDAG, 1019–20). 현재의 문맥에서 이것은 교훈의 '모형' 또는 '모본'을 뜻한다. 1장 24, 26, 28절과 4장 25절에서 사용된 동사 *paradidōmi*는 '넘겨주다'라는 뜻을 갖고 있다. 여기에서는 그들이 그리스도인이 되었을 때 새로운 삶의 방식을 가져다주는 하나님과 그분의 의와 관련된 교훈의 본을 넘겨받았다는 개념을 제공한다(TDNT 8:250, NIDNTT 3:9-4-05, TLNT 3:385–86). "이것은 종이 한 주인에게서 다른 주인에게로 양도되는 것처럼 다른 세력으로 넘겨진다는 뜻이다"(Schreiner, 335). 그들은 죄의 종들이었으나 이제는 의(19절)와 하나님(22절)의 종들이다. [*typos, paradidōmi*]

6:18. 너희가 죄에서 자유롭게 되었기 때문에(Having been freed from sin, *elutherōthentes de apo tēs hamartias*) – 동사 *eleutheroō*는 70인경에서 3회(잠 25:10, 제2 마카비 1:27, 2:22), 신약 전체에서 7회, 요한복음에서 2회(8:32, 36), 바울 서신에서 5회(롬 6:18, 22, 8:2, 21, 갈 5:1) 사용되고 있으며, '어떤 사람을 지배에서 자유롭게 하다'라는 의미로서 '자유롭게 하다, 석방하다'라는 뜻을 나타낸다. (BDAG, 317, 비교–BDAG, 250–51, LN §37.135). 신약에서 이것은 항상 그리스도로 말미암아 해방되는 것을 가리킨다(NI-DNTT 1:717). 신자들은 죄의 영역이나 죄의 세력에서 해방된 사람이다. [*eleutheroō*]

너희가 의에게 종이 되었다(You were enslaved to righteousness, *edoulōthēte tēdikaiosynē*) – *douloō*는 70인경에서 6회, 정경들에서 2회(창 15:13, 잠 27:8), 신약 전체에서 8

회, 바울 서신 외에서 2회(행 7:6, 벧후 2:19), 바울 서신에서 6회(롬 6:18, 22, 고전 7:15, 9:19, 갈 4:3, 딛 2:3) 사용되고 있다. 6장 6절에서 사용된 적이 있는 동사 douleuo는 '종이 되다' 또는 '종의 의무를 수행하다, 섬기다'로 번역할 수 있다(BAGD, 205, BDAG, 259, LN §27.35). 반면에 여기에서 사용된 *douloō*는 '어떤 사람을 종으로 삼다, 종이 되게 하다'로 번역하는 것이 좋다(BAGD, 206, BDAG, 260, LN §87.82). 따라서 바울은 신자들이 죄에서 해방되지만, 즉 죄의 영역이나 권세의 횡포에서 해방되지만 다른 한편으로 의에게 종이 된다고 말하고 있다. [*douloō*]

6:19. 불법에 이르게 하는 부정과 불법(Impurity and lawlessness leading to lawlessness, *tēakatharsia kai tēanomia eis tēn anomian*) – 이곳과 1장 24절에서 사용된 명사 *akatharsia*는 '더러움'을 뜻한다. 이 문맥에서는 죄로 인한 내적 더러움을 가리킨다. 로마서 4장 7절에서 논의된 적이 있는 명사 *anomia*는 '법이 없음, 법이 없는 생활'을 뜻하며 하나님의 권위에 대적하는 외적인 반역을 가리킬 가능성도 있다. 이 두 요소들로 인해 더 많은 불법을 범하게 된다. [*akatharsia, anomia*]

성화에 이르게 하는 의(Riguteousness leading to sanctification, *tēdikaiosynēeis hagiasmon*) – 의는 외적인 것과 내적인 것 둘 다, 다시 말해 하나님과의 올바른 관계와 올바른 행동 둘 다를 가리킨다. 명사 *hagiasmos*는 70인경에서 9회, 정경들에서 3회(사 17:3, 암 2:11, 겔 45:4), 신약 전체에서 10회, 바울 서신에서 8회, 로마서에서 2회(6:19, 22) 사용되며, '신적 세력들에 대한 개인적 헌신' 또는 '거룩, 성별, 성화'의 개념을 갖고 있다(BDAG, 10, 비교–BAGD, 9, TDNT 1:113). 이것은 하나님께서 사용하시도록 '성별되다'라는 기본 개념을 갖고 있으며, 거룩의 상태라기보다는 성품과 행동이 거룩하게 되어 하나님을 더욱더 닮아가는 능동적인 과정이다. 따라서 내적 의와 외적 의는 '점차적으로 하나님 중심으로 살아가면서 세상을 버리는 생활'로 우리를 이끈다(Moo, 45). [*dikaiosynē, hagiasmos*]

6:21. 이러한 일들의 마지막은 사망이기 때문에 (For the end of those things is death, *to gar telos ekeinōn thanatos*) – 명사 *telos*는 70인경에서 162회, 정경들에서 132회, 신약 전체에서 40회, 바울 서신에서 14회, 로마서에서 5회(6:21, 22, 10:4, 13:7[2회]) 사용되며, (1) 하나의 과정의 '종료, 종결, 멈춤'(마 24:14, 눅 1:33), (2) 하나의 과정의 '목적, 목표'(딤전 1:5, 벧전 1:9), (3) 하나의 과정의 '결말, 결과, 종결'(마 26:58, 약 5:11), (4) 진행의 '결론, 종결'(마 24:6, 14, 막 13:7), (5) 완성의 정도, 즉 '완전히, 끝까지'(고후 1:13, 살전 2:16), 또는 (6) '세금'(마 17:25, 롬 13:7)을 나타낸다(BAGD, 811–12, BDAG, 998–99, TDNT, 8:49–57, NIDNTT 2:59–66, LN §§57.159, 61.17, 67.66, 78.47, 89.40,55). 바울이 죄가 다스리는 과정의 진행에 대해 말하는 것으로 보아 '결과'를 암시하는 세 번째 견해가 문맥에 가장 어울린다. 바울은 여기에서 믿는 자들이 부끄러워하는 일의 열매, 즉 사망에 대해 말하고 있다. '사망'이란 단어는 5장 12절에서 논의했으며, 현재의 문맥에서는 인간이 하나님으로부터 영원히 분리되리는 것을 가리킨다. [*telos, thanatos*]

6:22. 그 마지막은 영원한 생명이다(The end is eternal life, *to de telos zōēn aiōnion*) – '마지막'(*telos*)이란 용어가 다시 사용되고 있는데, 여기에서 '마지막'은 사망이 아니라 영원한 생명이다. 로마서 5장 21절에서 논의한 '영원한 생명'은 시작이나 끝이 없이 무제한적으로 지속되는 시간을 가지고 있는 삶을 의미한다. 21절에서 사람들이 부끄러워하는 일의 열매의 마지막은 사망, 즉 하나님으로부터의 영원한 단절이다. 22절에서 거룩함에 이르는 열매의 마지막은 영원한 생명, 즉 하나님과의 끝이 없는 관계다. 거룩함이 우리에게 영원한 생명을 얻게 하는 것이 아니다. 시간적 순서에서 영생이 거룩함보다 뒤에 있을 뿐이다. [*telos, zōē, aiōnios*]

6:23. 죄의 삯은 사망이므로(For the wages of sin is death, *to gar opsōnia tēs hamartias thanatos*) – *opsōnia*라는 단어는 70인경에 3회(제1 에스더 4:56, 제1 마카비 3:28, 14:32), 신약에 4회(눅 3:14, 롬 6:23, 고전 9:7, 고후 11:8) 나오며, 일반적으로 군인의 생계비와 관련된 '배급, 지불, 보상'을 뜻한다(BAGD, 602, BDAG, 747, LN §§ 57.118, 166, 89.42, NIDNTT 3:144–45, TDNT 5:591–92, TLNT 2:600–03). 이 부분은 '이 모든 일들의 마지막이 사망'이라고 말하고 있는 21절과 비슷하다. 하지만 여기에서는 영원한 사망은 죄의 영역에 머무른 대가다. 죄는 엄청난 대가를 요구한다. [*opsōnia*]

그러나 하나님의 선물은 그리스도 예수 우리 주 안에 있는 영원한 생명이다(But the gift of God is eternal life in Christ Jesus our Lord, *to de charisma tou theou zōēaiōnios en Chriostōlēsou tōkyriōhēmōn*) – 엄밀하게 비교하면, 영원한 생명은 대가가 아니라 하나님께서 주시는 선물이다. 1장 11절에서도 사용했던 용어인 *charisma*는 '값없이 은혜로 주어진 선물'을 의미한다(BAGD, 878, BDAG, 1081, Barclay, 62–64). 그리스도 예수 우리 주로 말미암는 영생의 선물은 십자가에서의 그리스도의 지고한 희생과 관련이 있다. 지옥에서는 무슨 잘못을 해서 왔냐고 묻지만 천국에서는 결코 그러한 것을 묻지 않는다. [*charisma, zōē, aiōnios*]

7:4. 너희는 율법에 대하여 죽임을 당했다(You were made to die to the law, *kai hymeis ethanatōthēte tōnomō*) – 동사 *thanatoō*는 70인경에서 153회, 정경들에서 142회, 신약 전체에서 11회, 바울 서신에서 4회(롬 7:4, 8:13, 36, 고후 6:9) 사용되며, '처형하다, 죽이다'라는 의미를 나타낸다(BDAG, 443–44, BAGD, 351, LN § 68.48, TDNT 3:21, NIDNTT 1:430–31, 435). 사용된 동사는 수동형이며 "너희가 그리스도와 함께 십자가에 못 박혔기 때문에 하나님에 의해 율법에 대하여 죽임을 당하였다"라는 뜻을 전달한다(6:4–6 비교). 율법은 여기에서 모세 율법을 가리킨다. 바울은 1–3절에서 사람이 살아 있는 동안에는 율법에 매이지만 그 사람이 죽으면 더 이상 율법에 매이지 않게 되고, 따라서 율법과의 관계에서 죽은 것이라고 진술한다. 바울은 모세 율법이 더 이상 믿는 자들에게 구속력이 없다는 뜻으로 말하고 있다. [*thanatoō*]

그리스도의 몸으로 말미암아(Through the body of Christ, *dia tou sōmatos tou Christou*) – '그리스도의 몸'이란 표현은 교회(엡 4:12 비교)가

아니라 십자가에 못 박히신 그리스도의 육체를 가리킨다. [*sōma, christos*]

우리들이 하나님을 위하여 열매를 맺게 하려고(In order that we might <u>bear fruit</u> to God, *hina karpophorēsōmen tōtheō*) – 믿는 자들인 우리들이 그리스도와 연합된 것은 하나님을 위하여 열매를 맺게 하려는 목적 때문이다. 동사 *karpophoreō*는 70인경에서 3회(합 3:17, 솔로몬의 시편 4:17, 솔로몬의 지혜서 10:7), 신약 전체에서 8회, 바울 서신에서 4회(롬 7:4, 5, 골 1:6, 10) 사용되며, '열매를 맺다'라는 뜻이다(BAGD, 405, BDAG, 510). 열매는 의로운 성품과 행위를 가리키는 것 같으며, 신자들에게 제공된 의의 결과다. 믿지 않는 자들의 '열매'(6:21)는 사망에 이른다. 하지만 하나님의 은혜로 말미암아 신자들에게는 하나님을 위해 의의 열매를 맺는 삶을 살아가게 하는 수단들이 제공되고, 그로 인해 그들은 영생에 이르게 될 것이다(6:22). [*karpophoreō*]

7:5. 왜냐하면 우리가 육신에 있었을 때에(For when we were in the <u>flesh</u>, *hote gar ēmen en tēsarki*) – *sarx*라는 용어는 70인경에 211회(정경들에 158회) 나오는데, 그 가운데 144회가 '육신'이란 뜻으로 사용되고 있는 *bāśār*의 번역이다(TDOT 2:317–32). 이것은 신약 전체에서 147회, 바울 서신에서 91회, 로마서에서 26회 사용되고 있다. 이것은 보통 동물들과 인간들을 구성하는 물질을 가리킨다(창 2:21, 40:19, 레 4:11, 욥 2:5, 고전 15:39, 고후 12:7, 엡 6:12). 하지만 이 용어가 단지 육체적 측면뿐만 아니라 인격 전체를 의미할 때도 있다(시 16:9[70인경의 15:9], 63:1[맛소라 사본의 63:2, 70인경의 62:2]). 육신은 일시적이며(사 40:6, 벧전 1:24, 요 17:2), 하나님과 비교할 때 약하고 제한적이다(시 78:39[70인경의 77:39], 사 31:3, 렘 17:5, 롬 8:3). 하지만 일반적으로 구약과는 달리 신약에서 '육신'이라는 용어는 타락한 인간의 도덕적 능력을 나타낸다. 육신은 하나님을 대적하는 것이다(롬 8:5–8, 갈 3:3, 5:16–17). 회개하지 않은 사람은 육신의 일들에 치우치는 경향이 있고(롬 8:5), 그것은 하나님의 성품과 대조되는 행동들을 일으킨다(갈 5:19–21). 이런 의미에서 육신 가운데 살아가는 사람은 하나님과 상관없이 살아가는 사람이며, 하나님과 그분의 길들에 대적하는 사람이다. 반대로 신자는 더 이상 육신 가운데 살지 않고 성령 안에서 살아간다(롬 8:9). 다시 말하면, 신자는 더 이상 육신의 사욕을 따르지 않고 하나님의 뜻을 따른다. 신자는 이 땅에서 '육신'으로 불리는 물질적 몸 안에서 여전히 살아가고 있지만, 육신의 능력 가운데 살아가는 것을 원하지 않고 예수님의 생애를 통해서 명시된 하나님의 능력 가운데 살아가기를 원한다(고후 4:10–11). 한마디로 '육신'이란 용어는 몸과 같은 물질적 실체를 지칭하는 중립적인 단어가 될 수도 있고, 하나님의 뜻과 길들에 반대하는 인격 전체의 자연적 성향이라는 윤리적 차원을 뜻할 수도 있다(비교–BAGD, 743–44, BDAG, 914–16, TDNT 7:98–151, NIDNTT 1:671–82, LN §§ 8.4, 63, 23.90, 25.29, 26.7, TLNT 3:231–41). 여기에서 후자의 견해가 가장 좋은 선택이라고 결론내리는 것이 적절하다. 다시 말하면, 이 용어는 더 이상 육신의 지배를 받지 않는 신자들과 달리, 그리스도에 대한 믿음을 갖기 이전의 사람

이 살아가는 모습을 가리킨다. [*sarx*]

우리가 사망에 대하여 열매를 맺게 하려고(So that we bore fruit to death, *eis to karpophorēsai tōthanatō*) – 바울은 계속해서 사람이 믿기 이전의 생활과 믿은 이후의 생활을 대조하고 있다(4절 참고). 그리스도를 믿기 이전의 사람은 사망으로 치닫고 있었다. [*karpophoreō, thanatos*]

7:6. 그러나 이제 우리가 율법에서 벗어났다(But now we have been released from the law, *nyni de katērgēthēmen apo tou nomou*) – 동사 *katargeō*는 3장 3절에서 논의했으며, '동작하지 않게 만들다, 무능하게 하다, 무효가 되게 하다, 소용없게 만들다, 무력하게 하다'라는 뜻이다. 현재의 문맥에서는 우리가 율법에 대해 죽었기 때문에(4절) 더 이상 율법에 대한 의무가 없으며, 따라서 이것은 율법에서 벗어났다는 개념을 갖고 있다. [*katargeō*]

우리가 얽매였던 것에 대하여 죽었으므로(Having died to that by which we were bound, *apothanontes en ōh kateichometha*) – 지금 바울은 우리를 붙잡고 있었던 것(율법)에 대하여 우리가 죽었다고 말하면서, 4절을 다시 반복하고 있다. 동사 *katechō*는 1장 18절에서 논의했으며, '저지하다, 억누르다, 억압하다'라는 뜻을 갖고 있다. 여기에서 이 단어는 '제한하다, 구속하다, 붙잡다'로 번역될 수도 있다(BAGD, 423, BDAG, 533, TDNT 2:829–30, TLNT 2:285–91). 그리스도의 죽으심은 얽매였던 율법에 대하여 우리가 죽었다는 것을 의미했다. [*katechō*]

그러므로 우리가 성령의 새로운 것으로 섬길 수 있게 되었다(So that we might serve in the newness of the Spirit, *hōste douleuein hēmas en kainotēti pneumatos*) – '섬기다'(*douleuein*)라는 부정사와 함께 사용된 접속사 *hōste*는 자연스런 진행 과정중에서 반드시 뒤이어 일어날 가능성이 있거나 예상되는 결과들을 제공한다. 따라서 율법에서 해방되었기 때문에 율법에 대해 죽게 된 우리는 성령의 새로운 것으로 섬길 수 있다. 명사 '새로움'은 6장 4절에서 논의했으며, 시간과 관계있는 새로움보다 질적인 새로움을 나타낸다. 새로운 방법으로 섬기는 능력은 죄의 세력과 죄의 영역의 횡포에서 해방되고 우리를 얽매던 율법으로부터 벗어난 이후에 성령으로 말미암아 생겨난 성품의 결과다. 그렇다고 율법에서의 자유가 죄를 지어도 좋다는 면허증은 아니다. 그것은 성령에 의지하여 살아계신 하나님을 섬기는 자유다. [*hōste, douleuō, kainotēs, pneuma*]

7:7. 탐심(Covetousness, *epithymian*) – 1장 21절에서 논의했던 이 명사는 중립적인, 혹은 긍정적인 차원에서 '바라는, 소망하는, 열망하는'이란 의미지만, 부정적인 차원에서는 '욕심, 탐욕'을 의미한다. 여기에서는 후자의 견해가 더 어울리며, 보통 '탐심'으로 번역된다. 이것은 십계명 가운데 내적인 행동에 대해 말하는 유일한 계명이다. [*epithymia*]

7:8. 그러나 죄가 기회를 타서/ 잡아(But sin taking/ seizing the opportunity, *aphormēn de labousa hēhamartia*) – 동사 *aphormē*는 70인경에서 단 3회(잠 9:9, 겔 5:7 제3 마카비 3:2), 신약에서 7회 사용되며, 신약에서는 모두 바울 서

신에 나온다(롬 7:8, 11, 고후 5:12, 11:12[2회], 갈 5:13, 딤전 5:14). 이것은 '탐험의 출발점이나 전진 기지와 같은, 다른 행동을 가능하게 만드는 기지나 환경'이란 개념을 갖고 있으며, 일반적으로 하청을 통해 운반할 필요가 있는 자원을 가리킨다(BDAG, 158, 비교–BAGD, 127, TDNT 5:472–74, LN §22.46). 이 용어는 '기회, 계기'로 번역하는 것이 적절하다. [*aphormē*]

7:9. 죄가 <u>살아났다</u>(Sin <u>became alive</u>, *hēhamartia anezēsen*) – 동사 *anazoō*는 성경 전체에서 단 2회 사용된다(눅 15:24, 롬 7:9). 누가복음에서 탕자의 아버지가 종들에게 아들이 죽었다가 '다시 살아났다'고 말하는 장면에서 사용된다(BDAG, 53, BDAG, 62, TDNT 2: 872–73, LN §§29.93, 42.6, NIDNTT 3:277–78). 여기에서 바울은 율법의 폭로로 죄가 살아나게 된다고 주장한다. 율법의 폭로가 아니었다면 죄는 죽은 것이었다. [*anazaō*]

7:11. 죄가 <u>기회</u>를 타서(For sin taking the <u>opportunity</u>, *hēgar hamartia aphormēn labousa*) – 명사 *aphormē*는 8절에서 논의했으며, '계기, 기회'라는 뜻이다. [*aphormē*]

계명으로 말미암아 나를 <u>속였다</u>(Through the commandment <u>deceived</u> me, *dia tēs entolēs exēpatēsen me*) – 동사 *exapatoō*는 70인경에 단 2회(출 8:25, 70인경의 단 13:25, 70인경의 수산나 56), 신약에 6회(롬 7:11, 16:18, 고전 3:18, 고후 11:3, 살후 2:3, 딤전 2:14) 나오며, 어떤 사람을 잘못된 길로 이끈다는 의미에서 '속이다, 사기를 치다'라는 뜻을 나타낸다(BAGD, 273, BDAG, 345, LN §31.12). 바울은 대부분의 이스라엘 사람들처럼 율법에 언급하는 '생명의 약속'을 율법을 지킴으로써 성취할 수 있다는 사상에 속아넘어갔다. 문제는 어느 누구도 율법을 완전하게 지킬 수 없기 때문에 율법을 지켜서 영생을 얻을 수 없다는 데 있었다(Moo, 440). [*exapataō*]

7:12. 그러므로 율법은 <u>거룩</u>하다(So then the law is <u>holy</u>, *hōste ho men nomos hagios*) – '거룩한'(*hagios*)이란 단어는 70인경에서 803회, 정경들에서 637회, 신약 전체에서 233회, 바울 서신에서 78회, 로마서에서 20회 사용되고 있으며, '하나님께 바쳐진 것'이란 제의적 의미를 갖고 있다. 여기에서는 '거룩한'으로 번역되고 있으며, '순수한, 완전한, 하나님께서 받으실 만한'이란 의미를 나타낸다(BAGD, 9, BDAG, 11, LN §§ 53.46, 88.24, NIDNTT 2:228–29). 7절에서 율법이 죄냐고 질문했는데, 여기에서는 오히려 율법이 죄가 아니라 거룩하다고 답하고 있다. [*hagios*]

7:13. 그러면 <u>선한 것</u>이 내게 사망이 되느냐(Has the <u>good</u>, therefore, *become death to me, to oun agathon emoi egeneto thanatos*) – 형용사 *agathos*는 '선한'을 의미하며, 이롭거나 유용한 좋은 일이라는 개념을 갖고 있다(BDAG, 3–4, BAGD, 2–3, TDNT 1:15–16, LN §65.20). 현재의 문맥에서 '선한 것'은 율법을 가리킨다. 바울은 "율법이 사망을 가져왔느냐?"라고 질문한다. 그는 사망을 가져온 것은 율법이 아니라 죄라고 진술하면서, 아니라고 대답한다. 율법은 단지 죄를 죄 되게 할 뿐이다. [*agathos*]

7:14. 우리가 율법은 신령한 줄 알기 때문에(For we know that the law is spiritual, *Oidamen gar hoti ho nomos pneumatikos estin*) – '영적인' (*pneumatikos*)이란 단어는 신약에서 26회, 바울 서신에서 24회(이 밖에 벧전 2:5에 2회), 로마서에 3회(1:11, 7:14, 15:27) 나온다. 이것은 인간 존재의 내적 생명을 뜻하기도 하며, 보통은 하나님의 영으로 말미암아 생겨난 것이나 하나님의 영에 해당하는 어떤 것을 가리킨다(BAGD, 678–79, BDAG, 837, LN §§12.21, 26.10, 79.6). 어미 *-ikos*는 율법 자체의 특성을 암시한다. 율법이 영적인 것은 그 기원이 하나님께 있기 때문이다. [*pneumatikos*]

나는 육신적인 사람이다(I am carnal, *egōde sarkinos eimi*) – 형용사 *sarkinos*는 70인경에 5회(대하 32:8, 70인경의 유디트 14:10, 잠 24:22, 겔 11:19, 36:26), 신약에 4회(롬 7:14, 고전 3:1, 고후 3:3, 히 7:16) 나오며, '육신적인, 육신으로 이루어진, 육신의 영역에 속한'이란 뜻이다. 따라서 이 단어는 여기에서 '세속적인 또는 육신적인' 이란 의미를 나타낸다(BAGD, 743, BDAG, 914, TLNT 3:241 n.50). [*sarkinos*]

죄 아래 팔린(Having been sold under sin, *pepramenos hypo tēn hamartian*) – 동사 *pipraskō*는 신약 전체에서 9회, 바울 서신에서는 여기에만 사용되며, 단순히 '팔다'라는 뜻이다(BAGD, 659, BDAG, 814–15, TDNT 6:160). 이 문맥에서 죄가 주인으로 의인화되고 있다는 점에서 '죄에게 노예로 팔리다'라는 개념을 전달한다(LN §57.186, TLNT 1:27 n.5). 바울은 율법은 영적인 반면에, 자신이 죄의 영역이나 세력에 팔렸다고 주장하고 있다. [*pipraskō*]

7:16. 율법이 선하다는 것(That the law is good, *tōnomōhoti kalos*) – 형용사 '선한'(*kalos*)은 70인경에서 225회, 정경들에서 169회, 신약 전체에서 101회, 바울 서신에서 41회, 로마서에서 5회(7:16, 18, 21, 12:17, 14:21) 사용된다. 이것은 *agathos*와 같은 뜻이며(13절 참고), '아름답게 보여지는 것' 또는 '본질적으로 선한 것, 흠이 없는 것'이란 뜻이다(BAGD, 400, BDAG, 504–05, TDNT 3:549, NIDNTT 2:102–05 비교). [*kalos*]

7:18. 곧 내 육신 안에(That is, in my flesh, *tout' estin en tēsarki mou*) – 이것은 바울이 방금 말한 것, 즉 자신 안에 선한 것이 거하지 아니한다는 것을 수식하는 어구다. 모리스(Morris)는 "육신은 본래부터 죄 된 것이 아니라 약한 것이다. 그 때문에 바울은 자신이 원하는 선을 행할 수 없는 것이다"라고 진술한다(293). [*sarx*]

7:21. 그러므로 내가 한 법을 발견했다(So I find the law, *heuriskōara ton nomon*) – 여기에서 '법'은 모세 율법보다는 '하나의 원리'를 가리킨다. 바울은 자신의 육신 안에서 작용하고 있는 하나의 원리를 발견했다. [*nomos*]

7:22. 속사람으로는(According to the inner man/ person, *kata ton esōanthrōpon*) – 부사 *esō*는 70인경에서 15회, 신약 전체에서 9회, 바울 서신에서 4회(롬 7:22, 고전 5:12, 고후 4:16, 엡 3:16) 사용되고 있다. 이것은 건물 '내부에, 안에'란 뜻이며(마 26:58, 막 14:54, 15:16, 요 20:26, 행 5:23, 고전 5:12), 사람을 가리킬 때는 '내적 존재, 속사람'을 의미한다(BAGD, 314,

BDAG, 398, LN §26.1). 고린도후서 4장 16절에서 바울은 우리의 '겉'사람은 소멸하고 있지만 '속'사람은 날마다 새롭게 된다고 말하고 있다. 따라서 속사람은 신자의 마음 또는 생각이며, 겉사람은 점점 쇠퇴하는 우리의 육신이다. [*esō, anthrōpos*]

7:23. 싸움을 하고 있는(Waging war, *antistrateuomenon*) – 성경에서 이 단어는 여기에만 사용되고 있다. 이것은 하나님의 법과 죄의 법 사이의 격렬한 싸움을 나타내는 군사 용어다. [*antistrateuomai*]

나의 지체들 안에 있는 죄의 법으로(With the law of sin that is in my members, *en tōnomōtēs hamartias to onti en touis melesin mou*) – 사람 안에서 죄의 법이 마음의 법으로 표현되는 하나님의 법과 싸우고 있다. [*nomos, hamartia*]

7:24. 나는 곤고한 사람이다(Wretched person that I am, *talaipōros egōanthrōpos*) – 형용사 *talaipō*는 70인경에 12회, 정경들에 3회(삿 5:27, 시 136:8, 사 33:1) 그리고 신약에 2회(롬 7:24, 계 3:17) 나오며, '가련한, 곤고한, 괴로운'이란 뜻이다(BAGD, 803, BDAG, 988, TLNT 3:366–68, NIDNTT 3:858–59, LN §22.12). 이것은 바울의 진심어린 부르짖음이다. 그는 무엇이 올바른지 알고 있으나 그것을 행하지 못한다. 이것은 절망의 부르짖음이다. [*talaipōros*]

누가 나를 구조할까(Who shall rescue me, *tis me hrysetai*) – 동사 *hryomai*는 70인경에서 187회, 정경들에서 148회, 신약 전체에서 17회, 바울 서신에서 12회, 로마서에서 3회(7:24, 11:26, 15:31) 사용된다. 이것은 '위험에서 건져내다'라는 뜻이며, 여기에서는 '구하다, 구조하다, 구해내다, 보호하다'로 번역할 수 있다(BAGD, 737, BDAG, 907, NIDNTT 3:200–05, LN §21.23). 바울은 이 절망의 부르짖음을 통해 구조를 요청하고 있다. 25절과 로마서 8장이 보여주는 것처럼 예수님과 성령으로 말미암은 생명의 선물이 바로 이 간청에 대한 대답이다. [*hryomai*]

사망의 이 몸에서(Out of this body of death, *ek tou sōmatos tou thanatou toutou*) – 어떤 이들은 이 표현을 '이 사망의 몸'으로 번역한다(KJV, ASV, NASB, Gifford, 143, Stifler, 143, Sanday and Headlam, 184, Murray 1:268, Dunn 1:410). 반면에 이것을 '사망의 이 몸'으로 번역하는 이들도 있다(RSV, NIV, NJB, NRSV, NET, Cranfield 1:366–67, Morris, 296–97, Moo, 466 n.83). 문맥은 몸을 더 강조하고(23절), 바울이 지금 이것을 '이 몸'으로 지칭하고 있기 때문에 뒤의 번역이 더 적절하다(23절). 모리스는 "몸은 그 자체로 죽을 것이다. 죄가 몸 안에서 활동하면서 우리에게 사망을 가져다준다"라고 진술한다(297). [*sōma, thanatos*]

8:1. 정죄(Condemnation, *katakrima*) – 이 단어는 신약에 단 3회 나온다(롬 5:16, 18, 8:1). '하나님의 정죄'를 뜻하며, 그 정죄에는 저주가 포함된다. 그리스도 안에 있는 사람들은 정죄를 당하지 않는다. 신자들은 결코 저주에 직면하지 않게 될 것이다. [*katakrima*]

8:2. 왜냐하면 생명의 성령의 법이(For the law

of the Spirit of life, *ho gar nomos tou pneumatos tēs zōēs*) – '법'은 7장 21절에서와 마찬가지로 여기서도 '원리'라는 뜻으로 사용되고 있다. 또는 '구속력이 있는 권위'나 '통치 권력'을 뜻할 수도 있다(LN §33.333, Moo, 474–76). '영'이란 단어는 70인경에서 362회, 정경들에서 293회, 신약 전체에서 379회, 바울 서신에서 146회, 로마서에서 34회, 로마서 8장에서 21회 사용된다(2, 4, 5[2회], 6, 9[3회], 10, 11[2회], 13, 14, 15[2회], 16[2회], 23, 26[2회], 27절). 8장에서 이 용어는 성령에 대한 언급으로 19회, 비유적으로 1회(15상), 인간의 영에 대한 언급으로 1회(16하) 사용되고 있다. '생명'(*Zōē*)이란 단어는 신약 전체에 135회, 바울 서신에 37회, 로마서에 14회, 특히 이 장에서 4회(2, 6, 10, 18절) 나온다. 이것은 로마서 5장 12절에서 논의했으며, 로마서에 22회, 7장에 5회(5절, 10절, 13절[2회], 24절) 나오는 '사망'(*thanatos*)의 반대말이다. '성령'과 '생명'의 관계에 대해서 많은 논란이 있다. '생명'을 한정 수식어로 간주하여 '살아 있는 영'으로 번역할 수 있지만, 조건을 나타낸다고 보아 '생명과 연관이 있고, 생명을 그 특성으로 하는 성령'으로 번역할 수도 있다. [*nomos, pneuma, zōē*]

너를 해방했다(Has set you free, *ēleutherōsen*) – 6장 18절에서 논의했던 이 동사는 '해방하다'라는 뜻이며, 따라서 그리스도 안에 있는 생명을 그 특성으로 하는 성령의 지배가 죄와 사망의 지배에서 신자를 자유롭게 한다. 이 사실 때문에 신자는 하나님과 살아 있는 관계를 갖게 된다. 이것은 살아 계신 하나님으로부터의 분리 또는 사망과 대조된다. [*ēleutheroō*]

8:3. 율법이 할 수 없었던 것(What was impossible for the law, *adynaton tou nomou*) – 형용사 *adynatos*는 '무력한, 무능력한'이라는 능동의 의미와 '어떤 것을 할 수 있는 능력이 없는'이라는 수동의 의미를 갖고 있다(BAGD, 19, BDAG, 22, LN §1.3, 74.22). 여기에서 법은 율법을 가리킨다. [*adynatos*]

율법이 육신으로 말미암아 연약해졌기 때문에(Because it was weakened through the flesh, *en hōēsthenei dia tēs sarkos*) – 율법 자체가 연약한 것은 아니었지만 육신의 연약함으로 인해서 죄를 정죄하는 것이 소용없게 되었다. [*astheneō*]

육신의 모양으로(In the likeness of the flesh, *en homoiōmati sarkos hamartias*) – 명사 *homoiōma*는 신약에 6회 나오며(롬 1:23, 5:14, 6:5, 8:3, 빌 2:7, 계 9:7), 어떤 것과 비슷한 상태, 곧 '비슷함, 닮음, 비슷해짐'을 암시한다(LN §64.3). 스티플러(Stifler)는 "그분(그리스도)은 육신의 모양으로 오시지 않았거나 참된 인간이 아니었을 것이다. 그리고 그분은 죄 있는 육신으로 오시지 않았거나 그분은 죄인이셨을 것이다. 그러나 그분은 '죄 있는 육신의 모양으로' 오셨다"라고 통찰력 있게 지적하고 있다(109, 비교–TDNT 5:195–96). [*homoiōma*]

육신에 죄를 정했다(Condemned sin in the flesh, *katekrinen tēn hamartian en tēsarki*) – 동사 *katakrinō*는 70인경에 7회, 정경들에 2회, 신약 전체에 18회, 바울 서신에 5회(롬 2:1, 8:3, 34, 14:23, 고전 13:32) 나오며, '유죄 확정 후 선고하다'라는 뜻이므로(BDAG, 519), '유죄 선고를 내리다'로 번역할 수 있다. 여기에서 죄에 대

해 유죄 선고를 내린 것이지 죄가 없어지는 것이 아님을 강조하고 있는 것이 틀림없다. '육신에'라는 문구는 우리의 육신이 아니라 그리스도의 육신을 가리킨다. 모리스는 "이 문구를 '죄' 있는 '육신에'보다는 '유죄 선고를 받은 육신에'로 이해해야만 한다. 그러나 '육신 안에 있는 죄'가 유죄 선고를 받았고 다른 죄는 유죄 선고를 받지 않았다고 생각해서는 안 된다. 모든 죄가 유죄 선고를 받았는데, 왜냐하면 예수님께서 '육신에' 유죄 선고를 받으셨기 때문이다"라고 주장한다(303). [*katakrinō*]

8:4. 율법의 <u>의로운 요구들</u>이 우리 안에 이루어지게 하려고(In order that the <u>righteous requirements</u> of the law might be fulfilled in us, *hina to dikaiōma tou nomou plērōthēen hēmin*) – '의로운 요구들'(*dikaiomā*)은 1장 32절에서 논의했다. 여기에서 그리스도의 육신에 유죄 선고를 내린 목적이 율법의 의로운 요구들이 우리 안에 이루어지게 하는 데 있음을 알게 된다. '이루어지다'라는 수동형은 우리가 율법을 실천하는 것이 아니라 그보다는 하나님께서 우리 안에서 율법의 의로운 규정들이 이루어지게 하신다는 것을 암시한다. 물론 바울은 그 율법의 요구들이 성령의 규범들, 또는 성령의 능력을 따라 살아가는 사람들을 위한 것이라고 계속해서 말하고 있다. [*dikaiōma*]

8:5. 생각하다/ 그들의 마음을 기울이다(Mind/set their mind, *phroneō*) – 이 동사는 70인경에 16회, 정경들에 6회(신 32:29, 시 94:8[70인경의 93:8], 슥 9:2, 사 44:18, 28, 56:10), 신약 전체에 26회, 바울 서신에 23회, 로마서에 9회(8:5, 11:20, 12:3[2회], 16[2회], 14:6[2회], 15:5) 나온다. "이 동사는 사고와 감정의 능력, 의도, 의지, 의견들이나 평가들, 생활 방식, 마음의 상태, 사고방식이란 뜻으로 사용되고 있기 때문에 번역하기가 어렵다. 여기에서는 신념과 의향, 학습과 열망, '취향들'과 관련이 있다"(TLNT 3:239 n. 41, 비교–BAGD, 866, BDAG, 1065–66, TDNT 9:232–33, LN §26.16, NIDNTT 2:616–18). '생각하다'(KJV, ASV), '마음을 기울이다'(REV, NASB, KJV, NRSV), 또는 '…에 의해 형성된 견해'(NET)로 번역되는 이 단어는 육신에 의해 형성되고, '인간적, 세속적, 일시적이며'(Pultman, *Theology of the New Testament*, 1:238), 사망으로 끝나는 세계관이나 성령에 의해 형성되어 하나님의 일들을 생각하며 생명과 평안으로 끝나는 세계관을 암시한다(6절 참고). [*phroneō*]

8:6. 사고방식(Mindset, *phronēma*) – 이 명사는 70인경에 2회(제2 마카비 7:21, 13:9), 신약에 4회(롬 8:6[2회], 7, 27) 나오며, '사고방식, 생각'을 나타낸다(BAGD, 866, BDAG, 1066, LN § 26.15, NIDNTT 2:617). 육신의 생각(NET)인 사망과, 성령의 생각인 생명과 평안을 다시 대조하고 있다. [*phronēma*]

8:7. 원수(Hostile, *echthra*) – 70인경에 24회, 정경들에 15회, 신약에 6회(눅 23:12, 롬 8:7, 갈 5:20, 엡 2:14, 16, 약 4:4) 사용되고 있는 이 명사는 '적개심'을 나타내며(BAGD, 331, BDAG, 419, TDNT 2:815, NIDNTT 1:554–55, LN § 39.10) 두 가지의 세계관이 극과 극이라는 뜻이

다. 모리스는 "이것은 단순히 약간 비협조적인 것이 아니다. 이것은 완전한 적개심이다. 이것은 반대편 진영에 있으면서 하나님의 법에 복종하기를 거절하는 것을 의미한다"라고 말한다(306). [*echthra*]

또한 그렇게 할 능력도 없다(Nor is able to do so, *oude gar dynatai*) – 육신은 하나님의 법에 굴복하기를 거절할 뿐만 아니라, 사실상 육신은 하나님과 그분의 법에 굴복하는 능력이나 힘을 갖고 있지 않다. 따라서 신자들은 불신자들이 하나님께 복종하거나 하나님을 기쁘게 할 수 없음을 깨달아야만 한다(8절). [*oude*, *dynamai*]

8:10. 몸은 죄로 말미암아 죽어 있다(The body is dead on account of sin, *to men sōma nekron dia hamartian*) – 신자들도 죄 때문에 육체적 죽음에 직면하게 될 것이다. [*nekros*]

그러나 성령은 의로 말미암아 생명이다(But the Spirit is life on account of righteousness, *to de pneuma zōēdia dikaiosynēn*) – 신자들이 육체적인 사망을 피할 수가 없지만, 전가된 의 때문에 (영원한) 생명을 얻게 된다. 여기에서 또다시 신자들과 불신자들 사이를 대조하고 있다. 둘 다 죽을 것이다. 불신자들은 영원히 하나님으로부터 분리될 것이다. 반면에 신자들은 영원히 하나님과 함께 살게 될 것이다. [*zōē*]

8:12. 우리는 의무가 있다(We are under obligation, *opheiletai*) – 명사 *opheiletēs*는 1장 14절에서 논의했다. 거기서 바울은 죄의 세력으로부터의 자유에 대한 메시지를 전파하면서 자신은 모든 사람에게 빚진 자라고 말했다. 사실 어떤 역본들(KJV, ASV, RSV, NRSV)은 '우리는 빚진 자다'로 번역하고 있다. 그러나 '우리는 의무가 있다'로 번역하는 역본들(NASB, NIV, NET)도 있다. 여기에서는 후자가 더 적절하다. 바울은 바로 이어서 우리가 육신에게 그것의 표준들을 따라 살 의무가 없다고 부정적으로 진술한다. [*opheiletēs*]

8:13. 너희가 죽을 것이다(You will die, *mellete apothnēskein*) – 문자 그대로 이 두 용어를 합성하면 "너희가 죽게(*apothnēskein*) 될(*mellete*) 것이다"이다. 이 문구는 육체적 사망이 아니라 영원한 사망을 가리킨다. 왜냐하면 성령을 따라 사는 사람들도 육체적으로 사망하게 될 것이기 때문이다. 하지만 육신의 표준들에 따라 살아가는 사람은 육체적으로 사망할 뿐만 아니라 영원히 죽게 된다. [*mello*, *apothnēskō*]

몸의 행실을 죽이다(Put to death the deeds of the body, *tas praxeis tou sēmatos thanatoute*) – 동사 '죽이다'(*thanatoō*)는 로마서 7장 4절에서 논의했다. 이 문구는 몸을 죽이라는 뜻이 아니다. 왜냐하면 그것은 자살이 될 수도 있기 때문이다. 그보다는 몸의 행실들을 죽이는 것을 의미하며, 그것은 성령으로 말미암아 행해진다. *praxis*라는 단어는 신약에 6회 나오며(마 16:27, 눅 23:51, 행 19:18, 롬 8:13, 12:4, 골 3:9), 활동이나 행동을 지속적으로 수행하다는 개념을 갖고 있다(BAGD, 697–98, BDAG, 859–60, LN § 42.5, NIDNTT 3:1156–57). 영어 단어 'practice'가 이 단어에서 생겨났다. [*thanatoō*, *praxis*]

너희가 살 것이다(You will live, *zēsesthe*) – 몸의 행실들을 죽이지 않는 사람들이 계속해서 육

체적으로는 살아가게 되므로 이 문구는 영원한 생명을 가리킨다. [*zōē*]

8:14. 하나님의 영으로 <u>인도함을 받는</u>(<u>Led</u> by the Spirit of God, *pneumati theou agontai*) – 성령의 이끄심은 생활 가운데서의 인도하심이 아니라 구체적으로 몸의 행실들이나 습관들을 죽이는 것을 가리킨다. [*agō*]

이들은 <u>하나님의 아들들</u>이다(These are <u>the sons of God</u>, *houtoi huioi theou eisin*) – '하나님의 아들들'은 하나님의 성령의 인도하심으로 몸의 행실들을 죽이는 신자들을 가리키며, 몸의 (죄 된) 행실들을 억제하지 않는 불신자들과 대조된다. [*huios + theos*]

8:15. 양자(Adoption, *huiothesias*) – 성경에서 바울만 사용하는 이 단어(롬 8:15, 23, 9:4, 갈 4:5, 엡 1:5)는 문자적으로 '아들의 자리에 앉는 것', 즉 '입양'을 의미한다(BAGD, 833, BDAG, 1024, LN §35.53). 로마 시대에는 가문의 이름과 가문의 번영을 지속하기 위해 유아들이 아닌 장성한 아들들을 입양했다. 한 아들이 일단 새로운 가문에 입양되면, 그 아들은 이전 아버지에 대한 책임이 없으며 오직 새로운 아버지에 대해서만 책임이 있다. [*huiothesia*]

아빠, 아버지(Abba, Father, *abba ho patēr*) – *abba*라는 단어는 신약에서 3회, 기도중에 하나님을 부를 때 사용되었다(막 14:36, 롬 8:15, 갈 4:16). 이 단어는 '아버지'를 뜻하는 아람어의 음역이다(BAGD, 1, BDAG, 1, LN §12.12). 어린아이들이 사용하는 말에서 파생했으며, '아빠'(*daddy*)란 뜻으로 사용되기도 한다. 바울은 이 단어 바로 뒤에 서술 용어인 '아버지'(*patēr*)를 사용하고 있다. 경건한 유대인들은 자기 자신과 하나님 사이에 커다란 차이를 느꼈기 때문에 하나님을 abba로 부르지 않았을 것이다. 하지만 예수님께서는 주의 기도(막 6:9, 눅 11:2)에서 하나님을 아버지로 불렀다. 그리고 매우 절망적인 상황에서 아버지를 부를 때(막 14:36) abba를 사용함으로써 하나님과의 친밀한 관계를 보이셨다(NIDNTT 1:614–15, TDNT 5:1006–07 비교). 마찬가지로 신자들은 하나님을 '아빠'라는 애칭으로 부를 수도 있는데, 하나님께서 우리의 아버지이시기 때문이다. 그러나 신자들은 허물없이 내키는 대로 이 말을 사용해서는 결코 안 된다. 하나님의 위엄을 충분히 인정하면서 사용해야 한다. [*abba, patēr*]

8:16. 우리들은 하나님의 <u>자녀들</u>이다(We are the <u>Children</u> of God, *esmen tekna theou*) – *teknon*이란 용어는 신약 전체에 99회, 바울 서신에 39회, 로마서에 7회(8:16, 17, 21, 9:7, 9:8[3회]) 나온다. 이것은 '자식, 자손, 소생'을 뜻하며(BAGD, 808–09, BDAG, 994–95, LN §§9.46, 10.28,36, NIDNTT 1:285–87), 부모를 의지하고 있는 자녀를 가리킨다. 우리 신자들은 하나님, 우리의 아버지를 의지한다. [*teknon*]

8:17. 상속자들(Heirs, *klēronomoi*) – 신자들은 하나님 아버지의 자녀들이기 때문에 그들은 하나님의 상속자들이고, 하나님의 약속을 유업으로 받는다(Moo, 505). 즉, 신자들은 하나님께서 계신 곳에 계속 머물며 하나님의 영광을 영원히 누리게 된다. [*klēronomos*]

동료 상속자들(Fellow heirs, *sygklēronomoi*) – 우리는 하나님의 상속자일 뿐만 아니라, 하나님의 아들이신 그리스도와 함께하는 아들들이기 때문에 그리스도와 함께 상속을 받을 사람들이다. 모든 신자들은 그리스도께서 얻으신 것에 참여한다. [*sygklēronomos*]

8:18. 비교할 만한 가치(Worth comparing, *axia*) – *axios*라는 형용사는 '어느 한 쪽으로 기울어지지 않는' 저울을 가리키며 따라서 '동등한'이란 뜻이다(TDNT 1:379). 이것은 '비교할 만한, 가치 있는'이란 뜻이다(BAGD, 78, BDAG, 93–94, LN §65.17, NLDNTT 3:348–49). 여기에서 이 단어는 현재의 고난은 미래에 우리에게 나타날 영광과 결코 비교가 되지 않는다는 뜻을 갖고 있다(롬 1:17의 '나타났다'에 대한 논의를 참고하라). [*axia*]

8:19. 피조물의 간절한 기대(For the eager expectation of the creation, *hēgar apokaradokia tēs ktiseōs*) – 명사 *apokaradokia*는 이곳과 빌립보서 1장 21절에서만 나온다. 이 단어는 어원상으로 '머리'(*kara*)와 '잡다'(*dechomai*)로 이뤄지며 (TDNT, 1:393), '머리를 앞으로 내밀다'는 개념을 지니고, '간절한 기대, 강한 기대감'을 묘사한다(BAGD, 92, BDAG, 112, LN §25.64, NIDNTT 2:244–45, Godet, 313). 이 문맥에서 '피조물'(*ktisis*)이 지칭하는 것에 관한 논쟁이 있다. 이 표현은 천사들, 모든 사람들, 신자들 혹은 불신자들을 가리킬 수도 있다. 그러나 일반적으로 그것이 생명체이건 무생물이건 인간보다 못한 존재를 가리키는 것으로 간주되고 있다. 이것은 식물과 동물계가 강한 기대감을 갖고 있음을 암시하며 신자들의 궁극적 구원이 그 기대의 도화선 역할을 한다. [*apokaradokia*, *ktisis*]

하나님의 아들들의 나타남을 간절히 기다린다(Eagerly awaits the revelation of the sons of God, *tēn apokalypsin tōn huiōn tou theou apekdechetai*) – 동사 *apekdechomai*는 신약에 8회 나오며(롬 8:19, 23, 25, 고전 1:7, 갈 5:5, 빌 3:20, 히 9:28, 벧전 3:20) 어떤 미래의 사건을 간절하게 기다리다, 즉 '간절히 앞을 바라보다, 기대감을 갖고 기다리다'라는 개념을 갖고 있다(LN §25.63, 비교–BAGD, 83, BDAG, 100, TDNT 2:56, NIDNTT 2:245). 생명이 있는 피조물과 생명이 없는 피조물은 하나님의 아들들의 나타남을 기대하며 기다리고 있다. 하나님의 아들들, 즉 신자들의 나타남은 피조물에 대한 저주가 이제 제거되고 있다는 것을 보여준다는 점에서 매우 중요한 사건이다. [*apekdechomai*]

8:20. 허무(Futility, *mataiotēti*) – 형용사 *mataitēs*는 70인경에 54회, 신약에 3회 나오며 (롬 8:20, 엡 4:17, 벧후 2:18), 동사(1:21의 '허망하여지다'와 비교)와 동일한 개념, 즉 자신의 목적을 이루지 못함으로 인한 '헛됨, 허무'를 나타낸다(BAGD, 495, BDAG, 621, NIDNTT 1:552). 피조물은 그 자체 안에 인간의 생명을 유지하는 가능성을 갖고 있으나 그 가능성이 잠자고 있다가 사라져버린다. [*mataiotēs*]

바라다(Hope, *elpidi*) – 로마서 4장 18절에서 논의한 것처럼 이것은 하나님께서 계획을 더 빨리 이루시기를 인내와 확신으로 기다린다는 뜻이다. [*elpis*]

8:21. <u>썩어짐</u>의 노예/ 굴레(Slavery/ bondage of the <u>decay</u>, *douleias tēs phthroras*) – 명사 *phthora*는 70인경에 11회, 정경들에 7회, 신약 전체에 9회, 바울 서신에 5회, 로마서에 단 한번 여기에 나온다. 이것은 '파멸, 쇠락, 소멸'이란 뜻이다(BAGD, 858, BDAG, 1054–55, LN §20.38, NIDNTT 1:467–70). 피조물은 생명을 유지하기보다는 하나님의 아들들이 나타날 때까지 쇠락과 썩어짐의 종노릇을 해야 할 운명에 처해 있다. [*phthora*]

자유(Freedom, *eleutherian*) – 6장 18절에서 논의한 동사와 마찬가지로 이것은 지배로부터의 자유라는 개념을 갖고 있다. 이것은 노예, 또는 굴레의 반대말이다. 피조물이 하나님의 자녀들이 누리는 영광의 자유를 지니게 될 때가 오고 있다. 다시 말하면 "피조물의 궁극적 운명은 소멸이 아니라 변형이다"(Moo, 517). [*eleutheria*]

8:22. 모든 피조물이 <u>탄식하며</u> <u>고통을 겪는다</u>(The whole creation <u>groans</u> and <u>travails</u>, *pasa hēktisis systenazei kai synōdinei*) – 첫 번째 동사 *systenazō*는 이 구절에서만 나오며 '슬퍼하다, 함께 탄식하다'라는 뜻이다(BAGD, 795, BDAG, 978–79, LN §25.145). 두 번째 동사 *synōdinō* 역시 여기에만 나온다. 어원상으로 (출산 때처럼) '고통을 겪다'와 전치사 '함께'(*synonym*)의 합성어이므로 '함께 고통을 겪다'라는 뜻이다(BDAG, 977, 비교–BAGD, 793, LN §24.88). 모든 피조물은 일제히 한 목소리로 함께 신음하며 고통을 겪고 있다. 필립스(Phillips)는 이것을 '탄식의 교향곡'이라고 명명했다. 따라서 바울은 하나님의 아들들이 나타날 때까지 피조물은 탄식하며 썩어짐의 종노릇을 하고 있다고 말하고 있다. [*systenazō, synōdinō*]

8:23. 성령의 <u>첫 열매들을</u> 받은(Having the <u>first fruits</u> of the Spirit, *tēn aparchēn tou pneumatos echontes*) – 명사 '첫 열매들'(*aparchē*)는 70인경에 75회, 정경들에 68회, 신약 전체에 9회, 바울 서신에 7회, 로마서에 3회(8:23, 11:16, 16:5) 나온다. 구약에서 이것은 구별되어 하나님께 드려진 곡식의 첫 수확물이나 동물의 첫 태생을 가리켰다(출 22:29, 23:19, BAGD, 81, BDAG, 98, TDNT 1:484–86, LN §53.23, NIDNTT 3:415–16, TLNT 1:145–52). 하지만 여기에서 첫 열매는 하나님께 드려지지 않고 신자들에게 주어진다. '첫 열매들'은 성령을 가리킨다. 성령은 신자들에게 주어진 선물로서 인간의 몸이 소멸과 사망으로부터 장래에 해방될 것을 보증하고, 영광스러운 영원한 상태로 온전히 양자 될 것을 약속하는 계약금이다. [*aparchē*]

우리 자신들도 속으로 <u>탄식하며</u> 양자 될 것을 <u>간절하게 기다리고 있다</u>(We ourselves <u>groan</u> within ourselves <u>eagerly awaiting</u> adoption, *autoi en heautois stenazomen huiothesian apekdechomenoi*) – 동사 *stenazō*는 70인경에 27회, 정경들에 20회, 신약 전체에 6회(막 7:34, 롬 8:23, 고후 5:2, 4, 히 13:17, 약 5:9) 나오며, 이 용어는 썩어져가는 이 세대에서 살아가는 스트레스에 대한 반응으로 '신음하다, 탄식하다'라는 의미다(BAGD, 766, BDAG, 942, TDNT 7:600–03, NIDNTT 2:423–24, LN §25.143). 여기에서 신자들은 성령을 소유하고 있으면서도 썩어져가는 세대 가운데 살아가는 스트레스 때문에

속으로 탄식한다. 19절에서 논의했던 동사 *apekdechomai*는 다음 구절에서 설명되고 있는 온전히 양자 될 것(15절에서 논의)을 '간절하게 바라보다, 기대감을 가지고 기다리다'라는 뜻이다. [*stenazō, apekdechomai*]

우리 몸의 구속(The redemption of our bodies, *tēn apolytrōsin tou sōmatos hēmōn*) – 명사 '구속'은 로마서 3장 24절에서 논의했으며, '몸값을 지불하고 석방되다'라는 뜻이다. 우리들은 죄를 위한 그리스도의 희생 덕분에 죄의 형벌과 권세에서 해방되었으며, 장래에는 이 세대의 헛됨과 썩어짐뿐만 아니라, 죄에서 해방될 것이다. [*apolytrōsis*]

8:26. 연약함(Weakness, *astheneia*) – 이 단수 명사는 신자들이 계속해서 죄 된 육신 가운데 머물러 있는 동안에 하나님의 뜻을 행할 능력이 없다는 뜻이다(6:6, 12, 13 비교). 바울은 8장 3절에서 육신의 영역에서 살고 있을 때의 인간의 연약함에 대해 말했다. "인간의 연약함은 인간에게 초자연적인 도움이 필요함을 암시하기도 하지만, 이 세대에 살고 있는 인간의 상태, 참으로 창조주가 아닌 피조물로서의 인간의 피조성"을 뜻한다(Dunn 1:477). 저항할 수 없는 죄의 유혹과 권세 때문에 성령의 도움을 받지 않고는 우리는 하나님을 기쁘시게 하는 삶을 살아갈 수 없다. [*astheneia*]

그러나 성령께서 친히 우리를 위하여 <u>간구하신다</u>(But the Spirit himself <u>intercedes</u> for us, *alla auto to pneuma hyperentygchanei*) – 합성동사인 *hyperentygchanō*는 여기에서만 나오며, 어떤 일이 다른 누군가를 위하여 한 것이라는 사실을 특별히 강조하는데, 어떤 사람을 대신하여 간구하다, 즉 '대신 간구하다, 누군가를 위해 탄원하다'라는 뜻이다(LN §33.348, 비교–BAGD, 840, BDAG, 1033, NIDNTT 2:882–83). [*hyperentygchanō*]

<u>말할 수 없는 탄식</u>으로(With <u>inexpressible groanings</u>, *stenagmois alalētois*) – 명사 *stenagmos*는 70인경에 27회, 정경들에 21회, 신약에 2회(행 7:34, 롬 8:26) 나오며, 기본적으로 23절에서 논의한 동사 *stenazō*와 마찬가지로 스트레스를 주는 환경에 대한 반응으로 '신음하다, 탄식하다'라는 뜻이다(BAGD, 766, BDAG, 942, NIDNTT 2:423–24, LN §25.143). 형용사 *alalētos*는 여기에서만 나오며 말할 수 없는 것이나 표현할 수 없는 것, 곧 '말로 표현할 수 없는 것'과 관련이 있다(LN §33.96, 비교–BAGD, 34, BDAG, 41). 27절로 미루어볼 때 황홀 상태에서 하는 말은 아닌 것 같다. 바울은 아마도 믿는 자들의 상황이 너무도 참담해서 그것을 사람의 언어로 충분하게 표현할 수 없다고 말하고 있는 것 같다. [*stenagmos, alalētos*]

8:27. 그분이[하나님께서] <u>살피신다</u>(And he[God] <u>searches</u>, *ho de eraunōn*) – 동사 *eraunaō*는 신약에서만 사용되고 있고(요 5:39, 7:52, 롬 8:27, 고전 2:10, 벧전 1:11, 계 2:23), 어떤 것을 배우기 위해 철저하게 조사하고 연구하는 것을 가리킨다(BAGD, 306, BDAG, 389, LN §27.34). 이것은 1세기의 전문적인 선박 조사관들, 즉 세무 관리들을 가리킬 때 사용되었다(MM, 252). 요한복음 5장 39절과 7장 52절에서는 성경을 이해하기 위해 연구하는 것을 가리킨

다(NIDNTT 3:533). 현재 문맥에서는 하나님 아버지께서 신자들의 마음을 철저하게 조사하신다는 의미를 나타낸다. [*eraunaō*]

성령의 생각(Mind of the Spirit, *phronēma tou pneumatos*) – 6절에서 논의했던 명사 *phronēma*는 성령의 사고 방식을 뜻한다. [*phronēma*]

간구하다(Intercede, *entychanei*) – 동사 *entygchanō*는 70인경에 13회, 정경들에 단 한 번(단 6:13), 신약에 5회(행 25:24, 롬 8:27, 34, 11:2, 히 7:25) 나온다. 처음에 '어떤 사람을 만나다, 어떤 사람에게 다가가다'라는 뜻이었으나 후에 다른 사람을 위해 진지하게 부탁하거나 간청하다는 개념을 전달함으로써 '호소하다, 간청하다, 간구하다'로 번역된다(BAGD, 270, BDAG, 341, TDNT 8:242–43, LN §§33.169, 347, NIDNTT 2:882–85, TLNT 2:6–10). 우리의 마음을 살피시는 아버지께서는 성령이 하나님의 뜻에 따라 신자들을 위해 간구하기 때문에 성령의 사고 방식과 견해나 의도를 잘 알고 계신다. [*entygchanō*]

8:29. 미리 아셨다(Foreknew, *proegnō*) – 이 단어 *proginōskō*는 70인경에 단 3회(솔로몬의 지혜서 6:13, 8:8, 18:6), 신약 전체에 5회, 로마서에 2회(행 26:5, 롬 8:29, 11:2, 벧전 1:20, 벧후 3:17) 나온다. 문자적으로 '미리 알다'라는 뜻이며 이 문맥에서는 '미리 선택하다'로 번역하는 것이 좋다(BAGD, 703, BDAG, 866, TDNT 1:715–16, LN §28.6, 30.100, NIDNTT 1:692–93). 33절에서 보게 되겠지만, 믿는 자들은 하나님께서 '택하신' 또는 하나님의 '선택하심을 받은' 사람들이다. 모든 것을 아시는 하나님께서 미리 정하시고, 부르시고, 의롭게 하시고, 영화롭게 하실 자들을 미리 아시거나 택하셨다. [*proginōskō*]

미리 정하셨다(Predestined, *proōrisen*) – 신약에만 나오는(행 4:28, 롬 8:29, 30, 고전 2:7, 엡 1:5, 11) *proorizō*는 '미리 결정하다'따라서 '예정하다, 미리 지명하다, 미리 운명을 정하다'라는 뜻이다(BAGD, 709, BDAG, 873, TDNT 5:456, LN §30.84, NIDNTT 1:695–96). 바로 앞의 *proginōskō*는 '누구'에 좀 더 관심 갖는 반면에 *proorizō*는 '무엇'에 더 관심을 갖는다. 따라서 하나님께서는 신자들이 하나님의 아들이신 예수 그리스도의 형상과 같아지도록 미리 정하셨다. [*proorizō*]

맏아들(Firstborn, *prōtotokon*) – 70인경에 132회, 정경들에 127회, 신약 전체에 8회, 바울서신에 3회(롬 8:29, 골 1:15, 18) 나오는 이 단어는 동물들이나 사람의 첫 번째 자식이나 새끼를 뜻한다(BAGD, 726, BDAG, 894, TDNT 6:871–81, NIDNTT 1:667–69, LN §§10.43,13.79, 87.47, TLNT 3:210–12). 예수님께서는 마리아의 맏아들이셨으며(눅 2:7), 많은 형제들 가운데서 맏아들이시다(롬 8:29). 이것은 처음으로 부활하시고 장래에 믿는 자들과 함께 영화롭게 되실 그리스도를 가리킨다고 보는 것이 적절하다. 이 비유적 표현은 하나님께서 그리스도를 통해서 형성하신 하나님의 가족을 강조하고 있다. [*prōtotokos*]

8:30. 미리 정하시고…부르시고…의롭게 하시고…영화롭게 하셨다(Predestined…called…justified…glorified, *proōrisen…ekalesen…edikaiōsen…edoxasen*) – 여기에서는 하나님

께서 택하시고, 미리 정하시며, 의롭게 하신 사람들과 똑같은 수의 사람들을 영화롭게 하신다는 것을 강조하고 있다. '영화롭게 하셨다'를 비롯하여 동사들이 모두 과거 시제다. 이것은 영화가 여전히 미래의 일이지만 이미 결정되었으며, 이미 성취된 것으로 간주되고 있다는 뜻이다 (Cranfield 1:433). 이 일련의 사건들에서 성화를 언급하고 있지 않는 것이 이상하다. 아마도 전체 문맥이 성화와 관련이 있기 때문인 것 같다. [*proorizō, doxazō*]

8:32. 그를 <u>내어주셨다</u>(<u>Gave</u> him <u>up</u>, *paredōken auton*) – 동사 *paradidōmi*는 로마서에 6회(1:24, 26, 4:25, 6:17, 8:32) 나오며, '넘겨주다'라는 뜻이다. 하나님께서 아들을 아끼지 않으시고 우리 대신 우리의 죄 값을 지불하도록 넘겨주셨다. [*paradidōmi*]

모든 것을 우리에게 <u>값없이 주신다</u>(<u>Freely give</u> us all things, *to panta hēmin charisetai*) – 동사 *charizomai*는 '은혜'란 뜻이다. 이것은 70인경에 12회, 정경들에는 단 한번(에 8:7), 신약 전체에 23회, 바울 서신에 16회, 로마서에서는 이곳에만 나온다. 이것은 '값없이 주다, 은혜로 주다'로 번역할 수 있다(BAGD, 876–77, BDAG, 1078, NIDNTT 2:122, LN §57.102). 과거에 하나님께서는 최고의 은혜의 행위로서 우리 대신 그리스도를 넘겨주셨기 때문에 성화에 필요한 모든 것을 지금 은혜로 우리에게 주실 것이 틀림없다. [*charizomai*]

8:33. 누가 감히 <u>고발</u>하겠는가?(Who will <u>bring</u> any <u>charge</u>, *tis egkalesei*) – 동사 *egkaleō*는 70인경에 6회, 신약 전체에 7회, 바울 서신에서는 여기에 단 한번 나온다. 이것은 법률적으로 또는 법적으로 누군가를 진정으로 기소하거나 고발하다, 즉 '고소하다, 비난하다'라는 뜻이다 (LN §33.427, 비교–BAGD, 215, BDAG, 273). [*egkaleō*]

하나님께서 <u>선택하신 자들</u>에 대하여(Against God's <u>elect</u>, *kata eklektōn theou*) – 동사의 기능을 하는 형용사인 *eklektos*는 70인경에 99회, 정경들에 83회, 신약 전체에 23회, 바울 서신에 6회(롬 8:33, 16:33, 골 3:12, 딤전 5:21, 딤후 2:10, 딛 1:1) 나온다. 이것은 '선택 받은, 선택한'이란 뜻이며(BAGD, 242, BDAG, 306, LN § 30.93), 여기에서는 특별히 바울이 29절에서 말한 것과 관련시키면 '하나님께서 선택한' 또는 '하나님의 선택하심을 받은'이란 뜻이다. [*eklektos*]

<u>의롭게 하신 분은</u> 하나님이시다(It is God who <u>justifies</u>, *theos ho dikaiōn*) – 로마서 2장 13절에서 논의했던 동사 '의롭게 하다'(*dikaioō*)는 '의롭다고 선언하다, 의롭다고 여기다'라는 뜻이다. 하나님께서 우리의 죄 값을 지불하기 위해 아들을 내어주심으로써 은혜로 말미암아 우리를 의롭다고 선언하셨다. 그런데 천사든 인간이든 그 어떤 피조물이 하나님께서 선택하신 우리를 고발한단 말인가? [*dikaioō*]

8:34. <u>정죄</u>할 사람이 누구인가?(Who is the one who will <u>condemn</u>, *tis ho katakrinōn*) – 동사 *katakrinō*는 3절에서 논의했으며, '유죄 확정 후에 선고하다' 또는 '정죄하다'라는 뜻이다. 34절에서 의롭게 하시는 분은 하나님이시다. 반면에 여기에서 죽으셨다가 다시 살아나시어 하나님

우편에 계시면서 우리를 위해서 간구하시는 분은 그리스도시다(27절의 단어 연구를 참고하라). 그러므로 하늘이나 땅 위에 있는 누가 감히 우리를 정죄할 수 있겠는가? 27절에서 성령께서 우리를 위해 간구하시며, 31절에서 하나님께서 우리를 위하시고, 34절에서는 그리스도께서 우리를 위해 간구하신다. [*katakrinō*]

8:36. 우리들이 하루 종일 죽음과 대면한다(We encounter death all day long, *thanatoumetha holēn tēn hēmeran*) – 동사 '죽임을 당하다'(*thanatoō*)는 7장 4절에서 논의했다. 여기에서 바울은 시편 44편 22절(70인경의 43:23)을 인용하여 믿는 자들을 향한 끊임없는 박해의 위협, 심지어 그것이 죽음까지 포함한다 할지라도 우리를 그리스도의 사랑에서 끊을 수 없다는 것을 거듭 강조하고 있다. [*thanatoō*]

8:37. 우리는 넉넉한 승리자들이다(We are more than conquerors, *hypernikōmen*) – 이 단어는 성경에서 여기에만 나온다. 이것은 로마서 3장 4절에서 논의했으며, '승리자가 되다. 정복하다, 극복하다, 우세하게 되다'라는 뜻의 동사 *nikao*보다 더 강한 의미의 합성 동사로서 '완전히 압도적으로 승리하다', 즉 '완전하게 승리하게 되다, 완전한 승리를 거두다'라는 것을 뜻하며(LN §39.58, 비교–BAGD, 841, BDAG, 1034, TDNT 4:945), 따라서 '넉넉하게 이기다'(KJV, ASV, NIV, NRSV), '압도적인 승리'(NLT) 또는 '완전한 승리'(NET)로 번역된다. 신자들은 압도적인 승리를 거둘 수 있다. 왜냐하면 그 승리는 우리를 사랑하시는 분, 즉 하나님 아버지나 아들이신 예수 그리스도로 말미암아 이루어지기 때문이다. [*hypernikaō*]

8:39. 높음도 아니고 깊음도 아니다(Nor height, nor depth, *oute hypsōma oute bathos*) – 신자들을 하나님의 사랑에서 끊어놓을 수 있는 목록 가운데서 이 두 개의 용어들, 즉 '높음'과 '깊음'이 가장 많이 논의되고 있다. 알레고리적 해석에서는 이 둘을 하늘과 땅의 권세들과 연관시킨다. 하지만 '우주 전체, 즉 하늘 위와 땅 아래 있는 것들은 하늘과 땅 그 자체나 천국과 지옥을 다 포함하는 것으로 생각하는 것'이 적절한 것 같다(Moo, 546, 비교–Cranfield 1:443–44). [*hypsōma, bathos*]

어떤 것도 우리를 끊을 수 없다(Nor able to separate us, *oute…dynēsetai hēmas chōrisai*) – 이곳과 35절에서 말하는, 아무것도 신자들을 하나님의 사랑에서 '끊을' 수 없다는 개념은 우리 주 그리스도 예수 안에 있는 하나님의 사랑 안에서의 안전을 강조하고 있다. 이 장은 '정죄함이 없다'로 시작해서 '끊을 수 없다'로 끝난다. [*chōrizō*]

9:1. 내 양심이 성령 안에서 내게 증언하는(My conscience bearing me witness in the Holy Spirit, *symmartyrousēs moi tēs syneidēseōs mou en pneumati hagiō*) – 분사 *symmartyrousēs*는 합성 동사인 *symmartyreō*의 파생어다. 이것은 성경에 단 3회, 모두 로마서에 나오며(2:15, 8:16, 9:1) '증거하다, 증언하다'라는 뜻이다(BAGD, 778, BDAG, 957, TDNT 4:508–10, NIDNTT 3:1039–42, LN §33.266). 바울은 (롬 2:15에

서 논의한) 자신의 '양심'이 성령과 함께 증언하고 있다고 주장한다. 다시 말해 바울의 양심은 화인을 맞지 않았고 성령의 증거를 받아들였다. [*symmartyrēo*]

9:3. 저주를 받은(Accursed, *anathema*) – 이 단어는 70인경에 26회, 정경들에 23회, 신약에 6회(행 23:14, 롬 9:3, 고전 12:3, 16:22, 갈 1:8, 9) 나오며, '저주를 받아'(KJV, RSV, NASB, NRSV, NET), '저주 받은(NIV, NLT), '저주(*anathema*, ASV)'로 번역된다. 이것은 하나님의 저주를 받는다는 뜻이다(BAGD, 54, BDAG, 63, TDNT 1:354–55, NIDNTT 1:413–15, LN §§33.473, 474). 이 용어는 바울 자신이 그리스도에게서 끊어지는 것이 더 낫다고 생각했다는 뜻이다. 앞에서 논의한 것처럼(8:31–39) 그리스도에게서 끊어지는 것은 불가능한 것이지만, 그럼에도 불구하고 바울은 자신의 유대인 친척이 구원받게 된다면 기꺼이 하나님의 진노를 받을 수도 있다고 선언한다. [*anathema*]

9:4. <u>언약들</u>과 <u>율법을 주신 것</u>(The <u>covenants</u> and <u>giving of the Law</u>, *hai diathēkai kai hēnomothesia*) – 복수형인 '언약들'은 구약의 세 가지 무조건적 언약들, 즉 아브라함 언약(창 12:1–4, 13:4–18, 15:1–21), 다윗 언약(삼하 7:12–17, 23:5, 시 89:3, 27–37, 49[맛소라 사본의 89:4, 28–38, 50, 70인경의 88:4, 28–38, 50], 132:11–12[70인경의 131:11–12), 그리고 새 언약(렘 31:31–34, 32:38–40, 겔 36:23–36)을 가리키는 것으로 보인다. '율법을 주신 것' 이란 표현은 모세 언약을 가리킨다. [*diathēkē, nomothesia*]

성전 예배(Temple worship, *latreia*) – 70인경에 9회, 정경들에 5회, 신약에 5회(요 16:2, 롬 9:4, 12:1, 히 9:1, 6) 나오는 이 명사는 '섬김, 예배'를 뜻한다(BAGD, 467, BDAG, 587, TDNT 4:58–65, NIDNTT 2:549–51, LN §53.14). 70인경에서는 9회 가운데 8회가 제의적 예배를 가리키며(출 12:25, 26, 13:5, 수 22, 27, 대상 28:13 비교) 신약의 5회는 모두 제사를 가리킨다(요 16:2, 롬 9:4, 12:1, 히 9:1, 6). 여기에서는 '성전(또는 장막) 예배'를 가리키는 것으로 보인다. [*latreia*]

9:6. 이스라엘(Israel, *Israēl*) – 이 이름은 70인경에 2766회, 정경들에 2,476회, 신약 전체에 68회, 바울 서신에 17회, 로마서에 11회(9:6[2회], 27[2회], 31, 10:19, 21, 11:2, 7, 25, 26) 나오며, 항상 이스라엘 민족을 가리킨다. 바울은 여기에서 모든 이스라엘 사람들이 이스라엘 민족의 구성원은 되지만 무조건적 약속들의 수령인은 아니라고 주장한다. 이 약속들은 육체적뿐만 아니라 영적으로 아브라함과 연관이 있는 이스라엘 사람들을 위한 것이다. 문맥상으로 볼 때 이 단락의 주제는 유대인들을 위한 바울의 근심이기 때문에 몇몇 사람들의 주장처럼 '이스라엘'이란 표현을 영적으로 해석하여 교회로 이해해서는 안 된다. 이스라엘이란 표현을 '교회'로 변경하는 것을 대치 신학(replacement theology)이라 부르는데, 이것은 때로 유대인들을 그리스도를 싫어하는 사람들로 간주하는 반셈족주의로 발전하기도 한다. [*Israēl*]

9:7. 씨(Seed, *sperma*) – 이 용어는 70인경에 274회, 정경들에 224회, 신약 전체에 43회, 바울 서신에 17회, 로마서에 9회(1:3, 4:13, 16, 18, 9:17[2회], 8, 29, 11:1) 나온다. 이 문맥에서는 육체적, 영적으로 모두 아브라함과 연관이 있는 자손들을 가리킨다(8절 비교). [*sperma*]

자녀들(Children, *tekna*) – 아브라함의 육체적 후손들을 가리키는 이 용어는 아브라함의 모든 자녀들이 아브라함의 씨가 아니라는 사실을 증언하고 있다. [*teknon*]

이삭 안에서 네 씨라 <u>불리울</u> 것이다(In Isaac will your seed be <u>called</u>, *en Isaak klēthēsetai soi sperma*) – 동사 *kaleō*는 70인경에 480회, 정경들에 401회, 신약 전체에 148회, 바울 서신에 33회, 로마서에 8회(4:17, 8:30[2회], 9:7, 12, 24, 25, 26) 나오며, '이름으로 불리다, 이름을 부르다'라는 뜻이다(BAGD, 399, BDAG, 502–3, TDNT 3:487–91, NIDNTT 1:271–76, LN §§ 33.129, 131, 312). 대부분의 경우처럼 이것은 하나님의 부르심을 가리킨다. 따라서 바울은 아브라함과 육체적으로 연관이 있는 모든 사람들이 씨가 아니라 이삭 안에 있는 사람들이 씨로 불리게 될 것이라고 주장한다. [*kaleō*]

9:8. 여겼다(Counted, *lozizetai*) – 로마서 2장 26절과 4장 3절에서 논의한 이 동사는 확인할 수 있는 사실들에 대해 지적인 숙고가 이뤄진 후에 사실로 생각되는 결론을 이끌어내다라는 개념을 전달한다. 이것은 '여겼다'(KJV, NRSV, NET), '계산했다'(ASV, RSV) 또는 '간주했다'(NASB, NIV)로 번역된다. [*logizō*]

씨(Seed, *sperma*) – 7절에서 보았듯이, '씨'는 육체적, 영적으로 모두 아브라함과 연관이 있는 자손들을 가리킨다. 이것을 여기에서 다시 말하는 이유는 대부분의 역본들이 이 단어를 '씨'(KJV, ASV)보다는 '자녀'(RSV, NASB, NRSV, NLT, NET)로 번역하고 있기 때문이다. '자녀들'도 괜찮은 번역이지만 이것은 육체적으로 아브라함과 연관이 있으면서도 아브라함과 영적으로 관련이 없는 사람이 있을 수도 있기 때문에 혼동을 야기할 수 있다. 이 구절은 아브라함의 모든 자녀들이 아니라 오직 약속의 자녀들만이 아브라함의 씨로 여기심을 받는다는 개념을 재차 강조한다. [*sperma*]

9:10. 리브가는 한 남자로 말미암아 자녀를 <u>임신했다</u>(Rebekah has <u>conceived</u> children by one man, *Rebekka ex henos koitēn echousa*) – 이것은 의미가 명확하지 않은 단어다. '임신하다'라는 단어는 실제로는 명사(*koitē*)이며, 70인경에 79회, 정경들에 69회, 신약에 4회(눅 11:7, 롬 9:10, 13:13, 히 13:4) 나온다. 70인경의 용례들 가운데 거의 절반 이상이 '침상'을 가리키며(창 49:4, 출 21:18, 비교–눅 11:7, 롬 9:10, 13:13, 히 13:4), '결혼 침상'(히 13:4)이란 의미를 내포하고 있다. 그러나 이 용어는 '성적 관계'(레 15:21–26, 18:20, 23, 민 5:20, 롬 13:13)나 '성적인 설정'(레 15:15–16, 32, BAGD, 440, BDAG, 554, NIDNTT 2:586–87, LN §§6.108, 23.62, 66.273)을 가리킬 수도 있다. 바울은 "그녀(리브가)가 두 아들의 어머니가 되는 데 단 한번의 정액의 설정만이 있었다"라고 의견을 진술하고 있다(Cranfield 2:427, 비교–Dunn 2:542, Moo, 579 n.46). 이것은 유대인들이 이스마엘의 어머니인 하갈이

애굽 여인이었기 때문에 이스마엘을 후손으로 여기지 않았을 수도 있다는 면에서 바울의 논증에 매우 중요한 부분이다. 이 구절에서 바울은 쌍둥이를 태어나게 한 임신이 한 번의 성관계를 통해서 이루어졌다는 자신의 논증을 강화하고 있다. 바울은 리브가가 단지 한 명의 남자, 즉 이삭과 성관계를 했다고 말하는 것이 아니다. 왜냐하면 그때에 바울의 반대자들이 에서가 임신되었을 때 이삭이 교제 밖에 있었고, 야곱이 임신되었을 때 교제 안에 있었기 때문에 에서를 씨로 여기지 않은 것이라는 의견을 제기할 수도 있었기 때문이다. 그보다 그는 쌍둥이를 출산한 단 한번의 임신을 강조한다. 따라서 야곱을 씨로 간주한 것은 오직 하나님의 택하심이나 부르심(11절) 때문이었다. [*koitē*]

9:13. 내가 야곱은 사랑했으나 에서는 미워했다 (Jacob I loved, but Esau I hated, ton Iakōb ēgapēsa, *ton de Ēsau emisēsa*) – 바울은 말라기 1장 2–3절을 인용하고 있다. 그가 '에서를 미워하였다'는 것은 도대체 무슨 뜻인가? 동사 *miseō*는 70인경에 177회, 정경들에 144회, 신약 전체에 40회, 바울 서신에 4회(롬 7:17, 9:13, 엡 5:29, 딛 3:3) 나오며, 보통은 '미워하다, 혐오하다, 몹시 싫어하다'(BAGD, 522–23, BDAG, 652–53, TDNT 4:683–94, NIDNTT 1:555–57)라는 뜻이고, 여기에서처럼 사랑의 반대말이다. 하지만 사랑과 미움이라는 용어들이 강한 감정보다는 어느 한 쪽을 더 좋아하는 것을 나타내는 데 사용된다는 것을 보여주는 사례들이 있다. 구약의 사례는 야곱이 레아보다 라헬을 더 좋아한 것이다(창 29:31, 비교–신 21:15–16). 하지만 예수님께서는 한 사람이 두 주인을 섬기지 못한다고 선포하실 때 비슷한 언어를 사용하신다. 왜냐하면 그 사람은 한 쪽을 미워하거나 다른 쪽을 사랑하든지 할 것인데, 이것은 그 사람이 한 주인보다 다른 주인을 더 좋아한다는 것을 암시하기 때문이다(마 6:24). "누구든지 내게로 오는 사람은 자기 아버지나 어머니나, 아내나 자식이나 형제나 자매뿐만 아니라 심지어 자기 목숨까지도 미워하지 않으면 내 제자가 될 수 없다"(눅 14:26)라는 예수님의 진술은 훨씬 더 설득력이 있다. 이것이 한 사람이 예수님의 제자가 되기 위해서 실제로 자신이나 자신의 가족을 미워해야만 한다는 뜻으로 말씀하신 것인가? 이것은 우리에게 부모를 사랑하고 존경하며 또 서로 사랑하라고 명령하고 있는 성경의 다른 말씀들과 대조되는 것처럼 보인다. 하지만 마태복음 10장 37절의 병행구절은 조금 다르게 의역되고 있다. 거기서 예수님께서는 "누구든지 나보다 아버지나 어머니를 더 사랑하는 사람은 내게 적합하지 않고, 나보다 아들이나 딸을 더 사랑하는 사람도 내게 적합하지 않다"라고 말씀하신다. 이런 비교 개념이 현재의 문맥에 훨씬 더 적합하다. 하나님께서는 에서보다 야곱을 더 좋아하시기로 선택하셨다. [*miseō*]

9:14. 불공평(injustice, *adikia*) – 이 단어는 70인경에 221회, 정경들에 182회, 신약 전체에 25회, 바울 서신에 12회, 로마서에 7회(1:18[2회], 29, 2:8, 3:5, 6:13, 9:14) 나오며, '악행, 불의, 사악함, 불공평'을 뜻한다(BAGD, 17–18, BDAG, 20, TDNT 1:153–53, NIDNTT 3:573–76, LN § 88.21). 하나님께서 자녀를 선택하시는 것이 불

공평한가? 바울은 결코 그렇지 않다고 대답한다. [*adikia*]

9:15. <u>긍휼히 여길</u> 것이다(I will have <u>mercy</u>, *eleēsō*) – 이 동사는 70인경에 132회, 정경들에 92회, 신약 전체에 28회, 바울 서신에 11회, 로마서에 6회(9:15[2회], 18, 11:30, 31, 32), 나오며, '자비, 동정, 연민을 갖다'라는 뜻이다(BAGD, 249, BDAG, 315, TDNT 2:477–85, NIDNTT 2:594–98, LN §88.76, TLNT 1:471–79). [*eleeō*]

내가 <u>불쌍히 여길</u> 것이다(I will have <u>compassion</u>, *oiktirēsō*) – 이 동사는 70인경에 37회, 정경들에 9회, 신약에 27회 나온다. 신약의 이 구절에서만 이 동사가 2회 사용되고 있다. 이것은 '연민, 긍휼, 동정을 보이다'라는 뜻이다(BAGD, 561–62, BDAG, 700, TDNT 5:159–61, NIDNTT 2:598, LN §88.80). 이 두 동사들, 즉 '긍휼히 여기다'와 '불쌍히 여기다'는 동의어이며, 보통 동일한 히브리 단어들을 번역한 것이다. 불트만(Bultmann)은 고전 문학 시기에 첫 번째 용어는 '연민이나 동정의 감정'을 표시했으며, 반면에 두 번째 단어는 "슬픔이나 애도의 의미뿐만 아니라 도와주려고 하는 연민의 의미에서 '동정적이 되는 것'을 뜻한다"라고 지적한다(TDNT 5:159). 이것은 신약 시대에는 남아 있지 않을 수도 있는 매우 사소한 차이다. [*oiktirō*]

9:17. 내가 너를 <u>세웠다</u>(I have <u>raised</u> you up, *exēgeira se*) – 바울은 출애굽기 9장 16절을 인용할 때, 히브리 본문의 의미를 더 반영하기 위해 동사를 변경하고 있다. 70인경은 '지키다, 소중히 하다, 목숨을 살려두다'를 뜻하는 *diatēreō*를 사용한다(눅 2:51, 행 15:29, BAGD, 189, BDAG, 238, TDNT 8:151). 이 단어는 바로 왕이 재앙들 때문에 하나님의 보호를 받았다는 것(또는 그가 재앙에서 살아남았다는 것)을 의미하며, 하나님의 능력을 보여준다. 그런데 바울은 *exegeirō*를 70인경에서 86회, 정경들에서 76회, 신약에서 단 2회(롬 9:17, 고전 6:14) 사용하며, '끌어올리다, 공급하다'라는 의미로 쓰고 있다(BAGD, 273, BDAG, 347–48, TDNT 2:338, LN §§13.83, 23.94, 87.38). 바로의 경우, 하나님께서 그의 능력을 입증하시기 위해 그를 역사의 무대 위로 끌어 올리신 것이다. [*exegeirō*]

9:19. 누가 그의 뜻을 <u>거스르는가</u>(For who <u>resists</u> his will, *tōgar boulēmati autou tis anthestēken*) – 동사 *anthistēmi*는 70인경에서 71회, 정경들에서 46회, 신약 전체에서 14회, 바울 서신에서 8회, 로마서에서 3회 사용되고 있고(9:19, 13:2[2회]), '반대하다, 거스르다, 대적하다'를 뜻하는 중간태 완료시제다(BAGD, 67, BDAG, 80). 이 구절은 '주의 뜻을 대적할 수 있는 사람'(RSV, NEB, NJB, NASB, NRSV, NIV)으로 번역되고 있지만, '그의 뜻을 대적한 사람'(KJV, ASV, NASB, NET)이 더 좋은 번역이다. 왜냐하면 '요점은 사람들이 대적하는 것이 불가능하다는 데 있지 않고, 사실상 어떤 사람도 대적하지 않는다는 데 있기' 때문이다(Cranfield 2:490). 따라서 "어느 누구도 하나님의 뜻에 대적하지 않는데 어찌하여 하나님께서 비난하실 수 있겠느냐?"라는 의미를 내포한다. 만약 완악하게 하시는 분이 정말 하나님이시라면 이 질문은 매우 의미가 있다. 그러나 바울이 완악하게

만드시는 것을 하나님의 속성으로 간주하지만, 9장 30절-10장 21절에서는 "이스라엘이 정죄 받는 것은 믿음의 실패에 원인이 있다는 것을 증명하고 있다"라는 사실을 보여주고 있다. 무(Moo)의 견해인 이 말은 타당성이 있다. "사실 바울은 이곳에서나 다른 곳에서 하나님의 주권과 하나님께서 창조하신 인간의 책임 사이의 긴장에 대한 '논리적' 해결책을 제공하지 않는다. 이 긴장의 화해는 없다. 우리가 하나님의 다가오심에 맞춰 나아가는 것이 좋다"(Moo, 601). [*anthistēmi*]

9:21. 진흙에 대한 권한(Right over the clay, *exousian…tou pēlou*) - 명사 *exousia*는 70인경에 72회, 정경들에 31회, 신약 전체에 102회, 바울 서신에 27회, 로마서에 5회(9:21, 13:1[2회], 2, 3) 나온다. 이것은 '어떤 것에 관한 통제'라는 개념을 갖고 있으므로 '선택의 자유, 권리, 권한'을 의미한다(BAGD, 277-78, BDAG, 352-53, TDNT 2:562-74, NIDNTT 2:606-11, LN §§ 37.13, 35-38). 따라서 토기장이에게는 진흙 한 덩이로 자신이 원하는 것을 만들기로 선택할 권한이 있다. [*exousia*]

귀히 쓸 그릇(Vessel for honor, *eis timēn skeuos*) - 명사 *timē*는 70인경에서 76회, 정경들에서 60회, 신약 전체에서 41회, 바울 서신에서 18회, 로마서에서 6회(2:7, 10, 9:21, 12:10, 13:7[2회]) 사용되고 있다. 가치 있는 어떤 것의 의미를 지니며, '대가, 가치' 또는 존경심의 표현, 즉 '명예, 존경'(BAGD, 817-18, BDAG, 1005, NIDNTT 2:48-51, LN §§57.161, 167, 65.1, 87.4)을 나타낸다. 그릇과 관련해서는 '귀한 데 쓸 그릇'(KJV, ASV), '가치 있는 용도로 쓸 그릇'(NASB), '아름답게 쓸 그릇'(RSV), '숭고한 목적으로 쓸 도기'(NIV), '특별한 용도로 쓸 물건/ 그릇'(NRSV, NET)으로 번역되고 있다. [*skeuos, timē*]

천히 쓸 (For dishonor, *eis atimian*) - 바로 앞에서 언급한 이 용어는 로마서 1장 26절에서 논의한 명사에 부정을 나타내는 접두사 a를 첨가한 것으로, 부끄러운 것이나 존경받지 못하는 것을 나타낸다. 그릇들과 관련하여 이 단어는 '부끄러운 것'(KJV, ASV), '하찮은 용도'(RSV), '일반적인 용도'(NASB, NIV), '평범한 용도'(NRSV, NET)로 번역된다. 따라서 토기장이에게는 특별한 장소에서 귀하게 쓸 그릇들과 일반적인 용도에 쓰일 다른 그릇들을 한 덩이의 진흙으로 만들 수 있는 자유나 권한이 있다. 사람은 의지를 갖고 있는 반면에 진흙은 그렇지 않기 때문에 이 비유의 의미를 해석할 때에 너무 깊이 파고들어서는 안 된다. 하지만 토기장이는 진흙의 성질에 대해 책임이 없고, 그것의 모양에 대해서만 책임이 있다. 토기장이가 좋지 않은 진흙을 가지고 만들 경우, 귀한 그릇을 만들지 못하고 평범한 그릇을 만들 뿐이다. 따라서 하나님께서는 죄인들을 가지고 천한 그릇만을 만드셔야 마땅하다. 하지만 긍휼하신 하나님께서는 진노를 받아 마땅한 죄인들을 귀한 그릇으로 만드신다. [*atimia*]

9:22. 진노의 그릇들(Vessels of wrath, *skeuēorgēs*) - 어떤 이들은 이 표현을 '진노가 예정된 그릇들'로 이해한다(Hodge, 321, Murray 2:33 n.41, Schreiner, 518). 그러나 '하나님의 진노에 의지하는 그릇들'이 더 적절한 표현이라고 주장하는 이들도 있다(Moo, 607, 비교-BDF §

165, Turner, 213, Morris, 368, Fitzmyer, 570). [*skeuos, orgē*]

멸망을 위해 준비된(Prepared for destruction, *katērtismena eis apōleian*) – 동사 *katartizō*는 70인경에서 17회(모두 정경들에서), 신약 전체에서 13회, 바울 서신에서 5회(롬 9:22, 고전 1:10, 고후 13:11, 갈 6:1, 살전 3:10) 사용되며, '정돈하다, 회복하다' 또는 '준비하다, 만들다, 창조하다'라는 뜻을 전달한다(BAGD, 417–18, BDAG, 526, TDNT 1:475–76, NIDNTT 3:349–51, LN §§13.130, 42.36, 75.5, TLNT 2:271–74). '만드는 것'(making, 한글개역 개정판에서는 '하다'로 번역됨–역주)의 배경이 토기장이의 이미지와 일치하기 때문에 이 문맥에는 후자의 뉘앙스가 더 적합하다. 형태상으로 이 동사는 수동태나 중간태 분사로 분류할 수 있다. 어떤 이들은 그릇들, 즉 여기에서는 사람들이 스스로 멸망을 준비하고 있다는 것을 암시하는 중간태 분사로 분류한다(Godet, 361, Griffith–Thomas, 261, Hendriksen, 328, Dunn 2:567, Morris, 368). 이와 달리 사람들이 멸망받기로 되어 있다는 것을 암시하는 수동태 분사로 분류하는 이들도 있다(Calvin, 211, Hodge, 321, Meyer, 2:150–53, Murray, 2:36, *Käsemann*, 271–72, Moo, 607, Schreiner, 521–22, Wallace, 417–18). 후자가 더 나아보이며, 특별히 하나님을 주어로 명시하고 있지 않지만 신성 수동태(divine passive)로 볼 수도 있다. 명사 *apōleia*는 70인경에서 118회, 정경들에서 76회, 신약 전체에서 18회, 바울 서신에서 5회 사용되며(롬 9:22, 빌 1:28, 3:19, 살후 2:3, 딤전 6:9), '멸망'이란 의미를 지닌다(BADG, 103, BDAG, 127, TDNT 1:396–97, NIDNTT 1:462–65, LN §20.31). 구약에서 이 단어는 대부분 이 땅에서의 죽음을 가리킨다. 하지만 어떤 경우에는 음부(*Hades*)의 인간 세계를 가리키며(잠 15:11, 27:20, 욥 26:6, 28:22), 육체적 죽음 너머에 있는 어떤 것을 암시한다. 신약에서 이것은 '존재의 단순한 소멸이 아니라, 고통과 사망이 영원히 지속되는 상태'(TDNT 1:397), 즉 영원한 멸망을 나타낸다. 이것은 다음 구절에서 언급하는 종말론적인 영광(Dunn 2:560)과 반대 개념이다. [*katartizō, apōleia*]

9:23. 그가 영광을 위해 미리 준비하신 것(Which he prepared beforehand for Glory, *prōtoimasen eis doxan*) – 동사 *proetoimazō*는 70인경에서 2회(솔로몬의 지혜서 9:8, 사 28:24), 신약에서 2회(롬 9:23, 엡 2:10) 사용되며, '미리 준비하다, 앞서서 준비하다'라는 뜻이다(BAGD, 705, BDAG, 869, NIDNTT 3:116–18, LN §77.4). 이 문맥에서는 주어가 하나님이시며, 그분이 미리, 즉 영원 전에 영광 받을(영원한 생명을 얻게 하는 구원 받을) 그릇들(백성들)을 준비하신다는 뜻임이 분명하다. [*proetoimazō*]

9:24. 그가 부르신 우리까지도(Even us, whom he called, *ohus kai ekalesen hēmas*) – 바울은 앞에서 언급한 '그릇들'이 백성들, 더 구체적으로는 신자들이라고 말한다. 9장 7절에서 논의한 동사 '부르심을 받은'은 하나님의 부르심을 말하며, 구원으로 부르심을 받은 신자들, 즉 영광을 위해 미리 준비된 그릇들과 관련이 있다. 호세아서를 인용하고 있는 25–26절에서는 하나님께서는 하나님의 백성이 아닌 사람들을 부르시어 하나님

의 백성으로 만드실 수 있다고 말한다. [*kaleō*]

9:27. 남은 자가 구원받을 것이다(Remnant will be saved, *to hypoleimma sōthēsetai*) – 명사 *hypoleimma*는 70인경에서 8회(정경들에서 7회), 신약에서 이곳에만 사용되고 있으며, 상대적으로 작은 모임, 따라서 '남은 자'를 가리킨다(BAGD, 845, BDAG, 1038, LN §63.22). 구약과 로마서 9장은 부르심을 받은 사람 또는 씨(*seed*)인 사람만이 구원받을 것이라고 한결같이 말하고 있다. [*hypoleimma*]

9:29. 우리에게 자손들을 남겨두셨다(Left to us descendants, *egkatelipen hēmin sperma*) – 동사 *egkataleipō*는 70인경에서 180회, 정경들에서 152회, 신약 전체에서 10회, 바울 서신에서 4회(롬 9:29, 고후 4:9, 딤후 4:10, 16) 나오며, '(뒤에) 남겨두다, 버리다, 포기하다'라는 뜻으로 사용되고 있다(BAGD, 215–16, BDAG, 273, LN §§13.92, 35.54, 68.36, TLNT 1:400–403). 하나님께서는 이스라엘이 가나안 땅에 들어갔을 때 그들을 버리지 않겠다고 약속하셨다(수 1:5). 예수님께서는 시편 22편 1절(맛소라 사본 22:3, 70인경 21:3)을 인용하여 "나의 하나님, 나의 하나님, 어찌하여 나를 버리셨나이까?"라고 크게 부르짖으셨다(마 27:46, 막 15:34). 여기에서 바울은 이사야 1장 9절을 인용하여, "만일 만군의 주께서 우리에게 씨를 남겨 두지 아니하셨더라면 우리가 소돔과 같이 되고 고모라와 같았으리로다"라고 말한다. 이것은 이 장에서 표현된 남은 자 개념의 한 사례다. [*egkataleipō*]

9:33. 부딪치는 돌(Stone of stumbling, *lithon proskommatos*) – 명사 *proskomma*는 70인경에서 11회(정경들에서 5회), 신약에서 6회(롬 9:32, 33, 14:13, 20, 고전 8:9, 벧전 2:8) 나오며, '다른 사람을 걸려 넘어지게 하는 것, 즉 걸림돌'을 뜻한다(LN §15.92, 비교– 25. 183, 88.103, BAGD, 716, BDAG, 882, NIDNTT 2:705–06). [*proskomma*]

걸려 넘어지게 하는 바위(Rock of offense, *petran skandalou*) – 명사 *skandalon*은 70인경에서 22회, 정경들에서 14회, 신약 전체에서 15회, 바울 서신에서 6회(롬 9:33, 11:9, 14:13, 16:17, 고전 1:23, 갈 5:11) 나온다. 이것은 근본적으로 동물이 건드렸을 때 잠기도록 되어 있는 덫을 열어 놓는 막대기를 의미했다. 따라서 비유적으로 이것은 '범죄, 스캔들'을 일으키는 미끼나 유혹의 개념을 나타낸다(영어 단어 *scandal*은 *skandalon*에서 생겨났다, BAGD, 753, BDAG, 926, TDNT 7:339–58, 특히 352–55, NIDNTT 2:707–10, LN §§6.25, 25.181, 88.306). 여기에서 바울은 이사야 28장 1절과 8장 14절을 인용하여 하나님께서 시온에 이스라엘을 걸려 넘어지게 하는 돌, 즉 그들을 타락하게 하는 바위를 두셨다는 것을 증거하고 있다(NIDNTT 2:709). 랍비들조차도 돌과 바위가 그리스도를 가리킨다고 생각했다(4Q259 2:16, 1QS 8:7, 아람어 성경의 28:16 비교). 따라서 하나님께서는 시온에 메시아를 두셨고, 유대인들은 메시아 때문에 걸려 넘어졌다는 의미다. [*skandalon*]

부끄러움을 당하지 않을 것이다(Will not be put to shame, *ou kataischynthēsetai*) – 동사 *kataischynō*는 로마서 5장 5절에서 논의했으며

'모욕하다, 굴욕감을 주다, 부끄럽게 하다, 실망시키다'라는 뜻이다. 그(돌 또는 바위, 그리스도)를 믿는 유대인들은 '수치를 당하거나'(ASV, RSV, NIV, NRSV, NET), '실망하지'(NASB, NLT) 않게 될 것이다. [*kataischynō*]

10:2. 지식을 따른 것이 아니다(Not according to knowledge, *ou kat' epignōsin*) – 로마서 1장 28절에서 논의했던 명사 *epignōsis*는 '지식, …에 관한 지식'을 나타내며, 유대인들이 하나님께 대한 열심이 있었으나 그 열심이 하나님에 대한 지식이나 하나님의 방법들에 대한 지식에 근거한 것이 아니었다는 것을 증명하는 데 사용되고 있다. 하나님과의 바른 관계는 열심 있는 행위에 의한 것이 아니라 믿음에 의한 것이다(9:11, 16, 30–33, 10:3 비교). [*epignōsis*]

10:3. 하나님의 의를 무시하기 때문에(For ignoring the righteousness of God, *agnoountes gar tēn tou theou dikaiosynēn*) – 동사 *agnoeō*는 70인경에서 21회(정경들에서 19회), 신약 전체에서 22회, 바울 서신에서 16회, 로마서에서 6회(1:13, 2:4, 6:3, 7:1, 10:3, 11,25) 사용된다. 이 단어는 (1) 정보를 제공받지 못한, 즉 '…에 대해 무지한', (2) 거의 신경을 쓰지 않거나 전혀 신경을 쓰지 않는, 즉 '무시하다', (3) 이해의 실패, 즉 '이해하지 못하는'이란 개념을 갖고 있다(BAGD, 11, BDAG, 12–13, TDNT 1:115–16, NIDNTT 2:406–08, LN §§28.13, 30.38, 37.2). 바울은 여기에서 잘못된 이해가 아니라 하나님과의 바른 관계가 믿음에 의한 것임을 무시하고 자신들의 의를 세우려고 노력하는 것에 대해 말하고 있다. [*agnoeō*]

10:4. 그리스도는 율법의 마침이시기 때문에(For end of the law is Christ, *telos gar nomou Christos*) – 로마서 6장 21절에서 명사 telos의 다양한 뉘앙스에 대해 말했다. 어떤 이들은 이 단어가 '목표'의 개념을 갖고 있으며, 그리스도를 율법의 목표로 강조하고 있다고 생각한다(Cranfield 2:519, Fitzmyer, 584). 하지만 대부분의 사람들은 이 단어가 '종결'과 관련 있으며 그리스도께서 율법의 마침이심을 강조하고 있다고 생각한다(Sanday and Headlam, 284–85, Morris, 380–81, Moo, 636–43, Schreiner, 544–48). 율법 준수를 통해 자신들의 의를 세우고자 노력했던 유대인들이 그리스도께서 자신들의 의를 이루기 위해 율법의 마침, 즉 종결이 되셨다는 것을 깨달을 필요가 있다는 이 구절의 요점과 일치하는 것은 후자의 견해다. 바울은 이 구절의 앞부분에서 의, 즉 하나님과의 올바른 관계가 신자들에게 제공되고 있다고 설명하고 있다. [*telos*]

10:7. 무저갱(Abyss, *abysson*) – 맛소라 사본과 70인경에서는 '바다'라는 표현을 사용한다. 이와 달리 바울은 '무저갱'이라 표현한다. 무저갱은 헤아릴 수 없는 깊은 공간, 특히 죽은 자(시 7:20[70인경의 70:20], 107:26[70인경의 106:26]), '귀신'(눅 8:31), 짐승(적그리스도–계 11:7, 17:8), 사탄(계 20:1,3)의 처소다. 구약에서는 가끔 바다를 사악한 자들의 처소로 언급한다. 바울은 10장 8절에서 신명기 30장을 인용하여 구약의 성도가 율법을 찾기 위해 무저갱에 갈 필

요가 없다는 것을 증명하고 있다. 이 사실을 신약에 적용하면 신자는 그리스도께서 다시 살아나셨기 때문에 그리스도를 찾기 위해 죽은 자의 처소에 갈 필요가 없다. [*abyssos*]

10:9. 고백하다(Confess, *homologeō*) – 70인경에서 12회, 정경들에서 2회(욥 40:14, 렘 44:25[70인경의 51:25), 신약 전체에서 26회, 바울 서신에서 4회(롬 10:9, 10, 딤전 6:12, 딛 1:16) 사용된 이 용어는 '동일한 것을 말하다', 즉 일반적으로 사람들 앞에서 '동의하다, 시인하다, 고백하다'라는 뜻의 합성어다(BAGD, 568, BDAG, 708–09, TDNT 5:207–12, NIDNTT 1:344–47, LN §§33.221, 274, 275). 여기에서 바울은 유대인들에게 예수님께서 주님이심을 입으로 시인하고 (구약 성경을 통해 그들에게 알려지신) 하나님께서 그분(주님이신 예수님)을 죽은 자 가운데서 살리신 것을 마음에 믿으면 구원을 받게 될 것이라고 말하고 있다. 예수님께서 사역하실 때 유대인들은 그분이 바알세불과 결탁했다고 말했다(마 10:25, 12:24, 27, 막 3:22, 눅 11,15, 18, 19 비교). 그러나 이제라도 그들이 예수님께서 주님이심을 사람들 앞에서 시인하고, 하나님께서 그분을 죽은 자 가운데서 살리신 것을 믿는다면 구원받게 될 것이다. [*homologeō*]

10:11. 부끄러움을 당하지 않을 것이다(Will not be put to shame, *ou kataischynthēsetai*) – 로마서 5장 5절과 9장 33절에서 논의한 동사 *kataischynō*는 '모욕하다, 굴욕감을 주다, 부끄럽게 하다, 실망시키다'라는 뜻이다. 누구든지 그리스도를 믿으면 부끄러움을 당하거나 실망하지 않게 될 것이다. [*kataischynō*]

10:12. 유대인과 헬라인 사이에 차별이 없기 때문에(For there is no distinction between the Jew and the Greek, *ou gar estin diastolēIoudaiou te kai Hellēnos*) – 명사 *diastolē*는 70인경에서 5회(출 8:19, 민 19:2, 30:7, 제1마카비 8:7, 솔로몬의 지혜서 4:4), 신약에서 3회(롬 3:22, 10:12, 고전 4:7) 나오며, '차이, 차별'이란 뜻이다(BAGD, 188, BDAG, 237, LN §58.42). 바울은 유대인들뿐 아니라, 모든 사람들이 구원받기 위해 그리스도를 부를 수 있다고 말함으로써 지평을 확장하고 있다(13절). [*diastolē*]

10:15. 보냄을 받다(Sent, *apostallōsin*) – 70인경에서 666회(정경들에서 520회), 신약 전체에서 132회, 바울 서신에서 단 4회(롬 10:15, 고전 1:17, 고후 12:17, 딤후 4:12) 나오는 이 합성 동사는 '멀리 보내다' 또는 여기에서처럼 수동태로 그 사람을 보낸 사람의 개인 대표로 '보냄을 받은'이란 의미다(BAGD, 98–99, BDAG, 120–21, TDNT 1:398–406, NIDNTT 1:126–36, LN §§15.66, 67). 이것은 메신저, 즉 다른 사람을 대신하여 보냄을 받은 사도란 단어의 의미를 생각하게 한다(1:1). 따라서 메시지를 전하는 사람은 자신이 주도권을 갖고 그 일을 하는 것이 아니라 그보다는 다른 사람을 대신하여 보냄을 받는다. [*apostellō*]

그 발이 얼마나 아름다운가(How beautiful are the feet, *hōs hōraioi hoi podes*) – 형용사 *hōraios*는 70인경에 37회(정경들에 23회), 신약 전체에 4회(마 23:17, 행 3:2, 10, 롬 10:15) 나오

며 매력적인, 즉 '아름다운, 기분이 좋은'이란 개념을 갖고 있다(창 2:9, 26:7, 마 23:27, 행 3:2, 10, 롬 10:15). 또한 '적당한 때', 즉 '시기 적절한'이란 개념을 지닐 수도 있다(롬 10:15). 문맥상으로는 둘 가운데 하나, 즉 메신저의 시기 적절한 메시지 선포나 구원의 좋은 소식을 가져다 주는 메신저의 발의 아름다움을 말하고 있다. [*hōraios*]

10:16. 순종했다(Obeyed, *hypēkousan*) – 로마서 6장 12절에서 논의한 동사 *hypokauō*는 '순종하다, 종이 되다'라는 뜻이다. 바울은 모든 이스라엘 사람들이 다 복음에 순종하지 않았다고 선언한다. 이 단락(14–18절)에서 '듣다', '믿다', '순종하다'라는 표현은 언어 유희다. 모리스(Morris)는 "그러나 우리는 복음이 암묵적으로 순종을 요구하고 있다는 사실을 간과해서는 안 된다(1:5 비교). 복음의 초청을 거절하는 것은 하나님께 불순종하는 것이다"(391)라고 진술한다. 불순종은 불신앙의 증거다. [*hypakouō*]

전한 것(Report, *akō*) - 이 명사는 70인경에 49회, 정경들에 41회, 신약 전체에 24회, 바울 서신에 10회, 로마서에 3회(10:16, 17[2회]) 나오며 듣는 행위, 즉 '경청'이나 들려주는 것, 즉 '보고, 소문, 보도, 메시지'를 의미할 수도 있다(BAGD, 30–31, BDAG, 38, TDNT 1:221–22, NIDNTT 2:172–78, LN §§24.52, 53, 57, 63, 31.56, 33.213). 바울은 "주여 우리의 전한 것을 누가 믿었습니까?"라는 이사야 53장 1절을 인용하고 있다. 여기에서 '전한 것'은 구원의 복음을 가리킨다. [*akō*]

10:17. 믿음은 전한 것을 들음에서 생긴다(Faith comes from hearing the report, *hēpistis ex akōs*) – 앞에서 논의한 *akō*가 반복되고 있다. 대부분의 역본들(KJV, ASV, NASB, NIV, NLT)은 이것을 '듣는 행위'로 번역하고 있다. 그러나 소수의 역본들(RSV, NEB, NRSV, NIV, NLT)은 이것을 '들려주는 것, 전한 것이나 메시지'로 번역한다. 문맥적으로 후자가 더 어울린다. 따라서 *akōpisteōs*(믿음으로 듣는 것–롬 10:17, 갈 3:2, 5)는 믿음을 그 내용으로 하고, 하나님의 말씀으로 말하고 받아들여진 사도들의 메시지다(살전 2:13, NIDNTT 2:175). [*akō, pistis*]

10:21. 순종하지 아니하고 거역하는 [백성](Disobedient and obstinate [people], *apeithounta kai antilegonta*) – 로마서 2장 8절에서 논의한 첫 번째 동사 *apeitheō*는 '복종하지 않다, 순종하지 아니하는'을 뜻한다. 이 단어는 설득력이 있는, 확신하게 하다는 개념을 갖고 있는 *peithō*에 부정을 나타내는 접두사 *a*를 첨가한 것이다. '설득당하지 않은'이란 부정적인 개념이 순종하지 않는다는 뜻으로 발전한다. 신약 전체에 9회, 바울 서신에 3회(롬 10:21, 딛 1:9, 2:9) 나오는 두 번째 동사 *antilegō*는 직역하면 '반대 의견을 말하다 '또는 '반박하다'라는 뜻이다. '반대하다, 거절하다'를 의미할 수도 있으며, 즉 '거역하다'라는 뜻을 지닌다(BAGD, 74–75, BDAG, 89, LN § 33.455). 이것은 이스라엘이 구원의 메시지를 받아들이지 않은 이유를 말하는 논증의 결론 부분에 해당한다. 그들이 받아들지 않은 것은 듣지 못해서가 아니다. 왜냐하면 메시지가 세상 곳곳에 전해졌기 때문이다(18절). 또한 그들이 메시

지를 이해하지 못해서도 아니었다. 왜냐하면 이방인들도 그 메시지를 이해했기 때문이다(19-20절). 그 이유는 바로 (하나님께서 그들에게 긍휼의 손을 벌렸음에도 불구하고) 그들이 구원의 메시지에 순종하지 않고 거역했기 때문이었다. 그것은 정보의 부족 때문이 아니라 하나님께서 값없이 주시는 은혜를 거절하는 완악한 마음 때문이었다. [*apeitheō, antilegō*]

11:1. 거절했다(Rejected, *apōsato*) - 70인경에 73회(정경들에 65회), 신약에 6회 나오는(행 7:27, 39, 13:46, 롬 11:1, 2, 딤전 1:19) 이 동사는 '밀어뜨리다(행 7:27), 거절하다, 부인하다'(롬 11:1, 2, 버리다-KJV, ASV로, 거절하다-RSV, NASB, NIV, NRSV, NLT, NET)라는 뜻이다(BAGD, 103, BDAG, 126-27, TDNT 1:448, LN §§15.46, 31.63). 하나님께서는 이스라엘의 불순종과 거절(10:21) 때문에 그들을 거절하셨는가? 그 대답은 바로 '결코 그렇지 않다'이다. [*apōtheō*]

아브라함의 씨/ 자손(Seed/ descendant of Abraham, *spermatos Abraam*) - 로마서 9장 7-8절에서 논의한 용어 *sperma*는 육체적, 영적으로 둘 다 아브라함과 관련이 있는 사람이란 뜻을 갖고 있다. 그러나 여기에서 바울은 이스라엘 사람으로서 아브라함과의 육체적 관계를 강조하고 있다. [*sperma*]

11:2. 미리 알았다(Foreknew, *proegnō*) - 로마서 8장 29절에서 논의한 동사인 *proginōskō*는 문자적으로 '미리 알다'는 뜻이며, 여기에서는 '미리 선택하다'라는 뜻이다. 이것은 '미리 정하심에 의해 하나님의 백성들(롬 8:29)이나 그리스도(벧전 1:20)를 선택하신 것'이다(TDNT 1:715). 하나님께서는 미리 선택하신 자신의 백성들을 거절하지 않으신다. [*proginōskō*]

11:4. 하나님의 대답(Divine response, *chrēmatismos*) - 70인경에 단 3회(잠 31:1, 제2 마카비 2:4, 11:17), 신약에서는 여기에만 나오는 이 명사는 고전 문학에서는 '공식적 답변, 가르침, 칙령'을, 성경에서는 '하나님의 대답, 응답, 신탁'을 뜻한다(BAGD, 885, BDAG, 1089, TDNT 9:82, NIDNTT 3:324-25, LN §§28.40). [*chrēmatismos*]

남겨두셨다(Kept, *katelipon*) - 70인경에 282회, 정경들에 222회, 신약 전체에 24회, 바울 서신에 3회(롬 11:4, 엡 5:31, 살전 3:1) 나오는 이 동사(*kataleipo*)는 '뒤에 남기다, 남아 있다'라는 뜻이다(BAGD, 413, 520-21, LN §§15.57, 30.51, 35.17, 85.65). 이 단어는 남자가 자신의 부모를 떠나 결혼하는 것과 관련하여 사용되고 있다(창 2:24, 마 19:5, 막 10:7, 엡 5:31). 이것은 남은 자로 남겨지는 것을 뜻하기도 하며(창 7:23, 왕상 19:18, 사 4:2-3), 이 구절에서는 하나님을 위해 남은 자로 남겨두었다는 뜻이다(TDNT 4:194-96, NIDNTT 3:247-53). [*kataleipō*]

11:5. 은혜의 택하심에 따라 남은 자(Remnant according to the election of grace, *kat' eklogēn charitos*) - 명사 '남은 자'(*leimma*)는 하나님께서 현재 남겨두신 남은 자를 가리키는 것 같다. 이것은 '나를 위하여/ 나에게 따로 떼어둔'(KJV, NIV), '나 자신에게 남겨진'(ASV), '나 자신을 위

해서 남겨둔'(RSV, NASB, NRSV, NET)으로 번역된다. 엘리야는 자신이 하나님께 충성하는 유일한 사람이었다고 생각했으나 실제로 바알에게 무릎을 꿇지 아니한 칠천 명을 남겨두셨다는 것이 하나님의 대답이었다(4절). 엘리야 시대처럼 오늘날도 남은 자들이 있다. 이것은 인간의 관점과 하나님의 관점을 보여주는 예다. 명사 *eklogē*는 70인경에서 2회(솔로몬의 시편 9:4, 18:5), 신약에서 7회(행 9:15, 롬 9:11, 11:5, 7, 28, 살전 1:4, 벧후 1:10) 사용된다. 고전 시대에 군사 및 정치의 영역에서 '선택'(LSJ, 512)이란 뜻으로, 성경에서는 '선택, 선발' 또는 수동적 의미로 '선택된 것, 선발된 것'이라는 뜻으로 사용되었다(BAGD, 243, BDAG, 306, NIDNTT 1:536–42). 이것은 '선택'(KJV, ASV), '선발'(NASB) 그리고 '선택된'(RSV, NIV, NRSV, NET)으로 번역된다. 다시 말하면, 남은 자는 하나님의 은혜로운 선택에 의해 존재하게 된다. 이스라엘은 하나님에 의해 남겨졌지만 하나님께서 주시는 구원을 거절했다. 그러나 자비하신 하나님께서는 하나님 자신을 위해 남은 자를 남겨두셨다. 바울은 이 장의 후반부에서 이 진리가 이방인들에게도 해당된다는 것을 증명할 것이다. [*leimma, eklogē*]

11:7. 얻다(Obtain, *epetychen*) – 70인경에서 2회(창 39:2, 잠 12:27), 신약에서 5회(롬 11:7[2회], 히 6:15, 11:33, 약 4:2) 사용되는 이 동사는 '찾던 것을 손에 넣거나 얻다, 즉 획득하다, 얻다, 달성하다'라는 뜻이다(LN §57.60, 비교–BAGD, 303–04, BDAG, 385). 바울의 요지는 이스라엘이 열심히 노력했기 때문에 의를 획득한 것이 아니라 택하심에 의해 의를 얻는다는 데 있다. [*epitygchanō*]

나머지는 완악하여졌다(The rest were hardened, *hoi de loipoi epōrōthēsan*) – 70인경에 단 한번(욥 17:7), 신약에 5회(막 6:52, 8:17, 요 12:40, 롬 11:7, 고후 3:14) 나오는 동사 *pōroō*는 명사 *pōros*에서 파생했다. 이 단어는 단단하고 구멍이 많은 돌을 가리키며, '단단하게 하다, (부러진 뼈가 치료될 때) 피부경골이 형성되다, 즉 굳어지다, 딱딱해지다'라는 뜻이다(NIDNTT 2:153, 비교–TDNT 5:1025–28). 이것은 사람을 우둔하게 하다, 눈을 멀게 하다, 마음을 닫게 하다, 배우는 것을 싫어하게 하다는 의미를 갖고 있다(BAGD, 732, BDAG, 900, LN §§27.51). 이 구절의 '남은 자'는 택하심에 의해 의를 얻지 못했던 사람들을 가리킨다. 그들은 의를 지나치게 추구했기 때문에 하나님과의 바른 관계를 얻게 하는 하나님의 방법에 마음의 문을 닫았다. [*pōroō*]

11:8. 마비의 영(Spirit of stupor, *pneuma katanyxēos*) – *katanyxis* 는 70인경에 2회(시 60:3[맛소라 사본 60:5, 70인경 59:5], 사 29:10), 신약에서는 여기에만 나온다. 이것은 '심하게 찌르다' 또는 '때리다'를 뜻하는 합성동사 *katanyssomai*에서 파생하였으며, 후에 '정신적으로 압도된, 아연 실색한, 말을 못하는' 또는 다른 말로 '마비, 망연 자실, 완전한 당황'을 뜻하게 되었다(BAGD, 415, BDAG, 523, TDNT 3:626, LN §30.19). 슬프게도 하나님께서는 배우려는 의사가 없는 사람들에게 마비의 영을 주셔서 그들이 보거나 들은 것을 깨닫지 못하게 하셨다. [*katanyxis*]

11:10. 등을 <u>항상</u> 굽게 하다(Bend their backs <u>continually</u>, *ton nōton autōn dia pantas sygkampson*) – 여기에서는 믿음으로 말미암는 의를 거절하고 등이 구부러진 노인처럼 손으로 더듬어 의를 찾는 이스라엘의 모습을 표현하고 있다. 전치사구 *dia pantos*는 '언제나'(KJV, ASV) 또는 '영원히'(RSV, NASB, NEB, NIV, NRSV)로 번역된다. 이런 형식의 전치사구는 다른 곳에서 모두 10회 나오며(마 18:10, 막 5:5, 눅 24:53, 행 2:25, 10:2, 24:16, 살후 3:16, 히 2:15, 9:6, 13:15), '계속해서' 또는 '항상'의 개념을 지니고 있지만, 결코 '영원히'란 개념은 아니다. 크랜필드(Cranfield)는 "여기에서 요지는 등을 구부리는 것이 영원히 계속된다는 데 있지 않고, 등을 구부리는 것이 계속 되는 한 그것이 일시적으로 중단되지 않고 끊임없이 유지된다는 데 있다"라고 주장한다(2:552). 다시 말해서 이스라엘은 장차 믿음으로 말미암아 하나님의 의를 향해 돌아설 것이며, 더 이상 어둠 속에서 손으로 더듬지 않을 것이다. [*dia +pas*]

11:11. 그들이 <u>넘어지기</u>까지 <u>실족했으나</u>(Did you <u>stumble</u> so as to <u>fall</u>, *mēeptaisan hina pesōsin*) – 동사 *ptaiō*는 '설 자리를 잃다, 발을 헛디디다', 즉 '넘어질 듯 비틀거리다, 발이 걸려 넘어지다'라는 뜻이다(BDAG, 894). 동사 *piptō*는 '넘어지다'라는 의미다(BAGD, 659–60, BDAG, 815–16, TDNT 6:161–66, LN §§13.59, 13.97, 13.122, 15.118, 15.119, 17.22, 20.60, 23.105, 24.40, 24.93, 30.107, 56.32, 68.49, 75.7, 87.56, 90.71, TLNT 3:105–07). 이 두 동사들을 한꺼번에 직역하면 "그들이 걸려 넘어져서 다시는 일어날 수 없었는가?"로 번역할 수 있다. 이스라엘이 회복의 소망이 없을 정도로 그렇게 멀리까지 갔는가? [*ptaiō, piptō*]

범죄(Transgression, *paraptōmati*) – 로마서 4장 25절에서 논의한 이 단어는 하나님의 율법을 위반함으로써 사람과 하나님과의 관계가 중단되는 것을 나타낸다. 이스라엘의 타락 때문에 구원이 이방인에게 이르렀다. [*paraptōma*]

그들[이스라엘]을 질투하게 만들어(To make them [Israel] jealous, *eis to parazēlōsai autous*) – 70인경에서 10회(정경들에서 7회), 신약에서 4회 모두 바울 서신(롬 10:19, 11:11, 14:1, 고전 10:22)에서 사용된 동사 *parazēloō*는 '질투심을 일으키다, 질투하게 만들다'라는 뜻이다(BAGD, 616, BDAG, 763, LN §88.164). 이스라엘은 믿음으로 말미암는 구원을 제공받았으나 그것을 거절했다. 그래서 하나님께서는 이스라엘이 질투심으로 이 구원을 받아들이도록 하기 위해 구원을 이방인들에게 제공하신 결과 많은 이들이 받아들였다. 예를 들어 설명하면, 부모가 주는 장난감이 싫다고 거절하는 아이에게 그 부모가 장난감을 주는 방법과 비슷하다. 부모가 그 장난감을 다른 아이에게 주면 처음에 거절하던 아이는 그 장난감을 갖고 싶어 하게 된다. [*parazēloō*]

11:12. 풍성함이…풍성함이(Riches…riches, *ploutos…ploutos*) – 여기에서 풍성함은 믿음으로 말미암는 구원을 가리킨다. '이스라엘의 범죄'와 '그들의 실패'로 암시되고 있는 그들의 거절 때문에 '풍성함'이 이방인들의 것이 되었다. [*ploutos*]

그들의 <u>충만함</u>(Their <u>fullness</u>, *to plēroma*

autōn) – 70인경에서 15회(모두 정경들에서), 신약 전체에서 17회, 바울 서신에서 12회, 로마서에서 4회(11:12, 25, 13:10, 15:29) 사용되는 *plērōma*는 '전체의 양, 곧 충만한 수, 충만한 분량, 충만함, 완전함, 모든 것'이란 뜻이다(LN §§59.32, 비교–BAGD, 672, BDAG, 830–31, TDNT 6:298–305, NIDNTT 1:733–41, LN §§59.36, 67.69). 이 용어는 이스라엘의 복의 충만한 회복이라는 질적인 의미를 지닐 수도 있다. 그러나 이스라엘 가운데 믿는 자들의 충만한 수라는 양적인 의미일 가능성이 더 크다. 무(Moo)는 "바울은 이스라엘을 수적 차원에서 소규모의 남은 자로 감소하게 한 이스라엘의 현재의 '실패'가 진정으로 신자들의 수가 훨씬 더 증가함으로써 역전될 것이며, 이것이 곧 이스라엘의 정해진 '충만함'이 될 것이라고 암시하고 있는 것 같다"고 진술한다(690). [*plērōma*]

11:14. 시기하게 할 것이다(I shall provoke, *parazēlōsō*) – 11절에서 논의한 것처럼 이 동사는 '질투심을 일으키다, 질투하게 만들다'라는 뜻이다. 이 동사는 12절에서도 사용되고 있다. 그곳에서 바울은 이방인을 위한 사도로서의 자신의 직분을 자랑하고 있는데, 이는 이스라엘의 질투심을 불러일으켜 믿음으로 말미암은 구원을 받아들이게 하기 위해서다. [*parazēloō*]

11:15. 그들의 거절/ 그들에 대한 거절(Their rejection/ Rejection of them, *hēapobolēautōn*) – 성경에서 단 2회 나오는(행 27:22, 롬 11:15) 명사 *apobolē*는 문자적으로 '멀리 던지다'라는 뜻이며, '거절, 손실'로 번역된다(BDAG, 89, BDAG, 108, LN §§13.103, 34.38). 여기에서 유대인이 하나님을 거절한 것, 즉 '그들의 거절'(RSV, NASB, NIV, NRSV, NIV, NLT, NET)을 말하는 것인지, 아니면 하나님께서 유대인들을 거절하시는 것, 즉 '그들에 대한 거절'(KJV, ASV)을 말하는 것인지에 관한 논쟁이 있다. 하나님의 계획을 생각하면, 후자의 견해가 더 적절하다(비교–BAGD, 89, BDAG, 108, Godet, 403, Sanday and Headlam, 319, 325, Murray 2:81, Cranfield 2:562, Dunn 2:670). 바울이 계속해서 주장하는 것처럼 이 거절은 일시적이다. [*apobolē*]

세상의 화목(Reconciliation of the world, *katallagēkōsmou*) – 로마서 5장 11절에서 논의한 '화목'은 깨어진 관계를 다시 세우는 것을 뜻한다. 세상의 화목은 모든 사람들이 구원받는다는 뜻이 아니라, 이방인들이 하나님과 화목하게 될 가능성을 가리킨다(Moo, 693–94). [*katallagē*]

용인(Acceptance, *prolēmpsis*) – 이 명사는 성경에서 여기에만 나오며, '허용, 용인'을 의미한다(BAGD, 717, BDAG, 883, TDNT 4:15, NIDNTT 3:747, 751, LN §34.34). 다시 말해서 하나님께서 유대인들을 받아들이시는 것을 의미한다. [*proslēmpsis*]

죽은 자들로부터의 생명(Life from the dead, *zōēek nekrōn*) – 이것은 죽은 자들로부터의 부활을 말하는 것일 수도 있지만(Sanday and Headlam, 325–26, Cranfiels 2:562–63, Dunn 2:658, Moo, 694–96, Schreiner, 599), 이스라엘의 생명의 회복(Calvin, 248, Lehhardt, 285 n., Ziesler, 276–77, Fitzmyer, 613)이나 온 세상의 영적 각성(Godet, 403–4, Gifford, 195, Murray 2:81–84, Morris, 411, TDNT, rev. ed.,

607)을 가리킬 가능성이 크다. 하나님의 계획이 유대인과 이방인에게 미치는 영향을 고려할 때 후자의 해석이 문맥에 더 적합하다. 하나님께서 이스라엘을 거절하심으로 세상의 화목을 가져오셨다면 하나님께서 이스라엘을 받아들이심으로 세상은 영적으로 살게 될 것이다. [*zōē*]

11:17. 부러진(Were broken off, *exeklasthēsan*) – 70인경에서 단 한번(레 1:17), 신약에 등장하는 3회 모두 이 장(17, 19, 20절)에서 사용된 동사 *ekklaō*는 '어떤 것을 무엇인가로부터 억지로 분리하다', 즉 '부러뜨리다'라는 뜻이다(BDAG, 303, 비교–BAGD, 240, LN §19.36). 이 문맥에서 수동태를 사용하고 있는 것으로 보아 정상적인 가지들이 하나님에 의해 부러졌다는 뜻이다. 즉 하나님께서 기르시던 감람나무에서 이스라엘의 일부를 상징하는 정상적인 가지들 가운데 일부를 잘라내셨음을 암시한다. [*ekklaō*]

접붙였다(Grafted in, *enekentristhēs*) – 이 동사는 70인경에서 단 한번(솔로몬의 지혜서 16:11), 신약에서 6회 모두 이 장(17,19, 23[2회], 24[2회])에서 사용되고 있고, '성장하는 식물에 햇가지나 눈을 삽입하다', 즉 '접붙이다, 눈을 떼어 접붙이다'라는 뜻이다(LN §43.10, 비교–BAGD, 216, BDAG, 273, NIDNTT 3:865, 869–70). 이 단어의 의미는 야생 감람나무를 재배 감람나무에 접붙인다는 개념인데, 일반적인 관례와는 정반대다. 이것은 이방인들을 구원의 대상에 포함시키고 있는 사도행전 10–11장, 사도행전 13–14장 또는 사도행전 15장과 관련이 있다. [*enkentrizō*]

참여자들(Partakers, *sygkoinōnos*) – 성경에서 단 4회(롬 11:17, 고전 9:23, 빌 1:7, 계 1:9) 나오는 이 명사는 '참가자, 동료'란 뜻이다(BAGD, 774, BDAG, 952, NIDNTT 1:639, 642, 644, LN §34.6, 57.10). [*sygkoinōnos*]

감람나무의 양분이 있는 뿌리(Fat root of the olive tree, *tēs hrizēs tes piotētos tēs elaias*) – 70인경에 11회(모두 정경들), 신약에서 여기에만 나오는 명사 *piotēs*는 '비옥함, 풍부함'이란 뜻이다(BAGD, 659, BDAG, 814, LN §3.59). 이것은 이방인들이 감람나무 뿌리의 풍부함에, 즉 아브라함 언약의 풍부한 복들에 함께 참여하는 사람들임을 나타낸다. 다시 말해서 이방인들이 믿는 유대인들과 함께 똑같이 아브라함과 연관을 맺게 된다는 의미를 지닌다. 따라서 이방인들도 아브라함의 영적 후손들이다. [*piotēs*]

11:20. 그러나 너는 믿음으로 서 있다(But you stand by faith, *sy de tēpistei hestēkas*) – 로마서 1장 5절에서 논의한 단어 '믿음'은 신뢰를 나타내며, 여기에서는 이방인 신자들이 공로에 의해서가 아니라 믿음에 의해 하나님과의 바른 관계를 맺는 것을 가리킨다. 또한 유대인들이 하나님과 언약을 맺은 것처럼 이방인들이 하나님과 어떤 언약을 맺은 것도 아니다. [*pistis*]

11:22. 인자하심(Kindness, *chrēstotēta*) – 이것은 로마서 2장 4절에서 논의했으며, '선함, 친절, 관용'을 의미한다. 여기에서는 이방인들에게 구원을 허락하시는 하나님의 인자를 가리킨다. [*chrēstotēs*]

준엄하심(Severity, *apotomia*) – 이 명사는 성경에서 여기에만 나오며, 어떤 사람에게 엄하게 행동하다는 개념, 즉 '엄격함'이란 뜻이다(BAGD, 101, BDAG, 124, TDNT 8:107-8, LN §§88.73). 이것은 믿지 않는 유대인들을 향한 하나님의 준엄하심을 가리킨다. 그 다음에 바울은 동일한 원리를 이방인들에게 적용하고 있다. 한편에서는 하나님께서는 믿는 이방인들을 통해서 인자하심을 증명하시지만, 또 다른 한편에서는 믿지 않는 이방인들을 통해 그들을 잘라내심으로써 준엄하심을 증명하실 것이다. [*apotomia*]

너희는 잘리게 될 것이다(You will be cut off, *sy ekkopēsē*) – 70인경에 49회(정경들에 37회), 신약 전체에 10회, 바울 서신에 3회 나오는(롬 11:22, 24, 고후 11:12) 동사 *ekkoptō*는 '잘라서 분리하다, 자르다'라는 뜻이다(BDAG, 305, 비교–BAGD, 241, LN §§13.101, 19.18). 바울은 이방인들이 구원을 허락하시는 하나님의 인자하심에 계속해서 머물지 않으면 잘리게 될 것이라고 경고한다. 여기에서 바울은 이방인 신자들에게 구원의 상실을 말하고 있는 것이 아니라 하나님께서 이방인들에게 구원을 허락하실 때의 인자하심을 거두시는 것에 대해 말하고 있다. [*ekkoptō*]

11:25. 비밀(Mystery, *mystērion*) – 70인경에 21회, 정경들에 8회(모두 다니엘서 2장에), 신약 전체에 27회, 바울 서신에 20회, 로마서에 2회(11:25, 16:25) 나오는 이 용어는 '비밀' 또는 '하나님의 비밀'을 뜻하며, 인간의 재주나 연구로 이해할 수 없고, 하나님께서 알려주셔야만 하는 하나님 안에 숨겨진 것을 가리킨다(BAGD, 530-31, BDAG, 661-62, MM, 420, TDNT 4:802-27, NIDNTT 3:501-06, LN §28.77 비교). 여기에서 비밀은 다음과 같이 세 부분으로 이루어진다. "(1) 이스라엘의 일부가 제한된 시기 동안에 완악하여진다, (2) 이방인이 이스라엘보다 먼저 구원받을 것이다, (3) 모든 이스라엘이 드디어 구원받게 될 것이다"(Schreiner, 614). [*mystērion*]

부분적 우둔(Partial hardening, *pōrōsis apo merous*) – 성경에서 3회만(막 3:5, 롬 11:25, 엡 4:18) 나오는 명사 *pōrōsis*는 응회석, 즉 구멍이 많은 돌을 가리킨다(NIDNTT 2:153, 비교–TDNT 5:1025-28). 이것은 '우둔함, 무감각, 완고함'을 의미한다(BAGD, 732, BDAG, 900, 비교–LN §27.52). 우둔해진 이스라엘 사람들은 17절에서 꺾인 가지들로 칭해진 사람들을 가리킨다. [*pōrōsis*]

이방인의 충만한 수(Full number of Gentiles, *to plērōma tōn ethnōn*) – 12절에서 논의한 명사 *plērōma*는 질적인 의미에서 충분한 이방인의 복(KJV, ASV, NASB), 양적인 의미에서 '믿는 이방인들의 충만한 수'(RSV, NIV, NRSV, NLT, NET)로 사용되고 있다. 다음 구절은 온 이스라엘이 구원을 받는 것과 관련 있는 병행 구절이기 때문에 후자의 견해가 더 낫다. 다시 말해서 이스라엘의 일부는 마지막 이방인이 구원받을 때까지 완고하게 될 것이다. [*plērōma*]

11:26. 온 이스라엘이 구원을 받을 것이다(All Israel will be saved, *pas Israēl sōthēsetai*) – 이스라엘의 구원에 대한 이 언급은 미래적인 것임이 틀림없다. 그때가 되면 이방인 선교가 완성되고 메시아가 시온에 와서 야곱에게서 경건하지 않은 것을 제거하실 것이다. 그때에 이스라엘은 충만하게 반응할 것이다. 바울은 이사야 59장

20–21절, 27장 9절, 예레미야 31장 33–34절을 이 구절과 다음 구절에서 인용한다. [*Israēl*]

11:29. 돌이킬 수 없는(Irrevocable, *ametamelēta*) – 이 형용사는 성경에서 단 2회만 나오며(롬 11:29, 고후 7:10, 동사 *metamelomai*는 70인경에 13회, 신약에 6회 나온다), '후회하지 않는', 즉 '돌이킬 수 없는'이란 뜻이다. 하나님께서 이스라엘을 백성으로 선택하신 것은 돌이킬 수 없는 일이다. [*ametamelētos*]

11:30. 순종하지 않는(Disobedient, *ēpeithēsate*) – 로마서 2장 8절에서 논의한 동사 *apeitheō*는 확신하지 못하여 순종하지 않는 것, 따라서 '하나님께 순종하지 않았다'라는 개념을 전달한다. [*apeitheō*]

긍휼을 입었다(Received mercy, *ēleēthēte*) – 로마서 9장 15절에서 논의한 동사 *eleeō*는 '측은히 여기다, 긍휼히 여기다, 동정하다'라는 뜻이다. 이 구절에서 동사가 수동태이므로 하나님께로부터 긍휼을 입은 것은 이방인들이다. '순종하지 않는'이란 동사가 능동태이며 이방인들이 순종하지 않는 일에 적극적이었음을 암시한다는 점에 유의할 필요가 있다. 이에 반해 수동태로 표현된 긍휼은 이방인들이 하나님의 긍휼을 입었다는 뜻이다. 불순종과 긍휼의 원리가 다음 구절에서 이스라엘에게 적용되고 있다. [*eleeō*]

11:33. 헤아리지 못하는(Unsearchable, *anexeraunēta*) – 성경에서 여기에만 등장하는 이 단어는 '헤아릴 수 없는, 측량할 수 없는'이란 뜻이다(BAGD, 65, BDAG, 77, TDNT 1:357, NIDNTT 3:532–33, LN §32.23). 이것은 하나님의 심판 또는 더 적절하게는 "구원의 역사의 방향에 관한 하나님의 '집행부'의 결정들"(Moo, 742)과 관련이 있어 보인다. [*anexeraunētos*]

깊이를 잴 수 없는(Fathomless, *anexichniastoi*) – 명사 *anexichniastos*는 70인경에 4회(욥 5:9, 9:10, 34:24, 솔로몬의 송시[Odes Sol] 12:6), 신약에 2회(롬 11:33, 엡 3:8) 나온다. 이것은 문자적으로 '추적되지 않는', 즉 '찾을 수 없는, 불가해한'이란 뜻으로(BAGD, 65, BDAG, 77, TDNT 1:358–59) 하나님의 길들을 가리킨다. [*anexichniastos*]

12:1. 권하다(I exhort, *parakalō*) – 70인경에 137회, 정경들에 87회, 신약 전체에 54회, 로마서에 4회(12:1, 8, 15:30, 16:17) 나오는 이 동사는 문자적으로 '자신이 있는 쪽으로 부르다'라는 뜻이며 '권하다, 촉구하다', '간청하다, 애원하다' 또는 '위로하다, 격려하다'라는 뜻일 수 있다(BDAG, 617, BDAG, 764–65, TDNT 5:773–99, NIDNTT 1:569–71, LN §§25.150, 33.168, 33.310, 33.315). 현재 문맥에서 이것은 권위 있는 어조를 사용하는 긴급성의 의미를 나타내며, '권하다'가 좋은 번역이다(Cranfield 2:597, 비교–NIDNTT 1:570–71). [*parakaleō*]

자비들(Mercies, *oiktirmōn*) – 70인경에 37회(정경들에 31회), 신약에 5회(롬 12:1, 고후 1:3, 빌 2:1, 골 3:12, 히 10:28) 나오는 명사 *oiktirmos*는 9장 15절에서 논의한 동사와 마찬가지로 '관심을 보이다, 감수성을 소유하다, 동정하다'라는 뜻으로 사용되었다. 따라서 '동정, 긍휼, 자비'로 번역된다(BAGD, 561, BDAG, 700, TDNT 5:159–61, NIDNTT 2:598, LN §88.80). 여기

에서 '자비들'은 하나님께서 구원, 성화 그리고 1-11장에서 논의한 모든 복들을 로마의 신자들에게 주신 것을 가리킨다. [*oiktirmos*]

제공하다(Present, *parastēsai*) – 로마서 6장 13절에서 논의했던 이 동사는 문자적으로 어떤 사람의 명령을 수행하기 위해 그 사람 옆에 서 있다는 뜻이다. '제공하다, 어떤 사람의 처분에 맡기다'가 좋은 번역이다(BAGD, 627, BDAG, 778, TDNT 5:837-41). [*paristemiē*]

산 제물들(Living sacrifices, *thysian zōsan*) – 70인경에서 386회(정경들에서 328회), 신약 전체에서 28회, 바울 서신에서 5회(롬 12:1, 고전 10:18, 엡 5:2, 빌 2:17, 4:18) 사용되고 있는 *thysia*는 '제물, 제사'를 뜻한다(BAGD, 366-67, BDAG, 462-63, TDNT 3:180-90, NIDNTT 3:417-36, LN §53.20). 바울은 동물 제사를 하나님께 드렸던 구약과 달리 신자들에게 몸을 '산' 제물들로 드리라고 권하고 있다. [*thysia*]

거룩하고 하나님께서 기뻐 받으실 만한(Holy, *acceptable to God, hagioan euareston to theō*) – 로마서 7장 12절에서 논의했던 형용사 *hagios*는 '순수한, 완벽한, 하나님께 합당한'이란 뜻이다. 70인경에 2회(솔로몬의 지혜서 4:10, 9:10), 신약 전체에 9회(롬 12:1, 2, 14:18, 고후 5:9, 엡 5:10, 빌 4:18, 골 3:20, 딛 2:9, 히 13:21) 나오는 형용사 *euarestos*는 '매우 기뻐하는, 만족스러운'이란 뜻이다(BAGD, 318, BDAG, 403, TDNT 1:456-57, NIDNTT 2:814-17, LN §25.94). 따라서 우리는 우리의 몸을 살아 있고 순수하고, 하나님께서 매우 기뻐하시는 제물로 드려야 한다. [*hagios, euarestos*]

합당한(Reasonable, *logikēn*) – 성경에서 단 2회(롬 12:1, 벧전 2:2) 사용되고 있는 형용사 *logikos*는 '신중하게 충분히 생각하다'라는 개념을 전달하며 '논리적인, 합당한'으로 번역할 수 있다(BAGD, 476, BDAG, 598, TDNT 4:142-43, NIDNTT 3:1106, 1118-19, LN §73.5 비교). 어떤 역본들은 이 단어를 '영적인'(ASV, RSV, NASV, NIV, NET, 비교-SandAY and Headlam, 353, Morris, 434, Moo 752-54)으로 번역하며, 현재 문맥에서는 '합당한'(KJV, NET, 비교-Murray 2:112, Cranfield 2:601-05, Dunn 2:711-12, Schreiner, 645)이 가장 나은 번역이다. 바울이 '영적인'이란 뜻으로 말했다면, 아마도 그의 서신들에 24회, 로마서에 3회 나오는 형용사 *pneumatikos*를 사용했을 것이다(1:11, 7:14, 15:27). [*logikos*]

예배(Service, *latreian*) – 로마서 9장 4절에서 논의했던 이 단어는 제의적 예배를 가리킨다. 하지만 *logikēn*이란 단어와 함께 사용되고 있는 이 구절에서 바울은 '합당한 예배'(RSV, NASB, NIV, NRSV)나 '섬김'(KJV, ASV, NET)에 대해 말하고 있다. [*latreia*]

12:2. 본받지 말라(Be not conformed, *mēsyschēmatizesthe*) – 성경에서 단 2회(롬 12:2, 벧전 1:14) 나오는 동사 *syaschēmatizō*는 '겉모양이 일치하다'는 것뿐 아니라, (아리스토텔레스 이후로) '어떤 것의 모양을 취하다, 자기 자신을 어떤 사람과 본질적으로 동일시하다'라는 뜻으로 사용되었으며(NIDNTT 1:709, 비교-BAGD, 795, BDAG, 979, LN §41.29), 따라서 '형성되다, 만들어지다, 같은 모양이 되다'로 번역된다. 다시 말해서 이 말은 다음과 같은 의미다. 그 주

변의 색깔과 같아지는 카멜레온이 되지 말라! [*syschēmatizō*]

변화를 받다(Be transformed, *metamorphousthe*) – 동사 *metamorphoō*는 성경에서 4회(마 7:2, 막 9:2, 롬 12:2, 고후 3:18) 사용되며, '근본적인 성품이나 상태가 내적으로 변화하는 것', 즉 '변화되다, 변모되다'라는 뜻이다(BDAG, 639, 비교–BAGD, 511, TDNT 4:755–59, NIDNTT 3:86–64, LN §§13.53, 58.16). 이 단어는 두 복음서에서 예수님의 변모를 가리킨다. 이것은 앞의 단어 '본받다'와 동의어다. 전자는 외적인 변화를 좀 더 강조한다. 반면에 뒤의 단어는 내적인 변화를 강조하며, 거기에서 영어 단어 *metamorphosis*(변태)가 생겨났다. 바울은 신자들에게 먼저 이 세대의 가치들을 본받는 것을 멈추라고 권한 후 그 다음에 마음을 새롭게 함으로써 내적으로 변화할 것을 권하고 있다. 두 동사가 모두 수동태임에 유의하라. 세상이 우리를 따르는 것이 아니다. 그보다는 하나님께서 마음을 새롭게 하신다. [*metamorphoō*]

입증하다(Approve, *dokimazein*) – 동사 *dokimazō*는 로마서 1장 28절과 2장 18절에서 논의했으며, 거기에서 '인정할 생각으로 시험하다' 또는 '긍정적인 결과를 기대하고 시험하다'가 이 단어의 가장 적절한 의미라고 결론 내렸다. 신자들은 하나님의 뜻이 무엇인지 분별해야 한다. [*dokimazō*]

온전한(Perfect, *teleion*) – 형용사 *teleios*는 70인경에 19회(정경들에 15회), 신약 전체에 19회, 바울 서신에 8회, 로마서에서는 이 구절에만 나온다. 이 단어는 사람을 지칭할 때는 '성숙한'(엡 4:13)이란 뜻이며, 사물을 지칭할 때는 '온전한, 완전한'을 뜻한다(BAGD, 809, BDAG, 995–96, TDNT 8:67–78, NIDNTT 2:59–65, LN §§ 9.10, 11.18, 68.23, 88.36, 100). 여기에서는 선하고, 매우 기뻐하시고, 온전하신 하나님의 뜻을 분별하는 것을 가리킨다. [*teleios*]

12:3. 건전한 판단(Sober judgement, *to sōphronein*) – 성경 전체에서 6회 사용되고 있는(막 5:15, 눅 8:35, 롬 12:3, 고후 5:13, 딛 2:6, 벧전 4:7) 동사 *sōphroneō*는 '건전한 생각을 갖고 있는 것'을 의미한다(BAGD, 802, BDAG, 986, MM, 622, TDNT 7:1097–1114, NIDNTT 1:501–02, LN §§30.22, 32.34, TLNT 3:359–65). 이 단어는 건전하게 생각한다는 개념을 갖고 있다. 이 관점에서 볼 때 하나님께서 각 신자에게 믿음의 분량대로 은사를 주시고 그들에게 하나님의 일을 할 수 있는 능력을 주시기 때문에 사람은 자신에 대해 지나치게 높게 생각하지 말아야 한다. 참된 사역은 자신이 분량대로 받은 은사를 이용해서 활동하는 것이다. 주신 분량을 넘어서지 말아야 한다. 사람은 자신의 능력이나 업적을 자랑하지 말아야 하며, 이 때문에 건전한 판단을 명령하고 있다. [*sōphroneō*]

믿음의 분량(Measure of faith, *metron pisteōs*) – 하나님께서는 신자 개개인의 믿음의 분량을 측정하신다. 이 문맥에서 '믿음'은 믿음의 결과, 즉 영적인 은사들을 뜻하는 환유적 표현이다. 신자들이 믿음의 분량에 미치지 못하거나 혹은 그 이상을 해낸다면 하나님께 죄를 짓는 것이다. 왜냐하면 그들은 분량대로 주시는 성령의 능력에 의지하지 않고 육신의 힘으로 사역했기 때문이다. [*metron, pistis*]

12:4. 기능(Function, *praxin*) – 70인경에서 20회(정경들에서 7회), 신약에서 6회(마 16:27, 눅 23:51, 행 19:18, 롬 8:13, 12:4, 골 3:9) 사용되고 있는 명사 *praxis*(영어의 '*practice*'가 이 단어에서 생겨났다)는 '한결같은 활동이 뒤따르는 기능', 즉 '활동, 행위, 기능'이란 뜻이다(BDAG, 859, 비교-BAGD, 697-98, TDNT 6:642-44, NIDNTT 3:1155-58, LN §§42.5, 8). 신자들이 다양한 다른 은사들을 받는 것처럼 또한 다른 기능이나 활동을 하게 된다. [*praxis*]

12:6. 은사들(Gifts, *charismata*) – *charismata*는 로마서에서 6회 사용되며, 1장 11절에서 논의했다. 이것은 '값없이 은혜로 주어진 선물', 즉 '은혜로운 선물'이란 뜻이다. 바울은 이 은사들이 은혜에 따라 우리에게 주어진다고 설명하고 있다. [*charisma*]

다른(Different, *diaphora*) – 70인경에 13회, 정경들에 5회(레 19:19, 신 22:9, 에 8:27, 단 7:7, 19), 신약에 4회(롬 12:6, 히 1:4, 8:6, 9:10) 나오는 형용사 *diaphoros*는 '다른 것에 속하는', 즉 '다른, 다양한'을 의미한다(LN §§58.40, BAGD, 10-91, BDAG, 239-40). 바울은 은사들이 다른 분량대로 주어지며(3절), 다른 기능을 갖고 있다는 것(4절)을 계속 강조한다. [*diaphoros*]

예언(Prophecy, *prophēteian*) – 70인경에 16회, 정경들에 7회(대하 15:8, 32:32, 에 5:1, 6:14, 느 6:12, 렘 23:31, 단 11:14), 신약 전체에 9회, 로마서에서 이 구절에만 나오는 단어 *prophēteia*는 '하나님의 영감을 받은 말', 즉 '영감에 의한 말, 예언'을 의미한다(LN §33.460, 비교-BAGD, 722, BDAG, 889-90, TDNT 6:781-861, 특히 784, 830-35, NIDNTT 3:74- 92, 특히 81, Forbes, 222-29, 236, Aune, 91, 247-48, 317-18). 예언자는 하나님의 비밀들과 계시들을 깨닫고 교회에 전달하기 위해서뿐만 아니라(고전 12:10, 13:2, 14:6, 22, 30-31) 교화, 위로, 격려를 위해서(고전 14:3, 31) 성령에 의해 예언의 은사를 수여받은 사람이다. 구약의 예언자들에게도 해당되는 사실이지만, 신약의 예언의 은사는 다른 은사들과 달리 예언적인 요소들을 포함했다(살전 3:4, 4:6, 14-18, 갈 5:21). 경전이 완성되지 않았다는 점을 고려할 때, 예언자들은 각 사람을 하나님 앞에 온전하게 세우는 데 필요한 것을 전부 갖추기 위해 마땅히 계시를 받아야 했을 것이다(엡 4:12, 골 1:28). 하지만 바울은 예언자에게 믿음의 분수를 넘어서지 말라고 경고한다. 다시 말해서 예언이 예언자에게 제공된 것을 넘어서서는 안 된다. 그렇지 않을 경우 예언을 말할 때 성령의 능력보다 육신을 의지하게 된다. [*prophēteia*]

12:7. 섬김(Service, *diakonian*) – 70인경에 단 한번(제1 마카비 11:58), 신약 전체에 34회, 바울 서신에 23회, 로마서에 4회(11:13, 12:7[2회], 15:31) 나오는 이 단어는 '식탁에서 기다리다'라는 뜻이며, '섬김, 봉사'로 번역된다(BAGD, 184, BDAG, 230, TDNT 2:87-88, NIDNTT 3:544-49, LN §§35.19, 21, 38, 46.13, 57.119). 이 단어는 섬김의 활동을 강조하고 있다. [*diakonia*]

12:8. 정직하게(With sincerity, *en haplotēti*) – 70인경에서 7회, 정경들에서 2회(삼하 15:11, 대상 29:17), 신약에서 8회 모두 바울에 의해 사

용되며, 로마서에서 이 구절에만 나오는 명사 *haplotēs*는 '자유'(ASV, RSV, NASB), '관대하게, 관대함'(NIV, NRSV, NT), '성실'(NET) 또는 '단순'(KJV)으로 번역된다. 플라톤 이후로 *haplotēs*는 *ha*–('함께')와 *pel*–('접다')의 합성어다. 이것들은 '정직, 정직한'이란 뜻이며, *diplous*, 즉 '이중으로'의 반대 개념이다. 이 단어군은 숫자적인 의미 외에도 긍정적이고 윤리적인 뜻을 함축하고 있다. 따라서 *haplotēs*는 '똑바름, 개방성, 숨겨진 뜻 없이 말하는'이란 뜻이다(NIDNTT 3:572). 이것은 '단순' 또는 '정직'으로 번역하는 것이 좋다(BAGD, 85–86, BDAG, 104, TDNT 1:386–87, LN §88.44, TLNT 1:169–73, 비교–Murray 2:125–26, *Käsemann*, 342, Cranfield 2:626, Dunn 2:730, 768, Morris, 442, Moo, 768). 따라서 구제할 때는 아무런 속셈이 없이 단순하게 해야만 한다. [*haplotēs*]

12:9. 거짓이 없는(Without hypocrisy, *anypokritos*) – 이 형용사는 70인경에 2회(솔로몬의 지혜서 5:18, 18:15), 신약에 6회(롬 12:9, 고후 6:6, 딤전 1:5, 딤후 1:5, 약 3:17, 벧전 1:22) 나오며, 문자적으로 '위선이 없는', 즉 '진짜의, 진실한, 진정한'이란 뜻이다(BAGD, 76, BDAG, 91, TDNT 8:570–1, NIDNTT 2:468–70, LN §73.8, TLNT 1:134–36). 어원상으로 이 단어는 '무대가 아닌 곳에' 있다는 의미다. [*anypokritos*]

달라붙다(Cling, *kollōmenoi*) – 70인경에 36회, 정경들에 28회, 바울 서신에 3회(롬 12:9, 고전 6:16, 17) 나오는 동사 *kollaō*는 '두 개를 튼튼하게 결합시키는' 못질과 달리 (NIDNTT 2:348, 비교–BAGD, 441, BDAG, 555–56, TDNT 3:822–23, LN §§18.21, 34.22, 59:66) 두 개의 금속을 함께 용접하는 것처럼 '아교로 붙이다, 시멘트로 붙이다'라는 뜻이다(LSJ, 972). 신약에서 이 단어는 항상 발에 '묻은' 먼지처럼(눅 10:11) '들러붙다'라는 수동적 의미로 사용되거나 사람이 다른 사람(눅 15:15, 행 5:13, 9:26, 10:28, 17:34, 고전 6:16)이나 주와 하나가 되는 것처럼 '합하다'(고전 6:17)라는 뜻으로 사용된다. 다시 말해서 이것은 선에 들러붙어 떨어지지 말라는 뜻이다. [*kallaō*]

12:10. 존경하기를 서로 <u>먼저하며</u>(<u>Preferring</u> one another in/with honor, *tētimēallēlous prōgoumenoi*) – 동사 *prōgeomai* 는 70인경에 15회, 정경들에 2회(신 20:9, 잠 17:4), 신약에서 여기에만 나온다. 이것은 문자적으로 '앞서가다, 즉 길을 안내하다'라는 뜻이다(BAGD, 706, BDAG, 870, LN §§68.70, 78.35). 모리스(Morris)는 이것은 '다른 신자들에게서 좋은 점을 부지런히 찾아 기뻐하며, 귀하게 여기는 사랑'이라고 말한다(445). [*prōgeomai*]

12:11. 부지런하여 <u>게으르지</u> 말라(With haste do not be <u>indolent</u>, *tēspoudēmēoknēroi*) – 70인경에 15회(정경들에 12회, 모두 잠언에서), 신약에 단 3회(마 25:26, 롬 12:11, 빌 3:1) 나오는 형용사 *oknēros*는 '놀고 있는, 게으른, 나태한'이란 뜻이다(BAGD, 563, BDAG, 702, TDNT 5:166–67, LN §§22.8, 88.250, TLNT 2:576–77). 문자적으로 '부지런하여 게으르지 말라'는 뜻의 이 단어는 '업무에 나태하지 말라'(KJV), '근면하여 나태하지 말라'(ASV), '열심이 식지 말라'(RSV), '부

지런하여 뒤처지지 말라'(NASB), '열심이 부족하지 말라'(NIV), '열심에서 뒤처지지 말라'(NRSV, NET), '너의 일에 결코 게으르지 말라'(NLT)로 번역되고 있다. 이것과 관련하여 바울은 신자들이 열심과 서로에 대한 헌신적인 사랑이 부족하다고 책망한다. [*oknēros*]

뜨거워진 마음으로(Zealous in spirit, *tōpneumati zeontes*) – 동사 *zeō*는 문자적으로 '끓다, 흥분하다'는 뜻이며(BAGD, 337, BDAG, 426, TDNT 2:875–76, LN §§25.73), 현재의 문맥에서는 마음으로 열심을 품는다는 뜻이다. 이것은 이 구절의 앞부분을 보완하고 있다. [*zēo*]

12:12. 기도에 전념하라(Be devoted to prayer, *proseuchēproskarterountes*) – 동사 *proskartereō*는 70인경에 3회, 정경들에 단 한번(민 13:20), 신약 전체에 10회, 바울 서신에 3회(롬 12:12, 13:6, 골 4:2) 나온다. 여격으로 사용된 이 동사는 '바삐 움직이다, 열심히 몰두하다, 전념하다, 계속하다, 인내하다'라는 뜻이다(BAGD, 715, BDAG, 881, TDNT 3:618–19, LN §§34.2, 35.28, 68.68, NIDNTT 2:767–68, TLNT 3:191–94). 신자들은 끊임없는 환난에 대처할 때 부지런히 기도하며 참아야 한다. [*proskartereō*]

12:13. 기부하다(Contribute, *koinōnountes*) – 70인경에 13회, 정경들에 4회(대하 20:35, 잠 1:11, 전 9:4, 욥 34:8), 신약 전체에 8회, 바울 서신에 5회, 로마서에 2회(12:13, 15:27) 나오는 동사 *koinōneō*는 '나누다, 나누어 갖다, 참여하다'라는 뜻이다(BAGD, 438, BDAG, 552, TDNT 3:797–809, NIDNTT 1:639–44, LN §§9.15, 42.16, 57.98). 이것은 영어식으로 표현하면 '교제, 사귐'의 뜻으로 사용된 동사형이며, 바울은 궁핍한 성도들과 물질적 소유를 함께 나누거나 복음의 증진을 위해 재산을 기부한다는 의미로 항상 사용하고 있다. [*koinōneō*]

12:14. 축복하다(Bless, *eulogeite*) – 70인경에 454회, 정경들에 297회, 신약에 42회, 바울 서신에 7회, 로마서에서 이 구절에만(2회) 나오는 이 용어는 '…에 대해 좋게 말하다, 칭찬하다, 찬양하다'라는 의미다. 그러나 이 문맥에서처럼 하나님의 자비로운 능력을 그 사람에게 내려 달라고 '축복하다'라는 뜻일 수도 있다(BAGD, 322, BDAG, 407, 8, TDNT 2:754–63, NIDNTT 1:206–15, LN §§33.356, 470, 88.69). 이것은 원수를 사랑하고 박해하는 사람을 위해 기도하라는 예수님의 가르침과 일치한다(마 5:44). [*eulogeō*]

저주하지 말라(Do not curse, *mēkatarasthe*) – 70인경에 71회(정경들에 59회), 신약에 5회(마 25:41, 막 11:21, 눅 6:28, 롬 12:14, 약 3:9) 나오는 동사 *kataraomai*는 '저주하다', 즉 '저주받은 사람은 멸망의 세력의 영역에 노출되게 된다'라는 뜻을 갖고 있다(NIDNTT 1:416, 비교–BAGD, 417, BDAG, 525, LN §§33.471). 하나님의 자비로운 능력을 내려 달라고 요청하는 축복과 달리 저주는 하나님의 은혜를 거두어들여 다른 사람 또는 다른 사람들에게 하나님의 멸망의 능력을 내려달라는 요청이다. 박해 받는 신자들은 박해자를 축복하고 저주하지 말아야 한다. [*kataraomai*]

12:17. 도모하다(Consider, *pronooumenoi*) – 이 동사는 '미리 생각하다'라는 뜻이며(BAGD, 708, BDAG, 872, NIDNTT 1:693–95, LN §30.47), 신자들은 모든 사람들, 심지어 자신들에게 악을 행한 사람들을 위해서까지도 미리 선한 일을 생각하거나 계획해야 한다는 개념을 전달한다. 이것은 '좋아하는 일을 하는 것'이 아니라 오히려 좋아하지 않는 일을 하는 것이다. [*proneō*]

12:19. 친히 <u>원수를 갚지</u> 말라(Do not <u>avenge</u> yourselves, *mēheautous ekdikoutes*) – 70인경에서 90회(정경들에서 67회), 신약에서 6회(눅 18:3, 5, 롬 12:19, 고후 10:6, 계 6:10, 19:2) 나오는 동사 *ekdikō*는 최초의 손상이 정당하지 않았으며, 따라서 보복이 필요하다는 전제하에 '손상에는 손상으로 되갚다'라는 뜻이다(LN §39.33, 비교–BAGD, 238, BDAG, 300–301, TDNT 2:442–44, NIDNTT 3:92–97, LN §§38.8, 56.35). 신자들은 억울한 일을 당했을 때 친히 원수를 갚지 말고, 그보다는 억울함을 되갚아주시는 하나님의 진노하심에 맡겨야 한다. 하나님의 되갚으심은 왜곡될 가능성이 있는 분노로 행해진 것이 아니라, 공평성과 정의가 보장되기 때문에 훨씬 더 낫다. 다음 구절은 우리에게 상처를 주는 사람들에게 우리가 선을 행해야 한다고 설명하는 잠언 25장 21–22절을 인용하여 17절에서 바울이 명령했던 것을 재차 강조하고 있다. [*ekdikeō*]

12:21. 극복하다(Overcome, *nikō*) – 로마서 3장 4절에서 논의한 군사용어인 이 동사는 '승리자가 되다, 정복하다, 극복하다. 이기다'라는 뜻이다. 바울은 신자들에게 악을 피함으로써 선이 승리할 수 있게 하라고 권면한다. 우리의 경험에서 악을 이기는 것은 힘이다. 그러나 여기에서 악을 이기는 것은 선이다. 예를 들어, 원수를 제거하는 최선의 방법은 그 사람을 친구로 만드는 것이다. [*nikoaē*]

13:1. 통치 권세들(Governing authorities, *exousiais*) – 이 용어는 행정 당국이나 천사의 권세들을 가리키는 것 같다. 그러나 여기서는 악을 행하는 사람들을 처벌할 수 있는 칼을 갖고 있고(4절), 세금을 받기(6절) 때문에 행정 당국을 가리킨다. 이 두 가지 모두 천사의 권세들에는 어울리지 않은 특성들이다. [*exousia*]

제정되었다(Instituted, *tetagmenai*) – 70인경에 86회, 정경들에 63회, 신약에 8회, 바울 서신에 2회(롬 13:1, 고전 16:15) 나오는 동사 *tassō*는 처음에는 군인들이나 배들을 전투 대형으로 정렬시키다, 즉 '배열하다'란 뜻을 지닌 군사용어로 사용되다가 후에 군사적 차원과 일반적 차원에서 '임명하다, 결정하다'(LSJ, 1759–60, 비교–BAGD, 805–06, BDAG, 991, TDNT 8:270–31, LN §§13.13, 33.325, 346, 37.96, 68.69, NIDNTT 1:476–77)라는 뜻으로 사용되었으며, 하나님에 의해 '임명되다'(KJV, ASV), '설립되다'(NASB, NIV), 또는 '제정되다'(RSV, NRSV, NET)로 번역된다. 모든 정부들은 하나님에 의해 임명되고, 확정되거나 제정되었기 때문에 바울은 그리스도인들에게 복종할 것을 명령하고 있다. [*tassō*]

13:2. 하나님의 <u>법령</u>(<u>Ordinance</u> of God, *tou*

theou diatagē) – 명사 *diatagē*는 앞 절에서 언급한 *tassō*와 같은 단어 군에 속한다. 이 단어는 성경에 단 3회(스 4:11, 행 7:53, 롬 13:2) 나오며, '특별히 지시받거나 명령받은 것'을 뜻한다(LN § 33.326, 비교–BAGD, 189, BDAG, 237, TDNT 8:36). 따라서 이것은 '법령, 지침'을 의미하며, '법령'(KJV, ASV, NASB, NET)으로 번역된다. 행정 당국에 대한 저항은 하나님께서 임명하시거나 제정하신 것에 대한 저항이다. [*diatagē*]

13:4. 쓸데없이(Vain, *eikē*) – 이 부사는 구약에 1회(스 4:11), 신약에 6회(롬 13:4, 고전 15:2, 갈 3:4[2회], 4:11, 골 2:18) 나온다. 이것은 원인, 목적, 또는 기초가 없다는 개념을 갖고 있고 (BAGD, 221–22, BDAG, 281, TDNT 2:380–81, LN §§89.20, 54, 63), '쓸데없이'(KJV, ASV, RSV, NRSV, NET), '공연히'(NASB, NIV)로 번역된다. 다시 말해서 정부는 악을 행하는 사람들을 벌할 목적으로 칼을 갖고 있다. 어떤 사람들은 이것을 정부가 사형을 언도할 수도 있다는 뜻으로 해석한다. [*eikē*]

보응하는 자(Avenger, *ekdikos*) – 70인경에 3회(제4 마카비 15:29, 솔로몬의 지혜서 12:12, 시락서 30:6), 신약에 단 2회(롬 13:4, 살전 4:6) 나오는 이 명사는 '처벌하는 사람, 즉 보복자'란 뜻이다(LSJ, 504, BAGD, 238, BDAG, 301, TDNT 2:444–45, NIDNTT 3:92–97, LN §38.9). 행정부는 하나님의 일꾼이며, 그 사실만으로도 악을 행하는 사람들에게 보응하거나 처벌할 책임이 있다. 정부의 기능 가운데 하나가 악을 보응하는 것이다. 하지만 신자들의 보복은 명확하게 금지하고 있다(롬 12:19). [*ekdikos*]

13:6. 일꾼들(Servants, *leitourgoi*) – 이것은 70인경에 14회(정경들에 10회), 신약에 5회(롬 13:6, 15:16, 빌 2:25, 히 1:7, 8:2) 나온다. 어원상으로 이 단어는 사람과 관련된 일의 개념을 전달하며, 따라서 '일꾼, 사역자'란 뜻이다 (BAGD, 471, BDAG, 591–92, MM, 373, TDNT 4:229–31, NIDNTT 3:551–53, LN §35.23, TLNT 2:378–84). 여성 명사 *leitourgia*와 동사 *leitourgeō*는 제의적인 차원에서 사용되고 있다. 어떤 이들은 이 구절에서 남성 명사를 사용한 것이 제사장적 섬김의 요소를 갖고 있다고 생각한다. 그러한 의미에서 정부의 관리들은 하나님의 제사장적 일꾼들로서 세금을 징수할 의무가 있다. [*leitourgos*]

바로 이 일에 전념했다(Devoted to this very thing, *eis auto touto proskarterountes*) – 로마서 12장 12절에서 기도와 관련하여 논의한 동사 *proskartereō*는 '부지런히 움직이다, 열심히 몰두하다, 전념하다, 계속하다, 인내하다'라는 의미다. 이것은 아마도 정부의 관리들이 세금 징수에 전념하는 것을 가리키는 것 같다. 아니면 세금들이 징수되어 하나님의 일꾼들인 정부 관리들이 정부의 통치 업무에 전념하게 되는 것을 뜻할 가능성이 많다. [*proskartereō*]

13:8. 아무에게든지 아무 빚도 지지 말라(Owe no one anything, *Mēdeni mēden opheilete*) – 70인경에 16회, 정경들에 6회, 신약에 35회, 바울 서신에 14회, 로마서에 3회(13:8, 15:1, 27) 나오는 동사 *opheilō*는 빚을 지고 있는, 따라서 금전적으로 '신세를 지다, 빚을 지다' 또는 도덕적으로나 사회적으로 책임져야 할 의무가 있다

는 뜻이다(BAGD, 598–99, BDAG, 739, TDNT 5:559–64, NIDNTT 2:666–68, LN §§57.219, 71.25, 35, 88.298, 명사 *opheiletēs*는 1장 14절에서 논의했다). 앞 절에서 바울은 신자들에게 그것이 세금이든 존경이든 정부에 있는 모든 사람들에게 해야 할 의무를 다하라고 부탁했다. 어떤 이들은 이 구절을 금전적으로 결코 빚을 져서는 안 되며, 따라서 그것이 생활, 집, 또는 사업을 위한 것이라 할지라도 결코 돈을 빌려서는 안 된다는 뜻으로 해석한다. 하지만 성경에는 빌리는 것을 허락하고 있는 구절들이 많이 있다(출 22:25, 시 37:26[70인경 36:26], 마 5:42, 눅 6:35). 아마 부채를 갚지 못할 정도로 빚져서는 안 된다는 의미로 이 말을 했을 것이다. [*opheilō*]

13:12. 밤이 깊었다(Night has advanced, *hēnyx proekopsen*) – 성경에서 신약에만 6회(눅 2:52, 롬 13:12, 갈 1:14, 딤후 2:16, 3:9, 13) 나오는 동사 *prokoptō*는 '진행하다, 전진하다'라는 뜻이다(BAGD, 707–08, BDAG, 871, TDNT 6:703–15, NIDNTT 2:128–30, LN §§13.57, 42.18, 59.64, 67.118, TLNT 3:185–88). 바울은 신자들의 여정에서 밤이 '깊어진'(KJV), '많이 지나간'(RSV, NRSV), '거의 지나간'(NASB, NLT), '거의 끝난'(NIV), 또는 '새벽을 향해 전진했다'(NET)는 것과 우리의 궁극적인 구원의 날이 가까워졌다고 가르치고 있다. 그는 앞 절에서 신자들에게 마지막 구원의 날이 처음 믿을 때보다 가까워졌으므로 도덕적 혼수 상태에서 깨어나라고 권면했다. [*prokoptō*]

13:13. 단정하게(Decently, *euschēmonōs*) – 이 부사는 성경에서 바울 서신에만 나온다(롬 13:13, 고전 14:40, 살전 4:12). 어원상으로 이 단어는 좋은 계획이란 개념을 전달하고 있기 때문에 '단정하게, 훌륭하게, 품위 있게' 행동하라는 의미이며(BAGD, 327, BDAG, 414, TDNT 2:770–72, LN §§66.4, 88.50, TLNT 2:139–42) 이 구절의 마지막 부분에서 언급하고 있는 세상의 음란한 밤의 여흥과 대조된다. [*euschēmonōs*]

13:14. 주 예수 그리스도로 <u>옷 입으라</u>(<u>Put on</u> the Lord Jesus Christ, *endysasthe ton kyrion Iēsoun Christon*) – 70인경에 117회, 정경들에 95회, 신약에 27회, 바울 서신에 13회, 로마서에 2회(13:11, 14) 나오는 동사 *dynyō*는 '옷을 입다, 옷을 입히다'라는 뜻이다(BAGD, 264, BDAG, 333–34, TDNT 2:319–20, NIDNTT 1:316–17, LN §49.1). 바울은 12절에서 비유적인 표현을 사용하여 신자들에게 어둠의 일을 벗고 빛의 갑옷을 입어야 한다고 말했다. 이제는 14절에서 빛의 갑옷은 다름 아닌 주 예수 그리스도로 옷 입는 것이라고 규정한다. 다시 말해 신자들은 세상의 정욕보다는 그리스도와 그분의 의로 옷 입어야 한다. [*endyō*]

육신을 위해 <u>준비</u>하지 말라(Make no <u>provision</u> for the flesh, *tēs sarkos pronoian mēpoieisthe*) – 이 표현은 육신의 정욕을 자극하기 위해 육신을 위해 준비한다는 의미다. *pronoia*는 이 구절과 사도행전 24장 2절에서만 사용되며 미래를 위한 준비나 계획을 미리 세운다는 뜻이다. 이렇게 하는 것은 자신이 예수님과 교제하며, 예수 그리스도로 옷 입고 있다는 사실

을 근본적으로 부정하는 것이다. [*pronoia*]

14:1. 믿음이 연약한(Weak in faith, *ton...asthenounta tēpistei*) – '믿음'은 그리스도인의 믿음, 기적을 행하는 믿음, 구원의 믿음을 의미할 수도 있지만 이 경우에는 어떤 행위들을 허용하는 것과 관련 있다(Cranfield 2:697–98). 믿음이 강한 사람들은 하나님의 계시가 성화와 매일의 삶에 부족함이 없이 주어진다고 믿는 사람들이다. 그렇기에 그들은 스스로 정한 규정들뿐만 아니라 구약의 특정한 규례들에 매이지 않는다. 이에 반해 믿음이 약한 사람들은 신약에서 명령하지 않고 있는 규례들을 실천한다. 바울은 믿음이 강한 사람들에게 믿음이 연약한 사람들을 받아들이라고 명령하고 있다. [*pistis*]

의견을 놓고 논쟁하지 말라(Not for disputes over opinions, *mēeis diakriseis dialogismōn*) – 70인경에 단 한번(욥 37:16), 신약에 단 3회(롬 14:1, 고전 12:10, 히 5:14) 나오는 명사 *diakrisis*는 평가하는 능력을 나타내며, '구별하다, 차별하다'라는 의미일 때도 있고, '논쟁하다, 토론하다, 말다툼하다'를 뜻할 때도 있다(BAGD, 185,BDAG, 231, DNT 3:949–50, NIDNTT 1:503–05, LN §§33.112, 444). 이 문맥에서는 후자가 더 어울린다. 70인경에서 25회, 정경들에서 18회, 신약에서 14회, 바울 서신에서 5회(롬 12:1, 14:1, 고전 3:20, 빌 2:14, 딤전 2:8) 사용된 명사 *dialogismos*는 추론의 과정이나 추론에 의해 도달한 결론, 즉 '생각'이나 '견해'를 가리킨다. 이 구절에서는 두 가지 다 어울린다(BAGD, 186, BDAG, 232–33, TDNT 2:96–98, NIDNTT 3:820–21, LN §§33.10, 16, 31.37, 33.446). 바울은 믿음이 강한 신자들에게 믿음이 약한 자를 받아들이라고 명령하고 있다. [*diakrisis, dialogismos*]

14:3. 업신여기지 말라(Not despise, *mēexoutheneitō*) – 70인경에 8회(정경들에 6회), 신약에 11회, 바울 서신에 8회, 로마서에 2회(14:3, 10) 나오는 동사 *exouthneō*는 비열한 거절이란 개념을 갖고 있으며, '업신여기다, 경멸하다'라는 의미로 사용된다(BAGD, 277, BDAG, 325, NIDNTT 1:74, LN §88.195). 믿음이 강한 사람들은 믿음이 약한 사람들의 신념을 경멸하지 말아야 한다. [*exoutheneō*]

비판하지 말라(Not judge, *mēkrinetō*) – '비판하다'라는 동사는 성경 곳곳에서 자주 등장한다. 신약에 114회, 바울 서신에 41회, 로마서에 18회, 이 장에만 8회(14:3, 4, 5[2회], 10, 13[2회], 22) 나온다. 바울은 믿음이 약한 사람들에게 믿음이 강한 사람들의 신념을 비판하지 말 것을 명령하고 있다. 오히려 하나님께서 그들을 인정하시기 때문에 믿음이 약한 사람들은 그들을 인정해야 한다. [*krinō*]

14:5. 각각 자기 마음으로 충분히 확정하라(Let each be fully convinced in his own mind, *hekastos en tōidiōnoi plērophoreisthō*) – 로마서 4장 21절에서 논의한 동사 *plērophoreō*는 '충분하게 확신하게 된, 확실한, 확신하는'이란 뜻이다. 바울은 어떤 신자들은 야채만을 먹는 반면에 다른 이들은 모든 것을 먹고, 어떤 신자들은 특정한 날들을 특별하게 생각하는 반면에 다른 이들은 특정한 날들을 인정하지 않는다고 말

한 후에 자신들이 어떤 행동 과정을 따르기로 선택했든지 간에 충분히 확신하라고 명령한다. 물론 이 문제들은 도덕과 무관하면서 부도덕하지 않은 것들이었다. 아마도 이스라엘 백성이 날들을 특별한 것으로 생각했을 뿐만 아니라, 그들이 먹을 수 있는 것과 먹을 수 없는 것에 대한 특정한 가르침을 받았던 때인 구약 시대와 관련이 있는 것 같다. 예를 들면, 안식일은 거룩한 날로 간주되었다(출 31:14–15, 35:2, 레 23:3, 사 58:13). [*plērophoreō*]

14:10. 너는 어찌하여 <u>비판</u>하느냐(Why do you <u>judge</u>, *krineis*) – 3절에서 논의한 이 말은 믿음이 강한 사람들이 자유롭게 모든 것을 먹는 것과 특정한 날을 특별하게 여기지 않는 것에 대해 비판하는 믿음이 약한 사람들을 향해 한 말이다. [*krinō*]

너는 어찌하여 <u>업신여기느냐</u>(Why do you <u>despise</u>, *exoutheneis*) – 3절에서처럼 이것은 믿음이 약한 자들의 관행을 업신여겼던 믿음이 강한 사람들에게 한 말이다. [*exoutheneō*]

우리가 다 하나님의 심판대 앞에 <u>서게</u> 될 것이므로(For we all <u>stand</u> before the judgement seat of God, *pantes gar paratēsometha tōbēmati tou theou*) – 로마서 6장 13절에서 논의한 동사 *paristēmi*는 어떤 사람의 명령을 수행하기 위해 그 사람 앞에 서 있다는 개념을 갖고 있다. 믿음이 약한 사람들과 강한 사람들이 모두 하나님 앞에 서서 하나님의 판단을 받게 된다. 두 부류 모두 하나님께 책임이 있으나 각기 서로에게는 그렇지 않다. 바울은 이 사실을 4절에서 예를 들어 증명했다. [*paristēmi*]

14:11. 찬양하다(Praise, *exomologēsetai*) – 구약에서 123회, 정경들에서 95회, 신약에서 10회, 바울 서신에서 3회(롬 4:11, 15:9, 빌 2:11) 사용되고 있는 동사 *exomologēo*는 기본적으로 어떤 입장이나 사람에게 공개적으로 자신의 충성심을 표현하다, 즉 '자백하다, 고백하다'라는 뜻이다 (LN §33.274). 이 단어는 '찬양하다'라는 뜻으로 사용할 수도 있지만, '고백하다, 자백하다'라는 의미로 더 많이 사용한다(BAGD, 277, BDAG, 352, TDNT 5:199–220, NIDNTT 1:343–45, LN §33.274, 275, 278, 351, 359 비교). 여기에서는 후자의 의미가 더 적절하다. 즉, 신자들은 자신들의 행동을 하나님께 '자백'해야만 한다. [*exomologeō*]

14:13. <u>걸림돌</u> 또는 <u>장애물</u>(<u>Stumbling block</u> or <u>obstacle</u>, *proskomma···ēskandalon*) – 이 명사들은 둘 다 로마서 9장 33절에서 논의했다. 첫 번째 명사는 자신의 믿음으로 인해 다른 사람을 걸려 넘어지게 한다는 뜻이다. 두 번째 명사는 기독교 신앙에서 실패의 원인이 되는 미끼나 유혹을 뜻한다. 따라서 강한 자도 약한 자도 다른 사람을 죄 짓게 하는 어떤 일을 하지 말아야 한다. [*proskomma, skandalon*]

14:14. 부정한(Unclean, *koinon*) – 이 형용사는 70인경에 25회, 정경들에 4회(잠 1:14, 15:23, 21:9, 25:24), 신약에 14회, 바울 서신에 4회(롬 14:14[2회], 딛 1:4[2회]) 나온다. 이 단어는 일반적인 것, 나누어진 것 또는 공동의 것이라는 개념을 갖고 있으며 제의적으로 용납할 수 없는, 즉 '부정한 것'이라는 의미로 발전했다(BAGD,

438, BDAG, 551–52, TDNT 3:789–97, NIDNTT 1:639–44, LN §§53.39, 57.9, 99, 65:15, 89.118). 이 본문에서 바울은 자신이 지금 도덕과 관련이 없으면서도 부도덕하지 않은 쟁점을 다루고 있음을 알기 때문에, 주 예수와 관련하여 어느 것도 그 자체가 부정한 것은 없다는 것을 확신하고 있다(*peritho*, 롬 2:8에서 논의). 이 구절은 바울이 믿음이 강한 사람들의 편에 서 있었다는 것을 보여준다. [*koinos*]

14:15. 고민했다/ 슬퍼했다(Distressed/ grieved, *lypeitai*) – 70인경에 58회(정경들에 31회), 신약에 26회, 바울 서신에 15회, 로마서에서 여기에만 나오는 동사 *lypeō*는 '고민하게 되다, 슬퍼하다'라는 뜻이다(BAGD, 481, BDAG, 604, TDNT 4:313–22, NIDNTT 2:419–20, LN §§25.274, 275, TLNT 2:417–22). 요셉은 형제들에게 자신에게 한 일 때문에 근심하거나 한탄하지 말라고 말했다(창 45:5). 다윗은 아들 압살롬 때문에 슬퍼했다(삼하 19:2[맛소라 사본과 70인경 19:3]). 신자들은 성령을 근심하게 하지 말라는 명령을 받았다(엡 4:30). 현재의 문맥에서 "형제를 슬프게 하고 괴롭히는 것보다는 형제에게 충격을 주고 상처를 주는 것을 떠올리게 된다' (TLNT 2:422). 따라서 강한 형제가 자신의 행동으로 인해 약한 형제들에게 상처를 준다면, 그것은 사랑으로 행하지 않은 것이다. [*lypeō*]

망하게 하지 말라(Do not destory, *mē⋯apollye*) – 로마서 2장 12절에서 논의한 *apollymi*는 '파괴하다, 죽이다. 멸망시키다. 파멸시키다'라는 뜻이다. 따라서 강한 형제는 믿음이 약한 형제를 죄짓게 하여 그들을 멸망하게 하거나 파멸시키지 말아야 한다. 강한 사람이 자신의 자유를 과시함으로써 그리스도께서 대신하여 죽으신, 믿음이 약한 형제를 잃어버려서는 안 된다. [*apollymi*]

14:16. 선한 것(Good, *agathon*) – 여기에서 '선한 것'은 믿음이 강한 사람들이 누리고 있는 자유를 뜻한다. [*agathos*]

14:19. 세우는(Building, *oikodomēs*) – 70인경에 16회, 정경들에 5회(대상 26:27, 29:1, 겔 16:61, 17:17, 40:2), 신약에 18회, 로마서에 2회(14:19, 15:2) 나오는 이 동사는 '건설하는 것' 또는 좀 더 구체적으로는 '건축의 과정'에 대해 말하고 있다(BAGD, 558–59, BDAG, 696–97, TDNT 5:144–47, NIDNTT 2:251–53, LN §§7.1, 42.34, 74.15). 신자들은 화평의 일들에 힘쓰며 서로를 파괴하기보다는 서로를 건설하도록 애써야 한다. [*oikodomē*]

14:20. 너의 음식 때문에 하나님의 사업을 무너지게 하지 말라(Do not on account of your food destroy the work of God, *mēheneken brōmatos katalye to ergon tou theou*) – 70인경에서 65회, 정경들에서 41회, 신약에서 17회, 바울 서신에서 3회(롬 14:20, 고후 5:1, 갈 2:18) 사용되고 있는 동사 *katalye*는 '멸망시키다, 파괴하다, (건물을) 철거하다'라는 뜻이다(BAGD, 414, BDAG, 521–22, TDNT 4:338, NIDNTT 3:189, LN §§13.100, 20.54, 55, 34.61, 76.23). 하나님께서는 사람들을 멸망에서 구출하는 일을 하시는 중이다. 자신의 자유를 과시함으로써, 믿음이 약한 사람들을

향한 하나님의 일을 무너뜨리는 믿음이 강한 사람들에 의해 하나님의 일이 지장을 받아서는 안 된다. [*katalyō*]

거리낌(Stumble, *proskommatos*) – 로마서 9장 33절에서 논의했던 이 단어는 '다른 사람을 걸려 넘어지게 하는 것'을 의미한다. 이 명사의 동사형이 다음 구절에서 사용되고 있다. [*proskomma*]

14:22. 복 있는(Blessed, *makarios*) – 로마서 4장 7절에서 논의한 이 형용사는 쾌적한 환경을 향유한다는 의미에서의 행복을 말하며 '행복한, 복 있는, 운이 좋은, 혜택을 받은'으로 번역하는 것이 좋다. [*makarios*]

자신이 <u>찬성하는</u> 것을 판단하지 말라(Does not judge what he <u>approves</u>, *ho mēkrinōn heauton en ōh dokimazei*) – 1장 28절에서 논의한 '찬성하다'(*dokimazō*)는 어떤 것을 승인할 목적으로 시험하다는 개념을 갖고 있다. 따라서 새롭게 얻은 자유 안에서 믿음의 발걸음을 내딛고 있는 신자들은 자신들이 옳고 선하다고 찬성하는 것을 (믿음이 약한 사람들처럼) 판단하지 않을 때 복이 있다. [*dokimazō*]

14:23. 의심들(Doubts, *diakrinomenos*) – 로마서 4장 20절에서 논의한 동사 *diakrinō*는 일반적으로 '구별하다, 판단하다, 평가하다'라는 뜻이지만, 유독 신약에서만 '흔들리다, 의심하다. 나누다'를 뜻할 때가 있다. 여기에서 '의심하다, 흔들리다'로 해석하는 것이 좋다. [*diakrinō*]

유죄 판결을 받았다(Condemned, *katakekritai*) – 8장 3절에서 논의했던 이 단어는 '유죄 확정 후에 판결을 내리다'(BDAG, 519) 또는 '유죄 판결을 하다'라는 뜻이다. 따라서 만일 사람이 어떤 행동에 대해 완전히 확신하지 못하고 우왕좌왕하면서 그 행동을 계속한다면 그것은 믿음의 행동이 아니기 때문에 유죄 판결을 받을 것이다. 바울은 믿음을 따라 하지 않은 것은 무엇이든지 죄라고 역설한다. 다시 말해 죄는 믿음에서 생기는 것이 아니라, 믿음의 부족에서 생기는 것이다. [*katakrinō*]

15:1. <u>강한</u> 우리는(We who are <u>strong</u>, *hēmeis hoi dynatoi*) – 70인경에서 182회, 정경들에서 142회, 신약에서 32회, 바울 서신에서 12회, 로마서에서 5회(4:21, 9:22, 11:23, 12:18, 15:1) 사용되는 형용사 *dynatos*는 '강력한, 강한, 힘이 있는, 유능한'이란 뜻이다(BAGD, 208, BDAG, 264, TDNT 2:284–317, NIDNTT 2:601–06, LN §§71.2, 74.22–24, 87.43). 바울은 로마서 14장 1절부터 믿음이 약한 사람들에게 관심을 가지고 있다. 그러나 15장에서는 가장 먼저 강한 자를 특별히 언급한다. [*dynatos*]

마땅하다(Ought, *opheilomen*) – 로마서 13장 8절에서 논의한 동사 *opheilō*는 금전적으로 '빚진, 빚이 있는' 또는 특정한 도덕적 사회적 책임을 져야 할 '의무가 있는'이란 뜻이다. 따라서 믿음이 강한 신자들은 믿음이 약한 사람들을 도울 의무가 있다. 이것이 바로 바울이 지금부터 전개하는 주제다. [*opheilo*]

약한 자의 <u>실패들</u>(<u>Failings</u> of the weak, *asthenēmata tōn adynatōn*) – 성경에서 단 한 번 사용된 명사 *asthenēma*는 '약함'이란 뜻이다(BAGD, 115, BDAG, 142, TDNT 1:490–93,

LN §74.24). 여기에서는 부족한 것이 있는 실패나 약함의 의미를 갖고 있다. 로마서 8장 3절에서 논의한 형용사 *adynatos*는 '능력이 없는, 무능한'이란 뜻이다. 두 단어를 결합하면 문자적으로 '무능한 사람의 약함'을 뜻한다. 강한 사람은 약한 자를 업신여기지 말고(14:1, 3) 도와주며 이끌어줄 의무가 있다. 바울은 강한 자들이 자신을 기쁘게 하지 말아야 한다고 계속해서 말한다. [*asthenēma, adynatos*]

15:2. 덕을 세우다/ 건설하다(Edify/ build up, *oikodomēn*) – 로마서 14장 19절에서 논의한 이 명사는 '건설하는 것' 또는 좀 더 구체적으로 '건설의 과정'에 대해 말한다. 강한 자들은 자신들의 기쁨을 제쳐 두고 믿음이 약한 사람들을 기쁘게 하려고 애써야 한다. 이렇게 할 때 약한 자들이 강해져서, 스스로 믿음이 강하다고 생각하는 사람들에 의해 상처를 입거나 업신여김을 당하지 않는다. [*oikodomē*]

15:4. 우리가 소망을 가질 수 있도록(We might have hope, *tēn elpida echōmen*) – 로마서 4장 18절에서 논의한 명사 elpis는 미래에 대한 확신을 나타낸다. 약한 자들을 세우는 강한 자들은 약한 자들에게 더 밝은 미래가 보장되기를 소망했을 것이다. 다시 말해서 강한 자는 약한 자 안에서 하나님의 일이 이루어지게 될 것이라고 기대할 수 있다. [*elpis*]

15:5. 서로 <u>같은 생각</u>(The <u>same mind</u> one with another, *to auto phronein en allēlois*) – 로마서 8장 5절에서 논의한 동사 *phroneō*는 '생각하다'라는 뜻이다. 형용사의 기능을 하는 강조대명사(*auto*)와 함께 '같은 것을 생각하다'로 번역할 수 있으며, 따라서 '같은 생각을 가진'(KJV), '같은 생각'(ASV, NASB), '조화롭게 살아가다'(RSV, NRSV, NLT), '너희에게 일치의 영을 주신다'(NIV, NET)로 번역된다. 하나님께서는 강한 자들과 약한 자들이 함께 조화롭게 살아갈 것을 명령하신다. [*phroneō, autos*]

15:6. 한 입/ 한 목소리(One mouth/voice, *homothymadon*) – 이 부사는 어원상으로 *homo*('함께')와 *thymos*('영혼, 정신')의 합성어다(LSJ, 810). 즉 같은 마음이나 정신을 의미한다. 나중에 이 단어는 '서로 같은 감정들에 근거한 것이 아니라, 개별적인 것보다 훨씬 더 대단한 목적에 근거한 합의'라는 뜻으로 약화되었다(NIDNTT 3:908, 참고–BAGD, 566, BDAG, 706, TDNT 5:185–86, LN §31.23, TLNT 2:580–82). 이것은 70인경에 36회(정경들에 20회), 신약에 11회, 바울 서신에서 여기에만 나오며, '한 마음'(KJV), '한 입'(ASV, NIV), '한 목소리'(RSV, NASB, NRSV, NLT, NET)로 번역된다. 이것은 정치적 모임의 일치된 소원(행 12:20)이나 공동체의 일치된 결정(행 5:25)을 가리킨다. 이 경우 신자들, 즉 강한 자와 약한 자들이 "하나님 곧 우리 주 예수 그리스도의 아버지께 한 목소리로 영광을 돌린다."[*homothymadon*]

15:8. 일꾼(Servant, *diakonon*) – 70인경에 6회, 정경들에 5회(애 1:10, 2:2, 6:3,5, 잠 10:4), 신약에 21회, 로마서에 4회(13:4[2회], 15:8, 16:1) 나오는 이 단어는 '일꾼, 조력자, 집사'를 뜻한다

(BAGD, 184–85, BDAG, 230–31, TDNT 2:88–93, NIDNTT 3:544–49, LN §§35.20, 53.67). 이 용어는 식탁을 시중드는 웨이터(요 2:5, 9)나 왕의 사환(마 22:13)으로 일하는 개인들이나 단체들을 나타낸다. 이 구절에서 이 단어는 할례의 일꾼(추종자), 즉 유대인이 되신 예수님을 가리킨다. [*diakonos*]

견고하게 하다(Confirm, *bebaiōsai*) – 70인경에서 단 2회(시 41:12[맛소라 사본 41:43, 760인경 40:13], 119:28[70인경 118:28]), 신약에서 8회, 바울 서신에서 5회(롬 15:8, 고전 1:6, 8, 고후 1:21, 골 2:7) 사용되는 동사 *bebaioō*는 '견고하게 하다, 신뢰성을 증명하다. 진실함과 확실함을 증명하다'라는 뜻이다(BAGD, 138, BDAG, 172–73, TDNT 1:600–03, NIDNTT 1,658–59, LN §§28.44, 31.91, 74.17, TLNT 1:280–83). 그리스도께서 조상들, 아마도 아브라함과 이삭과 야곱에게 하신 약속들을 견고하게 하시려고 할례의 일꾼으로 오셨다. [*bebaioō*]

15:11. 찬양하다…찬송하다(Praise…praise, *aineite…epainesatōsan*) – 70인경에 140회, 정경들에 101회, 신약에 8회, 바울 서신에서 여기에만 나오는 첫 번째 동사 *aineō*는 '찬양하다'라는 뜻이다(BAGD, 23, BDAG, 27, TDNT 1:177, NIDNTT 3:816–17, LN §33.354). 70인경에 8회(정경들에 7회), 신약에 6회(눅 16:8, 롬 15:11, 고전 11:2, 17, 22[2회]) 나오는 두 번째 동사 *epaineō*는 첫 번째 동사의 복합어이며 동일한 의미를 갖고 있다(BAGD, 281, BDAG, 357). 바울은 유월절마다 불렀던 시편을 인용하고 있다(시 117:1[70인경의 116:1]). 이 시편은 열방이 하나님의 일에서 나타난 긍휼하심 때문에 이스라엘과 함께 하나님을 찬양할 것이며, 그리고 그들도 오실 메시아의 은혜를 누리게 될 것을 암시하고 있다. 바울은 다음 구절에서 이사야 11장 10절을 인용한다. 거기에서는 메시아가 열방을 다스리실 것이며, 열방이 유대의 메시아에게 소망을 둘 것을 언급하고 있다. [*aineō, epaineō*]

15:14. <u>선함</u>이 가득한(Full of <u>goodness</u>, *mestoi…agathōsynēs*) – 70인경에 15회(정경들에 14회), 신약에 4회(롬 15:14, 갈 5:22, 엡 5:9, 살후 1:1) 나오는 명사 *agathōsynēs*는 좋은 것들을 아낌없이 주다는 개념을 갖고 있다(BAGD, 3, BDAG, 4, TDNT 1:18, NIDNTT 2:98–102, LN §§57.109, 88.1, TLNT 1:3–4). 정의는 마땅히 받아야 할 것, 보상받을 만한 가치가 있는 것을 제공한다. 하지만 선은 정의를 초월하여 사람의 행복에 유익한 모든 것을 제공한다. 선함은 관대하며, 인색하지 않으며, 아끼지 않는다. 이것은 '사악한, 가치가 없는, 인색한'이란 뜻의 *ponēros*와 반대 개념이다. 바울은 선함이 가득한 로마의 신자들을 칭찬하고 있다. [*agathōsynē*]

가르치다(Instruct, *nouthetein*) – 70인경에 13회(정경들에 9회), 신약에 8회, 바울 서신에 7회, 로마서에서 여기에만 나오는 동사 *routheteō*는 방향이 잘못된 행동을 금하다, 또는 더 정확하게는 '권면하다, 경고하다, 충고하다, 가르치다'라는 뜻이다(BAGD, 544, BDAG, 669, TDNT 4:1019–22, NIDNTT 1:567–68, LN §§33.231, 418, 424, TLNT 2:458–51). 온갖 지식이 넘치는(아마도 여기서 지식은 영적인 지식일 가능성이 큼) 로마의 신자들은 영적인 충고자와 훈계자로

섬길 수 있는 충분한 자격이 있었다. [*noutheteō*]

15:16. 일꾼(Minister, *leitourgon*) – 로마서 13장 6절에서 논의한 이 명사는 제사장적인 사역을 암시하는 것 같다. 바울은 이방인을 위해 제사장 직분을 감당하는 예수 그리스도의 일꾼이요 종이다. [*leitourgos*]

제사장으로 섬기는(Serving as priest, *hierourgounta*) – 이 동사(*hierourgeō*)는 성경 전체에서 여기에만 나온다. 이것은 '제사장'(*hiereus*)을 뜻하는 동사의 명사형이고, '거룩한 예배를 행하다, 어떤 일과 관련하여 제사장으로 행동하다'라는 개념을 갖고 있으며, 여기서는 하나님의 복음과 관련이 있다(BAGD, 373, BDAG, 471, TDNT 3:251–52, NIDNTT 2:232–36, 3:38, LN §§53.85 비교). [*hierourgeō*]

제물(Offering, *prosphora*) – 이 단어는 70인경에서 15회, 정경들에서 3회(왕상 7:34, 시 40:6[맛소라 사본 40:7, 70인경 39:7], 단 4:37), 신약에서 9회, 히브리서에서 5회, 바울에 의해 2회(롬 15:16, 엡 5:2) 사용되고 있다. 이것은 70인경에서 성전의 진설병(왕상 7:34)이나 주께 드린 제물(시 40:6[맛소라 사본 40:7, 70인경 39:7], 단 4:37하, 제1 에스드라 5:22[70인경 5,51], 시락서 14:11, 34:18, 19, 35:1, 6[70인경 35:1,5], 38:11, 46:16, 50:13, 14)을 가리킨다. 신약에서는 레위 사람의 제물들(행 21:26, 24:17, 히 10:5, 8, 18) 또는 그리스도의 희생(엡 5:2, 히 10:10, 14, 비교–BAGD, 720, BDAG, 887, TDNT 9:68, LN §53.16)을 가리킨다. 여기에서 이것은 제사장적인 섬김을 통해 이방인을 하나님께 제물로 드리는 것을 가리킨다. [*prosphora*]

거룩하게 된(Sanctified, *hēgiasmenē*) – 70인경에 193회(정경들에 167회), 신약에 28회, 바울 서신에 9회, 로마서에서 여기에만 나오는 이 동사는 하나님께서 사용하시도록 구별되어지다는 뜻이다(BAGD, 8–9, BDAG, 9–10, TDNT 1:111–12, LN §§53.44, 88.26, 27). 성령께서 이방인 신자들을 하나님을 위해 구별하셨기 때문에 하나님께서는 이방인 신자들이란 제물을 받으신다. [*hagiazō*]

15:19. <u>표적</u>과 <u>기사</u>의 <u>능력</u>으로(In the <u>power</u> of <u>signs</u> and <u>wonders</u>, *en dynamei sēmeiōn kai teratōn*) – 로마서 1장 4절에서 논의한 *dynamis*는 '힘, 능력'이란 뜻이다. 로마서 4장 11절에서 논의한 명사 *sēmeion*은 '표적' 또는 하나님께서 함께 계심을 나타내는 표시라는 뜻이다. 70인경에 49회(정경들에 39회), 신약에 16회, 바울 서신에 3회(롬 15:19, 고후 12:12, 살후 2:9) 나오는 명사 *teras*는 '기사, 징조'(BAGD, 812, BDAG, 999, TDNT 8:113–26, NIDNTT 2:633, LN §33.480), 즉 '놀라움을 일으키는 것'을 뜻한다. 신약에서 *teras*는 항상 *sēmeion*과 함께 사용되며, 이 두 단어가 늘 복수라는 점에 유의할 필요가 있다(70인경에서도 대부분의 경우 복수다). [*dynamis, sēmeion, teras*]

하나님의 <u>성령</u>의 능력으로(In the power of the <u>Spirit</u> of God, *en dynamei pneumatos* [*theou*]) – 이 부분은 표적과 기사의 능력이 하나님의 성령에 의해 이루어졌다는 뜻으로 생각된다. 이 구절에서 말하는 표적과 기사의 능력은 성령에 의해 거룩하게 되어 하나님께서 받으실 만한 제물이 된 이방인 신자들의 변화된 삶을 가

리킨다. [*pneuma*]

일루리곤(Illricum, *Illyrikou*) – 정확하게 어디라고 하기에는 어려움이 있지만, 아마도 오늘날의 유고슬라비아를 말하는 것 같다(ADB 3:388–89). 이 도시가 중요한 이유는 동쪽에서 서쪽으로 이동하는 바울의 선교 전략을 보여주기 때문이다. 바울은 현재 일루리곤에서 복음 전파를 마쳤고, 서쪽 로마와 스페인으로 이동할 필요가 있었다. [*Illyrikon*]

15:24. 나를 도와 달라(Help me, *hyph' hymōn propemphthēnai*) – 70인경에 5회(정경들에는 없음), 신약에 9회, 바울 서신에 5회(롬 15:24, 고전 16:6, 11, 고후 1:16, 딛 3:13) 나오는 동사 *propempō*는 여행에서 어떤 사람을 수행하거나 돕는다는 뜻이다(BAGD, 709, BDAG, 873, LN §§15.72, 155). 이것은 '선교 지원을 뜻하는 단어로 널리 알려진 전문 용어'다(Moo, 901). 영역본들은 '너희 때문에 거기에서 나의 여행이 순조로웠다'(RSV), '너희가 거기에서 내 길에 도움이 되었다'(NASB), '너희가 나의 여행에 도움을 주어서'(NIV), '너희에 의해 보냄을 받은'(NRSV)으로 번역하고 있다. 바울은 선교 여행이 자신의 일이 아니라 하나님의 일이었기 때문에 도와달라고 요청하는 것을 부끄러워하지 않았다. [*propempō*]

15:26. 연보(Contribution, *koinōnian*) – 70인경에서 3회(레 5:21, 제3 마카비 4:6, 솔로몬의 지혜서 8:10), 신약에서 19회, 바울 서신에서 13회, 로마서에서 여기에만 사용된 명사 *koinōnia*는 대개는 나눔과 참여를 포함하는 친밀한 관계를 나타낸다. 따라서 '교제'(행 2:42, 고전 1:9, 10:16, 고후 6:1, 갈 2:9, 갈 2:9, 빌 2:1, 3:10, 요일 1:3, 6, 7)로 번역된다. 하지만 이 구절에서처럼 물질적인 것을 나눈다는 의미로 사용될 때도 있다(고후 8:4, 9:13, 히 13:16, BAGD, 438–39, BDAG, 552–53, TDNT 3:797–809, NIDNTT 1:639–44, LN §§34.5, 57.98, 101 비교). [*koinōnia*]

15:27. 빚을 졌다(Indebted, *opheiletai*) – 여기에서 동사로 번역된 명사 *opheiletēs*는 로마서 1장 14절에서 논의했으며, '빚진 자'란 뜻이다. 마게도냐와 아가야의 신자들은 자신들이 예루살렘의 성도들에게 빚진 자라고 느꼈다. [*opheiletēs*]

나눠 가졌다(Shared, *ekoinōnēsan*) – 로마서 12장 13절에서 논의한 동사 *koinōneō*는 '분배하다, 나누어 갖다, 참여하다'라는 뜻이다. 바울은 영어에서 '교제'를 뜻하는 의미로 사용되는 이 동사를 자신의 물질적 소유를 가난한 성도들과 나누거나 복음의 증진을 위해 물질적 소유를 기부한다는 의미로 사용하고 있다. 이 동사의 명사형은 앞에서 논의했다. [*koinōneō*]

의무가 있는(Obligated, *opheilousin*) – 이 단어는 앞에서 언급한 *opheiletēs*의 동사형이다. 로마서 13장 8절과 15장 1절에서 논의했으며, 금전적으로 '신세를 지거나 채무가 있는' 또는 어떤 도덕적 사회적 책임을 이행할 의무가 있다는 뜻이다. 여기에서 마게도냐와 아가야 성도들은 구원의 메시지가 예루살렘 성도들로 인해 이방인들에게 전해질 수 있었기 때문에 자신들이 예루살렘의 가난한 성도들에게 물질적인 도움을 줄 의무가 있다고 느꼈다. [*opheilō*]

15:29. 그리스도의 <u>충만한</u> 복을 가지고(In <u>full-</u>

ness of blessings of Christ, *en plērōmati eulogias Christou*) – 로마서 11장 12, 25절에서 논의한 명사 *plērōma*는 '충만한 분량, 총액'이란 뜻이다. 70인경에 100회, 정경들에 70회, 신약에 16회, 바울 서신에 9회, 로마서에 2회(15:29, 16:18) 나오는 명사 *eulogia*는 어원상으로 '훌륭한 말이나 단어'를 나타내며, 아버지가 자녀들의 번영을 축복할 때처럼 번영 또는 은혜의 개념을 갖고 있다. 이 문맥에서는 '영적 복 또는 은혜'란 뜻이다. 바울은 로마에 방문하기를 간절히 원했지만(1:10, 15:23–24), 그 무엇보다도 그리스도의 충만한 복이 자기의 개인적 목적보다 더 중요하다고 생각했다. [*plērōma, eulogia*]

15:31. 순종하지 아니하는 자들로부터 건짐을 받도록(I may be rescued from the disobedient, *hrysthōapo tōn apeithountōn*) – 로마서 7장에서 논의한(또한 11:26에서 사용된) 동사 *hryomai*는 위험에서 건져내다는 뜻이다. 로마서 2장 8절(10:21, 10:30, 31 비교)에서 논의한 동사 *apeitheō*는 기본적으로 '설득당하지 않다, 납득하지 않다, 믿으려 하지 않다', 즉 '순종하지 않다, 순종하지 아니하는'이란 뜻이다. 이 문맥에서는 믿지 않는 유대인들을 가리킨다. 바울은 자신을 변절자라고 생각하고 이방인의 돈이 예루살렘의 가난한 그리스도인들을 돕는 데 사용되는 것을 바라지 않았던 사람들로부터 구출되기를 원했다. [*hryomai, apeitheō*]

섬기는 일(Ministry, *diakonia*) – 로마서 12장 7절에서 논의한 이 용어는 '식탁에서 기다리다'라는 뜻이며, 주로 '섬김, 봉사'로 번역된다. 이것은 마게도냐와 아가야 성도들이 연보한 돈을 예루살렘 성도들에게 전달하는 바울의 사역이나 봉사를 가리킨다. [*diakonia*]

받아들일 수 있는(Acceptable, *euprosdektos*) – 이 형용사는 신약에서만 사용되며(롬 15:16, 31, 고후 6:2, 8:12, 벧전 2:5) '받아들일 수 있는, 환영 받는'이란 뜻이다(BAGD, 324, BDAG, 410–11, TDNT 2:58–59, NIDNTT 3:744, 746, LN §§22.44, 25.86, TLNT 2:137–38). 바울은 예루살렘 성도들이 이 선물에 대해 좋게 생각하기를 바랐다. 바울은 그들이 기독교 공동체를 유대 공동체에 대한 변절자로 간주한 유대인들의 박해가 두려워 그 선물을 받지 않을 가능성도 있다고 생각했던 것 같다. 사도행전 21장 17절 이후의 내용을 보면, 바울의 이 기도가 응답되었음을 알게 된다. 거기에서 성도들이 바울을 기쁘게 영접했다고 진술하기 때문이다. 아마도 선물 또한 기쁘게 받아들였을 것이다. [*euprosdektos*]

15:32. 하나님의 뜻으로 말미암아/ 뜻을 따라(Through/by the will of God, *dia thelēmatos theou*) – 이 전치사구는 바울만 사용한다(롬 15:32, 고전 1:1, 고후 1:1, 8:5, 엡 1:1, 골 1:1, 딤후 1:1, 비교–Wallace, 434 n. 79). 바울은 예루살렘 성도들에게 돈을 전달한 다음에 자신의 뜻이 아닌 하나님의 뜻에 따라서만 로마에 가기를 원했다. [*dia + thelēma*]

16:1. 일꾼/ 집사(Servant/deaconess, *diakonon*) – 로마서 15장 8절에서 논의한 명사 *diakonos*는 '일꾼, 조력자, 집사'란 뜻이다. 여기에서 이 단어는 '일꾼'(KJV, ASV, NASB, NIV, NET), '집사'(NRSV, NLT) 또는 '여자 집사'(RSV)로 번

역된다. 디모데전서 3장 11절에서 말하고 있는 내용이 집사의 아내보다는 집사의 기능을 뜻한다면 '여자 집사'의 존재를 추론할 수도 있다. 그것과 상관없이 뵈뵈는 고린도의 항구 도시인 겐그레아 교회에서 일꾼의 마음을 지닌 귀부인이었다. [*diakonos*]

16:2. 너희가 주 안에서 성도들답게 그녀를 영접하게 하려고(In order that you receive her in the Lord worthy of saints, *hina autēn prosdexēsthe en kyriōaxiōs tōn hagion*) – 동사 *prosdechomai*는 '영접하다, 환영하다'라는 뜻이다(BAGD, 712, BDAG, 877, TDNT 2:57–58, NIDNTT 2:244–46, LN §§31.53, 34.53). 이 구절은 뵈뵈가 여성이기 때문에 일부 남성 신자들이 그녀를 영접하길 싫어할 가능성이 있었다는 것을 암시한다. 바울은 그 당시의 남성우월주의를 배격하려고 이 말을 했던 것 같다. [*prosdechomai*]

16:3. 문안하다(Greet, *aspasathe*) – 70인경에서 12회, 정경들에서 2회(출 18:7, 삿 18:15), 신약에서 59회, 바울 서신에서 40회, 로마서에서 21회(모두 16장에서) 사용된 동사 *aspazomai*는 본래 친구 사이에 서로 인사하면서 포옹하는 것((TDNT 1:496–98), 즉 '인사하는 것'을 의미했다(BAGD, 116–17, BDAG, 144, TDNT 1:498–502, NIDNTT 1:206–07, LN §§25.130, 33.20, 34.55). 이 장에서 이 동사를 많이 사용한 것은 바울과 로마에 있는 신자들 사이의 깊은 우정을 암시하기 위해서다. [*aspazomai*]

동역자들(Fellow workers, *synergous*) – 70인경에 단 2회(제2 마카비 8:7, 14:5), 신약에 13회, 바울 서신에 12회, 로마서에 3회(16:3, 9, 21) 나오는 이 용어는 함께 일하는 것을 암시하며, 따라서 '조력자들'(KJV)이나 '동역자들'(ASV, RSV, NASB, NIV, NRSV, NET)로 번역된다. 바울이 이 장에서 이름을 열거하고 있는 사람들을 주 안에서 동역자로 인정했다. 바울은 '외로운 방랑자' 선교사가 아니었다. [*synergos*]

16:4. 그들은 위험을 무릅썼다(Risked their own necks, *ton heautōn trachēlon hypethēkan*) – 70인경에 13회(정경들에 8회), 신약에 2회 등장하는 동사 *hypothithēmi*는 문자적으로 '…아래 두다', 즉 '그들의 목숨을 걸다' 또는 '그들의 생명을 걸다'라는 뜻이다. 아마도 브리스가(브리스길라)와 아굴라는 유대인들이 고린도(행 8:12)와 에베소(행 19:23–40)에서 폭동을 일으켰을 때 바울을 위해 생명을 걸었던 것 같다. [*hypothithēmi*]

16:5. 그들의 집에 있는 교회(The church in their house, *ten kat'oikon autōn ekklēsian*) – 로마서 1장 7절에서 언급한 것처럼 바울은 '로마에 있는 교회'가 아니라 로마에 있는 '하나님을 사랑한 사람들'에게 편지를 쓰고 있다. 이것은 하나의 교회가 구체적으로 언급되고 있는 다른 서신들과 구별된다(비교–고전 1:2, 고후 1:1, 갈 1:2[복수], 살전 1:1). 여기에서 바울은 한 집에 있는 하나의 회중에 대해서 말하고 있는데, 적어도 로마에는 이러한 가정 모임이 다섯 개 이상이 있었다(16:5, 10, 11, 14, 15). [*oikos*]

16:7. 유니아/ 유니아스(Junia/ Junias, *Iounias*)

– 다른 헬라어 단어들처럼 이것은 남자 '유니아스'(ASV, RSV, NASB, NIV)나 여자 '유니아'(KJV, NRSV, NLT, NET) 가운데 한 사람을 가리켰을 것이다. 13세기 이전의 주석가들은 이 사람을 하나같이 여성으로 이해했다. 그러나 13세기 이후에서 20세기 중반까지 남성이라는 견해를 더 선호했다(Moo, 9:22). 좀 더 최근에는 다시 여성이라는 견해로 기울고 있다. [*Iounias*]

사도들 사이에서/ …에게 잘 알려진(Well known to/ among the apostles, *episēmoi en tois apostolois*) – 70인경에 9회, 정경들에 2회(창 30:42, 에 5:4), 신약에 2회(마 17:16, 롬 16:7) 나오는 형용사 *episēmoi*는 '잘 알려진, 뛰어난, 유명한'이란 뜻이다(BAGD, 298, BDAG, 378, LN §28.31). 만약 이 단어가 사도들 가운데 '유명한'이란 뜻이었다면 유니아는 남성이었을 것이다. 그러나 '사도들 가운데 잘 알려진'으로 번역하지 않고 '사도들에게 잘 알려진'으로 번역한다면 여성의 이름으로 생각해도 별 문제가 없다(NTS 47:76-91 비교). [*episēmos*]

16:16. 거룩한 입맞춤(Holy kiss, *philēmati hagiō*) – 70인경에 2회(잠 27:6, 아 1:2), 신약에 7회, 바울 서신에 4회(롬 16:16, 고전 16:20, 고후 13:12, 살전 5:26) 나온다. 이것은 문안 인사를 하거나 애정을 나타내는 표현으로 '입맞춤'이란 뜻이다(BAGD, 859, BDAG, 1057, TDNT 9:113-46, 특히 138-41, NIDNTT 2:547-49, LN §35.42). 신약 시대에 입맞춤은 애성을 상징했고, 이것이 바로 유다의 입맞춤이 애정을 배신하는 행위였던 이유다. 이 입맞춤은 감미로운 입맞춤이 아니었기 때문에 '거룩한'(*hagiō*)이란 형용사를 사용하여, 이 애정의 표시가 같은 신자들 사이에서 꾸밈없고 순수한 것이었음을 암시하고 있다. [*philēma, hagios*]

16:18. 듣기 좋은 말(Smooth talk, *chrēstologias*) – 성경에서 여기에만 사용된 이 단어는 어원상으로 친절하고 듣기 좋은 말을 가리킨다. [*chrēstologia*]

아첨하는(Flattery, *eulogias*) – 로마서 15장 9절에서 논의한 이 단어는 어원상으로 '칭찬의 말'을 가리키며, 보통 '축복, 은혜'란 뜻이다. 하지만 이 문맥에서 거짓 교사들은 진심이 담기지 않은 듣기 좋고 아첨하는 말로 신자들을 기만하였으므로 '거짓된 웅변, 아첨하는'으로 번역된다(BDAG, 408). [*eulogia*]

속이다(Deceive, *exapatōsin*) – 로마서 7장 11절에서 논의한 이 동사는 누군가를 현혹할 의도로 '속이다, 기만하다'라는 뜻이다. 거짓 교사들은 듣기 좋은 아첨하는 말로 순진한 사람들을 속이고 있었다. [*exapataō*]

순진한(Naive, *akakōn*) – 형용사 *akakos*는 70인경에 17회, 정경들에 13회, 신약에 단 2회 나오며, 모두 로마서에서 사용되고 있다(롬 16:18, 히 7:26). 어원상으로 '나쁘지 않은 것'을 나타내며, '의심하지 않는, 어리석은(롬 16:18), 결백한, (히 7:26에서 그리스도께 사용된) 악이 없는'이란 뜻의 부정 접두사다(NIDNTT 1:563, 비교–BAGD, 29, BDAG, 34, TDNT 3:482, NIDNTT 1,561, 563, LN §§31.34, 88.2, TLNT 1:53-55). 이것은 '단순한, 어리석은'(KJV, RSV, NRSV), '순결한'(ASV, NLT), '의심하지 않는'(NASB) 또는 '순진한'(NIV, NET)으로 번역된다. [*akakos*]

16:19. 순종(Obedience, *hypakō*) – 로마서 5장 19절에서 논의한 이 명사는 '순종'을 뜻한다. 여기에서 이것은 널리 알려졌고, 바울이 자랑했던 그들의 영성을 암시한다. [*hypakō*]

그리고 악한 일에 순결한(And innocent in what is evil, *akeraious de eis to kakon*) – 70인경에 단 한번(에 16:16[맛소라 사본 8:12f LXX]), 신약에 3회(마 10:16, 롬 16:19, 빌 2:15) 나오는 형용사 *akeraios*는 문자적으로 '혼합되지 않은', 비유적으로 '순수한, 더럽혀지지 않은, 결백한'이란 의미다(BAGD, 30, BDAG, 35, MM, 18, TDNT 1:209–10, LN §88.32). 이 단어는 예수님께서 제자들을 파송하시기 전에 그들에게 뱀같이 지혜롭고 비둘기같이 순결하라(*akeraios*)고 말씀하신 마태복음 10장 16절에서 사용되고 있다. 바울은 신자들에게 선에 관해서는 지혜롭고, 악에 관해서는 순결하라고 권했다. [*akeraios*]

16:20. 사탄을 짓밟다(Crush Satan, *syntripsei ton satanan*) – 70인경에 223회, 정경들에 179회, 신약에 7회, 바울 서신에 단 한번(롬 16:20) 나오는 동사 *syntribō*는 '산산이 부수다, 파괴하다, 짓밟다'라는 뜻이다(BAGD, 793, BDAG, 976, MM, 615, TDNT 7: 919–25, LN §§19.39, 36, 39.53). 거짓 교사들의 출현은 사탄의 부추김 때문이었다. 바울은 사탄을 비롯하여 자신의 적대자들이 장래뿐 아니라 지금 이 세대에서 속히 짓밟히게 될 것이라고 주장하고 있다(Moo, 932–33, Schreiner, 804–5). [*syntribō*]

16:23. 도시의 재무관 에라스도(Erastus, the city treasurer, *Erastos ho oikonomos tēs poleōs*) – 70인경에 15회(정경들에 12회), 신약에 10회, 바울 서신에 5회(롬 16:23, 고전 4:1–2, 골 4:2, 딛 1:7) 나오는 명사 *oikonomos*는 영지의 '관리인, 행정관'이란 뜻이며, 여기에서는 고린도 성의 '재무관'을 가리킨다(BAGD, 560, BDAG, 698, MM, 442, TDNT 5:149–51, NIDNTT 2:253–56, LN §§37.39, 46.4, 57.231, TLNT 2:568–75). [*oikonomos*]

16:26. 신비(Mystery, *mystēriou*) – 로마서 11장 25절에서 논의한 이 단어는 현재의 문맥에서 비밀 또는 거룩한 비밀을 믿는 유대인들과 이방인들이 이제는 하나의 몸, 즉 교회라는 사실을 암시하는 데 사용되고 있다. 이 주제는 에베소서에서 충분히 논의하게 될 것이다. [*mystērios*]

명시되었다(Manifested, *phanerōthentos*) – 로마서 1장 9절에서 논의한 동사 *phaneroō*는 '명확한 것, 분명하게 보이는, 명백한'이란 뜻이다. 따라서 과거 세대 동안에 하나님 안에 감추어졌던 비밀은 성경의 예언을 통해 이제는 명확하게 나타났고, 모든 민족들에게 알려졌다. 바울은 에베소서에서 이 비밀이 과거에는 감추어졌으나 성령께서 사도들과 선지자들에게 알려 주셨다고 진술한다(엡 3:4–6). [*phaneroō*]

믿음의 순종(Obedience of faith, *hypakōn pisteōs*) – 로마서 1장 5절에서 논의한 이 구절은 믿음으로 이루어지는 순종이란 뜻이다. 불신앙인 불순종과 반대 개념이다(엡 2:2, 롬 11:30–32, 히 4:6, 11). 진정한 믿음에는 순종하고 싶은 마음이 반드시 들어 있다. 바울은 믿음의 순종이란 개념으로 편지를 시작하고 끝맺는다. [*hypacō, pistis*]

고린도전서

제이 E. 스미스(Jay E. Smith)

1:1. 부르심을 받은(Called, *klētos*) – 바울은 이 형용사를 사용하여 다메섹 도상에서의 자신의 경험을 말하고 있다(행 9:1–19, 22:3–16, 26:9–18, BAGD, 436, BDAG, 549). 이 용어는 또한 2절에서도 사용되고 있다. 2절에서는 고린도 사람들과 그들의 '성도'로서의 삶의 상황에 적용되고 있다(Fee, 29 n.7). 9절에 나오는 '부르다'라는 동사는 약간 다른 개념을 전달한다. 고린도 사람들은 소명이나 봉사의 영역으로 부르심을 받은 것이 아니라 구원으로 부르심을 받았다. 끝으로 1장 24절에서 바울은 2절에서와 마찬가지로 구원으로 부르심을 받은 사람들을 언급할 때, 이 형용사 *klētos*를 다시 사용한다. [*klētos*]

사도(Apostle, *apostolos*) – 바울은 *apostle*(헬라어의 영어 음역)라는 용어를 다른 곳에서 '사자'(빌 2:25) 또는 '대리인'(고후 8:23)이라는 일반적 의미로 사용한다. 하지만 여기서는 그리스도에 의해 공인된 권위를 부여받고 보냄을 받은 사람, 즉 대리인이나 사절(BDAG, 122, 2c, EDNT 1:143, LN 57:74, 비교–행 9:15, 20:24, 21, 26:16–17)로서의 특별한 임무를 지닌 사람이라는 전문적 의미를 지닌다(9:1, 15:9–10, 롬 1:5, 갈 1:1 참고, Rightmire, "Apostle,"pages 33–34 in *Evangelical Dictionary of Biblical Theology*). 그러므로 *apostolos*는 메시지를 전달할 뿐만 아니라, 보낸 사람을 대리하는 대사나 사절이다. 따라서 이 용어는 '기능'의 의미에 '직무'나 '지위'의 의미를 추가하고 있다. 신약에서 이 용어의 어법은 대리인에 대해 "한 사람의 대리인(*saliah*)은 그 사람 자신과 동일하다"라고 말하는(*m Berakkbot* 5:5) 유대의 *šālîah* 또는 '대리인' 제도의 영향을 크게 받고 있는 것 같다. [*apostolos*]

1:2. 교회(Church, *ekklēsia*) – 이 용어는 단순히 '교회' 또는 '회중'을 의미하며, '특별한 지역이나 그보다 더 광범위한 지리적 영역에 살면서 만나는 그리스도인들 전체'를 가리킨다(BDAG, 304, 3bβ). 이 용어는 헬라어 *ek*('~에서, ~으로

부터')와 *kaleō*('불러내다')에서 파생하기 때문에 대중 설교에서 '부르심을 받은 사람'으로 정의된다. 하지만 이 용어를 어근이나 단어의 구성 요소들에 근거하여 정의하는 것을 전반적으로 신뢰할 수 없으며(어원학적인 오류-서문 p.30을 참고하라), 여기에서도 오류가 틀림없다(EDNT 1:411, LN 11:32, TDNT 3:530-31). 이스라엘의 '회중' 또는 '대회'를 뜻하는 히브리어 명사인 *qāhāl*을 번역할 때 이 용어를 규칙적으로 사용한 70인경의 초기어법으로 인해 신약에서 이 용어의 의미가 이미 확정되어 있었다(BAGD, 240, 3, BDAG, 303, 3a-b). [*ekklēsia*]

<u>거룩하게 된</u> 사람들(The ones who have been <u>sanctified</u>, *hēgiasmenois*) - 이 용어는 풍부한 구약적인 배경을 갖고 있다. 장막에 쓰이는 가구나 도구들과 같이 일반적이고 평범한 어떤 것(출 40:9-13, 레 8:11, 비교-BAGD, 8, 1, BDAG, 9, 1, NIDNTT 2:225)이 주께 드려졌고, 그것은 거룩한 목적을 위해 구별되었다. 마찬가지로 고린도 교인들은 '성별되거나'(NJC) 하나님께 '드려져서'(REB) 하나님의 소유물(고전 6:19-20)로 그리고 하나님을 예배하도록(롐 1:5, 갈 1:15-16 비교) 세상으로부터 구별되었다(BAGD, 8, 2, BDAG, 9, 2 비교). 한마디로 그들은 '성도로 부르심을 받았다'(아래의 '성도'란 항목을 참고하라). 여기에서 바울은 신학자들이 때때로 '위치적 성화'(positional sanctification)로 부르는 것을 생각하고 있는 것 같다. 이것은 성품과 행동의 거룩함이 아니라, 신자가 거룩함 안에 온전히 '서 있는 것'을 의미한다. 이런 관념을 강조하는 NLT는 "그가 너희를 그리스도 예수로 말미암아 거룩하게 만들었다"라고 번역한다. [*hagiazō*]

성도들(Saints, *hagiois*) - 이 용어는 보통 '성도들'로 번역되지만, 이 번역을 이 단어의 현대적 의미(예를 들면, 로마 가톨릭 교회에서 공식적으로 성인으로 부르는 사람 혹은 신앙심이나 선행으로 유명한 사람) 때문에 잘못 이해할 수도 있다. 그보다는 '하나님의 백성'(CEV, REB, TEV)이란 표현이 '선택되어, 세상에서 구별되고, 하나님께 바쳐진' 사람들이라는 개념을 더 잘 포착하고 있다(BAGD, 10, 2dβ, BDAG, 11, 2dβ). 그러므로 이 용어가 특별히 경건한 상태보다는 하나님과 사람의 특별한 관계를 강조하기 때문에 이 용어를 번역할 때 '개인적 거룩함을 그 특성으로 하는 사람'으로 옮기지 않는 것이 중요하다(LN 11:27). [*hagios*]

1:4. 은혜(Grace, *chariti*) - '은혜'는 일반적으로는 아무런 공로 없이 주어지는 하나님의 호의이며, 좀 더 구체적으로는 받을 자격이 없는 죄인들에게까지 그리스도로 말미암아 하나님의 긍휼이 확대되는 것으로 보통 이해된다. 하지만 언어와 지식과 관련이 있는 영적 은사들을 강조하는 문맥(5, 7절)에서 볼 때, 바울은 구체적으로 영적 은사들에 대해 말할 때 '은혜'라는 단어를 사용하는 것 같다. 영적 은사는 12-14장에서의 바울의 논의의 주제다(Fee, 37). 다시 말해, 고린도 교인들은 영적 은사들의 모양으로 주어진 은혜를 받았다('풍부한 은사들', NLT). [*charis*]

1:5. 말(Speech, *logō*) - 이 용어는 고린도전서에서 17회 사용되며, 보통 여기에서처럼 '연설' 또는 '말로 하는 의사 소통'이란 뜻이다(2:4하, 13, 4:19. 20, 14:9. 19상, 19하, BAGD, 477,

BDAG, 599–600). 7절은 이 문맥에서 이 용어가 12–14장에서 주로 다루고 있는 영적 은사들(예를 들면 방언, 예언)을 특별히 가리킨다는 것을 암시한다. 다른 곳에서 바울은 보통 이 용어를 부정적 의미로 사용한다(1:17, 2:1, 4하, 13, 4:19, 20). 이것이 이 용어가 '고린도식 말'(Corinthians word), 즉 바울의 복음과 일치하지 않는 방식으로 이 용어를 자주 사용한 고린도 사람들 특유의 표현임을 암시한다(아래의 고전 1:17을 참고하라). [*logos*]

지식(Knowledge, *gnōsei*) – 이 용어는 고린도전서에서 10회 사용되며, 일반적으로 '지적인 파악'이나 '이해력'을 의미한다(8:1, 7, 10, 11, 13:2, BDAG, 203, 1). 이 문맥에서(7절을 참고하라) 이것은 아마도 예언적 계시와 관련이 있어 보이는(12:8 참고, 특히 13:2) 지식의 은사를 가리키는 것 같다(12:8 참고, 13:8, 고후 8:7 비교). 바울이 8장 1상반절에서 이 용어를 사용하고 8장 1하반절과 10, 11절에서 이 용어를 비판한 것으로 보아 바울의 고집 센 회중이 왜곡하고 오용했던 일반적인 '고린도식 말'인 것 같다. [*gnōsis*]

1:6. 그리스도에 관한 <u>증거</u>(<u>Testimony</u> about Christ, *martyrion*) – 용어만을 볼 때는 '증거' 또는 '증언'으로 번역하는 것이 적절하지만, 표현 전체는 여기에서 구체적으로 복음 메시지를 가리킨다(BAGD, 494, 1b, BDAG, 619, 1b, 비교–CEV, NLT, '그리스도'가 목적격 소유격이므로 '그리스도에 관한 증언'임에 주목하라–Robertson, Grammar, 500). [*martyion*]

견고하게 되었다(Was confirmed, *ebebaiōthē*) – 그리스도에 관한 바울의 증언은 하나님에 의해 견고하게 되었고 검증되었다(LN 28:44, 수동형의 동사는 하나님이 주어임을 암시한다). Fee(40)와 BDAG(171, 1)는 그리스도에 관한 바울의 증언이 5, 7절에서 언급한 성령의 은사들을 통해서 견고하게 되었다는 의견을 제시한다(MOFFATT, NLT, TNIV 참고, "바울의 선포는 고린도 회중들에게서 명백하게 나타난 은사들에 의해 옳음이 입증되었다"는 BDAG의 표현에 유의하라). 하지만 이것은 5절과 6절 사이의 관련성을 뒤집는 것이다. 그보다 바울은 복음이 그들 가운데 견고하게 되었기 '때문에' 고린도 사람들이 은사에 부족함이 없었다고 주장하고 있다(여기에서 '때문에'는 원인을 의미한다, BAGD, 391, 3, BDAG, 494, 3, Thiselton, 94, Zerwick–Grosvenor, 498). 다시 말하면, 성령께서 믿음으로 응답을 한 그들의 마음에 복음 진리를 가져다 주셨기 '때문에' 그들은 부족함이 없었다(Garland, 34, Thiselton, 94–95, 아래의 2:4을 참고하라). [*bebaioō*]

1:7. 은사(Gift, *charismati*) – 이 명사는 일반적으로 하나님의 '자비로운 선물인 구속'을 가리켰지만(BAGD, 879, 1, BDAG, 1081a 비교), 아마도 12–14장에서 언급된 영적 은사들을 말하는 것 같다(ESV, NET, NIV, NLT, NRSV, TNIV, Fee, 42). [*charisma*]

1:8. <u>견고하게 하실</u> 것이다(<u>Will</u> also <u>confirm</u>, *bebaiōsei*) – 이런 문맥들에서 '굳건하게 하다'(*stērizō*, 롬 1:11 참고)라는 용어를 자주 사용하는 바울은 6절에서 사용했던 '견고하게 하다'라는 동사를 여기서 다시 사용한다. 하지만 8절에서는

사람들('너희를 견고하게 하시리라')과 관련하여 이 동사를 사용하고 있으며, 따라서 사람이 자신의 약속을 굳게 지킨다는 뜻이다(BDAG, 173, 2). '너희를 견고하게 지키실 것이다'라는 번역은 이런 개념을 잘 포착하고 있는 것 같다(NAB, REB, TEV, TNIV, 비교-'유지하다', ESV). 고린도전서 1장 8절은 신자들의 안전/ 견인에 대한 중요한 증언이다. [*bebaioō*]

책망할 것이 없는(Blameless, *anenklētous*) - A.D. 20-50년의 것으로 추정되는 문서에서는 남편에게서 버림을 당한 한 부인이 이 용어를 사용해서 자신은 '비난받을 일이 없다'라고 주장한다(MM, 40). 이와 마찬가지로 바울은 고린도 사람들이 주의 심판의 날이 왔을 때 '책망 받을 것이 없게'(NASB, NIV, NRSV, TNIV), '죄가 없게'(CEV, 비교-Thiselton, 101), '결백하게'(ESV)될 것이라는 뜻으로 말하고 있다. [*anenklētos*]

우리 주 예수 그리스도의 날(The day of our Lord Jesus Christ, *hēmera*) - 이 표현은 바울과 신약의 다른 저자들이 구약(욜 1:15, 암 5:18-20, 옵 15절, 말 4:1-6)에서 차용한 것이다. 하지만 '주'(하나님을 일컫는 구약 성경의 인격적 칭호)는 일반적으로 더 이상 야훼를 뜻하지 않는다. 이제부터는 특별히 예수 그리스도를 가리킨다. 구약에서 이 '날'은 하나님께서 심판과 축복, 또는 심판이나 축복으로 개입하시고 행동하시는 때다(사 13:6-9, 욜 2-3절, 습 1:7, 1:14-2:3, 말 4:1-6). 바울은 그리스도의 재림(7절, 빌 1:6, 10, 살전 5:23-24)과 관련이 있는 '하나님의 최후의 심판의 날'(BAGD, 347, 3bβ, BDAG, 438, 3bβ)에 대해 말할 때 비슷한 표현들을 사용한다(고전 3:12-15, 5:5, 고후 1:14, 빌 1:6, 10, 2:16, 살전 5:2, 살후 2:2). [*hēmera*]

1:9. 부르심을 받았다(Called, *eklēthēte*) - 이 동사는 1-2절에서 '부르심'을 뜻하는 단어들과 관련이 있으며, 하나님께서 고린도 사람들을 구원으로 부르시는 것을 가리킨다. 이 부르심은 구원을 얻게 한다는 점에서 효율적이다. 그러나 이것은 받아들이거나 거절할 수 있는 초청이 아니다(고전 1:24-28[부르심과 선택이라는 전문용어에 주목하라], 롬 1:6, 8:30, 살후 2:13-14, 참고-BAGD, 399, 2, BDAG, 503, 4). [*kaleō*]

교제(Fellowship, *koinōnian*) - 이 용어의 정확한 의미를 단정하기가 어렵다. 아마도 이 구절이 이런 뜻은 아닐 것이라는 진술로 시작하는 것이 좋을 것 같다. 이것은 같은 생각을 가진 개인들의 교제를 말하는 것이 아니다. '그의 아들의 교제'(RSV, NKJV, NRSV)라는 번역이 이런 뜻은 아니기 때문이다. 이것은 또한 그리스도인들이 교회에서 서로 교제하는 것을 가리키는 것도 아닌 것 같다. 왜냐하면 바울은 여기에서 그리스도를 향한 구원의 부르심을 강조하고 있기 때문이다. 이 용어가 '관계적으로', 곧 '밀접한 상호 관계와 참여가 동반되는 교제'를 가리키는 것인지(LN 34.5, 비교-'그의 아들과 교제하는 것', TEV), 아니면 '위치적으로', 곧 그리스도 안에서 발견된 영적 축복들에 고린도 사람들이 참여하는 것을 가리키는 것인지(비교-'너희를 그의 아들에 참여하도록 부르셨다', MOFFATT, REB, BAGD, 438-39의 반대 감정에 유의하라, BDAG, 552-53)를 결정하는 것이 더 어렵다. 바울이 이 두 개념 모두를 마음속으로 생각했을 수도 있다. 왜냐하면 전자는 후자에 좌우되기 때문이다. 고린도 사람들은 그리스도 안에서 그분의 축복들에 참여하도록 부르심을 받았다. 거기에서 그치지 않고 그들은 내재하시는 성령으로 말미암아 그리스도와 교제하도록 부르심을 받았다(비교-고후 13:14[헬라어 본문은 13:13], 빌 2:1, NASB, NET, NIV, TNIV). 대체로 '아들과의 교제로'라는 번역이 가장 나은 것 같다(NASB, NET, NIV, TNIV). [*koinōnia*]

1:10. 분열(Divisions, *schismata*) – 마태복음 9장 16절과 마가복음 2장 21절에서 이 용어는 옷을 '찢다'는 의미로 사용되고 있다. 여기에서 이것은 도덕적 의미를 지니며, 전후 문맥에 나오는 반의어들(10절의 조화와 일치의 개념과 비교하라)과 동의어들('분쟁'[*erides*]-11절, 비교-3:3)에 의해 의미가 규정된다. 요한복음 7장 43절, 9장 16절, 10장 19절은 이 용어의 의미에 대한 훌륭한 예화를 제공한다. 이것은 또한 고린도전서 11장 18절, 12장 25절에서 사용되고 있다. [*schisma*]

온전히 연합한(Perfectly united, *katērtismenoi*) – 바울은 이 용어를 사용해서 고린도 사람들에게 마음과 생각에서 '하나가 되라'(ESV, NAB, NRSV) 또는 '온전히 하나가 되라'(NIV, NJB, TEV, TNIV)고 간청하고 있다. 헬라의 역사가 헤로도투스는 이 다채로운 용어를 사용하여 사회의 불안을 가라앉히고 하나되게 하는 것을 묘사하고 있다(Histories, 5.28). [*katartizō*]

1:12. 아볼로(Apollos, *Apollō*) – 아볼로는 바울의 후임자로 고린도에서 사역한 알렉산드리아 출신의 학식 있는 유대인이었다(행 18:24-19:1). 아볼로에 대한 다른 언급들에 대해서는 3장 4-9, 22절, 4장 6절, 16장 12절을 보라. [*Apollōs*]

게바(Cephas, *Kēpha*) – 게바는 베드로의 아람어 이름이다(요 1:42). 갈라디아서 2장 7-8절을 제외한 다른 곳에서 바울은 항상 베드로를 게바라고 부른다(고전 3:22, 9:5, 15:5, 갈 1:18, 2:9, 11, 14). [*Kēphas*]

1:13. 그리스도께서 <u>나뉘었느냐</u>(<u>Has</u> Christ <u>been parceled out</u>, *memeristai ho Christos*) – 이 부분에 대해서는 두 가지 해석이 가능하다(BAGD, 504, 1a, BDAG, 632, 1ba, 2b). 첫째, '그리스도'는 환유적인 표현으로 '교회'를 의미했다(12:12 비교). 동사는 '갈라졌다'(7:34 비교)라는 뜻이다. 따라서 이 구절은 "그리스도께서 갈라졌느냐?"로 번역되며(NASB, NRSV), 공동체 내의 분열을 가리킨다. 둘째, '그리스도'는 예수 그리스도를 가리키며, 동사는 '분배하다, 나누다'라는 뜻이다(7:17에서의 이 단어의 용법과 비교하라). 이 경우 "그리스도께서 (어느 특정 집단에게) 나누어졌느냐?"로 번역된다(MOFFATT, JB). 이 질문이 12절 다음에 오는 것이 더 자연스러우며, 12절과 13절에서 '그리스도'가 같은 의미로 이해되고 있기 때문에 두 번째 견해가 더 선호되고 있다(Fee, 60, Robertson-Plummer, 13, Thiselton, 136-37). [*merizō*]

1:16. 가정(Household, *oikon*) – 이 단어는 여기에서 '식구' 또는 '가족'을 의미한다(BAGD, 560, 2, BDAG, 699, 2). [*oikos*]

1:17. 능수능란하고 조작에 능한 웅변술의 가치

들과 관행(Values and conventions of slick, *manipulative rhetoric, sophia logou*) – 2장 4절('지혜의 말')과 2장 13절('사람의 지혜가 가르친 말')에서의 바울의 표현은 '지혜의 말(들)과 비슷한 어떤 표현을 이 구절에서 사용했을 것이라고 예상하게 한다. 하지만 바울은 어순을 바꾸어 문자적으로 '말의 지혜'라고 적고 있다. 그가 이 표현과 예상에서 벗어난 어순을 통해 말하고자 한 것이 무엇인지는 전혀 분명하지 않다. 2장 1절('웅변' 또는 '탁월한 연설')과 2장 4절('설득력 있는 말들')의 바울의 언어는 '말'이라는 용어가 헬라의 수사학적 전통을 반영하고 있음을 암시한다(고후 10:10, 11:6 비교). 따라서 말을 '연설'(NASB, NET)이나 '웅변술'(REB), '웅변'(NAB)으로 번역하는 것이 좋은 방법이다. '지혜'란 단어는 훨씬 더 어렵다. 많은 이들이 여기에서 '전문적인 지식'이나 '기술'로 이해하는 것이 좋다는 의견을 내놓는다(Barrett, 49, Collins, 85, Garland, 55–56, Litfin, St. Paul's Theology of Proclamation: 1 Corinthians 1–4 and Greco–Roman Rhetoric, 188–92, 205, LN 28.8, Pogoloff, Logos and Sofia: The Rhetorical Situation of 1 Corinthians, 109, Thiselton, 143). 따라서 바울은 '수사학적 기교를 사용하지 않는'(REB) 또는 '화려한 웅변을 사용하지 않는'(MOFFATT) 어떤 것을 마음속에 생각하고 있었을 것이다. 하지만 바울이 고린도전서에서 '지혜'라는 명사(또는 형용사 '지혜로운')를 '이 세상에 속한 일반적 지혜'(BAGD, 759, 1, BDAG, 934, 1a)의 의미로 거듭 사용하기 때문에 이 용어가 자연적, 인간적 이해 및 규범들과 가치들과 전혀 관련이 없다고 할 수 없다(Barton, *The Oxford Bible Commentary*, 1318, Garland, 55–56, Litfin 251–51, Pogoloff, 120–21, Soards, 35–36, 고전 1:20–21, 25, 26, 2:5–6, 3:18–19 비교).

뿐만 아니라 바울은 이 표현을 사용할 때 자신의 설교 형식과 스타일뿐만 아니라 그 내용에 대해서도 관심 가졌던 것 같다(Litfin, 123–24, Pogoloff, 7–69). 요컨대, 바울이 '말의 지혜'라는 표현을 사용한 것은 '인간의 이해'와 '수사학적 기법'을 모두 강조하는 그 당시의 철학적 분위기를 반영하고 있는 것으로 보인다(Fee, 65, 비교–Munck, *Paul and the Salvation of Mankind*, 153). 그러므로 바울은 순회 웅변 철학자들과 소피스트들(Sophists, 궤변론자들)이 자랑하던 정교한 웅변술을 거부했던 것이다(이것에 대해서는 아래의 추가 설명을 참고하라). 그들은 웅변술과 지혜로 고린도 사람들에게 감명을 주려고 했다. 그렇게 함으로써 그들은 그리스도의 십자가를 무력한 것(17절), 심지어는 미련한 것(18절)으로 만드는 경향이 있었다(Garland, 57–58, Soards, 35–36, Thiseton, 145–46). [*sophos, logos*]

헛되게 하다(Be rendered void, *kenōthē*) – 이 단어는 '어떤 것의 힘을 빼앗다' 또는 '헛되게 하다, 효력이 없게 하다'(BAGD, 428, 2, BDAG, 531, 2, LN 76.27)라는 뜻이다. 바울의 목적은 그리스도의 십자가의 능력을 상실하지 않게 하는 데 있었다. 즉 '수사학적 웅변과 변증법적 정교함의 영향을 최소화하거나 근절시키는 데' 있었다(Lightfoot, 157, Murphy–O'Connor, NJBC, 801, Litfin, *St. Paul's Theology of Priclamation*, 189–92, 244–52). 끝이 없는 '제단 초청들', 부끄러움이 없는 감정적 호소, 사회적 영향력을 행사하기 위해 기획된 장기간에 걸친 특별 집회들, 조작되거나 감상적인 음악, 극장 무대에서 '지옥불과 저주' 설교를 하면서 악명 높은 죄인의 이름을 불러 초청하는 등의 기교가 바울의 복음 전도 가운데는 들어설 여지가 없었다. [*kenoō*]

1:18. 말씀(Word, *logos*) – 바울은 고린도전서에서 세 번째로 이 단어를 사용하며, 매번 전혀 서로 다른 뉘앙스를 전달한다. 여기에서는 이 단어를 수식하고 있는 '십자가의'라는 문구가 단어의 개념을 정확하게 규정하는 데 도움이 된다. 즉 십자가의 메시지(예를 들면, 복음)를 뜻한다(NAB, NIV, NJB, NKJV, NRSV, TNIV). [*logos*]

미련한 것(Foolishness, *mōria*) – 이 단어는 '어리석음, 터무니없는 말(nonsense)'이란 뜻이다. 여기에서 이것은 타락한 세상이 십자가에서 죽으신 구세주에 관한 '십자가의 말씀'을 '불합리한 것, 절대적으로 어리석은 것'(BAGD, 531, BDAG, 663)으로 판단하는 것을 가리킨다. 하나님의 관점에서 볼 때, 어리석은 것은 세상의 지혜다(3:18-19, 비교-1:20). 구원받지 못한 세상은 십자가에 달리신 그리스도의 메시지를 어리석은 것으로 평가한다(1:18, 21, 23, 비교-1:25, 27, 2:14, 4:10). 한 마디로, 하나님께서 어리석다고 생각하시는 것을 세상은 지혜로운 것으로 여긴다. 세상이 지혜롭다고 생각하는 것을 하나님께서는 어리석은 것으로 여기신다. [*mōria*]

능력(Power, *dynamis*) – 이 용어는 '능력, 힘, 견고함'이란 뜻이며, 하나님께서 소유하시고 사용하시는 능력을 가리킨다. 안타깝게도 이 명사는 의미론적 시대 착오의 오류에 빠지게 하는 단어 가운데 하나다(서문, p.31). 다시 말하면, 이 단어에서 생겨난 영어 단어인 '다이너마이트'(dynamite)를 사용하여 이 단어를 정의하거나 예를 드는 것은 잘못이다(Robertson, *Word Pictures in the New Testament*, 4:77, 326). 바울은 다이너마이트를 알지 못했다. 20절과 로마서 1장 16절을 참고하라. [*dynamis*]

1:19. <u>지혜로운</u> 자들의 <u>지혜</u>(<u>Wisdom</u> of the <u>wise</u>, *sophian, sophōn*) – 바울은 이 두 단어들을 이 세상에 속한 지혜와 하나님의 지혜를 대조하기 위해 1-3장에서 각각 13회, 10회 사용한다(1:20, 2:5-6, 1장 17절의 논의를 참고하라). 이 두 가지 형태의 지혜는 양립할 수 없다. 세상의 지혜는 하나님의 지혜와 반대되며(1:21, 2:14) 지향하는 바가 완전히 다르다. 즉 세상이 지혜롭다고 부르는 것을 하나님께서는 어리석은 것으로 여기신다(1:20, 3:18-19). 따라서 잠언서 전체(특히 잠언서 1장 1-7절을 참고하라)에서 강조하는 것처럼 '지혜 있는 자들의 지혜'는 주 하나님께 순종하면서 잘 살아가는 기술이 아니었다. 영어권 문화에서 지혜와 주로 연관된 통찰력, 이해력, 또는 영민함도 아니었다. 오히려 이 지혜는 "삶을 의미 있게 하고 그리고 그 지혜를 택한 사람들에게 선택과 가치들과 우선 순위들을 명령하는 공공 철학(a public philosophy), 즉 명확한 세계관이었다"(Carson, *The Cross and Christian Ministry*, 15). [*sophia, sophos*]

1:20. <u>지혜로운</u> 사람(One who is <u>wise</u>, *sophos*) – 이 형용사는 명사로 사용되고 있다. 이 구절에서 언급하는 다른 그룹의 사람들과 함께 이들은 아마도 철학자들처럼(BAGD, 760, 2a, BDAG,

935, 2aα), '특별히 지식과 경험의 철학적인 측면들을 이해할 능력이 있는 사람으로 여겨진 전문적인 위치에 있는 사람'을 가리키는 것 같다(LN 32.35). 20절의 처음 부분은 이사야 19장 12절의 "너의 지혜로운 자가 어디 있느냐?"처럼 책망으로 보인다. [*sophos*]

모세 율법의 전문가(Expert in the law of Moses, *grammateus*) – 유대인들은 모세 율법을 연구하는 학자들이나 전문가들을 가리킬 때 이 용어(*grammateus*)를 사용했다(마 7:29, 막 12:35, BAGD, 165, 2, BDAG, 206, 2a). 이와 달리, 헬라 사람들은 이 용어를 '학자들'이나 '교사들'에게 사용하지 않고, '서기장'(행 19:35)과 같은 정부의 관리들에게 사용했다(BAGD, 165, 1, BDAG, 206, 1). 이 용어의 유대적인 배경과 22절의 '유대인'에 대한 언급에 비추어볼 때, '모세 율법의 전문가'로 이해하는 것이 좋을 것 같다(NET, 참고–CEV, TCNT, TNIV). [*grammateus*]

변론가/ 웅변가(Debater/ orator, *suzētētēs*) – 이 희귀 동사는 여기와 교회 교부 이그나티우스가 이 본문을 인용한 곳(To the Ephesians 18:1)에서만 발견된다. 수사학과 웅변술에 대해 바울이 한 말에 비추어볼 때(1:17, 2:1, 4, 13), 이 용어는 헬라의 웅변 철학자들과 소피스트들(궤변론자들)을 가리키는 것 같다. 그들은 웅변으로 사회적 추종자들을 확보했고, 바울 당시 사람들의 칭송을 받았다. 대개 '변론가'(ESV, HCSB, NAB, NASB, NET, NRSV)로 번역하고 있지만, '웅변가'가 바울의 의도를 조금 더 잘 포착하고 있는 것 같다. NIV와 TNIV의 '철학자'라는 번역은 오해의 가능성이 있다. 철학자라는 번역은 20절에 나오는 세 명칭들 가운데 첫 번째에 해당하는 sophos에 더 어울린다. 20상반절은 "현인, 학자, 웅변가 그들 모두 어디 있느냐?"로 의역할 수 있다. [*suzētētēs*]

세대…세상(Age…world, *aiōnos…kosmou*) – 첫 번째 용어는 '특별한 국면이나 역사의 한 시기로서의 시간 단위'를 묘사한다(예를 들면 세대, 시대, LN67.143, 참고–BAGD, 27, 2a, BDAG, 32, 2a). 이 용어는 역사를 두 시대, 즉 '이 세대'와 '오는 세대'로 구분하고 있는 유대 사상에서 유래한다(제1 에녹 16:1, 71:15, 제4 에스라 6:7–9, 7:47–50, 113, 8:1, 2, 제2 바룩 14:13, 15:7, 83:5–7, m Avot 2:7, 4:1, 6:4, 7). 현재의 시대는 악하고(갈 1:4), 사단의 지배를 받으므로(고후 4:4) '이 세대'라는 표현은 윤리적으로 중립이 아니다. 이 구절의 끝부분에 나오는 '세상'(*kosmou*)은 세대와 비슷하거나 거의 동일한 표현이다(이곳과 3장 19절의 '이 세상의 지혜', 2장 6절의 이 세대의 지혜를 비교하라). 이것은 우주보다는 현 세상의 제도를 가리킨다(2:12 비교). 여기에는 타락한 인간성이 포함된다. 이 세상은 부분적이며, 이 세대라는 끈으로 묶여 있다. 따라서 이 두 용어들이 상징하는 두 개의 실체는 서로 섞여 있으며 분리할 수 없다. 여기에서는 두 용어 모두 부정적인 의미를 갖고 있다. 21절에서 '세상'은 타락한 인류라는 뜻으로 사용되고 있다(Fee, 72). [*aiōn, kosmos*]

1:21. 기뻐하셨다(Was pleased, *eudokēsen*) – 이 동사는 '기뻐하게 되다'(고전 10:5) 또는 '결정하다, 결심하다, 작정하다'(살전 3:1, BAGD, 319, BDAG, 403)라는 두 의미를 지닌다. NIV, TNIV는 첫 번째 정의를 선택하여 '하나님께서 기뻐

하셨다'로 번역한다(ESV, BCSB, NASB, NET, NJB, NKJV 참고). NRSV는 두 번째 의미를 선택하여 '하나님께서 결심하셨다'라고 번역한다(AT, MOFFAT, NCV, NLT, REB, TEV 참고). 두 번째 견해는 하나님의 행동이 단순히 반응에 불과하고, 세상의 행동에 의해 결정되고 있음을 암시하기 때문에 앞에 나오는 '하나님의 지혜에 있어서는'이란 표현을 간과하는 해석으로 보인다. 첫 번째 견해를 따르는 번역이 오류의 가능성이 적어 보인다. 이 동사가 '기뻐하는 것뿐만 아니라 강한 의지를 내포하고' 있다는 피(Fee,72)의 주장은 유용한 판단이다. [*eudokeō*]

전파되어진 것(What was preached, *kērygmatos*) – 이 용어가 복음을 전파하는 행위, 즉 '전파하는 행위의 어리석음'(KJV, NET)을 가리키는 것은 아닌 듯하다. 그럴 경우 전파의 행위, 즉 전도 자체가 본질적으로 어리석다는 뜻이 되기 때문이다. 그보다는 전파된 내용을 가리키는 것으로 보인다(BDAG, 543, 2, LN 33.258, Barrett, 54, Fee, 73, Thiselton, 167, 대조–Collins, 105, Garland, 122, Litfin[198–99]은 바울이 형식과 내용을 무너뜨려 하나로 만드는 이 용어, 즉 '전파된 것의 어리석음'을 의도적으로 선택하고 있다고 주장한다–NIV, TNIV, 비슷한 견해–ESV, NASB, NJB, NKJV, REB, TEV, 23절은 바울이 전파하는 내용을 어리석은 것으로 간주했음을 암시한다). [*kērygma*]

1:23. 거리낌(Offense, *skandalon*) – 이 명사는 '감정을 상하게 하여 반대편에 서게 하다'라는 뜻이다(LN 25.181, BAGD, 753, 4, BDAG, 926, 3). 여기에서 유대인들의 감정을 상하게 한 것은 '십자가에 못 박힌 그리스도'에 대한 메시지다. 대부분의 영역본은 이 용어를 '거치는 돌'로 옮긴다. 그러나 여기에서의 요점은 그 메시지를 듣고 사람이 '걸려 넘어진 것'에 있지 않고 메시지를 듣고 반대할 정도로 감정이 상했다는 데 있다(NLT, REB, TEV). [*skandalon*]

미련한 것(Foolishness, *mōriai*) – 이 용어에 대해서는 1장 18절의 논의를 참고하라. 이 구절에서 이 용어는 기독교와 기독교의 '십자가에 못 박힌 영웅'의 '어리석음'에 대한 이방인들의 초기 반응을 보여주는 역할을 한다. 로마의 역사가 타키투스(Tacitus)는 기독교를 '파괴적인 미신'으로 간주했다(Annales 15.44, ca. A.D. 110). 로마의 전기작가 슈에토니우스(Suetonius)는 기독교를 '악영향을 미치는 미신'이라 불렀다. 또한 로마의 행정관인 플리니우스(Pliny the Younger)는 기독교는 '엄청난 규모로 수행되는 변질된 종교의식에 불과했다'라고 말했다(Epistles 10.96.8, ca. AD 151–55). 기독교 변증가인 순교자 저스틴(Justin)은 고대 세계가 복음을 어리석은 것으로 평가한 것을 다음과 같이 묘사하고 있다. "그들은 우리가 십자가에 못 박힌 사람을 변함이 없으시고 영원하신 하나님과 거의 버금가는 위치에 놓는다고 말하면서 우리를 미쳤다고 비난한다"(First Apology 13.4,ca. AD 150–155). 끝으로 1856년에 발견되고, 2세기말의 것으로 추정되는 이른바 팔라틴 그라피토(Palatine grafitto–건축물에 당시의 사람들이 남긴 글씨나 그림)는 이교도들이 '십자가에 못 박힌 주'라는 개념을 몹시 경멸했다는 것을 보여준다. 이 그라피토에는 당나귀의 머리를 가진 사람이 십자가에 달려 있는 모습이 그려져 있다. 그 사람 바로 옆에서 한 청년이 경배의 몸짓을 하고 있으며 비문에는 "알렉스메노스(Alexmenos)가 자신의 신을 경배하고 있다"라고 적혀 있다(이 그라피토의 복원에 대해서는 Everett Ferguson, Encyclopedia of Early Christianity, 3rd ed., 596-97을 참고하라. 교회교부 터툴리안[Tertulian, ca. A.D. 197]이 Apology 16.12-14에서 비슷한 그림과 비문을 설명하고 있는 것에 주목하라. To the Heathen 1.14.1). 한마디로, "이방인들은 십자가의 메시지를 기이하고 해롭지 않은 어리석음이 아니라 위험하고 거의 미친 것과 같은 어리석음으로 간주했다"(Carson, *The Cross and Christian Ministry*, 22). [*mōria*]

1:24. 하나님의 능력과 하나님의 지혜이신 그리스도(Christ the power of the God and the wisdom of God, *Christon*) - 바울이 이 부분에서 그리스도에 관한 철학적 진술을 하기 위해 지혜와 능력이란 범주를 사용하고 있는 것이 아니다. 또한 지혜를 그리스도 안에서 또는 그리스도로 인격화하고 있는 것도 아니다(Fee, 77을 참고하라). 그보다 24절에서 '그리스도'(23절의 '십자가에 못 박힌 그리스도')를 반복함으로써 다음과 같은 생각을 말하고 있다. 사도들이 선포한 십자가에 못 박힌 그리스도의 메시지는 (1) 유대인들에게 거리끼는 것, (2) 이방인들에게 미련한 것, (3) '부름 받은 사람'에게는 강력하고 지혜로운 것이다(Carson, *The Cross and Christian Ministry*, 23, Furnish, *The Theology of the First Letter to the Corinthians*, 43, Garland, 79, Hays, 31). CEV의 "우리는 그리스도께서 십자가에 못 박히셨다고 전파한다. 대부분의 유대인들은 이것을 문제 삼고 있고, 대부분의 이방인들은 어리석다고 생각한다. 우리의 메시지는 하나님께서 택하신 유대인들과 헬라인들을 위한 하나님의 지혜와 능력이다"라는 의역은 바울의 생각을 잘 포착하고 있다. 한마디로, 그리스도께서는 하나님의 능력과 지혜가 아니시다. 오히려 하나님의 능력과 지혜를 명시하는 것/ 계시하는 것은 십자가에 못 박히신 그리스도시다(Garland, 70). [*christos*]

1:26. 부르심(Call, *klēsin*) - 바울은 고린도전서에서 처음으로 이 용어를 사용한다(이 단어는 7:20에서 다시 사용된다). 여기에서 바울은 이 용어(명사) 때문에 환유법으로 알려진 비유적 표현을 사용하고 있는 것 같다. 왜냐하면 바울은 여기서 '부르심'이란 단어를 부르심을 둘러싼 환경이란 뜻으로 사용하고 있기 때문이다(환유법에 대해서는 고전 2:16의 '그리스도의 마음'을 참고하라). 많은 역본들이 이것을 포착하고 있다(CEV, NIV, NJB, NLT, REB, TEV, TNIV). 특히 NET는 "너희의 부르심의 환경에 관해 생각하라"고 매우 분명하게 번역한다. [*klēsis*]

유력한(Influential, *dynatoi*) - 이 형용사는 '영향력이 있는'이란 뜻이며, 특히 정치적, 사회적 분야에서 영향력이 있고 뛰어난 사람을 가리킨다(BAGD, 208, 1aα, BDAG, 264, 1aβ). 이 단어와 26절에 나오는 다른 두 개의 명칭들을 사용할 때, 바울은 예레미야가 '지혜로운 자', '강한 자', '부자'에 대해 언급하고 있는 예레미야 9장 23절(70인경의 9:22)을 떠올렸던 것 같다. 그 반사작용으로 바울은 31절에서 예레미야 9장 24절(70인경의 9:23)을 인용하고 있다. 이것이 사실이 아니라면 바울은 26절과 31절에서 그 내용이 예레미야 9장 23-24절과 몹시 비슷하고, 문맥상으로 1장 26-31절에서의 바울의 주장과 일치하는 제1 왕국기 2장 10절(70인경의 사무엘상에 해당함)을 사용했을 수도 있다(삼상 2:1-10, 비교-Hays, 34-35). [*dynatos*]

귀족 출신(Noble birth, *eugeneis*) - 이 용어는 '높은 신분을 지닌' 또는 '가문이 좋은'이란 뜻이다(BAGD, 319, 1, BDAG, 404, 1, LN 87.27). 이 단어는 누가복음 19장 12절에서 '어떤 귀족'을 묘사할 때 사용되었다. 많은 영역본들(ESV, NIV, TNIV, NRSV, REB)은 이 구절에서 이 용어를 '귀족 출신'으로 번역한다. '높은 사회적 신분을 지닌'(TEV), '상류층 인사들'(NET)이란 번역도 도움이 된다. 이 설명들은 고린도교회의 신자들 대부분이 그 사회의 부유하고 힘 있는 사람들이 아니었다는 증거다. 26절의 표현(또한 28절 참고)은 사회의 가장 낮은 계층에게 잘 어울린다. 7장 21-22절의 노예들에 대한 언급과 11장 22절의 가난한 사람들에 대한 진술로 미루어볼 때, 교회에는 이 계층의 사람들이 다수 있었다. 하지만 이 모든 것에 예외는 있었다. 고린도의 신자들 가운데 재산이 있고 가문이 좋은 사람도 있었기 때문이다(고전 1:14과 행 18:8의 그리스보, 고전 1:1과 행 18:17의 소스데네, 고전 1:14과 롬 16:23의 가이오와 에라스도를 보라). [*eugenēs*]

1:27. 택하셨다(Chosen, *exelexato*) - 이 용어는 27절에서 2회, 28절에서 1회 사용되며, '하나 또는 그 이상의 가능한 대안을 선택하다'(LN 30.86)라는 뜻이다. 여기에서의 관심사는 예정이란 영원한 법령의 신학적 의미에서의 '선택'에 있지 않다. 그보다는 '하나 또는 그 이상의 가능한 대안에 대한 하나님의 주권적 선택'(LN 30.86), 즉 지혜롭고 강하고, 우월한 사람들과 비교할 때 어리석고 약하며 낮은 자를 선택하는 데에 있다. [*eklegomai*]

1:28. 비천한 자들(Lowly things, *agenē*) - 여기서 명사의 역할을 하고 있는 이 형용사는 '귀족 출신이 아닌'이란 뜻이며(BAGD, 8, BAGD, 9), 26절의 '귀족 출신'(*eugeneis*)의 반대 개념이다. 하지만 '낮은, 하찮은, 열등한'이라는 좀 더 일반적 의미로 사용되기도 한다(BAGD, 8, BDAG, 9, LN 87.59). 이 용어가 중성이라는 것은 바울이 좀 더 일반적인 의미에서 이 단어를 사용하고 있음을 암시한다. 대부분의 영역본들은 이 의미를 반영하고 있다. 특히 "하나님께서 세상이 보기에 열등한 것을 선택하셨다"라는 번역은 이 의미를 아주 잘 반영하고 있다(LN 87.59). 이 구절의 나머지 설명들도 같은 분위기에서 진행된다. [*agenēs*]

쓸모없게 하다(Bring to nothing, *katargēsē*) - 이 동사는 고린도전서에서 9회 사용되며(1:28, 2:6, 6:13, 13:8[2회], 10, 11, 15:24, 26), 모두 종말론적인 혹은 '종말'의 상황(살후 2:8, 딤후 1:10 비교)과 '이 세대에 종말을 가져오시는 하나님의 목적'과 관련하여 사용되고 있다(Hafemann[*Paul, Moses, and History of Israel*, 308], 301-309은 이 용어에 대한 폭넓은 논의를 제공하고 있다). 여기서는 '있는 자들'이라는 표현과 짝을 이루며, '어떤 것이 끝에 이르다'(비교-BAGD, 417, 2, BDAG, 525, 3, LN 13:100), 또는 '제쳐두다, 무시하다'(TDNT 1:453, NET,

비교-EDNT 2:267, NIDNTT 1:73, CEV, NCV, TEV)라는 뜻이다. 따라서 지금 하나님께서는 있는 것을 폐하시기 위해 세상의 '없는 자들'을 선택하신다. 다시 말하면, 하나님께서는 이 세상으로부터 소중한 여김을 받는 사람들과 사물들에게서 영원한 중요성을 박탈하기 위해 그렇게 하신다(비슷한 견해-Garland, 77, Soards, 47). [*katargeō*]

1:30. 하나님으로부터 온 <u>지혜</u>(<u>Wisdom</u> from God, *sophia*) - "예수 그리스도께서 하나님께로부터 나와서 우리에게 지혜가 되셨다"라는 바울의 주장은 예수 그리스도의 인격을 지혜와 동등시하는 철학적인 진술이 아니다. 오히려 바울은 그리스도께서 '구원의 활동에서' 하나님의 지혜를 명시하셨다고 말하고 있다(참고-Fee, 85-86, Ibid., "Wisdom Christology", 361-62, Kistemaker, 65, 비슷한 견해-Hays, 33, 반대 견해-Witherington, 116-17). 이것은 적어도 다음과 같은 두 가지 이유에서 옳은 것 같다. 바울은 (1) 외견상으로는 십자가에 못 박히신 역사적 사건을 강조하는 것 같지만, 그리스도께서 지혜가 '되셨다'라는 것을 암시하고 있고, (2) 이 지혜를 구속론적/ 구원론적 관점 즉 칭의, 성화, 구속의 관점에서 정의하고 있다. 따라서 하나님께로부터 온 이 지혜는 바로 '십자가에 못 박힌 그리스도'(1:23-24 비교), 즉 십자가에 못 박히신 메시아를 통해 세상을 구원하는 하나님의 계획이다. 한마디로, 바울은 기독론 중심의 개인적 진술이 아니라, 구속론 중심의 역사적 진술을 하고 있다. 그리스도께서는 인간의 모습을 한 지혜가 아니라 '우리를 위한 지혜'이시다. 그리스도께서는 구원 사역을 통해 하나님의 지혜, 곧 하나님의 구원 계획을 분명하게 보여주셨다. 그리스도인들에게 의, 성화, 구속을 안전하게 보장하는 것은 하나님으로부터 온 이 지혜다(BAGD, 9, BDAG, 10는 이 세 용어들이 환유적 표현이라는 것을 지적한다[아래의 고전 2:16의 논의를 참고하라]. 환유법은 추상적인 것을 구체적인 것으로 표현한다. 따라서 하나님으로부터 온 지혜는 의와 성화와 구속이 아니라, 그러한 특별한 종류의 의로움의 '창조자' 또는 '원천'이다, 비슷한 견해-Carson, 33, Garland, 79). [*sophia*]

의로움…거룩함…구속함(Righteousness…sanctification…redemption, *dikaiosynē*…*hagiasmos*…*apolutrōsis*) - 이 세 용어를 가지고 바울은 구원에 대한 세 가지 은유나 묘사를 제공하고 있다. 바울은 여기에서 이 은유들을 사용하여 구원의 과정의 연속적인 단계들(예를 들어, 맨 처음의 칭의, 그 다음의 점진적인 성화, 궁극적 영화)을 묘사하는 것이 아니다. 오히려 각 은유는 각기 다른 관점에서 구원을 묘사한다고 볼 수 있다. '의로움'은 그리스도인의 권리, 곧 하나님 앞에서의 법적인 신분을 묘사하는 법적인 은유다. '거룩함'은 그리스도인들이 속한 배타적인 영역(예들 들어, 세상으로부터 구별되어 하나님께 바쳐진 것)을 묘사하는 종교적 은유다. '구속함'은 노예 제도에서 차용한 개념으로 신자들이 죄의 형벌이나 죄의 권세로부터 그리고 최종적으로 죄가 존재하는 곳으로부터 구출되는 것을 묘사한다. [*dikaiosynē, hagiasmos, apolutrōsis*]

2:1. 증거(Testimony, *martyrion*) **또는 비밀**(Mystery, *mystērion*) - 여기에서는 바울이 실제

어느 용어를 사용했는지를 결정하는 것이 중요하다. '증거'로 읽는 고대의 사본들도 많으며, '비밀'로 읽는 사본들도 많다(아래의 7절의 논의를 참고하라). 두 독법들을 지지하는 증거들은 팽팽하다. 이것은 '증거'를 선택하는 역본들(ESV, HCSB, NASB, NET, NIV, NKJV, TNIV)과 '비밀'을 지지하는 역본들(NAB, NJB, NRSV)에서 알 수 있다. 결국 전달하고자 하는 취지는 본질적으로 동일하다. 즉, 바울이 하나님의 메시지의 전달자였다는 점이다. [*martyrion*] or [*mystērion*]

2:3. 약함(Weakness, *astheneia*) – 이 용어의 의미는 분명하지 않다. 적어도 다음의 세 가지 가능성이 존재한다(BDAG, 142). (1) '육체적 병, 질병'(갈 4:13, 딤전 5:23), 바울의 육체의 가시(고후 12:7, 비교–갈 4:13–15), (2) 그 당시의 유능하고 논리 정연한 웅변가들과 비교하여 무능하고 부족하다(고전 15:43)는 느낌에서의 '약함'('약한'[*asthenēs*] 자는 주 안에서 자랑하라는 고전 1:26–31과 비교하라), (3) '자신감의 결여, 적합하지 않다는 느낌' 또는 '소심함'(BAGD, 115, 2, BDAG, 142, 3, LN 25.269). 바울은 이 세 가지 모두(그리고 아마도 다른 감정들)를 느꼈을 것이다. 아마도 육체적으로 허약한 바울이 고린도 사람들의 눈에 약하고 하찮게 보였을 가능성도 있다(고후 10:10, Winter[*Philo and Paul Among the Sophists*, 146 비교]는 육체적인 '기품', 즉 좋은 몸매, 호소력 있는 목소리, 어울리는 제스처가 '훌륭한 소피스트[궤변론자]의 필수적인 시금석'이었다고 강조한다). 바울이 육체적 약함 때문에 자신감을 상실했고 개인적으로 부적합하다고 느꼈을 수도 있다(그리스도의 '능력이 약한 데서 온전하여진다'고 말하고 있는 고후 12:8–10과 비교하라). 역설적으로 고린도 사람들이 바울의 약함과 고난을 불명예의 상징으로 그리고 그의 지도력의 합법성에 이의를 제기하는 근거들로 여겼지만, 바울은 이것들을 오히려 자신의 사도의 직분을 특징짓는 증거들로 여겼다(고전 4:8–13, 고후 6:3–10, 11:16–12:13, 딤후 1:11–12 참고, DPL, 918–21, 966–67 비교). [*astheneia*]

두려워하고…떨며(Fear…Trembling, *phobō…tromō*) – 바울이 구체적으로 무엇에 대해 말하고 있는지, 무엇 때문에 이런 태도를 보였는지 전혀 분명하지 않다. 사도행전 18장 9–10절은 바울이 고린도에서 자신의 안전 때문에 두려워했다는 것을 암시한다(행 16:19–24, 17:5–9, 13–14, 살전 3:4 비교). 그의 두려움과 근심을 일으킨 다른 요인들로는 아덴에서 최근의 경험들(행 17:16–34), 외로움과 고립감(행 17:5, 18:5 비교), 고린도에서 그가 맡았던 과중한 업무와 그것 때문에 느낀 개인적인 부족함, 그리고 질병의 경험(예를 들면, '육체의 가시'–고후 12:7, 갈 4:13–15 비교) 등이 있었다. 끝으로 바울은 자기 자신을 약하고 두려움이 많은 사람으로 묘사함으로써 고린도 사람들로 하여금 자신을 대중 연설가들과 철학자들의 거만, 자기 선전 그리고 그들의 카리스마와 비교하게 했으며, '소피스트들과 달리 바울의 설교와 태도는 참으로 진실했다는 것'을 기억하게 했다(Fee, 94, 비슷한 견해–Barrett, 63–64, 고전 1장 17절의 논의를 참고하라). [*phobos, tromos*]

2:4. 내 말과 내 전도함(My word and my proclamation, *ho logos⋯to kērygma*) – 이 두 용어들 사이의 확실한 차이를 설명하기가 매우 어렵다. 아마도 한편으론 이 차이는 '형식'과 '내용'의 차이일 것이다('내 말과 내가 선포한 메시지' –WEYMOUTH, REB 비교). 또는 이와 정반대, 즉 '내용'과 '형식'의 차이일 가능성도 있다('내 메시지와 내 설교'–NASB, NIV, TNIV, 1장 4하반절에서의 이 용어의 어법에 비추어볼 때 이 경우일 가능성은 거의 없다). 이와 달리 이 두 용어들이 동일한 의미의 단어이며 강조와 명료성을 위해 이 용어들을 반복 사용했다고 볼 수도 있다(Collins, 119, Conzelmann, 54, Thiselton, 217–18). 끝으로 바울이 가장 관심 갖고 있는 것은 사도로서의 자신의 활동이다. BDAG의 '나의 표현 방법과 내 복음 선포'(BDAG, 543, 2, BAGD, 599, 1αβ)라는 번역은 이런 바울의 관심사를 잘 포착하고 있는 것 같다. [*logos, kērygma*]

증명(Demonstration, *apodeixei*) – *apodeixei*는 신약에서 여기에만 사용되며, 고대의 수사학에서 사용하던 전문 용어다. 바울이 '웅변'(1절)과 '설득력 있는 말'(4절)을 부정하고 있는 것으로 보아, 바울은 이 단어를 전문적인 용법으로 의도적으로 사용하고 있는 것 같다(EDNT 1:127). 이것은 보통 '증명'으로 번역되며, '설득력 있는 증거, 증언, 확증'이란 의미를 전달한다(BAGD, 89, BDAG, 109, LN 28.52 n 15, MM, 60–61). 고대 로마의 웅변가 퀸틸리아누스(Quintilian)는 이 단어의 전문적인 의미에 대해 "*απόδειξιζ* (*apodeixis*)는 명확한 증거다"(Institutio oratoria 5.10.7, ca. AD 92)라고 묘사한다. 또한 로마의 웅변가 키케로(Cicero)는 이것을 '논리적 증거'라고 부른다(Academica 2.8.26[*Academica priora*], ca. 45 BC). 아리스토텔레스의 수사학(Rhetoric 1.2.3–6) 이후로 웅변가들은 청중을 설득하기 위해 이용할 수 있는 다음과 같은 세 가지 방법이 있다는 것을 인정했다. (1) 연설자의 도덕적 성품, 즉 *ethos*에 호소하는 것, (2) 연설을 듣는 청중들에게 생겨난 감정, 즉 *pathos*에 호소하는 것, (3) 연설에서 논리적 논법들, 즉 *logos*에 호소하는 것(참고–Hansen, "Rhetorical Criticism,"822 in DPL). 하지만 바울은 이런 방법을 사용하지 않았다. 그는 '복음을 제시하고 선포할 때' '설득력 있는 웅변'을 사용하지 않았다. 그는 수사학적인 논증이 아니라 성령의 능력으로 '증명'했다. 이 때문에 바울의 복음 전도의 효율성은 '겉포장'이 아니라 하나님의 능력에 좌우되었다(Hays, 36, 고전 1:17의 '헛되지 않게 하다'를 참고하라). [*apodeixis*]

성령의 그리고 능력의(Of the Spirit and of power, *pneumatos⋯dynameōs*) – 이 두 용어는 종종 함께 사용되고 있다(행 1:8, 10:38, 롬 15:13, 19, 고전 5:4, 살전 1:5). 아마도 두 용어들이 이사 일의를 형성하는 것 같다(Collins, 120, Fee, 95–이사 일의란 '기분 좋고 편안한, 기분 좋은 편안함'이란 표현과 같이 하나의 개념을 나타내기 위해 두 개의 단어를 사용하는 것이다). 따라서 여기에서는 '성령의 능력'을 의미한다(NIV, TNIV, 비교–AT, NJB, REB, TEV). 이것은 사도들이 행한 표적들과 기사들을 가리키는 것일 수도 있다(롬 15:19, 고후 12:12, 비교–'영적인 능력'[REB]). 그러나 이 견해는 3절에 나오는 바울 자신에 대한 묘사와 일치하지 않는다. 그보다 이 표현은 아마도 바울의 복음 전파에 동행하시는 성령이 제공하는 초자연적인 확신(즉, 주체적 속격인 '성령에 의해 제공된 증명'–Thiselton, 222, 비교–Bruce's *Paraphrase*, MOFFATT)을 말하는 것 같다(13절 비교, 롬 8:16, 특히, 살전 1:5, 고전 1:6의 '견고하게 되었다'에 대한 논의를 참고하라). [*pneuma, dynamis*]

2:6. 지혜(Wisdom, *sophian*) – 여기에서 바울이 말하는 지혜는 사람의 지혜나 세상적인 통찰 또는 이해가 아니다. 오히려 이 지혜는 하나님의 지혜다(1:23–24, 2:5의 사람의 지혜와 대조되고, 2:7의 하나님의 지혜와 동일하다). 이 문맥에서 지혜는 다름 아닌 십자가에 못 박히신 그리스도의 메시지다(Carson, *The Cross and Christian Ministry*, 45–46, Collins, 128, Fee, 101–2, Garland, 92, Litfin, 214, Murphy–O'Connor, NJBC, 801–2). 동의어적인 병행 구절들인 1장 23–24절과 1장 30절, 그리고 대조적인 병행 구절인 1장 18절은 이것을 분명히 증명한다. [*sophia*]

장성한(Mature, *teleiois*) – 논쟁의 여지가 없는 것은 아니지만, 이 단어의 일반적 의미는 '완전하게 성장한, 성숙한 또는 장성한'으로 널리 알려져 있으며(BAGD, 809, 2a–b, BDAG, 995, 2b–3), 대개 '성숙한'으로 번역한다(ESV, HCSB, NAB, NASB, NET, NIV, NKJV, NRSV, REB, TNIV). 따라서 여기에서의 쟁점은 용어의 의미가 아니라 용어가 지시하는 것, 즉 바울이 이 용어를 가지고 말하고자 하는 것과 관련이 있다. '장성한 사람들'은 지혜를 인정하는 사람들이기 때문에 여기에서 '지혜'라는 용어가 중요한 역할을 한다. 이 지혜의 정수는 바로 십자가에 못 박히신 그리스도에 대한 메시지이기 때문에(앞의 표제어를 참고하라), '장성한 사람'은 모든 그리스도인들을 가리킨다. 그러므로 이 지혜를 깨닫지 못하는 사람들이 장성하지 않았거나 약한 그리스도인들이 아니라 바로 비기독교인(8하반절의 '이 세대의 통치자들')이라는 사실은 이 같은 이해를 뒷받침하는 것 같다. 이것은 바울이 모든 참된 신자들 가운데 소수만이 이해할 수 있는 '더 고상한 지혜'나 '더 깊은 진리들'에 대해 말하는 것이 아니라는 뜻이다(Blomberg, 63, Carson, *The Cross and Christian Ministry*, 45–46, Collins, 128, Fee, 101–2, 112). 바울이 그런 것들에 대해 말하고 있었다면, 특정한 엘리트 신자 그룹의 존재를 인정하는 것이기 때문에 일치와 관련한 그의 주장(1:12–13 비교)을 뿌리째 뒤흔드는 것이었을 것이다. 대신에 바울은 하나님만이 참으로 '지혜'를 갖고 계시며, 그 지혜의 본질은 십자가에 못 박힌 그리스도에 대한 메시지에 있고, 모든 신자들이 이 지혜를 깨닫고 받아들이고 있다고 말하는 중이다. 따라서 여러 가지 면에서 바울의 주장은 구약의 마지막 장(章)과 신약의 첫 장 사이에 있는 문서인 솔로몬의 지혜서 9장 6절의 다음과 같은 주장을 따르고 있다. 즉 "사람들 가운데서 온전한(*teleios*) 사람조차도 당신(하나님)께로부터 오는 지혜(*sophia*)가 없다면 아무것도 아닌 것으로 여겨지게 될 것입니다." [*teleios*]

통치자(Ruler, *archontōn*) – 8절에서도 사용되고 있는 이 용어는 통치 또는 지배하거나 통치권을 지닌 사람을 암시한다(BAGD, 113–14, BDAG, 140, LN 37.56). 여기서는 이 '통치자들'의 정확한 신분이 실제적으로 중요한 문제다. 신약에서 이 용어는 사회의 지도자들과 관리들(요

7:26, 48, 롬 13:3)과 사탄 혹은 사탄의 세력(마 9:34, 12:24, 막 3:22, 눅 11:15, 엡 2:2)에게 사용되고 있다. 이를 근거로 기본적으로 두 가지, 적어도 네 가지 다른 해석이 제안되고 있다. 바울이 (1) 이 땅의 정치적 종교적 통치자들(Fee, 103–4), (2) 악마적 세력들(Barrett, 70, Collins, 129), (3) 사회의 지도자들과 함께 연합하여 활동하는 악마적 세력들(Arnold, *Powers of Darkness*, 102–4, 227–28, 특히 n.6, Blomberg, 63, Garland, 94) 또는 (4) 인간 사회의 사회정치학적 구조들(예를 들면, 정치적 폭력 상황, 거짓 종교들, 억압과 박해의 세력들)과 그것들 배후에 있는 것으로 추정되는 악마적 세력들(Thiselton, 238–39)에 대해 말하고 있는 중이다. 이것은 매우 복잡한 문제이고, 각 해석을 지지하는 많은 주장들이 제시되고 있다. 첫 번째 견해, 즉 바울이 사회의 지도자들, 특히 1장 20절과 26절에서 언급한 사람들에 대해 말하고 있다는 견해가 전후 문맥에 가장 잘 어울린다. 바울은 1–2장에서 인간의 지혜와 하나님의 지혜 사이를 일관되게 대조한다. 비슷한 결과를 묘사하기 위해 비슷한 동사(*katargeō*)를 사용하고 있는 고린도전서 1장 28절에서는 결국은 '폐하여지게 될' 이 세상의 '지혜로운 자들'(1:27)'을 '없어질' '통치자들'(2:6)과 동일시하고 있는 것 같다. '통치자들'은 '장성한 자들'(2:6)과 반대되는 곳에 서 있는 지혜로운 개인들을 가리킨다(2:8). 비슷한 결과를 묘사하기 위해 비슷한 단어(*ginōskō*)를 사용하고 있는 고린도전서 2장 14절에서는 하나님의 지혜를 알지(*ginōskō*) 못하는 '통치자들'(2:8)을 '하나님의 일들'을 알지(*ginōskō*) 못하는 '성령 받지 못한 사람들'과 동일시하고 있는 것 같다. 뿐만 아니라 '통치자들'(*archōn*)과 동일한 용어가 고린도전서 2장 8절에서처럼 예수님의 죽음에 책임이 있던 사람들을 묘사하는 누가복음 23장 13, 35절, 24장 20절, 사도행전 3장 17절, 4장 5, 8, 26절, 13장 27절에서도 사용되고 있다. 이 시기의 바울의 사상에서 악마적 세력들을 배제하기 어려운 이유들로는 (1) 고린도 사람들의 사회적, 문화적, 종교적 배경(예를 들어, 초기 영지주의)과 바울의 신학과 유대적인 유산(예를 들면, 묵시 문학적 세계관)의 영향들, (2) 곧 없어지게 될 운명인 악마적 세력을 포함하는 '이 세대의 권력들'에 관한 신약의 수많은 개념들(특히 요 12:31, 16:11, 고전 15:14, 골 2:15, 살후 2:8, 히 2:14, 또한 요 14:30, 고후 4:4, 엡 1:21, 2:2, 6:12 참고), 그리고 (3) 6–8절과 에베소서 3장 9–11절 사이의 언어적 유사성("이 세대에는 숨겨진 비밀, 즉 하나님의 지식이 이제는 하늘에 있는 통치자들과 권세들에게 알려지게 되었다") 등이 있다 (Blomberg, 63n. 1 비교). 하나님의 지혜에 대해 알지 못하는 이 사회의 통치자들이 악마적인 세력들과 연합하여 활동하고 있다는 것이 바울에게 자명한 사실이었을 것이다(고후 4:4, 갈 1:4, 엡 2:2, 6:12, 비교–요일 5:19). [*archōn*]

없어질/ 멸망하는(Coming to nothing/ perishing, *katargoumenon*) – 이 용어는 다음과 같이 다양한 해석이 가능하다. 통치자들이 그 권력을 잃어버리거나 그 자리에서 물러나게 될 것이다(MOFFATT, NCV, TEV). 그들은 수멸되어 존재하지 않게 될 것이다(CEV). 또는 그들은 사망과 영원한 저주, 또는 사망이나 영원한 저주를 겪게 될 것이다(NET, NRSV). 다행히도 전후 문맥에서 다음의 세 가지 요소가 이 동사의 의미를 명확하게 하는 데 도움이 된다. (1) 동사의 현재 시제(따라서 통치자들의 소멸 과정은 이미 진행중이다), (2) 이 통치자들의 마지막과 하나님께서 '영광을 위하여'(7절) 미리 정하신 신자들의 마지막의 뚜렷한 차이, (3) '이 세대의 통치자들'이 그 표적이라는 사실. 따라서 이 세대를 다스리는 통치자들은 쫓겨나게 되고(MOFFATT, NCV, TEV, EDNT 2:267, 그리스도께서 현재 그들을 폐하고 계신다고 말하고 있는 고전 15:24–26을 참고하라), 결국은 멸망하게 된다(NRSV, BAGD, 417, 2, BDAG, 526, 3). 다시 말해서 그들은 사망과 영원한 형벌을 받을 운명이다(고전 15:24–26, 살후 2:8). [*katargeō*]

2:7. 비밀(Mystery, *mystēriō*) – 이 명사는 고대 유대 문학에 중요한 배경이 있다(EDNT 2:466–47, TDNT 5:813–17). 이 헬라어 용어와 이 용어의 히브리어와 아람어 동의어들(*sôd*, *rāz*)은 사람이 발견할 수 없는 비밀들의 계시를 강조한다. 다니엘 2장 27–30절이 대표적이다(참고–단 2:18–19, 47, 제2 바룩 81:4, 제1 에녹 46:2, 제4 에스라 10:38, t Levi 2:10, 1QpHab 7:4–5). 이 용어는 또한 헬라의 밀의의 종교들에서 중요했다(BAGD, 530, BDAG, 661–62, EDNT 2:446–47, TDNT 5:803–813). 하지만 바울의 이 용어의 사용은 구약과 유대 사상에 뿌리를 두고 있는 것 같다. 따라서 바울이 밀의의 종교들의 (입회자들에게만 알려진) 비밀 의식들에 대해 말하고 있는 것 같지는 않다. 신약 전체에서 28회 이상, 바울 서신에서 21회, 고린도전서에서만 6회 사용되는(2:1, 7, 4:1, 13:2, 14:2, 15:51) 이 용어의 주된 의미는 '사람이 발견할 수 없는 어떤 것, 계시될 때까지 알려지지 않거나 숨겨진 어떤 것, 하나님의 비밀'이다(롬 16:25, 엡 3:3–5, 9, 골 1:26–27, BDAG, 662, 1, LN 28.77 비교). 드물기는 하지만 이 용어는 신비스럽고 난해하거나 불가해한 어떤 것을 묘사하기도 한다(이런 사례들에 대해서 고전 13:2, 14:2, 살후 2:7, 딤전 3:9을 참고하라, BDAG, 662, 1c–2). '은밀한'이란 표현과 10–13절에서 하나님의 계시를 강조하고 있는 것으로 보아, 여기서는 사람이 발견할 수 없는 어떤 것들이란 뜻을 지닌다(Bruce, 38, Collins, 130, Fee, 105, Thiselton, 240–41). 이 점에 관해서 예수님을 십자가에 못 박은 '이 세대의 통치자들'이 깨닫지 못한 것이 '더 고상'하거나 '더 깊이 있는'기독교 신앙의 진리들이 아니었다는 사실에 유의할 필요가 있다. 오히려 그들에게 감추어졌기 때문에 그들이 알지 못했던 것은 십자가에 못 박히신 그리스도에 대한 메시지였다(이런 '감추어짐'에 대한 통찰력 있는 논의를 보기 위해서는 Carson, *The Cross and Christian Ministry*, 48–50을 참고하라). [*mystērion*]

우리의 영광을 위하여…<u>미리 정하셨다</u>(<u>Predestined</u>…for our glory, *proōrisen*) – 이 복합동사는 '미리 결심하다, 미리 결정하다'라는 뜻이며(BDAG, 873, 비교–LN 30.84), '임명하다, 결정하다'는 동사 *horizō*의 강조형이다. '만세 전에'라는 표현을 추가함으로써 미리 결정했다는 것을 한층 더 강조한다. 바울은 이 동사를 네 번 더 사용하며(롬 8:29, 30, 엡 1:5, 11), 문맥상으로 모두 구원을 가리킨다. 이것은 특히 '우리의 영광을 위하여'라는 표현과 함께 바울이 여기 7절에서 구원의 언어를 사용해서 하나님의 지혜를 설명하고 있다는 증거다(바울이 구원의 정점을 설명하기 위해 롬 8:18–30에서 이와 동일한 동사와 '영광'이란 용어를 사용하고 있는 것과 비교하라. 그리고 하나님의 '미련한' 지혜가 구원하는[*sōzō*] 능력이 있다고 말하는 1:21에서의 바울의 진술을 기억하라). 이것은 역으로 6–7절에서 하나님의 지혜가 장성한 그리스도인들만이 이해할 수 있는 기독교 신앙의 '더 고상'하거나 '더 깊이 있는' 진리들이 아니라 모든 그리스도인들이 알고 있는 십자가에 못 박히신 그리스도에 대한 구원의 메시지와 동일시되고 있다는 증거다(Robertson–Plummer, 38–39 비교). REB의 다음과 같은 의역은 이 동사만이 아니라 문장 전체를 강조하고 있는 것을 표현하는 데 도움이 된다. 바울은 하나님께서 "우리들에게 정해진 영광을 주시기 위해서 처음부터 구상했던' 지혜에 대해 말했다. '미리 결정하다'(*proorizō*)라는 동사는 신약에서 바울 서신을 제외하고 사도행전 4장 27–28절에서 한 번 더 사용된다. 하지만 두 상황 사이에는 흥미로운 유사성이 있다. [*proorizō*]

2:9. 자기를 사랑하는 사람들을 위하여 준비하셨다고…<u>기록되어</u> 있다(It is <u>Written</u>…prepared for those who love him, *gegraptai*) – 바울은 도입 기능을 갖고 있는 이 동사를 사용해서 성경 인용을 소개한다(이 인용의 출처는 불확실하지만, 아마도 인용하거나 의역한 출 20:6, 사 51:15, 64:4[70인경의 64:3], 65:17[70인경의 65:16], 렘 3:16을 포함한 여러 구절들을 결합하고 있는 것 같다, Collins, "pastiche of biblical allusions", 132). 그렇게 하는 이유는 6–8절의 다음과 같은 두 요점을 강조하기 위해서다(Fee, 107을 참고하라). (1) 불신자들('이 세대의 통치자들')은 하나님께서 십자가로 말미암아 세상에 구원을 가져다 주셨음을 알지 못했다(한마디로 그들의 눈, 귀, 마음은 그것을 깨달을 수 없었다). 그리고 (2) 하나님께서는 우리의 영광을 위하여(7절) 이 구원과 그것의 모든 유익들, 즉 '자기를 사랑하는 자들을 위해 예비하신 이것들'을 미리 준비하셨다. [*graphō*]

2:10. 우리에게(Us, *hēmin*) – 바울은 2장 6–16절에서 인칭대명사('우리/ 우리에게/ 우리의')를 9회 사용한다. 그 가운데 5회는 1인칭 복수인칭대명사인 '우리'를 사용하고 있다(7하, 10, 12상, 12하, 16절). 나머지 네 곳에선 '우리가 말하다'(6, 7, 13절) 또는 '우리가 알다'(12절)는 동사에 인칭대명사가 포함되어 있다. 2장 6–16절에서 복수 인칭대명사('우리/ 우리에게/ 우리의')의 사용은 그것이 곧 2장 1–5절과 3장 1–4절에서 등장하는 '내'가 '너희에게' 말한다는 패턴의 중단을 의미한다는 점에서 중요하다. 이 대명사들이 구체적으로 누구를 말하는가에 관한 논쟁은 대개 셋으로 나누인다. '우리'는 (1) 바울과 다른 사도들과 교사들(Elicott, 36, 40, Fisher, 38, 40–43, Mare, 201–2, Winter, 1165–66), (2) 바울을 포함한 모든 신자들(Clooins, 122–23, 132, 134, Thiselton, 229, 274 n, 241), (3) 위의 둘 모두(Fee, 101 n. 13, 102, 112–13 n. 63는 이 견해에 대한 확실한 증거들을 제시하고 있다. Funk, *Language, Hermeneutic, and Word of God*, 286 n. 46, 300 n. 17)를 가리킨다. 이 문세가 매우 복잡하고 어려워 보이지만 피(Fee, 112 n. 63)의 지적처럼 "구절 전체의 의미를 이해할 때 '우리'에 대한 해석이 중요하기" 때문에 소홀해서는 안 된

다. '우리'가 바울과 다른 사도들(4:9)과 교사들, 즉 가장 유명한 아볼로(3:4-9, 22, 4:1, 6)와 베드로(1:12, 3:22, 9:5)를 가리킨다고 보는 첫 번째 견해가 가장 적절해 보인다. 바울은 개인의 체험(2:1-5, 1:10-17 비교)과 판단(3:1-4)을 논의할 때에는 단수 '나'를 사용하고, 그 자신과 아볼로가 함께 연관된 경우에는 복수 '우리'(2:6-16, 1:18-25 비교)를 사용한다. 바울과 아볼로의 협력 관계에 대한 3장 5-9절의 설명은 이런 사실의 간접적 증거이고, 따라서 바울의 '우리'의 용법을 분명하게 보여준다(이런 의미에서 '우리'를 사용하고 있는 4:6과 비교하라). 문맥적으로 이 독법이 옳다는 사실은 '사도적인 합의'가 고린도전서의 공동 주제라는 사실에 의해 더욱더 지지된다(4:17, 7:17, 11:6, 14:33, 16:1, 특히, 15:11). '우리'가 바울과 아볼로를 가리킨다는 해석은 고린도전서 1-4장의 전체 논증에서도 상당히 타당성이 있다. 바울은 지혜에 대해 비교적 비판적이다(1:18-25). 따라서 그와 그의 사역의 동반자들('우리')은 실제로 지혜를 전하고 있으면서도 그 지혜가 고린도 사람들의 지혜와 다른 것이라는 것을 주장하고 있다(Fee, 103). 이제 2장 6-16절에서 바울은 자신과 아볼로(그리고 베드로)가 전파하는 지혜의 출처를 묘사하고 있다. [*hēmeis*]

계시하셨다(Revealed, *apekalupsen*) - 이 동사는 '어떤 것을 완전하게 알게 하다, 드러내다, 밝히다, 폭로하다'라는 뜻이다(BGAD, 92, BDAG, 112, LN 28.38). 여기에서 이것은 신의 자기 계시와 같은 객관적이고 공개적인 행위(고전 3:13, 살후 2:3, 6, 8 비교)보다는 바울과 다른 사도들과 교사들에게 진리를 계시하시는 하나님의 사적 행위를 가리킨다(엡 3:5, 갈 1:12, 엡 3:3에서는 이 동사의 명사형을 사용하고 있다). 이제 그들은 '성령께서 가르치신 말'로 그것을 고린도 사람들에게 전하고 있다(13절). [*apokaluptō*]

하나님의 깊음들(The <u>depths</u> of God, *bathē*) - 로마서 11장 33절에 나오는 이와 비슷한 표현('하나님의 지혜와 지식의 풍성함의 깊음들')은 바울이 성령께서 찾고 계시하는 하나님 그분의 지혜의 깊이에 대해 말하고 있다는 것을 암시한다(Fee, 111, 비슷한 견해-Abbott-Smith 74, Ellicott, 63, Morris, 57, Collin, 133, Thiselton, 257). 다시 말해서 바울은 '겉만을 살피는 사람의 통찰과 반대되는 하나님의 길들과 판단의 측량할 수 없는 깊이'에 대해 말하고 있다(NIDNTT, 2:198). CEV는 다음과 같이 도움이 되는 의역을 제공한다. 즉 "성령께서는 모든 것, '심지어 하나님의 마음속 깊은 곳에 있는 것조차도' 찾아내신다"(Bruce's *Paraphrase*, PHILLIPS, TEV 비교). [*bathos*]

2:12. 세상의 <u>영</u>(<u>Spirit</u> of the world, *pneuma*) - 이 표현은 바로 다음에 '하나님으로부터 온 영'이란 비유적 표현을 쓸 것을 예상하고 사용한 것 같다. 바울과 다른 사람들이 받은 성령을 대조의 방법을 사용하여 강조하려는 의도도 있다(롬 8:15과 딤후 1:7은 비슷한 방법으로 대조를 사용하는 것과 비교하라). 여기에서 '영'은 어떤 초자연적 실재를 가리키지 않고, 인품, 사고방식, 세상의 가치들(우리는 때로 이것을 '시대의 영'이라 부른다-Barrett, 75, BAGD, 677, 5g, BDAG, 835, 5g, 비교-롬 11:8, 고전 4:21, 갈 6:1)을 묘사한다. 따라서 '세상의 영'이라는 표현은 실제적으로 '이 세대의 지혜'(6절)와 동의어다.

[*pneuma*]

2:13. <u>성령을 받은 사람들에게 성령의 일들을 설명하는</u>(<u>Explaining the things of the Spirit to those who have the Spirit</u>, *pneumatikois pneumatika sygkrinontes*) – 동사와 그리고 헬라어 본문에 첫 번째로 나오는 단어인 형용사 '영적인'(*pneumatikois*)의 의미가 명확하지 않기 때문에 이 부분의 의미가 불확실하다. 남성형이나 중성으로 쓰인 이 형용사(어느 경우든 철자는 동일하다)는 다음의 셋 가운데 하나를 가리키는 것 같다. (1) 이것은 중성이며 일반적으로 '영적인 일들'을 가리킨다. (2) 이것은 중성이며(남성형일 수도 있다) 성령이 가르치는 것이나 말들을 가리킨다. (3) 이것은 남성형이고, '영적인 사람들'을 가리키며, 따라서 14–15절에서의 육에 속한 사람과 신령한 사람의 대조를 예상하게 한다(BAGD, 679, 2bα–β. BDAG, 837, 2bα–β 참고). 동사 역시 '비교하다', '결합하다', '설명하거나 해석하다'라는 세 의미 가운데 하나다(BAGD, 774. BDAG, 953). 어느 것을 선택하느냐에 따라 다음과 같은 다양한 해석이 가능하다(이탤릭체는 형용사 p*neumatikois*에 대한 번역이다). (1) "영적인 일들을 '영적인 것'과 비교하는"(즉 '우리가 이미 소유하고 있는 영적인 은사들과 계시들을 받아서 그들을 판단하게 될 영적인 은사들과 계시들과 비교하는'–BAGD, 774, BDAG, 953, Zerwick–Grosvenor 비교, NKJV, RV), (2) "영적인 일들을 '영적인 말들'과 결합하는"(즉 '영직인 진리를 영적인 형식으로 제공하는'–BAGD, 774, BDAG, 653, ASV, AT, NAB, NASB, NIV, NJB), (3) "영적인 일들을 '영적인 관점에서' 해석하는/ 설명하는"(이 해석은 첫 번째 것과 매우 비슷하다, MOFFATT, NAB, TNIV), (4) "영적인 일들을 '영적인 사람들에게' 설명하는"(CEV, ESV, HCSB, MLB, NCV, NET, NRSV, PHILLIPS, REB, TEV).

어려운 결정이기는 하지만 네 번째 견해가 가장 나아 보인다. '해석하다, 설명하다'가 70인경에서 이 단어의 일반적인 의미다(창 40:8, 16, 22, 41:12, 13, 15, 70인경의 단 5:7, 5:12, 16[*Theodotion*] 비교). 바울의 어휘 가운데 상당수가 70인경에 기초한다. 이 구절 자체는 문법적으로 13상반절의 '말하다'는 동사와 연결된다. 그리고 '모든 일들'도 마찬가지다. 이것은 앞으로 말하게 될 것보다 이미 말한 것과 개념상으로 더 밀접한 연관이 있음을 암시한다. 이것은 오히려 세 번째 견해처럼 형용사 '영적인'(*pneumatikois*)이 상반절의 '성령께서 가르치신 말들'과 관련이 있다는 것을 암시한다. 하지만 이러한 독법은 불필요해보인다. 왜냐하면 "우리는 성령께서 우리에게 주신 말들을 말하고, 영적인 진리들을 설명하기 위해 성령의 말들을 사용한다"(NLT)는 뜻이 되기 때문이다. 게다가 바울은 2장 15절과 3장 1절에서 성령 받은 사람을 가리킬 때, 형용사 '영적인'(*pneumatikois*)을 사용하고 있다. 따라서 바울이 이 난해한 구절을 사용하여 말하고자 했던 것은 다음과 같은 네 번째 견해다. 즉 "우리는 성령을 받은 사람들에게 영적인 일들을 말하고…설명하는 중이다"(REB, TEV 비교). [*pneumatikos, pneumatikon, sygkrinō*]

2:14. <u>성령이 없는</u> 사람(The person <u>without the Spirit</u>, *psychikos*) – 이 형용사는 '하나님의 성령

에 의해 규정되는 것과 대조적으로, 인간적이고 이 세상적인 실존에 속하는'이란 뜻이다(BAGD, 894, BDAG, 1100, LN 41.41, 고전 15:44, 46 비교). '성령이 없는 사람'(CEV,NVV, NIV, TNIV, TEV) 또는 '불신자'(NET, 비교-NLT)라는 번역은 바울이 '성령이 전혀 없는 자연인'에 대해 말하고 있다는 것을 나타낸다(Garland, 106, 비교-100, 참고-Blomberg, 64, Fee, 116-17, Hays, 46, TDNT 9:663, Thiselton, 269). 이것은 이 사람에 대한 바울의 다음과 같은 삼중적인 설명에 의해 명확해진다. (1) 그 사람은 성령의 일들을 받아들이지 않는다. (2) 그 사람은 그런 일들을 어리석다고 생각한다. (3) 그 사람은 그런 일들을 이해할 수가 없다(8, 12절의 성령을 받은 사람들은 '하나님께서 은혜로 주신 것들을 알고 있다'와 비교하라. 참고-유 19절, 약 3:15). [*psychikos*]

받아들이지 않고…그리고…이해할 수도 없다 (Does not accept…and…cannot understand, *ou dechetai…ou dynatai gnōnai*) - 이것은 '받아들임으로써 찬성을 나타내다' 즉 '찬성하다, 받아들이다'라는 뜻이다(BAGD, 177, 3b, BDAG, 221, 5). 조동사와 함께 사용된 두 번째 동사는 '이해하다, 파악하다'라는 뜻이다(BAGD, 161, 3a, BDAG, 200, 3a). 바울은 이 동사를 8절에서 2회, 11절에서 1회 사용했으며, 16절에서 다시 사용할 것이다. '이 세대의 통치자들'이 하나님의 지혜를 알지 못했다는 8절에서의 이 동사의 용법이 도움이 된다. 그러나 그들이 하나님의 지혜를 알지 못하는 이유는 하나님의 지혜를 거절했기 때문이 아니라 그보다는 하나님의 지혜가 숨겨져 있어 그들이 발견할 수 없기 때문이다(7절, 비교-9-10, 12, 13절). 그러므로 이 통치자들은 하나님의 계획을 인지적 수준이나 지적 수준에서 단순히 이해하지 못하는 것이 아니다(비교-눅 23:34, 행 3:17, 13:27, Carson, *The Cross and Christian Ministry*, 49-50, Fee, 106, Graffin, "Some Epistemological Reflections", WTJ 57[1995]: 110, Thiselton, 248). 11절에서 이 동사는 다음과 같이 동일한 인지적, 지적 수준을 강조하고 있다. 즉 "하나님의 성령 외에는 아무도 하나님의 생각을 알지 못한다." 끝으로 이 동사의 16절에서의 용법은 다음과 같이 같은 것을 강조하고 있다. 즉 "누가 주의 마음을 알겠느냐." 따라서 14절에 나오는 쌍둥이 표현들은 불신자에 관해 사실을 보충 설명하는 것으로 보인다. 이와 달리 불신자는 성령의 일들(NJB, NRSV는 방언과 예언과 같은 영적인 은사들을 성령의 일들로 간주하는 잘못을 다시 범하고 있다)을 어리석다고 생각하기 때문에 받아들이지 않는다. 이것은 불신자가 영적인 일들을 이해하지 못한다는 뜻이 아니라, 그런 진리들을 환영하거나 받아들이지(*dechetai*) 않는다는 뜻이다. 그들은 어리석은 사람이라는 판단을 받고 있다(1:18, 21, 23 비교). 다른 한편으로 '영적인 일들은 성령을 통해서만 분별되기 때문에'(14절, 비교-9, 10상, 12, 13절) 불신자가 알거나 이해할 수 있는 능력이 없다(*ou dynatai gnōnai*)는 것 또한 사실이다. 따라서 불신자가 갖고 있는 핸디캡은 이중적이다. 그 사람이 복음을 어리석은 것으로 거절한다는 점에서 그 핸디캡은 의지적인 것(도덕적인 것)이다. 그러나 그 사람이 성령의 도움을 받지 않는 한 영적인 진리를 온전하게 이해할 능력이 없다는 점에서 그것은 인지적이다(Morris, 59).

이 인지적 문제는 인간의 유한성의 결과이며, 신학자들이 일반적으로 죄가 '지성에 미치는 결과들'(*the noetic effects*)이라고 부르는 것, 즉 죄가 인간의 사고와 추론 능력에 미치는 해롭고 비도덕적인 영향이다(눅 24:25-27, 롬 1:18, 21, 28, 8:7, 11:8, 고후 4:3-4, 엡 1:17-18, 4:17-18, 딛 1:15-16 비교). 프로테스탄트 개혁자인 존 칼빈(John Calvin)은 다채롭고 유용한 비유시리즈에서 영적 진리들을 파악하지 못하는 불신자를, 색깔을 구별하기 위해 노력하는 소경, 협주곡을 듣고 있는 당나귀 그리고 '한밤중에 들판을 건너가는 여행자'에 비교했다. "그 여행자는 잠깐 동안 사방에서 번쩍이는 빛을 보았으나, 순식간에 그 빛이 사라지자 한 걸음도 채 내딛기 전에 밤의 어둠속에 다시 빠져버렸다. 그는 그 누구의 도움도 받지 못한 채 홀로 자신의 길을 가야만 했다"(*Institutes of the Christian Religion* 2.2.18, 비교-1 Corinthians, 38[on 1:20]). 이런 현상에 대한 성경의 예들을 보려면 사도행전 17장 18, 32절, 18장 5절, 26장 24절을 참고하라. [*dechomai, ginoskō*]

영적으로(Spiritually, *pneumatikōs*) - 이 부사는 '영 또는 영적인 특성에 속하는'이란 뜻이며(BDAG, 837, LN 12.21, 26.10 비교), 주로 '영적으로'라고 번역한다(ESV, NASB, NIV, NRSV). 하지만 문맥은 성령(10, 11, 12, 13, 14절)과 성령의 활동(10, 13절)을 강조하고 있기 때문에 바울이 어떤 직관적 과정이 아니라 성령의 일에 대해 말했을 가능성도 있다(Fee, 117, Thiselton, 271). '성령으로 말미암아'(TNIV)와 '성령의 도움으로'(Abbort-Smith, 368, 비슷하게, BAGD, 679, 2, BDAG, 837, 2, NJB, REB)란 번역은 이 의미를 잘 포착하고 있다. [*pneumatikōs*]

분별하다(Discern, *anakrinetai*) - 바울은 이 동사를 10회 사용하며, 모두 고린도전서에 나온다(2:14, 15[2회], 4:3[2회], 4:4, 9:3, 10:25, 27, 14:24). 이 단어가 고루 분포되어 있고 주로 논쟁적인 맥락(4:3-4, 9:3, 10:23-30)에서 사용된다는 사실은 고린도에 있는 바울의 적대자들 사이에서 이 동사가 널리 사용되었다는 증거다. 사실 많은 주석가들은 이 동사가 두 번 나오는 15절이 고린도 사람들의 모토이자 캐치프레이즈였고, 슬로건이었다고 말한다(Horsley, 61, Thiselton, 271-72). 이 용어는 일반적으로 '시험하다, 조사하다'라는 뜻이며(LSJ, 109, Garland, 101, Lightfoot, 181-82), 가치 판단이나 평가를 위해 실행된 조사행위를 나타낸다. 이것은 재판관들이 조사에서 사실들에 도달하기 위해 증거를 엄밀하게 검토하는 것을 가리킬 때 사용되기도 했다(눅 23:14, 행 12:19, 24:8, 28:18, Sus, 48, 51, 참고-LSJ, 109, 2, TDNT 3:943). 여기 2장 14절에서 바울은 성령만이 이 증거를 조사할 수 있고, 성령의 일들에 관한 사실들은 성령에 의해서만 인정되고 파악될 수 있다는 것을 말하기 위해 이 용어를 사용하고 있는 것 같다(Lightfoot, 181-82 비교). 피(Fee, 118)는 "성령의 일들은 성령에 의해서 이해되도록 '조사되고 분별되어야 한다'"고 훌륭하게 표현한다.

2장 15절에서 두 번 계속해서 나오는 이 동사의 용법은 바울이 추가한 수식어들 때문에 더욱 더 어려워진다. 즉 '영적인 사람(성령을 지닌 사람)은 '모든 것들을' 판단하나 그 자신은 '아무의' 판단도 받지 '않는다'(NASB). 문맥에서 분리하여 문장의 의미 자체만 보면, 이것은 엄청나게 놀라운 진술이다. 이 진술은 신자가 인간 노력의 모든 영역에서 전문적이고 백과사전적 지식을 가지고 있으며, 다른 사람들의 징계와 충고가 필요하지 않는 일종의 난공불락의 '르네상스인'이라는 것을 암시하는 것 같다. 이러한 본문 해석은 바울이 고린도에 있는 자칭 엘리트, 즉 소위 '신령한'또는 '장성한'사람들의 모토를 흉내 내고 있다는 견해로 기울기 쉽다. 하지만 문맥적으로 해석한다면 이 진술은 바울 자신의 입장이나 고린도 사람들의 슬로건에 대한 바울의 재해석으로 이해할 수 있다. 이 구절 앞부분에 나오는 '모든 것들'이란 구절은 10절을 생각나게 할 뿐만 아니라, 동시에 14절의 '하나님의 성령의 일들'을 가리키는 것처럼 보인다. 성령을 받은 사람은 '모든 것들'(*panta*)을 통달하시는(*eraunaō*) 성령'(10절)을 받았기 때문에 성령과 마찬가지로 모든 것(*panta*)을 통달할 수 있는 능력을 갖게 된다. 따라서 성령을 받은 사람은 하나님과 하나님의 방법들, 특히 이 단락의 중요한 주제인 하나님의 지혜로운 구원 계획과 관련된 '중요한 모든 일들을 조사하고 평가'할 수 있다(7, 9하, 12하반절, Lightfoot's wording). 이 구절 뒷부분에 나오는 "그러나 자기는 아무에게도 판단을 받지 아니한다"라는 구절은 14절의 '하나님의 성령의 일들'과 마찬가지로 성령을 받지 않은 사람은 그 누구도 그리스도인들을 이해할 수 없다는 것, 즉 성령을 받지 않은 사람들에게 그리스도인은 수수께끼라는 뜻이었거나(Garland, 101, Lightfoot, 181–82, 비교–MOFFATT, NET, NLT, PHILLIPS) 아니면 동일한 동사가 세 번 사용되고 있는 4장 3–5절에서처럼, 그리스도인은 인간적인 것에 불과한 판단을 받지 아니한다는 것, 다시 말해서 그리스도인은 근본적으로 하나님께만 해명할 책임이 있다는 뜻이었을 것이다(Barrett, 78, Bruce, 41, Fee, 118, Gaffin, 116, Thiseton, 273–74, Toussint, 143). 대다수의 영역본들은 후자의 해석을 따르고 있으며, 2장 14하–15절에 대한 다음과 같은 의역은 바울의 사상의 핵심을 잘 표현하고 있다.

14하 "성령이 없는 사람은 그것들을 알 수 없다. 왜냐하면 그러한 일은 성령에 의해 '평가/ 판단되기' 때문이다.
15상 그러나 성령을 지닌 사람은 성령에 속한 모든 일들을 '생각할 수 있고 판단할 수' 있다,
15하 그러나 그 자신은 성령을 받지 않은 그 어떤 사람에 의해 '올바르게 평가/ 판단'되지 않는다, (또는)
15하 그러나 그 자신은 인간적인 것에 불과한 '평가/ 판단에 궁극적으로 예속'되지 않는다." [*anakrinō*]

2:15. 영적인(Spiritual, *pneumatikos*) – 명사의 기능을 갖고 있는 이 형용사는 '자연인, 세속적인 사람', 곧 14절의 성령을 받지 아니한 사람과 대조된다. 그러므로 이것은 '성령을 받은 사람'(TNIV, 비교–CEV, NLT, TEV), 즉 '그리스도인'(12:13 비교)을 가리키는 것으로 이해하는 것이 적절하다. 앞에서 말한 것처럼 이 단어가 처음에는 바울만을 가리키는 단어였을 가능성이 있다(Fee, 9n, 23, 118–19, Murphy–O'Connor, NJBC, 802, Winter, 1166 비교). 이 단어 자체는 고린도 사람들과 바울의 갈등을 반영하는 것일

수도 있다(4:3-5, 18, 9:3, 14:37-38 비교). 15하반절은 바울이 자신의 적대자들의 인간적인 것에 불과한 판단들에 흔들리지 않았다는 것을 암시한다. [*pneumatikos*]

2:16. 그리스도의 마음(Mind of Christ, *noun*) – 바울은 이 용어로써 환유법으로 알려진 비유법을 사용하고 있다. 이사야 40장 13절의 인용(16상반절)과 그 표현의 영향을 받은 바울은 마음이란 용어를 마음의 결과들(즉 그리스도의 생각, 의견, 관점, BAGD, 545, 4, BDAG, 680, 3, 특히, Abbott-Smith, 306, 비교-TDNT 3:944)이란 뜻으로 사용하고 있다. 따라서 이 단락의 성령의 활동에 대한 강조와 일치하는 이 구절은 "우리가 성령께서 계시하는 그리스도의 생각들을 가지고 이해한다"라는 뜻이다. 한마디로 이 마지막 구절은 12절의 내용의 반복이다(또한 10상반절과 비교하라). [*nous*]

3:1. 영적인(Spiritual, *pneumatikois*) – 특별히 경건하거나 장성한 사람들이 아니라 단지 성령을 받은 사람들을 가리키는 이 용어에 대해서는 2장 15절의 논의를 참고하라. 2장 6절의 '장성한'과 3장 1절의 '영적인'을 비교할 때("우리는 장성한 자들 가운데서는 지혜를 말한다"[*laleō*]와 "나는 영적인 자들에게 말하듯이 너희에게 말할 수 없다"[*laleōo*]의 비교) '장성한'이란 용어가 모든 그리스도인들을 지칭하기 때문에 이 견해를 확증하는 것 같다(위의 고전 2:6을 참고하라). 따라서 바울은 3장 1절에서 고린도 사람들에게 성령을 소유하지 않았다고 말하는 것이 아니라 그들을 '성령을 지닌 사람들'(REB, TEV)로 부를 수 없다고 말하는 것이다(바울이 그들을 여전히 '형제와 자매'라고 부르고 있는 것에 유의하라). 따라서 이 구절은 (고린도 사람들이 틀림없이 소유하고 있었던) 성령을 지닌 사람답게 행동하지 않았다는 뜻을 함축하고 있다. 바울은 3절에서 이것, 즉 그들의 위치와 실천 사이의 불일치에 대해 '너희는 여전히 육신에 속해 있고', '인간의 방식대로 생활하고 있다'라고 명시한다. [*pneumatikos*]

육신으로 만들어진(Made of Flesh, *sarkinois*) – 이 형용사는 명사 '육신'(*sarx*)에서 파생되었으며, '육체적 영역에 속하다'(BDAG, 914, 1, 비교-LN 79.4) 또는 '육신으로 만들어지다'(Abbort-Smith, 402, BAGD, 743, 1, MM, 569)라는 뜻이다. 이것은 고린도 사람들의 인간적 모습, 특히 그들의 육체적이고 육신적인 생활 모습을 강조한다. 육신이란 용어 그 자체가 부정적인 단어는 아니지만 '영적인'이라는 용어와 대조되고 있기 때문에 부정적인 뜻을 내포하게 되었다. 그러므로 바울은 고린도 사람들을 성령을 받은 사람들로 부르지 않고 '육신에 속한 사람들', 즉 성령을 받지 않은 '일반인들'이라 불렀다(LN 79.4). 이것은 자신들을 '영적인' 사람들로 생각하고(2:15, 3:18, 8:2, 14:37, 바울이 다른 서신들 모두에서 '영적인'[*pneumatikos*]이란 용어를 9회 사용한 것에 비해 고전에서만 15회 사용하는 것에 유의하라), 육체를 매우 하찮게 여길 뿐 아니라 심지어는 증오하며 몸의 부활을 부정하기까지 한(6:13, 15:12) 고린도 사람들에게 가슴 아픈 모욕임이 틀림없었다. [*sarkinos*]

젖먹이들(Infants, *nēpiois*) – 바울은 새로운 개종자들이 그리스도인으로서의 순례 여정의 시작 단계에 있다고 간주한다. 2절에서의 그의 비판은 믿음의 진보에 실패한 고린도 사람들을 향한 것이었다. 다시 말해, 문제는 유아라는 데 있는 것이 아니라 유아 상태에 머물러 있는 것이었다. 바울은 '젖먹이'라는 용어를 어린애 같거나 유아적인 행동을 묘사할 때 경멸의 의미로 자주 사용했다(롬 2:20, 고전 13:11[5회], 14:20[관련 동사형], 갈 4:3, 엡 4:14, Fee, 124–25, 비교–EDNT 2:464). 만약 바울이 이제 막 그리스도인으로서의 생활을 시작한 새로운 회심자들을 유아라고 불렀다면 이 용어는 그가 1절에서 사용하기에 자연스런 용어가 아니다. 이 용어 대신에 바울이 긍정적인 의미에서 사용하고 있는 '어린아이'(*teknon*)라는 용어(고전 4:14–17, 고후 6:13, 갈 4:19, 빌 2:22, 살전 2:7, 11, 딤전 1:2, 18, 딤후 1:2, 2:1, 딛 1:4)가 더 적합해 보인다. 결론적으로, 1절에 나오는 바울의 비난을 다음과 같이 의역할 수 있다. "나의 그리스도인 친구들인 여러분은 성령을 받은 사람다운 행동을 보여주지 않았습니다. 대신 여러분들은 성령을 받지 못한 일반 사람들처럼, 다시 말해 젖먹이 어린아이 같은 그리스도인으로 행동하였습니다." [*nēpios*]

3:2. 젖…딱딱한 음식(Milk…solid food, *gala*…*brōma*) – 이 단어들의 의미에 대해서는 이견이 없다. 하지만 이 단어가 가리키는 것에 대해서는 이견이 많으며 혼동의 가능성이 있다. '젖'이 의미하는 것은 간단하다. '젖'은 십자가에 못 박히신 그리스도에 대한 메시지이며, 그것만이 바울의 메시지였다(2:2). '딱딱한 음식'이 가리키는 의미는 좀 더 어렵다. 전통적으로 이것은 높은 수준의 기독교 가르침을 가리키는 것으로 이해되고 있다(히 5:11–14, 벧전 2:2 비교). 바울이 근본적으로 '젖'(초보적인 기독교 진리)과 '딱딱한 음식'(높은 수준의 기독교 교리, 조금 다른 견해를 제시하는 Liftin, St. Paul's Theology of Proclamation, 221–22을 참고하라. 그는 바울에게는 '두 가지 메시지, 곧 복음과 내부의 엘리트들을 위한 비밀스런 지식이나 지혜'가 있었다고 말하면서 일반적으로 범할 수 있는 실수를 잘 피해가고 있다) 사이의 차이를 설명하고 있다는 것이다. 하지만 이것은 적절하지 않다. 오히려 '젖'과 '딱딱한 음식'에 대한 일반적인 해석을 포기하고, 바울이 2절에서 '젖'과 '딱딱한 음식'을 먹는 방법에 대한 고린도 사람들의 구분에 대해 말하고 있다고 보는 것이 더 낫다(Dahl, "The Church at Corinth,"48 in Studies in Paul: Theology for the Early Christian Mission, by N. A. Dahl, Francis, "Babes in Christ,"50–57, 특히, Hooker, "Hard Sayings: 1 Corinthians 3:2,"Theology, 69[1966]:21). 그렇다면 바울은 "나는 너희에게 딱딱한 음식이 아니라 단순히 젖이라고 생각하던 것을 주었다. 왜냐하면 너희가 이것을 하나님의 깊은 지혜, 즉 너희들이 몹시 동경하고 있었던 딱딱한 음식으로 받아들이지 않았기 때문이었다. 사실 너희는 지금도 그것이 딱딱한 음식이라는 것을 알지 못하고 있다"는 의도로 말했을 것이다(Fee, 124–26, Garland, 108–9, Stords, 67, 76, Thiselton, 291–92, 비교–Bruce, 42). 따라서 바울이 고린도 사람들에게 '딱딱한 음식'을 주지 않은 것이 아니다. 그보다는 고린도 사람들이 바울의 메시지를 젖에 불과한 것으로 판단했던 것이다. 그들은 십자가에

못 박힌 메시아보다 더 비밀스럽고 더 세련된 어떤 것을 원했다. 그들은 '딱딱한 음식', 즉 사람의 지혜를 향상시키고 현란한 웅변술로 표현된 복음을 원했다(Liftin[22 n.30]은 이 해석에 관심을 가졌지만 자신의 견해로 선택하지는 않았다). 안타깝게도 고린도 사람들은 바울이 자신들에게 진짜 '딱딱한 음식', 즉 십자가에 못 박히신 그리스도에 대해 가감이 없는 메시지를 제공했다는 것을 깨닫지 못했다. "고린도 사람들에게 필요한 것은 음식을 바꾸는 것이 아니라 관점을 바꾸는 것이다"(125). [*gala, brōma*]

3:3. 육신적인(Fleshly, *sarkikoi*) – 1절에서 바울은 *sarkinos*('육신으로 이루어진')란 용어를 사용했다. 여기에서 바울은 3절에서 두 번 사용하고 있는 *sarkikos*('육신적인')로의 중요하면서도 포착하기 어려운 변화를 시도하고 있다. 차이는 각 단어들의 어미에 있다. 앞의 단어의 어미 '*-inos*'는 '…로 이루어진'이란 뜻이다. 그리고 뒤의 단어의 어미 '*-ikos*'는 '…과 같은'이라는 뜻이며, 도덕적, 윤리적 의미를 함축하고 있다(BDF § 113.2, Moulton, A Grammar of New Testament Greek 2:378). 두 어미들 사이의 이런 의미상의 차이가 신약 시대 동안의 모든 단어들의 용법에서 등장하는 것은 아니다. 하지만 바울에게는 유효한 것 같다(Moulton 2:378, 비교-Lightfoot, 184-85, Robertson, Grammar, 158). 헬라어 명사 *sarx*('육신')에서 형용사 *sarkikos*('육체의 본질과 특성을 지닌, 즉 육체와 같은')와 *sarkinos*('육신으로 만들어진/ 구성된')가 생겨났다. '육신'(*sarx*)은 '타락하고 회개하지 않는 인간적 본성'을 뜻하는 바울의 용어이므로(롬 7:5, 18, 25, 8:3-13, 갈 5:13, 16, 17, 19, 24, 6:8, 엡 2:3, 골 2:11, 13, 아래의 고전 5:5의 논의를 참고하라) *sarkikos*는 대개 '타락한 인간 특유의 본성'을 의미한다(Carson, The Cross and Christian Ministry, 73). 이 때문에 바울은 고린도 사람들을 '육신적'(*sarkikos*)이라고 주장하는데, 이것은 타락한 인간성을 그 특성으로 소유하고 있다는 뜻이다. 한마디로 그들은 그리스도인들이었고 (그리고 육신에 속했을[*sarkinos*] 뿐만 아니라), 다른 방식으로(육신적으로[*sarkikos*]) 행동했다. 바울은 '육적인 그리스도인'이 존재할 수 있다는 것을 분명히 강조하고 있다. 육적인 그리스도인은 3장 1-4절의 핵심 주제다. 그는 천국을 보장받은 진짜 그리스도인이지만, 생활에서 불신자들과 구별이 없는 사람이다. 한마디로 '육적인 그리스도인'은 '회개하지 않는 사람처럼 살아가는'그리스도인이다(고전 3:3, Bruce's Paraphrase, MLB, NET, NLT). 하지만 어떤 사람이 영원히 그런 상태에 머무는 것은 불가능해 보인다. "수년 전에 신앙 고백을 했지만 그리스도인다운 믿음, 생활, 회개, 가치 또는 관심을 조금도 나타내지 않고 여러 해 동안 살아온 모든 사람을 '육적인 그리스도인' 또는 '세속적 그리스도인'이라고 해서는 안 된다. 아마도 그 경우에는 회심이 거짓일 가능성이 더 크다"(Carson, The Cross and Christian Ministry, 74, 비슷하게 Blomberg, 78, 80, 83). 진짜 그리스도인은 영적인 열매를 맺게 될 것이다. 이와는 달리 그리스도인이 육적인 방법으로 살다가 죽을 가능성도 있다(고전 10:30). 따라서 (죄 된 본성이 시키는 대로 행동하는) 육신적 욕구가 그리스도인에게 있을 수도 있으나 진짜 그리스도인의 경우 일시적 상태에 불과하다. 다시

말하면, 그리스도인이 육적으로 행동할 수 있고, 때때로 그렇게 살아가기도 한다. 그러나 집요하고 쉴 틈 없는 육체적 욕구가 그리스도인의 특징이 아니며, 또한 특징이 되어서도 안 된다. 그런 상태가 지속된다면 그때 그 사람은 성령을 받은 것이 아니며, 따라서 구원받지 못했을 수도 있다. [*sarkikos*]

3:5. 주셨다(Gave, *edōken*) – 5절의 마지막 구절은 축약 형태의 구문이며, 문자적으로 '각 사람은 주께서 주신 대로'로 읽게 된다. 따라서 바울은 하나님께서 주신 것이 무엇인지, 또는 하나님께서 어떤 사람에게 그것을 주셨는지를 분명하게 밝히지 않고 있다. 아볼로와 바울 자신이 '하는 일이 다르다'라는 6절에서의 바울의 주장을 감안할 때 바울은 '너희로 하여금 믿게 했고, (우리) 가운데 각 사람에게 주께서 (그것을) 주신/맡기신 (임무를 수여받은) 사역자들'이란 의미로 말했을 가능성이 더 크다. 비록 의역이지만 다음과 같은 REB의 번역은 특히 명확하다. 즉, 바울과 아볼로는 "너희에게 믿음을 배달한 대리인들이다. 각자 주께서 맡겨주신 임무를 수행했다" (HCSB, NIV, NLT, TEV, TNIV 비교). [*didōmi*]

3:9. 동역자(Fellow Worker, *synergoi*) – 바울은 자신과 아볼로가 함께 하나님 '밑에서' 하나님을 '위해' 일한다고 주장한다(Fee, 134, Soards, 77, Wallace, Greek Grammar beyond the Basics, 134). 따라서 영역본들은 바울과 아볼로가 하나님께 소속된 또는 하나님을 섬기는 동역자임을 암시하는 번역을 선호한다. NET의 "우리는 하나님께 소속된 동료다"가 대표적이다(비교–CEV, MOFFATT, NLT, REB, TEY, 참고–BAGD, 788, BDAG, 969). [*synergos*]

3:10. 은혜(Grace, *charin*) – 여기에서 이 용어는 그리스도 안에서의 하나님의 은혜로운 활동보다는 구체적으로 교회를 설립하는 바울의 사도적인 책임을 가리킨다(BAGD, 878, 4, BDAG, 1080, 4). 바울은 이 용어를 이런 의미로 자주 사용한다(롬 1:5, 12:3, 15:15, 갈 2:9, 엡 3:7, 8). [*charis*]

지혜로운(Wise, *sophos*) – 다른 곳에서는 이 용어를 늘 '지혜로운'으로 번역하지만, 장인들과 그들의 거래와 관련된 다른 문맥들에서처럼 여기에서 이 용어는 '전문적인, 솜씨 좋은'이란 뜻을 지닌다(출 36:1, 4, 8, 대상 22:15, 비교–BAGD, 760, 1, BDAG, 935, 1, LN 28.9, TDNT 7"468). 사실 '지혜로운 건축가'(*sophos* + *architektōn*)라는 정확한 표현은 이사야 3장 3절과 Philo(*On Dreams* 2:8)에 나온다. 그러므로 이 어법은 특별한 것이 아니다. 하지만 바울은 고린도 사람들이 매우 열망하던 세상적인 '지혜'가 부족한 사람으로 간주되었기 때문에(고전 2:1–5과 3:2을 참고하라) 이 문맥에서 이 용어는 필시 이중적 의미를 가지고 있었을 것이다(서문, p 31의 부당한 총체성 양도에 대한 논의와 비교하라). 따라서 헤이즈(Hays)의 주장처럼, 바울은 "세상의 지혜보다는 하나님의 지혜에 따라 하나의 기초를 세우는 '숙련된' 장인이고 '현명한' 교사다"(54). 1–2장에서의 바울의 지혜에 대한 논의와의 관련성이 사라지지 않게 하려면 '지혜로운'으로 번역하는 것이 좋을 것 같다(ASV, MLB, NAB, NASB, NKJV, RV, TNIV, 이와 대조적으로 ESV, HCSB, NET, NIV, NLT, NRSV, REB에서는 '전문가/ 숙련된 건축가'로 번역하고 있다). [*sophos*]

건축가(Master Builder, *architektōn*) – 이 단어는 신약에서 여기에만 나온다. 그러나 70인경에는 여러 번 나오며(사 3:3, 시락서 38:27, 제2 마카비 2:29), 성경 이외의 문서들에서도 자주 나온다(MM, 82, TLNT 1:209–11 참고). 이 단어의 영어 음역과 파생 단어들은 '건축가'(*architects*)란 뜻을 암시한다. 하지만 이 용어를 '우리 시대의 건축가들의 관점에서 정의해서는 안 된다'(TLNT 1:209). "이 단어는 오늘날의 '건축가'보다 더 광범위하며"(MM, 82), '엔지니어, 현장 감독, 건설업자, 도목수, 장인, 건축가'를 묘사할 때 사용되었다. 현대적 언어로 표현하면, '종합 건설업자'라는 용어가 바울이 묘사하는 역할에 매우 가깝다(Hays, 53, Thiselton, 308, 참고–플라톤은 '건축가'를 '노동자들 한 사람 한 사람에게 적절한 지시를 내리는 일'을 하는 '노동자들의 책임자'로 묘사하고 있다[Statesman, 259e–260a]). [*architektōn*]

3:12. 금, 은, 보석, 나무, 풀, 짚(Gold, silver, precious stones, wood, hay, straw, chryson, argyron, lithous timious, *zyla, chorton, kalamēn*) – 바울의 유비에 따르면 이 여섯 가지 건축 재료들은 고린도교회의 지도자들이 고린도교회 공동체를 건설하는 데(세우는 데) 기여한 것(Carson, 77–80, Fee, 136–37, 145, Hays, 54)을 의미한다. 이 목록들은 뒤로 갈수록 그 가치가 떨어지지만, 14–15절에서는 이 목록들을 두 가지, 즉 불에 견딜 수 있는 재료들과 불에 타버리는 재료들로 구분한다. 따라서 이 목록에 나오는 각 항목에 독특한 영적 의미를 부여하는 알레고리적 해석을 용납해서는 안 된다. 금, 은, 보석은 불 심판을 견디어낸다. 따라서 그것들은 바울이 세워놓은 '십자가에 못 박히신 그리스도'라는 기초와 함께 남아 있는 것을 상징한다. 나무, 풀, 짚은 이 세상의 사라짐과 함께 없어지게 될 것이다. [*chrysos, argyros, lithos timios, zylon, chortos, kalamē*]

3:13. 일(work, *ergon*) – 바울은 이 용어를 13–15절에서 4회 사용한다. 14절에서 분명하게 말한 것처럼 이것은 활동 그 자체보다는 사람의 활동 혹은 노력의 결과나 성과를 가리킨다(BAGD, 308, 3, BDAG, 391, 3, LN 42.12). '솜씨'라는 번역은 이 개념을 강조하는 데 도움이 될 수도 있다. 교회 지도자들이 바울이 닦아둔 터 위에 세운다는 문맥에서 '일'은 일반적인 의미에서의 그리스도인의 행위와 성품(즉, 그리스도인이 자신의 삶을 살아가는 방법)보다는 구체적으로 교회 지도자들이 교회의 설립에 기여한 일의 성과나 결과를 가리키는 것 같다. [*ergon*]

3:14. 상(Reward, *misthon*) – "그(마지막 심판) 때에 각 사람에게 하나님께로부터 칭찬이 있으리라"는 고린도전서 4장 5절에서의 바울의 주장은 마태복음 25장 21절과 누가복음 19장 17절의 "잘하였도다, 착하고 충성된 종아"라는 비슷한 칭찬을 생각나게 한다(Polhill, "The Wisdom of God and Factionalism: Corinthians 1–4"Review and Expositor 80 [1983]:335). 이와 다르게 이 상을 영원한 의미가 있는 일들에 참여하여

자신의 공적이 남아 있는 것을 보는 것으로 이해할 수도 있다(Blomberg, “Degrees of Reward in the Kingdom of Heaven?”JETS 35[1992]: 165, EDNT 2:433). 논쟁의 여지는 있지만 ‘상들’을 신분, 축복, 책임이나 하늘에서의 섬김과 같은 다양한 관점에서 이해하는 대중적인 견해(Ladd, A Theology of the New Testament, rev. ed., 566 참고)는 분명한 성경적 정당성이 부족해 보인다(Blomberg, 74–75, 80, Blomberg, “Degrees of Reward,”JETS 35 [1992]: 159–72, 그는 이 책에서 눅 19:11–17의 열 므나의 비유를 비롯하여 중요 본문들을 논의하고 있다). [misthos]

3:15. 해를 받다(Suffer loss, *zēmiōthēsetai*) – BAGD와 BDAG가 채택하고 있기는 하지만 ‘처벌받다’라는 첫 번째 의미가 여기에서는 부적절해 보인다. 그 이유는 그것이 바로 뒤의 ‘그러나 그 자신은 (구원을 받되)’라는 강조 표현과 어울리지 않기 때문이다(Barrett, 89, ‘그러나 그 자신은’이란 강조 표현은 대조를 이루는 ‘공적’이나 ‘상’과 같은 요소들을 전제하는 것 같다. 다시 말해 공적이나 상은 상실하지만 그 자신은 구원받게 될 것이다. Robertson–Plummer, 65). 이 단어의 두 번째 의미인 ‘해를 받다’가 이 이미지에 적합하다. 바울은 다른 곳에서도 이 단어를 이런 이미지로 사용하고 있다(고후 7:9, 빌 3:8 비교). [*zēmioō*]

자신은 구원을 받되…불 가운데서 받은 것처럼(He himself will be saved…as through fire, *pyros*) – 이 용어들의 의미는 일반적으로 논의의 대상이 되지 않는다. 단어들을 결합하면 논의할 필요가 있는 여러 가지 쟁점이 발생한다. 첫째, ‘구원을 받다’라는 용어는 영원한 구원을 가리킨다(BAGD, 798, 3, BDAG, 983, 3, 13절의 ‘날’, ‘불’ 그리고 사람의 공적에 대한 평가와 비교하라). 둘째, 강조어 ‘자신’은 이 문맥에서 최후의 불 심판을 견디어낼 수 없는 조잡하고 불타기 쉬운 재료들로 교회를 세운 고린도교회의 지도자들을 가리킨다. 따라서 이 사람을 ‘육적인 그리스도인’으로 이해할 수 있는 근거는 거의 없다. 앞에서 말한 것처럼 육적인 그리스도인은 불신자와 구분되는 삶을 살아가지 않을 때 영원한 화염을 간신히 피하고, ‘겨우’ 천국에 가게 된다(Schreiner, Paul, Apostle of God's Glory in Christ: A Pauline Theology, 288, Carson, “Reflections on Assurance,”392–93 참고). 셋째, ‘불’은 주의 날에 있을 심판과 시험(13–15절)에 대한 묘사다. 여기서는 최후의 심판보다 앞에 나오는 정결케 하는 또는 정화하는 불을 언급하고 있지 않다. 따라서 공식적인 로마 가톨릭의 교리 문답(Catechism of the Catholic Church, 2nd ed., § 1031n. 605)과는 달리 이 구절은 연옥의 개념을 말하거나 지지하지 않는다(최근의 로마 가톨릭의 학자들 가운데 일부는 이 사실을 인정한다. 예를 들면, Collins, 153, Richard P. McBrien, Catholicism, new ed. 1166, Murphy–O'Connor, 802, TLNT 2:512n. 48). 넷째, 비교급 표현은 화염이 집어삼키는 건물에서 구조된 사람을 묘사하고 있다. 이 표현은 ‘가까스로 이루어진 구출’, 즉 사람이 도망 나오기는 했지만 여기 저기 상처를 입은 것을 상징할 수도 있다(암 4:11, 슥 3:2, 유 23절 비교). 이에 반해 ‘맨손뿐인 구출’, 즉 사람이 구출은 받았지만 그의 모든 업적들이 사라졌다는 뜻일 수도 있다. 건축자의 공적이 없어져서 손해를 본다는 표현을 감안할 때, 15절은 후자의 견해를 지지하며, 다음과 같이 의역할 수 있다. 즉 "이 지도자들은 심판의 날에 구원받을 것이지만, 자신들의 수고를 증명해줄 것이 하나도 없게 될 것이다"(참고–Alford, 495, Bruce, 44, Carson, 79, Ellicott, 59, Mare, 208, 비교–Bengel 2:181, 그는 '난파당한 상인이 상품뿐 아니라 그것으로 인해 얻게 될 이익까지도 다 잃어버리고 파도 속에서 구조된 것 같은'이란 다른 이미지를 사용하여 맨손뿐인 구원의 개념을 정확하게 설명하고 있다). 이 견해는 신학적인 관점에서 볼 때에도 타당성이 있다. 왜냐하면 '겨우 이루어진 구출'은 날림공사를 한 건축가가 천국으로의 손쉬운 입성을 보장받기에 충분한 질적 선행들을 실천하지 않았다는 뜻이기 때문이다. 그는 간신히 입장을 허락받음으로써 '가까스로 구원받게' 된다(Dunn, The theology of Paul the Apostle, 491, Murphy–O'Connor, 802, Witheington, 134 비교). [*pyr*]

3:16. 알지 못하느냐?(Do you not <u>know</u>, *ouk oidate hoti*) – 바울은 이 문구를 사용하여 긍정적 대답이 예상되는 수사학적 질문을 하고 있다. 따라서 이 질문은 실제로 "일반적으로 널리 인정된 잘 알려진 사실을 도입한다"(BAGD, 556, 1e, BDAG, 693, 1e). 이것은 이제까지의 가르침, 즉 구약 성경에 대한 지식이나 그리스도인으로서의 '상식'을 암시하는 것 같다(Eills, Paul's Use of the Old Testament, 30n. 6). 하지만 (1) 바울이 고린도전서에서 이것과 동일한 표현을 10회(고전 3:16, 5:6, 6:2, 3, 9, 15, 16, 19, 9:13, 14), 그리고 다른 서신들에서 단 한번 사용하고 있다는 사실(롬 6:16, 조금 다른 표현에 대해서는 롬 6:3, 7:1, 11:2을 참고하라), (2) 고린도 사람들이 지혜와 지식을 강조하고 있다는 것을 감안할 때(2:6, 3:18, 4:10, 6:5, 8:1–4, 7, 10, 11, 13:2, 8 참고) 바울이 이 문구를 비웃음이 섞인 책망으로 말했을 가능성도 있다. 그럴 경우, 이 문구는 "자신의 지식과 지혜를 자랑하는 너희가 이것도 알지 못한다고 할 수 있느냐?"라는 뜻이 된다. [*oida*]

성전(Temple, *naos*) – 신약에서 '성전'을 뜻하는 의미로 사용되는 두 개의 단어 가운데 하나이며, 17절에서 두 번 사용되고 있다. 이것은 상징적으로 '성전 전체의 경내와는 구분되는, 예루살렘에 있는 성전 건물 자체, 즉 성소'를 가리킨다(Abbott–Smith, 300). 이와 달리 다른 용어인 hieron은 일반적으로 좀 더 광범위한 의미에서 예루살렘 성전을 가리켰다. 그것에는 건물, 마당, 창고들을 비롯한 성전 경내의 모든 것이 포함된다(LN 7.16, 비교–BAGD, 372, 2, BDAG, 470, b). 물론 이 구분이 신약에서 엄격하게 지켜지고 있는지는 분명하지 않다(EDNT 2:175, TDNT 3:235, 4:884–85 n.19). 하지만 "하나님의 성령께서 너희 안에 계신다"라는 바울의 진술은 하나님의 거처인 성소나 성전 건물 자체가 이 비유적 표현의 배경을 형성한다는 것을 암시하기 때문에 여기서 바울의 용법은 전형적인 방식을 따르고 있다(*naos*를 '성소'로 번역하고 있는 Bruce's *Phraphrase*, HCSB, Weymouth와 비교하라). 이 이미지는 풍부한 구약 성경적인 배경을 갖고 있다. 그것에 따르면, 하나님께서는 예루살렘 성전(또는 성전이 건축되기 전에는 장막)에서 백성들 사이에 머무시겠다고 말씀하신다(출 25:8, 29:42-46, 40:34-35, 왕상 6:13, 8:10-13, 9:3, 대하 7:2-3, 시 26:8, 겔 10:3-5, 18-19, 37:26-28, 43:4-5, 슥 2:10 참고). 그러나 바울은 이방인들을 이런 거처와 연관시킴으로써 이 이미지에 중요한 변경을 시도하고 있다. [*naos*]

<u>너희</u> 사이에(Among <u>you</u>, *en hymin*) – 이인칭대명사는 복수이며 회중 전체를 가리킨다. 이 표현은 공동체와 관련이 있다(Fee, 147, Collins, 160, Garland, 120, Thiselton, 316), 단순히 '너희 안에'(ESV, HCSB, NASB, NET, NIV)보다는 '너희 사이에'(NLT), 또는 '너희 가운데'라고 번역하는 것이 더 좋을 것이다. 왜냐하면 '너희 안에'를 공동체적인 의미보다는 한 개인 안에로 오해할 수도 있기 때문이다. 여기에서 바울이 사용하고 있는 표현은 고린도전서 6장 19절과 매우 비슷하다. 하지만 고린도전서 6장 19절에서 바울은 전체 회중보다는 그리스도인 각자에게 초점을 맞추고 있다(6:19의 논의를 참고하라). [*hymeis*]

3:16-17. <u>너희</u>는 하나님의 성전이며…그리고 <u>너희</u>도 그러하다(<u>You are</u> God's temple…and that is what <u>you are</u>, *este…este hymeis*) – '너희'는 개인이 아니라 공동체 전체를 가리킨다. TNIV의 17절 번역은 이것을 다음과 같이 명백하게 밝히고 있다. 즉 "너희가 '함께' 그 성전이다"(비슷한 번역–CEV, NLT의 16절, 비교–ESV, NET, NRSV는 'you'가 복수임을 암시하는 각주를 첨가하고 있다). [*eimi…eimi + hymeis*]

3:17. 멸하다(Destroy, *phtheirei*) – 이 동사는 '멸하다, 멸망시키다'라는 뜻으로(BAGD, 857, 1b, 2c, BDAG, 1054, 1b, 3, LN 20, 39, 10절[2회], 12, 14절에 나오는 '위에 세우다'라는 의미의 반의어 *epoikodomeō*와 비교하라, TDNT 9:102), 이 구절에서 두 번 사용되고 있다. 이 동사는 *lex talionis*, 즉 동등한 복수나 동일한 종류의 심판의 법칙에 대한 구약의 개념을 생각나게 한다(창 9:6, 출 21:23-25, 레 24:19-21, 신 19:21, 마 5:38 비교). 한마디로 "더럽히는 자들은 멸망당할 것이다"(NKJV, PHILLIPS는 눈에는 눈, 이에는 이의 대구법을 생략하고 있다). 여기에서 동사는 전멸하다는 문자적 의미로 사용되고 있지 않다. 그보다는 '더럽히다'는 비유적 의미를 갖고 있다. 이 용어는 아내가 '일반 가정을 더럽히는 것'을 허용하지 않았던 고대의 결혼 계약에서 발견되었으며, 이 구절에서의 동사의 용법이 그 한 예다(MM, 667 참고, Xenophon, Momorabilia 1.5.30 비교). 바울은 이 구절에서 먼저 사용된 '멸하다'라는 동사는 세상적인 지혜를 퍼트리는 사람들이 고린도교회에 미친 타격을 건물의 파괴에 비교하고 있는 것 같다(BDAG, 857, 1b, BDAG, 1054, 1b, TDNT 9:102).

이 구절에서 나중에 사용된 '멸하다'라는 동사는 이러한 사람들에 대한 처벌을 강조하고 있다(BAGD, 857, 2c, BDAG, 1054, 3). 즉 "하나님께서 그 사람을 멸하실 것이다"(대부분의 영역본), 또는 "하나님께서 그를 황폐하게 하실 것이다"(HCSB, 비교–NLT). (1) 주의 날, 구원, 심판과 관련 있는 13-15절, 그리고 (2) 세 유형의 건축가들의 선함에서 더 나쁜 것으로의 퇴보와 그에 따른 보상, 손해, 파괴의 대가와 관련 있는 14-17절의 관점에서 볼 때 영원한 정죄에 관한 언급을 발견하는 것은 어렵지 않다(많은 주석가들, 특히

BAGD, 857, 2c, BDAG, 1054, 3, Barrett, 91, Blomberg, 75, 81과 비교하라). 물론 이것은 참된 신자들이 멸망할 수 있느냐, 즉 구원을 상실할 수 있느냐는 질문을 제기한다. 성도들의 견인에 대한 신약의 가르침(신자들의 안전, 요 6:38-40, 10:27-30, 롬 8:31-39, 고후 1:22, 엡 1:13-14, 4:30, 빌 1:6, 딤후 1:12, 벧전 1:3-5)에 비추어볼 때, 한때 고린도교회에 다녔으나 지금은 다니지 않으며, 결코 신자인 적이 없던 사람들을 바울이 마음속에 생각하고 있었을 가능성이 있다(신자들의 안전에 대한 간략한 논의를 위해서는 Demarest, The Cross and Salvation, 444-60, Erickson, Christian Theology, 2nd ed., 996-1008, Grudem, Syetematic Theology, 788-809와 아래의 고전 8:11, 9:24-27의 표제어들을 참고하라). 끝으로 다음의 의역은 17절에서의 바울의 의도를 요약하고 있다. "여러분들이 세속적 지식이라는 상부 구조물로 교회의 능력인 십자가를 헛되게 함으로써 형성 단계에 있는 교회를 파괴한다면, 여러분들이 복음에 참여하지 않고 있다는 것을 증명하는 것이므로 하나님께서 여러분들을 영원히 정죄하실 것이며, 그렇게 하시는 것이 옳습니다."[*phtheirō*]

3:21. 인간적인 지도자들(Human leaders, *anthrōpois*) – 이 용어는 단순히 '인간, 사람'이라는 뜻이다(BAGD, 68, BDAG, 81). 하지만 고린도에 특정 지도자를 향한 건강하지 못하고 분열을 획책하는 존경이 있음을 암시하는 이 문맥에서(4, 5, 7, 22절 참고, 21절에서 자랑을 금지하고 있는 것에 유의하라, 1:10-12 비교, 4:6) '인간적인 지도자들'이란 번역은 바울의 생각을 잘 표현하고 있다(NCV, NLT, NRSV, TNIV, '인간적인 교사들'-WEYMOUTH 비교). [*anthrōpos*]

모든 것들이 너희의 것이다(All things are yours, *panta*) – 바울은 22절에서 '모든 것들'의 목록을 나열하고 있다. 이 목록에는 실제로 '모든 것'이 들어 있다. 그 이유는 두 극단들, 즉 정반대의 것을 강조하는 '생명-사망'과 '현재-미래'는 그 사이에 모든 것들을 포함하고 있기 때문이다. 고린도 신자들이 지도자들 가운데 한 사람을 중심으로 모임으로써, 똑같이 그들을 위하여 사역하는 다른 사람들(3:5 비교)로부터 스스로 단절되고 있다는 것이 바울의 직접적인 요지다. 다시 말하면 파벌주의, 즉 어느 한 사람의 지도자가 아무리 착하고 신앙심이 좋다고 하더라도 그 한 사람에게만 충성하고 헌신하는 것은 어리석은 일이다. 파벌주의는 헌신적인 추종자들과 '어느 한 편에 충성하는 사람들'에게서 기독교 공동체 전체의 부요와 다양성을 빼앗아, 그들을 빈약하게 만들기 때문이다(3장 5-9절의 농사 비유와 3장 10-15절의 건축 비유에 등장하는 수많은 일꾼들과 비교하라, Bruce, 46, Carson 86-89). [*pas*]

3:23. 너희(You, *hymeis*) – 이 인칭대명사는 복수이며, 고린도 신자들 가운데 어느 한 단체나 파벌이 아닌 모든 사람들을 염두에 둔 표현이다. 이 인칭대명사의 복수소유격('너희의', '너희의 것')이 21, 22절에서도 사용되고 있다. [*hymeis*]

4:1. 종들(Servants, *hypēretas*) – 이 용어는 단순히 '조력자, 종'이란 뜻이다(BAGD, 842, BDAG, 1035, MM, 655). 이 단어와 3장 5절에

서 사용된 '사역자들'을 뜻하는 용어(*diakonos*) 사이를 구별할 수 있는 차이는 별로 없다(하지만 *hypēretas*는 '공식적인 증인'이라는 뜻을 함축할 수도 있다, 참고-TLNT 3:401, Murphy-O' Connor, NJBC, 803, 비교-눅 1:2, 행 26:16). 이 단어 자체는 두 개의 다른 단어들, *hypo*('…밑에')와 *eretēs*('노 젓는 사람', 그러나 이것을 의심하고 있는 TDNT 8:533-34와 비교하라)로 이루어진 합성어다. 이를 근거로 수많은 주석학자들은 이 단어가 처음에 '(배) 밑부분에서 노 젓는 사람'을 의미했고, 고대 로마의 갤리선에서 노 젓는 사람을 가리킨다고 주장한다(Collins, 172, Fee, 159n. 6, Robertson-Plummer, 174 참고). 하지만 이런 추측은 직접적인 증거가 부족하며(TDNT 8:533-34, TLNT 3:398 비교), 전적으로 어원에만 의존하므로 어원적 오류에 빠지는 경향이 있다(서문, p.30 참고). 루우(Louw)는 "신약의 어법에서 종들을 가리키는 이 두 용어들 사이에 의미상의 차이는 거의 없으므로, 고린도전서 4장 1절의 *hypēretes*는 *diakonos*와 별 차이가 없다"라고 이 문제를 훌륭하게 정리한다(Semantics of the New Testament Greek, 26-27). [*hypēretes*]

관리인들/ 청지기들(Managers/ stewards, *oikonomois*) - 이곳과 2절에서 종종 '청지기'로 번역되는 이 용어는 '한 집안의 예산, 구매, 회계, 물자의 배급, 부채의 수금, 전반적인 운영을 감독하는 책임이 있었던 고용주나 그 집안의 가장이 동의한 지침 내에서 지시를 내린' 토지 관리인/ 농장 관리인을 가리킨다(Thiselton, 336, 비교-BDAG, 698, 1, 3, MM, 442-43). '(하나님께서 계시하신 비밀들을) 맡은 사람들'(NIV, TNIV)이란 번역은 청지기직의 이런 의미를 잘 포착하고 있다(비슷한 번역-NCV, LN 37.39). 많은 고대의 문서들은 *oikonomos*의 의무들을 기술하고 있다(참고-TLNT 2:568-74, 특히, Josephus, Ant. 12.4.7 §200, 눅 12:42, 16:1, 3, 8, t Joseph 12:3-집, 창 39:2-6, p Tebt 703[B.C. 3세기]-이것은 '청지기 지침서'로서 *oikonnomos*의 의무들을 잘 설명한다). 이 용어는 갈라디아서 4장 2절, 디도서 1장 7절, 베드로전서 4장 10절, 로마서 16장 23절에서 다른 의미로 사용되고 있다. 거기에서 이 단어는 '공공 단체의 회계담당자'라는 약간 다른 의미를 갖고 있다(TLNT 2:572-73 참고). 1세기의 *oikonomos*에 적합한 오늘날의 직책을 유추한다면, 청와대의 수석보좌관 정도일 것이다. [*oikonomos*]

4:3-5. 판단 받다…판단하다…판단하다…판단을 내리다(Examined…examine…examines… pass judgement, *anakrithō*…*anakrinō*…*anakrinōn*…*krinete*) - '조사하다'라는 뜻을 가진 용어가 세 번 반복되고 있다. 이 용어는 사법적 조사나 최종 판결 전 심문에 대해 사용되었다(고전 2:14-15의 논의를 참고하라). 5절에서 바울은 이 용어 대신에 '판단을 내리다'라는 뜻의 친족 용어(*krinō*)를 사용하는데, 이것은 '판결에 이르다'(Fee, 117 n. 82, 163, Hays, 67, Thiselton, 342) 또는 '판결을 선언하다'(BAGD, 452, 6b, BDAG, 567, 2b,ESV, NRSV)라는 뜻이다. 비록 의미는 있지만 용어의 이런 변경은 그다지 중요하지 않으며, 많은 역본들은 이 용어들을 같은 뜻으로 번역한다(NET, NIV, NJB, NKJV, TNIV, 아래의 설명과 비교하라). 고린도

사람들은 사람들의 비밀 동기들을 유일하게 판단하실 수 있으며 최후의 심판에서 유일하게 판단하시는 임무를 맡게 되실 그리스도의 자리에 자신들이 설 수 있는 것처럼, 최후의 심판자 역할을 자처하지 말아야 했다(Hays, 67 비교). 그들은 이 모든 일 가운데 특히 바울의 사역에 대한 최종 결정자 역할을 하지 말아야 했다. 바울은 마지막 심판에서 명확한 판결을 내릴 능력과 권세를 유일하게 갖고 계신 그리스도께만 궁극적으로 책임이 계시다고 말한다(롬 14:4 비교). NET는 이것을 “그러므로 때가 이르기 전에 아무것도 판단하지 말라”로 잘 번역하고 있다(비슷함-ASV, HCSB, NAB, NIV, TNIV, NJB, NKJV, RV). [*anakrinō, krinō*]

4:3. 법정(Court, *hēmeras*) – 다른 곳에서 이 용어는 한결같이 ‘날’로 번역되고 있으며, 24시간 또는 일출과 일몰 사이의 기간을 가리키는 일상 용어다. 여기에서 ‘날’이란 단어가 그 날에 모이는 ‘재판’이나 ‘법정’을 뜻하는 환유(고전 2:16에 대한 논의를 참고하라)의 기능을 지닌 것으로 보인다(Abbort-Smith, 200). 그러므로 이 용어와 이것이 동반하는 형용사는 ‘사람의 법정’이란 표현으로 번역하는 것이 적절하다(BAGD, 347, 3b, BDAG, 438, 3b, LN 56.1, 대부분의 영역본들). 이 용어를 바울이 비유적으로 사용한 것은 3장 13절의 하나님의 마지막 심판의 ‘날’과 관련이 있기 때문인 것 같다(1:8, 4:5 비교). [*hēmera*]

4:5. 때가 이르기 전에(Before the Time, *kairou*) – 이 용어는 ‘올바른 또는 적절한 때’란 의미를 갖고 있는 것 같으며(NCC, TEV, 비교-NAB, NIV, TNIV, Thiselton, 342), 다음 구절이 설명하는 것처럼 그리스도께서 다시 오실 때의 ‘종말과 심판’(BGD, 395, 3, BDAG, 498, 3b)을 가리킨다. 많은 영역본들은 이 구절을 ‘미리’로 번역한다(AT, HCSB, PHILLPS, REB, WEYMOUTH). 이것은 심판의 날이 ‘적절한 때’와 ‘너무 빠른 때’ 사이의 경계선이라는 것을 잊지 않을 때 도움이 된다. [*kairos*]

4:6. 비유적으로 적용했다(Applied allusively, *meteschēmatisa*) – 이 용어는 다른 곳에서 그리스도의 사도로 ‘가장할’ 뿐 아니라 광명의 천사들로 ‘가장하는’ 사단의 사도로서의 ‘가면을 쓰고’ 있는 거짓 교사들을 묘사하는 데 사용된다(고후 11:13, 14, 15). 이것은 또한 그리스도의 영화를 입으신 몸과 같이 되기 위해 현재의 죽을 수밖에 없는 육체를 ‘변형하다’는 뜻으로도 사용되고 있다(빌 3:21). 최근의 대부분의 역본들(ESV, HCSB, NAB, NET, NJB, NIV, NRSV, REB, TEV, TNIV)은 이 용어가 ‘확실한 일치를 근거로 어느 하나를 다른 것과 관련 짓다’라는 뜻을 지닌다는 주장에 근거하여, 고린도전서 4장 6절에서 ‘적용했다’로 번역한다(비교-LN 89.11, BAGD, 513, BDAG, 642, 3은 이런 의미로 ‘사용된 적이 없다’라고 주장한다). 이것은 바울이 앞의 논의(4:6의 ‘이 일’)를 자신과 아볼로에게 직접적으로 적용했다는 뜻이다. 하지만 NASB의 ‘비유적으로 적용했다’라는 번역이 암시하듯이 직접적인 적용은 아니었을 것이다(‘나는 나 자신에게 적용하여 설명했다’-ASV, RV 비교, ‘픽션을 사용해서 전달하다’-Abbott-Smith, 288). 그렇다고 고린도전서 4장 6절을 “나는 나 자신

과 아볼로에 대해서 말한 것에 의해 모든 그리스도인 교사들에게 해당되는 것을 보여주었다"라고 의역하는 것이 더 낫다고 하기도 어렵다. [*metaschēmatizō*]

기록된 것을 넘어서지 말라(Not beyond What is written, *to mēhyper ha gegraptai*) – 이 난해한 표현을 문자적으로 해석하면 "기록된 것을 넘어서지 말라"이다(NKJV는 '생각하라', KJV는 '사람들에 대해 생각하라'를 첨가하고 있다. 하지만 대부분의 귀중한 고대 사본들에는 나오지 않는다). 바울이 정확하게 어떤 의미로 사용했는지는 확실하지 않다. 사실 콘첼만(Conzelmann, 86)은 이 구절을 '이해할 수가 없으며', '추측 작업'이 필요하다고 주장한다. 모패트(MOFFATT)는 주해에서 이것이 '회복 가능성이 없는'이란 뜻을 갖고 있다고 말한다. 아마도 이 구절은 고린도 사람들에게 성경을 벗어나지 말라고 권면하는 일종의 격언이었을 것이다. 다시 말하면 이 표현은 "'너희가 성경에 기록되어 있는 것만을 따르라'는 교훈의 의미를 우리에게서 배우게 하려고"라는 뜻이다(NCV, 비교–HCSB, NIV, NJB, NLT, NRSV, REB, TNIV, WEYMOUTH). 마지막 해결책은 바울이 성경 본문을 언급할 때 어김없이 사용하는 '기록된바'라는 표현과 동일시하는 것이다(참고–고전에서만 1:19, 31, 2:9, 3:19, 9:9, 10:7, 14:21, 15:45). 그러므로 1–4장의 문맥에서 볼 때 바울은 고린도 사람들에게 '성경대로'(15:3) 받은 십자가에서 못 박히신 그리스도의 복음에 매우 설득력 있는 웅변술과 스스로가 영적임을 자처하는 이 세상의 지혜를 보충하지 말라고 권면하는 것 같다(Bruce, 48–49 Thiselton, 335) [*graphō*]

교만으로 우쭐해진(Inflated with pride, *physiousthe*) – 형태상으로 복수인 이 동사는 '자만심으로 부풀어오르다, 우쭐해지다'라는 뜻이다(BAG, 869 BDAG, 1069 LN 89.216). 이것은 우쭐해하는 자아상에 관한 다채로운 그림을 제공하며, '허풍으로 가득 찬'이라는 영어의 관용적 표현과 다소 비슷하다. 이 용어의 선택은 훌륭하며 풍자가 넘쳐난다. 고린도 사람들은 자신들이 '영적인'(*pneumatikoi*) 사람들, 즉 성령(*pneuma*)의 사람들이라고 생각했다(*pneumatikoi*는 *pneumatikos*['신령한']에서 생겨났다, 참고–2:15, 3:1, 14:37, 비교–3:18, 8:2, Carson and Moo, An Introduction to the New Testament, 2nded., 446–47, Fee, 10–12, 110, 250, Hafemann, "Corinthians, Letters to," pages 174–75 in DPL). 바울은 언어의 교묘한 곡해를 사용해서 '영', 즉 '바람'을 뜻하는 이 헬라어의 두 번째 의미를 활용하고 있는 것 같다(요 3:8, 히 1:7 참고). [*physioō*]

4:7. 누가 너를 구별했느냐(Who distinguishes you, *diakrinei*) – 형태상으로 단수이고, '너'의 단수형과 일치하는 이 동사는 '구별하다, 차별하다'라는 뜻이다(BAGD, 185, 1b, BDAG, 231, 2, 앞의 고전 2:14의 논의와 비교하라). 바울은 고린도 사람들에게 서로 대적하여 교만한 마음을 가지지 않는 것을 배우라고 충고한 다음에 "누가 너를 (다른 사람과) 구별하였느냐?"라는 수사적 질문에서 이 용어를 사용하고 있다. 따라서 바울의 질문은 고린도 사람들의 교만에 초점을 맞추고 있으며 그들이 뽐내거나 자만하지 말아야 할 이유를 제공하고 있다. [*diakrinō*]

4:8. 이미 너희는 배부르며…이미 너희는 부유하며…왕들처럼 다스리기 시작했다(Already you are filled…already you have become rich…you have begun to reign as kings, *kekoresmenoi este…eploutēsate…ebasileusate*) – 바울은 모두 복수형으로 되어 있는 이 세 동사들을 사용하여, 자신들에 대해 부풀려진 생각을 하고 있는 고린도 사람들을 비난하고 있다. '이미'라는 부사의 2회 사용(11, 13절에서 각각 '이 시각까지'와 '지금까지'란 문구를 사용해서 거듭 강조하는 것에 유의하라) 그리고 '왕들로서 함께 다스리다'(*sumbasileuō*)라는 합성어와 함께 이 구절 후반부에서 두 번째로 사용되고 있는 동사의 '왕국' 언어(BAGD, 136, 2, BDAG, 170, 2 비교)는 고린도 사람들의 문제가 현재 자신들의 영적 상태에 대해 지나치게 낙관적으로 생각하는 데 있다는 것을 암시한다. 학자들은 고린도 사람들이 자신들의 영적 상태에 대해 가지고 있는 잘못된 개념을 '극단적으로 실현된 종말론'(over-realized eschatology)이라 부른다. 이 종말론은 하나님의 백성들에게 주어질 종말 때의 축복이, 그리스도인이 그리스도와 함께 영적으로 죽었다가 다시 살아남으로써 현재 속에서 완전하게 경험되거나 실현된다는 잘못된 믿음이다(롬 6:1-14, 갈 2:20, 엡 2:6, 골 2:12-13, 2:20-3:4, 딤후 2:11). 이것은 고린도 사람들이 메시아 왕국의 모든 축복들이나 대부분의 축복들을 이미 경험하고 있다고 믿었다는 뜻이다. 그러므로 그들은 현 세대의 세속적이ㄱ 물질적인 차원을 초월하여 살았으며, 따라서 그 세대의 규칙들과 규정들에 매이지 않았다(Fee, 172, *Käsemann*, "On the Subject of Primitive Christian Apocalyptic,"126 in New Testament Questions of Today, by E. *Käsemann*, Nock, St. Paul, 174 비교). 고린도 사람들은 잘 균형 잡힌 긴장관계 속에 있는 '이미 그러나 아직'이라는 바울의 관점, 즉 신자들이 현 세대에서 다가올 메시아 시대의 축복들 가운데 일부를 이미 경험했지만 그것들 모두(예를 들면, 죽은 자들의 부활)를 아직 경험하지 못했다는 것에 동의하지 않았다. [*korennymi…plouteō…basileuo*]

4:9. 사형을 선고받은(Condemned to death, *epithanatious*) – 이 형용사는 '사형 선고를 받은, 사형을 언도 받은'이란 의미다(BAGD, 292, BDAG, 371). 이 용어는 신약에서 여기에서만 사용되며, 일반 헬라어에서 잘 등장하지 않는다. 하지만 두 가지 중요한 용례가 성경 이외의 문학 작품에 등장하며, 유죄 판결을 받아 사자들에게 던져진 사람들(Bel and Dragon 31 LXX)과 유죄 판결을 받아 고대 로마의 대광장이 내려다보이는 언덕(타르페이아 바위)에서 던져진 사람들(Dionysius of Halicarnassus, Ant. Rom. 7.35, ca. 8 BC)을 묘사하고 있다. 동사 '전시하다/ 진열하다'(NASB, NIV, TNIV)와 형용사 '끄트머리' 그리고 명사 '구경거리'(아래의 설명을 참고하라)는 이 이미지가 원형경기장에서 벌어진 로마의 '구경거리'(예를 들면, 검투사 경기들, 모의 해군 전투들, 무대 위의 맹수 사냥들, 사형 집행들)나 로마의 승리, 즉 로마의 거리를 지나가는 승리의 행렬에서 생겨났음을 암시한다. 전자의 경우, 행사의 마지막을 장식하는 순서는 사형 선고를 받은 사람 사이의 검투 경기나 사형 선고를 받은 사람을 사나운 동물들에게 던지는 것이었다(고

전 15:32 비교). 따라서 이 구절은 "하나님께서 이 행사에서 원형경기장의 사형 선고를 받은 사람들 같은, 즉 그 경기장에서 검투를 해야 할 운명에 처해 있는 사람들 같은 우리들에게 마지막 공연을 하도록 하신 것 같지 않은가!"란 뜻이다(NJB, REB, MOFFATT, 원형경기장의 하루를 묘사하고 있는 Apuleius, Metamorphoses [The Golden Ass] 10.29–35와 비교하라). 후자의 경우, 승리의 행진은 자신의 승리를 거둔 군대를 이끌고 로마를 통과하는 정복자인 장군을 위한 행사였다. 그 행렬의 맨 끝에는 사형 선고를 받은 포로들과 함께 전쟁의 전리품들을 전시했다. 따라서 이 구절은 "나는 하나님께서 승리의 행진의 맨 끝에 있는 사형 선고를 받은 전쟁 포로들 같이 우리 사도들을 전시하셨다고 생각한다"라는 뜻이다(AT, NIV, TNIV, NLT 참고). 바울이 마음속으로 정확하게 어떤 사건을 생각하고 있었는지 단정하기는 어렵다. 아마도 바울이 두 가지 모두를 비유적으로 표현했을 가능성이 있다. 4장 9절에서 바울이 사용하는 이미지의 정확한 출처는 알 수 없지만, 폭력의 의미와 지나치게 남용되는 '구경거리'는 언급할 가치가 있다. 이 소름끼치는 사건들을 '순수하고 단순한 살인'으로 보는 세네카(Seneca)의 견해 역시 언급할 가치가 있다(*Epistulae morales* 7.3–5). 승리와 관련된 고대의 설명들 가운데 가장 광범위한 것(단 2쪽의 분량이지만)은 요세푸스가 기록한 A.D. 70년의 예루살렘 멸망 이후의 베스파시안과 티투스의 승리에 대한 묘사다(*War* 7.5.3–7 §§116–62). 로마의 승리에 대한 더 자세한 논의를 위해서는 Hafemann("Roman Triumph,"1004–8 in DPL)과 Versnel(*Triumphus: An Inquiry into the Origen, Development and Meaning of the Roman Triumph*)을 보라. [*epithantios*]

구경거리(Spectacle, *theatron*) – 이 용어는 사람들이 극장이나 원형경기장에서 보았던 것을 가리킨다(예를 들어, 연극 또는 이 구절의 경우에는 '구경거리', BAGD, 353, 2, BDAG, 446, 2, LSJ, 787, TDNT 3:342–43). 여기에서 바울은 검투가 벌어지는 경기장이나 승리의 피로 얼룩진 로마의 여흥에 대해 말하고 있다. 그렇다면 사도들은, 사건을 관람하는 왕실의 측근들(8, 10절 참고)에 속한 부유하고 힘 있는 구경꾼들의 역할을 하고 있는 것으로 보이는 고린도 사람들을 비롯하여 온 세상에 여흥거리를 제공하고 있는 중이다. [*theatron*]

4:13. 친절하게 대답하다(Answer Kindly, *parakaloumen*) – 이 동사는 보통 '권면하다, 간청하다, 격려하다'라는 뜻이다(고전 1:10, 14:31, 16:12, 15). 하지만 여기에서는 '비방하다'와 대조되며, '초대하거나 기분을 맞추려는 태도로 누군가를 대하다, 회유하다, 친절하게 대하다, 친절한 태도로 말하다'라는 뜻으로 사용되고 있다(BDAG, 765, 5, 비슷한 견해– BAGD, 617, 5). '우리는 친절하게 대답했다'라는 번역은 한쪽 전통을 대표하며(NIV, TNIV), 반면에 '우리는 회유하려고 노력했다'라는 번역은 다른 전통을 대표한다(REB). '우리는 회유적인 말로 그것에 반대했다'라는 브루스(Bruce)의 확장된 의역(Expanded Paraphrase)은 이 두 전통을 결합하는 데 도움이 된다. [*parakaleō*]

쓰레기들…찌꺼기(Dregs…scum, *perikatharmata…peripsēma*) – 이 두 용어는 거의

같은 의미이며, 신약에서 여기에만 나온다. 70인경에서도 각각 한 번씩 사용되고 있다(잠 2:18의 *perikaltharma*와 토빗 5:19의 *peripsēma*). 바울은 고린도전서에서 이 용어들을 경멸과 비난의 뜻을 지닌 이미지로 사용하고 있는 것 같다. 이 이미지는 자주 사용되면서도 그 유래가 전적으로 명확하지 않다. "우리가 지금까지도 세상의 쓰레기들(dregs), 그것도 가장 보잘것없는 찌꺼기(scum) 취급을 당하고 있다"라는 NJB의 번역이 특히 유용하다. 왜냐하면 복수 *perikalthar-mata*와 단수 *perisēma* 사이의 차이를 간직하고 있기 때문이다. 이 견해는 복수 *perikalthar-mata*와 단수 *perisēma* 사이의 차이를 강조하는 BAGD/ BDAG를 따르고 있기 때문에 "우리가 세상의 희생양들, 즉 사회의 찌꺼기처럼 되었다"라고 의역할 수도 있다. 이 사건에서 "사도들은 모든 사람에게서 경멸과 멸시의 말을 들었으며, 자신들의 생명을 던져버린 가난하고 쓸모없는 사람들이었다. 바울은 이 비난을 흔쾌히 받아들인다. '우리가 우리의 생명을 던져버린 것은 사실이다. 그러나 그것은 세상을 위해서다. 우리가 겉보기에는 쓸모없는 사람들 같다. 그러나 모든 사람들의 유익을 위해서다'라고 재해석하고 있다"(TDNT 6:90, 비교-NIDNTT 1:479, TLNT 3:95, 빌 2:17, 골 1:24). 끝으로 바울이 선교 활동을 하는 동안에 '쓰레기'나 보잘것없는 희생양 취급을 당했기 때문에 자신에게 경멸의 뜻이 담긴 이런 은유를 적용했을 가능성이 매우 크다(행 13:45, 14:19, 16:20-24, 18:12-13, 19:23-41, 고전 15:32, 고후 1:9, 11:23-27, Findlay, 803, Kistemaker, 148 비교). [*perikatharma*··· *peripsēma*]

4:15. 후견인들(Guardians, *paidagōgous*) - 그리스와 로마 세계에서 *paidagōgos*는 개인의 시중을 드는 사람이었으며, 주로 남성 노예였다. 어린 소년을 등하교 시키고, 그 아이의 행동을 전반적으로 감독하는 임무를 지녔다(ABD 6:72, BAGD, 603, BDAG, 748).

두 가지 추가 언급들이 이 그림을 완성하는 데 도움이 된다. (1) 다른 곳에서 플라톤은 아이의 행동을 통제하는 교사의 기능이나 역할을, 말을 제어할 때 사용하는 굴레의 역할에 비교하고 있다(*Laws*, 808d-e). 그리고 (2) 이보다 후에 플루타크(Plutarch, ca. A.D. 50-120년경)는 교사에 대해 "유모들이 수유기가 지난 아이를 가장 먼저 데려다가 손으로 아이의 몸을 닦았던 것처럼 가정교사들(*pidagōgie*)이 반복해서 강조하는 습관들에 의해 아이의 품성을 갈고 닦았다"고 설명한다("Can Virtue be Taught?", Moralia, 439f). 비록 이 용어에서 파생한 영어단어 *peda-gogue*는 다른 뜻을 암시하지만, *paidagōgos*는 현대적 의미에서의 교사가 아니었다. 교사는 보호 감독하는 방식으로 아버지의 소원들을 아이에게 실현시켰다. "이 사람들은 어린아이들의 양육에서 중요한 역할을 했다. 하지만 그들은 아버지와 아이의 관계처럼 아이들과 결코 중요한 관계에 있지는 않았다. 따라서 바울은 고린도 사람들에게 아버지를 자처하며 그들과의 특별한 연관, 책임 그리고 권위를 주장하고 있다"는 소어즈(Soards, 102)의 설명에서 바울이 이 이미지를 사용한 이유를 알게 된다. '보호사'(NET, NIV, TNIV, NRSV, TEV) 또는 '안내자'(ESV, NAB, AT)라는 번역들이 그리스-로마 세계의 자료에 더 충실하며, '아버지'와 '교사' 사이를 비교한 바울의 의도를 표현하려고 애쓰고 있다. '너희를 관리 감독하는 수많은 사람들'(MOFFATT), '너희를 보살피는 노예들'(NJB), '아이 보는 사람'(Harill, "Paul and Slavery,"584 in Paul in the Greco-Roman World. [ed. J. Paul Sampley]), 또는 '베이비시터'(babysitter, 부모의 외출 시 아기 돌보는 사람, Dunn, 참고-F.F. Bruce, The Epistle to the Galatians)가 바울의 의도를 더 잘 표현하는 번역으로 보인다. [*paidagōgos*]

4:16. 본받는 자들(Imitators, *mimētai*) – 이 동사는 단지 '모방자'라는 뜻에 불과하지만(BAGD, 522, BDAG, 652), 놀랍게도 바울은 고린도 사람들에게 '자신을 본받을 것'을 요구하고, 자신이 그리스도인의 행동 모델임을 자처하면서 이 동사를 사용한다(그러나 바울의 논증의 맥락에서 볼 때 이 용어의 용법이 비정상적인 것은 아니다. 왜냐하면 1세기의 사회에서 아들이 아버지의 일을 배우고 가족의 지위를 물려받는 방식으로 아버지를 본받는 것이 아들에게 기대되었기 때문이다). 이 단어가 이러한 의미로 쓰인 것은 단 한번만이 아니다. 왜냐하면 바울은 자신이 쓴 서신에서 윤리적으로 중요한 모방의 개념, '그리스도/ 바울을 본받는 것'을 표현하기 위해 고린도전서 11장 1절, 에베소서 5장 1절, 데살로니가전서 1장 6절, 2장 14절에서 이 용어를 사용하고 있고, 빌립보서 3장 17절, 데살로니가후서 3장 7, 9절에서는 관련명사와 동사형들을 사용하고 있기 때문이다(Kim, "Jesus, Saying of,"474-92 in DPL, Barclay, "Jesus and Paul,"492-503 in DPL 참고). 바울을 본받는 것은 사실상 바울을 통해서 전파된 그리스도를 본받는 것이다("내가 그리스도를 본받는 자 된 것같이 너희는 나를 본받는 자가 되라"-고전 11:1, 고전 4:17의 "디모데는 내가 어떻게 예수를 따랐는지를 너희에게 말해줄 것이다"를 비교하라, CEV). [*mimētēs*]

4:17. 내가 <u>각처 각 교회에서</u> 가르친 것처럼(Just as I teach <u>everywhere in every church</u>, *pantachou en paseēekklēsia*) – 바울이 여기에서 자신의 일반적인 또는 보편적인 가르침을 언급한 것은 고린도전서에서 일종의 '반복 어구'에 해당하며(1:2, 7:17, 11:16, 14:33, 36, 16:1을 참고하라), 독선적인 고린도 사람들이 바울이나 나머지 다른 교회들과 상당히(11:2 비교) 다른 독립적인 노선을 취했던 것을 암시한다(Barrett, 117, Fee, 33.189 참고). [*pantachou, ekklēsia*]

4:18. 교만해졌다(Have become arrogant, *ephysiōthēsan*) – '우쭐대다, 자랑하다'를 뜻하는 이 용어에 대해서는 고린도전서 4장 6절의 논의를 참고하라. 여기와 19절에서 이 용어는 "내가 너희에게로 가지 않을 것이라고 생각하는 너희 가운데 어떤 이들은 교만해졌다"(NRSV)라고 번역할 수 있다. 이것은 고린도 사람들 가운데 어떤 이들은 바울의 부재를 자신들에 대한 바울의 두려움으로 해석했다는 것을 암시한다(Bruce, 52 참고, 17절에서 디모데를 보낸 바울의 행동을, 반대에 직면할 것을 두려워한 비겁한 행동으로 해석했을 것이다). 또는 고린도 사람들 가운데 어떤 이들은 바울이 다시 방문할 가능성을 간과하고, 부모 곁을 멀리 떠난 십대들처럼 자기 만족적인 엘리트 의식으로 충만했을 수도 있다(Garland, 148 비교). 이와 달리 NLB(REB도 비

숫함)는 이 구절을 "내가 너희에게로 가지 않을 것이라고 억측하는 너희 가운데 몇몇은 강한 자만심으로 가득해졌다"라고 번역한다. 이 합리적인 번역은 바울의 부재로 인해 고린도 사람들 가운데 몇몇은 마치 부재중인 지도자를 대신하려는 과도한 야망으로 가득 찬 부하처럼 바울의 권위의 자리에 도전했다는 것을 암시한다(Fee, 190 참고). 두 시나리오가 모두 가능하지만 둘 다 일어날 수 있는 가능성은 본질적으로 없어 보인다. [*physioō*]

4:19. 웅변(Rhetoric, *logon*) – 이 구절과 20절에서 이 용어는 아마도 단순히 '말'(ESV, HCSB, NAB, NIV, TNIV, NRSV), 또는 '그들이 말하고 있는 내용'(NJB, REB, TEV)을 뜻하지는 않았을 것이다. 이것은 고린도 사람들이 많은 관심을 갖고 있는, 인간적인 지혜를 특성으로 하는 언어적으로 현란하고 그럴듯한 웅변을 가리킨다. 이런 이해는 바울의 초기 용법과 일치하며(1:17, 2:1, 4하, 13), 여기서는 '능력'과 반대 개념이다(2:4–5 비교). '화려한 대화'(NLT)와 '세련된 연설'(WEYMOUTH)이란 번역이 이 개념에 근접한다. 한마디로 19하–20절은 "나는 교만한 사람들의 웅변을 보지 않고, 그들이 실제로 하나님의 능력을 지니고 있는가를 볼 것입니다. 하나님의 나라는 전문 웅변가들의 현란한 웅변에 있는 것이 아니라 하나님의 능력에 있기 때문입니다"라고 의역할 수 있다(Carsen, 112–13, Hays, 75 비교). [*logos*]

5:1. 보고 받았다(Reported, *akouetai*) – 이 소식을 가져온 사람은 서로 다른 그룹으로 추정되는 '글로에의 사람들'(1:11)이나 스데바나와 그 친구들(16:17)이었을 것이다(스데바나를 지지하는 견해에 대해서는 Lightfoot, 202를 참고하라). 이 동사의 수동태는 바울의 입장에서 정보 제공자의 이름을 밝히지 않으려는 조심성을 암시하는 것일 수도 있다.(Ellingworth–Harton, 109–10). [*akouō*]

성적 부도덕(Sexual immorality, *porneia*) – 6장 13, 18절, 7장 2절, 고린도후서 12장 21절에서 나오는 이 명사는 우상 숭배(6:9), 간음(6:9), 동성애(6:9), 매춘(6:12–20), 그리고 여기에서처럼 근친 상간과 같은 수많은 하위 개념들을 포함하는 포괄적인 용어다. 정확한 의미는 주어진 문맥에서 도출해야만 한다. 이 단어와 관련 있는 세 개의 헬라어 용어들이 고린도전서에서 사용되고 있다. (1) 동사 *porneuō*('성적 부도덕에 연루되어 있다'–6:18, 10:8[2회]), (2) 명사 *pornē*('매춘'–6:15, 16) 그리고 (3) 두 번째 명사 *pornos*(성적 부도덕을 실행하는 사람, 즉 간음한 사람–5:9, 10, 11, 6:9). [*porneia*]

가지다(Has, *echein*) – 이것은 성경 헬라어와 일반 헬라어에서 '성적으로 가지다'(출 2:1, 신 28:30, 사 13:16, 고전 7:2) 또는 '결혼하게 되다, 어떤 사람과의 (부정한) 성적 관계를 계속 유지하다'(5장 1절에서 이 동사의 현재시제는 관계의 계속을 암시한다, 참고–Thiselton, 386)라는 뜻의 일반적 관용어다(마 14:4, 막 6:18[마 22:28], 마 22:28[막 12:23, 눅 20:33], 요 4:18[2회], Aristotle, Categories, 15, Diodorus Sichlus 20.33.5, Josephus, Ag. Apion 1.20 §147 Longus, Daphnis and chloe 4.17, Plutarch, Cato Minor 21.3). CEV와 TEV는 이런 개념을 잘 포

착하고, '자신의 의붓어머니와 잠자리를 함께하는 사람'으로 번역하고 있다(이것과 비슷한 NET, NLT, REB와 비교하라). [*echō*]

아버지의 아내(Father's wife, *gynaika tou patros*) – 이 여자는 아마도 범법자의 계모였을 것이다(CEV, NJB, REB, TEV). 범법자의 어머니를 말하는 것은 아니다. 그렇지 않다면 '아버지의 아내'라는 호칭을 설명하기가 어렵다(좀처럼 드물기는 하지만 복혼을 전제한다면 단순히 아버지의 또 다른 아내를 언급하는 것일 수도 있다). 이뿐 아니라 '아버지의 아내'라는 표현은 레위기 18장 7-8절에서 차용한 것 같다. 거기서 이 표현은 근친 상간을 금지하는 맥락에서 누군가의 어머니와 그 누군가의 아버지의 또 다른 아내를 구별할 때 사용되었다(이 표현이 나오는 18:11, 20:11, 신 23:1[22:30 ET], 27:20와 비교하라). 바울은 이 여자를 비난하는 것이 아니다. 이것은 그녀가 그리스도인이 아니었다는 암시다(12-13절 비교). 유대의 법에서는 양아들과 계모 사이의 근친 상간의 관계를 금했고(레 18:8, 20:11, 신 22:30, 27:20, Josephus, Ant, 3,12,1 § 274, Philo, Spec. Laws 3.20-21, Jub. 33:10-14, Pseudo-Phocylides, 179, m Keritot 1:1, m Sanhedrin 7:4, m Yebamot 11:1, b Sanhedrin 54a), 그리스 로마 사회에서도 역시 죄악시되었다(Aelius Spartianus, Antoninus Caracallus 10.1-4 in Anthony Birley, The Lives of the Later Caesars, Penguin, Apuleius, Metamorphoses 10.1-12, Diodorus Siculus 20.33.5, Euripides, Hippolytus, passim, Martial, Epigrams 4.16). [*gynē*+ *patēr*]

5:3. 영으로는 <u>함께 있어서</u>…거기 있는 사람같이(<u>Present</u> in spirit…as one who is present, *parōn…parōn*) – 바울은 이 헬라어 분사를 2회에 걸쳐 사용함으로써 자신이 고린도 사람들과 영적으로 함께 있다는 것을 암시하고 있다. '비록 내가 육체적으로 함께 있지 못하지만, 영으로는 너희와 함께 있다. 이런 방법으로 너희와 함께 있는 사람으로서…'(TNV)는 바울의 말과 의도를 잘 포착하고 있는 것 같다(Fee, 204 n.39, Thiselton, 392, 비교-AT의 번역도 비슷함, 골 2:5, 참고-BDF §425.3). 바울이 어떻게 그들과 영적으로 함께 있다고 생각했는지를 정확하게 파악하기엔 어려움이 있다. 다만 바울을 우리들의 범주에 맞춰 '우리처럼 생각하고 우리처럼 말하도록' 강요하지 않는 것이 현명하다(Fee, 205, HAys, 84, South, Disciplinary Practices in Pauline Texts, 33-34). [*pareimi*]

5:4. 우리 주 예수의 <u>이름으로</u>(<u>In the name</u> of our Lord Jesus, *en tōonomati*) – 이 표현의 의미는 전반적으로 명확하며, 논쟁의 여지가 없다. 하지만 전후 구절들과 연관시킬 경우 문제가 발생한다. 다음과 같이 적어도 네 가지 연관의 가능성이 있다. (한글 개역개정판을 기준으로) (1) 3하반절의 '판단하였노라'와 연관시킬 때, '내가 우리 주 예수의 이름으로 판단했다'는 뜻이다(MOFFATT, NAB, NRSV, PHILLIPS, TEV, TNIV). (2) 3하반절의 '이런 일 행하는 자'와 연관시킬 때, '우리 주 예수의 이름으로 이런 일 행하는 자'란 뜻이다(NRSV, Hays, 84, 91, Horeley, 79, 비교-Blomberg, 105, Fee, 206 n. 49). (3) 4하반절의 '함께 모여서'와 연관시킬 때, '우리 주

예수의 이름으로 모인'이란 뜻이다(ESV, NET, NIV, NJB, REB). (4) 5상반절의 '내주었다'와 연관시킬 때, '우리 주 예수의 이름으로 이런 자를 내어주다'라는 뜻이다(AT, HCSB, NASB, NKJV, WEYMOUTH). 매우 어려운 문제이지만 두 번째 견해가 헬라어 구절들의 자연스런 순서를 따르고 있고, 또한 고린도 사람들의 비정상적인 신학과 잘 일치한다는 점에서 매력적이다(2절과 고전 4:8의 설명을 참고하라, 또한 MacRae, Studies in the New Testament aon Gnosticism, 254–55, Murphy-O'Connor, 1 Corinthians 5:3–5,"Revue Biblique, 84[1977] 240–41, 245을 참고하라). 근친 상간의 행위는 주 예수 그리스도의 이름으로, 즉 그리스도 안에서 당시 세대의 속박에서 자유롭게 되었다고 생각한 고린도 사람들이 자신들의 자유를 축하하는 하나의 방법으로 행했던 것이다. [*en* + *onoma*]

5:5. 사탄에게…내어주다/ 넘겨주다(Deliver/Hand over…to Satan, *paradounai*) – 이 동사는 보통 어떤 사람을 관계 당국이 구금하도록 내어준다는 전문적인 의미에서 '넘겨주다, 양도하다'라는 뜻이다(BAGD, 615, 1b, MM, 483, TLNT 3:23, 비교–마 5:25, 눅 12:58, 마 10:17, 18:34, 행 12:4, 27.1). 바울이 이 구절에서 말하고자 한 것이 무엇인지는 전혀 명확하지 않다. 비슷한 이미지와 언어를 사용하는 욥의 이야기(70인경의 욥 2:6에서 하나님께서 사탄에게 "내가 그를 네 손에 맡기노라[*paradidōmi*] 다만 그의 생명을 해하지 말지니라"고 말씀하실 때 동일한 동사가 사용되고 있는 것과 비교하라)는 사람이 어떤 연유로 사탄에게 넘겨져서 사탄이 그 사람을 괴롭히는지를 암시하고 있다(Godet, 252–55, 비교–'사탄의 처분에 맡겨지다', PHILLIPS, 눅 22:31). 동일한 동사를 사용하고 있는, 로마 제국시대 때의 고대 비문은 다음과 같이 동일한 개념을 표현하고 있다. 즉 "누구든지 이 무덤을 훼손하는 사악한 행동을 하면 그 사람을 지옥의 신들에게 넘겨주겠다(*paradidōmi*)"(Newdocs 4:165 §73). 이뿐 아니라 바울이 공동체에서 그 범죄자의 축출을 거듭 요구한 것(2, 7, 9, 11, 13절)은 제명을 염두에 두고 있는 것처럼 보인다. 그렇다면 범죄자가 그리스도인 공동체에서 제명되고, 하나님의 보호를 벗어난(6–8절의 유월절 비유와 출 12:7, 12–13과 비교하라) 사탄의 영역(행 26:18, 고후 4:4, 골 1:13, 요일 5:19 비교)으로 다시 돌아간다는 의미에서 그 사람을 사탄에게 내준 것으로 여겨진다. "그 사람을 교회에서 쫓아내어 사탄의 손에 넘겨주다"라는 번역(NLT)은 이런 의미를 간결하게 표현하고 있다. 고린도전서 5장 5절의 표현 방식은 디모데전서 1장 20절의 "그 가운데 후메내오와 알렉산더가 있으니 내가 '사단에게 내준 것'은 저희로 징계를 받아 훼방하지 말게 '하려 함이니라'"와 거의 동일하다('사단에게 내준 것'과 '하려 함이니라'는 표현상의 병행을 보여준다). 바울이 여기에서 마음속으로 정확하게 어떤 생각을 하고 있는가에 대해 논란이 있지만, 많은 주석가들은 아마도 어떤 형식의 신체적 고통이 가미된 출교를 생각하고 있었다는 의견을 제시한다(Guthrie, The Pastoral Epistles, rev. ed., 78–79, Lock, The Pastoral Epistles, 19–20, Mounce, Pastoral Epistles 68–69 참고). [*paradidōmi*]

멸망(Destruction, *olethron*) – 이 명사는 '몰

락, 멸망'이란 뜻이지만 완전히 없어지다는 뜻이 아니라 완전하게 '전적으로 몰락하다'라는 뜻이다(LN 20.33, 살전 5:3, 살후 1:9, 딤전 6:9, 잠 1:26-27에서의 이 단어의 용법을 참고하라. 특히 고전 1:20-33절의 문맥 참고). 다른 곳에서 이 단어가 육체적 죽음이란 뜻으로 사용되므로 여기에서도 이런 뜻으로 쓰였을 가능성이 높다(유디트 11:15, 제2 마카비 13:6, 제3 마카비 6:30, 34, 솔로몬의 지혜서 1:12, 18:13, 솔로몬의 시 8:1, Philo, Mos. 1.44, 2.249, 254, Spec. Laws 1.160, 3.147, 고전 10:10과 히 11:28의 관련 명사와 동사형들을 각각 비교하라). 이와 관련하여 특히 바울이 6-8절에서 사용하고 있는 출애굽기 12장의 유월절 이미지에 비추어볼 때, 이 용어의 동사형(*olethreuō*)이 출애굽기 12장 23절에서 장자를 죽이는 '파괴자'를 묘사하는 장면에서 등장하는 것은 중요한 의미가 있다(출 12:15, 19에서 이 동사의 합성어인 *exolethreuō*가 사용되고 있고, 히 11:28에서 관련 동사 *olothreuō*가 사용되고 있는 것과 비교하라). 한편 이 용어는 '육신' 또는 '죄 된 본성'의 멸망을 염두에 두고 있다는 가능성을 제기하는 갈라디아서 5장 24절("육체를 십자가에 못 박았다")과 로마서 6장 6절("우리의 옛사람이 그와 함께 십자가에 못 박혔다")에서 용어상으로는 아니지만 개념상으로 비슷한 점을 발견할 수 있다(Fee, 212 참고, NIDNTT 1:466 비교). [*olethros*]

육신(Flesh, *sarkos*) - 바울이 이 용어를 여기에서 어떤 의미로 사용했는지 불분명하며, 다양한 논의가 이뤄지고 있다. 그 가운데 다음의 두 견해들이 중요하다. (1) '육체'(BAGD, 743, 2, BDAG, 915, 2a, CEV, AT, NJB, PHILLIPS, REB, TEV, WEYMOUTH, 비교-고후 7:1, 5, 엡 2:14, 5:29, 골 2:5, 딤전 3:16), (2) 이른바 '육신'의 윤리적 용법, 즉 '육신'이 '죄의 적극적인 도구로 사용되고, 죄에 복종하는 사람 안에 있는 심리적 요소'(LN 26.7)나 '타락한 인간 경험의 일부인 죄의 성향'(Moo, Encountering the Book of the Romans, 127, 이 개념/ 용어에 대해서는 BAGD, 744, 7, BDAG, 915, 2cα, Ladd, A Theology of the New Testament, rev. ed., 515-16을 참고하라, 그리고 롬 7:5, 18, 25, 8:3-13, 갈 5:13-19, 24, 6:8, 엡 2:3, 골 2:11, 13과 비교하라)을 가리킨다고 보는 견해. 두 번째 견해를 지지하는 적절한 영어 번역을 발견하기가 힘들다. 이 견해를 지지하는 다수의 역본들은 '죄의 본성'이란 표현을 선택하는 경향이 있다(NCV, NIV, TNIV, NLT). 첫 번째 견해에 따르면, 바울은 '몸의 멸망'을 사도행전 5장 1-11절(고전 11:29-30, 요일 5:16 비교)의 아나니아와 삽비라와 거의 비슷한 죄인의 죽음(BAGD, 563, BDAG, 702, 2, TDNT 2:170 n. 9, 5:169, TLNT 3:20)이나 고린도전서 11장 29-30절에서 주의 만찬의 남용과 연관된 질병과 거의 비슷한, 일종의 죽기 직전의 육체적 고통(행 13:8-12을 참고하라, PHILLIPS의 "그 사람을 사탄의 손에 넘겨주어 사탄이 그 죄인의 몸을 망가트리도록 하라"[Way, The Letters of Saint Paul and Hebrews, 8th ed]와 비교하라)을 마음속에 생각하고 있다. 이 두 가지 해석 가운데 어느 것을 선택할지는 어려운 문제이며, 두 견해가 모두 논쟁에서 자유롭지 못하다. 필시 출애굽기 12장 23절, 욥기 2장 4-7절, 고린도후서 12장 7절 그리고 디모데전서 1장 20절과의 유사성 때문에 첫 번째 견해(육체적 고통이나 죽음)를 지지하는 쪽으로 저울이 조금 더 기우는 것 같다. 마지막으로 로버트슨-플러머(Robertson-Plummer)의 다음과 같은 평가 또한 고려할 가치가 있다. "이 표현에 대해서 제기된 두 가지 해석 가운데 어느 하나를 선택할 필요가 없다. 그 둘은 상호 배타적이 아니고, 둘 다 사실이기 때문이다"(99). [*sarx*]

영(Spirit, *pneuma*) - 바울에게 '영'은 '육신'과 자연스럽게 대조되는 개념이며(비교-롬 8:1-7, 갈 5:13-6:10), 전인(the whole person)을 뜻하는 '환유어'로 사용될 수도 있다(Fee, 212. '환유법'[어떤 사물을 나타내는 데에 그것과 가까운 다른 낱말을 빌려 표현하는 것]에 대해서는 고전 2:16의 논의를 참고하라). 하지만 3절에서 '몸'과 '영'을 대조하고, 여기서 '육신'(즉, 물리적인 몸)과 영을 대조하고 있는 것으로 보아, 영은 물리적인 몸 또는 '육신'이 '영'과 분리되는 때인 사망에서 구원받은 사람의 비물질적인 부분을 가리킨다(Gundry, *Sōma in Biblical Theology*, 143 참고, NIDNTT 1:467 비교, "영은 여기에서 인간의 본질적 자아를 가리킨다"). [*pneuma*]

5:6. 너희가 심히 자랑하는 것(What you are so proud of, *kauchēma*) - 일반적으로 '자랑하는 것'으로 번역되는 이 명사는 '자랑의 요건들'(BDAG, 537, 1, TLNT 2:301, 특히 n. 25, Bruce, 55, Morris, 86, 비교-롬 4:2, 고전 9:15)이나 '자랑의 대상'(BAGD, 426, 1, Collin, 213)을 나타낸다. 여기에서 이것은 고린도 사람들의 '진보적'(극단적으로 실현된) 영성을 표현하는 근친상간의 죄를 특별히 가리킨다(고전 4:8과 5:2, 4의 설명을 참고하라). BADGD/ BDAG가 제공하는 다음과 같은 번역은 특히 유용하다. "너희가 매우 자랑하는 것은 옳지 못하다"('너희의 자랑의 근거로 여기는 것은 옳지 못하다', WEYMOUTH 비교). 여기에서 사용된 이 용어는 고린도전서에서 두 번 더 나오며(9:15, 16), 거기에서는 바울이 '자랑하는 이유'를 가리킨다(NET, 비슷함-ESV, NJB, NRSB). [*kauchēma*]

누룩(Leaven, *zymē*) - 바울은 6-8절에서 이 명사를 4회, 이것과 대조되는 용어인 '누룩 없는'을 2회, '누룩이 퍼지다'를 1회 사용하고 있다. 바울은 이 용어들을 사용할 때 이스라엘의 유월절 규례들(유월절 규례에서는 각 집에서 누룩을 제거할 것을 요구했다, 출 12:15, 19, 13:6-7, 신 16:3-4를 참고하라)과 관련된 이미지를 사용하여 고린도 사람들에게 '묵은 누룩을 내버리라'고 지시하고 있다(7절). 누룩은 공동체 안에서 행해지고 있는 악한 행위(8절의 악의와 악독이라는 누룩과 비교하라), 특히 남자들의 근친 상간의 죄를 상징한다(NLT는 7절의 '묵은 누룩을 내버리라'는 것을 '이 악한 사람을 치워버리라'로 해석하고 있다, 비교-2, 13절, Hays, 83). 누룩은 보통 타락과 죄, 특히 위선을 묘사할 때 사용되기 때문에 이런 상징적 표현이 예상 못하던 것은 아니다(눅 12:1과 LN 88.273을 참고하고, 고전 5:8의 '순전함과 진실함'에 관한 언급에 주목하라, 비교-마 16:6, 11-12, 막 8:15, 갈 5:9-10, Philo, QE 1.15, 2:14, Plutarch, "Roman Questions,"Moralia, 289e-f, "Table-Talk,"Moralia, 659b). 다수의 역본들은 이 헬라어 명사를 '누룩' 대신에 '이스트(효모)'로 번역한다(HCSB, NAB, NET, NIV, TNIV, NJB, NRSV). 하지만 고대에 빵을 구울 때 이스트를 사용하지 않았다는 사실에 유의해야만 한다(BDAG, 429, 1, Fee, 216, Thiselton, 401). 고대 사회에서는 한 주 전에 빵을 구울 때 남겼던 한 무더기의 발효된 반죽을 새로운 분량의 반죽을 부풀리거나 발효시킬 때 사용했다. "적은 누룩이 온 덩어리를 부풀게 한다"라는 문구(6하반절)는 갈라디아서 5장 9절에서 문자 그대로 반복되고 있고, 고린도전서 15장 33절의 격언과 매우 비슷하다. 끝부분의 '알지 못하느냐'라는 도입 형식은 이것이 교훈적인 속담이었다는 것을 암시한다(아마 이것은 마 13:33, 눅 13:21의 누룩의 비유에서 유래했거나 [NIDNTT 2:462-63 비교] 바울의 스승 가말리엘에게서 배웠을 것이다. 비교-m Orlah 2.11-12). "너희는 '적은 누룩이 온 덩어리에 퍼진다'는 속담을 듣지 못했느냐?"(REB)라는 번역은 이것이 속담임을 강조한다(NVC, TEV도 비슷함). [*zymē*]

5:7. 유월절 어린양(Passover lamb, *pascha*) - 바울은 다시 이스라엘의 유월절 이미지를 사용한다. 하나님께서는 멸하는 자가 이스라엘의 집을 '지나가게' 하심으로써 그들을 구원하셨다(출 12:1-3, 23). 유월절 어린양의 희생은 속죄의 죽임을 당하신 그리스도에 대한 그림이다(사 53:7, 요 1:29, 벧전 1:18-19 비교). "유대인들에게 유월절 (어린양)이 있었다면 신자들에게는 그리스도께서 계시다"(Morris, 87, 비교-Bruce, 56-57, Hays, 83). 이 용어 자체는 유월절 축제(요 2:23, 행 12:4), 유월절 식사(마 26:19, 막 14:16, 눅 22:13) 또는 유월절 어린양(막 14:12, 눅 22:7)을 나타낸다. '희생되셨다'라는 표현 때문에 '유월절에 바치는 어린양'(ESV, NET, NIV, TNIV, NLT, REB, BAGD, 633, 2, BDAG, 784, 2) 또는 '유월절 어린양'(NAB, NRSV)이란 번역을 단순히 '유월절'(HCSB, NASB, NJB, NKJV)보다 더 선호하는 것 같다. [*pascha*]

5:8. 우리가 계속해서 명절을 기념하자 (Let us continually celebrate the festival, *heortazōmen*) - 이 구절에는 신약에서 여기에만 사용되는 하나의 헬라어 동사가 있다(물론 '축제, 명절'을 뜻하는 관련 명사형은 신약에서 25회 사용되고 있다. 예를 들어, 눅 2:41-42, 골 2:16). 여기에서 이것은 그리스도인으로서의 생활 전체를 뜻하는 비유적 표현이다(BAGD, 280, BDAG, 335, Fee, 218, 224, Morris, 88). 출애굽기 12장에서 어린양들의 희생으로 칠일 간의 유월절 명절(출 23:15, 34:18)이 시작되듯이, 하나님의 어린양이신 그리스도의 희생으로 새로운 명절, 즉 '하나님의 용서를 거룩한 생활로서 축하하는' 그리스도인의 생활이 확정되었다(Fee, 218, 비교-8하반절의 '순전함과 진실함'). [*peortazō*]

5:9-11. 내가 썼던…내가 썼던(I Wrote…I Wrote, *egrapsa*…*egrapsa*) - 9절의 '쓴'은 바울이 전에 고린도 사람들에게 보냈던 편지를 가리킨다. 안타깝게도 그 편지는 유실되어 전해지지 않는다. 그러나 11절의 '쓴 것'에 대해서는 여러 주장들이 있다. 바울은 여기에서 헬라어 과거 시제를 사용하고 있는데, 보통 이 시제는 영어에서 과거 시제, 즉 '내가 썼다'로 번역된다. 하지만 많은 사람들은 바울이 과거 시제를 사용한 이유를 서간체 형식에서 발견한다. 저자가 편지를 받아 볼 수신인들의 시간의 틀에 맞춰 과거 시제를

사용하는 것이 헬라 시대의 일반적인 관용적 표현이었다(갈 6:11, 몬 19절, 벧전 5:12, Wallace, Greek Grammar Beyond the Basics, 562-63 비교). 이것은 바울이 '내가 쓰는'이라고 하지 않고 관례대로 독자들의 시간의 틀에 맞추어 과거 시제('내가 썼던')를 사용했다는 뜻이다. 물론 이 때의 과거 시제는 수신자들이 바울의 편지를 읽는 시기를 기준으로 할 때 적절하다. 따라서 대부분 이 특별한 관용적 표현을 현재 시제('내가 쓰고 있는')로 번역한다. 그러나 지금은 유실되었지만 바울이 이전에 보낸 편지를 가리킨다는 주장들도 적지 않다(Bruce, 58, Conzelmann, 102, Robertson-Plummer, 106, Collins, 216-17, 222, Fee, 222 n. 12.224, Thiselton 413). 그 이유는 다음과 같이 세 가지다. (1) (지금 바울은 11절에서 자신이 진정으로 말하고자 했던 것이 무엇인지를 암시하고 있는데), 자신이 전에 그런 뜻으로 말한 것이 아니라고 진술하는 10절과 자연스런 대조를 제공한다. (2) 바울이 앞에서(고전 4:14) 이 편지를 언급할 때 분명히 서간체의 완료/ 과거 시제를 사용하기보다는 '내가 쓰는'이라는 헬라어 동사의 현재 시제형을 사용했다(그러나 바울은 뒤의 9:15에서 서간체의 과거 시제를, 14:37에서는 현재 시제를 사용하고 있다), (3) 헬라어 단어 *egrapsa*가 9절(과거의 편지를 가리키고 있는 실제의 과거 시제)과 11절(현재의 편지를 가리키고 있는 완료/ 과거 시제)사이에 그 의미가 달라졌을 가능성이 거의 없는 것 같다. 다시 말해, 바울이 전에 보낸 편지와 현재의 편지를 구별하려고 했다면, 현재 시제를 사용함으로써 그런 의도를 명시하지 않은 이유를 설명하기가 힘들다. 바울이 '내가 썼던'이라는 동사를 두 번 사용한 것은 다른 이유로 중요하다. 10절과 연관시킬 때 이것은 바울이 이전 편지에서 지시한 것들이 잘못 이해되거나 의도적으로 무시되거나 왜곡되었음을 암시한다(롬 3:8 비교). [*grafō*]

5:9. 분별없이 섞이다(To mix indiscriminately with, *synanamignysthai*) - 11절과 데살로니가후서 3장 14절에서 다시 나오는 이 단어의 일반적인 의미는 분명하다. 이것은 '섞이다, 교제하다'라는 뜻이다(BAGD, 784, BDAG, 965). 하지만 9-11절의 가르침에서 바울은 실제적으로 '분별없이 섞이지' 말 것을 요구하고 있다. 디셀튼(Thiselton, 409)의 설명에 따르면, "이것은 '관계를 맺지 않는'(그들을 길에서 만나도 모르는 체해야 하는가?), '교제하지 않는'(그들이 어떤 모임이나 집회에 참석하는지를 체크해야 하는가?)이란 두 개의 일반적인 번역보다 문맥에 더 가깝다." 한마디로 바울은 근친 상간을 범하고 있는 사람이 신자 공동체와 공동체의 윤리적 규범들과 관련해서 스스로 어떤 위치에 있는가를 깨닫도록 그들과 개인적으로 관계 맺는 것을 신중하게 분별할 것을 요구하고 있다. [*synanamignymi*]

5:11. 형제라 일컫는 사람/ 스스로를 형제라고 부르는 사람(Anyone who is called a brother/ calls himself a brother, *onomazomenos*) - '자칭 형제/ 자칭 그리스도인'이라는 표현(BAGD, 573-74, 1, BDAG, 714, 1, NASB, MOFFATT, RFB)은 '형제루 일컫는 사람' 또는 '스스로를 형제라고 부르는 사람'보다 더 문자적인 번역으로, 바울이 지금부터 하는 설명에 해당하는 사람은 누구든지 진정한 그리스도인이 아니라는 뜻

을 내포하고 있는 것 같다. '동료 신자들이라고 주장하는 어떤 사람'(TNIV) 또는 '자신을 그리스도인이라 부르는 사람'(NET)과 같은 다른 번역들이 좀 더 나은 것 같지만, 이 문제를 명확하게 해결하지는 못한다. 하지만 여기에서 바울이 하나하나 거론한 죄들을 특성으로 하는 삶을 사는 사람들은 하나님 나라를 유업으로 받지 못한다는 6장 9–10절에서의 주장을 감안한다면, 그 사람이 참된 그리스도인이 아님을 뜻하는 '자칭 그리스도인'이란 표현이 더 옳은 것 같다(Barrett, 131, Fee, 224, Morris, 89, Thiselton, 413, Blomberg, 110). 여기서 바울이 '음행하는 사람, 우상 숭배자, 모욕하는 사람'과 같은 호칭을 사용할 때 일관성 있는 행동 양식, 즉 한결같은 삶의 방식에 대해 말하고 있다는 것을 관찰하게 된다(Blomberg, 107, 비슷하게 Fee, 224, Thiselton, 413). 한 개인의 특성을 규정할 때에, 단발적인 행동들이나 일시적인 과실을 이유로 이런 호칭을 사용하는 것은 옳지 않아 보인다. 또한 바울이 고린도 사람들에게 부도덕한 사람과의 교제를 금할 때, 그가 '공동체 밖의 사람들'이 아닌, 공동체의 구성원들에 대해 말하고 있는 중이라는 사실을 강조해야만 한다(12–13절). 바울은 고립주의자도 아니었고 은둔자도 아니었다. "부도덕과 우상 숭배의 행위들과 관련이 있을 때는 예외지만 그의 기본 규칙은 공동체 밖에서는 자유로운 교제, 공동체 내에서는 엄격한 규율이다" (Witherington, 160). [*onamazō*]

함께 먹다(To eat with, *synesthiein*) – 근친 상간을 범한 사람을 신자 공동체에서 제외시켜야 한다는 것을 감안할 때(2, 7, 9, 11, 13절), 이 금지는 주의 만찬보다는 개인적으로 함께 식사하는 것을 가리킨다. 주의 만찬에서의 제외는 범죄자의 출교를 전제로 한 것이다(Fee, 226, Thiselton, 415). 이 시나리오에서 '…도 하지 말라'(대부분의 영어역본들, BAGD, 518, 2, BDAG, 647, 2)는 접속사는 이 금지를 좀 더 공개적이고(교회가 아닌 곳이라는 뜻임), 사회적인 무대로 확대한다. 바울은 마치 "너희는 이것을 매우 진지하게 받아들여야 한다. 너희는 이런 범법자와 식사조차도 해서는 안 된다"라고 말하는 것 같다. '이런 사람과 함께 먹지 말라'는 명령은 출교가 이루어질 때까지 유효하다. 일반적으로 친밀한 관계에 있는 사람들을 향한 일반적인 예절까지 삼가라고 할 필요는 없었다. 그러나 근친 상간을 범한 사람의 행동을 눈감아주고, 하나님의 거룩한 성전으로서의 공동체의 정체성(identity, 3:16–17)을 위태롭게 하는 친밀한 관계는 금지되었다(Thiselton, 415, 비슷하게 Blomberg, 108–109, Hays, 87, Morris, 89). [*synesthiō*]

5:12–13. 판단하다…판단하다…판단하실 것이다(Judge…judge…will judge, *krinein…krinete…krinei*) – 바울은 12–13절에서 이 동사를 세 번 사용한다(마지막 세 번째 동사는 현재 시제 아니면 미래 시제인데, 필시 미래 시제일 것이다, 5하반절 비교). 이것은 거의 한결같이 '판단하다'로 번역되며, '법적인 판단을 내리다, 선고하다' 또는 심지어 '처벌하다'(13절)와 같은 의미를 전달하고, 단순히 '평가하다, 비판하다'라는 뜻만은 아니다(BAGD, 451, 4aα, bα, BDAG, 568, 5aα, bα, 위의 고전 4:3–5의 논의와 비교하라). 이와 관련하여 피(Fee)는 다음과 같이 중요한 설명을 제공한다. 즉 "이 구절은 교회가 세상

의 불의와 세상의 바르지 못함 등을 '판단'할 때 세상에 대해서 예언자처럼 말해서는 안 된다는 의도로 말한 것이 결코 아니다. 언제 일어날지 모르는 하나님의 심판에 대한 예언자적인 경고는 지금까지 교회의 선포의 한 부분이었음이 틀림없다. 이 구절은 교회가 근친 상간을 범한 사람을 판단하는 방식으로 세상을 판단하지 않는 것과 관련이 있다. 어떻게 보면 교회는 세상과 무관하다"(227 n. 38). [*krinō*]

6:1. 사건(Case, *pragma*) – 이 명사는 단순히 '다툼, 소송, 사건'이란 뜻이다(BAGD, 697, BDAG, 859, 4, MM, 532). 이 사건들이 겉보기에 '지극히 작은 일들'(2절, NAB, NASB), '하루하루 일어나는 일들'(3-4절, REB) 그리고 '경제적 쟁점들'(7-8절 비교)과 관련이 있다는 사실들을 감안할 때, 형사소송보다는 민사소송을 생각하게 된다(Fee, 241, 비슷한 견해-Blue, "Lawsuit,"545 in DPL, EDNT 1:219, Thiselton, 428, 아래 3절의 논의를 참고하라). 아마도 오늘날의 소액 청구 재판에 비유하면 적절할 것이다. [*pragma*]

법정에 가다(Go to court, *krinesthai*) – 바울은 이 헬라어를 이 장의 처음 여섯 구절들에서 5회 사용한다(1, 2[2회], 3, 6). 1절과 6절에서 이 동사는 중간태이며, '송사하다'라는 뜻이다(BAGD, 451, 4aβ, BDAG, 568, 5aβ). '소송을 제기하다'(NLT)와 '송사하다'(NRSV)가 의도를 잘 포착한 번역이다. 2-3절에서는 중간태가 사용되지 않고 있다. 거기에서 이 동사는 단순히 '판단하다'라는 뜻이며, 이 세대의 마지막에 성도들이 참여하게 될 마지막 심판을 가리킨다(BAGD, 452, 4bβ, BDAG, 569, 5bβ). [*krinō*]

부패한 세속 법정(Corrupt secular court, *adikōn*) – 여기에서 명사로 사용된 이 형용사는 '신을 믿지 않는, 불의한, 불공평한'이란 뜻이다(BAGD, 18, BDAG, 21, LN 88.20). 하지만 이것은 1절의 '성도들'과 대조되고, 1절과 내용상으로 거의 비슷하거나 동일한 6절에서 '믿지 아니하는 자들'이라는 표현으로 바뀌는 것으로 보아 바울의 일차적 의도는 비그리스도인의 세속 법정을 묘사하는 데 있는 것 같다(Barrett, 135, Blomberg, 117, BDAG, 21, 1, Conzelmann, 104 n, 12, Fee, 232, LN 11.20). 따라서 이 용어는 '이방 법정'(PHILLIPS, REB), '이교도의 법정'(AT), '이교도 재판관들'(TEV) 그리고 '세속 법정'(NLT)으로 번역된다. 하지만 특히 민사소송에서 그리스-로마의 법정들은 대개 부패와 편견의 온상이었기 때문에 이 용어에서 도덕적 의미를 모두 제거하는 데 어려움이 있다(Thiselton, 419-20, 44-25, 특히 Collins, 226-27, 231, Hays, 93, Winter는 이런 사실을 보여주는 여러 사례들을 인용하고 있다[After Paul Left Corinth, 60-64]). 따라서 '부패한 세속 법정'과 같은 번역은 바울의 '두 가지' 의도(MOFFATT의 '죄 된 이방의 법정'과 비교하라)를 잘 표현하고 있다고 할 수 있다. 몇몇 후대의 랍비들이 출애굽기 21장 1절에 근거하여, "유대인 공동체 내에서 분쟁을 해결하는 것이 유대인의 관례였다"라는 원리에 따라 이방 법정들에 자신들의 민사 사건들을 가져가는 것이 불법이라고 말했다는 사실에 주목할 필요가 있다(Barrett, 135, b Gittin 88b, 초기의 구약 성경과 유대의 문서들, 신 1:9-18, 1QS 5:1-4, 13-18, 9:7, 1QSa[1Q28a] 1:13-14을 참

고하라). [*adikos*]

6:2. 세상(World, *kosmon*) – 이 구절에 2회 나오며, '세상 사람들'(LN 9.23)을 가리키는 이 용어에 대해 고린도전서 1장 21절의 논의를 참고하고, 고린도전서 4장 9절과 비교하라. 수많은 성경 본문들과 유대의 일반 문서들은 '성도들이 세상을 판단하게 될 것'이라는 사상을 반영하고 있다(70인경의 단 7:22, 시락서 4:15, 솔로몬의 지혜서 3:708, 에녹 1:9, 38:1, 95:3, Jub 24.29, 1QpHab 5:4, 마 19:28, 눅 22:30, 계 2:26, 3:21, 20:4). [*kosmos*]

법정(Court, *kritēriōn*) – 4절에도 나오는 이 명사는 법정에 가져간 사건(예를 들면, '소송 사건이나 법률적 행동') 또는 정의를 위한 법정(예를 들면, '재판장, 재판소', BAGD, 453, BDAG, 570) 가운데 하나를 가리킨다. "너희는 이 사소한 사건들에 능력이 없느냐?"(NJB)와 "너희는 가장 하급 법정들에 자격이 없느냐?"(NAB)라는 문자적 번역들은 이 두 가지 견해(option)를 훌륭하게 대변한다. 다음과 같은 이유들로 인해 후자의 견해가 더 나아 보인다. (1) 헬라어에서 *tērion* 이라는 명사의 접미사는 보통 '어떤 일이 일어나고 있는 장소'를 암시한다(BDF §109.9). (2) 7절에서 바울은 '소송'또는 '사건'에 대해 말할 때, 관계는 있지만 다른 헬라어 용어(*krima*, bagd, 450, 1, bdag, 567, 1, tdnt 3:942)를 사용한다. (3) 이 용어가 전자의 정의를 지닐 수 있다는 증거는 상대적으로 제한적이다. 반면에 후자의 정의는 '파피루스에 자주 나오며'(MM, 361), 70인경에도 자주 나오며(출 21:6, 사 5:10, 3 Kgdms 7:44, 70인경의 단 7:10, Sus. 49), 신약의 다른 곳에서도 사용되고 있다. (4) 교회 내에서 중재를 시도하기 위해 배심원들(법정)을 소집한 것은 출애굽기 18장 13–26절, 신명기 1장 9–18절, 16장 18–20절, 17장 8–13절, 역대하 19장 5–7절, 마태복음 18장 15–17절에서 전례를 발견하게 되며, 이 본문들이 바울 사상의 배경을 형성하는 것 같다(Rosner, Paul, Scripture, and Ethics, 94–115, Thiselton, 428–29). [*kriterion*]

6:4. 경멸당하는 사람들을…임명하다(Appoint…the ones who are despised, *kathizete, tous exouthenēmenous*) – 구두점은 원문의 일부가 아니라, 헬라어 사본에 나중에 추가된 것이기 때문에 이 난해한 표현을 명령(KJV, NIV)이나 질문(대부분의 영역본들)으로 또는 심지어 사실에 대한 진술(MOFFATT, NJB)로 독해할 수 있다. 그러나 사실에 대한 진술은 의미상으로 질문과 거의 차이가 없다. 질문으로 이해할 경우 "교회에 의해 경멸당하는 사람들을 너희가 임명하느냐?"이다. 명령으로 이해할 경우 "교회에서 경멸당하는 사람들을 임명하라!"이다. 이 독해법들은 많은 난점들을 제기한다. 전통적으로 '경멸당하는 사람들'의 신분을 주된 쟁점으로 하는 다음의 두 가지 해석들이 제시되고 있다. (1) "교회에 의해 경멸당하는 사람들(비그리스도인들)을 너희가 재판관들로 세우느냐?"(대부분의 영역본들, NLT, REB는 특히 분명하다) 또는 (2) "너희 회중 가운데서 경멸당하는 사람들을 재판관으로 세우라!"(KJV, NIV. 비슷함–MLB). 하지만 이 두 해석들은 모두 문제점이 있다. 왜냐하면 바울이 신자들 가운데 어느 한 편을 가리켜 '경멸당하는 사람들'이란 용어를 사용했다고 생각하기 힘

들기 때문이다(고전 8:11, 9:21–23, 12:21–25 비교). 이것은 바울이 극복하려고 애쓰고 있던 고린도 사람들의 파당주의(factionalism)와 교만을 확대하는 것이 분명하므로 현재의 문맥에서 더 더욱 문제가 된다. 매력적인 대안은 이 구절을 명령으로 해석하고 '경멸당하는 사람들'에 대한 바울의 언급을 고린도에 있는 '영적인 지식인들'의 언어를 사용하는 반어적 술책으로 이해하는 것이다(Bruce, 60, Thiselton, 432, 434 비교). 이러한 풍자적인 역설은 바울이 "나는 너희가 부끄러움을 느끼기를 바란다. 세상 법정을 의지하는 것은 너희 '지식인들' 가운데 그 누구도 이 분쟁들을 해결할 만한 지혜가 없다는 뜻이다. 하지만 너희가 교회에서 경멸하는 사람들조차도 너희 분쟁을 충분히 쉽게 판결할 수 있으므로 세상 법정에 의지할 필요가 없다"고 말하고 있는 것으로 이해되는 5절과 일치하는 것 같다. 또 하나의 다른 대안은 이 구절을 질문으로 해석하는 것이다. 이것 또한 매우 매력적이다(Murphy–O'Connor, 1 Corinthians, 48–49, Thiselton 343 비교). 그렇다면 바울은 "너희가 매우 경멸하고 매우 하찮다고 여기는 사람들의 판단을 어찌 구하겠느냐?"(Blomberg, 117 n.3 비교)고 질문한 것이다. 바울은 "동료 그리스도인들 사이를 중재할 능력을 지닌 지혜로운 사람이 너희 유능한 사람들 가운데 이같이 하나도 없을 수 있느냐?"(5절)고 질문함으로써 대단하고 세련된 지혜를 소유했다고 주장하는 고린도 사람들의 교만을 끌어내린다. 결국 이 구절의 전반적인 의미는 명확하다. 고린도 사람들은 그리스도인들 사이의 분쟁을 해결하기 위해 이교도의 민사 법정으로 가는 부끄러운 짓을 하고 있는 중이었다(Thiselton, 433의 비슷한 의견과 비교하라). [*kathizō, exoutheneō*]

6:5. 중재하다(Arbitrate, *diakrinai*) – 이 동사는 '법적인 결정을 내리다'라는 뜻이다(BAGD, 185, 1d, BDAG, 231, 4). 여기서 '중재하다'라는 간단한 표현이 이 단어의 의미를 잘 표현한다(Bruce's Paraphrase, HCSB, Thiselton, 435). [*diakrinō*]

6:7. 이미(Already, *ēdē*) – 이 단순 부사는 "양보만이 그리스도인의 유일한 법정(4–5절 비교)이라는 것을 보여준다"(Conzelmann, 105). 그 이유는 그리스도인들이 서로 간에 소송을 하는 것은 이미 도덕적으로 실패이기 때문이다. 바울은 자신의 권리를 자발적으로 포기하는 일에 대한 자신의 신념과 실천에 대해 말하고 있다(고전 8:1–11:1). 이것은 예수님께로부터 배운 교훈이 틀림없다(마 5:39–42 = 눅 6:29–30, 고후 8:9, 빌 2:3–8, 벧전 2:23 비교). 바울은 "차라리 불의를 당하는 것이 낫지 아니하냐?", "차라리 속는 것이 낫지 아니하냐?"와 같은 어려운 원칙을 제시할 때에 그리스–로마 철학자들과 같은 모습을 보여준다(Plato, Gorgias 469c, 509c, Musonnius Rufus, Will the Philosopher Prosecute Anyone for Pernal Injury? 10 [Cora Lutz, YCS 10, 76–81] A.D. 30–100). 이것은 마태복음 18장 15–17절에서 간략하게 서술하는 불만을 해결하는 단계들(개인적인 대화, 증인들과의 의논, 교회 앞에서의 공개적인 대면)과 모순되지 않는다. 티셀튼(Thiselton, 436)의 지적처럼 '개인 대 개인의 대화의 단계를 넘어서는 것은 이미 하나의 도덕적 실패'다(비슷한 견해–Blomberg, 118).

[*ēdē*]

도덕적 실패(Moral failure, *hēttēma*) – 이 명사는 '패배, 손실, 실패'란 의미다(BAGD, 349, BDAG, 441, LN 13.22). 여기에서 '도덕적 실패'라는 번역은 이 용어의 의미를 잘 표현하고 있으며 인접 문맥과 일치한다(Thuselton, 436, 도덕적 패배'를 암시하는 Hering, 41과 비교하라). 이 용어는 성경 헬라어에서 두 번 더 사용된다("그들의 손실/ 실패/ 패배는 이방인들에게 풍성함을 의미한다"–롬 11:12, "그러나 장정들은 패배하게 될 것이다"–70인경의 사 31:8). [*hēttēma*]

6:9. 악을 행하는 사람들(Those who practice evil, *adikoi*) – 불의를 당하다'(*adikeisthe*, 7절)와 '불의를 행하다'(*adikeite*, 8절)에 대한 바울의 언급은 여기에서 관련 헬라어 형용사의 사용으로 인해 '악행자들'에 대한 일반적인 언급으로 발전한다(이 용어가 1절의 '성도들'과 대조되며, 6절에서 '믿지 아니하는 자들'로 정의되고 있다는 것에 주목하라). 9–10절에서 열거하고 있는 악덕의 목록은 이런 '악행자들'의 구체적인 사례들이다. 바울이 '음행하는 자, 우상숭배 하는 자, 간음하는 자 등'을 열거한 것은 행위자의 행동 양식이 단발적인 행동이나 일시적인 일탈이 아니라는 암시다(Blomberg, 118). 하나님의 나라를 유업으로 받지 못하게 될 더 큰 범주의 '악행자들'은 일관된 생활 양식이나 한결같은 삶의 방식이 불의한(*adokoi*, '악행자들'–NRSV, REB, TNIV, '사악한'–MOFFATT, NIV, TEV, '악한'–CEV, NJB, '불의한'–ESV, NASB, NET, NKJV) 사람들이다. 더욱이 adikoi와 고린도전서 6장 9–10절에서 열거하고 있는 다른 목록들에 정관사('the')가 없다는 것이 특별한 의미가 있는 것 같다. 이것은 이 명사들이 취지상 질적인 특성들을 암시하며, 따라서 지속적인 습관이나 성품을 강조한다(Morris, 93, 참고–Wallace, GReek Grammer Beyond the Basics, 244–45). 이 모든 것은 어느 한 사람이 일시적인 타락으로 인해 구원(즉, 하나님 나라에서의 유업)을 상실하지 않는다는 것을 암시한다. 그럼에도 고린도전서 9장 9, 11절은 신자임을 자칭하면서 하나님의 나라에 들어가지 못하게 될, 악행자들처럼 행동하는 사람들에게 진지하게 경고하고 있다. 이것이 이 신자들이 유업을 잃어버린다는 뜻인지, 아니면 그들의 신앙 고백과 회심이 거짓이라는 뜻인지는 이 구절 하나만을 가지고 확실하게 대답할 수 없다(위의 고전 3:17과 아래의 고전 8:11과 9:24–27의 논의를 참고하라). 하지만 9–11절에서 바울이 구원의 상실을 마음속에 생각하고 있었을 가능성이 많지는 않다. 왜냐하면 11절에서 고린도 사람들이 장차 하나님 나라를 유업으로 받게 될 것이라고 말하고 있기 때문에 9–11절의 취지는 다음과 같다. "현혹되지 마라! 신자들인 너희는 하나님께서 마지막 축복에서 제외시키게 될 사람들처럼 살아서는 안 된다. 그보다는 너희의 진정한 신분, 즉 깨끗하게 씻김을 받고, 거룩함과 의롭다 하심을 받은 하나님의 백성들답게 행동하라" (Hays, 96, Grundry Volf, Paul and Perseverance, 134–41, Rosner, Paul, Scripture, and Ethics, 118 참고). [*adikos*]

하나님의 나라(The Kingdom of God, *basileian*) – 여기와 11절에서 바울은 장차 있게 될, '세상에서의 하나님의 온전한 통치'에 대해 말한다(Ladd, A Theology of the New Testament, 2nd., 603, 비교-450, BAGE, 135, 3, BDAG 168-69, 1b, Bock, "The Kingdom of God in New Testament Theology,"28-60, esp. 45, 48, 57 in Looking into the Future: Evangelical Studies in Escatology, ed. David W. Baker, Stein, The Method and Message of Jesus'Teachings, rev. ed., 76-78). 이 하나님의 통치는 '장차 올 세대'의 본질적인 요소이며 (이 세대와 '장차 올 세대'라는 개념을 이해하기 위해서는 앞의 고전 1:20의 '세대…세상'에 대한 논의를 참고하라), 그리스도께서 다시 오실 때부터 하나님 아버지께 그 나라를 바치실 때까지 행사하시게 될 것이다(고전 15:24, 25-28절 비교). 하나님의 나라는 하나님의 통치 또는 지배를 가리킨다. 그렇다고 해서 하나님의 나라가 공간적이고 시간적인 장소, 즉 사람들이 들어가서 머물 수 있는 왕국의 영역이나 영토를 배제하는 것은 아니다(살전 2:12, 딤후 4:1, 18, 비교-마 8:11-12, 막 14:25, 막 9:45, 눅 22:29-30, Bock, "Kingdom of God,"45-48, EDNT 1:202, 204). 바울은 고린도전서 4장 20절에서 하나님의 나라에 대해 말하지만, 거기에서는 미래의 왕국보다는 현재 명시되고 있는 왕국, 즉 그리스도의 초림으로 이미 시작된 '예수 그리스도를 믿음으로 들어가게 되는, 그리스도께서 통치하시는 보이지 않는 영역'에 더 초점을 두고 있다(Ladd, 451, 6, 비슷한 견해-Bock, "Kingdom of God,"47, 57). 이 두 본문들(4:20, 6:9-11)은 바울 신학의 특징인 '이미 그러나 아직' 사이의 긴장에 대한 전형적인 사례를 제공한다. 왕국은 '이미' 도래했으나 '아직' 완전하게 도래하지 않았다(더 이상의 논의를 위해서는 Fee and Stuaret, How to Read The Bible All Its Worth, 3rd., 145-48을 참고하라). [*basileia*]

상속하다(Inherit, *klēronomēsousin*) - 여기에서 이 동사는 '지금 소유하고 있지 않는 상당한 가치가 있는 어떤 것을 받다'(LN 57.131), '획득하다, 얻다, 소유하게 되다'라는 뜻이다(BAGD, 434, 2, BDAG, 547, 2). 이스라엘이 '약속된 땅을 상속할 것'이라고 말하는 구약성경의 여러 본문들에서 이 단어의 의미에 대한 배경을 발견하게 된다(신 1:38, 11:24-25, 12:9-10, 수 1:3, 21:43-45, 비교-시 37:9, 사 57:13, 마 5:5). 거기에는 사망한 어떤 사람에게서 유산을 받는다는 개념이 없다. 그보다 이스라엘은 땅에 대한 '소유권을 갖게' 되었다. 마찬가지로 고린도전서 6장 9-11절에서 '왕국을 상속하는 것'은 그 왕국의 은혜와 축복에 참여하는 차원에서 왕국을 '소유하다' 혹은 왕국에 대한 '몫'을 갖게 된다는 뜻이다. 따라서 '하나님 나라를 상속받는 것은 장래의 하나님 나라에서, 즉 그리스도의 죽으심/ 부활이 가져다주는 메시아 구원에 참여하고 향유하는 것이다(BAGD, 434, 2, BDAG, 168, 1bη, 547,2). "악한 사람들은 하나님의 축복에 참여하지 못한다"(CEV)라는 번역은 이 개념을 잘 포착하고 있다(AT, NLT도 마찬가지임). 습관적으로 악을 행하고 (그로 인해 자신들이 불신자들임을 증명하는) 사람들은 왕국을 상속받지 못하게 될 것이지만, 모든 신자들은 왕국의 축복들을 향유하게 될 것이다. 왜냐하면 바울에 따르면 신자들은 모두 하나님 나라의 상속자들이기 때문이다 (롬 4:13, 8:17, 갈 3:29, 4:4-7, 엡 3:6, 딛 3:7). [*klēronomeō*]

동성애를 행하는 남자들(Men who practice

homosexuality, *malakoi, arsenokoitai*) – 이 문구는 오늘날의 사회적, 윤리적, 법적, 정치적 그리고 교회적 관심사에 비추어볼 때, 특히 중요한 두 가지 용어를 사용하고 있다. 먼저 몇 가지 핵심적인 사항을 언급할 필요가 있다. 이 두 용어들(탐색하는 자, 남색하는 자)은 서로 관련된 의미들을 지니며, 성적인 죄악들의 '악덕 목록'에 나란히 등장하기 때문에 다른 악덕들, 즉 우상숭배자들, 간음하는 사람들, 도적들, 모욕하는 사람들, 속여 빼앗는 자들과 달리 이 두 용어들은 단순히 성적 태도나 성향이 아니라 행동이나 행위를 강조하는 것처럼 보인다(Blomberg, 121 비교). 여기에서 말하는 것이 성에 대한 태도인지, 아니면 성적 성향인지 전혀 명확하지 않다. 11절의 '너희 중에 이와 같은 자들이 있더니'라는 최초 진술은 행동 양식에서의 변화뿐만 아니라, 성적인 성향에서의 변화를 암시할 수도 있다. 이 두 용어들이 신약 시대나 그 이전의 세속 헬라어에서 성적인 행동이나 태도를 묘사할 때 사용된 예들은 그렇게 많지 않다. 더군다나 성경 헬라어에서는 거의 사용되지 않고 있다(이들 두 용어들과 관련된 여러 용어들이 나오기는 하지만 성적인 맥락에서는 아니다). 성경 헬라어와 성적 맥락과 관련 없는 곳에서 *malakos*는 잠언 25장 15절, 26장 22절, 마태복음 11장 8절(2회, 눅 7:25)에 나오며 '화려한/ 부드러운 옷'이란 표현에서처럼 '부드러운' 또는 '화려한'이란 뜻으로 사용되고 있다. 다만 고린도전서 6장 9절에서만 이 용어는 성적인 의미로 사용되고 있다. 한편 *arsenokoitēs*는 고린도전서 6장 9절과 디모데전서 1장 10절에 나오며, 이 두 본문에서 처음으로 사용되고 있다. 이 단어는 바울이 여기에서 이 단어를 사용하기 전의 헬라 문학 어디에서도 등장하지 않는다(Collins, 236, Fee, 244, Thiselton, 448). malakos의 의미에 대해서는 일치된 합의가 이루어지고 있다(Thiselton, 449 비교). 이 합의를 따르고 있는 BDAG는 이 용어를 '동성애 관계에서 수동적이고, 남자답지 못하며, 특히 얼굴이 여성같이 곱게 생긴 축에 속하면서 같은 성의 남자들에게 성을 파는 남자들과 소년들'로 정의하고 있다(613,2, 비슷한 정의–BAGD, 488, 2, LN 88.281). 이 정의와 관련하여 다음의 세 가지 견해들에 주목할 필요가 있다. (1) '남자답지 못한'은 성적 행위의 한 유형, 즉 같은 성 사이의 성관계에서 수동적인 역할을 하는 사람을 가리킨다. (2) '미동'(얼굴이 곱게 생긴 남자아이)은 영어에서 희귀단어이며, '특히 소년들과의 항문 성교를 좋아하는 남색자가 옆에 두는 소년'이란 의미를 갖고 있다(Merriam Webster's Collegiate Dictionary, 11th ed.). (3) 한편 BDAG의 설명의 처음 부분인 '동성애 관계에서 수동적이고'는 모든 유형의 동성애 행위를 망라하는 것 같다. 대부분의 사람들은 *arsenokoitēs*란 단어가 '남성들과 성관계를 가지는'이란 뜻을 갖고 있다고 본다. 따라서 BDAG는 *arsenokoitēs*가 *malakos*와 함께 사용될 때, *arsenokoitēs*는 '동성과의 성행위에 몰두하는 남성, 즉 남색자로서 동성과의 성관계에서 주도적인 역할을 하는 사람'으로 정의된다(135, BAGD, 109, LN 88.280). 레위기 18장 22절(70인경)과 20장 13절(70인경)에서 동성애 관계를 가리킬 때 이 단어를 사용한 것은 이런 일반적 의미를 확증한다.

결국 바울의 동성애에 관한 견해와 관련된 논의의 주요 쟁점은 바울이 일반적인 동성애 관계, 즉 '수동적인'(*malakos*)인 파트너와 '능동적인'(*arsenokoitēs*) 파트너 사이에 벌어지는 모든 성적 행위를 정죄하는 것인지, 아니면 소년과의 남색이나 남성 매춘(즉, 돈을 받고 자신들의 서비스를 다른 남성들에게 제공하는 것, Boswell, Christianity, Social Tolerance, and Homosex-uality, Scroggs, The New Testament and Ho-mosexuality) 같은 착취적인 관계들만을 정죄하는 것인지에 있다. 여기에서 샌더스(Sanders)의 표현대로 하면 바울이 동성애를 '모조리'정죄했던 구약과 유대적인 유산을 물려받았고(Paul: A Very Short Introduction, 131) 그리고 모든 형태의 성관계를 금지하는 레위기 18장 22절과 20장 13절에서 *arsenokoitēs*이란 단어의 두 가지 구성요소들을 사용한 것(Wenham, "The Ole Testa-ment Attitude to HomoSexuality, ExPTim 102 [1991]:362, Brown, An Introduction to the New Testament, 529-30, France, "From Romans to the Real World: Biblical Principles and Cultural Change in Relation to Homosexuality and the Ministry of Wemen,"245 in Romans and the People of God: Essays in Honor of Gordon D. Fee, ed. Sven K. Soderlund and N.T. Wright)으로 미루어볼 때, 바울이 '무책임한' 동성애 행위뿐만 아니라 모든 형태의 동성애 행위에 반대했다는 결론에 이르게 된다. 이 결론은 바울이 로마서 1장 26-27절에서 동성애 행위를 강하게 비난한 것에 의해 더욱 강화된다(이것은 이성간의 결혼 관계를 벗어나는 모든 성적 행위의 금지를 언급하는 것이 아니다. 두 가지 대안, 즉 절제와 결혼에 대해 말하는 고전 7:9과 비교하라). [*malakos, arsenokoitēs*]

6:11. 씻음과…거룩함과…의롭다 하심을 받았다(Washed…sanctified…justified, *apelousas-the…hēgiasthēte…edikaiōthēte*) - 이 동사들은 구원에 대한 세 가지 설명이나 그림들을 제공한다. 각 용어들은 그 자체로서 '지금 그리스도께 속한 사람들에게 일어나는 한 가지 근본적인 변혁'의 중요한 측면들을 표현한다(Hays 98, Fee, 246, 고전 1:30에서 이 용어들의 비슷한 '삼중적 표현'과 비교하라). 조직신학의 범주에서 이 용어들은 각각 '중생'(딛 3:5 비교), '위치적 성화' 그리고 '칭의'를 나타낸다. 하지만 바울은 구원의 논리적 순서에 관한 신학적 진술보다는 문맥상의 이유로 이 용어들을 선택한 것 같다(성화 다음에 칭의가 오는 것은 예상된 순서가 아니다. 즉, 두 항목들이 역순으로 제공되고 있다). 다시 말하면, 이 동사들의 주어인 하나님께서 (1) '씻어 주셨다' 또는 고린도 사람들을 이전의 죄 많고 오염된 생활 방식으로부터 깨끗하게 하셨다, (2) '거룩하게 하셨다' 또는 고린도 사람들을 이전의 생활과 정반대되는 거룩한 생활에 전념하게 하셨다, (3) '의롭게 하셨다' 또는 그들이 비록 과거에 '불의한 자였고'(1절), 하나님의 나라를 유업으로 받지 못하는 '악행자'(9절)였지만 하나님과 '바른' 관계에 있게 하셨다(Fee, 246). 하지만 오로지 인접 문맥에만 초점을 맞추게 되면 더 광범위한 문맥(고전 1-4장)과 "'지위, 인정받음, 자부심'에 대한 갈망 때문에 일어나는 고린도 사람들의 문제들"과 이 동사들과의 관련성을 발견하지 못할 수도 있다(Thiselton, 457). 바울은 지위와 성취에 대한 강박 관념을 갖고 있는 고린도 사람들에게 "너희는 받아들여졌다! 너희는 소속되었다! 너희는 특권 계급에 속한 지위를 갖고 있다! 그

러나 이 모든 것은 하나님으로부터 왔으며 그분의 자유롭고 주권적인 선물이다"(1:30)라고 선언한다. 그들의 성취는 세상의 지혜를 추구하거나 세상의 교사들을 따랐기 때문이 아니다(Thiselton, 457, 비교-1:12, 3,4, 18, 21-23) [*apolouō, hagiazō, dikaioō*]

6:12. 모든 것이 허용된다(All things are permissible for me, *panta moi exestin*) – 최근의 거의 모든 주석가들과 많은 역본들이 암시하는 것처럼, 이 표현은 아마도 일부 고린도 사람들의 슬로건(구호 또는 외침)에 해당하는 것 같다. 그들은 이 슬로건을 자신들의 성적인 부도덕을 정당화하기 위해 사용했다(Bruce's Paraphrase, CEV, NLT, REB, TEV, TNIV, 특히 Collins, 243을 참고하라. Conzelmann, 108, Stoewers, "A 'Debate'over Freedom: 1 Corinthians 6.12-20,"61-62 in Christian Teaching: Studies in Honor of LeMoine G. Lewis, ed. Everett Ferguson, Dodd, "Paul's Paradigmatic 'I'and 1 Corinthians 6:12,"JSNT 59[1995]:39-58와 대조하라, Garland, 226-29는 이 견해를 확신하지 않는다). 이 경우 '모든 것들이 가하다'는 것은 '무엇이든지 할 수 있다'라는 뜻이 아니다. 왜냐하면 정신이 온전한 사람이라면 이 슬로건을 모든 것을 다 포함한다(cover)는 뜻으로 사용했다고 말하지는 않을 것이기 때문이다(Roberston-Plummer, 121-22 비교). 그보다는 아무래도 고린도 사람들이 이 슬로건을 몸으로 직접 행동했던 차원에서 볼 때 사실이라고 말한 것으로 보인다(Barrett, 145,Collins, 248, Conzelmann, 109, Murphy-O'Connor, "Corinthian Slogans in 1Cor. 6:12-20,"CBQ 40[1978]:396). 고린도 사람들에게 몸은 부활하는 것(15:12)이 아니라 없어지게 될 것(13절)이었으며, 따라서 도덕과 관련이 없는 것이었다(Barrett, 19, 145, 147, O'Connor, "Corinthian Slogans,"395-96, Thiselton, 462-65, 비교-고전 15:32). 이것은 몸으로 그리고 몸으로 행한 일, 즉 육체적인 것에 불과한 일은 도덕적으로 무관하고, 음식과 마찬가지로 *adiaphora*('아무래도 좋은 것들'), 즉 명령이 떨어진 것도 아니고 금지된 것도 아닌 그렇고 그런 중립적인 것으로 간주되었다는 뜻이다. 고린도 사람들의 이 슬로건은 "몸으로 그리고 몸을 통한 모든 일들이 허용된다"고 의역할 수 있다. [*pas + egō+ exestin*]

6:13-14. 음식…그분의 권능(Food…his power, *ta brōmata…dynameōs autou*) – 많은 주석가들과 역본들이 암시하고 있듯이, 13상반절은 13하-14절에서 바울이 하나하나씩 반대하는 고린도 사람들의 몇 가지 슬로건들을 보여준다(Collins, 239, 244-45, Fee, 253-57, NET, TNIV, Furnish, The Theology of the First Letter to the Corinthians, 57-58와 대조하라, ESV, HCSB, NIV, NRSV, REB는 슬로건의 범위를 그릇되게 정하고 있다). 아래의 도표에서 보게 되듯이 이 구절들에 있는 정교한 병행 구절이 이 견해를 확증한다.

고린도 사람들은 이 슬로건에서 "음식은 배를 위해 있고 배는 음식을 위해 있는 것처럼 몸은 성적인 행위를 위해 있고 성적 행위는 몸을 위해 있다. 또한 하나님께서 어느 날 배와 몸을 모두 폐하실 것이기 때문에 우리의 몸을 가

고린도 사람들의 슬로건(13상–중반절)	바울의 반대 의견(13하–14절)
음식은 배를 위해 있다.	몸은 (음란이 아니라) 주를 위해 있다.
배는 음식을 위해 있다.	주는 몸을 위해 계신다.
그리고 하나님께서 폐하실 것이다.	그리고 하나님께서 다시 살리셨다.
이것(몸)과 저것(음식) 둘 다	주를 다시 살리셨고 또한 우리(몸)를 다시 살리실 것이다.

지고 하는 일이 이제는 도덕적인 중요성이 없는 것이 아닌가?"라고 주장했던 것 같다(Rosner, Paul, Scripture, and Ethics, 129, 비슷한 견해–Bruce, 63, Barrett, 147, Fee, 255, Hering, 46). 따라서 우리는 슬로건들과 그것을 둘러싼 논쟁을 해결하는 열쇠가 몸에 대한 고린도 사람들과 바울의 견해가 어떻게 다른가에 있다는 것을 알 수 있다. [*sōma*]

6:13–20. 몸(Body, *sōma*) – 바울이 12–20절에서 8회 사용하고 있는 이 용어(13[2회], 15, 16, 18[2회], 19, 20)를 놓고 주해자들 사이에 중요한 논쟁이 이뤄지고 있다(그러나 이 용어는 고전 6:12–20에서 대부분 '몸'으로 번역되고 있는 것 같다). 전통적으로 이 서신과 다른 바울 서신들(총 91회의 사용 가운데 고전에 46회)에서 *sōma*는 '인간과 동물의 육체적인 측면'을 가리키는 것으로 이해되어진다(Grundry, "Body,"150 in Harper Collins Bible Dictionary, rev. ed., ed. Paul J. Achtemeier, ibid., *Sōma in Biblical Theology: With Emphasis on Pauline Anthropology*, esp. 79–80, 83, 156). 그럼에도 불구하고 많은 주해자들은 *sōma*가 '전인'(the whole person)을 뜻하며 "이것에 대한 단어나 개념이 없었던 고대 세계에서 오늘날의 단어 '개인'에 가장 근접한 동의어"라고 말한다(Robinsonm, The Body: A Study in Pauline Theology, 28, 31, ibid., JTS 28[1977] 163, 비슷한 견해–BAGD, 799, 1b, BDAG, 984, 1b, Ellis, "*Sōma* in the First Corinthians", Interpretation 44 [1990]: 132–34). *sōma*에 대한 소위 전체론적인 견해는 이 단어가 단순히 제유법을 사용한 표현이 아니라 '전인'을 나타낸다고 주장한다. 어떤 사람들은 한 걸음 더 나아가 육체적인 몸과 관련이 없는 '인격'을 뜻한다고까지 주장한다(Bultmann, New Testament Theology, 1:195–99, Robinson, 31 n. 1, "몸은 유기체로서의 개인의 자아이며 육체와 피로 이뤄진 것이 아니다"라고 말하는 Dodd[Romans, 90]와 비교하라). 비록 어떤 구절들은 전체론적인 견해를 암시하고 있지만(롬 12:1, 빌 1:20, 엡 5:28, 바울 서신들에서의 *sōma*에 대한 이해는 하나같이 육체적이라고 주장하는 건드리[Gundry, *Sōma* in Biblical Theology, passim, but esp. 79–80]는 이 견해에 반대한다), 13–14절에서의 정교한 비교는 전체론적인 정의와는 거리가 멀어 보이며, 오로지 육체적 이해만을 가리키는 것 같다(앞의 표제어와 특히 Byrne, "Eschatologies of Resyrretion and Destruction,"290–91, Murphy–O'Connor, "Slogans,"393–95, Fee, 256 n. 32, Garland, 231 n. 17, 238, Hays, 103–

4, contra Collins, 126–27, 241–42, Thiselton, 463, 475을 참고하라). 따라서 바울이 12–20절에서 *sōma*라는 용어를 사용할 때 육체적인 몸이란 뜻으로 사용했으며, 더 이상 다른 뜻이 없다고 결론짓는 것이 최선인 것 같다. *sōma*에 대한 이 두 해석들 사이에서 이 결정이 매우 중요한 이유는 바울의 논증 방향을 설명하는 데 영향을 미치기 때문이다. 전체론적인 견해는 바울이 성적 부도덕에 반대한 것은 그 부도덕이 '인간 존재의 핵심에까지 영향을 미치며' 창녀와의 '육체적인' 접촉 이상을 의미하기 때문이라고 말한다(Robinson, The Body, 28, 비슷한 견해–Bruce, 63, Garland, 233, Thiselton, 471, 474, 특히 Bailey, Sexual Relation in Christian Thought, 9–110). 이것은 더 넓은 문맥에서 사실일 수도 있지만, 고린도전서 6장 12–20절에서 육체적인 몸이 도덕적, 신학적으로 중요한 의미가 있는 것은 주님과의 관계(13, 15, 19–20절) 때문이라는 것을 증명하려는 바울의 관심사를 간과하는 것처럼 보인다(Fee, 256 n. 32, HAys, 104, 108, Murphy–O'Connor, "Slogans,"395). 다시 말해서, 바울이 몸은 도덕과 무관하다는 고린도 사람들의 견해를 거부하고 그들의 음행에 반대하는 입장에 서는 이유는 음행이 육체적인 몸 그 이상의 어떤 것과 관련이 있기 때문이 아니라 육체적인 몸 자체와 관련이 있기 때문이다. 그러므로 고린도사람들이 음행이 몸의 행위이기 때문에 도덕과 무관하다고 주장하는 상황에서, 바울은 도덕과 몸의 행위가 관련이 있다고 주장하고 있는 것이다(Murphy–O'Connor, Becoming Human Together: The Pastoral Anthropology of St. Paul, 2nd ed., 208–9, Wright, Resurrection, 289–90). [*sōma*]

성적 부도덕(Sexual immorality, *porneia*) – 15절과 16절에서 관련 명사 '창녀'(*pornēs*)를 사용하고 있기 때문에 바울이 맞서 싸우고 있었던 성적 부도덕이 바로 매춘이었다는 것을 알게 된다(Fee, 250, Garland, 221, 6:12–20을 5:1–13의 주제로 다시 돌아간 것으로 보거나 단지 고린도 사람들의 자유 남용의 이론적 결과에 불과할 뿐이라고 보는 사람들과 대조하라, Collins, 240, Furnish, The Theology of the First Letter to the Corinthins, 55–56). [*porneia*]

6:18. 모든 죄(Every sin, *pan hamartēma*) – 바울은 "사람이 범하는 모든 죄는 몸 밖에 있다"(18중반절)라고 명확하게 말하고 있다. 이 말을 문자 그대로 이해하면 이 죄에 성적 부도덕이 포함되고, 따라서 음행은 '자신의 몸에 죄를 범하는 것'이라고 말하고 있는 18하반절과 모순되게 된다. 결과적으로 많은 역본들은 18중반절에 '다른'을 보충하여 "사람이 범하는 모든 다른 죄는 몸 밖에 있다"(ESV, NIV, TNIV, NASB, NJB, REB)로 번역한다. 그러나 음행이 '몸에 범하는' 유일한 죄이며 폭식, 술 취함, 약물 남용, 자살과 같은 죄들은 '몸 밖에 있는' 것들이 되기 때문에 이 해결은 옳지 못한 것 같다. 많은 주해자들과 역본들이 말하는 것처럼 18하반절("사람이 범하는 모든 죄는 몸 밖에 있다")은 고린도 사람들이 자신들의 음행을 정당화하기 위해 사용한 또 하나의 슬로건에 해당된다(HCSB, NET, Collins, 248, Murphy–O'Connor, "Slogans,"391–96, Talbert, 50). 이 경우 이 슬로건은 "죄는 몸과 관련이 없다. 죄는 몸이 아니라 동기들과 의

도들의 작용이다"라는 뜻으로 볼 수 있다. [*pas* + *hamartēma*]

6:19. 너희 각자의 몸(The body of each one of you, *to sōma hymōn*) - 바울은 이 구절과 20절에서 다시 단수 '몸'(*sōma*)을 복수 소유대명사 '너희'(*hymōn*)로 수식하고 있다. 비슷한 구문인 로마서 6장 12절, 8장 23절, 고린도후서 4장 10절, 빌립보서 3장 21절에서는 "단체의 구성원 각자에게 속하는 어떤 것은 단수로 배치한다"라는 분배적인 차원에서 '몸'을 단수로 사용하고 있다 (Turner, Syntax, 2, 참고–Gundry, .*Sōma* in Biblical Theology, 76–78). 이것은 바울이 앞의 문맥에서와 마찬가지로 고린도 공동체라는 하나의 비유적 몸이 아니라 고린도 사람들 각자의 육체적 몸에 대해 말하고 있다는 의미다(BAGD, 533, 2, BDAG, 666, d, Bruce, 65). 이것은 바울이 하나님의 성전을 신자 공동체, 즉 하나의 전체로서의 교회와 동일시하는 3장 16–17절에서 사용했던 이미지를 여기에서 변경하고 있다는 것을 나타낸다(이미지의 변화에 대해 Barrett, 151, Fee, 264, Hays, 106을 참고하라). 한마디로, 3장 16절에서 공동체를 향해 말했던 내용들을 여기서는 개인들에게 전달하고 있다"(Conzelmann, 112). [*sōma* + *hēmeis*]

6:20. 샀다(Bought, *ēgorasthēte*) – 이 동사를 기점으로 하여 바울의 비유적 표현이 성령의 거처로서의 몸을 강조하는 성전(19절)에서 노예와 노예 시장으로 변경되고 있다. 그럼에도 불구하고 이 두 개의 이미지는 서로 보완 관계에 있다. 둘 모두가 '몸'이 하나님의 정당한 소유물이라는 의미에서 '주를 위하여'(13절) 있다고 말한다(Fee, 263, 비슷한 견해 – Gundry, *Sōma in Biblical Theology*, 79, Parsons, "Being Precedes Act," 246).

두 개의 상황들이나 관습들이 갖고 있는 이중적인 배경은 다음과 같다(Shogren, "Redemption,"ABD 5:655, Marshall, "The Development of the concept of Redemption in New Testament,"242–43 in Jesus the Saviour: Studies in the New Testament Theology, Morris, "Redemption,"DPL 48–85). (1) 애굽의 노예 상태에서 속량하셔서/ 구입하셔서 하나님께서 귀중히 여기는 소유물로 삼으셨다는 개념(출 6:6–8, 신 7:6–8, 9:26–29, 13:5, 15:15, 24:18, 26:18, 시 74:2, 사 43:1, 말 3:17, 참고–Daube, The New Testament and Rabbinic Judaism, 268–84, 특히 Lyonnet and Sabourin, Sin, Redemption, and Sacrifice, 110–15), (2) 그리스–로마 세계에서 한 주인이 다른 사람에게 노예를 파는 것은 일상적인 것이다(NIDNTT 1:267, Williams, Paul's Metaphors, 116, TLNT 1:27 n.5, MM, 6의 *agorazō*의 용법을 참고하라. 고전 7:23 비교). 이 매매는 법적 차원에서 '자유'가 아니라 '소유권의 변화'로 규정된다. 따라서 고린도 사람의 새로운 신분은 이제 하나님의 노예다(Thiselton, 476은 '그의'를 강조하고 있다. 비슷한 견해–BADG, 14, 2, 비교–BAGD, 13, 2, LN[37.131]이 소유권의 변화보다는 자유를 강조하는 것은 잘못이다). 성례전적 노예 해방이 고린도전서 6장 20절에서의 바울의 언어나 사상의 핵심 배경은 아닌 것 같지만 바울의 청중들 가운데 많은 이들이 그 관습을 떠올렸을 가능성도 있다(BDAG, 14, 2,

비교-Marshall, "Redemption,"242, Williams, Metaphors, 137 n. 100). 이 모든 사안들에 대해 특히 도움이 되는 개요를 제공하는 Harriss, Slave of Christ, 119-23을 참고하라.

바울은 고린도 사람들이 오로지 하나님만의 소유이며, 하나님의 재산임을 증명하기 위해 노예 이미지를 사용할 때, 그분이 '좋아하시는 슬로건'으로 보이는 "너희는 값으로 산 것이 되었다"로 시작하고 있다(Deissmann, Light, 324 n. 1). 구매자도 가격도 암시하고 있지 않다(LN[37.131]은 "어떤 종류의 실물 거래도 수반되지 않았다"라고 주장한다). 하지만 갈라디아서 3장 13절, 4장 5절은 이 용어와 관련이 있는 합성동사 *exagorazō*를 사용해서 구매자의 신분을 명확하게 밝히고 있다. 즉, 그리스도께서 "우리로 아들의 명분을 얻게 하려고 우리를 속량하셨다(*exagorazō*)." 또 다른 하나의 본문은 "어떤 이들은 자기들을 사신 주(주인)를 부인하고 있다"고 말하는 베드로후서 2장 1절이다. 마찬가지로 에베소서 1장 7절, 베드로전서 1장 18-19절, 특히 요한계시록 5장 9절('각 족속과…가운데서 사람들을 피로 사서[*exagorazō*] 하나님께 드리시고')은 그리스도의 피가 그 값임을 명확하게 입증하고 있다(비교-행 20:28, 딛 2:14, 히 9:12). 이 구매로 인해 그리스도(롬 14:8, 고전 3:23, 7:21-23, 15:23, 갈 3:29, 5:24, 딛 2:14 참고, 엡 6:6 비교) 또는 하나님께서 새로운 소유자가 되신다. 그리스도께서 하나님을 위해 구매하셨기 때문에 후자의 가능성이 더 많다(20하반절의 "그런즉 하나님께 영광을 돌리라", 또한 20:28, 벧전 2:9, 계 5:9 참고, 롬 6:22, 벧전 2:16 비교). 끝으로 '판매자' 또는 신자들의 과거 주인은 중세 시대의 많은 교회 교부들과 일부 사람들의 주장처럼 악마(LN 37.131, Aulen, Christus Victor, 27-28, 47-55, Demarest, The Cross and Salvation, 149-51)가 아니다. 로마서 6장 6-22절에서 "너희가 죄의 종이었더니 너희가 죄로부터 해방되고 '하나님의 종들'이 되어"라고 밝힌 것처럼 죄가 주인이었다(요 8:34, 롬 7:14 비교). 여기에서 죄(또는 '죄라는 사실에 의해 초래된 위치'-Morris, The Apostolic Preaching of the Cross, 3rd ed., 61)는 통치 세력으로 의인화되고 있다. 그리스도께서는 값을 지불하고 신자들을 통치 세력의 지배에서 구입하신다.

이의 문맥에서 성령의 거주(성전 이미지)와 그리스도의 구속 사업(노예 이미지)은 몸에 대한 소유권이 하나님께 있다는 것을 긍정한다. 이것은 몸에 의미와 가치를 제공하며, 몸은 폐하여질 것이고(13절), 윤리적이나 도덕적으로 중요한 의미가 없다는 고린도 사람들의 생각과 확연하게 대조된다. [*agorazō*]

7:1. 이제…에 관하여(Now concerning, *peri de*) - 이 도입 문구는 7장 25절, 8장 1절, 12장 1절, 16장 1, 12절에 다시 나온다. 많은 주석가들은 이 표현은 고린도 사람들이 편지로 물어본 여러 가지 질문들에 대해 각각 답변한다는 신호이고, 7장 1절 이후의 고린도전서의 구조는 고린도 사람들이 바울에게 보낸 편지의 구조를 어느 정도 반영하고 있다고 주장한다(Fee, 267, 274, Hird, The Origen of 1 Corinthians, new ed., 62-64 참고, "이제부터 너희들이 편지에서 제기한 문제들을 하나하나 다루고자 한다", Bruce's Paraphrase 비교). 하지만 최근의 연구는 이 결론에

반대한다(Mitchell, Paul and the Rhetoric of Reconciliation, 190–92 참고). 그러므로 이 문구에 어떤 중요한 의미를 부여해야 하는지 전적으로 확실하지 않다(Collins, 251–52m 257, Hays, 110, 비교–Thiselton, 34–35, 483). 그러나 7장 1절의 표현('이제 너희가 쓴 문제에 대하여')과 고린도전서 7–11장에서 고린도 사람들의 말을 여러 차례 인용하고 있는 것으로 보아(7:1, 26, 34, 8:1, 4, 8, 10:23, 11:2), "대부분의 경우에, 이 용어가 바울에게 보낸 고린도 사람들의 편지에 대한 답변임을 알리는 신호라는 것이 사실상 확실하다"는 티셀튼(Thiselton, 616–17)의 주장에 찬성하는 것이 좋을 것 같다. [*peri* + *de*]

여자와 성관계를 갖다(To have sexual relation with a woman, *gynaikos haptesthai*) – 문자적으로 '여자를 만지다'로 해석되는 이 부분은 성관계를 묘사하는 완곡 어구 또는 정중한 표현이다(ESV, HCSB, NET, REB, TNIV). 하지만 결혼을 뜻하는 완곡 어구는 아니다(부정확한 번역–CEV, AT, NIV, WEYMOUITH, LN 34.69, 정확한 번역–Garland 254, 70인경의 창 20:6, 70인경 잠 6:29). 1절의 서두('이제 너희가 쓴 문제에 대하여')는 "남자가 여자를 만지지 않는 것이 좋다"라는 진술이 고린도 사람들에게서 받은 편지에서 바울이 직접 인용한 것일 수도 있다는 것을 암시한다. 바울이 2–5절에서 이 진술을 근본적으로 수정하고, 동시에 그것의 남성 중심적 관점을 남자와 여자 모두를 포함하는 상호적 관점으로 변화시키고 있다는 것이 이 사실을 뒷받침한다. 이 모든 것은 이 진술이 (2–5절에서 암시되고 있는 것처럼) 결혼한 부부들이 성관계를 절제해야만 한다는 것을 옹호할 뿐만 아니라 결혼이 죄이며(28, 36, 39절 비교) 현재의 결혼 관계들을 갈라놓아야 한다(10–16, 39, Fee, 268–71, 275–77, Hays, 113–16)고 주장하는 고린도 교회의 금욕주의적 집단들의 슬로건이나 좌우명이었을 가능성이 매우 크다는 암시다(ESV, HCSB, MOFFATT, NAB, NET, NRSV, REB, TNIV, Collins, 252–53, Fee, 275–76, Garland, 248–51, Thiselton, 498–500, 비교–6장 12, 13, 18의 슬로건과 반박 전술). [*haptomai* + *gynē*]

7:2. 갖다(have, *echetō*) – 3–5절에서 암시하는 것처럼 '성관계를 갖다'라는 뜻의 이 용어에 대해서는 고린도전서 5장 1절의 설명을 보라. 바울의 명령의 요지는 결혼하지 않은 사람이 결혼을 해야 한다는 데 있지 않다(이것은 전통적인 견해이며, AT, MOFFATT, WEYMOUTH와 과거의 많은 주석들에서 발견된다. 사실 이것은 8, 16–27, 32–35, 38, 40절에서의 바울의 전체적인 충고와 상반된다). 그보다는 고린도 사람들의 금욕주의적 슬로건과 대조되지만 결혼한 사람들이 충분히 부부간의 권리를 누려야만 한다는 데 있다. TNIV는 바울의 의도를 정확하고 명확하게 포착하는 몇 개의 역본들 가운데 하나다. 즉, "남자마다 자신의 아내와 성관계를 해야 하고, 여자마다 자신의 남편과 성관계를 해야 한다." [*echō*]

7:3. 의무(Duty, *opheilēn*) – 이 명사는 주로 다른 곳에서, 특히 돈과 관련하여 '채무'를 의미한다(BAGD, 598, 1, DBAG, 743, 1 참고, 마 18:32 비교). 여기에서 이 용어는 단순히 '책임' 또는 '의무'란 뜻이며, 구체적으로 '성관계'를 가리킨다. 여기에서는 여자에게도 권리를 제공하고 있

다(Barrett, 53 n. 1, 참고–TDNT 5:564, 비교–'그녀의 성적 권리들'–NET, 비슷한 번역–CEV, ESV, MOFFATT, NLT, NRSV). 따라서 5절의 '서로 분방하지 말라'는 명령과 역시 5절의 '다시 합하라'는 완곡 어구가 암시하고 있는 것 역시 '성관계'다(CEV, MOFFATT, NCE, NLT, PHILLIPS에서는 명확하게 드러난다). 바울의 3절에서의 권고는 부부간의 성관계를 '의무'로 여기는 랍비 전통을 반영하고 있는 것 같다(b Eruvin 100b). [*opheilē*]

7:6. 그러나 나는 이것을 허락의 차원에서 말한다(But this I say as a concession, *touto … kata syngnōmēn*) – 이 단어가 신약에서 여기에만 사용되고, 70인경에 잘 나오지 않지만 그 기본 의미에 대해서는 일반적으로 이견이 없다(BAGD, 773, BDAG, 950, EDNT 3,282, LN 13.14 참고). 하지만 바울이 말하는 내용, 즉 '이 말'에 관해서는 논쟁이 있다. 다음의 세 가지 중요한 견해가 있다. (1) '이 말'은 2절을 가리킨다(또는 2–5절과도 어느 정도 관련이 있다, 참고–Thiselton, 510). 따라서 바울은 부도덕의 유혹 때문에 결혼을 허용했다(Conzelmann, 118, Mare, 228–29, LIghtfoot, 223, Murohy–O'Connor, 1 Corinthians, 61 참고). (2) '이 말'은 5하반절을 가리킨다. 따라서 바울은 교회의 금욕주의자들에게 허락의 차원에서 부부간의 성관계를 일시적으로 절제하는 것을 허용했다(Blomberg, 133 n. 3, Fee, 283–84, Thiselton, 510–11). (3) '이 말'은 뒤의 8절을 가리킨다. 따라서 6절은 바울의 논증에서 새 단락의 시작이며, 이 단락에서 바울은 7장 1하반절에서 인용한 "남자가 여자를 만지지 않는 것이 좋다"라는 고린도 사람들의 슬로건에 '제한적인 동의'(*synenōmēn*, 참고–TDNT 1:716)를 하고 있다(Garland[268–71]에 따르면, 7절은 바울의 논증에서 삽입/ 중단 부분에 해당하며, "내가 너희의 주장에 일부 동의하면서 명령이 아니라 너희의 입장을 허용하는 차원에서 이 말을 한다[6절].…결혼하지 않은 그들이 나처럼 혼자 지낼 수 있다면 좋은 일이다"[8절]라고 의역할 수 있다). 두 번째 견해가 가장 적절해 보인다(Collins, 260, Fee, 283, Hays, 116, Thiselton, 511). 최근에 엘링워쓰–해튼(Ellingworth–Hatton)은 6절에 대해 다음과 같은 유용한 의역을 제공하고 있다. "나는 너희에게 이런 일을 금하라고 명령하는 것이 아니다. 단지 너희가 원한다면 그렇게 해도 된다고 허락할 뿐이다"(148). 끝으로 부부간의 관계에서 절제에 대한 바울의 가르침이 랍비적 유대 사상의 가르침과 매우 유사하다는 점에 주목할 필요가 있다. 결혼에 대한 미슈나의 소논문(A.D. 200년경)인 m Ketubbot 5.6에서 랍비는 결혼한 부부들이 성관계를 절제할 수 있는 기간에 대해 다음과 같이 말했다. "샴마이 학파(the House of Shammai)는 아내와 성관계를 갖지 않기로 맹세한 사람에게 2주일이 허용되고, 힐렐 학파(the House of Hillel)는 1주일 동안 허용된다고 말한다"(The Mishnah, trans, Neusner, 388). 바울의 가르침은 또한 나프탈리의 유언(Testament of the Naphtali, 기원전 2세기)에 기록된 바울의 유대인 조상들의 다음과 같은 가르침을 그대로 반영하고 있다. "자신의 아내와 성관계를 가져야 할 때가 있고, 기도할 목적으로 절제해야 할 때가 있다"(OTP 1:814). [*touto + kata +syngnōmē*]

7:7. 은사(Gift, *charisma*) – 바울이 "모든 사람이 나와 같기를 원한다"와 "각각 하나님께 받은 자기의 은사가 있다"를 대조하고 있다는 사실은 그의 독신 생활이 영적 은사와 관련이 있다는 것을 암시한다. 바울이 독신이며(8절, 비교–9:5), 결혼 안에서의 성관계를 강조하고 있는 이전 문맥에 비추어볼 때, 이 은사는 아마도 독신 생활의 은사, 즉 '성적 성취의 욕망이나 요구로부터의 자유의 은사'일 것이다(Fee, 284, BAGD, 879, 2, BDAG, 1081, b, Thiselton, 513, 비교–특히 마 19:12). [*charisma*]

7:8 결혼하지 아니한(홀아비들)(Unmarried [widowers], *agamois*) – 문자적으로 '결혼하지 않은'을 뜻하는 이 명사는 신약에 4회 나오며, 4회 모두 고린도전서 7장에 나온다. 이 용어는 세 가지 다른 의미, 즉 '전에 결혼했지만 지금은 결혼한 상태에 있지 않은 여자', '결혼하지 않은 남자'(추정컨대, 이혼하거나 상처한 남자 또는 결혼한 적이 없는 남자), 그리고 '전에 결혼한 적이 없는 여자'를 가리킨다. (TNIV의 난하주를 제외한) 거의 모든 영역본들은 8절에서 이 용어를 단순히 '결혼하지 않은'으로 번역한다. 아마도 남자들이건 여자들이건, 이혼이나 상처를 했건 한 번도 결혼하지 않았건 현재 결혼하지 않은 상태에 있는 사람으로 이해하고 있는 것 같다(Thiselton, 516, MOrris, 105 참고). 하지만 자세히 관찰해 보면, 이 용어가 오로지 홀아비들('상처한 사람들')이란 뜻으로 사용되었다고 보는 것이 더 타당하다는 것을 알 수 있다. 첫째, 바울은 이 용어를 과거에 결혼한 사람들(11, 34절)이란 뜻으로 사용하는 경향이 있다. 둘째, *agamois*가 단지 '결혼하지 않은'이란 뜻이라면 8절의 이 용어와 상응하는 단어('과부들'–*agamois*가 한번도 결혼하지 않은 사람을 언급하는 것이 아닐 경우)가 필요없게 된다. 셋째, 바울은 균형 있게 남자들과 여자들 모두에게 번갈아 말하고 있는 7장에서 비교적 일관된 형식을 따른다(2, 3, 4, 10–11, 12–13절). 끝으로 이 견해는 바울이 논증의 이 지점에 8–9절을 배치한 이유를 설명하고 있다. 즉, 바울은 2–16절에서 결혼한 적이 있는 사람들(이를테면, 8절의 '홀아비들과 과부들')이나 현재 결혼한 사람들에게 말하고 있는 반면에, 25–38절에서는 결혼한 적이 없는 사람들에게 말하고 있다(Collins, 268, Fee, 287–88, Hays, 118–19, LSJ, 5, pace Garland, 275–76, Morris, 105, Thiselton, 515–16 참고). [*agamos*]

7:9. 성욕으로 불타오르는(Burn with sexual desire, *pyrousthai*) – 이 부분은 설명절로서, 문자적으로 '불타오르는 것보다 결혼하는 것이 낫다'로 해석된다. 불탄다는 이미지는 '심판'(EDNT 3:200, NIDNTT 1:655–57 참고, 렘 6:27–30, 겔 22:18–22, 24:11–13, 마 18:8[막 9:43], 마 25:41, 요 15:6, 유 7절, 계 20:14–15, 특히 고전 3:13–15 비교)이나 '성적 욕망'(Alexander, "'Better to Marry than to Burn': St. Paul and the Greek Novel," in Ancient Fiction and Early Christian Narrative[ed. Ronald F. Hock et.], 240, 252–53, BAGD, 731, 1b, BDAG, 899, 1b 참고, Plutarch, "The Dialogue on Love,"Moralia 725d, 753a, 759b, Seneca, De Beneficiis 4.14.1, 잠 6:27–28, 아 8:6, 호 7:4, 시락서 9:8, 23:16[70인경 23:17], 롬 1:27 비교)을 가리킬 수

도 있다. 인접 문맥에서 심판의 개념을 찾아볼 수 없고, 바울이 고린도후서 11장 29절에서 '내적 분노'('분노로 불타는'–BDAG, 731, 1b, BDAG, 899, 1b)란 뜻으로 '불타다'를 사용하는 것을 볼 때, '성적 욕망으로 불타오른'이란 뒤의 견해가 더 적합한 것 같다(특히 Fee, 289, Garland, 273–75, 거의 모든 영어 역본들은 이 견해를 따른다). 하지만 많은 랍비 문서들이 여인들을 탐하는 욕정으로 인해 '음부(*Gehenna*)를 상속 받게'(*Gehenna*, 지옥, m Avot 1:5, b Qiddushin 81a) 될 것이라고 경고하고 있으며, "간음을 범한 사람은 불이 그를 다 태우기까지 소멸되지 않는다"라는 시락서 23장 16절 하반부(70인경 23:17)에 근거하여 이 용어를 '불' 심판에 대한 언급으로 손쉽게 이해할 수도 있다. 욥기 31장 12장 또한 결혼한 사람의 부정을 '멸망'하도록 사르는 불에 묘사하고 있다('멸망'은 심판과 지옥과 근본적인 관련이 있는 히브리어 *'ăbbadôn*의 번역이다, 계 9:11 비교). 따라서 '지옥의 화염으로 불타는'이라는 전자의 견해도 바울이 말하고자 한 뜻일 가능성도 있다(Blomberg, 134, Bruce, 68, Morris, 105 비교, *Barré*, "To marry or To burn: psyousthai in 1 Cor. 7:9,"CBQ 36[1974], 193–202 참고). [*pyroō*]

7:10. 내가 아니라 주께서(Not I, but the Lord, *kyrios*) – 이것은 병렬적 삽입이나 '보충'으로 여겨지는 부분이다. 바울은 예수님의 이혼에 대한 가르침에 직접 호소한다(마 19:6–9[막 10:9–12], 마 5:32[눅 16:18] 비교). 10절과 12절 두 곳 모두에서 바울은 자신의 가르침과 예수님의 지상 사역 동안의 가르침을 구분한다. 하지만 그리스도의 사도로서 성령의 인도하심을 받고 있는(25, 40절 비교) 바울의 권위는 이차적인 것이 분명하다. 이 때문에 바울은 12절에서 자신이 또 하나의 권위의 원천이 아니라 주님의 가르침을 새롭게 다른 상황에 적용하는 보충적이고 이차적인 권위임을 자처한다(Blomberg, 139, 비교–Hays, 121). [*kyrios*]

이혼(Divorce, *chōristēhenai*) – 단순히 '분리하다, 떠나다'를 뜻하는 이 동사는 다른 곳에서 사도행전 18장 1절에서처럼 '떠나다'라는 의미로 사용되고 있다('바울이 아덴을 떠나', 참고–행 1:4, 18:2, 몬 15절). 10절(또한 11상, 15절[2회])에서 이 단어는 '스스로 갈라서다'라는 뜻으로 사용된 수동태다(BAGD, 890, 2a, BDAG, 1095, 2a, MM, 695, 비교– Instone–Brewer, Divorce and Remarriage in the Bible, 198). 이 동사와 이 동사가 속해 있는 구절은 이 동사를 '이혼하다'(*aphiēmi*, 참고–BAGD, 125, 1b, BDAG, 156, 1c)라는 뜻으로 사용하고 있는 11절의 마지막 구절과 병행이다. 이것은 바울이 이혼에 대해 말할 때, 이 두 동사들을 어느 정도 같은 의미로 사용하고 있다는 암시다(LN 34.78, BAGD, 890, 2a, BDAG, 1095, 2a, Conzelmann, 120 n 18, Instone–Brewer, Dirvorce and Remarrige, 198–99, MM, 696, 마 19:6[막 10:9]의 '나누다'와 비교하라). 많은 주석가들은 바울이 이 두 동사를 사용한 것은 남편만 이혼할 권리를 가졌다(여자가 기댈 수 있는 것은 남자의 집을 '떠나는 것' 밖에 없었다)고 보는 그의 유대적인 배경을 반영한다고 주장하지만, 남자든 여자든 어느 한 쪽이 상대방에게 '이혼'에 대해 말할 수 있다는 사실(12하, 13하반절)과 다음 구절들에서 바울이 남자와 여자 사이를 구별하지 않고 있다는 사실(15절)은 바울이 이 용어를 선택할 때 어떤 다른 점이 작용하고 있다는 것을 암시한다. 따라서 오해의 여지를 줄인다는 점에서 10, 11, 15절에서 '이혼하다'로 번역하는 것이 더 좋다(CEV, HCSB, NET). [*chōrizō*]

7:14. 거룩하게 되고…거룩하게 되고…거룩한 (Is sanctified…sanctified…holy, *hēgiastai…ēhēgiastai…hagia*) – 바울이 이 단어를 평상시에 사용할 때와 달리 여기서 구원을 가리키지 않는다. 왜냐하면 16절은 믿지 않는 배우자가 구원의 영역 밖에 여전히 있음을 암시하기 때문이다. 이 외에도 '이것이 어떤 뜻인지를 정확하게 설명하는 것'이 매우 어렵고(Morris, 107), 14절의 의미에 대하여 '합의에 이를 만한 것이 아무것'도 존재하지 않는다(Fee, 299 n.16). '거룩하게 되고'에 대해 말할 수 있는 가장 간단하고 적절한(그러나 완전하게 만족스럽지 않은) 설명은 믿는 배우자의 그리스도와의 관계로 인해 믿지 않는 배우자가 자신의 힘으로 믿는 배우자와 자녀들을 더럽히거나 부정하게 하는 것이 불가능한, 일종의 '거룩함의 영역'으로 옮겨지게 된다는 것이다(BAGD, 288–29 참고, Collins, 266, Conzelmann, 121–22 비교). 따라서 '자녀들'이 '깨끗하지 못한'(*akathartos*–이 용어는 제의적으로 하나님을 예배하기에 더럽고 적합하지 않다는 뜻이며 '도덕적으로 깨끗하지 않다'는 의미가 아니다. 비교–BAGD, 29. 1, BDAG, 34, 1, Collins, 271) 것이 아니라 그들 역시 '거룩의 영역'으로 옮겨지므로 어떤 점에서 '거룩하다'는 뜻이다. [*hagiazō+ hagiazō + hagios*]

7:15 구애될 것이 없다(Is not enslaved, *dedoulōtai*) – 이 용어는 '종으로 얽매인'(BAGD, 206, 2, BDAG, 260, 2) 또는 '종이 되다'(Abbot-Smith, 122, Garland, 290, Thiselton, 535, 비교–ESV, AT, WEYMOUTH, 롬 6:18, 고전 9:19, 갈 4:3)라는 뜻이다. 여기에서 중요한 문제는 이 용어의 기본적 의미(전통적으로 '얽매일 것이 없는'으로 번역되고 있다. 비교–LN 37.24, '의무나 관계 때문에 확실하게 얽매인')가 아니라 이 용어가 지시하는 것과 관련이 있다. 즉, 버림을 당한 배우자가 (1) 결혼 생활을 유지하는 것과 관련한 10–13절의 가르침에 얽매일 필요가 없다는 것인지, 아니면 (2) 그리스도인이 아닌 사람이 갈라서기를 원할 때 결혼 관계에 얽매일 필요가 없다는 것인지가 중요하다. 첫 번째 견해에 따르면 믿는 배우자는 믿지 아니하는 사람들이 결혼을 끝내기를 원하는 상황에 직면했을 때, 이혼에 동의하거나 결혼을 깨는 것이 허용된다. 바울이 이 구절에서 재혼의 허용에 관해 말하지 않는 이유는 11절에서의 가르침(결혼하지 않고 지내거나 아니면 화합하든지)을 적용하기 때문이거나, 아니면 단순히 그 문제에 대해 언급하지 않았거나 둘 가운데 하나다(Fee, 302–03). 두 번째 견해에 따르면 버림당한 배우자는 더 이상 '매이지 않기' 때문에 재혼의 자유가 있다. 이 자유는 보통 '성 바울 특권(Pauline Privilege–로마 가톨릭의 교회법에서 부부 가운데 한 쪽이 신자인데 신자가 아닌 쪽이 신자의 종교상의 일과 그 밖의 실천 사항을 방해할 경우, 신자인 쪽은 세례를 받지 않은 배우자 이혼할 수 있는 특권)으로 불린다. 첫 번째 견해를 옹호하는 피(Fee)의 여러 가지 주장(302–03, Robertson–Plummer,

143)에도 불구하고 대부분의 주석가들은 두 번째 견해를 선호한다(피의 대부분의 논증에 이견을 제기하는 Thiselton, 536을 참고하라). 사실, 두 번째 견해가 (1) 문맥상 더 자연스러우며(15절의 직접적인 관심사는 바로 관계다. '버리다, 헤어지다'는 결혼을 유지하는 것에 관한 바울의 가르침에서 별로 중요한 관심사가 아니다), (2) "당신은 이제 다시 결혼을 할 자유가 있다"라는 선언이 들어 있는 고대의 대부분의 이혼 증명서들의 표현과 일치하는 것처럼 보인다. 다시 말해서, 바울은 재혼의 자유를 분명하게 인정하고 있지 않지만 '얽매이지 않은'을 고대의 유대와 그리스-로마의 이혼 증명서들에서 흔히 등장하는 "당신은 이제 다시 결혼할 자유가 있다"라는 관점에서 이해해야 할 것이다(Collins, Divorce in the New Testament, 64, Instone-Brewer는 Divorce and Remarriage, 202-3에서 중요한 증거를 많이 인용하고 있다. 그는 이 이혼 증명서들이 "어떤 의미에서 이 사람이 자유로운가, 즉 얽매이지 않는가?"라는 질문에 대답하고 있다고 지적한다. "당신은 이제 다시 결혼할 자유가 있다"가 바로 그 대답이다). 그 외에 39절, 즉 "아내는 그 남편이 살아 있는 동안 매여 있다가 남편이 죽으면 결혼할 자유가 있다"라는 말은 사람이 더 이상 '얽매이지' 않는다면 그 사람은 다시 결혼할 자유가 있다는 것을 암시한다(여기에서 '매이다'[*deō*]에 해당하는 헬라어가 다르지만, 어느 정도 같은 의미로 사용되고 있는 것으로 보인다, 참고-Blomberg, 140, Instone-Brewer, 1Corinthains 7 in the Light of the Jewish Greek and Aramaic Marriage and Divorce Papyri" Tyndale Bulletin 52 [2001]: 239-41). 바울이 이혼 후에 허용되는 일에 관한 그 당시의 지배적인 견해를 인정하지 않았다고 한다면 재혼에 관한 그의 침묵을 이해하기가 힘들다. 이것이 옳다면 다음과 같이 두 가지를 추론하게 된다. 첫째, 39하반절("아내는 그 남편이 살아 있는 동안에 매여 있다")을 예외 없이 이 장에서 모든 경우들에 적용되는 것으로 이해해서는 안 된다(Thiselton, 536, 참고-Instone-Brewer, Divorce and Remarriage in the Bible, 207-09). 둘째, 11상반절('만일 갈라섰으면 그대로 지내든지')은 정당한 사유로 인한 이혼을 말하고 있는 것이 틀림없다(Fee, 290, Instone-Brewer, Divorce and Remarriage, 200, Thiselton[521]은 설득력 있는 설명을 제공한다. 또한 11절은 상당히 다른 상황, 즉 믿는 남편으로부터 이혼을 당한 믿는 아내에게 말하고 있다). [*douloō*]

7:16. 구원하다(Save, *sōseis*) - 아내와 남편은 구원이란 단어의 진정한 의미에서 자신들의 배우자를 구원하는 것은 아닐 것이다. 진정한 구원은 예수 그리스도의 영역이며 그분의 것이기 때문이다. 따라서 '구원하다'는 동사는 9장 22절에서처럼 그들을 설득하여 그리스도께로 '이끄는 것'(9:19-22 비교)이나 그들을 그리스도를 믿는 믿음으로 이끈다는 뜻으로 사용되고 있다. 전문적으로 말하면, 이 단어는 원인에 대한 결과를 나타내는 환유적 표현이다. 여기에서는 결과("그들을 구원할 것이다")가 원인("그들을 그리스도와의 구원의 관계로 이끌게 될 것이다"-NLT)과 뒤바뀌고 있다. [*sōzō*]

7:18. 자신의 할례를 수술로 변경해서는 안 된다

(He should not surgically alter his circumcision, *mēepispasthō*) – 이 동사는 '성기의 끝부분을 덮고 있는 포피를 잡아당기는 것'을 뜻하는 의학 용어이며(BDAG, 380, 3, BAGD, 299, 3, EDNT 2:36, LN 53.52, LSJ, 658), 이 의미는 여기와 소라누스(Soranus, Gynaeciorum 2.16.34, 기원후 98–138년경)에서 단 2회 발견된다. 바울은 이 용어를 사용해서 *epispasm*(할례 받은 성기를 복원하는 것)이란 수술법을 묘사한다. 1세기 로마의 백과사전 편집자인 알루스 고넬리우스 셀루스(Aulus Cornelius Celsus, De medicina 7.25)는 성기의 귀두 부분을 덮고 있는 성기 위의 늘어난 피부를 세로로 절개하여 잡아당기고, 그 절개 부분을 봉합함으로써 포피를 복원하던 이 수술법을 상세하게 설명하고 있다. 안티오쿠스 4세(Antiochus, 기원전 175–164) 통치 시대 이후로 헬라의 생활 방식을 따르기 원했고(또는 박해의 위협에 굴복했고), 유대인으로 알려지는 것을 원하지 않았던 유대인들이 이 수술법을 이용했다(벌거벗고 행하는 대중목욕탕과 운동경기들은 헬라인으로서의 필수적인 생활의 일부였고, 할례를 신체의 훼손으로 생각했기 때문에 할례를 크게 경시했다. 비교–Winter, Seek the Welfare of the City, 149–52). 제1 마카비 1장 14–15절은 고린도전서 7장 18절에 나오는 이 동사를 사용하고 있지는 않지만 상황을 다음과 같이 묘사하고 있다. "그들은 예루살렘에 헬라의 도시들에 있는 것들과 같은 운동장을 만들었다. 사람들은 자신들의 할례를 숨기기 위해 수술을 받았고, 거룩한 언약을 버리고 이방인들과의 교제를 시작했다"(TEV, 비교–제2 마카비 4:7–17). 조금은 놀랄 만한 이 수술법을 언급하는 다른 문서들은 이와 같다. m Avot 3:11, Genesis Rabbah 46:13, b Yevamt 72a, t Shabbat 15:9, Testament of MOses 8:3. [*epispaō*]

7:20. 상태(Condition, *klēsei*) – 17절에 나오는 '부르다'라는 헬라어 동사의 명사형인 이 용어에 대해서는 1장 26절의 논의를 참고하라. 여기에서는 고전 1장 26절과 비슷한 의미로 사용되고 있고, '부르심'을 단순히 '직업적인 부르심'으로서 오해하지 않도록 '부르심'이라는 전통적인 번역(ASV, NKJV, RV)보다는 '삶의 장소, 상태, 지위'로 묘사하는 것이 더 좋을 것 같다(BAGD, 436, 2, BDAG, 549, 2, 비교–Thiselton, 552–53). '삶의 정황'(NET), '삶의 처지'(HCSB)라는 번역은 사람이 회심할 때의 이 땅에서의 환경(이를테면, 사회적, 경제적, 지리적 또는 직업적인)이란 개념을 잘 표현하고 있다. 고린도전서 7장 17–24절의 문맥에서 이것은 특별히 사람이 종인지 자유인인지, 할례를 받았는지 받지 않았는지, 결혼했는지 독신인지를 가리켰을 것이다. [*klēsis*]

7:21. 어떻게 해서든지 그것을 이용하라(By all means take advantage of it, *mallon chrēsai*) – 이 두 용어들의 의미와 번역은 교회사에서 줄곧 논쟁이 벌어지고 있는 유명한 해석학적 문제에 해당한다. 쟁점은 다양하다. 하지만 이 문제의 근본 원인은 바울이 '이용하다, 사용하다'를 뜻하는 타동사 *chrēsai*의 목적어를 제공하지 않고 있기 때문이다(BAGD, 489, 2a, 884, 1a, BDAG, 614, 2a, 1087, 1a). 즉, 바울은 무엇을 '이용하라는 것'인지를 분명하게 말하지 않고 있다(이것은 ASV와 NKJV에서 명확하게 볼 수 있다). 이전

문맥은 동사의 목적어로 두 가지가 가능함을 암시한다. 그것은 '종의 신분'이나 '자유', 둘 가운데 하나다. 이 두 가지는 중요한 해석학적 견해들의 핵심을 형성한다. 이 두 가지 견해들은 (1) "만약 당신이 자유를 얻을 기회를 갖고 있다면 차라리 당신의 종으로서의 처지를 충분히 이용하는 편이 좋다"(NJB, 또한 NAB, NRSV, Barrett, 170, Cozelmann, 127, EDNT 3:472, Thiselton, 553-59)와 (2) "그러나 당신이 자유를 얻을 수 있다면 그 기회를 이용하라"(ESV, 또한 HCSB, NASB, NET, NIV, TNIV, NLT, REB, TEB, Fee, 315-18, Garland, 307-14, Harrill, The Manumission of Slaves in Early Christianity, 2nd., 68-128, NewDocs 6§9, 63-70, Harris, Slave of Christ, 59-61)는 개념들에 의해 명확하게 표현되고 있다. 비록 7장 21절에 대한 이 두 가지 중요한 견해들을 지지하는 논증들이 상당히 많지만, 두 번째 견해(즉, 자유를 얻다)가 유리한 이유는 다음의 세 가지다. (1) 결혼한 남자는 마음이 흐트러지며, 그의 관심이 나뉘게 된다는 32-35절에서의 독신 생활에 대한 바울의 주장에 따르면 첫 번째 견해(즉, 계속해서 종으로 지내는 것)는 개연성이 없어 보인다. (2) 이러한 본문 읽기는 바울이 처음에 고린도 사람들에게 "부르심을 받은 그대로 지내라"고 말하고, 그 후에 특별한 이유로 이 권고에 대한 예외 조항을 소개하고 있는 고린도전서 7장 곳곳에서 반복되는 방식과 일치한다(더 논의하려면 Garland, 310-12, Hays, 125-26를 참고하라). (3) 바울이 비교적 짤막한 주장 다음에 생략한 직접 목적어가 자유에 대한 언급을 포함하고 있는 다음 구절에서 매우 자연스럽게 제공되고 있다. 따라서 바울은 "만약 당신이 언젠가 자유롭게 될 수 있다면, 그것을 더욱더 이용하라"는 뜻으로 말했을 것이다. [*mallon + chraomai*]

7:22. 자유인(Freedperson, *apeleutheros*) - 이 용어를 사용할 때의 바울의 요지는 "종은 주께 속한 자유인이며, 이 관계가 가져다주는 은혜, 지위, 의무에 참여한다"는 데 있는 것 같다(Martin, Slavery as Salvation, 65, ABD 6:72, Garland, 314-15, Hays, 124-25, Thiselton, 560-61, Williams, Paul's Metaphors, 121). 그러나 주께서 "우리를 어둠의 권세, 즉 이 세대의 노예들 가운데서 자유롭게 하셨다"는 것은 바울이 강조하는 내용이 아니다(BAGD, 83, BDAG, 101, 비슷한 견해--Conzelmann, 128, Harris, Slave of Christ 120 n.33, 125, Fee, 319는 '과거의 죄의 속박으로부터의 자유'를 언급하고 있다). 이 용어는 신약에서 유일하게 여기에서 사용되고 있다. [*apeleutheros*]

종(Slave, *doulos*) - 이 용어는 이 구절에서 2회, 21절과 23절에서 각각 2회 사용되고 있다. 이 단어의 이미지는 미국의 남북 전쟁이 아니라 그리스-로마의 노예 제도를 배경으로 이해해야만 한다. 피(Fee, 319)는 그리스-로마의 사회적 제도를 다음과 같이 간략하게 요약하고 있다. "노예는 사실상 사회 계층에서 가장 밑바닥에 있었다. 고린도와 로마와 같은 도시에서는 대부분 노예가 인구의 약 1/3에 달할 정도로 차고 넘쳤다. 노예는 비교적 많은 자유를 가졌고, 주인뿐만 아니라 노예 자신들에게도 좋은 점이 있었다. 주인은 노예의 봉사로 인한 이득을 챙겼으며, 종은 자신의 기본적인 필요의 충족을 포함하여 지속적인 '고용'을 보장받았다. 즉, 실제로 많은 사람들은 종이 되는 것이, 최선을 다해도 종종 안전이 보장되지 않는 자유인이 되는 것보다 오히려 더 낫다고 생각했다. 그러나 노예의 특징 가운데 한 가지는 노예의 소유권이 결국 자신에 있지 않고 다른 사람에게 있었다는 것이다. 이것이 바로 이 이미지를 사용한 바울의 요지다." [*doulos*]

7:25. 아직 결혼한 적이 없는 사람들(Those who have not yet married, *parthenōn*) – 일반적으로 처녀(BAGD, 627, BDAG, 777)를 뜻하는 이 명사는 이 장의 나머지 부분에서 5회 나온다(28, 34, 36, 37, 38절). 고린도전서 7장 1절의 '이제 …에 대하여'라는 도입 구절과 28, 32–35, 36–38절에서 말한 것에 비추어볼 때(Fee, 269, 324, 354 참고), 이 단어는 아마도 고린도 사람들이 약혼한 젊은 여자들을 가리켜 사용한 용어였을 것이다. 일부 약혼녀들은 신령한 자들(*pneumatic*, 성령의 사람들, 즉 성령의 은사를 받았다고 주장했지만 사실 자신들의 온전함/ 영성에 대해 터무니없이 잘못된 생각을 하고 있었던 고린도 사람들, 참고–Garland, 13)로부터 약혼자와 결혼하지 말라는 압력을 받았으며, 결혼 여부를 망설이고 있었다(Fee, 323, 327, 327 n. 20, 비슷한 견해–Garland, 318–20, Hays, 126, Thiselton, 570–71). 이 용어는 '아직 결혼한 적이 없는 사람들'(CEV, NET, 비교–ESV, LN 34.77)로 번역하는 것이 좋을 것 같다. '결혼하지 않은'(MLB, NCV, REB, TEV)은 8–16절, 39–40절의 상처를 당하거나 이혼한 사람들과 구별되지 않기 때문에 사용하지 않는 것이 좋다(Collins, 268, 288, Fee, 268–69, Thiselton, 571). [*parthenos*]

지침/ 의견/ 판단(Guideline/ opinion/ judgement, *gnōmēn*) – 결혼하지 않은 사람들이 결혼해야 하는지, 아니면 독신으로 있어야 하는지는 adiaphora(신앙과 무관하거나 신앙에 필수적이 아닌 사항들, 즉 명령되거나 금지되지 않은 사항들)의 범주에 속한다. 따라서 바울은 확고하고 보편적인 규칙보다는 각 사람의 개별적 상황과 관련된 '의견'(HCSB, NASB, NET, NRSV)이나 '판단'(ESV, NIV, TNIV, NKJV)을 제공한다. 바울의 의견/ 판단은 26하반절에서 "사람이 그냥 지내는 것이 좋다"로 제공되고 있다. 아마도 이것은 고린도 사람들의 또 하나의 슬로건이었으며(Barrett, 174, Fee, 330, Garland, 322–23, Hurd, The origin of 1 Corinthians, new ed., 178–79), 이번에는 바울이 그 슬로건에 동의하고 있는 것 같다. 이 의견/ 판단은 '주께서 주시는 긍휼을 신뢰하는 사람의 생각이기 때문'(Thiselton, 572)에 개인적인 선호 그 이상의 의미가 있는 것 같다. 따라서 이 용어를 '지침'이나 '원칙'으로 번역할 때 본연의 뉘앙스를 더 잘 표현하게 된다(Collins, 289–90, Garland, 321–22, Thiselton, 571–72 참고). 바울은 이 용어를 40절에서 매우 비슷한 의미로 다시 사용한다. [*gnōmē*]

7:26. 현재의 고통(Present distress, *enestōsan anagkēn*) – 바울은 독신으로 지내라고 권하는 첫 번째 이유를 이 표현을 사용해서 제공하고 있다(또 하나의 이유에 대해서는 34절의 논의를 참고하라). 바울이 무엇을 말하고자 했는지 정확하게 알 수 없지만 두 가지 기본적인 견

해가 존재한다(BAGD, 52, 2, 266, 2, BDAG, 61, 2:237, 2-3). 첫째, 이 표현은 '임박한 환난'(MLB, MOFFATT, NET, NRSV, LN 67.63)으로 번역해야 하며, 그리스도의 임박한 재림과 그분의 다시 오심의 사건들에 수반하게 될 커다란 고통을 가리킨다(Blomberg, 151-52, Conzelmann, 132). 둘째, 이 표현은 '현재의 고통'(ESV, HCSB, NAB, NASB, NIV, TNIV, REB, TEV, TDNT 2:544)으로 번역해야 하며, 고린도 사람들이 이미 경험하고 있는 어떤 고난이나 시련을 가리킨다(Fee, 328-330, Garland, 323-25, Morris, 112-13). 29, 31절의 종말론적인(종말) 언어는 첫 번째 견해에, 언어학적인 고찰은 두 번째 견해에 유리하게 작용을 하는 같다. '고통'이란 용어가 누가복음 21장 23절에서 '마지막 날들의 환난'이란 뜻으로 사용되고 있지만(BAGD, 52, 2, BDAG, 61, 2), 바울은 이 용어(비교-롬 13:5, 고전 7:37, 9:16, 고후 6:4, 9:7, 12:10, 살전 3:7, 몬 14)나 '고난'(28절, 바울에 의해 24회 사용됨)을 다른 곳에서 이런 의미로 사용하지 않는다. 둘째, 고린도전서 3장 22절(또한 롬 8:38)에서 바울은 이제부터 다가오게 될 일들과 대조되는 이미 직면하고 있는 상태를 나타낼 때 '현재'라는 용어를 사용한다. 더군다나 다른 세 곳에서 이 단어의 용법(갈 1:4, 살후 2:2, 딤후 3:1)은 현재의 사건이나 상태를 가리킨다(참고-BDAG, 337, 1-2, Garland, 324 n. 11, TDNT 2:543-44). 이 '현재의 고통'이 정확하게 무엇인지 확실하지 않지만, 설득력 있는 견해로는 (1) 모든 그리스도인에게서 흔히 볼 수 있는 고난과 고통(Fee, 329, Lightfoot, 231), (2) 클라디우스 황제 통치 동안의 기근들(행 11:28, Kistemaker, 238-39, Thiselton, 492-93) 등이 있다. 마지막으로 갈런드(Garland, 324)의 지적처럼 "'때가 단축되었다'(7:29)와 '이 세상의 모습은 사라져 버린다'(7:31-한글 표준새번역)라는 구절로 인해 전체 단락의 묵시 문학적 흐름을 부정하기가 쉽지 않다. 바울이 종말 때의 사건으로 해석된 현재의 위기(아마도 기근일 것임)를 마음속에 생각하고 있었을 가능성이 크다"(Barett, 175, EDNT 1:78, Godet, 371, Moore, The Parousia in the New Testament, 116 n. 1, Thiselton, 575 비교). 이것은 '마지막 날들'이 그리스도의 초림에서 시작해서 그분의 재림 때까지 계속되는 긴 시기를 포함한다는 신약 전반의 근본적인 관점, 특히 바울의 관점과 일치한다(행 2:17, 고전 10:11, 딤전 4:1, 딤후 3:1, 히 1:2, 약 5:3, 벧전 1:20, 요일 2:18 비교, Morris, "Last Days,"464-67 in Evangelical Dictionary of Biblical Theology 참고). [*enistēmi* + *anagkē*]

7:27. 여자에게 서약했다(Pledged to the woman, *dedesai gynaiki*) - 거의 모든 영역본들이 이 구절을 결혼에 대한 언급으로 번역한다('너는 아내에게 매였으냐?'-ESV, HCSB, NAB, NET, NASB, NKJV, NRSV, TEV, '너는 결혼했느냐'-CEV, NCV, NIV, REB). 하지만 TNIV의 번역이 문맥적으로 더 적절하며(바울은 25-35절에서 결혼하지 않은 사람들에게 말하고 있는 중이다, 고전 7:25에서의 *parthenōn*에 대한 논의를 참고하라), *dedesai*를 '약속이나 법적인 의무에 의해 매인, 서약한'(BAGD, 178, 3, BDAG, 222, 3, Fee, 332, Garland, 325, Thiselton, 576)으로, *gynaiki*를 '아내'가 아닌 '여자'(예를 들어, 약혼

녀, BAGD, 168, 1, BDAG, 208–09, 1, Fee, 332, Garland, 325–26, Thiselton, 576)로 정확하게 이해하고 있다. [*deō*+ *gynē*]

그런 서약에서 해방하려고 [하지 말라]([Do not seek] Release from such a commitment, *lysin*) – 많은 사람들이 이 명사가 이혼을 가리킨다고 이해하지만(BADG, 482, BDAG, 605, LN 34.78, NEV, NIV, NLT, REB), 다른 곳에서 이런 의미로 사용된 적이 없어 보인다(Fee, 331). 다시 말하면 문맥(고전 7:25의 *parthenōn*에 대한 논의를 참고하라)과 "계약 관계의 의무들을 어떤 사람에게 면제하다"라는 이 용어의 전문적 의미(MM, 382)로 보아 바울이 "남자들에게 현재의 약혼을 깨지 말라"고 구체적으로 권하는 것으로 이해하는 것이 좋을 것 같다(EDNT 2:364, Fee, 331–32, Garland, 325, Thiselton, 576–77). [*lysis*]

7:29. 현재 시대(Present era, *kairos*) – '연대기적으로 지속되는 시간'(Thiselton, 579, Abbott-Smith, 485, LN 67.78, 비교–행 1:21, 15:33, 20:18, 고전 7:39, 16:7)을 뜻하는 헬라어 *chronos*와 달리 이 명사는 특정한 시기(Abbott-Smith, 226, Thiselton, 579), 즉 '세대, 시대'(LN 67.145, 비교–막 10:30[눅 18:30], 눅 12:56)를 가리킨다. 많은 주석학자들(Garland, 328, Kistemaker, 242, Robertson-Plummer, 155)은 이 문맥에서 두 단어 사이의 차이를 지적하고 있지만, 다른 곳에서 이 두 단어는 거의 같은 의미로 사용된다(Abbott-Smith, 226, LN 67,78 참고, 행 15:33[chronos], 계 12:12[kairos] 비교). 바울은 다른 곳(롬 3:26, 11:5, 13:11, 고후 6:2, 8:14, 비교–엡 1:10, 2:12)에서와 마찬가지로 여기에서 이 용어를 사용하여 현재 시대나 현재 시기(BAGD, 394, 1, BDAG, 498, 비교–'간격이 단축되고 있다'–MOFFATT, '우리의 뜻대로 살아갈 때가 오래 지속되지 않을 것이다'–REB), 즉 예수 그리스도의 죽으심과 부활에서 그의 재림까지의 시기를 언급하고 있는 것 같다(Garlan, 328, Kistemaker, 242, Robertson-PLummer, 154). [*kairos*]

압축되고 있다(Has been compressed, *synestalmenos estin*) – 이 동사구에서 핵심 동사(*synestalmenos*)는 '더 늘어나지 않도록 함께 잡아당기다, 단축하다, 접촉하다, 압축하다, 또는 압착하다'(BAGD, 795, 1, BDAG, 978, 1, Abbott-Smith, 433, EDNT 2:233), 즉 '현재 시대가 단축되었다'라는 뜻이다. 하지만 바울이 말하고자 하는 것이 무엇인지는 명확하지 않다. 그는 '하나님의 단축 행위', 즉 선택된 자들을 위해 처음에는 더 긴 기간이었는데 그것을 단축하는 것으로 생각했을 수도 있다(BAGD, 795, 1, BDAG, 978, 1, *Héring*, 58, 비교–마 24:22[막 13:20]은 과거 사건과 대조되는 미래 사건을 가리키는 것 같다, 비교–EDNT 3:313). 또는 단순히 "우리의 구원이 우리가 처음 믿을 때보다 더 가까워졌다"라는 뜻일 수도 있다(롬 13:11, "그 간격이 짧아지고 있다"–MOFFATT 비교, "우리의 뜻대로 살아가는 때가 얼마 남지 않았다"–REB, Barrett, 176, Hays, 127, TDNT 5:597). 피(Fee, 399)의 견해가 매우 설득력 있어 보인다. 그는 이 현재 시대가 '압축되어서', 즉 '단축되어서' "하나님의 백성들이 역사의 끝에 서 있다"라는 바울의 사상을 재현하고 있다. 때가 단축되었으므로 "이제 미래가 명확하게 보이기 시작했다." 다시 말하면 그리스도의 죽으심과 부활로 인해 결정적인 사건이 발생했고, 마지막 날들이 시작된다. 모퉁이 돌이 변했다. 이제 최종적인 완성이 지평선에 놓여 있다. [*systellō*+ *eimi*]

7:31. 이 세상의 현재 모습(Present form of the this world, *schēma*) – 29-31절에서 바울이 '마치…같이/ 마치…이 없는 것같이'라는 표현을 사용하고 있는 것을 보아 '모양'이나 '현재 모양'(ESV, HCSB, NASB, NIV, TNIV, NKJV, NRSV, BAGD, 797, 2, BDAG, 981, 2)을 뜻하는 이 용어는 세상의 '모든 사회적, 개인적, 상업적 현상들'을 가리킨다(Fee, 335). 바렛(Barrett, 178)이 훌륭하게 지적한 것처럼 "바울의 요지는 피조물 자체의 무상함에 있지 않고, 사회적, 상업적 제도들에서 겉으로 드러나는 피조물의 모양이 영속성이 없다는 데 있다." "이 세상과 이 세상에 들어 있는 모든 것은 사라지게 될 것이다"(NLT)라는 번역은 이 중요한 차이를 간과하고 있다. [*schēma*]

7:32. 염려하다(Concerned, *merimna*) – '근심에서 자유로운'(*amerimnous*)으로 번역된 형용사를 사용하여 언어 유희를 하고 있는 바울은 *merimna*라는 동사를 32-34절에서 4회 사용한다. 이 동사의 의미는 다음의 둘 가운데 하나다. (1) 부정적으로 '우려하는, 근심을 지닌, 염려하는, 어떤 것에 관해 (지나치게) 걱정하는'이란 의미다(BDAG, 632, 1), 또는 (2) 긍정적으로 '참석하다, 돌보다, 관심을 가진'이란 의미다(BDAG, 632, 2). 우리는 다음의 세 가지 해석들 가운데 하나를 최종적으로 선택하게 된다. (1) 바울은 이 용어를 철저하게 긍정적으로 이해한다('관심을 갖고 있는, 돌보다'-AT, MLB, NET, NIV, TNIV, NKJV, REB, TEV, WEYMOUTH). (2) 바울은 이 용어를 철저하게 부정적으로 이해한다('염려스러운'-ESV, CEV, MOFFATT, NAB, NRSV, Barrett, 179). 또는 (3) 바울은 이 용어를 이중적으로, 즉 첫 번째와 세 번째 사례에서는 긍정적으로, 나머지에서는 부정적으로 이해했다('걱정하고 있는, 염려하고 있는'-Beck, The New Testament in the Language if the Today, Thiselton, 586-88). 이 세 견해들이 다 타당성이 있으며, 가장 단순하고 직선적인 첫 번째 견해가 선호되는 것 같다(Fee, 344-45, Garland, 332-33, 도움이 되는 번역들에 대해서는 NCV, NLT를 참고하라). 바울은 그리스도인들이 결혼생활에 따르는 걱정거리들로 인해 점점 더 복잡해지고, 따라서 근심에 사로잡히게 된다는 것을 인정하고 있다("결혼한 사람들은 이 세상에서 많은 곤경에 처하게 되므로 나는 너희에게 결혼을 권하고 싶지 않다"[28절]와 비교하라). 이것이 바로 바울이 개인적으로 독신 생활을 선호하고, 고린도 사람들의 결혼을 만류한 이유다(Blomberg, 151-52, Fee, 324, 329-30, 333-34, Garland, 344, Hays, 127-28 참고). 독신 생활을 선호한, 서로 밀접한 관련이 있는 이유들은 다음과 같다. 현재의 고통에 비추어볼 때 결혼한 부부들이 직면하는 더 많은 곤경들(28절), 마지막 때의 긴급한 삶(29-31절) 그리고 흔들리지 않고 섬길 수 있는 기회(32-35절). [*merimnaō*]

7:34 결혼하지 않은 여자들과 아직 결혼한 적

이 없는 여자에게(The woman no longer married and to whom who has not yet married, *hēgynēhēagamos kai hēparthenos*) – 많은 학자들은 여기서 바울이 다음의 두 (부류의) 여자들을 염두에 두고 있다고 이해한다(분명하게–CEV, NCV, NJB, NLT, NRSV, Thiselton, 590, 특히 적절한 설명에 대해서는 Fee, 345를 참고하라, 비교–Bruce, 76, Morris, 116). (1) 문자적으로 '결혼하지 않은 여자'로서 아마도 이혼하거나 과부가 된 사람들로 이해된다. (2) 문자적으로 '처녀'로서 '아직 결혼한 적이 없는 여자'로 이해된다(여기에 해당하는 용어인 *pathenos*에 대해서는 고전 7:25의 논의를 참고하라). 첫 번째 견해에서 단수 동사는 별로 문제가 되지 않는다. 아마도 단수 동사는 복수 주어를 단수, 즉 집합적 단일체로 간주하는 일반적인 문법 현상이기 때문이다. [*gynē + agamos + parthenos*]

거룩한(Holy, *hagia*) – 이 용어는 결혼하지 않은 여자가 결혼 생활의 한 부분인 성관계를 하지 않아도 되기 때문에 순결하거나 정숙하다는 뜻이 아니다. 그보다는 '몸과 영을 다'라는 문구를 추가한 것으로 보아 이 용어는 주를 향한 그녀의 전적인 경건이나 헌신을 가리킨다(Fee, 346, Garland, 335, 이 용어와 관련 동사에 대한 고전 1:12의 설명과 비교하라). 모리스(Morris, 116)는 이 문제의 핵심을 다음과 같이 잘 요약하고 있다. "여기에서 '거룩한'은 윤리적 성취가 아니라, 헌신을 가리킨다. 처녀가 부인보다 더 의로운 것이 아니다. 그녀의 헌신이 가족에 대한 책임감 때문에 변경되는 일이 없다."[*hagios*]

7:36–38. 그러나 만일 어떤 남자가…원하는 대로 하라(But if any man…will do better, *ei de tis…kreisson poiēsei*) – 이 구절들의 지침은 '처녀'와 관련이 있는 남자, 즉 그녀에게 결혼이 필요한 것인지를 걱정하는 남자(처녀의 아버지나 약혼자로 이해됨)에게 제공된 것이다. 남자와 처녀의 관계에 대해 다음의 세 가지 견해가 있다. (1) 아버지와 딸 사이의 관계로서 결혼하지 않은 딸을 그대로 두는 것이 그리스도인으로서의 자신의 의무인지, 아니면 딸이 결혼하도록 허락하는 것이 의무인지를 확실하게 알지 못하는 아버지들에게 주어진 지침이다(Thiselton, 597 참고). (2) 약혼중인 커플의 관계로서 약혼녀가 있는 남자에게 주어진 지침이다. 그는 자신의 기독교 신앙이 결혼을 불필요한 것으로 만들고, 독신을 그리스인으로서의 최상의 상태에 있게 하는지에 관해 확신하지 못하고 있다. (3) 영적인 결혼의 관계로서 독신인 상태에서 여성 동반자(즉, '영적인 신부' 또는 '룸메이트')와 같이 생활하는 남자에게 주어진 지침이다. 그는 그러한 관계를 감내하기 힘든 때가 올 가능성이 있다 하더라도 결혼을 허락받아야 하는지에 관해 확신하지 못한다. 이 세 가지 견해들을 설명하는 데 중요한 것은 바로 36절의 '그의 처녀'를 어떻게 해석하느냐다. 그녀가 '그 (남자)의 처녀 딸'인가(ASV, NASB), '그 (남자)의 약혼녀'인가(ESV, NIV, TNIV, NJB, NLT, NRSV, PHILLIPS, REB, TEV, Fee, 349–55, Garland, 336–43, Thiselton 594–98), 아니면 '그 (남자)의 독신 생활의 동반자'나 '룸메이트'인가(MOFFATT, NEB, REB, Bruce's Paraphrase, *Héring*, 62–64, Thrall, 59–60)?

아버지/ 딸 견해는 전통적인 견해다. 하지만 오

늘에 이르러서는 많은 사람들의 지지를 받지 못하며 언어학적 개연성이 부족하다(BAGD, 188, 1–2, Garland, 337–38, *Héring*, 62). '영적인 결혼'이라는 견해는 특히 20세기의 초중반에 널리 인정되어졌다(그리고 Thiselton은 아직도 이 견해를 배제하지 않는다). 이 관계는 초대교회에서 실천되었으나(헤르마스의 목자들에 나오는 가장 최초의 사례들–Vis. 1.1.1, 2.2.3, Sim. 9.11.3–7, 10:3,1–5, Irenaeus, Adversus haereses 1.6.3) 대부분의 학자들은 그런 관계들이 그렇게 빨리(즉, 고린도전서의 시대에) 생겨났다는 데에 의문을 제기한다(Fee, 327, Garland, 339, Thiselton, 569). '약혼중인 커플'이란 견해가 오늘날 학자들 사이에서 지배적인 관점이며(Thiselton, 596, 이를 반대하는 Hurd, 179–80, Morris, 117, Murphy–O'Connor, NJBC, 805와 비교하라), 가장 적절해 보인다. [parthenos]

7:38. 잘(Well, *kalōs*) – 바울이 이 부사를 독신(37절)과 결혼한 사람(38절) 모두에게 사용하고 있기 때문에 이 용어가 어떤 도덕적 의미를 전달하는 것 같지는 않다(Fee, 275 n.33, 354 n. 28, Garland, 342, 굳이 도덕적 의미를 찾자면 '좋은'이 어울린다. '좋은'은 '유익한, 인정할 수 있는, 훌륭한'이란 뜻을 가질 뿐만 아니라 '악한, 나쁜'의 반대 개념이다). 다시 말해 독신이 도덕적으로 선하거나 옳다면(37절), 그 때에 그것의 반대 개념인 결혼은 도덕적으로 나쁘거나 그릇되게 된다. 바울은 여기에서 이런 점을 분명하게 부정하고 있다. 바울은 이 용어를 '바람직한' 또는 '유익한'이란 취지로 사용했을 것이다(Fee, 275, BAGD, 401, 3, BDAG, 505, 3, EDNT 2:246, 35절의 "내가 너희의 유익을 위해 이것을 말한다"와 비교하고, 8–9절, 26–28절에 나오는 '좋으니라'는 도덕과 윤리의 개념이 아니라 유익이나 이점의 개념을 암시하고 있는 것에 유의하라). [*kalōs*]

8:1. 우상에게 바쳐진 고기(Meat offered to an idol, *eidōlothytōn*) – BDAG(280)는 간결하면서도 철저한 설명을 다음과 같이 제공하고 있다. "이것은 희생 제물의 고기를 가리키며, 그 일부는 신들의 몫으로 제단 위에서 태워졌다. 성전에서 거룩한 식사 시간에 일부를 먹었으며, 일부는 시장에서 판매되었다"(LN 5.15, BAGD, 221). 이방 신들에게 바쳐진 제물들에는 곡식이나 야채가 포함되었을 것이다. 하지만 여기서는 고기로 보는 BDAG가 맞는 것 같다(13절 비교, OCD, 3rd ed., 1344, Thiselton, 617 참고). 하지만 이 단어를 우상에게 바쳐진 고기를 뜻하는 일반적인 용어들로 이해해야 하는지(Collins, 304–5, Thiseltonm 617–20, 628, 653 n. 251), 아니면 더 구체적으로 우상의 신전 안에서 제의적 식사를 할 때 먹었던 희생 제물의 고기(Fee, 359–60, Horsley, 141, 비교–Hays, 135)로 이해해야 하는지에 관해 격렬한 논쟁이 있다. 어려운 결정이기는 하지만 (1) 고린도에서 나온 '고고학적이고 사회적인 자료'(Thiselton, 617–19 참고), (2) 신약 이외의 자료들에서의 이 단어의 일반적인 의미(Fisk, 56–58, Still, 227–31 참고), (3) '우상의 신전'(8:10, 10:19–21 비교)뿐 아니라 '고기 시장'과 개인적인 식사(10:25–27)에 대한 분명한 언급들, 그리고 (4) 8장 7–9절에서 *eidōlothytos*을 먹는 것이 자유의 영역에 속한다고 말하는 것

같다는 사실(따라서 제의적 식사만을 가리킨다는 견해는 제외된다, 참고-7상, 8상, 9절) 등은 *eidōlothytos*를 일반적인 용어들로 이해해야 한다는 것을 암시한다. 따라서 이것은 그것을 성전 경내에서 먹었는지, 또는 집과 시장과 같은 거룩하지 않은 장소에서 발견했는지와 상관없이 우상과 관련된 고기를 가리킨다. 하지만 8-10장의 제한된 범위에서는 바울이 다음과 같은 특정한 장소를 기반으로 생각하고 있었을 가능성이 있다. (1) 우상에게 희생 제물로 바쳐졌고 시장에서 판매되던 고기(8:1-13, 10절에서는 그것을 먹는 것에 반대하지 않는다. 아래 10절의 논의를 참고하라), (2) 우상에게 희생 제물로 바쳐졌고, 성전 경내에서 제의적 식사 때 먹었던 고기(8:10, 10:14-22), 그리고 (3) 우상에게 희생 제물로 바쳐졌고, 나중에 이방인 지인이 대접하는 개인 만찬에서 먹었던 고기(10:23-11:1, Barrett, 16, 188-89, 242, Bruce, Paul, Apostle of the Heart Set Free, 270-72). [*eidōlothytos*]

<u>너희 말처럼</u> '우리가 다 지식을 소유하고 있다'('We all possess knowledge' <u>as you say</u>) - '너희 말처럼'이란 표현은 헬라어 본문에 없지만, 바울이 고린도 사람들의 편지(7:1 비교)나 고린도에서 유행했던 슬로건이나 표어('만일 누구든지 무엇을 아는 줄로 생각하면', 8:2 비교)를 인용한다는 것을 밝히기 위해 보충된 것이다. 고린도 사람들의 슬로건들은 전체적으로 여러 곳에 분산되어 있다(특히 Fee, 365 n. 30, 8:1, 4, 8). [*gnōsis*]

지식(Knowledge, *gnōsin*) - 바울은 이 명사를 8장에서 5회(1절[2회], 7, 10, 11절), 관련 동사형(*ginōskō*)은 4회 사용한다(3[2회]절, 1, 4절의 '우리가 안다'라는 표현에서는 '안다'는 뜻을 지닌 다른 동사[*oida*]를 사용한다. 그러나 이 단어는 이 문맥에서 동일한 중요성이나 신학적 중요성을 갖고 있지 않다). 고린도 사람들의 "우리가 다 지식을 소유하고 있다"라는 슬로건과 다른 곳에서의 이 명사의 용법(1:5, 12:8, 13:2, 8, 14:6)이 암시하는 것처럼, 이것은 "성령께서 자신들에게 기독교적인 행동의 원리로 사용되고 있는 특별한 지식을 제공한다"라고 생각하는 고린도 사람들이 좋아하는 용어였을 것이다(Fee, 366, Garland, 368, Thiselton, 621-22). 1절("우리가 다 지식을 소유하고 있다")과 7절("모든 사람이 이 지식을 가진 것은 아니다") 사이의 불일치는 사실이라기보다는 그렇게 보인 것이며, 다음과 같이 여러 가지로 설명할 수 있다(Ellingworth-Hatton, 113 비교). 첫째, 2절은 이 슬로건이 고린도에 널리 알려져 있다는 것을 인정하고 있지만, 반드시 그 슬로건에 동의하는 것은 아니다(이것을 "우리는 '우리 모두가 지식을 소유하고 있다'는 것을 충분히 알고 있다"로 번역하는 Thiselton, 639를 참고하라). 둘째, 1절의 지식은 인식 또는 지적 이해력을 가리키며, 7절의 지식은 감정적인 또는 의지적인 수용을 가리킨다. 다시 말해서, 그들의 머리는 그들에게 이것을 말한다(4절). 그러나 그들의 '마음'(heart)은 다른 것을 말한다(Fee, 379, 381, Thiselton, 639, 문자적으로 "이 지식은 모든 사람 안에 있는 것이 아니다"로 해석하게 되는 7절은 지식의 '내면화'가 이루어지지 않는 것을 가리키는 것 같다). 이 설명들이 반드시 상호 배타적인 것은 아니다. 이 설명들을 함께 합쳐서 생각할 때 사실에 더 근접할 수도 있다. 아마도 브루스(Bruce, 1 Corinthians, 21)가 '초기 영지주의'라고 불렀던 것, 즉 2세기와 그 이후의 영지주의 체계의 발전에 공헌한 경향들과 믿음 체계들이 고린도교회에 있었던 것으로 보인다. [*gnōsis*]

8:7. 양심(Conscience, *syneidēsis*) – 이 단어가 갖고 있는 정확한 뉘앙스에 대해 상당히 논란이 많다(Garland, 393–94, Thiselton, 640–44 참고). 하지만 사람의 '옳고 그름을 결정하는 내적 능력, 도덕적 자각, 양심'이라는 보편적인 의미가 이 용어의 본질적인 개념을 잘 설명한다(BDAG, 968, 2, BAGD, 786, 2, Fee, 380–81, Garland, 383–84, NIDNTT 1:350–52, TLNT 3:335, 거의 모든 영역본들). 이 용어는 10, 12절, 10장 25, 27, 28, 29절(2회)에서 다시 나오며, 기본적으로 거의 같은 의미다. 수많은 연구들은 이 용어가 고린도에 있는 '계몽된'(enlightened) 신자들의 또 다른 핵심 개념일 수도 있다고 말한다. 첫째, 이 용어는 그리스–로마의 철학적 논의들에서 자주 사용되었으나 히브리어 구약 성경에서 이와 동일한 의미의 단어를 찾기가 쉽지 않다. 둘째, 이 용어는 고린도전서 8–11장의 문맥에서 상당히 강조되고 있으나 로마서 14–15장의 비슷한 논의에서 전혀 등장하지 않는다. 끝으로, 바울은 여기에서 이 용어를 처음으로 사용하고 있다(더 이상의 논의를 위해서는 EDNT 3:301–02를 참고하라, Fee, 380). [*syneidēsis*]

약한(Weak, *asthenēs*) – 이 형용사는 '지나치게 세심한' 또는 '지나치게 민감한'(AT) 양심을 묘사하며(BAGD, 115, 2b, BDAG, 143, 2c, Barrett, 194–95, Blomberg, 162), 도덕성이 '민감하지 못하거나' 병들었다는 의미가 아니다. 동일한 형용사가 10절에, 관련 동사형들(분사들)이 9, 11, 12절에 나온다. 바울이 '약한 자'라는 표현을 사용하면서도 이 장에서 '강한 자'를 명확하게 언급하고 있지 않다는 사실에 주목할 필요가 있다. 바울은 강한 자라는 표현보다는 '지식을 가진 사람들', '아는 자들', 또는 겉보기에 자신들의 자유를 이해하고 그것을 충분히 이용하는 사람들(1–3, 7, 10–11절), 즉 영지주의자들'(2세기의 이단들을 칭하는 전문적 의미에서는 아니다)이란 표현을 사용하고 있다. '약한 자'는 또한 사회–경제적 범주에 속하는 개념이며, 가난한 자와 사회적으로 불이익을 당하는 사람들을 가리켰다(Dunn, The Theology of Paul the Apostle, 701–02, Thiselton, 609, 618, 644–45). '약한 자'와 '아는 자들' 사이를 사회적, 경제적 경계선으로 구별하는 것도 가능하지만(Hays, 136–37), "바울은 약한 자를 사회 경제적 지위가 아니라 양심과 연관시키고 있는 것이 분명하다"(Garland, 382, 358 n.21). [*asthenēs*]

8:8. 가까이 나아가다(Will bring close, *parastēsei*) – 이 동사가 '재판장 앞에 데리고 가다'라는 뜻으로 쓰일 때도 있지만(BAGD, 628, 1e, BDAG, 778, 1e, Thiselton, 646–47 참고, 행 27:24, 롬 14:10 비교), 거의 모든 영역본들은 '천거하다, 하나님께 가까이 나아가다'라는 전통적 이해를 따르고 있다(BAGD, 628, 1e, BDAG, 778, 1e, 눅 2:22, 행 9:41, 롬 6:13, 12:1, 고후 4:14, 11:2, 골 1:22, 28, 딤후 2:15에서의 용법과 비교하라). 더욱이 8절 전체가 고린도에 있는 '강한 자들', 더 정확하게 말해서 '지식을 가진 사람들'의 슬로건에 해당한다면(Fee, 382–84, Gro–

sheide, 194, Horsley, 122, Kistemaker, 271-72, Morris, 124, Murphy-O'Connor, NJBC, 806), 그리고 "음식이 우리를 하나님의 심판대 앞으로 데려가지 못한다"가 더 적절한 번역이라면, 8절의 나머지 부분들은 뒤바뀐 것 같다(Barrett, 195, Fee, 382-83 참고). 본문은 "우리가 절제한다고 더 나빠질 리가 없고 우리가 먹는다 해도 더 잘될 리가 없다"라고 말하고 있는 것 같은데, 실상은 "우리가 절제한다고 더 잘될 리가 없고, 우리가 먹는다 해도 더 나빠질 리가 없다"라는 뜻이다(Horsley, 122 참고). 어떤 경우든 이 용어와 관련하여 피(Fee, 382)가 지적하는 것처럼 "둘 가운데 어느 하나의 경우라 하더라도 음식 그 자체는 하나님과의 관계와 아무런 상관이 없다"(비슷한 견해-Barrett, 195). [*paristēmi*]

8:9. 걸림돌(Stumbling block, *proskomma*) - 보통 '걸려 넘어지게 하는 덩어리'(NASB, NIV, TNIV)로 번역되는 이 용어는 단순한 개인적 범죄가 아니라, '다른 사람이 죄를 짓도록 원인을 제공하는 것'을 가리킨다(LN 88.307, 참고-Fee, 384 n. 45, Garland, 387, 비교-NCV, TEV). 인접 문맥에 나오는 '더럽혀진'(7절), '파멸된/ 멸망된'(11절), '상처를 입히다'(12절), '죄를 짓게 하다/ 실족하게 하다'(13절)와 같은 용어들은 이 중요한 의미를 확증한다(롬 14:13, 20 비교). "이 용어는 행동들이 순수하게 주관적인 차원에서, 심리적으로 흥분하거나 짜증나게 만들거나 기분 나쁘게 한다는 의미에서 다른 사람을 '실족하게 하는 것'과는 거의 관련이 없거나 아무런 관련이 없다. 그러나 이 용어는 그런 태도와 행동으로 인해 상처를 주는 모든 것과 관련이 있다"라는 디셀튼의 주해(Thiselton, 658)는 타당성이 있다. [*proskomma*]

8:10. 우상의 신전(Idol's temple, *eidōleiō*) - 이 용어의 의미는 분명하며, 이론의 여지가 없다(참고-BAGD, 221, BDAG, 280, LN 7.19). 하지만 '우상의 사원에서 먹는 것'이 10장 19-22절에서 묘사하고 있는 것과 비슷한 종교적 축제나 제의적 식사에 참여하여 우상 숭배의 죄를 범하는 것과 같이 근본적으로 죄가 되는 어떤 일을 가리키는 것인지(Fee, 386, Garland, 353-62, 365 n. 5.388), 아니면 근본적으로 죄가 되지는 않지만 결혼이나 생일 잔치에 참석하는 것처럼 이방 신전의 식당에서 열리는 도시의 비종교적 축제에 참여하여 사회적인 의무를 이행한 것으로 인해 (양심 또는 믿음이) 약한 자들의 '멸망'을 초래할 때 죄가 되는 어떤 일을 가리키는 것인지(Collins, 306-7, 322, Conzelmann, 148)에 관해 논란이 있다. 이와 관련하여 머피-오코노(Murphy-O'Connor)는 이방 신전을 '식사와 수영을 위한 시설이 있는 컨트리 클럽'(St. Paul's Corinth, 3rd., 190, 그는 188쪽에서 고대 고린도의 사원의 평면도를 제공하고 있다)에 비교하며, 위더링턴(Witherington, "Idle Thoughts," 245)은 '고대의 레스토랑'으로 묘사하고 있다. 이 두 가지 견해 가운데 어느 하나를 선택하기가 매우 어려우며, 그 선택은 *eidōlothytōs*의 정확한 뉘앙스와 관련이 있다(8:1 참고). 하지만 이 두 견해는 다음과 같이 근본적으로 우상의 신전이 죄의 장소라는 입장을 택한다. 첫째, 이방 신전에 식당들이 있었던 것으로 보아 거기에서 열린 '사회적인' 파티에 종교적인 특성이 부여된 것 같아

보인다(Garland, 348–49. Murphy- O'Connor, St. Paul's Corinth, 189, NewDocs 1:6). 둘째, "성전에서의 열린 행사가 예배적인 환경인지, 아니면 사회적인 환경인지를 구별하려는 그 모든 시도는 바울이 피하려고 했던 일종의 궤변에 빠지게 된다. 성전에서의 식사가 사회적인 것인지, 아니면 거기에 예배가 포함되었는지를 구별하려는 노력은 종교적인 것과 사회적인 것이 뒤섞여 있었던 고대 세계에 매우 낯선 이분법을 도입하는 것이다"(Schreiner, Paul: The Apostle of God's Glory in Christ, 351). 여기에서 바울은 신전에서 식사하는 자체의 합법성 여부와는 상관없이 그들의 행동이 '약한 자들'에게 미칠 수 있는 일종의 파괴적인 결과들을 사실적으로 설명하기 위해 '우상 숭배의 관습'(Thiselton, 652–53, Fisk, 68)으로 다시 돌아간 '지식이 있는 사람들'이란 극단적이고 가설적인 사례를 마음속으로 생각해냈을 가능성이 매우 크다(Garland, 358, 378, 383, 387, Robertson–Plummer, 171, Thiselton, 652–63). NJB는 이런 가능성을 다음과 같이 잘 포착하고 있다. "어떤 사람이 당신이 성전에서 먹고 있는 것을 보고 있다고 가정해보라"(비슷함–CEV, MOFFATT, TEV, PHILLIPS, Thiselton, 613). [*eidōleion*]

8:11. 멸망되다(Is being ruined, *apollytai*) – 이 동사의 뜻이 '파괴하다'(ESV, NET, NIV, TNIV)인지, '파멸하다'(HCSB, NASB)인지, 아니면 '멸망하다'(ASV, NKJV)인지는 별로 중요하지 않다(Abbott–Smith, 52, BAGD, 95, 2a, BDAG, 116, 1b, Bruce, 82). 많은 이들은 다른 곳(롬 2:12, 고전 1:18, 15:18, 고후 2:15, 4:13, 살후 2:10)에서의 바울의 용법에 근거하여 이 용어가 구원의 상실을 의미한다고 주장한다(Fee, 387, Garland, 389, TDNT 1:396). 하지만 '약한 자들'이 다른 위험들도 경험하기 때문에(예를 들어, 더럽혀지고 상처받은 양심–7, 12절, 죄에 빠지게 됨–9, 13절), 바울이 여기에서 '도덕적 파멸'이나 '그 사람의 그리스도인으로서의 생활과 유익을 방해하는 것'(Bruce, 82, Thiselton, 653, 특히, Grundry Volf, Paul and Perseverance, 85–97, 비교–'영적인 재난', PHILLIPS)과 같은 덜 심각한 어떤 일에 대해 말하고 있다고 볼 수 있다. 또 한편으로 동사의 현재시제는 이미 진행중이지만('멸망되는 과정중인') 아직 다 끝나지 않은 과정을 묘사하는 것일 수도 있다(Blomberg, 163, Edwards, 224, Lockwood, 282, 287, Witherington, 200, n. 50). 여기에서 바울은 궁극적 파멸이 발생할 것이라고 말하지 않는다. 이 동사를 완성된 사실('파괴되다'–ESV, NASB, NET, NIV, TNIV)이나 미래에 일어나게 될 것('파괴될 것이다'–NLT, NKJV, TEV)으로 번역하는 영역본들은 문법적으로 명확한 정당성이 부족하다. 이 대안에 따르면, 약한 자들은 지옥으로 가는 중이다. 그러나 머레이(Murray)가 로마서 14장 15절의 병행 구절과 관련하여 지적한 것처럼 진실로 '지옥으로 인도할 수도 있는' 이런 '충성심의 심각한 부족'은 '회복될' 수 있다(The Epistle to the Romans 2:192). 바울은 이 길로 가는 여행을 처음부터 막기 위해 특단의 조치를 취하게 될 것이다(13절). [*apollymi*]

8:13. 죄 짓게 하다(Cause to sin, *skandalizei*) – 이 동사는 '죄를 짓게 하다'라는 뜻이며(BAGD,

752, 1a, BDAG, 926, 1a, Fee, 389 n. 69, Garland, 390, MLB, NAB, NET, NCV, NIV, TNIV, NLT, TEV) 9절의 '걸려 넘어지게 하는 덩어리'와 같은 개념을 표현한다(Thiselton, 656). 실제로 이 동사의 명사형(*skandalon*)은 로마서 9장 33절과 14장 13절에서 '걸려 넘어지게 하는 덩어리'(*proskomma*, 9절)와 함께 사용되고 있다(벧전 2:8 비교). 동사 *skandalizō*는 13절에 2회 나오며, 공관복음서에서 '죄 짓게 하다'라는 의미로 사용되고 있다(마 5:29–30, 18:6–9[막 9:42–47, 눅 17:2]). [*skandalizō*]

9:2 증명서(Certification, *sphragis*) – 주로 '봉인'으로 번역되고 있지만, 바울이 자신의 사도직을 증명하거나 확증하는 것과 관련이 있다는 사실은 '증명서'가 더 명확한 번역임을 암시한다(BAGD, 796, 2a, BDAG, 980, 4, LN 73.9, '증명서'–AT, 비교–EDNT 3:317). 이 이미지는 소유권이나 진품임을 표시하기 위해 도장을 찍는 관습에서 생겨났다(Thiselton, 674). [*sphragis*]

9:3. 변명(Defense, *apologia*) – '변명' 또는 '대답'을 뜻하는 이 법률 용어의 일반적인 의미는 문제될 것이 없다(BAGD, 96, 1, BDAG, 117, 1, LN 33.436, 비교–행 22:1, 25:16, 딤후 4:16). 하지만 이것이 1–2절과 바울의 사도직에 대한 변명을 가리키는 것인지(Morris, 130, Robertson–Plummer, 179), 아니면 뒤의 3–14절과 물질적 도움을 받을 바울의 권리에 대한 변명을 가리키는지(Barrett, 202, Bruce, 83, Fee, 400, Garland, 405)에 관해 논란이 있다. 후자의 견해가 바울의 어순과 더 잘 어울리는 것 같다. 이 구절의 맨 마지막에 나오는 '이것'은 이제부터 말하고자 하는 내용을 가리킨다(AT, HCSB, NASB, NJB, REB). [apologia]

내 주장을 <u>면밀히 검토하는</u> 사람들에게(To the ones who <u>scrutinize</u> my claims, *tois eme anakrinousin*) – 이 용어에 대해서는 고린도전서 2장 14절과 4장 3절의 논의를 참고하라. 이 문맥에서 이 용어는 '나를 비판하는 사람들에게'(TEV, WEYMOUTH, LN 33.412, 비교–'나를 판단하는 자리에 앉아 있는'–NAB, NIV, TNIV) 혹은 '나에게 이의를 제기하는 사람들'(BAGD, 56, 1b, BDAG, 66, 2, LN 56.12), 즉 '사도로서의 나의 권위를 문제 삼는'(NLT)이나 '내 주장을 비판하는'('나를 조사하는 사람들에게', MOFFATT 비교)으로 번역하는 것이 적절해 보인다. 후속 문맥에서 볼 때 자신들에게서 재정적인 도움을 받지 않는 것(12, 15–18절, 비교–행 18:1–4, 고전 4:12)을 가지고 바울의 사도직의 진정성에 이의를 제기한 고린도 사람들을 가리키는 것 같다. 한마디로 그리스–로마 시대의 순회 교사들의 관행을 잘 아는 일부 고린도 사람들은 "바울이 정말 사도라면 재정적 도움을 받을 권리를 포기하지 않고 자유롭게 행사했을 것이다"라고 주장했던 것 같다. [*anakrinō*]

9:4. 권리(Right, *exousian*) – '권리' 또는 '선택의 자유'를 뜻하는 이 용어는 5, 6, 12(2회), 18절에서도 사용된다. 여기와 9장 전체에서 이 용어는 천막 만드는 일로 생활비를 버는 대신 회심자들에게 재정적 지원을 요청할 수 있는 바울의 권리를 가리킨다(행 18:3 참고, 고전 4:12 비교). 이 용어는 또한 8장 9절에서도 기본적으로 동일한

의미로 사용되었으나 거기서는 '우상에게 바쳐진 고기'를 먹는 것을 가리킨다(BAGD, 277-78, 1, BDAG, 352, 1, LN30.122 참고). 또한 이 용어는 고린도전서에서 3회 더 나온다(자신의 의지를 '통제'하는 사람을 언급하는 7:27, 여자의 머리 위에 두는 '권위의 표나 상징'과 관련 있는 매우 논쟁적인 언급인 11:10, 그리고 영적 세계의 초자연적 권세들을 언급하는 15:24). [*exousia*]

9:15-18. 자랑하는 근거…자랑하는…상…상 (Ground for boasting…boasting…reward…reward, *kauchēma…kauchēma…misthon…misthos*) – 바울은 15-16절에서 단순히 자랑에 대해 말하는 것이 아니라, '자랑하는 근거/ 이유'에 대해 말하고 있다(BDAG, 537, 1, LN 33.372, ESV, NCV, NET, NRSV). 바울은 15절에서 그가 값없이 복음을 전파한 사실이 '그의 자랑의 근거', 즉 자신의 약함에도 불구하고 주께서 이루신 것을 자랑하고 기뻐하며 만족하는 이유라고 밝힌다(Blomberg, 175, Morris, 135, 비교-1:31, 고후 10:12-12:10). 하지만 바울은 18절에서 값없이 복음을 전한 것이 '상'이라고 밝힌다. 따라서 바울이 자랑하는 근거, 즉 상의 근거는 '복음을 전할 때에 그가 값없이 복음을 제공한 것'이었다(18상반절). 값없이 복음을 전파하는 것이 바울의 큰 즐거움과 기쁨이었고, 그의 상이었다. 바울은 자발적으로 또는 자기 의지로 복음을 전한 것이 아니었다(17상반절). 그는 복음을 전할 '의무가 있었고'(16상반절, 비교-행 9:1-16, 26:16-18, 참고-렘 20:9), '직분을 맡았기' 때문이었다(17하반절, 비교-4:1, 갈 2:7, 엡 3:2, 골 1:25). 그러므로 바울의 복음 전파에는 상이 없었으며 자랑할 이유가 없었다. 그는 하나님께서 자신에게 부여하신 책임/ 사명을 이행한 것에 불과하다. 그렇지 않았다면 당연히 받을 자격이 있는 금전적인 지원을 받지 않고 자신의 책임을 이행할 리가 없었다. 따라서 바울의 '급료' 또는 상은 '급료'를 받지 않고 섬긴 것이었다. [*kauchēma, misthos*]

9:18. 다 쓰다(Make full use of, *katachrēsasthai*) – 이것은 7장 31절에서 사용된 용어와 동일하며, 12절과 15절에서 사용된 동사(*chraomai*)의 합성어다. 18절 여기에서 동사의 앞에 *katar*가 첨가되었다(이러한 첨가는 보통 동사 본연의 의미를 변경하거나 증가시키지만 항상 그러한 것은 아니다). 대부분의 사람들은 15절의 '쓰다'란 뜻의 단순한 동사형과 18절의 '쓰다' 또는 '다 쓰다'란 뜻의 합성동사 사이의 의미상의 차이를 거의 발견하지 못한다(BAGD, 420, BDAG, 530, LN 90.13, EDNT 2:270, 대부분의 주석가들과 영역본들). 하지만 18절의 합성동사는 '남용하다' 또는 '오용하다'라는 부정적인 뜻을 지닐 가능성이 있다(Fee, 421, Horsley, 130, NKJV, TNIV, 그러나 NIV, WEYMOUTH는 아니다, 비교-LSJ, 921. Ⅱ.3, BAGD, 420, BDAG, 530). 만약 이것이 사실이라면 바울은 금전적으로 급료 받기를 거절함으로써 복음 전파자로서의 자신의 권리를 오용하지 않았으며, 어떻게 해서든지 복음에 아무런 장애가 없게 하려고(12절) 애쓰고 있다는 뜻으로 말한 것이다. 바울은 금전적인 유익을 위해 복음을 팔고 있으며, 그로 인해 복음을 부끄럽게 하고 있다는 비난을 자신이 받고 있다고 생각했을 수도 있다('내가 내 특권을 남용했다는 비난을 받지 않으려고'-WEYMOUTH, 비

교–Carson, The Cross and Christian Ministry, 127). 또는 자신의 후원자들이나 후견인들에게 '신세를 지게 되고', 따라서 메시지를 그들이 좋아하는 것으로 곡해할 위험이 있다는 것을 생각했을 수도 있다(Horsley, 130 비교). 둘 가운데 어느 경우라도 도움 받을 바울의 합법적 권리를 그릇 사용하는 것이었다. [*katachraomai*]

9:21. 그리스도의 법을 따르다(Subject to the law of christ, *ennomos*) – 이 용어는 일반적으로 '법을 지키다'라는 뜻이며, 여기서는 특별히 '그리스도의 법을 따르다'라는 뜻이다. 보통 이 용어의 의미에 대해서는 이견이 없다(BAGD, 267, LN 33.342, REB, 비슷함–대부분의 영역본들). 바울은 '그리스도의 법'이라는 표현을 통해 무엇을 말하고자 했는가? 이 표현은 사랑(갈 5:14, 마 22:36–40[막 12:28–31, 눅 10:25–28], 요 13:34–35, 롬 13:8–10 비교)과 성령의 인도하심의 영향(갈 5:16–6:10)을 강조하고 있는 갈라디아서 6장 2절의 "그리하여 그리스도의 법을 성취하라"와 매우 비슷하다. 바울과 다른 사도들이 신약 시대의 그리스도인들에게 특정한 계명들을 규칙적으로 부과했다는 사실과 이 계명들 대부분은 예수님의 가르침과 모범에서 시작되거나 그것을 반영하고 있다는 사실(롬 15:2–3, 고전 7:10, 9:14, 11:1, 고후 8:9, 빌 2:3–8, 살전 1:6 참고)에 비추어볼 때, '그리스도의 법'이란 표현에는 다음과 같은 뜻이 들어 있다. (1) 예수님의 모범과 가르침, (2) 사도들의 가르침, (3) 사랑의 요구, (4) 성령의 인도하심의 영향. 고린도전서 9장 20–21절이 그리스도인과 모세 율법의 관계에 대한 바울의 가장 명확한 진술이라는 것을 명심하는 것이 중요하다. 이 구절들에서 바울은 모세 율법은 구체적 상황(예를 들어, 시내 산 언약 아래에 있는 이스라엘 백성들)에 대한 특정한 형태의 하나님의 법이며, 그것을 더 이상 신약 시대의 그리스도인들에게 직접적이고 구속력이 있는 권위로서 적용해서는 안 된다고 말한다(20절, "내가 [모세] 율법 아래에 있지 않지만" 참고). 그러나 하나님의 법을 다른 방법으로 보여주는 그리스도의 법은 오늘날의 그리스도인들에게 직접 적용할 수 있다(21절, "나는 하나님의 법에서 자유롭지 않다. 나는 하나님의 법 아래에 있다" 참고). 무(Moo)는 "그리스도의 법은 새 언약을 맺은 그리스도인들에게 적용할 수 있는 다른 형태의 하나님의 법을 뜻하는 바울의 약식 표현이다"라고 말하고 있다("The Law of Christ as the Fulfillment of the Law of Moses: A Modified Lutheran View," 369 in Five Views on Law and Gospel [ed. Wayne G. Strickland). [*ennomos*]

하나님의 법(God's law, *anomos theou*) – 이 표현에 대해서는 앞의 표제어를 참고하라. 여기에서는 이 표현을 7장 19절의 '하나님의 계명'(*entolōn theou*)과 동일한 것으로 간주할 수도 있다는 것을 언급할 필요가 있다(Thielman, Paul & Law, 104 참고). "할례 받는 것도 아무것도 아니요 할례 받지 아니하는 것도 아무것도 아니로되 오직 하나님의 계명을 지킬 따름이다"(7:19). 하지만 그리스도인들에게 구속력이 있는 하나님의 계명을 모세 율법과 동일시해서는 안 된다. 왜냐하면 모세 율법(레 12:3, 비교–출 12:44, 48)은 여기에서 부적절한 것으로 간주되는 할례를 요구하기 때문이다(더 깊은 논의를 위해서는 Kruse, Paul, the Law, and Justification, 124,

Westerholm, Perspectives Old and New on Paul, 435 n. 64을 참고하라). 따라서 7장 19절은 모세 율법이 그리스도인들에게 더 이상 규제하는 규범으로서의 구속력이 없다는 것을 암시한다는 점에서 9장 21절을 보충한다(Douglas Moo, et. al., Five Views om Law and Gospel, 78–79, 89 참고). [*anomos* + *theos*]

9:23. 참가자(Participant, *sygkoinōnous*) – 이 용어는 '참석자, 파트너' 또는 '…에 참여하는 사람'이란 뜻이 분명하다(BAGD, 774, BDAG, 952, LN 57.10). 그러나 바울이 미래에 복음에 '참여하게' 될 것이란 뜻인지는 전적으로 명확하지 않다(NET, NASB). 헬라어 본문에서 이 구절 끝부분의 목적절은 대명사 '그것'이 지시하는 것을 구체적으로 말하지 않기 때문에 문자적으로 '내가 그것에 참여하는 자가 되려고'로 독해된다. 여러 역본들은 이 부분을 문자적으로 번역하면서 '그것'이 무엇인지 명시하지 않는다(NAB, NASB, NET). 그러나 많은 영역본들은 견해를 첨가하여 "내가 복음을 위해 모든 것을 행함은 '복음의 축복'에 참여하기 위해서였다"로 번역한다(NIV, TNIV, CEV, HCSB, NCV, NRSV, REB, TEV). 이것은 "바울이 복음에 참여하는 것은 복음 전도자로서의 자신의 소명을 이행하기 위해서다"라는 의미를 암시한다(Barrett, 216, 참고–Conzelmann, 161, 이 단락의 요지를 간과하는 것 같은 뉘앙스를 주는 견해에 대해서는 Thiselton, 707과 비교하라). 하지만 이것은 다음의 두 가지 이유로 적절하지 않다. 첫째, 이것은 바울의 행동이 이기주의적인 것, 즉 "내가 복음을 위해 모든 것을 행함은 '그것에 대한 나 자신의 몫을 얻고자 함'이다"(MOFFATT)라는 것을 암시하는데, 이것은 바울이 19–22절에서 바로 전에 말한 것과 상반된다. 둘째, 바울의 복음 전파의 노력들이 그 자신의 구원을 얻는 수단임을 암시한다(HCSB, NLT, 특히 MOFFATT 비교, Collins, 356 와 Garland, 136 참고, 여러 사람에게 여러 모습이 된 바울의 사역은 기독교적 신앙 안에서 자신이 인내하고 있음을 증명하는 하나의 방법이라고 말함으로써 다른 노선을 선택하고 있는 Carson, 136과 비교하라). 결과적으로 23절 끝부분의 목적절을 22절의 사상의 연속으로 강조하는 다른 독해법과 "'다른 사람들과 함께' 어떤 것에 참여하는"이란 개념이 더 좋은 것 같다. 따라서 바울은 다른 사람을 얻어 그들과 함께 복음의 유익/ 축복에 참여하기 위해 복음을 전파했다. 다시 말하면, "내가 여러 사람에게 여러 모양이 된 것은 몇 사람이라도 구원하여 복음의 축복에 함께 참여케 하기 위해서다"(ESV, NKJV, WEYMOUTH, Alford, 519, Edwards, 240, Ellicott, 181, Fee, 432 비교). 바울이 그런 뜻으로 말했다면, 더 간단한 해결책은 가까이에 있다. 23하반절은 19–23절에 나오는 일곱 개의 목적절 가운데 가장 마지막 목적절이다(Collins, 350, Fee, 423 n.9 비교). 이전의 여섯 개의 목적절은 바울이 복음의 전파와 보급에 참여한 것을 강조하기 때문에 23절을 복음의 사업/ 복음의 증진에 참여하기를 바라는 바울의 소망으로 이해하는 것이 적절하다. 따라서 23절을 "내가 복음의 진보를 위해 여러 사람에게 여러 모양이 된 것은 그것, 즉 복음의 성공적인 진전/ 선전/ 전파에 참여하기 위해서다"(Bruce's Paraphrase, NEB, NJB, 비교–BAGD, 774,

BDAG, 952), 혹은 "내가 복음의 진보를 위해 여러 사람에게 여러 모양이 된 것은 그것, 즉 복음과 함께하는 파트너가 되기 위해서다"(Garland, 436-37, Gundry Volf, "Apostasty, Perseverance, Falling Away,"43 in DPL, ibid., Paul and Perseverance, 247-54)로 의역할 수 있다. 이 두 의역 사이의 차이는 그야말로 미미하다. 이것은 어떤 전치사가 옳은가의 문제, 즉 복음에(in) 참여자인지 아니면 복음과 함께하는(with) 참여자인지의 문제다. [*sygkoinōnos*]

9:24-27. 상…면류관…시험 이기는 것을 입증하지 못한(Prize…crown…not proven to stand the test, *brabeion…stephanon…adokimos*) - 이 세 용어들은 동일한 개념이나 밀접한 관련이 있는 개념을 표현하는 것처럼 보인다. 왜냐하면 운동선수가 '상'이나 '면류관'(24-25절)을 위해 경쟁을 하거나 훈련을 하는 것과 마찬가지로 바울 또한 시험을 이기기 위해(27하반절) '경쟁하고 훈련하기' 때문이다. *adokimos*라는 용어는 마땅히 있어야 할 곳에 있다는 것을 증명하지 못한다는 의미에서 '시험을 이기지 못한'이란 뜻이다(Abbott-Smith, 10, BAGD, 18, BDAG, 21, EDNT 1:33, Thiselton, 716-17). 이 용어는 '시금자(*assayer*) 시험에 합격하지 못한 은'(LSJ, Supplement, 7)을 묘사하는 잠언 25장 4절에서 사용되며(TLNT 1:358 참고), '시험을 이기지 못한, 입증되지 않은'이란 의미를 잘 설명하고 있다(고후 13:5, 6, 7 참고, 롬 16:10, 고전 11:19, 고후 10:18, 13:7, 딤후 2:15에 나오는 반의어['옳다 인정함을 받은']와 비교하라). BAGD는 고린도전서 9장 27절에서 이 표현을 (거의 모든 영역본들과 마찬가지로) '실격된'으로 번역했으나, 개정판에서는 이 번역을 생략하는데, 이것은 매우 바람직한 조치로 보인다. 왜냐하면 이러한 번역은 이 용어를 궁극적 구원의 상실의 방향에서 이해하는 경향이 있기 때문이다. 이 용어가 지시하는 내용과 관해서는 네 가지 중요한 견해가 제안되고 있다. 즉, 상이나 면류관은 (1) 잃어버릴 수도 있는 장래의 하늘에서의 상을 가리킨다. (2) 잃어버릴 수도 있는 구원을 가리킨다. (3) '그리스도께서 위해서 죽으신 형제나 자매'(Thiselton, 711, 비교-8:11, 특히 빌 4:1, 살전 2:19에서 바울의 면류관은 그의 개종자들이다)와 '멸망과 실족케 하는 것'을 면한 사람들(8:9-13) 또는 그리스도를 '얻은' 사람들을 가리킨다(9:19-23). 또는 (4) 다른 사람과 복음을 위해 자신의 권리를 자발적으로 포기하는 데서 오는 기쁨, 영광, 만족(Gundry Volf, Paul & Perseverance, 246 n. 74, 바울의 상이 값없이, 즉 물질적 도움을 받을 자신의 권리를 포기하면서 복음을 전파하는 특권이라고 말하는 18절과 비교하라, 12, 15절)을 가리킨다. 마지막 경우라면, 바울은 하늘의 상이나 궁극적 구원을 잃어버릴 것을 두려워하는 것이 아니라 섬김, 즉 자신의 복음 전파의 임무를 수행하는 섬김의 시험에 실패할 것과 사도로 인정받지 못할 것을 두려워한 것이다. 특히 설교와 대중 문학에서 널리 인정되고 있지만 첫 번째 견해는 직접적인 문맥상의 증거가 부족하다(Blomberg, 185, Kistsmaker, 315). 대부분의 주석가들은 신자들의 면류관에 관해 말하는 구절들(딤후 4:8, 약 1:12, 벧전 5:4, 계 2:10, 3:11)이 하늘에서의 상이 아니라 영생을 가리킨다고 이해한다(Peter, "Crown,"311 in Evangelical Dictionary of Theology, 2nd ed., Marshall, Kept by the Power of God, 3rd ed., 244 n. 72, 그리고 Blomberg의 주석가들에 대한 개관서인 "Degrees of Reward in the Kingdom of Heaven," JETS 35[1992], 163-64, 계 4:4, 10은 아마도 천사들[24장로]을 염두에 두고 있는 것 같다, 참고-Mounce, Revelation, 2nd., 141). 널리 인정되고 있는 두 번째 견해는 매우 매력적이며 옳을 수도 있다(Schreiner, Paul: Apostotle of God's Glory in Christ, 286-88 참고). 하지만 로마서 8장 31-39절, 고린도후서 1장 22절, 에베소서 1장 13-14절, 4장 30절, 빌립보서 1장 6절, 디모데후서 2장 12절에서의 바울의 증언을 감안할 때, 그가 자신의 구원을 잃어버릴지도 모른다고 생각했을 가능성은 없어 보인다(더 깊은 논의를 위해서는 고전 3:17에서의 '멸망하다'에 대한 논의를 참고하라). 대신에 참된 그리스도인은 믿음으로 인내하는 사람이라는 신약의 주장과 일치하게, 두 번째 견해를 정정해서 27하반절을 구원의 상실에 대한 언급이 아니라 '죄와의 하루하루의 전투에서 부주의하거나 나태하게 되는 것에 대한 경고'(Hoekema, Saved by Grace, 255)로 보게 된다. 이 경우 바울은 배교를 막는 자신의 인간적 책임을 강조하고 있는 중이다(Schreiner, Paul, 286, Schreiner and Caneday, The Race Set begfore Us, 182-83, Murray, Redemption: Accomplished and Applied, 155). 참으로 이런 경고들은 "하나님께서 구원받은 개인들에게 타락해서는 안 된다는 것을 깨닫게 하실 때 사용하는 방편들 가운데 (하나)다"(Erickson, Christian Theology, 2nd., 1005, 고전 8:11의 '멸망당하다'에 대한 논의를 참고하라, 비교-Carson, "Reflection on Assurance,"405-9 in The Grace of God, The Bondage of the Will, ed. Thomas R. Schreiner and Bruce Ware). 이런 식으로 두 번째 견해를 정정한 주장이 인기가 있고, 신약의 전반적인 가르침에 충실함에도 불구하고 세 번째 견해가 문맥에 가장 어울리는 것으로 선호되고 있다. 다시 말하면 "너희가 알지 못하느냐"라는 도입구(24절)는 새로운 예증을 통해 이전 단락(특히 19-23절)의 사상의 흐름을 지속하고 있다는 것을 암시한다(Fee, 435). 따라서 바울은 8장 1절부터 자신의 중요한 관심사인 그리스도인의 권리와 자유의 사용에 관한 훈련의 필요성을 예를 들어 설명하는 것이지, 죄에 맞서는 그리스도인의 일반적인 도덕적 싸움을 묘사하는 것이 아니다(Gundry Volf, Paul & Perseveranc, 238-41, Hays, 156, Pftizner, Agon Motif, 78-98, Thiselton, 708-9, 711, 715-16, 비교-Fee, 435). 그렇다면 바울은 고린도인들에게 자신처럼 다른 사람들을 위해 자신의 권리와 자유들을 절제함으로써 자발적 포기(the voluntary renunciation)라는 경기에 참여하라고 초청하는 것이다(Gundry Volf, Paul & Perseverance, 246, Edwards, 240, Pftizner, Agon Motif, 87-88). 바울 자신에게 이것은 '그가 적극적으로 자신의 인생을 사도라는 더 큰 목적들에 예속시키는 것'을 뜻했다(Thiselton, 715). 바울에게 이것은 구원의 시험이 아니라, 섬김의 시험이다. 디셀튼의 지적처럼 바울은 "그 어떤 것보다 복음을 중시하고 있느냐"라는 시험을 받고 있다(716). 이 때문에 바울은 27하반절의 마지막 부분에서 "사도로서 하나님의 칭찬과 이러한 칭찬이 보장하는 사역을 위한 능력 부으심을 잃어버리게 될 것에 대한 두려움을 표현하고 있다"(Gundry Volf, "Apostasy, "42, ibid., Paul & Perseverance, 246–47). 한마디로 바울은 자신이 권리와 자유를 포기하게 하는 훈련과 자제심을 상실함으로써 복음을 전파하는 사도의 임무를 성실하게 수행하지 못하게 될 것을 두려워했다(Gundry Volf, Paul & Perseverance, 246–47, Pftizner, Agon Motif, 96–98 참고). [*brabeion, stephanos, adokimos*]

10:1–5. 모두…다수(All…most, *pantes…pleiosin*) – 바울은 다섯 번에 걸쳐 나오는 '모두'를 '그들의 다수'(5절, 실제로 '그들의 다수'는 여호수아와 갈렙을 제외한 모든 사람이었다, 비교–민 14:28–30, 26:65, 신 1:34–39)와 대조하고 있다. 이 대조는 이스라엘에게 광야의 특권이 보호와 축복의 보증이 아니었다는 것을 강조한다. 왜냐하면 바울의 설명처럼 '그들의 시체들이 광야 여기 저기 흩어져 있었기' 때문이다(JB, 비슷함–NJB, NIV, TNIV, NKJV, REB, TEV, 하지만 MOFFATT, NASB, 그리고 WEYMOUTH는 BAGD, 419, 1와 BDAG, 528, 1을 따른다). 기독교의 세례 의식과 주의 만찬과 이스라엘의 경험(모세에게 속하여 세례를 받고 신령한 음식과 음료를 먹고 마신 것) 사이의 유사성과 관련한 보증의 이러한 결여는 일부 고린도 사람들이 세례와 주의 만찬을 죄와 심판을 막는 '부적이나 마술 외투'로 생각했었다는 것을 암시한다(von Soden, "Sacrament and Ethics in Paul,"260 in The Writing of St. Paul, ed., Wayne A. Meeks, 12절의 "선 줄로 생각하는 자는 넘어질까 조심하라"와 비교하라, 참고–Barrett, 220, 224, Schreiner, Paul, Apostle of God's Glory in Christ: A Pauline Theology, 363–67, 대조–Garland, 453–54). 우상 숭배의 위험들에 대한 잘못된 인식뿐 아니라 기독교의 세례와 성만찬에 대한 이 같은 마술적 견해 때문에 '강한 자들' 또는 '알 만한 지식이 있는' 고린도 사람들의 다수(8:1–4, 7, 10–11 비교)가 우상 숭배를 즐겼던 것이 분명하다. 바울은 1–13절에서 고린도 사람들에게 그런 착각에 대해 경고하고 있다. [*pas…polus*]

10:2. 세례를 받았다(Underwent baptism, *ebaptisanto*) – 바울은 그리스도인의 세례 언어(갈 3:27, 롬 6:3)를 사용한 후에 이스라엘의 경험과 고린도 사람들의 경험 사이의 유비를 이끌어낸다. 바울의 요지는 이스라엘이 그 자체의 '세례' 형식을 지니고 있었다는 데 있다. 그 세례는 애굽으로부터의 그들의 구원에서 시작되었고, 이스라엘을 자신들의 지도자 모세와 동일시하게 만들었다(CEV, BAGD, 132, 3a, BDAG, 165, 3a, 막 10:38–39에서는 세례는 지도자와 운명을 함께하는 것을 상징한다). 바울이 이스라엘의 경험에서 정교한 상징을 발견했거나 그들의 세례에 대한 성례전적 이해를 받아들였다는 주장은 잘못된 것 같다. 피(Fee)의 지적처럼 바울은 이스라엘의 '경험들'이 아니라 이스라엘이 제공하는 '유비들'(analogies)에 관심을 갖고 있었다(445 n. 18). [*baptizō*]

10:3. 초자연적 음식…초자연적 음료(Supernatural food…supernatural drink, *pneumatikon…pneumatikon*) – 이 형용사는 주로 '신령한'(NASB, NIV, TNIV, NRSV)으로 번역되

고 있지만 '초자연적'(Bruce's Paraphrase, AT, MOFFATT, REB, RSV) 또는 '기적적인'(NLT, WEYMOUTH)으로 번역하는 것이 더 낫다. 왜냐하면 이것은 하나님께서 광야에서 이스라엘에게 초자연적으로 공급하신 만나와 물을 가리키기 때문이다(출 16:4-35, 17:1-7, 민 20:2-13). *pneumatikon*이란 용어가 여기에서 매우 적절한 것 같다. 이것은 바로 주의 만찬과의 유사성을 암시하며, 이스라엘에게 공급된 음식과 음료의 초자연적인 특성(즉, 하나님께서 공급하신 것)을 강조한다(Fee, 446-47 참고). [*pneumatikos*]

10:4. 반석(Rock, *petras*···*petra*) - 바울은 유대의 전설(외견상 출 17:6, 민 20:11, 21:16-18에서 발전한 것 같으며, 시 78:15-16, 105:41, 114:8, 사 48:21에서 발전했을 가능성도 있다)을 인용하고 있다. 그 전설에 따르면, 시내나 바위 모양의 우물이 40년 동안의 광야 여행 내내 이스라엘과 함께 이동하면서 백성들에게 물을 공급했다(b Pesahim, 54a, b Shabbat 35a, b Ta'anit 9a, Liber antiquitatum biblicarum [Pseudo-Philo] 10:7, 11:5, 20:8, m Avot 5:6, Midr. Num Rabbah 19:25-26, Targum Onqelos Num 21:16-20, Targum Pseudo-Jonathan Num 20:2, 33:46, 특히 Midr. Num Rabbah 1:2, t Sukkah 3:11, 이 전설을 논의하고 있는 Ellis, Paul's Use of the Old Testament, 66-70을 참고하라, Enns, "The 'Moveable Well'in 1 Cor 10:4: An Extrabiblica Tradition in an Apostolic Text," BBR 6[1996]: 29-31). 바울은 이 전설에 찬성하지는 않지만, 실제로 이스라엘을 따라다닌 '반석'이 성육하기 이전의 그리스도였다고 말한다(Fee, 448-49 nn. 36-37 비교). 바울의 이해는 (1) 신명기 32장 4, 15, 18, 30-31절(시 18:2, 31, 19:14, 28:1, 62:2, 78:35, 89:26, 144:1, 사 26:4 참고)에서 하나님께 대해 '반석'이란 호칭을 사용한 사실에 의해 (2) 하나님께서 출애굽기 17장 6절에서 이스라엘이 물을 마셨던 반석을 자신과 연관시킨다는 사실에 의해 (3) 성육신 이전의 그리스도를 광야에서 이스라엘과 동행했던 주의 천사와 동일시함에 의해(출 14:19, 23:20-24, 32:34, 33:22, 행 7:30, 38, 그러나 출 13:21, 3:14과 비교하라, Erickson, Christian Theology, 2nd ed., 467-68 참고) 가능하게 된다. 바울은 신령한 반석이 실제로 이스라엘을 따라다녔다고 말한다. 그 반석은 성육신 이전의 그리스도이시며, 이스라엘의 생명 유지와 양식 공급의 원천이었다("그들은 신령한 반석으로부터 마시고 있었다"). [*petra*]

10:6. 이제는 이 모든 일들이 우리에게 <u>본보기</u>가 된다(Now these things have become <u>examples</u> for us, *typoi*) - 이 용어는 '나중에 실현될 것을 미리 예상하거나 미리 보여주는 모형, 양식, 원형, 전조'라는 전문적 의미를 지닌다(BDAG, 1020, 6c, EDNT 3:374-75, TDNT 8:251-52, 이 정의는 LN 58.83을 개작한 것이다). 하지만 여기에서 비교적 일반적인 어법으로 사용되고 있으며 따라야 할, 특히 여기서는 피해야 할 '모범'이나 '본보기'를 뜻한다(Blomberg, 195, Bruce, 92, Fee, 452, 빌 3:17, 살전 1:7, 살후 3:9, 딤전 4:12, 딛 2:7, 벧전 5:3, 여러 역본들은 '피해야 할 본보기'란 개념에 착안하여 typoi를 '경고'로 번역한다-CEV, AT, MOFFATT,

NLT, REB, WEYMOUTH). 다시 말하면, 보통 모형론(typology)과 연관이 있는 예언이나 예견의 의미가 여기에 존재하지 않는다. 따라서 이스라엘과 고린도 사람들 사이에 존재하는 역사적 유사성 때문에 이스라엘은 고린도 사람들의 본보기나 사례가 된다(이 유사성에 대해서는 10장 1, 2절의 '모두…다수'와 '세례를 받고'를 참고하라). 바울은 고린도 사람들과 일치하거나 비슷하다는 사실에 근거하여 구약 성경의 본문을 '찾아냈다'(역사적 회고를 통해서 유사성을 식별하게 된다). 그럼에도 불구하고 "이런 일들이 그들에게 일어난 것은 이제 하나의 본보기이며, 이런 일들은 우리에게 경고로서 기록되었다"라는 11절의 표현(HCSB, NIV, TNIV, REB, ESV, NET, NASB)은 단순한 유비나 병행 이상의 어떤 것이 있음을 암시한다. 구약에 기록된 이 특정 사건들이 "우리에게 경고로 사용되도록 기록되었다"(11절)라는 말은 이 사건들 안에 고린도 사람들에게까지 제공되고 그들까지 포함하는 하나님의 목적이 들어 있었다는 뜻이다. 다시 말해서, 이 일들의 배후에는 하나님의 영원한 목적이 있다는 것이다. 하나님께서는 고린도 사람들을 위해서 일치와 병행으로 이 과거의 본문들을 구성하셨다(458-59 참고). 많은 학자들은 예견적인 요소가 부족한 이런 일치와 병행이란 '사실에 기초하여 구약 성경의 본문을 찾아내는 것'을 모형론이라고 명명한다. [*typos*]

10:7. 흥청대며 먹고 마시는 이교도의 환락에 빠지다(To indulge in orgiastic, pagan revelry, *paizein*) – BAGD(604), BDAG(750)와 많은 영어 역본들(ESV, HCSB, NASB, NET, NKJV, NRSV)은 이 동사를 다소 애매한 표현인 '놀다'로 번역한다. 하지만 여러 연구들은 종교적 향연의 차원에 가까운 제의적인 환락이나 이교도의 환락을 의미한다는 의견을 제공한다(Fee, 454, Garland 461, '술 마시는 것과 성의 향연'-TEV, '이교도의 환락'-NIV, TNIV, NLT). 첫째, 이 동사는 '춤추다'는 뜻으로 매우 자주 사용되고 있다(LSJ, 1288, TDNT 5:626-28, CEV, AT, WEYMOUTH, '아마도 특별히 춤추는 것을 언급하고 있다'라고 보는 LN 50.8과 비교하라). 둘째, 7절의 헬라어 본문의 마지막 단어인 이 동사는 음행과 우상 숭배가 함께 행해지는 민수기 25장 1-13절에 대해 말하는 8절에서 바로 성적 부도덕의 사례가 된다. 셋째, 이 단어가 속해 있는 인용문(출 32:6)의 구약적인 문맥에서 이 단어는 '거칠게 뛰놀다', '통제를 벗어나다'라는 뜻이다(출 32:25, 출 32:17-19의 '소리 지르고', '노래하고', '춤추며'와 비교하라). 마지막으로, 이 용어는 블레셋의 왕 아비멜렉이 "이삭이 아내 리브가를 껴안고 춤추는 것을 보았다"라고 말하는 창세기 26장 8절에서 사용되고 있다(Lust, Eynikel, and Hauspie, *Greek-English Lexicon of the Septuagint*, rev. ed., 456, 참고-Aristotle, *History of Animals* 572a.30, "아리아드네는 자신이 디오니소스와 함께 있게 될 목욕실로 들어갈 것이다. 그 후에 디오니소스가 도착해서 그녀에게로 갈 것이며 그 후 그들은 서로 '즐길' 것이다[*paixountai*],"-Xenophon, *Symposium* 9.2). [*paizō*]

10:9. 그들 가운데 어떤 사람들이 그리스도를 <u>시험한</u> 것처럼…를 <u>시험하지</u> 말라(Do not <u>put</u> Christ <u>to the test</u>…as some of them <u>tested</u>

him, *ekperiazōmen…epeirasan*) – 어느 정도 동일한 의미로 사용되고 있는 이 두 개의 관련 동사들에 대해서는 아래의 13절의 논의를 참고하라. 첫 번째 동사는 두 번째 동사의 합성 형태이며, 조금 더 강조적이다(Fee, 456 n. 32), 이것은 고린도 사람들을 향한 비판적인 충고라는 점에서 매우 적절해 보인다. [*ekperiazo* + *peirazō*]

10:10. 멸망시키는 자(Destroyer, *olothreutou*) – 바울은 출애굽기 12장 23절의 '멸하는 자'란 용어를 사용해서(히 11:28 비교) 원망하다가 심판을 받은 이스라엘에 대해 말한다. '멸망시키는 자'란 용어는 히브리 성경 전체에서 그 어느 곳에서도 발견되지 않는다(관련 동사가 출 12:23과 히 11:28에서 사용되고 있다). 여기서의 쟁점은 이 용어의 의미가 아니라, 이 용어가 지시하는 대상이 누군가다. 바울은 아마도 '멸망시키는 천사'(BAGD, 564, BDAG, 703, TDNT 5:170, '죽음의 천사'–TEV, CEV, AT, MOFFATT, NCV, NET, NLT, PHILLIPS)라는 뜻으로 이 용어를 사용했을 것이다. 여러 연구들은 이 문제에 대해 다음과 같은 견해를 제시한다. 첫째, 천사들이 하나님의 심판의 도구임을 암시하는 구약의 본문들이 있다(출 33:2, 삼하 24:16[대상 21:12], 15, 왕상 19:35[대하 32:21, 사 37:36], 행 12:23, 70인경의 대상 21:15이 특히 중요한데, 그 이유는 바울이 사용하는 용어와 동일한 어근의 단어를 이용하여 '멸망시키는 천사'[*tōangelōtōexolothreuonti*]를 언급하고 있기 때문이다). 둘째, 시편 78편 49절에서는 애굽에 대한 하나님의 심판의 대행자들(출 12:23 비교)을 '한 무리의 멸망시키는 천사들'로 부르고 있다. 마지막으로, 솔로몬의 지혜서 18장 25절에서는 민수기 16장 41–50절에 나오는 이스라엘의 원망 사건을 다루면서 이스라엘에 대한 심판을 집행하는 '멸망시키는 자'(*ho olethreuōn*, 이것은 바울이 사용하는 용어와 동일한 어근에서 생겨난 동사형이다)에 관해 언급하고 있다. 제4 마카비 7장 11절에서는 멸망시키는 자를 '불의 천사'(*angelos*)와 동일시한다. [*olothreutēs*]

10:11. 본보기로(As an example, *typikōs*) – 이 부사에 대해서는 위의 6절의 논의를 참고하라(BAGD, 829, BDAG, 1019, LN 58.60 비교). [*typikōs*]

10:13. 유혹(Temptation, *peirasmos…peirasmō*) – 이 명사는 구별되면서도 관련이 있는 두 가지 의미들 가운데 하나, 즉 '시험, 시련, 어떤 것의 성질이나 특성을 알기 위한 시도' 또는 '죄로의 유혹, 어떤 것을 그릇되게 하려는 시도'를 뜻한다(BDAG, 793, BAGD, 640, LN 27.46, 88.308). 대다수의 역본들은 여기에서 이 명사를 '시험' 또는 '시련'으로 번역하고 있지만(NAB, NET, NJB, NRSV, REB, TEV), '유혹'(죄로의 유혹)이란 번역이 '우리가 악을 즐겨하는 자가 되지 않게 하려고'라는 도입절(6절)을 반영하기 때문에 더 나은 것 같다. 이스라엘의 네 가지 죄악들에 대해서는 7, 8, 9, 10절을 참고하라(Fee, 453, 특히 Thiselton, 747). 13절에는 이 명사의 동사형이 포함되어 있다. 이 동사의 앞뒤에는 명사가 위치하고 있기 때문에 동사 역시 '시도하다, 시험하다'보다는 '죄로 유혹하다, 유혹하다'라는 뜻일 가능성이 크다(ESV, HCSB, NASB, NIV, TNIV, NKJV,

Thiselton, 749). 바울은 또한 9절에서 이 동사(*periazō*)와 관련이 있는 합성어(*ekpeirazō*)를 사용했다. [*peirasmos*]

10:16. 공동의 참여(Communal participation, *koinōnia*) – 이 명사는 우리에게 친숙한 바울의 용어로서 전부 13회 사용되며 '교제, 참여, 나눔'을 뜻한다(BAGD, 439, 4, BDAG, 553, 4, 비교–'…에 참여하는 것'–ESV, MOFFATT, NAB, NIV, TNIV, '…과 교제하는 것'–HCSN, NASB, NET, NJB, NRSV, TEV). 여기에서 바울은 제의적 식사에 참여하는 것을 반박하기 위해 주의 만찬과 제의적 식사들 사이의 비슷한 점을 묘사한다(Blomberg, 194, Garland 476 참고). 이 용어는 '참여하다' 또는 '교제하다'라는 뜻이며, 참여자들 사이에 여러 종류의 교제란 뜻을 내포하고 있다(특히 17절, Barrett, 231–32,Fee, 466, Thiselton, 761 참고). 이 공동의 참여는 '그리스도의 피'와 '그리스도의 몸', 즉 그리스도의 속죄의 죽으심의 유익에 참여하는 것이다. 이 경우에 '피'와 '몸'(여기서 '그리스도의 몸'은 교회를 가리키지 않는다)을 환유적 표현으로, 즉 원인(그리스도께서 죽으실 때의 피와 몸)이 결과(그분의 죽으심의 유익, Blomberg, 193, Garland, 477, Morris, 143, Thiselton, 762, 764, 766, 특히 Barrett, 232, Bruce, 94, Conzelmann, 171, TDNT 6:143 n. 70)를 대치하는 것으로 이해할 수 있다. '파트너들'(*koinōnous*)은 *koinōnia*에 참여하는 사람을 가리킨다(이것과 동일한 용어가 18절에서 사용되고 있는데, '제단에 참여하는 자들'이란 뜻이다). 따라서 '귀신과 교제하는 자들'이란 구절(20절)은 그리스도께서 주의 만찬을 기념하는 곳에 어떤 방식으로든 참석하시며, 신자들은 '그리스도의 희생적 삶의 방식에 대한 공개적인 명시가 발생하는'(Thiselton, 767) 그리스도의 구원 사역과 정체성(identity)에 함께 참여한다는 것을 유비를 사용해서 암시하고 있다('식사는 그 사람의' 그리스도와의 '결속을 보여준다'고 말하는 Garland, 478와 비교하라). 한마디로 주의 만찬은 *koinōnia*, 곧 '공동의 참여'다. 그것은 그리스도의 구원 사역, 정체성 그리고 그리스도와의 이런 연대가 의미하고 수반하는 모든 것에 '함께 참여하는 것'이다. [*koinōnia*]

10:17. 빵(Bread, *artos…artou*) – 이 용어에 대해 적어도 다음의 두 가지 주요한 해석이 가능하다. 첫째, '빵'은 문자적으로 이해되어야 한다. 바울은 빵 먹는 것을 상징적으로 이해하고 있다. 다시 말하면, 빵 한 덩어리를 함께 먹는 것은 다수인 모든 참여자들이 하나의 몸, 즉 교회를 형성한다는 사실을 상징하거나 묘사한다. "우리 모두 하나의 빵을 떼어 먹는다. 이것은 우리 모두가 하나의 몸이라는 증거다"라는 번역(NLT)은 이 견해를 간략하게 표현하고 있다(대부분의 주석가들, 참고–특히 Bruce, 95, Morris, 144). 둘째, '빵'을 그리스도의 육신을 뜻하는 은유로 이해해야 한다(Fee, 469, 비교–11:24). 이 해석에서 빵은 비유적 표현이며, 바울은 빵을 함께 먹는 것을 그리스도의 죽으심의 유익을 경험하는 그림으로 이해한다(Schreiner, Paul, Apostle of God's Glory in Christ, 380 참고, Fee, 469–70 비교). 다시 말해, 많은 사람들이 하나의 몸, 즉 교회를 구성하는데 그 이유는 그들 모두가 하나의 빵에 참여하기 때문에, 즉 그리스도의 죽으심

으로 인한 유익에 참여하기 때문이다. 그리스도의 죽으심을 상징하는 주의 만찬과 비교할 때 두 번째 견해가 더 적절하다. [*artos*]

10:23. 모든 것이 다 <u>허용된다</u>(All things are <u>permissible</u>, *panta exestin*) – 대부분의 주석가들과 역본들은 이 문장이 고린도 사람들의 행동에 영향을 미친 슬로건이나 표어라는 것을 인정한다. 고린도 사람들이 이 슬로건을 중요하게 생각했다는 것은 바울이 6장 12절에서 그것을 두 번씩 인용하고 있다는 사실이 그 증거다. 동사 *exetin*('허용될 수 있는')은 명사 *exousia*('선택의 자유, 권리', BDAG, 352, 1, BAGD, 277, 1, 참고–8:9, 9:4, 5, 6, 12[2회])와 동사 *exousiazō*('어떤 것에 대해서 권리/ 힘을 갖고 있다', BDAG, 353, BAGD, 279, 참고–6:12, 7:14[2회])와 동족언어다. 아래의 증거들을 사용하여 이런 문자적/ 언어적 매듭들을 이어 맞추게 된다. (1) 6장 12절에서 보았듯이 고린도 사람들은 이 슬로건을 만들어 사용했다. (2) 8장 9절에서 보았듯이 고린도 사람들은 그들의 자유(NASB, NIV, NRSV)나 권리(ESV, HCSB, TNIV)를 강조했다. (3) 고린도 사람들은 바울이 물질적인 지원 받을 권리를 포기한 것을 경멸하고 있다(9:3, 4, 5, 6, 12, 15, 18, 19, 22하반절). (4) 8장 1절부터 11장 1절까지의 중심 주제는 자유다(9:1, 19, 10:29, 또한 8:7, 10:25, 27, 31 참고). (5) 이곳 23절에서 바울이 이 슬로건을 부정하는 특별한 이유가 있다('모든 것이 유익하지 않으며', '모든 것이 덕을 세우지 않는다'). 고린도 사람들은 자신들의 *exousia*(권리)를 주장했으며, 그들에게 이것은 '자신들이 필요하다고 생각하는 대로 자유롭게 행동하는 권리'를 뜻했던 것 같다(Fee, 479). 한마디로 다른 사람들의 선을 위해서라 할지라도 자유를 억제해서는 안 되었다. 그들은 사창가를 자주 찾아가고(6:12–20), 약한 양심을 가진 그리스도인들을 짓밟으며(8:9–13), 그리고 사랑의 요구(8:9–13), 희생, 섬김, 교육의 원리들(8,1, 9:19–23, 10:23–24, 10:33–11:1)과 하나님의 영광의 목적(10:31)을 부인하는 것도 자유라고 생각했다. 하지만 이곳 10장 23절에서 바울은 두 가지 중요한 질문을 사용해서 그들의 슬로건을 모조리 부정하고 있다('초점을 다시 맞춘다'는 너무 약한 표현이다). 첫째, 나의 자유/ 권리 행사가 다른 사람에게 유익하거나 이로운가? 둘째, 자유/ 권리의 행사가 다른 사람들을 교화하거나 세우는가? 24절(33절도 마찬가지임)은 이 질문들을 좀 더 일반적인 형식으로 다음과 같이 반복하고 있다. "누구든지 자기의 유익을 구하지 말고 남의 유익을 구하라" (바울이 예수님을 자신의 교훈의 본보기로 제시하고 있는 빌 2:4–5, 롬 15:1–3, 고전 11:1과 비교하라). 결국 바울은 *exousia*(권리)를 포기할 것을 요구하고 있다. 그렇게 요구한 것은 그리스도인의 자유가 정당하다 하더라도 자유만으로 그리스도인의 행동을 규제하지 못하기 때문이다 (Fee, 479). 따라서 바울은 '개인의 자유를 무시하지 않으면서 행동을 위한 더 위대한 동기'를 설정하고 있다(Fee, 480 n. 16). [*exestin*]

10:25. 양심을 위하여 질문하지 말고(Without asking questions because of conscience, *mēden anakrinontes dia tēn syneidēsin*) – 이 표현은 정확하게 27절에서 반복된다. 따라서 바울은 자신이 마음속에 그리는 구체적인 두 상황들

(25-26절에 나오는 첫 번째 상황은 시장에서 사온 고기를 먹는 것과 관련이 있고, 27-30절에 나오는 두 번째 상황은 이방인의 집에서 고기를 먹는 것과 관련이 있다)에서 이 표현을 사용하고 있다. 이 표현의 의미에 대해서는 다음의 두 가지 견해가 제공되고 있다(Thiselton, 784 참고). 첫째, "자기 자신의 양심을 위해서 조사를 행하지 말라, 공연한 짓을 하지 말라" 또는 "네가 알지 못하는 것은 너에게 상처를 주지 못한다"(Grosheide, 241, Robertson-Plummer, 220 참고, 조금 다른 의견을 제시하는 Garland, 365-66, 385-86, 490-91와 비교하라). 둘째, "이것은 양심과 관련 없는 문제이기 때문에 자신의 양심을 위하여 아무것도 묻지 말라"(Barrett, 240, Morris, 146 참고).

첫 번째 견해는 적어도 다음의 두 가지 이유로 부적합한 것 같다. 첫째, 바울이 양심이 약한 자들에게 말하고 있다고 추측하고 있는데, 그 추측이 의심스럽다(바울은 27절에서 믿음이 강한 자에게 말하고 있는 것이 거의 확실한데, 25-26절에서부터 청중이 바뀌었다는 암시가 없다, 참고-477, n. 10). 둘째, 그것은 실제 쟁점이 양심이 눈을 뜨는 데 있지 않고, 그러한 고기를 먹는 진정한 자유를 확립하는 데 있다고 추측하고 있다(26, 29b-30, Fee, 480-82). 따라서 바울은 사람에게 먹을 자유가 있기 때문에 질문을 할 필요가 없다고 말하는 것이다. 양심이 관여할 필요가 없다. 이것은 유대인들이 시장에서 산 고기가 희생 제물로 바쳐졌던 것인지에 대해 조사를 요구했다는 점에서 유대적인 유산과의 바울의 분명한 단절을 나타낸다(m Avohad Zarah 2:3 비교). [*anakrinō, syneidēsis*]

10:28. 누가(Anyone, *tis*) - 이 용어가 지시하는 대상과 관련한 논쟁이 있다. 식사를 대접하는 사람, 이방인인 동료 손님, 또는 '더 약한 형제'인 동료 그리스도인 등의 세 가지 가능성이 있다. 첫 번째 견해는 바울이 28절에서 선택하고 있는 대명사('누가')가 27절에서 이미 언급한 주인 말고 다른 누군가를 가리키는 것 같기 때문에 적절하지 않아 보인다. 더욱이 초청을 한 주인의 양심이 조금이라도 문제가 되고 있다는 것은 본질적으로 개연성이 없어 보인다. 하지만 두 번째 견해와 세 번째 견해 사이에서 선택하는 것이 더 어렵다. 바울이 '더 약한 형제'를 마음속에 생각하고 있었다는 여러 의견들은 다음과 같다. (1) 28절과 8장 7-17절은 '더 약한 형제'에 대한 관심을 갖고 있다는 점에서 밀접한 관계가 있다(도움이 되는 도표를 제공하는 Fisk, "Eating Meat Offered in Idols"Trinity Journal 10 [1989]: 67을 참고하라). (2) 그런 식사에 대한 양심의 가책을 이교도에게서 찾아볼 수 없다. (3) 그리스도인의 절제가 그의(이방인) 양심과 어떤 관련이 있는지 이해하기가 어렵다(Thiselton, 787-88, Barrett, 242, Blomberg, 203, 특히 n.1, Bruce, 100은 Fee, 483-84가 제기한 핵심적인 반대 의견에 대답하고 있다, Garland, 495-96). [*tis*]

신에게 제물로 바쳤던 고기(Meat sacrificed to a deity, *hierothyton*) - 이 용어는 '신에게 바쳐진/ 드려진'을 뜻하는 형용사다(BAGD, 372, BDAG, 470, LN 53.21, TDNT 3:252). 여기에서 이 용어는 '신에게 제물로 바쳤던 고기'를 뜻하는 명사로 사용되고 있기 때문에 근본적으로 *eidōlothytos*(고전 8:1의 논의를 참고하라)와 동의어다. 하지만 이 용어를 선택한 것은 이교적 배경을 지닌 사람들을 위해서인 것 같다. 다시 말해서 이교적 배경을 가진 사람은 그 제물을 *hierothyton*으로 묘사할 것이고, 그리스도인이나 유대인은 *eidōlothytos*로 묘사할 것이다(하지만 이 의견은 28절에서 제물이라고 말해 주는 사람이 누구인지를 결정하는 데 영향을 미치지 못한다. 특히 Bruce, 100, Thiselton, 787, 바로 앞의 표제어와 비교하라). 동의어 *eidōlothytos*는 *eidōlon* + *thyō*로 구성되며, 문자적으로 '우상에게 제물로 바쳐진'이란 뜻이다. '우상'(*eidolon*)이란 용어의 이런 용법은 일반적인 의미에서의 신을 우상, 또는 즉 *eidolon*으로 간주하기 때문에 이 단어에 부정적이고 논쟁적인 의미를 제공하는 것 같다. 이 단어는 70인경에서 거짓 신들을 언급하는 경멸적인 의미로 일관되게 사용되고 있다(이 신들에 대한 이교적 개념에 대해서는 TDNT 2:377과 비교하라). [*hierothytos*]

10:32. 손상의 원인이 되지 말라(Do not be a cause of damage, *aproskopoi*) – 이 용어는 8장 9절의 '걸려 넘어지게 하는 덩어리'(*proskomma*)와 동일한 어근에서 생겨났으며, '실족하게 하는 원인'을 뜻한다(BAGD, 102, 2, BDAG, 126, 2, LN 25.184 참고). 하지만 이것은 단순히 영어의 '범죄'(*offense*)라는 용어가 내포하고 있는 것과 같은 심리적인 분노나 짜증을 나타내는 것이 아니라, 오히려 33절에서 암시되는 것처럼 '다른 사람의 믿음을 흔들리게 하거나 그들을 믿음에서 떠나게 해서 그의 선(*symphoron*)이나 구원을 방해할 수도 있는 어떤 것'을 암시한다(TDNT 6:754, Fee, 489). 8–10장의 더 넓은 문맥을 고려하는 아보트–스미스(Abbott–Smith, 56)는 이 용어를 '실족하게 하지 말고, 즉 비유적으로 다른 사람을 죄에 빠지게 하지 말고'라고 정의함으로써 요점을 강조한다. 파피루스 사본(A.D. 117–38년경)에서는 이 용어를 '상처나 손상에서 자유로운'이란 뜻으로 사용하고 있다(MM, 72, TDNT 6.748). NCV의 "다른 사람에게 상처를 줄 수 있는 어떤 일도 결코 하지 말라"는 번역은 이 의미를 훌륭하게 표현하고 있다. 디셀튼(Thiselton)의 "손상을 입히는 일을 피하라"(794)는 번역도 마찬가지로 바울 사상의 정수를 잘 포착하고 있다. [*aproskopos*]

11:1. 본받는 자들(Imitators, *mimētai*) – 이 용어에 대해서는 고린도전서 4장 16절의 논의를 참고하라. 바울을 본받는 것을 비롯하여 본받는 것에 관한 여러 조항들이 11장 1절에서 첨가되고 있다("내가 또한 그리스도를 본받는 자가 된 것같이 너희는 나를 본받는 자들이 되라"). 그리고 모델 또는 기준이 그리스도시라는 사실은 이 구절들이 그리스도를 희생과 섬김의 모델로서 제시하고 있는 로마서 15장 1–3절, 빌립보서 2장 4–5절과 비슷하다는 점에서 23–24절에서 이미 예상되던 것이다. [*mimētēs*]

11:3–10. 머리(Head, *kephalē*) – 바울은 다루기 어려운 명사인 '머리'를 모두 9회 사용하는데, 3절에 처음 나온다(3[3회], 4[2회], 5[2회], 7, 10절). 이 단어의 용법은 이해하기가 매우 어렵다. 영역본들의 6, 13절에서 발견되는 '머리'에 대한 언급들은 *kephalē*를 번역한 것이 아니라 오히려 다른 헬라어 용어들, 즉 '머리'라는 용어의 존재를 암시하는 동사와 형용사(예를 들면, '자신의

머리를 가리다'와 '머리를 가리지 않다')를 표현한 것이다. 여기서는 불확실하지만 (한편으로 충분한 근거가 있는) 결론들만을 소개하고자 한다.

3절에서 '머리'는 은유적인 의미를 지니고 있고, 이 용어에 대해 세 가지 다른 의미들이 제안되고 있다. 즉 (1) '…의 원천', (2) '통치자, 지도자, …에 관한 권위', (3) 가장 유명한 것, 맨 앞에 있는 것, 맨 위에 있는 것, 탁월한 것, 명성으로 인해 결정권이나 대표성이 있는 것. 첫 번째 견해는 비록 인기는 있지만(Barrett, 248–49, Fee, 503), '사전 편찬상의 증거가 부족하고' 8절에도 불구하고 문맥적인 지지의 부족으로 인해 적절하지 않아 보인다(Perriman, "The Head of a Woman: *The Meaning of Kephalēin* 1 Cor. 11.3,"Journal of Theological Studies 45 [1994]: 610–17, 21, Turner, "Mordern Linguistics and the New Testament,"ed. Joel B. Green). 따라서 두 번째나 세 번째 견해 가운데 하나가 적절해 보이는데 문맥상으로는 둘 다 적합하다. 이들 두 견해를 충실하게 옹호하는 사람들도 결국에는 같은 결론에 도달하기 때문에, 다시 말해서 '명성'과 '권위/ 지도력'은 실제로는 분리할 수 없기 때문에 중간 지점을 취하는 것이 최선이다. 두 번째 견해의 관점에서 자료를 다루는 그룬뎀(Grundem)은 "지도력과 권위가 있는 곳에는 어느 정도의 명성이 뒤따른다"라고 주장한다(*Evangelical Feminism & Biblical Truth*, 596). 마찬가지로 세 번째 견해를 옹호하는 페리만(Perriman)도 "'머리'에 의해 상징적으로 표현된 유형의 명성에는 대부분의 경우 권위와 지도력이 뒤따르게 된다"라고 인정한다("The Head of a Woman,"616, 비슷한 견해–Gundry Volf, "Gender and Creation in 1 Cor. 11:2–16,"159 in *Evangelium, Schriftauslegung, Kirche: FS für P. Stuhlmacner*, ed. J. Adna, S. J. Hafemann, and O. Hofius). '그리스도께서는 모든 남자 위에 계신 권위이고, 남자는 여자 위에 있는 권위이고, 하나님께서는 그리스도 위에 계신 권위'라는 번역이 기여한 바가 전혀 없지는 않다.

4상, 5상, 7, 10절에서 '머리'는 문자적인 의미를 지니며, '뇌가 들어 있는 신체의 부분'이란 뜻이다(BDAG, 541, 1a, BAGD, 430, 1a, LN 8.10).

4하, 5하반절에서 '머리'는 영적인/ 비유적인 의미를 지니며, 각각 3절에서 언급된 그리스도와 남자를 가리킨다(NLT, TEV, WEYMOUTH, Fee, 506, Garland, 517). 하지만 어떤 이들은 4하반절과 5하반절을 문자적이고 해부학적인 머리에 대한 언급들로 이해하고, '스스로'란 표현을 첨가한다(PHILLIPS, BDAG, 541, 1a, Murphy–O'Connor, "Sex and logic in 1 Cor. 11:2–16," Catholic Biblical Quaretrely 42 [1980]: 485, Thiselton, 827은 이중적 의미, 즉 그 자신의 머리와 그 남자의 비유적인 의미의 머리인 그리스도라고 주장한다). 이것이 어려운 결정이기는 하지만 '그의 머리'가 그리스도를 가리킨다는 전자의 의미가 더 적절해 보인다. 왜냐하면 그렇지 않을 경우 3절은 이 단락에서 거의 쓸모없거나 필요 없게 되기 때문이다(Byrne, Paul and the Christian Women, 55 n. 42, Fee, 506는 Murphy O'Connor의 논증에 직접 답변하고 있다). [*kephalē*]

남자…여자(Man…woman, *anēr…gynaikos*) – 문맥상으로 이 두 헬라어 단어들은 '남편'과 '아내'를 의미할 수도 있다(ESV, AT, NAB, NLT,

NRSV, TEV, WEYMOUTH). 대부분의 주석학자들(최근에는 Garlamd, 514, Thiselton, 822)과 여러 영역본들(HCSB, NASB, NET, NIV, TNIV, NJB, NKJV, REB)은 더 일반적인 '남자'와 '여자'라는 번역을 지지하지만, 그 논거를 거의 제시하지 않거나 전혀 제시하지 않는다.

그럼에도 불구하고 이 결론이 다음과 같은 여러 가지 이유로 더 개연성이 있는 것 같다(Conzelmann, 184, 특히 Morris, 149–50 참고, Orr–Walther, 259, Blomberg[209–10]는 *kephalē*[머리]를 '…위에 있는 권위'로 번역할 경우 '남편'과 '아내'가 더 낫다고 주장한다). (1) 결혼을 언급하지 않고 있다. (2) 앞의 "그리스도께서 모든 남자의 머리시다"라는 진술을 남편들에게만 국한시킬 이유가 거의 없는 것 같다(4–5절과 8–9절이 단지 남편과 아내들뿐만 아니라, 일반적인 의미에서의 남자들과 여자들을 염두에 두고 있는 4–5절과 8–9절을 참고하라, TDNT 1:362 n. 9). (3) '아내'라는 번역은 결혼하지 않은 여자들의 문제를 제기하며 해결하지도 못한다. 이것은 독신을 선호하는 바울의 관점에서 볼 때 전적으로 잘못된 것 같다(고전 7장 비교). (4) 11장 2–16절에서 바울의 논의 전체는 특별히 결혼 관계 안에 있는 사람들이 아니라, 일반적인 남녀 사이의 구별을 종식시키는 것에 관심을 갖고 있는 것 같다(참고–497–98, 501 n. 38, 508, 511, Hays, 183). 피(Fee)의 지적처럼 "말한 모든 것은 모든 남자와 관련이 있는 모든 여자들에게 일반적으로 말할 수 있는 것이었다"("Praying and Prophesying in the Assemblies,"145). [*anēr* +*gynē*]

11:4. 머리에서부터 [어떤 것이] 내려온(Having [something] down from the head, *kata kephalēs echōn*) – 이 표현은 다수의 영역본들의 표현이 불분명하다는 것을 강조하기 위해서('그의 머리를 가리다'–ESV, NIV, TNIV 참고) 헬라어 본문을 문자적으로 번역한 것이다(BAGD, 405, Ⅰ, 1a, BDAG, 511, A, 1a, BDF §255 비교). 그 남자의 '머리에서부터 내려오는 것'이 무엇인가라는 질문에 대해서 다음의 두 가지 의견들이 제시되고 있다. (1) 긴 머리카락 또는 묶지 않은('손질하지 않은') 머리카락, '머리에서부터 긴 머리카락을 늘어트린'(NIV, WEYMOUTH), (2) 후드, 후드가 달린 외투, 탈리스(tallith–유대인 남자가 아침 기도 때 어깨에 걸치는 겉옷), 또는 아마도 머리를 일부 가리는 옷이나 토가(*toga*–고대 로마 시민이 입던 헐거운 겉옷, Oster, "When Men Wore Veils to Worship,"NTS 34 [1988]:496 참고). 얼굴을 가리는 수건(베일)을 가리키는 것 같지는 않다(참고–Fee, 496 n. 14, Witherington, Women in the Earliset Churches, 83). 이 두 견해 사이에서 최종적인 결정을 하는 것은 어려운 일이다(Thiselton, 825 비교).

여러 중요한 논증들은 이 구절에서 '머리카락'이란 개념에 찬성한다(James B. Hurley, Man and Woman in Biblical Perspective, 168–71 참고). 그 이유는 다음과 같다. 첫째, 고린도전서 11장 2–16절의 헬라어 본문에서는 어떤 형태의 '머리에 쓰는 것'도 결코 언급하지 않는다. 둘째, 긴 머리카락을 가리킨다면 '내려오다'라는 표현과 일치한다. 셋째, 4절과 마찬가지로 14절에서 남자에게 부끄러움이 된다고 말한다. 그러나 바울은 14절에서 '남자에게 긴 머리가 있으면'이란 명확한 표현으로 이 부끄러움의 이유를 제시하고 있다. 하지만 이 주장은 우리가 4-5절에서 *kephalē*(머리)를 앞에서 제안한 것처럼 비유적인 의미의 머리(즉, 그리스도)로 이해하지 않고, 남자 자신의 머리로서 이해하는 경우에만 유효하다. 끝으로, 5절에서 '벗고'란 표현은 4절의 '머리에서부터 내려오는'과 정확하게 같은 표현이며, 15절은 머리카락과 관련하여 다음과 같이 설명하고 있다. "긴 머리는 그녀에게 가리는 것을 대신하여 주셨기 때문이다."

또한 '머리 가리개들'이란 개념에 찬성하는 중요한 여러 논증들은 다음과 같다(Fee, 506-7, Garland, 517-18, Oster, "When Men Wore Veils,"481-505, 특히 485-86 참고). 첫째, 5절의 '벗고'는 4절의 '머리에서부터 내려오는'과 비슷한 표현이며, 아마도 일종의 외부가리개를 제거하는 것을 가리키는 것 같다(아래의 표제어를 참고하라, Fee, 508-10, Schreiner, "Head Coverings, Prophecies, and the Trinity,"125-26, in Restoring Biblical Manhood and Womanhood, ed. John PIper and Wayne Grudem). 둘째, 바울이 사용한 헬라어 표현이 특별하기는 하지만 다른 곳에서 외부 가리개란 뜻으로 사용되고 있다(70인경의 에 6:12에서는 *kata kephalēs*, 즉 '머리에서부터 내려오는'을 '그의 머리를 싸고'로 번역하는 것을 참고하라, 비교-NASB, NRSV, REB, Plutarch ["Sayings of the Romans," Moralia, 200f]는 *kata tēs kephalēs echōn to himation*을 '머리에서부터 내려오는 토가가 있는'으로 번역한다, Fee, 506-07의 간단한 논의와 비교하라).

난하주들은 다음과 같은 이유에서 두 번째 견해(머리에 쓰는 외부 덮개)로 기울고 있다(Byrne, Paul and the Christian Woman, 39-40, Fee, 506-07, Garland, 517-18 참고). 첫째, 첫 번째 견해는 4절과 14절 사이의 불확실한 관련성을 가정하고 있다. '그의 머리를 욕되게 하다'(4절)를 '그 자신을 부끄럽게 하다'로 번역하는 대신에 '그의 은유적인 의미의 머리이신 그리스도를 욕되게 하다'로 이해해야만 한다. 둘째, 5-7절의 '벗다-가리다'라는 표현은 머리 가리개의 착용 여부를 가리키는 것 같다. 셋째, 인용한 병행구절들에 근거한 '머리에서부터 내려오는'이란 관용적 표현은 머리 가리개를 가리키는 것 같다. 끝으로 남자들이 탈리스나 기도의 숄(*shawl*)을 쓰는 유대의 관습에 대한 증거는 바울이 살던 시대보다 훨씬 뒤의 것이다. 이 후대의 증거가 유대교에서 그보다 이전의 1세기의 관습에 대한 증거가 되는지의 여부는 확실하지 않다(Barrett, 250, Fee, 507 n.64, TDNT 3:562-63). 오스터(Oster, "When Men Wore Veils,"481-505)는 이 불확실한 유대적 배경 대신에 로마의 베일을 쓰는 관습(즉, *capite velato*)이 고린도전서 11장 4절에서 언급된 경건한 옷의 모체(*matrix*)를 제공하고 있다고 강력하게 주장한다(496, 참고-ibid., "Use, Misuse and Neglect of Archaeological Evidence in Some Modern Works on 1 Corinthains,"ZNW 83 [1992]: 67-69). [*kata + kephalē + echō*]

예언하는(Prophesying, *prophēteuōn*) - 이 용어에 대해서는 고린도전서 12장 10절을 참고하라. [*prophēteuō*]

11:5-7, 13. 가리지 않았다…가리다(Uncovered…cover, *akatakalyptō…katakalyptetai*) – 11장 2-16절에서 바울은 '가리다'(*katakalyptō*)라는 동사를 3회(6상, 6하, 7절), 관련 형용사 '가리지 않았다'(*akatakalyptos*)를 2회(5, 13) 사용한다. 15절에서 '가리는'(*peribolaios*)으로 번역된 용어는 다른 단어다. 동사 *katakalyptō*는 '가리다, 베일을 쓰다'라는 뜻이며(BAGD, 411, BDAG, 517), 이것은 실제로 보통 머리나 얼굴을 가리거나 감추는 데 사용된다(창 38:15, 사 6:2, Sus. 32[*Theodotion*], Josephus, Ant. 7.10.5 §254, 헤르마스의 목자, Vision 4.2.1[32.1], LSJ, 893, TDNT 3:561-63). 하지만 바울이 사용한 '가리지 않다-가리다'라는 표현은 각각 머리카락을 '늘어뜨리다'와 머리를 '땋아 올리다'는 뜻이라는 증거를 70인경에서 일부 찾을 수 있다. 레위기 13장 45절에서 형용사 *akatakalyptos*는 "그의 머리를 빗질하지 않다"(NJV, TNIV, 또한 ESV, NJB, NRSV, NJB) 또는 "그의 머리의 머리카락을 가리지 말아야 한다"는 뜻의 히브리어의 관용어를 번역하는 데 사용되고 있다. 이 두 번역 모두 터번(turban)으로 머리를 매는 것이 아니라 머리를 늘어뜨리는 것을 가리킨다(Murphy-O'Connor, "Sex and Logic,"488). 마찬가지로 민수기 5장 18절에서는 동족 동사(*apokalyptō*)가 '그녀의 머리카락을 묶은 끈을 풀다'(NIV, TNIV, 또한 ESV, NASB, NJB, NRSV), 또는 '그녀의 머리를 가리지 않다'(NAB, 또한 NET, NKJV, REB)를 뜻하는 히브리어 본문을 번역할 때 사용되고 있다. 하지만 이 본문들이 머리를 늘어뜨리는 것을 가리킨다고 제안하는 해석에 대해 이견이 전혀 없는 것은 아니다(Delobel, 1 Corinthians 11:2-16, Towards, a Coherent Interpretation,"374-75 in *L'Apôtre Paul:personnalité, style et conception du ministère*, ed. Albert Vanhoye). 이것을 일종의 머리 가리개로 간주하는 '확고한' 자료들이 산더미같이 많이 있다(고전 11:4의 '머리에서부터 [어떤 것이] 내려오는' 참고).

이 결론을 지지하는 견해는 적어도 두 가지다. 첫째, 필로(Philo, On the Special Laws, 3 §60)는 민수기 5장 18절의 '불성실한 아내에 대한 시험'을 설명할 때 바울이 5상반절에서 사용하는 것과 똑같은 표현(*akatakalyptōtōkephalē*)을 사용한다. 그러나 필로는 머리를 풀어내린 것이 아니라, 외부 가리개를 벗은 것이라고 말하고 있다(하지만 전자는 후자의 뜻을 내포할 수도 있다). 왜냐하면 그는 이 시험을 시작하기 전에 제사장이 그녀의 머리 수건을 풀었다고 주장하기 때문이다(§56). 둘째, 5절에서 바울은 머리에 쓴 것을 벗고 기도하는 여인(*akatakalyptos*)은 그녀 자신의 머리를 민 것과 다름이 없다고 말하고 있다. 자신의 머리를 미는 것과 머리에 쓴 것을 벗고(*akatakalyptos*) 기도하는 것 사이에 신체적으로 비슷한 것이 있다면 이 간단한 동일시가 매우 의미 있는 것 같다. 이 경우 *akatakalyptos*가 외부의 머리 가리개를 나타낼 가능성이 크다(Byrne, Paul and the Christian Woman, 40, Delobel, 1 Corinthians 11:2-16,"376).

'머리 가리개'라는 견해를 선택하는 것도 적절할 것 같다. 하지만 이 단어가 지시하는 것이 이중적일 가능성도 있음에 주목해야 한다. 바울이 머리 가리개를 벗는 것과 관련하여 머리를 풀어버리는 것, 즉 머리카락이 늘어지게 하는 것에 대해 말했을 가능성도 있다(Thiseltonm 830, 레 13:45의 논의를 참고하라). 이 경우에 바울이 남자들이 '머리를 늘어뜨리는 것'(4절)과 '머리를 땋아 올리는 것'(7절)에 대해 정죄할 때 명백한 모순처럼 보이는 것은 두 행동이 사실 같은 것을 가리킨다고, 즉 여자의 머리 모양이란 견해에 의해 설명되고 있다(Murphy-O'Connor, "Sex and LOgic,"487-88, 496, 499 참고). 여자들이 머리를 가리고, 남자들이 가리지 않았던 이유는 명확하지 않다. 바울은 수치(4-6절), 창조(7-12절), 본성에 근거한 예의 범절(13-15절) 그리고 관례(16절)에 호소하고 있다. 그러나 이 요소들이 그 행위에 어떤 관련이 있는지는 명확하지 않다(Collins, 407-8). 남자들이 가리는 것과 여자들이 가리지 않는 것을 둘 다 책망하는 이유에 대한 가장 적절한 설명은 머리 가리개의 유무가 성별에 대한 관례적인 구별의 일부였다는 것이다. 성적인 정체성에 대한 문화적 표현들을 부정하는 것은 남녀 사이의 모든 구별을 모호하게 하거나 심지어는 사라지게 하는 것을 뜻하는 것이었다(Fee, 497-98, 511-12, Gundry Volf, "Gender and Creation in 1 Cor. 11:2-16,"153-54). 한마디로 바울은 남성성(남성다움)과 여성성(여성다움)을 문화적으로 적절하게 표현할 것을 요구하고 있는 것이다(Blomberg, 208-15). 따라서 대개의 주석가들은 머리 가리개를 쓰는 것이 오늘날 현대 교회에서 언제나 변함없이 준수해야만 하는 보편적 관습이 아니라, 오늘날 재해석할 필요가 있는 고대의 문화적 표현이라고 말한다(참고-특히 Blomberg, 214-15, 220-22, Hays, 190-91). 머리 가리개를 쓰는 것이 오늘날에도 여전히 적용된다는 견해에 대해서는 컬버(Culver, "A Traditional View: Let Yourr Women Silience,"29-32, 48 in Women in Ministry: Four Views, ed. Bonnidell Clouse and Robert G. Clouse)와 퍼(Foh, "Male Leadership View: The Head ot the Woman is Man"85086 in Women in Ministry: Four Views, ed. Clouse and Clouse, Waltke, 1 Cor. 11:2-16, An Interpretation,"BSac 135[1978]:46-47)를 참고하라. '어떤 문화에만 해당하는 본문들'과 특별한 성경의 명령을 다룰 때 (언제나 보편적으로 적용되는 것이 아니라) 최초의 청중들에게만 국한되는 것인지 아닌지를 논의하고자 하면 클라인(Klein), 블룸버그(Blomberg), 허바드(Hubbard, Introduction to Bilical Interpretation, rev. ed., 482-503, Osborne, The Hermeneutical Spiral, 318-38)를 참고하라. 머리 가리개의 착용 여부가 매춘, 간음, 동성애, 이교적 예배, 애도, 천박함 등과 연관이 있었다는 의견들을 전적으로 배제할 수는 없지만(참고-Gill, 1 Corinthians,"157-58 in Zndervan Illustrated Bible Backgrounds Commentary, ed. Clinton E. Arnold, Keener, Paul, Women&Wives, 22-31, Thiselton, 801-2, 828-29), 그것들을 뒷받침하는 증거가 많지는 않다(참고-Fee, 511n. 80, Keener, Paul, Women & Wives, 24-26, Thiselton, 830). 증거가 있다 하더라도 보통 남녀 가운데 한 쪽의 행동만을 금지하는 이유를 설명할 뿐이다. 예를 들어, 겸손의 표시로 여자에게 머리를 가릴 것을 요구할 수도 있다. 그러나 그것이 남자가 자신의 머리를 가리지 말아야 할 이유를 설명하지는 못한다(Garlandm 509-10 n. 5 비교). 이 문제는 어려우며 설명들은 둘 가운데 어느 한쪽의 주장

이 아니라, 다차원적인 것 같다. [*akatakalutos* + *katakaluptō*]

11:10. 권세(Authority, *exousian*) – 이것은 또 하나의 어려운 구절이다. 대부분 여기에서 환유법이 사용되고 있다고 이해한다(환유법에 대해서는 고전 2:16의 논의를 참고하라). 즉, 바울은 특정한 여성의 복장이 암시하는 것이나 그 복장으로 인해서 생겨난 것(예를 들어, 권세)을 복장 그 자체(예를 들어, 머리 가리개를 쓰는 것) 대신에 사용하고 있다. 따라서 (7절의 유사한 주장에 근거해서) 바울이 "여자들은 천사들 때문에 가리개를 가지고 있어야만 한다"라고 기록했을 것이라고 예상할 수도 있는 10절에서 "여자는 천사들로 말미암아 권세 아래에 있는 표를 그 머리 위에 둘지니라"고 기록함으로써 가리개의 결과에 대해 말하고 있다. 대부분의 역본들은 이 환유법에 근거하여 *exousian*을 '권세의 표'로 번역한다.

여기서 권세의 의미에 대해 주로 세 가지 기본적인 견해가 제안되고 있다. (1) 그녀의 남편의 권세, (2) 그녀의 권세, (3) 우리가 '일반적인', '특이하지 않은'이라는 부르는 것. 즉, 여자는 '그녀의 위에 있는 그녀의 남편의 권세의 표'를 지니거나, 기도하고 예언하는 그녀 자신의 권세의 표를 지니거나 단순히 '그녀의 머리에 권세의 표'를 지녀야만 한다. 첫 번째 견해는 "여자는 자신의 남편의 권세 아래 있다는 것을 보여주기 위해 그녀의 머리에 가리개를 써야 한다"로 명확하게 표현된다(TEV, AT, MOFFATT, NJB, PHILLIPS, WEYMOUTH, LN 37.37, 참고–특히 Schreiner, "Head Covering,"134–36). 두 번째 견해는 "여자는 자신의 권세의 표를 머리에 가져야만 한다"로 명확하게 표현된다(REB, Bruce's Paraphrase, CEV, 이 견해는 주로 Hooker, "Authority on Her Head: An Examination of 1 Cor.11:10,"NTS 10 [1963–64]: 410–16와 관련이 있다). 세 번째 견해는 "여자는 권세의 표로 자신의 머리에 덮개를 써야만 한다"로 명확하게 표현된다(NLT, ESV, HCSB, NAB, NASB, NCV, NIV, NKJV, NRSV). 하지만 이 세 견해 모두가 문제점이 있다. 왜냐하면 헬라어 본문에는 '표'에 해당하는 단어가 없기 때문이다. 이것은 앞에서 말한 것처럼, 이 구절에서 환유법이 사용되고 있다는 추정 아래 첨가한 것이다. 그렇다고 해도 다른 곳에서 *exousia*('권세') 대신 '권세의 표'를 사용하는 것이 입증되지 않는다(Delobel, 1 Cor. 11:2–16,"386, Murphy–O'Connor, "Sex nad Logic,"498 n. 62, Schreiner, "Head Coverings,"135 참고). 게다가 '권세를 가지는 것'은 아마도 여자가 갖고 있거나 행사하는 어떤 것을 가리키는 것 같다(첫 번째 견해와 대조하라). 왜냐하면 이 용어의 반대 의미나 수동적 의미를, 그녀에 관해 권세를 갖고 있는 어떤 사람에 대해 '다른 방법으로는 알 수 없기' 때문이다(Fitzmeyer, "QumranAngelology and 1 Cor. 11:10"NTS 4[1958–59]:51, 참고–Fee, 519 특히 n. 23, 그러나 이 견해에 이의를 제기하는 Schreiner, "Head Covering,"135–66을 참고하라, 비교–*Héring*, 107 n.20).

TNIV의 "여자는 그녀의 머리 위에 권세를 두어야만 한다"는 번역은 환유법을 사용하지 않고, 좀 더 직설적인 방식으로 이 절을 번역함으로 적절한 해결 방안을 제공하고 있다. 다시 말해서, 여자는 아마도 그녀 자신을 노출하지 않기 위해,

또는 다른 사람에게 수치를 주지 않기 위해 머리 가리개를 씀으로써 그녀의 해부학적인 머리(그녀 자신)에 대한 통제를 행사하는 것이다. 이 독법은 문법적으로 유용하다. 왜냐하면 여기에서 사용된 세 단어로 된 구문인 *echōexousian epi*는 관례적으로 신약에서 '…에 관해 권세를 갖다'라는 뜻이며(계 11:6, 14:18, 16:9, 20:6, t Reu. 5:1, Tobit 1:21[s] 참고, BAGD, 353, 3, 365, 9a, BDF §234.5, LSJ, 621. Ⅲ.1 비교), 이 독법이 전체 문맥과도 일치하기 때문이다(이 해석법을 따르는 간결하고 유용한 논의에 대해서 Blomberg, 212, Collins, 411, Garland, 524-25, Hays, 187-88을 참고하라).

많은 주석가들은 *exousia*를 '보호하는 힘'과 같은 용어로 번역해야 하고, '특정 천사들의 요염한 눈길로부터' 마술적인 방어를 제공하는 머리 가리개를 가리킨다고 주장한다(BDAG, 353, 7, 참고-Conzelmann, 189, EDNT 2:11-12, 비교-b Shabbat 156b에서는 머리 가리개를 마술적 보호로 간주한다, 비교-Homer, Odyssea 5. 312-80). 하지만 머리 가리개를 마술적 부적으로 간주하는 것은 문맥적으로 어색할 뿐만 아니라, 바울의 전반적인 사상과도 일치하지 않는다(이 관점에 대한 반대 견해에 대해서는 Fitzmyer, "Qumran Angelology", 52, Hooker, "Authority on Her Head", 412를 참고하라).

*Exousia*를 '머리 가리개'로 번역해야 한다고 주장하는 이들도 있다(Fitzmyer, 52-53, TDNT 2:574 참고). *exousia*를 그런 의미로 사용한 사례는 없지만, 이 주장은 '머리 가리개'를 뜻하는 아람어 용어에 호소하고 있다. 즉, 처음에 머리 가리개를 뜻하는 아람어로 표기하려던 바울이 *exousia*로 잘못 기록했을 것이라는 것이다. 하지만 이 견해는 바울의 언어학적 능력에 의문을 제기하는 것으로 볼 수 있는데, 이 견해를 뒷받침하는 증거가 매우 빈약하다. [*exousia*]

천사들 때문에(Because of the angels, *dia tous angelous*) – 이 표현의 의미는 애매하다. *angelos*라는 용어가 메신저로 활동하는 사람들을 가리킬 수도 있지만(마 11:10[눅 7:27], 막 1:2, 눅 7:24, 9:52, 갈 4:4, 약 2:25), 대부분 천사와 같은 존재들을 가리킨다고 생각한다(대조-Murphy-O'Connor, 1 Corinthians 11:2-16 Once Again,"CBQ [1988]:271-71, 비교-Garland, 526). 바울이 이 말을 하는 진의는 천사들이 하나님의 백성들의 예배를 지켜보고 있기 때문에 여자들은 적절한 위엄과 몸가짐을 갖춰야 하고(Philo, virtues 73-74, Song of the Three Young Men [in Addition to Daniel] 37 비교, 눅 15:7, 10, 딤전 5:21, 히 12:22-23, 계 8:3, "내가 천사들 앞에서 당신께 시로 노래할 것이다"-70인경의 시 137:1, 그리고 "우리가 천사에게 구경거리가 되었다"-고전 4:9), 수치스럽거나 보기 흉한 행동을 보이지 말아야 한다는 데 있다(BAGD, 278, 5, BDAG, 353, 7, Garland, 529, 참고-Fitzmyer, "Qumran Angelology,"198-200, 그리고 사해사본 두루마리들에서 인용한 평행본문들, 1Q28a[1QSa] Ⅱ, 3-9, 1QM Ⅶ, 4-6, 4Q266[4QD] 8 Ⅰ, 6-9, 4Q403[4QshirShabb] Ⅰ, 30-46, Hooker, "Authority on Her Head," 412-13은 고린도의 여자들이 '자연 질서를 수호하는 천사들에게 경의를 표하기 위해' 예의바른 복장을 갖췄다는 비슷하면서도 더 광범위한 견해를 제시한다).

일부 학자들(*Héring*, 106–07, Hund, The Origin of 1 Corinthians, 184 n. 4)은 가리지 않은 여자들에게 음욕을 품었을 수도 있는 창세기 6장 1–4절의 '하나님의 아들들'과 같이 타락한 천사들을 바울이 마음속에 생각하고 있다고 주장한다(비교–t Reu. 5,5–6에서는 이 '하나님의 아들들'을 언급할 때에 이 점을 명시하고 있다). 그러나 다른 학자들은 고린도전서 6장 3절에 근거하여, 여자들이 어느 날 심판에서 천사들에 관한 권세를 행사할 것이기 때문에 자신들의 머리에 관한 권세를 행사해야만 한다고 말한다(Evans, Woman, 91, Keener, Paul, Women & WQives, 41–42, Fee, 522). 하지만 '천사들'이란 단어가 특히 예배와 관련 있는 문맥에서 수식어 없이 사용될 경우에 타락한 천사들로 이해되어서는 안 되기 때문에(Blomberg, 212, 비교–Graland, 527, Robertson–Plummer, 233) 이 견해들은 적절하지 않은 것 같다(Caird, "Paul and Women's Liberty", 278, Fee, 521 n.33 참고). 더욱이 타락한 천사들이 예배 동안 특별히 유혹하거나(Morris, 153,Robertson–Plummer, 223), 기독교인이 예배 드리는 동안에 나타날(Hooker, "Authority on Her Head", 412) 이유가 없어 보인다. [*angelos*]

11:15. 가리개(Covering, *peribolaiou*) – 이 용어는 '몸의 대부분을 가리는 옷, 즉 겉옷, 외투, 망토, 길고 헐거운 겉옷'을 의미한다(BDAG, 800, BAGD, 646, 이 용어는 신약 성경 가운데 히 1:12에서만 사용된다). 바울은 여기 14–15절에서 유비에 의한 논증을 사용하는 것 같다. 여자에게는 가리는 것 대신 긴 머리가 주어지고(anti, 참고–BAGD, 73, 2, BDAG, 88, 2, Conzelmann, 191 n. 8) 남자들에게는 주어지지 않았기 때문에 남자들은 머리 가리개를 써서는 안 되며, 여자들은 머리 가리개를 착용해야만 한다. 한마디로 남자들과 여자들은 머리 길이에 관해서 본성이나 관례적 질서가 주는 암시를 받아들여야만 한다. 남자들에게는 가리개가 필요 없으며, 여자들에게는 필요하다(Bruce, 108, Fee, 528–29, Garland, 518–531 참고). [*peribolaios*]

11:21. 자기의 만찬을 먹다(Consumes his own private supper, *to idion deipnon prolambanei*) – 이 간단한 표현은 바울이 크게 화를 낸 문제(22절)의 본질이 무엇인지를 알려준다. 그 문제는 다음과 같이 세 단계로 추측할 수 있다. (1) 주의 만찬과 함께 공동식사가 거행되었던 것 같다(Fee, 541, Garland, 539 참고, 행 2:42, 46, 20:7, 11, 유 12절 비교). (2) '자기의 만찬'은 개인이나 가정별로 미리 준비해서 각자 자신의 음식들을 가져오는 관례를 가리킨다(Fee, 540, 특히 Garland, 541–42). 분명한 것은 이 식사가 각자가 가져온 음식을 먹는 것이었으며, 참석자들이 함께 음식을 나눠 먹는 방식이 아니었다. (3) 부유한 사람들은 먹을 것이 거의 없었거나 전혀 없었던 자신들의 동료 신자, 즉 '빈궁한 사람들'의 앞에서 자신들의 넉넉한 만찬을 즐겼다(22절, Fee, 541–43, Garland, 541–42, Winter, After Paul Left Corinth, 143–44).

따라서 문제는 술 취함(여기에서 바울은 아마도 과장법을 사용하는 것 같다, Fee, 542–43 참고)이 아니라 이기심과 무관심이었다. 여기에서 바울이 사용하는 특별한 용어들과 관련이 있는 합성동사, *prolambaneidpp*에 대해 많은 논란이 있다. 문제가 되는 것은 전치사 pro가 핵심 단어인 *lambanō*의 의미에 어떤 영향을 미치는가다. 이에 대해 다음의 두 가지 견해가 있다. (1) 시간적인 요소의 첨가이므로 *prolambanō*는 '먼저 가지고 가다'라는 의미이거나 (2) 핵심적인 의미를 더 강하게 하므로 *prolambanō*는 '먹어치우다, 다 먹어버리다'라는 뜻이다. 전치사가 시간적인 의미를 가지고 있다면 문제는 좋지 못한 예절, 무분별, 이기심에 있었다는 뜻이다. 어떤 사람들은 다른 사람들이 도착하기도 전에 음식을 먹고 있었다. 첨가된 전치사가 의미를 강화하는 기능을 한다면 문제는 이기심뿐만 아니라 친교와 일치의 붕괴, 즉 부자와 가난한 자, '가진 자'와 '못 가진 자'(22절) 사이의 분열(18-19절 비교)에 있었던 것이다. 피(Fee, 563)의 지적처럼 이것은 '부자가 가난한 자를 모욕하는 것'이었다. 시간적 의미를 명확하게 배제하고 있는 것 같지 않지만, 20-21절은 일종의 연속적인 사건들이 아니라 하나의 일반적인 사건, 즉 '너희가 함께 모여서 먹을 때에…각각…먹으므로'(NASB, 비교-Garland, 541, Winter, After Paul Left Corinthe, 148-49)를 암시하는 것 같다. 따라서 강조적인 의미('먹어치우다, 다 먹어버리다')가 더 나아 보인다(Fee, 542, Conzelmann 195 n. 22, MOFFATT, REB, TNIV, 대조-BDAG, 872, 1c 는 BAGD, 708, 2a의 결정에 반대한다, Collins, 422-33, EDNT 3:185, CEV, NCV, NIV, NKJV).

두 번째 용어인 형용사 idion은 보통 단순히 '그 사람 자신의'로 번역되지만 여기서는 두 가지 이유로 좀 더 분명하게('너 자신의 개인 만찬' -TNIV, 비교-LN 57.4) 번역하는 것이 좋을 것 같다. 첫째, 이것은 20절의 주의 만찬과 명확하게 대조된다. 둘째, '각각'이라는 '개인을 강조하는 기능'의 대명사(21절)와 그 당시의 사회적 관습에 비추어볼 때 이것은 공동식사를 할 때 먹었던 '개인'의 몫을 암시하는 것 같다(더 이상의 논의를 위해서는 Theissen, "Social Integration and Sacramental Activity,"147-51 in The Social Setting of Pauline Christianity를 참고하라, 그는 이 책에서 여러 개의 분명한 병행구절들을 인용하고 있다, 특히 Plutarch, "Table Talk," Moralia, 642f-643a, 644c, 또한 BAGD, 369, 1 αβ, BDAG, 466, 1b, Conzelmann, 155 n.22을 참고하라).

간략하게 말하면, '부유한' 사람들은 그들이 '가지지 못한 자'들 앞에서 먹었던 '자신의 개인 음식'을 가지고 왔을 뿐만 아니라, 자신의 집을 교회로 사용했던 주인은 제한된 공간(이것은 건축상의 설계와 구조의 결과였다)으로 인해서 자신의 손님들을 두 범주로 나누었다. 즉 그의 일등급 손님들은 거실로 초대해서 앉게 했고, 반면에 '가지지 못한 자들'임이 거의 분명한 나머지 사람들을 조건이 매우 열악한 바깥마당으로 내보냈다. 따라서 1세기의 건축술은 '가난한 자들을 모욕하는 부자들'에게 도움이 되었다. 부자들은 가난한 자들을 멸시함으로써 결과적으로 그리스도 안에서 한 몸인 교회를 파괴하였으며, 죽으심을 통해서 한 몸 안에서 그들을 통일시키신 분(27절)을 모욕하고 있었다. [*idios* + *deipnon* + *prolambanō*]

11:29. 그리스도의 [비유적인] 몸(교회)(The

[metaphorical] body of Christ(the church), *sōma*) – 이 용어가 '몸'을 의미하는 것은 분명하다. 하지만 이것이 주의 육체를 가리키는 것인지, 그리스도의 몸으로서의 교회를 가리키는 것인지에 관한 논쟁이 있다.

첫 번째 견해는 "그러므로 너희가 이 떡을 먹고 잔을 마실 때 '주의 몸의 의미'를 깨닫지 못한다면 스스로 심판을 자초하는 것이다"(TEV)에서 분명하게 표현되고 있다. 여기에서 TEV가 암시하듯이, 문제는 주의 만찬을 먹을 때 그리스도의 희생적 죽으심을 성찰하거나 깨닫지 못하는 것이다.

두 번째는 견해는 "그러므로 그리스도의 몸을 분별하지 못하고 먹고 마시는 사람들은 자신들에게 내릴 심판을 먹고 마시는 것이다"(TNIV, 또한 CEV, MLB, MOFFATT, NLT, PHILLIPS를 참고)라는 해석에서 분명하게 나타난다. 이 경우에 문제는 '그리스도 안에서 자신들의 교제가 지니는 가장 기본적인 의미에 대해 아무런 생각 없이' 참여하는 것이다(Bruce, 115). 이것은 바로 바울이 20–22절에서 고린도 사람들을 향해 하는 비난이다. 한마디로 고린도 사람들은 자신들보다 못한 사회, 경제적 지위에 있는 사람들을 모욕함으로써 그리스도의 비유적인 몸인 교회를 '존중하고'(NET), 교회에 대한 '적절한 인식'(MLB)을 보여주거나 교회를 '올바르게 판단하는 데'(WEYMOUTH) 실패했다(위의 21절에 대한 논의를 참고하라).

몸이 문자적으로 '예수님의 몸'을 의미한다는 첫째 견해가 압도적임에도 불구하고 ('몸'이 '교회'를 의미한다고 보는) 두 번째 해석이 여러 가지 이유로 더 나은 것 같다. 첫째, 여기에서는 더 이상의 수식어 없이 몸이란 표현을 사용한 것은 몸이 교회를 가리키는 것이 분명한 10장 17절과 비슷하다. 둘째, 이것은 바울이 27절과 달리 여기에서 '몸'과 '피' 둘 다 언급하지 않는 이유를 설명한다. 셋째, 첫째 견해와 달리 이것은 11장 17–34절의 전체 문맥을 하나로 만든다. 이렇게 될 때, 이 단락의 내용은 그리스도 안에서 한 몸으로서의 교회의 악습을 바로 잡고 교회의 일치를 도모하는 것이 된다(특히 17, 18, 19, 22, 33, 34절, 계속해서 21절의 논의를 참고하라, 또한 Bruce, 115, Blomberg, 231, Fee, 563–64). [*sōma*]

11:29–34. 판단하다…분별하다…정죄하다(Judge…discern…condemn, *etc*)(아래의 목록을 참고하라) – 바울은 어근 '*krin-*'에서 파생한 관련 용어들을 연속해서 사용하고 있다. 이 용어들에 대한 논의는 고린도전서 4장 3–5절을 참고하라. 여기서는 본문에서 이 용어들이 등장하는 순서로 단어들을 배열하고, 이 단어가 속해 있는 구절에서의 의미를 요약했다. *krima*(29절)는 '심판', *diakrinōn*(29절)은 '식별하다, 구별하다', *diekrinomen*(31절)은 '식별하다, 판단하다', *ekrinometha*(31절)는 '심판하다', *katakrinomenoi*(32절)은 '심판하다', *katakrithōmen*(32절)은 '정죄하다', *krima*(34절)는 '심판'을 뜻한다. [*krima, diakrinō, katakrinō*]

11:33. 환영하다(Welcome, *ekdechesthe*) – 이 동사가 사람들과 관련해 사용될 때는 '받아들이거나 영접하다, 성공하다, 찬성하다, 기다리다, 예상하다, 어떤 식으로든 받아들이거나 이해하

다, 대접하다, 보증인이 되다'라는 비교적 광범위한 의미를 지닐 수도 있다(LSJ, 503). 시간적인 의미에서 '먼저 가져다가'로 이해되는 21절에서의 *prolambanō*에 대한 바울의 용법에 비추어 볼 때, 이 동사를 '기다리다'는 의미로 사용할 수도 있기 때문에 보통은 '기다리다'로 번역한다(BAGD, 238, BDAG, 300, 대부분의 영역본들 참고). 하지만 위에서 지적했듯이 *prolambanō*가 이런 의미를 가졌는지는 확실하지 않다(앞의 21절의 논의를 참고하라). 따라서 여기 33절에서 '영접하다, 환영하다'라는 정의가 *ekdechomai*에 대해 제안되고 있다(Fee, 568, Garland, 554–55 참고, '모든 사람을 똑같이 환영하다', NIV). 하지만 '환영하다'라는 의미가 이 단어의 신약에서의 다른 용례들(특히 고전 16:11)에서 발견되지 않지만, 이것이 *ekdechomai*의 확고 부동한 의미다(LSJ, 503, MM, 192는 이것을 '기본적인 의미'라고 말한다. 비슷한 견해–EDNT 1:407 참고). 게다가 고린도전서 11장 17–34절에서와 마찬가지로 특히 식사나 접대와 관련 있는 문맥에서 이것이 매우 일반적인 의미다(비교–'왕이 자신의 친구들을 영접하고 있었다', 제3 마카비 5:26, p Tebt. 33.7[112 BC], "이 사람들은 그를 친구의 마음으로 영접했다"–Josephus, Ant 7.14.5 § 351, 11.8.6 §340, "우리를 화려하게 영접했다" –12.3.3 §138, 13.4.5 §104, 13.5.5 §148, War 2.14.7 §297, 3.2.4 §32). 후자의 의미가 보편적이며, 21절에서 간단하게 말했던 문제를 잘 해결하고 접대라는 전반적인 문맥과 일치하기 때문에 선호되는 것 같다(참고–특히 Hays, 202–3, Winter, After Paul Left Corinth, 151–52). 바울은 손님들에게 하찮은 의무감으로 모든 사람들이 올 때까지 정중하게 기다리라고 주장하는 것이 아니다. '환영하다'와 같은 좀 더 역동적인 의미에서 그렇게 말했다고 보는 것이 적절하다. [*ekdechomai*]

12:8–10. 다른 사람(Another, *allō…heterō*) – 8–10절에서 바울이 사용하고 있는 형용사 '다른'은 서로 다른 헬라어 용어들을 번역한 것이다. 첫 번째 용어(*allos*)는 고전 헬라어에서 주로 '같은 종류에 속하는 다른 것'을 뜻했다(예를 들면, 코카콜라, 펩시콜라, 닥터 페퍼, 스프라이터). 이와 달리 두 번째 용어 *heterous*는 주로 '다른 종류에 속하는 다른 것'을 뜻하였다(예를 들면, 우유, 커피, 물, 주스). 이 두 용어들 사이의 이런 구별이 신약 시대에 사라졌지만, 8–10절의 구조는 바울이 이 두 용어들을 구별하고 있다는 것을 보여준다(Blomberg, 244 n.4).

8절	'한 사람에게' – 지혜의 말씀
	'다른 사람에게'(*allos*) – 지식의 말씀
9절	'다른 사람에게(*heteros*) – 믿음
	'다른 사람에게'(*allos*) – 병 고치는 은사
10상반절	'다른 사람에게'(*allos*) – 능력 행함
	'다른 사람에게'(*allos*) – 예언
	'다른 사람에게'(*allos*) – 영들을 분별하는 능력
10하반절	'다른 사람에게'(*heteros*) – 각종 방언
	'다른 사람에게'(*allos*) – 방언들의 통역

이 구조에서 드러나는 것은 *heteros*는 '다른 종류'의 그룹을 소개하는 것 같은 반면, *allos*는 한 그룹에 속한 '같은 종류'의 요소들을 소개하는 것

으로 보인다. 이렇게 보면 은사들을 두 가지 범주, 즉 말의 은사들과 행위의 은사들로 나누게 된다('그리스도께서 말과 행위로…나를 통해서 이루신 것', 롬 15:18 비교). 다시 말해서 바울은 *allos*는 같은 종류의 은사들(이를테면, 언어의 은사들)을 구별할 때, *heteros*는 다른 종류의 은사들(이를테면, 언어의 은사들과 대조되는 행위나 행동의 은사들)을 구별할 때 사용하고 있다. [*allos, heteros*]

12:8-10, 28-30. 영적인 은사들(Spiritual Gifts, *charismatōn*) – 이 장에서 이 용어들을 여러 번 사용하고 있기 때문에 여기에서 한꺼번에 논의하고자 한다. 바울이 12-14장에서 열거하는 영적 은사들로 인해 많은 난제들이 발생하는데, 그 가운데 두 가지에 유의해야 한다. 첫째, 영적 은사들은 열띤 논쟁과 끊임없는 논의의 주제이며, 그 자체로 이 주제에 대해 대립하고 경쟁하는 문헌들을 산더미같이 양산했다. 둘째, 때때로 우리들에게는 필요한 정보가 없고, 바울이 편지를 쓰다가 어쩌다 언급하는 것이기 때문에 바울이 말하고자 하는 현상을 정확하게 또는 확신을 가지고 서술하거나 규정하는 것이 어렵다. 여기서는 바울이 말한 것에 대해 간략한 정의와 설명(이것은 관련된 일반적인 자료들의 특성을 다루는 것이다) 및 독자들의 계속적인 연구를 위해 간단한 참고 문헌 목록을 제공할 것이다.

더 깊은 연구를 위해서는 Fee, "Gifts of the Spirit,"DPL, 339-47, Grudem, ed., *Are the Miraculous Gifts for Today? Four Views, Schreiner, Paul, The Apostle of God's Glory in Christ: A Pauline Theology*, 351-70: Turner, *The Holy Spirit and Spiritual Gifts*와 첨부된 참고 문헌들을 참고하라. [*charisma*]

12:10. 예언(Prophecy, *prophēteia*) – 명사 *prophēteia*는 '하나님의 뜻이나 목적을 해석하는 은사, 예언하는 은사'를 가리킨다(BDAG, 889, 2). 다시 말해서 예언은 '영감을 통해 받은 메시지들을 말하는 역할이나 능력'이다(LN 33.461, 롬 12:6, 고전 12:10, 13:2, 13:8, 14:22). 따라서 *prophēteia*는 때때로 예언하는 은사가 아니라, 신의 뜻이나 목적을 해석하는 사람의 말을 가리킨다(BDAG, 889-90, 3). 다시 말해, 예언은 '하나님께서 주시는 영감을 받아 하는 말'이다(LN 33.460, 딤전 1:18, 4:14, 계 1:3, 33:7, 10, 18, 고전 14:6, 13:8).

동사 *prophēteuo*는 '영감을 받아 계시를 선포하다, 예언하다'라는 뜻이다(BDAG, 890, 1). 다시 말해, *prophēteuo*은 '하나님의 영감의 영향을 받아 말하다'라는 뜻이다(LN 33.459, 마 7:22, 행 19:6, 21:9, 고전 11:4, 5, 13:9, 14:1, 3, 4, 5[2회], 24, 31, 39). 바울은 항상 이 동사를 '앞으로 나아가서 말하다'(선포)는 의미에서 사용하며, '예고하다'(예언)의 의미에서 결코 사용하지 않고 있다(BDAG, 890, 3 참고).

명사 *prophētes*는 '하나님의 뜻이나 목적을 선포하거나 계시하도록 영감을 받은 사람, 즉 예언자'를 가리킨다(BDAG, 890, 1). 다시 말해 예언자는 '하나님을 대신하여, 영감을 통해 받은 말을 선포하는 사람'이다(LN 53.79). 고린도전서에서 바울은 이 용어를 '예언의/ 예언하는 은사를 부여받은 그리스도인들'에게 적용하고 있다 (BDAG, 891, 1e, 고전 12:28, 29, 14:29, 32[2

은사	관련 구절	번역	설명 (하나님께서…에게 주신 능력)
logos sophias [logos + sophia]	12:8	'지혜의 말씀'	특별한 도덕적 통찰을 행사함
logos gnoōseōs [logos + gnōsis]	12:8	'지식의 말씀'	특별한 신학적 통찰을 행사함
pistis [pistis]	12:9	'믿음'	'불가능한' 상황에서 하나님을 신뢰함
charismata iamatōn [charisma+iama]	12:9, 28, 30	'병 고치는 은사'	기적적으로 질병들을 치유함
energēmata dynameōn [energēma+dynamis]	12:10, 비교–12:28,29	'능력 행함'	초자연적 능력을 행함
prophēteia [prophēteia]	12:10, 13:2, 8, 14:6, 22, 비교–동사형: 11:4, 5, 13:9, 14:1, 3, 4, 5[2회], 24, 31, 39, 비교–사람들: 12:28, 29, 14:29, 32[2회], 37	'예언'	하나님께로부터 오는 계시들을 무의식적으로 튀어나오는 말로 선포함
diakriseia pneumatōn [diakrisis+pneuma]	12:10	'영들을 분별하는 능력'	영감을 받아 하는 말의 근원을 분별함
gene glōssōn [genos+glōssa]	12:10, 28, 30, 13:1, 8, 14:2, 4, 5[2회], 6, 9, 13, 14, 18, 19, 22, 23, 26, 27, 39	'다른 종류의 방언들'	이해할 수 없는 언어를 제공함
hermēneia glōssōn [hermēneia+glōssa]	12:10, 비교–12:30,14:5, 7, 26, 27, 28	'방언의 해석'	방언을 해석하거나 통역함
apostolous [apostolos]	12:28, 29, 또한 1:9, 4:9, 9:1, 2, 5, 15:7, 9[2회]	'사도들' (은사 받은 사람들)	하나님께서 주신 임무를 수행하는 사절로서 섬김 (12제자들과 다른 사람들을 포함)
didaskalous [didaskalos]	12:28, 29	'교사들' (은사 받은 사람들)	바르고 분명하게 성경을 가르침
antilēmpseia [antilēmpsis]	12:28	'돕는 은사들'	통찰력과 감성으로 다른 사람들을 섬김
kybernēsis [kybernēsis]	12:28	'다스리는 은사들'	효율적으로 왕국 활동을 조직하고 이끎

회], 37, 행 11:27, 13:1, 15:32, 21:10, 엡 2:20, 3:5, 4:11).

예언의 주제에 대한 수많은 논의들을 검토함으로써 전체적으로는 신약에서, 구체적으로는 바울 서신에서의 예언 '현상'을 더 온전하고 정확하게 이해할 수 있게 된다. 첫째, 예언을 가르침이나 오늘날의 설교와 동일하게 생각해서는 안 된다(Carson, *Showing the Spirit*, 92, Turner, *The Holy Spirit and Spiritual Gifts*, 206–12, *pace* Ellis, *Prophecy & Hermeneutic in Early Christianity*, 147–253). 왜냐하면 신약에서 (1) 예언자의 역할은 특별한 기능으로 인정되고 있는 것 같으며(행 11:27, 13:1, 15:32, 21:10), (2) 이 두 가지 기능들은 서로 구별되고 있고(고전 12:28–29, 엡 4:11, 비교–행 2:17, 21:9, 고전 11:5, 딤전 2:12, 참고–Grundem, Systematic Theology, 1058), (3) 예언은 성령으로 말미암은(행 11:28, 21:10–11, 21:4, 고전 12:8–10, 살후 2:2, NIV, TNIV, NJB, REB,, 비교–행 13:2, 참고–Fee, "Gifts of the Spirit,"DPL, 344, Robert, Jr., "Prophecy, Prophesying,"DPL, 759, Schreiner, Paul: Apostle of God's Glory in Christ: A Pauline Theology, 360–61) 계시에 의한 것이므로(고전 14:30–31) 누구나 원한다고 해서 예언할 수 없었으며, (4) 예언자들은 준비된 본문을 가지고 말하지 않고(행 11:28, 고전 14:30–31) 하나님으로부터 직접 계시를 받아 입에서 나오는 대로 말했기 때문이다(행 13:2, 21:4, 10–11, 고전 14:30–31, 마 26:67–68[눅 22:63–64], 눅 7:39, 요 4:19, 11:51, 더 깊은 논의를 위해서는 Schreiner, *Paul*, 360–61을 보라).

둘째, '예언자'의 '메시지'가 반드시 권위 있는 것으로 자동적으로 인정되지 않았다. 왜냐하면 (1) 거짓 예언자들이 존재했고(행 13:6, 16:16–18, 고전 12:10, 요일 4:1, 비교–마 7:15, 마 24:24[막 13:22], 벧후 2:1), (2) 메시지는 평가를 필요로 했으며(고전 14:29, 살전 5:19–22), (3) 메시지는 중단될 수 있었고, 재개되지 않을 수도 있었기 때문이다(고전 14:30).

이 증거는 (사도들, 신약 성경 기자들, 구약 성경의 예언자들과 달리) 초창기 교회의 예언자들이 반드시 절대적으로 오류가 없는 것만을 말한 것이 아니라는 것을 암시할 수도 있다. 즉, 그루뎀(Grudem)의 주장처럼 예언자들의 메시지에 사실과 거짓이 뒤섞여 들어 있었다고 볼 수도 있다(The gift of prophecy in 1 Corinthians and The Gift of Prophecy in the New Testament and Today, 이것은 Systematic Theology, 1049–61에 잘 요약되어 있다). 바울이 "성령으로 말미암아 바울에게 예루살렘으로 올라가지 말라"고 권했던 제자들의 메시지(행 21:4)를 무시한 것과 사도행전 21장 10–11절에 나오는 아가보의 부정확한 예언은 예언이 틀릴 수도 있다는 개념의 증거다(Grudem, Systematic Theology, 1052–53 참고). 결과적으로 그루뎀은 예언은 단순히 '하나님께서 그 사람에게 자연스럽게 생각나게 하신 어떤 것을 말하는 것'으로 정의해야 한다고 주장한다(Systematic Theology, 1049). 즉, "예언은 하나님으로부터 오는 계시가 예언자 자신의 (단지 인간적인 것에 불과한) 말로 보도될 때 발생한다"(Grundem, *Systematic Theology*, 1057)라고 보는 것이다.

여러 가지 다소 설득력 있는 답변들이 그루뎀의 추정에 대해서 제공되고 있는데(Farnell[그루뎀이 그의 조직신학, 1085에서 편리하게 그 목록을 정리하고 있는 다섯 개의 소논문들], Graffin, *Perspectivee on Pentecost*, 특히 65–67, 93–102, Edgar, *Satisfied by the Promise of the*

Spirit, 72–78, Thomas, *Understanding Spiritual gifts*, rev. ed., 133–42, Schreiner, Paul, 361–63), 그의 추정을 쉽게 일축해서는 안 된다(카슨[Carson, Showing the Spirit, 91–100, 153–54, 160–65, 특히 94]은 '이 추정에 전반적으로 공감한다', 터너[Turner, *The Holy Spirit and Spiritual Gifts*, 213–15c]는 예언에 '사실과 거짓이 뒤섞여 있다는 것을 긍정하고 있다', 비슷한 견해–Witherington, Women in Earliest Churches, 95).

게다가 1세기의 세계를 언급하지 않더라도 신약에서 '예언'으로 다뤄지는 현상의 범위가 매우 광범위했다는 사실에 유의해야만 한다(Aune, *Prophecy in Early Christianity and the Ancient Mediterranean World*, 189–231). 이방인 시인의 말을 기록한 것(딛 1:12)에서부터 방언으로 말하는 것(행 2:4, 6, 17–18)과 구약의 정경의 예언(마 2:17, 3:3, 12:39, 24:15, 행 2:16, 30, 11:30)에 이르기까지의 모든 것이 예언에 포함되었다. 따라서 "적어도 이론상으로는 바울 서신들 안에 다른 종류의 예언이 있을 수도 있다는 가능성을 배제할 수는 없다"(O'Brien, *The Letter to the Ephesians*, 215, 또한 Turnet, *Holy Spirit and Spiritual Gifts*, 216을 참고하라).

또한 계시적 성격을 지닌 예언을 성경의 형성과 관련이 있는 권위 있는 계시에만 국한시킬 필요가 없다. 신약에서 계시와 관련이 있는 단어들의 용법은 예언이 더 폭넓을 수도 있음을 보여준다. 권위가 부족하고, 오류가 있고, 신약 성경의 궁극성(finality)을 위협하는 약화된 형태의 하나님의 비공식적 계시가 그리스도인의 마음과 생각에 제공되는 것이 신약에서 자주 발견된다(마 11:27[눅 10:22], 16:17, 고전 2:10, 갈 1:16, 엡 1:17, 빌 3:15–NASB, 더 이상의 논의를 위해서는 Blomberg, "Holy Spirit, Gifts of,"in *Evangelical Dictionary of Biblical Theology*, Carson, *Showing the Spirit*, 160–65를 참고하라). 따라서 "예언은 교회 생활에서 일반적으로 성령께서 생각나게 하신 말로 받아들여졌다. 그러나 그것이 하나님께로부터 온 것이라는 보증이 없었기 때문에 평가를 받아야 했을 뿐만 아니라(고전 14:29), 사도 바울이 보증하는 진리(14:37–38)보다 권위에서 필연적으로 열등했다"는 카슨의 정제된 진술은 올바른 방향으로 나아가는 것처럼 보인다("Silence in the Churches,"153 in *Recovering Bilical Manhood and Womanhood*, ed. Jhon Piper and Wayne Grudem).

결론적으로 예언자는 통제되지 않는 흥분 상태에서가 아니라 성령의 감동을 받고 하나님의 직접 계시로 말미암아 하나님의 백성들에게 말한 사람이었다(고전 14:29–33). 바울 서신들을 보면, 예언자는 모인 청중들을 대상으로 자연스럽고 이해하기 쉬운 메시지들로 이루어진 연설을 했다. 이 연설은 덕을 세우거나 격려하거나(고전 14:3) 지금 이 때를 위한 하나님의 뜻을 계시하는 데 목적이 있었다(예를 들어, 은사들에 대한 계시–딤전 1:18과 함께 4:14, 죄에 대한 계시–고전 14:24–25, 비밀과 지식의 계시–고전 13:2, 그리고 인도하심–행 13:1–2, 16:6–7, 21:4, 11–14). 그 이유들이 전적으로 명확하지는 않지만, 예언적 언설들을 평가하거나 시험할 필요가 있었다는 점에서 예언은 독립적인 권위가 부족했다(고전 12:10, 14:29, 살전 5:19–22, 요일 4:1). 예언의 출처(고전 12:10, 요일 4:1)와 관련성(실제적 의미)을 평가할 필요는 있었다. 그러나 '밀'을 '겨'에서 분리할 필요가 있을 정도로 예언의 내용에 거짓과 사실이 뒤섞여 있었는지는 확실하지 않다(고전 14:29, 살전 5:19-22). 이 결론을 따르는 비슷한 '정의들'에 대해서는 Aune, Prophecy, 339, Fee, "Gifts of the Spirit,"DPL, 346, Forbes, Prophecy and Inspired Speech, 219(그는 "최근의 연구는 예언의 특성에 관해 합리적인 수준의 합의에 도달했다"고 주장한다), Schreiner, *Paul*, 361, Turnerm *Holy Spirit and Spiritual Gifts*, 184-220, 특히 187, 196을 참고하라. [*prophēteia*]

12:12. 그리스도의 몸(The body of Christ, *ho Christos*) - 헬라어 본문에는 문자적으로 '그리스도도 그러하다'로 되어 있다. "많은 지체가 있고 몸의 지체가 많으나 한 몸이다"라는 선행 구절에서부터 바울은 육체적인 몸과 같이 마찬가지로 '그리스도'도 많은 지체들로 구성되어 있다고 말하는 것 같다. 비슷한 사상이 27절, 즉 "너희는 그리스도의 몸이고, 지체의 각 부분이다"에서 표현되고 있다. 그러나 바울이 28절에서 "하나님께서 교회에서 몇을 세우셨다"고 말할 때 그리스도의 몸을 교회와 동일시하는 것 같다. 이 모든 사실은 12절에서 바울이 '그리스도'를 '그리스도의 몸'(즉, 교회)을 뜻하는 '약어'(즉, 환유)로 사용하고 있다는 것을 암시한다. 따라서 12절은 "사람의 몸에 많은 부분들이 있으나 그 많은 부분들이 단 하나의 몸을 구성한다. 그것은 그리스도의 몸의 경우에도 마찬가지다"로 번역되어야 한다(NLT, WEYMOUTH, Fee, 603, Garland, 590, Thiselton 995). 20세기 초부터 주해들(특히 Schweitzer, *The Mysticism of the Paul the Apostle* [1931], Robinson, *The Body: A Study in Pauline Theology* [1952], *Cerfaux, The Church in the Theology of St.* Paul [1959])은 그리스도를 붕괴하여 교회 속으로 들어가게 했고, 그 결과 부활하신 그리스도를 교회와 동일시하거나 교회를 부활하신 그리스도의 '신비적인' 몸과 동일시하게 되었다. 그러나 이 주해들은 사람의 몸과 그리스도의 몸, 즉 교회에 대한 바울의 유비의 취지를 간과하고 있다(더 깊은 논의를 위해 Barrett, 287-88, Thiselton, 990-92, 995-96를 참고하라). [Christos]

12:31. <u>더욱 큰</u> <u>은사들을</u> <u>진심으로</u> <u>사모하라</u>(<u>Earnestly desire</u> <u>the greater</u> gifts, *zēloute⋯ ta meizona*) - 이 간단한 헬라어 문장은 놀라울 정도로 난해하다. 문제는 두 가지다. 첫째, 헬라어가 애매하다. 이 동사는 진술, 질문 또는 명령문으로 해석할 수 있다. 둘째, 바울은 모든 은사들이 다 필요하다고 열정적으로 변호한 다음 어째서 그 은사들 가운데 어떤 것을 가리켜 '더욱 크다'라고 말했을까? 이 용어('더욱 큰')의 사용은 12장, 특히 12-26절에서 주장한 것, 즉 "고린도 사람들은 서로 보완하는 다양한 은사들을 소중하게 여겨야 하며, 자신들에게 할당된 특별한 은사들에 만족해야 한다고 말한 것의 대부분이나 전부를 뿌리째 뒤흔들고 있다"(Hays, 217, 비교- Barrett, 296).

거의 모든 영역본들이 인정하듯이, 첫 번째 문제는 아마도 14장 1절의 "진심으로 신령한 은사들을 사모하라"(*zēloute⋯ta pneumatika*)는 병행 진술에 의해 해결할 수 있을 것 같다. 문맥에 비추어볼 때 이 말은 명령임이 거의 확실하다(*zēloute*를 명령으로 사용하고 있는 14:39와 비교하라, 참고-BAGD, 338, 1a, BDAG, 427, 1a, Carson, *Showing the Spirit*, 53-55, Fee, 624, Garland, 600-601, 하지만 CEV, NIV, TNIV의 난하주들은 12:31을 명령보다는 진술로 이해하고 있는 것에 주목하라, LN 25.76).

두 번째 문제는 조금 더 어려우며, 여러 가지 견해들이 가능한 해결 방안으로 제시되고 있다. 첫째, 31상반절은 고린도 사람들의 슬로건이며, 바울은 31하반절에서 다음과 같이 그 슬로건에 단서를 달고 있다(더 논의하려면, Baker, "The Interpretation of 1 Corinthians 12-14" Evangelical Quarterly 46[1974]: 227, Martin, The Spirit and the Congregation, 34-35을 참고하라). "너희는 '더욱 큰 은사들을 진정으로 사모하라'고 말한다(31상반절). 그런데(*well*) 나는 너희에게 훨씬 더 좋은 길을 보여줄 것이다"(31하반절). 하지만 이 견해는 (1) 논증의 이 시점에서 바울이 고린도 사람들의 말을 인용하고 있다는 것을 암시하는 명확한 신호가 없다(Garland, 601, 참고-Grudem, *The gift of Prophecy in 1 Corinthians*, 161-62). 그리고 (2) 31하반절을 시작하는 접속사(kai)가 단서나 거절을 소개하기에 적절하지 않다. '그런데'(*well*)라는 번역은 너무 관대하며, 한쪽으로 치우치기조차 한다. 거의 모든 면에서 이것은 '그리고'(*and*) 또는 '이제'(*and now*)로 번역되어야 한다(Carson, *Showing the Spirit*, 54-56 참고).

둘째, 바울이 신자 개인이 더 크고 더 중요한 은사들을 받기 위해 애쓰는 것이 당연하다는 뜻으로 말했을 가능성이 있다(Bruce, 123-24, Morris, 176, Robertson-Plummer, 282). 하지만 이 견해 역시 여전히 12-26절의 흐름과 얼마간 일치하지 않는 것 같으며, 그 부분에서 상호 관심, 상호 의존성 그리고 주어진 은사들에 대한 만족을 강조하는 것과도 일치하지 않는다. 하나님께서는 자신의 뜻대로 은사를 주시며(7, 11, 18, 28절), 모든 신자가 모든 은사들을 다 이용할 수 있는 것이 아니다(29-30절). 따라서 이 구절이 신자 개인에게 개별적으로 가장 중요한 은사들을 위해 애쓰라는 의도로 말하는 것 같지는 않다(Carson[*Showing the Spirit*, 41, Morris, 176]은 7. 11, 18, 28절에서 언급된 하나님의 주권적 행위를 근거로 이 논법의 정당성에 이의를 제기한다).

셋째, '더욱 큰'이라는 용어는 아마도 '몸의 잘 안 보이는 지체들'에게 특별한 명예와 대접이 제공된다는 23-24절에 비추어볼 때, 역설적인 표현으로 이해할 수도 있다. 이 경우에 바울은 어느 정도의 역설을 사용하여 '현란하고' 눈에 잘 띄며, 기적적인 은사들(특히, 방언)을 소중하게 생각했던 고린도 사람들에게 이 '더 큰' 은사들, 즉 극적이지 않아서 무시되었던 것이 분명하지만 귀중한 가치가 있는 은사들을 사모하라고 권면하고 있다. 이 견해는 특히 12-26절의 논증에 비추어볼 때 매력적이다. 고전 12장 12-26절은 고린도에서 많은 은사들이 덜 귀하거나 중요하지 않은 것으로 간주되었으며(15-16절), 더욱 더 극적인 은사들을 받은 사람들이 그런 일을 조장했다는 것을 암시한다(21절). 그러나 '더욱 큰'(덜 눈에 띄는, 덜 극적인)이란 용어에 대한 이런 역설적인 독법을 뒷받침하는 문맥상의 증거가 거의 없는 것 같다.

넷째, 가장 좋은 해결책은 바울의 명령을 개인보다 공동체를 향한 것으로 간주하는 것이다. 다시 말해, 고린도 사람들은 그들 자신의 개인적 삶에서보다는 '회중 전체에서' 더 큰 은사들이 나타나기를 진정으로 사모해야만 한다. 더 나아가 14장(특히 5, 6, 12, 19, 23-25절, 비교 12:7)에 비추어볼 때 '더욱 큰' 은사들은 고린도 사람들이 큰 매력을 느끼고 강하게 강조했던, 해석되지 않는 방언들에 비해, 교회의 덕을 세우는 이해하기 쉬운 모든 은사들로 이해된다. 디셀튼(Thiselton)의 설명처럼 고린도 사람들은 '더욱 큰'을 '사회적으로 또는 영적으로 높은 지위'를 갖게 하는 것과 연관 지어 생각했으나 "바울은 지위를 추구하는 엘리트주의자들 발밑에서 양탄자를 잡아당기는 방식으로 그것을 다시 정의하고 있다" (1024-25).

끝으로 '더욱 큰'(*meizōn*) 이라는 용어를 동일하게 사용하고 있는 고린도전서 14장 5절은 "자신이 해석하지 못하는 방언으로 말하는 사람보다 예언을 말하는 사람이 더 크다"라는 해석을 확증하는 것으로 보이는 중요한 병행 구절을 제공하고 있다. 이 견해에 찬성하는 일반적인 접근법에 대해서는 Barrett, 296, Carson, *Showing the Spirit*, 56-57, Fee, 624-25, Thomas, *Understanding Spiritual Gifts*, rev. ed., 66, 234-35을 참고하라. 그리고 명확하지는 않지만 도움이 되는 논의를 제공하는 Garland와 비교하라. 결론적으로 NKJV가 '더욱 큰, 더욱 중요한'보다 '가장 좋은'으로 번역하는 후대의 헬라어 사본들을 따르고 있다는 점에 유의할 필요가 있다(BAGD, 498, 2bβ, BDAG, 624, 4b). [*zēloō*+ *megas*]

13:1. 사람의 <u>언어와</u> <u>천사의</u> <u>언어</u>(<u>Languages</u> of humans <u>and of angels</u>, *glōssaia …kai tōn angelōn*) – 12장 28, 30절과 13장 8절에서 방언을 언급하고 있고, 14장에서 이 표현이 15회 사용되는 것을 감안할 때, 이 표현은 아마도 초자연적인 방언의 은사를 가리키는 것 같다. 그러나 바울이나 고린도 사람들이 (혹은 둘 다) 방언의 은사를 천사들의 언어로 생각했는지는 전혀 분명하지 않다(참고-Blomberg, 259, Garland, 611, Hays[223]는 그럴 가능성이 있다고 본다, 비교-Fee, 630는 이것이 사실이었다고 '매우 확신한다'). 천사들의 언어들을 언급하는 유대의 여러 병행 본문들에서는 방언을 천사들의 언어로 간주하는 것이 분명하다(Ascension of Isaiah 7:13-37, b Bava Batra 134a, bSukkah 28a, 특히 Testament of Job[48-50]에 따르면, 욥의 딸들 가운데 한 사람이 "무아지경 상태에서 천사의 말을 했다"[trans. OTP 1:886]로 기록되어 있다, 비교-고후 12:4, 계 4:2-3). 뿐만 아니라 이것은 고린도 사람들이 "자신들이 이미 천사의 말을 하기 시작했다고 생각했다"라는 견해와 일치한다(Fee, 631, 비교-Martin, *The Spirit and the Congregation*, 43, 참고-고전 4:8, 11:10). 하지만 바울이 사랑과의 차이를 강조하기 위해 과장법(과장법으로 보이는 2-3절과 비교하라, 참고-Horsley)을 사용했을 가능성도 있다(Carson, *Showing the Spirit*, 58, Conzelmann, 221 n. 27 비교). 이 경우 바울은 전체의 영역들을 나타내는 두 가지 상반되거나 대조되는 요소들에 의해 어떤 것 전부를 표현하는 메리즘(merism-'선과 악'이란 극단적 개념을 사용하여 가치관의 총체를 표현하는 일종의 제유법)으로 알려진 비유법

을 사용하는 것에 불과하다. 이것은 바울이 가능한 한 모든 것을 다 포함시키려는 의도를 갖고 있었고, "내가 모든 종류의 언어들로 말할 수 있다 하더라도 다른 사람을 사랑하지 않으면…"이란 뜻으로 말했다는 것을 암시한다(Hays, 223가 지적하는 것처럼 이 표현은 단순히 '매우 우아하게 말하다'라는 뜻이 아니다). 간단히 말하면 바울이 방언의 은사에 대해 말하면서 과장법을 사용한 것처럼 보인다는 것이다(이 두 가지 가능성들 가운데서 어느 한 가지를 선택하거나 결정할 필요는 없다). [*glōssa* + *angelos*]

13:2. 하나님의 비밀들(Divine secrets, *mystēria*) – 바울에게 이 용어는 일반적으로 '인간이 발견할 수 없는 어떤 것, 드러나기 전까지 알 수 없거나 숨겨진 어떤 것, 하나님의 비밀'을 가리킨다(고전 2:7의 논의를 참고하라). 이 문맥에서 어느 것도 사람의 발견 너머에 있는 하나님의 비밀이라는 바울의 일상적 의미에서 벗어날 것을 요구하지 않는 것 같지만, 이 용어는 여기에서 '사람의 인식 능력을 넘어서는 것'(O'Brien, "Mystery", DPL, 622)을 가리킬 수도 있다. [*myetērion*]

13:3. 자랑하다(Boast, *kauchēsōmai*) – 여기에서의 쟁점은 이 용어의 정의나 의미에 있지 않고, 바울이 실제로 여기서 어떤 단어를 사용했는가를 결정하는 데 있다. 헬라어 사본들에는 *hina kauthēsomai* 또는 *kauthēsomai*('내가 불사름을 당할지라도')와 *hina kauchēsomai*('내가 기뻐하기 위하여/ 자랑하기 위하여')로 되어 있다. 따라서 영역본들도 마찬가지로 '불사르게 내어주다'(CEV, EV, HCSB, NASB, NCV, NIV, NJB, NKJV, REB, TEV)와 '자랑하다 /기뻐하다'(NAB, NET, NLT, NRSV, TNIV)로 구분된다. 이에 대해 다음과 같은 네 가지 관찰이 이루어지고 있다. 첫째, 가장 오래 되고 가장 신뢰할 만한 헬라어 사본들은 '자랑하다/ 기뻐하라'로 해석하고 있다. 둘째, '내 몸을 내어주어' 다음에 나오는 '내가 불사름을 당할지라도'는 어색한 표현이다(아마도 '불사름을 당하도록 내 몸을 내어주다'를 예상했을 것이다). 셋째, 증가하는 순교와 관련 있는 초대교회 초기의 필사자들의 상황은 사본들에서 '내가 불사름을 당할지라도'가 어떻게 해서 생겨났는지를 합리적으로 설명해준다. 넷째, 이 문맥에서 '내가 자랑하기 위하여/ 내가 기뻐하기 위하여'로 해석할 때의 난점이 고대의 필사자들에게 '자랑하다'를 '불타다'로 변경하도록 필요한 동기를 제공했던 것 같다(Fee, 634–35 참고). 따라서 '내가 기뻐하기 위해/ 자랑하기 위해'가 원문의 표현이었을 가능성은 많지 않다. [*kauchaomai*]

13:4–7. 사랑(Love, *agapē*) – 고린도전서 12장에서 9회 사용된 사랑이란 의미의 용어는 너무도 유명한 *agapē*이다. 이것은 물론 '깊고 진심에서 우러난 이기심 없는 사랑, 하나님께서 갖고 있는 사랑, 거룩한 사랑'을 가리킨다. 그러니 이런 의미가 명사 *agapē*와 동족동사 *agapaō*에만 고유하게 있는 것은 아니다. 이것은 성적인 사랑(*eroslerаō*)이나 형제 사랑(*philia*/ *phileō*)을 뜻하는 단어들과 달리 이 단어만이 다른 사람들을 위해 최선을 다하는 신적인 사랑의 의미를 일부 표현할 수 있기 때문에 신약에서 이 단어가 사용되

고 있다고 말하는 많은 대중적인 주해와 상반된다(Lenski, 546–47, MacArthur, 329–30, 488, Redpath, The Royal Route to Heaven: Studies in First, 156–58).

하지만 이런 이해는 면밀히 따져 보면 타당성이 없다(Carson, Exegetical Fallacies, 2nd ed., 31–32, 51–53). 열왕기하 13장 1, 4, 15절(삼하 13:1, 4, 15)에서 명사 *agapē*와 동사 *agapaōr*는 자신의 누이 다말에 대한 암논의 근친 상간의 사랑, 즉 결국은 강간으로 끝나는 사랑에 대해 사용되고 있다(비교–창 34.3에서는 디나에 대한 세겜 사람들의 '사랑'에 대해 *agapaō*를 사용하고 있다). 사실 70인경에서 *agapē*의 용법을 조사하면, 성적 욕정이라는 저속한 의미를 벗어나는 경우가 거의 없다(왕하 1:26, 13:15, 솔로몬의 노래 2:4 , 아 2:4, 5, 7, 3:5, 10, 5:8, 7:6, 8:4, 6, 7[2회], 렘 2:2). 베드로후서 2장 15절은 발람이 '불의의 삯을 사랑했다(*agapaō*)'고 말한다. 반면에 디모데후서 4장 10절에서는 데마가 이 세상을 '사랑했기'(*agapaō*) 때문에 변절했다고 말한다(눅 11:43, 요 3:19, 12:43의 *agapaō*의 비슷한 용법과 비교하라). 동사 *agapaō*와 *phileō*는 거의 같은 의미를 가지고 있으며, 아들(예수님)에 대한 아버지(하나님)의 사랑을 나타낼 때 사용된다(요 3:35[*agapaō*]를 5:20[*phileō*]과 비교하라). 특별한 구분 없이 사용되는 이 두 단어가 본질적으로 동일한 의미를 갖고 있다는 것을 다른 곳에서도 보게 된다(요 14:21, 16:27, 요 11:3과 11:15과 11:36, 요 13:23, 19:26, 21:7, 20과 20:2, 비교–눅 11:43[*agapaō*]과 20:46[*phileō*], 더 이상의 논의를 위해 TDNT 1:37을 참고하라).

따라서 블롬버그(261)가 "하나님의 사랑이라는 의미를 전달하는 것은 단어 그 자체가 아니라 문맥이다"라고 말한 것은 매우 타당성이 있다. 끝으로 사랑에 관해 말하는 모든 숭고한 것들을 생각할 때(고전 13장에서의 바울의 '찬송'은 가장 위대한 것임이 틀림없다), 추가로 한 가지 더 말할 필요가 있는 것은 "즉시 그것을 하라!"(Just do it!)이다. [*agapē*]

13:8. 방언이 그치게 될 것이다(Tongues…will cease, *pausontai*) – 이 동사는 '스스로 멈추다, 그만두다'라는 뜻이다(BAGD, 638, 2, BDAG, 790, 2, LN 68.34). 이 용어의 의미와 관련해서 다음의 세 가지 관찰들은 바울이 예언과 지식에 비해 방언에는 다른 어떤 것이 있다는 것을 강조했을 가능성이 있음을 암시한다. 첫째, 바울이 예언과 지식에 대해 사용한 동사(*katargeō*, '폐하다')와 방언에 대해 사용한 동사(*pauō*, '그치다')가 다르다. 사실 바울은 여기에서 '폐하다'라는 수동형(*katargeō*) 동사를 '그치다'라는 능동형의 동사 대신에 사용하는 'A–B–A'의 패턴을 다시 사용하고 있다(고전에서 매우 자주 발견되는 'A–B–A'패턴에 대해서는 12:8–10을 참고하라). 둘째, 9–10절은 이처럼 다른 동사를 사용하는 것이 단순히 표현 기법의 문제가 아님을 암시한다. 왜냐하면 이 구절들은 예언과 지식이 동일한 운명에 처한다고 말하는 반면에 방언에 대해서는 언급조차 하지 않기 때문이다. 뿐만 아니라 9–10절에서 바울이 이미 이 두 은사들과 관련하여 사용한 것과 동일한 수동형 동사를 사용해서 예언과 지식을 언급하고 있다는 사실은 이 동사들의 선택이 단순히 표현 기법의 문제가 아님을 암시한다. 그 외에 바울은 예언과 지식에 대해

	예언	방언	지식
동사	폐하여질 것이다(8, 10절)	그치게 될 것이다(8절)	폐하여질 것이다(8, 10절)
동사의 태	수동태	중간태	수동태
종결	온전한 것이 도래할 때 끝남	언급되지 않음	온전한 것이 도래할 때 끝남

부분적이라고 말하는 반면에 방언에 대해서는 침묵한다(비교-Fee[644 n.21]는 이것이 중요하지 않다고 생각한다). 셋째, '폐하다'는 수동형동사(*katargeō*)인 반면에 '그치다'(*pauō*)라는 동사는 중간태이며, 헬라어 문법학자들이 '간접중간태'로 명명하는 것과 동일한 작용을 한다(이것이 간접중간태의 의미를 지니며, 이태[異態-형태는 수동형이면서 의미는 능동인 것] 동사가 아니라는 설득력 있는 주장에 대해서는 Wallace[Greek Grammerbeyond the Basics, 422-23]를 참고하라, 반대 의견-Carson, Exegetical Fallacies, 2nd ed., 76-77). 이것은 '폐하여질 것이다'라는 동사의 수동태에서 암시되듯이 어떤 외부적인 힘이나 사건으로 인해 사라지게 되는 예언이나 지식과 달리 방언은 '저절로, 즉 간섭하는 힘의 작용 없이 소멸하게 된다'는 것을 암시한다(Wallace, Grammer, 422, 비교-BAGD, 638, 2, BDAG, 790, 2). 이 세 가지 견해들은 다음과 같이 요약된다.

이 관찰들은 방언과 지식/ 예언 사이의 근본적인 차이는 다음과 같이 두 가지임을 암시한다. 첫째, 방언은 저절로 그치게 될 것이다. 그러나 예언과 지식은 어떤 외부적인 힘이나 사건들로 인해 사라지게 될 것이다. 둘째, 예언과 지식은 온전한 것이 도래할 때 사라지게 되지만 방언은 온전한 것의 도래와 아무런 상관이 없으며, 온전한 것이 도래할 때 이미 사라져서 없을 것이다(9-10절). 따라서 오늘날 많은 신약 학자들의 지배적인 견해(Carson, Showing of the Spirit, 66-67, Fee, 643 n.17, Garland, 622 n. 14, Kistemarker, 464)와 달리, 바울이 온전한 것이 도래하기 전에 방언이 스스로 그치거나 '소멸한다'라고 생각했다고 주장할 충분한 이유가 있다. 이 견해는 방언의 종식과 관련한 문제들과 밀접한 관계가 있다(아래 10절의 논의를 참고하라). 하지만 피(Fee,644n. 17)는 월리스(Wallace, Grammar, 422-23)를 중심으로 벌어지고 있는 이 논쟁은 여러 가지 점에서 바울의 관심을 간과하고 있다는 견해를 제시한다(비슷함-Thiselton, 1064). 이것이 사실이라 하더라도 고린도 사람들의 '방언에 대한 특별한 열정'(Fee, 624) 때문에 바울은 방언이 결국은 그치게 될 뿐만 아니라 실제로 그 이전에 그치게 될 수도 있다는 것을 말할 필요가 있었을 것이다. [*pauō*]

13:10. 온전한(Perfect, *teleion*) - 여기에서 명사로 사용되고 있는 이 형용사는 기본적으로 '온전한, 완벽한' 또는 '완전히 자란, 성숙한'이란 뜻을 갖고 있다(BAGD, 809, 1-2, BDAG, 995, 1-2 참고). 하지만 이 단어가 지시하는 내용에 대해서는 세 가지 견해가 있다. 만약 이 단어의 의미가 '온전한, 완벽한'이라면, 바울은 그리스도

의 재림(대부분의 해석자들)이나 신약 정경의 완성에 대해 말하고 있는 것이다(Gromacki, The Modern Tongues Movement, rev. ed., 125-29, 이 견해는 프린스턴의 저명한 신학자인 Warfield와 그의 저서 Counterfeit Miracles, 27-28와 주로 관련이 있다). 하지만 '완전히 자란, 성숙한'이란 의미라면, 바울은 그리스도의 성숙한 몸, 즉 속-사도시대(post-apostolic age)에서의 교회의 형성에 대해 언급하고 있는 중이다. 이것은 보통 정경의 완성, 정규 성직자 제도의 확립, 혹은 유대인과 이방인이 한 몸 안에서 연합하는 것을 보고 판단하게 된다(이 견해를 강하게 옹호하는 McRay, Paul: His Life and Teaching, 426-35, Thomas, Understanding Spiritual Gifts, 2nd ed., 123-32, 236-40, 259-62를 참고하라). 위의 내용을 정리하면, 다음과 같다. (1) 그리스도의 다시 오심, (2) 신약 정경의 완성, (3) 성숙한 또는 성장하는 교회의 형성. 이 시점에서 '온전한 것'이 올 때 '부분적인 것이 사라질 것'이라는 점에 유의하는 것이 중요하다. 이것은 곧 성령의 은사들 가운데 예언과 지식의 은사가 끝나게 될 것을 암시한다. 따라서 두 번째와 세 번째 견해가 적절하고, '온전한' 것이 정경이나 성숙한 교회를 가리킨다면, 예언과 방언으로 말하는 것과 같은 성령이 허락한 계시의 은사들이 이미 끝났다는 것을 강하게 암시한다.

하지만 이 두 견해들을 수용하기에는 어려움이 있다. 두 번째 (정경) 견해는 바울과 고린도 사람들 모두, 정경이 형성되었고 그것이 주의 재림 전에 완성될 것으로 알고 있었다는 사실을 전제로 하기 때문에 적절하지 않아 보인다. 즉, 둘 다 불확실한 추정이다(참고-Wallace, 295, Blomberg, 260, Hays, 229, Fee[645 n. 23]는 '불확실한'보다는 '불가능한'이란 표현을 선택한다). 뿐만 아니라 "그것, 즉 '신약 정경'이 바울이 말하는 것이 틀림없다면 바울이 12절에서 엄청나게 과장하고 있다는 비난을 받을 수도 있다"(Turner, "Spiritual Gifts: Then and ow, "Vox Evangelica 15 [1985]:39). 세 번째 ('성장') 견해는 11절의 '성장' 비유에 지나치게 의존하고 있다. 하지만 이것은 이 단락의 논증(12-13절)을 유비의 배경으로 여길 뿐만 아니라 유비의 요지를 오해한 것으로 여겨진다. 유비의 요지는 성장과 성숙에 있는 것이 아니라, 어떤 활동들이 적절한 때나 시기가 있는 반면에 그 활동들이 적절하지 않은 때가 온다는 것이다(Garland, 623, 또한 Miraculous Gift, 336, Robertson-Plummer, 297-98). 10절에서 '온전한' 것은 오고 있는 적절한 시기뿐만 아니라, 이 시기를 12절에서 강조된 '지금'과 '그때' 사이의 대조의 관점에서 이해하고 있는 것이 거의 확실하다(9-10절과 12절 사이의 문자적, 개념적 유사성에 대해서는 아래의 논의를 참고하라). 이것을 12절의 명백한 '종말' 언어와 연관지을 때, 은사들은 '시대들 사이에 있는 때에 적합한 것', 즉 그들이 그리스도께서 재림하시기 전의 현재 시대에 적합한 것임을 암시한다(Hays,

9-10절	12절
'우리가 부분적으로 안다'	'내가 부분적으로 안다'
'그러나 온전한 것이 올 때 부분적으로 하던 것이 폐할 것이다'	'그러나 그 때 내가 온전히 알 것이다'

229, 비교–Fee, 643). 9–10절과 12절 사이의 유사성은 이 사실을 확증하며, 따라서 '온전한' 것은 '재림에 의해 발생하는 일들의 상태'와 관련이 있다는 것을 강하게 암시하고 있다(Carson, Showing the Spirit, 67, 또한 Garland, 622).

그러므로 결국 '온전한' 것이 '재림에 의해 발생하는 일들의 상태'를 가리킨다는 첫 번째 견해가 적절하다(Blonberg, 260, Fee, 644–46, Garland, 622–23, 특히 Carson, Showing the Spirit, 68–72는 이 세 가지 견해들을 적절하게 논의하고 있다). 사실 이것을 다른 방식으로 이해하는 것은 12절의 언어를 너무 가볍게 취급하는 것이다"(Carson, Showing the Spirit, 71).

예를 들어, 이것은 성령의 은사가 주께서 다시 오실 때까지 계속될 것이라는 뜻인가? 반드시 그렇지는 않지만, 그럴 가능성이 있다(Grudem, The Gift of Prophecy 참고). 성령의 은사가 빨리 폐하여질 가능성도 있지만, 바울은 절대적이며 궁극적인 종점은 바로 재림이라고 말하고 있다. 이와 달리 만일 바울이 은사 그 자체가 아니라 은사의 목적을 가리키는 것이라면, 이것은 반드시 은사 그 자체가 아니라 은사의 목적이 재림 때까지 계속된다는 의미일 뿐이다(Edgar, Satisfied, 245–46, Gaffin Jr., "A Cessationist View,"55, 57 in Are the Miraculous Gifts for Today's ed. Wayne Grudem). 후자를 선택하는 것이 바울의 '부분적으로'라는 표현에 대해 더 나은 견해인 것 같다. 즉, 은사들이 부분적인 것이 아니라 이 은사들에서 얻은 지식이나 정보가 제한적이고 부분적이다(Whitem "Richard Gaffin and Wayne Grudem on 1 Cor. 13:10", JETS 35 [1992] 173–81, 특히 178–79 참고). 이 부분적인 지식이나 정보는 사라지게 될 것이다. 즉, 12절이 암시하는 것처럼 주께서 다시 오실 때 온전하고 충만한 지식에 그 자리를 내어줄 것이다. [*teleios*]

14:2. 영(Spirit, *pneumati*) – 바울은 14장에서 '영'이란 용어를 7회 사용한다. 여기서 쟁점은 기본 의미가 아니라, 이 단어가 가리키는 것과 관련이 있다. 바울이 이 단어를 성령이란 뜻으로 사용하고 있는가, 인간의 영이란 뜻으로 사용하고 있는가? 이에 대한 견해는 다음과 같다(Garland, 630–31, 633, 639, ESV, HCSB, NET 참고). 성령(2절), 성령의 은사들/ 신령한 은사들(문자적으로 '영들에 대해 열심인', 12절), 인간의 영(14절), 인간의 영(15상반절), 인간의 영(15하반절), 인간의 영(16절, 대조–Fee, 671, MLB, MOFFATT, TNIV), 인간의 영(32절). 더 깊은 논의를 위해 특히 '영'과 '마음'의 의미상의 차이에 관련하여(14–15절) 아래 14절의 논의를 참고하라. [*pneuma*]

비밀들(Mysteries, *mystēria*) – 보통 '인간이 발견할 수 없는 어떤 것, 계시될 때까지 알 수 없거나 숨겨진 어떤 것, 하나님의 비밀'을 가리키는 이 용어에 대해서는 고린도전서 2장 7절을 참고하라. 하지만 여기에서는 '이해의 영역을 벗어나 있는 것'(Fee, 656, 특히 Horsey[182]는 여기서 복수명사의 사용에 유의할 것을 요청한다), '인간의 지각 능력을 뛰어넘는 것'(O'Brien, "Mystery", DPL, 622 비교)이나 '사람의 재간으로 이해하기에 너무 난해한 것'(BAGD, 530, 2, BDAG, 662, 1b 비교)을 가리킨다. 한마디로 이것은 비밀이나 비밀스런 진리보다는 불가해한 것을 가리키는 것처럼 보인다. 많은 영역본들이 바울 서신에서의 이 용어의 일반적인 의미와 일치하게 '비밀'(secret, NCV, NJB, PHILLIPS, TEV, WEYMOUTH, 또한 BAGD, 530, 2, BDAG, 662, 1b)로 번역하고 있지만, 바울이 여기에서 그런 뜻으로 사용했을 가능성은 거의 없다(Thiselton, 1085). 다시 말해서, 방언을 말하는 사람이 '비밀들을 말한다'는 사실을 '아무도 알아듣지 못하는' 이유에 대한 설명으로 제공하고 있는 것으로 보인다(특히 Robrtson-Plummer, 306, Collins, 492 참고). 이것은 말한 것이 '이해의 범위를 넘어서거나 이해할 수 없는 것'임을 암시한다. 뿐만 아니라 선행 구절에서 '사람을 향해 한 말과 하나님을 향해 한 말을 대조'하고 있다는 사실(Carson, Showing the Spirit, 101)은 방언과 같은 언어를 듣는 대상이 사람들이 아니라 하나님을 암시하기 때문에 알아듣지 못한다는 이 의미를 확증하는 것 같다.

또한 이 구절에서 묘사하고 있는 현상이 사도행전 2장 4–11절에서 묘사된 것과 다르다는 것에 유의해야만 한다(Blonberg, 245, Ellingworth–Hartton, 305, Fee, 598, LN 33.3). 사도행전에서 사람들은 자신들의 언어나 방언으로 알아들었다. 그러나 여기 고린도전서 14장 2절에서 사람이 하나님께 '비밀들을 말하고'(28하반절 비교), '통역자'(13, 27–28절)가 없을 경우 '아무도 알아듣지 못한다.' 하지만 다음과 같이 이의를 제기하는 카슨(Carson)의 견해(79, 83)에 주목할 필요가 있다. "이것은 어느 한편에서 확신을 가지고 대답하기에 매우 어려운 문제다.…여러 사항을 고려할 때, 증거는 바울이 방언의 은사를 진짜 언어의 은사로 생각했다는 견해로 기울고 있다. 사도행전의 방언이 고린도전서의 방언과 다른 기능을 갖고 있는 것은 틀림없는 사실이다. 그러나 바울이 두 가지가 본질적으로 다른 것이었다고 생각했다는 것을 암시하는 실제적인 증거는 없다." 따라서 우리들은 어느 한쪽의 입장에서(즉, 방언이 이 땅의 언어이거나 하늘의 언어라는 입장에서, 13:1의 '천사의 방언'과 비교하라) 언어들을 항상 다루고 있는 것 같다. 다른 방법으로는 해석이 불가능해 보인다. [*mystērion*]

14:3. 덕을 세움(Edification, *oikodomēn*) – 5, 12, 26절에서도 사용되는 이 명사는 '덕을 세우는, 교화, 세움'을 의미하며(BAGD, 559, 1b, BDAG, 696, 1b) 여기서는 고린도 사람들을 영적으로 견고하게 하는 것을 가리킨다. 이 용어와 관련이 있는 개념들인 '권면', '위로'(3절), '유익'(6절), '가르침'(19절)뿐 아니라 4절(2회)과 17절에서 '덕을 세우다'는 뜻을 갖고 있는 이 용어와 이 용어의 동사형의 반복 사용으로 인해, 14장 1–25절에서 바울의 논증의 핵심이 무엇인지를 알게 된다. 알아들을 수 없는 언어를 말하는 것(2절, 비교–6, 7–9, 11, 13, 16절)은 말하는 당사자 외에는 다른 사람의 덕을 세우지 못하지만, 예언은 교회의 덕을 세운다(3, 4, 5, 6, 12, 17, 19절, 비교–특히 26절). 이 명사(덕을 세움)와 이 동사(덕을 세우다)는 고린도전서 3장 9절, 8장 1, 10절, 10장 23절에서 사용되고 있다. [*oikodomē*]

14:9. 해부학상의 혀(Anatomical tongue, *glōssēs*) – 헬라어 본문은 이 부분을 "이같이 너희가 혀를 통해 분명한 말을 하지 않는다면, 어떤 말을 하는지 어떻게 알 수 있겠는가"로 상당

히 문자적으로 번역하고 있다. 이것은 '혀'의 의미가 애매하다는 것을 보여준다. 이 용어의 의미에 대해 다음과 같이 두 가지 가능성이 존재한다. (1) '방언으로 말하는' 현상(glossolalia)이나 (2) 말하는 기관, 즉 해부학상의 혀. '너희가 혀로 방언을 말한다면 …'(NRSV)은 첫 번째 견해를 대표한다(비슷함–CEV, NLT, REB, TEV). "너희가 '너희의 혀'를 사용해서 알아들을 수 없는 단어들을 말한다면…"(TNIV)은 두 번째 견해를 대표한다(TNIV는 해부학상의 혀를 연상하도록 '너희의'라는 대명사를 제공하고 있는데, 이것은 반쯤만 성공한 시도다. 비슷함–ESV, HCSB, NET, NIV, TNIV, NJB, 또한 BAGD, 162, 1a, BDAG, 201, 1, 비교–PHILLIPS). 이것은 어려운 결정이지만 다행히도 어느 쪽을 선택하더라도 전체적인 의미에서는 큰 변화가 없다. 아마도 로버트슨–플루머(Robertson–Plummer, 309)의 지적처럼 여기에서 '혀'는 방언으로 말하는 것이 아니라 '말을 하는 기관'을 가리키는 것으로 보인다. 왜냐하면 glossolalia(방언)는 결코 '분명한 말'을 제공하지 않기 때문이다. 이뿐 아니라 바울은 7–8절의 소리를 내는 도구들과 해부학상의 혀 사이를 비교하고 있는 것 같다(Garland, 636). [*glōssa*]

14:11. 외국인(Foreigner, *barbaros*) – 이 형용사는 '낯선 말을 하는, 낯선 언어에 속한'(BDAG, 166, 1, BAGD, 133, 1, LN 11.94)이나 '헬라적이 아닌', 즉 헬라의 문화에 참여하지 않는(BDAG, 166, 2, BAGD, 133, 2, LN 11.95, 비교–행 28:2, 4, 롬 1:14, 골 3:11)이란 뜻이다. 이 문맥에서 첫 번째 의미가 적용되는 것 같다(BAGD, 161, 1, BDAG, 133, 1, LN 11.94). 대부분의 영역본들은 이 형용사를 '외국인'이란 명사로 번역한다("내가 말하는 자에게 외국인이 될 것이다"). [*barbaros*]

14:14. 마음(Mind, *nous*) – 바울은 이 용어를 사용할 때 '이해, 즉 생각하는 능력으로서의 마음'에 대해 말하는 것처럼 보인다(BAGD, 544, 1, BDAG, 680, 1b, 비교–'생각하는 일에는'[*phrēn*], 20상, 20하반절). 그는 이 단락에서 이 용어를 4회 사용하며(14, 15[2회], 19절), 처음 3회는 사람의 영과 대조되는 의미로 사용한다. 하지만 바울이 사용하는 심리학적인 전문 용어들(예를 들면, 양심, 심장, 속사람, 마음, 영혼, 영, 의지 등)을 규정하고 구분하기가 쉽지는 않다. 따라서 마음이 영과 정확히 어떻게 다른가를 이해하는 것 역시 쉽지 않다. 그럼에도 불구하고 바레트(Barrett)의 다음과 같은 논의(319–20)는 약간의 진전을 제공하는 것 같다. 즉 '마음은 인간 존재 안에 있는 합리적인 요소'이고 '나의 영은 나의 심리학적인 구성의 일부, 즉 나의 마음의 다른 한 짝으로서의 역할을 하고 있는 비합리적인 부분'이다. *pneuma*('영')가 '나의 가장 깊숙한 곳에 있는 영적인 존재'(1110)라는 디셀튼(Thiselton)의 설명 역시 도움이 된다. 갈란드(Garland)는 '가장 안쪽에 있는 가장 깊은 심연'이라는 비슷하면서도 조금 이상한 설명을 제시한다(639). [nous]

14:16. <u>초보자의 역할</u>을 하는 사람(The one who fills the role of <u>the uninitiated</u>, *ton topon tou idiōtou*) – 이 문구의 의미는 다음의 두 가지 질문으로 인해 복잡하게 뒤얽혀 있다(TDNT 2:172, Fee. 672 참고). 첫째, 이 표현을 비유적

으로든 문자적으로든 '자리를 채우다', 즉 '교회가 회집하는 공간에서 특정한 자리를 차지하다'(BAGD, 370, 2, BDAG, 468, 2 참고)로 이해해야 하는가? 아니면 '역할을 다하다, 기능을 하다'(LN 85.24 참고)로 이해해야 하는가? 둘째, 23-24절에서 다시 나오는 *idiōtes*가 (1) '그 종교에 입회하지 않은 어떤 사람', 즉 그리스도인이 아닌 '아웃사이더들'(ESV, MOFFATT, NRSV), 또는 '불신자들과는 다르지만, 그렇다고 자격이 충분한 그리스도인들도 아닌 이 두 그룹의 중간에 있는 구성원일 가능성과 아웃사이더일 가능성이 반반인 구도자'(BDAG, 468, 2, 비슷함-BAGD, 370, 2)라는 전문적인 의미를 갖고 있는가? 아니면 (2) '어떤 활동이나 지식 분야에서 상대적으로 숙련되지 않거나 경험이 없는 사람'(BDAG, 468, 1, 비슷함-BAGD, 370, 1), 따라서 '은사가 없는, 은사를 받지 못한 사람들'(ASV, MLB, NASB, NET), '이해하지 못하는 사람들'(NIV, 비슷함-HCSB, NAB, NKJV), 또는 '초보자들'(NJB, Thiselton, 115)이란 일반적인 의미를 갖고 있는가?

첫 번째 질문(즉, *topon*의 의미)과 관련하여 말하면, 이것이 *idiōtes*를 위해 구별된 공간의 일부를 가리킨다고 보는 것은 적절하지 않다(Robertson-Plummer, 313, Thiselton, 1115 참고). 따라서 '역할'이나 '기능'이라는 상징적 의미가 더 나아 보인다. 두 번째 질문(*idiōtes*가 지칭하는 것이나 신분)과 관련하여 말하면, 문맥적인 증거는 바울이 신자와 불신자 모두를 생각하고 있으며, 그가 *idiōtes*를 어느 한 범주와만 동일시하고 있지 않음을 암시하는 것 같다(Bruce, 133, Carson, 105, 115-16 비교). 따라서 바울은 그리스도인이든 아니든 '이 언어를 이해하지 못하는' 사람을 '알지 못하는 자'로 지칭하고 있다(TLNT 2:214). 이것이 교회의 덕을 세우는 것을 핵심으로 하는 문맥 전체의 의미와 더 잘 어울리고, 거의 틀림없이 신자들의 입에서 나오는 것이 분명한 16절에서 기대된 '아멘'과 일치하며, 이 사람(*idiōtes*)에게 덕이 되지 못한다고 말하는 17절의 설명과 일치한다. 그러나 이것은 또한 *idiōtes*(23, 24절에서 단 한번, '아웃사이더/ 구도자'-ESV, TNIV)가 불신자와 밀접한 관련이 있는 23-25절을 더 잘 이해하게 한다. 23-25절에서 "하나님께서 참으로 너희 가운데 계신다"는 선언은 이런 현실에 직면하게 된 불신자들의 주장으로 보인다. 따라서 16절에서 바울은 "충분한 지식이 없는 사람, 즉 (그리스도인이든지 아니든지) 그 말을 이해할 능력이 없는 사람이 어찌 너희들의 감사에 '아멘'이라고 말할 수 있겠느냐?"는 뜻으로 말하고 있는 것처럼 보인다(비교-LN 27.26, "너희가 영으로만 하나님께 감사할 때, 너희의 모임에 참여한 '평범하고, 충분한 지식이 없는 사람'이 어찌 너희들의 감사의 기도에 '아멘'이라고 말할 수 있겠는가"). [*idiōtēs*]

14:22. 방언은 믿는 자들을 위해서가 아니라 믿지 아니하는 자들을 위하는 [심판의] <u>표적으로 사용되나</u>, 예언은 믿지 아니하는 자들을 위해서가 아니라 믿는 자들을 위하는 [표적으로 사용된다](Tongues serve as a sign [of judgement] not for believers but for unbelievers but prophecy [<u>serves as a sign</u>] not for unbelievers but for believers, *eis sēmeion*) – 여기에서 바울은 방언이 불신자들을 위한 표적으로 '사용

된다'(*eis*)고 말한다(BAGD, 748, 1, BDAG, 920, 1, DBF §145.1, Fee, 681 n. 30, Moule, 70 참고). 더 나아가 그는 예언은 믿는 자들을 위한 표적으로 사용된다고 말한다('표적'이란 용어는 22상반절에서 단 한번 사용되고 있지만 하반절에도 내포되어 있는 의미라고 보는 것이 좋다. 참고-Carson, Showing the Spirit, 111, Fee, 682 n. 38, NASB, RV, TEV). 하지만 방언은 불신자들을 떠나가게 하는 반면(23절), 예언은 불신자들을 회심시킨다(24-25절)라는 점에서, 그리고 신자들을 언급하지 않는다는 점에서 23-25절은 22절과 다른 것 같다(우리가 자연스럽게 예상하는 말은 방언 때문에 불신자들이 회심하고, 예언 때문에 믿는 자들이 덕을 세우게 된다는 것이다). 모리스(Morris, 193)는 요점을 이렇게 요약한다. "예언은 믿는 자들을 위해 선포되어야 하지만, 바울은 예언이 불신자들에게 미치는 영향에 대해서만 말하고 있다"(더 이상의 논의를 위해서는 Fee, 682-83, Garland, 648-49, *Héring*, 152를 참고하라). 두 가지 해석이 가능하다. 첫째, 22절은 고린도 사람들의 슬로건이나 견해를 나타내는 수사적 질문을 다음과 같이 표현한 것이다. "그러면 너희 고린도 사람들이 주장하는 것처럼 방언은 불신자들을 위한 표적이고, 예언은 신자들을 위한 표적이겠느냐?" 이렇게 보면 23-25절은 고린도 사람들의 견해에 대한 바울의 정당한 답변이다. 즉, 방언은 불신자들에게 나쁜 결과를 가져다주지만(23절) 예언은 불신자의 구원을 가져온다(24-25절). 따라서

- 고린도 사람들 : 방언은 불신자들을 위한 표다(22상반절).
- 바울: 그렇지 않다! 불신자들은 방언에 혐오감을 느낀다(23절).
- 고린도 사람들: 예언은 신자들을 위한 표다(22하반절).
- 바울: 그렇지 않다! 불신자들은 예언을 통해서 회심한다(24-25절).

둘째, 불신자들이 방언 때문에 혐오감을 느끼게 되고, 따라서 자신들의 불신을 더 견고하게 한다는 점에서 방언은 불신자들을 위한 심판이나 정죄의 부정적인 표적이다. 불신자들의 회심(25절)으로 인해 하나님께서 그들 가운데서, 즉 고린도 신자들 사이에서 일하고 계심을 확인하게 된다는 점에서 예언은 신자들을 위한 긍정적인 표적이다(이것은 이 견해에 대한 전반적인 개요다. 그러나 해석자들에 따라 상세한 점에서 약간 다르다). 이 견해는 다음과 같이 도표로 간편하게 요약된다.

첫 번째 견해를 인정하는 사람들은 Morris, 193을 참고하라. 두 번째 견해에 대해서는 Blomberg, 271, Bruce, 133, Carson, Showing the Spirit, 113-17을 참고하라. 이 견해들과 다른 견해들에 대한 훌륭한 개관과 비평을 제공하고 있

	방 언	예 언
목 적	불신자들을 위한 심판의 표적(22상반절)	불신자들을 위한 긍정적인 표적(22하반절)
효 과	불신자들의 불순종을 견고하게 함(23절)	신자들 가운데 하나님께서 계심을 확인함(24-25절)

는 Carson, Showing the Spirit, 108-17을 참고하라. 끝으로 '슬로건' 견해가 23절을 시작하는 '그러므로'(*oun*)이란 접속사에 대한 적합한 설명이 아니기 때문에 두 번째 견해가 선호되는 것 같다. 따라서 23절을 22절에서 언급한 고린도 사람들의 슬로건을 바울이 거절하는 부분이 아니라 바울의 사상의 연속으로 해석하는 것이 가장 자연스럽다. [*eis* + *sēmeion*]

14:23. 온 교회(The whole church, *hēekklēsia holē*) - 초기 기독교의 '가정 교회들'의 현상(행 16:15, 40, 20:20, 롬 16:5, 14-15, 23, 골 4:15, 몬 2절)과 고린도전서 16장 19절의 '그들(아굴라와 브리스가)의 집에서 모인 교회'는 '온 교회'가 고린도에 있는 모든 개별적 가정교회들의 모임을 가리킨다는 것을 암시한다(Banks, Paul's Idea of Community, rev. ed., 32, 34, 비교-'나와 온 교회를 돌보아주는 가이오', 롬 16:23, 고전 1:14).

만약 머피-오코너(Murphy-O'Connor,178), 뱅크스(Banks,35) 그리고 브라닉(Branick, 13-14)의 주장처럼, 온 교회의 회합이 개인 주택(롬 16:23, 고전 1:14이 암시하는 것처럼 가이오의 집, 비교-행 18:7, 20:8-9, 참고-행 19:9)에서 열렸다면, 부유한 고린도 사람의 집이 수용할 수 있는 인원에 대한 고고학적 연구는 다소 놀라운 결과를 보여주고 있다. 머피 오코너(Murphy-O'Connor)에 의하면, 부유한 고린도 사람의 집은 '불편을 감수한다면 최대 50명' 정도를 수용할 수 있었다(183, 비교-178-82, 비슷함-Branick, 41-42, Gehring, House Church and Mission, 141). 고린도의 기독교 공동체의 규모는 아마도 '최저 40-50명 정도'였을 것(Murphy-O'Connor[182-83])이라는 고린도교회의 회중 수에 대한 언급(행 18:7-8, 17, 롬 16:21-23, 고전 1:1, 11-16, 16:15-19)에 근거하여 100명 이하인 것은 확실하다"라고 판단하고 있다(Blue, "Acts and the House Church", 175n. 219 in the Book of Acts in Its Greco-Roman Setting, ed. David W. J. Gill and Conrad Gempf, 비슷함-Banks, 35, Gehring, 139, Hays, 6-7, 비교-Ellis[144]는 좀 더 낙관적으로 '수백 명에서 일천 명 이상'이라고 말한다. 행 18:8, 10에는 '수많은'으로 되어 있다). 온 교회의 회합은 관례보다는 예외에 속하는 일이었다. 너무 많은 사람들이 모이면 불편한 점도 있었을 것이다. 그 때문에 소규모 가정교회 모임들이 일반적인 규범이었다(이 모임은 보통 20-30명 규모로 판단된다. 비교-Ellis, 143-44, 144 n. 114). 이 두 번째 결론은 특히 고린도 공동체의 분열의 문제를 이해하는 데 특히 중요하다(고전 1-4장, 특히 1:11-12, 3:3-4과 또한 11:18-19 참고). 머피-오코너(Murphy-O'Connor,183)는 이에 대해 "각 소그룹들은 친밀한 가족적 분위기를 장려하는 경향이 있었다.…그러나 더 광범위한 도시 공동체 안에서 그들은 분열을 조장하는 경향도 있었을 것이다.…이런 상대적인 고립은 각 모임이 자체의 신학을 발전시키는 계기가 되었고, 사실상 다른 의견들과의 대립에 직면하기 전에 자체의 신학이 뿌리내리도록 보장했다. 온 교회가 한 장소에서 정기적으로 함께 모이는 것의 어려움은 고린도 공동체 내의 신학적인 차이를 설명하는 데 도움이 된다"고 설명하고 있다. [*ekklēsia* + *holos*]

14:29. 다른 사람들은 [들은 것을] 반드시 평가해야 한다(The other must evaluate [What is said], *hoi alloi diskrinetōsan*) – 여기서는 다음과 같이 적어도 세 가지 쟁점을 거론할 필요가 있다.

첫째, 명령법 동사 *diskrinetōsan*의 참된 의미는 '다른 사람들은…해야만 한다' 또는 '나는 다른 사람들에게…을 하라고 명령했다'에 좀 더 가깝다(Wallace, Greek Grammar beyond the Basics, 486 참고).

둘째, *diakrinō*가 여기에서처럼 능동태로 사용될 때의 전형적인 의미는 '구별하다' 또는 '…사이를 구별하다'는 것이다(BAGD, 185, 1b, BDAG, 231, 1–2, Thiselton, 1140). 하지만 여기에서 바울은 '다른 사람들'이 들은 것을 구별하는 것을 암시하기 위해 직접목적어를 제공하지 않는다. 초기 그리스도인들 가운데서 활동한 거짓 예언자들(행 13:6, 16:16–18, 요일 4:1, 비교–마 7:15–20, 24:11)과 연관이 있는 이 명령과 데살로니가전서 5장 20–22절의 "예언을 멸시하지 말고 범사에 헤아려 좋은 것을 취하고, 악은 어떤 모양이라고 버리라"는 바울의 명령은 예언('들은 것')이 '실제로 성령으로부터 왔는지, 말하는 사람이 마음속에서 생각해낸 것에 불과한지'를 알기 위해 시험해야만 한다는 암시다(Collins, 519, Hays, 242, Hill, New Testament Prophecy, 134, Robertson–Plummer, 231, Thiselton, 1140). 하지만 동사 *diakrinō*는 '평가하다'(BDAG, 231, 3b, LN 30.109)로 번역할 수도 있기에 '다른 사람들'의 예언의 출처나 신뢰성을 시험하는 것이 아니라 그 예언의 직접적 타당성을 확인하기 위해 '들은 것'을 '저울에 달거나', '평가해야' 한다는 뜻으로 말한 것일 수도 있다(Bruce, 134, Turner, The Holy Spirit and Spiritual Gifts, 214). 이러한 경우에 예언자에게 실제로 제공된 계시와 그 계시에서 이끌어낸 충고와 적용 사이를 구별해야만 한다. 사도행전 21장 4–14절은 바울이 자신의 운명에 관한 예언은 인정했지만, 그 예언에 근거한 권고를 거절한 사례에 해당되는 것 같다(행 20:23 비교). 이 경우 예루살렘으로 올라가지 말라는 제자들의 충고(21:4)는 아마도 성령께서 그들에게 바울을 기다리고 있는 것에 관해 말씀하신 것에서 이끌어낸 추론이었을 것이다. 요컨대, 예언의 내용은 '예루살렘에서 바울을 기다리고 있는 것'에 대한 설명이었다. 그러나 바울에게 '예루살렘으로 가지 말라'는 그들의 처방은 들은 것에 근거한 추론이었다(행 11:27–29[아가보는 기근을 예언했고, 제자들은 각각 구제금을 보내기로 결정했다]과 16:9–10[바울에게 환상이 나타났고, 바울 일행은 환상이 마게도냐를 향해 가라는 뜻을 내포한다고 결론 내렸다]은 이런 현상을 보여주는 또 다른 사례들이다. 행 13:2–3, 15:28, 딤전 1:18을 참고하라). 아마도 사도행전 14장 29절에서 '다른 사람들'의 기능에는 예언의 직접적인 타당성을 평가하는 것뿐 아니라 성령의 영감에 의한 것인지 아니면 자신의 영감에 의한 것인지를 구별하는 것이 포함되었을 것이다. 이것이 옳다면, '평가하다'(HCSB, NET, NLT), '저울에 달다'(ESV, AT, NJB, NIV, TNIV, NRSV)는 번역들은 두 가지 기능을 다 포함할 정도로 충분히 광범위하다.

셋째, '다른 사람들'은 다른 예언자들(Aune, Prophecy in Early Christianity, 221, Conzelmann, 245, Hill, New Testament Prophecy,

133, TDNT 6,855), 12장 10절에서 언급하고 있는 영들을 분별하는 은사를 받은 사람들(Morris, 195), 또는 온 교회(그러나 주로 회중의 지도자들, Forbes, Prophecy and Inspires Speech, 265–69, Grudem, The Gift of Prophecy, rev., 54–62, 특히 Thiselton, 1140–41)를 가리킨다. 마지막 견해가 신약의 다른 곳의 내용과 일치하기 때문에 가장 나은 것 같다(온 교회에 대해서는 살전 5:19–22, 요일 4:1–6을 참고하라. 특히 지도자들에 관해서는 행 20:28–30, 고전 12:28, 엡 2:202, 벧전 5:1–2을 참고하라). 그러나 영들을 분별하는 은사를 받은 사람들의 활동(12:10)을 배제하기가 어렵다(Fee, 693, Grudem, The Gift of Prophecy, rev. ed., 56). 또한 바울이 '다른 예언자들'에 대해 말하기를 원했다면, 헬라어 본문에서 hoi alloi('다른 사람들')보다는 hoi loipoi('다른', 참고–'다른 사도들', 고전 9:5)를 사용했을 가능성이 크다(Carson, Showing the Spirit, 120, 비슷함–Fee, 694 n. 30, Robertson, Grammer of the Greek New Testament, 775, Garland[663 n. 13]는 이 세 번째 견해를 확증하는 여러 가지 논증을 추가한다). [*allos* + *diakrinō*]

14:33하–36. 여자들은 교회들에서 <u>잠잠해야</u> 한다…여자가 교회에서 말하는 것은 적절하지 않다(The Women are to <u>keep silent</u> in the churches…it is improper for a woman to speak in church, *sigatōsan*) – 고린도전서에서 이 단락은 이견이 많고 논쟁이 심한 본문들 가운데 하나다. 여자들의 침묵을 요구하고 있는 34–35절이 고린도전서에 처음부터 존재하던 부분이었는가를 비롯하여 여자들과 침묵의 관계를 이해하는 것이 중요한 문제다. 다음의 세 가지 쟁점이 중요하며, 그 가운데 마지막 두 가지는 대단히 중요하다.

첫째, 33하반절의 '모든 성도가 교회에서 함과 같이'를 33상반절과 연결해야 하는가(NASB, NKJV, RV, TNIV), 아니면 34절과 연결해야 하는가(ASV, ESV, HCSB, NAB, NET, NIV, NJB, NRSV, REB, TEV)?

둘째, 34–35절이 이 서신에 처음부터 있는 부분, 즉 바울이 직접 기록한 부분인가, 아니면 바울의 편지에 삽입된 후대의 필사가의 창작인가(NRSV는 34–35절을 괄호 안에 배치하고 있다)? 더 나아가 처음부터 존재하던 부분이라면 14장에서 이 구절들의 적절한 위치는 어디인가? 대부분의 헬라어 사본들은 이 부분을 34–35절에 배치하고 있지만, 후대의 몇몇 사본들은 40절 다음에 배치하고 있다(MOFFATT는 33하–36절을 40절 다음에 배치하고 있다).

셋째, 34–35절을 바울이 기록한 것이 확실하다면, 여자들이 교회 안에서 기도하고 예언하는 것을 암시하는 것처럼 보이는 고린도전서 11장 2–16절(특히 5절에 유의하라)에 비추어서 이 부분을 특히 어떻게 해석해야 하는가?

33하반절의 '모든 성도가 교회에서 함과 같이'에 관한 첫 번째 문제에 관해 말하면, 아마도 34절과 연결해야 할 것 같다(Blomberg, 281–82, Carson, "Silent in the Churches,"140–41 in Recovering Biblical Manhood and Womanhood, ed. John Piper and Wayne Grudem, Witherington, Women in the Earliest Churches, 96 참고, Belleville, Women Leaders and the

Church, 157-58, Evans, Women in the Bible, 2nd ed., 156 n. 139, Hays, the Moral Vision of the New Testament, 59 n. 82 대조). 이것이 옳다면 33절에서 처음으로 언급된 *ekklēsia*('교회')는 바울의 선교 활동으로 세워진 모든 교회들(또는 보편적 교회)을 가리키며, 34-35절에서 두 번 잇달아 사용된 이 용어는 '고린도에 있는 교회의 전체 모임'(Bruce, 135, 또한 Blomberg, 281-82, Garland, 669-70)을 가리킨다. 그러므로 33 하반절에서부터 34상반절까지를 "모든 성도가 교회에서 함과 같이 여자들은 (너희의) 모임에서 잠잠해야만 한다"로 번역하는 것이 가장 나을 수도 있다.

34-35절이 편지에 처음부터 속했는지에 관한 두 번째 쟁점에 대해서 말하면 이 구절들은 바울이 직접 기록했을 것이며, 당연히 34-35절의 위치에 존재했을 것이다. 이 견해를 뒷받침하는 두 가지 관찰이 있다. 첫째, 대부분의 헬라어 사본들에 이렇게 되어 있다(𝔓[46], ℵ, A, B, 1739, Byz, 서방 교회의 전승, 즉 D, F, G, 그리고 다수의 이탈라 사본들[Itala mss]은 예외다). 둘째, 본문에서 이 부분을 삭제할 만한 설득력 있는 이유가 존재하지 않는다. 여기에는 (1) 34-35절이 여자들이 비난을 받지 않고 교회에서 기도와 예언을 하고 있는 것으로 보이는 11장 2-16절과 일치하지 않으며, (2) 34-35절의 위치에 대해 엇갈리는 견해들(33절 다음에, 그리고 40절 다음에)은 이 부분을 두 개의 다른 위치 가운데 한 곳에 나중에 삽입했던 후대의 필사자들의 첨가라는 사실과 어긋나며, (3) 34-35절은 33-36절에서의 바울의 논의를 중단시키기 때문에 바울이 기록한 부분이 아니라는 논의들이 포함된다. 34-35절을 고린도전서 14장의 본문에서 삭제하는 이런 주장들에 대한 철저하고 설득력 있는 답변에 대해서는 카슨(Carson, "Silent in the Churches," 141-45)을 참고하라.

본문이 침묵에 관해 어떻게 말하고 있는가와 관련한 세 번째 문제는 더욱더 복잡하다. 34-35절이 처음부터 존재했다는 것을 인정하고, 33절 바로 뒤에 배치하는 많은 주석학자들은 본문을 11장 2-6절과 '통합하는' 시도를 하고 있다. 제시된 견해들 가운데 주목할 만한 것은 다음과 같다.

1. 고린도전서 11장과 14절은 모순된다(Wire, 1 Corinthians,"2:186-87 in Searching the Scriptures, ed. Elisabeth *Schüssler* Fiorenza, ibid., The Corinthian Women Prophets, 152-58).
2. 머리 가리개(11장)나 침묵(14장)은 둘 다 복종의 수단들이다. 여자는 침묵을 유지할 수 있고, 말하기를 원할 때 그녀의 복종을 상징하는 머리 가리개를 쓸 수 있다(Stendahl, The Bible and the Role of the Women, 29-30, Thoma, Undrestanding Spiritual Gifts, rev. ed., 257).
3. 고린도전서 14장은 황홀하고 열광적인 상태에서 하는 말이나 성령의 은사들의 남용을 금지하고 있다(Brunner, A Theology of the Holy Spirit, 301, Hill, New Testament Prophecy, 134-35, Kroeger, "The Apostle Paul and the Greco-Roman Cults of Women,"JETS 30[1987]:29-30, 33-34).
4. 고린도전서 11장은 기도와 예언에 대해 말하

지만 고린도전서 14장은 권위 있는 가르침에 대해 말한다(그리고 이 둘 사이를 구별하는 이들은 Birney, "The Role of Women in the New Testament Church,"Christian Bretgren Review 33[1982]:23–25, Foh, Women and The word of God, 119–21, Knight Ⅲ, The Role Relationship of Men and Women, rev.ed., 24–25, 34 등이다, 비교–"여자들이 모임에서 말하지 말아야 한다.…여자들이 회중에게 말하는 것은 충격적인 일이다", 고전 14:34–35 NEB).

5. 고린도전서 14장은 11장의 공인되지 않은 관례들에 반대한다(Ryrie, the Role of Women in the Church, 76–78, Thomas, Understanding Spiritual Gifts, 115, 258).
6. 고린도전서 14장은 공적 예배를 배경으로 하지만, 고린도전서 11장의 배경은 비공식적이고 개인적이다(Grosheide, 341–43, Ridderbos, Paul: An Outline of His Theology, 461–62).
7. 고린도전서 14장은 결혼한 여자들에게만 적용되지만, 고린도전서 11장은 결혼하지 않은 여자들에게 말하고 있다(Fiorenza, "Women in the Pre–Pauline and Pauline Churches," Union Seminary Quarterly Review 33 [1978]: 160–61, 비교–Dunn, The Theology of the Paul the Apostle, 591–92, Ellis, Pauline Theology: Ministry and Society, 67–71).
8. 고린도전서 14장은 바울이 거절하고 있는, 고린도 사람들의 슬로건이다(Bilezikian, Beyond Sex Roles, 2nd ed., 144–53, Collins, 514–17, 522, Evans, Women in the Bible, 2nd ed., 99–100, Holmes, Text in a Whirlwind: A Critique of Four Exegetical Devices at 1 Tim 2:9–15, 229–38, Carson, "Silent in the Churches,"489 n. 28).
9. 고린도전서 14장은 고린도 특유의 상황, 즉 보통 특성상 교리적이나 문화적인 것에 속하는 특수하고 지역적인 문제들을 다루고 있다(따라서 침묵은 절대적으로 또는 보편적으로 적용되지 않는다). 이 견해는 세 번째 견해와 함께 많은 사람들의 지지를 얻고 있으며, 두 번째로 괜찮은 대안이다(Belleville, Women Leaders and the Church, 152–62 참고, 특히 160–62, ibid., "Women in Ministry,"70–78, Franc, Women in the Church's Ministry, 53–56, Witherington[Women in the Earliest Churches, 90–104]는 여기에서 문제는 여자들의 행동이 예배를 방해하는 것과 관련이 있었다고 주장한다. "여자들은 귀 기울여 들어야 할 때 말을 하고, 집에서 자신들의 남편에게 묻는 것이 더 적절할 수도 있는 질문들을 함으로써 예배를 방해해서는 안 된다", MSG 비교).
10. 고린도전서 11장은 기도와 예언을 여자들의 합법적인 활동으로 인정하고 있다. 그러나 고린도전서 14장은 바울이 29절에서 언급한 예언에 대한 구두 평가를 금지하고 있다.

34–35절에 대해 제안된 위의 해석들 가운데 마지막 견해가 가장 적절하다. 카슨(Carson, "Silent in the Churches,"151–52)은 "바울은 고린도교회가 교회에 제공된 예언들을 신중하게 분별할 것을 요구하고 있는 것이 틀림없다. 물론

여자들은 11장에서 말하고 있는 것처럼 이런 예언 활동에 참여할 수도 있다. 하지만 바울의 여기서의 논점은 여자들이 그런 예언들을 구두로 평가하는 일에 참여할 수 없다는 데 있다. 그 일은 어느 교회에서도 허용되지 않았다. 그것과 관련하여 여자들은 '율법에 이른 것같이' 말하는 것을 허락받지 못했다"고 좀 더 자세하게 요약하고 있다. 이 견해가 더 나은 것임을 암시하는 두 가지 중요한 논증은 다음과 같다. 첫째, 여러 면에서 심각한 반대에 직면하는 다른 제안들은 근본적으로 설득력이 없으므로 반드시 부정되어야 할 것이다(Carson, "Silent in the Churches," 145–51, Evans, Women in the Bible, 2nd ed., 95–100, 156–57, Fung, "Ministry in the New Testament,"191–97 in the Church in the Bible and in the World, ed. D. A. Carson 참고). 둘째, 이 견해에서 주창하는 해결은 대부분 인접 문맥에 의거하여 제공된 해석이다(Carson, "Silent in the Churches,"152, Grudem, The Gift of Prophecy, rev. ed., 188–89, Hurley, Man and Woman, 183–89, Hurley, Man and Woman, 188–93 참고). 특히 29절의 두 문장이 33–36절에서 어떻게 확대 적용되고 있는가에 주목하라. 29상반절은 30–33상반절에서 다뤄지며, 예언을 말하는 것을 제한하고 있다. 그러나 29하반절은 33하–36절에서 다뤄지며, 예언을 평가하는 것을 제한하고 있다. 아래의 표를 참고하라.

다음의 두 가지 추가적인 논증은 이 제안을 지지하는 것 같다. 첫째, 이 해결은 다른 견해들의 긍정적인 특징들을 수용하고 있다(Thiselton, 1150–61, 특히 1156, 1158, Witherington[Women in the Earlist Churches, 103]은 9절과 10절을 결합하여 여자들이 예언에 대한 자신들의 평가의 일부로서 방해하는 질문들을 했었다고 주장한다. Garland[667–73]는 7절과 10절을 결합하고 있다). 둘째, 이것은 이것에 대한 반대 의견을 잘 해결할 수 있는 입장이다(Carson, "Silent in the Churches,"153 참고). 하지만 이것은 다음과 같은 중요한 질문을 추가로 제기한다. 즉, 이 제한의 이유가 무엇인가? 이에 대해 두 가지 기본적인 대답이 제시되고 있다. 첫째, 이것은 교회 안에서의 남성의 권위와 여성의 복종을 위반하는 것이거나 카슨의 표현처럼 "바울이 어떤 여자에게도 교회가 인정한 남자들을 가르치는 권위를 가지는 것을 허락하기를 거절했고(딤전 2:11), 예언을 잘 분별하는 것은 권위 있는 직무에 속한 것이라는 견해를 지지하는 강력한 사례가 될 수 있다"("Silent in the Churches,"152, 참고–Fung, "Ministry in the New Testament,"196–97, Garland[667–736]는 교회 내에서의 가르침의 권위를 위반한 것에 대해서는 그렇게 많이 강조하지 않으며 그리스

29상반절 "예언하는 자는 둘이나 셋이서 말하고" ↓ **30–33상반절** 예언을 말하는 것에 대한 제한	**29하반절** "다른 이들은 들은 것을 잘 분별해야 한다" ↓ **33하–36절** 예언을 평가하는 것에 대한 제한

도인 아내로서의 여자의 역할을 위반한 것과 '주제넘게 자신의 남편을 무시하는' 아내의 행동을 강조하고 있다, Ellis, 70). 둘째, 이것은 여성들이 공개적으로 말하는 것에 눈살을 찌푸리는 난색을 표하는 유대와 그리스-로마의 사회 문화적 예절을 따르는 것이다. 또는 리에펠드(Liefeld)의 표현처럼 '바울은 여자들에게 그 당시의 예절을 따르라고 권면하고 있다. 그는 유대와 (그리고 다른 이교도들의) 예절을 따를 것을 권하고 있다'("Women, Submission, and Minist교 in 1 Corinthains,"154 in Women, Authority & the Bible, ed. Alvera Mickelsen, 비교-Belleville, "Women in Ministry,"77, *Héring*, 154-55, Keener, "Learning in the Assemblies,"166-68). 한마디로 첫 번째 대답은 여자가 어떤 형태의 사역이든지 사역 참여를 제한하고 있다. 그러나 두 번째 대답은 여자의 참여가 남편에 대한 명백한 사회적 모욕이 되지 않거나 그 사회가 기독교 복음을 받아들이는 데 장애가 되지 않는다면 여자가 어떤 형태의 사역이든지 사역에 참여하는 것을 제한하지 않고 있다(Johnson, "Response"160 in Women, Aythority & the Bible, ed. Alvera Mickelson).

이런 제한의 이유는 복잡한 문제이므로, 근본적으로 수많은 성경 본문들을 잘 해석하고 통합할 필요가 있다. 그럼에도 불구하고(그리고 나는 이것이 사역에 있어서의 여성의 역할이라는 더 큰 문제에 대한 지나친 단순화라는 것을 잘 알고 있다) 첫 번째 견해를 다음과 같은 여러 가지 이유로 선호하고 있는 것 같다. 첫째, 14장 34-35절에서 바울의 가르침은 고린도라는 특별한 지역적 상황에만 국한되는 것이 아니다(Witherington, Women in the Earliest Churches, 258-59 n. 107, 35절의 "여자가 교회에서 말하는 것은 부끄러운 것이다"와 33하반절의 바울의 가르침은 '교회들', 더 광범위하게는 '모든 교회들'을 위한 것이고, 34절의 '교회에서 잠잠하라'와 36절의 '하나님의 말씀이 너희로부터 난 것이냐?'라는 바울의 단호한 선언에 주목하라). 둘째, 바울은 복종의 문제를 제기하고 있고(34하반절), 여자들에게 그것을 명령하고 있다. 셋째, 바울은 '율법'에 호소하고 있는데, 이것은 일반적으로는 구약 성경의 원리와, 구체적으로는 창세기의 창조 설화와 관련이 있는 것이 거의 확실하다(특히 바울이 고전 11:8-9와 딤전 2:13에서 언급하고 있는 창 2:20하-24, Bruce, 136, Carson, "Silent in the Churches,"152, Thiselton, 1153-54). 마지막으로 다른 곳에서(딤전 2:11-15) 바울은 여자가 가르치는 것과 남자를 주관하는 것, 그리고 이런 가르침의 기능에 속했던 것이 거의 틀림없는 예언에 대한 신중한 평가를 허락하지 않고 있다(Carson, "Silent in the Churches,"딤전 2:11-15에 대해서는 Moo, "What Does It Mean Not to Teach or Have Authority Over Men?: 1 Timothy 2:11-15,"179-93 in *Recovering Biblical Manhood and Womanhood,* ed. John Piper and Wayne Grudem을 참고하라). [*sigaō*]

14:38. 누구든지 [이것을] 무시하면 [하나님께서] 그 사람을 무시하신다(If anyone disregards [this], *he is disregarded by God, agnoei…agnoeitai*) - 이것은 단순한 'if/ then'(만약…하면 그 때에) 문장이며, '거의 신경을 쓰지 않거나 전혀 신경을 쓰지 않다, 인정하지 않다. 무시하다, 부

정하다'라는 뜻의 헬라어 동사가 상반절과 하반절에서 각기 한 번씩 2회 사용되고 있다(BDAG, 13, 2, 비슷함-BAGD, 11, 2, LN 30,38). 이 문장의 구조는 단순하지만 그 의미는 매우 난해하다. 이 난해함은 헬라어 사본들이 문장에서 두 번째로 나오는 동사의 정확한 철자에 관련하여 둘로 구분된다는 사실을 둘러싸고 전개된다. 기본적으로 다음의 두 가지 선택이 가능하다. 첫째, 동사가 직설법이므로 사실에 대한 진술을 나타낸다. 즉, 누구든지 이것을 무시하면 그 사람은 '무시당하게 된다'(ESV, HCSB, NAB, NASB, NET, NIV, TNIV은 헬라어 사본들 ℵ, A, D, F, G, 048, 0243, 33, 1739를 해석하고 있다). 둘째, 동사가 명령법이므로 명령을 나타낸다. 즉, 누구든지 이것을 무시하면 그는 '무시당해야만 한다'(ASV, NKJV, NRSV, PHILLIPS, RV, TEV, EDNT 1:21, LN 30.38은 헬라어 사본들 B, Ψ, 1881, Byz를 해석하고 있다. REB, TNIV는 오해의 여지가 있다. 사본들이 어떻게 해석하고 있는지 확실하지 않다). 어느 한 쪽을 쉽게 따라가는 것이 매우 어려운 결정이지만, 대부분의 학자들은 신학적으로 난해한 독법을 완화시키려는 시도로서 두 번째 견해를 거절한다(Collins, 523, Conzelmann, 246 n. 60, Fee, 709 n. 4, 참고-Metzger, Textual Commentary, 2nd ed., 500).

이것은 다음과 같은 추가 질문을 제기한다. 즉 바울의 가르침을 거부하고 바울의 권위를 인정하기를 거절하는 사람이 누구에 의해 또는 어떤 의미에서 무시당하게 되는가? 많은 사람들은 암시적으로 하나님('주', 37하반절 비교)과 관련이 있다고 생각하며, 따라서 이런 사람은 '하나님에 의해 무시당하게 된다'(NCV-명시적으로, HCSB, MOFFATT, NIV, TNIV, NLT-현재 시재를 사용함으로써 암시적으로 미래적 의미에서 '무시당하게 된다', BAGD, 11, 2, BDAG, 13, 2, Fee, 712, Garland, 674, TDNT 1:116). 다른 사람들, 그 가운데서도 이 구절의 내적 논리에 기초하여 재미있는 주장을 하고 있는 유명한 디셀튼(Thiselton, 1163-66)은 "38절에 나오는 바울의 주장이, 누군가가 이것(바울의 명령이 주님의 권위로 포장되어 있다는 것, 37하반절)을 인정하지 않는다면 그 사람 자신의 주장(선지자나 신령한 자로 여기는 것)이 인정받지 못하게 되는 것과 같은 의미라고 말하고 있다(비슷함-Barrett, 334, Murphy-O'Connor, NJBC, 812, 특히 Bruce, 136, 그러나 REB는 37-38절에서 결과적 교차대구법, 즉 A-B-B-A의 형식을 언급하고 있다).

그러므로 바울이 다음과 같은 뜻으로 말했을 가능성이 크다. 즉, "누구든지 이것을 무시하면, 하나님께서 심판의 날에 그 사람을 무시하실 것이다" 또는 "누구든지 이것을 시인하지 않는다면 심판의 날에 하나님께서 그 사람을 시인하지 않으실 것이다"("내가 너희를 도무지 알지 못 한다", 마 7:23 비교). 하지만 우리는 어느 쪽인지 결정할 수 없다(하나님의 심판과 관련시키는 것이 너무 가혹한 것이라고 생각하는 Robertson-Plummer[327]와 '위협으로서는 부적합한' 대안이라고 생각하는 Carson[132]과 비교하라. Blomberg[282]는 하나님의 행동을 현 시대로 제한하고, 종말론적인 심판은 포함시키지 않는다). 끝으로 모리스(Morris, 199)의 다음과 같은 주장을 다시 말할 필요가 있다. 즉, "우리에게는 결코 확실하게 알 길이 없다. 다행히도 이 말의 취지는 명확하다. 누구든지 영적인 사람이라면 바울이 말한 것에서 하나님의 음성을 듣게 될 것이고, 이것을 무시하면 매우 위태롭게 될 것이다." [*agnoeō*]

14:40. 적당하고 질서 있게(In a fitting and orderly way, *euschēmonōs kai kata taxin*) – 이 두 용어의 전반적인 의미는 논의의 대상이 아니다. 첫 번째 용어인 부사, *euschēmonōs*는 특히 예의 바르게 행동한다는 점에서 '올바르게'(BDAG, 414, 2) 또는 '적절하게'(BAGD, 327, LN 66.4)라는 뜻이다. 고린도전서 7장 35절('이치에 합당하게 하여'), 고린도전서 12장 23절('겸손'), 고린도전서 12장 24절('아름다운 지체들')뿐 아니라 로마서 13장 13절과 데살로니가전서 4장 12절('단정히 행하고')에서의 이 단어의 용법이 명백한 증거다. '적당하게'(NIV, TNIV)가 이 용어의 의미를 잘 표현한다. 두 번째 용어인 명사 taxis는 전치사와 결합되어 부사구로 사용되고 있다. 이 문구는 한 사람이 다른 사람을 따라 한다는 의미에서 '질서 있는 방법으로', '순서대로'라는 뜻이다(BAGD, 803, 2, BDAG, 989, 2, LN 62.7, 비교–Barrett, 334). 이 용어들의 전반적인 의미는 명확하다. 따라서 아마도 이 단어들을 해석할 때의 주된 위험은 '적당하게'와 '질서 있게'의 의미에 대한 선입견을 갖는 데서 발생하는 것 같다. 오늘날 우리가 생각하는 차원에서의 '적당하고 질서 있게'라는 뜻이 바울이 생각하는 적당하고 질서 있는 것이 아닐 수도 있다. 바울은 인접 문맥에서(26–40절), '적당하게', '질서 있게'와 비슷한 의미를 암시하는 표현을 열 가지 이상 사용하고 있는데, 그것은 목적을 가지고('덕을 세우기 위하여', 26절, 31절과 14:3 비교), 제한된 수의 참여자들('두 사람이나 많아야 세 사람이', 27절, 29절 비교), 연속적으로, 중단 없이('차례로'–27절, '하나씩 하나씩'–30–31절), 이해할 수 있는('통역자'가 요구됨, 27–28절), 절제/ 자제('잠잠하고'–28, 30절, '예언하는 자들의 영은 예언하는 자들에게 제재를 받는다'–32절), 분별/ 평가('들은 것을 분별하다', 29절, 행 17:11 비교), 질서 있고 평화롭게('무질서가 아니라 화평의', 33절), 역사적 정통성과 일치하는('모든 교회에서처럼', 33절, 36절 비교), 여자들의 침묵(조용한 복종, '여자들은 침묵을 지키고', 34–35절), 사도의 가르침과 일치하는('그는 주의 명령으로 알라', 37, 38절) 등이다.

바울이 이 모든 일을 '적당하고 질서 있게' 해야 한다는 명령은 다양한 은사들과 화자들을 반드시 금지하지 않는다(26, 31절). 또한 '앉아 있는 사람들에게 계시가 임하는' 자율성을 금지하지도 않는다(30절, 비교–26, 31절).

헤이즈(Hays, 245)는 바울이 중요하게 생각하는 것을 다음과 같이 표현하고 있다. 즉, "바울이 고린도의 회중에게 기대하는 질서는 매우 융통성이 있다. 질서는 그리스도의 몸에 속한 모든 지체들이 영적인 차원에서 다양하면서도 예측할 수 없는 기여를 하게 한다. 질서는 지나친 방종을 막고, 은사들이 사랑 안에서 공동체를 함께 세우는 일을 할 수 있는 분위기를 조성하는 데 필요하다." 카슨(Carson, Showing the Spirit, 121)은 "현명하고 성경에 정통한 그리스도인의 예배는 '질서를 희생하면서 자유를, 존경심을 희생하면서 억제되지 않는 자율성'을 추

구하지 않는다"는 견해를 적절하게 추가한다. [*euschēmonōs* +*taxis*]

15:2. 너희가 <u>헛되이</u> 믿지 <u>아니하였으면</u>(Unless you believed <u>in vain</u>, *ektos ei mēeikēepisteusate*) – 2절의 마지막 부분은 여러 가지 방법으로 이해할 수 있다. 첫째, 너희가 복음을 굳게 지키면 구원받게 될 것이나, 그렇지 않다면 너희는 '헛되이' 믿은 것이다(NIV, TNIV, 비교–BAGD, 222m 21, BDAG, 281, 2, LN 89,54). 즉, 너희의 회심을 굳게 지키지 못하면, 너희의 구원이 상실된다(Barrett, 337, Grosheide, 348, Mare, 282). 둘째, '너희가 과거에 어떤 일을 행하고 있었는지를 생각하지 않고' 복음을 신뢰한 것이 아니라면 너희가 복음을 굳게 지키면 구원받게 될 것이다(Morris, 201, Thiselton, 1182, 1186, 비교–BAGD, 224, 4, BDAG, 281, 4). 셋째, '너희가 처음에 사실이 아닌' 어떤 것을 믿은 것이 아니라면, 즉 '너희가 헛된 거짓말을 믿은 것이 아니라면' 너희가 복음을 굳게 지키면 구원받게 될 것이다(NLT, TEV, 비교– BAGD, 222, 2, BDAG, 282, 2, LN 89.54). 15장 14절의 "그리스도께서 만일 다시 살아나지 못하셨다면 우리가 전파하는 것도 헛것이며(kenos) 너희 믿음(pistis)도 헛것이며(*kenos*)"와 15장 17절의 "그리스도께서 다신 살아나신 일이 없으면 너희의 믿음(*pistis*)도 헛되고(*mataios*) 너희가 여전히 죄 가운데 있을 것이요"와 연관시켜보면, 이 셋 가운데 세 번째가 가장 적절하다(Fee, 721, Garland, 683, Gundry Volf, Paul and Perseverance, 274–76). 헬라어 용어 *kenos*와 *mataios*는 *eikē*의 동의어다(비교–갈 4:11, 빌 2:16, 살전 3:5, 명사 *pistis*는 2절의 '믿다'는 동사와 동일 어원에 속한다). 끝으로, 건드리 볼프(Gundry Volf, Perseverance, 274)는 "고린도 사람들이 부활이 없는 복음을 믿고 있다면 그들은 '구원받지' 못할 것이고 헛되이 믿은 것이다. 자신을 구원할 수 없는 메시지를 믿는다면, 그것이 구원이 기반을 제공하지 못하므로 헛되이(*eikē*) 믿은 것이다"라고 이 구절의 진의를 잘 요약하고 있다. [*ektos ei mē*+*eikē*]

만일(If, *ei*) – 이 종속 접속사는 "복음을 전파받은 사람들은 자신들이 들은 것을 굳게 지키는 '상태에 있을 때에' 구원받게 된다"라는 중요한 조건을 표현하고 있다(Collins, 533, Garlandm 683, Lockwood, 550). 고린도 사람들이 구원을 받고자 한다면 그들은 믿음으로 인내해야만 했다(Gundry Volf, Peseverance, 273, Kistemaker, 527–28, 비교–Calvin[1 Corinthians, 313]은 이 인내는 "그들이 처음에 믿음을 붙잡을 때보다 훨씬 더 많은 것을 말하고 있다"라고 주장한다). 이 부분과 성도의 궁극적 견인(즉, 신자의 영원한 안전)과의 관계에 관해서 핫지(Hodge)의 로마서 14장 15절에 대한 다음과 같은 주해는 도움이 된다. "신자들(선택받은 자들)은 영원한 사망의 위험에 처해 있다는 말을 계속해서 듣는다. '그들은 끝까지 계속해서 믿음을 지킬 때에만' 구원받게 된다. 믿음을 버린다면 그들은 멸망한다. 성도들은 변절에도 불구하고 보존되는 것이 아니라, 변절로부터 보존된다"(Romans, 424, 비슷함–Murray, Redemption: Accomplished and Applied, 154–55). [*ei*]

15:3. 받은 것을…전달했다(Passed on…received, *paredōka…parelabon*) – 각각 '전달하다'와 '받다'를 뜻하는 이 두 동사는 구전(또는 기록된 전통)의 전달과 수용을 나타내는 데 사용되었던 랍비 시대의 전문 용어들이다(BAGD, 615, 3, BDAG, 763, 3, BAGD, 619, 2b, BDAG, 768, 2b). 미슈나의 소논문 m Avot 1:1에 따르면, "모세가 시내 산에서 율법을 받아 여호수아에게 전달했다. 여호수아는 장로들에게, 장로들은 선지자들에게, 선지자들은 대성회의 사람들에게 전달했다"(trans, Blackman, Mishnayoth, 2nd. ed., 참고–m Pe'ah 2:6, Sheqalim 6:1, Yadayim 4:3, Zevahim 1:3). 관련 명사인 paradosis뿐 아니라 헬라어 동사들은 유대교에서 전해 내려오던 '모세의 규례'(행 6:14)를 설명하고 있는 마태복음 15장 2–6절, 마가복음 7장 3–13절, 사도행전 6장 14절, 갈라디아서 1장 14절에서 사용되고 있다(Josephus의 비슷한 용법에 대해서는 Ant 13.10.6 §297을 참고하라. Philo, On the Special Laws 4.28 §150). 대부분의 학자들은 바울이 이 동사들을 3하–5절의 대칭구조에서 사용하고 있고, 그가 받아서 고린도 사람들에게 전달했던 신앙 고백이나 신조가 있다는 것을 나타내기 위해 '그것'(*hoti*)을 네 번 반복한다는 것을 인정한다(Collins, 529–32, Feem 722–23, Thiselton, 1186–89 참고). 3–5절의 본문을 다음과 같이 다시 배열하면 그것이 어떤 리듬과 구조인지를 알 수 있다(HCSB에서는 시나 찬송을 배열할 때처럼 들여쓰기를 하고 있다).

3절 "내가 받은 것을 먼저 너희에게 전했다. 즉
그리스도께서 성경대로 우리 죄를 위하여
죽으셨다는 것과

4절 그가 장사 지낸 바 되셨다가 성경대로 사흘
만에 다시 살아나셨다는 것과

5절 그가 게바에게 보이시고 그 다음에 열 두 제
자에게 보이셨다는 것을 전했다."

바울이 6–8절에서 계속해서 부활의 증인들의 목록을 제공하고 있지만, 바울 이전의 신앙 고백 문구는 아마도 5절 어디에선가, 즉 '보이셨다'(5상반절), 아니면 '게바에게'(5중반절), 아니면 '열두 제자에게'(5하반절, 더 이상의 논의를 위해 Fee,723 n 52, Thiseltonm 1203, 특히 Kloppenborg, "An Analysis of the Pre-Pauline Formular 1 Cor 15:3b–5 in the Light of Some Recent Literature,"CBQ 40[1978]: 358–59를 참고하라)서 끝났을 것이다. 다음의 두 가지를 관찰하면, 이런 결론에 도달하게 된다. 첫째, 6하반절은 초기의 신앙고백 문구의 일부로 보기에는 너무 기간이 길고 지나치게 많은 상세한 정보를 포함하고 있어 보인다. 둘째, 바울은 5절 다음에서 '그것'(hoti)이란 용어를 사용하지 않는다. 고린도전서의 다른 곳에서(11:23) 바울은 주의 만찬과 관련한 전통을 받아들이고 전달하는 것을 말할 때 동일한 의미의 이 동사들을 사용한다(Fee, 548 참고). [*paradidōmi + paralambanō*]

15:8. 조산된 태아와 같았던(As it were to the aborted fetus, *tōektrōmati*) – 고대 헬라문학에서는 이 용어를 자주 사용하지 않는다(TDNT 2:465). 사실 신약 이전이나 신약과 동시대의 이 단어의 사용에 대해서는 거의 없거나 알려진 바가 없지만, 이 용어는 '낙태'(Aristotle, Generation of Animals 4.5.777b. 18), '유산, 사산'(70인

경의 민 12:12, 욥 3:16, 전 6:3, 고전 15:8–신약에서의 유일한 용례)란 의미를 갖고 있다. 따라서 *ektrōma*가 '유산, 사산, 낙태'를 뜻하는 것은 분명하지만 여기에서 세 가지를 강조할 필요가 있다.

'시기 적절하지 못한 출생'(ESV, NASB, NRSV)이라는 일반적인 번역이 옳다는 것을 입증하는 데 어려움이 있으며, 오해의 여지가 있다. 왜냐하면 *ektrōma*는 아주 이른 아침시간에 또는 병원으로 가는 택시 안에서 발생하는 '시기가 적절하지 못한' 또는 '불편한' 출생이 아니라 태아가 완전하게 형성되지 않은 비정상적인 조산이기 때문이다. 아마도 '조산'이란 표현으로 바꾸는 것이 좋을 것 같다. 하지만 위에서 인용한 증거들은 더 명확하고 더 직접적인 '유산, 사산, 낙태'가 더 나은 번역임을 암시한다(Bruce's Paraphrase). 바울이 이 은유를 어떤 의도로 사용했는지는 분명하지 않다. 이 비교의 요점이 무엇인가에 대해 다음과 같이 많은 견해들이 제시되고 있다.

1. 이것은 바울의 그리스도인으로서의 탄생과 사도로서의 입회가 '늦은 것'을 가리킨다('비정상적으로 늦게 태어난 사람'–PHILLIPS, 비슷함–NKJV, NLT, RV).
2. 이것은 바울의 자신의 사도직 임명에 대해 맨 처음에 반대한 것을 가리킨다. 사실 바울이 사도로 임명된 것은 '어머니의 태에 있을 때부터'였다(갈 1:15). 다시 말해서 그리스도께서 다메섹 도상에서 바울에게 나타나실 때, 바울을 향한 하나님의 목적이 어떤 의미에서 유산되거나 낙태되었거나, 동시에 아직 완전하게 성취되지 않거나 형성되지 않은 불완전한 것이었다. 이 만남이 있은 후에 하나님의 목적이 완전하게 형성되어 탄생했다(호 13:13 비교, Garland, 693 n. 9).
3. 이것은 바울의 '기독교 신앙과 사도의 직분을 갖게 되는 비정상적이며 돌발적인 특성'을 가리키며 "바울이 사도가 되는 과정이 열두 제자들과 참으로 다르다"는 것을 강조한다(비슷함–TDNT 2:466, HCSB, NAB, NIV, TNIV). 바울은 사실상 '정상적으로' 사도의 반열에 포함된 사람이 아니었다. 그는 예수님의 지상 사역에 동행하지 않았다. 그는 영광을 입으신 그리스도에 의해 조산된 태아와 같이 자신의 과거의 죄와 반역으로부터 갑자기 벗어났으며, 예수님과 함께 다니는 '잉태기간' 없이 새로운 역할에 임명되었다(Barrett, 344, Mare, 283).
4. 이것은 바울 스스로 '자격이 충분한 사도'로 불릴 만한 자격이 없다고 생각하고 있다는 사실을 가리킨다(BDAG, 311). 바울은 9상반절과 10절에서 "나는 사도라 칭함 받기를 감당치 못할, 사도 중에 가장 작은 자라.…그러나 내가 나 된 것은 하나님의 은혜로 된 것이니"라고 설명한다(특히 EDNT 1:423, TDNT 2:466 참고).

이 네 가지 견해들 가운데 첫 번째('늦은 것')는 바울의 회심과 소명이 *ektrōma*라는 단어가 필요로 하는 의미인 빠름보다는 오히려 비정상적으로 늦음을 강조하기 때문에 지지하기가 어렵다(TDNT 2:466). 나머지 세 견해들을 평가하는 데 어려움이 있지만, 인접 문맥과 *ektrōma*와 연관이 있는 구약의 비유적 표현인 '비참하고 가련한'(특히 전 6:3, 민 12:12, 욥 3:16, 시 25:8 참고)에 가장 가까운 네 번째 견해가 좋아 보인다.

이 은유가 어떻게 바울에게 적용되었는지를 생각하는 것이 중요하다. 확실하게 이해하기는 어렵지만, 아마도 "(바울을) 비방하는 사람들 가운데 일부가 바울을 '미숙아'라고 불렀다는 설명이 가장 나은 것 같다. 왜냐하면 조산아(팔삭둥이)라는 말이 제때에 태어난 유아에게 추잡한 놀림이듯이, 진짜 사도인 바울에게도 또한 추잡한 놀림이기 때문이다"(Bruce, 142, 비슷함–BAGD, 246, BDAG, 311). 아마도 바울 '개인의 외모가 볼품없었고'(고후 10:10, 비교–갈 4:13–14, 고후 12:7하–10, '키가 작고, 대머리에, 저는 다리에, 짙은 눈썹과 매부리코의 바울이 오는 것을 보았을 때'–2세기의 Acts of Paul and Thecla 3:3), 예수님의 지상 사역에 동행하지 않았으며, 교회를 박해했다는 사실 때문에 비판자들은 이 문구를 사용해서 바울의 외모를 모욕하고, 사도로서의 그의 자격과 가르침을 거절했을 것이다(Barrett, 344, Morris, 203–04 참고, 바울의 사도직에 대한 도전/ 비판에 대해서는 고전 4:3–5, 9:1–3, 그리고 고후 10–13장과 비교하라).

마지막으로, 8–10절의 개념을 의역하면 다음과 같다. "그렇습니다. 그리스도께서는 소위 '조산된 태아'와 같은 나에게도 나타나셨습니다. 조산된 태아와 같이 불쌍하고 비참한 사람이지만 하나님께서는 그 은혜로서 지금의 나를 만드셨습니다. 내가 그리스도와 만나고 사도로 임명되는 상황은 조금 비정상적이지만, 그러나 지금의 나는 바로 예수 그리스도의 사도입니다." [*ektrōma*]

15:20, 23. 첫 열매(First fruits, *apparchē*) – 이것은 계속해서 거두게 될 전체 수확물을 대표하여 맨 처음 수확물을 주께 드리는 이스라엘의 종교적 관습을 칭하는 전문 용어다(출 23:19, 레 23:9–14, 민 15:20, 느 10:35). 하지만 바울이 관심 갖고 있는 것은 이스라엘의 전통이 아니다. 그보다 그는 이 단어를 다음의 두 가지 중요한 사실을 강조하는 은유 또는 그림으로 사용하고 있다(롬 8:23, 16:5, 약 1:18, 계 14:4에서의 비유적 사용과 비교하라). 첫째, 그리스도께서 죽은 자 가운데서 처음으로 다시 살아나셨다(다시 살아났으나 다시 죽은 나사로와 같은 다른 사람들과 달리, 예수님께서는 결코 다시 죽지 않으실 것이다). 둘째, 다른 사람들, 즉 믿는 신자들은 그리스도를 따라 생명으로 다시 살아날 것이다. 그리스도께서는 그리스도 안에서 죽어서 부활을 기다리는 모든 사람들의 첫 열매, 즉 선구자이시다(1 Clement 24:1 비교). 첫 열매가 풍성한 수확을 보장하는 것같이 그리스도 안에서 죽은 모든 신자들도 그리스도를 따라 부활하게 될 것이다(Harris, Raised Immoral: Resurrection and Immortality in the New Testament, 109–11 참고). 참으로 그리스도께서는 인간 운명의 노선을 바꾸고, 새로운 오솔길을 만드셔서 그 발자취를 따라가게 하는 선구자이시다! 첫 열매에 대한 이런 개념은 성령이 "우리의 구원에 대한 '첫 회 할부금'이며 동시에 그 구원의 나머지 단계들을 보증하는 '계약금'이나 '보증'이라 말하는 로마서 8장 23절에서의 이 용어의 용법과 거의 유사하다(Moo, Romanns, 520, 비교–고후 1:22, 5:5, 엡 1:14, LN 57.171). [*aparchē*]

15:22. <u>아담 안에서</u>(<u>In Adam</u>, *en tōAdam*) – 첫

번째 아담과 마지막 아담 그리스도(고전 15:45)는 모두 '인간의 대표, 즉 옛 대표와 새로운 대표'로서 활동한다(*Héring*, 165). 다시 말해서 아담은 인류 전체가 그와 함께하는 친밀한 관계나 연대감 때문에 옛 인간을 대표한다. 이 관계는 대통령과 국민과의 관계를 예로 들어 설명할 수 있다. 즉, 대통령이 한 나라를 대표할 때(예를 들어, 전쟁을 할 때나 조약에 서명을 할 때 최고 통수권자로서의 직무를 수행할 때)의 행동은 어떤 의미에서 국민의 행동들이다. 이 관계는 또한 부정적으로 예증할 수 있는데(이것은 아담의 경우에 더 적합한 것 같다), 축구 경기에서 한 경기자의 반칙이 팀 전체에 영향을 미치는 경우다(자기 한 사람의 행동으로 인해 이스라엘 전체에 재난을 발생하게 했던 아간[수 7:1, 11, 22:18-20]과 요나단[삼상 14:24-45, 특히 38]의 사례들과 비교하라). 어떤 의미에서 아담은 '사망'이라는 팀의 주장이다. 그의 행동(죄)은 신기원적인 것이었으며, 그가 속한 팀의 모든 사람들(모든 인류들)에게 영향을 행사하여 죄와 사망에 빠지게 하였다. 하지만 그리스도께서는 '생명'이라는 팀의 주장이시다. 그의 신기원적인 행동은 그분의 팀에 속한 모든 사람들(그분을 믿는 사람들에게만)에게 영향을 행사하며, 그 결과 그들은 죄에서 자유롭게 되어 부활에서 절정을 이루게 될 새로운 생명을 소유하게 된다. 한마디로 아담은 모든 사람들이 출생시부터 참여하는 옛 인간성의 대표자다. 그러나 그리스도께서는 일부 사람들이 거듭남으로(또는 양자됨-이것은 바울의 관점이다) 참여하는 새 인간성의 대표자이시다. 바울이 아담과 그리스도 사이에서 끌어내는 유비에 대해 Ladd, A theology of the New Testament, 443, 463, Ziesler, Pauline Christianity, rev. ed., 52-57을 참고하고, 로마서 5장 12-21절, 고린도후서 15장 21, 44-49절과 비교하라. [*en tōAdam*]

<u>모든 사람</u>이 죽게 되는 것과 같이…<u>모든 사람</u>이 살아나게 될 것이다(<u>All</u> will die…<u>all</u> will be made alive, *pantes*) - 두 번째 사용된 '모든 사람'은 '한 사람도 빠짐없이 모두'란 뜻이 아니다. 그보다는 '아담 안에서 모든 사람이 죽는 것과 같이'라는 비유적인 진술은 먼저 언급한 '모든 사람'이 '아담과 관계가 있는 모든 사람들'을 가리키는 것과 마찬가지로 나중에 언급한 '모든 사람'은 '그리스도와 관계가 있는 모든 사람들'을 가리키고 있음을 암시한다(Blomberg, 298, Kreitzer, "Adam and Christ,"DPL, 11). 23절의 '그리스도께 속한 사람들은 그가 강림하실 때(살게 될 것이다)'라는 말씀은 이 해석을 훌륭하게 확증한다('그리스도 안에서 [잠자는] 사람들', 18절 비교). 따라서 "이 구절은 만인구원론을 지지하지 않는다"(Morris, 210, 비슷함-Guthrie, New Testament Theology, 834). 한마디로 이 구절에서 먼저 사용된 '모든 사람'은 '한 사람도 빠짐없이 모두'란 뜻이지만, 두 번째로 사용된 '모든 사람'은 '그리스도 안에 있는 모든 사람들'이란 뜻으로 사용되었다. [*pas*]

살게 될 것이다(Will be made alive, *zōopoiēthēsontai*) - 바울은 '살리다, 생명을 주다'(BDAG, 431, 1)라는 뜻의 이 동사를 여기에서 부활, 즉 '다시 살리다'(*egeirō*-15장에서 20회 등장, 15:42-44에서의 이 단어의 논의를 참고하라)라는 동사 대신에 사용하고 있다. 그 이유는 이 동사가 '죽다'라는 의미의 동사와 더 정확하게 대조되기 때문이다. 여기에서 이 동사는 모든 죽은 자들의 일반적 부활을 가리키지 않는다(요 5:29하, 행 24:15, Harris, Raised Immortal 비교). 그보다는 '그리스도께 속한 사람들(23절)이 죽은 자들로부터 다시 살아나, 부활하신 주의 생명에 참여하게 되는 것'을 가리킨다(Fee, 751). 바울은 15장에서 이 동사를 두 번 더 사용한다(36, 45절). 로마서 8장 11절에서의 이 동사의 용법은 현재의 본문과 중요한 병행을 이룬다. [*zoōpoieō*]

15:24-28. 그/ 그의/ 그에게/ 그 자신(He/ his/ him/ himself, 여러 가지 형태의 대명사 *autos*와 '명시되지 않은' 주어가 있는 여러 가지 동사들) – 대부분의 영역본들의 24-28절을 보면 여러 형태의 3인칭 남성대명사(he, his, him, himself)가 혼란스럽게 배열되고 있다. 이 명사들의 정확한 선행사 또는 지시하는 것, 즉 보통은 하나님 아버지나 아들 예수 그리스도 두 분 가운데 한 분을 결정하는 데 어려움이 있다(Fee, 754-59 참고). 아래의 표는 영역본들 가운데 가장 문자적 번역인 NASB에서 각 삼인칭 대명사의 선행사/ 지시하는 것을 밝히려는 시도다.

추가적으로, 바울은 27-28절에서는 행위의 주체에 관한 언급 없이 세 개의 수동태 동사들을 다음과 같이 사용하고 있다. (1) "만물이 그의 아래에 있게 된다(*hypotetaktai*)"(27하반절), (2) "만물이 그에게 복종한다(*hypotagē*)"(28상반절), (3) "아들 자신이 만물을 자기에게 복종하게 하신 이에게 복종(*hypotagēsetai*)할 것이다"(28하반절). 처음 두 경우에, 하나님 아버지께서 이 행동들을 주관하시는 행위자다(Fee, 759, Garland, 713, Thiselton, 1236 참고). 마지막 경우에는 "아들이 스스로 아버지에게 자의로 복종한다"(Barrett, 360, 비교-Bruce, 148, 수동태는 자동사['복종하다']나 재귀용법['스스로 복종하다']으로 사용되고 있다, 참고-MOulton, A Grammar of New Testament Greek, 1:163, BAGD, 848, 1b β, BDAG, 1042, 1bβ). 이 문장들을 다음과 같이 의역할 수 있다. 즉, "만물이 (하나님에 의해) 복종하게 된다"(27하반절), "만물이 (하나님에 의해) 그에게(그리스도께) 복종한다"(28상반절), "아들 자신도 만물을 그에게(그리스도) 복종하게 하신 이에게(하나님께) 복종하실 것이다"(28하반절). 28하반절에 대한 이 같은 번역에 대해서는 CEV, HCSB, NKJV, PHILLIPS, TEV를 참고하라. "아들 자신도 하나님께 복종하실 것이다"(NIV, TNIV, REB)와 "아들 자신도 하나님께 복종하게 되실 것이다"(ESV, NAB, NASB, NET, NJB, NRSV)라는 번역들은 강요의 뜻을 내포하고 있는 것 같다. [*autos* + '명시되지 않은' 삼인칭 주어와 함께 사용된 여러 가지 동사들].

15:26. 폐지되었다(Abolished, *katargeitai*) – 이 동사에 대해서는 고전 1장 28절, 2장 62절의 논의를 참고하라. 여기에서 사망은 그리스도의 부활로 말미암아 원수들 가운데 맨 나중에 패배당하고, 정복되며, 무력하게 되거나 효력이 없게 된다(15:54 비교, Fee, 757, Garland, 712). 사망이 '제거되고'(NET), '패배하고'(TEV) 또는 '쫓겨나는'(REB) 것은 "그리스도에게 속하게 됨으로써 더 이상 사망에 속하지 않게 된 사람들을 사망의 창고에서 '빼냈기' 때문이다"(Fee, 757). 그리스도의 부활 때문에 사망의 목조르기가 중단

절	영어대명사	헬라어의 표현	헬라어의 문자적 번역	지시하는 것
24a	그	paradidō	그가 바친다	그리스도
24b	그	katargēsē	그가 멸했다	그리스도
25a	그	auton	그가 반드시 왕 노릇 하신다	그리스도
25b	그	thē	그가 아래에 두다	그리스도*
25c	그의 원수들	tous echthrous	원수들을	그리스도의 원수들
25d	그의	podas autou	그의 발	그리스도
26	없음			
27a	그가 아래에 두셨다	hypetaxen	그가 아래에 둔다	하나님**
27b	그의	podas autou	그의 발	그리스도
27c	그	eipē	그것이/ 그가 말한다	성경
27d	아래에 두신 그가 들지 아니하였다	ektos tou hypotaxantos	아래에 둔 사람을 제외하고	하나님
27e	그에게	autō	그에게	그리스도
28a	그에게	autō	그에게	그리스도
28b	아들 그 자신	autos ho hios	아들 그 자신	그리스도
28c	(만물을) 복종하게 하신 이(그)에게	tō hypotaxanti	복종하게 하신 이에게	하나님
28d	그에게	autō	그에게	그리스도

* '하나님'으로 보는 바레트, 브루스와 달리 그리스도로 보는 콜린스, 피, 디셀튼의 견해를 따랐다
** '그리스도'로 보는 콜린스와 달리 '하나님'으로 보는 바레트, 브루스, 콜린스, 피, 갈란드의 견해를 따랐다.

되고, 사망의 희생자들이 자유를 얻게 된다. 바울은 한 걸음 더 나아가 '사망이 승리에게 삼킴을 당했다'라고 말한다(15:54). 똑같은 동사가 그리스도께서 '모든 통치와 모든 권세와 능력'(15:24) 이란 적들을 멸하신 것에 대해 사용되고 있다. 많은 역본들이 이 동사를 '파괴하다'(EDV, NIV, TNIV, NRSV)나 '폐지하다'(HCSB, NASB)로 번역한다. 이 번역은 악마적 세력들(모든 통치와 모든 권세와 능력)이 전멸하거나 존재하지 않게 된다는 의미를 암시할 수도 있다. 그러나 이것은 신약의 전반적인 가르침(마 25:41, 벧후 2:4, 유 6–7절, 계 14:10–11, 20:12, 고전 3:17의 '파괴하다'에 대한 논의를 참고하라)과 일치하지 않기 때문에 이런 뜻을 암시하는 번역은 지양되어

야만 한다(Garland, 710-11 참고, REB, TEV 비교). 생명의 부재를 암시하는 무생물 세력인 사망은 다른 범주와 의지에 속하며, 사망의 희생자들을 빼앗김으로서 '사라지게 된다'(NJB, 참고-de Boer, "the Defeat of Death: Apocalyptic Eschatology of 1 Corinthians 15 and Romans 5, 121, 223 n. 102). [*katargeō*]

15:29. 죽은 자들을 위하여 세례 받는 사람들 (The ones who are baptized for the dead, *hoi baptizomenoi hyper tōn nekrōn*) – 이 단어들을 하나씩 살펴볼 때는 별 어려움이 없다. 하지만 단어들이 모여 하나의 문구가 될 때, "죽은 자들을 위해 세례를 받았다"라는 신약의 다른 곳에서 그 전례를 찾아볼 수 없는 표현이 생겨나고, 이것은 매우 난해한 구절 가운데 하나가 된다. 포쉬니(Foschini)는 실제로 상세한 시리즈 연구에서 40개 이상의 다른 해석들의 목록을 작성하고 있다("Those Who Are Baptized for the Dead"1 Cor. 15:29: An Exegetical Historical Dissertation, 98, 비교-CBQ 12 [1950]과 13 [1951]에 4회에 걸쳐 실린 그의 논문들). 더구나 톰슨(Thompson)은 200개 이상의 다른 해석들이 있다는 것을 언급함으로써 "성경 해석학자들의 창의성이 폭동을 일으키고 있다"라는 콘첼만(Conzelmannn)의 보고(276)를 확증하고 있다(1 Corinthains 15:29 and Baptism for the Dead," 647 n. 2 in Studia Evengelica, vol. 2, ed. F. L. Cross, 참고-Evans, Tertullian's Treatise on the Resurrection, 312). 이렇게 과다한 견해들에도 불구하고 바울의 사용한 단어들(동사 *baptizōo*, 전치사 *hyper*, 그리고 명사 *nekron*의 가장 일반적인 의미들)의 명백한 의미는 여러 가지 형태의 세례나 대리 세례를 암시한다(Blomberg, 299, Conzelmann, 275-76, Fee, 764, 특히 n 16는 이 용어들의 명백하고 자연스런 의미를 강조하는 많은 사람들에 속한다). 따라서 고린도교회의 일부 사람들이 죽은 사람들, 즉 세례받기 전에 죽은 것으로 추정되는 신자들을 대신하여 세례를 받았다는 해석이 가장 설득력 있는 것 같다(이 해석을 뒷받침하는 고고학적인 증거를 위해서는 Demaris, "Corinthian Religion and Baptism For the Dead [1 Corinthians 15:29]: Insights from Archaeology and Anthropology," JBL 114 [1995]: 661-82, 특히 674, 679을 참고하라). 이 세례 의식은 장래의 부활을 전제로 한 것이기 때문에 이 풍습에 대해 말하는 바울의 요지는 앞에서 죽은 자들의 부활을 부정하면서, 뒤에서 죽은 자들을 위해 세례를 받는 모순을 지적하는 데 있다. 이 경우에 제2 마카비 12장 38-45절은 사람의 행동(죽은 자들을 위한 기도들)과 그런 관습에서 이끌어낸 추론에 호소함으로써 죽은 자들의 부활의 교리를 지나치게 탐닉한다는 점에서 중요한 병행을 제공한다. 초대교회 교부들 또한 2세기와 3세기의 이단들 사이에서 행한 대리 세례의 관습을 언급하고 있다(Tertullian, Against Marcion 5.10, Conzelmann, 275 nn. 116-18, TDNT 1:542 참고).

마지막으로, 바울은 '죽은 자들을 위한 세례'가 죽은 자들이 부활하지 않는다면 무의미한 것이라고 주장한다. 한마디로, 죽은 자들이 부활하지 않는다면 어떤 종류의 대리 세례도 유익이 없다. 고린도 사람들이 육체로부터 벗어난, 불멸의 영혼들을 위해 자신들이 이런 세례들을 베풀었다고 반박했을 수도 있다(Demaris, “Baptism for the Dead,”678–79 참고). 그러나 이것은 바울의 동의를 이끌어내지 못했을 것이다. 왜냐하면 바울은 부활을 제외하고는 불멸이나 죽음 이후의 생존에 대해 생각하지 않기 때문이다(Bruce, 149, 비슷함–Blomberg, 299, DeMaris, 679, Fee, 767). [*baptizō*+ *hyper* + *nekrōn*]

15:32. 맹수들과 싸웠다(I have fought with wild animals, *ethēriomachēsa*) – 이 단어는 구약이나 신약의 다른 곳에서 사용되지 않는 한 단어를 번역한 것이다. 이것은 ‘짐승, 사나운 동물’을 뜻하는 명사와 ‘싸우다’를 뜻하는 동사의 합성어이고, 이 특별한 용어의 구성 요소들이 ‘사나운 짐승들과 싸우다’라는 용어의 의미를 정확하게 제공하는 드문 사례 가운데 하나다(신뢰할 수 없는 어원적 과정에 대해서는 서론 30쪽을 참고하라). 이 표현을 문자적으로나 비유적으로 이해할 수는 있지만, 바울이 원형경기장에서 사나운 짐승들을 상대로 실제로 싸웠다는 뜻은 아닌 것 같다(Bowen, “I Fought with Beasts at Ephesus,”JBL 42 [1923]: 59–68, Godet 2:393–94 대조). 이 표현이 비유적으로 자주 사용된다는 것(Appian, Civil Wars 2.61 §252, Ignatius, To the Romans 5:1, Philo, Moses 1.43–44), 바울이 그러한 짐승과 싸워 살아남지 못할 가능성, 바울 자신이 경험했던 여러 가지 고통에 대해 말하는 고린도후서 11장 23–29절에 나오지 않는다는 것, 그리고 로마의 시민인 바울에게 이런 일이 허용될 수 없었다는 사실을 비롯하여 여러 차원의 증거가 이 사실을 뒷받침한다. 따라서 바울이 에베소에서 반대자들(EDNT 2:148, Garland, 720–21, Hays, 268, 비교–고전 16:8–9), 즉 ‘사자들과 호랑이들처럼 사나운 적대자들’(WEYMOUTH의 난외주) 때문에 여러 번 치명적인 위험에 빠진 것에 대해 말하고 있다고 보는 것이 좋을 것 같다. 바울의 행동은 부활의 소망 때문에 말로 표현할 수 없는 ‘짐승’(안티오쿠스 에피파네스)의 고문을 견디어낸, 제2 마카비 7장에 나오는 유대인 순교자를 떠올리게 한다. 바울이 정확히 어떤 위험을 회상하고 있는지 알 수 없다. 아마도 에베소의 폭동(행 19:23–41), 고린도후서 1장 8–11절의 사건들(롬 16:3–4 비교, 한 세기 후에 Acts of Paul §7에서 제공한 기발한 추측에 유의할 것)과 관련이 있을 것이다. “죽은 자들로부터의 부활이 없다면 맹수들(에베소 사람들)과 싸운 것이 무슨 가치가 있었을까?”라는 NLT의 번역은 이 비유적 표현의 진의를 잘 보여준다. [*thēriomacheō*]

우리가 내일이면 죽을 터이니 먹고 마시자(Let us eat and drink for tomorrow we die, *fagōmen…apothnēskomen*) – 바울은 예루살렘 거민들이 점령당하여 전멸하게 되었을 때 하나님께로 돌아와 울며 회개하기보다는 “내일이 없을 것 같으니 파티를 즐기자”고 결심했던 70인경의 이사야 22장 13하반절을 그대로 인용하고 있다. 표현된 사상은 부활에 대한 아무런 소망이 없는 상태에서 “사람이 먹고 마시며 수고하는 것보다 그의 마음을 더 기쁘게 하는 것은 없다”라고 말하는 전도서 2장 24절의 사상과 비슷하다(전 9:7–10 비교, 실제로 이런 감상주의는 매우 널리 퍼져 있었으며, 유대의 문헌들[사 56:12, 솔로몬의 지혜서 2:6–8, 눅 12:19–20]과 에피쿠로스 학파와 반에피쿠로스 학파의 문서들 모두에서 자주 등장한다. 도움이 되는 구체적인 사례들을 위해서는 Deisemann, Light from the Ancient East, 4th ed., 295, Hellwnistic Commentary to the New Testament, ed. M. Eugene Boring et al., §709–439를 참고하라). 따라서 바울은 육신의 무상함에 호소하여 감정을 움직이는 또 하나의 논증을 사용하고 있다. 즉 부활이 없고, 이 세상에서의 삶이 전부라면 기독교의 도덕들을 포기하고 순간의 쾌락을 즐기며 '먹고 마시는 것'이 당연하다(ASV, KJV, PHILLIPS, RV에서 '만약 죽은 자가 다시 사는 일이 없으면'을 이 인용문보다 선행 구절과 연결하는 것은 잘못이다). 한마디로, 부활이 없다면 도덕적인 규범들이 붕괴될 것이다. 부활이 없는 인생 대본은 생각할 수도 없다. 바울은 부활이 지금 여기에서 육체적으로 살아가는 삶에 계속해서 도덕적으로 중요한 의미를 부여한다고 굳게 믿고 있다(고전 6:13의 논의 참고, 고전 7:29–31, 고후 5:9–10, Garland, 15 비교). [*esthiō, pinō*]

15:33. 나쁜 친구는 좋은 성품을 더럽힌다(Bad company corrupts good character, *phtheirousin…kakai*) – 바울은 매난드로스(Menander)의 유실된 희극작품 타이스(Thais, 일부분만 남아 있음, 187[218]: 참고–BDAG, 435, Conzelmann, 278–79n, 139, Thiselton, 1254)에 나오는 유명한 격언을 추가하고 있다. 바울이 기원전 344–292년경에 살았던 그리스도의 희극작가인 매난드로스를 잘 알고 있었는지의 여부는 불확실하다. 갈란드(Garland, 722)가 지적한 것처럼 "바울이 매난드로스를 잘 알고 있었다고 더 이상 추측할 필요가 없다. 그것은 셰익스피어의 연극에 나오는 유명한 대사를 인용하는 사람이 그의 작품을 읽었다고 추측하는 것과 같은 것이다." 바울은 감정에 호소하는 부활에 대한 세 번째 논증에서 이 인용문을 사용하고 있다(Fee, 761–62, 722, 특히 Blomberg, 299 참고). 바렛(Barrett, 362)은 29–34절에 나오는 감정에 호소하는 부활 논증들을 간략하게 정리하고 있다. 이 논증들은 (1) 고린도의 제도들(죽은 자들을 위한 세례, 29절), (2) 그리스도인의 고난(사도의 위험과 수고, 30–32상반절), (3) 그리스도인의 윤리(도덕적 표준, 32하–34절)에 근거하여 진행되고 있다. '악한 동무'라는 표현은 부활을 부인하는 사람들을 가리키는 것이 거의 확실하다(Barrett, 367, Fee, 773, 특히 Blomberg, 300 참고). [*phtheirō*]

15:34. 무지(Ignorance, *agnōsian*) – 이 용어의 의미는 특별히 문제될 것이 없다. 이것은 단순히 '무지, 지식이나 이해의 부족'을 의미한다(BAGD, 12, BDAG, 14, EDNT 1:23, LN 28.16, 32.7). 그러나 바울이 자신들의 지식과 신학적 안목을 매우 자랑했던 고린도 사람들을 상대로 이 말을 했기 때문에 강력한 힘이 있다(2:6, 3:18, 4:8–10, 6:5, 8:1–2, 11:16, 14:37, 고후 11:19 참고, Fee, 151 비교). 이것은 피(Fee, 774)의 지적처럼 '근본적인 반박'이었다(Garland, 722 비슷함). 이 공격은 "내가 너희를 부끄럽게 하기 위하여 이 말을 한다"는 바울의 기대를 확실하게 충족시켰을 것이다(동일한 헬라어를 사용하고 있지는 않지만 "내가 너희를 부끄럽게 하기 위해서 이 말을 한다"와 동일한 표현이 나오는 4:14와 특히 6:5과 비교하라). [*agnōsia*]

15:35. 죽은 자가 어떻게 다시 살아나느냐(How are the dead raised?, *pōs*) – 이 의문문은 "어떠한 몸으로 오느냐?"라는 다음 질문과 함께 고린도 사람들이 부활을 단순히 육체가 다시 살아나는 것, 즉 죽은 사람의 소생의 관점에서 이해했을 가능성을 암시한다. 그들은 부활이 '어떻게' 가능한지를 이해하지 못했기 때문에 '부활'(15:12), 혹은 부활의 사실을 부정하기 시작했다(Fee, 776, 779 참고). [*pōs*]

15:36. 너 무지한 바보여(You ignorant fool, *aphrōn*) – 이 형용사는 '판단이나 분별이 부족한, 무지한, 어리석은'을 뜻하며(BDAG, 159), 여기에서 호격(이것은 상대방을 직접 부르는 것을 가리킨다) 명사로 사용되고 있다. 스스로를 '지혜롭게' 여기는 고린도 사람들은 이 말을 직설적인 모욕으로 받아들였던 것이 분명하다(2:6, 3:18, 4:8-10, 6:5, 8:1-2, 11:16, 14:37, 고후 11:19 참고, Fee, 151 비교). 그러나 바울의 요지는 그들의 분별이나 실천적 판단에 이의를 제기하는 데 있지 않고, 그들을 어리석은 사람들, 즉 하나님과 그분의 길들을 생각하지 않는 사람들로 부르는 데 있다(Fee, 780, 비교-시 14:1[70인경 13:1], 53:1[70인경 52:1], 렘 4:221 눅 12:20). 마르틴(Martin)의 지적처럼 바울은 "자신의 생각에서 하나님을 배제하기 때문에 죽은 자가 다시 살아난다는 것을 믿지 못하는 질문자들을 비난하고 있다"(The Spirit and Congregation, 132, 비교-38절의 '그 뜻대로' 행하시는 하나님). [*aphrōn*]

죽다(Die, *apothanē*) – 엄밀한 의미에서는 뿌려진 씨앗은 죽는 것이 아니다(PHILLIPS 비교). 그보다 씨앗은 죽은 것처럼 보일 뿐이다. 식물 세계에서 진정한 부활은 일어나지 않는다. 따라서 36-38절에서 바울의 씨앗 비유를 문자 그대로 모든 측면에서 적용해서는 안 된다(Craig, "The Bodily Resurrection of Jesus,"55 in Gospel Perspective, vol. 1, ed. R. T. France and David Wenham). 그러나 부활은 순수하게 초자연적인 행위이고, 자연 현상은 하나님의 초자연적 행위들을 완전하게 예증하기엔 거의 적합하지 않기 때문에 이것은 그리 놀라운 사실은 아니다. 그럼에도 불구하고 바울의 유비는 '뿌려진 것과 나중에 눈에 보이는 것 사이의 연속성과 불연속성 둘 다'를 묘사하고 있기 때문에, '효력이 있다', '죽다'라는 동사에 대한 약간 다르지만 양립할 수 있는 이해에 대해서는 BDAG(111, 1αβ)를 참고하라. 거기에서는 '죽다'는 동사를 '부패'의 의미에서 이해한다. 바울의 비유에서 부패는 죽음을 묘사한다. [*apothnēskō*]

15:42. 그와 같으니(So also, *houtōs kai*) – 바울은 이 부사적 표현을 사용하여 앞의 두 가지 비유들('씨앗들'-육체의 연속성과 변화를 묘사하고 있는 36-38절, '다른 종류의 육체들'-각 존재가 각자에 맞는 육체를 가지고 있는 것을 묘사하고 있는 39-41절)을 현재의 관심사, 즉 '죽은 자들의 부활'(fee, 784)에 적용하고 있다. "죽은 자의 부활도 그와 같다"(Bruce's Paraphrase, 비슷함-PHILLIPS)라는 번역은 이런 사상을 훌륭하게 포착하고 있다. 바울이 이 단어(*houtōs kai*)를 비유나 은유에 적용하면서, 비슷한 의미로 사용하고 있는 로마서 6장 11절, 고린도전서 2장 11절, 12장 12절, 14장 9, 12절, 갈라디아서 4장 3,

29절, 골로새서 3장 13절, 디모데후서 3장 8절을 참고하고, BDAG, 741, 1, LN 61. 9와 비교하라. [*houtōs + kai*]

부활(Resurrection, *anastasis*) – '부활'(BAGD, 60, 2, BDAG, 71, 2)을 뜻하는 이 명사는 15장 12, 13, 21, 42절에서 사용된다. 이 명사와 관련된 동사 *anhistēmi*는 '죽은 자들로부터 다시 살아나다'(BDAG, 83, 7)라는 뜻이며, 바울(살전 4:14, 16)과 다른 사람들(막 10:34[눅 18:33, 20:9], 행 17:3)은 '부활'이란 뜻으로 사용한다. 헬라어 용어 *anastasis*/ *anhistēmi*와 바울이 고린도전서 15장에서 부활을 언급할 때 자주 사용하고 있는 헬라어 동사 *egeirō*('다시 살아나다/ 다시 살리다') 사이를 신학적으로 구별하는 것이 용이하지 않다(Harris[Raised Immortal, 270–71]는 복음서에서 이 두 동사들을 구분 없이 사용하고 있다고 지적한다). [*anastasis*]

썩는 것으로 심고…썩지 아니하는 것으로 다시 살아났다(Sown in the state of perishability…raised in the state of imperishability, *phthora…aphtharsia*) – 이 두 명사는 본질적으로 동의어다. 두 번째 용어는 '소멸/ 용해/ 중단에 속하지 않은 상태', 따라서 '부패하지 않음, 불멸'을 가리킨다(BDAG, 155, 비슷함–BAGD, 125, LN 23.127). 첫 번째 용어는 '유기물의 파괴', 즉 '용해, 악화, 부패'(BDAG, 1054, 1, 비슷함–BDAG, 858, 1)를 가리킨다. 하나의 과정을 묘사하고 있는 첫 번째 용어는 '부패하기 쉬운 상태', 즉 부패에 속한 상태를 뜻하는 환유어의 기능을 한다(BAGD, 858, 1, BDAG, 1055, 1, 비교–LN 23.205, 원인과 결과를 대체하는 환유어에 대해서는 Abbott–Smith, 469를 참고하라). "부패하기 쉬운 것으로 심고, 부패하지 아니할 것으로 다시 살아난다"라는 문자적 번역에 담긴 개념은 "죽으면 썩어지게 될, 우리의 이 땅에서의 몸들이 부활하게 될 때에는 지금의 육체와 다른 모양이 될 것이다. 왜냐하면 그 때의 육체들은 결코 죽지 않을 것이기 때문이다"(NLT)에서 잘 표현되고 있다. [*phthora, aphtharsia*]

15:42–44. 심고…다시 살아났다(Sown…raised, *speiretai…egeiretai*) – 바울은 이 세상에 '심겨진'('심겨진'은 매장을 가리키지 않음, 참고–Fee, 784, Harris, Raised Immorrtal, 121, 대조–'매장된', TEV) 현재의 육체와 부활로 인해 나타나게 될 미래의 육체를 대조하기 위해 37절에서 문자적으로 씨앗을 뿌린다는 뜻으로 사용된 '심다'라는 용어를 선택한다(BAGD, 761, 1bδ, BDAG, 936, 1bδ, Fee, 784). 그는 42–44절에서 육의 몸과 장래의 영의 몸 사이의 기본적 차이를 묘사할 의도로 네 가지를 대조하고 있다(Harris, Raised Immortal, 119–24, Tenney, The Reality of the Resurrection, 167–69 참고). 매우 중요한 이 네 가지 대조들은 고린도전서에서 16회 더 나오는 '다시 살아나다'(*egeirō*, 6:14, 15:4, 12, 13, 14, 15[3회], 16[2회], 17, 20, 29, 32, 35, 52, 비교–6:14에서 단 한번 나오는 [*exegeirō*])라는 용어의 의미를 명료하게 해준다. 부활('죽은 자가 다시 살아나는 것')은 단순한 생명의 회복, 죽은 육체들이 다시 활동하거나 시체들이 소생하는 것을 가리키는 것이 아니다(Harris, Raised Immortal, 270–71 참고). 오히려 부활은 현재의 육의 몸이 종말론적인 존재에 어울리는 썩지 않고, 영광스럽고, 강력하고, 초자연적인 몸으로

변화하는 것이다. 다시 말해서 이 대조들은 37절의 씨앗 비유에서 말한 것, 즉 "네가 뿌리는 것은 장래의 형체를 뿌리는 것이 아니다"에 살을 붙이는 것이다. 이 점과 관련하여 주목해야 할 중요한 사항은 문법상의 주어('그것')가 42-44절의 네 가지 대조들에서 변화 없이 유지되고 있다는 것이다. 이것은 육의 몸과 부활체 사이에 상당한 연속성이 있음을 암시한다. 시더(Sider)가 솔직하게 말한 것처럼, "이 주어, 즉 '이것'이 인격의 비물질적인 본질(essence)일 리는 없다"("The Pauline Conception of the Resurrection Body in 1 Corinthains 15:35-54,"NTS 21[1975]:435, 비슷함-Dahl, The Resurrection of the Body, 33). [*speirō*+ *egeirō*]

15:44. 자연적인 몸…신령한 몸(**Natural** body…**spiritual** body, *psychikon…pneumatikon*) - *psychikon*은 *psychē*('영혼, 생명')의 형용사형이며, '자연 세계의 생명에 속하는, 자연적인'이란 뜻이다(BDAG, 1100, 비슷함-BAGD, 984). 이 형용사와 이 형용사가 수식하는 명사는 대개 '자연적인 몸'(ESV, HCSB, NASB, NET, NIV, TNIV)으로 번역된다. 때때로 '육의 몸'으로 번역되기도 하는데(NRSV, REB, BAGD, 894, 1, BDAG, 1100a), 이것은 안타깝게도 "바울이 극복하려고 시도하는 육과 영 사이의 이원론적 이분법으로 회귀하는 것처럼 보인다"(Hays, 272). '자연인의 몸들'(NLT)이라는 번역이 바울의 의도를 잘 표현하는 것 같다. 두 번째 용어 *pneumatikon*은 *pneuma*('영')의 형용사형으로 "하나님의 영과 관련을 맺다"라는 뜻이다. 이 형용사와 이 형용사가 수식하는 명사는 대부분의 역본들에서 '신령한 몸'으로 번역된다. 자연적인 몸은 이 세상에서 생활하는 데 적합한 몸이다. 이것은 *psychē* 또는 '영혼'으로 이루어진 육체가 아니다. 마찬가지로 신령한 몸은 (부활을 통해서 얻어진) 몸이며, 다가오는 세대에서 성령이 주시는 생명에 적합한 몸이다(Fee, 788). 이것은 *pneuma* 또는 (공기처럼 가벼운) '영'으로 이루어지지 않는다. 이것은 자연적인 몸의 본질이 *psychē*나 '영혼'이 아닌 것과 마찬가지다(형용사적 접미사 '*ikos*'는 일반적으로 '…과 같은(like)'을 뜻하며, 도덕적/ 윤리적 색채를 갖고 있다. 그리고 접미사 'inos'는 '…으로 이루어진'을 뜻한다(BDF §113.2, Moulton, A Grammar of the New Testament Greek, 2:378 참고). 그보다는 부활체는 신령한 몸, 즉 성령에 의해 생명을 공급받고 인도함을 받는 (육의) 몸이다('성령에 의해 에너지를 제공받는'[Bruce's Paraphrase] 비교, Fee, 786 참고). 따라서 대다수의 학자들이 주장하는 것처럼 형용사들을 '자연적인'과 '초자연적인'으로 번역할 때 이 구절에서의 대조가 더 분명해진다(Craig, "Bodily Resurrection of Jesus,"58-59, Fee, 786). [*psychikos, pneumatikos*]

15:45. 생명을 주는 영(Life-giving **spirit**, *pneuma*) - 바울이 '영'이라는 용어를 사용한 이유는 창세기 2장 7절을 인용하는 선행 구절과 대조하기 위해서인 것 같다. 첫 번째 아담이 살아있는 육체(*psychē*)인 것처럼 마지막 아담은 생명을 주는 영(*pneuma*)이 되었다. 따라서 '생명을 주는 영'('부활을 생산하는 영', 22절 비교)은 그리스도께서 부활체를 지니고 계신다는 사실을 배제하지 않는다(Bruce, 152). 또한 이것은 부활하신 그

리스도께서 성령과 동일하시다는 것을 암시하는 것도 아닌 것 같다(Dunn, The Theology of Paul the Apostle, 260-62 대조). 피(Fee)의 지적처럼 바울의 언어는 창세기 2장 7절의 인용이기 때문에 어느 정도 가변성이 있다. [*pneuma*]

15:46. 신령한 [몸]…자연적인 [몸]…신령한 [몸] (Spiritual…natural…spiritual, *pneumatikon…psychikon…pneumatikon*) – 헬라어 성경에서는 이 세 형용사들을 수식하는 명사가 등장하지 않는다(다수의 역본들이 명사를 보충하고 있지 않지만-ESV, HCSB, NASB, NET, NIV, TNIV). 문맥상으로 명사를 보충해야만 한다. 헬라어 본문은 중성 형용사를 사용하고 있기 때문에 중성인 '몸'(44절)이 보충되어야 한다. 여기서 바울이 아담과 그리스도에 대해 말하는 것이 아님이 분명하다(45, 47-49절, Bruce's Paraphrase, NLT, 참고-Garlandm 735). [*pneumatikos, psychikos, pnuematikos*]

15:50. 살과 피(Flesh and blood, *sarx kai haima*) – 이 단순한 헬라어 표현은 격렬한 논쟁의 중심에 있으며, 부활체의 특성과 관련이 있다. 이 난처한 쟁점에 대해 기본적으로 다음의 두 가지 견해들이 있다. 첫째, '살과 피'는 '현재 이 땅에서의 육체를 해부학적으로 구성하는 것'을 가리킨다. 따라서 살과 피로 이루어진 육체는 하나님의 나라를 물려받을 수 없다(장래의 하나님 나라에 들어갈 수 없다, 고전 6:9의 표제어들과 비교하라). 둘째, '살과 피'는 '현재의 죽을 수밖에 없는, 썩을 몸'을 가리키며(Gundry, "Physicality of Jesus'Resurrection," 185), 부활체의 비육체성(nonphysicality)을 말하는 것이 아니다. 오히려 부활체는 '그리스도의 성령에 의해 새롭게 된 육체적 몸이며, 따라서 하늘에서의 불멸성에 적합한 몸'이다(Gundry, *Sōma* in Biblical Theology, 165-66, 비슷함-Thiselton, 1279). 부활체의 특성에 대해 신학적으로 분명하게 말하기 위해 수많은 성경 본문들(롬 8:21-22, 고후 5:1-10, 빌 3:21, 벧후 3:3, 계 21:1, 그리고 부활 이후 예수님의 출현 기사들)을 통합할 필요가 있기도 하지만, 여러 요인들은 이 특별한 본문이 두 번째 견해를 지지한다는 것을 암시한다. 첫째, 50절의 동일한 의미의 병행구("썩는 것은 썩지 아니하는 것을 유업으로 받지 못한다")는 '살과 피'가 몸이나 육체성 자체에 대한 분석이 아니라 '현재의 죽을 수밖에 없는 몸'을 가리킨다는 것을 암시한다(Jeremias["Flesh and Blood," NTS 2, 1955-56:151-59]는 비슷한 구절들을 종합적으로 해석한다. 즉 그는 같은 주장의 반복보다는 새로운 내용의 제시로 해석한다. 그는 '살과 피'가 재림 때 살아 있는 사람들을 가리킨다고 이해한다). 둘째, 53-54절은 현재의 죽을 수밖에 없는 썩을 몸이 썩지 아니함을 '입게 된다'라고 말한다. 건드리(Gundry)의 지적처럼 "이 진술은 비육체적인 것으로 바뀐다는 것보다는 열등한 육체가 더 우월한 육체로 바뀌는 것처럼 생각된다"("Physicality of Jesus'Resurrection,"185, 참고-Schep, The Nature of the Resurrection Body, 2031 15:42-44의 항목). 셋째, 로마서 8장 21-23절 역시 이러한 바뀜에 대해서 말하고 있으며, 거기에서는 '썩음(phthora)의 종노릇으로부터의' 피조물의 자유가 '우리 몸의 구속'('육체로부터의 구속'이 아니라 '죽어야 할 육체가 구

속되었다', 비교-롬 8:11, Moo, Romans, 521 n. 67)이란 뜻으로 사용되고 있다는 것을 암시한다. 끝으로 다른 곳에서 '살과 피'라는 표현(마 16:17, 갈 1:16, 엡 6:12, 히 2:14, 시락서 14:18, 17:31)은 몸의 해부학적 구조를 가리키는 것이 아니라 유혹에 빠지기 쉽고, 연약하며 지혜가 부족한 인간 존재(BDAG, 26, 1, LN 9.14), 즉 '죽을 수밖에 없는 존재에 불과한'(Blomberg, 316)이란 뜻을 가리킨다. 부활체가 '하나님께서 원래부터 생각하고 계셨던 완벽한 모습으로 다시 살아난'(Grudem, Systematic Theology, 832), 즉 개조된 육체적 몸이라는 견해를 지지하는 논의에 대해서는 훼너(Hoehner, "Body, Biblical View of the," 178 in Evangelical Dictionary of Theology, 2nd ed., ed Walter A. well)를 참고하라. 우리가 거절한 첫 번째 견해는 많은 학자들의 지지를 받고 있으며, 헤리스(Harris, Raised Immortal, 특히 119, 132, Ibid., From Grave to Glory, 특히 193-94, 198, 388, 또한 Dunn, the Theology of Paul the Apostle, 60-61)가 유능한 대변자다. 주석가들 가운데서는 피(Fee, 799), 갈란드(Garland, 741-42)를 참고하라. [*sarx, haima*]

썩는 것…썩지 아니하는 것(The imperishable…the perishable, *hēphthora tēn aphtharsian*) - 42절에서 '썩을 것/ 썩지 아니할 것'이란 용어를 선택한 바울은 동일한 어원을 가진 용어들과 동의어들을 사용하여 신체적인 변화('우리는 변화될 것이다', 51, 52절)의 필연성('반드시', 53절)을 전개한다(Bruce, 155). 아래의 도표는 이 용어들 사이의 관계를 보여준다. [*phthora, aphtharsia*]

같은 어원을 지닌 첫 번째 용어들				
용어	phthora	aphtharsia	phthartos	aphthartos
품사	명사	명사	형용사	형용사
번역	썩을 것	썩지 아니할 것/ 죽지 아니할 것	썩을	썩지 아니할
절	50	50, 53, 54	53, 54	52
BDAG	1055,1	155	1053	156

같은 어원을 지닌 두 번째 용어들 (첫 번째 용어들과 다소 동의어적이며, LN 23.124-28, 23. 205를 참고하라.)		
용어	thnētos	athanasia
품사	형용사	명사
번역	죽을 수밖에 없는	죽지 아니함
절	53, 54	53, 54
BDAG	458	23

15:55. <u>사망</u>아 너의 승리가 어디에 있느냐? <u>사망</u>아 네가 쏘는 것이 어디 있느냐?(O <u>Death</u>, where is your victory? O <u>Death</u>, where is your sting?, *pou sou, thanate, to niko? pou sou, thanate, to kevntron?*) – 이 부분이 호세아 13장 14절을 인용한 것인지, 단순히 '성경의 표현을 사용하여 자유롭게 기록한 것'인지는 확실하지 않다(Barrett, 383, 참고–Morris, 229). 70인경의 호세아 13장 14절에는 "사망아, 네 재앙이 어디 있느냐 음부(Hades)야, 네 멸망이 어디 있느냐"로 기록되어 있다. 바울이 이 구절을 인용하면서 표현을 약간 정정한 것으로 보는 것이 가장 좋을 것 같다. 바울은 하데스를 '사망'으로, '재앙'(*dikē*)을 '승리'(*nikos*)로 변경한다(이 이유에 대해서는 Garland, 744를 참고하라). 바울은 54절에서 자신의 주장을 이 용어가 사용되는 이사야 25장 8절과 연관시켜, '재앙'(*dikē*)과 '승리'(*nikē*는 *nikos*의 변형된 철자법이다) 사이의 언어유희를 사용하고 있다. 언뜻 보기에 바울은 불성실한 이스라엘에게 형벌을 내리기 위해 사망과 스올(Sheol)을 실제로 소환하는 심판에 관한 신탁의 일부로서 이 단어들을 제시하는 호세아서 자체의 문맥을 무시하는 것처럼 보인다(Hays, 276, 참고–Butterworth, "Hosea,"779 in New Bible Commentary, ed. G.J. Whnham et al., 호 13:14상을 이스라엘을 구속하려는 하나님의 의도로 번역하는 것[NIV, TNIV]은 문맥상으로 부적절해 보인다. 오히려 연속적인 수사적 질문들로 이해하는 것이 더 낫다[ESV, NAB, NASB, NJB, NRSV, ESP, NET]). 따라서 바울은 호세아 13장 14절을, 이스라엘에 대한 심판을 집행하기 위해서 사망과 스올(Sheol)을 초청하는 것에서 '맨 나중에 멸망 받을 원수'(26절)인 사망을 조롱하는 것으로 의도적으로 개작했다. 그리스도께서 죽으심과 부활을 통해 사망을 이기셨기 때문에 사망의 운명은 정해졌다. 따라서 바울이 사망을 비웃는 것은 '마지막 시대의 승리를 미리 내다보는 그의 방법'이다(Fee, 804). 부활이란 새로운 실재는 사람들이 죽음에 대해서 갖던 이제까지의 두려움을 승리의 순간으로 바꾸어 놓는다. [*thanatos*]

16:1. 이제 …에 관하여는(Now concerning, *peri de*) – 이 도입 문구에 대해서는 고린도전서 7장 1절의 항목을 참고하라("너희가 연보에 관해 질문했다", Bruce's Paraphrase 비교). [*peri + de*]

모금(Collection, *logeias*) – 이 용어는 신약에서 이곳과 2절에서만 나온다. 70인경에는 등장하지 않지만(단 한번의 예외가 있다면 제2 마카비 12:43인데, 원문상으로 확실하지 않다), '기부금을 모으는 행위, 자선 모금'을 의미하는 것이 분명하다(BAGD, 475, BDAG, 597, LN 57.66, MM, 377, NIDNTT 3:751–52, TDNT 4:282–83). 이 용어의 의미는 이중적이다. 첫째, 고고학은 이 용어가 어떻게 사용되는지를 보여준다. 19세기 후반에 발견된 파피루스들은 어휘 연구에 상당히 혁명적인 도움을 주었다. 둘째, 이것은 바울이 예루살렘의 성도들(hagious) 가운데 가난한 자들을 위해 매우 중요하게 생각한 모금을 가리킨다(3절). 바울은 이 모금에 대해서 두 번 더 언급하며(고후 8–9장, 롬 15:25–32), 누가는 사도행전 24장 17절에서 이 모금에 대해 언급한다(아마도 행 20:24에서도 언급하는 것 같다). 이 모금의 기원은 적어도 일부는 갈라디아서 2장

9–10절에 있는 것 같다. 바울이 '가난한 자를 계속해서 기억하는' 것은 바울과 다른 사도들 사이의 합의의 일부였다.

바울은 3차 선교 여행 때 예루살렘 교회를 위한 모금 문제로 강박 관념에 사로잡힐 정도로 크게 근심했던 것 같다(Brucce, Paul: Apostotle of the Heart Set Free, 319, McKnight, "Collection for the Saints,"DPL, 143). 적어도 다음의 세 가지만 관찰해도 이 사실은 분명해진다. 첫째, 이 사업은 최소한 5–6년에 걸쳐서 시행되었으며, 열 사람 이상이 관여했던 것 같다(이것은 AD 46/ 47년의 예루살렘 2차 방문[행 11:27–30, 12:25, 갈 2:1–10] 때부터 A.D. 57년의 마지막 방문 때까지 바울이 생각하고 있던 일의 일부였을 것이다, 비교–Furnish, ⅡCorinthains, 410, Harris, The Second Epistle to the Corinthians, 96 n. 232). 둘째, 바울은 이 일의 성공을 위해 스페인 선교 여행뿐만 아니라, 오랫동안 기다렸던 로마 여행을 기꺼이 미룰 의향이 있었다(롬 15:23–25). 셋째, 바울은 이 일을 완전히 성취하기 위해 자신의 생명까지 기꺼이 버릴 수 있었다(행 20:24, 21:10–14, 롬 15:31). 이 모금은 바울에게 무척이나 중요한 아래와 같은 의미가 있었다.

첫째, 바울은 이 모금을 이방인 그리스도인들이 예루살렘 교회에 진 빚을 갚는 것으로 생각하는 것 같다. 따라서 이 모금은 교회의 유대계와 이방인계 사이의 통일에 대한 명확한 증거다(롬 15:27, 31, 고후 9:13, McKnight, "Collection," 143–45).

둘째, 비슷한 것 같지만 이 모금은 이런 통일을 견고하게 하려는, 즉 이방인 교회들과 예루살렘 회중들 사이의 사랑과 친교의 관계를 더 돈독하게 하려는 바울의 시도였다(롬 15:31, 고후 9:13–14, Bruce, Paul, 321–22, Harris, Second Corinthians, 99, 특히 Furnish, ⅡCorinthains, 411–12).

셋째, 바울은 모금과 모금된 돈을 가지고 온 각 교회의 대표들(행 20:4 비교)을 자신이 예루살렘 교회에 바치는 제물로 여겼던 것 같다. 그가 자신의 사도로서의 책임에 대해 말하고, 더 나아가 자신의 사도직과 그에 따른 이방인 선교의 합법성을 인정받기를 원했던 것 같다(Bruce, Paul, 323, Harri, Second Corinthians, 97–98, McKnight, "Collection,"143–44 참고, 롬 15:16, 갈 2:7–10 비교).

끝으로, 로마서 11장 13–14, 31절에서처럼 바울은 모금과 그것을 갖고 온 이방인 대표들을 자신의 동료 유대인들 가운데 일부 사람들로 하여금 예수님을 그리스도로 영접하게 하는 선교의 한 전략으로 생각했던 것 같다(Martin, 2 Corinthians, 257). [logeia]

16:2. 매주 첫날에(On the first day of the every week, *kata mian sabbatou*) – 문자적으로 '매주 첫날'로 읽게 되는 이 표현은 '매 주일마다'를 가리킨다(BDAG, 293, 4, 512, B2c, 910, 2a, LN 67.177, CEV, TEV, 안식일이나 '토요일'은 한 주간의 일곱째 날이나 마지막 날이었기 때문에 sabbatou는 막 16:9와 눅 18:12에서처럼 '안식일'이 아니라 '주간'이란 의미다). 블럼베르그(Blomberg, 324)의 지적처럼 만약 고린도 사람들이 주일에 구제 헌금을 하라는 지침을 받았다면, 주일에 대한 이 언급은 "일곱째 날(안식일)이 아니라 그 주간의 첫날이 그리스도인들에게 이

미 일주일 가운데 가장 특별한 날이 되었다는 강한 암시다"(고전 16:1-2에서 말하는 모금의 개인적 특성, 즉 '각 사람이 수입에 따라 모아 두어서'를 교회의 모임이 생겨나지 않았으며, 따라서 주일을 특별한 날로 간주하지 않았다는 암시로 해석해서는 안 된다고 지적하는 Laansma["The Lord's Day,"680]를 참고하라). 요한복음 20장 19, 26절(눅 24:1 비교)을 근거로 판단할 때 예수님의 부활과 밀접한 관계가 있었던 주일을 이렇게 특별하게 생각한 것은 (Laansma, "The Lord' s Day,"679-83 참고) 부활절 이후 신앙의 초기부터 나타난 현상으로 보인다. 이뿐 아니라 사도행전 20장 7절과 요한계시록 1장 10절은 부활을 축하하는 이 새로운 날에 예배가 드려졌다고 말한다. [*kata + heis + sabbaton*]

집에서(At home, *par heautō*) – 이 전치사구는 문자적으로 '스스로, 그 자신의 입장에서'로 번역되며(REB, 비교-ASV, KJV, PHILLIPS, RV), "매주 첫 날에 너희 각 사람은 스스로 수입에 따라 떼어 저축하였다가…"로 직역되는 2절의 도입 구절의 일부다. 하지만 대부분의 역본들은 이 전치사구를 생략한다(아마도 영어식 표현에서 '떼어 두다'라는 동사 때문에 이 전치사구가 필요 없다고 생각했던 것 같다). '너희 각 사람이 일부를 떼어 모았다가'(ESV)가 대표적인 번역이다(HCSB, NASB, NKJV, NIV, TNIV 비교). 하지만 이 문구는 아마도 '집에서'라는 의미였을 것이다(BAGD, 610, Ⅱ 1bα, BDAG, 757B, 1bα, 참고-Herodotus, Histories, 6.86, Philo, On the Cherubim 48, idib., On the Embassy to Gaius 271, Xenophon, Memorabilia 3. 13.3, 비교-Garlandm 754). 이 문구는 '너희 각 사람이 집에서 (총수입 가운데) 얼마를 떼어 모았다가'로 번역하는 것이 나을 것 같다(비슷함-Bruce, 158, Fee, 813, Thiselton, 1316, 1324, WEYMOUTH). 그러므로 바울이 마음속으로 생각하고 있었던 것은 각 사람이 자신의 구제금을 집에서 모았다가(아마도 이것은 기금을 교회로 가져와 헌금함에 넣는 것이 아니었던 것 같다), "각 사람이 준비된 돈 전부를 가져다가 중앙기금에 입금하는 것이었을 것이다"(Barrett, 387, 비슷함-Bruce, 158, Garland, 754, Orr-Walther, 356, 다른 추측에 대해서는 Morris, 233을 참고하라). [*para + heautos*]

번창하다(Prospers, *euodōtai*) – 이 동사와 이 동사가 속한 구절은 영어로 번역하는 데 어려움이 있다. 이것은 문자적으로 '어떤 것이든지 이득을 얻은 것은 저축하여'(BAGD, 323, 361, 1, BDAG, 410, 456, 1 비교) 또는 이 동사가 수동태라면, '(하나님께서 너희에게) 얻게 하신 것은 무엇이든지 모아두어'(NET의 난외주, 참고-Blomberg, 324, Garland, 754, TDNT 4:113)로 해석된다. 그렇다면 바울은 많은 대중적인 주해와는 달리, 희생에 대해서가 아니라 자신의 풍성함을 나누어주는 것에 대해 말하는 것 같다(Garland, 754, Witherington, 315 n. 7). 하지만 그리스-로마 시대의 많은 사람들은 겨우 먹고 살 만한 수준의 생활을 했다는 것을 기억해야만 한다(고전 1:26-28 비교, 11:22). 오늘날 서구의 관점에 따르면, 어떤 것을 기부한다는 것은 매우 희생적인 것이었을 것이다. '너희의 수입에 따라'(NIV, TNIV, 비슷함-Breuce's Paraphrase, LN 57,64)라는 번역은 정기적인 급여를 전제로 하며, 주로 노예 노동에 근거한 그리스-로마의 경제를 인정하지 않는다는 점에서 지나치게 현대적이다(Fee, 814 비교). 끝으로 NET는 바울의 의도뿐만 아니라 이 동사의 긍정적인 시각('하나님께서 너희를 축복하셨으므로')까지 표현하고 있는 것 같다(이 긍정적인 시각에 대해서는 BDAG, 410, Lust et ai., A greek-English Lexicon of the Septuagint, rev.ed., 252를 참고하라. Thiselton, 1323 n. 41 대조). '여유가 있다면'(NAB, REB)은 비슷하면서도, '각 사람이 쓰고 남는 것이 있으면'(NJB, 비슷함-TDNT 4:113)이란 번역과 마찬가지로 부정적인 시각을 제공한다. [*euodoō*]

16:10. 디모데(Timothy, *Timotheos*) – 바울은 이 편지를 보내기 전에 자신을 대신하여 디모데를 고린도로 보냈던 것 같다(고전 4:17의 논의를 참고하라. "그는 나처럼 주의 일을 수행하는 사람이다"). 이와 동일한 사건이 사도행전 19장 22절에서 다뤄지고 있다. 그 때는 에라스도(롬 16:23 비교, 딤후 4:20)가 디모데를 수행했다. 에라스도는 고린도에서 발견된 라틴어 비문에 등장하는 에라스도와 동일인일 가능성이 아주 많다. "에라스도는 재무관의 임무를 맡아 다시 돌아왔고, 사재를 털어 (도로를) 세웠다"(Murphy-O'Connor, St. Paul's Corinth, 3rd ed., 34-35 참고). [*Timotheos*]

16:12. 아볼로(Apollos, *Apollō*) – 알렉산드리아의 유대인으로 고린도에서 활발한 사역을 했다(행 18:24-19:1). 하지만 아볼로와의 관계를 자랑하고 (오로지) 아볼로에게만 충성하는 위험한 파벌이 있었던 것 같다(1:12, 3:4, 비교-3:5, 22, 4:6, 15). 이런 사실에도 불구하고 바울은 고린도 사람들의 부탁을 받아들여 "아볼로에게 고린도로 갈 것을 강하게 권면했다." 겉으로는 바울과 아볼로 사이에 갈등이나 적대감이 없는 것처럼 보인다. [*Apollōs*]

16:15. 첫 열매들(Firstfruits, *apparchē*) – 아가야 지역에서의 첫 열매들인 스데바나의 집은 더 많은 수확에 대한 보증과 약속, 즉 다가올 일들의 전조였다. 이 용어는 보통 '첫 번째 개종자들'(ESV, NIV, TNIV, NRSV, REB, TEV)로 번역된다. 하지만 이 번역은 이 용어의 배경을 이루고 있는, '앞으로 있게 될 더 많은 것에 대한 약속'으로서의 첫 열매라는 성경적 이미지를 모호하게 하며(고전 15장 20절의 논의 참고, Collins, 605, Fee, 829 n. 18, TLNT 1:150), 사도행전 17장 34절과 일치하지 않는다. 사도행전의 기사에 따르면, 스데바노와 그의 집은 '아가야의 첫 번째 개종자들'이 아니었다. 디오누시오와 다미리가 그들보다 먼저 아가야의 일부였던 아덴에서 믿기 시작했기 때문이다(Moffatt, 278 비교, Morris, 239). 따라서 바울은 이 구절에서 '첫 번째 개종자들'이 아니라, '더 많은 수확에 대한 약속을 제공한' 사람들(즉, '첫 열매들'-HCSB, NAB, NASB, NJB, NKJV, 비교-'처음으로 수확되어진 것', MOFFATT)에 대해 말하고 있는 중이다. [*aparchē*]

16:19. 아굴라와 브리스가(Aquila and Priska, *Akylas kai Priska*) – 이 유대인 남편(아굴라)과 아내(브리스가)는 고린도에 있는 바울의 친구들이자 동역자였다(행 18:1-19:1 참고, 특히

Murphy-O'Coonor, "Prisca and Aquila, Traveling Tenmakers and Church Builders,"Bible Review 8.6[1992], 40-51, 62). 몇몇 헬라어 사본들은 누가가 주로 사용하고 있는(행 18:2, 18, 26), 브리스가의 애칭인 브리스길라(리차드/ 리키, 데브라/ 데비 비교)라는 용어를 사용한다. 바울은 일관되게 브리스가(롬 16:3, 딤후 4:19)로 표현하며, 이 구절의 해석은 가장 초기와 최고의 헬라어 사본들의 지지를 받는다(𝔓[46], א, B, Collins, 611, Fee, 833 n. 1, Metzger, Textual Commentary, 2nd ed., 503). [*Akylas + Priska*]

집(House, *oikon*) - 이것은 초기 기독교의 '가정'교회들 가운데 하나를 명확하게 언급하는 신약의 본문 가운데 하나다(Banks, Paul's Idea of Commentary, rev.ed., 31-32 참고). 가정교회를 언급하고 있는 다른 본문들은 다음과 같다. 사도행전 8장 3절, 16장 15, 40절, 20장 20절, 로마서 16장 5, 14-15절, 골로새서 4장 15절, 빌레몬서 2절, BAGD, 241, 4c, BDAG, 304, 3bα, 고린도전서 4장 23절. [oikos]

16:21. 직접(My own hand, *tēemēcheiri*) - 소스데네(1:1)는 아마 바울의 비서 또는 서기(롬 16:22 비교)로서 이 서신의 이 부분까지 대필한 것 같다(소스데네와 이런 비서의 역할에 대해서 Richards, Paul and First-Century Letter Writing, 59-23, 224-29를 참고하라). 21절부터는 바울이 친히 기록하여 서명 및 확인의 수단으로 삼고 있다(갈 6:11, 골 4:18, 살후 3:17, 몬 19절 비교, Richards, Paul and First-Century Letter Writing, 175 참고). [*cheir*]

16:22. 주여, 오시옵소서(Lord, come, *marana tha*) - 이 헬라어 표현은 아람어의 *māranā' tā'*(근본적으로 '주'를 뜻하는 아람어 단어 *mār*와 '오다'를 뜻하는 아람어 동사 *'ătā'*에서 파생함)의 음역으로 "주여, 오시옵소서"라는 뜻이다. 실제로 여러 영역본들은 *Maranatha*라는 영어 음역을 그대로 사용함으로써 이 중요한 아람어를 보존하고 있다(NAB, NASB, NJB, 특히 REB의 'Maarna tha-오소서, 주여!', 히브리어의 '아멘', '할렐루야', '호산나'를 기독교 용어로 사용하는 것과 비슷함). 이 아람어 용어를 다르게(*māran 'ătā'*) 발음할 수도 있기 때문에 몇몇 헬라어 사본들은 *marana atha*를 선택하는 경향이 있으며, 이것은 간구가 아니라 '(우리의) 주께서 오셨다/ 오실 것이다/ 오시고 계신다'로 번역된다(NJB, WEYMOUTH 비교, Wilcox, "Maranatha,"ABD 4:514 참고). 따라서 이 '차용어'는 적어도 다음의 셋 가운데 하나를 의미했을 것이다(TDNT 4:469-70). 첫째, '주여, 오시옵소서'라는 간구(주의 승리의 재림 또는 '주를 사랑하지 않아서' 저주를 받게 된 사람을 오셔서 심판해달라는 청원, 또는 고린도 사람들의 주의 만찬의 예식에 참석해 달라는 청원), 둘째, '우리의 주께서 오셨다/ 오시고 계신다'라는 고백(성육신이나 재림에 대한 언급), 셋째, '우리 주께서 지금 이 자리에 계신다'라는 진술(주께서 예배, 특히 주의 만찬에 임재하고 계신다). 바울이 정확히 어떤 뜻으로 말했는지 분명하지 않다. 신약에서 이 표현은 여기서만 나온다. 지지하는 증거는 거의 없지만, 다른 주장들도 있다. 첫째, 다른 곳, 특히 1세기 말쯤에 기록된 초대 기독교의 문서인 디다케(Didache) 10장 6절에서 사용된 이 표현은 교

회의 예배와 주의 만찬과 관련된 문맥에서 사용되고 있다(EDNT 2:385, TDNT 4:471). 둘째, 이 표현은 요한계시록 22장 20절의 "주 예수여, 오시옵소서"라는 종말론적인 기도와 개념상 매우 비슷하다. 셋째, 인접 문맥은 "만일 누구든지 주를 사랑하지 아니하면 저주를 받을지어다"라는 바로 앞의 저주를 부각시키기 위한 의도가 있음을 암시한다. 이 문구가 성육(incarnation)에 대한 언급은 아닌 것 같다. 왜냐하면 이 문구는 문맥상으로 성육과 관련이 없으며, 비슷한 용법(TDNT 4:472)의 지지를 받지 못하기 때문이다.

이 개념들을 약간씩 결합하는 것이 최고의 해결책으로 보인다. 주의 만찬과 바울이 고린도전서 11장 26절("그가 오실 때까지 이 떡을 먹고 이 잔을 마시며")에서 주의 만찬과 주의 재림을 연관시킨 것을 요한계시록 20장 20절과 관련지어 생각할 때, *marana tha*는 주의 만찬에 함께하실 것과 예수님께서 약속하신 다시 오심을 요청하는 기도였다(Cullmann, The Christology of the New Testament, rev. ed., 211–12, TDNT 4:471–72). 또한 이 문구가 고린도 사람들의 극단적 종말론(미래성이 부족한 종말론)과 달리, 주께서 약속하신 대로 진실로 다시 오실 것이라는 것을 긍정하고 있기 때문에 주를 사랑하지 않는 사람들에 대한 저주의 한 방식으로 사용되었을 수도 있다(Fee, 839, Garland, 774, Patzia, The Emergence of the Churchm 210, Thiselton, 1351, Wu, "Liturgial Elements,"DPL, 559–60 참고).

바울이 아람어를 잘 알지 못할 것으로 예상되는 청중들에게 번역되지 않은 아람어 표현을 사용했다는 사실은 서로 밀접한 관계가 있는 두 가지 현상을 암시한다. 첫째, 번역되지 않은 이 표현이 초대교회 내에서 확고한 신앙고백 문구로 자리 잡았을 경우에만 헬라어를 말하는 교회들에서 의미가 있었을 것이다. 둘째, 이 표현은 팔레스타인에 있는 아람어를 말하는 교회에서 사용했을 가능성이 있다. 그러므로 이 표현은 "초창기에 아람어를 말하는 교회가 구약에서 하나님께만 속하는 칭호를 예수님께 사용했다는 분명한 증거다"(Fee, 839, 23절 참고). 따라서 예수님께 주(Lord)란 용어를 사용하는 이 문구는 부세트((Bousset, Kyrios Christos, 특히 129)와 불트만(Bultmann, Theology of the New Testament, 특히 1:51–52)의 학설들의 '아킬레스건'이다. 불트만은 헬라 지역에서 주들로 불리는 많은 이방신들에 대한 반발 때문에 헬라어를 말하는 교회들에서 비교적 나중에 주로서 받아들여졌다고 주장한다(Cullmann, christology, rev. ed., 214 참고). 이 아람어는 교회가 처음부터 예수님을 주로 불렀다는 증거다. [*marana* + *tha*]

고린도후서

데이빗 K. 로워리(David K. Lowery)

1:1. 사도(Apostle, *apostolos*) – 이 서신의 중요한 쟁점은 바울의 사도직 변호다(12:11–12). 이 단어의 동사형은 "어떤 목적의 성취를 위해서 누군가를 파견하다"라는 뜻이다(BDAG, 120). 바울은 다메섹으로 가는 길 위에서 주 예수님의 택함을 받아 모든 사람들에게 그분의 메시지를 전하는 사람이 되었다(행 9:15, 22:15). 이것이 자신을 땅 끝까지 구원의 메시지를 전하도록 보냄을 받은 그리스도의 사도로 묘사하는 이유다(10:13–18, 비교–행 13:47). [*apostolos*]

성도들(Saints, *hagiois*) – 이 단어는 '거룩한 사람들'을 가리킨다. 거룩한 것은 '하나님을 위해, 그리고 하나님을 섬기도록 구별된 것'이며, 이 단어를 사람에게 적용하면 하나님께 속한 사람을 나타낸다. 하나님께 영광을 돌리고, 하나님의 뜻을 성취하는 태도로 살아가는 하나님께 속한 사람들이 이에 속한다(레 19:2 비교). 보통은 '성도'로 번역하지만(KJV, NASB, NIV, NRSV, NET), '그리스도인들'(NLT), '하나님의 백성'((NCV,CEC), '신자들'(MSG)로 번역하기도 한다. [*hagios*]

교회(Church, *ekklēsia*) – 이 단어는 헬라와 로마의 시민 사회에서 '정기적으로 모인 합법적 단체'를 뜻하기도 했지만(BDAG, 303), 여기에서는 그리스도인들의 모임을 묘사하는 데 사용되고 있다. 이 단어는 70인경에서 주로 이스라엘의 회중을 묘사할 때 사용되었다(신 31:30, 사 20:2). 이런 두 요인이 기독교 회중들을 뜻하는 이 단어를 널리 사용하게 했을 것이다. 헬라인들과 그리스인들에게 교회는 자유롭게 참석할 수 있는 정기적으로 모인 회중이었다(고전 14:16 비교). 이와 달리 구약 성경을 잘 알고 있는 사람들에게 교회는 하나님과 관련 있는 사람들로 구성된 것이었다. [*ekkklēsia*]

1:3. 자비들(Mercies, *oiktirmōn*) – 이 단어는 '연민'(NIV)으로 번역할 수도 있으나 주로 '긍휼'로 번역된다(여기에서 사용된 단어의 복수 형태를

반영하는 '자비로 충만한'[NCB], '모든 긍휼의 원천'[NLT]과 같은 번역도 있다). 이것은 어떤 사람의 고통의 상태나 무기력한 상황에 대한 동정심과, 고통을 덜게 하는 데 필요한 행동 모두를 나타낸다. 여기에서 하나님께서는 이런 처지에 있는 백성들을 적극적으로 돌보는 분이시다. 다른 곳에서(롬 9:15), 바울은 이 단어(출 33:19의 인용의 일부임)를 하나님의 구원의 섭리와 활동을 표현하는 요약으로 사용하고 있다. [*oiktirmos*]

위로(Comfort, *paraklēseōs*) – 때로 이 용어는 격려하거나 굳건하게 하는 말이나 행동을 가리키지만(고전 14:3), 여기서는 위로와 위안의 원천이신 하나님의 임재에 대한 확신을 강조하는 것 같다. '조력자'나 '옹호자'를 뜻하는 이 단어의 남성형(*paraklētos*)은 성령(요 14:16)과 그리스도(요일 2:1)에 대해 사용되고 있다. 바울은 바로 다음에(5절) 그리스도와 관련된 위로에 대해서 언급하고 있다. 동사와 명사가 3–6절에서 9회 나온다. [*paraklēsis*]

1:4. 환난(Trobles, *thlipsei*) – '거대한'이란 형용사가 이 용어를 수식할 때, 마지막 때에 예상되는 무서운 환난을 가리킨다(마 24:21, 계 7:14). 다른 경우에 이 용어는 박해(마 13:21)와 투옥(행 20:23)에서부터 출산(요 16:21)에 이르기까지의 여러 가지 고통스러운 환경으로 인해 생긴 고난을 나타낸다. 바울은 그리스도인들이 경험할 수도 있고, 순교를 야기할 수도 있는 고통과 고난에 대해 말하는 로마서 8장 35절에서 이 단어를 사용한다. 이것은 '환난'(KJV, NKJV)이나 '고통'(NASB, NRSV)으로 번역되기도 한다. 하나님께서 우리들을 위로하실 때 하나님께서는 이 고통을 직접 해결하신다. [*thlipsis*]

1:5. 고난들(Sufferings, *pathēmata*) – 인간은 강한 느낌과 감정을 지닌 존재다. 바울이 죄의 정욕(롬 7:5, 갈 5:24)을 묘사할 때 이 단어를 사용하기도 하지만, 보통은 그리스도인들이 피해 가지 못하는 여러 가지 힘든 경험과 관련이 있는 고통의 감정을 말할 때 이 단어를 사용한다(6절, 롬 8:18). 여기에는 육체적, 감정적 또는 정신적 고통을 포함시킬 수 있다. 여기에서 그리스도의 고난을 가리키는 이 용어는 그리스도께서 다른 사람들을 섬기시는 동안에 참으셨던 깊은 고통을 묘사한다. 바울에게 이런 종류의 고난은 진짜 사도라는 증거였다. 바울은 이 서신의 후반부에서 자신이 직접 경험한 몇 가지 사례들을 말할 것이다(11:23–28). [*pathēma*]

1:6. 인내(Endurance, *hypomonē*) – 바울이 보기에 인내는 그리스도께서 보이신 본에 근거하여, 그리고 하나님의 주시는 능력으로 살아가는 그리스도인이 경험하는 뚜렷한 특징 가운데 하나다(살후 2:5). 이것은 '어려움에 직면해서 극복하거나 견디어내는 능력'을 의미하며, '인내, 참을성, 불굴의 용기, 확고함, 인내심'으로 다양하게 번역된다(BDAG, 1039). 여러 역본들은 이 정의들을 결합하여 이곳의 이 단어를 '인내의 참음'이나 '인내로서 참는 것'으로 번역한다(NASB, NIV, NLT, CEV, NRSV, NET). [*hymomonē*]

1:7. 소망(Hope, *elpis*) – 이 단어는 보통 하나님께서 약속하신 구원의 성취에 관한 확신을 말한다(롬 8:20). 이 구절에서 이 단어는 인간적인 측

면과 하나님의 측면이 모두 있다. 바울은 고린도 사람들이 하나님의 공급하심을 경험할 것을 기대한다. 왜냐하면 그로 인해 그들은 시련과 어려움의 한가운데에서도 변함없이 충성할 수 있기 때문이다. 이것은 이 시련들에 대해 고린도 사람들이 적절하게 반응할 것을 확신하고, 동시에 하나님께서 그들에게 힘을 주셔서 견디게 하실 것이라는 확신을 나타내는 단어다. [*elpis*]

참여하는 자(Sharers, *koinōnoi*) – 이 단어는 때로 '어떤 사람과 함께 어떤 일에 관여하다'라는 의미에서 '참여하는 자'로 번역된다. 그러나 이 단어의 개념은 '동료, 동행자, 참여자'(BDAG, 533)와 같은 단어들에 의해 더 자주 표현된다. 대부분의 역본들은 여기서 '나누다'라는 단어를 '…에 참여하는 자'(NASB)나 '참여한 사람들'(NIV, NLT, NCV, NET, NRSV)이란 의미로 사용하고 있다. 고린도 사람들은 하나님의 주시는 고난과 위로에 참여한다. [*koinonos*]

1:8. 짐을 진(Burdened, *ebarēthēmen*) – 이 단어는 감당하기에 너무 무거워서 짓누름을 당하다는 개념을 전달한다. 이것은 겟세마네 동산에서 예수님께서 기도하시는 동안 깨어 있지 못하고 피로에 지쳐 잠이 들어버린 제자들의 육체적 탈진에 대해 사용되고 있다(마 26:43). 바울은 5장 4절에서 이 단어를 사용하여 죽을 수밖에 없는 육체 가운데 살아가면서 하나님의 구원을 갈망하는 부담을 묘사한다. 이것은 육체적 스트레스뿐만 아니라 정신적이고 감정적인 부담들로부터의 해방을 암시하고 있다. 바울은 아마도 에베소에 있을 동안에 체험했던 것을 여기에서 말하고 있는 것 같다. 이 부담이 육체적인 것이었다면, 바울은 그것 때문에 거의 죽을 뻔했을 것이다. 이 부담이 전적으로 정신적이거나 감정적이었다면 그는 그것 때문에 거의 아무것도 할 수 없었을 것이다. 하나님만이 이러한 중압감에서 그를 건지실 수 있었다(9–10절). [*bareō*]

절망(Despair, *exaporēthēnai*) – 앞부분에 전치사를 추가한 이 단어의 독특한 형태는 신약에서 단 2회 등장한다(이곳과 고후 4:8). 표준사전은 '심리적으로 당황하게 되다'라는 의미를 부여하고 있다. 여기에서는 '살 소망이 끊어지다'가 적절한 번역이다(BDAG, 345). 대부분의 역본들은 이 번역을 따르고 있고, 어떤 역본들은 "우리는 그것 때문에 결코 살 수 없을 것이라고 생각했다"(NLT)나 "우리는 살 소망을 포기하기조차 하였다"(NCV)라는 문구로 이 개념을 표현한다. [*exaporeō*]

1:10. 구출하다(Deliver, *hrysetai*) – 이 단어는 이 구절에서 3회 나오는데, 한 번은 과거 시제로, 두 번은 미래 시제로 나온다. 철학자 아리스토세누스(Aristoxenus, 아리스토텔레스의 제자이자 많은 작품들의 저자)는 미래 시제는 보통 사망으로부터의 구출을 나타내며, 과거 시제는 죽음에 맞서도록 보호하는 것을 가리킨다고 말했다(Fragment, 113, BDAG, 907). 바울은 다른 곳에서 예수님을 구원하시는 분으로 언급하기 때문에(롬 11:26, 비교–살전 1:10) 미래 시제는 육체적 죽음을 넘어 구원의 완성을 바라게 한다. [*hryomai*]

1:11. 선물(Gift, *charisma*) – 이 단어는 기본적 의미는 '아낌없이 은혜로 주어진' 어떤 것을 묘사한

다(BDAG, 1081). 이 용어의 17회 사용 가운데 16회가 바울 서신에 나오며(벧전 4:10), 보통 영적 은사들(고전 12:4)이나 그리스도의 구원 활동을 가리킨다(롬 5:15). 하지만 여기서는 앞절에서 묘사한 사망으로부터의 구출을 가리키는 것 같다. 하나님의 구출은 예측할 수 있는 것이 아니었다. 그것은 은혜의 선물이었다. [*charisma*]

1:12. 자랑(Boast, *kauchēsis*) – 겸손을 중요시하는 사람들은 대개 자랑을 적절하지 않은 행동으로 간주한다. 실제로, 후기 기독교 작품(2세기 작품인 "The Shepherd of Hermas")에서 자랑은 그리스도인이 피해야만 할 행동들로 교만, 오만과 같은 범주에 속한다(Mandate 8:3). 그러나 바울은 이 단어를 아주 좋아하는 것 같다(그는 다른 신약의 작가보다 많이 사용하고 있고, 야고보의 단 한번에 비해 10회를 사용한다). 바울의 어법을 이해할 때, 자랑의 대상이 (여기에서처럼) 하나님께서 하시는 어떤 것이나 다른 사람들의 주의를 끄는 것과 대조되는 어떤 것, 예를 들어 바울 자신의 약함(11:30)과 관련 있다는 것을 아는 것이 중요하다. 그러나 자랑이라는 단어에 대한 대체로 부정적인 생각 때문에 어떤 역본들은 이 단어를 '기뻐하는'(KJV))이나 '확신'(NASB, NLT)으로 번역한다. [*kauchēsis*]

양심(Conscience, *syneidēseōs*) – 양심은 모든 사람에게 주어진 자연 계시의 한 국면이다(롬 2:14–15). 이 용어는 '옳고 그름을 분별하는 내적인 능력'으로 정의되며, '도덕적 자각'이나 '양심'으로 번역된다(BDAG, 967). 바울은 계시의 추이를 보아 변경하는 것이 필요하더라도 사람이 자신의 양심의 지시를 따라 살아가는 것이 중요하다고 믿었다(롬 14:5, 14, 23). 여기에서 바울은 자신의 생활 방식에 관해 양심에 부끄러움이 없다고 증언한다. [*syneidēsis*]

정직(Honesty, *haplotēti*) – 바울은 이 단어를 신약에서 모두 15회 사용한다. 이것은 이중성 또는 속임이라는 개념과 대조되는 '단 하나'를 뜻하는 단어 haplous에서 생겨났다. 다시 말하면, 한 사건이 사실처럼 생각되는 것은 거기에 가식과 위선이 없고 오직 진실만이 있기 때문이다. 이 용어는 '말이나 행동으로 표현된 인격적으로 온전한 상태'로 정의할 수 있으며(BDAG, 104), '단순'(KJV, NKJV), '솔직'(NRSV), '정직' 등으로 다양하게 번역된다. 여기에서 '거룩함'이라는 단어를 사용하는 역본들(NASB, NIV)은 일부 사본들에 나오는 다른 단어를 번역한 것이다(NET의 주해 참고). [*haplotēs*]

진실함(Sincerity, *elikrineia*) – 이 단어는 사실상 '정직'과 동의어이며, 동일한 의미의 두 단어를 강조 용법으로 사용하고 있다. 이것은 위선이나 속임이 없는 동기와 행동의 순수성을 가리킨다. 이 단어의 어원이 '태양 빛을 사용하여 시험하다'라는 뜻을 지니고 있다는 개념이 널리 퍼져 있지만(TDNT 2:397) 사전 편집자들의 지지를 받지는 못한다(LSJ, 486, BDAG, 282). [*eili-krineia*]

1:17. 육체(Flesh, *sarka*) – 이 단어가 함축하는 의미는 문맥에 따라 결정되어야만 한다. 때로 이것은 단순히 '이 세상에서의 생활'이나 '죽을 수 밖에 없는 육체 가운데 살아가는 것'을 가리킨다(갈 2:20, 빌 1:24). 하지만 보통 이 단어는 부정적인 개념으로 사용되며, 특히 바울의 경우에도

그러하다. 바울에게 인간의 경험 안에 있는 죄의 세력은 가장 좋아하는 것들은 하지 못하게 하고 (롬 7:15–20), 결국은 사람을 하나님으로부터 분리시키는(롬 8:5–10) 강제력이다. 따라서 '육체 가운데 사는 것'은 대개 하나님의 뜻과 정반대의 삶을 사는 것을 뜻한다(갈 5:19–20 비교). 바울이 이기적인 동기로 자신의 계획을 세웠다는 것을 부인하고 있는 이 구절에서 더욱더 그러하다. [*sarx*]

1:19. 전파하다, 선포하다(Preach, proclaim, *kērychtheis*) – 표준 사전은 이 용어를 정의할 때 '전파하다'라는 단어를 생략한다. 사전은 단지 '공개적으로 선언하다'라는 정의를 제공하며 '크게 선포하다'가 적절한 번역임을 암시한다((BDAG, 543). 그러나 대부분의 독자들은 '전파하다'라는 단어가 하나님의 일들에 대한 공개적인 선언이란 개념을 갖고 있다는 것을 이해하게 될 것이다. 많은 역본들은 '전파하다'를 사용한다(KJV, NASB, NIV, NLT, CEV, NKJV, RSV). NET와 NRSV는 '선포하다'를 사용한다. [*kēryssō*]

1:20. 아멘(Amen, *amēn*) – 이것은 하나님을 찬양하거나 높이는 말이 끝났을 때 회중에 의해 말해진 히브리어를 음역한 단어다(대상 16:36). 70인경에서 이 단어는 보통 '그렇게 될 것이다'(*genoito*)로 번역된다. 이것은 '언명된 내용'에 대한 강한 긍정의 표시이며, '진실로, 그렇게 될 것이다', 또는 '아멘' 등으로 다양하게 번역된다(BDAG, 53). 대부분의 역본들은 여기에서 '아멘'을 사용하고 있지만, NCV에는 "우리가 하나님의 영광에 대해 예라고 말한다"로 되어 있다. [*amēn*]

1:21. 기름을 붓다(Anoint, *chrisas*) – 이것은 '그리스도', 즉 기름 부으심을 받으신 분(형태상으로는 *Christos*라는 형용사)이라는 이름의 동사형이다. 이 동사는 신약에서 상대적으로 희귀 단어이며, 단 5회 나온다. 여기를 제외하고 모두 그리스도와 관련이 있다(눅 4:18, 행 4:27, 10:38, 히 1:9). 사전에 따르면, 이것은 '하나님의 지시로 특별히 섬김을 위해 구별된 사람을 하나님께서 기름 부으시는 것'을 가리킨다(BDAG, 1091). NLT와 REV는 번역에서 '우리를 임명하셨다'라는 개념을 표현하고 있다(CEV, '우리를 선택하셨다' 비교). 이 구절에서 바울은 이방인의 사도로서의 자신의 역할과 관련해서 이 표현을 사용했을 것이다. 아마도 그는 믿을 때에 성령을 받은 모든 그리스도인들 가운데 자신을 포함시키려는 의도가 있었던 것 같다(22절 비교, 엡 1:13). [*chriō*]

1:22. 계약금(Down payment, *arrabōna*) – 바울은 신약에서 이 단어를 사용한 유일한 저자다(고후 5:5, 엡 1:14). 이것은 상업 용어로서 매매가 다 이루어질 때까지 법적으로 의무가 있다는 것을 보증하는 첫 회 할부금 또는 계약금을 가리킨다(BDAG, 134). 바울은 이 관례를 구원 사업에서의 성령의 사역에 비교하고 있다. 회심할 때의 성령의 임재는 바울에게 완전한 구원이 성취될 것을 보증한다. 이것은 '증표'(KJV), '보증금'(NASB), '담보'(NIV), '첫 회 할부금'(NLT, NRSV), '계약금'(NET)으로 다양하게 번역된다. [*arrabōn*]

1:24. 기쁨(Joy, *charas*) – 이 단어는 '행복 또는 자신이 원하는 것을 소유할 가능성이 보일 때 생기는 감정'을 가리킨다(Webster's Dictionary, 9th edition, 652). 이 정의의 두 번째 부분이 이 단어에 대한 바울의 어법과 일치하지만(특히 감옥에 갇히는 것과 같은 고통스러운 환경에서 바울이 기쁨을 표현한 것, 빌 1:18–19), 감정적인 면이 이 구절에서 무엇보다 가장 중요한 것 같다. 이것은 (2:1에서 언급한) 슬픔의 고통과 대조되는 '기쁨의 경험'(BDAG, 1076)이다. [*chara*]

2:1. 슬픔, 고통(Sorrow, pain, *lypē*) – 이 단어는 바울이 과거의 고린도 방문과 관련하여 묘사한 정신적인 또는 감정적인 근심과 고통을 가리킨다. 이 구절에서 이 개념을 표현하려는 다양한 번역들은 다음과 같다. '정신적인 괴로움'(KJV), '슬픔'(NASB, NKJV), '고통스러운'(NIV, NLT, NRSV, NET), 또는 '슬픈'(NCV). [*lypē*]

2:2. 기쁜(Glad, *euphrainōn*) – 이것은 이 단어가 누군가를 기쁘게 하거나 힘을 내게 하다는 의미에서 사용된 유일한 사례다. 다른 곳에서 이 단어는 누가복음 12장 19절의 '먹고 마시고 즐거워하자'(눅 12:19)라는 문구에서 사용되고 있는데, 즐기거나 축하한다는 의미를 갖고 있다. 이 문구에서 이 단어는 세 번째 명령으로 등장한다. 이것은 탕자의 비유에서처럼 보통 잔치 및 축하와 관련이 있는 단어다(눅 15:23, 29, 32). [*euphrainō*]

2:4. 걱정(Anguish, *synochēs*) – 이 단어는 신약에서 그리스도의 재림 때 많은 사람들의 근심과 당황을 묘사하는 구절(눅 21:25)에서 다시 한 번 더 나오는 명사다. 사전에서는 이 단어를 '매우 큰 근심을 수반하는 걱정의 상태'로 정의한다(BDAG, 974). 이 단어의 동사형은 예수님께서 자신의 사명을 완수하기까지 느끼신 스트레스를 묘사하는 구절(눅 12:50)에서 등장한다. 이것은 보통 '고뇌' 또는 (이 단어를 수식어와 결합하여) '슬픔에 잠긴'(NLT, CEV)으로 번역된다. [*synochē*]

마음(Heart, *kardias*) – 이 단어를 주로 감정적 경험과 관련이 있는 단어로 생각하는 경향이 있기는 하지만, 이 구절은 이 단어가 생각이나 지성과 관련된 일들에 대해서도 사용되고 있다는 것을 증명하는 하나의 예다. 사실, 이것은 '육체적인, 영적인, 정신적인 생명의 자리'로 폭넓게 정의되고 있다(BDAG, 508). 하지만 이 구절에서 바울이 눈물로서 표현되는 자신의 개인적 동요에 대해 말할 때 감정적인 요소가 표명되고 있는 것이 분명하다. [*kardia*]

사랑(Love, *agapēn*) – 사전에서는 이 단어를 '다른 사람에 대한 따뜻한 존중과 관심에 속하는 성품'으로 정의하고 있다(BDAG, 6). '마음'이라는 단어와 마찬가지로 이 단어가 특히 이 문맥에서 감정적인 요소를 갖고 있는 것이 확실하다. 하지만 이 단어는 사랑하는 사람을 위해 무엇이 최선인지를 생각하며 행동한다는 의지적인 요소 또한 내포하고 있다(원수에 대한 사랑, 마 5:44). 따라서 이 감정에는 하나님의 뜻대로 행동하려는 선택이 뒤따를 수도 있다. 하지만 이 구절에서 바울이 고린도의 회중들에 대한 자신의 애정을 표시할 때 감정이 중심 무대를 차지하고 있는 것 같다. [*agapē*]

2:7. 용서하다(Forgive, *charisasthai*) – 보통 이 단어는 '호의로 아낌없이 주다'와 같은 다소 일반적인 의미를 지니며(행 27:24), '자비롭게 주다'로 번역할 수 있다(BDAG, 1078). 하지만 바울은 때때로 이 단어를 '잘못된 행동을 용서함으로써 자신의 자비로움을 보여주다'라는 좀 더 구체적인 의미로 사용하며, '용서하다'나 '관대하다'로 번역된다(*ibid*). 에베소서 4장 32절의 "서로 용서하기를 하나님이 그리스도 안에서 너희를 용서하심과 같이 하라"는 권면에서 특히 여기서와 같은 의미가 적용되고 있다. [*charizomai*]

2:8. 재차 확인하다(Reaffirm, *kyrōsai*) – 이 단어는 신약에서 2회 나오며, 모두 바울이 사용하고 있다(갈 3:15). 이것은 최고의 권력(*kyros*)이나 주(*kyrios*)를 나타내는 단어와 관련이 있다. 사전에서는 이 단어의 용법을 여기에서처럼 '인지 과정에서 결정에 도달하다'로 정의하며, '결론내리다' 또는 '찬성하기로 결정하다'가 적합한 번역이라고 말한다(BDAG, 579). 이 문맥에서 바울은 교회가 누군가를 용서하여 그 사람이 교회의 친교에 다시 참여하게 하도록 결정할 것을 요청하고 있다. 만약 4절에서 사랑의 감정적인 측면이 더 두드러진다면, 여기서는 의지적이고 행동적인 요소들이 중요해 보인다. NLT의 "그러므로 너희가 그를 여전히 사랑하고 있음을 그에게 증명하라"는 번역은 매우 훌륭하다(여기에서 대부분의 역본들은 이 단어를 '재차 확인하다'로 번역하고 있다). [*kyroō*]

2:9. 시험/ 증거(Test, *dokimēn*) – 바울만 신약에서 이 단어를 사용한다. 이것은 이 서신에서 4회(8:2, 9:13, 13:3), 다른 곳에서 2회(롬 5:4, 빌 2:22) 나온다. 이 단어는 시험하는 과정 그 자체를 가리키기도 하지만, 대개는 시험의 결과, 즉 시험을 이겨내는 인내 또는 도전하는 상황에 대한 특별한 대응을 통해 생겨난 입증된 성품을 가리킨다. 여기에서 바울은 고린도 사람들에게 말썽을 일으킨 개인(6절)을 다루는 일에 대한 자신의 지시를 따를 것을 요구한다. 후에 바울은 재정적인 어려움에도 불구하고 풍성하게 연보를 한 마게도냐 교회들을 칭찬하는 글을 쓸 것이다(8:2). 그 다음에 그는 고린도 사람들에게 그들처럼 후하게 연보할 것을 요구할 것이다(9:13). 끝으로 바울은 고린도 사람들이 바로 자신의 사역이 진실하다는 증거라고 말한다(13:3). [*dokimē*]

2:11. 속이다(Cheat, *pleonektēthōmen*) – 이 단어는 신약에서 5회 나오는데, 한번만 제외하고(살전 5:6) 모두 이 서신에서 나온다. 이것은 '이용하다'(KJV, NKJV, NASB), '속이다'(NIV), '앞지르다'(NLT), 또는 '착취하다'(NET)로 다양하게 번역된다. 이 단어의 명사형은 '탐욕'이란 뜻이며, 사람들은 욕망 때문에 근본적으로 만족되지 않는 목적을 추구하고, 모든 종류의 이기적 수단들을 사용한다는 것을 암시한다. 여기에서 사탄은 자신의 목적을 위해 사람들에게 영향력을 행사하는 일에 열중하는 모사꾼으로 묘사되고 있다. [*pleonekteō*]

사탄(Satan, *satana*) – 이 단어는 '대적자'를 뜻하는 히브리 단어의 음역이다. 대적자는 신약에서 하나의 이름이나 칭호로서 사용된다. 사탄은 '매우 특별한 의미에서, 하나님과 하나님께 속한 모든 사람들의 적'으로 묘사된다(BDAG,

916). 바울은 4장 4절에서 사탄을 이 세상의 신으로 묘사한다. 이것은 사탄이 이 세상의 모든 영역에 영향을 미치고 있다는 것을 암시한다(엡 2:2 비교). 누가에 따르면, '어둠에서 빛으로, 사탄의 권세에서 하나님께로 돌아오게 하는 것'이 바울의 사명이다(행 26:18). [*satanas*]

2:13. 나의 영(My spirit, *pneumati mou*) – 동일한 단어가 성령과 인간의 영에 대해 사용되고 있으므로 문맥에 따라 어떤 뜻인지를 결정해야만 한다. '나의'라는 인칭 대명사는 바울이 자신을 가리켜 말하고 있는 것이 분명하다. 바울만이 그리스도인들과 관련하여 이 단어를 사용하고 있으며, 이 단어를 하나님과 관계를 맺는 자격이나 능력과 연관시키고 있는 것임이 분명해 보인다. 이 관점에서 볼 때, 이 단어는 여기에서처럼 실제로 '자기 자신'과 사실상 같은 뜻으로 사용될 수도 있다. 일부 역본들은 '나의 심령이 편하지 못하여'라는 직선적인 번역 대신 이 문구를 '마음의 평화가 없어'(NIV), '마음을 놓을 수가 없어서'(NLT), '걱정이 되어'(CEV), '나의 마음이 불안하여'(NRSV)로 번역한다. [*pneuma*]

디도(Titus, *Titon*) – 디도는 바울의 사랑을 받는 선교 파트너였으며, 바울의 1차 선교 여행 때 그리스도인이 된 이방인이다. 바울과 바나바를 수행하여 예루살렘에서 유대계 그리스도인 지도자들을 만났고, 교회에서 할례자와 무할례자 사이의 친교에 대해 증언했다(갈 2:1–3). 그는 고린도에서 예루살렘 교회를 위한 모금을 시작했다(8:6). 그는 후에 그레데(딛 1:4)와 달마디아(일루리곤의 한 지역, 딤후 4:10)에 있는 교회를 감독했다. [*Titos*]

2:14. 승리하다(Triumph, *thriambeuonti*) – 바울은 이 단어를 이곳과 골로새서 2장 15절에서만 사용한다. 이 단어의 번역에 관해서 세 가지 중요한 견해들이 있다. '우리로 승리하게 하시고'(KJV)라는 개념은 다른 곳에서 이런 의미로 사용된 예가 없기 때문에 부적절해 보인다. 많은 역본들은 마치 그리스도께서 자신의 군대인 그리스도인들을 이끄는 개선 장군이셨던 것처럼 '우리를 승전하게 하다'(NASB, NKJV), '우리를 승리로 이끌다'(NCV, CEV)라는 번역을 사용하고 있다. 이 번역이 가진 문제는 다른 곳에서 이런 의미로 사용된 예를 찾아보기 힘들다는 것이다. 이런 이유로 사전에서는 '승리의 행진을 이끌다'는 번역을 지지한다(BDAG, 459). NIV, NRSV, NET가 이 번역을 지지하며, 더욱더 확대된 번역을 사용하고 있는 NLT는 "우리를 포로로 만들어 승리의 행렬을 따라가도록 이끄신다"로 번역한다. 여기에서 이 용어의 개념은 사탄에게 승리하신 그리스도께서 획득한 포로들인 그리스도인들(아마도 구체적으로는 바울과 디도)을 이끄신다는 것이다. [*thriambeuō*]

2:15. 향기(Fragrance, *euōdia*) – 이 단어는 신약에서 바울만 사용한다(빌 4:18, 엡 5:2). 이교적 배경을 지닌 이방인들 역시 이 비유적 표현을 이해할 수도 있지만(Diodorus Siclus, 1, 84, 6 비교), 하나님을 기쁘시게 하는 제물에 대한 구약의 설명(예를 들면, 노아의 제물[창 8:1])을 배경으로 하는 것 같다. 초기의 기독교 문학에서 이 단어는 화형당한 폴리캅의 죽음을 묘사하는 The Martydom of Polycarp(15:2)에서 사용되고 있다. 이 단어는 그리스도인의 삶(또는 특히 자신

의 삶에 대한 바울의 이해)이 자기 희생을 필요로 한다는 것을 생각하게 한다. [*euōdia*]

멸망하는(Perishing, *apollymenois*) – 이 단어는 육체적 사망(마 26:52)이나 영적 사망 가운데 하나를 가리킬 수 있다(혹은 둘 다, 요 17:12 비교). 이 단어의 의미는 문맥에 따라 결정되어야 한다. 여기에서 이것은 구원받은 사람들과 대조되는 영원한 사망을 가리키는 것임이 분명하다. 이 단어의 현재시제는 사람들의 상황이 점점 더 나빠지고 있으나 아직 최종적인 것이 아님을 암시한다. 그들은 지금 멸망하는 과정에 있다. 즉, 이 과정에 있는 사람들은 여전히 하나님으로부터의 영원한 분리에서 벗어날 가능성이 있다. 이와 동일한 단어가 누구든지 믿는 사람은 멸망하지 않는다는 것을 긍정하는 요한복음 3장 16절에 나온다. [*apollymi*]

2:17. 팔고 다니다(Peddle, *kapēleuontes*) – 이 단어는 신약에서 여기서만 나오며, 일반 문학에서 자주 사용되지 않는다(BDAG, 508). 이것은 때로 자신들이 파는 상품에 물을 섞음으로써 더 많은 이익을 취하는 경향이 있을 수도 있는 선술집 주인을 연상하게 한다(예를 들어, Lucian, Hermotimus, 59). 이런 이유로 가끔 '행상인'으로 번역되기도 한다(NLT, NET). 역본들은 '하나님의 말씀을 부패하게 하다'(KJV), '하나님의 말씀을 팔고 다니는'(NASB, NIV, NKJV), '하나님의 말씀을 이익을 위해 팔다'(NCV), 또는 '다름 아닌 돈을 벌기 위해 전파하는 사람'(NLT)으로 다양하게 번역한다. [*kapēleuō*]

3:1. 추천의 편지들(Letters of recommendation, *systatikōn epistolōn*) – 모르는 사람에게 친구나 동료를 소개하는 수단인 추천의 편지들은 고대 세계의 하나의 특징이었다(BDAG, 978). 로마서의 마지막 장에는 로마교회에 뵈뵈를 추천하는 내용과 어떻게 해서든지 가능한 한 교회가 그녀를 도우라는 바울의 부탁이 들어 있다(16:1-2). 빌레몬에게 보내는 편지(*epistolē*)에도 바울의 사역으로 말미암아 믿음 생활을 하게 된 도망한 종인 오네시모를 위한 추천의 말이 들어 있다(몬 10-18절). 빌립보서에는 교회의 초창기에 바울과 실라를 도우면서 지도자의 역할을 할 준비를 했던 디모데를 위한 추천의 말이 들어 있다(2:19-21). 그러나 다른 사람들이 고린도에 전달한 편지들(바울의 반대자들이 보낸 편지로 짐작됨)이 있었을지라도 바울은 이런 종류의 편지들 가운데 그 어느 것도 필요하지 않다고 주장하고 있다. 왜냐하면 고린도에 존재하는 교회가 바로 누군가가 요구하면 제출할 수 있는 유일한 추천서이기 때문이다(2-3절). [*systatikos, epistolē*]

3:3. 전달했다(Delivered, *diakonētheisa*) – 이 단어를 음역한 명사형 *deacon*은 사람들에게 매우 잘 알려져 있다. 이것은 교회에서 봉사의 일을 하는 사람을 묘사한다(딤전 3:10). 여기에서 바울은 자신이 복음을 전파하고, 성령께서 교회를 세우시는 것을 목격한 그리스도의 종이라고 밝힌다. 그러나 그는 이 장의 핵심에 해당하는 옛 언약과 새 언약 사이를 대조하기 위해 편지의 이미지를 사용함으로써 이 사실을 인정한다. 바울은 추천서가 있는 사람들(1절)이 자신보다 더 옛 언약의 진리에 얽매이고 있다고 말한다. 그들에게는 이런 추천서가 필요할 수도 있지만 바울

에게는 필요하지 않다. 그 이유는 고린도 사람들이 바로 사역이 진짜라는 증거이며, 그의 수고의 효과적인 결과이기 때문이다. 이 단어는 '사역했던'(KJV), '우리의 사역의 결과'(NIV), '돌보았던'(NASB), '준비했던'(NLT, NRSV), '전달했던'(CEV, NET), 또는 '통해서 보낸'(NCV)으로 다양하게 번역된다. 사전은 '전달했다'라는 번역을 암시한다(BDAG, 229). [*diakoneō*]

넓적한 판(Tablets, *plaxin*) – 이 단어는 일반적으로 '평평한 표면을 지닌 어떤 것'을 뜻한다(BDAG, 822). 여기에서는 계명이 기록된 돌판을 뜻하는 비유적 표현(환유법)이다. 하나님께서 모세에게 돌판을 기록하게 하셨지만(출 31:18), 그 후에 즉시 깨어졌다가(32:19) 다른 것으로 바뀐 것(34:1)을 가리킨다. 계명들은 옛 언약의 요약이다. 마음판은 하나님께서 새 마음과 새 영을 주어 돌 같은 마음을 제거하고 살같이 부드러운 마음을 주시겠다는 예언을 암시한다(겔 11:19, 36:24). 예레미야는 하나님께서 새 언약을 기록하셨다고 말한다(31:31–33). 이것은 안에서부터 하나님께 응답하게 하는 능력을 묘사한다. [*plax*]

3:5. 적합한(Adequate, *hikanotēs*) – 관련 형용사(이 구절의 앞부분에서)와 동사(6절)가 이 문맥에서 등장하지만, 이것은 이 용어의 유일한 용례다. 이 단어는 '자격이 있는 상태, 또는 어떤 것에 적합한 것'을 가리킨다. '적합, 능력, 자격'이 가능한 번역으로 제공된다(BDAG, 473). 이것은 '충분한'(KJV, NKJV), '유능한'(NIV, NRSV), '능력과 성공'(NLT), '할 수 있는'(NCV), 또는 '적합한'(NASB, NET)으로 번역된다. CEV의 "하나님께서 우리가 하는 모든 일을 하는 데 필요한 능력을 주신다"라는 번역은 이 개념을 훌륭하게 의역하고 있다. [*hikanotēs*]

3:6. 언약(Covenant, *diathēkēs*) – 비록 이 단어는 '계약'(KJV, 여기에서 구약과 신약을 가리키는 일반적인 표현이 생겨났다)으로 번역할 수도 있지만, 보통은 '언약'으로 번역된다(NKJV, NASB, NIV, NLT, NET). 언약은 공식 계약이며, 이 경우에는 하나님께서 하신 언약이다. 예레미야는 새 언약의 출현을 예언했다(31:31). 누가는 제자들과 함께 새 언약을 맺으신 예수님께서 자신의 죽음으로 새 언약을 가능하게 만들었다고 기록한다(22:20). 이 언약은 그리스도인들이 하늘에서 하나님과 직접적인 교제를 경험할 때 완전하게 이루어질 것이다(계 21:3, 렘 31:31하 비교). 바울과 히브리서 기자 모두 새 언약에 의해 옛 언약이 폐기되었다고 서술한다(롬 7:6, 히 8:13). [*diathēkē*]

3:7. 죽음(Death, *thanatou*) – 이 단어는 육체적 생명의 끝(빌 1:20), 영적 의미에서 하나님과의 관계의 부재(엡 2:1), 끝으로 영원한 사망(롬 6:23)에 대해 다양하게 사용되고 있다. 바울은 여기에서 특히 이스라엘을 예로 들어, 하나님과의 관계에서 율법이 백성들에게 미친 영향에 대해 말하고 있는 중이다. 바울은 로마서에서 이것을 좀 더 자세하게 말하고 있다. 바울은 율법 자체보다는 율법이 인간의 약함과 죄의 권세에 미치는 결과를 비난한다(롬 7:7–13). 우리 안에 있는 죄 때문에 율법은 생명을 제공하지 못한다. 이것은 안에서부터의 성령의 사역이 필요한 이유다. 역본들은 이 개념을 다음과 같이 다양하

게 표현하려고 시도한다. '죽음을 가져오는 직분'(NIV), '율법의 옛 제도가…사망을 가져왔다'(NLT), '사망을 가져온 율법'(NCV), '사망을 생겨나게 한 직분'(NET). [*thanatos*]

영광(Glory, *doxan*) – 이 단어는 '빛나거나 번쩍이는 상태'를 가리킨다(BDAG, 257). 이것은 하나님의 속성이며(행 7:2, 엡 1:17) 하나님의 임재와 관련이 있다. 이를테면 그리스도인들은 자신들의 구원이 완성되고 하나님과의 직접적인 교제를 즐길 때(롬 5:2, 8:30) 그리스도처럼 영화롭게 된 몸을 입게 될 것을 기대한다(빌 3:12, 비교–계 1:16의 '해가 힘 있게 비추는 것 같은'예수님의 얼굴, 마 13:43의 '해와 같이 빛나는' 의인들). 하나님께서는 시내 산에서 큰 불을 사용하여 자신의 임재를 보이셨다(출 24:17). 모세는 산 위에서 하나님을 만나는 경험으로 인해 일시적으로 그의 외모가 변화했고, 얼굴에서 영광이 빛났다(출 34:29–30). 바울은 모세의 이 체험에서 모세에게 주어진 계시의 거룩함뿐 아니라(롬 7:12), 그 계시의 일시적 역할(갈 3:24–25)을 발견한다. [*doxa*]

아들들(Sons, *huious*) – 이 단어는 때로 '생물학적으로나 법적 행위에 의해 친족 관계에 있는 남성'에 대해 사용되지만(BDAG, 1024), 보통은 여기에서처럼 '한 사람의 직계 혈통에서 태어난 자손'으로 남녀 모두를 가리킨다(ibid). 이런 의미에서 이것은 남녀 불문하고 공동체의 모든 구성원들을 묘사할 때 사용되는 '형제들'이란 단어와 동일한 의미다(1:8, 8:1). 이 때문에 이 문구에 대해 '이스라엘 사람들'(NIV, NCV, NET), '이스라엘 백성들'(NLT, CEV, NRSV), '이스라엘의 자녀들'(KJV, NKJV)과 같은 번역들이 의미를 정확하게 반영한다. [*huios*]

사라지는(Fading, *katargoumenēn*) – 바울은 이 단어를 다른 곳에서도 모세 율법과 관련하여 사용하고 있다(롬 7:6, 엡 2:15). 여기에서 바울은 모세의 얼굴의 일시적인 영광을 이스라엘 백성을 위해 모세에게 주어진 계시의 일시적 특성과 관련짓고 있다. 바울에게 율법은 그리스도의 계시로 대체된 계시였다. 그리스도께서는 이스라엘과 이방인을 함께 그리스도인이라는 하나의 공동체에 속하게 하신다(엡 2:15). 여기에서 이 단어는 "어떤 것이 끝에 이르게 하거나 더 이상 존재하지 않게 하다"(BDAG, 525), 즉 '사라져 없어질 것'을 의미한다(526). 역본들은 주로 '사라질'(NASB, NIV, NLT, CEV, NET), '없어질'(NCV)로 번역한다. '사라졌다'(KJV), '후에 보이지 않게 되다'(NCV), '제쳐 놓다'(NRSV)와 같은 번역들은 다소 해석적이지만 부정확한 것은 아니다. [*katargēo*]

3:9. 정죄(Condemnation, *katakriseōs*) – 이것은 '형벌이 뒤따르는 판결'을 뜻하는 법적 용어다(BDAG, 519). 이 경우 사망을 낳는 것은 범죄에 대한 정죄다(7절). 바울은 다른 곳에서 모세 율법에 관해 '율법이 진노를 이루게 한다'(롬 4:15)라고 말한다. 율법이 거룩하고 의로우며 선하지만(롬 7:12) 죄 때문에 율법은 사망을 가져오는 정죄의 도구로 바뀐다(롬 7:13). 그리스도께서 율법이 할 수 없는 것을 하셨기 때문에(롬 8:3), 그리스도와 관계를 맺은 사람들만이 정죄를 피하게 된다(롬 8:3). [*katakrisis*]

의(Righteousness, *dikaiosynēs*) – 이 단어는 '표준에 일치하는 것'을 가리킨다. 이것은 하나님의 속성으로, 즉 하겠다고 말씀하신 것은 반드시 하신다는 뜻이다. 의는 하나님께서 한 사람이 정죄에서 용서받았다고 선언하는 법적인 측면과 사람이 하나님의 표준, 즉 하나님께서 알려주신 뜻에 따라 살아가는 실천적인 측면이 있다. 새 언약의 직분은 그리스도의 사역과 성령의 직분으로 인해 이 두 측면을 모두 가능하게 한다. 일부 역본들은 법적인 측면을 강조하여 '칭의'라고 번역하거나 '사람들을 하나님과 바른 관계에 있게 하다'(CEV, 비교-NLT) 또는 '하나님께서 우리를 받아들이시게 하다'(CEV)와 같은 표현을 사용한다. 다른 역본들은 법적인 면과 실천적인 면을 모두 깨닫게 하는 번역을 허락한다('생산하게 하는 의', NET). 바울이 구원은 전적으로 은혜에 있다고 여기는 점을 감안한다면 후자가 더 적절하다. [*dikaiosynē*]

3:11. 계속해서 있다(Remains, *menon*) - 이 문맥에서 이 단어는 '일시적인 것'(7절)과 대조되는 '영원한 것'(BDAG, 631)을 뜻한다. 새 언약과 관련이 있는 영광은 모세 언약의 사라짐, 혹은 일시적인 영광과 대조된다. 바울은 '계속 지속되는'(NIV) 이 영광을 모세의 얼굴에서 사라진 광채와 비교한다. 바울은 12절에서 이 영광을 소망으로 설명하는데, 미래적인 측면을 암시하기 때문이다. 사실 구원의 최종 단계는 육체가 영화롭게 되는 것이다. 영화는 새 언약의 축복의 매우 분명하고 영속적인 부분이다(4:17). [*menō*]

3:12. 담대(Boldness, *parrēsia*) - 비록 이 단어는 대개 '담대' 또는 '매우 담대하게'(NASB, NIV, NKJV, NLT, NRSV, NET)로 번역되지만, KJV의 '매우 크고 분명한 말'이란 번역은 이 문맥에서의 의미를 매우 잘 표현하고 있다. 이것은 '아무것도 숨기지 않고, 아무것도 빼놓지 않고 말하는 것'을 묘사한다(BDAG, 781). 바울은 자신이 전하는 메시지가 약속하는 구원이 반드시 이루어질 것을 전적으로 확신하고 있다(롬 1:16). [*parrēsia*]

3:13. 수건(Veil, *kalymma*) - 이 희귀 단어는 이 단락(13-15절)과 고린도전서 11장 10절에서만 나온다. 고린도전서 11장 10절에서 이것은 아마도 겉옷의 일부로 사용하는 머리 가리개, 즉 등과 머리는 가리지만 얼굴은 드러내는 것을 가리킨다. 하지만 이 구절에서 이것은 모세가 얼굴을 가리기 위해서 사용한 천을 가리키며(출 34:33-35), 눈을 빼고 모든 부분을 보호하는 좀 더 넓은 의미의 가리개다. '베일'(veil)이라는 번역이 널리 사용된다. [*kalymma*]

끝(End, *telos*) - 이 단어는 목적 또는 어떤 과정의 결과를 가리킬 수도 있지만(딤전 1:5, '이 교훈의 목적은 사랑이다'), 대개는 '지속 시간이 끝나는 것을 나타내는 시점'을 나타낸다(BDAG, 998). 이 구절에서 바울은 모세의 얼굴의 사라져가는 영광을 모세 언약의 일시적인 성격에 비교하고 있다. 이 단어는 그리스도의 복음과 율법과의 관계에 관한 로마서 10장 4절의 "그리스도는 율법의 마침이시다"라는 진술에 나온다. [*telos*]

3:14. 완고해졌다(Hardened, *epōrōthē*) - 이 단어는 '어떤 사람으로 하여금 이해나 파악에 문제가 있게 하는 것'을 뜻하며(BDAG, 900), 하나님의 계시에 긍정적으로 응답하지 않는 사람들에

게 사용된다. 여기에서 이 단어의 형태(수동형)는 어떤 일이 많은 이스라엘 사람들에게 발생했다고 말하고 있지만 그 이스라엘 사람들이 누구인지, 어떻게 그런 일이 발생했는지는 상세하게 밝히지 않고 있다. 때로 이 단어는 인간의 책임을 강조한다(막 6:52, 8:17). 하지만 바울이 회개를 이러한 상태의 해결책으로 간주하고 있기 때문에 여기에서는 인간적인 측면과 신적인 측면 둘 다 표현한다(16절). 이것은 '그들의 마음이 보지 못하게 되었다'(KJV, NKJV), '완고해졌다'(NRSV, NLT, ESV), '둔해졌다'(NIV), 또는 '닫힌'(NET) 등으로 다양하게 번역된다. [*pōroō*]

3:16. 돌아가다(Turn, *epistrepsē*) – 이 단어는 사람이 특정한 길을 가다가 극적으로 방향을 바꾼다는 개념을 표현하고 있다. 보통 회개를 뜻하는 이 단어는 특히 삶의 변화를 초래하는 마음이나 생각의 변화를 강조한다. 이 단어는 마음(15절)이나 생각(14절)의 변화의 결과에 해당하는 삶의 변화를 강조한다. 따라서 이것은 회개와 같은 뜻이다. [*epistrephō*]

3:17. 자유(Freedom, *eleutheria*) – 자유의 반대말은 노예 생활이다. 이 문맥에서 바울은 모세의 율법의 권위를 율법에 복종하는 사람들을 죽이고(6절), 그들에게 죽음(7절)과 정죄(9절)를 가져다주는 노예 생활에 비교한다(갈 2:4, 5:1 비교). 바울은 로마서에서 문제는 율법 자체에 있는 것이 아니라, 죄의 속박하는 세력과 싸우지 못하는 인간의 연약함에 있다고 밝힌다(롬 7:9–13). 우리 대신 죄와 사망의 세력을 쳐부수고 자유를 가져다주시는 존재는 바로 성령이시다(롬 8:1–2). [*eleutheria*]

3:18. 바라보다(Look at, *katoptrizomenoi*) – 이 단어는 신약에서 여기에만 나온다. 하지만 이 단어의 명사형은 다른 문헌들에서 '거울'이란 의미로 자주 사용된다(BDAG, 535). 이 단어는 거울을 보는 것같이 주의 영광을 '바라보다'(KJV, NASB, NKJV, NRSV, ESV) 또는 거울과 같이 주의 영광을 '비추는'(NIV, NLT, NET)으로 다양하게 번역된다. 동사의 태(중간태)를 감안하면 전자의 번역이 적합하다. 주의 영광에 대한 우리의 이해와 경험이 아무리 놀랍다고 할지라도 우리가 이 세상에서부터 그가 계신 곳으로 갈 때까지 그것은 여전히 간접적인 것이다(고전 13:13 비교). [*katoptrizō*]

형상(Image, *eikona*) – 이 단어는 기본적으로 '어떤 것의 형태나 모습과 비슷하게 만들어진 물건'을 뜻한다(BDAG, 281). 로마의 동전에는 황제의 머리의 형상이나 초상이 그려져 있다(마 22:20). 그리스도인들이 기다리고 있는 형상이나 닮음(likeness)은 그리스도를 닮는 것이다(4:4, 롬 8:29). 궁극적으로 그리스도의 영광의 몸과 같은 몸을 입는 것을 뜻한다(빌 3:21). 한편 이것은 이 땅에 사는 동안 하나님의 뜻에 확고한 충성의 본을 보이셨던 예수님처럼 생각하고 행동하는 사람이 되는 것을 뜻한다. 그렇게 되는 것이 성령의 능력에 의지하여 이 닮음을 향해 전진하는 그리스도인들의 끊임없는 야망이다(롬 8:14 비교). [*eikōn*]

변화되다(Transformed, *metamorphoumetha*) – 이 단어는 예수님과 그리스도인들 모두에게서 나타나는 변화를 설명하는 데 사용되고 있다. 이것은 예수님께서 이 세상에 계실 때 한 번 있었던 외양의 영광스러운 변화와 관련 있는 '변모'로 번역된다(마 17:2, 막 9:2). 이곳과 로마서 12장 2절에서 이 단어는 '기본적인 성격이나 상태가 내적으로 변화하는 것'을 가리킨다(BDAG, 639). 동사의 태(수동태)는 이 변화가 그리스도인들이 스스로 이룰 수 있는 것이 아니라, 그들에게 이루어져야만 하는 어떤 것임을 암시한다(비교-이 동사의 명령형이 사용되고 있는 롬 12:2은 이 변화에 영향을 행사하는 지속적인 응답을 요청한다). 여기에서 동사의 시제(현재)는 예수님의 산 위에서의 변모와 같은 변화에서 완성되는 지속적인 과정을 암시한다(마 17:2). [*metamorphoō*]

영광에서 영광으로(From glory to glory, *apo doxēs eis doxan*) - 영광은 하나님의 임재와 관련된 하나님의 속성이다. 장래에 그리스도인들은 구원이 완성될 때 하나님의 임재를 직접 경험하게 될 것이다. 그러나 지금도 영광은 그리스도에 관한 복음의 선포와 연관이 있다(4:4). 복음을 믿는 사람들은 현재 펼쳐지고 있는 구원의 경험에서 하나님의 영광을 전달하는 성령의 임재를 누리게 된다. 장래에 이 모든 것을 변화시키는 부활의 동인(agent)은 바로 동일한 성령이시다(롬 8:11 비교). [*doxa*]

4:1. 긍휼(Mercy, *ēleēthēmen*) - 이 단어는 '곤경에 처한 사람들에게 크게 관심 갖게 되다'라는 뜻이다(BDAG, 315). 여기서처럼 하나님과 관련될 때 이 단어는 곤경에 빠진 사람들을 돕는 행동이란 뜻을 내포한다. 바울은 여기에서 그리스도의 사도가 된 자신의 특권에 대해 생각하고 있다. 다른 곳에서 그는 긍휼을 자신에게 주어진 은혜로 간주한다(롬 12:3). 여기에서 긍휼은 받을 자격이 없는데도 하나님께서 제공하시는 호의와 사실상 동의어다. [*eleeō*]

낙심한(Discouraged, *enkakoumen*) - 이 단어는 '바람직한 행동이나 활동을 계속하려는 동기를 상실하는 것'을 뜻한다(BDAG, 272). 바울은 여기에서 거짓 교사들의 속임수와 이기적 태도를 진실성 있는 자신의 메시지 및 직분과 대조하고 있다(5절, 고전 2:1-5 비교). [*egkakeō*]

4:2. 속임(Deceptiveness, *panourgia*) - 바울은 하와를 속이려고 뱀이 사용한 속임수를 묘사하면서 이 서신에서 다시(11:3) 이 단어를 사용한다(엡 4:14 비교). 이것은 특별한 목적을 이루기 위해 어떤 수단이라도 기꺼이 사용한다는 뜻을 내포하고 있다. 신약에서 속이는 목적은 항상 악한 것이다(눅 20:23, 고전 3:19 비교). [*panourgia*]

곡해하는(Distorting, *dolountes*) - 이 단어는 신약에서 여기서만 나온다. 이것은 '속임이나 곡해를 사용하여 거짓으로 만들다'라는 뜻이다(BDAG, 256). 2세기의 작가 루시언(Lucian)은 이익을 늘리기 위해 물탄 포도주를 판매한 상인들을 묘사할 때 이 단어를 사용했다(Hermotimus, 59). 바울은 이 단어를 개인적 이득을 위해 하나님의 말씀을 왜곡하는 거짓 교사들의 속이는 메시지에 적용한다. [*doloō*]

말씀(Word, *logon*) - 이 문맥에서 하나님의 말씀은 구약의 메시지를 가리키는 것으로 이해할 수 있다(3:14). 그러나 3-4절에 비추어보면, 예수 그리스도에 관한 복음, 즉 기독교의 메시지로 이해하는 것이 더 적절해보인다. [*logos*]

양심(Conscience, *syneidēsin*) - 보통 이 단

어는 한 개인이 자신의 행동의 옳고 그름을 판단하는 능력을 가리킨다(1:12 비교). 바울은 사람들에게 자신을 판단할 때 이 능력을 행사할 것을 요청한다. 그렇게 할 때 그들은 바울의 삶의 태도와 메시지가 옳은 것이라고 인정하게 될 것이다. [*syneidēsis*]

4:4. 신(God, *theos*) – 이것은 사탄에 대한 언급이며, 여기서는 '세상의 신'으로 불린다(마 4:8-9, 엡 2:2 비교). 그리스-로마 세계에서 신은 '사람의 일에 특별한 통제력을 발휘하는 초월적 존재'다(BDAG, 450). 바울은 여기에서 사탄이 복음 선포를 적극적으로 반대하고, 사람들이 복음을 받아들이는 것을 적극적으로 막기 위해 권세를 사용한다고 말한다. 예수님께서는 강한 사람을 결박한 후에 그 집을 강탈하는 어떤 사람에 자신의 직분을 비유하셨다(마 12:29). 사탄의 소유가 된 '집'에는 사람들이 포함된다. 바울은 사탄이 자신의 권세 아래 있는 사람들을 붙잡기 위해 어떤 일이라도 한다는 것을 알고 있다. [*theos*]

보지 못하다(Blind, *etyphlōsen*) – 여기에서처럼 비유적으로 사용될 때 이 단어의 명사형은 '깨닫지 못하는 상태'와 관련이 있다(BDAG, 1021). 바울은 복음을 이해하고 받아들이는 것을 방해하는 사탄의 방법을 자세하게 설명하지 않는다. 하지만 문맥은 거짓교사들의 역할 때문에 적어도 보지 못하게 하는 일이 발생한다고 말하고 있다. [*typhloō*]

보다(See, *augasai*) – 이 단어의 명사형은 '새벽' 또는 '한낮'이란 뜻이다(행 20:11에 따르면 바울은 드로아에서 제자들과 새벽까지 이야기했다). 여기에서 이 단어를 '비치다'(KJV)라는 뜻으로 사용했을 수도 있다. 하지만 구원의 복음의 유익들을 깨닫고 받아들이는 것을 뜻하는 비유적 표현인 '보다'로 번역하는 것이 더 적절해 보인다. [*augazō*]

4:5. 주(Lord, *kyrion*) – 이 단어의 명사형은 '권세를 행사하다 또는 통제하다'라는 뜻이다(BDAG, 576). 이 용어는 가정의 가장(엡 6:5, 9)과 통치자들(마 27:63의 유대인들의 빌라도를 향한 호칭)에게 사용된다. 헬라어 구약 성경의 번역자들은 하나님을 이 세상을 다스리는 궁극적인 권세로 이해했기 때문에 이 단어를 일상적으로 하나님께만 사용한다. 정부의 문서에서 형용사는 제국의 보물과 같은 로마 황제의 통제 아래 있는 물건들을 확인하는 데 사용된다(BDAG, 576). 하지만 바울은 항상 이 단어를 하늘과 땅에 있는 모든 권세를 지금 행사하고 계시는 예수님과 연관 짓는다(빌 2:9-11, 비교-마 28:18). 바울은 '주인'이신 그리스도와 관련하여 자신을 종으로 부르기를 좋아했다. [*kyrios*]

종(Slave, *doulous*) – 이 단어의 형용사는 '다른 사람의 완전한 통제 아래 있는 것'과 관련이 있다(BDAG, 259). 이 단어는 바울이 그리스도와의 관계에서 자신을 어떻게 생각했는지를 보여준다. 그래서 그는 종이라는 칭호를 좋아했고, 여러 서신들의 인사말에서 가장 먼저 자신에게 이 칭호를 사용했다(롬 1:1, 딛 1:1). 바울은 이 구절에서 자신이 주인이신 그리스도에 의해 고린도 사람들을 섬기라고 보냄을 받았다고 설명한다. [*doulos*]

4:6. 빛이 비치다(Let light shine, *phōs lampsei*) – 이 구절은 빛이 비치는 것과 관련 있는 세 개의 비슷한 단어들을 사용한다(이 동사와 두 개의 관련 명사인 *phōs*와 *phōtismos*). 맨 처음 등장하는 '비치다'라는 단어는 창조에서의 하나님의 주도권과 능력을 강조하는 창세기 1장 3절을 반영하고 있다. '비치다'라는 이미지는 이사야 9장 2절에서 보듯이 구원이나 새로운 창조와 연관이 있다. 여기에서 빛은 하나님의 구원을 가리키며(시 27:1, "여호와는 나의 빛이요 나의 구원이시니"), 그리스도의 인격과 사업이 그 빛의 핵심이다. 바울은 개인적으로 그리스도의 복음의 광채가 황량한 어둠을 관통할 수 있다는 것을 알고 있었다(행 9:1–18 비교). [*phōs, lampō*]

얼굴(Face, *prosōpō*) – 성경적 어법에서 '얼굴'이란 단어는 '얼굴과 얼굴을 대하여'(고전 13:12)라는 표현에서처럼 보통 어떤 사람을 대면하는 것(마 18:10)을 가리킨다. 바울의 요지는 예수님의 인격에서 하나님의 구원의 영광이 나타났다는 데 있다. 하지만 바울이 구원은 모세와 옛 언약이 아니라 그리스도와 새 언약과 관련하여 나타나고 있다고 단언했기 때문에(3:14) 모세의 얼굴에 대한 이전 언급들(3:7, 13)과 은근히 대조하는 것일 수도 있다. [*prosōpen*]

4:7. 진흙(Clay, *ostrakinois*) – 음식을 보관하고 요리를 하거나 먹는 데 사용하는 다양한 그릇들은 구운 진흙으로 만들었다. 고고학 유적지들에서 고대 도기의 파편들이 쉽게 발견된다. 사람과 질그릇에 대한 바울의 비교는 많은 것을 연상하게 한다. 질그릇과 마찬가지로 사람은 이 땅의 흙으로 만들어진다("너는 흙이니 흙으로 돌아갈 것이니라", 창 3:19). 이 비교는 하나님께서 평범하고 연약한 사람들을 구원의 복음을 받아들이고 전달하는 일에 어떻게 사용하시는가를 강조하고 있다. [*ostrakinos*]

4:8. 환난(Trouble, *thlibomenoi*) – 바울은 이 서신에서 '고통을 안겨주는 환난'이란 뜻의 이 단어의 명사형을 여러 번 사용한다(1:8, 2:4, 4:17, 6:6, 7:4, 8:2, 13, 1장 4절의 논의를 참고하라). 여기에서 바울은 어떤 시련이나 핍박을 당했는지 자세하게 말하지 않고, 단순히 피해를 당하거나 답답한 일을 당했다고 적고 있다(11:23–31 비교). 예수님께서 제자들에게 걸어갈 것을 요구한 좁은 길에 관해 경고하실 때 이와 동일한 단어를 사용하신 적이 있다(마 7:14). 좁은 길을 가는 것은 곧 예수님을 따른다는 뜻이다. 때문에 예수님을 따르는 것은 본질적으로 '그 길을 가는 사람들에게 환난이나 어려움의 원인'이었다(BDAG, 457). [*thlibō*]

답답한 일을 당하다(Perplexed, *aporoumenon*) – 이 단어와 이 단어와 대조되는 단어('낙심하다'의 의미를 강하게 하기 위해 동일한 단어에 전치사 ek를 첨가한다)에 대해 여러 가지 창조적인 번역들이 있다. 이 단어는 '마음이 어찌할 바를 모르다'라는 뜻이다(BDAG, 118). 사전에서는 비슷한 단어들을 이용한 언어 유희의 의미를 표현하기 위해 "때로는 당황하였으나 낙오자는 아니었다"(*ibid*)라는 번역을 제공한다. REB는 "당황하였으나 결코 어찌 할 바를 모르지는 않았다"라고 번역한다. [*aporeō*]

4:10. 죽음(Death, *nekrōsin*) – 죽음은 보통 생

명의 끝을 의미한다. 여기서 이것은 선행 구절들(8-9절)에서 묘사한 시련들과 박해들로 특징 지워진 생명의 길을 묘사한다. 이들 가운데 어느 하나만으로도 바울의 생명을 위험에 빠뜨릴 수 있었다. 예수님의 생애가 순교로 끝난 것처럼, 바울은 그리스도를 따르는 것이 자신에게 동일한 의미가 될 수도 있다는 것을 인정하고 있다(8절의 '환난'과 비교하라). [*nekrōsis*]

생명(Life, *zōē*) – 앞에서 죽음에 대한 언급을 사용하여 생명의 길을 묘사한 것처럼 여기에서 '생명'은 아마도 바울이 그리스도를 충성스럽게 따르는 것을 가리키는 것 같다. 하나님의 목적이 그리스도의 생명 안에서 성취되었듯이, 바울은 그리스도께서 자신의 경험 안에서 그리고 자신의 경험을 통해서 목적을 이루신다는 것을 알고 있다(11절 비교). [*zōē*]

4:12. 사망(Death, *thanatos*) – 10절과 다른 단어(*nekrōsis*)가 사용되지만, 의미는 동일하다. [*thanatos*]

4:13. 믿음(Faith, *pisteōs*) – 믿음은 누군가에 대한 신뢰나 의지를 가리킨다. 이것은 '신뢰를 받는 존재의 신뢰도에 근거해서 믿는 상태'(BDAG, 818)를 말한다. 바울은 시편 기자에게 영감을 불어넣으신 하나님(시 116:10)을 시편 기자와 마찬가지로 신뢰한다는 것을 긍정한다. 시편 기자가 하나님을 향한 자신의 신뢰를 표명한 것처럼 바울 또한 하나님에 대한 자신의 확신과 자신의 인생에 대한 하나님의 뜻을 망설이지 않고 선언했다. [*pistis*]

4:14. 다시 살리다(Raise, *egerei*) – 바울은 하나님께서 예수님을 죽은 자 가운데서 살리신 것같이 하나님께서 자신과 그리스도의 다른 제자들을 다시 살리실 것이라는 믿음을 표현한다. 바울은 자신이 어쩌면 죽었을지도 모른다고 말하고 있지만(10-11절), 죽음이 마지막 단어가 아니라는 것을 알고 있다. 그의 운명은 그리스도와 밀접한 관계가 있다. 그리스도께서 하나님의 우편에 계신 것처럼 바울 또한 언젠가 하나님이 계신 곳에 있게 될 것을 소망하고 있다. [*egeirō*]

4:16. 겉(Outer, *exō*)**과 속**(Inner, *esō*) – 이 단어들은 인간이 죽을 수밖에 없는 것과 죽지 않는 것을 각각 나타낸다. 바울과 그리고 그와 같은 믿음을 지닌 사람들은 사망을 이기게 하는 소망을 내적 생명으로 규정한다(14절). [*exō, esō*]

4:17. 잠깐(Momentary, *parautika*), **영원한**(Eternal, *aiōnion*) – 시대를 이렇게 대조함으로써 두 번째 단어가 첫 번째 단어를 정의한다. 바울은 자신의 사역의 특징인 많은 시련들과 환난에 관해 적고 있다(7-12절). 많은 환난 가운데 있을 때 현재 시대가 결코 짧다고 느끼지 않는다. 하지만 영원과 비교할 때, 그것은 시간적으로 잠깐이다. [*parautika, aiōnios*]

5:1. 장막(Tent, *skēnous*) – 이 단어는 '영구적인 구조물과 대조되는 일시적인 거처'를 가리키며(BDAG, 929), 신약에서 여기에만 나온다. 바울은 죽을 수밖에 없는 몸을 묘사하기 위해 인접 문맥에서 여러 단어들(집, 건물, 처소)을 사용한다. 특히 이 단어는 구원을 이루시는 하나님으로

부터 하늘에서 받는 영광의 몸과 대조되는 지상의 몸의 일시적인 면을 강조하고 있다. [*skēnos*]

5:2. 옷을 입은(Clothed, *ependysasthai*) – 여기에서부터 비유적 표현은 집과 같은 몸에서 옷과 같은 몸으로 다소 변경된다. 바울은 이 은유들을 후속 구절들에서 자유롭게 뒤섞고 있다. 다가오는 하늘에서의 영광의 몸과 비교할 때, 이 땅에서의 몸은 벌거벗은 것에 비유되고 있다(3–4절). 바울이 죽을 때에 입게 되는 과도기적 몸을 언급했을 가능성도 있다. 그러나 먼저 영광을 언급하고(4:17), 나중에 보증(금)으로서의 성령을 언급한 것으로 보아(5절, 1:22 비교) 바울이 그리스도께서 다시 오실 때에 주어지는 영광의 몸을 염두에 두었을 가능성이 더 많다(살전 4:16, 고전 15:39–49 비교). [*ependoumai*]

5:4. 탄식하다(Groan, *stenazomen*) – 바울은 다른 서신에서처럼(롬 8:23) 현재 세상에서 살아가는 고통을 '탄식하는'이란 단어로 표현한다(막 7:34의 예수님의 경험 비교). 인생의 몸부림에 대한 이런 묘사는 '짐을 진 것'이라는 단어에 의해 더 강렬해지며(고후 1:8의 이 단어에 대한 논의를 참고하라), 타락한 세상에서 살아가면서 그것에서 자유롭게 되기를 갈망할 때 느끼는 좌절감을 강조한다. [*stenazō*]

생명(Life, *zōes*) – 이 문맥에서 이 단어는 영원한 생명, 즉 그리스도와 관계를 맺은 사람들에게 존재하는 생명을 뜻하는 바울의 약어다. 바울은 이 서신의 앞부분에서 이 단어를 현재, 즉 이 세상에서의 생명에 초점을 맞추어 사용했고, 그리스도와의 관계에 의해 정의했다. 그러나 여기에서 이 단어는 미래에 초점을 맞추고 있으며(4:12 비교), 현재 세상에서의 생명이 끝난 뒤에 영원히 그리스도와 함께 살아간다는 뜻을 갖고 있다. [*zōē*]

5:5. 준비했다(Prepared, *katergasamenos*) – 그리스도와 함께하는 장래의 이 생명이 실현될 것이라는 바울의 확신은 하나님의 신실하신 일에 기초한 것이다. 이 단어는 근본적으로 '어떤 일을 함으로써 결과를 초래하다'라는 뜻이다(BDAG, 531). 하나님께서는 여기에서 그리스도인들이 그리스도와 마찬가지로 장래에 영광을 입은 몸을 갖게 될 것을 결정하시는 분과 동일시되고 있다(롬 8:29 비교). 이 구원을 절대적으로 확실하게 이루시는 행위자는 바로 성령이시다(1:22 비교). [*katergazomai*]

5:6. 집에서…멀어져(At home…away, *endēmountes*…*ekdēmoumen*) – 이 단어는 원래 사람이 자신의 고향을 떠나 다른 지역에 사는 것과 대조되는 의미에서 자신의 고향에서 사는 것을 가리켰다(BDAG, 300, 332). 이 단어들은 존 번연의 천로역정에서 몇 세기 후에 설명된 여행을 암시한다. 바울은 이 단어들을 사용하여 이 세상에서의 생명과 천국, 즉 다가오는 영역에서의 생명 사이의 차이를 강조하고 있다. 아직까지 천국이 그의 눈에 보이지는 않지만, 천국은 그에게 필연이다(7절). [*endēmeō, ekdēmeō*]

5:9. 야망(Ambition, *philotimoumetha*) - 세속 문학에서 이 단어는 보통 공공의 자선 사업과 연관이 있다(BDAG, 1059). 두 단어의 합성어인 이

단어는 명예욕이란 뜻을 내포하며, '공공의 자선 사업에서 다른 사람을 능가하려고 애썼던' 고대의 많은 부자들을 묘사한다(ibid). 바울이 바라는 명예는 그리스도의 칭찬을 받는 것과 부르심을 받은 직분을 온전히 완수하는 것이었다(롬 15:20 비교). [*philotimeomai*]

5:10. 심판대(Judgment seat, *bēmatos*) – 처음에 이 단어는 발걸음을 내딛는 행위를 묘사했으나(행 7:5 비교), 나중에 '몇 걸음 더 올라가는 데 필요한 연단'에 적용되었다(BDAG, 175). 정부 관리들은 국민들에게 연설하거나 법적인 조사를 행할 때 연단에 올라갔다. 심판에 대한 전망(롬 2:16, 14:10–12)은 바울의 복음의 일부로서 바울이 어떻게 살았는지를 알려준다(고전 4:1–5). [*bēma*]

5:11. 두려움(Fear, *phobon*) – '주의 두려우심'에 대한 이 언급은 심판과 연관되어 있다(10절). 하나님의 심판은 바울에게 두려움을 느끼게 하는 것이며, 모든 사람들에게 복음을 전파하는 동기다. 한편 바울은 자신이 지금까지 자신의 소명을 충성스럽게 이행했다고 자부하고 있다. 그는 고린도 사람들이 자신과 함께하는 그들의 경험에 근거하여 이 사실을 인정하기를 바란다. 이 시점에서 바울은 독자들에게 다음과 같은 암시적인 경고를 하고 있다. 즉, 그들은 누구의 말을 듣고 누구를 따르는가에 대해 책임을 지게 될 것이다. [*phobos*]

5:12. 외모(Appearance, *prosōpō*) – 이것은 문자적으로 '얼굴'을 뜻하는 단어다(4:6의 논의를 참고하라). 이 구절에서 '마음'(*kardia*)과 대조되고 있는 이 단어는 '겉으로 보이는 것'이란 의미로 사용되고 있다. 이 관용적 표현은 '외모'(KJV, NASB, NKJV, NRSV, NET), '눈에 보이는 것'(NCV, NET), '훌륭한 직분'(NLT), '다른 사람들이 생각하는 것'(CEV)으로 다양하게 번역된다. [*prosōpon*]

5:13. 미치다(Out of our mind, *exestēmen*) – 이 단어의 기본적 의미는 '어떤 것으로부터 격리되거나 어떤 것을 잃어버리다'(BDAG, 350)이다. 이 문맥에서는 '미치다' 또는 '제정신을 잃다'는 뜻이다(ibid). 이 단어는 다른 곳에서 예수님의 사역에 대한 예수님의 가족들의 반응을 요약할 때 사용되고 있다(막 3:12). '편집상의 우리'는 형식상으로는 복수 명사이면서 실제로는 바울의 개인적 경험을 가리키므로 단수나 복수로 번역된다. 이것은 '이성을 잃다'(KJV, NASB, NKJV, NRSV), '미치다'(NIV, NCV, CEV, NET), 또는 '미친'(NLT)으로 다양하게 번역된다. [*existēmi*]

5:14. 모든 사람을 위하여(For all, *hyper pantōn*) – 보통의 경우에는 별로 중요하지 않는 이 단어들(전치사와 형용사)이 여기에서는 많은 의미를 전달한다. 그리스도께서 죽으신 죽음은 모든 사람들, 즉 유대인과 이방인 모두를 위한 것이었다. 그리스도께서는 모든 사람들을 위한 대속물로 죽으셨다. 그리스도께서 십자가에서 죽으셨을 때 모든 사람들을 위하여 죄의 형벌(사망)을 지불하셨다. 그리스도께서는 매우 심오한 방법으로 사람들을 위한 자신의 사랑을 표현하셨다(요 3:16 비교). 그리스도의 자기희생적 사랑은

바울이 그리스도의 죽으심의 은혜를 받아들이라고 모든 사람들에게 요청하는 동기 역할을 하고 있다. [*hyper, pas*]

5:16. 육신(Flesh, *sarka*) – '육신을 따라'(NASB, NKJV) 그리스도를 아는 것은 믿음이 없이 사람의 관점에서 그리스도의 생애에 대해 아는 것이다(1:17 참고). 이것은 때로 '세상적인 관점'(NIV, 비교–NLT, NCV)이나 '인간적인 관점'(NRSV, NET, 비교–CEV)으로 번역된다. 이것은 한때 바울이 지녔던 관점이었고, 이 관점은 다메섹 도상에서 극적으로 바뀌었다(행 9:1–19). [*sarx*]

5:17. 새로운(New, *kainē*) – 이 형용사는 '피조물'을 수식한다. 육체를 갖고 태어난 사람은 하나님의 피조물이다. 영적으로 '다시 태어난' 사람은 하나님의 새로운 피조물이다. 여기에서 '새로운'은 '오래된 어떤 것과 대조되는 최근의 것'을 의미한다. "새로운 것은 특성상 오래 된 것보다 더 우월하다"(BDAG, 497). 바울은 구원을 새로운 시작으로 보고 있다. 그것은 하나님과의 관계에 의해 정의된 근본적으로 다른 현재와 미래를 지닌 시작이다. [*kainos*]

5:18. 화목(Reconciliation, *katallagēs*) – 이 구절에서 앞 부분에 나오는 이 단어의 동사형은 '적대감을 우호적인 관계로 바꾸는 것'을 가리킨다(BDAG, 521). 명사는 '중단되거나 깨어진 관계를 다시 확립하는 것'을 가리킨다(ibid). (아담과 하와 이후에) 하나님과 인간 사이의 관계를 중단시킨 것은 바로 죄다(롬 5:12–21). 죄는 십자가에서 예수님의 죽으심으로 해결된다(14절). 이 때문에 아담과 하와가 잃어버린 하나님과의 관계와 교제는 예수 그리스도를 믿는 믿음을 통해 회복할 수 있다. 이것이 바로 바울(과 다른 사람들)이 선포하고 있는 메시지다(20절 참고). [*katallagē*]

5:19. 세상(World, *kosmon*) – 이 단어는 신약에서 흔히 부정적인 의미를 전달한다. 표준 사전에 따르면, "세상과 세상에 속한 모든 것은 하나님께 적대적인 것처럼 보인다. 즉, 그것은 신적인 것과 전적으로 조화하지 못하고, 파괴되며 오염된 것처럼 보인다. 하지만 세상은 또한 하나님의 구원 계획의 대상이다"(BDAG, 562). 세상과 세상의 딜레마에 대한 해결에 대한 바울의 견해를 한마디로 요약하면 다음과 같다. "인간은 죄를 짓지만 하나님께서는 구원하신다"(요 3:16 비교). [*kosmos*]

5:20. 화목하게 되다(Be reconciled, *katallagēte*) – 이 단어는 구원에서 인간의 차원에 대해 말하고 있다. 그리스도 때문에 가능해진 하나님과의 관계는 바울이 선포하고 사람들이 받아들인 메시지다. 18–19절에서 하나님께서는 동일한 동사의 주어였다. 즉, 하나님께서 화목하게 하신다(능동태). 이 구절에서 사람들은 이 복음을 받아들임으로 화목하게 되라는 요청을 듣게 된다(수동태). 그들은 이 구원의 은혜를 받아들이기 위해 반드시 응답해야 한다(동사가 명령형이다). [*katallassō*]

5:21. 알다(Know, *gnonta*) – 이것은 단어가 어떻게 예상과 다른 의미를 갖게 되는지를 보여주는 한 예다. 신약에서 이 단어는 정신적 이해(예

수님께서 죄의 개념을 이해하신 것은 분명하다. 마 7:11 비교)가 아니라 개인적 경험을 가리킨다. 따라서 예수님께서 죄를 알지 못하신 것이 아니라 죄를 행치 않으신 것이다. 예수님께서는 죄가 없으심에도 불구하고 세상 죄를 짊어지고 가는 사람이 되셨다(14절). [*ginōskō*]

6:1. 헛된(Vain, *kenon*) – 이 문맥에서 이 단어는 하나님의 은혜에 바르게 응답하는 데 실패한 것, 즉 하나님의 뜻에 대해 '예'라고 말하고 죄에 대해 '아니오'라고 말하면서 의를 추구하는 의로운 사람이 되는 데 실패한 것을 가리킨다(딛 2:11–12 비교). 하나님의 의는 관계적이며 동시에 경험적이다. 일상 생활의 뚜렷한 특징이 되는 경험적 의로움이 없이 하나님과의 관계를 시작하는 것은 하나님의 은혜를 헛되이 받는 것이다. [*kenos*]

은혜(Grace, *charin*) – 이 단어는 특히 구원의 과정에서 표현된, 받을 공로가 없는 하나님의 호의를 가리킨다(엡 2:8–9). 그러나 바울은 때때로 은혜를 구원의 강력한 행위자로 인격화한다. 로마서 5장 21절에서 은혜가 의와 함께 왕 노릇하는 것으로 묘사되고 있다. 거기서 의는 은혜의 규칙을 알리는 수단이다. 그리스도인들은 은혜(롬 6:14)와 (하나님의 뜻에 대한 순종으로서의) 의의 종으로 선언되고 있다. 은혜 아래 있는 삶의 독특한 특징은 의에게 종이 되는 것이다(롬 6:18–19). 은혜와 의의 관계(고후 5:21–6:1)는 로마서에서 좀 더 충분히 전개되고 있다(5:20–6:23). [*charis*]

6:2. 구원(Salvation, *sōtērias*) – 바울은 구원을 하나님과의 화해로 시작하여, 영화로운 몸의 상태에서 하나님의 임재를 즐기는 것으로 끝나는 죄로부터의 구출 과정으로 보고 있다. 이 구절에서 바울은 이사야의 말을 인용한다. 이것은 바울의 호소에 대해 예증하고 확증하는 역할을 한다(고후 5:20). 하나님께서는 하나님을 부르는 사람들을 구원하시기 위해 행동하신다. 이사야는 하나님께서 사람들을 구원하기를 원하시고, 그럴 능력이 있다는 것을 증언하며, 바울은 그것이 당시 여전히 사실이라고 생각한다. 하나님께서는 요구하는 사람들을 위해 행동하신다. 처음부터 끝까지 구원은 하나님께서 하시는 일이며, 하나님을 의지하는 사람들은 그것을 받아들인다. [*sōtēria*]

6:3. 걸림돌(Offense, *proskopēn*) – 이 단어는 신약에서 여기에만 나오며, '죄를 짓거나 발을 헛디디는 이유'를 가리킨다(BDAG, 882). 사람들이 화해의 메시지를 거절하는 이유와 상관없이(고후 5:20), 바울은 자신의 입장에서 다른 사람들에게 잘못된 행동을 하거나 무관심하지 않기로 결심을 했다. 그는 모든 그리스도인들에게 자기 희생적인 삶의 길을 걸어가라고 간청한다(바울은 고전 8:9, 롬 14:3에서 '다른 사람에게 걸림이 되지 않다'라는 의미를 지닌 *proskomma*라는 관련 단어를 사용한다). [*proskopē*]

6:4. 인내(Endurance, *hypomenē*) – 바울의 사역의 자기 희생적인 성격은 이 구절과 다음 구절에 나오는 시련과 역경의 목록에서 일부 증명되고 있다. 하지만 이 목록에서 맨 먼저 언급하고 있는 것이 인내다. 인내는 다른 사람들이 포기할 수도 있는 그런 상황에도 불구하고 바울로 하여

금 계속해서 하나님의 일꾼으로 살아가는 것을 가능하게 하는 아주 중요한 요소다(1:6의 논의를 참고하라). [*hypomonē*]

6:5. 채찍질(Beatings, *plēgais*) – 이 단어는 일반적으로 '어떤 도구로 갑자기 세게 때리는 것'을 말한다(BDAG, 825). 바울은 빌립보의 관리들의 지시로 채찍질을 당한 경험이 있었다(행 16:22-23). 그는 로마의 공식적인 처벌을 지금까지 세 번 경험했으며(11:24), 아마도 다른 많은 '비공식적인' 고통들도 또한 떠올렸던 것 같다(11:23 비교). [*plēge*]

갇힘들(Imprisonments, *phylakais*) – 복수 명사는 바울이 여러 번 감옥에 갇혔었다는 것을 암시한다. 사도행전은 바울의 사역의 이 시점까지 빌립보에서의 투옥 기사만을 기록하고 있다(행 16:23). 이것은 교회의 성장에 대한 누가의 보도가 선택적이었음을 암시한다. 바울에게는 훨씬 더 많은 여러 해 동안의 투옥이 남아 있었다(행 21:33-28:31 비교). [*phylakē*]

6:6. 거짓이 없는(Genuine, *anypokritō*) – 이 단어의 유래는 헬라의 극장과 관련이 있다. 극장에서 마스크를 착용하는 것은 관람자들 앞에서 다른 역할들을 연기하는 것을 의미했다. 이 단어는 문자적으로 '연기를 하지 않고'란 뜻이다(BDAG, 91). 다른 사람들에 대한 사랑은 그리스도인의 삶과 실천에서 중요한 성품이기 때문에 바울은 자신이 다른 사람들을 위해 최선을 다하겠다고 진지하고 성실하게 서약했다는 것을 강조한다. 바울이 사역을 하면서 겪었던 일들은 이런 점을 전혀 의심하지 않게 한다. 그러나 고린도 사람들은 유난히도 회의적인(또는 속기 쉬운, 즉 모든 종류의 비난을 쉽게 믿는) 사람들인 것 같다. [*anypokritos*]

6:7. 의(Righteousness, *dikaiosynēs*) – 이것은 바울이 인간 행동의 관점에서 이 단어를 사용하고 있다는 좋은 예다(9:9 비교). 표준사전에서는 악과의 영적 전투에서 공격과 방어와 관련이 있는 오른쪽과 왼쪽의 무기들을 정의하고 있다(BDAG, 716). 이 문맥에서 이것은 시련들과 고난 가운데서도 결코 그만두지 않겠다는 바울의 결심(전투에서의 방어에 해당, 5절)과 6-7절에서 언급한 긍정적인 습관들(공격)에 각각 해당한다. 이 모든 것은 하나님의 뜻을 행하는 헌신의 전형적인 예다. 이 헌신은 인간 경험의 견지에서 의로 규정된다. [*dikaiosynē*]

6:10. 모든 것들(All things, *panta*) – 이것은 바울이 사역을 하면서 경험한 것을 설명하는 계속된 대조들의 절정에 해당한다. 바울은 물질적으로 가난하다. 그러나 그는 영적으로 셀 수 없을 정도로 부유하다. 바울이 소유하고 있는 '모든 것들'은 그리스도와의 관계(롬 8:32, 고전 3:21-23 비교), 즉 바울이 다른 모든 그리스도인들과 공유하는 관계에서 흘러나오는 구원의 경험과 관련이 있다. [*pas*]

6:14. 함께하는 사람들(Partners, *heterozygountēs*) – 농업과 관련하여 이 단어는 '다른 종에 속하기 때문에(예를 들면, 소와 당나귀) 다른 종류의 멍에가 필요한, 마차를 끄는 짐승들'을 가리킨다(레 19:19, BDAG, 399). 이 단어는 여기에

서만 나오며 '서로 다른 멍에를 멘'(KJV, NKJV, ESV), '함께 메다'(NASB), '함께하는 사람들'(NLT, NET), '협력하다'(NCV), '짝을 잘못 지은'(NRSV)으로 다양하게 번역된다. 거짓 교사들이 교회에 미치는 파괴적인 영향에 비추어볼 때 바울은 그들의 말을 듣고 따르는 것에 관해 경고하고 있다(고전 3:16–17, 롬 16:17–18 비교). [*heterozygeō*]

6:15. 벨리알(Beliar, *Beliar*) – 이 이름은 '무가치함/ 무익함'을 뜻하는 히브리 단어에 기초한 것이다(BDAG, 173). 히브리어를 그대로 음역하면 *Belial*이 되며, 많은 역본들은 이 철자법을 채택한다(KJV, NKJV, NASB, NIV, NCV). 다른 역본들은 헬라어 단어 *Beliar*의 음역을 사용한다(NRSV, NET). 이것은 마귀를 조롱하는 뜻으로 말한 이름이기 때문에 때로 '사탄'(CEV)이나 '마귀'(NLT, MSG)로 번역된다. [Beliar]

6:16. 거하다(Live in, *enoikēsō*) – 이 단어는 하나님께서 백성들 가운데 계시다고 말하는 레위기 26장 11–12절을 생각하게 한다. 여러 역본들은 이 단어를 '함께 살다'(NIV, NCV, CEV)로 번역한다. 표준 사전은 '그 가운데 살다'(BDAG, 338, 비교–ESV의 '가운데 거하며')란 비슷한 번역을 제공한다. 그러나 이 구절에서 교회를 하나님의 성전과 동일시한 것(고전 3:16 비교)과 이 단어에 첨가되고 있는 일반적인 거주의 개념 때문에 대부분의 역본들은 '가운데 거하다'(KJV, NASB, NKJV)나 '가운데 살다'(NLT, NRSV, NET)로 번역한다. 이 단어가 표현하고 있는 기본 개념은 하나님께서 사람들에게 (성령의 인격으로, 롬 8:11 비교) 직접적이고 보편적으로 임재하시는 것과 관련이 있다. [*enoikeō*]

6:17. 따로 떨어져 있다(Be separate, *aphoristhēte*) – 이것은 바울이 고린도교회에 영향을 미치고 있는 거짓 교사들의 문제에 적용한 구약 성경 본문(사 52:11)에서 차용한 또 하나의 단어다. 거짓 교사들에 관한 바울의 일관된 충고는 그들에게 강단을 제공하지 말고, 그들과 관계를 맺지 말라는 것이다(롬 16:17–18 비교). 이사야는 이방 땅으로부터 하나님께로 돌아오라는 요청의 맥락에서 이렇게 진술했다. 바울은 이사야의 진술을 거짓 교사들의 영향을 받지 않은 교회의 구성원들에게 적용한다. [*aphorizō*]

6:18. 전능한(Almighty, *pantokratōr*) – 이 단어는 요한계시록에 9회 나오지만 신약의 나머지 부분에서는 여기에만 나온다. 바울은 자신이 인용한 구약 본문들의 결론 부분에 이 단어를 적절하게 첨가하고 있다. 그 이유는 구약에서 이 용어가 하나님, 곧 '만군의 여호와'를 일컫는 일반적인 칭호이기 때문이다. 이것은 '전능하신'(KJV, NASB, NIV, NLT, NCV, NKJV) 또는 '매우 강력하신'(CEV, NET)으로 번역된다. [*pantokratōr*]

7:1. 약속들(Promises, *epangelias*) – 이 단어는 '진술되어진 것을 수행하는 의무와 관련하여 어떤 것을 하라고 선언하는 것'을 가리킨다(BDAG, 355). 바울은 앞에서 인용한 구약 성경의 약속들(6:16–18)을 자신의 독자들에게 적용함으로써 이스라엘과 교회 사이의 확실한 연속성에 대해 증거한다. 부분적으로 이 연속성은 둘 다 하나님

과 관계를 맺고 있는 사람들이라는 사실에 존재한다. 하나님의 성품은 여러 세대를 거쳐도 바뀌지 않고 그대로 있다. 하나님께서는 신실한 분이시며, 하나님과 관계를 맺은 사람들에게 신실함을 기대하신다. [*epangelia*]

거룩함(Holiness, *hagiōsynēn*) – 이 단어의 형용사의 기본 개념은 '하나님을 섬기도록 드려지거나 성별되는 것'과 관련이 있다(BDAG, 10). 이 명사는 다른 곳에서 성령에 대한 언급으로 한 번(롬 1:4), 그리스도인들에 대한 언급으로 한 번(살전 3:13) 나온다. 바울이 하나님과의 약속을 진심으로 지킬 것을 간절하게 부탁하고 있다. 그렇게 할 때 하나님의 백성들은 하나님의 뜻을 따라 변함없이 경건하게 살게 된다. 이것이 바로 거룩함의 본질이며, 하나님의 백성들에 의해서 명시된 하나님의 뜻이다. 어떤 역본들은 "온전한 깨끗함을 향해 일하자"(NLT)와 "그분처럼 온전히 지고자 노력하다"(CEV)와 같은 문구로 이 개념을 표현하려고 시도한다. [*hagiōsynē*]

7:2. 속여 빼앗다(Exploited, *epleonektēsamen*) – 이 단어의 명사형은 탐욕스러움이나 탐욕을 뜻한다. 바울이 보기에 거짓 교사들의 가르침의 핵심에는 이기적인 동기가 있다(롬 16:18, 빌 3:18–19 비교). 거짓 교사들은 자기 마음의 욕심을 따라 움직인다. 이것은 '속여 빼앗다'(KJV), '이용하다'(NASB, NLT), '탈취하다'(NIV, NET), '속이다'(NCV, CEV, NKJV)로 다양하게 번역된다. 이 구절에서 다른 단어들('불의를 행하다', '해롭게 하다')은 바울 자신의 동기 및 행동과 전적으로 대조되는 거짓 교사의 행동을 묘사한다. [*pleonekteō*]

7:4. 위로(Encouragement, *paraklēsei*) – 이 명사와 관련 동사(*parakaleō*, 6절)는 바울 서신들 가운데서 이 서신에 가장 많이 나온다. 이 장에서만 7회 나오며, 서신 전체에서 명사는 11회, 동사는 17회 나온다. 이 장에서 동사는 '누군가에게 용기나 격려를 불어넣다'라는 뜻이며(BDAG, 765), 명사는 '다른 사람의 기분을 들어 올리다'라는 뜻이다(BDAG, 766). 이것은 '위로'(KJV, NASB, NCV, NKJV), '격려'(NIV, NLT, CEV, NET), 또는 '위안'(NRSV)으로 번역된다. 바울은 고린도교회의 문제만 생각하면 숨이 막힐 것 같이 답답했지만, 디도가 전한 좋은 소식은 그의 마음과 기분을 극적으로 바꾸었다. [*paraklēsis*]

7:5. 다툼(Conflicts, *machai*) – 이 단어는 커다란 규모의 싸움을 묘사할 때 사용된다. 관련 동사(*machomai*)는 육체적 싸움을 가리킨다(신약에서는 출 21:22를 인용하고 있는 행 7:26에서 다시 한 번 등장함). 관련 명사(*machaira*)는 로마 군인들이 전쟁에서 육탄전을 할 때 사용하던 단검을 가리킨다(롬 13:4의 '사형을 집행할 때 사용하는 칼' 비교). 신약에서 이 단어는 (매우 어려운 상황을 강조하기 위해) 복수로 사용되고 있으며, 육체의 무기를 사용하지 않고 싸우는 전투를 묘사한다(BDAG, 622). 바울은 외적 다툼과 내적 다툼(안으로는 두려움)을 강조하기 위해 자신이 사방으로 환난을 당했다고 주장한다. [*machē*]

7:7. 애통함(Mourning, *odyrmon*) – 이 구절들에서는 감정적인 고통을 표현하는 여러 개의 단어들이 나온다(예를 들어, '근심'[9–11절에서 6회]). 이것은 매우 깊은 슬픔이다. 다른 곳에서

이 용어는 자신들의 자녀의 죽음으로 인해 통곡하는 예루살렘 어머니들과 관련이 있다(마 2:18). [*odymos*]

7:8. 슬픈(Sad, *elypēsa*) – 이 단어는 '심각한 정신적 정서적 고통을 초래하다'(BDAG, 604)라는 뜻이다. 이 단어의 반대말은 '위로 받다'이고(4절 참고), 이 단어와 이 단어의 명사형(2:1 참고)은 바울의 다른 서신들보다 이 서신에서 더 자주 나온다(명사는 6회, 동사는 11회). 이 장에서는 동사만 6회 나온다. [*lypeō*]

편지(Letter, *epistolē*) – 이 단어는 때로 단순히 '서신'으로 번역되며, 특히 성경의 편지들을 가리킨다. 바울이 어느 편지를 말하는지는 논쟁의 여지가 있다. 날카롭고 준엄한 내용이 들어 있는 것이 분명한 고린도전서를 가리켰을 수도 있다. 그러나 고린도전서를 전체적으로 보면, 바울이 여기서 말하는 근심을 불러일으킬 만한 편지로 보기가 어렵다. 아마도 지금은 유실되었지만, 고린도교회의 문제를 엄하게 요점이 분명한 언어로 다룬 특정 편지가 있었을 것이다. 디도는 그 편지를 고린도교회에 전달했고, 편지의 메시지를 설명해주었으며, 그 편지 때문에 만족할 만한 해결이 이루어졌다고 보았다. 디도의 보고는 그 편지를 쓰고 그 편지의 결과를 기다리는 바울의 개인적 고통을 사라지게 했다. [*epistolē*]

7:9. 회개(Repentance, *metanoian*) – 이 합성어는 '마음의 변화'를 나타낸다. 하지만 현대적인 생각과 달리(5:21 참고), 마음과 행동은 신약에서 밀접한 관계가 있는 개념들이다. 따라서 사람이 어떤 생각을 하는가는 그 사람의 생활 태도에서 분명하게 나타난다. 이 단어는 "너희의 변화를 너희의 삶으로 만들라"(NCV), "너희의 길들을 변경하라"(NLT), "제자리로 돌아가라"(CEV)로 다양하게 번역된다. [*metanoia*]

7:11. 죄 없는(Innocent, *hagnous*) – 이 형용사는 '거룩한'이란 단어와 관련이 있다(1:1 참고). 본래 이 단어는 하나님이나 하나님과 연관이 있는 모든 것을 나타냈다(BDAG, 13). 이것은 때로 사람들(딤전 5:22)과 사물들(빌 4:8) 모두와 관련하여 '정결한'으로 번역된다. 이 문맥에서 이 단어는 사법적인 의미에서 '죄가 없다'라는 뜻이다. 이것은 "너희 자신의 깨끗함을 입증했다"(KJV, NKJV), "너희 자신의 죄 없음을 입증했다"(NASB, NIV, NET), "너희 자신의 결백함을 입증했다"(NRSV), "너희가 일들을 바르게 하기 위해서 할 수 있는 모든 일을 다 했음을 보여주었다"(NLT), "너희가 전적으로 옳다는 것을 입증했다"(CEV)로 다양하게 번역된다. [*hagnos*]

7:12. 열심(Earnestness, *spoudēn*) – 이 단어는 '관계에 따른 의무나 경험을 이행하는 일에 진지하게 전념하는 것'을 가리킨다(BDAG, 939). 이것은 세속 문학에서 '시민으로서의 책임과 종교적인 책임들에 대해 특별히 전념하는 것, 그리고 개인의 도덕적 탁월에 대한 관심이나 다른 사람들의 이익을 위한 최대한의 헌신'에 대해 사용되었다(ibid). 고린도 사람들은 바울의 편지에 대해, 자신들의 교회에서 불의를 행하는 사람들을 바로 잡는 일에 진심으로 전력을 다하는 반응을 보였다. [*spoudē*]

7:13. 영(Spirit, *pneuma*) – 이 단어는 성령(고후 13:13), 숨 또는 호흡(약 2:26), 사람의 비물질적인 부분(육과 영으로 사람을 묘사하고 있는 7:1을 참고하라)을 가리킨다. 바울은 이 단어를 성령께서 시작하신 구원의 경험으로 인해 하나님과의 관계를 위한 새롭고 독특한 능력을 갖게 된 그리스도인들에게 자주 사용하고 있다. 여기서는 디도의 내적 존재(마음)가 '새로운 힘을 얻었다' 또는 '새롭게 되었다'라고 언급하고 있다. 이 개념은 '그의 마음이 편안해졌다'(NLT), '그의 기분이 한층 더 좋아졌다'(NCV), 또는 '그는 걱정거리가 하나도 없었다'(CEV)로 번역된다. [*pneuma*]

7:14. 자랑하다(Boast, *kauchēsis*) – 신약에서 모두 11회 나오는 이 단어는 한번만 빼고 모두 바울 서신에 나온다(약 4:16). 바울은 보통 (여기와 4절에서처럼) 다른 사람들에 관하여 이 단어를 사용한다. 바울은 이 용어를 긍정적인 의미로 사용한다(고후 1:12의 논의 참고). [*kauchēsis*]

7:15. 애정(Affection, *splanchna*) – 이 단어는 육신과 관련하여 내부 장기들, 특히 장을 나타낸다. 이것은 신약에서 이 의미로 단 한번만 사용된다(행 1:18). 다른 경우에 이것은 고대 세계에서 몸의 특별한 부위들과 관련이 있는 사랑이나 애정의 감정을 가리킨다('심장'의 현대적 용법과 비교하라). 이것은 '사랑'(NCV, CEV), '깊은 관심'(NLT), '애정'(KJV, NASB, NIV, NET)으로 번역된다. [*splanchnon*]

순종(Obedience, *hypakōn*) – 바울은 믿음은 순종을 통해 스스로를 증명한다고 생각한다(롬 1:5, 16:19 비교). 어떤 경우에 믿음과 순종은 사실상 동의어다(10:16 비교). 고린도 사람들이 편지에서 바울이 내린 지시를 잘 따랐으며, 디도를 존경하는 마음으로 잘 대접함으로써 순종하는 모습을 보였다. [*hypakoē*]

두려워하고 떨며(Fear and trembling, *phobou kai tromou*) – 신약에서 바울만이 이 두 단어를 함께 사용한다(고전 2:3, 엡 6:5, 빌 2:12). '존경과 깊은 관심'(NLT)이란 번역은 이 단어의 의미를 잘 표현하고 있다. [*phobos, tromos*]

7:16. 신뢰(Confidence, *tharrō*) – 이 단어는 신약에서 6회 언급되며, 히브리서 13장 6절을 제외하면 이 서신에 5회 나온다(5:6, 8, 10:1, 2). 이것은 '어떤 일에 대해 확신을 갖다'라는 뜻이다(BDAG, 444). 이 서신의 앞부분에서 이 단어는 주님과의 관계에 대한 바울의 확신을 나타냈다. 이 서신의 뒤에서 바울은 여기서처럼 고린도 사람들과의 관계에 대해 이 단어를 사용한다. 그는 이 일들에 관해 확신하지 못하거나 숨긴 적이 없다는 것을 분명히 하기를 원한다. [*tharreō*]

8:1. 마게도냐(Macedonia, *Makedonias*) – 바울은 환상이 지시하는 대로 가장 먼저 마게도냐에 도착했으며(행 16:9) 빌립보에서 사역을 시작했다. 빌립보서와 데살로니가서는 빌립보 사람들을 향한 그의 큰 애정을 보여준다. 마게도냐에서 가장 유명한 사람은 정복자 알렉산더 대왕이었다(B.C. 356–323년). 그러나 B.C. 146년경에 마게도냐는 로마 제국의 식민지가 되었다. 로마 사람들은 그 지역을 넷으로 나누었고, 그것 때문에 백성들의 경제적 어려움이 끊이지 않았다(Livy,

35.30). 로마 사람들이 세금을 징수했기 때문에 그 지역의 세수 증대에 그들의 관심이 있었던 것이 분명하다. 그러나 무능하고 탐욕스러운 통치자들은 항상 가장 중요한 세금 경감의 요소였다. [*Makedonia*]

8:2. 가난(Poverty, *ptōcheia*) – 9절에 나오는 이 단어의 동사형은 '거지처럼 가난하게 되다'라는 뜻이다(BDAG, 896). 관련 형용사(*ptōchos*)는 '다른 사람에게서 생활비를 받다'라는 뜻이다(*ibid*). 바울은 '극심한'을 사용하여 마게도냐의 경제적으로 나쁜 상황을 강조한다. 그들은 도움을 받아야 할 입장이었지만 예루살렘에 있는 유대계 그리스도인 형제들을 위해 연보했다(박해나 배척이 두 지역 모두에서 문제들을 야기한 요소였을 것이다). 로마의 역사가 리비우스(B.C. 58년–A.D. 17년)에 따르면 로마의 초기 식민지 통치는 오래 된 경제 질서를 붕괴하고, 재계를 혼란하게 했다(35.30). [*ptōcheia*]

관대함(Generosity, *haplotētos*) – 바울만이 신약에서 이 단어를 항상 인격적인 온전함과 관련하여 사용하고 있다(1:12의 '정직'에 대한 논의를 참고할 것). 대부분의 역본들은 여기에서(9:11, 13에서도) 이 단어를 '인색하지 않음'(KJV, NASB, NKJV)이나 '아까워하지 않음'(NLT, CEV, NRSV, NET)으로 번역한다. 하지만 표준 사전은 '진심에서 우러난 관심'이나 '꾸밈없는 친절'이란 번역이 문맥상 적절하며, 다른 곳에서의 이 단어의 용법과 일치한다는 견해를 제공한다(BDAG, 104). [*haplotēs*]

8:4. 나눔(Sharing, *koinōnian*) – 교회의 구성원들이 이 단어를 커피를 마시고 대화를 할 수 있는 교회 건물 내의 장소와 연관을 시킨다면 용서받지 못할 것이다. 이것은 때때로 '서로에 대한 관심과 나눔을 수반하는 친밀한 교제'를 가리킨다(BDAG, 552). 그러나 이 문맥에서는 예루살렘에 있는 유대계 그리스도인들을 위한 금전적인 기부(롬 15:26 비교)를 의미한다. 이방인들이 유대인들에게 주는 이 선물은 멀리 떨어져 있지만 어려움에 처한 형제들을 향한 그들의 책임과 연대감을 나타내며, 동시에 교회의 일치의 증거다. '교제'(KJV, NKJV, NET)란 번역 대신에 '나눔'(NIV, NLT, NCV)이나 '기부'란 번역이 여기에서 더 명확할 수도 있다. [*koinōnia*]

8:5. 바라다(Hope, *ēlpisamen*) – 이 단어의 목적어가 하나님일 때 장래에 있을 사건의 결과에 관한 확실하고 분명한 확신을 가리킨다(1:10). 이것은 사람들과 관련해서도 비슷한 의미를 지닐 수 있다(1:13의 바울에 대한 신뢰). 그러나 때로 '기대하다'라는 한정된 의미로 번역된다(BDAG, 319). 역본들은 여기에서 '바라다'(KJV, NLT, CEV, NKJV, NET)나 '기대하다'(NASB, NIV, NCV, NRSV, ESV) 가운데 한 편을 선택한다. [*elpizō*]

8:6. 은혜(Grace, *charin*) – 이 단어는 일반적으로 받을 자격이 없는데도 구원을 허락하시는 하나님의 호의를 나타낸다(1절, 비교–엡 2:8). 하지만 다른 사람들을 향한 인간적인 선의를 뜻하기도 한다(1:15의 고린도 사람들을 향한 바울의 선의). 여기에서 이것은 마게도냐 사람들의 관대함이 물질적으로 표현된 것, 즉 예루살렘 교회

의 필요를 채우는 그들의 금전적 선물을 가리킨다. 이것은 보통 '은혜' 또는 '은혜로운 일/ 행위'(KJV, NASB, NIV, NCV, NKJV)로 번역되기도 하지만 '기부 사업'(NLT), '좋은 일'(CEB), '친절'(NET), 또는 '너그러운 일'(NRSV)로 다양하게 번역된다. [*charis*]

8:8. 입증하다(Prove, *dokimazōn*) – 이 단어는 어떤 것이 진짜임을 결정하는 과정(13:5의 생명에 대한 믿음의 증거), 혹은 그러한 과정의 결과(22절)를 가리킨다. 여기에서 강조되고 있는 것은 결과, 즉 자기 희생적인 기부에서 입증된 사랑이다. [*dokimazō*]

8:9. 부유한(Rich, *plousios*) – 보통 이 단어는 풍성한 물질적 소유를 묘사한다(마 19:23). 표준 사전은 이 단어의 여기에서의 의미는 예수님의 지상 생활의 특징인 가난하고 겸손한 경험(빌 2:6–11 비교)과 비교되는 그리스도의 영적인, 선재적인 지위와 관련이 있다는 견해를 제공한다. 바울은 구원을 죄인의 나쁜 상황이 역전되는 것, 즉 현재의 비천함이 영화로 바뀌는 것으로 간주한다(3:18, 4:17). 영광이 넘치는 하나님의 아들이 혈과 육을 지닌 인간이 되어 우리로 하여금 그의 영광에 참여하게 하셨다(고전 15:47–49, 비교–딤전 3:16). 다른 사람들을 위한 그 어떤 금전적인 기부와 비교가 되지 않는다(롬 15:27 비교). [*plousios*]

8:11. 열망(Eagerness, *prothymia*) – 이 단어는 '봉사하는 것에 대한 특별한 관심'을 가리킨다(BDAG, 870). 이것은 인접 문맥에서 4회(12, 19, 9:2), 다른 곳에서(행 17:11) 단 한번 나온다. 이 단어의 형용사형은 겟세마네에 있는 제자들을 묘사할 때 사용된다(마 26:41). 제자들은 그곳에서 마음으로는 원했지만 인간적 약함에 지고 말았다. 바울이 고린도 사람들이 제자들의 전철을 밟지 않기를 원한다. 그렇게 되어야 도움을 주려는 그들의 마음이 관대한 선물이란 결실로 나타나기 때문이다. 이 단어는 '열망'(CEV, NRSV, NET), '준비되어 있음'(KJV, NASB, NKJV), 또는 '의향'(NIV)으로 다양하게 번역된다. [*prothymia*]

8:12. …에 따라(According to, katho) – 이 접속사는 각 사람의 형편에 따른 기부에 대한 바울의 생각을 표현한다. 즉, 더 많이 가진 사람은 더 많이 내고 가난해서 적게 가진 사람은 적게 낸다. 바울은 각 사람의 형편에 따른 기부를 규범으로 간주하고 있지만 늘 그렇듯이 이 원칙에도 놀라운 예외는 있다(막 12:43–44). [*katho*]

8:13. 균등(Equality, *isotētos*) – 바울만이 신약에서 이 명사를 사용한다(14절, 골 4:1). 하지만 형용사(*isos*)는 비교적 더 자주 더 광범위하게 사용된다(7회). 이것은 '적절한 균형을 이룬 상태'를 나타낸다(BDAG, 480). 이것은 앞절에서 표현된 각 사람의 형편에 따른 기부의 개념을 보완한다. 한 공동체의 풍부함이 다른 공동체의 부족을 해결하는 데 사용될 수 있다. 이 점을 설명하기 위해 출애굽기 16장 18절을 인용하고 있다(15절). [*isotēs*]

8:16. 근면/ 간절함(Diligence, *spoudēn*) – 이

것은 바울이 좋아하는 단어들 가운데 하나다(롬 12:8, 11 비교). 그는 이 단어의 형용사형(*spoudaios*)을 다음 구절들(17, 22절)에서 동료 사역자들을 추천하는 말을 할 때 여러 번 사용한다. 이것은 '의무를 성실하게 수행하는 것'을 가리킨다(BDAG, 939). 앞에서 바울은 이 단어를 다른 문제와 관련하여 고린도 사람들에게 적용했었다(7:12의 논의를 참고하라). 의심할 것도 없이 바울은 고린도 사람들이 바울의 동료 사역자들의 모범을 본받아 예루살렘 교회를 위한 연보를 제때에 마칠 수 있게 되기를 바라고 있다. [*spoudē*]

8:20. 피하다(Avoid, *stellomenoi*) – 바울만이 신약에서 이 단어를 사용한다(살후 3:6). 이것은 어떤 사람이나 사물을 '멀리하다' 또는 '피하다'라는 뜻이다(BDAG, 942). 여기에서 바울은 예루살렘 교회를 위해서 모아진 돈을 다루는 일에 한 줌의 부정도 없기를 바란다. 바울은 이 일을 위해 연보를 거두는 쪽과 받는 쪽 모두가 함께 신뢰할 수 있는 평판이 좋은 동료들의 도움을 받았다(행 20:4 비교). 이것은 '예방 조치를 하다'(NASB, NET), '비난을 피하다'(KJV, NIV, NKJV, NVC), '흠을 잡히지 않다'(NLT, CEV)로 다양하게 번역된다. [*stellō*]

8:23. 사자들(Messengers, *apostoloi*) – 바울은 여기서 디도와 함께 보낸 형제들을 마게도냐교회의 사절들로 묘사한다. 여기에서 '사도'라는 단어는 특별히 그리스도의 부르심을 받고 보내심을 받은 사람들과 비교할 때(예를 들면, 바울, 고후 1:1의 논의 참고), '높은 지위에 있지 않은 사자들'(BDAG, 122)이란 뜻으로 사용되고 있다. 여기에서 이 단어는 보통 '사절들'(KJV, NASB, NRSV), '대표들'(NIV, NLT), 또는 단순히 '교회로부터 파송된' 사람들(NCV, CEV)로 번역된다. [*apostolos*]

8:24. 증거(Proof, *endeixin*) – 이 단어는 신약에서 4회만, 모두 바울 서신에 나온다. 로마서 3장 25–26절은 죄를 위한 그리스도의 죽으심에서 하나님의 의가 증명되고 있다고 말한다. 빌립보서 1장 28절에서 박해에 직면한 그리스도인들의 견고함은 그들을 반대하는 사람들에게는 멸망의 증거다. 하지만 여기에서 고린도 사람들의 헌신적인 기부는 유대계 그리스도인들에게 사랑의 증거가 될 것이다. [*endeixis*]

9:1. 섬김(Service, *diakonias*) – 이 단어는 바울의 다른 서신 전체에서 사용된 횟수(10회)보다 이 서신에서 더 많이 사용된다(11회). 이것은 일반적으로 바울의 직분(4:1, 6:3)과 다른 그리스도인들의 직분(5:18의 화목하게 하는 직분)에 대해 사용된다. 여기에서 이 단어는 구제금을 모아 예루살렘 교회에 전달하는 일(행 12:25 비교)이나 구제금 자체와 관련이 있을 것이다. 후자가 더 적절하며, 여러 역본들은 이것을 '너희가 주려고 했던 돈'(CEV), '예루살렘 교회를 위한 이 선물'(NLT), 또는 '가난한 그리스도인들을 위한 이 구제금'(MSG) 등으로 구체적으로 번역한다. [*diakonia*]

9:2. 아가야(Achaia, *Achaia*) – 로마가 B.C. 146년에 그리스를 정복했을 때, 그 지역을 두 개의 지역, 즉 남쪽의 아가야와 북쪽의 마게도냐로 나

누었다. 고대 그리스의 중요 도시들은 남쪽에 위치하고 있었다. [Achaia]

9:3. 준비했다(Ready, *pareskeuasmenoi*) – 이 단어의 명사형은 신약에 6회 나오며, 항상 준비일(the Day of Preparation)을 가리킨다. 안식일(토요일)을 준수하기 위한 모든 준비들은 금요일, 즉 준비일까지 끝마쳐야 했다. 이와 마찬가지로 바울은 자신이 고린도에 도착할 즈음에 고린도 사람들이 예루살렘을 위해 자신들에게 할당된 몫의 기부금을 다 거두기를 바라고 있다. [*parakeuazō*]

9:4. 부끄러움을 당하다(Humiliated, *kataischynthōmen*) – 바울은 앞에서 고린도 사람들이 (다른 문제에서) 올바르게 행동할 것이라고 디도에게 자랑할 때에 이 단어를 이미 사용한 적이 있다(7:14). 바울은 고린도 사람들이 기부금을 거두는 일에 전념하고 있다고 마게도냐 사람들에게 말했고, 그 말은 마게도냐 사람들의 관대함을 자극했다(2절). 고린도 사람들이 스스로 서약한 것을 지키지 못한다면, 바울의 판단과 신뢰가 동시에 무너지게 될 것이다. [*kataischynō*]

사업(Undertaking, *hypostasei*) – 많은 역본들은 이 단어를 '확신'으로 번역하고 있다(KJV, NASB, NIV, NKJV, NET). 이것이 이 단어의 널리 알려진 의미임에도 불구하고 표준사전은 이 번역을 사용하면 안 된다고 말한다. 왜냐하면 "한 번도 이런 의미로 사용된 사례가 없기 때문이다"(BDAG, 1041). 사전에서는 이 단어를 기부금을 거두는 일과 관련하여 정의하고, '계획, 기획, 사업, 노력'과 같은 단어들이 더 정확한 표현이라고 말한다(고후 11:17에서 이 단어의 다른 용법을 참고하라). NRSV는 독특하게도 '이 사업에서'라고 번역하고 있다. [*hypostasis*]

9:5. 관대한 선물(Generous gift, *eulogian*) – 이 단어를 구성하는 부분들은 좋은 일들을 말하는 것과 관련이 있다. 이 단어는 보통 '칭찬'(계 5:12)이나 '축복'(엡 1:3)의 말을 가리킨다. 하지만 복의 개념은 '관대한'이란 관념을 내포하고 있기 때문에(BDAG, 409), 역본은 여기와 6절에서 두 번 나오는 이 단어를 '관대한 선물'로 적절하게 번역한다. [*eulogia*]

억지(Extortion, *pleonexian*) – 이 단어는 보통 '사람이 자신의 당연한 몫보다 더 많이 소유하기를 바라는 상태'를 가리키며, '탐심, 탐욕, 탐욕스러움'으로 번역된다(BDAG, 824, 이 단어의 동사형에 대한 7:2의 논의를 참고하라). 그러나 바울의 앞의 '관대한 선물'이라는 단어와 상반된 뜻으로 이 단어를 사용하고 있다고 볼 때 다르게 이해할 필요가 있다. 표준사전에서는 '마지못해 내놓은 선물'이란 확대된 표현이나 여기에서처럼 '억지'라는 단어를 제시한다(ibid). 역본들은 '탐욕스러움'(KJV, NASB) '마지못해 내놓은'(NIV, NKJV), 명백한 '강요'(NRSV), '너희가 부득이하게 할 수밖에 없다고 느낀 어떤 것'(NET, 비교–NLT, NCV, CEV, ESV)으로 다양하게 번역한다. [*pleonexia*]

9:6. 적게(Sparingly, *pheidomenōs*) – 이 부사를 연달아 두 번 사용한 것은 신약에서 유일한 사례다(같은 단어를 연속적으로 기록하는 것은 고대의 일반적인 문학적 표현 방식이었다. 즉, "적게

심는 자는 적게 거둔다"). 심고 거두는 것의 관계는 교훈적인 측면에서 다른 주제들에도 다양하게 적용되었다(갈 6:7–8 비교). 비슷한 문맥에서 이 단어의 동사형은 '인색하게'란 뜻을 전달한다(BDAG, 1051). 여기에서의 의미는 어떤 일을 할 때 '부족하게 또는 불충분하게'하는 것을 가리킨다. 예를 들면, 씨앗을 풍부하게 혹은 넉넉하게 뿌리지 않는 것과 같은 것이다. 이것은 '인색하게'(KJV, NASB, NIV, NET), '조금'(CEV, NLT), '적게'(NCV), 또는 '부족하게'(MSG)로 다양하게 번역된다. [*pheidomenōs*]

거두다(Reap, *therisei*) – 이것은 곡식의 수확을 묘사하는 농업 용어다(마 6:26). 하지만 신약에서 이 단어는 종종 여기에서처럼 '좋은 결과나 이익을 얻다'라는 비유적인 의미로 사용된다(BDAG, 435). 농부가 어려운 때에 직면했거나, 많은 수확을 예상할 수 없을 때 씨앗을 적게 뿌리고, 더 좋은 때를 위해 많은 양을 남겨둘 수도 있다. 바울은 고린도 사람들에게 당면한 어려움에도 불구하고 씨앗을 넉넉하게 뿌리고 하나님께서 많이 거두게 하실 것을 신뢰하라고 권면한다(8절). 이 진술이 하나의 일반적인 원리로서 널리 인정되고 있는 사실에 대해 말하고 있지만, 이 문맥에서는 하나님을 신뢰하라는 요청으로 해석하는 것이 좋다. [*therizō*]

9:7. <u>각각 정한</u> 대로(Even as <u>each one decided</u>, *hekastos kathōs prorētai*) – 동사 '결정했다'(*prorētai*)는 신약에서 여기에만 나온다. 중간태 현재완료형으로 사용된 이 동사는 '미리 결정에 도달하다'라는 뜻을 갖고 있다(BDAG, 865). 이 동사의 주어는 대명사 '각 사람'(hekastos)이고, 기부는 개인의 결정에 속하는 문제였으며, 각 구성원이 각기 다르게, 그리고 개별적으로 결정했다는 사실을 강조한다. [*proaireō, hekastos*]

기쁜 마음으로(Cheerful, *hilaron*) – 이 문맥에서 이 단어는 '자진해서, (혹은) 강요에 의하지 않고' 기부한다는 뜻이다. 바울은 고린도 사람들이 나중에 이 일에 참여한 것을 후회하게 할 수도 있는 죄책감이나 다른 수단들을 이용하지 않았다. 오히려 바울은 하나님께서 진심에서 우러난 아낌없는 기부를 기뻐하신다고 단언한다. [*hilaros*]

9:8. 넉넉함(Sufficiency, *autarkeian*) – 이 단어는 기본적으로 '다른 사람의 도움 없이 스스로의 힘으로 살아가는' 사람을 가리킨다(BDAG, 152). 하지만 (하나님의 공급하심을 단언하고 있는 10절의) 문맥에서 이것은 '풍성함'을 의미한다(*Ibid*). 이 단어에는 적게 가졌음에도 불구하고 만족한다는 개념이 내포되어 있다(딤전 6:6 비교). 이것은 다른 사람들을 돕기 위해 자신의 소비를 줄이는 사람을 묘사한다. 바울이 이런 종류의 이타적인 생활을 사람들이 생활 속에서 하나님의 은혜를 체험하는 것과 결부시키고 있다는 것에 주목하라. '넉넉함'(KJV, NKJV, NASB)은 적합한 번역이다. 하지만 '너희가 필요한 모든 것'(NIV, CEV, NLT)이란 번역도 이 구절의 의미를 잘 표현한다. [*autarkeia*]

9:9. 의(Righteousness, *dikaiosynē*) – 이 단어가 인용문(시 112:9)에서처럼 하나님과의 언약 관계에 있는 구약의 백성들에게 적용될 때는 올바른 행동을 묘사한다. 의와 가난한 자들을 위한

넉넉한 기부는 하나님께서 이타적인 기부를 보상하실 것이라고 단언하고 있는 예수님의 가르침(마 6:1–4)에서도 서로 관련이 있다. [*dikaiosyne*]

9:11. 풍요롭게 되다(Enriched, *ploutizomenoi*) – 이 단어는 신약에서 단 3회, 모두 고린도서에만 나온다(고전 1:5, 고후 6:10). 초기의 용법은 영적 은사들(고전 1:5)이나 구원(고후 6:10, 고후 8:9의 관련 동사의 논의를 참고)과 관련이 있는 영적인 부를 가리킨다. 문맥은 물질적인 기부를 할 수 있는 능력에 대해 말하고 있지만, 이 단어의 사용은 관대함의 속성과 관련이 있다(고후 8:2에서의 이 단어의 논의를 참고하라). [*ploutizō*]

9:12. 공급하는(Supplying, *prosanaplērousa*) – 이 단어는 신약에서 여기에만 나온다. 이 단어에서 연상되는 것은 다시 채워야 할 텅 빈 양동이다. 바울은 예루살렘 교회라는 빈약한 금고가 그리스, 터키의 비교적 큰 이방인 교회들의 관대함과 하나님을 향한 감사로 가득 채워지기를 기대하고 있다. [*prosanaplēroō*]

9:13. 순종(Obedience, *hypotagē*) – 이 단어는 '복종의 상태'를 묘사한다(BDAG, 1041). 관련 동사(*hypotassō*)는 신약에서 33회 발견되지만, 바울만이 이 단어를 신약에서 사용하고 있다(갈 2:5, 딤전 2:11, 3:4). 바울은 여기에서 고린도 사람들의 신앙고백과 그들의 행동을 결부시킨다. 문맥상으로 바울은 복음을 하나님께서 구원을 이루신 것뿐만 아니라 이 선물을 받은 사람들에게 행할 의무가 있음을 선포하는 것으로 간주하는 것 같다. 이것은 은혜와 의무의 관계를 설명한다. 아마도 여기에서 자기희생적인 기부 요청으로 표현된, 그리스도인들의 서로 사랑하는 사랑의 본보기가 된 그리스도의 자기희생(8:9)이 그 배경인 것 같다. KJV만이 이 단어를 (표준사전에서 '종속'이라는 단어와 함께 제공하고 있는 번역인) '복종'으로 번역한다(BDAG, 1041). [*hypotagē*]

9:15. 말로 표현할 수 없는(Indescribable, *anekdiēgētō*) – 이 단어는 신약에서 여기에만 나온다. 이것은 '설명의 범위 밖에 있는'이란 뜻이다. 누가는 이 단어의 핵심 부분(*diēkgēsis*)을 사용하여, 자신의 복음을 예수님의 생애와 교훈에 대한 온전하고 순서에 따른 기사, 즉 '설명'으로 묘사한다(1:1). 여기에서 바울은 인간이 체험하는 하나님의 은혜의 위대함을 온전하게 설명할 능력이 없다는 것을 기꺼이 인정한다(14절, 롬 11:33의 하나님의 구원의 계획에 대한 비슷한 외침과 비교하라). '말로 하기에는 너무 훌륭한'(NCV, CEV, NLT)이란 문구가 이 개념을 잘 표현하고 있다. [*anekdiēgētos*]

10:1. 관용(Gentleness, *epieikeias*) – 이 단어는 총독 벨리스 앞에서 변사가 바울을 고발하는 사도행전 24장 4절에서 다시 한 번 나온다. KJV는 이 구절을 번역할 때 '자비'란 진부한 표현을 사용하고 있는데, 재판에서의 관대함을 가리킨다. 이것은 '너그럽게 대하지 않을 여러 가지 이유가 있음에도 불구하고, 그렇게 보아주는 품성'으로 정의된다(BDAG, 371). 바울은 조금 전에 하나님의 은혜에 대해 언급했다(9:14–15). 여기에서 이

단어에 하나님의 은혜의 여러 측면들이 비슷하게 가미되고 있다. [*epieikeia*]

유순한(Timid, *tapeinos*) – 이 단어는 '허세를 부리지 않는, 겸손한'이란 긍정적인 의미를 지닐 수도 있으며(BDAG, 989), 구체적으로 예수님(마11:29)께, 일반적으로는 그리스도인들(벧전 2:5)에게 적용되는 미덕이다. 이것은 또한 경제, 사회적으로 비천한 계층의 사람들(롬 12:16)이나 육체적으로나 감정적으로 탈진한 사람을 묘사할 수도 있다(바울이 그 당시의 자신의 감정에 대해서는 이 서신에서 이미[7:6] 묘사한바 있다). 하지만 여기서의 용법은 조금 더 분명한 부정적인 뜻을 함축하고 있다. 왜냐하면 이것은 자유인이 아니라 종에게 기대되는 겸손과 순종의 행위를 뜻하기 때문이다. 즉, '그리스-로마 사회에서 망신을 당하게 할 수도 있는 부정적인 성품'이다(ibid). 바울은 적대자들이 자신을 향해 한 말을 여기서 사용하고 있다. 이것은 '비천한'(KJV), '온순한'(NASB, NET), '겸손한'(NRSV), '유순한'(NIV, NLT), '초라한'(NKJV), 또는 '비겁한'(CEV)으로 다양하게 번역된다. [*tapeinos*]

10:2. 인간(Human, *sarka*) – 앞 구절에서 바울은 자신의 적대자들이 인간적인 표준과 기대를 기준으로 자신을 모욕했다고 말했다. 바울은 자신을 개인적인 수완이나 능력의 견지에서만 판단하는 것은 지혜롭지 못한 일이라고 경고한다. 사실 그는 자신의 힘이 아니라 하나님의 능력으로 자신의 직분을 수행했다(3-4절, 비교-슥 4:6). 이 사실을 간과하는 사람들은 위험을 무릅쓰고 바울을 중상 모략했다. 이 단어는 때로 '육신'으로 번역된다(KJV, NASB, NKJV). 하지만 하나님의 능력과 대조하려는 바울의 의도를 감안할 때(3-4절) '인간적인'(NLT, NRSV, NET)이나 '세상적인/ 세속적인'(NIV, NCV, CEV)로 번역하는 것이 더 분명할 것이다. [*sarx*]

10:3. 전쟁을 하다(Wage war, *strateuometha*) – 바울이 사람들에게 겸손한 것처럼 보였어도(1절) 마음으로는 전사였다. 그는 자신이 하는 일이 인간적 적들과 영적인 적들 모두와 싸우는 장기간에 걸친 전투(딤전 1:18, 딤후 2:4 비교)와 같다는 것을 깨달았다(행 16:22, 엡 6:10-18). 사도행전에서는 이 일에 대한 바울의 헌신을 특성 짓는 것이 바로 끈기와 인내라고 말한다. 루스드라에서 돌에 맞은 후에 죽은 사람처럼 버려졌던(행 14:19) 그는 다시 살아난 후에 자신에게 살인적인 적대감과 폭력의 현장이었던 그곳으로 다시 돌아갔었다('즉시', 행 14:2-21). 바울은 역전의 용사로서의 성향과 기질을 모두 갖고 있었던 것 같다. [*stateuō*]

10:4. 요새들(Strongholds, *ochyrōmatōn*) – 이 단어는 신약에서 여기에만 나온다. 이 구절들에서의 전쟁 이미지와 일치하게, 이 단어는 '견고한 군사 시설'을 가리킨다(BDAG, 746). 바울은 이 요새를 거짓 사도들의 메시지와 비교한다. 군인이 적들의 요새를 파괴해야만 하는 것처럼, 거짓 사도들의 메시지의 자신감 넘치는 인간중심적인 원리들의 오류를 밝힘으로써 그들을 진압하는 것이 바울의 목표다. [*ochyrōma*]

10:5. 사로잡다(Take captive, *aichmalōtizontes*) – 바울은 그리스도께서 최고의 권세이시기 때문

에 모든 적들을 물리칠 수 있는 하나님의 우월한 능력을 의심하지 않는다(엡 1:20–22 비교). 빌립보서 2장 10–11절에서 바울은 모든 무릎이 절하고 모든 입이 예수 그리스도를 주로 고백하는 것을 바란다. 이것은 그리스도의 보편적 통치를 긍정하는 또 하나의 방법이다. 현재의 문맥에서 강조되고 있는 것은 단어들과 개념들이다. 하지만 적대자들의 메시지가 힘이 있고 설득력이 있어 보여도 바울은 결국 그리스도의 복음이 승리할 것을 확신하고 있다. 다른 곳에서 바울은 이 단어를 사용하여, 더 큰 죄의 권세에 정복된 인간의 연약함을 묘사한다(롬 7:23). [*aichmalōtizō*]

10:6. 처벌하다(Punish, *ekdikēsai*) – 이 단어는 "잘못된 행위에 대해 적절한 형벌을 부과하다"라는 뜻이다(BDAG, 300). 제한된 의미에서 이 단어는 대부분의 역본들이 여기에서 사용하고 있는 표현인 '처벌하다'(7:11에서의 관련 명사의 번역과 비교하라)로 번역할 수 있다. 하지만 이 단어는 특히 하나님의 심판과 관련하여 강한 복수의 개념을 표현할 수도 있다(계 6:10, 19:2). 사실 바울은 다른 곳에서 이 단어를 사용하여 그리스도인들에게 친히 원수를 갚지 말고 그들을 대신하여 하나님께서 행동하실 때까지 기다리라고 권면한다(롬 12:19, 비교–살후 1:18). 만일 여기에서 이 단어가 '복수'(KJV)와 같은 강력한 의미를 갖고 있다면 바울은 그의 사역의 초기에 거짓 선지자 엘루마(Elymas)에게 선언한 심판(행 13:6–11)에서 증명된 자신의 사도로서의 역할과 연관이 있는 권위(8절)에 대해 말하는 중이었을 것이다. [*ekdikeō*]

10:7. 바라보다(Look, *blepete*) – 이 헬라어 단어는 '너희가 보고 있다'라는 선언(NASB, NIV, NLT, CEV, NET), '너희가 보고 있느냐?'라는 질문(KJV, NKJV), 또는 '사실을 바라보라'는 간청(NCV, NRSV, ESV)으로 번역할 수 있다. 다른 서신들에서 이 단어의 바울의 용법(12회)은 세 번째 번역을 지지한다. 고린도 사람들이 외모를 보는 경향이 있었지만(이 요소는 처음 두 가지 번역들을 지지하게 한다), 이 문맥에서 바울은 그들에게 바울 자신에 관해 알고 있는 것을 신중하게 잘 생각해보라고 부탁하고 있다. 그들은 바울이 어떻게 살아왔는지를 잘 알게 되면 언제라도 그에게 사도의 자격이 있다고 말하게 될 것이다. 그들이 자신들 앞에 있는 진실들을 바로 보기만 한다면, 바울의 입장이 정당하다는 것을 깨닫고 바울의 적대자들의 거짓 주장을 거절하게 될 것이라고 바울은 희망하고 있다. [*blepō*]

그리스도께 속한(Belong to Christ, *Christou einai*) – 적대자들이 바울의 그리스도인으로서의 기본적인 정체성을 의심했을 가능성이 있다. 하지만 이 문구는 그리스도의 사도가 된다는 뜻으로 보는 것이 좋을 것 같다(1:1 참고). 왜냐하면 이 서신의 마지막 부분에서 논의되고 있는 가장 중요한 것은 바로 바울의 사도직 문제이기 때문이다. [*Christou*, *eimi*]

10:8. 파괴하다(Tearing down, *katharesin*) – 이 단어는 신약에서 3회 등장하는데, 모두 이 서신에 나온다(10:4, 이 구절의 표현을 반복하고 있는 13:10). 이것의 기본 의미는 요새들을 무너뜨리는 것에 관해 앞에서 말한 것처럼 '해체하여 파괴하다'라는 뜻이다. 바울이 여기에서 떠올리고

있는 이미지는 하나님의 건물로서의 교회다(고전 3:9 비교). 그는 성실한 건축자를 자처한다. 그러나 지금 그의 사업이 거짓 가르침으로 인해 쓰러질 위험에 처해 있다(고전 3:10–17 비교). [*kaithairesis*]

10:9. 놀라게 하다(Terrify, *ekphobein*) – 이 단어는 신약에서 여기에만 나온다. 고전 헬라어에서 강조 용법으로 동사에 전치사(이 경우에는 *ek*)를 첨가하는 것이 관례였다. 그러나 신약이 기록될 당시에 대부분의 사람들은 이 차이를 인식하지 못했다. 하지만 '두려워하다'(*phobeo*)라는 일반 단어에 전치사 ek를 첨가함으로써 의미를 강조했을 가능성도 있다. 사전에서는 '심하게 두려워하게 하다'(BDAG, 312)라는 뜻을 제공하고 있지만 역본들은 '놀라게 하다'(KJV, NASB, NKJV, NET), '겁주다'(NIV, NLT, NET), 그리고 '깜짝 놀라게 하다'(NCV, CEV)로 번역한다. [*ekphobeō*]

10:10. 하찮은 것(Nothing, *exouthenēmenos*) – 이 단어의 기본 의미는 "태도나 처리 방식에서 어떤 사물이 가치나 쓸모없음이 드러내다"라는 뜻이다(BDAG, 352). 바울의 서신들은 설득력이 있고, 요점이 분명하다고 인정받았지만, 어떤 사람들이 보기에 바울의 언변은 약하고 시원하지 않았다. 이런 느낌을 준 것은 바울이 육체적으로 별 볼품없었던 것 외에도(갈 4:4 비교) 수사학적 기교를 사용하지 않겠다고 결심했기 때문인 것 같다(11:6, 비교–고전 2:1–5). 하지만 바울의 언변이 감동적이지 않았다 해서 바울의 편지들의 설득력까지 사라진 것은 아니었다. 이 단어는 '시원하지 않다'란 번역 외에도 '경멸받을 만한'(KJV), '진짜 나쁜'(NLT) '쓸모없는'(NET)으로 번역된다. [*exoutheneō*]

10:11. 말…행실(Word…deed, *logō, ergō*) – 고대 세계에서 '특별한 공로가 있는 사람들, 특히 기증자들을 묘사할 때' 이 용어들이 보통 함께 사용되었다(BDAG, 390). 이것은 바울의 서신들에 자주 나오며(롬 5:18, 골 3:17, 살후 2:17, 딛 1:16), 한 개인의 생애와 활동 전부를 나타낸다(예수님과 관련 있는 눅 24:19와 비교하라). 이 단어들은 '말…행위'UKJV, NASB, NKJV), '편지들…행동들'(NIV, NET), 또는 약간 다른 표현(NCV, CEV, NLT)으로 번역된다. [logos, ergon]

10:13. 할당(Assignment, *kanonos*) – 이 단어는 1세기 이후에 주로 '계시된 진리'(BDAG, 508)라는 뜻으로 사용되었고, 성경의 권위 있는 정경들을 표시하는 데 사용되었다. 바울만이 신약에서 이 단어를 '규칙'이나 '표준'(갈 6:16) 또는 이 구절과 15–16절에서처럼 '할당'이란 뜻으로 사용하고 있다(4회). 공식 문서들에서 발견되는 이 단어의 어법은 공식적인 봉사와 관련이 있다(ibid). 이것은 '규칙'(KJV), '영역'(NASB, NKJV), '분야'(NIV), '경계들'(NLT), '부문'(ESV), 또는 '한계'(MSG, NET)로 번역된다. [*kanōn*]

10:15. 확장되다(Expanded, *megalynthēnai*) – 바울은 이 단어를 다른 곳에서 그리스도를 존귀하게 하거나 영화롭게 한다는 뜻으로 단 한번 사용한다(빌 1:20). 바울을 반대하는 사람들은 거절당하게 될 것이고, 바울은 그들 가운데서 행

한 자신의 선구자적 활동으로 인해 올바르게 평가될 것이라는 점에서 이 단어가 비슷한 의미로 쓰였을 가능성이 있다. 하지만 이 단어는 고린도 사람들을 위해 행했던 바울의 사역을 남부 그리스에 있는 그들의 이웃들에게로 확장할 때 이루어진 더 광범위한 복음 전파와 관련이 있다고 보는 것이 더 좋을 것 같다(NCV, CEV, NET). [*megalynō*]

10:18. 인정을 받은(Approved, *dokimos*) – 이 단어는 '시험에 따라 진짜인 것을 인정받다'라는 뜻이다(BDAG, 256). 바울 서신 이외에서 유일하게 이 단어가 사용되는 야고보서 1장 12절은 이 단어의 의미(시험에 의해 진짜임을 입증 받는 것)를 잘 설명하고 있다(롬 14:18, 16:10, 고전 11:19, 고후 13:7, 딤후 2:15). 이 구절은 인정을 받은 사도로서의 바울의 문제에 초점을 맞추고 있는 13장 3-7절의 논의를 예상하게 한다. [*dokimos*]

11:1. 참다(Put up with, *aneichesthe*) – 이 단어는 바울이 어리석고 필요 없는 일이라고 생각하는 것, 즉 자신의 사도직에 대해 변호하는 것을 용납하라고 요구하는 이 장에서 5회 나온다(1[2회], 4, 19, 20절). 고린도 사람들이 거짓 사도들을 용납하는 어리석음을 범하지 않았다면 (바울 자신을 위한) 이 변호는 필요 없는 일이었기 때문에 이 단어의 사용에는 어느 정도의 풍자가 들어 있다(4절). 상황에 따라서 용납이 훌륭한 미덕이 되는 경우가 있다(고전 4:12, 살후 1:4). 그러나 이 경우에 용납은 악덕이다. 이것은 '견디다'(KJV, NASB, NKJV, ESV), '참다'(NIV, CEV), 또는 '참아내다'(NLT, NCV, NET)로 다양하게 번역된다. [*anechomai*]

11:2. 약혼한(Promised, *hērmosamen*) – 이 단어는 신약에서 여기에만 나온다. '사이좋게 지내다'(*harmonize*)는 파생어다. 이것의 기본 의미는 '친밀한 관계를 가지다' 또는 '결합하다'라는 뜻이며, 이것은 약혼이나 결혼을 가리킨다(BDAG, 132). 바울은 자기 자신을 딸을 시집보내는, 여기에서는 고린도교회를 그리스도께 시집보내는 아버지로 묘사하고 있다(롬 7:4, 엡 5:27 비교). 이것은 '결혼한'(KJV), '정혼한'(NASB, NKJV, ESV), '약혼한'(NIV, NLT, NCV, NET), 또는 '선택된'(CEV)으로 다양하게 번역된다. [*harmozō*]

11:3. 뱀(Snake, *ophis*) – 뱀은 그리스-로마 사회에서 긍정적인 상징이었지만(예를 들면, 제우스의 아들이며, 치유의 신인 아스클레피오스가 들고 있는 지팡이에는 의료계를 상징하는 뱀이 그려져 있다), 성경에서 뱀은 대개 부정적이다. 뱀은 보통 사탄이나 사탄과 관련이 있는 사람들(마 23:33, 계12:9, 20:2 비교)과 연관이 있다. 표준사전은 이 구절에 관해 "바울이 하와를 미혹한 뱀에 대해서 말할 때에 마음속에 마귀를 생각하고 있던 것이 분명하다"(BDAG, 74-75)라고 적절하게 설명한다. 부연 설명하면, 바울은 거짓 사도들을 사단의 대리인들로 보고 있다(14-15절). [*ophis*]

속였다/ 미혹했다(Deceived, *exēpatēsen*) – 바울은 신약에서 이 단어를 사용한 유일한 저자다. 이것은 근본적으로 "다른 사람으로 하여금 어떤 것에 관해 그릇된 생각들을 받아들이게 하다"라는 뜻이다(BDAG, 345). 바울은 이 단어를 죄와 관련하여 의인화된 능력(롬 7:11)이나 자기 기만(고전 3:18)으로 사용한다. 하지만 사탄(딤전 2:14)이나 거짓 교사들(롬 16:18, 살후 2:3)의 메시지와 관련하여 더 많이 사용한다. 하와는 거짓말을 믿었고(창 3:1–5), 이것은 불행한 결과를 초래했다(창 3:6–24). 바울은 거짓 교사들의 메시지가 그것을 받아들이는 사람들까지 멸망하게 한다고 보고 있다. [*exapataō*]

11:4. 다른(Different, *allon, heteron*) – 비록 이 두 형용사 가운데서 처음 것은 때로 '다른'(NLT, NCV)보다는 '또 하나의'(KJV, NASB, NKJV, NET, 비교–NIV, 두 단어 모두에 대해서 '또 하나의'를 사용하고 있는 CEV)로 번역되고 있지만, 이 두 단어는 문맥상 동일한 의미다. 바울은 예수, 성령 그리고 복음에 관해 자신이 전파하는 것이 진실이라고 믿기 때문에 그것과 다른 모든 것은 거짓이다(갈 1:6 비교). 특히 그는 거짓 교사들이 이기적인 메시지(롬 16:18, 빌 3:18–19)를 전한다고 생각한다. 그 메시지는 사람들을 이기적으로 살아가도록 설득한다(고전 4:6–13 비교). 이것은 자기를 희생하신 예수님(롬 15:3, 고전 1:23, 빌 2:3–8)을 전하고, 예수님을 따르는 자들에게 비슷한 생활 방식을 요구하는 바울의 복음과 상반된다(롬 15:1–2, 고전 4:16–17, 11:1). [*allos, heteros*]

11:5. 지극히 크다는 사도들(Super apostles, *hyperlian apostolōn*) – 이 두 단어들 가운데 처음 것은 '몹시' 또는 '매우'를 뜻하는 부사이며 (BDAG, 1033), 바울에 의해 자칭 사도들을 묘사하는 형용사로 사용되고 있다. 거짓 교사들은 자신들이 예루살렘 원사도들의 권위를 갖고 있고, 그들을 대표한다고 주장했던 것으로 볼 때, 바울이 예루살렘 원사도들을 이렇게 불렀을 수도 있다(KJV, NASB, NKJV는 이 관점을 반영하고 있다). 하지만 대부분의 주석가들은 바울이 스스로 사도로서의 지위를 주장하는 거짓 교사들을 풍자적으로 이렇게 부르고 있다고 생각한다. 이 견해를 반영하는 역본들은 '슈퍼 사도들'(NLV, NLT, CEV, NET), 또는 '위대한 사도들'(NCV)이라는 표현을 사용하며, 이 표현에 인용 부호를 표시함으로써 풍자임을 나타내고 있다(ibid). [*hyperlian, apostolos*]

11:6. 숙련되지 않은(Unskilled, *Idiōtēs*) – 이 용어는 '어떤 활동이나 지식 분야에서 전문가에 비교할 때 상대적으로 기술이 부족한, 숙련되지 않은 사람'을 묘사한다(BDAG, 468). 이 문맥에서 바울은 설득력 있게 말하는 기술이란 뜻으로 사용하고 있다. 겉보기에 '슈퍼 사도들'은 여러 가지 수사학적 미사여구를 사용하여 자신들의 메시지를 전달한 매우 뛰어난 연설자였던 것 같다. 바울 서신들이 바울을 지식을 갖춘 사람이요, 때때로 수사학적 문체를 사용한다는 사실을 보여주는 것으로 보아, 이것은 사실상 바울이 말의 기법을 몰랐다기보다는 그런 기법을 사용하기를 거절했다는 뜻에 가깝다(고전 2:1–4 비교). [*idiōtēs*]

11:8. 비용(Support, *opsōnion*) – 이 단어가 여기에서(또한 롬 6:23)처럼 임금이나 생활비라는 의미로 사용되었을 수도 있다. 하지만 이 단어는

보통 매일의 식량을 구입하도록 군인들에게 지불된 돈과 관련이 있다(눅 3:14, 고전 9:7). 다음 구절은 바울이 고린도교회에서는 아무것도 받지 않았지만, 마게도냐교회들이 바울에게 가끔 비용을 주었다고 밝히고 있다(빌 4:14-16 비교). 외견상 바울은 결코 어느 누구에게 아무것도 요구한 적이 없었으며(9절, 비교-고전 9:1-18), 따라서 탈취했다는 표현은 풍자에 가깝다(바울은 생활비를 요구하지 않았기 때문에 그가 그것을 탈취했다는 것은 고린도 사람들의 환심을 사기 위한 거짓사도들의 거짓말이었다, 12:16 비교). 이것은 '임금'(KJV, NASSB, NKJV), '지불'(NCV) 또는 '돈'(CEV)으로 다양하게 번역된다. [*opsōnion*]

11:9. 부담이 되지 않다(Not a burden, *abarē*) - 이 단어는 신약에서 여기에만 나온다. 이것은 문자적으로 '무게가 가벼운'이란 뜻이며, 상징적으로 이 문맥에서 '짐이 되지 않다'라는 뜻이다(BDAG, 1). 바울은 근본적으로 데살로니가 사람들에게 그들과 함께하는 그의 직무에 관해서 동일한 주장을 한다(살전 2:6-8). 바울은 자신의 직무를 자녀를 사랑하는 어머니의 이타적 사랑에 비교한다. 어머니가 자신의 어린 자녀들에게 생활비를 기대하지 않는 것처럼 바울은 다른 사람들을 값없이 섬기기 위해 쉬지 않고 일했다(살전 2:9). [*abarēs*]

11:13. 속이는(Deceitful, *dolioi*) - 바울이 관련 명사형(롬 1:29, 고후 12:16)과 동사형(롬 3:13, 고후 4:2)을 다른 곳에서 사용하고 있지만, 이 단어는 신약에서 여기에만 나온다. 이것은 '신뢰를 저버리고 속이는 것'과 관련이 있다(BDAG, 256). 바울에 따르면, 거짓 사도들은 실제로는 사탄의 종이면서 그리스도의 종처럼 행세하기 때문에 배반이 어떤 것인가를 보여준다(14-15절). [*dolios*]

11:14. 가장하다(Disguise, *metaschēmatizetai*) - 이 단어는 신약에 5회 나오며, 바울에 의해서만 사용되고 있다. 이것은 '어떤 것의 모양을 바꾸다'라는 뜻이다(BDAG, 641). 바울은 이 단어를 긍정적인 의미로 2회 사용한다. 즉, 빌립보서 3장 21절에서는 죽을 몸이 영광을 입은 몸으로 변화될 때의 궁극적인 구원을 묘사하기 위해, 고린도전서 4장 6절에서는 어떤 문제를 논의하는지 요점을 명료하게 하려고 언급하는 내용을 바꾸기 위해 사용한다. 이와 달리 이 구절들(13-15절)에서 3회 사용되는 이 단어는 '속일 목적으로 바꾸다'라는 부정적인 개념을 전달한다. 이 단어는 '변형하다'(KJV, NKJV), '위장하다'(NIV), '변경하다'(NCV)로 다양하게 번역된다. [*metaschēmatizō*]

빛(Light, *phōtos*) - 빛은 하나님의 영역이다(딤전 6:16). 따라서 이것을 확대 해석하면 빛은 하나님과 관련된 모든 사람들과 연관이 있다(엡 5:8-14). 사탄이 그 자신을 빛의 천사로 가장하는 것은 하나님과 관련이 있는 것처럼, 자신이 하나님을 대표하는 것처럼 그리고 자신의 메시지가 하나님께로부터 온 것처럼 위장한다는 뜻이다(빛의 의미에 대한 추가적인 주해에 대해서는 4:16의 논의를 참고하라). [*phōs*]

11:15. 그들의 행실대로(According to their

deeds, *kata ta erga autōn*) – 이 문구는 하나님의 심판의 근본적인 원리에 관한 바울의 이해를 말해준다(이 원리는 시 62:12과 잠 24:12에 기초를 두고 있다, 롬 2:6과 비교하라). 하나님의 심판은 사람들에게 자신들이 누구인지를 알려준다. 하나님께서는 사람들의 신앙고백에 기초하여 심판하시지 않을 것이다(마 7:21–23 비교). 거짓 사도들은 자신들이 그리스도의 진정한 사도이며, 진정한 의의 일꾼이라고 생각했을 수도 있다(13절). 하지만 사람들이 어떻게 살았는지(말과 행동) 그리고 그들의 삶이 다른 사람들에게 어떤 영향을 주었는지는 심판 때 하나님께서 결정하실 사항들이다(롬 14:10–12, 고전 3:13–15, 고후 5:10, 갈 6:7–9 비교). 바울은 불순종과 속이는 삶의 마지막은 매우 두려운 것이 될 것이라고 간주한다(롬 2:8–9 비교, 고전 3:17, 빌 3:18–19). [*ergon*]

11:18. 육신을 따라(According to the flesh, *kata sarka*) – 이것은 바울 특유의 표현이며, 서신들에서 20회 나온다. 때로 '육신'이란 단어는 사람을 뜻하는 중립적인 용어다(롬 1:3). 그러나 이 단어는 하나님의 뜻과 조화되지 못하는 타락한 인간(성)을 묘사할 때가 더 많다(롬 8:7). 여기서는 후자의 의미로 사용하고 있다. 바울은 보통 육신과 성령을 대조한다(갈 5:16–17의 '육신을 따라', '성령을 따라'). 여기에서는 예수님을 지칭하는 것이 분명한 칭호인 '주'와 '육신'을 대조하고 있다(17절의 '주를 따라', 18절의 '육신을 따라'). 바울의 이런 식의 인간적 비교는 예수님께서 제자들에게 피하라고 말씀하신 일이었다(마 18:1–4 비교). 하지만 바울은 고린도 사람들을 배려하는 차원에서 비교하고 있다. 바울에게 중요한 것은 자신이 아니었다. (거짓 사도들의 영향을 받은) 고린도 사람들이 자신에 대해서 어떻게 생각하느냐가 바울의 관심사였다. 왜냐하면 바울에 대한 잘못된 생각이 그들의 영적인 행복에 좋지 않은 영향을 주고, 심지어 그 행복을 파괴할 수도 있기 때문이다(고전 3:17). [*kata, sarx*]

11:20. 종으로 삼다(Enslave, *katadouloi*) – 이 단어는 바울 서신에만 단 2회 나온다(갈 2:4). 바울은 갈라디아 사람들에게 거짓 형제들을 따르지 말라고 경고했는데, 그 이유는 그들이 갈라디아 사람들을 (율법을 지키는 것과 관련된) 특별한 사고 방식과 생활 방식의 종이 되게 하기 때문이다. 고린도에 있는 거짓 사도들 역시 비슷한 전략을 가지고 있었을 것이다. 하지만 여기서는 거짓 사도들이 권위를 남용하는 것에 초점을 맞추고 있는 것 같다. 이기적인 목적으로 권위를 그릇되게 남용하는 사람들을 용납하는 경우, 그 용납은 미덕이 아니라 악덕으로 변한다(11:1의 논의를 참고할 것). 권위를 남용하는 교회의 지도자들을 허용해서는 안 된다. 바울은 자기중심적이고 교만한 이 행위를 용납하는 것은 지혜롭기보다는 약하고 어리석은 것이라고 묘사한다. [*katadouloō*]

11:21. 약한(Weak, *ēsthenēkamen*) – 이 동사는 이 서신의 결론 부분에서 7회 사용되는데, 그 첫 번째 사용이다(11:29[2회], 12:10, 13:3–4, 9). 그 다음의 세 번의 사용은 아마도 육체적 연약함에 초점을 맞추고 있는 것 같다. 하지만 여기에서와 마지막 세 번 사용할 때는 지위나 역할에 초점

을 맞춘다. 바울은 사람들 위에 군림하는 주인보다는 미미한 지위에 있는 사람같이 보였고, 종의 모습으로 고린도 사람들을 섬겼다. 그는 그렇게 행동함으로써 그리스도께서 보여주신 본보기를 따르고 있었다(13:4). 하지만 이 특별한 구절뿐만 아니라 서신 전체에서도 반어적 표현을 매우 많이 사용하고 있는 것 같다. [*astheneō*]

11:22. 히브리인(Hebrews, *Hebraioi*) – 바울의 적대자들은 바울의 동족이었다(빌 3:5 비교). 그들은 아마도 헬라파 유대인들, 즉 이스라엘 땅을 벗어난 헬라어를 말하는 국가들에서 태어났고, 아람어나 히브리어를 따로 말할 수 있는 사람들이었다(행 21:40, 22,2, 26:14). 이 단어는 사도행전 6장 1절에 다시 한 번 나온다. 거기에서 헬라어를 말하는 유대파 그리스도인들을 예루살렘 교회의 아람어를 말하는 사람들과 구분하고 있다. 하지만 바울과 그의 적대자들이 이 단어를 이스라엘 민족이란 의미로 사용했을 수도 있다. 만일 그렇다면 이 구절에 나오는 세 용어들은 근본적으로 같은 것을 말한다고 할 수 있다. [*Hebraios*]

11:24. 다섯 번(Five times, *pentakis*) – 바울의 3차 선교여행이 거의 끝나갈 무렵의 시련들과 환난들의 목록은 사도행전이 바울의 생애와 사역을 요약, 보도하고 있다는 증거다. 물론 이 시련들 가운데 일부는 바울이 안디옥교회로부터 공식적으로 파송되기 전에 겪은 것일 수도 있다(행 13:1–3, 14:26–28). 예수님께서는 제자들에게 그들이 유대의 지도자들로부터 채찍질을 당하게 될 것이라고 경고했다(마 10:17). 신명기 25장 1–3절에 근거하고, 미쉬나(Makkoth)에서 논의하고 있는 이 채찍질은 가죽을 사용하는 것이었다. 이것은 로마의 채찍질만큼 끔찍한 것은 아니었지만, 그럼에도 불구하고 이 매질로 인해서 죽을 가능성도 있었다. 채찍질의 횟수가 40회를 초과하지 않는 한, 그 형벌을 선고한 사람은 희생자에게 일어난 어떤 손상에 대해서 책임을 지지 않았다. 따라서 39회가 전통적으로 최대한의 형벌이었다(Makkoth 3:10–14). [*pnetakis*]

11:25. 막대기로 맞다(Beaten with rod, *errabdisthēn*) – 이 단어가 신약의 다른 곳에서 사용될 때에는 빌립보에서 바울과 실라가 받은 형벌과 관련이 있다(행 16:22, 비교–살전 2:2). 이것은 로마 사람들이 범죄자들의 행실을 고치거나 더 가혹한 심판을 받게 될 것에 대한 경고(*admonitio*)로서 세 가지 형벌을 시행했는데, 그 가운데 하나다(다른 두 가지 형벌은 *catigatio*[가죽 채찍질]와 *verberatio*[쇠사슬로 때리는 것]였다). 이 형벌의 가혹함에 대해서는 가이우스 서빌리우스(Gaius Servilius)의 사건에서 매질의 효용성에 대한 키케로의 설명을 통해 알 수 있다(Against Verres, 2.5.54, 142). [*hrabdizō*]

11:26. 위험(Danger, *kindynois*) – 이 단어는 신약에 9회, 그 가운데 8회가 이 구절에 나온다(다른 한 곳–롬 8:35). 이것은 고대 세계에서 특히 바울처럼 혼자, 혹은 몇 안 되는 동료들이 함께 여행하는 것이 얼마나 위험했는지를 강조한다. 복음 사역이 여러 측면에서 반대에 직면했기에, 즉 불신 유대인들과 이방인들뿐 아니라 심지어는 신앙을 고백하는 교회(거짓 형제들)의 반대에

직면했었기에 바울의 위험은 더 컸었다. [*kindynos*]

11:27. 힘든 일(Hard work, *mochthō*) – 이 단어는 신약에서 3회, 모두 바울 서신에 나온다(살전 2:9, 살후 3:8). 항상 힘든 노동을 뜻하는 kopos라는 단어와 함께 사용된다. 이런 결합은 일반 문학에서 특히 힘든 일을 표현하는 관용어법이다(BDAG, 660). 앞절에서 언급한 위험들은 바울이 선교 여행을 하면서 겪은 것이었다(26절). 하지만 이 구절에서 언급하는 어려움들은 바울이 자신의 생활비를 벌기 위한 일을 할 때 경험한 것들이었다. 바울은 대부분 힘들게 살았으며, 때로는 잠, 넉넉한 음식, 추위를 피할 충분한 의복의 부족으로 많은 어려움을 겪었던 것이 분명하다(딤후 4:13, 21 비교). [*mochthos*]

11:28. 걱정거리(Anxious concern, *merimma*) – '눌리는 일'(*epistasis*)이란 용어와 동격인 이 단어는 바울의 날마다 느낀 부담감이 무엇인지를 좀 더 정확하게 명시한다. 이 단어의 동사형(*merimnaō*)이 보통 한 사람 자신의 개인적 필요에 초점을 맞출 때는 '염려'(마 6:28, 10:19)로, 다른 사람에게 초점을 맞출 때는 '돌보다'(고전 12:25, 빌 2:20)로 번역된다. 다음 구절에서 바울은 구체적으로 교회의 약한 자들과 동요하는 자들을 걱정하고 있음을 밝힌다(마 18:10–14 비교). [*merimna*]

11:29. 불타다(Burn, *pyroumai*) – 여러 역본들은 '분노심으로'(NLT, CEV, NKJV, NET)란 수식어를 추가하여 이 단어의 의미를 명확하게 나타낸다. 이것을 바울의 감정에 대한 정확한 해석으로 볼 수도 있지만, 사전에서는 이와 동일한 단어를 사용하고 있는 '슬픔으로 불타는 아버지와 어머니'라는 비석의 글을 인용한다(BDAG, 899). 때문에 여기에서는 '강한 걱정'(NASB), '동요를 느끼다'(NCV), '마음속에서 불타오르다'(NIV, 비교-KJV)와 같은 좀 더 일반적인 번역이 더 적절할 수 있다. 바울은 다른 사람들이 경험하는 고통이나 위해를 자신 또한 느꼈다고 말하고 있다. [*pyroō*]

11:32. 통치자(Governor, *ethnarchēs*) – 이 단어는 '지도자'(*archēs*)와 '민족 공동체'(*ethnē*)를 의미하는 두 용어들의 합성어다. 이것은 신약에서 여기에만 나오며, '왕을 대신해서 어떤 특별한 지방이나 선거구를 통치하도록 임명된 사람'을 가리킨다(BDAG, 276). 로마의 평민이던 아레다 4세(Aretas Ⅳ)는 (헤롯 대왕과 그의 아들들처럼) B.C. 9년부터 A.D. 40년까지 다메섹을 포함한 아랍 왕국을 통치했었다. 이것은 보통 '통치자'로 번역된다. 이 통치자의 통치 영역에 대해 확실하게 알 수는 없지만, 아마도 도시와 주변 지역에 권위를 행사했을 것이다(더 광범위한 공동체 내의 소수에 국한되었을 수도 있다). 애매하기는 하지만 NASB는 '한 지방(민족)의 행정 장관'으로 번역한다. [*ethnarchēs*]

11:33. 도피했다(Escaped, *exephygon*) – 예수님께서는 제자들에게 박해를 피해 도망가라(*pheugō*)고 말씀하셨는데(마 10:23), 바울이 바로 다메섹에서 이 상황에 처해 있었다. 그는 이 사건을 사도로서의 자신의 연약함을 보여주는

하나의 사례로 제공한다. 그는 그리스도인들을 박해하기 위해 대제사장의 사도(사절)로서 다메섹으로 향하던 자신의 만용과 허세(행 9:1-2), 그리스도의 사도로서 도피하던 때의 겸손과 무기력 사이의 차이를 생각했을 수도 있다. [*ekpheugō*]

12:1. 환상(Visions, *optasias*) - 앞에서 바울은 언변의 부족은 인정했지만 하나님의 일들에 대한 지식이 부족하다는 것은 인정하지 않았다(11:6). 여기에서 바울은 자신에게 허락된 놀라운 환상을 간단히 소개한다. 바울은 이 구절에서 이 단어를 유일하게 사용한다. 누가는 이 단어를 다메섹 도상에서 그리스도를 만나는 바울의 경험을 상세히 묘사할 때 사용했다(행 26:19). 하지만 바울이 여기에서 말하는 환상은 그가 회심한 후에, 그리고 선교 여행을 시작하기 전에 체험한 것으로 다메섹 도상에서의 환상과는 구별된다. [*optasia*]

12:2. 위로 이끌려 갔다(Caught up, *harpagenta*) - 바울은 그리스도께서 다시 오실 때 생존해 있는 그리스도인이 위로 들림 받는 것을 묘사할 때 이 단어를 다시 사용한다. 즉, 그들은 구름 속으로 끌어올려져서 공중에서 주를 영접하게 될 것이다(살전 4:17). 빌립이 에디오피아 사람에게 세례를 베푼 후에 성령에 의해 이끌려 올라간 것(행 8:39) 역시 신체적인 실제 경험임이 분명하다. 바울은 이 환상이 자신이 직접 경험한 것인지에 대해 애매한 태도를 취한다. 하지만 이 어마어마한 사건을 경시하려는 의도는 아니었던 것 같다('슈퍼 사도들'은 바울의 이 특별한 경험을 부정하려고 고심했을 것이다). [*harpazō*]

12:4. 낙원(Paradise, *paradeison*) - 이 단어는 울타리를 뜻하는 페르시아 말에서 유래했다(BDAG, 761). 70인경에서 이 단어는 에덴동산이란 뜻으로 사용된다(창 2-3장에서 12회). 유대 문학에서 이 단어는 궁극적인 축복의 장소를 가리키며, '의의 낙원'으로 불린다(제1 에녹서 32:3). 이 단어는 신약에서 3회 사용되며, 동일한 의미를 갖고 있다(눅 23:43, 계 2:7). 바울에 따르면 낙원은 하나님께서 거하시는 세 번째 하늘(2절)에 있다. [*paradeisos*]

허락받았다(Permitted, *exon*) - 바울은 낙원에서 받은 계시를 밝히지 말라는 명령을 받았다. 하지만 그가 그리스도인들을 기다리고 있는 영광에 관해 많이 언급한 것을 볼 때, 이 경험에서 어느 정도 정보를 얻었을 것이라고 추측할 수 있다. [*exestin*]

12:6. 생각하다(Think, *logisētai*) - 이것은 바울이 좋아하는 단어들 가운데 하나이며, 신약의 39회의 용례 가운데 33회가 바울 서신에 나온다. 이것은 처음에 수학과 회계학에서 사용된 용어였으나 일반적으로 사고 과정이란 뜻으로 확대되었다. 이 문맥에서 이 단어는 어떤 사람에 관해 특별히 생각하는 것을 가리킨다(BDAG, 598). 바울은 그 경험들이 아무리 놀랄 만한 것이라 할지라도, 검증할 수 없는 경험을 가지고 자신을 거짓 사도들과 비교하는 일에는 관심이 없었다. 어떤 사람을 평가할 때 정말로 중요한 것은 그 사람의 사역이 다른 사람들에게 미친 결과(즉, 그들의 말과 행동의 실제적인 효력)다. 바울은

굉장한 이야기들을 듣는 것보다 변화된 삶을 보는 것에 더 관심을 갖고 있었다. [*logizomai*]

12:7. 가시(Thorn, skolops) – 이 단어는 처음에는 끝이 뾰족하여 식물의 가시와 나무의 가시들과 같은 것들을 의미했지만, 나중에는 난처하거나 가슴 아픈 경험을 의미하게 되었다(BDAG, 930). 예를 들어, 민수기 33장 55절(70인경)은 이스라엘이 가나안 땅의 원주민들을 모두 쫓아내지 못했을 때 남아 있는 원주민들이 '그들의 눈에 가시와 같은 것들'이 될 것이라고 경고한다. '가시'에 대한 해석의 역사에서 다음의 두 견해가 많은 지지를 받는다. (1) 육체적 질병, (2) 바울이 감당해야만 했던 주기적인 박해를 가리킨다(아래 단어에 대한 논의를 참고하라). 이 두 견해 가운데 어느 하나를 택하는 것을 불가능하다. 그러나 박해받은 사람은 바울만이 아니기 때문에 어떤 고질적인 육체의 질병으로 보는 것이 더 적절하다. [*skolops*]

괴롭히다(Trouble, *kolaphizē*) – 이 단어는 신약에 5회 나온다. 그 가운데 4회는 예수님께서 산헤드린의 재판을 받으실 때 당하셨던 것과 같은 신체를 치는 것과 관련이 있다(마 26:67, 막 14:65, 비교–고전 4:11, 벧전 2:20). 이 구절은 '치다'라는 의미를 비유적으로 확대 적용하고 있다. 이 개념에 따르면, 사탄의 사자가 만성적인 질병의 고통을 사용해서 육체를 친다는 뜻이다. 주석가들은 간질, 발작, 우울증, 두통, 안질, 말라리아, 나병과 같은 여러 가지 질병을 제시한다(BDAG, 555). 하지만 어떤 것이라고 확신하기는 힘들다. [*kolaphizō*]

12:8. 간구했다(Begged, *parekalesa*) – 이 단어는 기도와 관련하여 일반적으로 사용하는 단어가 아니다. 사실 이것은 신약의 유일한 사례일 수도 있다(똑같은 격을 사용하고 있지는 않지만 마 26:53도 하나의 사례임). 하지만 이 단어는 보통 치유를 부탁할 때 사용한다(마 8:5, 막 1:40, 5:23). 바울이 자신이 매우 긴박한 기도를 했다는 것을 강조하기 위해 이 단어를 선택했을 수도 있다. 이것은 '애원했다'(NASB), '간청했다'(NIV, KNJV), '간구했다'(NLT, NCV, CEV), '청구했다'(NET)로 다양하게 번역된다. [*parakaleō*]

12:9. 머무르다(Reside in, *episkēnōsē*) – 이 단어는 신약에서 유일하게 여기에 나온다. 다른 곳에서 이 단어는 집에 머무르는 군인을 가리킨다(Polybius, the Histories, 4.18.8). 만약 이런 종류의 더 많은 사례들이 있다면, 바울은 군사적 함축성을 갖고 있는 단어를 사용함으로써 독자로 하여금 특별한 힘의 개념을 떠올리게 하려는 의도가 있었을 수도 있다. 하지만 합성되기 이전의 동사(*skēnoō*)는 신약의 다른 곳에서 하나님의 거처 또는 하나님께서 특별히 사람들과 함께 계시는 것(요1:14, 계 12:12)을 묘사하는 데 사용된다. 후자가 바울과 관련이 있는 것 같다. 그리스도의 능력을 우리의 눈에 보여주는 행위자는 바로 성령이시다. 바울은 다른 곳에서 성령을 장래에 있게 될 하나님의 임재와 능력을 지금 여기서 경험하게 하시는 분으로 간주한다(롬 8:23, 비교–계 21:3). 바울은 현재의 자신의 약함이 그리스도의 이 능력을 부각시키는 데 사용된다는 생각으로 약함 가운데서도 오히려 크게 기뻐하며 살고 있다. [*episkēnoō*]

12:12. 기사(Wonders, *terasin*) – 이 단어는 항상 '표적'이란 단어와 함께 사용되며, 주로 치유와 귀신 축출을 가리킨다(행 14:8–10, 16:16–18, 19:11–12, 28:7–9). 하지만 죽은 자를 다시 살리는 것(행 20:7–12), 치명적인 독뱀에 물린 사람들을 살리는 것(행 28:1–6), 심지어는 심판을 집행하는 행위(행 13:9–11)도 여기에 포함된다. 바울은 이 표적과 기사를 하나님께서 복음을 견고하게 하시는 것(행 14:3, 롬 15:18–19, 비교–히 2:3–4)으로 간주한다. 하지만 그가 표적과 기사를 강조하는 것을 자제한 것은 거짓 예언자들도 이런 일들에 전문가들이라는 것을 알고 있기 때문인 것 같다(살후 2:9, 비교–마 24:24, 막 13:22, 계 19:20). [*teras*]

12:14. 저축하다(Save up, *thēsaurizein*) – 바울은 아마도 여기에서 부모가 자녀에게 유산을 남겨두지만, 자녀는 부모를 위해서 유산을 모아두지 않는 세상의 일반적 관례에 대해 생각하고 있는 것 같다. 자신을 교회의 부모라고 여기는 바울(고전 4:15)은 교회를 위해 재물을 벌고 사용했다(15절, 비교–빌 2:17). 바울은 함축적으로 거짓 사도들이 교회에 쓸 것을 요구하고 자신들의 생계를 위해 부모 자식 관계를 뒤바꾸고 있다고 보고 있다. [*thēsaurizō*]

12:16. 교활한(Crafty, *panourgos*) – 이 단어의 관련 명사가 이 서신의 앞부분에서 사용되고 있지만(고후 4:2, 11:3의 논의를 참고하라), 이 단어는 여기에 단 한번 나온다. 이것은 '영리한, 교활한, 간교한'이란 뜻이며, 항상 부정적인 뜻을 내포한다(BDAG, 754). 바울은 자신이 교회에서 공개적으로는 생활비를 받지 않지만, 사람들 모르게 생활비를 받고 있다는 비판에 맞서 자신을 변호하는 것처럼 보인다. 예루살렘 교회를 위해 바울이 모금하고 있는 기부금이 문제가 되었던 것이 분명하다. 어떤 이들은 그 기부금 가운데 일부를 바울이 착복했다고 주장했던 것 같다. 이 단어는 '교활한'(KJV, NASB, NIV, NKJV, NET), '은밀한'(NLT), 또는 '교묘한'(NVC)으로 다양하게 번역되고 있다. [*panourgos*]

12:18. 이득을 취하다(Take advantage, *epleonektēsen*) – 신약의 5회 가운데 4회가 이 서신에서 사용된다. 이것은 사단에 대해 언급할 때 처음 사용되었다(고후 2:11의 논의를 참고하라). 바울은 또한 이 단어를 "누구를 시켜서 너희의 이득을 취했느냐"고 질문하는 17절에서도 사용한다(BDAG, 649). 이것은 "나는 너희의 이득을 취한 적이 없는데, 내가 취했느냐?"라고 번역할 수 있다. 비슷하면서도 '누구'를 덜 강조하지만 여기서도 질문이 사용되고 있다. 바울은 그 자신이나 자신의 동료들이 결백하며 결코 탐욕을 부리지 않았다고 자신한다. [*pleonekteō*]

12:19. 덕을 세우다(Build up, *oikodomēs*) – 바울에게 주요한 단어로서, 바울이 고린도 사람들과 함께하는 바울의 목회 사역의 성격을 알려준다(10:8, 13:10 비교). 바울은 첫 번째 편지에서 그리스도에 관한 복음을 전파함으로써 기초를 세우는 것에 관해 말했다(고전 3:10). 이제 하나님의 뜻과 일치하게 살아가는 사람들과 그리스도를 본받아 성장하려고 애쓰는 사람들은 덕을 세울 필요가 있다(엡 4:12–13, 비교–고전 3:10–

17). 이 단어의 동사형은 "책임적이고 효과적으로 살아가는 데 필요한 능력을 발달시키도록 도움을 주다"로 정의된다(BDAG, 696). 또는 바울이 고린도전서에 기록한 것처럼 기독교적 사랑을 그 특성으로 하는 사람이 된다는 뜻이다(고전 8:1의 '사랑은 덕을 세운다'). 바울은 거짓 사도들의 활동으로 인해 건설적이기보다는 파괴적인 결과, 즉 20-21절에서 말한 악덕들을 포기하게 하기보다는 오히려 조장하는 결과가 발생할 것을 두려워하고 있다. [*oikodomē*]

12:20. 혼란(Disorder, *akatastasiai*) – 이것은 관계를 파괴하고, 공동체 조직을 분열하게 하는 죄의 목록들로 명명할 수 있는 악덕들 가운데서 여덟 번째이자 마지막 것이다(약 3:16 비교). 바울은 이 단어를 3회 사용하며, 그것은 모두 고린도 교회에 보내는 편지들에 나온다. 이 단어는 전에(고후 6:5) 바울이 사역하는 동안 경험했던 시민들의 난동이나 폭도들의 행동을 가리킬 때 사용되었다(행 14:19, 16:22, 17:5). 그는 또한 고린도전서에서 교회의 질서 있는 회합의 중요성을 강조할 때 이 단어를 사용했다(고전 14:33). 바울은 평화적인 다툼에 대해서는 반대하지 않은 것이 분명하다. 하지만 고린도 사람들은 평화를 이루기보다는 싸움을 더 좋아하는 특성을 갖고 있는 것 같다. [*akatastasia*]

12:21. 슬퍼하다(Grieve, *penthēsō*) – 바울은 이 단어를 단 2회 사용한다. 모두 고린도에 보내는 편지들에 나온다. 바울은 고린도전서에서 그들이 형제들의 성적 죄악을 통한히 여기지 않는 것을 책망했고(고전 5:2), 이 무관심과 냉담이 여전히 그들의 문제라는 것을 우려하고 있다. 이 구절에서 언급하고 있는 악덕들은 일부 사람들이 계속해서 범하던 성적 범죄들에 해당한다. 앞에서 바울은 죄에 빠지는 사람들 때문에 큰 아픔을 겪고 있다고 말했었다(11:29). 이 구절은 개인들과 그들이 속한 공동체 모두에게 죄가 미치는 해로운 결과에 관해 바울이 느낀 고통과 슬픔을 보여주는 실제적인 예다. [*pentheō*]

13:1. 확정하다(Established, *stathēsetai*) – 이 단어는 신명기 19장 15절(70인경)에 나오며, 바울은 그것을 축약 형태로 인용하고 있다. 이 규정은 법정에서 어떤 사건을 입증하는 데 필요한 증인들의 수에 적용된다. 바울은 자신의 방문을 도덕성의 문제에 관해 고린도 사람들에게 증언하는 기회로 생각하고 있다. 그들은 아직까지 이 문제들에 관한 바울의 권면을 받아들이지 않고 있는 것 같다. 바울은 고린도 사람들이 회개하지 않는다면 바람직하지 않은 판단이 세 번째 방문과 관련하여 있게 될 것이라는 시기 적절한 경고를 제시하고 있다. 바울이 생각하고 있는 징계 행위가 무엇인지 말하고 있지는 않지만, 이것은 아마도 고린도전서 5장에서 묘사된 판단과 유사한 것 같다(Bible Knowledge Commentary에서의 논의를 참고하라). [*histēmi*]

13:2. 용서하다(Spare, *pheisomai*) – 바울은 이 단어를 서신의 전반부에서 전에 계획했던 방문을 연기하게 된 이유를 말할 때 사용했다. 그것은 그가 지금 불가피하다고 생각하는 대립과 징계를 피하기 위해서였다. 바울은 여전히 그런 판단을 하지 않기를 바라고 있고, 공동체 스스로

잘못한 사람들을 바로잡기를 기대했다. 이 단어는 '상실감이나 불안에서 벗어나다'라는 뜻이다(BDAG, 1051). 자녀를 둔 부모의 심정으로 바울은 될 수 있으면 징계를 하지 않기를 원했다. 그러나 그는 교회의 궁극적인 행복을 위해 자신을 고통스럽게 하는 일을 할 의사가 있다. [*pheidomai*]

13:3. 증거(Proof, *dokimēn*) – 고린도후서 2장 9절의 이 단어에 대한 논의를 참고하라. [*dokimē*]

강한(Powerful, *dynatei*) – 이 단어는 신약에 3회 나오며, 이 서신에 2회(9:8), 로마서에 1회(14:4) 나온다. 이것은 힘을 보여주는 것을 말한다(BDAG, 264, 관련 단어인 *dynamai*는 200회 이상 등장하며, 힘의 소유를 말한다, [BDAG, 261]). 고린도 사람들은 바울을 통해서 행사되는 그리스도의 능력을 보기를 원했다. 그러나 그 힘은 그들이 몹시 원하던 특별한 표적들보다는 두려움을 주는 징계의 형태로 나타났을 것이다. 연약하심으로 십자가에 못 박히셨던 그리스도께서(4절) 지금은 모든 사람들의 심판자로 힘 있는 자리에 앉아계신다. 바울은 장차 그리스도와 함께 살게 될 것을 굳게 확신하고 있다(4절). 그는 고린도 사람들에게 자신과 똑같이 미래에 대해 생각할 것을 요구하고 있다(5절) [*dynateō*]

13:5. 믿음(Faith, *pistei*) – 바울에게 믿음은 하나님과 관계를 맺은 사람들의 근본적인 특성이다(롬 1:17). 믿음의 사람은 하나님께서 말씀하신 것이 진실이며, 하나님께서 자신에게 하라고 말씀하신 것을 반드시 해야 한다고 생각한다(롬 4:12). 다시 말해서 그들은 순종으로 자신들의 믿음을 표현한다(갈 5:6, 딤전 1:5 비교, 바울이 로마 사람들의 믿음[1:16]과 순종[16:19]에 대해 거듭 감사한 것에 유의하라). 바울은 고린도 사람들에게 믿음의 이러한 가시적 측면을 고려할 것을 촉구하고 있다. 그들은 참으로 견고하게 서 있는가(고전 16:13–14), 아니면 공동체의 도덕적 상태로 볼 때 어지러운 교회의 모습을 갖고 있지는 않은가? 바울은 그들의 상황에 대해 판단하기에 앞서 자기 검증(함축적으로 '시정')을 요구하고 있다(고후 4:13의 논의를 참고하라). [*pistis*]

13:6. 시험에 실패하다(Fail the test, *adokimoi*) – 이 단어는 신약에 모두 8회 나오며, 한 번만 제외하고(히 6:8) 모두 바울 서신에 나온다(5–7절에서 3회, 롬 1:28, 고전 9:27, 딤후 3:8, 딛 1:16). 이 단어는 보통 도덕적 성품 관련 시험에 실패하는 것을 가리킨다. 이 구절에서 바울이 자신의 마음에 대해 말한 것은 사도로서의 자격 문제를 논의하고 있는 고린도전서 9장 27절과 비슷하다. 고린도 사람들의 경우 이 시험은 교회로서의 그들의 생존 능력과 관련이 있다. 만약 그들이 바울이 아니라 거짓 사도들의 말을 따른다면 자신들의 실패로 인해 무서운 결과를 낳을 것이다(고전 3:16–17 비교). 다른 곳에서 이 단어는 불신자들(롬 1:28, 히 6:8)이나 거짓 형제들(딤후 1:28, 딛 1:16)을 가리킨다. [*adokimos*]

13:9. 장성함(Maturity, *katartisin*) – 이 단어는 신약에서 여기에만 나온다. 이것은 어떤 사람을 성장하게 하는 훈련 과정이라는 의미에서 '온전하게 하는 과정'을 가리킨다(BDAG, 526). 바울은 관련 단어(*katartismos*)를 에베소서 4장 12절

에서 그리스도의 성품을 보여주는 장성한 공동체로서 기능하도록 사람들을 무장하거나 준비하게 하는 것(4:13)을 묘사할 때 사용한다. 이것은 모든 교회들에 바울이 바라는 것이었으며, 고린도 사람들보다 장성함이 더 필요한 사람들은 없었던 것처럼 보인다(고전 3:1-2). 이 단어는 '완전'(KJV, NIV, NRSV), '온전하게 되다'(NASB, NCV, NKJV), '온전함의 회복'(NLT), 또는 '충분히 무장한'(NET)으로 다양하게 번역된다. [*katartisis*]

13:10. 권한(Authority, *exousian*) – 이 단어는 '통제하거나 명령하는 권리'를 가리킨다(BDAG, 353). 이것은 이 서신에서 두 번, 실제적으로는 같은 진술에서 사용되고 있으며(10:8), 바울의 사도로서의 권위를 가리킨다. 바울은 이 권위가 스스로 취한 어떤 것이 아니라, 사도로서의 소명으로 인해 주께로부터 받은 것임을 다시 공언한다. 10장 8절의 정서를 다시 한 번 강조하는 바울은 이 권위의 목적이 주의 임재를 명시하는 공동체로 사람들을 세우는 데 있다고 설명한다(엡 2:20-22 비교). 따라서 거짓 교사들이 주장하는 권위는 공동체를 파괴하고(10:8의 논의를 참고하라), 결국 하나님의 일들을 파괴할 것이다(고전 3:17). [*exousia*]

13:11. 모든 일들을 바로 잡다(Set things right, *katartizesthe*) – 이것은 9절에서 논의한 단어(*katartismos*)의 동사형이다. 이것은 '잘 기능하는 상태에 있게 하다'라는 뜻이다(BDAG, 526). 바울은 앞에서 하나님께서 고린도 사람들을 온전하게 해주시기를 기도했었다(9절). 여기서 바울은 공동체에 그들을 향한 하나님의 목적에 따라 행동할 것을 권면하고 있다. 이 동사는 명령형이지만, 단어의 형태는 진행되는 과정(현재 시제)에서 행할 필요가 있는 것(수동태)을 행하시는 하나님을 의지할 필요가 있다는 것을 나타낸다. [*katartizo*]

13:12. 문안하다(Greet, *aspasathe*) – 오늘날과 마찬가지로 바울의 시대에 누군가에게 문안 인사를 하는 것은 '말이나 몸짓 또는 둘 다를 통하여 다른 (사람)을 호의적으로 인정하는 것에 참여하는 것'을 의미했다(BDAG, 144). 친구와 가족들 사이의 인사에는 보통 입맞춤이 포함되었다(ibid). 바울의 간구 이면에는 이런 관념이 있는 것 같다(롬 16:16, 고전 16:20, 살전 5:26 비교). 하나님에 의해 창조되고, 하나님께 속해 있는 교회는 거룩한 공동체이며(1:1의 '성도'에 대한 논의를 참고하라), 입맞춤은 그런 친밀한 관계의 표현이다. 교회는 여러 세기 동안 이 관습을 계속 실천했으며, 세례와 주의 만찬을 베풀 때 행했다(Justin Martyr, Apology, 1.65.4, 계속 논의하기 위해서는 the Bible Knowledge Commentary의 고전 16:20을 참고하라). [*aspazomai*]

13:13. 친교(Fellowship, *koinōnia*) – 바울은 고린도 사람들에게 삼위일체 하나님의 복이 임하기를 기원하면서 친밀한 관계에 대한 언급으로 끝맺는다(1:7과 8:4의 논의를 참고하라). 성령과 관련한 표현을 두고 바울이 간구하는 교통이 성령에 의해서 생겨나는 어떤 것인지, 아니면 성령이 그들의 친교의 대상이라는 것인지에 관해 논쟁이 벌어지고 있다. 예를 들어, NRSV는 두 번

째 견해를 반영하는 '성령에의 참여'라는 대안을 제공한다. 두 견해 모두 가능하며, 성령의 임재가 교회의 특징인 것은 분명하다(3:3). 그러나 대부분의 번역들은 삼위일체 기도문에서 일관성을 유지하며, 바울이 간구한 교통을 성령께서 제공하시는 어떤 것으로 이해한다(KJV, NASB, NIV, NLT, NCV, NKJV, NRSV, NET). [*koinōnia*]

갈라디아서

존 D. 그래스믹(John D. Grassmick)

1:1. 사도(Apostle, *apostolos*) – 일반적으로 이 용어는 '사절, 대표, 사자'를 뜻한다(BDAG, 122, BAGD, 99). 사도는 위임 받은 사절로서 임무를 이루도록 권한을 부여받고 파송된다. 유대교에서 '파송된 사람'은 파송하는 사람의 권한을 가지고 행동하도록 파송된 사자다(m Ber. 5:5, m Yoma 1:5, EDNT 1:142–46). 바울은 자신이 "사람에게서 난 것도 아니고(인간적 기원, '사람의 임명에 의해'-NRSV), 사람으로 말미암은 것도 아니고(인간적 힘, '사람의 권세'-NRSV), 예수 그리스도와 그분을 죽은 자 가운데서 살리신 하나님 아버지로 말미암아" 보냄을 받은 사도라는 사실을 강조한다(NIV, 1:11–12 비교). 바울은 이 서신의 서두에서 "자신이 그리스도교 복음을 정확히 선포하도록 하나님께 개인적으로 위임 받은 권위를 갖고 있다"는 것을 독자들에게 알리기를 원했다(Longencker, 2). [*apostolos*]

1:2. <u>교회들</u>에게(To the <u>churches</u>, *ekklēsiais*) – *Ekklēsia*라는 단어는 일반적으로 사람들의 우발적인 모임(제1 마카비 3:13, 시락서 26:5, 행 19:32), 정기적으로 소집된 입법회의(Josephus, Ant. 12.164, 19.332, 행 19:39), 또는 구약의 이스라엘 사람들의 총회처럼 동일한 믿음을 가진 사람들의 모임(신 31:30[70인경], 사 20:2[70인경], Josephus, Ant. 4.309, 행 7:38, 히 2:12)을 가리켰을 것이다. 문맥에 따라 다르지만 대부분의 바울 서신들에서 '교회'는 (1) 예배와 교육을 위해 함께 모인 그리스도인들의 지역 모임(롬 16:1, 16, 고전 4:17, 살전 1:1, 골 4:16), (2) 특별한 장소나 지역에서 살면서 만나는 모든 그리스도인들(행 9:31, 롬 16:1, 고전 4:17, 살전 1:1, 골 4:16), (3) 전 세계에 있는 그리스도인 공동체, 즉 보편적 교회(엡 1:22–23, 빌 3:6, 골 1:18, 24, BDAG, 303–04, BAGD, 240–241)를 가리킨다. 이 단어는 신약에 114회, 바울 서신에 62회, 갈라디아서에 3회 나온다(1:1, 13, 22). 여기에서 바울은 갈라디아에 있는 여러 개의 그리스도인 회중

들에게 회람 편지를 보내고 있다. [*ekklēsia*]

갈라디아(Galatia, *Galatias*) – 바울은 갈라디아에 있는 그리스도인 회중들(교회들)에게 편지를 보내고 있다. 이 교회들의 지리적 위치, '갈라디아 사람들'(3:1 비교)의 인종적 기원, 이 편지가 기록된 시기가 논의의 쟁점들이다. 다음과 같이 두 가지 주요한 견해들이 있다. (1) 어떤 주석가들(예를 들면, Lightfoot와 Betz)은 바울이 2차 선교여행이 끝난 후에(A.D. 52년경, 행 15:39–18:22), 또는 3차 선교여행 동안에 소아시아 북쪽의 갈라디아 지역에서 '켈트족'(골어를 사용하는 사람들) 그리스도인들에게 편지를 썼다고 주장한다(A.D. 55–56년경, 행 18:23–21:17, '북갈라디아'설). (2) 다른 주석가들(예를 들면, Burton, Bruce, Longenecker)은 바울이 1차 선교여행 직후(행 13:1–14:28), 사도행전 15장의 예루살렘 회의 이전에 소아시아 남쪽에 있는 갈라디아의 확장된 로마 영지에 사는 여러 민족들로 구성된 이방인 교회들에 편지를 썼다고 주장한다(A.D. 48–49년경, '남갈라디아'설). 남갈라디아 수신설을 지지하는 사람들은 이 편지의 기록 시기를 예루살렘 회의가 끝난 A.D. 50년에서 56년 사이로 추정한다(DPL, 327–29). 이 이론에 대한 더 이상의 논의를 위해서는 Betz, 1–12, Longenecker, lxi–lxxxviii, Bruce, 3–18, 43–56을 참고하라. 상당수의 증거들이 갈라디아서를 바울이 A.D. 49년 초에 쓴 첫 번째 신약 성경 서신으로 이해하는 남갈라디아 위치설을 지지하는 것 같다. 바울은 임박한 예루살렘 공의회에 가기 위해 수리아의 안디옥을 떠나기 직전(행 15), 이 회람 편지를 자신의 1차 선교활동 동안에 더베, 루스드라, 이고니온 그리고 갈라디아 남쪽의 비시디아 안디옥과 같은 도시들에 설립한 대부분 이방인 그리스도인으로 구성된 회중들(교회들)에게 보냈다. 사도행전 16장 6절, 18장 23절은 바울이 이 교회들을 잇달아 방문한 것을 언급하고 있다. [*Galatia*]

1:3. 주 예수 그리스도(Lord Jesus Christ, *kyriou*) – 이 단어는 70인경에서 이스라엘의 언약을 지키시는 하나님의 이름인 *Yahweh*를 번역하는데 사용되었다(EDNT 2:328–31 비교). A.D. 1세기에 이것은 가이사 아우구스도와 네로와 같은 정치 지도자들에게 사용되었다(TDNT 3:1048–50, NIDNTT 2:511). 신약에서 이 단어는 다음의 네 가지 방식으로 사용되고 있다. (1) 예절 바른 호칭의 한 형식인, '선생님'(요 4:11, 15, 12:21), (2) 소유주(마20:8, 눅 19:33), 주인(요 13:16, 엡 6:5, 9) 또는 '지도자/ 주인'(행 25:26, 벧전 3:6)을 뜻하는 칭호, (3) 하나님을 뜻하는 칭호(롬 4:8, 9:28–29, 10:16), (4) 예수 그리스도를 뜻하는 칭호(행 16:31, 롬 1:4, 4:24, 5:1). 바울 서신에서 274회 사용되며, 갈라디아서에 6회 나온다. 5회는 예수 그리스도(1:3, 19, 5:10, 6:14, 18)를, 한 번은 토지 소유주(4:1)를 가리킨다. 여기에서와 다른 곳에서 예수 그리스도와 관련하여 '주'란 칭호를 사용할 때, 예수님의 능력과 만물 위에 있는 권세를 나타낸다. 십자가에 달렸으나(갈 3:13) 하나님께서 죽은 자 가운데서 다시 살리신 예수님은 하나님께서 계신 곳으로 직접 나아가 그분의 오른편에 좌정하고 주와 그리스도로서의 권위를 모두 행사한다(행 2:30–36). 우리 신자들이 '예수는 주'라고 고백할 때, 그것은 그분의 권위와 뜻에 복종하겠다는 뜻이다(롬 10:9, 고전

12:3, 비교–고전 8:6, 빌 2:11). [*kyrios*]

1:4. 자기 몸을 주셨다(Who gave himself, *dontos*) – 이 구절은 바울이 동의하고 독자들과 함께 나누기를 원하는 그리스도의 구속 사업에 관한 초기 기독교 신앙고백의 일부로 보인다. 자원해서 자신을 주셨다('자신을 희생하신'–NEB, 비교–막 10:45, 사 53:5–6, 12, 눅 22:19–20, 딤전 2:6, 딛 2:14, 갈 2:29의 비슷한 합성동사, 엡 5:2, 25)는 의미에서 예수님께서는 자신을 '포기하셨다'(BDAG, 242, 10, BAGD, 193, 6). 이 동사는 갈라디아서에 5회 이상 나오며, '주다, 수여하다, 승인하다'라는 뜻을 갖고 있다(2:9에 2회, 3:21, 22, 4:15). [*didōmi*]

우리의 죄들을 위하여(For our sins, *hamartiōn*) – 이 구절은 '그리스도께서 우리 죄를 위하여 죽으셨다'라는 신앙 고백과 일치한다(고전 15:3, 비교–롬 4:25). 하지만 바울은 다른 비슷한 문맥들에서 '우리를 위하여'처럼, 대속의 수혜자가 누구인지를 명시하고 있다(롬 5:8, 8:32, 고후 5:21, 갈 2:20, 3:13, 살전 5:10, 딛 2:14). 복수는 죄 된 태도들과 행동들에 시선을 고정하게 한다. 바울은 단수를 더 자주 사용하고 있는데, 그것은 '죄'를 사람들을 속박하고, 사람들 안에서 그리고 사람들을 통해 활동하는 세력으로 보기 때문이다(롬 5:12, 21, 6:6, 17, 7:7–25 비교). 이것은 모든 인간의 죄 된 상황을 강조한다(롬 3:9–18). 죄에 대한 정당한 형벌과 죄의 결국은 하나님으로부터의 최종적인 분리, 곧 사망이다(롬 6:23상). 그리스도께서는 '우리의 죄들을 속죄하기 위하여 또는 죄들을 제거하기 위하여' (BDAG, 1030A, 1b, BAGD, 838, 1b) 십자가에서 스스로 죽으셨다(빌 2:8). 바울이 보기에, 그리스도께서 죄로 인해 (또는 죄들로 인해) 죽으신 죽음에는 죄의 용서뿐만 아니라, 죄의 속박으로부터의 구출이 포함되어 있다(다음 구절을 참고하라). [*hamartia*]

건지시기 위해(To rescue us, *exelētai*) – 바울은 여기에서 이 동사를 유일하게 사용한다. 다른 곳에서 이것은 대부분 "어떤 사람을 함정이나 구금 상황에서 건져내다"라는 뜻이다(70인경에서 자주, 출 18:4 비교, 솔로몬의 지혜서 10:1, 시락서 29:12, 행 7:10, 34, 12:11, 23:27, 26:17, BDAG, 344, 2, BAGD, 271,2). 여기에서 이 동사는 '구조하다'(NIV, NET), '구출하다'(NKJV, NASB), 혹은 '자유의 몸이 되게 하다'(NRSV)로 번역된다. '우리', 즉 그리스도를 믿음으로 말미암아 의롭다 함을 받은 사람들(신자들, 갈 2:16)이 건짐을 받게 된다. [*exaireo*]

현재의 악한 세대로부터(From the present evil age, *aiōnos*) – 일반적으로 이 단어는 문맥에 따라 여러 가지 의미에서의 '긴 시기'를 가리키며, 보통 '세대' 또는 '시대'로 번역된다(BDAG, 32–33, BAGD, 27–28). 바울은 이 단어를 37회 사용하며, 그 가운데 3회만이 갈라디아서에 나온다(1:4, 1:5[2회]). 이 단어는 무한한 시기(세세토록–21회) 또는 제한된 어떤 시기(과거: '세대들로부터'–엡 3:9, 골1:26, 현재: '이 세대'–롬 12:2, 갈 1:4, 엡 1:21상, 미래: '말세, 오는 세대'–고전 10:11, 엡 1:21하, 7)을 뜻하는 칭호다. 인간 역사를 두 가지 세대로 보는 개념, 즉 악함과 소멸에 속하는 '이 세대'와 축복과 평강의 '오는 세대'로 보는 개념은 유대의 묵시 문학적 사상에서 자주 등장한다(제4 에스라 5:55, 7:12–13, 50,

1QpHab 5:7–8 비교). '현재 시대'는 유대 사상의 '이 시대'에 해당한다. 온전한 표현이 신약에서 여기에만 나온다. 그리스도께서는 대속의 죽으심에 의해 신자들을 '현재의 악한 세대'로부터 건지신다. 이런 영적인 사실 때문에 인해 바울은 신자들에게 '이 세대'를 따르지 말라고 요청한다(롬 12:2은 항상 NIV, NRSV, NET에서 '세상'으로 번역되고 있다, 요일 2:15–17 비교). [*aiōn*]

1:5. 영광(Glory, *doxa*) – 바울은 이 단어를 77회 사용하며, 갈라디아서에서는 여기에만 나온다. 신약과 바울 서신에서의 이 단어의 사용은 '명성' 또는 장엄, 능력, 광채 혹은 광휘로서 나타난 '존재의 거룩한 양식'이라는 의미에서 구약 성경(70인경)의 어법을 따른다(TDNT 2:241–43). 구약에서 계시된 이스라엘의 하나님의 '영광'(출 33:18, 레 9:6, 민 24:10의 히브리어와 비교하라)은 그분의 본질적인 존재의 광채이며, 그분의 모든 속성들의 빛남이다. 이것이 그분의 '명성'이고 '영광'이다. 하나님의 영광(그분이 어떤 분이신지)을 깨달은 사람은 '찬양' 또는 '영예'의 의미에서 하나님께 영광을 드린다(BDAG, 257, 3, BAGD, 204, 3, TDNT 2:248). [doxa]

1:6. 떠나(Deserting, *metatithesthe*) – 이 동사는 바울 서신에서 여기에만 나온다. 일반적으로 이것은 한 장소에서 다른 장소로(행 7:16), 한 상태에서 다른 상태로(히 7:12, 11:51,유 4절), 또는 하나의 종교적 믿음과 실천에서 다른 믿음과 실천으로의 '위치나 입장에서의 변화'를 뜻하며, 따라서 '…에서 돌아서다, 자신의 충성을 포기하다, 떠나다'로 번역된다(LN 34:27, MM, 405, 비교–Polybius 5.111.8, 24.9.6, 제2 마카비 7:24, Josephus, Ant. 20.38). 동사의 현재 시제를 사용하는 바울은 갈라디아의 그리스도인들이 하나님으로부터 '떠나고 있다'(NKJV, NLT)라고 선언한다. 다시 말해서 그들은 하나님께 대한 자신들의 충성을 포기하고 있는 중이다(비교–4:9–10, 5:2–4). [*metaiithēmi*]

복음(Gospel, *euangelion*) – 이 단어는 '기쁜 소식'을 뜻하며, 신약에서 항상 '복음'으로 번역된다(BDAG, 402–3, BDAG, 317–18). 신약시대 이전에 헬라인들 사이에서 이 단어는 전쟁에서의 '승리의 소식'을 뜻하는 전문적인 용어였다(TDNT 2:721–23). 70인경은 이사야서에서 관련 단어(*euangelizō,* 비교–갈 1:8, 9, 11)를 포로들에게 자유의 '기쁜 소식'을 선포하는 것과 관련하여 사용한다(40:9 비교, 롬 10:15에서 인용된 사 52:7, 60:6, 눅 4:17–19에서 예수님께서 읽으시고, 자신에게 적용하신 사 61:1). 신약에서 마태는 예수님께서 '천국의 복음을 전파하셨다'(4:23)라고 증언한다. '기쁜 소식'은 바로 하나님께서 메시아를 통해서, 백성들을 자유롭게 하여 자신의 통치하에 두시겠다는 구약 성경의 약속을 성취하셨다는 것이다(갈 1:1의 설명 비교). 예수님께서는 죽으심과 부활을 통해 죄와 사망의 파괴적 압제로부터의 자유를 가져오셨다. 이것이 믿는 모든 사람들에게 구원을 가져다주는 메시지, 곧 사도들과 초기 그리스도인이 선포한 '예수 그리스도에 관한 하나님께로부터 온 기쁜 소식'이다(롬 1:1–5, 16–17, 고전 15:1–5). 이 단어는 신약 성경에 76회, 바울 서신에 60회, 갈라디아서에 7회 나온다(1:6, 7, 11, 2:2, 5, 7, 14). 바울의 입장에서 복음의 핵심은 예수 그리스도, 특히 그분의 구속적 죽으심과 부활이다. 예수님께서는 복음의 원천이자 내용이시며, 좋은 소식을 전파하는 주체이자 대상이시다('그리스도의 복음'–갈 1:7, 롬 16:25). 복음 자체는 복음이 선포됨으로써 발생하는 구원에 이르게 하는 하나님의 능력이며, 믿음은 행위와 상관없이 그 구원을 받아들이게 하는 수단이다(롬 1:16–17, 엡 2:8–10). 이것이 바울이 전파하고, 예루살렘 사도들과 함께 공유했던 복음이다. 바울에게 하나의 '복음', 즉 '좋은 소식'에 대한 한 가지 메시지만 있을 뿐이다(갈 1:6–7). [*euangelion*]

다른 복음…또 하나의 복음(A different gospel…another gospel, *heteron…allo*) – 신약에서 이 두 단어들은 종종 '다른, 또 하나의, 상이한'을 뜻하는 동의어로 사용된다(BDAG, 399, 46–47, BAGD, 315, 39–40, MM, 257). 하지만 어떤 문맥은 '다른 종류에 속하는 또 다른 하나'를 뜻하는 *heteros*와 '같은 종류에 속하는 또 다른 하나'를 뜻하는 allos를 구분하는 것처럼 보인다(행 7:18, 롬 7:23, 미 13:23, 24, 요 14:16, Burton, 420–22 비교). 바울은 *heteros*를 총 30회 사용하는데, 이 가운데 갈라디아서에서 3회(1:6, 9, 6:4) 사용한다. 그리고, *allos*를 총 30회 사용하는데, 이 가운데 갈라디아서에서 2회(1:7, 5:10) 사용한다. 그는 일반적으로 이 두 단어들을 구분하지 않았으나(1:19, 5:10, 6:4 비교), 여기에서는 자신의 요지를 분명하게 하기 위해 차이를 강조하고 있다. 갈라디아의 그리스도인들은 자신들이 바울에게서 받았던 복음과 성격에 있어서 '상이한', 즉 또 다른 하나의(*heteros*)의 복음으로 돌아서고 있었다. 사실상 그 복음은 바울이 그들에게 전파한 것과 '동일한' 복음이 아니었다. 바울은 율법의 행위와 상관없이 그리스도만을 믿음으로써 얻는 은혜에 의한 구원을 전했다(갈 2:16 비교). [*heteros, allos*]

1:7. 너희를 혼란에 빠뜨리는(Throwing you into confusion, *trassontes*) – 이 동사는 "감정적인 혹은 정신적인 고민이나 격동의 원인이 되다"(LN 25.244), 즉 '선동하다, 방해하다, 뒤흔들다, 혼란에 빠뜨리다'(BDAG, 990, BAGD, 805, MM, 625)는 뜻이다. 이것은 그리스–로마 세계에서 혼란이나 말썽의 원인이 되는 사회적 소요나 정치적 선동을 뜻했다(Thucydides 2. 84. 2, 3.77.3, 제1 마카비 3:5, 7:22, Josephus, War 1:216, 4.495). 바울은 이 동사의 분사형을 2회 사용하며, 모두 갈라디아서에 나온다(1:7–복수, 5:10–단수). 이것은 복음과 관련하여 갈라디아의 그리스도인들을 '어지럽히며'(NET, NASB), '정신적 혼란에 빠뜨리고'(NIV) 있었던 종교적 선동가들을 나타낸다. 바울은 이름을 명시하지 않고 있지만, '어떤 사람들'이란 언급을 통해 한 무리의 말썽꾼들이 갈라디아 교회를 어지럽히고 있었다는 것을 암시한다. [*trassō*]

왜곡하다(Pervert, *metastrepsai*) – 이 동사는 '선을 악으로 변경하는 것'(시락서 11:30)처럼, '어떤 것을 보통 정반대되는 어떤 것으로 바꾸다, 변경하다'(BDAG, 641, BAGD, 513, TDNT 7:728)라는 뜻이다. 이것은 신약에서 단 2회 사용된다. 사도행전 2장 20절은 요엘서 2장 31절의 '해가 변하여 어두워지고'(NIV)를 인용한다. 여기에서 바울은 말썽꾼들이 그리스도의 복음(1:6의 *euangelion*과 비교하라)을 다른 어떤 것으로(1:6의 *heteros*와 비교하라) '왜곡하거나'(NET,

NASB), '변경하기'(NKJV, NRSV, NIV)를 원한다고 비난하고 있다. [*metastrephō*]

1:8. 유죄 판결을 받다(Condemned, *anathema*) – 바울은 9절에서 거짓 복음을 전하는 사람들에 대한 정죄를 강조의 목적으로 반복하고 있다. 이것은 신약 전체에서 가장 준엄한 진술들 가운데 하나다. 그리스-로마 세계에서 이것은 성전의 제물처럼 '신에게 헌납되거나 성별된 어떤 것'을 가리켰다(제2 마카비 2:3, 유디트 16:19). 그러나 이것은 '파괴를 가져올 신적 분노에 넘겨져서 저주를 받게 된 어떤 것'에 대해서도 사용되었다(TDNT 1:353-54). 70인경은 히브리어 '*ban*'을 일반적으로 이 단어로 번역한다. 이것은 어떤 물건들이나 회개하지 않은 사람들이 멸망을 가져다주는 하나님의 진노와 심판 아래 있다는 뜻이다(레 27:28-29, 수 6:17-18, 7:11-15, BKWS, 민 18:14, 신 2:34 비교). 이 단어는 신약에서 6회 사용되며, 사도행전 23장 14절을 제외하고는 모두 바울에 의해 사용된다(롬 9:3, 고전 12:3, 16:22, 갈 1:8, 9). 바울에게 이 단어는 어떤 사람이 하나님의 저주 아래 놓여 있는 것을 나타내며, 따라서 '저주받은, 몰락한'이란 의미다(BDAG, 63, BAGD, 54). 바울의 어법에서 기본 개념은 "하나님의 공정한 진노에 넘겨져서 자신의 죄 때문에 '저주'받게 된 사람"이다(TDNT 1:354,2). 여기에서 바울의 *anathema*는 '저주'를 받을 것이다(NKJV, NASB, NRSV), '영원히 유죄 판결을 받은'(NIV), '유죄 판결을 받아 지옥으로 가는'(NET)으로 번역된다. [*anathema*]

1:10. 승인을 얻다(To win approval, *peithō*) – 통상적인 헬라어 어법에서 이 동사는 '설득하다, 확신시키다'(LN 33.301)라는 뜻이다. 이 동사는 형태와 문맥에 따라 긍정적인 뉘앙스를 지닐 때도 있고, 부정적인 뉘앙스를 지닐 때도 있다(BDAG7 91-92, BAGD, 639-40). 바울은 이것을 '어떤 사람에게 호소하다, 어떤 사람을 설득하거나 기쁘게 하려고 노력하다'라는 뜻으로 사용한다. 이 구절에서는 '기쁘게 하다'(*areskō*)는 단어와 비교된다(TDNT 6:2 참고). 아무래도 갈라디아에 온 거짓 교사들은 바울에 대해 '사람들을 기쁘게 하는 사람'이라고 비난한 것 같다. 바울은 하나님의 승인을 얻기 위해 애쓰고 있다면서, 수사적 표현을 사용해서 그런 사실을 부인한다(*anathema*, NIV, NRSV, NET 비교). [*peithō*]

기쁘게 하다(To please, *areskein*) – 헬라 문학에서 이 단어는 본래 '화해하다'라는 뜻을 지닌 법적 용어였으나 점차적으로 자기 자신이나 다른 사람을 '기쁘게 하다'라는 관계적인 차원에서 사용하게 되었다. 어떤 사람의 기대를 만족시키기 위해 그 사람에게 아첨하는 것에서부터 대중의 승인을 얻는 것에 이르기까지 광범위한 의미로 사용된다(BDAG, 129-30, BAGD, 105, TDNT, 1:455). 신약에서 17회 사용되며, 14회가 바울에 의해서 사용되었다. 갈라디아서에서는 여기에만 2회 나온다. 아마도 사람들에게 친절하게 한다는 의미에서 '기쁘게 하다'(NIV, NRSV, NET)라는 뜻이었을 것이다. 바울은 수사학적 표현을 사용하여 이 사실을 부정한다. 왜냐하면 그리스도의 '종'으로 자신이 부르심을 받은 것은 사람을 기쁘게 하려는 것이 아니었기 때문이다. 바울이 보기에 그리스도인의 사역에서 은혜의 복음을 양보하면서 사람을 기쁘게 하는 것과 그리

스도를 섬기는 것은 서로 배타적인 동기들이다. [*areskō*]

그리스도의 종(<u>Servant</u> of Christ, *doulos*) – 이 단어는 '종'이란 뜻이며, 주인/ 군주에게 충성할 의무가 있고, 주인/ 군주를 의지하는 사람을 나타낸다(TDNT 2:261). 고대 헬라인들은 개인의 자유를 존중했으며, 노예를 경멸했다. 헬라인들에게 이 단어는 종교적으로 별다른 의미는 없었다. 70인경에서는 '노예, 종'을 뜻하는 히브리어 단어 *'ebed*를 번역할 때 대부분 이 단어를 사용했다(BDB, 713–14). 이것은 '노예, 가정의 하인들, 왕의 신하들, 하나님의 종들'과 같은 폭넓은 의미를 지닌다(BKWS, 민 12:7 비교). 아브라함(시 105:42, 70인경의 104:42), 모세(수 14:7), 여호수아(사 2:8), 엘리야(왕하 10:10), 다윗(삼하 7:5, 8, 시 89:3, 70인경의 88:3), 그리고 '하나님의 종들'로 불린 예언자들과 같은 구약 성경의 중요 인물들에게 '나의(하나님의) 종'이라는 영예로운 칭호가 수여되었다. 이 단어는 그들이 하나님의 다스림을 받고, 하나님을 의지한다는 점에서 그들과 하나님과의 관계를 나타낸다. [*doulos*]

1:11. 전한 복음(Gospel···preached, *euangelion···euangelisthen*) – 바울은 다른 곳에서 자신이 전한 복음을 '나의 복음'(롬 2:16, 16:25)이라고 부른 바 있다. 그는 하나님께서 모세 율법과 유대의 풍습들을 따르는 것과 무관하게 그리스도를 믿는 이방인들을 받아들이신다는 것을 강조한다(갈 2:6, 고전 15:1–11, 1:6의 '복음'을 참고하라). [*euangelion, euangelizō*]

<u>사람</u>에게서 비롯된 것이 아니라(Not of <u>human</u> origin, *ouk···kata anthrōpon*) – *Anthrōpos*라는 단어는 문맥에 따라 '인간 존재, 사람, 개인'을 의미한다(BDAG, 81–82, BAGD, 68–69). 이것은 다양한 의미로 사용된다. 바울은 이 단어를 126회 사용하며, 그 가운데 갈라디아서에 14회 나온다. 여기에서 바울은 이 복음은 "사람에게 기원이 있는 것이 아니다"라고 선언한다(NASB, NKJV). 이 문구는 '하나님과 그분의 계시와 대조할 때 부족함이 있는 인간의 생각, 행동'과 관련이 없다는 의미를 갖고 있다(TDNT 1:364). 다른 역본들은 '인간적 기원에 속하지 않은'(NET, NRSV), '단순한 인간적 추론과 논리에 근거한 것이 아닌'(NLT), 조금은 덜 정확하지만, '사람이 만들어 낸 어떤 것이 아닌'(NIV)으로 번역한다. 이것은 바울이 1장 12절에서 자신의 복음의 출처에 대해 '사람에게서 받은 것이 아닌'(NASB, NKJV, NIV), '어떤 인간적 출처에서 비롯된 것이 아닌'(NRSV, NET)이라고 말하고 있는 것과, 1장 1절에서 자신의 사도직의 기원에 대해 말한 것과 일치한다. [*anthrōpos*]

1:12. 예수 그리스도의 <u>계시</u>(<u>Revelation</u> of Jesus Christ, *apokalyseōs*) – 이 단어의 동사형은 '드러내다, 폭로하다, 완전히 알게 하다'라는 뜻이며, 명사는 '계시, 폭로'를 의미한다(BDAG, 112, BAGD, 92). 신약에서 이 단어는 하나님께서 숨기셨기 때문에 사람들이 아직까지 알지 못하던 어떤 것('비밀', 롬 16:25)의 베일을 벗긴다는 뜻이다. 신약에 등장하는 18회 가운데 13회를 바울이 사용하며, 갈라디아서에 2회 나온다(1:12, 2,2). 여기에서 바울은 자신이 전한 복음은 '예수 그리스도의 계시'(NKJV, NASB, NRSV, NET)에 의해 또는 '예수 그리스도로부터'(NIV,

NLT) 받은 것이라고 밝힌다. 어떤 주석가들은 바울이 예수 그리스도가 바로 계시의 '내용'이란 뜻으로 말했다고 생각한다. 즉, 다메섹 도상에서 계시자는 하나님 아버지였고, 계시된 분은 예수 그리스도셨다(1:1의 Paulos와 비교하라). 바울은 그 계시를 통해 자신의 복음을 받았다(Burton, 433–35, Bruce, 89). 다른 이들은 바울이 예수 그리스도께서 계시를 '행하시는 분'이라는 뜻으로 말했다고 생각한다. 즉, 예수님께서 복음의 내용을 계시하셨으며, 바울은 그 복음을 전파하라는 임무를 부여받았다(Longenecker, 24). 바울의 경우 둘 다 사실이다. 예수 그리스도께서 바울이 받은 계시의 '행위자'('그리스도로부터'–주격 속격)이며, 내용('예수 그리스도에 관한'–목적격 속격)이다(계 1:1 비교, Wallce, 119–21, TDNT 9:551). 바울은 다메섹 도상에서 부활하신 주 예수 그리스도를 만났을 때, 은혜에 근거하고 율법에서 자유로운 복음과 그것을 이방인들에게 전하라는 사명을 받았다. 비록 바울이 예루살렘 사도들과 상관없이 복음을 받았지만, 그 복음은 사도들이 받은 복음과 동일한 것이었다. [*apokalypsis*]

1:13. 유대교(Judaism, *Ioudaismōi*) – 이 단어는 신약에서 여기와 14절에만 나온다. 이것은 유대 종교의 실천을 가리키며, 그들이 어떤 것을 믿고 어떻게 행동하는가와 관련이 있다(LN 41.33, BDAG, 479, BAGD, 379). 이 이름은 B.C. 586년에 바빌론의 포로가 된 남왕국 유다에서 유래했다. 이것은 구약 성경와 신약 성경의 중간기 동안에 하나의 종교와 삶의 방식으로 발전되었다. 신약 이외에도 제2 마카비에서 이것은 '유대적인 생활과 사상의 총합'을 뜻하며 유대인들이 매우 귀중하게 생각하는 명칭으로 등장한다(제2 마카비 2:21, 8:1, 14:38, TDNT 3:383). [*Ioudaismos*]

그것을 <u>멸하고자</u> 했었다(Was trying to <u>destory</u> it, *eporthoun*) – 신약에서 모두 3회, 바울 서신에서 2회 사용되며, 갈라디아서에 2회 모두 나온다(1:13, 23, 다른 한 곳은 행 9:21). 이것은 '멸하다, 소멸시키다'(BDAG, 853, BAGD, 693), '파괴의 목적으로 공격하다'(LN 20.37)라는 뜻이다. 그리스–로마 사회에서 도시들과 마을들을 약탈하고 파괴하는 것(제4 마카비 4:23, Josephus, War 4.7.2, Ant. 10.8.2)이나 약탈하는 군인들과 죄수들(제4 마카비 11:4, MM, 529)과 관련하여 이 단어를 사용했다. 사울은 유대계 그리스도인들을 심하게 박해함으로써(행 8:1–3 비교) 하나님의 교회를 파괴하고자 했었다(능동태 미완료시제). [*portheō*]

1:14. 전통들(Traditions, *paradoseōn*) – 이 단어는 '전해져 내려오는 가르침의 내용, 곧 전승'을 뜻한다(BDAG, 763, BAGD, 615). 하지만 70인경은 이 단어를 이런 의미로 사용하지 않는다. 바울은 이 용어를 5회 사용하며, 그 가운데 3회는 전통으로서의 기독교 가르침을 가리키며(고전 11:2, 살후 2:15, 3:6), 다른 두 번은 '사람들의 전통'(골 2:8)과 '유대인 조상의 전통'(갈 1:14)을 각각 가리킨다. 이 문맥에서 이 단어는 이전 세대부터 보존되어왔고, 모세 율법에 대한 권위 있는 보충으로 구전을 통해 전해졌던 유대 랍비들의 가르침 및 실천과 관련이 있다(Josephus, Ant. 13.10.6, 13.16.2, TDNT 2:172, LN 33.239

비교). 랍비들의 가르침은 후에 미쉬나(A.D. 170년경)와 탈무드(5세기경)에 기록되었다. 바울은 그리스도인이 되기 전에 조상들의 전통에 대해 지나치게 열심이었고(NET), 그리스도인들을 박해했다. 그런데 이제 그에게 어떤 일이 발생했다(1:15, 행 9:1–22 비교). [*paradosis*]

1:15. 나를 택정하신 분[하나님](The one[God] who set me apart, *aphorisas*) – 바울은 서신들에서 이 동사를 4회 사용한다. 그 의미는 두 가지인데, 하나는 '분리하다, 물러가다'(갈 2:12, 고후 6:17)이며, 다른 하나는 '따로 세우다, 임명하다'(갈 1:15, 롬 1:1)이다. 여기에서는 특별한 목적, 임무 또는 기능을 위해 어떤 사람을 따로 세우거나 임명하다는 뜻으로 쓰이고 있다(BAGD, 158, BAGD, 127, LN 37.97). 하나님께서는 이방인들에게 복음을 전하기 위해, 바울을 날 때부터 따로 세우셨다(갈 1:16, 롬 1:1, 5). 이 표현은 구약 성경의 선지자들(렘 1:5 비교)과 여호와의 종(사 49:1–6 비교)의 소명에 뿌리를 두고 있다. [*aphorizō*]

1:16. 그분의 아들을 내 속에 나타내셨다(To reveal his Son in me, *apokalypsai ton huion autou*) – 이 동사는 이전에 감추어졌던 어떤 것을 '드러내다, 폭로하다, 완전히 알게 하다'라는 뜻이다(BDAG, 112, BAGD, 92, LN 28.38). 이것은 헬라의 종교 사상과 유대 사상에서 다양한 뉘앙스를 전달한다(TDNT 3:563–92). 70인경에서 89회 나오는 이 동사는 동일한 의미를 지닌 히브리어 동사 *gālāh*를 번역한 것이다(레 18:6–8, 민 22:31, 삼상 3:7, 사 53:1). 신약에 나오는 26회 가운데 바울이 13회를 사용하며, 갈라디아서에 2회 나온다(1:16, 3:23). 각각의 경우에, 이전에 감추어졌기 때문에 사람들에게 알려지지 않았고 사람이 발견할 수 없는 곳에 있었다가 이제 하나님에 의해서 '드러난' 것이 무엇인지를 결정하는 것은 바로 문맥이다. 여기에서는 바로 '그의 (하나님의) 아들' 또는 '아들'이다. '아들'은 바울 서신에 15회, 그 가운데 갈라디아서에 4회 나온다(1:16, 2:20, 4:4, 6). 이 칭호는 초기의 유대계 그리스도인의 메시아에 대한 사상과 관련이 있다(제4 에스라[7:28–29, 13:32, 37, 52, 14:7–9]의 '나의 아들 메시아'라는 표현과 비교하라, BDAG, 1025, 2c, Longenecker, 31). 바울이 하나님께로부터 온 계시에 의해 받은 것은 이방인들까지 포함하는 하나님의 구속 계획뿐만 아니라, 부활하신 주와 하나님의 아들로서의 예수 그리스도에 대한 새로운 이해였다(행 9:20, 고전 9:1 비교). '내 속에'(*en emoi*, '내게'–NRSV, ESV)라는 표현은 예수님께서 다메섹 도상에서 나타나셨기 때문에 바울이 자기 안에서 그리스도인으로서의 이해와 경험을 하게 되었다는 것을 강조하는 것 같다. [*apokalyptō, huios*]

의논하다(Consult, *prosanethemēn*) – 이 동사는 신약에서 여기와 갈라디아서 2장 6절에만 나온다. 이것은 '누군가에게 어떤 것(정보나 충고)을 추가하다, 제공하다'(2:6 비교), 그리고 여기에서처럼 '어떤 사람과 상담하다'라는 두 가지 의미를 지닌다(BDAG, 876, BAGD, 711, LN 59.72, 33.175). 즉, '가르침을 받거나(1:16), 주기 위해서(2:6) 누군가와 의논한다'라는 뜻이다. 바울이 부활하신 주님과의 계시적 만남(1:15–16상) 직후(*eutheōs*, NASB, NKJV), '혈육'과 '의논하거나'(NASB, NIV), '충고를 구하거나'(NET), '상의하지'(NRSV, NKJV) 않았다. '혈육'은 유한하고 연약한 인간을 뜻하는 비유적 표현이므로, '어떤 남자와도'(NIV) 또는 조금 더 나아보이는 '어떤 사람과도'(NRSV, NET)로 번역할 수 있다. 또한 바울이 사도들과 의논하기 위해 예루살렘으로 가려 했던 것이 아니었다. [*prosanatithēmi*]

1:17. 아라비아…다메섹(Arabia…Damascus, *Arabian…Damaskon*) – 아라비아는 바울이 회심 후에 방문했던 지역으로 요단강 동쪽에 위치한다(BAGD, 127, BAGD, 104). 바울이 아라비아 어디에 있었는지, 거기에 왜 갔는지는 알려져 있지 않다. 다메섹은 로마 식민지 수리아의 수도로서, 아랍 사람들과 유대인들이 대규모로 거주하는 상업의 중심지였다BDAG, 212, BAGD, 170). 바울은 예루살렘을 떠나 유대계 그리스도인들을 박해하기 위해 유대의 산헤드린으로부터 권한을 부여받아 다메섹을 향해 가고 있는 중이었다(1:13 비교). 그는 도중에 부활하신 주를 만나 회심했고, 이방인들을 위한 사도(행 9:1–19)로 임명되었다(1:1 비교). 그는 가장 먼저 다메섹에서 '예수님께서 그리스도'라고 전파했으며 그 다음에 아라비아로 갔다가 다시 다메섹으로 돌아왔다. 바울은 이 모든 기간 동안에 예루살렘 사도들을 만난 적이 없었다. [*Arabia, Damaskos*]

1:18. 게바[베드로](Cephas [Peter], *Kēphan*) – 게바는 예수님께서 시몬에게 수여하신 별명을 아람어로 옮긴 것이다. 이 단어에 해당하는 헬라어 표현은 Petros이다. 아람어 표현과 헬라어 표현 둘 다 동일한 인물을 가리키며, '반석'이란 뜻이다(BDAG, 809, 544, BAGD, 431, LN 93.211). Petros는 신약에 156회 나온다. 하지만 게바는 단 9회만 나오며, 그 가운데 바울이 8회를 사용한다(다른 한 곳–요 1:42). 갈라디아서에는 4회 나온다(1:18, 2:9, 11, 14). Petros는 갈라디아서에 2회 나온다(2:7, 8). 시몬/ 게바/ 베드로는 예수님의 수제자였으며(열두 제자 가운데 한 사람), 초대교회의 사도였다. 여기에서 NIV와 NKJV는 게바 대신 '베드로'로 표기한다. [*Kēphas*]

1:19. 야고보(James, *Iakōbon*) – 이 이름을 가진 사람이 신약에 네 사람 나온다. 여기에 나오는 '주의 형제 야고보'는 아마도 마가복음 6장 3절(마 13:55 비교)의 예수님의 형제들 명단에 들어 있는 야고보인 것 같다. 예수님의 제자들 가운데 이 이름으로 불리는 두 사람, 즉 세베대의 아들 야고보 및 알패오의 아들 야고보와 혼동하지 말아야 한다(막 3:17–18, 행 1:13, 12:2 비교). 무엇보다도 주의 형제 야고보는 예수님의 제자가 아니었다. 하지만 그는 부활하신 주를 보았으며(고전 15:7), 예루살렘 교회의 구성원이었고(행 1:14), 교회의 지도자의 위치에 있었으며(행 15:13, 21:18–19, 갈 2:1–10), 그의 이름으로 된 신약 서신의 저자다. 그는 A.D. 62년에 순교했다. 바울은 이 야고보가 열두 제자의 일원은 아니었지만, 다른 사도들 사이에 포함시켰던 것 같다(1:17 비교). 그는 갈라디아서에서 이 야고보를 세 번 언급한다(1:19, 2:9, 12). [*Iakōbos*]

1:21. 수리아와 길리기아(Syria and Cilicia, *Syrias kai kilikias*) – 수리아는 북쪽의 다소 산맥과 동쪽의 팔레스틴 사이, 서쪽의 지중해와 동쪽의

유프라테스 강 사이에 위치했었다. 이곳은 B.C. 64년에 로마의 식민지가 되었으며, 수도는 안디옥이었다(BDAG, 978, BAGD, 794). 길리기아는 소아시아의 남동쪽 끝에 있는 인접 도시였다. 그곳의 수도는 바울의 고향인 다소였다(비교-행 9:30, 11:25-26, BDAG, 544, BAGD, 432). 바울은 약 10년 동안 이 지역에서 선교 활동을 했다. [*Syria, Kilikia*]

1:22. 그리스도 안에(In Christ, *en Christō*) - 신약에서 중요한 핵심 주제의 하나인 이 문구가 복음서에는 나오지 않으며, 바울 서신들을 제외하면 다른 곳에서도 잘 나오지 않는다(신약의 다른 곳에서는 벧전 3:16, 5:10, 14에만 나온다). 바울은 이것을 81회 사용하며, 갈라디아서에서 7회 사용하고 있다(1:22, 2:4, 17, 3:14, 26, 28, 5:6). 대명사의 사용(예를 들면, '그 안에서, 그의 안에서')을 포함시키면 '그리스도 안에'라는 문구 사용의 횟수는 훨씬 증가한다. 따라서 바울 사상에서 이 문구가 매우 중요한 것을 알 수 있다. 이 문구의 의미는 '모든 것을 다 포함하는 인격들'(inclusive persons)로서 인간을 대표하는 지도적 위치에 있는 두 사람인 아담과 그리스도(두 번째 아담[마지막 아담])에 대한 바울의 견해에 뿌리를 두고 있다. 첫 번째 아담의 범죄로 말미암아 죄와 사망이 인간 세상에 들어왔다(5:12-19). 모든 인간은 아담의 후예로서 '아담 안에서' 죄와 사망의 지배 아래 있게 되었으며, 아담에게서 물려받은 모든 불이익들을 경험한다. 하지만 두 번째 아담(마지막 아담)이며, 십자가에서 죽으셨다가 다시 살아나신 그리스도로 말미암아 의와 생명의 새로운 질서가 새로운 인간을 위해 세상에 들어온다(롬 5:12-21, 고후 5:17). 믿음으로 말미암아 새로운 아담이신 그리스도께 속한 사람들(롬 5:17)은 '그리스도 안에' 있게 된다. 그들은 현재와 미래에 그리스도께 속하는 모든 유익들을 누린다(롬 3:24, 고전 15:22-23, 엡 1:3-14 비교). 죄와 사망의 세력들이 '아담 안에서' 사람들의 왕 노릇을 했으나 하나님의 은혜로 말미암아 모든 사람들은 '그리스도 안에서' 죄와 사망을 근본적으로 정복하고 의와 생명을 받는다(롬 5:21, 6:23, 고후 5:17-21). 하지만 바울은 주어진 문맥에서의 '안에'(*en*)의 기능에 의거하여 '그리스도 안에'라는 개념을 한 가지 이상의 의미로 사용하고 있다. 바울이 믿는 자들이 '그리스도 안에'있다고 말할 때, 믿는 자들이 인간의 대표자이고 머리인 아담보다는 그리스도와 연합하거나, 그리스도 안에 포함된다는 뜻으로 말한 것 같다. 따라서 그리스도의 생명, 구원의 은혜들, 부활의 운명은 개인적 차원에서(고후 5:17), 그리고 공동체의 차원에서(롬 12:5) 신자들에게 해당된다. 이 문맥에서 유대의 교회들을 구별한 것은 그들이 '그리스도 안에 있는' 사람들의 지역 회중들이기 때문이다(TDNT 2:541-42, 9:539-49, DPL, 433-36 비교). [*en, Christos*]

1:23. 전에…지금(Once/formly…now, *pote…nyn*) - 바울은 '전에'라는 시간을 나타내는 부사를 20회 사용하고 있다. 그 가운데 갈라디아서에서 4회 사용하며(1:13, 23[2회], 2:6), 과거의 어느 한 시기를 가리킨다(비교-BDAG, 856, BAGD, 695). 그는 '지금'이라는 시간을 나타내는 부사를 51회 사용하는데, 그 가운데 갈라디아서에선 6회 사용하며(1:23, 2:20, 3:3, 4:9, 25,

29), 현재의 순간이나 어느 한 시기를 가리킨다(BDAG, 681, BAGD, 545 비교). 때로 이것은 시간적 의미보다는 논리적 의미를 전달한다. 바울은 문맥에 따라서 구원의 역사에서 십자가 이전(pre-cross, *pote*)과 십자가 이후(post-cross, *nyn*)의 활동(롬 3:21, 엡 3:21) 사이의 대조나, 십자가 이후의 인간의 역사에서 회심 이전(*pote*)과 회심 이후(*nyn*)의 활동 사이의 대조(엡 5:8)를 표시할 때 시간을 나타내는 이 두 개의 부사를 따로 사용하거나 함께 사용한다. 여기에서는 유대교에 있을 때의 바울의 회심 이전의 생활과, 그가 이전에 멸하려던 믿음을 전하는 이방인의 사도로서의 회심 이후의 생활 사이를 대조한다(갈 1:13의 '멸하다'를 참고하라). [*pote, nyn*]

믿음(The faith, *tēn pistin*) – 이 단어는 갈라디아서에 22회 나오며, 여기에서 첫 번째로 사용되고 있다(갈 2:16 참고). 이것은 바울 서신들에서 광범위한 의미로 사용되며, 여기에서는 '믿음/ 신념/ 가르침의 체계'를 나타내기 위해서 관사와 함께 사용되고 있는데(BDAG, 820, 3, BAGD, 663, 3, LN 31. 104), 기독교 복음이라는 뜻으로 사용되고 있다(3:23-25 비교). 놀랍게도 바울은 유대 지역의 그리스도인들이 믿고 있고, 전에 그가 심하게 반대했던 것과 동일한 복음을 전한다. (Longenecker, 42). [*pistis*]

2:1. 후에(Then, *Epeita*) – 이 단어는 바울의 다메섹 도상에서의 회심에 이어 세 번째 에피소드(2:1-10)를 시작한다. 이것은 그리스도인으로서의 바울의 두 번째 예루살렘 방문이다. 이 단어는 수리아와 길리기아에서의 바울의 선교 활동(1:21-24)을 다시 언급하는 것 같다. 추론하면 이 선교 사역과 회심 이후의 두 번째 예루살렘 방문(2:1-10) 사이에 그 어떤 일도 발생하지 않은 것 같다. 즉 바울의 이야기에 공백 부분이 있는 것 같지는 않다. 추정컨대, 2장 1절의 14년과 1장 18절의 3년은 연속적인 것이 아니라, 바울의 회심(A.D. 34-35년경)을 기점으로 한 계산으로 보인다. 회심 후의 총 14년 동안 바울은 예루살렘을 15일 동안 방문하였고, 수리아와 길리기아 지역에서 사역했으며 거기에는 안디옥과 다소가 포함된다. 회심 이후의 두 번째 예루살렘 방문은 유대에 있는 교회들을 위한 재해 구조기금(행 11:27-30, 하지만 이 방문을 행 15:1-4의 예루살렘 회의와 동일하게 보는 사람들이 많다)과 예루살렘의 교회 지도자들과의 개인적 만남(갈 2:1-10) 때문이었다(연대기적 재구성에 대해 더 논의하려면 Bruce, 43-56과 Longenecker, lxxviii-lxxxviii을 참고하라, 갈 1:2절의 '갈라디아'를 참고하라). [*epeita*]

바나바(Barnabas, *Barnaba*) – 바나바는 초대교회의 핵심 지도자였다. 사도행전에서 23회, 바울 서신에서 5회 언급되며, 갈라디아서에 3회 나온다(2:1, 9, 13, 다른 두 곳-고전 9:6, 골 4:10). 출생할 때 그의 이름은 요셉이었으나 예루살렘 사도들은 그를 '위로의 아들'(행 4:36)이란 뜻의 바나바로 불렀다. 그는 구브로 출신의 레위인이었다(BDAG, 167, BAGD, 133). 후에 그는 바울을 사도들에게 소개했다(행 9:27). 그 후로 바울과 바나바는 수리아의 안디옥에서 만 1년 동안 선교 활동을 했다(행 11:20-26). 그 기간 동안 안디옥의 그리스도인들은 유대에 살고 있는 그리스도인들을 위한 재해 구조 기금을 예루살렘으로 보냈다(행 11:27-30). 바울은 이 구절에서 바로 그 방문에 대해 말하고 있다(위의 '후에'를 참고하라). 바나바는 갈라디아를 포함하는 바울의 1차 선교 여행의 협력자였다(행 13:1–14:28). [*Barnabas*]

디도(Titus, *Titon*) – 디도는 바울의 동료이자 협력자로서 이방인 출신 그리스도인이었다. 그는 수리아의 안디옥에서 바울 때문에 회심한 사람들 가운데 한 사람이었을 것이다(딛 1:4 비교). 신약에서 13회 언급되며, 갈라디아서에 2회 나온다(갈 2:1, 3). 디도에게 보낸 후기 바울 서신은 그를 그레데의 기독교 사역을 책임진 바울의 협력자로 소개하고 있다. 디도와 바나바는 바울을 수행하고 예루살렘으로 올라갔다. [*Titos*]

2:2. 내가 전파하는 복음(Gospel that I preach, *euangelion…kēryssō*) – 여기에서 바울은 *euangelizō*(1:8, 9 비교) 대신 *kēryssō*를 사용한다. 이 두 단어 모두 보통 '선포하다, 전파하다'로 번역된다. 그리스–로마 세계에서 이 단어(*kēryssō*)는 왕의 전령의 활동을 묘사했었다. 그는 왕실의 중요한 인물로서 우렁차고 낭랑한 목소리로 여러 가지 고지 사항을 외쳐서 다른 사람들에게 알리는 임무를 담당했다(NIDNTT 3:48, TDNT 3:683–94). 따라서 이 동사는 '공식적으로 발표하다, 발표하다, 알리다' 또는 좀 더 일반적으로는 '공식적으로 선언하다, 큰 소리로 선포하다'는 뜻이다(BDAG, 543, BAGD, 431). 성경 본문들은 선포자보다는 선포의 행위를 강조한다. 여기서는 유대에 있는 교회 지도자들에게 선포한 메시지를 강조하고 있다. 이 단어는 70인경에 29회(출 32:5, 36:6, 욜 2:1, 3:9, 사 61:1 비교) 나온다. 신약에서는 기독교 메시지의 전파를 표현할 때 여러 단어를 사용한다. 때때로 그 단어들은 의미상 중복되기도 하지만(예를 들면, *euangelizō*, *kēryssō*, TDNT 3:703, 711), 뚜렷하게 다른 뉘앙스를 전달한다. 이 동사(*kēryssō*)는 역동적이고 권위 있는 선포를 강조한다. 따라서 이 동사를 번역할 때 설교를 한다는 의미에서의 '전파하다'로 국한시킬 필요는 없다. 이것은 하나님께서 선포된 복음 메시지를 통해 활동하시기 때문에 새로운 존재의 질서를 세우고 확립하는 역사적이고 극적인 그리스도 사건의 선포다(롬 1:16–17 비교, 갈 1:6의 '복음'을 참고하라). [*kēryssō*]

2:3. 강요했다(Compelled, *enagkasthē*) – 이 단어는 '재촉하다, 밀어붙이다'보다는 약한 의미이면서도, 신약에서는 대부분 "특별한 방식으로 행동하도록 누군가에게 강요하다"라는 비교적 강한 의미를 전달한다(BDAG, 60, BAGD, 52). 신약에서 9회, 바울에 의해 4회 사용되며, 갈라디아서에 3회 나온다(2:3, 14, 6:12). 여기에서 바울은 예루살렘에 함께 온 이방인 그리스도인인 디도에게 할례를 받으라고 강요하지 않았다고 주장한다. 하지만 어떤 사람들은 바울이 강요했다고 주장했다. 3–5절들은 디도가 처한 상황을 설명하는 삽입 구절로서 계속해서 바울을 반대하는 사람들의 주장을 근본적으로 부정하기 위한 의도로, 두 번째 여행에 대해 말하는 1–2절과 6–10절 사이에 삽입되었다. [*anagkazō*]

할례를 받게 하다(To be circumcised, *peritimēthēnai*) – 갈라디아서에 나오는 할례에 대한 첫 번째 언급이다. '할례를 행하다'라는 동사는 신약에 17회 나오는데, 바울은 그 가운데 9

회를 사용하며, 갈라디아서에서 6회 사용한다(2:3, 5:2, 3, 6:12, 13[2회]). 그는 갈라디아서의 다른 곳에서와 같이 여기에서 이 동사를 문자적 의미에서 '남성 성기의 포피를 절단하다, 할례를 행하다'라는 뜻으로 사용하고 있다(BDAG, 806-7, BAGD, 652). 이 관습에 대해서는 창세기 17장 10-11절에서 처음 언급한다. 하나님께서는 그 당시에 행해지고 있던 고대의 문화적 관습을 채택하여, 아브라함과 그 후손들, 즉 이스라엘과 맺은 특별한 언약의 증표로 삼으셨다(BKWS OT vol. 1, 창 19:10, 11, 레 12:3, 신 10:16 비교). 시간이 흐르면서 유대인들은 할례라는 외적 의식을 유대인임을 구별하는 특징적인 증표로 매우 중시했다. 신약시대 동안에 경건한 유대인들은 할례를 하나님의 언약 공동체에 참여하는 데 필요한 표식과 증표로 간주했다(TDNT 6:72-84 비교). 자신들이 예수님을 따르고 있다고 주장하는 어떤 유대인들은 모세 율법, 성전 예배, 그리고 할례와 같은 유대의 의식들을 계속해서 충실하게 준수해야 된다는 입장에 서서 기독교 복음을 해석했다. 그들은 율법에서 자유로운 바울의 복음과 이방인들을 위한 활동을 심각한 위협으로 받아들였다. [*pritemnō*]

2:4. 거짓 형제들(False brothers, *tous pseudadelphous*) - 이 헬라어는 신약에 단 2회 나온다(갈 2:4, 고후 11:26). 두 곳 모두 '거짓 형제들'('거짓 신자들', NRSV)로 번역되고 있다. '거짓 형제'는 겉으로는 동료 신자인 체하지만, 동료 신자들을 향한 행동에 의해 자신들의 주장이 거짓임을 드러내는 사람'이다(BDAG, 1096, BDAG, 891). 일부 유대계 그리스도인들은 그들이 참된 신자라고 생각했지만, 바울은 그렇게 생각하지 않았다. 바울은 그들은 사기꾼들, 즉 그리스도를 믿는 신자인 체하지만 믿는 것이 아니며, 사실상 거짓 가르침으로 참된 신자들을 그릇된 길로 이끄는 사람들로 생각했다. 바울은 할례를 받아야 한다고 디도에게 압력을 행사한 사람들에 대해 말한다(3, 5절). 아무래도 그들은 바울이 전파하는, 율법에서 자유로운 복음에 반대하며 갈라디아 교회들에 문제를 일으키고 있던 사람들과 동일인이었던 것 같다. [*pseudadelphos*]

엿보다(To spy, *kataskopēsai*) - 군사적 첩보 활동과 관련이 있는 이 동사는 신약에서 여기에만 나온다. '알아내다, 숨어서 기다리다'는 뜻이다(BDAG, 527, BAGD, 418, 비교-삼하 10:3[70인경], 대상 19:3[70인경]). 여기에서는 '은밀하게 그리고 악한 의도를 갖고 지켜보거나 관찰하다'라는 뜻이다(LN 24.50, 비교-TDNT 7.416). [*kataskopeō*]

우리의 자유(Our freedom, *tēn eleutherian hēmōn*) - 일반적으로 이 명사는 '자유, 해방'이란 뜻이며, '자유롭게 된 상태'를 가리킨다(BDAG, 316, BAGD, 250, LN 37.133). 이것은 바울 서신들, 특히 갈라디아서에서 중요한 개념이다. 신약에서 모두 11회, 바울에 의해서 7회 사용되며, 갈라디아서에 4회 나온다(2:4, 5:1, 13[2회]). 형용사 '자유로운'은 신약에서 총 23회 사용되며, 갈라디아서에 6회 나온다(3:28, 4:22, 23, 26, 30, 31). 동사 '자유롭게 하다'는 신약에서 7회, 바울에 의해서 5회 사용되며, 갈라디아서에 한 번 나온다(5:1). 세속 헬라 사상과 그 이후의 스토아 철학(TDNT 2:487-96 비교)에서와 달리 구약(70인경)이나 신약에서 이 단어는 정치적 자유와 독립적인 자기 결정이란 의미로 사용되지 않는다. 바울은 구약에서 이 개념을 차용하고 있다. 그는 자유를 두 가지 의미로 이해하고 있는데, 하나는 사람들을 노예로 만드는 세력, 즉 죄(롬 7:3-6, 8:3, 갈 2:4, 4:21-31, 5:1-13)와 사망에서 해방되는 것(롬 6:22-23, 8:21)이며, 다른 하나는 하나님과 의의 종이 되는 것(롬 5:1-13)이다. 역설적으로 자유로운 그리스도인은 이기적 독립으로 스스로의 주인이 되는 것(고전 6:19-20)이 아니라 믿는 자들을 자유롭게 하여 자신을 섬기게 하시는 그리스도의 것(갈 5:1)이 된다. 이 문맥에서는 모세 율법으로부터의 자유와 관련이 있다. 이것은 복음으로 말미암은 자유, 즉 믿는 자들이 예수 그리스도 안에서 갖게 되는 자유다(1:22 비교). 이 자유는 '복음의 진리'(2:5)에 근거하고 있다. [*eleutheria*]

2:5. 복음의 <u>진리</u>(The <u>truth</u> of the gospel, *alētheia*) – 고전 헬라 문학에서 진리라는 단어는 거짓, 속임, 또는 은닉과 상반되는 일이나 사건의 진상과 일치하는 정보를 나타낼 때 사용되었다(NIDNTT 3:974-77 비교). 후기 헬라 작가들에게서도 이 기본적 어법은 유지되고 있다(Epictetus, Discourse 4.1, 7, 7, Josephus, Ant. 6.225 비교). 70인경에서 가장 가까운 히브리어 동의어는 *'ĕmet*이며, '안정, 견고, 신뢰'의 개념을 함축하기 때문에 '진리' 또는 '신실함'으로 번역된다(NIDNTT 3:877-82, 비교-BKWSOT Vol. 1.251). 사람이 진리를 신뢰하는 것은 그것이 사실과 일치하기 때문이다. 신실하신 하나님의 말씀과 행동은 진실하며 신뢰할 만하다. 이 단어는 신약에서 109회, 바울에 의해 47회 사용되며, 갈라디아서에 3회 나온다(2:5, 14, 5:7). 바울은 일반적으로 '사실'(골 1:6), '진실함'(롬3:7, 엡 5:9), '거짓과 반대되는 참됨'(엡 4:25), 구체적으로는 '궁극적 진리로서의 기독교'(BDAG, 42, 2b, BAGD, 35-36, 엡 1:13, 4:21, 6:14)라는 뜻으로 이 단어를 사용한다. 이 구절과 2장 14절(골 1:15 비교)에서 바울은 '진리, 곧 복음'을 뜻하는 '진리의 복음'(여기에서 소유격은 동격이다. 진리가 복음을 가리키는 갈 5:7과 비교하라)이라는 표현에서 복음의 특성을 강조하기 위해 이 단어를 사용한다. 바울이 보기에 복음을 포기하는 것은 곧 진리를 포기하는 것이다. 그가 전파하는 은혜의 참된 복음은 자유를 가져다주며, 유대주의자들이 제시한 거짓 복음과도 구별된다(1:6-9 비교). 바울의 적대자들과의 갈등에서 쟁점은 바로 '복음의 진리'다(2:15-21 비교). [*alētheia*]

2:7. 맡게 되었다(I had been entrusted, *pepisteumai*) – 이 동사는 신약에서 241회, 바울에 의해 51회 사용되며, 갈라디아서에 4회 나오는데 여기에서 첫 번째로 등장한다(갈 2:16 참고). 이 동사는 바울 서신에서 다양한 의미로 사용된다. 여기에서(또한 롬 3:2, 고전 9:7, 살전 2:4, 딤전 1:11, 딛 1:13) '어떤 사람에게 무엇을 맡기다'(BDAG, 818, 3, BAGD, 662, 3, MM, 514), 또는 '누군가에게 어떤 것을 돌보게 하다'(LN 35.50)라는 의미로 사용되고 있다. 바울은 예루살렘의 사도들이 자신의 메시지에 아무것도 더하여 준 것이 없다고 진술한 후에(2:6), 사도들이 부활의 주님께서(1:15-16 비교) 이방인들을 위한 복음(2:7-10)을 자신에게 '맡기셨다'(NIV)는 사실을 알았을 때 보이는 긍정적인 반응을 서술하고 있다.

[*pisteuō*]

무할례자(The uncircumcised, *tēs akrobystias*) – 이 단어는 성경과 교회와 관련 있는 헬라의 작품들에서만 등장한다. 신약에 20회 나오며, 사도행전 11장 3절을 제외하면 모두 바울 서신에 나온다. 이것은 문맥에 따라 다음의 세 가지 의미를 전달한다. (1) 문자적으로 '남성 성기의 포피에 손을 대지 않은 것', 따라서 '포피'(*acrobystia*)가 있는 남성들(행 11:3, 고전 7:18–19), (2) 포피를 제거하지 않았기 때문에 무할례의 상태에 있는 사람들(롬 4:10의 '무할례시' 참고), (3) 할례를 하나의 종교 의식으로 실행하지 않는 이방인들을 일컫는 총칭(롬 3:30, 비교–BDAG, 39, BAGD, 33, TDNT 1:225). 이 단어는 갈라디아서에 3회 나오며(2:7, 5:6, 6:15), 여기에서는 이방인들(NIV)을 가리킨다. [*akrobystia*]

2:9. 기둥(Pillars, *styloi*) – 이것은 '구조물, 즉 기둥을 지탱하는 부분(버팀대)'을 뜻하는 헬라의 건축 용어다(BDAG, 949, 1, BAGD, 772, MM, 594). 그러나 이것은 또한 가정이나 공동체의 지도자들이자, 공동체를 대표했던 '자타의 인정이나 신뢰를 받는 사람들'을 뜻하는 비유적 표현으로 널리 사용되고 있다(TDNT 7:732, Euripides, Iphigeneia in Tauricam 57). 후기 랍비 문학에서는 족장들, 즉 아브라함, 이삭 그리고 야곱을 이스라엘의 세 기둥으로 부른다(Ex. Rab 15.7 비교). 이 단어는 신약에 4회 나오는데, 2회는 요한계시록에(3:12, 10:1), 나머지 2회는 바울 서신(갈 2:9, 딤전 3:15)에 나온다. 여기에서 야고보, 베드로, 요한은 예루살렘 교회의 '기둥들', 즉 자타의 인정이나 신뢰를 받는 사람들이다. [*stylos*]

친교(Fellowship, *koinōnias*) – 이 단어는 '상호간의 관심과 나눔을 포함하는 밀접한 관계의 의미에서 '교제, 사귐, 참여'를 뜻한다(BDAG, 552–53, BAGD, 438–39). 이것은 신약에 등장하는 19회 가운데 13회를 사용하는 바울에게 매우 중대한 관계를 나타내는 용어다. 갈라디아서에서는 여기에만 나온다. 하지만 이 단어의 동사형이 갈라디아서 6장 6절에 나온다. 바울에게 '친교'는 종교적인 것이며(사회적인 것과 대조된다), 믿음으로 말미암은 그리스도와의 개인적인 관계에 근거한 것이다. 바울은 이 용어를 '그리스도 안에서 신자의 종교적인 교제(참여), 기독교의 축복들, 그리고 신자들 사이의 상호 친교'라는 의미로 사용하고 있다(TDNT 3:804, '그리스도와의 친교'에 대해서는 3:804–6을 참고하라). 여기에서 '친교의 오른손'이란 표현은 관용구(MM, 686), 바울과 바나바와 예루살렘 지도자들 사이의 악수는 그리스도 안에서 같은 믿음에 속하며, 함께 복음을 선포한다는 상호 인정의 표현이었다. [*koinōnia*]

2:10. 기억하다(Remember, *mnēmoneuōmen*) – 이 동사는 신약에서 21회 사용된다. 바울은 그 가운데 7회를 사용하며, 갈라디아서에서는 여기에만 나온다. 이것은 주로 '기억에 의존하여 정보를 생각해내다'(LN 29.7, 살전 2:9) 또는 '적합한 행동을 생각해내어 대처하다'(LN 29.16, 예를 들면, 계 18:5)라는 의미에서 '기억하다'는 뜻이다. 이 구절에서 바울과 바나바는 "가난한 자들을 기억하라"는 부탁을 받고 있다. 여기에 등장하는 가난한 자는 아마도 예루살렘의 그리스도인들 가운데서 경제적으로 가난한 이들을 가리켰을

것이다(롬 15:26 비교). 여기에는 적절한 행동으로 대처하는 것, 즉 바울이 본래부터 힘써 행했던 어떤 일이 포함되었을 것이다. [*mnēmoneuō*]

2:11. 안디옥(Antioch, *Antiocheian*) – 바울 당시에 수리아의 안디옥은 중요하고 아름다운 도시였다(Longenecker, 65–71). 이 도시는 오론테스 강 주위에 위치했으며, 예루살렘에서 북쪽으로 약 483킬로미터, 지중해에서 약 32킬로미터 거리에 있었다. 로마 제국에서 로마와 알렉산드리아에 이어 세 번째로 큰 도시로서 인구는 50만 명이 넘었으며, 로마의 식민지인 수리아의 수도였다. 안디옥에는 비교적 큰 유대인 공동체가 있었다(Josephus, War 7.43). 이 공동체는 1세기 중반 무렵에 극심한 박해가 시작되기 전까지는 번영과 헬라 사람들과 로마 사람들의 관용을 누렸다. 기독교 복음이 이 도시에 들어왔을 때 많은 유대인과 이방인들이 받아들였으며, 이곳에서 신자들이 처음으로 '그리스도인'으로 명명되었다(행 11:19–26). 수리아의 안디옥은 신약에서 모두 14회 나오며, 이 구절만 제외하고 모두 사도행전에 나온다. [*Andiocheia*]

2:12. 함께 먹다가(Used to eat with, *synēsthein*) – 이 동사는 '누군가와 함께 음식을 먹다(교제하다)'라는 뜻이다(BDAG, 970, BAGD, 788, MM, 606). 바울은 신약에서 5회, 이 가운데 바울에 의해 2회 사용되며, 갈라디아서에서는 여기에만 나온다(다른 한 곳은 고전 5:11). 고대 문화에서, 특히 유대인 사회에서 먹고 마시는 것은 종교적으로 매우 중요했다(TDNT 2:689–92). 유대인들에게는 '부정한 음식'을 먹는 것을 금지하는 규례들(레 3:17, 11:1–47)이 있었으며, 바울 당시의 바리새파 교사들은 율법을 준수하는 유대인들에게 이방인들과 함께 먹는 것을 금했다. 누군가와 음식을 함께 먹는 것은 '친밀한 교제와 사귐'의 표시였고, 함께 음식 먹기를 거절하는 것은 '사귐의 거절'(TDNT 2:693)을 뜻했다. 베드로가 처음으로 안디옥에 왔을 때, 그는 유대인들과 이방인들이 함께 먹는 것을 보았고 그 자리에 참여했다. 함께 식사하는 이 모임들에는 아마도 주의 만찬이 포함되었을 것이다(고전 11:20–21). [*synesthiō*]

2:13. 그와 함께 <u>외식</u>에 <u>참여했고</u>…<u>외식</u>(<u>Joined</u> him in <u>hypocrisy</u>…<u>hypocrisy</u>, *synypekrithēsan …hypokrisis*) – 이 합성동사는 신약에서 여기에만 나온다. 하지만 이 동사는 고전 헬라어와 코이네 헬라어(신약이 이 헬라어로 기록됨)에서 자주 사용되었으며, '어떤 사람이 역할이나 위장에 참여하다, 가식/ 위선에 참여하다'(BDAG, 976, BAGD, 793, MM, 616, 비교–Polybius 3.52.6, 3.92.5, Josephus, War 1:569, 5.321)라는 뜻이다. 명사 *hypokrisis*는 신약에 6회, 바울 서신에 2회 나온다(갈 2:13, 딤전 4:2). 이것은 '가장, 위장'(BDAG, 1038, BAGD, 845)이란 뜻인데, 대개 '위선'으로 번역한다. 처음에 이 단어군은 연극계에서 주로 사용되었으며, 드라마에서 역할을 맡는 것과 관련이 있다. 헬라의 고전적 어법에서 이 단어들은 윤리적으로 부정적인 의미를 전달하지 않았다. 이에 반해 유대인 사회에서는 '가장하다', '속이다' 또는 '자신의 참된 신념을 밝히지 않고 행동하다'는 부정적 의미를 전달했다(TDNT 8:599–65). "위선은 유대교에서 비난하

는 주요 죄악들 가운데 하나다"(NIDNTT 2:468). 초대 기독교의 어법은 유대적인 어법을 반영한다(눅 20:20 비교). 여기서 이방인 그리스도인들과의 식탁 친교를 중단하는 데 참여한 베드로와 안디옥의 다른 유대계 그리스도인들은 자신들이 받아들였던 복음의 진리(14절)와 일치하지 않는 행동을 함으로써 위선자들이 되었다. [*synypokrinomai*···*hypokrisis*],

2:14. 바르게 행동하다(Acting in line, *orthopodousin*) – 이 동사는 신약에서 여기에만 나오며, 신약과 초기 기독교 문서들에서만 발견된다(TDNT 5:451). 이것의 기본적 의미는 '바르게 걷다, 똑바로 걷다'(영어에서는 '정형외과')이며, 비유적으로 '바르게 행동하다, 정직하게 행하다'(BDAG, 722, BAGD, 580, 비교–MM, 456), '바르게 살아가다, 해야 할 바를 다하다'(LN 41.36)라는 뜻이다. 이것은 안디옥 사건과 달리 바르고, 흔들림 없으며, 일관성 있는 행동을 나타낸다. 번역자들은 이 동사를 복음의 진리'에 관해 솔직하지 않은'(NKJV, NASB), '…에 일치하게 행동하지 않는'(NET, NRSV), '보조를 맞추지 않은'(ESV), 또는 '…에 따라 행동하지 않는'(NIV)으로 옮기는데, 마지막 번역이 가장 나아 보인다. [*orthopodeō*]

강요하다(Compel, *anakazeis*) - *ethnikōs*('이방인답게')과 *Ioudaikōs*('유대인답게')라는 단어들은 각각 이방과 유대의 관습들에 따라 살아가는 것을 가리킨다. 이방인들은 유대의 음식 규정들을 무시했고, 유대인들은 그 규정들을 준수했다. 바울은 '유대인답게' 살지 않고 '이방인처럼' 살아가고 있는 유대계 그리스도인인 베드로가 어떻게 지금 이방인들에게 '유대인답게' 살고 유대적 관습을 따르라고 강요하거나 요구(NIV, NET)할 수 있느냐는 논법을 사용해서 반론을 제기한다. 베드로는 그렇게 하지 말았어야 했다(갈 2:3의 '강요했다'를 참고하라). [*anagkazō*]

2:16. <u>의롭게 되는</u> 것이 아니다(Is not <u>justified</u>, *ou dikaioutai*) – 바울에게 중요한 이 동사는 동일한 헬라어 어근(*dik-*)에서 파생된 단어군에 속하며, 하나님과 관계를 맺고 있는 그리스도인들에게 법적(법률적), 윤리적(행동적)으로 모두 중요한 의미가 있다. 동사 *dikaioō*('의롭게 하다, 의롭다고 선언하다'), 명사 *dikaiosynē*('의, 칭의', 갈 2:21 비교), 형용사 *dikaios*('의로운, 올바른', 3:11 비교)가 이 단어군에 속한다. 번역상의 한 가지 난점은 '의롭게 하다'(to *righteous*, 수동태–'의롭게 되다')는 뜻의 동사가 영어에는 없기 때문에 '의롭게 하다'(to justify, 수동형–'의롭게 되다')가 '의롭다고 선언하다'라는 의미에서 전통적으로 사용되고 있다는 것이다. 고전 헬라어와 코이네 헬라어에서 이 동사는 법정에서 사용되었으나, 보통 '공평하거나 옳다고 생각하다'라는 일반적 의미에서 사용되었다. 70인경은 '어떤 사람을 의롭다고 선언하다, 의롭게 하다'를 뜻하는 히브리어의 법정 용어(BKWS, 창 38:26 비교)를 대부분 이 동사로 번역한다(TDNT 2:211–14의 언급들과 비교하라). 신약에서 이 동사는 70인경의 어법을 반영하며, 특히 바울 서신에서는 거의 대부분 법정과 관련된 의미를 지닌다. 바울은 신약에 등장하는 39회 가운데 27회를 사용하며, 갈라디아서에서 8회 사용한다(2:16[3회], 17, 3:8, 11, 24, 5:4). 바울에게 이 단어는 항상 관계적인

의미에서 '의롭게 하다, 의롭다고 선언하다', 따라서 '[어떤 사람]이 [다른 사람]을 바로잡아 주다, [어떤 사람]과 올바른 관계에 있게 하다'(LN 34.46, TDNT 2:216–17)라는 뜻이다. 이 구절에서 '의롭게 되는 것'은 '(기소되지 않고)석방되다, 의롭다고 선언하거나 여기다'(BDAG, 249)라는 의미다. 다시 말하면, 아무것도 하지 않고 영원한 사망이라는 죄의 형벌에서 자유롭게 되고(롬 5:17, 6:23), 그리스도의 죽으심과 부활에 근거한 하나님의 은혜의 행위로 말미암아 하나님과 바른 관계에 있게 되었다고 선언하는 것이다. 하나님께서는 사법적 선언에 의해 유대인과 이방인을 구별하지 않고, 예수 그리스도를 믿는 죄인들에게 행위가 아니라 믿음에 의해 하나님과 바른 관계에 있는 사람의 지위를 허락하신다(DOL, 517–23 비교). [*dikaioō*]

율법의 행위들에 의해(By Works of the law, *ex ergōn nomou*) – '행위들'이란 단어는 보통 바울 서신의 어법에서 사람들의 행동이나 업적을 나타내는 폭넓은 의미의 용어다. 이 단어는 대개 여기에서처럼 수식하는 낱말이나 구절에 의해 의미가 제한된다(BDAG, 390–91, BAGD, 307–8 비교). 신약에서 109회 등장하는데, 그 가운데 바울이 68회 사용하며, 갈라디아서에 8회 나온다(2:16[3회], 3:2, 5, 10, 5:19, 6:4). '율법'이란 단어는 신약의 어법에서 문맥에 따라 '풍습, 규칙, 원리, 규범'에서부터 모세가 이스라엘 민족을 위해 하나님으로부터 받은 율법과 같은 헌법적/ 법률적 제도로서의 법률, '오경과 같이 하나님의 백성들에게 매우 귀중한 성문서들의 수집록'을 가리키는 '거룩한 법령'이나 하나의 전체로서의 '히브리어 성경'에 이르기까지의 폭넓은 의미를 전달한다(BDAG, 677–78, BAGD, 542–43, 비교–BKWS, 요 1:17, 45). 이 문구는 '모세 율법이 요구한 행동들/ 행위들'이라는 일반적인 의미로 이해하는 것이 가장 좋다. 이 구절에서 바울은 유대인이든 이방인이든 율법이 명령하는 것을 행함(즉, 행위들로)으로 하나님과 바른 관계에 있게 될 사람은 아무도 없다고 선언한다. 왜냐하면 어느 누구도(문자적으로는 '어느 육체도', NKJV, NASB, 비교–갈 2:20) '율법의 행위'에 근거하여 하나님과 바른 관계에 있다(의롭게 되다)고 선언되지 않기 때문이다. [*ergon, nomos*]

예수 그리스도를 믿음으로(By faith in Jesus Christ, *dia pisteōs Iēsou Christou*) – 바울에게 매우 중요한 단어로서, 동일한 헬라어 어근(*pist-*)에서 파생된 단어군에 속하며, '어떤 사람/ 어떤 것에 대한 주관적 확신'에서부터 '확신의 객관적 원리들'에 이르기까지 다양한 의미를 전달한다. 이 단어 군에는 동사 *pisteuō*('믿다, 신뢰하다')와 명사 *pistis*('믿음, 신뢰, 신실성') 그리고 형용사 *pistos*('신뢰하는, 신실한', 3:9 비교)가 속한다. 신약에서 이 명사는 고전 헬라어의 어법, 즉 신뢰할 수 있는 사람의 특성인 '신실성, 신뢰성, 충실성, 책임성'을 반영한다. 그러나 좀 더 일반적으로는 '신임을 받는 사람의 신뢰도'에 근거한 어떤 사람에 대한 '신뢰, 확신, 믿음'을, 구체적으로는 '믿음/ 신념/ 가르침의 체계'를 가리킨다(1:23, BDAG, 818–20, BAGD, 662–64 비교). 이 구절에서 이 단어의 의미는 논란에 휩싸여 있다(DPL, 287–88). 전통적인 견해를 지지하는 사람들은 이 단어를 '예수 그리스도를 믿음으로써'로 번역하며(대부분의 역본들, Berz, 118, 목적격 속격), 그리스도인들이 믿음에 의해 의롭게 된다는 것을 강조한다. 어떤 주석가들은 이 표현을 '예수 그리스도의 신실성에 의해'라고 번역하며(NET, Longenecker, 87-88, 주체적 속격), 칭의의 근거를 강조한다. 바울 신학의 관점에서 볼 때, 두 견해 다 타당성이 있다(엡 2:8-10, 빌 2:5-11 비교). 하지만 문맥상으로 전통적인 견해가 더 나아 보인다. 바울은 "사람이 율법의 행위에 의해서(*ex*)가 아니라 예수 그리스도를 믿음으로 말미암아(*dia*, 비교-롬 3:22, 30) 의롭게 되며…율법을 지키는 행위에 의해서(*ex*)가 아니라 그리스도를 믿음으로써(*ek*, 비교-롬 3:30, 갈 3:22) 의롭다 함을 얻는다"(NRSV)는 이중적 대조를 사용하여 칭의의 수단을 강조한다. [*pistis*]

2:17. 죄의 종(A servant of sin, *hamartias diakonos*) - 바울은 자신의 반대자들(유대주의자들, 갈 1:7 비교)의 무조건적 반대를 반박할 때 이 단어를 '행위자'라는 의미에서 풍자적으로 사용한다. 그는 모든 사람들이 율법의 행위에 의해서가 아니라 그리스도를 믿음써 하나님 앞에서 의롭다 함을 얻게 된다고 선언했다(2:16). 바울은 17절의 조건절 문장에서 'if'조건절을 사실이라고 전제하지만, 'then'절에서 그것을 다음과 같이 강하게 부정하고 있다. "그러나 만일 우리가 (율법을 지킴으로써가 아니라) 그리스도로 말미암아 의롭다 함을 얻으려 하다가 우리 그리스도인들이 스스로 (여전히) 죄인('죄인들', 갈 2:15 참고)임이 드러난다면, 그리스도께서 죄의 종(행위자-NRSV, ESV, '죄를 섬기는 자'-NASB, NKJV, '죄를 격려하시는 분/ 죄를 조장하시는 분'-NET, NIV)이시란 말인가?" 결코 그럴 수 없다! [*diakonos*]

결코 그럴 수 없다(Absolutely not!, *mēgenoito*) - 신약에서 이런 강조적 부정의 문구를 15회 사용하며, 그 가운데 바울이 14회 사용한다(다른 한 곳-눅 20:16). 이 문구는 로마서에 10회, 갈라디아서에 3회(2:17, 3:21, 6:14), 그리고 고린도전서에 한 번 나온다. 바울은 이것은 올바른 전제/ 사실에 근거한 전제에서 도출해낸 잘못된 추론이나 결론을 강하게 부정하기 위해 이 문구를 수사적 질문 바로 뒤에 사용한다. 이것은 문자적으로 '그런 일은 결코 있을 수 없다, 결코 일어날 수 없다, 결코 생겨날 수 없다'라는 뜻이다. 이 구절에서 올바른 전제는 그리스도인들이 그리스도를 믿는 믿음으로 의롭다 함을 얻지만, 그들은 여전히 죄를 짓는다는 것이다. 바울이 강하게 부정하고 있는 잘못은 그리스도께서 '죄의 종(행위자)'이라고 추론하거나 결론짓는 것이다. 모세 율법을 계속 지켜야 하나님과의 바른 관계에 있게 된다는 것은 해결책이 되지 못한다. 바울은 2장 18-21절에서 이 사실을 증명한다. [*mē, ginomai*]

2:18. 범법한 자(Lawbreaker, *parabatēn*) - 이 단어는 갈라디아서의 이 구절에 2회, 바울 서신의 다른 곳에 2회(롬 2:25, 27), 신약 성경의 다른 곳에 2회(약 2:1, 11) 나온다. 이것은 '(율법을) 어긴 사람, 위반한 사람'(NASB, NRSV, NKJV)이란 뜻이며, 따라서 '범법자'(NIV, BDAG, 759, BAGD, 612)를 가리킨다. 이것은 율법을 위반할 뿐만 아니라 율법의 참된 목적을 무시하는 것을 나타낸다(Josephus, Ant. 5.112, 8.129 비교). 이 구절에서 바울은 그리스도인이 모세 율법으로 되돌아가는 것은 "진정한 의미에서 율법의 의도

가 폐기되었기 때문에 사실상 율법을 어기는 것에 해당한다"라고 선언한다(Longenecker, 91). [*parabatēs*]

2:19. 율법에 대해 <u>죽었다</u>(<u>Died</u> to the law, *nomōapethanon*) – 이 동사는 신약에 111회, 그 가운데 바울에 의해 42회 사용되며, 갈라디아서에 2회 나온다(2:19, 21). 이것은 신약을 비롯하여 고대 헬라 문학에서 죽음의 개념을 다루는 동일한 헬라어 어근(*than-*)에서 파생된 단어군에 속한다(TDNT 3:8–21, NIDNTT 1:430–41 비교). 죽음의 배후에 있는 기본 개념은 소멸이 아니라, '(어떤 것)으로부터의 분리' 또는 관계의 단절이기 때문에(BDAG, 111, 1b, BAGD, 91, 1b), 여기에서처럼 비육체적인 의미로 사용된 이 용어는 바울에게 특별히 쓸모가 있다. 바울은 그리스도인과 모세 율법 사이의 달라진 관계를 설명할 때 이 비유적 표현을 사용한다(롬 7:6 비교, '죄에 대해 죽은', 롬 6:2, 10). 바울은 율법으로 말미암아 '율법에 대해 죽었다.' 그리고 이것은 그가 율법의 지배에서 해방되어 하나님께 대해 살 수 있게 된다는 뜻이다. 20절은 이 일이 어떻게 이루어졌는가를 설명한다. [*apothnēiskō*]

하나님께 대하여 <u>살다</u>(<u>Live</u> to God, *theōzēsō*) – 이 동사는 신약에서 140회, 그 가운데 바울에 의해 59회 사용되며, 갈라디아서에 9회 나온다(2:14, 19, 20[3회], 3:11, 12, 5:25). 이것은 고대 헬라 문학에서의 생명의 개념을 다루고 있는 동일한 어근(*za-*)에서 파생된 단어군에 속한다(TDNT 2:832–42 비교, NIDNtt 2:476–77). 성경 헬라어에서 이 개념은 생명을 주시고 유지하시는 살아계신 하나님(70인경)과 죽으셨다가 부활하신 예수 그리스도(신약)의 영향을 많이 받고 있다. 이 단어는 여기에서처럼 어떤 사람과 개인적인 관계를 맺고 그 사람과 인생을 함께 한다는 의미에서 비유적으로 사용된다(BDAG, 425, 2a). 그러므로 바울은 자신이 '하나님께 대해 살기 위해' '율법에 대해 죽었다'라고 선언하고 있다. 이것은 하나님과 올바른 관계로 살아가면서 그분을 섬긴다는 뜻이다. 20절은 하나님께 대해 사는 삶이 어떤 것인지를 설명한다. [*zaō*]

그리스도와 함께 <u>십자가에 못 박혔다</u>(<u>Crucified with</u> christ, *Christōsynestaurōmai*) – 그리스도의 죽으심은 십자가에 못 박히는 형식을 취했다. 때문에 '그분과 함께 일으키심을 받았다'(골 2:12, 3:1, 엡 2:6)는 표현이 그리스도와 함께 그분의 부활에 참여하는 그리스도인의 '생명의 측면'(…에 접착된)을 간결하게 요약하고 있는 것처럼, '그리스도와 함께 십자가에 못 박혔다'라는 표현은 그리스도와 함께 십자가에 못 박히는 그리스도인의 '죽음의 측면'(…으로부터의 분리)을 잘 요약하고 있다. 하나님의 행위(수동형 동사)로 말미암아, 그리스도인들은 일상생활에 지속적인 영향을 미치는 회심의 순간에 믿음에 의해 이 역사적 사건들 가운데 그리스도와 함께 연합하게 된다(완료시제 동사). 영적으로 그리스도와 같아지는 것을 바로 '그리스도와의 연합'이라고 부른다. 한편으로 바울은 이 연합을 '그리스도 안에'(1:22의 '그리스도 안에'를 참고하라) 또는 '성령 안에'(롬 8:29 비교) 있는 것으로 서술하고, 다른 한편으로는 우리 안에 머무시는 성령(롬 8:9–11, 갈 4:6 비교)으로 말미암아 '내 안에 계신 그리스도, 너희 안에 계신 그리스도'(갈 2:20, 골 1:27 비교)로 서술한다. 이 연합은 육체적이거나 신비적이거나 가설에 기초한 현상이 아니라 믿음으로 말미암는 은혜로 인해 그리스도인들에게 허락된 효과적이며 관계적인 지위일 뿐만 아니라 이론적으로도 객관적인 (위치적인) 지위다. 이 구절에서 "내가 그리스도와 함께 십자가에 못 박혔다"라는 표현은 모세 율법으로부터의 그의 자유(19절)가 어떻게 이루어졌는가를 말해 준다. 이 표현은 헬라어 신약 성경에서 19절의 결론 부분이지만(NRSV), 대부분의 영역본들(한글 성경들도 마찬가지)에서는 20절 맨 처음에 위치한다(NASB, NKJV, NIV, NET). [*systauroō*]

2:20. <u>육체</u> 가운데(In the <u>body</u>, *en sarki*) – 영어권에서는 이 단어를 보통 '육신'으로 번역한다. 이 용어는 신학적으로 바울에게 중요하다. 신약에서 147회, 그 가운데 바울에 의해 41회 사용되며, 갈라디아서에 18회 나온다. 문맥에 따라 다른 경우도 있지만, 바울은 신약의 서신들에서 다음과 같은 의미로 sarx를 사용한다는 것을 갈라디아서에 나타난 어법을 통해 알 수 있다. (1) 외적이고 물리적인 육신(6:13), (2) 물리적인 육체(4:13, 14), (3) 사람의 직계 혈통, 즉 친척(4:23, 29), (4) 이 세상에서 인간적 한계를 갖고 육체 가운데 사는 삶(2:20, 6:20), (5) 이 단어를 신학적으로 해석할 경우, 하나님과 그분의 뜻에 대한 죄 된 반역이 시작되는(5:13, 16, 17[2회], 19, 24, 6:8[2회]), 인간이 하나님으로부터 자급자족적으로 독립한다는 의미(3:3). 이 가운데 바울이 자주 사용하는 이 단어 특유의 어법은 다섯 번째다. 한마디로 *sarx*는 바울 신학에서 오로지 인간적이고, 하나님과 상관없이 이 세상을 바라보며 살아가는 모든 사람들을 뜻하는 '암호'다. 이 구절에서 '육신'은 이 세상에서 살아가면서 많은 제한을 지닌 죽을 수밖에 없는 몸을 가리키는 도덕적으로 중립적인 표현이다. 바울은 한 사람의 그리스도인으로 여전히 '육체 가운데' 살아가고 있지만, 육체를 의지하거나 '육체를 따라' 살지 않는다(롬 8:4–13 비교). [*sarx*]

2:21. 의(Righteousness, *dikaiosynē*) – 바울에게 중요한 이 명사는 동일한 헬라어 어근(dik–)에서 파생된 단어군에 속한다. 이 명사는 신약에서 92회, 그 가운데 바울에 의해 59회 사용되며, 갈라디아서에 4회 나온다(2:21, 3:6, 21, 5:5). '하나님의 의'라는 문구는 바울 서신들에서 9회 나온다(롬 1:17, 3:5, 21–22, 25–26, 10:3[2회], 고후 5:21). 문맥에 따라 다르지만, 하나님의 '의'라는 표현은 하나님의 정의나 신실하심(롬 3:5, 25–26), 사람들을 위한 하나님의 구원의 활동(롬 1:7, 3:21) 또는 예수 그리스도를 믿는 사람들에게 하나님께서 은혜로서 제공하시는 하나님과의 바른 관계(롬 1:17, 3:21, 4:3, 5, 5:17, 갈 2:21, 3:6, 21, 5:5, 빌 3:9, 비교–BDAG, 247, 2)로 이해되어진 하나님의 속성을 의미하기도 한다. 바울은 몇몇 주요한 본문들에서 이 의미들을 함께 사용하는 것 같다(롬 1:17, 3:21). 바울에게 '하나님의 의'는 다음과 같은 요소들을 모두 모아놓은 관계적 개념이다. 율법의 행위로가 아닌, '믿음에 의해'(갈 2:16) 죄인들('경건하지 아니한 사람들'–롬 4:5)에게 '하나님과 올바른 관계'를 가져다주시는 '의로우신 하나님의 구원 활동'이다. 비록 이 관계가 도덕적인 변화로 발전할 수도 있지만 이것은 일종의 법정적인 의미에서의 위치이며, 도덕적 의의 주입은 아니다. 바

울은 하나님을 기쁘시게 하는 행동이라는 측면에서 '의'를 윤리적 의미로 사용함으로써 이것을 강조한다(롬 6:13, 18-20, 14:17, 엡 4:24, 빌 1:11, BDAG, 248, 3). 이 구절에서 명사 '의'(NIV, NET), '칭의'(NRSV)는 2장 15-16절의 '의롭게 되다'라는 동사의 법정적인 의미뿐 아니라 2장 17-20절의 윤리적 의미까지도 잘 표현하고 있다(BDAG, 248, 3c, Longenecker, 95 비교). [*dikaiosynē*]

3:1. 마법을 걸었다(Bewitched, *ebaskanen*) - 이 단어는 신약에서 여기에만 나온다. 마술의 영역에서 사용되는 이 단어는 고대 헬라세계에서 '[악한] 눈으로 말미암아 [어떤 사람에게] 악한 영향을 미치다, 즉 마법을 걸다'라는 뜻의 비유적 의미로 주로 사용되었다(BDAG, 171, BAGD, 137, MM, 106, TDNT 1:593). 바울은 이 용어를 '교활하고 간교한 수단을 사용하여 [어떤 사람]을 현혹하거나 속이다'라는(LN 88.159) 뜻의 비유적 표현으로 사용하는 것처럼 보인다. 따라서 이 단어는 '혼란을 일으키다. 진리를 왜곡하다'라는 뜻이다. 대부분의 영역본에는 '마법을 걸다'('마술을 걸다'-NET, '나쁜 마술을 걸다'-NLT 비교)로 번역되어 있다. 어떤 역본들은 '너희가 진리에 순종하지 못하게'(NKJV, 5:7 비교)란 표현을 추가하고 있지만 사본상의 증거가 빈약하므로 생략해야만 한다. [*baskainō*]

3:2. 성령(The Spirit, *to pneuma*) - 이 단어는 신약과 바울 서신들에서 매우 중요하다. 이것은 동일한 헬라어 어근(pneu-)에서 생겨난 단어군에 속하며 다양한 의미를 지닌다. 이 용어의 기본적 의미는 다른 것들을 움직이게 하는 동작과 힘이란 의미에서의 '바람'이다. 많은 본문들에서 이 단어는 하나님의 성령 또는 하나님으로부터 온 성령을 가리킨다. 하나님께서는 인격적이고 신적인 특성들과 행동들을 사용하여 사람들 안에 계실 수 있고, 사람들을 채울 수 있으며(출 31:3, 35:31), 사람들에게 능력을 부여하고(사 3:10, 민 11:17), 사람들과 의사 소통을 하시는(민 24:2-3, 사 61:1-3, 슥 7:12) 성령을 갖고 계신다(창 1:2, 6:3). 신약의 저자들은 '바람'(요 3:8상), '호흡', '[생명의] 영혼'(마 27:50), '비물질적이고 내적인 존재로서의 인간의 영'(고후 7:1, 롬 8:16), '선하기도 하고 악하기도 하지만 아직 육체를 갖지 못한 영적 존재들'(막 5:2, 8, 히 1:14, 계 16:14)을 포함하는 구약의 다양한 어법을 그대로 전달하고 있다. 하지만 신약의 어법은 '하나님의 성령'을 가리킬 때가 훨씬 더 많다. 하나님의 성령은 모든 거룩한 [영적] 존재들을 존재하게 하는 하나님의 능력이며, 하나님의 모든 생명을 전달하는 하나님의 구성 요소[영역]이며, [그리고] 하나님의 뜻의 전달자[생산자]다(BDAG, 832-36, BAGD, 674-78, NIDNTT 3:693-709). 바울은 pneuma를 여러 방면에서 사용하고 있지만, 주로 하나님의 성령을 언급할 때 '사람들과의 교제에 중점을 두며, 통제하는 힘으로'(BAGD, 834,5) 사용하고 있다. 이 단어는 신약에서 379회, 바울에 의해 146회 사용되며, 갈라디아서에는 다음과 같은 의미로 18회 나온다. 즉, 인간의 정신, 한 개인의 비물질적이고 내적인 존재(6:18), 기질('온유한 심령', 6:1), 하나님의 아들의 영('그리스도의 영'-4:6, 롬 8:9하, 빌 1:19 비교), 그리고 '거룩한', '하나님의', '주(Lord)의'와 같

은 수식어가 붙지 않은 성령(3:2, 3, 5, 14, 4:29, 5:5, 16, 17[2회], 6:8[2회]). 이 구절에서 바울은 갈라디아의 그리스도인들이 예수 그리스도를 향해 회심했을 때 성령을 받았다는 것을 인정한다(3절과 비교하라, 롬 8:9, 엡 1:13–14). 바울의 관심은 그들이 어떤 방법으로 성령을 받았는가에 있다. 즉, 그들이 성령을 받은 것은 모세 율법을 행했기 때문인가, 아니면 바울에게서 전해들은 복음 메시지를 믿었기 때문인가(2:15–16 비교)? 이것이 바로 3장 18절 이하의 논의의 중요한 주제다. [*pneuma*]

3:4. 고난을 받았다(Suffered, *epathete*) – 이 동사는 처음에 좋고 나쁨과 상관없이 '[어떤 것]을 체험하는 것'을 전반적으로 묘사했다. 하지만 시간이 흐르면서 '(고난)당하다, 견디어내다'라는 부정적인 의미로만 사용되었다(BDAG, 785, BAGD, 633–34). 이 단어는 신약에서 42회, 그 가운데 바울에 의해 7회 사용되며, 갈라디아서에서는 여기에만 나온다. 이곳만 제외하고 신약의 모든 어법은 70인경에서와 마찬가지로 '고통을 겪다, 고통을 견디어내다'라는 부정적인 뜻을 전달한다. 하지만 이 구절에서 이 단어는 '이런 놀라운 (영적인) 경험들'(BDAG, 785, 1, MM, 497–98)이라는 긍정적인 의미를 전달하거나, 아니면 중립적인 의미('매우 많은 것을 경험하다', NRSV)일 가능성이 많다. [*paschō*]

3:6. 아브라함(Abraham, *Abraam*) – 아브라함은 위대한 족장으로 많은 존경을 받는다. 그는 이스라엘의 조상이며, 모범적인 믿음의 사람이다. 아브라함에 대한 정보의 일차적인 출처는 창세기 11장 26절–25장 18절의 설화 기사다(BKWS, 창 11:26 비교). 아브라함의 이름은 구약의 다른 부분에서 40회, 신약에서 73회, 갈라디아서에서 9회 나온다(3:6, 7, 8, 9, 14, 16, 18, 29, 4:22). 하나님께서는 아브라함과 언약을 맺으셨는데 가나안 땅을 주고, 위대한 민족으로 만들며, 그로 말미암아 이 땅의 모든 사람들이 복을 받게 하시겠다는 것이었다(창 12:1–3, 15:1–17, 17:1–4, 비교–BKWS, 창 15:18). 하나님께서는 아브라함의 이름을 아브람('존경받는 아버지')에서 아브라함('많은 이의 아버지')으로 바꾸셨다. 아브라함이 하나님을 믿으니, 하나님께서 은혜로 그의 믿음을 의('하나님과의 올바른 관계', 비교–BKWS, 창 15:6, 갈 2:21의 '의'를 참고하라)로 여기셨다. 바울은 아브라함을 하나님과 하나님의 언약에 근거한 약속들에 대한 믿음만으로 의롭게 된 사람의 최초의 본보기로 간주한다. 따라서 아브라함은 유대 민족뿐만 아니라, 십자가 이전에는 아브라함처럼 하나님을 믿는, 십자가 이후에는 유대인이건 이방인이건 상관없이 예수 그리스도를 믿는 모든 사람들의 조상이 된다(갈 3:6–18, 29, 롬 4:1–25). 갈라디아서 3장 6절에 등장하는 창세기 15장 6절(70인경)의 인용은 3장 6–10절의 히브리 성경(구약)에 근거한 일련의 논증들 가운데 첫 번째다. [*Abraam*]

계산되었다(Credited, *elogisthē*) – 고전 헬라어와 코이네 헬라어에서 이 단어는 '계산하다, 셈하다'라는 뜻의 상업회계 용어였고, 좀 더 일반적으로 계산의 결과로서의 사고 과정들에 사용되었으며 '생각하다, 숙고하다, 결론 내리다'라는 뜻이었다(TDNT 284–86 비교). 70인경에서 이 단어는 의욕적인 계획이란 뉘앙스를 지니고 있으며, 주로 '생각하다, 계산하다, 간주하다' 라는 뜻의 히브리 단어를 주로 번역한 것이다 (BDB, 362, 비교-BKWS, 창 50:20). 이 단어는 종교적 영역에서 '믿음을 의로 여기다'(BKWS 비교, 창 15:6), '죄를 인정하지 않다'(시 32:2), '그 제물을 드린 사람의 것을 제물로 여기지 아니한다'(BKWS 비교, 레 7:18)라는 뜻으로 사용되고 있다. 이 구절에서 창세기 15장 6절을 인용하고 있는 바울은 이 단어를 '간주하다, 인정하다, 어떤 것(믿음) 때문에 어떤 것(의)을 누군가의 것으로 간주하다'(BDAG, 597, 1a)는 의미에서 사용한다. 아브라함의 의는 하나님에 의해 아브라함의 것으로 '간주되었고'(NIV, NET), '판단되었고' (NASB, NRSV), '계산되었고'(ESV), '여겨졌다' (NKJV). 이것은 믿음이 본질적인 가치나 공로를 갖고 있기 때문이 아니라, 하나님께서 그분의 은혜로서 그렇게 하는 것을 기뻐하셨기 때문이다 (갈 1:3의 '은혜'를 참고하라). [*logizomai*]

3:7. 아브라함의 <u>아들들</u>(<u>Sons</u> of Abraham, *huioi…Abraam*) – '아들'이라는 단어는 하나님과 사람 모두와 관련 있는 다른 단어들과 여러 가지 형태로 결합되어 신약에서 377회 나온다. 여러 곳에서 이것은 '친족 관계에 있는 남성(사람), (한 사람의) 아들, (남성) 후손'을 나타낸다. 이 구절에서 '아브라함의 아들들'은 신자들을 가리킨다(갈 2:16의 '믿음'을 참고하라). 신자와 하나님의 관계는 유대주의자들(갈 1:7의 '어떤 사람들'을 참고하라)의 주장처럼 행위가 아니라 믿음에 의해 확정된다. 아브라함이 '믿는 모든 사람들의 조상'으로 알려진 것은 이런 이유에서다(롬 4:11-12, 16). [*huios*]

3:8. 미리 알다(Foreseeing, *proidousa*) – 바울은 여기에서 유일하게 이 합성동사를 사용한다 (이 동사가 사용되는 신약의 다른 곳은 행 2:25, 31, 21:29이다). 이것은 '미리 보다, 눈으로 미래를 미리 보다'(BDAG, 873, BAGD, 709, 비교-Josephus, Ant. 10.142)라는 뜻이다. 어떤 것을 '성경이 미리 알고'라는 표현은 성경에 나타난 하나님의 통찰을 뜻하는 비유법(의인화)이다. [*prooraō*]

3:9. 믿음의 사람(The man of faith, *tōpistōi*) – 고전 헬라어와 코이네 헬라어의 어법에서 이 형용사는 두 가지 의미를 지녔다. 즉, '순종적인' 사람이란 뉘앙스를 풍기는 '믿음이 있는'과 '신뢰할 만한, 성실한, 믿을 수 있는'이란 뜻을 갖고 있다(TDNT 6:175). 이 의미들은 70인경에서도 발견되며, 사람들(BKWS, 민 12:7 비교)과 하나님 (BKWS, 신 7:9 비교)께 적용되고 있다. 신약에서는 동일한 의미들이 하나님, 사람들 그리고 특히 말들/ 교훈들과 관련하여 다음과 같은 뜻으로 사용되고 있다. 즉, '신뢰할 수 있는, 신실한, 의지할 수 있는', '믿음이 있는, 믿고 있는'(BAGD, 820-21, BAGD, 664-65, MM, 515). 이 단어는 신약에서 67회 등장하는데, 바울은 그 가운데 33회를 사용한다. 갈라디아서의 여기에서만 '믿음이 있는'이란 적극적 의미로 사용되고 있다. 영역본들은 이 형용사를 '믿음이 있는'(NKJC), '믿음을 지녔던 아브라함'(NRSV), '믿는 자'(NASB, NET), '믿음의 사람'(NIV, ESV) 등으로 다양하게 번역한다. 바울의 요점은 유대인들이 일반적으로 생각하는 것과는 달리 아브라함이 '행함을 의지하는 사람들'이 아니라 '믿음을 지닌 사람들'의

대열에 들어간다는 데 있다(갈 2:16의 '믿음'을 참고하라). [*pistos*]

3:10. 저주 아래(Under a curse, *hypo kataran*) – 이 단어는 어떤 사람을 '저주, 악담, 정죄'하는 것을 뜻한다(BDAG, 525, BAGD, 417). 바울은 신약에 6회 등장하는 이 단어를 3회 사용하며, 모두 갈라디아서에서 사용하고 있다(3:10, 13[2회]). 3장 10절에서 신명기 27장 26절을, 3장 13절에서 신명기 21장 23절을 인용하는 바울은 합성 형용사인 '저주를 받은'을 신약에서 유일하게 사용하고 있다. 이것은 '하나님의 정죄 아래에 있다'라는 뜻이다(BDAG, 373, BAGD, 294). 고대 세계에서 저주는 그 자체로 능력을 지닌 말(*utterances*)이었다. 그것은 초자연적 활동에 의지하여 사람들에게 해를 끼칠 의도로 전했다. 신약의 문맥에서 바울은 율법 책에 기록된(3:10, 신 27:26) '율법의 저주'에 대해 말하고 있다. 하나님께서 율법을 주신 것 자체가 하나님의 저주다. 왜냐하면 율법의 저주가 율법에 기록된 모든 것을 행하지 않는(순종하지 않는) 모든 사람에게 적용되기 때문이다. 하지만 모든 인간은 죄의 권세 아래에 있으며(롬 3:19, 23), 하나님의 율법을 다 지키지 못하면 여전히 저주 아래 있게 되고, 하나님의 진노와 심판을 벗어나지 못한다(롬 1:18, 2:5). [*katara, epikatartos*]

계속해서 행하지 아니하다(Does not continue to do, *ouk emmenei*) – 신명기 27장 26절에서 인용한 이 단어는 바울 서신들에서 여기에만 나온다(신약에서는 행 14:22, 28:30, 히 8:9에서만 이 단어를 사용한다). 이것은 '계속하다, (어떤 것을) 참고 견디다'(BDAG, 322, BAGD, 255), '어떤 활동이나 상태에 머물러 있다, 계속해서 남아 있다, 지속하다'(LN 68.11, MM, 206)라는 뜻이다. 여기에서 이 동사 앞에 부정어가 있으므로 '계속해서 행하지 아니하다'(NIV, NKJV), '계속해서 따르지 않다'(NET), '계속해서 머무르지 않다'(NASB, ESV), 좀 더 의역하면 '지키거나 순종하지 않다'(NRSV)로 번역된다. 바울은 이 구절을 인용할 때 율법을 '이루는 일'(5:14 참고)과 대조하면서 '누구든지', '모든 것' 그리고 '항상'을 강조한다(BDAG, 840, 3a)을 강조한다. 자신들이 모세 율법에 복종하고 있다고 생각하는 갈라디아의 그리스도인들은 스스로에게 율법 전체를 행할 의무를 부과하고 있다(5:3 비교). [*emmenō*]

3:11. 의로운 사람(The righteous [one], *ho dikaios*) – 신약에서 이 형용사는 '올바른, 공정한, 공평한'을 뜻하는 구약의 어법을 반영하며, 의로우신 하나님, 하나님의 뜻을 따라 올바르게 사는 사람들, 그리고 올바르고 공평하거나 적합한 것들이나 행동들에 적용된다(BDAG, 246, BAGD, 195–96). [*dikaios*]

3:12. 그들을 행하는 자(The one who does them, *ho poiēsas auta*) – 바울은 의의 기본 원리들인 '율법'과 '믿음'이 서로 배타적'이라고 주장한다(Longenecker, 120, 그 이유들에 대해서는 3:19–25을 참고하라). 10절과 12절에서 바울은 신명기 27장 26절과 레위기 18장 5절을 인용함으로써 '율법'(율법 책에 기록된 모든 일)을 '행함'(누구든지)과 '저주'(하나님의 진노)와 연관 짓고 있다. 이것은 하박국 2장 4절을 인용하고, 하나님 앞에서의 의를 하나님과의 관계에서 하나

님을 기쁘시게 하는 '믿음'과 '생명'과 연관 짓고 있는 11절과 대조된다. 율법에는 '행함'과 '율법의 모든 요구에 따라 살아가는 것'(레 18:5, 비교-롬 10:5)이 포함되는데, 그 누구도 율법 전체를 지킬 수는 없기 때문에(이것은 바울의 기본적인 전제다), 율법의 저주에서 벗어날 수 없다(신 27:26). 따라서 그 누구도 율법을 지킴으로 하나님 앞에서 의롭다 함을 얻을 수 없다. NRSV는 이 구절에서 '그들'과 '이 일들'이란 단어가 가리키는 것이 바로 '율법의 행위들'이라고 밝힌다(3:10의 '계속해서 행하다'를 참고하라). [*poieō*]

3:13. 속량했다(Redeemed, *exēgorasen*) – 고전 문학에서 이 단어는 시장에서 사업을 하는 것과 연관된 단어군의 일부였다. 동사 *agorazō*는 '시장에서 (노예들을 비롯하여) 어떤 물건을 돈을 주고 사거나 구입하다'는 뜻이다(Polybius 3.42.2, 30.31.6). 신약에서 *agorazō*는 30회 나오며, 대부분 '사다, 구입하다'(BDAG, 14, BAGD, 12)라는 일반적이며 상업적인 의미를 지닌다. 바울은 하나님께서 대가를 치르고 그리스도인들에 대한 소유권을 획득하셨다는 뜻으로 2회 사용한다(고전 6:20, 7:23). 이 동사의 강조형은 신약에서 4회, 모두 바울에 의해서 사용되며, 갈라디아서에 2회 나온다(3:13, 4:5). 여기에서 이 단어는 '속량하다'(LN 37.131), '구출하다, 자유롭게 하다'(BDAG, 343, BAGD, 271)라는 뜻이다. 바울은 그리스도께서 '십자가의 저주'에 의해 우리(유대인과 이방인 그리스도인들)를 '율법의 저주'(갈 3:10의 '저주'를 참고하라)에서 속량하셨다(자유롭게 하셨다)는 고백적 증언을 뒷받침하는 신명기 21장 23절을 인용한다. 이것은 갈라디아의 그리스도인들이 바울의 반대자들(1:7을 참고하라)의 주장처럼 모세 율법 아래에 있지 않다는 확실한 이유다. [*exagorazō*]

3:14. 아브라함의 복(Blessing of Abraham, *eulogia tou Abraam*) – 이 단어는 신약에서 '공교하고 아첨하는 말'(롬 16:18), '연보'(고후 9:5-6), '찬송'(계 5:12-13) 그리고 가장 일반적으로는 활동이나 유익의 관점에서 '복'을 나타내는 데 사용되고 있다. 바울은 신약에서 16회 나오는 이 단어를 9회 사용하며, 갈라디아서에서 여기에만 나온다. 여기에서는 아브라함에게 제공된 복, 즉 그에게 복을 주시고, 그를 통해서 모든 사람들에게 복을 주시겠다는 하나님의 약속을 가리킨다(갈 3:6의 '아브라함'을 참고하라). '그리스도 안에/ 그리스도로 말미암아'(갈 1:22의 '그리스도 안에 있는'을 참고하라) 이방인들이 아브라함의 복을 받게 된 것(1:16 참고)은 이 서신 곳곳에서 나타나는 바울의 중요한 주제들 가운데 하나다. [*eulogia*]

성령의 약속(The <u>promise</u> of the Spirit, *tēn epanggelian tou pneumatos*) – 이 구절에서 바울은 율법과 약속 사이의 관계를 조사하고 그 약속은 하나님의 은혜의 선물이며, 율법에 의해 정해지지 않는다는 것을 강조한다(3:18). 약속의 내용은, 율법의 저주를 받으시고 성령(3:13-14, 3:2의 '성령'을 참고하라), 영생, 아들 됨 그리고 유업(3:21-22, 29, 4:5)과 같은 구원의 복들을 베푸시는 그리스도를 통한 구원이다. 그 약속의 수혜자는 바로 아브라함과 같은 믿음을 갖고, 예수 그리스도를 믿는 사람들이다(3:14, 16, 22). 바울이 보기에 아브라함을 향한 하나님의 약속과 관련이 있는 아브라함의 복은 예수 그리스도로 말미암아, 생명을 위한 성령의 선물과 하나님께서 가능하게 하시는 일이 그 중심에 있게 된다. 이것은 이스라엘의 예언자들이 선포한 새로운 언약의 핵심 요소다(사 59:20-21, 렘 31:31-34, 겔 36:26-27 비교). 갈라디아서 3장 15절에서 4장 31절까지는 '복음'이나 '복'(3:8 참고)보다는 '약속'이라는 단어가 바울의 논의의 중심이다. [*epangelia*]

3:15. 언약(Covenant, *diathēkēn*) – 이 구절에서 바울은 '일상 생활에서 사례를 제공하기'(NIV, NRSV, NET) 시작한다. '사람의 예대로'라는 헬라의 관용구는 문자적으로 '인간적인 관점에서'라는 뜻이다. 역본들은 '인간 관계의 견지에서'(NASB), '사람들의 방식대로'(NKJV)로 번역한다. 이것은 사람의 합법적인 유언과의 비교에서 시작하여 하나님께서 아브라함과 맺은 언약과의 비교로 발전하는 배경이 된다. 고전 헬라어와 코이네 헬라어에서 *diathēkē*는 어떤 한 사람의 개인 재산을 처분하는 것을 뜻하는 상업 또는 법률 용어이며, 따라서 '언약'보다는 '유언(장)'으로 번역된다(Aristophanes, Vesp., 584, 589, Epictetus, Dissertationes 2.13.7, Josephus, Ant. 13.349, 17.53, 78 et al). 이것은 다른 사람 그 누구도 취소할 수 없는 법적 결정을 의미하며, 그 결정이 효력을 발휘하기 위해서는 유언자(처분자)가 사망해야 한다. *diathēkē*는 관련 두 당사자가 함께하는 사업에서 '상호간의 의무를 인정하는' 계약인 *synthēkē*과 달리 항상 일방적이었다(NIDNTT 1:365, TDNT 2:124-25). 구약에는 하나님과 노아(창 9:10-15), 아브라함(창 17:4-5), 모세와 이스라엘(출 19:5-6), 다윗(삼하 23:3)과 같은 개인들 사이의 여러 가지 언약들과 이스라엘과의 장래의 새로운 언약(렘 31:31-34)이 들어 있다. 이 언약들에서 하나님께서 주도권을 가지시고, 조건들을 설정하시며, 하나님의 뜻과 목적들을 밝히시고, 특정한 은혜들을 약속하신다. 바울은 이 용어를 모두 9회, 그 가운데 갈라디아서에서 3회 사용한다(3:15, 17, 4:24). 이 구절(3:15)에서 바울은 그리스-로마의 법에서 '유언(장)'에 관한 하나의 사례를 빌려온다. 그는 유언장과 하나님께서 아브라함에게 하신 약속들을 단순 비교한다. 즉, 사람의 합법적인 유언을 다른 사람이 바꾸거나 취소할 수 없는 것처럼 하나님과 아브라함의 언약을 그 후에 등장한 모세 율법이 변경하거나 취소할 수 없다(3:17 참고). 바울은 언약을 하나님의 주도권과 무조건적인 정당성의 관점에서 이해한다. 여기에서 영역본들은 *anthrōpou diathēkēn*을 '사람의 언약'(NASB, NKJV), '사람이 만든 언약'(ESV), '인간적인 언약'(NIV), '단지 그것이 사람의 계약이더라도…그 언약'(NET)으로 번역하고 있지만, '사람의 유언'(NRSV)이 가장 좋은 번역이다. [*diathēkē*]

3:16. 씨(Seed, *spermati*)…**씨들**(Seeds, *spermasin*) – 이 단어는 동일한 헬라어 어근 (*sper-*)에서 파생된 단어군에 속한다. 문자적으로는 식물의 씨앗을 뿌린다는 의미로, 비유적으로는 동물이 새끼를 낳거나 사람이 자식을 낳는다는 의미다. 고전 헬라어와 코이네 헬라어에서 일반적으로 사용되고 있다(TDNT 7:536). 70인경은 보통 '식물의 씨앗'(창 47:23), '남성의 정액의 유출'(레 22:4), 좀 더 흔하게는 '특정한 후손으로서

의 자손'(창 4:25) 또는 자손 전체(신 1:8, BDB, 282–83)를 뜻하는 히브리 단어를 이렇게 번역한다. 하나님께서 한 개인인 아브라함과 언약을 맺으셨을 뿐만 아니라 그의 자손들과도 언약을 맺으셨다(BKWS, 창 12:7 비교). 신약에서는 이 단어를 문자적으로는 '식물의 씨앗, 남성의 정액', 비유적으로는 '소생, 후손, 자손들'이라는 뜻으로 사용한다(BDAG, 937, BAGD, 761, MM, 583). 이 단어는 신약에서 43회 사용되고 있는데, 바울은 그 가운데 17회를 사용하며, 갈라디아서에 5회 나오는데, 이 구절에서 3회 사용된다(3:16[3회], 19, 21). 바울은 대부분 이 단어를 아브라함의 자손이란 뜻으로 사용한다. 이 문맥에서 특징적인 것은 이 단어가 단수와 복수로 혼용되고 있다는 점이다. 육체적 후손들을 뛰어넘어 영적인 후손들까지 포함하는 의미의 확대로 생각된다. 아브라함의 언약에서 '씨'라는 단어는 단 한 명의 후손(이삭, 창 15:3, 17:18–19, 21)이나 이삭을 통해 낳은 많은 자손들(창 15:5, 17:5–7)을 가리킬 수도 있는 집단적 단수('소생')이며, 바울도 이 사실을 알고 있었다(롬 4:13–18 비교). 따라서 그는 '씨'를 단수로 표현하고, 하나님의 궁극적인 계획이 계시될 때에는 이 씨가 아브라함의 많은 자손들이 아니라 한 사람의 뛰어난 후손, 즉 예수 그리스도를 가리킨다고 선언한다(3:19). 많은 사람들은 믿음에 의해 그리스도 안에 포함된다(1:22의 '그리스도 안에'를 참고하라). 29절에서 바울은 '씨'를 많은 사람들을 뜻하는 단어로 간주한다. 만일 사람들이 그리스도께 속하게 되면('그리스도의 것이면') 그때 그들은 하나님께서 아브라함에게 하신 약속에 따라 아브라함의 자손들('씨'), 곧 상속자들이 된다. 이 구절에서 영역본들은 이 단어를 '씨/ 씨들/ 씨'(NASB, NIV), '소생/ 소생들/ 소생'(NRSV, ESV), '자손/ 자손들/ 자손'(NET)으로 번역한다. 마지막 번역이 가장 적절해 보인다. [*sperma*]

3:18. 유업(Inheritance, *klēronomia*) – 이 명사는 동일한 헬라어 어근(*klēr*–)에서 파생된 단어군에 속하며, 하나님과 인간 사이의 중요한 관계를 나타낸다. 이 단어군에 동사 *klēronomeō*('유업을 받다', 4:30, 5:21 비교), 명사 *klēronomia*('유업'), 명사 *klēronomos*('상속자', 3:29, 4:1, 7 비교)가 속한다. 동사는 신약에 14회 나오며, '재산/ 소유물의 상속'과 관련하여 사용된다(마 21:38, 갈 3:18, 히 11:8). 개념적으로 구약의 영향을 받은 이 단어는 하나님의 유업(엡 1:18, '기업'–엡 1:11)으로서의 신자들과 신자들의 유업(엡 1:14, 5:5, 골 3:24, 히 9:15, 벧전 1:4, BDAG, 547, BAGD, 435)으로서의 영원한 구원('생명', 딛 3:7)이란 뜻으로 사용되고 있다. 하나님의 가족에 아들로 입양될 때, '아들의 신분(sonship)'으로서의 모든 권리와 특권과 함께 '유업'을 받게 된다(5, 6절 참고). 이것은 그리스도인의 충성에 따라 주어지는 장래의 상급이 아니다. 바울은 이 명사를 5회 사용하며, 갈라디아서에서는 여기에서만 사용한다. 여기에서 이것은 아브라함 언약(3:16의 '약속들'을 참고하라)에서 약속한 '유업'을 가리키며, 모세 율법에 근거한 것이 아니다. 이 서신에서 바울은 처음으로 '유업'이란 개념을 소개한다. 이것은 동사 '유업을 받다'와 또 다른 명사 '상속자'와 함께 후속 논의에서 중요한 역할을 한다(3:29과 4:30을 참고하라). [*klēronomia*]

3:19. 추가되었다(Added, *prosetethē*) – 이 구절에서 바울은 "그러면 모세 율법을 주신 이유가 무엇인가?"라는 질문에 대해 다음과 같이 네 가지로 답한다. (1) '범죄' 때문에 (2) '추가된 것'인데, 약속하신 (3) '자손이 오시기까지' (4) '한 중보자에 손으로 천사들을 통하여 제정' 되었다(NET). 바울은 모세 율법이 하나님께서 아브라함과 맺으셨던 기존의 언약들을 보충하기 위해 추가되었다는 사실을 강조하고 있다. 이것은 모세 율법보다 언약이 먼저라는 암시다. [*prostithēmi*]

범죄(Transgression, *parabaseōn*) – 고전 헬라어와 코이네 헬라어에서 이 단어는 문자적으로 한계를 '넘어서다', 비유적으로 '기존의 기준이나 규범', 즉 율법에서 벗어난 것을 뜻한다(TDNT 5:739, NIDNTT 3:583). 이것은 70인경에서 거의 나오지 않는다(왕하 2:24, 시 101:3[100:3]에만 나온다). 신약에서 이 단어는 '율법과 관련된 죄'(TDNT 5:739)를 나타내며, 따라서 법을 위반한다는 뜻에서 '범죄'로 번역된다(BDAG, 758, BAGD, 611). 바울은 신약에 7회 등장하는 이 단어를 5회 사용하며(다른 두 곳은 히 2:2와 9:15이다), 갈라디아서에서만 사용하고 있다. '범법하므로'라는 표현은 모세 율법과 위반에 관한 다른 곳에서의 가르침을 요약한 문구다(롬 5:13–14, 7:7–13 비교). 율법이 추가된 것은 범죄를 막거나, 바르게 살도록 하기 위한 것이 아니었다. 그보다 하나님께서 율법을 주신 목적은 하나님의 율법을 위반하는 것이 바로 죄라는 것을 깨닫게 함으로써(롬 4:15, 5:13, 7:7 비교) 죄에 관한 지식을 갖게 하는 데 있다(롬 3:20 비교). 많은 계명들로 인해 많은 범죄, 즉 무수하게 많은 죄가 생겨났다(롬 5:20 비교). 율법은 사람들이 범죄자들이라는 것을 알려주며, 그것 때문에 사람들은 자신들이 죄인임을 알게 된다. [*parabasis*]

한 <u>중보자</u>에 의해(By an <u>intermediary</u>, *meistou*) – 법적인 영역에서 생겨난 이 용어는 고대의 헬라 작가들에게서 가끔 나타나다가 기원전 3세기 이후의 파피루스에서 자주 나온다(MM, 399). 이것은 조정자, 협상가, 보증인과 같은 믿을 만한 중립적인 인물을 가리킨다. 자신의 모든 피조물에 관한 주권을 갖고 계신 하나님(사 40:9–13)께서는 주의 종(사 42:1–4, 52:13–53:12)과 하나님과 이스라엘 백성사이의 조정자라기보다는 양쪽을 대표한다는 의미에서 유일하게 중재자로 불리는 모세(출 4:15–16, 19:3–6, 20:19, 33:12–23)와 같은 인물들뿐 아니라 천사들, 왕들, 제사장들 그리고 예언자들 가운데서 중재자들을 정하신다(TDNT 4:610–14). 이 단어는 신약에서 6회 사용되며, 그 가운데 히브리서에 3회(8:6, 9:15, 12:24), 바울 서신에 3회(갈 3:19–20, 딤전 2:5) 나온다. 일반적으로 이것은 '의견의 차이를 없애거나 공동의 목적에 도달도록 양 진영의 중간에서 중재하는 사람, 즉 중재자, 조정자'를 가리킨다(BDAG, 634, BAGD, 506, LN 31.22). 이 구절에서 율법의 수여와 관련하여 암시된 중재자는 바로 모세다. 바울 시대의 유대교에서 중재자라는 칭호는 일반적으로 모세에게 수여되었다(Philo, Vita Mosis 2.166, De Somniis 1.142–43, Assumption of Moses 1.14). [*mesitēs*]

3:20. 그런데 중재자는 <u>한편</u>만 위한 자가 아

니나…하나님께서는 <u>한 분</u>이시다(Now an intermediary is not for <u>one</u>…but God is <u>one</u>, *henos…heis*) – 이 문장에는 '하나'라는 용어의 대조적인 용법이 포함되어 있다(이 숫자의 문맥적인 뉘앙스에 대해 BDAG, 291–93, BAGD, 230–32와 비교하라). 이 구절에서의 첫 번째 어법은 그 중재가 한 편만 있을 때는 이루어질 수 없다는 의미에서 '하나 이상'이라는 뜻을 지닌다. 두 번째 어법은 '유일성, 독특성'이란 의미를 지닌다. 다시 말해서 하나님께서는 '한 분'이시다(TDNT 2:434, 비교–BKWS, 요 10:30). 이것은 신명기 6장 4절에 있는 쉐마(Shema)의 가르침이자 모든 유대인들의 고백이다(BKWS, 신 6:4 비교). 바울은 이 고백을 인용할 때 '하나님의 구속 활동은 하나님의 한결같은 인격을 나타내기 때문에, 본질상 항상 직접적이고 일방적인 것'을 암시한다(Longenecker, 143). 이것은 모세 율법의 간접적이고 쌍방적인 특성과 대조된다. 그리스도를 통한 하나님의 일하심은 직접적이며, 천사들과 모세에 의해 중재되었던 율법보다 우위에 있다. [*heis*]

3:21. 생명을 주다(To give life, *zōiopoiēsai*) – 고전 헬라어와 코이네 헬라어에서 이 단어는 '살리다'라는 뜻이며, 동물의 탄생이나 식물의 발아를 뜻했다. 바울에게 '생명'은 하나님과의 바른 관계에 있는 '영적인 생명'('성령 안에 있는 생명', 롬 8:9–11)이다. 여기에서 바울은 '사실과 반대되는 조건절'을 사용해서, 조건을 나타내는 'if'절이 사실이 아니므로 'if'절은 'then'절을 부정하고 있다고 전제한다. 바울은 율법, 즉 하나님께서 주신 그 어떤 법이 결코 생명을 줄 수 없다고 밝힌다. 모세 율법에 의해, 또는 모세 율법에 근거해서 의를 획득할 수 없다(2:16, 21 참고). [*zōiopoieō*]

3:22. 가두었다(Imprisoned, *synekleisen*) – 이 동사는 고전 헬라어와 코이네 헬라어에서 좁은 간격을 유지하면서 행진하는 군인들에 대한 언급으로 '함께 모이다', 사람의 눈이나 입을 '감거나 닫다', 그물로 고기를 잡을 때처럼 '에워싸다, 둘러싸다' 또는 '가두다, 감금하다, 투옥하다'와 같이 여러 가지 의미로 사용되었을 것이다(TDNT 7:744). 바울은 이것을 '특정한 곳에 가두다, 구금하다, 투옥하다'를 뜻하는 비유적 의미로 사용하고 있다(BDAG, 952, BAGD, 774). 이 구절에서 바울은 성경을 의인화하여, 하나님 그 분을 가리키는 환유적 표현(대용어)으로 사용한다(3:8, 롬 11:32 비교). 역본들은 다음과 같이 다양하게 번역한다. 성경이 모든 것을 죄 아래 '가두었다'(NRSV, NET, ESV), 성경은 '(모든 사람이) 죄수라고 선언한다'(NIV), 성경은 모든 것을 죄 아래에 '가두었다'(NKJV), 성경은 '모든 것들을 가두었다'(NASB), 성경은 '온 세상'(NIV)을 죄 아래 가두었다, 성경은 '모든 것과 모든 사람을'(NET) 죄 아래 가두었다. 모든 사람들은 유대인이건 이방인이건 상관없이, 그리고 한 사람도 예외 없이 죄의 세력 아래(갈 1:4의 '죄들/ 죄'를 참고하라, 갈 3:10의 '저주 아래에'를 참고하라) 감금되어 있다. 하나님의 약속과 관련하여 하나님의 율법의 첫 번째 기능은 사람들로 하여금 죄를 깨닫게 하고(3:19 참고), 죄 아래 감금되어 율법의 저주 아래 놓이게 된 모든 사람들을 정죄하는데 있다. 하나님께서는 예수 그리스도를 믿는 사람들에게 약속을 제공하기 위해 율법이 이런 기

능을 갖도록 계획하셨다. [*sygkleiō*]

3:23. 감금되었다(Held in custody, *ephrouroumetha*) – 이 동사는 고전 헬라어와 코이네(성경) 헬라어에서 '감옥에 가두다'(Plutarch, Moralia, 205–06 비교), 문자적으로 사람들과 재산을 '보호하다', 비유적으로는 사랑, 충성, 존경을 '지키다, 감시하다'(NIDNTT 2:134,MM, 677)라는 다양한 의미로 사용되고 있다. 이것은 70인경의 정경들에는 나오지 않는다. 신약에서 4회, 그 가운데 바울 서신에서 3회 사용되며, 갈라디아서에서는 여기에만 나온다. 이것은 '[어떤 것에 관해] 계속 경계하다, 지키다'(고후 11:32), '안전을 제공하다. 지키다, 보호하다, 가두다'(빌 4:7, 벧전 1:5), '감금하다, 구금하다'(갈 3:23, BDAG, 1066, BAGD, 867)라는 뜻으로 사용할 수도 있다. 영역본들은 이 단어를 '포로가 되다'(NiV), '포로로 잡아 가두다'(ESV), '가두었다'(NRSV), '감시당하다'(NKJV), '감금되었다'(NASB, NET)로 번역한다. 바울은 모세 율법을 간수로 여긴다. 모세 율법은 예수 그리스도께서 오실 때까지 유대인들을 가두었다. 24절은 이 사실을 설명한다. [*phroureō*]

율법 아래에(Under law, *hypo nomen*) – 바울은 '율법 아래에'라는 문구를 신약에서 7회 사용하고 있다(롬 6:14, 고전 9:20, 갈 3:23, 4:4, 5, 21, 5:18). 이 모든 구절들에서 이 문구는 하나의 통치 제도로서의 모세 율법의 통치(권력)에 예속된 상태를 나타낸다. 유대인들은 '율법 아래에' 살았다. '은혜 아래에' 사는 것은 '율법 아래에' 사는 것과 구별되지만(롬 6:14), 하나님께 대한 의무가 없는 삶은 아니다(고전 6:19–20, 갈 5:13–14, 16, 18). 이 문맥에서 바울은 모세의 때와 그리스도의 때 사이에 살았던 모든 유대인들이 그 시대의 통치 권세인 '율법 아래에' 살았다고 설명하고 있다. 그럼에도 불구하고 그 시대 동안에 살았던 사람들(예를 들면, 다윗, 롬 4:5–8)은 아브라함과 언약을 맺으신 하나님을 믿음으로 율법의 정죄하는 권세로부터 자유롭게 될 수 있었다(3:6, 갈 3:10의 '저주 아래에'를 참고하라). [*nomos*]

3:24. 후견인(Guardian, *paidagōgos*) – 이 단어는 신약에서 3회, 모두 바울에 의해 사용되며, 갈라디아서에 2회 나온다(3:24–25, 다른 한 곳은 고전 4:15). 이 구절에서 바울은 율법의 이미지를 '간수'에서 일반적으로 '교사'를 의미하는 *paidagōgos*로 변경한다. 고대 그리스–로마 세계에서 *paidagōgos*는 *didaskaalos*('교사')와 구분되었다. 그는 공식적으로 교육의 책임자보다는 관리인에 가까웠다(Plato, Lysis, 208c). 그리스–로마의 부유한 가정들에서 부모들은 보통 갓 태어난 자신들의 아들을 젖–보모에게 맡겼으며, 적절한 때가 되면, 젖–보모는 그 아이가 학교에 들어갈 때까지 돌볼 나이 든 여자 보모에게 그 아이를 넘겨주었다. 그 다음에 그 아이는 신뢰할 수 있고, 경험이 많은 그 집의 종이나 하인 가운데 한 사람인 남성 *paidagōgos*의 돌봄에 맡겨진다. 그리고 *paidagōgos*는 그 아이가 성인이 될 때까지의 교육과 행동에 대해 책임을 맡았다(Plato, Laws 7.808d–e, Plutarch, Moralia, 439f–440, 645b–c 비교). 신약에서 이 단어는 '안내, 보호, 인도가 필요한 어떤 사람을 책임지는 사람'이란 뜻으로 사용되고 있다(BDAG, 748,

BAGD, 603, LN 36.5, MM, 473). 따라서 바울의 유비는 모세 율법의 감독 기능과 율법의 관리자로서의 일시적인 역할과 율법의 관리 아래 있는 사람들의 미성숙한 위치에 초점을 맞추고 있다. 번역자들은 이에 해당하는 적합한 영어 표현을 찾기 위해 고심해왔다. KJV의 '초등교사'라는 번역은 그리스도의 오심을 대비한 도덕 교육을 염두에 두지 않고 있기 때문에 오해의 소지가 있다. 다른 역본들에는 '가정교사'(NASB, NKJV), '책임자'(NIV), '규율주의자'NRSV) 그리고 '후견인'(ESV, NET)으로 되어 있다. 만일 이 이미지를 앞의 간수의 이미지(3:23)를 사용해서 윤색한다면, 아마도 '감시의 기능을 지닌 후견인'이 적절한 번역이 될 것이다. [*paidogōgos*]

3:27. 그리스도 안으로 <u>세례 받았다</u>(<u>Batized</u> into Christ, *eis Christon ebaptisthēte*) – 27–28절은 초기 기독교에서 세례 때 사용하던 신앙고백으로 보인다. 바울은 26절의 주장을 증명하기 위해 이 고백을 사용한다(Betz, 181–85). 고전 헬라어와 코이네 헬라어에서 '세례를 주다'라는 동사는 두 가지 형태다. 단순한 형태인 *baptō*는 '…의 밑이나 안에 담그다, 물감을 들이다'(물감을 담그다)나 '(물에서) 끌어내다'라는 뜻이다. 신약에서만 이 단어를 항상 문자적 의미로 4회 사용하고 있다(눅 16:24, 요 13:26[2회], 계 19:13). 강조형인 *baptizō*는 '담그다, 가라앉히다, 잠기게 하다' 라는 뜻이며, '빠지다, 소멸하다'로 확대 해석할 수 있다(TDNT 1:529, NIDNTT 1:144). 유대적인 맥락에서 이 동사는 보통 '담그다'라는 뜻으로 사용되었다. 하지만 이것은 쿰란의 사해 종파를 비롯한 유대의 종파들에서 종교적 정결 의식에 대해 사용된 적이 없었다. A.D. 1세기에 유대교로 개종하는 이방인들은 '개종자 세례'로 불리는 제의적 정결 의식을 요구받았다. 하지만 이 동사는 그 의식을 뜻하지도 않았다. 그럼에도 불구하고, 그런 세례들이 아마도 세례 요한의 세례와 그리스도인 공동체들의 입회 의식으로서의 세례를 실시하는 배경이 되었을 것이다. 신약에서 이 동사는 '잠기다, 담그다, 씻다. 세례를 주다'라는 뜻이다(BDAG, 164, BAGD, 131–32). 이것은 요한의 세례(BKWS, 눅 3:3 비교)나 기독교의 세례를 묘사하는 전문적이며 종교적인 의미에서 사용되었는데, 문자적으로 물을 사용하는 교회의 입회 의식(예수님께서 명령하신 어떤 것, 마 28:19–20 비교)이든지, 아니면 비유적으로 문맥에 의해 결정되었을 것이다. 신약에서 이 단어의 깊은 종교적 특성 때문에, 번역자들은 이 헬라어 동사(*baptizō*)를 영어로 그냥 음역하였고, 따라서 '세례를 주다'(*baptize*)라는 의미로 사용하게 되었다. 이 동사는 신약에서 77회, 바울 서신들에서 13회 사용되며, 갈라디아서에서는 여기에만 나온다. 이 구절에서 바울은 '그리스도에게로 세례 받았다'라는 중요한 표현을 사용하고 있다(롬 6:3 비교). 어떤 해석자들은 이 문구가 소유권의 변화를 암시하기 때문에 '너희가 그리스도와 관련하여 세례를 받았다'(Longenecker, 155), 또는 '그리스도의 이름으로'라는 뜻의 약어로 간주한다. 다른 이들은 이 문구에 '결합한'이라는 의미를 부여한다. 다시 말하면, "너희는 그리스도와 합하게 하는 세례를 받았다"(Moo, Romans, 376–77)라는 의미다. 이 문구가 '결합한'이라는 개념을 표현하고 있는 바울 서신의 다른 구절들(롬 6:3–4, 고전 12:12–13)에 비추어볼 때, 후

자의 견해가 더 나아 보인다. 그러므로 이 표현은 신자들이 회심할 때 '그리스도 안으로' 들어가는 것을 묘사하는 세례 의식에서 이끌어낸 은유로서 믿음에 의해 그리스도께 속하게 된 모든 사람들을 포함하는 포괄적인 개념이다. 하나님께서는 성령으로 말미암아 이 행동의 보이지 않는 행위자시다(고전 12:12–13 비교). 이 결합은 개별적으로는 믿음으로 말미암은 하나님의 은혜에 의해 생겨나는 것이며, 집단적인 상황에서 이 새로운 관계의 외적인 상징이 바로 세례다. 그리스도 안으로 세례를 받은 사람들은 다른 신자들과 함께 '그리스도 안에 있는 생명'을 지닌 사람들이다(1:22 참고). [*baptizō*]

그리스도로 옷 입었다(Have clothed yourselves with Christ, *Christon enedysasthe*) – 초기의 헬라어 어법에서부터 계속해서 이 동사는 어떤 사람에게 '옷을 입히다, 의복을 지급하다'(Homer, Ilias 2.42), '옷을 입다'(Homer, Ilias 11.16), 의복, 무기, 또는 비유적으로 미덕들(예를 들면, 용기–Aristophanes, Eccl., 288, TDNT 2:319)과 같은 '어떤 것을 몸에 걸치다'는 뜻이다. 어떤 사람으로 옷을 입는다는 이미지는 '어떤 사람의 역할을 하는 것', 즉 그 사람의 지위나 성품을 보여주는 극장 무대에서 등장한다(예를 들면, Dionysius of Halicarnassus, Ant. Rom. 11.5, '*Tarquin*인 체하다', 즉 *Tarquin*의 역할을 하다). 이 구절에서 바울은 인격적 객체인 '그리스도'로 옷 입는다는 은유를 사용하고 있다. 따라서 그리스도인들, 즉 회심의 순간에 '그리스도 안으로 세례 받은 사람들'(이전 표제어를 참고하라)은 객관적으로 동시에 그리스도의 미덕을 지니거나 그리스도와 동일한 사람이 된다. 그들은 이제 '그리스도 안에서' 새로운 지위와 신분을 갖게 된다. 바울은 이 옷 입는 은유를 그리스도를 향한 회심(갈 3:27), 계속되는 윤리적 변화(롬 13:14, 골 3:12) 그리고 부활의 몸을 입는 것(고전 15:53–55, 고후 5:2–5)과 관련하여 사용한다. [*endyō*]

3:28. 유대인이나 헬라인도 없고(Neither Jew nor Greek, *ouk Ioudaios oude Hellēn*), **종이나 자유인도 없고**(slave nor free, *doulos oude eleutheros*), **남자와 여자**(male and female, *arsen kai thēly*) – 28절의 처음 부분은 '그리스도 예수 안에서' 초월하게 된, 인간 사회에서의 세 가지 구별들에 대해 부정적으로 말한다. 이 정반대의 개념들은 인간의 생활에서 종종 장벽이 될 수도 있고, 장벽이 되기도 하는 인종적–문화적 지위, 사회 경제학적 지위, 생물학적 성별의 지위라는 세 가지 영역에 해당한다. 특권 의식이나 편견과 관련이 있는 이 장벽들이 고대 사회에 존재했던 것이 분명하다. 예를 들면, 헬라 사람들은 자신들이 야만인이 아니라 헬라인임을, 노예가 아니라 자유 시민임을, 여자가 아니라 남자임을 신들에게 감사했다(Diogenes Laertius, Vitae Philosophorum 1.33 비교). A.D. 2세기의 유대 랍비 문학에서는 한 남자 유대인이 아침 기도에서 자신을 이방인, 노예, 여자가 되지 않게 하신 것에 대해 하나님께 감사드렸다(t Ber 7.18과 j Ber 13b, b Menah 43b). 이제 은혜의 복음의 빛에서 볼 때(1:6, 8, 11 참고), 바울은 지위와 특권과 관련 있는 이 모든 구별들이 없어지게 되었다고 강한 어조로 선언한다. 문맥상으로 이 구절은 여러 특별한 흥미를 끄는 해방 신학들을 위한 성명서가 아니라 복음이 제공하는 해방(1:6 참고),

즉 모든 사람들이 예수 그리스도를 믿음으로 말미암아 은혜로서 구원을 향해 동일하게 나아가게 된다는 선언이다. 이 복음은 모든 신자들이 인종, 문화, 사회적 계층, 생물학적 성별과 상관없이 '그리스도 안으로 세례 받았기' 때문에 모든 사람들이 하나님 앞에서 동일한 신분을 지니며, 모든 사람들이 그리스도 안에서 하나로 통일된다(3:27 참고). [*Ioudaios, Hellēn, doulos, eleutheros, arsēn, thēlys*]

3:29. 상속자들(Heirs, *klēronomoi*) – 이 단어는 신약에 15회 나오며, 대부분 '(하나님으로부터) 어떤 것을 소유물로서 받은' 신자를 지칭하며, 수혜자 또는 '상속자'란 뜻이다(BDAG, 548, BAGD, 435). 바울은 이 명사를 8회 사용하며, 갈라디아서에 3회 나온다(3:29, 4:1, 7). 이 구절에서는 아브라함의 영적 자손들이며, 언약에 근거한 하나님의 축복의 약속을 받은 갈라디아 신자들을 가리킨다(3:6, 9, 10, 14 참고). 상속자들인 그들은 구원의 복을 베푸시는 아브라함의 가장 뛰어난 씨이신 예수 그리스도를 믿음으로 말미암아 은혜로서 구원을 받는다(갈 3:18의 '유업'을 참고하라). [*klēronomoi*]

4:2. 관리인들(Managers, *oikonomous*) – 일반 헬라어에서 이 용어는 한 가정의 '청지기'를 가리킨다. 확대 해석하면 주방장, 가정부, 회계사와 같은 그 가정의 여러 분야의 '관리자들', 즉 '노예들 가운데서 선발된 가정 내의 중견 하인들'을 나타낸다(NIDNTT 2:254, MM, 443). 70인경에서 이 단어는 왕의 가족과 재산을 관리하는 왕실의 관리라는 좀 더 전문적인 의미를 지닌다(왕하 18:18, 37). 이 단어는 신약에서 10회, 바울 서신들에서 5회 사용되며, 갈라디아서에서는 여기에만 나온다. 여기에서 이것은 '가족 또는 재산의 관리인, 청지기, 관리인'이란 뜻이다(BDAG, 698, 1, BAGD, 560, 1, LN 37.39). 이 단어의 복수는 '수탁자들'(NIV, NRSV), '청지기들'(NKJV), '관리인들'(NASB, ESV, NET)로 번역되고 있으며, 맨 마지막 번역이 가장 적절한 것 같다. 바울은 복수 단어 *oikonomos*(관리인들)를 상속자가 성인이 될 때까지 영지를 책임지고 있는 사람인 *epitrophos*(후견인들)과 동일한 의미로 사용하고 있다(4:1 참고). [*oikonomos*]

4:3. 세상의 <u>초보적인 영적 권세들</u> 아래에(Under <u>the elemental spiritual powers</u> of the world, *hypo ta stoicheia tou kosmou*) – 이 흥미 있는 단어는 항상 복수로 신약에서 7회 나오며, 그 가운데 바울 서신에 4회 나온다(다른 곳은 히 5:12, 벧후 3:10, 12이다). 바울은 4회 가운데 3회를 '세상의'라는 표현을 사용해서 *stoicheia*를 수식한다(갈 4:3, 골 2:8, 20). 그리고 네 번째 언급은 단어 자체에 '세상의'라는 뜻을 포함하고 있다(갈 4:9). 이 구절의 의미에 대해 논쟁이 벌어지고 있다(Burton, 510–18 비교, DPL, 229–33). 그 논쟁은 이 문구에 대한 다음과 같은 다양한 번역들에 반영되고 있다. '세상의 구성 요소들'(NKJV), '세상의 기본적인 것들'(NASB), '세상의 기본적(NIV)/ 기초적(ESV) 원리들', '세상의 기초적인 영들'(NRSV), '세상의 기본적인 권세들'(NET). 이 문구의 의미에 대해 세 가지 중요한 견해는 다음과 같다. (1) '세상의 본질적인 요소들'로 유대인과 이방인 둘 다를 이 세상에 가

두고, 그들이 하늘로 올라가는 것을 막는 자연계의 물질적 요소들(Schweizer, JBL 107:455–68), (2) '정죄하고 감독하는 기능을 지닌' 모세 율법 아래에 있는 유대인들의 종교적 경험(Longenecker, 166)을 지칭하는 '세상의 기본적/ 기초적 원리들', (3) '천사들을 통하여 제정된' 종교적인 규칙들과 규정들에 매여 있는 모세 율법 아래에 있는 유대인들(3:23–25 참고)까지 포함하는 사람들에게 지배력을 행사하는 선한(천사적) 권세들이나 악한(악마적) 권세들 가운데 하나인 '세상의 기본적인 영적 존재들'(3:19 참고, Betz, 204–5, BDAG, 946, 2, BAGD, 768, 3). 이 견해들 가운데 어느 하나를 택하기가 쉽지는 않지만, 바울과 동시대 사람들이 초자연적 권세들을 지칭할 때 *stoicheia*를 사용했다는 명백한 증거가 없음에도 불구하고 세 번째 견해가 선호되고 있다. 그리스도 이전에 그리고 그리스도와 상관없이 모세 율법(3:10, 23 참고) 아래에(*hypo*) 있는 유대인의 삶과 세상의 영적인 세력들/ 존재들(롬 8:38, 엡 6:12 비교) 아래에(*hypo*) 있는 삶을 같은 것으로 보는 이 용어의 이런 논쟁을 야기하는 어법은 당연히 바울 그 자신이 만들었다고 볼 수 있다. 유대주의자들(1:7 참고)이 갈라디아의 그리스도인들에게 모세 율법에 복종해야 한다고 주장하는 것(갈 2:16과 3:10을 참고하라)은 실제적으로 이 세상의 '영적 존재들'의 세력과 권위 아래 자신들을 가두는 것이었다. 그리스도께서는 이 권세들을 이기셨다(골 2:15). '세상의 기본적 영적 존재들(NRSV)/ 기초적인 세력들(NET) 아래에' 또는 '이 세상의 영적 세력들의 종들'(NLT)이라고 번역하는 것이 좋은 것 같다. [*stoicheion*]

4:4. 때의 <u>충만함</u>(<u>Fullness</u> of the time, *to plērōma tou chronou*) – 4–5절은 바울이 모세 율법으로부터의 자유와 아들들의 지위에 대한 강조를 입증하기 위해서 사용한 초기 기독교의 신앙고백으로 생각된다(1:4, 3:26–28 비교, Longenecker, 170). 헬라 문학에서 이 명사는 능동형으로서의 의미와 수동형으로서의 의미를 다 갖고 있다. 능동형은 '채우는 행위'(예를 들면, 포도주를 잔에 가득 채우다, Euripides, Troades, 823–24) 또는 '(어떤 것을) 가득 채운 것, 즉 충만한 내용물'(예를 들면, 배를 가득 채운 화물, Thucydides 7.12.3)을 뜻하며, 수동형은 '가득 채워진 것, 가득 차게 된 것'(예를 들면, 시민들로 가득 찬 도시, Aristotle, Politica 2.4.13, 3.8.1)을 뜻한다. 부연하면, 이 용어는 어떤 것의 '총합, 가득한 분량, 총액'(예를 들면, 사람의 생명의 기한, Heroditus, 3.22)을 나타내기도 한다. 따라서 이것은 '완전함, 어떤 공백(틈)도 없는 것'을 의미한다(TDNT 6:298, MM, 520). 바울은 이 명사를 12회 사용하며, 갈라디아서에서는 여기에만 나온다. 이 구절에서 '때가 차매'는 인간의 역사에서 하나님께서 그 아들을 세상에 보내시기로 확정하신 때를 가리킨다(엡 1:9–10 비교). 하나님의 구원 계획에서의 '때'가 인간적 요인들과 조건들 때문이 아니라 하나님의 영원한 목적에 의해서 결정된 '가득한 분량'에 도달했었다. [*plērōma*]

4:5. 아들로서의 입양(Adoption as sons, *tēn huiothesian*) – 이 단어는 헬라어 단어 *huios*('아들')과 *thesis*('위치, 상태')의 합성어로서, 아들의 지위를 당연히 가질 수 없는 사람에게 제공된 아

들로서의 신분이나 지위를 나타낸다. 따라서 이 단어는 '입양, 즉 문자적으로 어린아이들의 '입양' 을 가리키는 법적인 전문용어'를 뜻한다(BDAG, 1024, BAGD, 833). 이 단어는 신약에서 5회, 모두 바울에 의해 사용된다(롬 8:15, 23, 9:4, 갈 4:5, 엡 1:5). 바울과 그의 편지의 독자들은 로마의 합법적 입양 제도에 대해 알고 있었으며, 그것이 이 용어의 비유적 용법의 배경이 되었을 것이다. 하지만 하나님과의 부자 관계에 대한 구약 성경의 개념 역시 이 용어에 신학적으로 중요한 의미를 제공한다. 문맥에 따라 다르기는 하지만 바울은 이 용어를 사용할 때, 하나님의 아들의 신분으로서의 이스라엘의 특권(롬 9:4), 하나님께서 아들들로 '입양'하시는 그리스도인들의 현재의 신분(롬 8:15, 갈 4:5), 몸의 부활(이것은 예수 그리스도로 말미암아 하나님에 의해 그리스도인들에게 예정된 마지막 운명이다, 엡 1:5) 때에 있게 될 그리스도인들의 장래 '아들들로서의 입양'(롬 8:23)과 같은 여러 가지 특징들을 염두에 두고 있었다. 바울에게 있어서 '아들들로서의 입양'은 하나님의 아들의 신분을 얻게 한다. 이 아들 됨은 나면서부터 죄로 인해 하나님으로부터 분리된 상태에서, 성년 아들의 모든 권리와 특권을 가지고 하늘에 계신 아버지 하나님과 새롭고 지속적인 관계를 맺는 것이다. 이 신분은 자연적 혈통이나 인간적 공로에 의한 것이 아니라, 하나님의 독생자이신 예수 그리스도를 믿음으로 인해 받게 되는 하나님의 은혜의 행위에 의한 것이다(갈 1:16, 2:20 참고). 이 때문에 바울은 신자들을 '하나님의 아들들'(3:7, 26, 4:6-7 참고) 또는 성별과 상관없이 '하나님의 자녀들'(롬 8:16, 17, 21, 빌 2:14-15 참고)로 불렀을 것이다. '하나님의 아들 됨'의 개념에는 남성, 여성 둘 다 포함된다(이 43:6을 인용하고 있는 고후 6장 18절 참고). 4-5절에서 바울은 율법 아래에 있는 사람들(4:5상 참고)을 속량하시고 '우리'(갈 4:3의 '어렸을 때에' 참고)에게 '입양'(*huiothesia*)을 받아들이게 하시려고 하나님께서 적합한 때에 여자에게서(갈 4:4 참고), 그리고 모세 율법 아래에서 나신(갈 3:23, 4:4 참고) 아들을 보내셨다고 진술한다. 번역자들은 이 단어를 '아들들로서의 입양을 받아들이다'(NASB, NKJV,ESV), '자녀들로서의 입양을 받아들이다'(NLT), '하나님께서 우리를 당신 자신의 자녀들로 받아들이게 하시려고'(NLT), '아들들의 온전한 권리를 받게 하다'(NIV), '온전한 권리를 가진 아들들로서 입양되다'(NET), 또는 '온전한 권리를 가진 아들들로서 (약속된) 입양을 받아들이다' 등으로 다양하게 번역한다. 이 구절에서 바울은 '아들들로서의 입양'과 율법으로부터의 해방(4:5), 성령을 받아들임(4:6), 그리고 하나님의 상속자가 되는 특권(4:7)을 연관 짓고 있는데, 이 모든 것은 그리스도인의 구원이 갖고 있는 동시 발생적이며 상호 보충적인 국면들이다. [*huiothesia*]

4:6. 아들들(Sons, *huioi*) - 바울은 4장 3-5절의 '우리'(주로 유대계 그리스도인들, 비교-2:15-17, 3:13-14, 23-25)를 4장 6-7절에서 '너희'(이방인 그리스도인들)로 변경한다. 바울은 4장 6-7절에서 4-5절을 갈라디아의 이방인 개종자들에게 적용하고, 그들에게 '하나님의 아들들'이라고 선언한다(Longenecker,173). 앞에서 바울이 성령을 받은 것(3:2-5, 14하)에 근거하여 아들 됨(3:26)을 증명했던 것과 달리, 여

기에서는 아들 됨을 성령을 받는 이유로 서술하고 있다. 구분은 되지만 둘 다 매우 밀접한 관련이 있기 때문에 그 둘에 관해 어떤 순서로든 말할 수 있다(롬 8:15-16 비교, 갈 3:7, 26의 '아들들'을 참고하라). [*huios*]

마음(Hearts, *kardisa*) - 바울은 *kardia*를 문맥에 따라 여러 가지 의미로 사용한다. 이것은 전인적인 의미에서 사람의 내적 생명의 중심(롬 8:27, 살전 2:4), 생각과 이해(롬 1:21, 10:6), 의지와 그것의 결정들(고전 4:5, 고후 9:7), 감정과 정욕(롬 1:24, 9:2, 골 2:1-2), 하나님께서 그분의 성령이 머물게 하시는 영적인 생명(롬 5:5, 고후 1:22)을 나타낸다. 바울은 죄가 사람의 마음을 부패하게 하고 지배하기 때문이 사람이 죄의 노예가 된다고 선언한다(롬 2:5, 3:9, 6:19-20). 따라서 회심과 부흥은 사람의 마음에서 발생하며, 모든 사람에게 필요하다(롬 10:6-10). 회심은 '마음'에 의해 이루어지는 것이 아니라, 믿음의 눈을 뜨게 하시고, 그분의 아들의 성령을 마음속으로 보내시는 하나님으로 말미암아 이루어진다(고후 1:22, 갈 4:6). 성령께서 마음에 거주하시게 되면, 그 사람은 더 이상 죄의 종이 아니라 하나님의 종이다(롬6:22), 다른 비유적 표현을 사용해서 말하면 하나님의 아들과 상속자가 된다(갈 4:6-7). 이 구절에서 바울은, 신자의 '마음'속에 계시는 성령은 입양에 의해 아들의 신분을 갖게 된 증표이며, 이 때문에 신자들은 하나님께서 진정으로 하늘에 계신 자신들의 아버지이심을 확신한다고 말한다. [*kardia*]

크게 부르다(Calling out, *karzon*) - 그리스-로마 문학에서 이 단어는 야생 동물의 울부짖음(예를 들면, 갈까마귀)에 사용되었으나, 주로 지하세계의 신들에게 간청하는 사람들의 종교적 행위, 즉 주문을 외치거나 신의 비밀들을 선포하는 것을 가리킨다(TDNT 3:898, NIDNTT 1:408). 70인경, 특히 시편에서 이 단어는 개인적으로나 민족적으로 고통에 처했을 때 하나님께서 들으시고 그들을 구원하실 것이라는 확신을 가지고 하나님을 소리쳐 부르는 사람들에게 보통 사용되고 있다(70인경의 시 21:5, 33:17, 55:16-17, 106:6). 신약에서 이 단어는 때때로 '거센 부르짖음'(막 5:5, 9:26)을 뜻하기도 하나, 대부분은 '큰 소리로 어떤 것을 전달하다, 부르다, 크게 외치다, 부르짖다'를 뜻한다(막 10:48, 11:9, BDAG, 563, BAGD, 447). 이 동사는 신약에서 55회 사용되는데, 바울은 그 가운데 3회를 사용하며, 갈라디아서에서는 여기에만 나온다. 바울의 어법은 큰 소리보다는 절박함과 열정의 의미를 전달한다. 로마서 8장 15절과 갈라디아서 4장 6절에서 이것은 아들의 신분을 가진 사람의 특별한 외침, 즉 '아바 아버지'를 나타낸다. 로마서 8장 15절에서 성령으로 말미암아 신자들은 하나님을 향해 아버지라고 '부른다.' 하지만 여기에서는 신자들을 대신하여 성령께서 하나님을 향해 아버지라고 '부르신다'(롬 8:16 비교). [*krazō*]

아빠 아버지(Abba Father, *abba ho patēr*) - 하나님께 대해 이런 식으로 이중 칭호를 사용한 것은 신약에서 단 세 곳이다(막 14:36, 롬 8:15, 갈 4:6). 각각의 본문에서 기도중에 하나님 아버지를 부를 때 사용된다. *abba*는 아람어 단어를 헬라어로 음역한 것이며, 다시 헬라의 독자들을 위해 '아버지'를 뜻하는 헬라어 단어 *patēer*로 번역한 것이다. 이것은 초대 교회의 2개 국어를 사용하는 구조를 보여준다. 아람어에서 이 용어는 일상 가정생활에서 어린 자녀들뿐만 아니라, 성인 아들들과 딸들이 자신의 아버지를 부르는 호칭으로 발전되었다. 이것은 오늘날의 '사랑하는 아버지'라는 표현이 전달하는 따뜻하고 친근한 느낌을 갖고 있다(NIDNTT 1:614–15). 중요한 것은 유대 경건 문헌 어느 곳에도 하나님의 주권적 장엄에 대한 강한 존경심 때문에 하나님을 부를 때 이런 친밀한 용어들을 사용하지 않았다는 사실이다(시락서 51:10은 예외적인 용법이다). 예수님께서는 전적으로 새로운 시도로 기도중에 하나님을 이 친밀한 용어로 부르셨는데, 그것으로 아버지이신 하나님과 예수님 자신의 독특한 관계를 표현하셨다(BKWS, 막 14:36 비교). 초기 그리스도인들은 여기와 로마서 8장 15절에서 암시되는 것처럼 기도중에 abba를 사용했으며, 그것으로 그리스도와 그들이 소유한 성령으로 말미암아 그들 자신이 '하나님의 아들들로서 입양'된 것을 표현했다. 신자들은 '그리스도 안에 있는' 사람들로서(1:22 참고), 아버지이신 하나님과 참으로 친밀한 관계를 경험한다. 따라서 오늘날에도 그리스도인들은 보통 '사랑하는 하늘 아버지시여…'라는 말로 기도를 시작한다. [*Abba, patēr*]

4:8. 너희가 종이 되었다(You were enslaved, *edouleusate*) – 이 단어는 동일한 헬라어 어근(*doul*–)에서 파생된 단어군에 속한다. 고대 헬라인들은 개인의 자유를 소중히 여기고, 노예를 경멸했다. 그 결과 이 단어군은 A.D. 1세기까지 헬라 종교와 상관이 없었고, 그 이후에 외국의 영향을 받아서 사용되기 시작했다(TDNT 2:261–65 비교). 하지만 70인경에서 이 단어군은 노예가 되는 것과 노예의 처지를 나타냈을 뿐만 아니라, '성심을 다해 하나님을 섬기는 것'에 대해 사용되었다. 동사 *douleuō*는 거의 대부분 '일하다, 섬기다, 종으로서 일하다, 하나님이나 다른 신들을 섬기다/ 예배하다' 등의 다양한 의미를 지닌 히브리어 동사를 번역한 것이다(BDB, 712–13, BKWS 비교, 창 15:13, 출 4:23, 20:5, TDNT 2:265–69, NIDNTT 3:592–95). 신약에서 헬라어 동사는 '섬기다, 복종하다'를 의미하는 행동이나, '노예가 되다, …의 종이 되다'(BDAG, 259, BAGD, 205)라는 의미의 종속 관계를 나타냈을 것이다. 비유적으로 확대 해석하면, 어떤 영향이나 능력에 의해 '통제되었다'라는 의미를 지닌다(LN 37.25). 이 단어는 신약에서 25회 등장하는데, 바울은 그 가운데 17회를 사용하며, 갈라디아서에서 4회 사용하고 있다(4:8, 9, 25, 5:13). 여기에서 바울은 갈라디아의 신자들이 그리스도인 되기 전에는 거짓 신들의 '종노릇을 했다'라고 진술한다. [*douleuō*]

4:9. <u>알게</u> 되다(Come to <u>know</u>, *gnontes*)…**<u>알려지다</u>**(to be <u>known</u>, *gnōsthentes*) – 바울은 이 동사를 50회, 갈라디아서에서 4회 사용한다(2:9, 3:7, 4:9[2회]). 신약에서 이 동사는 일반적으로 '어떤 사람이나 어떤 것에 관해 전에 알지 못하였던 정보를 획득하다'라는 뜻이며, 따라서 '알다, …에 관해 알다, 알게 되다, 경험하다' 또는 '어떤 것의 중요성이나 의미를 포착하다, 이해하다, 파악하다'라는 뜻이다(BDAG, 199–200, BAGD, 160–61). '알다'라는 뜻을 지닌 또 다른 헬라어 동사(*oida*)와 이 단어와의 관계에 대해서는 갈라디아서 4장 8절을 참고하라. 이 구절에서 바울

은 *ginōsko*를 두 가지 목적으로 사용한다. 먼저는 이방인 회심자들이 개인적으로 하나님을 '아빠'(갈 4:6 참고)로 부르게 된다는 의미에서 하나님을 알게 된 것을 진술하고, 더 중요하게는 은혜의 선택에서 주도권을 행사하신 하나님에 의해 그들이 '알려지게' 되었다는 것을 단언하기 위해서다. 그들이 하나님을 '아는 것'은 하나님께서 그들을 '알고 계시는 것'에 의존한다(롬 8:29–30 참고). [*ginōskō*]

4:12. 간청한다(I beg you, *deomai*) – 탄원에 속하는 이 동사는 신약에 22회, 바울 서신에 6회, 갈라디아서에서는 여기에만 나온다. 이것은 '어떤 것을 애원하듯 요구하다, 요청하다'라는 뜻이다(BDAG, 218, BAGD, 175). 여기에서부터 갈라디아의 그리스도인들에게 호소하는 이 서신의 권면 부분이 시작된다. 이것은 이 서신의 첫번째 명령(간청)에 해당하며, '나와 같이 되라'는 호소로 요약된다. 다시 말하면, 예수 그리스도를 믿음으로 말미암아 모세 율법의 속박에서부터 자유로운 사람이 되어, 진정한 아브라함의 자녀이자 하나님의 '아들들'로서 자유 가운데 살아가라고 호소한다(2:19–20, 3:6–7, 29, 4:5–6 참고). [*deomai*]

4:13. 육체적 질병(Physical illness, *astheneian tēs sarkos*) – 이 단어는 문자적으로 '신체/ 육체의 질병'을 뜻한다(갈 2:20의 '육체'를 참고하라). 이것은 여러 종류의 '약함'을 나타내는 단어군에 속한다. 신약에서 이 단어는 문맥에 따라 '무능력, 한계' 또는 '확신의 결여나 무능하다는 느낌'의 의미에서 '병, 질병, 약함'을 나타낸다(BDAG, 142, BAGD, 115, LN 23.143, 74.23, 25.269, MM, 84). 바울은 신약에서 등장하고 있는 24회 가운데 12회를 사용하며, 갈라디아서에서는 여기에만 나온다. 여기에서 이것은 바울이 처음으로 갈라디아 사람들에게 복음을 전파했을 때 갖고 있었던 육체적 질병을 가리키는데, 그 질병이 무엇인지 밝히지는 않는다. [*astheneia*]

4:14. 시험(Test, *ton peirasmon*) – 70인경에서 이 용어는 '임무 또는 업무'(전 3:10, 4:8, 5:3, 8:16)나 '시련'(신 7:19, 29:3)을 나타낸다. 그러나 이 단어가 인간이 하나님을 시험하는/ 유혹하는 것과 관련이 있는 '시험이나 유혹'을 의미하는 종교적 어법을 갖고 있다는 것이 더 중요하다(BKWS, 출 17:7, 신 6:16, 시 95:8–9 비교). 동사 *periazō*('시험하다, 유혹하다, 재판에 회부하다')는 백성들의 믿음과 순종에 대한 하나님의 시험(예를 들면, 아브라함, BKWS, 창 22:1 비교)과 하나님의 명령에 순종하지 말라는 사람의 유혹(BKWS, 민 14:22, 전 2:1 비교)과 관련하여 '시험, 유혹'이란 종교적 용법으로 확대되고 있다. 이 개념들이 이 단어에 대한 신약의 어법의 배후에 존재한다. 몇몇 문맥에서 이 용어는 '검사, 시험, 어떤 것의 성질이나 특성을 알기 위한 시도'를 의미한다(벧전 4:12). 그러나 대부분의 경우에 '시험, 죄로의 유혹, 사람으로 하여금 어떤 그릇된 일을 행하게 만들려는 시도'라는 뜻을 갖고 있다(약 1:13, BDAG, 793, BAGD, 640, LN 27.46, 88.308). 바울은 이 단어를 신약에서 등장하는 21회 가운데 4회 사용하며, 갈라디아서에는 여기에서만 나온다. 여기서는 여러 영역본들에서 암시하는 것처럼 이 문장의 비유적 특성

때문에 번역에 어려움이 많다. 바울의 육체적 상태가 '나의(바울의) 시험이었지만 너희는 업신여기지 않았다'(NKJV), '너희에게 괴로운 짐이 되었으며'(NLT), '너희에게 시험이었으며'(NASB, NIV, ESV), '너희를 시험했다'(NRSV, NET). 여기서 마지막 번역이 가장 적절해보이며 많은 지지를 받는다. 갈라디아 사람들은 인품의 시험에 직면했다. 바울이 그들을 처음 방문했을 때 그들은 바울의 질병을 핑계로 바울과 그의 메시지를 거절하고 업신여길 수도 있었다. 그러나 훌륭하게도 그들은 그렇게 하지 않았다. [*peirasmos*]

4:15. 선의(Goodwill, *makarismos*) – 헬라의 고전 문학에서 이 명사는 '축복, 행복, 또는 선의'를 뜻했다(예를 들면, Plato, Republica 9.591d, 비교–TDNT 4:362–64). 이것은 또한 누군가에게 '복이 있다'라는 선언에서 '팔복'(*beatitude)*을 가리키는 전문용어로 등장하기도 한다(Aristotle, Rhetorica 1.9.34). 이 단어는 70인경에서 나오지 않는다. 하지만 특히 시편에서 자주 사용되는 형용사 *makarios*('복 받은')에서 그 개념이 표현되고 있다('하나님을 신뢰하는'–시 84:12, '죄의 용서'–시 32:1–2, '의롭게 살아가는'–시 119:1–2, 128:1–2). 이 명사는 신약에서 3회 모두 바울이 사용한다(롬 4:6, 9, 갈 4:15–이 본문들에서 이 단어는 특별한 선의나 친절을 갖고 있다는 의미에서의 '축복'을 뜻한다, BDAG, 611, BAGD, 487, MM, 386). 이 구절에서 바울은 갈라디아 사람들과의 관계가 좋았을 때의 과거를 회고하면서, "너희가 느꼈던 그 선의가 지금 어디 있느냐?"라고 묻고 있다. [*makarismos*]

4:19. 형상을 이루다(Is formed, *morphōthēi*) – 이 동사는 70인경에는 나오지 않으며 신약에서 여기에만 나온다. 이것은 동일한 헬라어 어근(*morph–*)에서 파생된 단어군의 일부로서 명사 *morphē*('형상, 겉모양, 모습', 빌 2:6–7 비교)와 여러 합성어들이 이 단어군에 속한다. 헬라어에서 이 단어는 능동태일 경우 '형성하다, 만들다, 모양 짓다'라는 뜻이며, 예술가들이 재료로 우상과 같은 형상을 만드는 것에 대해 사용되었다(Pollux, Onomasticum 1:13, Philo, De Specialibus Legibus 1.21, 2.255). 수동태일 경우 '모양을 취하다, 동일한 속성으로 이루어지다'라는 뜻이며, 특히 유아가 어머니의 자궁에서 태아로 형성되는 것을 가리킨다(Ibid., 3.108, 117, 비교–TDNT 4:752–53, MM, 418, BDAG, 659, BAGD, 528, LN 58.4). 바울은 이 구절의 뒷부분에서 다시 특별한 이미지를 사용한다. 그의 말에 의하면, 그리스도께서는 그리스도인들 안에 '살아계신다'(갈 2:19–20, 롬 8:10, 고후 13:5, 골 1:27, 엡 3:17 참고). 그는 다른 곳에서 그리스도의 형상(롬 8:29)이나 그분의 죽으심(빌 3:10)을 본받은(*symmorphous*) 그리스도인들에 대해서 말했으나, 여기에서는 갈라디아의 신자들 안에서 '형상을 이루시는' 그리스도에 대해 말한다. 그리스도의 형상이 형성되어야 신자들 안에서 그리스도를 닮아가는 것(Christlikeness)이 표현될 수 있다. 태아가 어머니의 자궁에서 유아로 성장하는 것에 기초하고 있는 바울의 이 은유의 요점은 그리스도의 형상(즉, 그분의 성품)이 그리스도인 안에서 온전히 형성되어야 한다는 데 있다. 이것은 이 세상에서 결코 완성되지 않는 진행중인 과정이다(빌 3:8–16). 그러나 그리스도

의 형상은 안에 숨어 있기도 하고, 밖으로 드러나기도 한다. 이것은 은혜의 선물로서 제공되기도 하며, 하나님을 신뢰하고 그분의 말씀에 복종하는 삶의 방식으로 요구되기도 한다(엡 4:1, 빌 2:12-13, 골 1:9-10 비교). [*morphoō*]

4:21. 율법 아래에(Under the law, *hypo nomon*), **율법을 이해하다**(understand the law, *ton nomon…akouete*) – 이 구절에서 바울은 '율법'이라는 단어를 두 가지 다른 의미로 사용하고 있는 질문을 통해 하갈/ 사라 비유를 도입한다. 첫째, 바울은 '율법 아래에'라는 문구를 시내 산에서 이스라엘에게 수여된 율법의 모든 규정들을 포함한 법률 체계로서의 모세 율법이란 뜻으로 사용하고 있다(3:23 참고). 둘째, 그는 '율법을 듣다, 다시 말해서 이해하다(TDNT 1:218 비교, BDAG, 38, 7, BAGD, 32, 7)'라는 문구를 구약성경, 특히 모세오경이란 뜻으로 사용하고 있다. '율법의 종이 되기를 원하는 너희들'(NRSV)이란 표현은 바울의 회심자들이 아직까지는 유대주의자들의 잘못된 가르침을 전부 다 수용하지 않았다는 것을 암시한다(1:6-7, 3:1 참고, 갈 2:16의 '율법의 행위'와 갈 3:23의 '율법 아래에'를 참고하라). [*nomos*]

4:23. 육체를 따라(According to the flesh, *kata sarka*) – 바울은 이 단어를 91회 사용하며, 그 가운데 갈라디아서에서 18회 사용한다. '육체를 따라'라는 문구는 21회 사용하며, 갈라디아서에 2회 나온다(4:23, 29). 여기에서 이 단어는 인간의 자연적인 번식 과정을 가리키나 신학적 의미도 갖고 있다. 이스마엘은 불임인 사라의 요구에 의해 하나님의 말씀과 관계없이 아브라함과 여종 하갈 사이에 태어났다. 따라서 이스마엘의 탄생은 스스로 문제를 해결하려는 독립심과 하나님을 향한 잘못된 조바심으로 인한 것이었다. 이스마엘은 하나님의 계획에 의해 태어난 아브라함의 아들이 아니었으므로, '육체를 따라'(NASB, NRSV, NKJV, ESV) 난 것이었다. 더 설명하면 '하나님의 약속의 성취를 이루려는 인간적인 시도'(NLT)이다. 별로 도움이 되지는 않지만 어떤 역본들은 '일상적인 방법으로'(NIV), '자연적 혈통에 의한'(NET)으로 번역한다(갈 2:20의 '육신/육체'를 참고하라). [*kata, sarx*]

4:24. 알레고리로 다루어졌다(Treated as an allegory, *allēgoroumena*) – 이 단어는 후기 코이네 헬라어 시대에 철학 분야에서 사용되기 시작했다. 처음으로 사용한 사람은 필로(Philo, De Cheru7bim, 25, De Somniis 2.31)와 요세푸스(Josephus, Ant. 1. 24)이다. 이것은 '비유적으로 말하거나 기록하다'라는 뜻이다. 따라서 말하는 사람이나 작가의 본래 의도 또는 '알레고리적으로 해석하거나 설명하는 것'을 가리키며, 해석자가 본문을 어떻게 다루는가를 보여준다(TDNT 1:260). 이것은 신약에서 여기에만 나오며, 그 의미에 대해서는 논란이 있다(논의를 위해서는 Bruce, 215-17과 Longenecker, 208-10을 참고하라). 22-23절에서 간략하게 소개된 하갈/ 사라 기사의 역사적 특성을 감안하다면, 바울은 자신이 그 사건을 알레고리적으로 해석하고 있다고 지금 진술한다. 바울은 그 사건에 대한 유대주의자들의 설명을 반박하기 위해 이런 방법을 택했던 것 같다. 하지만 바울의 논증은 동시대의

많은 사람들(예를 들면, 필로[Philo])의 알레고리적 해석과는 구별된다. 그는 그 사건을 역사적 상황에서 분리하여 알레고리적으로 해석하지 않는다. 오히려 그는 예수 그리스도에 의해 시작된 새 언약의 관점에서 해석한다. 따라서 많은 주해가들은 구약의 이 설화에 대한 바울의 논증을 '알레고리'보다는 '유비, 유형론, 상징'(NIV)으로 분류한다. [*allēgoreō*]

시내 산(Mt. Sinai, *orous Sina*) – 이스라엘이 애굽을 떠나 진을 쳤던 인근 산의 이름이다. 하나님께서는 이 산에서 모세에게 스스로를 계시하셨고, 십계명과 다른 율법들을 주셨으며 이스라엘과 언약(모세 언약)을 맺으셨다(출 20–24장 비교). 시내 산은 구약에서 단 한번 호렙 산으로 불린다(출 33:6). 그러나 '호렙'이란 지명은 여러 번 등장하며, 시내 산이 위치한 산악 지역을 가리킨다. 하지만 시내 산의 정확한 위치는 확실하지 않다. 전승에 따르면 수에즈 만과 아카바 만 사이의 시내반도를 정점으로 하는 주변의 바위투성이 지역으로 추정된다. 그것은 오늘날 모세의 산, 즉 제벨 무사(Jebel *Mûsā*)로 불리는 높이 약 2,245미터 높이의 봉우리다(ISBE 4:525–28). 25절에서 바울은 '아라비아'(갈 1:17 참고)에 있는 시내 산을 언급하는데, 사해의 남쪽과 아라비아 반도의 북쪽에 있는 불모지를 가리킨다. 바울은 자신의 알레고리적 설명과 일치하게 하갈, 그녀의 아들 이스마엘, 그리고 시내 산을 아라비아, 즉 이스마엘 땅과 연관 짓는다(창 25:6, 12–18 참고). 시내 산은 신약에서 4회 언급되며, 그 가운데 사도행전에 2회(7:30, 38), 갈라디아서에 2회(4:24, 25) 나온다. [*oros, Sina*]

하갈(Hagar, *Hagar*) – 아브라함의 아내 사라의 애굽 출신 여종의 이름이다. 창세기의 두 본문들(창 16장, 21:8–21)에서, 그리고 신약에서 2회(갈 4:24–25, 비교–창 17:15–17) 이 여인에 대해 언급한다. 이 구절에서 언급하고 있는 두 여자들 가운데 한 사람이 바로 하갈이며, 노예의 신분으로 자녀를 낳은 여종(4:22 참고)이다. 바울은 하갈과 시내 산을 연관 짓는다. 시내 산은 그곳에서 체결되었던 모세 언약이란 뜻을 함축하고 있다. [*Hagar*]

4:25. 현재의 <u>예루살렘</u>(The present <u>Jerusalem</u>, *tēi nyn Ierousalēm*) – 바울은 여기서 이 도시의 종교적 중요성을 강조한다. 1세기 당시의 예루살렘은 유대 종교의 중심지였다. 그들은 육체적으로 아브라함의 자손인 것과 하나님 앞에서 의롭다 함을 받기 위해 모세 율법을 지키는 것을 중요하게 생각했었다. 이것이 바로 바울이 반대하는 유대주의자들의 다른 '복음'(1:6–7 참고)이다(2:15–16, 3:24–29). 바울은 현재의 예루살렘의 종교 제도와 유대주의자들을 비롯한 그 제도의 추종자들을 여종 하갈과 동일시하며 그녀의 아들, 즉 '육체를 따라'(4:23 참고) 난 종의 아들인 이스마엘을 시내 산에서 체결된 모세 언약과 동일시한다(4:24 참고). 이 충격적인 동일시를 통해 바울은 하갈과 그녀의 후손들에 해당하는 '현재의 예루살렘'과 거주민들이 노예 상태에 있다고 선언한다. [*Ierousalēm*]

4:26. 위에 있는 예루살렘(The Jerusalem above, *hē⋯anōIerousalēm*) – '이 땅에 있는 현재의 예루살렘'은 '하늘에 있는 장래의 예루살렘'과 대조된다. 바울은 장소를 나타내는 부사인

anō('위에 있는')를 신약에서 사용된 9회 중 4회를 사용한다. 이 단어는 갈라디아서의 여기에서만 '위에 있는 예루살렘', 즉 하늘에 있는 장래의 예루살렘을 나타내며(BDAG, 92, BAGD, 76), 풍부한 유대적인 배경을 갖고 있다(겔 40–48장, 토빗 13:15–18, 제4 에스라 8:51–52, 10:25–28, 1QM 12:1–4). 신약 또한 하늘에 있는 장래의 예루살렘(히 11:10, 12:22, 13:14 참고), 즉 새 예루살렘(계 3:12, 21:2, 10–14 비교)을 기다리고 있다. 새 예루살렘은 하나님의 구속 계획의 완성과 만물에 대한 하나님의 주권적 통치의 온전한 실현을 알리는 신호다. 하지만 새 예루살렘이 아직까지 오고 있는 중이지만 그리스도의 오심(갈 4:4–7 비교)과 성령의 임재로 말미암아 이미 시작되었으며, 그리스도인들은 현재 그 구원의 축복들을 누리고 있다(갈 3:14, 엡 1:3–14 참고, 갈 4:25의 '예루살렘'을 참고하라). [*Ierousalē*]

4:27. 잉태하지 못하는 여인이여 즐거워하라(Rejoice barren Woman, *euphranthēti steria*) – 바울은 예루살렘을 자녀를 잉태하지 못하는 불행한 과부와 비교한 이사야 54장 1절을 인용한다. 그 과부는 결실과 축복에 대한 하나님의 약속을 듣는다. 동일한 용어들을 사용하는 본문들을 결합하는 랍비적인 해석법에 따르면, 바울은 창세기 11장 39절(70인경)에 있는 단어 *steria*('잉태치 못하는', BDAG, 942, BAGD, 766) 때문에 이사야 54장 1절에서 묘사된 '잉태치 못하는 사라'를 '잉태치 못하는 예루살렘'과 연관 짓는다. 이 단어는 바울 서신 가운데 여기에만 나온다. 바울은 잉태치 못하는 자에게 많은 자녀를 주시는 하나님의 은혜의 간섭하심에 근거하여, 잉태치 못하는 여인에게 '즐거워하라'('기뻐하라'–NIV, BDAG, 414, BAGD, 327)고 요청한다. 바울은 이 인용문을 사용하여 사라와 위에 있는 예루살렘을 동일시한다. 사라와 예루살렘 둘 다 아브라함과 사라를 향한 하나님의 약속(3:14, 16 참고)이기 때문에 유대계 그리스도인들과 이방인 그리스도인들의 영적 어머니로 여겨진다. 결국 사라의 '자녀'가 '남편이 있는 (누구인지 밝혀지지 않은) 여인(사 54:1)의 자녀'보다 더 많게 될 것이다. [*euphrainō, steira*]

4:29. 육체를 따라(According to the flesh, *kata sarka*)…**성령을 따라**(according to the Spirit, *kata pneuma*) – 이 구절에서 바울은 4장 23절의 아브라함의 두 아들 사이의 대조를 선택하여, '육체와 약속' 사이의 대조를 5장과 6장에서 사용하게 될 대조적 개념들인 '육체와 성령'으로 변경하고 있다. 이것은 '약속의 자녀들'(4:28)이 '성령에 따라'(3:14) 난 사람들이라는 것을 암시한다. '따라'(*kata*)란 전치사는 '…을 따르다'는 의미를 갖고 있다. 이것은 어떤 사람/ 어떤 것 '때문에' 또는 '근거로' 합병하다는 뜻이다(BDAG, 512, 5a, BAGD, 407, Ⅱ, 5a). 3장 15절 이후로 '복음, 축복 또는 성령'보다는 '약속/ 약속들'이란 단어들이 바울의 논의의 중심이 되고 있으며, 이것은 '유업'(3:18 참고)에 대한 논증의 근거를 제공한다. 여기에서부터는 성령에 대한 언급이 주요한 역할을 하게 된다. 바울에게 약속, 성령 그리고 복음의 개념들이 서로 연관이 있는 것이 분명하다. [*sarx, pneuma*]

5:1. 자유…자유롭게 하다(Freedom…set free,

eleutheriai…ēleutherōsen) – 바울은 '자유'라는 표현을 사람을 종노릇하게 하는 권세들, 즉 죄와 모세 율법 그리고 적대적인 영적 세력들(4:3 참고)로부터의 '해방'이란 뜻으로, 사용하고 있다. 기독교 공동체의 맥락에서는 하나님과 서로를 사랑하고 섬기는 자유를 가지고 하나님과 의의 종노릇한다는 뜻으로 사용하고 있다(갈 5:13, BDAG, 316–17, BAGD, 250, TDNT 2:496–502). [*eleutheria, eleutheroō*]

노예의 멍에(Yoke of the slavery, *zygōi douleias*) – 이 구절에서 바울은 '멍에'를 영적 노예 상태로 묘사한다. 갈라디아의 그리스도인들은 노예 상태에서 자유롭게 되었다(4:8–9 참고). 바울은 그들에게 유대주의자들의 요구를 따라 모세 율법의 종노릇을 함으로써 '다시' 이 세상의 초등학문(4:3 참고) 아래에서 살아가지 말라고 경고한다(TDNT 2:899 비교). [*zygos*]

5:3. 율법 전체에 순종하다[행하다](To obey [do] the whole law, *holon ton nomon poiēsai*) – 동사 'do'는 종종 신약에서 도덕적 사회적 의무를 수행하다는 의미에서 사용되고 있으며, 따라서 특별히 율법을 충실하게 지키는 것과 관련하여 '지키다, 수행하다, 실천하다, 행하다'라는 의미다(BDAG, 840, 3, BAGD, 682, Ⅰ, lc). 바울 당시의 유대교에서는 반드시 계명 전체를 행할 필요가 존재했었다(제4 마카비 5:20–21 비교, 시락서 7:8, 1QS 1. 14, *tšebu Hot*). [*poieō, nomos*]

5:4. 그리스도에게서 끊어지다(Have been severed from Christ, *katērgēthēte apo Christou*) – 바울은 이 동사를 '절단하다, 끊어버리다', 즉 '어떤 사람/ 어떤 것과 더 이상 관계가 없다'라는 강한 의미로 사용하고 있다(BDAG, 525, 4, BAGD, 417, 3). '율법을 통해 의롭다 함'을 얻으려 하는 사람들은 하나님께서 그리스도를 통해서 확정하신 오직 믿음으로 말미암은 은혜에 의한 칭의를 거절하는 것이다. 이 때문에 그들 스스로 그리스도에게서 '끊어지고'(NASB, ESV), '단절되고'(NRSV, NLT), '소외되고'(NIV, NET), '멀어지게'(NKJV) 되는 것과 모세 율법 전체에 복종할 의무를 갖게 된다는 것을 깨달을 필요가 있다. 이런 생각은 그들을 은혜와 믿음의 영역에서 멀어지게 한다('폐하다', 3:17 참고). [*katargeō*]

너희는 은혜에서 떨어졌다(You have fallen away from grace, *tēs charitos exepesate*) – 이 합성동사는 동일한 헬라어 어근(*pet*–)에서 파생된 단어군에 속하며, *pipto*('떨어지다')는 단순동사와 이것과 관련된 여러 형태의 합성동사들이 이 단어군에 속한다. 고전 헬라어와 코이네 헬라어에서 이것은 문자적으로 '(어떤 것)으로부터 벗어나다, 떨어지다'(Homer, *Ilias* 5:585, 11.179)라는 뜻뿐 아니라 '어떤 것으로부터 빗나가다, 길에서 벗어나다'(Xenophone, *Anabasis* 5. 2.31), '잃어버리다'(Herodotus 3.14, Thucydides 8.81.2)라는 뜻도 된다. 70인경에서 이것은 거의 대부분 문자적 의미로 사용되고 있다(신 19:5, 사 6:13, 14:12). 요세푸스는 이것을 여러 상징적인 의미로 사용하고 있다(Ant 7.203, 8.271, 10.274, 15.191). 또한 이 동사는 신약에서 비교적 광범위한 의미를 지닌다. 이 단어는 신약에서 10회, 그 가운데 바울에 의해 2회 사용되며, 갈라디아서에서는 여기에만 나온다(다른 한 곳–롬 9:6). 이 구절에서 이 동사는 좋은 조건이나 관계를 포기하다는 의미에서 '잃어버리다'라는 뜻이다(BDAG, 307, BAGD, 243, LN 34.26). '그리스도에게서 끊어지고'와 병행 구절이며, 그것과 동일한 의미다. 갈라디아의 신자들은 유대주의자들의 요구를 따라 율법의 행위를 통해 하나님 앞에서 의롭다 함을 얻고자 시도함으로써 하나님과의 바른 관계의 기초가 되는 은혜에서 멀어졌다. 바울은 그들에게 이 일의 부정적인 결과에 관해 경고한다. 여기서 바울은 믿음으로 말미암아 은혜에 의해 의롭다 함을 받은 그리스도인이 구원을 상실할 수 있다고 말하는 것은 아니다(2:16, 4:5-6 참고). [*ekpiptō*]

5:5. 소망(Hope, *elpida*) – 신약에서 소망의 개념은 미래에 대한 기대, 하나님께 대한 신뢰, 그리고 하나님의 계획이 성취되기를 인내로 기다리는 것과 관련이 있다(TDNT 2:530-32 비교). 그리스도인의 소망은 그리스도 안에서 이미 성취된 구원에 대한 믿음에서 시작되며, 그리스도인의 생활에서 중요한 요소인 성령(롬 5:3-5, 8:25-26, 12:12, 15:13, 살전 1:2-3)을 통해 지속된다. 그것은 '우리의 크신 하나님과 구주 예수 그리스도'의 나타나심을 확신을 가지고 기다리는 것이다(딛 2:13, 골 1:27). 이 소망의 객관적인 내용은 소망에 대한 주관적이고 개인적인 경험의 기초에 해당한다. 이 단어는 신약에서 53회, 그 가운데 바울에 의해 36회 사용되며, 갈라디아서에서는 여기에만 나온다. 여기에서 이 단어는 어떤 것을 얻게 될 것이라는 기대를 잔뜩 갖고 도움이 되는 어떤 것을 바라다는 의미에서 '소망, 기대'를 뜻한다(BAGD, 319-20, BAGD, 252-53, LN 25.59). 이 구절에서 '의'는 소망의 대상이다. [*elpis*]

5:6. 사랑으로 말미암아(Through love, *di' agapēs*) – 성경에서 가장 중요한 의미의 단어는 명사 *agapē*('사랑')이다. 영어와 달리 헬라어에서는 사랑을 의미하는 단어들이 여럿 있다. 이 단어군에는 동사 *agapaō*('사랑하다')와 형용사 *agapēto*('사랑스러운')가 포함된다. 동사는 서사시인 호머(Homer, B.C. 8세기) 이후로 헬라 문학에서 자주 등장한다. 하지만 명사는 신약시대 이전에는 성경에만 나온다. 명사는 70인경에 그 기원이 있으며 모두 15회 나오는데, 전부 사랑을 뜻하는 가장 일반적인 히브리어 명사를 번역한 것이다. 이 명사가 신적인 사랑에 대해 사용되기도 하지만(렘 31:3, 습 3:17), 인간적 사랑을 가리킨다(삼하 13:25, 아 2:4, 5, 7). 구약의 사랑 개념은 '(사람에게) 자기를 희생하게 하거나 좋아하는 행동을 실행하도록 하는' 감정적 요소뿐만 아니라, 의지적 요소도 갖고 있다. 따라서 사람들 사이뿐 아니라, 하나님과 사람들 사이의 관계를 묘사하는 데 사용되고 있다(TDNT 1:21-34, NIDNTT 2:538-42). 신약에서 *agapē*는 '다른 사람에 대한 뜨거운 존중과 관심에 속하는 성품, 존경, 애정, 존중, 사랑'을 가리킨다(BDAG, 6, BAGD, 5, LN 25.43). 이것은 다른 사람들을 향한 인간적 사랑(대부분 여기에 속함)과 하나님을 향한 인간적 사랑에 대해, 그리고 사람들을 향한 하나님의 사랑에 대해 사용된다. 신약의 사랑 개념은 하나님의 사랑에 기초를 두고 있다. 이것은 의지적이고(선택하는 사랑이며), 무조건적이며(공로나 업적과 상관없이), 변함이 없다(결코 흔

들리거나 실패하지 않는). 이것은 받는 것보다는 주는 것을 좋아한다. 이것은 자기가 사랑하는 사람(상대방)에게 하나님의 뜻, 즉 최고의 선을 추구하는 행동을 요구한다. 바울은 고린도전서 13장 4-8절에서 사랑에 대해 묘사한다. 이 중요한 단어는 신약에서 117회 사용되는데, 그는 이 가운데 75회를 사용한다. 75회 가운데 57회는 인간적 사랑을 가리키며 갈라디아서에서는 이 의미로 3회 사용된다(5:6, 13, 22). 이 구절에서 바울은 '그리스도 예수 안에' 있는 것의 도덕적 특성에 대해 간략하게 말한다. 그리스도인의 신분과 행동에서 실제로 중요한 것은 사랑으로 역사하는 믿음이다. 이것은 하나님의 성령의 역사로 인해(갈 5:22, 롬 5:5, 엡 2:8-10), 하나님의 자녀들('아들들', 갈 4:5, 6 참고)의 생활에서 나타나는 하나님의 선물들이다. [*agapē*]

5:7. 가로막았다(Hindered, *enekopsen*) – 고대 헬라어 어법에서 이 동사의 기본적 의미는 '방해하다, 길을 막다'(TDNT 3:855)라는 뜻이다. 이것은 70인경에는 나오지 않는다. 바울은 신약에 등장하는 5회 가운데 3회를 사용하며, 갈라디아서에서는 여기에만 나온다. 다른 두 곳은 로마서 15장 22절과 데살로니가전서 2장 18절이며, '느리게 또는 어렵게 진행하다, 방해하다, 훼방 놓다'(BDAG, 274, BAGD, 216), 좀 더 강하게는 '어떤 사람이 (무엇을 하는 것을) 막다, 중단시키다'(LN 13.417)라는 뜻으로 사용되고 있다. 이 구절의 달음질 이미지의 맥락에서는 주자를 '가로막고' 발을 걸어 주자의 진행을 방해하는 것을 가리킨다. 바울은 수사학적 표현을 사용하여 자신의 회심자들에게 "누가(*tis*, 단수이며, 아마도 지도자에 대한 언급일 것이다) 너희를 막아 진리를 순종하지 못하게 하느냐?"라고 질문하고 있다. 앞의 질문들에서처럼, 그 대답은 바로 유대주의자들이다(1:7, 3:1 참고). 번역자들은 이 단어를 "누가 너희를 가로막고 너희를…하지 못하게 하느냐"(NIV), '…하지 못하게 하다'(NRSV, NET), '너희를 막아서 방해하다'(NLT) 등으로 다양하게 번역한다. 너희를 '가로막고'(NASB, NKJV, ESV) 진리에 순종하지 못하게 하다라는 번역이 가장 나은 것 같다. [*egkoptō*]

5:9. 누룩…발효시키다(Leaven…leavens, *zymē…zymoi*) – 명사 *zymē*는 '발효된 반죽, 누룩'이란 뜻이며, 동사 *zymoō*는 '발효시키다'(BDAG, 429, BAGD, 340)라는 뜻이다. 누룩은 오래 되어 발효된 반죽을 가리킨다. 그 누룩을 새로운 반죽에 넣으면 반죽 속에 침투하여 가볍게 한다(NIDNTT 2:461). 이것은 밀가루와 혼합되어 따로 발효를 일으키는 작용을 하는 오늘날의 '효소'가 아니다. 그럼에도 불구하고 몇몇 역본들은 누룩이 효소와 동일한 효과가 있다는 이유로 이 단어를 '효소'(NIV, NRSV, NET, NLT)로 번역한다. 신약의 어법은 구약의 유월절과 누룩 없는 떡 축제에 관한 규정들(TDNT 2:901-2, BKWS 비교, 출 12:8, 신 16:3-4)의 영향을 받고 있다. 여기에서 누룩 이미지를 사용하는 바울의 요지는 부정적이다. 겉보기에 아주 작은 것으로 보이는 유대주의자들의 잘못된 가르침이 바울이 선포한 은혜의 복음을 왜곡시키고, 갈라디아의 기독교 공동체의 신학적 이해를 변질시켰다(1:6-7 참고). [*zymē, zymoō*]

5:10. 심판(Judgement, *krima*) – 이 단어는 동사 *krinō*('판단하다')와 관련이 있는 광범위한 단어군에 속한다. 이 단어들은 구체적인 기준들에 의거하여 사람의 행동을 평가하고, 보통 법률적인 상황에서 판결을 내리기 위해 가치 판단을 하는 것과 관련이 있다. 고대 헬라문학과 70인경에서 명사 *krima*는 문맥에 따라 다음과 같은 복합적인 의미를 갖고 있다. '법령/ 규칙, 정의, 판결, 또는 형벌이 뒤따르는 유죄 선고'(NIDNTT 2:362–64, TDNT 942 비교). 신약의 어법은 70인경과 비슷한 의미를 반영하고 있다. 이 단어는 신약에서 27회, 그 가운데 바울에 의해 12회 사용되며, 갈라디아서에서는 여기에만 나온다. 여기에서 이것은 불리한 유죄 선고라는 의미에서 장래의 하나님의 '사법적 판결'을 가리키며, 형벌이 뒤따른다(BDAG, 567, BAGD, 450, LN 56.24). 바울은 유대주의자들 가운데 익명의 주모자가 심판의 때에 하나님의 유죄 선고와 그에 따른 형벌을 받게 될 것이라고 선언한다(롬 2:1–11 비교). [*krima*]

5:11. 십자가의 <u>걸림돌</u>(<u>Offense</u> of the cross, *skandalon*) – 신약에서 이 단어는 항상 어떤 사람을 함정에 빠지게 하거나 죄를 짓게 하는 '장애물'의 의미를 갖고 있으며, '올바른 행동 과정이나 신념 체계에 대조되는 행동을 하도록 이끄는 행동이나 환경, 즉 죄로의 유혹'(마 16:23, 18:7)이나 어떤 문맥에서처럼 '범죄를 일으키거나, 반대, 반감, 적개심, 과실을 유발하는 어떤 것'(고전 1:23, BDAG, 926, BAGD, 753, LN 88.306, 25.181)을 묘사하는 은유로 사용되고 있다. 이 단어는 신약에서 15회, 그 가운데 바울에 의해 6회 사용되며, 갈라디아서에서는 여기에만 나오며, '반대를 유발하는 걸림돌'이라는 의미를 갖고 있다. '십자가의 걸림돌'('십자가' 비교, BKWS, 막 8:34)은 십자가에 못 박히신 그리스도(3:1 참고)로 말미암은 구원을 전파할 때 바울이 사용하는 문구로 유대인들에게 '걸림돌'(*skandalon*)이고, 이방인들에게 '미련한 것'이다(고전 1:22–24). [*skandalon*]

5:12. <u>스스로 베어버리다</u>(<u>Castrate themselves</u>, *apokopsontai*) – 이 동사는 신약에 6회, 바울 서신에서는 여기에만 나온다. 고대 헬라 문학에서 이것은 '잘라 내다'를 뜻하며, 때로 신체의 일부를 '잘라내다'라는 의미로 사용되기도 했다(예를 들면, Horodotus 6.91, 114, TDNT 3:852). 70인경에서도 헬라 문학에서와 마찬가지로 전쟁터(삿 1:6–7)에서나 여러 가지 범죄에 대한 처벌(신 25:11–12)로 신체의 일부를 '절단하는 것'을 가리킨다. 신약에서 이것은 '분리하기 위해 자르다, 절단하다, 베어버리다'를 의미한다(BDAG, 113, BAGD, 93, MM, 64). 이 구절에서는 '남성을 거세하다, 베어버리다. 고자로 만들다'라는 특별한 의미를 지닌다. 유대주의자들의 할례의 요구를 반어적으로 비꼬고 있는(5:2 참고) 그들이 할례에서 한 단계 더 나아가 생식기를 완전히 베어버리기를 바란다고 경멸하듯이 말하고 있다. 이 소원은 사실 지독한 경멸에 가까우며(1:8–9 비교), 문자 그대로 그렇게 하라는 뜻으로 말한 것이 아니다. 그 저변에는 복음 진리(2:5, 5:7 참고)에 대한 바울의 깊은 우려와 문화적, 또는 신체적 이유로는 할례를 인정할 수는 있지만 구원과 관련된 의미는 없다는 바울의 소신이 있다(5:6,

6:15 참고). 이같이 매우 강하고 솔직한 표현을 교회에서 '(너희에게서) 그들을 잘라내라'(NKJV, 교회에서 '내어보내라'는 뜻임), 또는 좀 더 일반적으로 '스스로 불구자가 되라'(NASB, NLT)는 번역으로 그 의미를 약화시킬 필요는 없다. [*apokoptō*]

5:13. 기회(Opportunity, *aphormē*) – 이 단어는 고대 헬라 문학에서 광범위하게 사용되고 있다(TDNT 5:472 비교). 군사 용어로 쓰일 때는 전쟁 수행을 위한 '출발점'이나 '작전 기지'를 뜻한다. 이것은 신약에 7회 나오며, 모두 바울이 사용하고 있다. 갈라디아서에서는 여기에만 나오며, '어떤 목적을 수행하기에 편리한 환경이나 어떤 일을 (하는) 계기, 기회'(BDAG, 158, BAGD, 127)를 가리킨다. 이 구절에서 바울은 갈라디아의 그리스도인들과 모든 그리스도인들에게 모세 율법으로부터 얻은 자유를, 하나님의 도덕적 규범들을 도외시하고 '육체'의 죄 된 욕망에 탐닉하는 기회로 사용해서는 안 된다고 권면한다. [*aphormē*]

5:14. 이루어지다(Is fulfilled, *peplērōtai*) – 이 용어는 '(어떤 것을) 완성하다, 충분히 표현하다'(BDAG, 828, 3, BAGD, 671, 3)라는 의미에서 '요약되다'(NIV, NRSV, NET, NLT)로, '어떤 것(이를테면, 예언, 약속, 율법)이 의도했던 목적에 도달하다'(BDAG, 829, 4, BAGD, 671, 4, LN 33. 144–'어떤 것의 참된 의미/ 실제적 내용을 제공하는')라는 의미에서 '이루어지다'(NASB, NKJV, ESV)로 다양하게 번역된다. 후자의 번역이 다음과 같은 이유로 선호되고 있다. 즉, 성령을 통해 시작되고 힘을 얻는 사랑은 율법의 요구를 만족시키기 때문에 더 이상 율법이 요구할 것이 없다는 점에서 14절은 13절을 설명한다. 하지만 동사의 형태는 과거에 완료된 행위가 현재까지 영향을 미치고 있다는 것을 암시한다. 예수님의 사명은 성취에 있었기 때문에 여기에서의 성취는 예수님께서 율법을 이루신 것, 즉 율법의 실현(마 5:17 비교)을 가리키는 것 같다(Longenecker, 243). 그러나 다른 곳에서 바울은 그리스도인들이 성령께서 주시는 힘으로 다른 사람들을 사랑으로 섬기는 것을 통해 율법이 '성취'된다고 선언한다(롬 8:4, 13:8, 10 비교). 바울이 율법의 규칙에 따라 살아갈 것을 요구하는 차원에서 율법을 '행하라'고 주장하는 것이 결코 아니다(3:23, 5:3 참고). 그리스도 안에서 모세 율법의 속박으로부터 자유를 얻게 될 그리스도인들이 성령의 능력 안에서 이타적인 사랑으로써 다른 사람들을 섬기게 되고(5:16, 18, 22–23 참고), 그 결과로 그들은 율법 전체를 '이루게 된다'. [*plēroō*]

5:15. 물어뜯고(Bite, *daknete*) **삼키다**(and devour, *katesthiete*) – 동사 *daknō*는 신약에서 여기에만 나온다. 이것은 문자적으로 "뱀들이 무는 것처럼 물어뜯어 위해를 가하다"라는 뜻이다(예를 들면, Barnabas 12:5). 그러나 바울은 여기에서 이것을 '(마치 물어뜯는 행위처럼 어떤 사람)에게 고통을 가하다, 상하게 하다'를 뜻하는 강한 상징적 표현으로 사용하고 있다(BDAG, 211, BAGD, 169, LN 20.26). 동사 *kateesthiō*는 보통 '먹어치우다, 소비하다, 삼키다, 빨아들이다'(막 4:4)라는 문자적 의미를 갖고 있으며, 또한 비유

적으로 '(어떤 사람을) 착취하다, 강탈하다, 완전히 파멸시키다'라는 의미로 사용되기도 한다(막 12:40, BDAG, 532, BAGD, 422, LN 20.45). 이 단어는 신약에서 14회, 그 가운데 바울에 의해 2회 사용되며(갈 5:15, 고후 11:20), '갈기갈기 찢다'로 번역할 수 있다. 두 동사 모두 서로 사투를 벌이면서 맹렬하게 싸우는 맹수들같이 '악의로 가득 찬 당파 싸움'에 몰두하고 있는 갈라디아의 그리스도인들에 대한 생생하고 과장된 묘사를 제공한다(Burton, 297 비교). 그들은 서로를 향한 이타적인 사랑(5:13 참고)보다는 '육체의 일들'(5:19–21 참고)을 보여주고 있었다. [*daknō, katesthiō*]

5:16. 살다(Live, *peripateite*) – 바울에게 중요한 이 합성동사는 '어떤 것 위를 걸어가다'(타동사) 또는 '걷다, 가다'(자동사)를 뜻하는 단순 동사 *pateē*에서 파생된 것이다. 이것의 문자적 의미는 '이리저리 걷다, 돌아다니다'이며, 고전 헬라어와 코이네 헬라어(예를 들면, Demosthenes 54.7, Josephus, Ant. 7.130)와 70인경(창 3:8)과 신약의 복음서와 사도행전에서 자주 사용되고 있다. 이것의 비유적 의미는 '자신의 인생을 살아가다, 생활하다'이며, 고전 문학에서는 거의 등장하지 않는다(Philodemus, De Liberate 23.3 비교). 70인경(잠 8:20, 사 59:9)과 신약의 복음서와 사도행전(막 7:5, 요 8:12, 12:35, 행 21:21에서만 사용됨)에서도 드물게 발견된다. 하지만 신약의 나머지 부분에서는 은유적인 의미로 사용되고 있다(계 2:1과 21:24만 예외임, 비교–TDNT 6:940–44, NIDNTT 3:943–45). 바울은 이 단어를 신약에서의 95회의 사용 가운데 32회 사용하는데, 모두 한 개인의 '인생 길'(walk of life)과 관련한 은유적인 의미, 특히 윤리적/ 도덕적/ 사회적 측면에서 부정적인 의미(엡 2:2, 4:17, 골 3:7)로 또는 긍정적인 의미(엡 4:1, 5:2, 롬 6:4)로 사용하고 있다. 갈라디아서에서는 여기에만 나오며, '살아가다, 처신하다, 걸어가다'라는 뜻으로 사용되고 있다(BDAG, 803, 2, BAGD, 649, 2, LN 41.11). 바울은 갈라디아 사람들에게 모세 율법의 규정들(5:3–4 참고)이나 육체의 욕심(5:13 참고)을 따라 살지 말고, '성령을 따라 살아가라'('걸어가다', NASB, NKJV)고 권면한다. [*peripateō*]

5:17. 대적하다(Are opposed, *antikeitai*) – 이 동사는 '어떤 사람의 반대편에 서다, (어떤 사람/ 어떤 것)에 반대하다'라는 뜻이다(BDAG, 88, BAGD, 74, LN 39.1). 바울은 이 단어를 신약에서의 8회 사용 가운데 6회 사용하고 있다(다른 두 곳–눅 13:17, 21:15). 갈라디아서에서는 바울이 육체와 성령이 서로 대적한다고 강조하는 이곳에만 나온다. 그들의 목적(*hina*)은 '너희들(갈라디아의 그리스도인들)이 원하는 것을 하지 못하게 하려는 것'(NRSV)이다. 바울은 이 구절에서 육체가 성령의 뜻을 따라 살기를 원하는 그리스도인들 안에 있는 성령을 대적하고, 그리스도인들이 육체를 따라 살아가기를 원할 때 성령이 육체를 대적한다는 뜻으로 말하고 있다. 이 구절에서 두 동사들(*epithymei*, *antiketai*)의 시제가 현재인데, 이는 그리스도인들의 삶의 경험에서 여전히 계속되는 갈등이 있다는 것을 암시한다. 그러나 변화를 일으키는 성령의 능력이 신자들을 새롭게 하고, 육체로 말미암은 죄를 물리치

며, 시간이 지나면서 '성령의 열매들'을 맺게 하기(5:22–23 참고) 때문에 이것이 교착 상태에 있는 것은 아니다. [*antikeimai*]

5:18. 율법 아래에(Under law, *hypo nomon*) – 이 문구는 모세 율법의 권위와 통치 아래 살아가는 것을 가리키는데, 유대주의자들(1:7 참고)은 옹호했고 바울은 반대했다(5:1 참고). 그리스도인의 삶의 방식은 율법주의도 자유주의도 아니다. 그것은 성령의 인도하심을 따르는 것, 즉 '성령에 의해 시작하고, 성령에 의해 인도함을 받는 새로운 차원의 삶'(Longenecker, 246)이다. [*hypo nomos*]

5:19. 육체의 <u>일들</u>(The <u>Works</u> of the flesh, *ta erga tēs sarkos*) – 바울은 19–21절에서 자신이 '육체의 일들'로 명명하는 죄가 되는 행동들 열다섯 가지를 제공하고 있다. 전통적으로 이 목록을 네 개의 범주, 즉 부도덕(3가지), 우상 숭배(2가지), 관계의 갈등(8가지), 술 취함(2가지)으로 분류하지만, 대표적 '악덕들'(Bert, 283)을 모아 놓은 것으로 여기는 것이 좋을 것 같다. 이 목록에 나오는 단어들은 갈라디아서에 단 한번만 나온다. 이것들은 하나님을 의지하지 않고, 자기 성취를 위해 노력하는 죄인의 생각과 말과 행위의 열매들이다(2:20과 5:13의 '육체'를 참고하라). '육체를 따라'(*kata sarka*) 살아가게 되면 그 사람이 자기만족적인 차원에서 율법을 의지하든지(2:16, 3:1–5 참고), 아니면 하나님의 도덕적 표준들(5:13–14 참고)을 제멋대로 무시하든지 간에 그 사람의 인생에 이런 파괴적이고 부정적인 결과들 가운데 일부나 대부분이 빨리 혹은 느리게, 약하게 혹은 심하게 발생한다. [*ergon*]

음행(Sexual immorality, *porneia*) – 이 단어는 고전 헬라 문학에서는 잘 사용되지 않는다. 하지만 때로 매춘과 동성애와 관련하여 사용되고 있다. 그리스–로마 세계에서 창녀들은 보통 노예로 매매되었다(TDNT 6:580–53 비교). 70인경에서 이것은 '간음'(fornication)을 뜻하는 히브리어 단어의 번역으로, 매춘과 간음 그리고 성적으로 그릇된 다른 행위들을 가리킨다. 이것은 비유적으로 하나님과의 언약 관계에서 이스라엘의 영적 불성실에 대해 사용되기도 한다(TDNT 6:583–86, NIDNTT 1:498–99). 신약에서 이 단어는 '음행'(NIV, NET, ESV, NLT), '간음'(NRSV, NKJV)과 같은 일반적인 의미로 사용되고 있고, 여기에 사본상의 증거가 빈약한 '간통'(*adultery*)과 부도덕(*immorality*, NASB)이 첨가된다. 이 죄에는 결혼한 부부 사이의 관계가 아닌, 비합법적이고 비정상적인 모든 성관계가 포함된다(BDAG, 854 비교, BAGD, 693, LN 88.271). 바울은 신약에서 25회의 사용 가운데 10회를 이 의미로 사용한다. 여기에서 바울이 '육체의 일들'의 목록을 열거할 때, 맨 처음에 이 죄에서 시작한다는 것이 매우 중요하다. 왜냐하면 이 죄는 인간 관계에 대한 하나님의 뜻을 거역하는 '육체의 일들'의 자기중심성을 생생하게 잘 보여주고 있고, 종종 '사랑'이라는 이름으로 행해지는 성적으로 부도덕한 행위들이 실상은 사랑과 정반대이기 때문이다(5:6, 13, 22 참고). [*porneia*]

불결(Impurity, *akatharsia*) – 이 단어는 육체적, 의학적, 종교 의식적 의미에서의 '불결'(마 23:27)을 의미한다. 이 단어는 신약에서 10회 사용되며, 바울은 이 단어를 비유적으로 '도덕적인 타락 상태, 음행, 몹시 나쁨'(BDAG, 34, BAGD, 28, LN 88.261), 특히 이 문맥에서처럼 성적인 죄들과 관련된 도덕적 불결에 대해 사용하고 있다(고후 12:21, 골 3:5, 엡 5:3 비교). [*akatharsia*]

호색(Depravity, *aselgeia*) – 이 단어는 하나님이나 다른 사람들의 생각에 전혀 개의치 않고 부도덕하게 살아가는 생활에 푹 빠져 있다는 의미에서 '자기 마음대로 홍청망청 노는 것'을 뜻한다. 따라서 그 사람은 '자기 통제의 부족으로 인해' 아무런 부끄러움도 없이 '사회적으로 용납할 수 있는 한계를 넘어서는 행동에 몰두하거나, (죄 된 행동)을 스스로 포기할 줄 모른다'(BDAG, 141, BAGD, 114, LN 88.272). 이 단어는 신약에서 10회 사용되는데, 그 가운데 바울이 4회 사용하며 여기에서처럼 성적인 죄악들과 연관시킨다. 이 단어는 '타락'(NET), '무절제'(NIV), '호색'(NASB, ESV), '음탕'(NRSV) 그리고 '방탕'(NKJV) 등으로 다양하게 번역된다. [*aselgeia*]

5:20. 마술(Sorcery, *pharmakeia*) – 이 단어에서 영어의 '조제술'(*pharmacy*)이란 단어가 생겨났다. 처음에는 의학적 목적으로 처방에 따라 약품들을 조제하는 것을 뜻하는 중립적 용어였다. 시간이 지나면서 이 단어는 부정적인 두 가지 의미, 즉 사람을 독살하기 위해 약품들을 사용하거나(Josephus, Ant. 15.47, MM, 664) 주술, 마술, 비술이나 낙태를 유발시키는 것과 같은 나쁜 수단들(출 7:11, 12, 솔로몬의 지혜서 12:4)에 약품들을 사용하는 것을 뜻하게 되었다(Barnabas 19:5 비교, Didache 2.2). 신약에서 이 명사는 요한계시록 18장 23절(9:21 비교)과 여기에서만 나오며, '마법, (흑)마술'을 의미한다(BEAG, 1049,BAGD, 854, LN 53.100). [*pharmakeia*]

분냄(Outbursts of anger, *thymos*) – 이 단어는 고대 헬라 문학에서 등장하며, 긍정적인 의미에서 '옳은 일을 하려는 열정, 용기'를 뜻하며 부정적인 의미에서 '분노, 분냄'을 뜻하는데, 후자의 의미로 더 많이 사용된다(TDNT 3:167 비교). 70인경에서 이 단어는 인간의 분노(창 49:6–7)에 대해 사용되기도 하지만, 하나님의 의로우신 분노(신 9:19, 사 5:25)를 가리킬 때가 더 많이 있다. 이것은 신약에서 8회 나오며, 그 가운데 바울이 5회 사용하고 있다. 바울은 이 단어를 여기에서처럼 주로 사람의 분노와 관련하여 사용한다. 그는 이 단어의 동의어인 *orgē*('분노')를 21회 사용하며, 그 가운데 16회는 하나님의 분노를 가리킨다. 여기에서 *thymos*는 복수이며, 따라서 '분노의 분출'(NASN, NET, NLT), '진노의 분출'(NKJV), 단순히 '노여움'(NRSV), '분노의 격발들'(NIV), '노의 격발들'(ESV)로 번역된다. 통제되지 않는 분노를 분출할 때 다른 '육체의 일들'에 연루되게 된다. [*thymos*]

다툼(Dissensions, *dichostasiai*) – 고대 헬라의 세속 문학에서 이 단어는 대개 정치적 상황에서의 '분열, 당파 싸움'을 의미했다(TDNT 1:514). 70인경에서 이것은 단 한번, '분쟁'이란 뜻으로 사용된다(제1 마카비 3:29). 이것은 신약에서 2회, 모두 바울에 의해 사용되며(롬 16:17, 갈 5:20), 분열로 인해 '다른 당파의 반대나, 선동에 직면하다'라는 뜻이다(BAGD, 252, BAGD, 200, LN 39.13). [*dichostasia*]

당파들(Factions, *haireseis*) – 이 단어는 고전 헬라 문학의 어법에서 '선택' 또는 '선호'라는 의미를 비롯하여 다양한 의미를 지녔다(TDNT

1:180). 70인경에서 이 단어는 이런 의미로 여러 차례 사용되고 있다(레 22:18, 21). 거기에서부터 이 용어의 철학적 용법이 발전했으며, '선택적인 가르침'이나 '사상의 한 학파'라는 의미로 사용되고 있다. 요세푸스(Josephus)는 그 당시의 유대교 내의 '세 가지 철학 체계들'(종교적 분파들)로서 각기 다른 믿음 체계와 실천 방법들을 갖고 있던 바리새파, 사두개파, 에세네파를 가리킬 때 이 단어를 사용한다(Vita, 12, 191, 197, Ant. 13.171, 293). 이 단어는 신약에서 9회 사용되고 있는데, 그 가운데 바울이 2회를 사용한다(갈 5:20, 고전 11:19). 이 두 구절에서 이 단어는 '파당', 즉 특별한 생각을 가지고 분열의 원인이 되는 당파심을 조장하는 사람들의 모임이란 부정적 의미로 사용되고 있다(BDAG, 27, BAGD, 23, LN 63.27). 때때로 이런 단체는 기독교의 정통 교리와 상반되는 가르침을 받아들이기 때문에 이단이 된다. [*hairesis*]

5:21. 흥청대며 먹고 마심(Carousings, *kōmoi*) – 고전 헬라어와 코이네 헬라어에서 이 단어는 '흥청망청 떠들고 노는 것'과 '흥청대며 먹고 마시는 것'이란 뜻이며, 이방신들을 기념하여 열리는 축제들에서 이런 일들이 행해졌다. 이 축제들에는 항상 '지나치게 많은 음식'(BDAG, 580, BAGD, 461)뿐 아니라, '알코올성 음료와 그것에 뒤따르는 부도덕적인 행위에 무한정 빠져드는 것'(LN 88. 287)이 수반되었다. 신약에서 사용되는 3회 가운데 2회를 바울이 사용하고 있다(다른 두 곳–롬 13:13, 벧전 4:3). 여기에서 이 단어는 복수이며, 여러 가지 부끄러운 방탕 행위들이 행해지고 있다는 것을 암시한다. 이것은 '흥청대며 먹고 마심'(NASB, NRSV, NET), '닥치는 대로 먹고 마시고 떠들기'(NIV, ESV), '흥청망청 떠들고 놀기'(NKJV), '방탕한 파티들'(NLT) 등으로 다양하게 번역된다. [*kōmos*]

유업으로 받지 못할 것이다(Will not inherit, *ou kleronomēsousin*) – 이 동사는 '어떤 것을 얻다, 소유하게 되다'(BDAG, 547, BAGD, 434)라는 뜻이며, 여기에서는 동사를 부정하고 있다. 따라서 이 구절은 육신의 일들을 행하는 사람들은 하나님의 나라에 들어가지 못하거나 하나님의 나라를 소유로 받지 못한다는 것을 강조하고 있다(갈 4:30의 '더불어 유업을 얻다'를 참고하라). [*klēronomeō*]

하나님의 나라(Kingdom of God, *basileian theou*) – 이 개념은 예수 그리스도를 통한 하나님의 구원 활동과 관련이 있는 의(2:16 참고)와 소망(5:5 참고)과 같은 다른 용어들 때문에 바울 신학 전체의 기초가 된다. 때로 바울은 하나님의 나라를 그리스도의 주권(왕권) 아래 살아가는 그리스도인들이 지금 현재 경험하는 것으로 말한다(롬 4:17). 바울은 다른 곳에서 하나님 나라를 그리스도인들이 기다리고 있고, 유업으로 받게 될 장래의 소망과 연관시키고 있지만(롬 8:17, 살전 2:12), 여기에서 진술하는 것처럼(또한 고전 6:9–10, 엡 5:5) 육체의 일들을 행하는 사람들, 곧 불의한 사람은 그 나라를 유업으로 받지 못할 것이다. [*basileia*]

5:22. 성령의 열매(Fruit of the Spirit, *karpos tou pneumatos*) – 22–23절에서 바울은 자신이 '성령의 열매'라고 이름붙인 아홉 가지 인격적 특징들의 목록을 순서에 따라 제공하고 있다. 이것

은 '육체의 일들'(5:19–21)과 완전히 대조된다. [*karpos*]

희락(Joy, *Chara*) – 그리스–로마 세계에서 '기쁨'은 개인의 행복과 관련이 있었고, 좋은 환경에 좌우되었다(TDNT 9:359–61 비교). 70인경에는 '인생의 일시적인 좋은 일들로 인한' 기쁨이 나온다(시 104:14–15). 하지만 하나님께서 모든 복과 기쁨의 근원이시라는 인식 또한 있다(왕상 8:66). 바울은 역설적이게도 시련, 고통, 고난의 상황에서 '기쁨'을 표현한다(예를 들면, 고후 2:3–4, 골 1:24). 그러나 '그리스도 안에서'(1:22) 성령을 받은(3:2, 4:6 참고) 그리스도인들은 그리스도인의 삶을 축하할 수 있다. 왜냐하면 그 삶은 안전한 그리스도의 은혜에 기반을 두고 있는, 그리스도께서 모든 두려움과 적들을 궁극적으로 물리치실 것에 대한 확실한 기대를 특성으로 하는 '기쁨의 여행'이기 때문이다. [*chara*]

화평(Peace, *eirēnē*) – 그리스–로마 세계에서 '평화'는 '평온', 즉 갈등과 고통이 없는 상태로 여겨졌다(TDNT 2:400–01 비교). 구약에서 이 단어는 좀 더 긍정적으로 개인적 행복과 우호적인 관계(히브리어의 shalom, TDNT 2:402–04 비교, NIDNTT 2:777–79)를 의미했다. 이러한 이해가 신약의 어법에 영향을 미쳤으며, 신약의 어법은 하나님과의 관계에서 '행복, 화평의 상태', 다른 사람과의 '관계에서 조화'와 '근심과 내적 동요로부터의 자유'를 포함한다(BDAG, 287, BAGD, 227, LN 22.42, 25.248). 따라서 바울은 믿음에 의한 칭의의 결과로서의 '하나님과의 화평'과, 인간적인 이해를 초월하며(빌 4:7) 인격적 온전함과 다른 사람들과의 조화로운 관계를 가져다주는 '하나님의 화평'에 관해 말한다. 이러한 화평은 성령의 열매다. [*eirēnē*]

충성(Faithfulness, *pistis*) – 이것은 성령의 열매에 속하는 특성으로서 '신실, 신실함, 신뢰할 만한 것, 신뢰할 수 있는 사람'(BDAG, 818, BAGD, 662, MM, 211,515), 즉 '믿을 수 있는' 자질(LN 31.88)을 의미한다(갈 2:16의 '믿음'을 참고하라). [*pistis*]

5:23. 절제(Self-control, *enkrateia*) – 고전 헬라어와 코이네 헬라어에서 이 단어는 '자제' 또는 '절제'를 의미한다. 다시 말해서 특별히 사람이 먹고 마시며 성생활을 하는 것과 관련하여 자신의 정욕과 욕망을 통제하는 것을 뜻하며, 지나친 방종과 대조된다(Plato, Republica 30b, 430e 비교). 이것은 그 당시의 그리스–로마와 유대의 윤리학에서 중요한 역할을 했다(TDNT 2:340–41, NIDNTT 1:494–95 비교). 흥미롭게도 70인경의 정경들에는 나오지 않으며, 신약에 4회 나온다. 이 가운데 바울 서신들에서는 여기에만 나온다(다른 세 곳–행 24:25, 벧후 1:6[2회]). 여기에서와 마찬가지로 신약에서는 '감정, 충동, 욕망(그리고 행동들)과 관련된 '절제'를 뜻한다(BDAG, 274, BAGD, 216, LN 88.93). 바울이 성령의 열매들의 목록의 맨 끝에 '절제'를 언급한 것은 이것이 갈라디아의 그리스도인들뿐만 아니라 모든 그리스도인들에게 중요하며 관련이 많다는 것을 암시한다(5:13, 16 참고). [*enkrateia*]

법(Law, *nomos*) – 교훈적 진술에 등장하는 이 단어는 '법적 요건'이란 뜻으로 사용되고 있지만, 아마도 모세 율법을 염두에 둔 표현인 것 같다(갈 2:16의 '율법의 행위들'을 참고하라). 성령의 '열매'(5:22–23상)는 율법의 요건들을 완전히 만족시킨다(5:14 참고). 하지만 이 미덕들이 그리스도인들에게 새로운 율법 조항이 되는 것은 아니다. 그보다 요점은 율법이 이런 미덕들의 존재와 이 미덕들을 실천하는 사람들의 행동에 대해 규정하지 않고 있다는 데 있다. [*nomos*]

5:24. 육체를 십자가에 못 박았다(Crucified the flesh, *tēn sarka estaurōsan*) – 이 구절에서 바울은 그리스도인들이 육체(NIV의 '죄 된 본성'은 잘못된 번역임)를 '십자가에 못 박았다'(과거시제, 능동태)라고 선언한다. 바울은 그리스도인들이 '육체'를 지향하고 육체에 의해 결정되던 생활을 중지하게 된다는 뜻으로 이 말을 하고 있다. [*stauroō, sarx*]

5:25. 성령에 의해 살다(Live by the Spirit, *zōmen pneumati*) – 이 구절에서 바울은 또 다시 직설법(선언)/ 명령법(권고)의 문법적 구조를 사용해서 자신의 메시지를 요약한다(5:1, 13 참고). 여기에서 바울은 조건절 문장의 형식을 사용해서 if절(만일…하면), 즉 우리가 성령에 의해 사는 것이 사실이라고 가정한다(3:2, 5, 4:6, 5:18 참고). 여기서 성령은 기독교 복음을 '나타낸다'. 이 가정에 근거해서 바울은 그리스도인들에게 "성령을 따라 행하라"(NET)고 권고한다. 이것이 바로 기독교 복음의 '명령'이다. [*zaō, pneuma*]

5:26. 질투하다(Envying, *phthonountes*) – 이 동사는 신약에서 여기에만 나온다. 이것은 '누군가가 실제로 유리하거나 그렇다고 추정될 때 생기는 악감정'(LN 88.161, 갈 5:21의 '투기'를 참고하라)을 가지다는 의미에서 '누군가를 질투하다, 시기하다'(BDAG, 1054, BAGD, 857, MM, 667)는 뜻이다. 갈라디아의 그리스도인들은 서로에 대한 이타적 사랑을 보여주기보다는 '육체'의 태도와 행동들을 드러내고 있었다(5:19–21 참고). [*phthoneō*]

6:1. 형제들(Brothers, *adelphoi*) – 바울은 이 단어를 남성과 여성 모두를 포함하는 '동료 그리스인들'이라는 의미에서 사용한다. 따라서 '형제 자매들'(NET)로 번역할 수 있다. 1–10절에는 갈라디아의 그리스도인들, 즉 모든 그리스도인들에게 '성령으로 사는 것'(5:16, 25 참고)이 어떤 뜻인지를 보여주는 일련의 실천적 권고들이 들어있다. 이 교훈들은 '성령의 열매'(5:22–23 참고)의 다양한 미덕들을 보여주며, 교회 안에서의 개인과 단체의 책임을 모두 강조하고 있다. [*adelphos*]

빠지다(Caught, *prolēmphthē*) – 헬라의 어법에서 이 합성동사는 능동태일 경우 '미리 취하다, 예상하다'(솔로몬의 지혜서 17:11, Josephus, Ant. 6.305), 수동태일 경우 '불의의 습격을 당하다, 휘말리다'(솔로몬의 지혜서 17:17, Josephus, Ant. 5.79, 비교–TDNT 4:14, NIDNTT 3:747)는 뜻이다. 이것은 70인경의 정경들에는 나오지 않는다. 신약에서 3회, 바울에 의해 2회 사용되며, 갈라디아서에서는 여기에만 나온다(다른 두 곳은 막 14:8과 고전 11:21이며, 둘 다 능동태다). 바울은 여기서 이 단어를 수동태로 사용한다. 다른 사람 때문에 어떤 불법 행위에 '휘말리거나 빠지다', 이 문맥에서처럼 '빠져들다'(부주의하게 또는 자신도 모르게 연루되다), 어떤 불법 행위에 '직면하다'(BDAG, 872 비교, BAGD,

708, LN 27.33, MM, 542)라는 뜻이다. 영역본들은 이 수동태 동사를 '발견되다'(NET), (어떤 사람에 의해) '간파되다'(NRSV), (어떤 것에) '휘말리다'(NKJV), '정복당하다'(NLT), (어떤 것에) '빠져들다'(NASV, NIV, ESV)로 다양하게 번역함으로써 이 단어의 불확실성을 나타낸다. [*prolambanō*]

신령한 너희(You who are spiritual, *hymeis hoi pneumatikoi*) – 이 문구는 문자적으로 '너희 성령의 사람들'이라는 뜻이다. 여기에서 명사처럼 복수로 사용된 형용사는 *pneuma*(3:2 참고)에서 파생된 것이다. 이것은 '영적인, 거룩한 성령과 관계를 맺고 있는'이란 뜻이다(BDAG, 837, BAGD, 678, LN 12.20). 이 단어는 신약에서 26회 사용되고 있는데, 이 가운데 24회가 바울에 의해 사용되며(다른 곳–벧전 2:5[2회]), 갈라디아서에서는 여기에만 나온다. '성령에 속한 사람들', 즉 하나님의 성령을 받았고(3:2–3), 성령을 따라 살며(5:16, 25), 성령의 인도함을 받으며(5:18), 성령의 열매들을 나타내는(5:22–23) 사람들을 가리킨다. 바울은 갈라디아의 그리스도인들이 '그리스도 안에 있는 사람들'이라는 관점에서 편지를 쓰고 있으며(1:22 참고), 그들에게 그리스도 안에 있는 사람답게 행동할 것을 권한다. [*pneumatikos*]

회복하다(Restore, *katartizete*) – 이 단어는 신약에서 13회 사용되는데, 바울이 5회를 사용하며, 갈라디아서에서는 여기에만 나온다. 이 단어는 윤리적 의미를 갖고 있으며, '예전의 (좋은) 상태로 회복시켜 제대로 기능하게 하다'라는 뜻이다(BDAG, 526, BAGD, 417, LN 75.5). 여기에서 조건절 형식의 문장의 사용을 통해 언제일지 모르지만 장래에 이런 일이 발생하면 이렇게 대응하는 것이 적절한 행동이 될 것이라고 말하고 있다. 즉, "너희 가운데 누가 도덕적인 잘못을 범한다면 너희 신령한 사람들은 그런 사람을 온유함으로 회복시켜야 한다." 도덕적 잘못에 빠졌다가 회개한 그리스도인에게 필요한 것은 정죄와 거절이 아니라 화해와 회복이다. [*katartizō*]

너희 자신을 살피다(Watch yourself, *skopōn seauton*) – 갈라디아서에서 여기에만 사용되는 이 단어는 어떤 것에 면밀한 주의를 기울인다는 의미에서 '조심하다'(BDAG, 931, BAGD, 756)라는 뜻이다. 다시 말해 위험이나 곤경에 직면했을 때 적절하게 대응할 준비를 하도록 '(어떤 것을) 조심하다, 지켜보다'(LN 27.58)라는 뜻이다. 잘못을 범한 동료 그리스도인을 회복시키고자 노력하는 사람은 그와 같은 동일한 도덕적 잘못을 범하지 않으려고 스스로 '조심해야' 한다. [*skopeō*]

6:2. 짐들(Burdens, *barē*) – 신약 성경 이외의 헬라 문학에서 이 단어는 문자적으로 '몸무게'를 뜻하며, 의미를 확장하면 '충만 또는 성숙, 짓누르는 고통'(예를 들면, 아픔, 우울증, 부담이 되는 세금)이나, '권력의 존엄성'(예를 들면, 개인의 영향력, 군사적 또는 정치적 역량–TDNT 1:533–54)을 상징한다. 이것은 70인경에서는 거의 나오지 않는다. 신약은 고통과 권력에 대한 변화된 태도를 보여준다. 둘 다 사랑을 통해 서로 섬길 수 있는 기회를 제공한다(5:13 참고). 이 용어는 신약에 6회 나오는데, 바울은 이 가운데 3회를 사용하며, 갈라디아서에서는 여기에만 나온다. 여기에서 복수형으로 사용된 이 단어는 시련과

인간적인 잘못과 실패들을 포함하는 인간의 고통이라는 일반적인 의미에서 '짓누르는 짐들'을 가리키는 것 같다(BDAG, 167, BAGD, 133, LN 22.4, MM, 103-04). 이 구절은 기독교 공동체에서 서로 돌보고 의지할 필요가 있다는 것을 강조하고 있다. [*baros*]

그리스도의 법(The law of Christ, *ton nomon tou Christou*) – 이 표현은 신약에서 여기에만 나온다. 하지만 '그리스도의 율법 아래에'(*en-nomos Christou*)라는 비슷한 문구가 고린도전서 9장 21절에 나온다. 이 문구는 아무런 수식어도 없이 여기에서만 사용되고 있기 때문에 그 의미에 대해 논란이 있다. 대부분의 주석가들은 '그리스도의 법'이 5장 13하–14절에서 제공된 네 이웃을 사랑하라는 명령을 가리킨다고 말한다. 이 견해는 이 문맥에서 충분한 지지를 받는다. 사랑은 다른 사람에게 가장 좋은 것이 무엇인가를 찾는 헌신적인 행위로서 성경에 표현된 하나님의 도덕적 뜻이다(5:14 참고). '그리스도의 법'이라는 문구는 아마도 바울 자신의 윤리적 어휘에서 생겨났을 것이며, 갈라디아의 일부 그리스도인들의 이기적이며 방탕한 모습들과 반대된다(5:13 참고). 바울은 5장 13절–6장 10절에서 그리스도인들에게 '성령 안에서 살아가는 삶'을 강조하고 있다(5:16, 18, 22-23, 25, 6:8 참고). 그리스도인들은 성령의 능력을 의지할 때만 인생의 구체적인 상황에서 '그리스도의 법', 즉 서로 사랑하라는 명령을 성취할 수 있다(따를 수 있다). 사랑의 법을 성취하는 유일한 방법은 서로 짐들을 지면서, 성령에 의해 생기는 사랑을 보여주는 것이다. [*nomos, Christos*]

6:3. 속이다(Deceive, *phrenapata*) – 이것은 비교적 잘 사용되지 않는 헬라어 단어로서 신약에서 여기에만 나온다. 이것은 '진리에 관해서 오도하다, 속이다'라는 뜻이다(BDAG, 1065, BAGD, 865, LN 31.12, MM, 675). 동의어들이 바울 서신 여러 곳에서 나온다(갈 6:7, 롬 16:18, 엡 5:6). 3절은 아마도 그리스-로마 세계에서 잘 알려진 격언이었을 것이다. 바울은 2절의 명령이 필요한 이유를 설명하기 위해 이 격언을 사용했다. 누구든지 무엇이 된 것처럼 생각하는 사람은 스스로를 속이는 것이며, 따라서 다른 사람들의 무거운 짐들을 함께 지는 것을 달가워하지 않는다. [*phrenapataō*]

6:4. 조사하다(Examine, *doklmazetō*) – 바울에게 매우 중요한 단어로서 동일한 헬라어 어근(*dok*–)에서 생겨난 단어군에 속한다. 이것은 '승인할 생각으로 진짜인지를 결정하기 위해 어떤 것이나 어떤 사람을 시험하는 것'을 가리킨다. 이 동사는 신약에 22회 나오는데, 이 가운데 바울은 17회를 사용하며, 갈라디아서에서는 여기에만 나온다. 여기에서 이 동사는 진짜임을 결정하기 위한 목적으로 '시험하다, 조사하다'라는 뜻을 지닌다(BDAG, 255, BAGD, 202, LN 27.45). 이 시험에서는 긍정적인 결과, 즉 어떤 사람이나 어떤 것이 진짜이고, 신뢰할 만하며 또는 가치가 있다는 승인을 예상한다. 그리스도인은 각자 자신의 행동이 정확하게 옳은 것임을 증명하기 위해 '그리스도의 법'의 기준에 따라 자신의 행위들을 반드시 '조사하거나'(NASB, NKJV, NET) '시험해야 한다'(NIV, NRSV, ESV). [*dokimazō*]

자랑(Pride, *kauchēma*) – 이 단어는 신약에

서 11회 사용되고 있는데, 이 가운데 바울이 10회를 사용하며(다른 한 곳—히 3:6) 갈라디아서에서는 여기에만 나온다. 이것은 자랑할 정당한 이유를 갖고 있다는 의미에서 '자랑' 또는 '자부심'을 뜻한다(BDAG, 536, BAGD, 426, LN 33.372). 바울에게 그리스도인이 합법적으로 유일하게 할 수 있는 자랑은 하나님, 그리스도를 통한 하나님의 은혜 그리고 그리스도인들 안에 나타나는 하나님의 능력과 관련이 있다. 이러한 자랑은 인간의 업적보다는 하나님의 은혜를 찬양한다. 그리스도인이 '그리스도의 법'(6:2 참고)에 비추어서 자신의 행동을 살필 때, 그 자신을 다른 사람과 비교하지 않고서도 스스로를 '자랑'하게 될 정당한 이유가 있게 될 것이다(NIV, NET). 다른 영역본들은 이 단어를 자기 자신의 일에서 '자랑할 원인'(NRSV), '자랑할 이유'(NASB), '자랑할 그의 이유'(ESV), 자기 자신이 한 일을 '기뻐하는'(NKJV)으로 번역한다. 그리스도인 자신의 행동에 대한 만족은 다른 사람의 행동과의 비교가 아니라, 하나님의 기준과 비교하는 것에서 비롯되어야 한다. [*kauchēma*]

6:5. 짐(Load, *phortion*) – 이 동사는 고대 헬라 문학에서 자주 사용되었으며, 문자적으로 '짐, 화물'을 의미하고, 상징적으로 인생의 염려, 고생, 수고와 같은 '짐'을 의미한다(TDNT 9:84). 이것은 *baros*('짐', 갈 6:2)와 동일한 의미의 단어다. 70인경은 이 단어를 동물에 의해 운반되는 짐(사 46:1)과 죄악의 '짐'(시 38:4)이란 뜻으로 사용하였다. 신약에서 이것은 배의 화물(행 27:10)과 법률적인 의무들(눅 11:46)을 가리킨다. 신약에서 6회 사용되며, 바울은 '짐'을 뜻하는 이 단어를 '책임감 또는 의무감'이라는 상징적인 의미에서 여기에만 사용한다(BDAG, 1064, BAGD, 865 비교). 그리스도인은 이 세상에서뿐만 아니라 그리스도의 심판대 앞에서 자신의 섬김을 평가받는 미래의 날에 자신의 행동들과 자신에게 맡겨진 임무들에 대해 각자 책임을 져야 한다(고후 5:10). [*phortion*]

6:6. 나누다(Share, *koinōneito*) – 고대 헬라의 일반 문학에서 이 단어는 항상 '어떤 것을 누군가와 나누다, 일부를 갖다' 또는 자주 사용되지는 않지만 '어떤 사람에게 어떤 것의 몫을 주다, 나누어 주다'(TDNT 3:797)라는 의미다. 신약에서는 이 두 의미가 다 사용되고 있지만, 특히 바울서신에서는 후자의 의미가 더 많이 사용되고 있다. 이 용어는 신약에서 8회 사용되고 있는데, 이 가운데 바울이 5회 사용하고 있다. 갈라디아서에서는 여기에만 나오며, '(어떤 사람에게 어떤 것)의 한 몫을 제공하다/ 주다'라는 뜻이다(BDAG, 552, BAGD, 438, LN 57.98). '말씀'을 가르침 받는 사람은 '모든 좋은 것들'의 한 몫을 가르치는 사람에게 제공해야 한다. 여기에서 '모든 좋은 것들'은 재정적 지원을 비롯하여 생계를 유지하는 데 필요한 물질을 뜻하는 일반적인 표현이다. [*koinōneō*]

6:7. 속다(Deceived, *planasthe*) – 이 동사는 신약에 35회 나오는데, 이 가운데 바울이 5회를 사용하며, 갈라디아서에서는 여기에만 나온다. 이 단어는 상징적으로 '잘못된 판단을 하다', 즉 스스로에게 속아 진리로부터 멀리 떨어져 방황한다는 뜻으로 사용되고 있다(BDAG, 822, BAGD,

665, LN 31.67, MM, 516). '속지 말라' 또는 '실수를 하지 말라'는 이 경고 문구는 스토아 철학자들의 윤리적 작품들(TDNT 6:244)과 바울 서신의 다른 곳(고전 6:9, 15:33 비교)에 등장한다. 7-9절은 경고, 설명, 호소를 포함하고 있다(9절). [*planaō*]

업신여김을 받다(Be mocked, *myktērizetai*) – 이 헬라어 동사는 70인경에 몇 번 나오며, '경멸하다, 조롱하다'로 번역된다(잠 12:8, 15:5, 20, 렘 20:7). 신약에서는 여기에 유일하게 나온다. 이것은 '우습게 보다, 업신여기다'(BDAG, 660, BAGD, 529, LN 33.409, MM, 419)라는 의미다. 하지만 이것은 언어를 사용하여 비웃는 것이 아니라, 성령의 다스림에 저항하고(5:16, 25 참고), 하나님의 공의를 '업신여기는' 죄 된 생활 방식으로 하나님을 멸시하는 것을 가리킨다. 바울은 하나님께서는 결코 이런 인간의 경멸에 의해 업신여김을 당하지 않는다(NIV)고 경고한다. [*myktērizō*]

심다(Sows, *speirē*)…**거두게 될 것이다**(will reap, *therisei*) – 이 비유적 표현을 통해 씨 뿌림과 거둠 사이의 직접적인 상관 관계를 잠언 형태로 표현하고 있다(BDAG, 936, 458, BAGD, 761, 359). 바울은 8절에서 '육체/ 성령'의 대조(5:16-25)의 관점에서 이 잠언을 설명한다. [*speirō*, *therizō*]

6:8. 썩어질 것(Corruption, *phthoran*) – 이 단어는 신약에 9회 나오는데, 이 가운데 바울이 5회 사용하고 있다. 갈라디아서에서는 여기에만 나오며, 대부분의 영역본들은 '썩어질 것' 또는 '파멸'로 번역한다(BDAG, 1054, 5, BAGD, 858, 4). 이 구절에서 썩어질 것은 사람이 자신의 육체적 욕망('육체', 갈 2:20, 5:13 참고)을 따라 심은 것('생활한 것')의 열매다. 이것은 사람에게 생명을 제공하고 유지하게 하는 성령을 기쁘시게 하기 위해('성령', 갈 3:2, 5:16, 22-23, 25 참고) 심은 것('생활하는 것')의 열매인 '영원한 생명'과 명확하게 대조된다. 회개하지 않은 사람이 육체로부터 거두는 '썩어질 것'은 영원한 사망을 가리키며, 육체의 일들을 행하는 사람들이 하나님 나라를 유업으로 받지 못할 것이라는 5장 21절의 경고를 더 강하게 표현한다. 죄의 결과들이 지금까지 인간의 삶을 파괴했다. 따라서 하나님의 구원의 은혜(갈 3:1 참고)가 없었다면 인간은 최종적으로 하나님으로부터의 영원한 분리(소멸이 아님)되는 운명에 처하게 될 것이다. [*phthora*]

6:9. 낙심하다(Become weary, *egkakōmen*) – 이 용어는 신약에 모두 6회 나오는데, 이 가운데 바울이 5회 사용하고 있다. 갈라디아서에서는 여기에만 나오며, '모범적인 행동이나 활동을 지속할 동기를 상실하다'라는 의미에서 '열심을 잃어버리다. 낙담하다'라는 뜻으로 번역된다(BDAG, 272, BAGD, 215, LN 25.288). 여기에서 대부분의 영역본들은 이 용어를 '지치다/ 낙심하다'로 번역한다(NASB는 '낙담하다'라는 관용어를 사용한다). 처음에 건강하게 신앙생활을 시작했던 많은 갈라디아의 그리스도인들(3:2-5 참고)이 숨막히는 율법주의와 이기적 방임주의에 직면하여 낙심했던 것 같다(5:25 참고). 바울은 그들에게 '선을 행할 때에' 낙심하지 말 것을 촉구한다. '선을 행한다'는 5장 13절-6장 10절에서 바울이 권면한 여러 가지 사항들을 한 마디로 요약하는 문

구다. [*egkakeō*]

포기하다(Give up, *eklyomenoi*) – 70인경에서 이 동사는 보통 '기력을 상실하다, 약해지다, 기절하다'라는 의미다(신 20:3, 대하 15:6, 겔 7:17). 신약에는 5회 나오며, 바울은 여기에서만 이 동사를 '힘을 다 써버리다, 낙심하다, 실패하다'(BDAG, 306, BAGD, 243) 또는 '낙심해서 포기하다'(LN 25.288)라는 의미의 수동형으로 사용하고 있다. 이 동사는 'not'('…아니다')에 의해 부정되고 있으며, 따라서 '낙심하지 말라'(NASB), '낙담하지 말라'(NKJV) 또는 가장 선호되는 '포기하지 말라'(NIV, NRSV, NET, NLT, ESV)로 번역된다. 그리스도들은 '선이라는 씨앗을 뿌릴 때' 낙심하지 말아야 한다. 그들이 낙담하지 않고 포기하지 않는다면 적절한 때가 되어 틀림없이 풍성한 수확을 하게 될 것이기 때문이다. [*eklyō*]

6:10. 착한 일을 하다(Do good, *ergazōmetha to agathon*) – 이것은 '일' 또는 '노동'을 뜻하는 기본적인 헬라어 단어로서 게으름과 반대된다. 신약의 41회 가운데 18회가 바울 서신에 나온다. 갈라디아서에서는 여기에만 나오며, "(상당한) 노력이 뒤따르는 일이나 행위를 통해서 어떤 것을 하거나 성취하다"라는 뜻이다(BDAG, 389, BAGD, 306, LN 42.41). 바울은 갈라디아의 그리스도인들에게 모든 기회를 이용하여(6:9 참고) '선'을 행할 것을, 즉 공평하게 모든 사람들을 향해 '그리스도의 율법을 성취하라'(6:2, 9 참고)고 충고한다. 이 구절은 5장 13절의 "사랑으로 서로 종노릇 하라"와 같은 의미이며, 5장 13절–6장 10절의 결론에 해당한다. [*ergazomai*]

6:11. 글자들(Letters, *grammasin*) – 명사 *gramma*는 고대 헬라에서 알파벳 글자, 기록된 문서(예를 들면, 편지), 책, 또는 전집들에 대해 사용되었다(BDAG, 205, BAGD, 16, MM, 131 비교). 바울은 이 단어를 신약의 14회 사용 가운데 8회 사용하고 있다. 갈라디아서에서는 여기에만 나오며, 복수로 사용된 이 용어는 헬라어 알파벳 '글자들'을 가리킨다. 대부분의 주석가들은 바울이 그들에게 말한 것을 강조하기 위해서 큰 글자들로 결론을 기록했다고 생각하고 있다(예를 들면, Betz, 314, Bruce, 268, Longenecker, 290). [*gramma*]

6:12. 좋은 인상을 주다(Make a good impression, *euprosōpēsai*) – 바울은 1장 6절–5장 12절에서 갈라디아의 그리스도인들이 직면하고 있는 유대주의자들의 위협에 대해서 기술했었다. 여기에서 그는 그들을 반박하는 자신의 주된 요점을 다시 말한다. 이것은 희귀 헬라어 동사로서 신약에서 여기에만 나온다. 이것은 '겉으로 좋은 인상을 주다'(NIV, LN 88.236), '외적인 문제들에서'(NET), '육체로'(NASB, NRSV, NKJV, ESV, 갈 2:20의 '육체'를 참고하라)라는 의미에서 '사람들 앞에서 잘 보이다'(BDAG, 411, BAGD, 324, MM, 264)라는 뜻이다. 갈라디아의 바울의 적대자들은 예루살렘의 유대계 기독교 지도층이 파송한 사람들로 보인다(1:7 참고). 그들은 자신들에게 설득당한 많은 이방인 그리스도인들이 하나님의 온전한 인정을 받기 위해 할례를 받았다고 자랑함으로써(2:3 참고) 갈라디아 사람들에게 좋은 인상을 주길 원했다. [*euprosōpeō*]

십자가(Cross, *staurō*) – '그리스도의 십자가'는 바울이 십자가에 못 박히신 그리스도로 말미암는 오직 은혜에 의한 구원의 복음을 지칭할 때 사용하는 표현이다(3:1 참고). 바울이 보기에 유대주의자들이 이방인 개종자들에게 할례 받을 것을 강요했던 단 한 가지(*monon*) 이유는 믿지 않는 열성적인 동료 유대인들의 핍박을 피하기 위해서였으며, 바울 역시 이런 종류의 핍박을 지금까지 경험하고 있었다(5:11 참고). 그들은 할례를 행함으로써 메시아이신 예수님을 믿는 것이 유대의 관습들을 거절하는 것은 아니라는 점을 보이고 박해를 피하려 했었다. [*stauros*]

6:13. 순종하다(Obey, *phylassousin*) – 고대의 일반 헬라어에서 이 동사는 '경계를 하다, 지키다, 보호하다, 순종하다'라는 뜻이다. 70인경에서 이 동사는 계명, 언약 또는 하나님의 말씀을 순종하거나 이행한다는 의미로 매우 자주 사용된다(레 18:4–5, 시 78:10, 잠 19:16, 겔 11:20). 신약과 바울 서신에서도 이 단어를 이런 다양한 의미로 사용하고 있다. 바울은 이 단어를 신약 31회 사용 가운데 8회 사용한다. 갈라디아서에서는 여기에만 나오며, '지키다, 따르다'(BDAG, 1068, BAGD, 868), '순종하다, 이행하다'(LN 36.19)라는 뜻으로 사용된다. 바울은 모세 율법에 열성적이며 할례를 옹호하는 반대자들도 율법 전체를 지켜야 하는 것이 아님을 진술한다(5:3 참고). [*phylassō*]

6:14. 세상(World, *kosmos...kosmoi*) – 이 단어는 고대의 헬라 철학과 그 이후의 발전 과정에서 복잡한 배경을 갖게 되었다. 이것은 기본적으로 '질서'를, 좀 더 나아가 '세상'을 의미하게 되었다(TDNT 3:868–80, NIDNTT 1:521–24 비교). 신약에서 이 단어는 대부분 '세상'을 뜻하나 문맥에 따라 약간 한정된 뉘앙스를 지닌다(BDAG, 561–62, BAGD, 445–47 비교). 따라서 이것은 공간과 시간 안에 존재하는 모든 것(롬 1:20), 행성, 즉 인간의 거주지(롬 4:13), 보편적인 의미에서의 인간 그 자체(롬 5:12), 여러 측면에서 인간 존재를 통치하는 질서 정연한 체계(고전 7:31), 특히 죄/ 사단의 세력에 속하며 하나님께 적대적인 모든 것(요일 5:19)의 총합으로서의 '세상'을 뜻할 수도 있다. 바울은 이 용어를 신약 186회 사용 가운데 47회 사용하고 있으며, 갈라디아서에는 2회 나온다(4:3, 6:14). 이 구절에서 이것은 하나님과 멀어지고, 보통 하나님을 적대하는 타락한 인간과 관련이 있는 세상의 가치 체계들과 행동을 가리킨다(LN 41.38 비교). [*kosmos*]

십자가에 못 박히다(Has been crucified, *estaurōtai*) – 바울은 그리스도께서 십자가에서 죽으시고, 자신도 그리스도와 함께 십자가에서 죽었기 때문에 위에서 설명한 의미에서 '세상'이 자신에게 대하여 십자가에 못 박히고(2:19–20, 5:24 참고), 자신은 세상에 대하여 십자가에 못 박히게 된다고 진술한다. 이것은 바울뿐만 아니라 모든 그리스도인들에게 적용되는 신학적인 진리다. 모든 그리스도인들이 회심할 때, 그리스도의 죽으심과 부활과 합하게 되기 때문에(3:26–27 비교) 그들은 '세상'을 바라보고, 세상의 지배를 받는 생활에서 멀어지게 된다. 그들은 여전히 세상 권세의 유혹을 받지만 그들에 대한 세상 권세의 지배력은 사라지게 된다(요일 2:15–17 비교). '세상'의 지배를 받는 삶과의 관계가 단절되고 성령으로 말미암아 가능하게 되는 새로운 종류의 삶이 제공된다. 그들은 자유를 허락받았기 때문에(5:1 참고) 이제는 더 이상 세상의 종노릇을 하지 말아야 한다. 바울은 이것을 15절에서 갈라디아의 상황에 적용한다(갈 3:1, 5:24 참고). [*stauroō*]

6:15. 새로운 창조(New creation, *kaine ktisis*) – 명사 *ktisis*는 '창조'를 의미한다. 신약에서 이 단어는 대부분 '창조 행위의 결과, 즉 창조되어진 것'을 나타낸다(BDAG, 572, BAGD, 394). 이것은 전에 존재하지 않았던 것을 존재하게 하는 어떤 것을 가리키며, 거의 대부분 하나님의 창조 행위와 그 결과들을 일컫는다. 바울은 이 단어를 신약 19회 사용 가운데 11회 사용하고 있다. 저주와 죄의 지배 아래 있던 첫 번째 ('옛')창조와 관련하여 사용할 때도 있으나(3:22) 대부분의 경우 예수 그리스도의 구속 사업으로 시작된 '새로운 창조'와 관련하여 사용한다. 이것은 갈라디아서에서 여기에만 나온다. 형용사 *kainos*는 시간적 의미('최근의')에서나 질적인 의미('더 나은')에서 '새로운'이란 뜻이다. 문맥에 따라 두 가지를 다 의미할 때도 있다(BDAG, 496–97, BAGD, 394, LN 58.71). 예수님의 구속 사업으로 생겨난 것들에 대해 '새로운'이란 용어가 사용된다. 바울은 신약의 42회 가운데 7회를 사용하는데, 갈라디아서에서는 여기에만 나온다. 신약에서 '새로운 창조'란 표현은 이 구절과 누구든지 '그리스도 안에서'(1:22 참고) '새로운 피조물' 또는 '새로운 사람'(엡 2:15, 4:23–24, 골 3:9–11 비교)이라고 선언하는 고린도후서 5장 17절에 나온다. 이 본문들은 바울에게 '새로운 창조'라는 문구가 과거, 현재, 미래를 포함하는 개인적, 공동체적, 우주적 의미를 갖고 있음을 암시한다(DPL, 189–90 비교). 새로운 인간('그리스도 안에 있는' 사람)으로서의 그리스도인은 회심할 때 의와 생명의 새 질서에 참여하게 된다(2:16, 19–24 참고). 이 새 질서는 예수 그리스도의 죽으심과 부활로 시작되었고, 현재에는 성령에 의해 유지되며, 그리스도의 재림 때에 완성될 것이다(5:5 참고). 한마디로 '새로운 창조'는 성령의 주도로 '그리스도 안에서'하나님께서 은혜로 공급하시는 생명이다. 이것이 바로 바울이 생각하는 창조다. [*kainos, ktisis*]

6:16. 따르다(Follow, *stoichesousin*) – 여기에서 바울은 이 단어를 비유적으로 사용하고 있으며, '사람의 행동의 규범으로 간주되는 것이나 사람을 따르다, 고수하다, 동의하다, 따르다, 일치하다'라는 의미다(BDAG, 946, BAGD, 769, LN 41.12). 영역본들은 이것을 '걸어가다'(NASB, NKJV, ESV), '따르다'(NIV, NRSV), '살아가다'(NLT), '…따라 행동하다'(NET) 등으로 다양하게 번역한다. 따라서 이것은 이 규칙, 즉 15절에서 진술된 원리에 따라 살아간다는 뜻이다. [*stoicheō*]

규칙(Rule, *kanoni*) – 고전 헬라어와 코이네 헬라어에서 문자적으로 사용되었을 때 이 단어는 '측량 막대기, 저울대'라는 의미다. 비유적으로 사용될 때는 '고정된 규칙, 규범, 지침, 판단의 시금석'을 뜻한다(NIDNTT 3:399, TDNT 3:596–97). 이 단어는 70인경에서 잘 등장하지 않는다. 신약에서 4회 사용되며, 모두 바울이 사용하고 있다. 갈라디아서에서는 여기에만 나온다(다른 곳-고후 10:13, 15, 16). 이 구절에서는 '어떤 것의 특성을 결정하는 규칙, 규범'을 뜻한다(BDAG, 507, BAGD, 403, LN 33.335, MM, 320). 바울이 마음속에 생각하고 있던 '규칙'은 15절에서 주장한 원리다. 갈라디아 사람들은 이 원리에 따라 하나님 앞에서 정말로 중요한 것이 무엇인지를 결정해야만 했고, 자신과 다른 사람의 행동을 평가해야만 했다. [*kanōn*).

긍휼(Mercy, *eleos*) - 고전 헬라어와 코이네 헬라어에서 이 단어는 '연민, 동정'을 뜻한다. 이것은 아무런 잘못이 없이 고통이나 재난을 당하는 사람에 대한 감정적인 관심을 나타낸다(TDNT 2:477-78, NIDNTT 2:594). 이것은 다른 사람의 행운을 질투하는 것과 반대되는 의미다(5:20-21 참고). 갈라디아서에서는 여기에만 나오며, 이 축복 기도에서 '평강'과 함께 이 단어는 곤경에 처한 사람들에 대한 관심의 의미에서 '연민, 긍휼'을 뜻한다(BDAG, 316, BAGD, 250, LN 88.76). 이 구절에서 이것은 아마도 그리스도를 통해 나타난 구원을 베푸시는 하나님의 사랑의 친절에 대한 간접적인 언급으로 보이며(딛 3:4-5 비교), 따라서 이것은 하나님의 은혜에 대한 증거다. [*eleos*]

하나님의 이스라엘(Israel of God, *ton Israēl tou theou*) - 이스라엘이라는 용어는 신약에서 68회 나오며, 그 가운데 바울 서신(로마서에 11회)에 17회 나온다. 갈라디아서에서는 여기에만 나온다. 이것은 하나님께서 구약 시대의 족장 야곱(BKWS, 창 32:27-28, 35:9-10 비교)과 그의 자손들, 즉 구약의 언약 백성인 이스라엘 민족에게 붙여주신 이름이다(BDAG, 481, 1-2, BAGD, 318, 1-2). 바울은 '아브라함과 맺고'(DPL, 441) 이삭과 야곱을 통해 거듭 확인된(창 12:1-3, 15:1-21, 26:1-6, 35:9-15) '언약에 속한 사람들', 즉 구약의 역사적인 언약 백성인 유대 민족을 지칭할 때 이 용어를 사용한다.

'하나님의 이스라엘'이란 표현은 신약에서 여기에만 나오며 그 의미에 대해서는 논란이 있다. 크게 다음의 두 가지 해석이 있다. 첫째, 믿는 유대인과 이방인들로 구성되고, '새 이스라엘/ 참 이스라엘'로 불리는 현시대의 교회를 가리킨다고 비유적으로 이해하는 것이다(Longenecker, 297-99, BDAG, 481, 3, BAGD, 381, 3, LN 93.182). "평강과 긍휼이 이 규칙을 따르는 모든 사람들과 하나님의 이스라엘에게 있을지어다"라는 NIV의 번역은 이 견해를 반영하고 있다. NLT는 "하나님의 긍휼과 평강이 이 원리를 따라 살아가는 모든 사람에게 있을지어다. 그들은 하나님의 새로운 백성들이다"라고 조금 더 의역하고 있다.

두 번째는 이 표현을 문자적으로 민족적, 인종적 유대인들에 대한 언급으로 이해하는 것이다. 어떤 이들은 좀 더 협의적으로 해석하여, 이스라엘 사람들 가운데 현재 믿음을 갖고 교회 생활을 하는 사람들을 가리킨다고 생각한다(Burton, 357-59, Betz, 320-23).

또 다른 사람들은 광의적으로 해석하여, 장차 구속함을 받게 될 이스라엘 민족, 즉 메시아이신 예수님께서 다시 오실 때 구원받게 될 '온 이스라엘'을 가리킨다고 간주한다(Bruce, 274-75, DPL, 441-42). '평강과 긍휼'이라는 이례적인 순서와 '…에게/ …위에'라는 전치사의 반복은 이 구절을 '(15절에서 제공된 규례에 따라 살아가는 그리스도인들에게) 평강이 있기를, 그리고(kai)

하나님의 이스라엘에게 또한 긍휼이 있기를 바란다', 또는 문자적으로 어순을 따라 '이 규례를 따르는 자에게 평강이 있기를, 그리고 하나님의 이스라엘에게 긍휼이 있기를 바란다'(NRSV)라고 번역해야만 한다는 것을 암시한다. 대부분의 영역본들은 이것을 좀 더 부드럽게 '그들에게 평강과 긍휼이, 그리고(kai) 하나님의 이스라엘에게도 평강과 긍휼이 있기를'이라고 번역한다(NASB, NKJV, NET, ESV).

이 가운데 두 번째 견해가 더 선호되고 있다. '하나님의 이스라엘'은 이스라엘 사람들 전체 가운데서 믿음 생활을 하는 유대인들을 가리키며(롬 9:6 비교), 이 문맥에서는 하나님의 은혜에 의한 구원을 이해하고, 유대주의자들의 교묘한 주장에 넘어가지 않은 사람들을 가리킨다(1:6-7 참고). 그들은 교회 내의 이방인 신자들과 동일한 위치에서 15절에서 진술된 바울의 규례를 따랐다. 갈라디아서에서 여러 차례 유대주의자들을 강하게 정죄한 바울의 관점에서 볼 때(1:8-9, 4:8-11, 5:10-12 참고), 바울은 이 표현을 편지의 끝부분에서 사용하여 '하나님의 이스라엘', 즉 참된 믿음 생활을 하는 이스라엘 사람들이 있다는 것을 증거한다. 뿐만 아니라 바울 서신들에 나오는 '이스라엘'이라는 단어는 이방인을 포함하는 교회가 아닌, 민족적이고 인종적인 유대인들을 가리킨다. 그러나 바울은 교회가 하나님의 계획에서 이스라엘의 자리를 대신 차지하게 되었다고 말하거나 교회를 '새 이스라엘/ 참 이스라엘'로 부르면 안 된다고 말하는 것은 아니다. 그보다는 이스라엘이 장래에 하나님의 계획에서 중요한 역할을 하게 될 것이라고 주장한다(롬 11장 비교). [*Israēl, theos*]

6:17. 괴롭히다(Trouble, *kopous*) – 고대와 일반 헬라어에서 이 단어는 마치 사람이 매질을 당한 것처럼 '기진맥진하게 됨', 또는 육체적인 고갈의 원인이 되는 '중노동, 분투, 고통'을 의미한다(TDNT 3:827, NIDNTT 1:2620). 이것은 70인경에서 '수고'(전 1:3, 2:18-20)나 '고생'(욥 5:6-7)으로 번역된 히브리 단어에 대해 자주 사용되고 있다. 인생에는 무거운 수고와 고생이 뒤따르며(시 25:18, 90:11), 이 때문에 의인들은 구원을 위해 주께 부르짖는다(시 107:12-13). 신약에서 '일, 육체 노동'과 '괴로움'의 두 의미가 문맥에 따라 모두 사용되고 있다. 바울은 이 단어를 신약의 18회 사용 가운데 11회 사용하는데, 갈라디아서에서는 여기에만 나오며, 괴로움의 원인이 되는 '고생, 어려움'을 가리킨다(BDAG, 558, BAGD, 443, LN 22.7). 바울은 일종의 경고로서 유대주의자들에게 자신과 갈라디아의 그리스도인들을 더 이상 괴롭히지 말라고 호소한다(1:7 참고). [*kopos*]

일으키다(Cause, *parechetō*) – 이 동사는 고대 헬라 문학에서 '어떤 사람에게 어떤 것을 보여주다' 또는 '어떤 일이 어떤 사람에게 일어나게 하다'라는 의미로 사용된다(BDAG, 776 비교). 바울은 이 단어를 신약의 16회 사용 가운데 5회 사용하는데, 갈라디아에서는 여기에만 나오며, 어떤 사람에게 '(어떤 일을) 일으키다, 발생하게 하다'라는 뜻을 지닌다(BDAG, 776, BAGD, 626, LN 13.127, 90.91, MM, 493094). 바울이 기록하고 체험한 것에 비추어볼 때, 바울의 경고는 어느 누구도 자신을 괴롭게 할 수 없다는 것이다. [*parechō*]

지니다(Bear, *bastazō*) – '예수 그리스도의 흔

적'과 관련하여 바울은 이 동사를 고통스런 경험을 겪고 자신의 몸에 그리스도께 속한다는 것을 나타내는 '흔적들'을 지니고 있다는 의미에서 '지니다'('운반하다', NRSV)라는 뜻으로 사용하고 있다(BDAG, 171, BAGD, 137, LN 90.84, MM, 106, 갈 5:10, 6:2, 5의 '지다'를 참고하라). [*bastazō*]

흔적들(Marks, *stigmata*) – 비교적 잘 사용되는 이 헬라어는 신약에서 여기에만 나온다. 이것은 '표시, 상표'를 의미한다(BDAG, 945, BAGD, 768, LN 33.481, MM, 590). 이것은 '끝이 (날카로운) 도구를 가지고 찌르다, 자국을 내다', 또는 사람들과 동물들의 몸에 '낙인을 찍거나 문신을 하여'(NIDNTT 2:572) '구별하는 표시'(*stigma*)를 남기는 것을 의미했다. 그리스–로마 세계에서 *stigmata*(복수형)는 '애완동물들, 노예들, 범죄자들 그리고 후에는 군인들'의 몸에 새긴 '낙인들'이었다(TDNT 7:637). 동물들의 오른쪽 넓적다리에, 노예들의 이마에 낙인을 찍는 것은 소유권의 표시였고, 절도에 대비한 방비책이었다. 일반적으로 사람의 몸에 있는 *stigmata*는 손에 문신을 새긴 왕실 노예들과 군인들을 제외하고, 불명예의 상징이었다. 신성한 *stigmata*가 신들에 대한 헌신의 표시로 사용되기도 했다. 이 단어는 70인경에서 단 한번 사용되며('장신구들', 솔로몬의 노래 1:11) 신체에 표시를 함으로써 보호, 소유권, 헌신의 개념을 나타내는 경우가 자주 있다(창 4:15, 출 21:5–6, 신 15:15–16 비교). 하지만 죽은 사람을 애도하기 위해 문신을 하고 자기 몸에 상처를 내는 것은 이방의 관습으로 간주되어 금지되었다(레 19:28).

바울이 어떤 의미에서 '예수 그리스도의 흔적'이란 표현을 사용하고 있는지는 여기에서 말하지 않는다. 바울의 몸에 문신 흔적들과 종교적인 낙인들이 있었거나, 십자가 처형에 의한 예수님의 고난과 죽으심의 흔적들을 자신의 몸에 실제로 새겼을 가능성은 전혀 없어 보인다. 오히려 그는 이 표현을 비유적으로 사용하고 있고, 아마도 그가 사도로서 겪은 박해와 고생의 결과로 몸에 생긴 상처 자국들과 부상들을 가리키는 것 같다(행 14:19–20, 고후 6:4–6, 11:23–30, 갈 4:13–14 비교). 이 흔적들은 신분과 헌신의 상징, 즉 예수님의 '종'(*doulos*, 1:1 참고)과 사도(*apostolos*, 1:11 참고)로서 예수 그리스도께 속했다는 표시로 사용되고 있다. 역설적으로 바울에게 이 흔적들은 바울이 '자랑하는'(6:14 참고) 그리스도의 십자가로 말미암은 은혜 아래에 있는 자유(5:1, 13 참고)를 나타내며, 바울의 적대자들이 자랑한(6:13 참고) 유대인의 할례(5:2–4 참고)로 말미암아 율법 아래에 매인바 된 것(3:23 참고)과 대조적인 개념으로 사용되고 있다. [*stigma*]

6:18. 은혜(Grace, *charis*) – 바울에 기록한 신약의 서신들의 끝 부분에는 항상 은혜의 축복이 나온다. 이 축복은 갈라디아서에서 특별히 중요한 의미가 있다. 1장 3절의 은혜의 문안 인사와 6장 18절의 은혜의 축복 사이에서 바울은 하나님과 바른 관계를 갖는 것(2:15–16, 3:1–18 비교)과 그리스도인답게 살아가는 것(2:17–21, 3:19–4:11, 6:15 비교)과 관련하여 율법과 은혜를 대조한다. 이 은혜의 축복에서 두 단어들이 새롭게 추가되고 있다. 하나는 '형제들'('형제 자매들', 갈라디아서 1장 2절을 참고하라)이란 단어다. 이것

은 바울이 이 서신의 솔직한 메시지와 강경한 언어에도 불구하고 갈라디아의 그리스도인들을 여전히 사랑하고 있다는 것을 강조한다. 다른 하나는 맨 마지막에 첨가한 '아멘'(TDNT 1:336-38 비교)이다. 이것은 자신의 메시지에 대한 강한 긍정이며, 독자들에게 은혜의 복음에서 떠나지 말라는 긴급한 호소다(1:6-8, 5:2-4 참고, '은혜' -1:3). [*charis*]

너희 심령에(With your spirit, *meta tou pneumatos hymōn*) – 이 구절에서 '영'은 인간의 정신, 즉 사람의 비물질적 내적 존재를 가리킨다. 제유법(부분으로 전체, 전체로 부분을 나타내는 표현법)에 의해 영은 사람의 인격에 대한 정신적이고 의지적인 견지에서의 전인(the whole person)을 나타낸다(빌 4:23, 몬 25절, 딤후 4:22 비교). 이것은 다른 서신에 기록된 바울의 축복 기도에 나오는 '너희에게'와 비교된다. 바울은 주 예수 그리스도로부터 오는 은혜가 갈라디아의 그리스도인들 각자에게 함께하기를 바랐으며, '아멘'으로 끝맺는다. [*pneuma*]

에베소서

해럴드 W. 훼너(Harold W. Hoehner)

1:1. 사도(Apostle, *apostolos*) – 이 단어는 '사자, 사절, 대신 보냄을 받은 사람'이란 뜻이다(MM, 70, BDAG, 99, BAGD, 122). 처음에는 예수님과 함께 있던 열두 제자만이 사도였으나 나중에 바나바와 바울과 같은 다른 사람들이 거기에 포함되었다. 바울의 사도로서의 직무는 '하나님의 특별한 부르심'으로 말미암은 것이었다(NIDNTT 1:276). [*apostolos*]

뜻(Will, *thelēmatos*) – 고전 헬라 문학에서 잘 사용되지 않는 이 단어는 '소망, 의지'(Aeneas Tacitus 2.8, 19.19)란 뜻이며, 식물과는 달리 인간에게 특별히 있는 어떤 것이다(Aristotle, De Plantis 1.1 §815b). 이 용어는 신약에서 62회, 그 가운데 바울에 의해 24회, 에베소서에서 7회(1:1, 5, 9, 11, 2:3, 5:17, 6:6) 사용된다. 11회만 인간의 욕망이나 의지(마 21:31, 눅 12:47[2회], 23:25, 요 1:13[2회], 7:17, 고전 16:12), 욕망이나 충동(고전 7:37, 엡 2:3, 벧후 1:21)을 가리키며, 단 한 번은 악마의 의지나 욕망(딤후 2:26)을 가리킨다. 문맥에 따르면 이 본문들에서 기쁨과 결심의 개념을 둘 다 발견할 수 있다. 다른 51회의 사용에서는 하나님의 뜻을 가리키며, 사도행전 13장 22절을 제외하면 하나님의 뜻은 강한 일치라는 개념을 표현하기 위해 항상 단수로 사용된다(TDNT 3:54). 하나님의 뜻은 하나님의 소원이나 결심이다. "하나님의 뜻은 생각의 영역에 머물러 있지 않고 행동을 요구한다"(TDNT 3:57). 우리가 하나님의 뜻을 행할 때 하나님께 기쁨과 영광을 드리게 된다. 에베소서에서 2장 3절을 제외하고, 이 단어는 항상 하나님의 뜻을 가리킨다. 이 단어는 하나님께서 자신의 성품에 따라서 자유롭게 행동하시고, 자신을 섬기는 사람들에게 자신의 뜻을 보여주시는 살아계시고 인격적인 존재이심을 나타낸다. [*thelēma*]

성도들(Saints, *hagiois*) – 70인경에 805회, 정경들에 640회, 신약에 233회, 바울 서신에 76회, 에베소서에 15회 나오는 이 단어는 '하나님을 섬기는 일에 드려진 것'이라는 제의적 의미를 지니기도 하지만 여기서는 '순수한, 완벽한, 하나님께 합당한'을 뜻하는 '거룩한'으로 번역되고 있다(BAGD, 9, BDAG, 11, LN §§53.46, 88.24, NIDNTT 2:228–29). 이 용어는 실질적으로, 성도로 부르심을 받은 사람들에 대해 사용되고 있다(고전 2:1). 하지만 성도는 거룩하지 못한 일들을 행할 수도 있다(고전 5:1). 사실 바울이 에베소의 성도들에게 하나님을 믿지 않는 사람들처럼 살아가는 일을 멈추라고 권면한 것(엡 4:25–32)은 그들의 육체가 성령의 거룩한 전이었고(고전 6:15–20), 그들이 성도의 신분을 지녔기 때문이었다(5:3). 성도의 신분을 지닌 그들에게 성도답게 행동할 것을 요구한 것이다. 그들이 성도의 신분을 지니게 된 것은 성도답게 행동했기 때문이 아니다. 그리스도의 공로를 그들의 삶에 적용했기 때문이다(고전 6:11). 그러므로 성경, 특히 신약의 문맥에서 '성도'라는 용어는 제의적 개념을 지니고 있지 않다. 또한 성도들이 거룩한 사람임을 주장할 수 있는 어떤 성품을 소유한 것도 아니다. 이 용어는 일반적으로 모든 신자들에게 적용되고 있으며, 성도들이 하나님께 나아갈 수 있는 것은 그리스도의 공로에 근거하여 믿음에 의해 의로운 지위나 신분을 획득했기 때문이다. 바울은 이런 사람들에게 편지를 써서 보내고 있다. 통상적으로 이 용어는 복수로 사용되며, 신자들의 호칭으로 매우 자주 쓰이는 용어들 가운데 하나다. 이 용어가 신자들에 대해 사용될 때, 이 구절에서처럼 항상 복수형이다. [*hagios*]

그리스도(Christ, *Christou*) – 문자적으로 '기름 부음을 받으신 분'(LN §53.82)이며, 이스라엘을 이방의 지배에서 구원하시기로 되어 있는 메시아이신 예수님의 칭호다. [*Christos*]

예수(Jesus, *Iēsou*) – 이 이름은 '주께서 구원하신다'의 뜻을 지닌 여호수아(Joshua)라는 히브리 이름을 헬라어로 음역한 것이다. [*Iēsous*]

1:2. 하나님 우리 <u>아버지</u>와 주 예수 그리스도로부터 <u>은혜</u>가 그리고 <u>평강</u>이 너희에게(<u>Grace</u> to you, and <u>peace</u> from God our <u>Father</u> and the Lord Jesus Christ, *charis hymin kai eirēnēapo theou patros hēmōn kai kyriou Iēsou Christou*) – 이런 형식의 인사말이 신약에서 8회 사용되고 있는데, 모두 바울 서신들에 나온다(롬 1:7, 고전 1:3, 고후 1:2, 갈 1:3, 엡 1:2, 빌 1:2, 살후 1:2, 몬 3절, 비교–딤전 1:2, 딤후 1:2). 이 '은혜'(5절 참고)의 목적어는 '너희', 즉 서신의 수령인들이다. 이 단어는 에베소서 2장 5절에서 더 충분히 논의하게 될 것이다. 두 번째 용어인 '평강'(*eirēnē*)은 매우 광범위한 의미에서의 '평안'(창 29:6, 43:27, 삼하 18:29)이란 뜻을 함축하고 있다. 따라서 은혜는 원인, 즉 하나님의 은혜의 활동을 표현하며, 평강은 하나님의 활동의 결과를 표현한다. [*charis, eirēnē, patēr*]

1:3. 우리에게 <u>복을 주신</u> 분(Who has <u>blessed</u> us, *ho eulogēsas hēmas*) – 이 동사는 '…에 대해 좋게 말하는, 찬양하는, 어떤 사람을 칭찬하는' 것을 가리킨다(TDNT 2:754). 헬라 문학에서 사람들이 신들을 찬양하거나 축복하는 경우는 가끔 언급하고 있지만, 신이 사람을 축복하는 사례는 단 한번이다(Euripides, Suppliced, 925–97). 이 단어는 신약에 42회, 그 가운데 바울 서신에 6회 나온다(롬 12:14, 고전 4:12, 10:16, 14:16, 갈 3:9, 엡 1:3). 42회 가운데 하나님께서 '은혜

를 공급하시는 주체'인 경우는 7회다(마 25:34, 눅 1:28, 행 3:25, 26, 갈 3:9, 엡 1:3, 히 6:14, BAGD, 322, BDAG, 408). 이 구절은 신이 사람을 축복하는 범주에 속한다. 마리아가 예수님을 잉태하도록 선택되었을 때에 하나님의 은혜로운 공급의 대상이 되었듯이(눅 1:28, 42), 신자들도 하나님의 축복이나 은혜의 공급의 대상이 된다. 신자들은 자신들을 축복하신 하나님을 축복한다. 신자들은 하나님께서 자신들에게 은혜를 베푸셨기 때문에 하나님을 찬송한다. [*eulogēo*]

영적인(Spiritual, *pneumatikē*) – 이 형용사는 70인경에서 사용되지 않는다. 하지만 신약에 26회, 바울 서신에 24회, 에베소서에 3회 나온다(1:3, 5:19, 6:12). 구약에서 말하는 복들은 번영과 물리적 보호와 같은 주로 물질적인 것이었다(창 49:25, 신 28:2–8, 12, 30:9, 말 3:10). 하지만 이 문맥에서 복들은 영적인 것이며, 하나님의 성령의 일들에 속한다. 다시 말해서 이 복은 자연적이며 이 땅 위의 존재들이나 사물들에서 생겨나는 것과 달리, 하나님께 그 근원이 있는 초자연적인 것이다. [*pneumatikos*]

1:4. 선택했다(Chose, *exelexato*) – 이 동사는 70인경에 139회, 정경들에 127회 나오며, 신중하게 생각하여 내린 선택이란 개념을 전달하는 히브리 단어를 주로 번역한 것이다(BDB, 103–4 비교, TDOT 2:73–87). 이것은 신약에서 22회, 바울 서신에서 4회 사용되고 있으며(고전 1:27[2회], 28, 엡 1:4), '선택하다, 자신을 위하여 선택하다'(BAGD, 242, BDAG, 305, TDNT 4:144–76, NIDNTT 1:536–42, LN §§30.86.92)라는 의미다. 현재의 문맥에서 하나님의 선택이라는 과거 행위는 '창세 전에'라는 전치사구에 의해 강조되고 있다. 슈렌크(Schrenk)는 신약에서 영원성을 명백하게 강조하기 위해 이 단어를 여기에서 단 한번 사용하고 있다고 주장한다(TDNT 4:175). 그렇다면 이것은 하나님께서 세상이 창조되기도 전에 신자들을 선택하셨다는 뜻이다. 이 어찌 은혜가 아닌가! [*eklegomai*]

거룩한(Holy, *hagious*) – 이 단어는 1절에서 논의했으며, 하나님의 성품을 나타낸다. 거룩하신 하나님께서는 다른 신들과 구별된다. 또한 거룩한 사람들은 다른 사람들과 구별된다. 하나님께서 신자들을 선택하셔서 자신의 소유로 삼으셨기 때문에 신자들은 하나님의 성품을 반영해야만 한다. 하나님께서는 신자들이 거룩하기 때문에 선택하시는 것이 아니다. 하나님께서는 신자들을 선택하여 거룩한 사람이 되게 하신다. [*hagios*]

흠이 없는(Blameless, *amōmous*) – 이 단어는 70인경에서 83회, 정경들에서 79회, 신약 전체에서 8회, 바울 서신에서 4회, 에베소서에서 2회 사용되며, '비난할 것이 없는, 약점이 없는, 오점이 없는'이란 의미를 지닌다(BAGD, 531, BDAG, 663). 따라서 육체적으로나 도덕적으로 '비난할 것이 없는' 사람이나 '흠이 없는' 사람을 가리킨다(TDNT 4:830). 신약에서 그리스도는 흠이 없는 제물로 하나님께 드려지고 있다(히 9:14, 벧전 1:19). 성경은 흠이 없는 신자들을 하나님께 소개하는 그리스도에 대해 말한다(엡 5:27, 골 1:22, 유 24). 구속함을 받은 사람에게는 불신자들 앞에서 흠이 없는 삶을 살아야 할 의무가 뒤따른다(빌 2:15, 계 14:5). 아론 지파에 속한 사람들이 아무런 육체적 흠이 없어야 제사장으로 섬길 수 있었던 것처럼(레 21:16-24), 신자들도 하나님 앞에서 어떤 도덕적 흠들이 없어야 한다. 이 문맥은 거룩하고 흠이 없게 하려고 신자들을 선택하시는 하나님에 대해 말하고 있다. [*amōmos*]

1:5. 미리 정하셨다(Predestined, *proorisas*) - 이 단어는 *horizō*('경계를 설정하다. 결정하다, 분리하다')와 전치사적 접두사 pro(시간적인 의미에서의 '전에')가 합성된 것이다(오늘날의 영어 단어 horizon[지평]은 *horizō*에서 생겨났다). 따라서 이것은 '미리 결정하다, 미리 선발하다, 예정하다'라는 뜻이다. 이것은 기원전 4세기 이후의 고전 문학에서 잘 사용되지 않는 단어로 (Demosthene, Orationes 31.4 codices, BAGD, 709, BDAG, 873), 70인경에는 한 번도 나오지 않는다. 신약에 6회(행 4:28, 롬 8:29, 30, 고전 2:7, 엡 1:5, 11), 바울에 의해 5회 사용되며, 에베소서에 2회 나온다. 하나님께서는 '우리를 어떤 것'으로 예정하셨다. 크레머(Cremer)는 일차적인 관심은 하나님께서 누구를 예정하셨는가에 있지 않고 무엇 때문에 예정하셨는가에 있다고 진술한다(Biblico-Theological Lexicon of New Testament Greek, 462). 이것은 사람의 운명이 미리 결정되어 있다는 뜻이다. 능동태는 하나님께서 그 일을 하셨다는 것을 암시한다. 선택과 예정이 모두 '미리('…전에') 결정된다는 것은 흥미로운 사실이다. 하나님께서는 이 땅을 창조하시기 전에 이 일들을 하셨다. [*proorizō, horizō*]

입양(Adoption, *huiothesian*) - 이 단어는 신약에서 5회 사용되며, 모두 바울에 의해서 사용되고 있다(롬 8:15, 23, 9:4, 갈 4:5, 엡 1:5). 이것은 일찍이 기원전 2세기부터 사용되고 있으며, '입양'을 뜻한다(SIG 581.102 [B.C. 200-197년], Diodorus Siculus 31.26.1, SIG 765.11 [B.C. 41년], 비교-BAGD, 833, BDAG, 1024, TDNT 8:397-99, NIDNTT 1:287-90, LN §35.53). 로마 시대에 아버지는 자신의 가족에 관한 절대적인 통제권을 갖고 있었으며, 심지어는 가족을 죽일 수도 있는 권한이 있었고, 그것이 살인으로 간주되지도 않았다. 자녀가 없는 사람은 간단한 법적 절차에 의해 보통 18세 전후의 아들을 입양할 수 있었다. 그렇게 되면 입양된 아들은 자신을 낳아준 아버지가 아닌, 새로 아버지가 된 사람에게만 의무를 행할 필요가 있었다. 이러한 종류의 입양의 목적은 양자에게 가문을 잇거나 재산의 소유권을 물려받게 되는 친아들의 신분을 지니게 하는 데 있다. 하나님의 선택을 받은 성도들은 하나님의 입양된 아들들과 딸들로 예정되어진다. 따라서 신자들은 전에는 '불순종의 아들들'과 '진노의 아들들'(엡 2:2-3)로 불리었지만, 자신들의 이전 아버지(요 8:38, 44 비교)이자 공중의 권세 잡은 자(엡 2:2)인 마귀에게 아무런 책임과 의무가 없게 된다. 오히려 이제 그들은 하나님의 아들과 딸들이며, 하나님께서 그들의 이 세상과 저 세상에서의 생활을 다스리신다. 이 사실은 성도들의 이전 아버지인 마귀가 자신에게 다시 돌아오라고 유혹할 수 없는 부활의 때에 비로소 완전하게 실현될 것이다(롬 8:23). [*huiothesia*]

1:6. 영광(Glory, *doxēs*) - 고전 헬라어에서 이 단어는 '(나의) 견해' 또는 '명성(다른 사람의 견해)'으로 번역되었다(LSJ, 444). 그러나 성경에

서 이 단어의 용법은 변화되고 있다. 70인경에 448회, 정경들에 276회 나오는 이 단어는 한 개인과 관련하여 '무게'를 뜻하는 히브리 단어를 번역한 것이므로 '중요성' 또는 '중대성'이란 개념을 갖게 되었다(HALOT 2:457-58, TDOT 7:23, BDB, 458-49). 이 개인적 '무게'는 다른 사람에게 영향을 행사한다. 이 단어는 신약에 166회, 바울 서신에 77회, 에베소서에 8회 나온다(1:6, 12, 14, 17, 18, 3:13, 16, 21). 신약은 70인경의 개념들에 '명성'과 '능력'이라는 의미를 추가하고 있다. 이 단어는 또한 '신의 존재 양태'를 표현하며, 신의 명예, 광채, 능력 그리고 광휘를 가리킨다(TDNT 2:247-48, BAGD, 203-4, BDAG, 257, TLNT 1:362-76). [*doxa*]

1:7. 구속(Redemption, *apolytrōsin*) - '구속'(*apolytrōsis*)이라는 단어는 그리스도께서 죽으심으로써 하나님께 지불한 몸값을 근거로 자유를 얻은 것을 가리킨다(BAGD, 96 비교, BDAG, 117, TDNT 4:351-56, NIDNTT 3:199-200, TLNT 2:423-29, Morris, The Apostolic Preaching of the Cross, 3rd 3ed., 16-18, 40-51, Barclay, New Testament Words, 189-96). [*apolytrōsis*]

용서(Forgiveness, *aphesin*) - 이것은 그리스도의 희생적 죽음이란 값을 치르고 죄의 속박에서 자유롭게 된 직접적인 결과다. 이 단어는 고전 문학에서 포로의 석방(Polybius 1.79.12), 법적인 고발(Plato, Leges, 9§869d), 재정적인 의무(Demosthenes, Orationes 24.45-46), 또는 처벌(Diodorus, Siculus 20.44.6)의 취소나 면제를 뜻했다. 이 단어는 70인경에서 50회(정경들에는 45회) 나오며, '해방'(레 25:41, 신 15:1-3, 9, 31:10, 사 58:6), '면제'(에 2:18), '자유'(레 25:10, 사 61:1, 렘 34:8[70인경의 41:8], 34:15, 17[2회, 70인경의 41:15, 17], 겔 46:17) 그리고 마지막으로 이스라엘에서 50년마다 노예들의 석방, 부채의 탕감, 소유권의 회복이 이루어지는 '희년'(레 25:11-13, 28[2회], 30-31, 33, 40, 50, 52, 54, 27:17-18, 21, 23-24)을 뜻하는 11개의 히브리 단어들을 번역한 것이다. 이 단어는 바울 서신에서 2회만 사용되고 있다(엡 1:7, 골 1:14). 로마서 3장 25절에 한 번 사용되고 있는 이 단어의 동의어인 '*paresis*'는 십자가 이전에 범한 죄에 대한 처벌의 일시적 정지라는 개념뿐만 아니라, 죄를 '보지 못하다'라는 의미를 지닌다. 이에 반해 *aphesin*은 그리스도의 희생에 의해 그 값이 지불되었기 때문에 죄의 처벌로부터 취소나 면제 받는다는 것을 의미한다(MM, 96 비교, BAGD, 125, BDAG, 155, TDNT 1:5089-12, NIDNTT 1:697, 700-703, LN §§37.132, 40.8, TLNT 1:238-44). [*aphesis, paresis*]

위반들/ 죄악들/ 범죄들(Trespasses/ sins/ transgressions, *paraptōmatōn*) - 이 용어는 70인경에서 22회, 정경들에서 14회, 신약에서 19회, 바울 서신에서 16회, 에베소서에서 3회 사용되고 있다(1:7, 2:1, 5). 이것은 어떤 잘못된 조치나 실수로 하나님의 뜻과 법을 '위반하다', 즉 '불법들, 죄악들'이란 개념을 지닌다(LN §88.297, BAGD, 621, BDAG, 770). 이 구절에서는 그리스도 안에서 그리스도의 피로 말미암은 구속의 결과로서 하나님께서 죄와 그것에 대한 처벌을 취소 또는 용서하셨다는 것을 보여준다. 우리는 그리스도의 십자가 죽으심을 통해 하나님께서 결

코 죄를 가볍게 취급하지 않으신다는 것을 깨닫게 된다. [*paraptōma*]

1:8. 지혜(Wisdom, *sopha*) – 이 단어의 초기 사용은 실용적인 기술(예를 들어, 목수의 기술과 같은 것, Homer, Ilias 15.412)에서의 특별한 능력과 관련이 있다. 나중에는 이론적이고 논리적인 지식에 국한되었고, 그 발전 과정의 최종 단계에서는 이론적인 지식과 실제를 겸비한 지혜로운 사람을 가리키게 되었다(TDNT 7:467). 이것은 70인경에 248회, 정경들에 142회 나오며, '지혜'를 뜻하는 히브리 단어를 번역한 것이 130회 나온다. 구약에서 이론적 지식과 실천적인 지식을 결합하는 것이 계속되어 이 단어는 숙련된 생활(출 35:31, 35, 잠 2:10, 4:11, 10:13)과 주 하나님을 경외하는 사람들에게서 드러나는 참된 지혜(잠 9:10, 욥 28:28)의 개념을 포함하게 되었다. 이 단어는 신약에 51회, 바울 서신에 28회, 에베소서에 3회 나온다(1:8, 17, 3:10). 바울은 이 단어를 인간적 지혜와 신적 지혜를 대조하고 있는 고린도전서 1장 17절–2장 13절에서 15회 사용한다. 관련 구절들은 자기 개혁의 가능성을 부정하고 있다. 십자가에 못 박히신 그리스도만이 하나님의 지혜를 사용하여 사람들을 변혁하는 능력을 생겨나게 하신다(1:18, 21–25). 기본적으로 지혜는 알려진 사실들에 대한 참된 통찰 또는 '사물에 진정한 본질에 대한 통찰'이다(Lightfoot, Notes on the Epistles of St Paul). 최고의 지혜는 하나님께서 알려주시는 것이다. 즉, 하나님의 계시의 진정한 특성에 대한 통찰이다. [*sophia*]

통찰(Insight, *phronēsei*) – 이 단어는 바로 앞에서 논의한 단어와 의미상으로 매우 밀접하다. 이 단어의 용법은 때때로 플라톤의 작품들에서 *phrinēsis*가 *sophia* 대신 사용되고 있기 때문에 그렇게 명확하지는 않다(Plato, Leges, 10 §906b). 그러나 대체적으로 플라톤은 *sophia*가 지적 지식을 가리키며, *phronēsis*는 실천적 지식을 가리킨다고 생각하고 있는 것 같다(TDNT 9:221). 명사 *phronēsis*는 70인경에서 61회 나온다. 이 단어는 하나님의 명철에 대한 지식에 대해(사 40:28), 육체적 힘과 상반되는 것으로서의 사람의 뛰어난 오성에 대해(잠 24:5), 계략에 대해(욥 5:13) 그리고 지혜 문학에서 분별이나 식별에 대해(잠 1:2, 8:14, 9:6, 16, 14:29, 19:8) 사용되고 있다. 신약에서는 2회만 사용하고 있다(눅 1:17, 엡 1:8). 누가복음에서 이것은 마음들이 주께로 돌아오게 하고, 불순종하는 사람을 의인의 '지혜, 분별, 식별', 즉 의로운 생활의 실천적인 양상들로 돌아오게 하는 세례 요한의 사역을 가리킨다. 에베소서 1장 8절은 현시대에서의 하나님의 계시의 타당성을 이해하는 것과 좀 더 관계가 있다. 이것은 *sophia*와 함께 사용되며, 실천적 관점에서의 지혜를 말한다. '분별'로 번역하는 것이 좋다. [*phronēsis*]

1:9. 비밀(Mystery, *mystērion*) – 3장 3절에서 논의할 *mystērion*은 신성한 비밀을 뜻하며, 인간의 재간이나 연구로는 이것을 알 수 없다. 신자들은 하나님께서 알려주실 때만 이해할 수 있다. 그러나 이제 성령으로 말미암아 이 거룩한 비밀이 하나님의 거룩한 사도들과 선지자들에게 알려졌다(3:4–5). 이제는 그들이 소수의 지적인 사람에게만 그 비밀을 알리는 것이 아니라 모든 사람들에게 알리고 있다. 현재의 문맥은 비밀 그 자체의

상세한 내용보다는 하나님의 뜻의 비밀을 알게 하는 것을 다루고 있다. "그것이 바로 그리스도 안에서 미리 결정된 하나님의 뜻과 기쁨이었다" (NEB). [*mystērion*]

경륜(Administration, *oikonomian*) – 이 용어는 두 가지 뉘앙스를 갖고 있는데, 첫째는 한 가정(Plato, Apologia, 36b, Respublica 6.11 § 498a, Xenophon, Oeconomicus 1.1)이나 국가 (Josephus, Ant. 2.5.7 §89)를 관리하거나 경영하는 관리자의 지위나 직책이며, 둘째는 배치, 질서, 계획, 전략과 관련한 관리 활동(Polybius 4.67.9, 10.16.2, Diodorus Siculus 1.81.3)이다. 여기 에베소서 1장 9절에서 이 단어는 두 번째 의미, 즉 관리자의 활동으로 사용되고 있으며, '경륜'(NASB, NET) 또는 '섭리'(고대 라틴어, 불가타역, KJV, ASV)로 번역되고 있다. '실행되다' (NEB, NIV)는 번역은 설득력이 있다. 하나님의 활동들을 묘사하는 모든 동사들이 표현하는 것처럼 이것은 하나님의 관리 활동에 대해 말하고 있다. 따라서 때가 되어 관리하실 때(실행하실 때)의 하나님의 목적은 그리스도 안에서 만물을 한 지도자 아래 통일하는 것이다. [*oikonomia*]

1:10. 이끌다/ 통일되게 하다(Head/ unite, *anakephalaiōsasthai*) – 고전 헬라어에서 이 동사는 하나의 연설에서처럼 '논점을 요약하다' 라는 뜻이다(Dionysius of Halicarnassus, De Lysia, 9). 두 개의 70인경 사본들(*Theodotion* 사본과 *Quinta* 사본)은 이 단어를 시편 72편 20절 (70인경의 71:20)에서 사용하고 있는데, 다윗의 기도들을 '함께 모으다'라는 의미를 지닌다. 하나님께서는 만물을 함께 모아 하나의 머리, 즉 예수님 아래의 모든 피조물을 회복하실 것이다. [*anakephalaioō*]

1:11. 기업을 얻었다(Obtained inheritance, *eklērōthēmen*) – 고전 헬라어에서 이 단어는 다음의 두 가지 의미를 지닌다. 첫째, '제비 뽑아 임명하다'(Isocrates: 7.22, Aristotle, Politica 4. 7.3§1294b.8), '제비 뽑다'(Euripides, Ion, 416), 또는 중간태 용법의 '제비 뽑아 획득하다' (Euripides, Troades, 29, 이것은 또한 중간태로 '제비를 뽑다'[참고–Lysias 6.4]라는 뜻으로 사용되기도 한다). 둘째, '할당하다, 배정하다, 임명하다, 배분하다'(Thucydides 6.42.1, 수동태로–Eurippides, Hecuba, 100). 이 동사는 신약에서 여기에만 나오며, 믿는 자가 하나님의 기업으로 간주된다는 수동적 의미로 이해하는 것이 적절하다. 이런 점에서 '우리가 (하나님의) 기업이 되었다'라고 번역할 수 있다(RV, ASV). 구속과 죄 사함의 은혜로 말미암아 신자들은 하나님의 소유가 된다. [*klēroō*]

1:12. 전부터 소망했었다(First hoped, *proēlpikotas*) – 이것은 고전 문학에서 잘 사용되지 않는 단어이며, '전부터 소망하다'라는 뜻이다(Posidippus 27.8 in Comicorum Atticorum Fragmenta 3:344). 70인경에서는 한 번도 나오지 않으며, 신약에서도 여기에만 나온다. 이것은 이 서신을 읽는 모든 신자들의 소망, 즉 7–11절에서 논의된 그리스도 안에서 때가 완성되기를 바라는 소망뿐 아니라, 하나님의 구속과 계시된 하나님의 비밀에 대한 지식과 경험에 근거한 소망을 가리킨다. 다시 말하면 "그리스도 안에서 하나님

의 일하심으로 인해(7-11절) 이미 소망을 지니고 있는 우리 신자들은 하나님의 영광을 찬송하게 된다." [*proelpizō*]

1:13. 인침을 받았다(Sealed, *esphragisthēte*) - 고전 헬라 문학에서 이 용어는 (1) 안전을 나타내기 위해 도장을 찍고 봉하다(Aeschylus, Eumenides, 828), (2) 증명하기 위해 도장을 찍어 표시하다(기원전 3세기, The Hibeh Papyri:Part Ⅰ, 39.15, 72.19, 기원전 2세기, 비교-LSJ, 1742), (3) 진짜임을 보증하다(Herodotus 2.38), (4) 신분을 증명하다(Eurioides, Iphigenia Taurica, 1372), 특히 소유자의 신원을 증명하다(Herodotus 2.113)라는 의미다. 70인경에서 이것은 (1) 안전(신 32:34, 욥 14:17, Cant 4:12, 사 8:16, 단 6:17[맛소라 사본과 70인경의 6:18], (2) 증명(왕상 21:8[70인경의 20:8], 에 8:10, 렘 32:10-11[70인경의 39:10-11), (3) 진짜(에 8:8, 10), (4) 신분 증명(느 10:1[맛소라 사본과 70인경의 10:2], 에 3:10)과 소유권(렘 32:44[70인경의 39:44])을 뜻했다. 이 문맥에서 도장을 찍는 것은 소유권과 관련이 있다. 모든 신자들은 하나님의 기업이고, 따라서 하나님의 것이기 때문에 이것은 선행 구절들과 잘 어울린다. [*sphragizō*]

1:14. 계약금(Down payment, *arrabōn*) - 이 단어는 보증금이나 신원 보증금(영국에서 신입생이 대학에 내는 돈), 즉 매매가 성사되지 않을 경우 돌려받지 못하는 계약금이란 뜻이다(Isaeus 8.23, Aristotle, Politica 1.4.5§1259a.14). 첫 번째 할부금은 앞으로 계속해서 불입할 것을 보증하는 것이다. 셈족의 언어에서 차용한 이 용어는 70인경에 단 3회 나오며, '담보물'을 가리킨다(창 38:17, 18, 20). 코이네 헬라어에서 이 단어는 앞으로의 지불을 보증하는 계약금의 개념을 여전히 갖고 있다. 이를테면, 암소를 파는 한 여인이 계약금(*arrabōn*)으로 1,000드라크마를 받았다(MM, 79). 신약에서는 3회만 사용된다(고후 1:22, 5:5, 엡 1:14). 이 단어는 때때로 '담보물'(Vulg., NASB, NEB, JB, NJB, NRSV)로 번역하기도 하지만, 완전한 지불이 이루어졌을 때 담보물은 돌려받기 때문에 정확한 번역이라 할 수 없다. 반면에 *arrabōn*은 전체 지불액의 일부다. 바우어(Bauer)는 이것을 '상대방 계약자에게 앞으로 계속 지불하겠다고 약정하는 계약금'이라고 주장하고 있다(BDAG, 109, BDAG, 134). 이것은 따라서 '보증'(AV, RV, ASV), '보증하는 예치금'(NIV), 또는 '최초 불입금'으로 번역하는 것이 적절하다. 에베소서 1장 14절에서 약속된 성령은 장래에 틀림없이 신자들에게 주어질 기업에 대한 현재의 예치금 또는 최초 불입금이다. [*arrabōn*]

기업(Inheritance, *klēronomias*) - 이것은 *klēros*(제비뽑기에 의해 받은 땅, 할당)와 *nemō*('보상하다, 분배하다')의 합성어로서(NIDNTT 2:296), '제공된 몫', 즉 '기업'(Isocrates 19.43, Demosthenes, Orationes 43.3, Aristotle, Politica 5.7.12 §1309a.24)이나 '소유물'(Aristotle, Ethica Nicomachea 7.13.6 §1153b.33)을 의미한다. 이것은 사유 재산(창 31:14, 민 18:20, 23, 27:7-11, 32:18, 신 12:9), 지파의 토지(민 26:54[2회], 56, 11:23), 국가의 토지(왕상 8:36, 렘 2:7, 3:19, 10:16), 하나님의 기업으로서의 이스라엘 민족(신 32:9, 삼상 10:1, 26:19, 왕상

8:51, 53, 사 19:25, 47:6)에 대해 사용되고 있다. 이 경우 이 단어는 신자들의 영원한 기업, 즉 아버지 하나님의 선택하심, 아들의 속량하심 그리고 성령의 인침으로 인해 신자들이 하늘을 얻는 것을 가리킨다. 대명사는 이 기업이 '우리의' 기업임을 나타낸다. 이 기업은 신자들에게 하나님께서 계신 하늘에서 영원히 살 수 있는 자격을 부여한다. 다시 말해서 우리 안에 있는 하늘의 일부분, 즉 성령의 임재는 장래에 오게 될 더욱 더 많은 것에 대한 보증이다. [*klēronomia*]

값을 치르고 산 소유물(Purchased possession, *peripoiēseōs*) – 이 용어는 신약에서 5회 사용된다. 현재의 구절을 제외하면 이 용어는 단 한번 보존이나 보관을 가리키며(히 10:39), 다른 경우에는 '획득, 소유'를 가리킨다. 데살로니가전서 5장 9절을 보면, 하나님께서는 신자들이 진노에 이르도록 정하시지 않고, 그리스도로 말미암아 구원을 얻도록 정해 놓으셨다. 데살로니가후서 2장 14절에서 하나님께서는 복음으로 말미암아 신자들을 부르시어 우리 주 예수 그리스도의 영광을 얻게 하셨다. 두 본문 모두에서 명사가 능동적인 의미로 사용되고 있다. 베드로전서 2장 9절에서 신자들은 '하나님의 소유가 된 백성'으로 불리고 있다. 현재의 문맥에서 이 용어는 신자들이 얻게 된 것, 즉 신자들의 기업을 가리키며, RSV는 '우리가 그것에 대한 소유권을 취득할 때까지'로 번역한다(Abbott, 24, Schnackenburg, 45, 67, Best, 152–53). 어떤 경우에 이 명사는 '취득하게 되다, 소유하게 되다'라는 수동적 의미로 사용된다. 그럴 경우 하나님 때문에 얻게 된 신자들의 구속을 가리킨다. 수동태가 현재의 문맥에서 훨씬 더 일리가 있다. 이것은 구속함을 받은 하나님의 백성이 하나님의 소유물이라는 구약의 개념을 말하고 있는 말라기 3장 17절이나 이사야 43장 21절에서 뿌리를 찾을 수 있는 베드로전서 2장 9절과 매우 비슷한 의미로 사용되고 있다. 여기에서 하나님께서 신자들을 선택하시고, 속량하시며, 자녀 삼으셨다는 바로 그 사실 때문에 신자들은 하나님의 소유로 간주된다. 하나님의 가정에 입양되어 성령의 첫 열매들을 향유하고, 그리스도께서 다시 오셔서 자신들의 양자 됨과 몸의 속량을 온전하게 이루실 것을 간절히 기다리고 있는 신자들(롬 8:15, 엡 1:5)에 대해 말하고 있는 로마서 8장 23절에서 비슷한 개념을 발견하게 된다. 또한 바울이 장래의 부활이 오기까지의 보증으로서의 성령에 대해서 말하고 있는 고린도후서 5장 5절에 비슷한 개념이 나온다. [*peripoiēsis*]

1:17. 계시(Revelation, *apokalypseōs*) – '가리다, 숨기다, 은닉하다'(LSJ, 871)라는 뜻의 *kalyptō*와 '…으로부터'라는 뜻의 *apo*–를 합성한 동사의 명사형인 이 단어는 이제까지 감추어졌던 어떤 일을 '밝히다, 폭로하다'라는 의미를 지닌다. 기원전 1세기 이후에 사용되기 시작한 이 명사는 주로 '폭로, 계시'라는 개념을 전달한다(Plutarch, Aemilius Paulus 14.3). 이 단어는 70인경에서 4회 사용된다(삼상 20:30, Ode 13:32, 시락서 11:27, 22:22). 신약 전체에서 18회, 바울에 의해 13회, 에베소서에서 2회 사용된다(1:17, 3:3). 신약에서 이 단어는 항상 신학적으로 중요한 의미가 있으며, 하나님 안에 숨겨지고 사람들에게 알려지지 않았던 일들을 밝히는 것과 관련이 있다. 이것은 '지식을 알리는 것이 아니라 처음부

터 감추어진 사실들을 실제로 폭로하는 것'이다(TDNT 3:591, 비교-NIDNTT 3:312-15). 이 용어는 숨겨진 지식을 드러낼 수 있는 분은 하나님뿐이시며, 사람의 탐구로 결코 발견할 수 없음을 강조하는 것이 분명하다. [*apokalypsis*]

그에 대한 지식 안에(In the knowledge of him, *en epignōsei autou*) – 70인경에 7회(정경들에 5회), 신약 전체에 20회, 바울 서신에 15회, 에베소서에 2회(1:17, 4:13) 나오는 이 단어는 '지식'(*gnōsis*)이란 좀 더 일반적인 단어와 함께 많은 논쟁의 원인이 되고 있다. 이 단락에서 사용된 단어가 뜻이 더 강하며, '특별한 대상에 대한 지식, 지각하는, 분별하는, 인식하는 것'을 가리키는 것 같다(Robinson, 254, 비교-Lightfoot, Saint Paul's Epistles to the Colossians and to Philemon, 138). 특히 중요한 것은 이 지식이 하나님에 관한 객관적 사실들이 아니라, 하나님을 개인적으로 그리고 친밀하게 아는 것을 뜻한다는 것이다. 다른 차원에서 우리는 뉴스 매체를 통해서 국가의 지도자에 관한 많은 사실들을 알 수 있다. 그러나 그것은 지도자의 가족들이 그를 아는 것과 같은 방식으로 그를 개인적으로 아는 것과는 전적으로 구별된다. 하나님과 결부시키면 우리는 성경뿐만 아니라 개인의 통찰과 성령의 계시를 통해 하나님에 대해 알 수 있다. 기독교에서는 "성령을 통해 우리의 하나님을 알라"고 가르친다. 반면에 철학에서는 "너 자신을 알라"고 말한다. [*epignōsis*]

1:18. 소망(Hope, *elpis*) – 이 단어 *elpis*는 기본적으로 쉽게 깨어질 수 있는(Euripides, Iphigenia Taurica, 414, Supplices, 479) '소망, 기대'(Sophocles, Oesipus Tyrannus, 158, Ajax, 478, Antigone, 330)를 뜻한다. 헬라 사상에서 소망은 당면한 고통을 잊기 위해 생각해낸 위안이 되는 상상 속의 꿈에 불과하다. 하지만 그 꿈은 여전히 이루어질 가능성이 많지 않다. 대신 구약은 의인의 소망을 보호하시며, 지금 당장은 아니더라도 장래에 확실하게 구원하실 영원하신 하나님을 향하는 것으로 표현한다(TDNT 2:522-23). 신약의 소망 개념은 구약의 개념에 기초하여 형성되며 기대, 하나님에 대한 신뢰, 하나님께서 그분의 계획을 완성하시기를 인내로 기다림과 같은 요소들을 갖고 있다(Ibid., 2:530-31). 그리스도인의 궁극적 소망은 주님과 함께 있는 것이다(롬 5:4-5, 8:20, 24-25, 12:12, 15:13, 갈 5:5, 골 1:5, 딛 1:2). 그리스도인들은 소망이 없는 이방인들과 달리 그리스도의 오심을 간절히 기다린다(엡 2:12, 살전 4:13-18, 5:8, 딛 2:13, 요일 3:3). 여기에서 바울은 에베소 성도들이 마음의 눈으로 깨달아 하나님의 부르심을 통해 그들에게 어떤 소망이 주어졌는지를 알게 해달라고 기도한다(BAGD, 252-53, BDAG, 319-20, NIDNTT 2:243, TLNT 1:480-92, Barclay, New Testament Words, 72-76). [*elpis*]

부르심(Calling, *klēseōs*) – 이 명사는 고전 헬라어에서 참석을 '요청하는 것', 즉 '소환'(Plato, Symposium, 172a), 법정으로의 '소환'(Aristophanes, Nubes, 975, 1189)이나 잔치에의 '초대'(Xenophon, Symposium 1.7, Demosthenes, Orationes 19.32)라는 뜻으로 사용되고 있다. 이것은 '소명'(고전 7:20) 또는 '소환, 초대'(빌 3:14)의 개념으로 사용되기도 하지만, 다른 본문들에서는 종교적인 의미에서의 '소명' 또는 하나님에 의한 '초대, 소환'이란 뜻을 지닌다(롬 11:29, 엡 4:1, 4, 살후 1:11, 히 3:1, BAGD, 435-36, BDAG, 549, TDNT 3:491-93, NIDNTT 1:271-76, LN §§33.312, 313, 87.2). 이 명사의 동사형에는 하나님의 예지와 예정의 개념이 내포되어 있기 때문에 다시 말해서 하나님께서 부르시고, 부르신 그들을 또한 의롭다 하시기 때문에(롬 8:29-30) 부르심은 선택과 밀접한 연관이 있다(고전 1:26, 벧후 1:10, 딤후 1:9). 현재의 문맥에서 '부르심'은 하나님께서 신자들을 구원으로 부르시는 것을 말한다. 신자들은 이미 하나님의 선택하심을 받아 하나님의 것이 되었으며, 그 결과 하나님의 가족으로 입양된다. 하나님의 부르심을 받아 그분의 가족이 된 신자들은 성취에 대한 절대적 확신으로 소망을 갖게 된다. [*klēsis*]

기업(Inheritance, *klēronomias*) – 14절에서 논의한 이 단어는 기본적으로 '재산, 소유, 기업'을 의미한다. 14절에서는 신자들의 하늘에 있는 기업을 가리키지만 여기서는 소유대명사 '그의'에서 암시된 하나님의 기업을 가리킨다. 하나님의 부르심에 의해 생겨난 소망은 과거를 바라보게 한다. 하지만 성도들 안에 있는 하나님의 기업은 그리스도께서 장차 성도들을 위해서 다시 오실 때 완전하게 실현될 것이다. [*klēronomia*]

1:19. 힘(Power, *dynameōs*) – 이 용어는 이 구절에 나오는 '힘'을 뜻하는 네 개의 단어들 가운데 첫 번째다. 이 단어에서 '다이너마이트'라는 용어가 생겨나지만, 성경의 어느 곳에서도 하나님의 힘이 폭발적인 특성을 갖고 있다고 암시하지 않는다. 오히려 이 단어는 '힘, 능력, 행동하는 능력'(Aristotle, Metaphysica 9.56.1 §1047b.31, 8.5 §1094b.24, 9.1 §1051a.5, Plato, Republica 5.21 §477c-d)이란 개념을 갖고 있다. 신약 전체에서 119회, 바울에 의해 49회, 에베소서에서 5회 사용되며(1:19, 21, 3:7, 16, 20), 에베소서에서도 '힘, 능력'의 개념을 전달한다. 이 힘이나 능력은 임무를 수행하는 데 필요한 것이며, 그 힘은 그것을 수식하는 것에 의해서 결정된다. 여기에서는 소유격 인칭대명사 '그의'의 수식을 받고 있으며, 따라서 하나님의 능력을 가리킨다. 바울은 이것을 그 힘의 지극히 크심이라고 말하는 것은 조금도 이상한 것이 아니다. 아래의 전치사구는 이 위대한 능력이 믿는 사람들에게 제공되고 있다는 것을 암시한다. [*dynamis*]

그분의 힘의 강한 위력으로 역사하심을 따라(According to the mighty working of his power, *kata tēn energeian tou kratous tēs ischyos autou*) – 이 한 구절에서 '힘'을 뜻하는 세 개의 단어들이 사용되고 있는데, 직역하면 '그의 힘의 능력의 위력에 따라'가 된다. 동사형으로 보이는 첫 번째 단어(*energeian*)는 형용사 *energos*에서 파생하며, 이것에서 오늘날의 영어 단어 '에너지'가 생겨났다(TDNT 2:652-54, Barclay, New Testament Words, 77-84). 아리스토텔레스에 따르면, *energeia*는 '실제의' 힘인 반면에 *dynamis*는 '잠재적인' 힘이다(Metaphysica 9.5.1 §1047b.31, 8.5 §1049b.24, 9.1 §105a.5). 이것은 잠재적 에너지와 대조되는 '진짜' 에너지다(Baclay, New Testament Words, 79). 신약 전체에서 이 단어는 8회 사용되며, 모두 바울에 의한 것이며, 에베소서에 3회 나온다(1:19, 3:7, 4:16). 이것은 항상 초자연적 힘을 나타내며, 단 한번만 사단의 힘을 가리킨다(살후 2:9). 나머지 모두는 하나님의 능력을 직접적으로(엡 1:19, 3:7, 빌 3:21, 골 1:29, 2:12, 살후 2:1) 또는 간접적으로(엡 4:16) 나타낸다. 한마디로 *energeian*는 초자연적 힘을 실제적으로 사용하는 것이다.

그 다음 단어(*kratous*)는 육체적 힘(Homer, Ilias7.142)으로서의 '체력, 힘'(TDNT 3:905–10, NIDNTT 3:716–18 비교)이나 전쟁에서 힘으로의 '정복, 승리'(Homer, Ilias 1. 509, 6.387)를 의미한다. 신약 전체에서 12회, 바울에 의해 4회, 에베소서에서 2회(1:19, 6:10) 사용되고 있으며, 대부분 초자연적 힘을 가리킨다. 다시 말해서 단 한번만 악마에 대해서(히 2:14), 나머지 11회는 하나님에 대해서 사용되고 있다. 이 단어는 하나님(벧전 5:11, 유 25절, 계 5:13)과 모든 반대 세력들을 물리치고 승리하신 그리스도(딤전 6:16, 벧전 4:11, 계 1:6, 5:13)의 능력과 통치를 찬양하는 영광송(*doxologies*)에서 사용되고 있다. *kratos*에서 파생된 단어들로는 '신권 정치'(하나님의 통치), '독재 정치'(절대적 통치), '민주 정치'(백성들의 통치), '금권 정치'(부자들의 정치) 등이 있다. 따라서 *kratos*는 '힘, 완력, 통치, 정복'의 개념을 전달한다.

힘을 뜻하는 마지막 단어(*ischyos*)는 초기 헬라 문학에서 많이 등장한다. 시대가 발전하면서 빈도가 줄었지만, 사람의 체력(Hesiod, Theogonia, 146, 823, Sophocles, Philocretes, 104)과 같이 '소유하고 있는 힘, 완력, 능력, 체력'을 의미한다(TDNT 3:397–402, NIDNTT 3:712–14 비교). 신약 전체에서 10회, 바울 서신에서 3회(살후 1:9), 에베소서에서 2회(1:19, 6:10) 사용되고 있다. 이것은 사람(막 12:30[눅 10:27], 막 12:33)과 천사들(벧후 2:11)의 힘, 그리고 하나님의 힘의 능력(엡 1:19, 6:10, 살후 1:9, 벧전 4:11)에 대해 사용되며, 그리스도(계 5:12)와 하나님(7:12)의 힘을 찬양하는 영광송에서 사용되고 있다. 이것은 소유할 수 있는 힘, 체력이란 개념을 여전히 갖고 이다.

이 네 용어들이 모두 서로 밀접한 관련이 있으며, 의미가 중첩되기도 한다. 동력에 대해 생각해보라. 우리는 그것이 자체의 고유한 힘(*ischys*)을 가지고 있다고 느낀다. 그러나 엔진이 요란한 소리를 내며 움직이기 시작할 때, 그 주된 힘이 드러난다(*kratos*). 하지만 그 동력이 나무에게 전달되어 나무를 쓰러뜨릴 때, 그 힘의 활동을 보게 된다(*energeia*). 이 구절에서처럼 *dynamis*가 가장 일반적인 용어이고, 다른 용어들은 이것을 보조하는 역할을 한다. 다시 말해서 이 단어들은 의미가 중첩되고, 이 모든 단어들을 사용할 때의 요점은 모든 신자들이 이용할 수 있는 하나님의 풍부한 힘의 개념을 강조하는 데 있지 단어 사이의 의미상의 차이를 강조하는 데 있지 않다. *kratos*가 *ischys*를 수식하는 소유대명사 '그의'와 함께 *energeia*를 수식하는 것으로 간주하는 것이 적절하며, 따라서 '그의 힘의 강한 위력으로 역사하심을 따라'로 번역된다. [*energeia, dynamis, kratos, ischys*]

1:20. 행사했다(Exercised, *enērgēsen*) – 이 단어는 형용사 energos에서 생겨났으며, 여기에서 오늘날의 영어 단어 '에너지'가 생겨났다는 것을 19절에서 말했다. 이 동사는 신약 전체에서 21회 사용되며, 3회만 제외하고(마 14:2[막 6:14], 약 5:16) 모두 바울이 사용하고 있다. 주로 이 단어는 신자들의 삶에서 하나님의 뜻이 이루어지는

것을 가리킨다. 하나님께서 이 일을 위해 초자연적 능력을 주입하신다는 개념이 포함될 수도 있다. 이것은 에베소서에 4회 나오며(1:11, 20, 2:2, 3:20), 불신자들 안에서 작동하고 있는 악마의 힘에 대해 말하는 2장 2절을 제외하면 모두 하나님의 활발한 능력을 나타낸다. 하나님께서는 그리스도를 다시 살리시고(3절에서 논의한) 하늘의 영역에서 하나님 우편에 앉게 하실 때에 하나님의 능력을 행사하셨다. 19절에서 언급한 것처럼 이런 종류의 능력이 신자들에게 베풀어진다. [*egeirō*]

1:21. 통치자(Ruler, *archēs*) – 이 단어는 "항상 '최고'라는 뜻으로 사용되며, 시간적으로는 '처음'(*principium*)을, 서열상으로는 '능력, 통치, 직무'를 나타낸다"(TDNT 1:479). 현재의 문맥에서 이것은 통치 계급을 가리키는 것이 분명하다. 이것은 신약에서 55회, 바울에 의해 11회, 에베소서에서 3회(1:21, 3:10, 6:12) 사용되고 있다. 이 단어는 보통 시간의 시작을 의미하며, 힘이나 통치를 의미할 수도 있다. 또한 영적 지도자들이나 세상 지도자들(눅 12:11, 20:20, 딛 3:1), 하늘의 통치자들(엡 3:10, 6:12, 골 1:16, TDNT 1:482–84, EDNT 1:162–63)을 말할 수도 있다. 여기서 통치자는 사람을 가리킬 수도 있지만 천사를 가리킨다고 보는 것이 적절하다. [*archē*]

권세(Authority, *exousias*) – 이 단어는 '허용된 것', 다시 말해서 '행동의 자유'를 의미하는 단어인 *exestin*에서 생겨났다. 이 명사형은 '선택의 자유, 행동의 권리'를 나타내며, 따라서 '권세'를 의미한다(Plato, Symposium, 182e, Thucydides 7.12.5). 이것은 70인경에서 77회, 정경들에서 28회 나오며, 여섯 개의 히브리 단어들을 이 단어로 번역하고 있다. 이것은 신약에서 102회, 바울 서신에서 27회, 에베소서에서 4회(1:21, 2:2, 3:10, 6:12) 사용되고 있다. 신약에서 복수형은 종종 영적인 지도자 또는 세상 지도자, 권세들을 가리킬 수 있다. 현재의 문맥에서처럼 단수형은 보통 '정부'를 가리킨다(TDNT 2:565). 또한 악한 영적 권세들을 가리킬 수도 있다(엡 6:12, 고전 15:24). 통상적으로 이 용어는 '권세'란 뜻이지만, '영토, 영역, 왕국'이란 뜻으로 사용될 때도 있다(눅 22:53, 23:7, 엡 2:2, 골 1:13, BAGD, 278, BDAG, 353, TDNT 2:565, 567). 문맥상으로 이 단어는 여기에서 권세를 가리킨다. 인간의 권세를 가리킨다고 볼 수도 있지만, 천사의 권세를 가리킨다고 보는 것이 더 적절하다. [*exousia*]

능력(Power, *dynameōs*) – 이 단어는 19절에서 논의했다. 에베소서에서의 이 단어의 용법은 하나같이 추상적인 의미의 능력과 연관이 있다. 하지만 현재 문맥에서는 조금 더 구체적이며, 따라서 사람의 능력을 가리킬 수도 있다. 그리스도의 능력보다 하위에 있는 천사의 능력을 가리킨다고 보는 것이 더 적절하다(TDNT 2:307–8, EDNT 1:358, DDD, 509–14). [*dynamis*]

주권(Dominion, *kyriotētos*) – 신약 성경 이외에서 드물게 사용되는 이 단어는 신약에서 4회 사용되고 있다(엡 1:21, 골 1:16, 벧후 2:10, 유 8절). 기본적으로 이것은 '군주로서의 힘이나 지위'를 의미한다(TDNT 3:1096). 이것은 거짓 교사들이 멸시하는 하나님의 권세에 대해 사용되고 있다(벧후 2:10, 유 8절). 골로새서 1장 16절에서 바울은 *kyriotētos*가 왕권들, 방백들, 통치자들, 권세들과 함께 하나님에 의해 창조되었다고 진술한다. 그것들은 사람이나 천사와 관련이 있다. 이 문맥에서는 '특별한 계층의 천사의 세력들'과 관련이 있는 '주권'이나 '통치'가 훌륭한 번역이다(BAGD, 460–61, BDAG, 579). [*kyriotēs*]

에베소서의 문맥에서 앞에서 취급한 네 용어들과 관련이 있는 통치자들은 그 특성상, 천사와 같거나 악한 세력이다. 문맥상으로 그리스도께서는 하늘에서 아버지 하나님의 우편에 앉아 계신다. 이것은 그리스도의 대적들을 자신의 발판으로 만드실 시편 110편에 대한 언급일 수도 있다. 더 나아가 이 서신에서 '능력'을 뜻하는 다른 표현들은 분명히 악하다(6:11–12, 16, 4:8, 27). 이 악한 천사의 세력들은 신자들의 영적 유익들을 하나하나 모조리 빼앗기를 원한다. 본문은 그리스도께서 그런 권세들보다 위에 계시며, 그들이 궁극적으로 승리하도록 보고만 있지 않으신다는 것을 강조하고 있다. 여기서의 핵심적인 강조점은 그리스도를 믿는 모든 사람들이 그리스도를 다시 살리시고, 모든 능력 위에 그리스도를 앉히신 그 능력을 사용할 수 있다는 것이다. 6장에서 묘사되고 있는 영적인 전쟁의 관점에서 볼 때 우리는 그 능력을 우리의 것으로 만들 수 있으며, 그것을 통해서 승리를 맛보는 것이 가능해진다.

1:22. 머리(Head, *kephalēn*) – 매우 오래 전부터 이 단어는 보통 사람이나 동물의 머리를 가리켰다(Aeschylus, Septem contra Thebas, 525, Sophocles, Ajax, 238, Herodutus 2. 39). 그러나 이 용어는 또한 담의 갓돌(Xenophonm Cyropaedia 3.3.68, 성벽이나 돌담 위를 지붕같이 덮은 돌)이나 강의 수원지나 강의 어귀나 입구(단수)를 가리켰다(Callimachus, Aetia 2.46). 이 단어에 대해 많은 논쟁이 벌어지고 있다. 어떤 이들은 이 용어가 '규칙'이나 '권세'라는 뜻보다는 강의 어귀처럼 '원천'의 개념을 갖고 있다고 생각한다. 다른 이들은 대부분의 경우 이 용어가 인간이나 동물의 머리를 가리키지만, 상징적으로 사람에 대해 사용될 때는 '지도층'이나 '권세'의 개념을 전달한다고 주장한다. 이뿐 아니라 이 단어의 정상적인 의미는 '원천'도 '권세'도 '지도자'도 아니고 오히려 '뛰어남, 탁월함'이란 뜻을 지니며, 권세의 개념은 단어 그 자체보다는 문맥으로부터 생겨나는 것이라고 주장하는 이들도 있다. 단어들을 문맥적으로 이해해야 하는 것이 당연하므로, 맨 마지막 견해가 가장 적절한 것 같다. 이 단어를 그리스도와 관련해서 사용할 때는 교회에 관한 권세를 가리키는 것이 분명하다(엡 5:23, 골 1:18). 하지만 골로새서 2장 10절에서 이 단어는 모든 통치와 권세의 머리이신 그리스도를 일컫는다. 문맥상으로는 천상의 세력들 위에 있는 예수님의 권세를 가리킨다. 그리스도께서 만물을 자신의 발아래에 두셨으며, 하나님께서 (만물의 머리) 그리스도에게 교회를 주셨다는 것이 이 문맥에 대한 가장 명확한 이해다. [*kephalē*]

교회(Church, *ekklēsia*) – 이 용어는 투표를 하기 위해 모인 시민들의 모임과 같은 '회중'을 의미했었다(Aristotle, Politica 3.9.2 §1285a.11, Thucydides 1. 87.6, 2.22.1). 신약 전체에서 114회, 바울 서신에서 62회, 에베소서에서 9회 사용되고 있다(1:22, 3:10, 21, 5:23, 24, 25, 27, 29, 32). 복음서에서는 마태복음 16장 18절과 18장 17절(2회)에서만 사용하고 있다. 이 본문들에서

예수님께서는 교회의 설립과 회중이나 교회 내의 징계의 과정에 대해서 각각 말씀하신다. 스데반이 광야에 있는 구약의 회중에 대해 언급한 사도행전 7장 38절, 에베소에서의 민회를 언급한 사도행전 19장 32, 39절을 제외하고 이 용어는 오순절에 시작되고, 예수 그리스도를 신뢰하는 사람들로 구성되며(행 11:26), 마태복음 16장 18절에서 예언된 교회를 늘 가리킨다. 현재의 문맥은 그리스도와 보편적 교회와의 관계에 대해서 말하고 있다. [*ekklēsia*]

1:23. 몸(Body, *sōma*) – 이 단어 *sōma*는 보통 인간이나 동물의 육체를 가리킨다(Herodotus 1:139, Sophocles, Philoctetes, 51). 신약 전체에서 142회, 바울 서신에서 91회, 에베소서에서 9회 사용되고 있다(1:23, 2:16, 4:4, 12, 16[2회], 5:23. 28, 30). 에베소서에서 이 단어는 5장 28절을 제외하면 항상 비유적으로 그리스도의 몸인 교회를 가리킨다. 문맥상으로 관계 사절(relative clause)이 교회를 '그리스도의 몸'으로 정의하고 있기 때문에 이 용어가 그리스도의 몸으로서의 교회를 지칭하는 것이 틀림없는 사실이다.

바울은 신자들은 그리스도의 몸의 구성원들이라고 분명하게 진술한다(롬 12:4–5, 고전 12:12–14, 27, 엡 5:30). 하지만 에베소서와 골로새서에서 그리스도의 몸에 관한 두 가지 새로운 사실이 드러난다. 첫째, 신자들의 모임 전체를 지칭하는 그리스도의 몸은 특별히 단수로서의 '교회'와 동일시되고 있다(엡 1:22–23, 5:23, 골 1:18, 24). 둘째, 더욱 중요한 사실로서 그리스도를 그 몸(교회)의 머리로 명명하고 있는 것이다(엡 1:22–23, 4:15–16, 5:23, 골 1:18,24). 고린도전서 12장 21절에서는 몸에 대해 설명할 때 '머리'를 사용하고 있지만, 골로새서와 에베소서에서처럼 몸과 그리스도를 동일시하지 않고 몸의 구성원들 가운데 하나로 취급했다. 그리스도를 머리와 동일시하는 것에서 암시되는 것은 신자들의 몸에 대한 바울의 논의가 발전되고 있다는 것이다. [*sōma*]

충만(Fullness, *plērōma*) – 고전 문학에서 이 단어는 포도주를 잔에 가득 채울 때처럼 '채우는 것'(Euripides, Troades, 824)이라는 능동적 의미와 배들이 사람으로 가득 찰 때처럼 '채워지는 것'(Herodotus 8. 43, 45)이라는 수동적 의미를 둘 다 지니고 있다. 뿐만 아니라, 이 용어는 한 사람의 생애의 총합이라는 의미에서 '총액, 총계, 전체'의 개념을 전달할 수 도 있다(Herodortus 3.22). 따라서 이 단어는 기본적으로 '완전함'(TDNT 6:298)을 뜻한다. *plērōma*는 신약 전체에 17회, 사복음서에 5회, 바울 서신에 12회, 에베소서에 4회 나온다(1:9, 23, 3:19, 4:13). 이것은 남은 것이 광주리들을 가득 채웠을 때처럼 내용물이 가득한 것을 가리킨다(막 6:43, 8:20). 이것은 또한 사람들의 충만한 수(롬 11:12, 25), 예수님의 은혜의 충만과 같이 전체 또는 전부(요 1:16), 하나님의 본질(골1:19)이나 신성(골2:9), 그리스도의 충만함에 도달하기까지의 신자들의 장성함(엡 4:13), 하나님의 모든 충만하신 것으로 충만해지는 것(엡 3:19), 그리스도의 충만함으로서의 몸인 교회(엡 1:23)를 가리킨다. 완전함이라는 의미를 전달하는 이 용어의 어법은 '때가 차매'라는 표현에서도 발견할 수 있다(갈 4:4, 엡 1:9). 분명한 것은 신약의 모든 어법에서 이 단어는 채움의 결과, 즉 충만, 완전, 전체의 개념을 전달한다는 것이다. 구약에서 여기에서처럼 '채우다'(*plēroō*)라는 동사와 '충만한'이라는 형용사는 하나님의 임재나 본질로 가득한 것을 묘사할 때 사용되고 있다. 예를 들어, 구약은 하나님의 성전(왕상 8:10, 27)과 땅(시 72:19[70인경의 71:19], 렘 23:24)을 가득 채운 하나님의 영광의 개념을 언급하고 있다. 따라서 하나님의 본질의 충만함(*plērōma*)으로 충만해진(*plēroō*) 그리스도를 묘사할 때 바울이 *plērōma*를 사용한 것은 자신의 본질, 임재와 능력 또는 영광으로 특정한 것들을 충만하게 하시는 하나님에 대한 구약의 가르침과 일치한다. [*plērōma, plēroō*]

2:1. 범죄들과 죄들(Transgressions and sins, *paraptōmasin kai harmartiais*) – 이 용어는 의 또는 하나님의 공의의 기준들에서 벗어나다(BAGD, 43, BDAG, 51), '악행을 저지르다'(LN §88.289, 비교–NIDNTT 3:577–83, TDNT 1:267–316, 특히 293–96)라는 기본 개념을 지닌다. '범죄들'과 '죄들'이란 용어는 동의어다. '죄'란 단어는 실수나 실책의 개념을 갖고 있으며, '범죄들'은 잘못된 조처, 실수, 과실을 암시한다(Polybius 9.10.6, 15.23.5, 16.20.5, Diodorus Siculus 19.100.3). 성경에서 이 두 단어 모두 부주의한 실수 이상의 뜻을 갖고 있다. 오히려 이 단어들은 하나님의 거룩하심과 의로우심에 저항하는 의식적이고 의지적인 행위를 나타낸다. 사람들은 하나님에 대한 이런 반역 행위에 대해 책임을 져야 하며, 죄를 처벌할 필요가 있다. 여기서 복수를 사용한 것은 하나님에 대한 죄와 폭력의 '행위들'을 암시한다. [*hamartia, parabasis*]

2:2. 걸었다/ 살았다(Walked/ lived, *periepatēsate*) – 이 단어의 문자적 의미('두루 다니다')는 고전 문학에서(Aristophanes, Equites, 744, Vespae, 237, Demonsthenes, 54.7), 구약에서(창 3:8, 출 2:19, 사 21:24, 욥 38:16), 신약에서(마 4:18, 행 3:8, 9, 12, 14:10, 계 2:1, 21:24) 자주 사용되고 있다. 또한 고전 문학에서 그리 자주는 아니지만 이 용어는 윤리적인 행동을 표현할 때 '살아가다'라는 비유적인 의미로 사용되고 있으며(Philodemus, De Liberate 23.3), 이것은 70인경에서도 마찬가지다(왕하 20:3, 잠 8:20, 전 11:9, 사 59:9, 시락서 13:13). 이 동사는 신약에서 95회, 복음서와 사도행전에서 46회 사용되고 있으며, 비유적으로 사용되고 있는 4회만 제외하고(막 7:5, 요 8:12, 12:35, 행 21:21), 모두 문자적으로 사용되고 있다. 그리고 신약의 나머지 부분에서 49회 사용되며, 단 두 곳만 제외하고 계 2:1, 21:24) 모두 비유적으로 사용된다. 바울은 이 단어를 38회 사용하며, 에베소서에 8회 나온다(2:2, 10, 4:1, 17[2회], 5:2, 8, 15). 바울은 사람의 행동이나 삶의 방식을 뜻하는 비유적인 의미로 이 단어를 사용하며, 부정적인 의미(엡 2:2, 4:17, 고전 3:3, 골 3:7, 살후 3:11)와 긍정적인 의미(엡 4:1, 5:2, 롬 6:4, 갈 5:16)가 모두 발견된다. 에베소서에서는 이 구절과 4장 17절에서만 부정적인 의미로 사용한다. 따라서 에베소서에서 사람의 행동은 매우 중요한 사안이다. 전후 문맥은 회심하기 전 에베소 사람들의 죄 된 행동들을 보여준다. [*peripateō*]

이 세상의 <u>세대를/ 풍속을</u> 따라(According to <u>the age/ course</u> of this world, *kata ton aiōna tou kosmou toutou*) – 첫 번째 명사는 보통 '시

대' 또는 '세대'를 나타낸다. 이것은 70인경에서 738회, 정경들에서 447회 나오며, '세상'으로 옮길 수 있는 단 5회만 제외하고(시락서 38:34, 토빗 3:2, 솔로몬의 지혜서 13:9, 14:6, 18:4), 한결같이 '세대'나 '시대'를 가리킨다. 신약에서 이것은 에베소서 1장 21절과 3장 9절에서처럼 특별히 제한된 시기(마 13:39-40, 49, 갈 1:4, 히 9:26 비교)나 에베소서 3장 21절에서처럼 '무제약적 시간'(요 6:51, 58, 갈 1:5)을 가리킨다. 또한 세상을 가리키는 경우도 있다(마 13:22[막 4:19], 딤전 6:17, 딤후 4:10, 딛 2:12, 히 1:2, 11:3). 보통 이것은 여기에서 '풍속'(AV, RV, ASV, RSV, NASB, NRSV)으로 번역되며, 어느 한 시기를 묘사하는 '세대' 또는 '시대'로 번역되기도 한다. 그 다음 용어('세상')는 에베소서 1장 4절에서처럼 창조된 물질 세계를 묘사할 때 사용되고 있으나, 모든 경건한 사람들을 미워하고 반대하는 조직적인 사단의 체제인 윤리적 세상을 가리킬 때도 있다(요 5:18, 23, 18:36, 고전 3:19 비교). 두 번째 의미가 현재의 문맥과 일치한다. 다시 말해서 회개하지 않은 사람들은 이 세대의 활동들과 가치들에만 관심을 갖고 있으며, 하나님과 영원한 가치들이나 다가올 심판에 대해서는 관심이 없다. [*aiōn, kosmos*]

<u>공중</u>의 <u>영역</u>을 <u>통치하는 자</u>를 따라(According to the <u>ruler</u> over the <u>realm</u> of the air, *kata ton archonta tēs exousias tou aeros*) – *archonta*라는 용어는 고전 헬라어에서 '통치자, 지휘관, 선장'(Sophocles, Ajax, 668, Herodotus 5.33) 또는 '수장, 왕, 영주'(Aeschylus, Persae, 73)란 의미로 사용되고 있다. 이것은 로마와 유대의 관리들을 나타낼 때 사용되며(눅 14:1, 18:18, 23:13, 24:20, 요 3:1, 행 3:17, 4:26), 땅의 임금들의 머리이신 예수님께 사용되고 있다(계 1:5). 하지만 이것은 또한 귀신들의 왕인 사탄(마 9:34, 12:24-26[막 3:22-25, 눅 11:15-18])과 그리스도 때문에 그 힘이 꺾인 이 세상의 통치자(요 12:31, 14:30, 16:11)에게 사용된다. 에베소서의 후반부에서 이 세상의 통치자는 마귀(4:27, 6:11), 악한 자(6:16)와 동일시된다. 현재의 문맥에서 지도자인 마귀에 대해 사용되며, '통치자'로 번역하는 것이 좋다.

두 번째 용어인 *exousias*는 에베소서 1장 21절에서 논의했으며, '행동할 권리'의 개념을 전달하므로 '권위, 정부, 권세' 또는 '지배, 영역, 왕국'으로 번역할 수 있다고 결론지었다. 여기에서는 '지배'나 '영역'으로 번역하는 것이 더 낫다(눅 22:53, 23:7, 골 1:13 비교).

세 번째 용어인 *aeros*('공중')은 고대에 '지구와 달 사이의 공간을 채우고 있는 것'으로 생각되었다. 헬라 사상에서 이 용어는 더 높은 곳의 순수한 공중, 즉 궁창과 반대되는 낮은 곳에 있는 불결한 공중, 다시 말해 귀신들의 거처를 가리켰다(NIDNTT 1:449). 이것은 그리스도께서 성도들을 만나게 되는 곳(살전 4:17)인 땅 위의 공간을 가리키며(행 22:23, 계 9:2, 16:17), '허공을 치다'(고전9:26) 또는 '허공에다 말하다'(고전 14:9)는 관용구에서 사용되고 있다. 현재의 문맥에서 공중은 귀신들이 활발하게 활동하고 있는 장소나 영역을 가리킨다. 이 단어는 보편성과 지역성 둘 다를 나타낸다. 비록 오늘날 우리는 이것을 진정성이 없는 삶, 이데올로기, 시대 정신의 영적인 발생지(matrix)로 개념화할 수 있지만, 바울이 살던 시대에 공중은 '악한 영들의 거처'로 간주되었다(Arnold, Ephesians: Power and magic, 60–61). 또한 공중은 비인격적인 것이 아니라, 필로(Philo)의 주장처럼 살아 있는 존재들의 거처이며, 다른 철학자들은 이 존재들을 귀신들과 동일시하고 있으나 성경은 그들을 천사들, 전령들이란 이름으로 부른다(Philo, Somn.1.19, 20 §§ 134–35, 140–41, 비교–Gig. 1 §2). [*archōn, aēr*]

불순종(Disobedience, *apeitheias*) – 크세노폰(Xenophon)시대 이후로 계속해서 이것은 '불순종'을 뜻했다(*Memorbilia* 3.5.5, Dionysius of Halicarnassus 9.41.1). 이 용어는 70인경에서 4회만 나오며, 정경들에서는 사용하지 않는다(제 4 마카비 8:9, 18, 12:3, 솔로몬의 시편 17:20). 신약에서 이 단어는 7회 나오며(롬 11:30, 32, 엡 2:2, 5:6, 골 3:6, 히 4:6, 11), '불순종'이나 '불신앙'을 뜻한다. 불순종은 불신앙의 결과이며, 불신앙은 말씀에 대한 확신의 부족에서 생겨난다. 따라서 회개하지 않은 사람들은 하나님께서 제공하신 것을 믿지 않는다는 사실에 기인한 불순종을 그 특성으로 한다. 따라서 불신앙은 신뢰의 부재 그 이상이며, 하나님께 대한 도전이다. [*apeitheia*]

2:3. 육체(Flesh, *sarkos*) – 전반적으로 구약에서와 달리 신약에서 '육체'란 용어는 타락한 인간의 도덕적 힘(dynamic)을 의미한다. 육체는 '하나님께 대적하는 것'이다(롬 8:5–8, 갈 3:3, 5:16–17). 회개하지 않은 사람들은 육체의 일들을 행하는 경향이 있으며(롬 8:5), 그 때문에 하나님의 성품에 역행하는 일들을 발생시킨다(갈 5:19–21). 이런 의미에서 육체 가운데서 살아가는 사람은 그 존재가 하나님과 단절되며, 하나님과 그분의 길들과 반대된다. 신자는 더 이상 육체 가운데 살아가지 않고 성령 가운데 살아가는 사람이다(롬 8:9). 즉 신자는 육체의 욕망이 아니라 하나님의 뜻을 따른다. 신자가 이 땅에서 '육체'라 불리는 물질적인 몸으로 존재하는 것은 사실이다. 하지만 신자는 육체의 능력을 멀리하며, 하나님의 능력으로 살면서(갈 2:20) 예수님의 생명을 나타내길 원한다(고후 4:10–11). 한마디로 '육체'란 용어는 중립적이며, 육체의 물질적 측면을 가리킨다. 하지만 육체를 윤리적인 영역에서 하나님의 뜻과 길들에 반대하는 사람의 자연적 성향으로 이해할 수도 있다(BAGD, 743–44, BDAG, 914–16, TDNT 7:98–151, NIDNTT 1:671–82, LN §§8.4, 63, 23. 90, 25.29, 26.7, TLNT 3:231–41 비교). 에베소서에서 *sarkos*는 9회 나오며, 이 용어가 두 번 사용되고 있는 이 구절에서만 부정적이고 윤리적인 의미를 내포하고 있다. 다른 7회의 사용에서 '육체'란 용어는 중립적인 의미로 사용되며, 사람의 물질적 부분을 가리킨다. 그러므로 회심하기 이전에 하나님을 믿지 않을 때 '우리'의 행동은 육체의 충동의 영역 안에 있었다. [*sarx*]

2:4. 사랑(Love, *agapēn*) – 이 명사는 고전 문학에서 등장하지 않는다. 70인경에서 19회(정경들에서 15회), 신약에서 116회, 바울 서신에서 75회, 에베소서에서 10회 사용되고 있다(1:4, 15, 2:4, 3:17, 19, 4:2, 15, 16, 5:2, 6:23). 사랑을 뜻하는 또 하나의 단어인 *eros*는 구약에 3회 나오며(시 35:11[70인경의 34:11], 잠 7:18, 30:16), 신약에서는 사용되지 않는다. *eros*는 소유적인 사랑을 의미하며, 주로 육체적인 사랑에 대해 사

용된다. 모리스(Morris)는 "*eros*는 두 가지 중요한 특성을 갖고 있는데, 하나는 가치 있는 것에 대한 사랑이며, 다른 하나는 소유하기를 바라는 사랑이다. *agape*는 다음과 같은 두 가지 점에서 다르다. 그것은 가치 있는 것에 대한 사랑이 아니며, 소유하기를 바라는 사랑이 아니다. 오히려 *agape*는 공로와 전혀 상관없이 제공되는 사랑이며, 주려고 애쓰는 사랑이다"라고 진술한다(Testaments of Love: A Study of the Love in the Bible, 128). 따라서 가장 최고의 개념에 속하는 사랑은 그 사랑을 무가치한 자와 애정이 없는 사람에게까지 베푼다는 점에서 하나님의 사랑에 기초를 두고 있으며, 죄인들과 신자들을 똑같이 변함없이 사랑하는 데서 입증된다. [*agapē, erōs*]

사랑했다(Loved, *ēgapēsen*) – 고전 시대에 이 동사는 호머(Homer) 이후로 계속해서 자주 사용되었으며 애정을 보이거나 애정을 갖고 대하다는 개념을 갖고 있다(Homer, Odyssea 23.214). *eraō*('사랑하다')와 대조적으로, *agapaō*('사랑하다')의 주어(하나님)는 그 주어가 애정을 표현하는 대상을 자유롭게 선택한다. 반면에 *eraō*는 대상을 향한 충동적인 행위다. *agapeō*의 주어는 자신의 사랑의 대상을 선택하고 지킨다. 반면에 *eraō*는 사랑의 대상을 발견할 때마다 만족을 추구한다(TDNT 1:37, NIDNTT 2:539). 따라서 *agapeō*의 주어는 대상을 자유롭게 선택하고 그 대상을 성실하게 사랑한다. 반면에 *eraō*의 주어는 충동의 지배를 받으며, 그 대상이 누구든지간에 그 대상 안에서 자아의 성취를 추구한다. 전자는 비이기적이며, 후자는 이기적이다. 이 동사는 주려고 노력한다는 사랑의 의미를 여전히 갖고 있다. 따라서 이것은 사랑을 받는 사람에게서 최고의 선을 추구한다(BAGD, 4–5, BDAG, 5–6, TDNT 1:21–55, NIDNTT 2:538–47, LN §§25.43, 44, 104 비교). [*agapaō, eraō*]

2:5. 우리를 함께 살리신다(Make us alive together, *synezōopoiēsen*) – 바울은 5절에서 '하나님'이란 주어와 연관이 있는 세 개의 중요한 동사들(이 세 동사 모두 희귀 단어들이다) 가운데 첫 번째 것을 도입한다. 첫 번째 동사(*synezōopoiēsen*)는 고전 문학이나 70인경에 등장하지 않으며, 에베소서 2장 4절과 골로새서 2장 13절에서만 사용되고 있다. 바울은 *syn*–('함께')과 *zōopoieō*('살리다')를 결합한 합성어를 사용하며, 따라서 이 단어는 '[누군가와 함께] 살리다'는 의미를 지닌다. 동사 *zōopoieō*는 고전 문학에서 동물의 출생이나 식물의 성장과 관련하여 '살리다'라는 뜻으로 사용되고 있다(Aristotle, historia Animalium 27 §555b.9, De Generatione Animalium 1.21 §730a. 2, Theophrastus, De Causis Plantarum 3.22.4). 신약에서 죽지 않으면 살아나지 못하는 씨앗의 예화만 제외하고(고전 15:36), 모든 언급들은 살리는 능력을 가진 삼위 하나님의 위격들 가운데 하나를 가리킨다. 이것은 이삭의 경우처럼 하나님에 의해 탄생한 생명(롬 4:17), 육체적인 몸의 장래의 부활(고전 15:22, 45) 또는 신자들 안에 생겨난 영적 생명(요 5:21, 6:63, 롬 8:11, 고후 3:6)을 의미할 수도 있다. 가장 마지막 의미가 이 구절에 적합하다. '그리스도와 함께 살리셨고'라는 문구는 신자들의 육체적 부활이 아니라 영적 생명을 가리킨다. [*syzōopoieō*]

은혜(Grace, *chariti*) – 신약 특유의 이 단어

는 그리스도의 희생적 죽으심(롬 3:23-24, 엡 1:7, 2:5, 8)과 신자들에게 주신 은혜(고전 15:10, 엡 4:7, 29)로 말미암아 죄인들에게 구원을 제공하실 때 공로 없는 자들이나 받을 자격이 없는 자들에게 주어지는 하나님의 호의를 가리킨다(BAGD, 877-78, BDAG, 1079-80, TDNT 9:372-402, NIDNTT 2:115-24). 은혜는 구원의 기초다. [*charis*]

구원받았다(Saved, *sesōsmenoi*) – '구원하다'라는 용어는 구출, 혹은 위험으로부터의 구조의 개념을 갖고 있다(BAGD, 798-99, BDAG, 982, TDNT 7:965-1024, NIDNTT 3:177-223, 특히 205-06, LN §§21.18, 21.27, 23.136, TLNT 3:344-50 비교). 고전 시대에서부터 이 단어는 전쟁이나 바다의 위험에서(Homer, Ilias 15.290, Plato, Symposium, 220d), 질병에서(SIG 620.14[B.C. 188년]), 신들의 진노(Homer, Odyssea 5.130, Diodorus Siculus 11.92.3-4)에서 구출한다는 뜻을 함축했다. 신약에서 이 단어는 바다의 빠진 것과 같은 위험에서(마 14:30, 행 27:2), 질병에서(마 9:22[막 5:34, 눅 8:48], 17:19), 하나님과의 영원한 분리에서(막 10:22, 요 10:9, 행 2:21, 15:1, 롬 10:9, 13, 고전 5:5, 살전 2:16) 구출되거나 구원 받는다는 개념을 갖고 있다. 여기에서는 맨 마지막 의미가 잘 어울린다. 범죄들과 죄들로 인해 죽었던 우리가 하나님의 진노에서 구출 받을 소망은 하나님의 은혜 외에는 그 어디에도 없었다. [*sōzō*]

2:6. 함께 일으키셨다(Raised up together, *synēgeiren*) – 이것은 5절에서 '하나님'이란 주어와 연관이 있는 중요한 세 동사들 가운데 두 번째 단어다. 논리적 진전, 즉 우리가 먼저 죽은 자들로부터 살아나며 그 다음에 그리스도와 함께 부활하게 된다는 것에 주목하라. 이 동사는 70인경에서 3회 사용되며, 무거운 어떤 것을 들어올리는 것을 돕는 것(출 23:5), 죽은 자의 영혼들을 깨우는 스올(Sheol), 넘어진 것들을 일으켜 세우는 것(제4 마카비 2:14)에 대해 사용되고 있다. 신약에서 이 동사는 이 구절과 그리스도와 함께 일으킴을 받는 것에 대해 말하고 있는 골로새서 2장 12절과 3장 1절에서만 사용되고 있다(BAGD, 785-86, BDAG, 967, TDNT 7:786-87 비교). 일반적으로 부활은 아직 미래에 있을 어떤 것으로 여겨지고 있다. 그러나 이 구절과 골로새서 2장 12절과 3장 1절에서 이 단어는 그리스도의 부활과 관련이 있는 부활에 관해 말하고 있다. 그리스도의 부활은 과거 사건이기 때문에 여기에서 말하는 부활은 미래의 부활이 아니다. 따라서 신자들의 영적인 부활은 그리스도의 육체적 부활과 관련이 있다. 그리스도께서 육체적으로 죽으셨을 때 우리들은 영적으로 죽어 있었다. 마찬가지로 그리스도께서 육체적으로 다시 일으키심을 받았을 때(1:20), 우리도 영적으로 일으킴을 받았다. 이 문구는 신자들의 장래의 육체적 부활(살전 4:16, 고전 15장, 롬 8:23, 빌 3:21, 딤후 2:11, 18)이 아니라 신자들의 위치적 부활(positional resurrection)을 가리킨다. [*synegeirō*]

함께 앉게 했다(Seated together, *synekathisen*) – 이것은 '하나님'이란 주어와 연관이 있는 세 동사들 가운데 마지막 단어이고, 어떤 사람과 함께 앉게 하다는 뜻이다. 이 단어는 70인경에서 6회 사용되고 있다(창 15:11, 출 18:13, 민 22:27,

렘 16:8, 제1 에스더 9:6, 16). 현재의 문맥에서 하나님께서는 우리를 살리시고 그리스도와 함께 일으키셨을 뿐만 아니라, 그리스도 예수님 안에서 우리를 그리스도 예수와 함께 하늘에 앉히신다. 그리스도를 육체적으로 일으키신 다음에 하늘에 앉히신 것처럼(1:20) 하나님께서는 우리들을 영적으로 그리스도와 함께 일으키신 다음에 하늘에 앉히신다. [*sygkathizō*]

2:7. 인자(Kindness, *chrēstotēti*) – 이 용어는 '하나님의 이해할 수 없는 친절이란 개념'을 갖고 있다(NIDNTT 2:106, 비교–TDNT 9:489–91). 그리스도 예수 안에 있게 하신 친절의 행위는 하나님에 의해 행해진 놀라운 구원이다. 우리는 그리스도 예수 안에 있기 때문에 그리스도와 함께 살리심을 받고, 그와 함께 일으킴을 받아 하늘에 앉게 된다. 이것이 바로 우리를 향한 하나님의 친절이다. 우리가 받아들여진 것은 우리 자신의 노력에 의한 것이 아니다. 우리가 그리스도 안에 있기 때문이다. [*chrēstotēs*]

2:8. 믿음(Faith, *pisteōs*) – '믿음'(*pistis*)이란 단어는 기본적으로 사람이나 신들에 대한 '신뢰, 확신'을 뜻한다(Hesiod, Opera et Dies, 372, Sophocles, Oedipus Tyrannus, 1445, Oedipus Coloneus, 611, 950, Thucydides 1.120.5). 이것은 훨씬 더 낮은 차원에서 사람이 다른 도움을 받지 않고 자신의 몸을 안심하고 의자에 맡기는 것으로 보통 생각되어진다. 따라서 하나님께서는 신뢰할 수 있고 의지할 수 있는 분이시기 때문에, 더 중요하게는 하나님께서는 인간의 도움을 필요로 하지 않으시기 때문에 사람은 하나님의 자비로운 구원을 신뢰한다. [*pistis*]

선물(Gift, *dōron*) – 고전 문학에서 이 단어는 공물(Homer, ILias 17.225) 또는 뇌물(Demosthenes, De Corona 18.109, Aristotle, Athenaion politeia 55.5)로 제공된 '선물'이나 신들에게 '바쳐진 선물' 또는 '제물'(Homer, Ilias 1.213, 6.293), 신들에게서 온 선물(Homer, Ilias 20.265, 20.265, Odyssea 18.142)을 가리킨다. 신약에 19회 나오며, 바울 서신에서는 여기에서만 사용된다. 이것은 다른 사람(마 2:11, 계 11:10)과 하나님(눅 21:1, 4)께 드리는 예물들에 대해 사용되고 있다. 대부분의 경우 이것은 제의적 제물(마 5:23, 24, 8:4, 23:18, 19, 히 5:1, 8:3, 4, 9:9, 11:4)을 의미하고, 단 한번만 하나님께서 사람들에게 주신 선물을 가리킨다(엡 2:8, TDNT 2:166–67, NIDNTT 2:40–43). 이 구절에서 '하나님'과 '선물'의 관계는 소유격일 수도 있지만 기원, 즉 '하나님께로부터 온 선물'을 나타낸다고 보는 것이 더 적절하다. 현재의 문맥에서 하나님의 선물은 '믿음'을 가리키지 않는다. 그보다는 구원의 전체 개념을 가리킨다. 그렇다면 '선물'은 우리 자신의 것이 아니었는데, 우리가 받은 것을 가리킨다. 따라서 구원의 선물은 하나님께 그 기원이 있고, 구원의 기초는 은혜이며, 우리는 믿음에 의해 그 구원을 받아들인다. [*dōron*]

2:10. 작품(Workmanship, *poiēma*) – 이 단어는 고전 헬라어에서 왕관의 제조와 같은 장인의 작업에 대해 사용된다(Herodotus 7.84, 비교–4:5). 이것은 신약에서 여기와 로마서 1장 20절에서만 사용되고 있다. 로마서에서 이 단어는(시 92:4[맛소라 사본과 70인경의 92:5],

143:5[70인경의 142:5]에서처럼) 하나님의 창조를 가리킨다. 여기서는 하나님의 새로운 창조에 대해 사용되고 있다. 첫 번째 언급은 하나님의 물질적인 창조 작업에 대해, 두 번째는 신자 개인의 생활에서의 하나님의 영적인 재창조에 대해 말하고 있다. 이 두 구절 다 하나님의 만드시는 작업에 대해 말하고 있다. 하나님의 걸작 또는 '하나님의 솜씨'는 좋은 번역이다. 하나님의 작품은 9절의 인간의 행위와 구별된다. [*poiēma*]

미리 준비하셨다(Prepared beforehand, *proētoimasen*) – 70인경에서 두 번(솔로몬의 지혜서 9:8, 사 28:24), 신약에서 두 번(롬 9:23, 엡 2:10) 사용되고 있는 이 동사는 '미리 준비하다, 사전에 준비하다'(BAGD, 705, BDAG, 869, NIDNTT 3:116–18, LN §77.4)라는 뜻이다. 이 문맥에서 이 용어는 신자가 그리스도 예수 안에서 지음을 받기 전에 하나님께서 이 선한 일들을 영원 전부터 그분의 계획의 일부로 준비하셨다는 것을 암시한다. [*proetoimazō*]

2:11. 무할례자(Uncircumcision, *akrobystia*) – 이것은 하나님과 언약 관계에 있지 않은 이방인들을 가리킨다. [*akrobystia*]

할례(Circumcision, *peritomēs*) – 이것은 이스라엘이 하나님과 맺은 언약의 증표로 삼기 위해 남자 성기의 포피를 제거하는 것을 포함하는 종교 의식을 가리킨다(BAGD, 652–53, BDAG, 807, TDNT 6:72–84, NIDNTT 1:307–12). 이 문맥에서는 유대인들과 이방인들 사이를 대조하고 있다. [*peritomē*]

손으로 행한/ 이룬(Performed/ made by hands, *cheiropoiētou*) – 신약에서 이 형용사는 항상 인간의 손으로 이루어진 것을 뜻하며, 하나님의 행위와 대조된다(TDNT 9:436). 여기에서는 육체의 할례가 마음의 할례와 대조되고 있다(롬 2:28–29, 빌 3:2–3, 골 2:11). 이 구절은 자신의 몸에 할례의 흔적을 갖고 있던 유대인들과 포피가 그대로 있어 유대인들의 경멸을 받았던 이방인들과 관련이 있다. 바울은 유대인과 이방인 모두의 생활에서 그리스도의 자비로운 행위가 이런 상황을 완전히 바꾸어 놓았다고 설명한다. [*cheiropoiētos*]

2:12. 시민권(Citizenship, *politeias*) – 이 용어는 고전 헬라어에서 시민권(*Herodotus* 9.34, Thucydides 6.104.2)이나 도시 또는 국가(Thucydides 1.127.3, Aristotle, Politica 1.5.12 §1260b.21)와 관련하여 사용되고 있다. 70인경에서 8회 나오지만 정경들에는 나오지 않는다. 마카비서들에서 이 단어는 일반적으로 삶의 방식과 관련이 있다(제2 마카비 8:17, 제4 마카비 17:9). 따라서 이 용어는 시민권, 도시 또는 국가, 생활이나 행동 방식 등 세 가지 방향에서 이해할 수 있다. 현재의 문맥에서 초기의 주석가들은 *politeias*가 '생활 방식'(불가타역 성경, Chrisostom, 엡 2:11–12, Jerome, 엡 2:12)을 나타낸다고 생각했으나, 최근의 좀 더 많은 주석가들은 이스라엘 국가나 도시(Eadie, 164–65, Abbott, 57–588, Westcott, 35, Hendriksen, 129, Lincoln, 137, O'Brien, 189, BAGD, 686, BDAG, 845, AV, RV, ASV, RSV, NASB, NRSV) 또는 이스라엘의 시민권이나 국민(Barth, 257–58, Schnackenburg, 109–10, Best, 241, Hoehner, 356–57, TDNT 6:534–35, JB, NIV, NJB) 둘 가

운데 하나를 가리킨다고 생각하고 있다. 물론 최근의 두 가지 해석 가운데 앞의 것은 연방, 국가, 정치 단체와 관련이 있는 반면에 뒤의 것은 시민권, 즉 한 단체에 속한다는 상징적인 의미와 관련이 있는데, 여기에서는 하나님에 의해 약속의 수령자들로 선택된 이스라엘 공동체에 속한다는 의미다. 이 문맥에서 맨 마지막 견해가 가장 적절할 것 같다. 그 이유는 전체 문맥이 하나님과 관계를 맺은 백성들의 모임에 속하는 특권들을 논의하고 있기 때문이다(바울은 19절에서 동료 민족과 동일한 시민이 아니라 모든 성도들과 동일한 시민이라고 진술한다). [*politeia*]

외인들(Strangers, *xenoi*) – 일반적으로 이 단어는 한 국가에 살도록 허락을 받았으나 조약에서 동의한 사항들 외에는 아무런 권리도 없는 '국외자, 외국인'(Hesiod, Opera et Dies, 225, Sophocles, Opedipus Coloneus, 13)을 가리킬 때 사용된다. 이 문맥에서 이 단어는 무관사로 사용되고 있는데, 이것은 이방인들이 약속의 언약들과 상관이 없는 사람들이었다는 뜻이다. [*xenos*]

약속의 언약들(Covenants of promise, *diathēkōn tēs epaggelias*) – '언약들'이란 용어에 대해서는 논란이 많다. 어떤 이들은 은혜의 언약이 여러 번에 걸쳐 거듭 확인되었기 때문에 '언약들'이란 복수 표현을 사용하고 있다고 생각한다(Hendriksen, 130). 하지만 '재확인들'이라는 용어를 사용한다고 해서 '언약들'이란 복수 표현을 바로 이해하는 것은 아니다. 은혜의 언약이 민족적인 차이와 아무런 관련이 없다면 이방인들이 은혜의 언약에 대해서 '외인들'이 되는 이유가 무엇일까? 칼빈(Calvin, 148)은 복수는 모세 율법을 기록한 '돌판들'을 가리킨다고 생각하였으나, 신약에서는 돌판들을 복수로 언급하고 있지 않다. 신약에서 모세 율법은 세 가지로 명명된다. 첫째, 대부분의 경우 여기에 해당하는데, '율법'(마 7:12, 롬 2:12–15, 갈 2:16[3회], 히 7:5, 19, 28[2회])으로 명명된다. 둘째, '율법의 수여'로 불리며, 로마서 9장 4절에서는 '언약들'과 함께 다뤄지고 있다. 이것은 신약이 언약들과 모세 율법을 구분하고 있다는 암시다. 셋째, '새 언약'(고후 3:6, 14, 히 8:6, 8, 9[2회], 10, 9:4[2회], 15[2회], 20)과 대조될 때 모세 율법은 단수 '언약'으로 명명된다. 따라서 이 단어의 복수형은 모세 율법을 의미하지 않는다. 더욱이 여기서 언약들은 복수일 뿐만 아니라, '약속'의 언약들로 명명된다. 모세 율법은 하나님께서 이스라엘 민족이 집합적으로 하나님께 순종할 때 축복하시겠다는 뜻의 조건적 언약이었기 때문에 약속의 언약으로 간주할 수 없다. 사실 모세 율법과 아브라함을 향한 약속은 로마서 4장 13–17절과 갈라디아서 3장 4절–4장 31절에서 분명하게 대조되고 있다. 약속의 언약들은 무조건적인 언약들을 가리킨다고 생각하는 것이 가장 낫다. 로마서 4장에서 언급하고 있는 중요한 약속의 언약은 땅과 자손과 복들을 약속하고 있는 아브라함 언약이다(창 12:1–4, 13:14–18, 15:1–21, 17:1–21). 아브라함 언약을 한층 강화한 또 하나의 약속의 언약들은 바로 다윗 언약(삼하 7:12–17, 23:5, 시 89:3, 27–37, 49[맛소라 사본의 89:4, 28–38, 50, 70인경의 88:4, 28–38, 50], 132:11–12[70인경의 131:11–12)과 새 언약(렘 31:31–34, 32:38–40, 겔 36:23–26)이다. [*diathēkē, epaggelia*]

하나님 없는(Without God, *atheoi*) – 이 형용사에서 영어 단어 '무신론자'(*atheist*)가 생겨났

다. 고전 문학에서 이 용어는 신들을 믿지 않는 사람(Plato, *apologia*, 26c), 신들과 그들의 법들을 무시하는 신을 믿지 않거나 불경건한 사람들(Aeschylus, Eumenides, 151, Sophocles, Trachiniae, 1036), 또는 신들에게 버림받은 사람들(Sophocles, Oedipus Tyrannus, 661)을 나타낼 때에 사용되곤 했다. 여기서 하나님이란 표현은 어떤 이방 신들을 암시하기보다는 이방인들이 이방 신들 때문에 거절한(롬 1:18-23), 성경에 계시된 참되신 한 분 하나님을 가리킨다. 이방인들은 이 세상에서 하나님 없이 살았다. [*atheos*]

2:14. 분리의 중간 담(Middle wall of partition, *to mesotoichon tou phragmou*) – 명사 *mesotoichon*은 고전 헬라어에서 희귀 단어다(LSJ, 1108, TDNT 4:625 비교). 70인경에서는 전혀 사용되지 않으며, 신약에서는 여기에만 나온다. 이것은 *toichos*('담')과 mesos('중간')의 합성어이며, 따라서 '중간의 담 또는 분리하는 담'이란 뜻이다. 그 다음 명사 *phragmou*는 '둘러싸다, 봉쇄하다'(Sophocles, Oedipus Tyrannus, 1387), 다리의 '난간'(Herodotus 7. 36[527.30])이나 '요새'(Herodotus 7.142[568.7])를 의미한다. 이것은 신약에서 4회 사용되고 있다(마 21:33[막 12:1], 눅 14:23, 엡 2:14). 복음서에서 이 단어는 포도원이나 전답을 침입자들로부터 보호하는 담이나 울타리를 가리킨다. 두 번째 명사는 동격으로 사용되고 있다. 따라서 중간의 벽이 분리의 기능을 갖고 있다는 뜻이다. 다시 말하면 '두 개의 지역을 구분하기 위해 중간에 어떤 것을 세워놓은 것'이다. 이 분리의 중간 담이 가리키는 것은 무엇일까? 많은 논의가 진행되고 있지만, 어떤 이들은 모세 율법을 가리킨다고 주장한다(Eadie, 173, Robinson, 16-61, Westcott, 37, Schnackenburg, 114, Lincoln, 141-42). 반면에 어떤 랍비들은 이 담을 율법 주위에 있는 '울타리'로 간주하기도 한다(m. 'Abot 1:1, Letter of Aristeas[기원전 2세기 무렵] 139, 142). 랍비들은 이 문맥에서 언급한 원수 된 것을 다루기보다는 율법 주위의 보호에 관해 더 많이 말했다. 하지만 후대의 랍비 문학에서 울타리는 이스라엘을 이방의 관습들로부터 보호하는 율법 그 자체와 동일시되었다(Midr. Lev. 26:2 비교). 율법은 유대인들에게 거룩하게 될 것과 구별할 것을 요구했다. 유대인들은 이방인들과 함께 먹거나 결혼해서는 안 된다고 가르침을 받았다. 사실 이 문맥 자체에서도 할례의 율법은 이방인과 유대인들 사이의 실제적 분리를 상징했었다. 이것은 이방인들을 향한 유대인들의 적개심을 종종 야기했으며(StrB 3:588-91 참고, 1:359-63 비교), 유대인들에 대한 이방인들의 증오의 원인이 되었다(Tacitus, Historiae 5.1-13). 이런 사실에 비추어볼 때, 분리의 벽을 유대인들과 이방인들 사이에 있는 문자적인 벽이 아닌, 비유적인 벽으로 생각하는 것이 좋을 것 같다. 이 비유적인 분리의 벽이 무너지고 있다. [*mesotoichon, toichos*]

원수된 것/ 적의(Hostility/ enmity, *echthran*) – 이 명사는 '적대감'을 의미한다(TDNT 2:811). 이 적대감은 바로 앞의 '분리의 중간 담'이란 표현과 이 이방인과 유대인 사이의 더 큰 분리에 대해 말하고 있는 선행 문맥(11-13절)에서 알 수 있듯이 하나님과 사람들 사이의 적대감이 아니라, 이방인들과 유대인들 사이의 적대감이었다. 적대감의 반대말은 인접 문맥에서 4회 언급된 '화평'(14,15, 17[2회])이며, 4회 모두 유대인과 이방인들 사이의 화평에 대해서 말하고 있다. 유대인 신자들과 이방인들 신자들 사이의 적대감은 예수 그리스도의 죽으심 때문에 사라졌다. [*echthra*]

2:15. 작동이 중지되었다/ 폐하였다(Rendered inoperative/ nullified, *katargēsas*) – 고전 문학에서 잘 사용되지 않고 있지만 '사용하지 않는, 작동하지 않는'(Euripides, Phoenissae, 753)이란 개념을 갖고 있는 이 용어는 70인경에 단 4회 나온다(스 4:21, 23, 5:5, 6:8). 이 단어는 성전의 재건축과 관련해서 사용되었으며, 재건축을 '방해하다' 또는 '중단시키다'라는 뜻을 갖고 있다. 바울 서신들에서 이것은 한결같이 '작동이 중지되다, 폐하다, 무효화하다' 라는 뜻으로 사용되고 있다(롬 3:3, 31, 4:14, 6:6, 7:2, 6, TDNT 1:452–54, NIDNTT 1:73–74 비교). 이런 점에 비추어볼 때, '죽게 하다' 또는 '파괴하다'는 잘못된 번역이다. 신자들의 입장에서 볼 때, 율법은 죽임을 당하거나 파괴되는 것이 아니라 효력이 없어지거나 폐지되는 것이다. 바울은 그리스도께서 뿌리 또는 원인에 해당하는 계명의 율법들이 작동하지 않게 하심으로 나타나는 징후, 즉 믿는 유대인들과 이방인들 사이의 적개심 또는 적의를 사라지게 하셨다는 논증을 전개한다. 예수님께서 모세 율법을 폐하신 것은 그리스도 안에서 유대인과 이방인에게 매우 중요한 의미가 있다. [*katargeō*]

2:16. 화목하게 하다(Reconcile, *apokatallaxē*) – '화해하다'라는 의미의 이 동사는 바울 이전에는 결코 발견되지 않는다. 이것은 갈라디아서 1장 20, 22절과 여기에서만 발견되며, 바울이 이 단어를 만든 것으로 생각된다(TDNT 1:258). 하나님과 사람들의 화해의 문맥에서, *apokatallassō*와 *katallassō*는 항상 하나님께서 화해의 주체가 되시고, 사람들이 그 화해를 받아들이는 곳에서 사용된다(롬 5:10[2회], 고후 5:18, 19, 20, 골 1:20,21). 이런 사실은 명사 *katallagē*('화목', 롬 5:11, 11:15, 고후 5:18, 19)에도 해당된다. 그리스도께서 자기 안에서 한 새사람을 창조하고(15절), 하나님과 그 새사람을 화목하게 하시려고(16절) 율법을 폐하셨다. [*apokatallassō*]

2:18. 나아감(Access, *prosagōgēn*) – 신약 성경에만 나오는 이 용어(롬 5:2, 엡 2:18, 3:12)는 타동사일 때는 왕과 같은 인물을 '알현하는 것'을 뜻하며(Xenophon, Cyropaedia 7.5.45), 자동사일 때는 항구나 육지에 접근하거나 다가간다는 개념을 지닌다(Polybius 9.41.1, 10.1.6, Plutarch, Aemilius Paulus 13.5, BAGD, 711, BDAG, 876, LN §33.72, Barclay, New Testament Words, 242–45). 이 나아감은 접근의 자유를 나타낸다. 이 용어는 친밀성의 개념을 암시한다. 이 명사와 관련 있는 현재 시제 동사는 믿는 유대인들과 이방인들이 다함께 한 성령 안에서 아버지께 계속해서 나아가는 것을 암시한다. [*prosagōgē*]

2:19. <u>외인</u>과 <u>나그네들</u>(<u>Foreigner</u> and <u>aliens</u>, *xenoi kai paroikoi*) – 첫 번째 단어(*xenoi*)는 12절에서 논의했으며, 일반적으로 한 국가에 살도

록 허락을 받았으나 조약에서 동의한 사항들 외에는 아무런 권리도 허용되지 않는 '국외자, 외국인'을 의미한다. 두 번째 단어 *paroikoi*는 '가까운 곳에 거주하는'(Sophocles, Antigone, 1155), '이웃'(Tproject hucydides 3. 113.6, Herodotus 7. 235)의 개념을 전달하며, 후기 헬라어에서는 국민으로서의 권리가 없는 거주 외국인, 즉 '나그네, 외국인'을 가리켰다(Diodorus, 679, TDNT 5:841-53, NIDNTT 1:690-91, LN §11.77, TLNT 3:43n.9). 이것은 신약에 4회 나오며([창 15:13을 인용하고 있는] 행 7:9, 29, 엡 2:19, 벧전 2:11), 자신들이 태어난 곳이 아닌 땅에서 일시적으로 살고 있는 '외국인, 나그네'를 의미한다. *xenoi*와 *paroikoi*가 모두 기본적으로 '외국인'이란 뜻을 갖고 있지만 약간의 차이가 있다. 전자는 외국에서 일시적으로 거주하는 손님을 나타내는 반면에 후자는 거주 외국인을 가리킨다(Barclay, New Testament Words, 285). 예를 들어 설명하면, 전자는 자신의 모국과 협정을 맺고, 그에게 여행의 권리를 제공하는 외국의 땅을 여행하는 관광객과 비슷하다. 후자는 거주 비자를 갖고 외국 땅에 합법적으로 거주하는 사람과 비슷하다. 바울은 믿는 유대인과 이방인들이 더 이상 외인도 아니고 나그네도 아니라고 주장한다. [*xenos, paroikos*]

동료 시민들(Fellow citizens, *sympolitai*) – 이 단어는 고전 문학에서 '동료 시민'이란 뜻으로 사용되고 있다(Euripides, Heraclidae, 826, Josephus, Ant, 19.2.2 §175). 70인경에는 나오지 않으며, 신약에서는 여기에만 등장하고 있다. 전치사적 접두사 sym이 없을 경우 이 단어(*politēs*)는 '시민'을 의미하며 *xenos*('외인')의 반대말이다(TDNT 5:2). 따라서 믿는 이방인들은 더 이상 외인들이 아니며, 하나님을 믿는 성도들(속량된 사람들)과 동료 시민들이다. [*sympolitēs*]

하나님의 가족의 구성원들(Members of the God's household, *oikeioi tou theou*) – *oikeioi*는 '가족의 일들/ 재산에 대해'(Herodotus 2.37, Sophocles, Antigone, 661), 또는 가족이나 친척의 의미에서 '한 가족에 속한' 사람들(Herodotus 3.65, 4.65, Thucydides 1.9.2)에 대해 사용되고 있다. 이 문맥을 제외하고 신약에서 두 번 더 사용되고 있다(갈 6:10은 '믿음의 가정'에 대해서 말하고 있으나 딤전 5:8은 '자기 가족'에 대한 신자의 책임에 대해 말하고 있다). 여기에서 이 단어는 가깝고 친밀한 가정을 뜻하는 하나님의 '가족'의 구성원이 되는 것에 대해 말하고 있으므로(bagd, 556, bdag, 694, tdnt 5:134-35, NIDNTT 2:251, LN §10.11 비교), '하나님의 가족의 구성원들'로 번역할 수 있다. '외인'(*xenoi*)은 '같은 시민들'의 반대말이지만, '나그네' 또는 '거주 외국인'은 '한 가정의 구성원'(*oikeioi*)의 반대말이다. 바울은 이 단락에서 두 가지 이미지를 사용하고 있다. 즉, 여기서는 가족 이미지를, 20-22절에서는 하나님의 성령이 거하시는 성전 이미지를 사용한다. [*oikeios*]

2:20. 사도들(Apostles, *apostolōn*) – 신약 성경에서 사도들에 대해 다음과 같이 세 가지를 고려할 필요가 있다. (1) 예수님과 함께 사역했고 예수님의 부활을 증언한 사람들(행 1:21-22), (2) 만삭되지 못하여 태어났던 바울, (3) 4장 11절에서 언급된 것처럼 사도직의 은사를 받은 사람들. 처음 두 범주들은 직책으로, 세 번째는 교회

에 주신 영적 은사로 여길 수 있다. 바울은 이 문맥에서 세 범주 모두를 언급하는 것 같다. 사도는 구전과 문서로 메시지를 권위 있게 선포하고, 교회를 설립하여 성장시키는 특별한 임무를 부여받은 예수 그리스도의 공식적 사절이었다. [*apostolos*]

예언자들(Prophets, *prophētōn*) – *prophētōn*은 영감을 받아 하나님의 계시를 전하는 사람, 즉 '선지자'를 가리킨다(BAGD, 723–24, BDAG, 890–91, TDNT 6:781–861, NIDNTT 3:74–89, LN §53.79). 선지자들은 교회에 제공된 다른 은사들의 목록에 포함되어 있다(고전 12:28, 엡 4:11, 비교–롬 12:6). 선지자는 교회를 향한 하나님의 비밀들과 계시를 이해하고 전달하는 목적(고전 12:10, 13:2, 14:6, 22, 30–31)뿐만 아니라 성령에 의해 훈육, 위로, 격려의 목적(고전 14:3, 31)으로 예언의 은사를 수여받은 사람이다. 은사들의 목록에서 선지자들이 사도들 다음에 기록되고 있는 것으로 보아 이들은 구약의 선지자들이 아니라 신약의 선지들을 가리킨다. 이 목록은 바울이 교회에 유익한 여러 가지 은사를 받은 개인들을 언급할 때의 순서와 동일하다(4:11, 비교–고전 12:28, 29). 뿐만 아니라 바울은 에베소서 3장 5절에서 이전 세대에서는 감추어졌으나 이제는 '성령에 의해 거룩한 사도들과 선지자들'에게 알려진 비밀(즉, 한 몸 안에 있는 유대인과 이방인들로 구성된 교회)에 대해 말하고 있다. 이 진술에서는 선지자들과 사도들이 같은 시대를 사는 사람들이었으며, 둘 다 이전에 숨겨졌던 비밀에 대한 계시를 같은 성령에게서 받는다는 것을 확실하게 밝히고 있다. 구약의 선지자들과 마찬가지로 신약의 예언의 은사 또한 예언적인 요소를 포함하고 있다(살전 3:4, 4:6, 14–18, 갈 5:21). 그러나 가르침의 은사 같은 다른 은사들에는 예언적 요소가 들어 있지 않다. 불완전한 경전의 관점에서 볼 때, 선지자들은 각 사람을 하나님 앞에서 온전하게 세우는 데 필요한 것을 공급받는 계시가 필요했을 것이다(엡 4:12, 골 1:28). 사실 사도와 선지자 모두 계시와 관련이 있었던 것 같다. [*prophētēs*]

모퉁이 돌(Cornerstone, *akrogōniaiou*) – 이 단어의 의미에 대해 많은 논란이 있다. 이것은 고전 문학에 나오지 않으며, 70인경에서는 이사야 28장 16절에서만 발견된다. 이것은 길의 모퉁이(잠 7:8, 12), 지붕의 모퉁이(잠 21:9, 25:24), 집의 모퉁이(욥 1:19), 제단의 모퉁이(출 27:2, 38:2), 성벽의 모퉁이(느 3:24, 31)처럼 '모퉁이'라는 기본 의미를 지니고 있으나 이사야의 문맥에서 '모퉁이 돌, 기초돌'을 의미했을 것이다(BDB, 819, TDot 11:586–89, 비교–1QS 8:7, 4Q259 2:16). 이 단어는 신약에서 이 문맥 외에 이사야 28장 16절을 인용하고 있는 베드로후서 2장 6절에서 단 한번 나온다. 최근에 일부 주석가들은 *akrogōniaiou*가 입구의 끝부분에 있는 돌을 가리킨다고 생각하고, 이것을 (담이나 건축물의 꼭대기에 놓는) '갓돌'로 번역한다(Dibelius–Greeven, 72–73, Caird, 61, Barth, 271, 317–19, Bruce, 304–6, Lincoln, 154–56). 그러나 다른 주석가들은 이것이 '모퉁이 돌'을 가리킨다는 전통적인 견해를 인정한다(Masson, 170 n. 1, Foulkes, 94–95, Hendricksen, 142–43, Zerwick, 71–72, Schnackenburg, 123–24, O'Brien, 216–18, Hoehner, 405–6)이 문맥에서 사도들과 선지자들의 터에 관해 말하고 있는 것으로 보아 뒤의 견해가 적절하다. 1세기에 모퉁이 돌은 기초 위에 놓인 첫 번째 돌이었고, 기초와 상부 구조물에 놓인 다른 돌들은 모퉁이돌과 일직선을 유지해야 했기 때문에 이 돌의 배치가 매우 중요했었다. 따라서 그리스도 그분은 살아 있는 모퉁이 돌이시며, 사도들과 선지자들 그리고 이후의 모든 신자들이 본받아야 할 귀감이시다. [*akrogōniaios*]

2:21. 함께 연결되었다(Joined/ fitted together, *synarmologoumenē*) – 이 단어는 여기와 4장 16절에서만 사용된다. 바울 시대에 회반죽을 사용하지는 않지만, 돌들을 서로 정확하게 맞추기 위해서 그것들을 절단하고 연마하는 정교한 과정이 있었다(Robinson, 260–63). 에베소서에서만 자주 사용되는 전치사적 접두어 *syn*-은 정확하게 일치한다는 개념을 강조하고 있다. 하나님의 은혜의 수령자들인 그들은 서로와 상관없이 개별적으로 성장하기보다는 함께 잘 끼워 맞출 때 성장하게 된다. 성장을 가능하게 하는 것은 스스로의 결정이 아니라, 하나님의 은혜의 행위라는 것을 명심하라. 하나님께서는 정교한 과정을 사용하여 믿는 신자 개개인을 기술적으로 서로 끼워 맞추시고, 터와 모퉁이 돌을 끼워 맞추신다. 내적 일치는 하나님께서 바라시는 것이며, 공동체의 성장의 원동력이다. [*synarmologeō*]

성전(Temple, *naon*) – 성전을 뜻하는 일반적인 단어는 두 개인데, 하나는 신약에서 72회 나오며, 고린도전서 9장 13절을 제외하고는 모두 복음서와 사도행전에서만 사용되고 있는 *hieron*이다. 다른 하나는 70인경에서 115회, 정경들에서 68회, 신약에서 45회, 그 가운데 바울 서신에서 8회(고전 3:16, 17[2회], 6:19, 고후 6:16[2회], 엡 2:21, 살후 2:4) 사용되고 있는 *naos*이다. 이 두 단어 사이에 차이가 없다고 주장하는 이들도 있지만(TDNT 3:235, TDNT 4:882), 이 단어들의 어법을 자세하게 살펴보면 그 차이가 명백하다. *hieron*이란 단어는 이방인의 뜰, 여성들(유대인)의 뜰, 이스라엘(남성들)의 뜰을 모두 포함하는 유대 성전의 신성한 지역 전체를 가리킨다. 유대인의 뜰 안에 제사장들의 뜰이 있고, 그 뜰 안에 *naos*라 일컫는 신성한 건물이 있었다(Josephus *Ant*. 15.11.5 §§417–20). 이 차이는 솔로몬의 성전을 묘사에서 발견된다(Josephus Ant. 8.3.9 §§95–96 참고). ('거주하다'라는 의미의 *naiō*에서 파생된) *naos*라는 용어는 신약에서 늘 하나님께서 거하시는 신성한 장소, 즉 유대 성전의 성소와 지성소에 대해 사용되고 있다(마 27:51[막 15:38, 눅 23:45]). 마찬가지로 이방의 신전들에서 *naos*는 에베소에 있는 아데미의 신전처럼 신들의 거처로 여겨진 장소였다(행 17:24). 에베소의 은 세공사들은 에베소에 아데미가 거주하는 것을 기념하기 위해 축소판 신전(*naos*)을 만들었다(행 19:24). 이 본문에 적용할 때 이 '건물'은 거룩한 성전(*naos*), 즉 하나님께서 거하실 처소가 되고 있는 순종적인 신자들로 이루어진다는 뜻이다. [*naos, hieron*]

2:22. 함께 지어졌다(Built together, *synoikodomeisthe*) – 전치사적 접두어인 *syn*-과 동사 *oikodomeō*의 합성어인 이 동사는 신약에서 여기에만 나온다. 이것은 거대한 돌들과 함께 세워진 벽(Thucydides 1.93.5)이나 벽들과 함께 세워진 기둥들(Diodorus Siculus 13.82.3)을 가리킨다.

접두어 *syn-*은 다음의 두 가지 의미 가운데 하나다. 첫째는 다른 신자들, 즉 유대인들과 '협력하여' 세워지는 것을 의미할 수 있다. 이것은 '같은 시민'이라는 개념과 잘 일치한다(19절). 둘째, 다른 신자들, 즉 유대인들과 이방인들과 '함께' 세워지는 것이라는 개념을 함축할 수도 있다. 그들은 이 구조물의 개별적인 조각들로서 (돌들이 쌓여져 벽이 되는 것처럼) 그리스도 안에서 하나로 모아지고, 사도들과 선지자들의 터 위에 하나의 새로운 구조물로 세워지게 된다(TDNT 5:148). 두 번째 견해가 더 적절해 보인다. 두 번째 견해는 바로 앞의 '서로 연결되다'라는 표현과 '서로 연결되기 위한' 과정과 연관이 있는 뒤의 단어들의 이미지와 일치한다. 이 단어들은 모두 하나님께서 거하시는 처소와 관련이 있다. 다시 말해서 이 성전 이미지에서 강조하는 것은 통일성이다. [*synoikodomeō*]

하나님께서 <u>거하실 처소</u>(<u>Dwelling place</u> of God, *katoikētērion*) – 이 용어는 고전 문학에서 발견되지 않지만, 70인경에서 20회(정경들에서 18회) 사용되고 있다. 여기를 제외하면 신약에서 이 단어가 등장하는 유일한 곳은 타락한 바벨론을 귀신들의 처소로 간주하고 있는 요한계시록 18장 2절이다. 거기에서 바벨론은 하나님께 대적하는 장소로 묘사되며, 귀신들이 거하는 장소의 이미지는 하나님의 거하시는 장소인 하늘과 적절하게 대조된다. 에베소서에서 '하나님께서 거하실 처소'는 신자들의 몸을 나타낸다. 이 몸은 하나님의 거처라는 의미뿐만 아니라 튼튼하고 안전한 거처라는 의미를 전달한다. 이것은 하나님께서 신자들의 몸 안에 지속적으로 영원히 거주하신다는 것을 나타낸다. 몸은 앞에서 말한 것처럼 하나님께서 거하시는 '거룩한 성전'이다. 하나님께서 거하기를 기뻐하시는 곳은 손으로 만든 성전이 아니라 살아 있는 성전이다. [*katoikētērion*]

3:2. 하나님의 <u>은혜</u>의 <u>경륜</u>(<u>Administration</u> of the <u>grace</u> of God, *tēn oikonomian tēs charitos tou theou*) – *oikonomian*이란 용어는 1장 10절에서 논의했었다. 두 가지 뉘앙스를 지니는데, 첫째는 관리자의 지위나 직책이며, 둘째는 관리 활동이라고 결론 내렸다. 여기에서는 첫 번째 뉘앙스가 문맥에 적합하다. 이 문맥에서 두 번째 용어인 *charitos*('은혜')는 '은혜'의 경륜이라는 좀 더 제한적인 의미를 갖고 있다. 여기에서 비밀은 하나님의 자유로운 행위의 결과로 믿는 유대인들과 이방인들이 한 몸으로 결합되는 것이다. [*oikonomia, charis*]

3:3. 계시(Revelation, *apokalpsin*) – 이 단어는 전에 감추어졌던 어떤 것을 밝히거나 폭로하다라는 뜻이며, 신학적으로 전에 하나님 속에 감추어져서 사람들이 알 수 없었던 것을 드러내다라는 의미를 갖고 있다. 이 계시로 인해 비밀이 알려진다. [*apokalypsis*]

비밀(Mystery, *mystērion*) – 대개 복수형으로 사용되는 전문 용어인 이 명사는 기원전 7세기에 처음 등장한 밀의의 종교 또는 비밀 의식을 가리킨다(Heraclitus, Frag, 14 in Die Fragmente der Vorsoratiker, Heroditus 2.51). 헬라인들의 제의적 어법에서 비밀은 의식의 입회자들 사이에서만 공유되었고, 그들은 그 비밀을 비입회자들에게 공개하지 않겠다고 서약했다(TDNT). 하지만 에베소서에서 말하는 비밀의 특성은 이런 것이 아니다. 교회는 비밀을 세상과 더불어 선한 천사 세력과 악한 천사 세력 둘 다에게 계시하는 수단이었다(엡 3:9-10). *mystērion*은 70인경에 18회, 정경들에 8회 나오는데, 모두 다니엘서에 나온다(2:18, 19, 27, 28, 29, 30, 47[2회]). 이 경우 하나님을 제외하고 어느 누구도 꿈의 내용과 해석을 알 수 없다는 것이다. 이 단어는 신약에서 27회, 바울에 의해 20회, 에베소서에서 6회 사용되고 있다(1:9, 3:3, 4, 9, 5:32, 6:19). 에베소서에서 말하는 비밀이 과거 시대에는 하나님 속에 감추어져 있었다(3:9). 이것은 인간의 재주나 연구로 알 수 없었으며, 거룩한 비밀이었다. 하나님께서는 성령에 의해 이 비밀을 사도들과 선지자들에게 알리셨다. 이제 드러난 이 비밀은 모든 사람에게 개방된다. 하나님의 거룩한 비밀은 믿는 유대인들과 믿는 이방인들이 한 몸으로 통일된다는 것이다. 구약에서 이방인들은 유대인이 됨으로써 하나님의 백성에 속할 수 있었다. 신약에서 이방인들은 유대인이 되지 않고, 유대인들도 이방인이 되지 않는다. 그보다 그리스도인들은 그리스도의 몸에 속함으로써 유대인과 이방인, 둘 다 하나의 새로운 통일체가 된다(엡 2:15-16). [*mystērion*]

3:5. 나타내셨다(Revealed, *apekalyphthē*) - 이 용어는 감추어졌던 어떤 것의 베일을 벗긴다는 개념을 갖고 있다(롬 1:17-18, 고전 2:10, 갈 1:16). 신약에서 이 용어의 의미는 항상 신학적인데, 하나님 속에 감추어졌던 것이 이제 베일이 벗겨졌다는 뜻이다. 이것은 '지식의 전달이라기보다는 처음부터 감추어졌던 사실들의 베일을 실제로 벗기는 것'이다(TDNT 3:591, 비교-NIDNTT 3:312-15). 현재의 문맥에서 이것은 여러 세대에 걸쳐서 하나님 속에 감추어지고 있는 비밀을 폭로하는 것이다(5, 9절). 이 동사와 '알리다'라는 동사는 둘 다 수동형이며, 하나님만이 그 비밀을 나타내실 수 있었다는 것을 암시한다. 링컨(Lincoln, 177)은 이 동사들을 신적 수동형이라 부르며, 그것은 타당성이 있다. [*apokalyptō*]

그의 <u>사도들</u>과 <u>선지자들</u>(<u>Apostles</u> and <u>prophets</u>, *apostolois autou kai prophētais*) - 이 복수 명사들은 믿는 유대인들과 이방인들이 하나의 몸으로 통일된다는 계시가 바울뿐만 아니라 다른 많은 사람들에게 제공되었다는 것을 암시한다. [*apostolos, prophētēs*]

3:6. 동료 상속자들(Fellow heirs, *sygklēronoma*) - 이 용어는 '어떤 것을 서로 함께 받거나 받게 될 사람'(TDNT 3:781), 또는 더욱더 단순하게는 '공동 상속인'(NEB)이나 '동료 상속인'(AV, RV, ASV, RSV, NASB, NRSV, BAGD, 774, BDAG, 952, NIDNTT 2:296, 300, LN §57.134)을 뜻한다. 논의의 이 시점에서 볼 때 바울이 에베소서 2장 14절(둘로 하나를 만드사), 2장 19절('동료 시민들'), 2장 20절('동일한 터') 그리고 2장 21절('서로 연결되어')에서 이미 밝힌 적이 있었기 때문에 에베소 사람들은 유대인들과 이방인들이 '동료 상속자들'이라는 개념을 충분히 이해할 수 있었다. [*sygklēronomos*]

한 몸에 속한 동료 구성원들(Fellow members of the body, *syssōma*) - 헬라어에서 이 문구는 하나의 단어이며, 신약 이전에서는 발견되지 않고 신약에서 여기에만 나온다. 이것은 바울이 글자로 뜻을 만든 단어가 틀림없다. 이 단어는 신자들이 '같은 몸에 속했다'는 뜻이며, 그리스도의 몸 안에서의 밀접한 관계를 표현하기 위해 만들어졌다(TDNT 7:1080, 비교–MM, 613, BAGD, 794, BDAG, 978, LN §11.9). 믿는 유대인들과 이방인들 둘 다 그리스도의 몸 안에 있으며, 따라서 이방인들도 유대인들과 함께 그 몸에 속한 동료 구성원들이다. [*syssōmos*]

동료 참가자들(Fellow participants, *symmetocha*) – 잘 사용되지 않는 헬라어 단어로서 냉기뿐 아니라 열기를 필요로 하고, 습기뿐 아니라 건조한 것을 필요로 하며, 어느 한 쪽의 조건만으로는 결코 살아남지 못하는 식물에 대해 사용되고 있다(Aristotle, De Plantis 1.1 §816b.20). 이것은 또한 어떤 음모의 '공범자'라는 뜻으로 사용되고 있다(Josephus, War 1.24.6 §486). 이 용어는 신약에서 에베소서에만 나오며, '그들과 함께 공유하는, 그들과 운명을 같이하는'이란 뜻이며, '동료 참가자들'로 번역할 수 있다(MM, 610, BAGD, 778, BDAG, 958, TDNT 2:830, LN § 57.8). 선행 단락(2:14–22)에서 설명했던 이 개념은 믿는 유대인들과 이방인들 둘 다 하나님의 가족에 속한 동료 시민들과 구성원들(2:19)로서 새사람으로 지음을 받고, 함께 끼워 맞춰져(2:21) 하나님의 거하시는 처소로 함께 지어져가는 것(2:22)을 명시하고 있다. [*symmetochos*]

3:7. 사역자/ 일꾼(Minister/ servant, *diakonos*) – 이 단어는 결혼 잔치에서 일하는 '하인'(요 2:3,9), 왕의 '사환'(마 22:13), 그리스도의 일꾼인 '제자'(마 20:26[막 10:43–44, 눅 22:26]), '일꾼'(고후 3:6, 골 1:23) 그리고 교회의 '집사'(딤전 3:8, 12)에 대해 사용된다. 이것은 '종'(*doulos*)이란 단어와 같은 뜻이다. *doulis*는 종과 주인 사이의 맹목적 관계를 강조한다. 반면에 *diakonos*는 종의 활동을 강조한다(Trench, Synonyms of the New Testament, 32, NIDNTT 3:584, NIDNTT 3:596). 여기에서는 활동, 즉 바울이 이방인들에게 비밀을 선포한 것을 강조한다. 9절에서 말하는 것처럼 바울은 모든 비밀들을 '알리는' 일을 하고 있었다. [*diakonos*]

은혜(Grace, *charitos*) – 이 문맥에서 은혜는 하나님께서 주시는 능력을 가리키는 것이 분명하다. [*charis*]

선물(Gift, *dōrean*) – 고전 문학에서 이 단어는 '선물, 하사금'을 의미했다(Herodotus 2.140, 6.130, Aeschylus, Prometheus Vinctus, 340, Sophocles, Ajax, 1032). 신약에서 11회, 그 가운데 바울에 의해 5회, 에베소서에서 2회 사용되고 있고(3:7, 4:7), 항상 하나님께서 은혜로 주시는 선물을 가리킨다. 이것은 선물, 즉 일하지 않고 얻거나 자격이 없음에도 받은 것이며, 대가로 지불된 것이 아니다. 바울에게 주어졌던 것은 바로 하나님의 은혜의 선물이다. [*dōrea*]

3:8. <u>측량할 수 없는</u> 부요(<u>Unfathomable</u> wealth, *anexichniaston ploutos*) – 신약에서 이 단어는 여기와 로마서 11장 33절에서만 사용되고 있고, '파악되지 않는 것, 간파되지 않는 것'(TDNT 1:358), '조사할 수 없는, 찾아낼 수 없는'(I. Mehlmann, Bib 40 [1959]: 902–14), '헤아릴 수 없는, 파악할 수 없는, 깊이를 잴 수 없는'(BAGD, 65, BDAG, 77, LN §32.23)이란 개념을

지닌다. 새먼드(Salmond,306)가 이 용어는 '없어지지 않는다는 의미에서가 아니라, 셀 수 없다는 의미에서' 헤아릴 수 없는 것이라고 말한 것은 타당성이 있다. 따라서 이 단어는 인간의 조사 능력을 벗어난다는 의미에서 '측량할 수 없는'으로 번역된다. [*anexichniastos*]

3:9. 각성하다/ 보다(Enlighten/ see, *phōtisai*) – 여기에서 이 단어는 비밀의 폭로라는 의미를 함축하고 있으며, 문자적으로 '밝히다'라는 뜻이다(TDNT 9:347-48). 이것은 단순한 전파나 가르침을 넘어 앞에서 말한 비밀을 설명하여 듣는 사람들이 비밀을 깨닫도록 돕는 것이다. [*phōtizō*]

경륜/ 섭리(Administration/ dispensation, *oikonomia*) – 에베소서 1장 10절과 3장 2절에서 논의한 이 단어는 두 가지 뉘앙스를 갖고 있는데, 첫째는 관리자의 지위나 직책이며, 둘째는 관리 활동이다. 비록 그 뉘앙스가 뒤섞여 있기는 하지만, 1장 10절에서는 관리자의 활동을 강조하고 있으며, 반면에 3장 2절과 9절에서는 비밀의 중재나 관리 또는 계획을 강조하고 있다. 이 구절에서 이 단어는 전략이라는 개념을 지닐 수도 있다. 전략 또는 비밀의 경륜과 관련하여 깨달은 것을 설명하는 것이 바울의 책임이다. [*oikonomia*]

3:10. <u>하늘의 영역</u>에 있는 <u>통치자들</u>과 <u>권세들</u>(The <u>rulers and</u> the <u>authorities</u> in the <u>heavenly realms</u>, *tais archais kai tais exousiais en tois epouraniois*) – 여기에서 중요한 것은 이 존재들의 특성에 관해 결정하는 것이다. 6장 12절에서 이 존재들은 신자들과 싸우고 있는 악한 통치자들과 동일하다. 이 싸움은 육체의 전쟁이 아니라 영적인 전쟁이다. 이와 달리 1장 21절의 통치자들은 선한 권세나 악한 권세, 둘 가운데 하나를 가리킬 수도 있다. 이것은 하늘의 영역에 있는 선한 존재와 악한 존재 모두를 가리킨다고 추정할 수도 있다는 암시다. [*archē, exousia, epouranios*]

하나님의 <u>다양한</u> 지혜(The <u>manifold</u> wisdom of God, *hēpolypoikilos sophia tou theou*) – 형용사 *polypoikilos*는 *polys*('많은')과 *poikilos*('여러 가지/ 다양한/ 풍부한 색채')의 합성어이다. 이 두 형용사들은 함께 다양성의 개념을 강조하는데 사용되고 있다. 신약 이외에서 드물게 사용되는 이 단어는 다양한 색채의 자수(Euripides, Iphigenia Taurica, 1149)나 여러 색깔의 꽃들(Eubulus, Athenaeus Deipnosphistae 105.2 § 15.679d)을 가리킨다. 이것은 신약의 유일한 용법이며, '매우 다양한'(TDNT 6:485) 또는 '(매우) 다재 다능한'(BAGD, 687, BDAG, 847, LN § 58.46)이란 개념을 갖고 있다. 이것은 하나님의 지혜의 다양한 측면들에 대한 언급이며, 구속 활동을 가리키기보다는 그리스도 안에서 유대인들과 이방인들이 새로운 한 사람으로 통일되는 것을 가리킨다. [*polypoikilos*]

3:12. <u>담대함</u>과 <u>확신</u>을 가지고 <u>나아감</u>(The <u>boldness</u> and <u>access</u> with <u>confidence</u>, *tēn parrēsian kai prosagōgēn en pepoithēsei*) – 신약에서 담대함은 개방성, 자유롭게 말함, 아무것도 숨기지 않는 것(마 8:32, 요 7:4, 13, 26, 10:24, 11:14, 54, 빌 1:20, 골 2:15), 대담함 또는 솔직

함(행 2:29, 4:13, 29, 31, 28:31, 고후 3:12) 그리고 확신(고후 7:4)의 의미를 전달하며, 기본적으로 '마음대로 말하는 자유'를 의미한다. 사람들은 눈치를 보지 않을 때 확신의 말을 하게 된다. 이 구절에서 진술하는 것처럼 신자들은 그리스도 안에 있기 때문에 자유롭고 대담하게 공개적으로 아버지 하나님께 말할 수 있으며, 망설임 없이 '확신을 가지고 하나님께 나아갈 수 있다.' 바울은 믿는 유대인들과 이방인들이 함께한 새사람으로 하나님께 나아가는 것을 입증하려 했던 것이 분명하다. 두 번째 명사 *prosagōgēn*은 경멸이 없는 친밀함을 암시한다. *parrēsia*가 자유롭게 말을 한다는 개념을 암시하는 반면에 *prosagōgēn*는 자유로운 접근의 개념을 갖고 있다. 헬라어 본문에서 하나의 관사가 두 단어(*parrēsia*와 *prosagōgēn*)를 다 수식한다. 때문에 이것은 이사 일의(두 개의 단어를 and로 연결하여 하나의 뜻을 강조하는 것)로서 하나님께 자유롭게 나아간다는 개념을 강조하는 표현일 수도 있다. 세 번째 명사 *pepoithēsei*는 70인경의 열왕기하 18장 19절에서만 발견되는 후기 헬라어에 속하며, '확신'으로 번역하는 것이 좋다. 전치사 en은 태도를 나타내는 것이 분명하므로 '확신을 가지고'로 번역할 수 있다. 이 문구는 자유로운 말과 자유롭게 나아감의 개념을 강화하고 있다. [*parrēsia, prosagōgē,pepoithēsis*]

3:14. 가족(Family, *patria*) – 어떤 이들은 이 단어가 아버지라는 개념과 관련 있다고 생각하는데, 이것은 하나님 아버지라는 표현 때문이다(Theodoret, 엡 3:14–15, Theophylact, 엡 3:14–15, Robinson, 83–84, 174). 그러나 *patria*가 결코 '아버지 됨'이라는 추상적 개념을 전달하지 않기 때문에 이런 생각은 적절하지 않다. 본래 이 단어는 아버지가 가장으로 있는 '가족'(출 12:3, 대상 23:11)이나 같은 선조를 둔 족속이나 씨족을 형성하는 비교적 큰 단위의 여러 가족들(출 6:17, 19, 민 2:34, 4:22, 17:2[2회, 맛소라 사본과 70인경의 17:17], TDNT 5:1016, NIDNTT 2:655)을 의미했다. 신약에서 이 용어는 세 번만 나온다(눅 2:4, 행 3:25, 엡 3:15). 누가복음 2장 4절에서 이 단어는 다윗의 '가족'에 속한 요셉을 가리킨다. 사도행전 3장 25절에서 베드로는 창세기 12장 3절("땅의 모든 가족들이 너 때문에 복을 받게 될 것이다")과 22장 18절("땅의 모든 민족들이 네 후손 때문에 복을 받게 될 것이다")을 부분적으로 인용하고 있다. 창세기의 두 본문에서 이 단어는 모두 민족적 의미, 즉 한 명의 아버지(조상)에게서 시작된 여러 가족들로 구성된 민족이란 뜻을 지닌다. 이 구절에서는 '가족'과 관련이 있는 것 같다. 하나님 아버지는 하늘과 땅에 있는 모든 가족을 창조하시고(3:9), 이름을 주시는 분이시다. 그분은 죽어서 더 이상 역사에서 활동하지 않는 신이 아니라, 현재 이 순간 살아계시고 활동하시는 하나님이시다. 하늘과 땅에 있는 모든 가족을 창조하시고 이름을 주시는 하나님의 능력은 하나님의 주권과 하나님의 아버지 되심을 강조한다. [*patria*]

3:16. 영광(Glory, *doxēs*) – 바울은 하나님의 본질적인 존재, 즉 하나님의 영광의 풍성함을 따라 자신의 기도를 들어주실 것을 하나님께 요구하고 있다. [*doxa*]

능력으로 강건하게 되다(Be Strengthened

with power, *dynamei krataiōthēnai*) – 여기에서 능력을 뜻하는 두 개의 단어들이 사용되고 있다. 첫 번째는 *dynamei*로서 이것은 '권세, 능력, 행위의 능력'을 의미하며, 1장 19절(1:21, 3:7 비교)에서 이미 정의한 것처럼 그 힘의 능력에서 볼 때의 수용력을 나타낸다. 헬라어에서 여격은 조격으로도 사용되기 때문에 '능력으로' 번역되고 있다. 두 번째 단어는 *krataioō*에서 생겨난 보충 부정사 *krttaiōthēnai*이다. 이 단어는 성경을 제외하고 필로(Philo)에게서만 발견되는데, 운동으로 '건강하게 되다'라는 뜻이다(De Agricultura, 37 § 160; De Confusione Linguarum, 22 §§101, 103, 비교-TDNT 3:912). 이것은 신약에서 4회만 사용되며, 항상 수동태다(눅 1:80과 2:40에서는 예수님께서 자라며 정신과 지혜가 '강해졌다'고 말하고 있고, 고전 16:13에서는 신자들에게 "믿음에 굳게 서서 용기를 내어 강건하게 되라"고 권면하고 있다. 그러나 이 문맥에서 바울은 하나님께서 에베소 사람들을 '능력으로 강건하게 하시기'를 기도하고 있다). 수동태는 그 힘을 주시는 분이 하나님임을 나타낸다. 그것은 스스로 만들어낸 능력이 아니다. 그 힘이 하나님의 능력이라는 사실은 뒤에 나오는 '그의 성령으로 말미암아' 라는 전치사구로 인해 한 번 더 강조된다. 바울은 신자들이 하나님께서 주시는 능력에 대해 알 수 있게 해달라고 기도했다. 따라서 신자들이 하나님의 능력으로 강건하게 되는 것은 하나님의 성령을 통해서다. [*dynamis, krataioō*]

속사람 안에(In the <u>inner</u> person, *esō*) – 속사람은 신자의 마음이나 생각이다. 반면에 겉 사람은 날로 후패해져가는 육체다. 본문에서 하나님의 능력으로 강건하게 되는 것은 신자의 속사람이다. 그 속사람은 다음 구절에서 언급하고 있는 신자들의 마음에 해당한다. 하나님께서는 이 속 사람을 대상으로 일하신다(TDNT 2:699). 로마서 7장과 고린도후서 4장에서 바울은 하나님의 능력이 없을 경우 신자는 아무것도 할 수 없다고 말하고 있다. 이것은 하나님의 성령을 통해 능력으로 강건하게 될 필요가 있는 속사람에 대해 말하고 있는 이 문맥과 일치한다. [*esō*]

3:17. 거주하다(Dwell, *katoikēsai*) – *katoikēsai*는 '거주하다'를 뜻하는 다른 단어(*oikeō*)보다 조금 더 강한 의미다. *katoikēsai*는 안정적인 거주의 의미를 함축하고 있다(LN §85.69). 바울이 이 용어를 사용하고 있는 다른 두 본문(골 1:19, 2:9)에서도 거주의 지속성을 나타낸다. 바울은 그 곳에서 하나님의 신성의 모든 충만이 그리스도 안에 거하고 있다고 진술하고 있다. 여기 에베소서에서 그리스도께서는 신자들 안에 거하시는 분으로 표현되고 있다. [*katoikeō, oikeō*]

<u>뿌리가 박히고</u> <u>터가 굳어져서</u>(<u>Being rooted</u> and <u>grounded</u>, *errizōmenoi kai telemeliōmenoi*) – 이 구절에서는 두 개의 분사가 사용되고 있다. 첫 번째 분사(*errizōmenoi*)는 '뿌리 내리게 하다'라는 개념을 갖고 있으며, 수동태로서 '견고하게 뿌리 내리다'라는 뜻으로 사용되고 있는 *horizoō*에서 생겨났다(Homer, Odyssea 13.163, 7.122, Xenophon, Oeconomicus 19.9, Herodotus 1.64). 이것은 신약에서 단 2회만 사용되며(골 2:7, 엡 3:17), '견고하게 뿌리내리게 되다'라는 뜻이다. 두 본문 모두에서 이 용어는 신자들의 인격적/ 개인적 뿌리들을 가리킨다(TDNT 6:990). 두 번째 분사(*telemeliōmenoi*)는 건물

을 '건설하다, 기초를 놓다'(BAGD, 356, BDAG, 449)라는 뜻의 *themelioō*에서 생겨났다. 바울은 골로새서 2장 7절에서 동일한 의미의 두 가지 이미지를 사용하고 있는데, 그리스도 안에 뿌리를 박으며 세움을 받는 것이 바로 그것이다. 바울은 고린도전서 3장 9절에서 농부와 건축자의 비유로 자신의 주장을 요약하면서, 농부와 건축자 모두 선한 행위들을 따라 보상 받는다는 예를 들고 있다. 바울은 에베소서에서 신자들이 사랑에 견고하게 뿌리가 박히고 터가 굳어졌다고 말한다. 이것은 바울이 그리스도의 사랑을 이해하는 능력을 갖게 할 목적이 이루어졌음을 나타내는 완료형 수동분사들의 용법에서 암시되고 있다. 이 사랑의 뿌리내림과 터는 그들을 선택하시고, 그들을 예정하시고, 그들을 사랑하는 자에게 맡기시고, 그들을 속량하시고, 그들에게 기업을 주시고, 그들을 성령으로 인치시고, 그들을 살리시고 일으키시어 하늘에 앉히시고, 그들을 그리스도의 몸 안에서 동일하게 새사람이 되게 하신 하나님으로 말미암은 것이다. [*horizoōmai, themlioō*]

3:18. 능히 알다(Be able to comprehend, *exischysēte katalabesthai*) – 첫 번째 단어 *exischysēte*는 자연의 세력들을 제어하는 능력(Strabo, 17.1.3) 또는 다른 사람에게 영향을 미치는 능력(Josephus, War 1.23.2 §451)으로서 '충분한 힘을 갖다, 능히 할 수 있다'를 뜻하는 희귀 단어다. 두 번째 단어 *katalabesthai*는 능동태와 수동태 둘 다 '붙잡다, 손에 넣다'(Herodotus 6.39, Thucydides 1.126.5), 여기에서처럼 중간태로 마음속으로 '파악하다, 이해하다, 알다'(Dionysius of Halicarnassus 2.66.6, Josephus, *Ant*. 8.6.5 §167, Philo, Mos. 1.50 §278)라는 뜻이다. 이것은 신약에서 15회, 바울 서신에서 7회 사용되며(롬 9:30, 고전 9:24, 엡 3:18, 빌 3:12[2회], 13, 살전 5:4), 대부분 '붙잡다, 따라잡다'(막 9:18, 요 12:35, 고전 9:24, 빌 3:12[2회), 13)로 정의되며, 마음속으로 '파악하다, 이해하다, 알다'로 정의될 때도 있다(요 1:5, 행 4:13, 10:34, 25:25, 엡 4:18, BAGD, 412–13, BDAG, 519–20, LN §§27.10, 32.18, 37.19, 106, 39.48, 57.56). 이 문맥에서는 '알다'가 가장 적합하다. [*exischyō, katalambanō*]

성도들(Saints, *hagiois*) – 바울은 신자 개인의 성장은 혼자서 이룰 수 없고, 다른 신자들과 함께 이루어져야만 한다고 진술한다. 이뿐 아니라 특정한 신자들, 즉 동일한 사회 경제적, 지적, 혹은 전문적인 지위를 가졌기 때문에 더 좋아하는 사람들과만 교제할 때 진정한 성장은 일어날 수 없다. 바울은 진정한 성장이 모든 성도들과의 교제에서 이뤄지게 해달라고 기도한다. [*hagios*]

3:19. 지식을 능가하는 그리스도의 사랑을 알고(To know the love of the Christ, which surpasses knowledge, *gnōnai te tēn hyperballousan tēs gnōseōs agapēn tou Christou*) – 단어 *hyperballousan*는 '너머로 던지다'는 뜻이며, 신약에서 바울만 사용하는 용어인 *hyperballō*(고후 3:10, 9:14, 엡 1:19, 2:7, 3:19)에서 생겨났다. 이것은 '초월하는, 특별한, 넘치는'으로 번역할 수 있다(BAGD, 840, BDAG, 1032, TDNT 8:520–21). 초월하는 사랑이란 도대체 무슨 뜻인가? 간략하게 말하면, 그리스도의 사랑을 깨닫는 것이

사람의 능력 밖에 있다는 뜻이다. 그리스도의 사랑이 죄인들을 위하여 기꺼이 죽으심으로 표현되었다는 사실 자체가 이해의 범위를 벗어나는 것이다. 모든 신자들이 회심하는 그 순간부터 그리스도의 사랑의 본질이 신자들에게 넘쳐나며, 그들이 그리스도에 대한 지식 안에서 성장할 때 계속해서 넘쳐난다. 우리가 그리스도와 그분의 일에 대해서 많이 알고 있다 하더라도 그분의 사랑은 우리의 지식을 초월한다. 우리가 그분의 사랑에 대해 알면 알수록 그 사랑으로 인해 더욱 더 감탄하게 된다. 바울이 에베소서에서 지식을 크게 강조하고 있기 때문에(1:9, 7, 18, 3:3–5, 9, 4:13, 5:17), 지식을 과소평가하는 것은 아니다. 바울은 심지어 이 기도(18, 19절)에서 지식을 달라고 간청하고 있다. 그러나 여기에서 그는 그리스도의 사랑이 인간의 이해를 초월한다는 것을 강조하길 원한다. [*agapē, hyperballō*]

너희가 하나님의 모든 충만함으로 채워지기를 바란다(You might be filled up all the fullness of the God, *plērōthēte eis pan to plērōma tou theou*) – 명사 '충만함'은 에베소서 1장 23절에서 논의했었다. 모든 신약의 어법에서 이 단어는 '충만, 완전, 전체'의 개념을 전달하며, 이 모두가 채움의 결과라고 결론 내렸다. 이 단어가 여기서처럼 동족 동사(*plēroo*)와 함께 사용될 때, 보통은 '완전, 어떤 빈공간도 없다'라는 개념을 전달한다. 따라서 '충만함으로 채워지기를 바란다'는 수동적 의미가 가장 잘 어울린다. 바울은 에베소 사람들이 모든 성도와 함께 그리스도의 놀라운 사랑을 깨닫게 해달라고 기도하고 있다. 그렇게 되면 에베소 사람들은 동료 성도들을 사랑하게 될 것이다. 그리스도의 사랑에 대한 이런 경험적 지식은 신자 개인들뿐만 아니라, 공동체의 일치에도 도움이 된다. 유대인 신자들과 이방인 신자들의 일치는 하나님의 능력의 증거다. [*plērōma, plēroō*]

3:20. 모든 것에 더 넘치도록(Exceedingly beyond all, *hyper panta…hyperekperissou*) – 직접목적어와 함께 사용된 전치사 *hyper*는 '능가하는, 넘치는, 넘어서는, 너머에'라는 뜻을 제공하며(BAGD, 839, BDAG, 1031, 비교–TDNT 8:515), 관사가 없는 panta('모두')와 함께 사용된 *hyper*는 문자적으로 '모든 것을 능가하는'으로 번역된다. *panta*, 즉 '모든 것'에는 우리가 질문하거나 생각할 수 있는 모든 사소한 것이 다 포함된다. 신약에서 3회 나오는(엡 3:20, 살전 3:10, 5:13) 부사 *hyperekperissou*는 '상상할 수 있는 최고 형태의 비교급'이며(BAGD, 840, BDAG, 1033, 비교–BDF §185[1]), '크게, 매우' 또는 '매우 넘치는'으로 번역할 수 있다(Moule, Idiom Book, 86). 다시 말하면, 하나님의 능력은 우리가 기도할 때 장황하게 말하는 것뿐만 아니라 우리가 생각하는 그 무엇을 훨씬 더 뛰어넘는다. 바울은 앞에서 에베소 성도들이 성령으로 말미암아 능력으로 강건하게 되기를 기도했었고(16절), 여기서는 그 능력 때문에 하나님을 찬양하고 있다. [*hyper, hyperekperissou, pas*]

3:21. 영광(Glory, *doxa*) – *doxa*('영광')라는 용어는 에베소서 1장 6절에서 논의했다(1:12, 14, 17, 18, 3:13, 16 비교). 이 서신에서의 마지막 등장이다. 이것은 어느 한 존재의 본질에 대한 성찰, 한 사람이 지닌 속성들의 모든 것들의 총합이란 뜻

을 전달한다. 이 문맥에서 이 단어는 특히 하나님의 광휘, 능력, 광채를 나타낸다. 바울은 하나님의 본질적 성품 때문에 하나님께 영광을 돌린다. 모든 신자들은 하나님께 영광을 돌릴 의무가 있다. 우리는 하나님께서 행하신 일로 인해서 뿐만 아니라 하나님께서 어떤 분이신가로 인해서 찬양 받으실 하나님의 권리를 무시하면서 하나님께 간청하는 경향이 있다. [*doxa*]

4:1. 권하다/ 탄원하다/ 간청하다(Exhort/ beseech/ urge, *parakalō*) – 이 용어는 다음의 세 가지 주된 의미를 지닌다. 즉, (1) '위로하다'(마 2:18, 5:4, 눅 16:25, 행 20:12, 고후 1:4, 7:6-7, 13, 엡 6:22, 골 2:2, 4:8, 살전 3:7, 살후 2:17), (2) '호소하다, 간구하다, 간청하다'(마 8:5, 14:36, 18:32, 막 1:40, 5:18, 23, 6:56, 눅 8:41, 고후 9:5, 12:8, 18), (3) '권면하다'(눅 3:18, 행 2:40, 롬 12:1, 고후 10:1, 빌 4:2, 살전 4:1, 벧전 2:11, 5:1, 비교-BAGD, 617, BDAG, 764-65, TDNT 5:773-99, 특히 793-99, NIDNTT 1:569-71, LN §§25.150, 33.168, 310, 315). 바울은 5장 2, 8절에서 '권하다'라는 개념을 강화하는 측면에서 '행하라'는 명령을 사용하고 있기 때문에 여기에서는 이 단어의 세 번째 용법이 잘 어울린다. 이 단어의 이 용법에는 긴급성의 의미뿐만 아니라, 권위의 어조도 담겨져 있다. [*parakaleō*]

걷다/ 살다(Walk/ live, *peripatēsai*) – 이 용어는 에베소서 2장 2절에서 논의했었다. 이 문맥에서는 신자의 생활 방식을 가리킨다. [*peripateō*]

합당하게(Worthy, *axiōs*) – 이 부사는 문자적으로 '저울대의 한 쪽을 붙잡다, 균형을 이루게 하다'라는 뜻이며, 따라서 '동등한'(TDNT 1:379) 또는 '훌륭하게, 합당한 태도, 적합성'(BAGD, 78, BDAG, 94, NIDNTT 3:348-49, LN §§65.17, 66.6)을 뜻하며, '합당하게, 훌륭하게, 적합하게'로 번역될 수 있다. 여기에서는 신자 자신의 '부르심'과 균형을 이루거나 어울리는 행동을 강조하고 있다. [*axiōs*]

부르심(Calling, *klēseōs*) – 에베소서에서 3회 나오는 이 명사(1:18, 4:1, 4)는 1장 18절에서 논의했었다. 거기에서 이 명사는 보통 종교적 '소명'이나 하나님의 '초대, 소환'을 뜻한다고 설명했었다(롬 11:29, 엡 1:18, 4:4, 살후 1:11, 히 3:1). 이 문맥에서 이 표현은 아버지의 선택과 양자 삼으심에 의한 구원(1:4-5 비교)뿐 아니라 한 몸, 즉 교회로의 그들의 통일과 관련이 있다. 따라서 부르심에 합당하게 행하라는 요구는 신자 개개인뿐만 아니라 신자들의 공동체에도 해당된다. [*klēsis*]

4:2. 겸손(Humility, *tapeinophrosynēs*) – 신약 시대 이전에는 사용되지 않던 이 단어는 신약에서 7회 나온다(행 20:19, 엡 4:2, 빌 2:3l, 골 2:18, 23, 3:12, 벧전 5:5). 이 단어는 빌립보서 2장 3절에서 '다툼'과 '허영'과 대조되며, 베드로전서 5장 5절에서 교만과 대조된다. 이것은 '낮은 마음' 또는 '겸손'의 의미를 전달한다(BAGD, 804, BDAG, 990, TDNT 8:21-22, NIDNTT 2:259-64). 일반적으로 말해서 겸손이 하나의 미덕으로 간주된 적이 없었으며, 이것이 바로 이 단어가 신약 시대 이전에 존재하지 않았던 이유다. 실제로 에피크레투스(Epicretus, A.D. 50-130년)는 추천할 수 없는 미덕들 가운데서 첫 번째로

*tapeinophrosynēs*를 꼽고 있다(Dissertationes 3.24.56). 이와 달리 바울은 에베소 장로들에게 자신이 아시아에서 모든 '겸손'으로 주를 섬긴 것을 말할 때 이 용어를 사용했다(행 20:19). 바울은 에베소 장로들에게 일종의 본보기였다. 바울이 이 미덕을 가장 먼저 언급하고 있다는 것에 중요한 의미가 있다. 바울은 통일성을 강조한다. 즉, 교만은 불일치를 초래하지만 겸손은 일치를 가져온다. [*tapeinophrosynē*]

온유(Gentleness, *prautētos*) – 바로 앞에서 논의한 '겸손'과 비슷한 의미의 이 용어는 '온순' 또는 '온유'의 개념을 전달하며, '난폭함'(Plato, Symposium)의 반대 개념이다. 아리스토텔레스는 미덕에 대한 논의에서 지적인 미덕들과 도덕적인 미덕들을 구분했고, 이 단어를 절제와 함께 도덕적인 미덕의 범주에 포함시키고 있다(Ethica Nicomochea 1.13.20 §1103a.4–10). 그는 이 미덕에 대해서 '모든 사람과 모든 사건들에 대한 지나친 분노'와 '어떤 것에도 결코 화내지 않는 것' 사이의 중간이라고 설명하고 있다. 더 나아가 그는 "칭찬 받아야 할 사람은 화를 잘 내지 않는 사람도 화를 잘 내는 사람도 아니다. 바로 그 둘 사이에 있는 사람이다. 이 사람은 온유한 사람이며, 온유함은 이 두 가지 감정들의 중간 상태다"라고 말하고 있다(Ethica Nicomochea 1.22.2–3 §1191b.31–41). 신약 전체에서 이 단어는 '온유'의 개념을 지닌다. 하지만 온유를 약함과 혼동하지 말아야 한다. 바울은 고린도 사람들에게 자신이 매를 가지고 오기를 바라느냐, 아니면 온유한 마음으로 오기를 바라느냐고 질문한 적이 있다(고전 4:21). 그는 나중에 그리스도의 온유에 대해서 말한다(고후 10:1). 예수님께서는 마음이 온유하고 겸손하셨으나(마 11:29) 연약하지는 않으셨다. 성전을 강도의 소굴로 만든 유대인들을 향해 분노하실 때 이를 증명하셨다(마 21:12–13). 바클레이(Barclay)는 "온유한(*praus*) 사람은 필요하다고 생각할 때는 화를 낸다. 하지만 아무때나 화를 내지 않는다"라고 주장한다(Flesh and Spirit: An Examination of Galatians 5:19–23, 120). 하나님의 성령의 지배를 받는 사람만이 진실로 온유해질 수 있다. 다시 말해 그 사람은 필요한 때 화를 내지만 아무 때나 화를 내지는 않는다. 믿는 유대인들과 이방인들을 크게 차별할 가능성이 있었던 에베소서의 신자들에게는 겸손과 온유 모두 필요했다. [*prautēs*]

인내(Patience, *makrothymias*) – 이것은 그리스도의 부르심을 따라 살아가는 신자들의 특성을 정의하는 세 번째 단어다. 이 명사는 후기 고전 문학에서 등장하는 희귀 단어다. 이것은 어떤 사람이 슬픔을 참는 것에 대해(Menander, Fragment 549.2), 도시가 포위 공격을 받고 있으나 순무를 심고 그 도시가 최종적으로 멸망하기 전에 그 익은 열매를 먹을 수 있기를 희망하는 주민들의 불굴의 인내에 대해(Strabo 5.4.10) 사용되고 있다. 인내는 신자들로 하여금 소망을 포기하지 않게 한다. 그것은 수확을 기다리는 농부처럼, 하나님의 행하심을 기다리는 선지자들처럼 당장 수확을 하지 못하더라도 인내로써 기다리는 것을 말한다(약 5:7–11). 하나님께서는 모든 대상 가운데 가장 위대한 본보기시다. 하나님께서는 인간이 죄로 잘못할 때에 진노를 미루셨다(롬 2:4). 신자들도 또한 다른 신자들이 자신에게 잘못을 할 때에 성내는 것이나 앙갚음을 미룸으로써 서로를 향한 인내를 보여야 한다. 물론 인내가 그리스도의 몸을 구성하는 믿는 유대인과 이방인 신자들의 생활에서 유일한 하나의 미덕은 아니다. 그러나 생활에 필요한 요소인 것은 분명하다. [*makrothymia*]

용납하다(Forbearing, *anechomenoi*) – 고전문학에서 자주 나오는 이 단어는 '계속하다, 견디다, 인내하다'라는 뜻이다(Homer, Ilias, 586, 5.285, Odyssea 11.375, Herodotus 4.28). 바울은 이 본문 외에도 다른 곳에서 박해 가운데서 참는 것(고전 4:12, 비교–살후 1:4)에 대해 말하고 있고, 고린도 사람들에게 자신의 자랑을 용납해 달라고 부탁하고 있으며(고후 11:1[2회]), 잘못된 가르침(4절)과 거짓 교사들(19, 20)들을 용납하는 경향이 있는 그들을 안타깝게 여기고 있다. 따라서 이 단어는 사물이나 사람과 관련하여 '참거나 용납하는 것'과 관련이 있다(BAGD, 65–66, BDAG, 78, TDNT 1:359–60, NIDNTT 2:765–67, LN §25.171). 바울은 여기와 골로새서 3장 13절에서 신자들에게 서로 용납할 것을 부탁하고 있다. 따라서 이 단어를 '용납하다'로 번역하는 것이 적절하다. 다시 말해서 신자들 사이의 차이를 인정해야 한다. [*anechomai*]

4:3. 모든 노력을 기울이다(Making every effort, *spoudazontes*) – 고전 헬라어에서 이 동사는 '열심을 내다, 서두르다'라는 뜻이다(Sophocles, Oedipus Coloneus, 1143, Euripides, Hecuba, 817, Xenophon, Oeconomicus 9.1, Memorabilia 1.3.11). 신약에 이것은 11회 나오며, '서두르다'(딤후 4:9, 21, 딛 3:12 비교)라는 의미지만 '힘써 행하다, 힘써 지키다, 모든 노력을 기울이다'라는 뜻으로 주로 사용되고 있다(갈 2:10, 엡 4:3, 살전 2:17, 딤후 2:15, 히 4:11, 벧후 1:10, 15, 3:14). 사실상 모든 구절에서 두 번째 뉘앙스가 받아들여지고 있다(BAGD, 763, BDAG, 939). 이 문맥에서도 두 번째 뉘앙스가 더 적합한 것이 틀림없다. '노력하는'(AV)이라는 번역은 실패할 수도 있는 시도라는 뜻을 함축한다. 최근의 번역들은 다음과 같이 다양하면서도 좀 더 효과적으로 번역하고 있다. '공들이다'(RV, ASV), '끊임없이 노력하다'(NASB), '열심이다'(RSV), '노력을 아끼지 않다'(NEB), '모든 노력을 기울이다'(JB, NIV, NJB, NRSV, NET), '최선을 다하다'(TEV). 따라서 신자는 성령의 하나 되게 하신 것을 유지하기 위해서 노력해야만 한다. [*spoudazō*]

줄(Bond, *syndesmō*) – 이 명사는 주로 성벽을 연결하거나(Thucydides 2.75.5), 의복을 단단히 여미는 것(Euripides, Bacchae, 697)과 같이 '함께 묶는 것'을 의미한다. 이것은 비유적으로 국가, 즉 그 시민들을 하나로 결속시키는 유대감(Plato, Respublica 7.5 §520a)이나 자녀들과 부모들 사이의 유대감(Aristotle. Ethica Nicomachea 9.12.7 §1162a.27)에 대해 사용되고 있다. 한 몸의 '연합'을 언급하고 있는 골로새서 2장 19절에서 묶는다는 개념이 사실적으로 표현되고 있다(BAGD, 785, BDAG, 966, LN §§18.17, 63.7). 주 예수 때문에 갇힌 자 된 바울(3:1, 4:1)은 평안의 매는 줄이나 사슬에 대해 말하고 있다. [*syndesmos*]

4:4. 너희의 부르심의 한 가지 소망 안에서(In one hope of your calling, *en mia elpidi tēs klēseōs hymōn*) – 이 두 단어는 에베소서 1장 18절에서 논의했다. [*elpis, klēsis*]

4:5. 세례(Baptism, *baptisma*) – 이 용어는 물 세례를 가리키는 것은 아닌 것 같다. 왜냐하면 물 세례는 그 다양한 방식으로 인해서 하나로 통일하기가 힘들기 때문이다. 그렇다고 이 구절은 그 내용이 삼위일체의 두 번째 인격이신 그리스도를 중심으로 전개되고 있기 때문에 특별히 성령 세례를 가리키는 것도 아니다. 바울은 앞 절에서 성령에 대해 언급했다. 더 넓은 문맥에서 볼 때 성령 세례를 가리키지 않는다. 이것은 신자들이 그리스도의 죽으심과 합하는 세례를 가리키며, 그리스도의 죽으심과 부활에서 신자들과 그리스도와의 연합에 대해 말하는 것 같다. 이스라엘이 홍해 바다를 건널 때 모세에게 속하여 받은 세례(고전 10:2)와 그리스도의 죽으심과 관련하여 제자들이 받은 세례(막 10:38)에서 알 수 있듯이 세례는 하나가 되는 행위(*identification*)다. 이 두 사건 모두에서 물이나 성령을 언급하지 않고 있다. [*baptisma*]

4:6. 하나님 <u>아버지</u>(God and <u>Father</u>, *theos kai patēr*) – 이 단어('아버지')는 에베소서 1장 12절에서 논의했다. [*patēr*]

4:7. 은혜(Grace, *charis*) – 이 단어는 에베소서 1장 2절에서 논의했다. 이 문맥에서 은혜는 신자 개개인에게 직분을 감당하도록 제공되는 특별한 능력을 가리킨다. 이것은 *chrisma*('은혜–은사')와 매우 밀접한 관련이 있으며, 은사들에 관해 언급하는 병행 구절들에서 사용되고 있다(고전 12:4, 9, 28, 30, 31). 바울은 이 두 용어들을 하나의 단락에서 나란히 사용한 적이 두 번 있다(고전 1:4, 7, 롬 12:6). 따라서 *charisma*는 여러 가지 형태의 사역을 위해 하나님의 은혜(*charis*)가 구체적으로 명시되는 것으로 짐작된다. [*charis, charisma*]

그리스도의 <u>선물</u>의 <u>분량</u>대로(According to the <u>measure</u> of the <u>gift</u> of Christ, *kata to metron tēs dōreas tou Christou*) – 첫 번째 단어는 그리스도께서 각 신자에게 선물을 주실 뿐 아니라 그 선물의 양도 결정하신다는 개념을 지닌다. 두 번째 단어인 *dōreas*는 에베소서 3장 7절에서 논의했으며, 하나님께서 은혜로 주신 선물을 나타낸다. 이 구절은 바울이 은사에 대해 말하고 있는 로마서 12장 6–8절과 일치한다. 그는 그곳에서 은사들은 주어진 은혜에 따라 다르며, 은혜에 따라 사용되고 있다고 말하고 있다. 그리스도께서 선물의 분량을 결정하시기 때문에 한 몸, 즉 교회에서 서로 질투해서는 안 된다. [*metron, dōrea*]

4:8. 그가 포로들을/ 사로잡혔던 자들을 사로잡았다(He captured the captives/ captivity captive, *ēchmalōteusen aichmalōsian*) – 이것은 시편 68편의 인용이다. 시내 산에 임재하신 하나님께서는 지금 시온에 거주하신다. 하나님께서는 시온으로 올라가시기 위해 가나안을 정복하셨다. 그 결과 많은 포로들이 생겨났다. 동사 *ēchmalōteusen*는 신약에서 에베소서 4장 8절에서만 사용된다. 같은 어원의 명사 *aichmalōsian*는 신약 시대 이전에는 희귀 단어였다(Diodorus Siculus 20.61.8). 흥미로운 것은 이 단어가 군사적으로 포로들에 대해 줄곧 사용되고 있다는 점이다(TDNT 1:195–97). 하나님께서 적들을 정복하고 전리품들을 획득하시고, 그것들을 자신에

게 속한 사람들에게 나눠주시는 시편 68편에서도 이런 의미로 사용되고 있는 것이 틀림없다. 여기에서 선물은 물질적인 것이 아니라 영적인 것이다. [*aichmalōteuō, aichmalōsia*]

4:9. 땅의 더 낮은 곳들(Lower parts of the earth, *ta katōtera [merē] tēs gēs*) – 비교급 형용사인 *kaōtera*는 '…아래의, 보다 낮은'을 뜻하는 *katō*에서 파생했다(BAGD, 425, BDAG, 535). 복수 *merē*는 어느 한 나라의 지역이나 지방의 부분들이란 개념을 지닌다(BAGD, 506, BDAG, 633, 어떤 사람들은 명사 *merē*가 원문에 존재한다는 것을 의심하지만 본래부터 있었다는 충분한 사본상의 증거가 있다). 그런데 '땅의 더 낮은 곳들'이 지칭하는 것이 무엇인가? 첫째, 어떤 사람들은 땅보다 더 아래에 있는 부분들이나 땅의 밑에 있는 부분들, 즉 그리스도께서 내려가신 하데스(Hades, '음부', 예를 들면 Jerome, 엡 4:9)로 해석한다. 그러나 이것은 어느 곳에서도 예수님께서 하데스로 가셨다는 개념을 찾아볼 수 없으므로 타당성이 없어 보인다. 둘째, 다른 해석자들은 '낮은 곳들'은 하늘과 구분되는 의미에서의 땅을 가리키며, 그리스도의 성육신을 가리킨다고 생각한다(예를 들면, Theodore of Mopsuestia, 엡 4:5–8, Calvin, 176). 성육신을 표현하는 더 간단한 방법이 있기는 하지만 이것이 설득력 있는 견해다. 셋째, 어떤 사람들은 그리스도께서 땅의 낮은 곳, 즉 무덤으로 내려가신 것을 가리킨다고 생각한다(Hoehner, 535–36). 이 견해는 사단과 죄를 이기고 승리하신 그리스도의 성육신과 죽으심 둘 다를 포함한다. 예수님의 매장은 그분의 죽으심을 입증한다. 예수님의 승천은 그분이 죽기 전에 발생할 수 없었다. 이 견해는 땅의 더 낮은 곳, 즉 땅 속을 뜻하는 비교급 형용사 *katōtera*의 사용에 대한 훌륭한 설명이다. [*katōtera, merē*]

4:11. 사도들(Apostles, *apostolous*) – 에베소서 1장 1절과 2장 20절에서 논의한 이 용어는 '메신저, 사절, 보냄을 받은 사람'이란 개념을 지닌다(MM, 70, BDAG, 99, BDAG, 122). 이 문맥에서 사도는 사도직의 은사를 가리킨다. 최초의 열두 제자들 외에 예수님의 공적 사역에 동행하지 않았고, 예수님의 부활의 증인도 아니었으면서도 사도의 명단에 포함되는 사람들이 있었다. 그들 가운데 몇 사람을 지목하면 바나바(행 14:4, 14, 고전 9:5–7), 주의 형제 야고보(고전 15:7, 갈 1:19), 아볼로(고전 4:6, 9), 실바누스(살전 2:6[2:7, GT]), 디도(고후 8:23), 에바브로디도(빌 2:25), 안드로니고와 유니아(롬 16:7) 등이 있다. 표면상으로 다른 사람들의 발이 닿지 않은 지역들에서 교회를 설립하는 것이 사도의 중요한 직무인 것 같다(롬 15:20). [*apostolos*]

선지자들(Prophets, *prophētas*) – 이 용어는 에베소서 2장 20절에서 논의했다. 이 용어는 구약의 선지자들이 아니라, 신약의 선지자들을 가리킨다. 왜냐하면 바울이 교회에 유익한 여러 가지 은사를 받은 개인들을 소개할 때의 순서와 동일하기 때문이다(4:11, 비교–고전 12:28, 29). 구약의 선지자들과 마찬가지로 신약의 예언의 은사에는 다른 은사들에서 발견할 수 없는 예견적인 요소가 포함되어 있다(살전 3:4, 4:6, 14–18, 갈 5:21). 사도의 경우는 구전과 문서 형식으로 메시지를 선포하고, 교회를 설립하고 성장하게 하는 특정한 임무를 하나님께서 맡기셨다는 것이 더 강조되었다. 반면에 선지자들의 경우에는 하나님의 계시의 전달이 강조되었다. [*prophētēs*]

복음 전도자들(Evangelists, *euaggelistas*) – 목록에서 세 번째로 언급하고 있는 은사자는 바로 복음 전도자들이다. 이 용어는 신약에 두 번 더 나온다. 즉, 처음에는 빌립의 호칭으로(행 21:8), 다음에는 바울이 디모데에게 수행하라고 명령한 직분의 일종으로(딤후 4:5) 등장한다. 예언자들은 필요할 때 계시를 선언했지만, 복음 전도자들은 계속해서 그리스도의 구원의 메시지를 말했다(Eadie, 303). 복음 전도자의 직무는 메시지를 새로운 지역에 전파하는 오늘날의 선교사들과 유사하다(Barth, 438). 이를테면, 빌립은 메시지를 가지고 예루살렘과 가사(Gaza) 사이의 지역으로 갔으며, 거기에서 에디오피아의 내시를 만났고 그에게 예수님의 메시지를 설명해주었다. 내시가 믿는 것을 보고 빌립은 그에게 세례를 베풀었다. 결론적으로 복음 전도자들은 사람들을 회심시켜 믿음을 갖게 하는 사람이며, 선지자들은 성도들을 온전하게 하는 데 필요한 계시를 들려주는 사람이었을 것이다. 이 직무들 가운데 중첩되는 부분이 있는 것 같다. [*euagglistēs*]

목사들(Pastors, *poimenas*) – 고전 문학에서 사용된 이 용어는 '목동'(Homer, Odyssea 10.82–85) 또는 목자(Euripides, Bacchae, 714, Plato, Theatetus, 174d, Respublica 1.16 § 343a)라는 뜻이다. 은유적으로 '사람들의 목자'였던 사람(Homer, Ilias 2.243), 또는 '수장, 지도자, 족장'으로 불리는 사람(Homer, Ilias 2.85, Aeschylus, Supplices, 767, Euripides, Phoenissae, 1140)이다. 예수님께서는 자신의 양 무리의 선한 '목자'라고 주장하셨으며, 신약의 기록자들은 예수님을 신자들의 '목자'로 두 번 묘사한다(히 13:20, 벧전 2:25, 비교–BAGD, 684, BDAG, 843, TDNT 6:495–99, NIDNTT 3:564–68, LN §§44.4, 53:72). 이 구절에서 이 용어는 목자가 자신의 양을 돌보는 것처럼 자신의 회중을 돌보는 사람인 '목사'로 번역하는 것이 좋다. 목사의 직무에는 어려움 당한 성도들을 섬기고, 모든 신자들을 권면하고 위로하며, 지역 회중의 활동을 관리하는 것이 포함된다. 이 용어를 은사의 사용과 관련지어 이해하는 것에는 조심해야만 한다. 그러므로 이 용어는 기능에 대한 묘사일 뿐 직무와는 관련이 없다(Jeremias, TDNT 6:497–98). [*poimēn*]

교사들(Teachers, *didaskalous*) – 이 단어는 처음부터 '교사'라는 뜻으로 사용되었다(Homer, Hymnus Mercurium, 556, Aeschylus, Prometheus Vinctus, 110). 본질적으로 이 단어는 실제적 문제들과 기술들에서 뿐만 아니라 도덕적 판단에 대한 가르침을 묘사한다(TDNT 2:149). 예수님께서는 친구들과 적 모두에게서 '선생'으로 불리셨고(마 8:19, 9:11, 12:38, 17:24, 19:16, 22:16, 요 3:2, 11:28), 자신을 '선생'으로 칭하기도 하셨다(요 13:13). 예수님께서는 내용을 가르쳤을 뿐만 아니라 주변 사람들을 불러 모았던 유대의 랍비를 자신의 역할 모델로 삼으셨다(TDNT 2:153). 하지만 예수님의 가르침과 서기관들의 가르침 사이의 특징적인 차이는 예수님의 가르침이 권위 있는 자와 같았다는 데 있다(마 7:29, 막 1:22, 눅 4:32). 또한 지역 회중에서 가르치는 것은 성경에 기초를 둘 때 권위를 드러내게 된다. 교사들은 다양한 견해들을 내놓지만 어떤 결론에 이르지 못하는 서기관들을 닮아서는 안 된다. 선지자는 '성령의 직접적인 자극과 영향 아래' 말했지만(Ellicott, 87, 비교-고전 14:30), 교사는 선지자가 이미 계시한 내용이나 성경에 대한 가르침을 제공했다. 또한 선지자의 역할에 포함된 예언적인 기능은 교사의 영역에 속하지 않았다. [*didaskalos*]

4:12. 준비/ 채비를 갖춤(Preparation/ equipping, *katartismon*) – 이 용어가 수족이나 뼈를 맞추는 의료 행위나 어깨의 치료를 다룬 아폴로니오스 시티엔시스(Apollonius Citiensis)의 작품에서 45회 사용되고 있기는 하지만, 신약 시대 이전에는 잘 사용되지 않았다(1.1, 2, 2.1, 4, 3.4, 4.2, 비교-Soranus, Gynaeciorum 4.16.3, 37.1, A.D. 1세기 혹은 2세기). 신약 시대에 이 용어는 방에 가구를 설치하거나 의상을 준비하는 것에 대해 사용되고 있다(MM, 332). 이 용어는 신약에서 여기에만 발견된다. 하지만 동사 *katartizo*는 자주 발견되며, '설치하다, 설비하다'(Diodorus Siculus 13.70.2) 또는 '가르침을 받다, 훈련을 받다'(*Polybius*)라는 의미뿐만 아니라 정치적 당파들을 화해시킬 때처럼 '조정하다, 정돈하다, 회복하다, 수리하다'(Herodotus 5.28,30.106)라는 의미를 지닌다. 이 준비에는 교회에서 신자들이 효율적으로 섬길 수 있도록 가르치고 준비하게 하는 일이 포함된다. 성령의 은사들을 받는 것도 중요하다. 그러나 그 은사들을 교회를 세우는 데 효과적으로 사용하는 방법을 배우는 것 역시 못지않게 중요하다. [*katartismos, katartizō*]

4:13. 하나님의 아들에 대한 <u>지식</u>(<u>Knowledge</u> of the Son of God, *epignōseōs tou huiou tou theou*) – 이 단락에서는 믿음의 통일성뿐만 아니라 그리스도에 대한 지식의 통일성 안에서 교회를 성장시키기 위해 그리스도께서 은사들을 주시는 것(7절)과 그 은사를 받은 사람들(11절)을 다루고 있다. [*epignōsis*]

장성한 사람(Mature person, *andra teleion*) – 형용사 *teleion*은 문자적으로 '목적에 도달한'(*telos*, MM,629)이란 뜻이다. 이 용어는 '완전한, 흠이 없는' 제물에 대해(Homer, Ilias 1.66), '완전히 성장한' 동물들에 대해(Herodotus 1.183), 어린아이와 대조되는 의미에서의 '성장한' 혹은 '장성한' 사람에 대해(Plato, Leges, 11 §929c, Xenophon, Cyropaedia 1.2.4, 12, 14, Philo, Sobr. 2 §9, Plutarch, Moralia: Quaestionum convivalium 5.7.1 §680d) 사용된다. 이것은 예수님께서 청중들에게 하늘에 계신 아버지처럼 온전해야만 한다고 설명하실 때 사용한 '절대적으로 완전한'이란 뜻이다(마 5:48, 비교-롬 12:2, 고전 13:10, 히 9:11, 약 1:17, 25, 3:2). 이것은 온전하게 바쳐진 것(마 19:21, 요일 4:18)을 뜻하거나 하나님 앞에서의 미성숙함과 반대되는 의미의 장성함(고전 2:6, 14:20, 빌 3:15, 골 1:28, 4:12, 히 5:14, 약 1:4)을 의미할 수 있다. 이 구절에서 이 용어는 윤리적으로 완벽하다는 뜻으로 사용된 것이 아니다. 왜냐하면 이런 일은 그리스도의 재림 때만 발생하기 때문이다(고후 4:13-5:10, 빌 3:20-21). 그보다 이것은 '다 자라거나 장성한'이란 윤리적 개념을 지닌다. 다음 구절에서 언급된 미성숙하고 흔들리기 쉬운 어린이들과 대조된다. [*teleios*]

그리스도의 충만한 성장의 분량에 이르기까지(To the measure of Christ's full stature, *eis metron hēlikias tou plērōmatos tou christou*) – 첫 번째 단어 '분량'은 7절에서 논의했다. 두 번째 단어 *hēlikias*는 고전 시대에 일반적으로 '나이'란 개념을 지녔지만(Pindar, Olympian Odes 4.27, Herodotus 1.26, 3.134), 분별력을 좀 더 적절하게 행사할 수 있는 노년 세대를 가리켰을 것이다(Homer, Ilias 22.419, Pindar, Pythian Odes 4.157, Plato, Laches, 180d). 이 개념은 앞 구절의 '온전한'(*teleion*)과 다음 구절의 '어린 아이들'(*nēpioi*)과 잘 어울린다. 이것은 '분량'과 동격으로 간주하여, 그리스도의 충만함의 성장으로 이해하는 것이 적절하다. 세 번째 단어 *plērōmatos*('충만함')는 에베소서에서 이미 3회 나왔으며(1:10, 23, 3:19), 1장 23절에서 논의했다. 이것은 능동태로는 '채우다', 수동태로는 '채워지다'라는 뜻이다. 이 구절에서 능동태로 사용되고 있다. 그리스도께서는 하나님의 충만함이시며, 적극적으로 교회를 채우시는 분이다. 이 세 단어들을 논의할 때에, 서로 어떤 관련이 있는지를 이해하는 것이 중요하다. 간단히 말하면 성장(*hēlikias*)을 '분량'(*metron*)과 동격으로, 충만함(*plērōmatos*)이 '성장'(*hēlikias*)을 설명하는 것으로, '그리스도'를 소유격 명사로 간주하여 '분량, 즉 그리스도의 충만한 성장에 이르기까지' 또는 '그리스도의 충만한 성장의 분량에 이르기까지'로 번역하게 된다. 각 지체는 자신에게 분량대로 주어진 은사를 사용하며, 각 지체가 이것을 이룰 때에 몸은 그리스도의 충만한 성장에 이르게 된다(13절). [*metron, teleios, plērōma*]

4:14. 교활함/ 속임수(Cunningness/ trickery, *kybeia*) – 이 명사는 문자적으로 '주사위 놀이'란 의미이며(Plato, Phaedrus, 274d, Xenophon, Memorabilia 1.3.2), 동사 *kybeuō*는 '속이는, 주사위 놀이를 하는'이란 뜻이다(Epictetus, Dissertationes 2.19.28, 3.21.22). 이것은 속임수를 위해서 납을 박은 주사위를 가리킬 수도 있으며, 따라서 '교활함, 속임수, 간계'를 의미한다(BAGD, 456, BDAG, 573, LN §88.157). 이 용어는 70인경에 나오지 않으며, 신약에서 여기에만 나온다. [*kybeia, kybeuō*]

술수(Deceitfulness, *panourgia*) – 이 용어는 앞의 명사와 동의어이며, 어원상으로 '모든 것들을 움직이는 능력이 있는'이란 의미다. 이것은 '분별'(잠 1:4, 8:5)이라는 긍정적인 의미를 전달할 수도 있지만, 보통은 '사기, 비열, 속임, 간사'와 같은 부정적인 뜻을 내포한다(Aeschylus, Septem contra Thebas, 603, Sophocles, Philoctetes, 927, Plato, Leges, 5 §747c). 신약에서 이것은 5회 나오며(눅 20:23, 고전 3:19, 고후 4:2, 11:3, 엡 4:14), '간계, 속임, 술수'라는 부정적 의미를 지닌다(BAGD, 608, BDAG, 754, NIDNTT 1:412–13, LN §88.270). 이것은 앞의 전치사구를 강조하는 역할을 하고 있으며, 속임수가 술수를 사용하여 이루어진다는 것을 보여준다. [*panourgia*]

실수의 책략을 위해(Towards a scheme of error, *pros tēn methodeian tēs planēs*) – 단어 *methodeian*은 신약 시대 이전에 사용되지 않았으며, 신약 시대 이전부터 사용되던 '절차, 과정, 방법'을 뜻하는 단어인 *methodos*에서 생겨났다(Plato, Respublica 7.13 §533c). *Methodos*

는 70인경에 단 2회 나오며(에 6:13 [8:12n]-맛소라 사본에는 없음, 제2 마카비 13:18), 거기에서 이 단어는 군사적 책략과 관련이 있다. 신약에서 *methodeian*은 여기와 6장 11절에만 나온다. '방법' 또는 더 적절하게는 '전략, 계획'으로 번역할 수 있는데, 모두 부정적인 뜻을 함축하고 있다(BAGD, 499, BDAG, 625, TDNT 5:102-03, NIDNTT 3:943, TLNT 2:462, LN §88.158). 다음 단어인 *planēs*는 고전 시대에 '방랑하는, 배회하는'이란 뜻으로 사용되었다(Herodotus 1.30, 2.103). 은유적으로 '타락하다' 또는 '타락하게 하다'라는 의미를 전달한다(Plato, Phaedrus, 81a, Respublica 6.17 §505c). 이 단어는 신약에 14회 나오며, 바울 서신에 4회 나온다(롬 1:27, 엡 4:14, 살전 2:3, 살후 2:11). 이 단어 역시 '속임, 기만, 실수'를 뜻한다(BAGD, 665-66, BDAG, 822, TDNT 6:228-53, NIDNTT 2:457-61, LN §§31.8.10). 대부분의 경우에 '실수'라는 개념이 매우 적합하다. 이 문맥에서는 이 의미로 번역하는 것이 가장 좋은 방법이다. 따라서 사람들은 한마디로 자신들의 목적(계획)을 위해 속임을 특성으로 하는 술책을 사용한다(5:6 비교). 이것은 다른 사람들이 동일한 실수를 범하도록 유혹할 의도로 실수를 널리 선전한다는 뜻이다(롬 1:32 비교). 이런 점은 오늘날의 신흥 종교들의 책략에서 분명하게 나타난다. 그들은 자신들이 퍼트리기를 원하는 실수에 대한 책략을 갖고 있다. 특히 성경을 사용할 때 속임수와 미혹으로 하나님과 그분의 말씀에 대한 적절한 이해가 부족한 미성숙한 신자들을 혼란에 빠뜨린다. [*methodeia, planē*]

4:15. 참된 것을 하여(Being truthful, *alētheuontes*) - 이 동사의 의미에 대해서는 논란이 있다. 고전 시대에 이 동사는 '진리를 말하다'(Xenophon, Memorabilia 1.1.5, Plato, Respublica, 9 §589c), '진실로 여기다, 진실임을 입증하다'(Aeschylus, Septem contra Thebas, 562, Hippocrates, Prognosticum 25.16)라는 뜻이었다. 70인경에서 이 단어는 5회 나오며(창 20:16, 42:16, 잠 21:3, 사 44:26, 시락서 34:4), 서로 다른 네 개의 히브리 단어들에 대한 번역이다. 이 동사는 진리를 말한다는 개념보다는 진실로 드러나다, 진실임을 증명하다라는 윤리적 의미로 사용되고 있다. 구약과 헬라 문학 모두에서 명사 *alētheia*는 사실, 즉 어떤 일들의 실제 상태를 뜻한다(TDNT 1:238). 신약에서 이 단어를 사용하고 있는 다른 한 곳은 갈라디아서 4장 16절로서, 그곳에서 이 단어는 '진리를 말하다'라는 의미를 나타낸다. 하지만 에베소서에서는 '참된 생활을 하다'가 이 단어의 가장 적절한 의미다(BAGD, 36, DAG, 43, TDNT 1:251, LN §33.251). 거짓과 속임을 나타내는 세 개의 전치사구가 있는 선행절과 달리, 현재의 이 단어는 행위와 말이 모두 진실하거나 신실한 것에 대해 말하고 있다. [*alētheuō*]

머리(Head, *kephalē*) - 에베소서 1장 2절에서 논의한 이 용어는 반드시 본질적으로 권위나 원천을 의미하지는 않는다. 하지만 문맥은 이런 측면들 가운데 하나를 강조할 때가 있다. 1장 22절의 문맥이 그리스도를 머리, 즉 통치자 또는 권위를 지닌 분으로 묘사하는 것은 확실하다. 왜냐하면 그 단락은 만물이 그리스도의 발아래 복종하게 되는 것에 대해 구체적으로 말하고 있기 때문이다. 하지만 현재의 문맥은 이 용어를 이런 의미로 사용하고 있지 않다. 그보다는 원천(7절)과 목표(15절)의 개념이 더 잘 어울린다. 이 구절은 우리의 성장의 목표나 목적은 그리스도의 성장을 기준으로 한다는 것을 강조하고 있다. 원천의 개념은 '그에게서'(16절)란 전치사구를 사용하고 있는 다음 구절에서 표현되고 있다. [*kephalē*]

4:16. 함께 연결되고 결합되어(Being fitted and held together, *synarmologoumenon kai symbibazomenon*) – 첫 번째 분사 *synarmologoumenon*은 이 구절과 에베소서 1장 22절에서만 사용되고 있으며, *synarmologeō*에서 파생한 것으로 1장 22절에서 논의했었다. 두 번째 분사 *symbibazomenon*는 *symbibazō*에서 파생한 것으로, 문자적으로 '합치다, 조립하다'라는 뜻이며, 비유적으로 '복종하게 하다, 화해시키다'라는 의미다(Herodotus 1.74, Thucydides 2.29.6, Plato, Protagoras, 337e). 이것은 철학적으로 분석을 통한 비교의 방법을 사용해서 결론을 도출할 때(Plato, Hippias Minor, 369d, Republica, 6 §504a, Aristotle, Topica 7.5 § 150a.36, 8.3 154b.27, 8.11 §157b.37–38), 또한 어떤 것을 입증하거나 증명하기 위해 논증들을 결합할 때(Aristotle, Topica 7.5 §154.27, 8.11 § 157b.37) 사용되었다. 이것은 70인경에서 10회 나오며(출 4:12, 15, 18:16, 레 10:11, 신 4:9, 사 13:8[B text], 시 32:8[70인경의 31:8], 사 40:13, 14, Theodotion, 단 9:22), 네 개의 히브리 단어들에 대한 번역이고, 항상 '가르치다, 교육하다'라는 의미를 지닌다. 가르치는 것은 사실들과 논증들을 결합하는 과정이다. 신약에서 이 단어는 7회 나오며, '결론 짓다, 추론하다'(행 16:10), '증명하다, 입증하다'(행 9:22), '가르치다'(행 19:33, 사 40:14을 인용하고 있는 고전 2:10), '결합하다, 연합하다'(골 2:2, 19) 등과 같은 다양한 의미를 지닌다. 이 문맥에서 '결합하다, 연합하다'라는 의미가 적합하며, 골로새서 2장 19절과 병행 구절이다. '결합시키다'(NASB, TEV, NIV, NRSV)와 '근본적으로 연결되다'(BAGD, 777, BDAG, 956–57, TDNT 7:763–66, LN §28.46, 30.82, 33.298, 63.5)가 좋은 번역이다. 변호사가 명확한 진술을 위해 논리적 방법으로 증거들을 정리할 때처럼, 교사가 이론을 증명하기 위해 논리적 순서로 빈틈없이 주장하는 것처럼, 신자 개개인은 서로 결합한다. 신자들의 결합은 그들이 동일한 주님에 의해 속량함을 받고, 은사를 받는다는 점에서 외적일 뿐 아니라 성령이 그들 안에 계신다는 점에서 내적이기도 하다. [*synarmologeō, symbibazō*]

서로를 <u>받쳐주는 결합</u>으로 말미암아(Through every <u>supporting connection</u>, *dia pasēs haphēs tēs epichorēgias*) – 이 두 단어들의 의미는 해독하기가 몹시 어렵다. 첫 번째 단어 ***haphēs***는 고전 문학에서 불을 '밝히거나 붙이다'(불의 접촉에 의해, Herodotus 7.215, Dionysius of Halicarnassus 11.33, Diodorus Siculus 19.31.1), '건드리다'(Aeschylus, Prometheus Vinctus, 859, Plutarch, Pericles 15.4), 표면을 '접촉하다'(Aristotle, Physica 4.5 §213a, 5.3 §227a.17), '접촉감, 접촉 감각'(Plato, Respublica, 7 §523e, Aristotle, Ethica Nicomachea 3.10.9, 10 § 1118a.31, 33), '힘줄'(Lightfoot, Colossians, 199)

을 뜻했다. 이 명사의 일반적인 개념은 '접촉'이나 '만짐'이다. 구약에서의 전문적 어법에서 이 용어는 접촉에 의해 질병이 의복들(레 13:47)과 집들과 집의 벽들(14:34-48)에 퍼지는 것을 나타낸다. 그러므로 '접촉'은 구약에서 이 용어가 주로 사용되는 의미이며, 다른 개념들은 발견되지 않는다. 이 문맥에서 대부분의 역본들(AV, RV, ASV, RSV, NASB, NEB, TEV, JB)과 주석학자들(Hodge, 242, Eadie, 322, Ellicott, 94, Salmond, 337, Schnackenburg, 189, Bruce, 353)은 '관절'로 번역한다. 그 이유는 건물에서 여러 가지 연결 부분들이 건물의 기능에 중요한 것처럼, 사람의 몸의 관절들은 신체적인 기능에 중요하기 때문이다. 이 견해가 지닌 문제점은 '관절들'이 전체, 즉 이 특별한 기능을 할당받은 사람들을 결합할 책임이 있다고 생각하는 것이다. 이 생각은 몸의 모든 지체들이 몸의 결합에 대해 책임이 있다고 선언하는 성경과 일치하지 않는다. 더 나아가 이 정의가 정당하다는 고전적인 증거도 없다. 따라서 '접촉'이 고전 문학과 70인경에서 이 단어의 두드러진 의미이고, 여기에서도 가장 적절한 의미이기 때문에 수용하기에 가장 좋은 견해라 할 수 있다. 이것은 '접촉' 또는 '결합'으로 번역된다. 실제로 여기에서 후자가 더 나은 번역인데, 이것이 두 대상 사이의 결합, 이 경우에는 신자들이 서로 '접촉'할 때의 결합을 의미하기 때문이다. 신자들의 몸에 적용할 때 몸의 결합과 성장은 은사들을 사용할 때 다른 지체들과의 접촉이나 상호 반응을 통해 발생한다. 몸은 하나이지만 지체들은 구분된다. 이 과정에서 필요로 하는 것은 소수의 선택된 신자가 아니라 모든 신자다.

두 번째 단어인 *epichorēgias*는 신약시대 이전에 등장하지 않았다. 이 단어의 동사형은 신약에서 5회 발견되며, 영원한 나라에 들어가는 것을 허락하다(벧후 1:11), 씨 뿌리는 사람에게 씨앗을 공급하다(고후 9:10), 신자들에게 성령을 제공하다(갈 3:5), 믿음에 덕을 더하다(벧후 1:5), 그리스도의 몸에 영양분을 공급하다(골 2:19)는 의미로 사용되고 있다. 명사형은 이 문맥과 다른 한 곳에만 발견되며(빌 1:19), 성령의 도우심이라는 의미를 전달한다. 이 문맥에서 '공급하다'라는 단어를 사용할 수도 있으나 '받쳐주다'가 가장 적합해 보인다.

'접촉'과 '받쳐줌'이 어떤 관련이 있는가에 대해 상당한 논란이 있지만, 두 번째 명사가 한정 형용사의 기능을 한다고 보는 것이 최선이며, '서로를 받쳐주는 접촉이나 결합으로 말미암아'로 번역할 수 있다. 따라서 이것은 몸 전체를 전체의 성장에 도움이 되는 개별적인 접촉에 의해 서로 연결되고 결합되는 것으로 묘사하고 있다. 이것은 자신의 은사를 활용하는 각 지체가 몸의 다른 지체와 결합함으로써 온몸이 자라게 된다는 개념을 지지한다. [*haphē, epichorēgia*]

<u>분량</u>대로 <u>활동함</u>을 따라(According to the <u>working</u> in <u>measure</u>, *kat energeian en metrō*) – 에베소서 1장 19절에서 논의한 첫 번째 단어 *energeian*은 활동 에너지, 따라서 '활동함'의 개념을 전달한다. 에베소서 4장 7절에서 논의한 두 번째 단어 *metrō*는 '분량'이란 뜻이며, 이 장에서 세 번째로 나온다(7, 13, 16절). 각 사람은 더도 말고 덜도 말고 자신이 받은 은사의 분량대로 제공한다. 육신은 이 원리가 적용되는 훌륭한 사례다. 예를 들면, 간세포가 정상보다 더 활동하게

된다면 결국 몸을 상하게 할 것이다. 이뿐 아니라 간세포가 활동을 멈춘다면, 몸의 다른 부분들이 그 기능을 대신하지 못하기 때문에 비참한 결과에 직면하게 될 것이다. 마찬가지로 그리스도의 몸의 각 지체는 그리스도께서 자신에게 주신 분량대로 기능해야 한다(7절). 지체들이 자신들의 책임을 다할 때 그리스도의 몸은 적절하게 성장할 수 있다. [*energeia, metron*]

4:17. 걷다(Walk, *peripatein*) – 에베소서 2장 2절에서 논의한 이 단어는 문자적으로 '걸어가다'라는 의미이며, 비유적으로 행동이나 생활 방식을 가리킨다. [*peripateō*]

그들의 마음의 <u>허망한</u> 것으로(In the <u>futility</u> of their minds, *en mataiotēti tou noos autōn*) – 형용사 *mataiotēti*는 희귀 단어다. 이것은 사람의 '헛됨' 또는 '공허함'을 의미한다(Philodemus, Volumina Rhetorica 6.32.6). 신약에서 이것은 단 3회 나오며, 사람이 자신의 목적에 도달하지 못할 때의 '헛됨, 공허'를 나타낸다. 베드로후서 2장 18절에서 이것은 아주 어리석은 것을 크게 떠들며 자랑하는 거짓 예언자들에 관해 말하고 있다. 로마서 8장 20절은 피조물이 저주에 의해 저지당해 그 목적을 완전히 이룰 수 없기 때문에 헛됨이나 무의미의 종이 되었다고 단언한다. 고린도전서 15장 17절에서 바울은 그리스도께서 다시 살아나시지 않았다면, 그들이 여전히 죄 가운데 있을 것이기 때문에 그들의 믿음이 '그 목적을 이룰 수 없을 것'이라고 말할 때 형용사 *mataios*를 사용하고 있다. 그러면 에베소서에서 무엇이 그 목적을 이루지 못한다는 말인가? 그것은 바로 마음이다. 마음의 최초의 목적은 하나님의 계시를 깨닫는 데 있었다. 그러나 타락은 그것을 불가능하게 만들었다. 따라서 '그들의 마음의 허망한 것'이라는 문구는 하나님의 계시를 깨닫지 못하는 마음의 무능력이라는 뜻을 전달한다. 이 무능력은 생명에 필요한 도덕적 결정들이란 목적에 도달하지 못하게 한다(롬 1:18–32). 신자는 이방인들이 보여주는 이러한 종류의 도덕적 무의미 가운데 행해서는 안 된다. [*mataiotēs*]

4:18. 무지(Ignorance, *agnoian*) – '무지, 지각의 결여'(Aeschylus, Agameninon, 1596)라는 의미로 사용된 이 용어는 70인경에서 28회, 정경들에서 17회 나오며, 다섯 개의 히브리 단어들에 대한 번역이다. 이것은 알지 못하고 범한 죄에 대해 사용되고 있다(레 5:18, 22:14, 전 5:5). 이것은 신약에서 단 4회 사용된다. 사도행전 3장 17절에서 베드로는 유대인들이 예수님을 십자가에 못 박을 때 무지 가운데서 행했다고 언급한다. 사도행전 17장 30절에서 바울은 십자가 사건 이전에 범한 죄들과 관련하여 알지 못하던 시대에는 하나님께서 간과하셨다고 말한다. 게다가 베드로는 신자들에게 전에 알지 못하던 때, 즉 회심하기 전에 따르던 사욕(벧전 1:14)을 본받지 말라고 말한다. 하지만 여기에서 이 단어는 하나님의 계시와 뜻에 관한 무지에 대해 말한다. 하지만 이것은 무지가 죄가 되지 않는다고 말하지 않는다. 무지는 하나님과 그분의 뜻에 대한 지식을 노골적으로 거절하는 것이다. 더 나아가 이 무지는 내적이다. 즉, 하나님이나 다른 외적 요인들로 인해 생기는 것이 아니라 바로 그것은 '그들 안에' 있는 것이다(Barth, 501, O'Brien, 321–22). [*agnoia*]

굳어짐(Hardness, *pōrōsin*) – 성경 전체에서 단 3회만 나오는(막 3:5, 롬 11:25, 엡 4:18) 이 용어는 단단하고 구멍이 많은 돌을 가리키며(NIDNTT 2:153, 비교–TDNT 5:1025–28), '우둔함, 무감각, 완고함'을 나타낸다(BAGD, 732, BDAG, 900, 비교–LN §27.52). 이 구절에서 이 용어는 생각과 이해 그리고 종교적이고 도덕적 행위의 의지나 의지력의 자리인 마음의 굳어짐을 묘사하는 데 사용되고 있다. 이것은 뚫고 들어갈 수 없으며, 하나님의 계시와 뜻을 이해하는 데 방해가 된다. [*pōrōsis*]

4:19. 무감각하게 되다(Become callous, *apēlgēkotes*) – 이 희귀 단어는 '의기 소침하게 되다, 절망하다'(Polybius 9.40.4) 또는 '고통을 느끼지 못하는, 감각을 잃은, 무감각한'(Thucydides 2.61.4, BAGD, 80, BDAG, 96, LN §25.197)이란 뜻이다. 70인경에는 나오지 않으며, 신약에서 여기에만 나온다. 이 문맥에서 바울은 이방인들이 자신들의 사악한 길들을 회개하지 않았다는 차원에서 그들을 감각 없는 자로 묘사하는 것이 아니다. 그보다 문맥은 그들이 하나님과 그분의 뜻에 대한 마음의 굳어짐으로 인해 하나님의 생명에서 멀어졌고, 하나님과 그분의 길들에 대해 무감각하게 되거나 감각을 상실하게 되었다는 것을 보여준다. [*apalgeō*]

방탕(Indecency, *aselgeia*) – 이 명사는 '방탕, 필요 이상의 자유, 한계가 없는 자유'의 개념을 전달하며(Plato, REspublica, 4 §424e), 성적인 욕망을 지칭한다(Polybius 36.15.4). 이 용어는 장난삼아 주먹으로 영향력 있는 사람을 때려서 시민들의 소요를 일으킨 엘키비아데스(Alcibiades)에 대해 사용되고 있다(Plutarch, Alcibiades 8.1). 이것은 개인적 표준들과 사회적 구속력을 고려하지 않고 주제넘게 행동하는 것이다(LN §88.272, Barclay, Flesh and Spirit, 31–33 비교). 이것은 70인경에서 2회만 나오며, 정치적 남용(제3 마카비 2:26)과 도덕적 방탕(솔로몬의 지혜서 14:26)을 가리킨다. 이것은 신약에 10회, 그 가운데 바울 서신에 4회, 에베소서에서는 여기에만 나온다. 이것은 성적인 욕망(막 7:22, 고후 12:21, 갈 5:19)과 연관되어 사용되며, 술 취함(롬 13:13, 벧전 4:3)과도 상관이 있다. 하지만 대부분의 시기 동안에 이 단어는 절제되지 않는 정욕을 따라 행동하려는 욕구에 대해 사용되고 있다(벧후 2:2, 7, 18, 유 4절, 비교–BAGD, 114, BDAG, 141, TDNT 1:490, LN §88.272). 이 구절에 나오는 이 단어에 가장 적합한 것은 바로 이 마지막 범주다. 이것은 하나님이나 사람들이 어떻게 생각하는지를 도외시하고 죄 짓는 것을 가리키며, '방탕한 행동, 외설'로 번역될 수 있다. [*aselgeia*]

더러운 것(Impurity, *akatharsias*) – 이 명사는 더러운 것, 불결, 또는 상처의 악취에 대해 사용되거나(Plato, Timaeus, 72c, Hippocrates, De fracturis 31.4) 데모스테네스가 다른 사람에게 해를 끼치기 위해 위증죄를 범한 경우처럼 도덕적인 불결을 가리킨다(Demosthenes, Orationes 21.119, 553). 신약에서 이 용어는 제의적인 불결을 가리키며(마 23:27), 다른 9회의 사용들은 도덕적 불결을 가리킨다(BAGD, 28–29, BDAG, 34, TDNT 3:427–29, LN §§70.54, 88.261). 이것은 성적인 불결(롬 1:24, 갈 5:19)이나 그 어떤 것으로 분류할 수 없는 불결(롬 6:19, 고후 12:21,

엡 5:3, 골 3:5, 살전 2:3, 4:7)에 대해 사용되고 있다. 이 문맥에서는 도덕적 불결의 뜻으로 사용되고 있다. 이것은 "인격 전체의 오염으로 말미암아 인생의 모든 영역이 더러워지는 것을 암시한다"(Barclay, Flesh and Spirit, 31). [*akatharsia*]

탐욕(Greediness, *pleonexia*) – 어원상으로 이 명사는 *pleon*과 *echō*의 합성어이고, 문자적으로 '내가 더 많이 가진다'라는 의미이며 '내가 더 원한다'라는 의미도 된다(TDNT 6:266-74, NIDNTT 1:137-38 비교). 이것은 '탐욕, 욕심'(Herodotus 7.149, Thucydides 3.82.8, Plato, Respublica 2.3 §359c), 자신의 이익을 위해 어떤 일을 하다(Thucydides 3,841.1, Xenophon, Memorabilia 1,6,12)라는 개념을 전달한다. 탐욕은 신약에서 사람 안에서 생겨나는 수많은 죄악들 가운데 하나에 들어가며(막 7:22, 롬 1:29), 물질적인 것을 탐내는 사람(눅 12:15, 고후 9:5), 모든 것을 좀 더 갖기를 원하는 사람(엡 5:3, 골 3:5, 벧후 2:14), 지위를 이용하여 이익을 취하는 사람(살전 2:5, 벧후 2:3)에 대해 사용된다. 여기에서 이것은 필요와 상관없이 갖고 싶은 것은 무엇이든지 더 갖기를 원한다는 개념을 잘 전달한다(LN §25.22, 88.144, 비교-BAGD, 667, BDAG, 824, TDNT 6:266-74, TLNT 3:117-19). 모든 문학에서 탐욕은 도저히 좋아할 수 없거나 바람직하지 않은 특성들과 극단적 이기주의의 개념을 전달하며, 중용의 반대말이다. 골로새서 3장 5절에서는 탐심을 우상 숭배와 동일시한다. 탐나는 물건이 생기면 그것이 삶의 중심을 차지하게 되고, 창조주 대신 그것을 숭배하게 된다(롬 1:23, 25). 그리스도인들은 하나님께서 자신들의 필요를 공급하신다는 것을 틀림없이 믿는 사람들이다. 따라서 탐을 내서는 안 된다. [*pleonexia*]

4:20. 그리스도를 배웠다(Learned Christ, *emathete ton Christon*) – 에베소서에서 여기에만 나오는 이 동사는 '교육의 결과로 정보를 획득하다'(LN §27.12), 즉 '배우다'라는 뜻이다(BAGD, 490, BDAG, 615, TDNT 4:390-413, NIDNTT 1:483-90, LN §§27.15, 32.14). 특히 그리스도는 배움의 대상이다. 신약에서 이 단어는 어떤 것들에 관해 배우다(마 9:13, 행 23:27, 고전 14:35, 빌 4:11, 계 14:3), 교리를 배우다(롬 16:17), 교훈을 얻다(마 24:32[막 13:28], 딤전 2:11, 히 5:8), 본보기를 보고 배우다(고전 4:6), 그리스도(마 11:29), 하나님(요 6:45) 그리고 사람들(갈 3:2, 빌 4:9, 골 1:7)에게서 배우다는 뜻으로 항상 사용되고 있기 때문에 이것은 독특한 표현이다. 그 배움의 실제적인 내용이 무엇인지 충분히 암시하고 있지 않지만, 그리스도를 개인적으로 아는 것이 바로 배움의 목적인 것 같다. 이것은 1장 17절의 묘사된 그를 아는 것과 비슷하다. 새사람의 삶은 율법을 배우는 것과 관련이 없다. 그보다는 그리스도에 관한 지식 때문에 그리스도와 더 친해지고, 그리스도를 기쁘시게 하려고 노력하면서 살아계신 그리스도를 '배우는 것'과 관련이 있다(Rengstorf, TDNT 4:410). [*manthanō*]

4:21. 진리(Truth, *alētheia*) – 어원상으로 이 단어는 '숨겨지지 않음'(TDNT 1:238), 따라서 거짓된 것과 대조되는 진실한 것 또는 '단순한 외양과 대조되는 사실'을 나타낸다(BAGD, 36, BDAG,

42, 비교–LN §§70.4, 72.2, NIDNTT 3:874–94). 여기에서 진리는 거짓이나 속임(*apatē*)과 반대되는 실재로 제시되고 있으며, 바울이 다음 구절에서 17–18절의 회개하지 않은 이방인들의 특성을 밝히기 위해 사용한 용어다. 그는 에베소 사람들이 그리스도를 배웠으며, 예수님이 진리라는 가르침을 받았다고 말한다. [*alētheia, apatē*]

4:22. 너희는 <u>벗어버리고</u>(You <u>have laid aside</u>, *apothesthai hymas*) – 부정사 *apothesthai*는 '비축하다, 저장하다'는 뜻이며(Homer, Ilias 16.254), 중간태일 경우 '떠나다, 버리다'(Homer, Ilias 3.89) 또는 옷을 '벗어 버리다'(Herodotus 4.78)로 번역된다. 이것은 감옥에 '가두다'(마 14:3), 해로운 것들을 '버리다, 제거하다'(롬 13:21, 골 3:8, 히 12:1, 약 1:21, 벧전 2:1), 옷을 '벗다'(행 7:58)는 의미다. 이 표현은 새사람을 입으라는 24절과 대조되며, 옷을 벗는다는 개념을 전달한다. 여기에서 부정사의 과거 시제는 처음의 행동을 나타내는데, 아마도 회심을 가리키는 것 같다. 또한 옷을 벗고 입는다는 의미의 조동사들은 과정보다는 이미 성취된 사건들을 강조한다. 역본들은 이 부정사를 그리스도인들이 자신들의 삶에서 이행해야 할 명령으로 간주하는 경향이 있지만, 신자들에게 그리스도 안에서 옛사람을 벗어버리라고 가르치는 것으로 보는 것이 더 적절하다. 부정사의 과거 시제는 바울이 '옛사람과 그 행위를 벗어버리고'라는 과거 수동태 분사를 사용하여 동일한 개념을 표현하고 있는 골로새서 3장 9–10절과 비슷한 구문이다. [*apotithēmi*]

<u>생활 방식</u>(<u>Lifestyle,</u> *anastrophēin*) – 두 번째 단어 *anastrophēin*는 2장 3절에 나오는 동일한 어원을 지닌 동사와 마찬가지로 매우 광범위한 의미를 지닌다. 동사와 마찬가지로 초기의 문자적 의미는 '뒤집다, 뒤돌아서다, 뒤집어엎다'였다(Euripides, Andromoche, 1007). 그러나 이것은 '행동, 행위'(Polybius 4. 821)의 개념뿐 아니라 '장소에 거주하는' 또는 '거주하다'(Aeschylus Eumenides 23)라는 의미를 지닌다. 여기에서 바울은 사람의 생활이나 행동 방식에 관해 말하고 있다. [*anastrophē*]

썩어져 가는(Being corrupted, *phtheiromenon*) – 이 동사는 능동태일 경우 '파괴하다, 파멸시키다'(Homer, Odyssea 17.246, Herodotus 1.76), 수동태일 경우 '멸망당하다, 멸하다'(Sophocles, Ajax, 25)라는 뜻이다. 이것은 도덕적인 면에서 '타락하게 하다, 파멸시키다, 부패하게 하다'라는 뜻이다(Aristotle, Ethica Nicomaches 7.8.4 §1151a.15). 이 문맥에서는 '썩어져 가다'로 번역하는 것이 좋다(TDNT 9:103, BAGD, 857, BDAG, 1054). 현재 시제는 계속되는 행위를 나타내며, 이것은 회개하지 않은 사람 안에서 부패가 계속해서 진행되고 있음을 암시한다. 또한 이 동사는 수동태로서 욕심 때문에 받아들이고, 욕심 때문에 추진되어지는 행위를 나타낸다. [*phtheirō*]

4:23. 새롭게 되다(Being renewed, *ananeousthai*) – 이 부정사는 일반적으로 '새롭게 하다'(Thucydides 5.18.9, 43.2, 46:4, 7.33.4)라는 의미다. 이 부정사는 신자들이 새로운 마음을 받은 사람들임을 암시하는 현재수동형으로 간주하는

것이 좋다. 새로워지는 과정은 신자들의 생애 내내 반복해서 발생한다(Faning, Verbal Aspect, 360). 이것은 옛사람을 벗어버리고(22절) 새사람을 입는 것(24절)과 관련이 있는 최초의 행위와 대비되며, 골로새서 3장 10절의 병행구절과 일치한다. [*ananeoō*]

4:24. 너희는 입고 있다(You have put on, *endysasthai*) – 또 하나의 부정사인 이 용어는 능동태로 어떤 사람에게 '옷을 입게 하다, 옷을 입히다'(Homer, Ilias 2.42, 10:21, Herodortus 2.81)라는 뜻이거나 중간태로 '옷을 입다, 옷을 걸치다'(Homer, Ilias 2.578, 11:16, Herodotus 7.218, Thucydides 1.130.1)라는 뜻이다. 이것은 문자적으로나 비유적으로 옷들을 입는 것과 관련이 있다(눅 24:49에서는 중간태로만, 롬 13:12, 14, 고전 15:53[2회]). 이 문맥에서 중간태의 과거 시제는 신자들이 회심으로 옛사람을 벗어버릴 때 새사람을 입게 된다는 가르침을 받았음을 암시한다. 옛사람이 더 이상 새사람에게 남아 있지 않다는 것에 주목할 필요가 있다. 이원론을 암시하거나 내포하고 있는 것이 아니다. 사람은 동시에 그리스도인과 비그리스도인이 될 수 없다. [*endyō*]

<u>의</u>와 <u>진리</u>의 <u>거룩함</u>으로(In <u>righteousness</u> and <u>holiness</u> of <u>truth</u>, *en dikaiosynēkai hosiotēti tēs alētheias*) – 신약에서 의는 하나님의 의로운 속성(롬 3:25–26)이나 하나님과 올바른 관계에 있는 사람(롬 3:21–22, 4:3, 5)을 가리킨다. 이것은 사람의 의(마 5:20, 롬 10:3) 또는 의롭다고 인정받고 있는 개인의 행동(롬 6:13, 빌 1:11, BAGD, 196–97, NIDNTT 3:362–65, Morris, The Apostolic Preaching of the Cross, 251–305, 특히 273–83)을 가리킬 수도 있다. 여기에서 새사람의 의로운 행동들, 즉 삶의 특징(엡 5:9 비교)을 제시한다. [*dikaiosynē*]

거룩함(Holiness, *hosiotēti*) – 고전 헬라어에서 이 명사는 신(Plato, Protagorus, 329c, Euthyphro, 14c–e, Plutarch, Alcibiades 34.4)이나 부모(Diodorus Siculus 7.4)에 대한 경건한 태도를 뜻했다. 성경에서 거룩함은 하나님과 관련이 있다. 이것은 신약에 2회 나온다. 누가복음 1장 75절에서 스가랴의 예언을 인용하고 있는데, 거기에서는 거룩함과 의(바울은 순서를 바꿔 의와 거룩함이라 말함)를 개인적으로 경건하고 의로운 태도로 하나님을 섬기는 것을 나타내는 데 사용하고 있다. 여기에도 마찬가지로 이 용어는 하나님 앞에서 개인적 경건, 헌신 또는 존경심을 갖고 있다는 뜻이다. 플라톤은 경건을 신들 앞에서의 바른 행동으로 규정한다. 반면에 "신약은 경건을 새로운 탄생의 결과로 간주한다"(TDNT 5:493). [*hosiotēs*]

진리(Truth, *alētheias*) – 에베소서 4장 12절에서 논의한 이 단어는 본질적으로 거짓과 반대되는 사실을 의미한다. '속임, 기만'(*apatē*, 22절)과 반대되는 의미의 '진리'로 번역되는 이 단어는 의와 거룩함, 둘 다와 관련이 있다(Alford 3:124, Eadie, 345, Ellicott, 104, Abbott, 138, Robinson, 191). 의와 거룩함의 출처가 진리이기 때문에 *apatē*와 마찬가지로 이 단어는 출처를 암시하는 것으로 보이며, '진리에서 생기는, 진리에서 시작되는'으로 번역된다. 그러므로 새사람은 진리 때문에 생겨난 의로움을 주된 특징으로 하며, 옛사람과 정반대 개념이다. 옛사람의 욕구와 생

활 방식은 속임에서 생겨나는 것이다. [*alētheia, apatē*]

4:25. <u>거짓을 버린</u> 후에(Having <u>laid aside</u> <u>falsehood</u>, *apothemenoi to pseudos*) – 22절에서 논의한 단어인 *apotithēmi*를 의복의 예를 들어 설명하면 '처박아두다'라는 의미다. 22절에서처럼 이 동사는 중간태 과거 시제이며, 회심할 때 옛사람의 회개치 않는 인격뿐만 아니라 습관도 버렸다는 것을 암시한다. 여기에서 신자들은 *pseudos*(거짓)을 버린다. 이 단어는 '거짓, 거짓말'이란 뜻이다(Homer, Ilias 2.349, 9.115, Odyssea 14.387, 19.203). 성경은 거짓에 대해 구체적으로 말하고 있다. 모든 문맥에서 이 단어는 진리의 반대 명제로 사용되고 있다. 아마도 바울이 부정적인 의미의 말을 맨 처음에 한 이유는 선행절들(24절, 비교-21절)에서 말한 진리에 대한 주장들을 그들이 따르고 있기 때문이었을 것이다. 거짓은 진짜가 아닌 것, 또는 진실하지 않은 것을 나타낸다. 옛사람의 속이는 생활태도(22절)를 버리는 것이 먼저다. [*apotithēmi, pseudos*]

<u>진리를</u> 말하다(Speak the <u>truth</u>, *laleite alētheian*) – 단어 *alētheian*은 21절에서 논의했으며, 거짓된 것과 반대되는 참된 것을 나타낸다. 따라서 이 문맥에서 신자들은 거짓을 버리고, 그 대신 그 이웃들이 신자들이든 그렇지 않든지 간에 그들에게 진리나 사실을 말해야 한다. [*alētheia*]

4:26. <u>화를 내도</u> 죄를 짓지 말라(<u>Be angry</u> and do not sin, *orgizesthe kai mēhamartanete*) – 동사 *orgizesthe*는 '분노를 유발하다, 화나게 하다'(Aristophanes, Vespae, 223, 404, Euripides Helena, 1646, Plato, Phaedrus, 267c)라는 뜻이다. 그러나 수동태로 사용될 때는 '화를 내다'(Aristophanes , Vespae, 431, Plato, Phaedrus, 267d, Thucydides 4.128.4)라는 의미를 갖는다. 이 단어는 70인경에서 사람의 분노와 관련하여 22회(예를 들면, 창 31:36, 출 32:19, 시 112:10[70인경의 111:10], 단 11:11), 하나님의 분노와 관련하여 31회(예를 들면, 출 22:24[맛소라 사본과 70인경의 22:23], 사 2:14, 역대하 29:8, 시 2:12) 사용되고 있다. 신약에서 이 단어는 항상 사람의 분노를 가리킨다(마 5:22, 18:34, 22:7, 눅 14:21, 15:28, 엡 4:26, 비교-BAGD, 580-81, BDAG, 721, NIDNTT 1:107, LN § 88.174). 이 단어는 때때로 하나님의 분노를 지칭할 때 사용되기 때문에, 분노 자체가 본질적으로 악한 것이라고 말해서는 안 된다. 화를 내어도 그 화를 악한 방법으로 표출하지 말라는 다음 명령이 중요하다. 26하반절과 27절은 오랜 기간 동안의 분노는 마귀에게 틈을 주게 한다고 상세히 설명한다. [*orgizō*]

4:27. 마귀(Devil, *diabolō*) – 고전 문학에서 실제로 자주 사용되지 않지만, 이 단어는 '모함하는 자'(Aristotle, Topica 4.5 §126a 31-32, Aristophanes, Equites, 44-45)란 의미다. 70인경에서 22회(정경들에서 20회) 나오며, '고발자'라는 뜻으로 사용된다. 이 단어를 사용하는 시편 109편 6절(70인경의 108:6)을 제외하면 '적대자, 적'(BDB, 865, TDNT 2:72)을 의미하는 히브리 단어들을 번역한 것이 2회, '사단, 적대자'(BDB,

966, TWAT 7:745–51, TDNT 2:72)를 의미하는 히브리 단어들을 번역한 것이 18회다. 사단은 하나님의 백성들의 가장 거대한 적이다. 다윗을 충동질하여 인구 조사를 하게 하고(대상 21:1), 욥의 고난을 일으킨 것(욥 1:6–12, 2:1–7)도 바로 사단이다. 적대자인 사단은 하나님께 등을 돌리라고 사람들을 유혹한다. 이 용어는 신약에서 37회, 바울에 의해 8회, 에베소서에서 2회(4:27, 6:11) 사용된다. 복수형으로 단 3회 사용되고 있는데, 모함하는 자들을 가리킨다(딤전 3:11, 딤후 3:3, 딛 2:3). 신약에서 이 단어는 단 한번 사람에게 사용되는데, 예수님께서 유다에게 이 단어를 사용하셨다(요 6:70). 다른 33회는 모두 '마귀'(딤전 3:7, 딤후 2:26, BAGD, 182, BDAG, 226–27, NIDNTT 3:468–72, LN §§12.34, 33.397, 88.124 비교)로 번역된다. 예수님께서는 마귀에게는 진리가 없기 때문에 마귀는 진리와 아무 상관이 없고, 마귀는 거짓의 아비이기 때문에(요 8:44) 거짓말을 한다고 말하셨다. 요한은 마귀를 온 세상을 속이는 자인 사단(계 12:9, 20:2)과 동일한 존재로 생각한다. 바울이 신자들에게 마귀에게 틈을 주지 말라고 가르친 이유를 발견하는 것은 그리 어렵지 않다. [*diabolos*]

4:29. <u>유해한</u> 말(<u>Unwholesome</u> word, *logos sapros*) – 형용사 *sapros*는 '썩은 나무'(Aristophanes, Equites, 918), '시든 꽃들'(Demosthenes, Orationes 22.70) 그리고 '악취가 나는 생선'(Aristophanes, Acharneness, 1101)에 대해 사용된다. 이것은 일반적으로 '다 닳아서 쓸모없게 된 물건이나 사람'(Aristophanes, Plutus, 323, Pax, 698, Ecclesiazusae, 884) 또는 별로 가치가 없는 것(TDNT 7:96)을 가리킨다. 신약에서 이 용어는 나쁘거나 쓸모없는 열매를 맺는 무익한 나무들(마 7:17–18[눅 6:43], 마 12:33[2회])과 상하거나 쓸모없는 생선(마 13:48)을 가리킨다. 하지만 이 문맥에서 이 단어는 '더러운'으로 번역하는 것이 최선이다. 하지만 바로 뒤의 단어들 때문에 이 단어는 단순히 더러운 말 그 이상의 뜻을 갖고 있는 것 같다. 이 문구 다음에 바울이 강조하는 것처럼 신자는 동료 신자들에게 덕을 세우는 말을 해야 하기 때문에 형용사 *sapros*는 '쓸데없는'(TDNT 7:97) 또는 '유해한'(NASB, NIV)의 개념을 갖고 있을 수도 있다. 현재 부정형의 동사를 사용하여 금지한 것은 진행중인 활동의 멈춤이라는 취지를 갖고 있다. 때문에 신자들은 쓸데없거나 유익하지 않은 행동을 하는 습관을 중단해야 한다. [*sapros*]

듣는 자들에게 <u>은혜</u>를 주기 위해(Might give <u>grace</u> to the those who hear, *hina dōcharin tois akouousin*) – '은혜'는 에베소서 1장 2절과 2장 5절에서 논의했으며, 과분한 호의나 어떤 것을 가능하게 하는 능력을 제공한다는 의미라고 결론지었다. 이 구절에서는 가능하게 하는 능력을 강조하는 것 같다. 신자들의 몸(교회)에는 필요한 것들과 부족한 것들이 많이 있는데, 은혜로운 말들은 개인의 성장을 가능하게 하며 그들에게 부족하거나 필요한 것을 채워준다. [*charis*]

4:30. 하나님의 성령(The Holy Spirit of God, *to pneuma to hagion to theou*) – 근심의 목적어는 성령이기 때문에 이 구절은 성령께서 하나의 인격이심을 암시한다. 생명이 없는 물건은 근심할 수 없다. 바울은 이 서신 이전에도 성령을 언급

했지만, 여기에서 처음으로 하나님의 성령이란 온전한 칭호를 사용하고 있다. [*pneuma*]

구속의 날을 위해(For the day of redemption, *eis hēmerna apolytrōseōs*) – 이 전치사구는 신자들이 인침을 받는 시기를 나타낸다. '구속'이란 단어는 에베소서 1장 7절에서 논의했으며, 그리스도께서 죽으심으로 하나님께 지불하신 몸값에 근거하여 석방된다는 뜻이다. 구속에는 두 가지 측면이 있다. 하나는 믿는 자를 의무/ 죄의 형벌에서 자유롭게 하는 것이다. 다른 하나는 그리스도께서 종말론적인 미래에 성도들을 위해 오셔서 신자들을 죄의 세력에서 자유롭게 하시는 것이다. 1장 14절에서 전자의 측면을 묘사한다면, 여기서는 후자의 측면, 즉 최종적인 단계의 구속을 생각하게 한다. [*apolytrōsis*]

4:31. 악독(Bitterness, *pikria*) – 이 구절에는 신자들이 벗어버려야 할 부정적인 속성들을 묘사하는 다섯 개의 명사들이 나온다. 첫 번째 명사는 *pikria*이다. 이것은 '표적을 겨눈' 또는 '날카로운' 화살(Homer, Ilias 4. 118)에 대해 사용되는 형용사 *pikros*에서 파생되었다. 신체의 감각과 관련하여 '강렬한' 맛이나 '쓴'맛(Homer, Odyssea 5.323, Ilias 11.846), '자극적인' 냄새(Homer, Odtssea 4.406), '강렬한' 고통이나 '날카로운 고통'(Homer, Ilias 11.271), 또는 '날카로운' 소리(Sophocles, Oedipus Coloneus, 1610, Philoctetes, 189)로 번역된다. 명사 *pikria*는 식물들의 쓴 맛을 가리킬 때도 있으며(Theophrastus, De Odorribus, 32), 주로 사람의 날카로운 성품과 관련해서는 '빈정거림, 원망'을 의미한다(Aristotle, De Virtutibus et Vitiis 5.6.3 §1251a.4). 신약에서 4회 나오며, 항상 억울해하고 분개하는 태도를 일컫는다(행 8:23, 롬 3:14, 엡 4:31, 히 12:15, BAGD, 657, BDAG, 813, NIDNTT 1:202, LN §§79.40, 88.201). [*pikria*]

분노(Anger, *thymos*) – 고전 시대에 *thymos*는 사람의 기질이나 열정이라는 개념을 지녔었다. 아리스토텔레스는 이것을 '격노'로 분류했으며(Aristotle. Ethica Nicomachea 323 § 1111b.11), '기질'이나 '용기'와 연관 지었다(Aristotle, Ethica Nicomachea 3.8.10 §1111b.23). 하지만 이 단어의 드러나지 않은 하나의 다른 의미는 '올바르게 행하려는 열정'이다(Plato, leges, 5 §731b). 더욱이 이것은 분노가 머무는 곳 또는 분노 그 자체로 알려졌었다(Homer, Ilias 1.429, 9.496, Herodotus 7.160). 신약에서 이 단어는 진노(계 14:8, 18:3)를 뜻하기도 하며, 또한 마귀(계 12:12), 하나님(롬 2:8, 계 14:10, 19, 15:1, 7, 16:1, 19, 19:15), 사람들(눅 4:28, 행 19:28, 고후 12:20, 갈 5:20, 엡 4:31, 골 3:8, 히 11:27)의 분노에 대해 사용되고 있다. 초기 바울 서신에서의 어법은 사람의 분노와 관련이 있는 것이 분명하다. 이 문맥에서도 마찬가지다. [*thymos*]

진노(Wrath, *orgē*) – 세 번째 명사 *orgē*는 '기질' 또는 '성향'(Herodotus 6.128, Thucydides 1.140,1)을 의미할 수도 있으나 '분노' 또는 '진노'라는 개념을 지닌다(Herodotus 3.25, 6.85, Thucydides 4.122.5). 진노는 헬라의 신들의 두 드러진 특징 가운데 하나다. 따라서 헬라의 신들은 진정시킬 필요가 있는 대상이었다(TDNT 5:385–88). 이 단어는 70인경에서 인간의 분노를 가리킬 때도 있으나 대부분 하나님의 분노를 가리킨다. 신약에서 36회, 그 가운데 바울에 의해 21회, 에베소서에서 3회 사용된다(2:3, 4:31, 5:6). 5회만 사람의 분노나 진노를 가리키며(엡 4:31, 골 3:8, 딤전 2:8, 약 1:19, 20), 나머지는 하나님의 진노를 나타낸다. 이 구절에서는 사람의 분노를 가리키는 것이 분명하다.

*thymos*와 *orgē*는 동의어인데 용법상의 차이를 찾아보면 다음과 같다. *thymos*는 좀 더 열정적이고 일시적인, 즉 끓어오르는 분노를 가리키는 반면, *orgē*는 더 만성적이고 지속적인, 즉 '분노의 상태'를 나타낸다(Trench, Synonyms of the New Testament, 131–32, LN §§25.19, 88.173.178). 어떤 사람들은 이 구분에 이의를 제기하기도 한다. 만약 두 단어의 의미상 차이가 없다면, 바울은 동일한 단어를 두 번 반복함으로써 분노를 버릴 것을 강조하는 것이다. [*orgē*]

떠드는 것(Shouting, *kraugē*) – 명사 *kraugē*는 '소리 지름, 불평, 떠듦'을 뜻한다(Euripides, Orestes, 1510, 1529, Xenophon, Cyropaedia 3.1.4), 떠드는 것은 악취미다(Aristotle, Rhetorica 3.2.10 §1405a.33–Dionysius를 인용한 것임). 신약에서 이 단어는 신랑이 왔다고 알리는 큰 외침(마 25:6), 공회에서 사두개인을 반대하는 바리새인들의 고함(행 23:9)에 대해 사용된다. 신약뿐만 아니라 고전 문학에서 이 단어는 기쁨의 함성에 대해 사용된다(LSJ, 992). 바울은 여기에서만 이 단어를 사용한다. 이 문맥에서 다른 부정적인 단어들과 비교할 때, 이것은 신자들의 몸(교회)의 구성원들이 서로 크게 소리치거나 떠드는 것을 가리킨다. [*kraugē*]

비방하는 말(Abusive speech, *blasphēmia*) – 명사 *blasphēmia*는 희생 제사를 드릴 때 금지된 불경스런 말이나 비방하는 말(Demosthenes, Orationes 25.26)에 대해 사용된다(Plato, Leges, 7 §800c). 이것은 70인경에서 7회(정경들에서 단 한번) 나오며, 하나님을 비방하는 모든 말(겔 35:12), 하나님께 함부로 말하는 것(Theodotion, 단 3:29[70인경의 3:96]), 이방인들이 하나님과 그분의 백성들을 향해 비방하는 말(제1 마카비 2:6, 제2 마카비 8:4)을 가리킨다. 이 용어는 신약에서 18회 나오며, 하나님에 대한(마 12:31[2회, 막 3:28], 마 15:19, 계 13:1, 5, 6, 17:3) '중상, 비방 또는 비방하는 말'(막 7:22, 딤전 6:4), '사람들에 대한 비방'(계 2:9) 그리고 예수님께서 자신을 하나님과 동일시하는 것을 본 종교지도자들이 예수님께서 범하셨다고 생각한 '신성 모독'(마 26:65[막 14:64], 눅 5:21, 요 10:33)을 의미한다. 이 구절과 골로새서 3장 8절의 평행 구절에서 이 단어는 비방하거나 저주하는 말(TDNT 1:621–65)을 가리킨다. 나중 두 단어는 둘 다 말과 관계있기 때문에 함께 같은 범주에 속한다.

요약하면, 이 구절의 다섯 개의 악덕들 가운데 '악독'은 태도, 그 다음 두 개의 명사(분노와 진노)는 기질 그리고 마지막 두 단어(떠드는 것과 비방하는 말)는 언어 행위를 가리킨다. [*blasphēmia*]

모든 종류의 <u>악의</u>와 함께(every kind of <u>malice</u>, *syn pasē kakia*) – 이 전치사구는 앞의 다섯 명사들과 연관시켜 이해할 필요가 있다. 명사 *kakia*는 '나쁨, 악덕, 악'을 의미한다(Sophocles, Oedipus Tyrannus, 512, Plato, Symposium, 181e, Respublica 1.20 §348c, Aristotle, Rhetorica 2.6.11, 12 §1384a,8,17). 이것은 '도덕적으로 아름다운 것, 미덕'의 반대 개념이다(Xenophin, Memorabilia 2.1.21, Plato, Symposium, 181e, Respublica 1.20 §348c). 신약에서 11회 그 가운데 바울에 의해 6회, 에베소서에서 여기에서 단 한번 사용된다. 일반적으로 '사람들이 서로 간에 행하는 악'을 뜻한다(TDNT 3:484). 이 단어는 '나쁨' 또는 '사악함'을 의미하는 매우 포괄적인 용어다. 이것은 관련된 모든 행위에 짙은 먹구름을 드리우게 하는 것이다. 따라서 이 단어는 '악의, 적의, 심술궂음'으로 번역하는 것이 좋다(BAGD, 397, BDAG, 500, LN §§22.5, 88.105). 이 단어는 이 구절에서 먼저 언급한 다른 모든 단어들에 영향을 주고 있다. 분노, 진노와 같은 특정 단어들은 그 자체로 나쁜 의미를 함축하고 있지 않지만 악의라는 단어와 연관시킬 경우, 악의적인 분노와 진노를 의미한다. 따라서 바울은 신자들에게 악으로 규정되는 이 모든 특성들을 버릴 것을 권하고 있다. [*kakia*]

4:32. 친절한(Kind, *chrēstoi*) – 바울은 신자들에게 회개하지 않은 사람들의 악덕들을 버리라고 권한 다음에 몇 가지 긍정적인 특성들을 그들에게 제안하고 있다. 첫 번째 특성은 형용사 *chrēestoi*에서 표현된다. 이 단어는 이미 에베소서 2장 7절에서 논의한 명사 *chrēstotēti*와 비슷한 의미다. 이 형용사는 고전 시대에 '유용한, 쓸모 있는, 훌륭한'이란 개념을 지녔었다(Herodotus 3.78, Euripides, Hecuba, 594). 이것은 명사 상당어구로서 친절, 은혜라는 뜻으로 사용되었다(Herodotus 1.41.42). 사람들과 연관될 경우 '착한, 정직한, 존경할 만한'(Sophocles, Oedipus Tyrannus, 610), 또는 '착한, 친절한'(Demosthenes, Orationes 59.2) 사람을 가리켰다. 이 단어는 손에 잘 맞는 장갑처럼 상황과 일치하거나 적합하다는 개념을 갖고 있다. 여기에서 이 단어는 '상냥한, 착한, 친절한'으로 번역하는 것이 좋다(BAGD, 886, BDAG, 1090, NIDNTT 2:105-6, TDNT 9:483-89, LN §§22.40, 65.25, 88.9, 68). [*chrēstos*]

불쌍히 여기다(Compassionate, *eusplagchnoi*) – 신자가 드러내야 할 두 번째 긍정적 특성은 *eusplagchnoi*이다. 이것은 희귀 단어로서 명사 *splagchnon*에서 파생한 합성어다. 이 단어는 처음에 헌신자들이 모여서 먹을 수 있도록 희생 제물 가운데서 따로 보관된 내부 장기들(예를 들면, 심장, 허파, 간, 신장)을 지칭할 때 복수로 사용되었다(Homer, Ilias 1.464, Herodotus 2.40). 나중에 이 단어는 '분노'(Aristophanes, Ranae, 844, 1006) 또는 '사랑'(Dionysius of Halicarnassus 11.35.4)과 같은 감정들이 머무는 곳에 대한 비유적 언급이 되었다. 이것은 신약에서 11회(항상 복수로), 그 가운데 바울에 의해서 8회 사용된다. 배가 터져 밖으로 흘러나온 유다의 내부 장기들(행 1:18), 불쌍히 여기는 마음의 중심지인 심장(고후 6:12, 7:15, 몬 7, 12, 20, 요일 3:17), 인간적 연민(빌 1:8, 2:1, 골 3:12), 하나님의 긍휼이나 자비(눅 1:78, 비교-BAGD, 326, BDAG, 413, TDNT 7:548-59, NIDNTT 2:599-600, LN §25.51)를 가리킨다. 70인경에서 단 한 번 발견되는 합성 형용사(Odes Sol. 12:7, Pr. Man. 7)는 하나님의 불쌍히 여기심을 가리킨다. 이것은 신약에서 2회 나오며(엡 4:32, 벧전 3:8), '다정다감한, 불쌍히 여기는'이란 뜻이다. [*eusplagchnos, splagchnon*]

자비롭게 되다(Being gracious, *charizo-*

menoi) – 이 단어가 여기에서처럼 사람들이 여격(간접목적을 나타내는 격)일 때, 반드시 '듣기 좋은 어떤 것을 말하거나 행하다, 또는 호의를 보이다, 친절, 상냥함'을 의미한다(Homer, Ilias 5.71, 11.23, Odyssea 8.538, 13.265, Herodotus 6.130, Thucydides 3.40.4). 신약에서 이 단어는 질병을 치유하심으로 호의를 보이신 예수님(눅 7:21), 다른 사람을 향한 용서(눅 7:42–43, 고후 2:7, 10[3회], 골 2:13), 자격이 없는 사람에게 어떤 것을 허락하거나 주는 것(행 3:14, 27:24, 롬 8:32, 고전 2:12, 고후 12:13, 갈 3:18, 빌 1:29, 2:9, 골 3:13[2회])에 대해 사용되고 있다. 마지막으로 이것은 '주다, 허락하다'를 뜻할 수도 있다(행 25:11, 16, 몬 22절). 받을 공로가 없는 사람에게 어떤 것을 자비롭게 제공한다는 개념은 설득력이 있다. 따라서 이것은 '자비를 보이다'로 번역하는 것이 좋다. 이런 사실에 비추어볼 때, 신자들은 그리스도 안에서 하나님께서 그들에게 자비를 보이신 것처럼 서로에게 자비를 보여야 한다. [*charizomai*]

5:2. 제물(Offering, *prosphpran*) – 이 용어는 신약에서 레위기적 의미의 제물(행 21:26, 24:17, 히 10:5, 8, 18)이나 그리스도의 희생(엡 5:2, 히 10:10, 14, 비교–BAGD, 720, BDAG, 887, TDNT 9:68, LN §53.16)을 가리킨다. 이 구절에서는 그리스도의 십자가에서의 희생을 가리킨다. [*prosphora*]

희생(Sacrifice, *thysian*) – 이 용어는 고전 시대에 번제물이나 희생 제물에 대해 사용되었다(Herodotus 1.50, 6, 105, 8.99, Pindar, Pythian Odes 5.86). 이것은 70인경에서 매우 중요한 단어로서 388회(정경들에는 328회) 나오며, 8개의 히브리 단어들에 대한 번역이다. 신약에서 28회, 그 가운데 바울에 의해 5회, 에베소서에서 여기에만 사용되고 있다. 대부분의 경우 이 단어는 구약에서 규정하고 있는 동물 제사를 가리키지만 전제물(빌 2:17)인 바울, 바울이 제물로 생각했던 빌립보 사람들이 보낸 선물(빌 4:18), 산 제물인 신자들(롬 12:2), 신자들이 드리는 제물인 찬양(히 13:15, 16, 벧전 2:5), 모든 희생 제사를 종식시키는 제물이신 예수 그리스도(히 9:23, 26, 10:12, 26)에 대해 사용되기도 한다. 이 문맥이 말하고 있는 대상은 희생 제물(히 7:27, 9:26)이신 그리스도시다(BAGD, 366, BDAG, 462, NIDNTT 3:432–33, LN §53.20). 자신을 버리시는 그리스도의 지고한 희생은 그분 자신의 사랑을 근본적으로 입증한다. [*thysia*]

달콤한 향기(Fragrant aroma, *osmēn euōdias*) – *osmēn*이란 용어는 그 냄새의 나쁘고(Homer, Ilias 14.415, Odyssea 4.406) 좋음(Euripides, Cyclops, 153)과 상관없이 '향기, 냄새'를 의미한다. 두 번째 단어인 *euōdias*는 '달콤한 냄새'를 의미한다(Herodotus 4.75). 70인경에서 *osmēn*은 79회(정경들에서 68회) 나오며, *euōdas*는 58회(정경들에서 48회) 나온다. 중요한 것은 '달콤한 향기'를 의미하는 경우가 모두 49회(정경들에서는 47회)라는 점이다(예를 들면, 창 8:21, 출 29:18, 25, 41, 레 1:9, 13, 17, 민 15:3, 5, 겔 6:13, 19). 쿰란 사본들에서 동일한 의미의 동일한 구문이 적어도 26회 나온다(예를 들면, 1QS 8:9, 4Q258 6:3, 4Q265 frag. 7 ii 9, 11Q19 13:12). 신약에서 *osmēn*은 6회(요 12:3, 고후 2:14, 16[2회], 엡 5:2, 빌 4:18), *euōdias*는 3

회(고후 2:15, 엡 5:2, 빌 4:18) 나온다. 이 두 단어들은 모두 제물을 가리키며, 구약 성경적인 배경을 갖고 있다. 구약의 49회 사용 가운데 이 문구와 정확하게 동일한 표현은 26회(정경들에서 25회) 등장한다. 다시 말하면, 바울은 하나님께서 받으실 만한 제물을 구약적인 관점에서 표현하고 있다. [*osmē, euōdias*]

5:3. 성적 부도덕/ 간음(Sexual immorality/ fornication, *porneia*) – 고전 문학에서 잘 사용되지 않지만, 이 단어는 매춘(Hippocrates, Epidemiorum libri 7.122)이나 동성애(Demosthenes, Orationes 19.200)를 나타낼 때 사용된다. 70인경에 50회, 정경들에 43회 나오며 '간음'(BDB, 275-76, TDOT 4:99-104)을 뜻한다. 이것은 '음행'(창 38:24, 왕하 9:22, 렘 13:27), '사악함'(사 47:10) 그리고 '영적 간음, 충성되지 못함'(민 14:33, 렘 2:20, 3:2, 9)을 가리킬 수도 있다. 본래 이 단어는 '비정상적인 성행위' 또는 비유적으로 '하나님께 참된 예배를 드리지 않는 것'을 뜻한다. 이 문맥에서는 성적 행위와 관련이 있다. 이 단어가 성적 관계에 대해 사용될 때, 보통 혼인 이외의 관계(마 5:32)로 이해되며, 근친상간(고전 5:1)도 여기에 포함된다. 따라서 이 용어는 성적 부도덕으로 번역할 필요가 있다(BAGD, 693, BDAG, 854, TDNT 6:579-95, NIDNTT 1497-501, LN §88.271 비교). 신자는 생활에서 이런 일에 관여하지 말아야 한다. [*porneia*]

5:4. 음란한(Obscenity, *aischrotēs*) – 신약에서 이 형용사는 4회 사용되고 있는데, 모두 바울에 의해서다. 바울은 이 단어를 '더러운' 이득을 취하기 위해 가르치는 거짓 교사들을 묘사할 때(딛 1:11) 사용할 뿐만 아니라, 그리고 여인이 머리를 깎거나 미는 것(고전 11:6), 교회에서 말하는 것(14:35), 또는 어둠의 사람들이 은밀히 행하는 것들(엡 5:12)이 '창피하거나' '부끄럽다'고 말할 때 사용한다. 이 단어의 형용사와 명사의 기본 개념은 부끄러운 것, 수치스러운 것, 더러운 것이다. [*aischrotēs*]

어리석은 말(Foolish talk, *mōrologia*) – 이것은 '어리석은, 바보 같은, 무분별한 말'(Aritotle, Historia Animalium 1.11 §492.2, Plutarch, Moralia, De garrulitate, 2 §504b)을 뜻하는 희귀 단어다. 70인경에서 나오지 않으며 신약에서 여기서만 나온다. 버트람(Bertram)은 이 용어는 어리석은 말을 가리킬 뿐만 아니라 헛되고 사변적인 말, 심지어는 구원을 위태롭게 하게 하는 말을 가리킨다고 생각한다(TDNT 4:844-45). 아무튼 이 용어는 쓸모없는 말을 가리키는 것 같다. 이것은 믿음의 주제와 덕을 세우는 논의와는 전혀 상관이 없다. [*mōrologia*]

희롱의 말/ 추잡한 농담(Sarcastic ridicule / coarse jesting, *eutrapelia*) – 고전 시대에 이 단어는 좋은 의미, 즉 '재치가 있는, 재치'라는 뜻으로 사용되고 있다(Plato, Respublica 8.14 §563a, Diodorus Siculus 15.6.4). 아리스토텔레스는 이 단어를 젊음의 특징인 웃기를 좋아하는 것과 연관시키고 있다(Rhetorica 2.12.16 §1389b.11). 한 걸음 더 나아가 아리스토텔레스는 이것이 저속한 농담과 촌스러운 말 사이의 중간에 있다고 보았고(Ethica Nicomachea 2.7.13 §1108a.24-27), 사람들은 농담과 놀림을 좋아하고 남을 비웃기 위해 어떤 일을 할 수도 있기 때문에 이 중간 지점에서 벗어나는 경향이 있다고 생각했다(Ethica Nicomachea 4.8.3-10 §1128a.10-36). 이 문맥에서 지나친 농담을 암시하는 이 용어는, 그 자리에 있는 사람들의 콧대를 꺾고 당황하게 하는 상스러운 조롱을 의미한다. 이것은 나쁜 의미의 유머이거나 또는 이 문맥에서 앞의 단어들이 성적인 죄들과 연관이 있는 것으로 보아 *eutrapelia*는 선정적인 뜻이 담긴 외설적인 농담이나 유머를 나타낼 수도 있다. 그렇다고 해서 그리스도인이 유머를 사용하지 말아야 한다는 것은 아니다. 하지만 누군가에게 상처를 줄 수도 있는 유머는 하지 말아야 한다. 희롱의 말은 서로 덕을 세우라는 바울의 명령(엡 4:29)에 어긋난다. [*eutrapelia*]

감사(Thanksgiving, *eucharistia*) – 우리는 하나님의 영광을 가리는 경솔한 말보다는 하나님의 존재와 하신 일로 인해 하나님께 감사드리는 말을 해야 한다. 바울은 사람들의 감사하지 아니함(롬 1:21)을 '부도덕한 행동과 비슷한 것'으로 예를 들고 있다(Barth, 563). *eutrapelis*('희롱의 말') 대신에 *eucharistia*('감사의 말')을 해야 한다는 일종의 언어 유희다. [*eucharistia*]

5:5. 우상 숭배자(Who is an idolater, *ho estin eidōloatrēs*) – 고전 문학에서 이 단어는 신약에서만 발견되며, 7회 나온다. 바울 서신에 5회, 에베소서에서는 여기에만 나온다. 이 단어는 우상을 숭배하는 사람, 그러므로 '우상 숭배자'란 뜻이다(BAGD, 221, BDAG, 280, LN §53.64). 헬라어 문법상으로 이 관계대명사의 선행사는 바로 앞에서 언급된 사람, 탐하는 자다. 따라서 탐하는 것은 우상 숭배다. 어떤 사람이 탐하는 것이 있으면 그것이 그 사람의 생활의 중심이 되고, 그 사람은 창조주 대신에 그것을 숭배한다(롬 1:23). 탐욕스러운 사람은 썩어지지 아니하는 하나님의 영광을 썩어질 우상과 바꾼다(롬 1:25). 이를테면, 에서는 팥죽 한 그릇을 탐하고, 그것 때문에 자신의 장자의 권리를 팔았을 때 이 그릇된 판단의 죄, 즉 생명의 기업을 바꾸는 10분간의 거래를 하는 죄를 범했다. [*eidōloatrēs*]

기업(Inheritance, *klōrnomian*) – 이 구절에서 이 용어는 음행하는 자, 더러운 자, 탐하는 자는 그리스도와 하나님의 나라에서 기업을 얻지 못한다는 것을 나타낸다. 이것은 불신자들이 직면하는 엄연한 현실이다. 신자가 이 가운데 어느 한 가지 죄를 범했을 때 불신자들과 같이 기업을 받지 못하는 것은 아니다. 이를테면, 범죄자도 때때로 착한 일을 할 수도 있다. 하지만 그것 때문에 그 사람이 범죄자가 아닌 사람이 되는 것은 아니다. [*klēronomia*]

5:6. 불순종(Disobedience, *apeitheias*) – 에베소서 2장 2절에서 논의한 이 용어는 '불순종' 또는 '불신앙'을 뜻한다. 불순종은 불신앙의 결과다. 왜냐하면 불순종은 말한 것을 믿도록 그 사람을 설득하지 못했다는 증거이기 때문이다. 따라서 불신앙은 신뢰의 부재 그 이상의 의미가 있다. 즉, 불신앙은 하나님께 대한 도전이다. 에베소서 2장 2절과 마찬가지로 여기서는 불신자는 '불순종의 아들들'로 불리고 있다. [*apeitheia*]

5:7. 동료 참가자들(Fellow participants, symmetochoi) – 에베소서 3장 6절에서 논의한 이 용어는 '그들과 함께 참여하다, 그들과 운명을 함

께하다'라는 뜻이며, '동료 참석자들'로 번역된다. 에베소서 3장 6절에서 이 용어는 이방인과 유대인 신자들이 함께 약속에 참여하는 사람들이라는 뜻이다. 여기에서 바울은 부정적인 차원에서 신자들에게 정반대의 길을 걸어가는 사람들과 함께하는 자가 되지 말라고 권하고 있다. [*symmetochos*]

5:9. 착함(Goodness, *agathōsynē*) – 이 명사는 고전 문학에서 사용되지 않지만, 70인경에 15회(정경들에 14회), 신약에 4회(롬 15:14, 갈 5:22, 엡 5:9, 살후 1:11) 나온다. 도움이 되는 친절을 아낌없이 제공하다는 개념을 갖고 있다(BAGD, 3, BDAG, 4, TDNT 1:18, NIDNTT 2:98–102, LN §§57.109, 88.1, TLNT 1:3–4). 정의는 마땅히 받아야 할 것을 제공한다. 반면에 착함은 이러한 정의의 차원을 넘어 한 개인의 행복에 도움이 되는 모든 것을 제공한다. [*agathōsynē*]

의로움과 진실함(Righteousness and truth, *dikaiosynēkai alētheia*) – 이 두 명사들은 에베소서 4장 24절에서 논의했다. 여기에서 첫 번째 단어는 의로운 행위들이나 일들을 나타내며, 두 번째 단어는 거짓과 대조되는 사실이나 현실이라는 개념을 지니고 있다. 다시 말해서 거짓된 생활과 대조되는 올바른 생활을 의미한다. [*dikaiosynē, alētheia*]

5:10. 시험하는(Approving, *dokimazontes*) – 이 문맥에서 이 용어는 결과로서 승인하거나 입증하게 될 어떤 것을 시험하다는 개념을 전달한다(BAGD, 202, BDAG, 255, TDNT 2:255–60, TLNT 1:353–57, NIDNTT 3:808–10). 이것은 '시험에 기초하여 어떤 것을 진짜로, 또는 가치가 있다고 간주하는 것'이며(LN §30.114), 따라서 해야 할 중요한 것, 즉 뒤따라야 할 최선의 과정을 평가하거나 '분별하는' 능력이다(TLNT 1:356). 이 본문에서 이 용어는 긍정적인 결과, 즉 승인을 기대한다는 개념을 전달한다. [*dokimazō*]

5:11. 참여하지 말라(Do not participate, *mēsygkoinōneite*) – 신약에 3회(엡 5:11, 빌 4:14, 계 18:4) 나오는 *sygkoinōneite*는 '참여하다, 관련이 있다'(BAGD, 774, BDAG, 592, TDNT 3:797–809, NIDNTT 1:639–44, LN §34.4)라는 뜻이다. 여기에서는 신자들이 열매 없는 어둠의 일에 참여하지 말아야 한다고 말한다. 7절에서 바울은 신자들에게 악을 행하는 자들, 즉 '불순종의 아들들'과 함께하는 자가 되지 말라고 가르쳤고, 이 문맥에서는 그들에게의 열매 없는 어둠의 일들에 참여하지 말라고 말한다. [*sygkoinōneō*]

그것들을 폭로하다(Expose them, *elegchete*) – 고전 시대에 이 동사는 '부끄럽게 하다, 망신당하게 하다'라는 의미로 사용되었다(Homer, Odyssea 21.424). 그러나 이 단어는 '반대 심문을 하다, 질문하다, 조사하다'(Plato, Apololgia, 18d, Leges, 12 §946c), '폭로하다'(Herodotus 2.115)라는 의미로 더 자주 사용되고 있다. 이 단어가 나오는 에베소서뿐만 아니라 신약의 다른 본문들을 살펴보면 두 가지 의미, 즉 '폭로하다, 기소하다'(마 18:15, 요 3:20, 8:46, 16:8, 고전 14:24, 딤후 4:2, 약 2:9, 유 15절)와 '비난하다, 책망하다'(눅 3:19, 딤전 5:20, 딛 1:9, 13, 2:15, 히 12:5, 계 3:19)로 좁혀짐을 알 수 있다. 잘못이 드러났을 때, 책망이나 견책을 초래하는 유죄 판결이 뒤따른다. 따라서 폭로에는 유죄 판결과 책망이 포함된다. 이 문맥에서 이 단어는 '폭로하다'로 번역하는 것이 좋다. 이 동사(명령)의 목적어가 사람이 아니라 일들이기 때문이며, 문맥 전체와도 일치한다. 바울은 9절에서 착함과 의로움과 진실함(빛의 열매)의 행위나 일들에 대해 말하고 있고, 10절에서 신자들에게 어떤 행위나 일들이 주를 기쁘시게 하는지, 즉 빛과 관련이 있는지 분별할 것을 명하고 있다. [*elegchō*]

5:13. 눈에 보이게 되다(Becomes visible, *phaneroutai*) – 이 동사는 여기에서 모든 일이 빛에 의해 드러날 때 분명하게 알 수 있다는 것을 증명하기 위해 사용되고 있다. 비록 바울의 독자들이 불신자들의 일들에 함께 참여하기는 하지만 바울이 신자들에게 말하고 있기 때문에 이 구절이 불신자들의 회심을 강조하는 것은 아니다. 열매 없는 어둠의 일을 폭로하는 목적은 죄를 범한 신자들로 하여금 빛의 열매, 즉 착함과 의로움과 진실함을 맺게 하는 데 있다(9절). [*phaneroō*]

5:14. 비추다(Shine, *epiphausei*) – 이 동사는 고전 문학에서 발견되지 않는다. 70인경에서 단 3회 나오며, '빛을 내지' 못하는 달(욥 25:5), 태양이 '빛을 내는 것'(31:26), 악어가 재채기할 때 물보라가 햇빛으로 인해 '빛나는 것'을 가리킨다(41:18[맛소라 사본과 70인경의 41:10]). 이 단어는 신약에서 여기에만 나오며, '비추다'라는 의미를 갖고 있다. 간략하게 말해서, 필시 초대 기독교의 찬송에서 일부 인용한 것으로 보이는 이 부분은 열매 없는 어둠의 일들에 참여하는 신자를 향한 명령이다. 바울은 그러한 신자에게 그리스도께서 비추시는 빛을 받을 수 있도록 영적 잠에서 깨어, 즉 영적 사망에서 일으킴을 받아야 한다고 명령한다. 의심할 것도 없이 "그리스도께서 네게 비추시리라"는 마지막 문구는 신자들이 바울의 명령을 따를 것을 암시한다. 성령께서 빛의 열매, 즉 착함과 의로움과 진실함(9절)으로 이루어지는 삶을 살도록 인도하실 것이기 때문에 참된 신자들은 바울의 명령에 응답하게 될 것이다. [*epiphauskō*]

5:15. 지혜로운(Wise, *sophoi*) – 신자들은 자신들의 삶에 대한 하나님의 계획을 참으로 통찰하지 못하고 살아가는 지혜 없는 이방인들처럼 행하지 말고(엡 4:17–19), 새로운 삶의 태도로 그리스도의 지혜로운 계획을 따라 행해야 한다. 5장 15절–6장 9절의 주제는 '지혜롭게 살라'이다. [*sophos*]

5:16. 모든 기회를 활용하라(Taking advantage/making the most of every opportunity, *exagorazomenoi ton kairon*) – 고전 시대에 첫 번째 단어 *exagorazomenoi*는 어떤 품목을 '구매하다', '사다'(Polybius 3.42.2, 30.31.6, Plutarch, Crassus 2.4) 또는 노예의 자유(Diodorus Siculus 36.2.2, 36.2a[2회])를 의미했다. 이것은 신약에서 4회만 사용된다(갈 3:13, 4:5, 엡 5:16, 골 4:5). 갈라디아서에서 이 단어는 율법의 저주에서 '속량하다'라는 뜻을 지닌다. 에베소서 5장 16절과 골로새서 4장 5절에서 이 단어는 '철저하게 사들이다, 즉 다가오는 모든 기회를 낚아채다'라는 뜻이다(NIDNTT 1:268). 두 번째 단어 *kairon*은 '시간', 아마도 특별한 때나 기회를 뜻한

다(BAGD, 394–95, BDAG, 497–98, NIDNTT 3:833–39, LN §§22.45, 67.145). 이 두 단어가 다니엘서 2장 8절과 에베소서 5장 16절에서 함께 사용되고 있다는 점에 유의할 필요가 있다. 아마도 이 문구는 격언의 일종이었을 것이다(TDNT 1:128, LN §§65.42, 68.73). 5장 15절- 6장 9절에서 바울은 에베소 사람들에게 지혜롭게 행할 것을 권하고 있고, 여기서 행할 지혜로운 일은 이 구절의 마지막 부분에서 언급된 것처럼 때가 악하므로 모든 좋은 기회를 활용하는 것이다. [*exagorazō, kairos*]

5:18. 방탕/ 유흥(Dissipation/ debauchery, *asōtia*) – 명사 *asōtia*가 속한 단어군은 처음에 '치유할 수 없는' 질병이란 개념을 지녔었다(Aristotle, Problemata 33.9 §962b.6, Plutarch, Moralia: Questiones naturals, 26 §918d). 나중에 '뻔뻔스러움, 방탕, 낭비, 유흥'이란 뜻으로 사용되었다(Plato, Republica 8.13 §560e, Aristotle, Ethica Nicomachea 2.7.4 §1107b.10, Polybius 32.11.10). 포스터(Foerster)는 *asōtia*를 '방탕하고 가르침을 따르지 않는 생활'로 묘사한다(TDNT 1:507). 이 명사는 70인경에서 2회(잠 28:7, 제2 마카비 6:4) 나오며, 여전히 '방탕'과 '낭비'의 개념을 지니고 있다. 신약에서 *asōtia*는 3회 나오며(엡 5:18, 딛 1:6, 벧전 4:4), 자기절제의 결핍으로 말미암은 무질서한 생활이라는 개념을 전달한다. 이 용어는 성적 욕망을 채우기 위해 자신들의 재산을 낭비하는 사람을 가리킨다(Trench, Synonyms of the New Testament, 55). 그들은 훈육의 부족으로 절제를 하지 못하고, 그 결과 타락하게 된다. 이 단어는 문자적으로 '교정 불가능'이란 뜻이다(BAGD, 119, 비교-BDAG, 148, TDNT 1:506–7, LN §88.96, TLNT 1:220–22). 술 취한 사람은 이해와 통제력이 부족해진다. 이런 사실에 비추어볼 때, 바울은 신자들에게 술 취하지 말라고 가르친다. 술은 사람들로 하여금 억제되지 않는 무절제한 생활을 하게 하여 파멸로 이끈다. [*asōtia*]

성령으로 <u>충만함을 받다</u>(<u>Be filled</u> by the Spirit, *plērousthe en pneumati*) – '충만함을 받다'는 '가득한 힘에 의해 완전하게 통제되거나 진압되어진 사람'이란 개념을 전달하고 있다(TDNT 6:291). 다시 말해서 충만함을 받은 사람은 그것이 불의의 열매든지, 혹은 의의 열매든지 간에 그를 충만하게 한 것에 의해 그 특성이 규정된다(빌1:11). 어떤 이들은 충만하게 되는 것, 즉 채워지는 대상이 성령이라는 의견을 제시한다. 하지만 성령께서는 충만하게 하는 주체이시며, 성령께서 채우시는 내용물은 바로 하나님의 도덕적 탁월성(moral excellence)이다. 이것은 이 구절과 병행 본문인 골로새서 3장 16절에서 "그리스도의 말씀이 너희 속에 풍성히 거하여 모든 지혜로 피차 가르치며 권면하고 시와 찬송과 신령한 노래를 부르며 감사하는 마음으로 하나님을 찬양하라"고 말하고 있기 때문에 적절한 해석이라 할 수 있다. 이 생활 태도는 술 취한 사람들과 대조된다(5:15). 자신들의 행동을 통제하지 못하는 술 취한 사람에게 똑바로 걸을 것을 요구해도 그렇게 하지 못한다. 마찬가지로 성령으로 충만함을 받은 사람들은 더 이상 자신 마음대로 행동하지 않고, 오히려 자신의 의지를 주께 내어드린다. [*plēroō*]

5:19–21. 화답하며…노래하며…찬송하며…감사하며…복종하는(Speaking…singing…making music…thanking…submitting, *lalountes…adontes…psallontes…eucharistountes…hypotassomenoi*) – 이 다섯 개의 분사들은 18절의 '충만함을 받으라'(*plērousthe*)는 명령에 종속되며, 결과를 나타내는 분사로 생각된다(Alford 3:134, Eadie, 399, Lincoln, 345, O'brien, 377–88, Hoehner, 706, Wallace, Greek Grammer, 639, 644–45). 이 다섯 개의 분사들은 성령의 다스림(충만함)이 어떤 결과들을 생기게 하는지를 보여준다.

다섯 번째 분사인 *hypotassomenoi*(21절)은 헬라 시대에 처음 등장했으며, '밑에 두다, 밑에 배열하다' 또는 '복종하게 되다'라는 뜻으로 사용되었다(Polybius 3. 36.7, Plutarch, Pompeius, 64, Nicias 23,4). 이 동사는 순서나 배열을 나타내는 *tag*-로 시작되는 단어군에 속하며(고전 15:23 참고), 문자적으로 '지도자의 명령을 따르다'는 뜻의 전치사적 접두사 *hypo*가 이 단어에 첨가되었다(TLNT 3:424 n. 2). 70인경에 29회, 정경들에 16회 나오며, 동일하게 복종이란 기본 개념을 전달한다. 이 단어는 신약에서 38회, 그 가운데 바울에 의해 23회, 에베소서에서 3회(혹은 4회) 사용된다(1:22, 5:21, 22, 24, 5장 22절은 원문상의 문제가 있다). 다시 말해서, 이 단어는 기본적으로 '종속되다, 복종하게 되다'(TDNT 8:41–45)라는 의미다. 이 동사의 분사형은 중간태나 수동태로 번역할 수 있는데 그 차이가 크지 않다. 수동태는 술의 지배를 받는 술 취한 사람처럼 주체가 자신의 행위를 통제하지 못한다는 뜻이다. 중간태는 주체가 자유로운 행위자로 행동하는 협력의 개념을 전달한다. 문맥상으로 후자의 의미가 적합하다. 왜냐하면 앞에 네 개의 분사들(*lalountes*, *adontes*, *psallontes*, *eucharistountes*)은 능동태이고, 주체가 성령의 인도하심과 다스림을 받는 상태에서 행동을 하고 있기 때문이다. 이 본문에서 성령에 의해 충만함을 받은 결과는 신자들의 몸인 교회에서 서로 복종하는 것이다. 에베소서 5장 21절에서 말하는 복종은 상호간의 복종이며, 겸손을 필요로 한다. 이것은 양심적인 태도이며, 성령의 계속적인 능력과 인도하심을 필요로 한다. '굴복하다'(*submit*)라는 단어가 종속 개념을 내포할 수도 있기 때문에 좋은 번역이라고 할 수 없다. 그보다는 '복종'(*submission*)이 더 적합한 용어이며, 그것을 서로간의 복종에 적용하면 집, 교회, 사회, 그 어느 곳에서든지 간에 권위를 갖고 있는 사람들에 대한 복종을 뜻한다. 어떤 것이 복종이며, 어떤 것이 복종이 아닌지를 깨닫는 것이 중요하다. 이것은 질적 차이가 아니라 기능적 차이를 말한다. 유대인이든 이방인이든, 자유인이든 종이든, 남성이든 여성이든(갈 3:28) 하나님께 복종하고, 하나님 앞에서 평등하다는 점에서는 차이가 없다. 계급적인 형태의 권위가 남아 있는 곳에서 평등이 부정되어서는 안 된다. 이를테면 한 국가의 모든 시민들은 평등하다. 하지만 그 나라의 권력 구조에서 여러 다른 계층들이 있다. 이것은 권력을 가진 사람들이 그들이 통치하는 평민들보다 더 훌륭한 그 나라의 시민이라는 뜻이 아니다. 통치자들과 시민들 사이에 질적으로 다른 차이는 없다(Aristotle, Politica 1.5.2 §1259b.1–18 참고). 평등하면서도 종속되는 또 하나의 예는 삼위 하나님의 위격들이다. 하나님의 세 위격들은 질적으로 동일하다(마 28:19, 고후 13:14, 엡 4:4–6, 벧전 1:2, 비교–요 13:16, 17:21), 그러나 아들은 아버지께 종속되고(마 10:40, 26:39, 42, 요 8:29, 42, 12:49), 성령은 아버지께 종속되고(요 14:26, 15:26, 16:13–15), 성령은 아들에게 종속된다(요 16:7, 비교–14:26, 15:26). 그렇다면 종속이 반드시 질적인 차이를 의미하지는 않는다. 이 문맥의 논의는 성령으로 충만함을 받았고, 그리스도에 대한 경외와 존경으로 다른 사람들에게 복종하는 신자들을 중심으로 진행되고 있다(여기에서 명사 '경외'는 엡 5:33에서 논의한 동사[존경하다]와 동일한 의미다). [*laleō, adō, psallō, eucharisteō, hypotassō*]

5:23. 머리(Head, *kephalē*) – 에베소서 1장 22절에서 논의한 이 용어는 본래 '탁월' 또는 '뛰어남'을 뜻한다. 이 문맥에서 '머리됨'이나 '권위'라는 뜻이 남편이 부인의 원천이 아니기 때문에 '원천/ 근원'이란 의미보다 더 나은 것 같다. 그리스도께서 교회의 머리이신 것과 같이, 남편은 아내의 머리다. [*kephalē*]

몸의 구주(Savior of the body, *sōtēr tou sōmatos*) – 이 단어는 '구세주, 구출자'라는 의미다(BAGD, 800–01, BDAG, 985, TDNT 7:1003–21, NIDNTT 3:216–21, LN §§21.22, 31, TLNT 3:344–57). 간단하게 말하면, 에베소의 신자들에게 '몸의 구주'라는 문구는 그리스도께서 영원한 멸망에서 그리스도의 몸을 구출하는 것을 뜻했다. '몸의 구주'라는 표현을 남편과 아내의 관계에 적용하면 남편이 아내의 보호자라는 뜻이 된다. 남편은 아내를 영원한 멸망에서 구원하는 것이 아니라 일시적으로 그녀를 보호한다. [*sōtēr*]

5:25. 사랑하다(Love, *agapate*) – 이 구절에서 두 번 사용된 이 용어는 에베소서 2장 4절에서 논의했으며, 공로와 상관없이 사랑하는 것, 즉 자격이 없는 사람조차도 사랑하는 것을 뜻한다. 여기에서 남편들은 아내들이 사랑 받을 자격이 없고 사랑할 수 없을 것 같을 때에도 무조건 아내들을 사랑해야 한다. 사실 사랑은 그 사랑을 받는 사람에게서 가장 최고의 아름다움을 찾는 것이다. 남편들을 향한 이 권고는 특별하며, 구약과 랍비 문학 또는 그리스–로마 시대의 가정 법전에서도 발견되지 않는다. 교회를 위해 그 자신을 주셨다(문자적으로 스스로를 넘겨주셨다)는 점에서 그리스도께서는 사랑의 모델이셨다. 그리스도의 지고한 희생이 바로 이 사랑을 증명한다. [*agapaō*]

5:26. 거룩하게 하다(Sanctify, *hagiasē*) – 이 문맥에서 그리스도의 희생의 목적은 교회를 구별하여 하나님께 드리는 데 있었다. [*hagiazō*]

깨끗하게 했다(Cleansed, *katharisas*) – 이 용어는 에베소서 4장 19절과 5장 3절에서 논의한 명사 *akatharsia*('더러운 것')의 반대말이다. 이 문맥에서 이 용어는 그리스도께서 교회를 위해 생명을 바치심으로 그 교회를 도덕적으로 깨끗하게 하신다는 뜻이다. [*katharizō*]

5:27. 드리다(Present, *parastēsē*) – 고전 시대에 이 용어는 능동태일 경우 '서게 하다, 옆에 놓다'(Polybius 3.72.9, 3.113.8, Demosthenes, Epistulae 18.175), '제시하다, 드리다'(Xeno–

phon, Anabasis 6.1.22, Polybius 3.94.7), 또는 '제공하다'라는 의미다. 이 단락에서 그리스도께서는 자신에게 보편적인 교회를 바치신다. 1세기의 결혼식에서 신부는 신랑을 위해서 준비를 했고, 신랑은 신부를 자신의 아버지에게 드린다. 하지만 여기에서 신랑이신 그리스도께서는 (성화에 의해) 신부를 준비해서 그녀를 자신에게 드리신다. [*paristēmi*]

거룩하고 흠이 없는(holy...Blameless, *hagia…amōmos*) – 이 두 단어들, 즉 '거룩함'과 '흠이 없는'은 전후 문맥에서 중요할 뿐만 아니라, 책 전체의 논법과 신학에서 클라이맥스 역할을 한다. 에베소서 1장 4절에서 하나님께서는 세상이 창조되기 전에 신자들을 선택하사 사랑으로 자신 앞에서 거룩하고 흠이 없게 하셨다. 이것은 그리스도께서 교회를 그 자신에게 드리실 때 최종적으로 완성될 것이다(5:27). [*hagios, amōmos*]

5:28. 사랑(Love, *agapan…agapōn…agapa*) – 여기에서 사랑은 남편이 사실 자신의 몸을 다루는 것과 동일한 방법으로 자신의 아내를 위한 최고의 선을 추구하는 것을 의미한다. 자애는 자연스런 현상이며, 아내에 대한 남편의 사랑 역시 자연스런 현상이다. [*agapaō*]

5:29. 양육하고 보살피다(Nurtures and takes tender care, *ektrephei kai thalpei*) – 첫 번째 단어 *ektrephei*는 '어릴 때부터 양육하다, 기르다'라는 의미다(Herodotus 1.122, Aeschylus, Choephori, 750, Sophocles, Oedipus Tyrannus, 827, LSJ, 523). 가끔 이 단어는 어린아이를 '돌보다'라는 뜻으로 사용된다(MM, 191). 신약에서 이 단어는 여기와 에베소서 6장 4절에서만 사용된다. 에베소서 6장 4절에서 이 단어는 아버지가 자신의 자녀들을 양육하는 것을 가리킨다. 마찬가지로 여기에서 이 단어는 부모들이 자녀들을 돌본다는 뜻을 함축하고 있다(BAGD, 246, BDAG, 311, LN §§23.6, 35:51 비교). 많은 역본들이 '양육하다'(AV, RV, ASV, RSV, NASB, NRSV)로 번역한다. 하지만 몇몇 역본들은 '먹을 것을 주다'(TEV, JB, NIV, NJB) 또는 '공급하다'(NEB)로 번역한다. '양육하다'가 문맥상으로 좋은 번역이다.

두 번째 단어 *thalpei*는 문자적으로 '뜨겁게 하다'(Homer, Odyssea 21.179, Sophocles, Antigone, 417)이며, 비유적으로는 열정과 관련하여 '불을 붙이다'(Aeschylus, Prometheus Vinctus, 590)라는 의미다. 하지만 '위로하다, 따뜻하게 돌보다, 따뜻하게 하다'(Theocritus 14:38, LSJ, 783)를 뜻할 때도 있다. 이 단어는 70인경에서 4회만 나오며, 세 개의 히브리 단어들을 번역한 것이다. '따뜻하게 하다'(신 22:6, 왕상 1:2, 욥 39:14), 또는 '돌보다'(왕상 1:4)라는 뜻이다. 이것은 사람이나 어떤 대상을 '돌보다'라는 뜻일 수도 있다(MM, 283). 신약에서 이 단어는 여기와 데살로니가전서 2장 7절에서만 사용하며, 바울은 자신이 데살로니가 사람들 가운데 있을 때 유모나 자신의 아이를 돌보는 어머니처럼 유순했다고 말하고 있다. 이 구절에서 영어 역본들은 이 단어를 '따뜻하게 돌보다'(AV, RV, ASV, RSV, NASB), 또는 '돌보다'(NEB, TEV, NIV, NRSV)로 번역한다. 여기에서 이 단어는 사람이 자신의 몸이 부족한 부분이 많이 있을 때에라도 그 몸을 돌보는 것과 같은 방식으로 '돌보다' 또는 '잘 돌보다'라는 취지를 갖고 있다(LN §35.36, 비교-BAGD, 350, BDAG, 442, TLNT 2:184-85). [*ektrephō, thalpō*]

5:31. 하나로 합쳤다(Joined, *proskollēthēsetai*) - 고전 문학에서 이 단어는 두 개의 금속을 함께 용접할 때처럼 '아교로 접합하다, 시멘트로 접합하다'(LSJ, 972), '못을 박지 않고 단단하게 붙이다'(NIDNTT 2:348)라는 의미를 나타낸다. 수동태인 합성동사 *proskollēthēsetai*는 동일한 의미를 지니며, '하나로 결합되어 있는' 몸과 영혼(Plato, Phaedo §82e), '서로에게 의지하는' 사람들(Plato, Leges, 5 §728b), 또는 피 묻은 손에 '들려진' 칼(Josephus, Ant. 7.12.4 §309)이란 표현에서 사용되고 있다. 신약에서 단 2회 나오며, 2회 모두 수동태이고, 창세기 2장 24절의 인용이다(막 10:7, 엡 5:31). 이것은 남편이 아내와 함께 있거나 붙어 있는 것처럼 빈틈없이 들러붙다, 즉 '하나로 합치다'(BAGD, 716, BDAG, 881-82, TDNT 3:822-23, NIDNTT 2:348-50, LN § 34.22)라는 개념을 지닌다. 남자와 여자는 그 두 사람이 결혼하기 전에는 두 개의 독립된 실체다. 그들이 결혼할 때 남편은 자신의 아버지와 어머니를 떠나(이것은 아내에게도 해당되는 사실이다), 서로 아교로 접합되거나 시멘트로 접합된다. 남편이 아내에게 제공하는 양육과 따뜻한 돌봄은 이 연합의 결과다. [*proskollaō*]

5:32. 비밀(Mystery, *mystērion*) - 이 단어는 에베소서 3장 3절에서 논의했다. 이것은 사람의 재간이나 연구로 이해할 수 없고, 오직 하나님께서 신자들에게 계시하시는 거룩한 비밀이다. 3장에서 말하는 비밀은 믿는 유대인들과 이방인들의 연합이었으며, 5장에서 말하는 비밀은 그리스도와 교회의 연합이다. [*mystērion*]

5:33. 사랑(Love, *agapatō*) - 남편은 그리스도께서 교회를 사랑하시는 것과 같이 아내가 불완전할 때조차도 자기 자신을 사랑하는 것처럼 아내를 사랑해야만 한다. 이 구절은 결혼에 새로운 의미를 부여하고 있다. 왜냐하면 남편과 아내 사이의 관계가 오로지 창조의 모델뿐만 아니라 교회에 대한 그리스도의 인격적 사랑을 기초로 하기 때문이다. [*agapaō*]

존경하다/ 경외하다(Respect/ fear, *phobētai*) - 호머(Homer)에 따르면, 이 동사는 깜짝 놀라서 '도피하다', '도망치다'라는 개념을 갖고 있었다(Ilias 11'71, 15.396, 17.579). '공포, 두려움' 또는 '공포에 사로잡힌'이란 개념은 후에 동사(Herodotus 7.235, Euripides, Troades, 1166)와 명사(Herodotus 7.10, 9.69, Euripides, Troades, 1165)의 주도적인 의미가 된다. 고전 시대에 (5:33에서처럼) 사람들이라는 직접목적격이 뒤에 올 때, 이 동사는 '경외하다, 두려워하다'(Aeschylus, Supplices, 893, Plato, Leges, 11 §927b)라는 뜻으로 사용되었다. 신약에서 이 용어는 어떤 것이나 어떤 사람에 대한 두려움의 의미를 전달한다(롬 13:3, 갈 2:12, 마 14:30). 또한 하나님(눅 18:2, 4, 벧전 2:17)이나 사람들(엡 5:33, BAGD 862-64, BDAG 1060-62)에 대한 경외나 존경의 개념을 전달하기도 한다. 이 단어가 절대적 두려움에서부터 존경에 이르기까지의 광범위한 의미를 지닌 것이 분명하다. 문맥에 따라 단어의 의미가 결정된다. 아내에게 이 단어를 적용할 경우 가정의 머리로서의 남편의 지위에 대한 존경으로 정의내릴 수 있다. 이것은 신자들이 그리스도를 '경외'함으로 피차 복종하는 것(21절)과 같은 원리다. [*phobeō*]

6:3. 네가 땅에서 <u>장수하게</u> 될 것이다(You may <u>live long</u> in the land, *esēmakrochronios epi tēs gēs*) – 70인경에 2회(출 20:12, 신 5:16), 신약에서 여기에만 나오는 이 문구는 '장수했다, 장수하다'라는 뜻이다(BAGD, 488, BDAG, 613, LN § 67.89). 이 단어의 의미를 해석하는 것은 그리 어렵지 않다. 그러나 이 문구가 과연 문맥과 일치하는 것인가? 옛 언약 아래에서 장수에 대한 약속은 율법 준수의 유무에 따라 제공되었다(신 4:4, 5:33 비교). 이 구절에서 율법은 아버지와 어머니를 모두 공경하는 것이었고, 그 율법에 따라 하나님께서 이 땅에서의 행복과 장수를 약속하셨다. 자신들의 부모에게 순종하고 존경하는 자녀들이 훈육을 잘 받을 가능성이 더 크며, 그것이 더 오래 살고 더 건강한 삶을 살게 할 가능성을 높인다는 점에서 구약의 전체적인 원칙을 신약에 적용할 수 있다. 향후에도 이 원칙에 예외가 없을 것이다. [*makrochronios*]

6:4. 너희 자녀를 <u>노엽게 만들지</u> 말라(Do not <u>make</u> your children <u>angry</u>, *mēparorgizete ta tekna hymōn*) – 이 동사는 70인경에 57회, 정경들에 46회, 신약에 2회 나오며(롬 10:19, 엡 6:4), '화나게 하다, 화를 내도록 자극하다, 짜증나게 하다'(BAGD, 629, BDAG, 780, NIDNTT 1:107-12 비교)라는 의미다. 이 문맥에 적용하면, 아버지들은 자녀들을 '화나게 하거나, 크게 분노하게 하는' 일을 하지 말아야 한다(LN §88.170). 지금의 이 금지 명령은 '이미 시작한 일을 멈추라'는 뜻이 아니라 그보다는 자녀들이 '화를 내지 않는 일을 하라'(Fanning, Verbal Aspect, 335-40, Wallace, Greek Grammar, 725)는 뜻이다. 이런 의미에서 바울은 너희 자녀를 '화나게 하지 말라'고 권하고 있다. 논리상으로 모든 일상 생활에서 끊임없이 잔소리를 늘어놓고 품위를 떨어뜨리는 아버지들로 인해서 촉발된 분노는 자녀들을 노엽게 할 수 있다. 자신들의 아버지를 결코 기쁘게 하지 못하는 자녀의 좌절감이 분노로 발전하는 것이 틀림없다. [*parorgizō*]

훈련(Training, *paideia*) – 이 문맥에서 이 용어는 주의 훈련 또는 규율로 가르친다는 개념을 반영하고 있다(NIDNTT 3:777, BAGD, 603, BDAG, 748-49). 구약에서 아버지들은 하나님께서 이스라엘을 다루실 때 보여주신 하나님의 규율에 관해 자녀들을 가르쳤다. [*paideia*]

훈계(Admonition, *nouthesia*) – 신약에서 이 용어는 이 문맥 외에 다른 두 곳에서 '가르침'(고전 10:11), '훈계, 경고'(딛 3:10)의 의미로 사용된다. 에베소서의 문맥에서 '이것은 잘못된 것을 바로 잡으려는 의도를 가지고 있으면서도 상대방을 화나게 하거나 낙담하게 하지 않는 말'을 나타낸다(TDNT 4:1021). 어떤 역본들은 이 단어를 '가르침'(RSV, NASB, TEV, NIV, NRSV, NLT)으로 번역하지만, '훈계'(AV, RV, ASV)라는 번역이 징계나 경고의 뉘앙스를 더 잘 전달한다('교정'-NEB, '충고'-JB, NJB). [*nouthesia*]

6:5. 단일(Singleness, *haplotēti*) – 이 단어

는 *ha*-('함께')와 *pel*-('접다')의 합성어로서 '단일, 단 하나의'를 나타낸다. 이 단어의 반대어는 diplous('이중의')이다. 이 단어군은 숫자를 나타낼 뿐만 아니라 윤리적으로 긍정적인 뜻을 함축하고 있다. 따라서 이 용어는 '일직선, 개방성, 숨겨진 의미 없이 말하다'라는 뜻을 갖게 되었다(NIDNTT 3:572, 비교-Xenophon, Cyropaedia 1.4.3, Polybius 1.78.8). 여기에서 어떤 역본들은 '성실'(NASB, TEV, JB, NIV, NJB, NLT)로 번역하며, 그 이외의 다른 역본들은 '단일'(AV, RV, ASV, RSV, NEB, NRSV)로 번역한다. [*haplotēs*]

6:6. 눈가림(Eye service, *ophthalmodoulian*) - 이 용어는 이 구절의 병행 구절인 골로새서 3장 22절에서만 나온다. 이것은 종교적인 문서들을 제외하고 다른 어느 곳에서도 발견되지 않는다. 문자적으로 이것은 '주인이 볼 때만 일하다'라는 뜻이며(BAGD, 599, BDAG, 743-44), '다른 사람들의 관심을 끌려고 봉사하다'라는 의미를 함축하고 있다(LN §35.29). 이 노예들은 자신들이 하고 있는 일에는 아무런 관심이 없었으나 자신들의 주인의 관심을 끌고자 노력했다. 바울은 그리스도인 노예들에게 이런 식으로 주인들을 섬기지 말라고 명령하고 있다. [*ophthalmodoulia*]

6:7. 선의(Goodwill, *eunoias*) - 이 단어는 신약에서 여기에만 나온다. 하지만 고전 문학에는 자주 나오며, '선의' 또는 '애정'(Herodotus 6.108, Thucydides 2.40.4, Plato, Protagoras, 337b)을 의미한다. 어떤 역본들은 이 단어를 '열심, 열의'로 번역한다(NRSV, NLT, NET, BAGD, 323, BDAG, 409, LN §25.72). 하지만 '선의'가 없는 열심을 뜻할 수도 있기에 '선의'가 이 문맥에 더 적절한 번역이다(KJV, ASV, RSV, NASB, TDNT 4:972-73). [*eunoia*]

6:9. 위협하는 것을 멈추다(Stop threatening, *anientes tēn apeilēn*) - 분사 anientes는 '완화하다, 늦추다' 또는 '포기하다, 버리다', 이 문맥에서처럼 '포기하다, 그만두다, 멈추다'라는 뜻일 수도 있다(BAGD, 69, BDAG, 82-83, TDNT 1:367, LN §68.43). 명사 *apeilēn*은 대부분 복수로 사용되며, '자랑스러운 약속들, 자랑하다'(Homer, ILias 20.83), 좀 더 일반적으로 '위협하다'(Homer, Ilias 13.219, Odyssea 13.126, Sophocles, Antigone, 753)라는 의미다. 이 본문에서 '그들을 위협하는 일을 멈추다', 즉 주인들은 자신들의 종들을 위협하는 일을 멈추어야 한다가 좋은 번역이다. 주인들이 바울의 권면 때문에 종들을 위협하는 일을 그만 두었는가? 만약 이것이 사실이라면 나쁜 의도를 가졌던 종들이 주인들을 이용했을 수도 있다. 그보다 바울은 주인들에게 기독교인이 아닌 주인들이 하는 것처럼 협박을 이용하는 것을 삼가라고 부탁하고 있다. 심지어 세네카(Seneca)는 종들을 진심과 선의로 대할 때 그들이 더 훌륭한 봉사를 수행할 가능성이 크다고 주장했다(Epistulae Morales, 47). 바울에 따르면, 종들과 주인들 모두 외부의 강요에 의해서가 아니라, 마음에서 우러난 진심으로 그렇게 행동해야 한다. [*anientes, apeilē*]

편파(Partiality, *prosōpolēmpsia*) - 이 단어는 성경 전체에 단 4회 나온다(롬 2:11, 엡 6:9, 골 3:25, 약 2:1). *prosōpon*과 *lambanō*의 합성어이며, '히브리적인 표현 방식을 잘 보여주는 모

델'(TDNT 6:779–80)이다. 이것은 외양 또는 외모에 근거한 판단을 가리키며, 문자적으로 '내가 얼굴을 인정하다'는 뜻이다(LN §88.238 비교). 이를테면 경찰관이 교통 위반을 한 유명 인사의 얼굴을 알아보았기 때문에 범칙금 고지서를 발부하지 않을 수도 있다. 이것은 '편파'(BAGD, 720, BDAG, 887, NIDNTT 1:587)를 반영하며, 신자가 보여서는 안 되는 행동이다. [*prosōpolēmpsia*]

6:10. 강해지다(Be strengthened, *endynamousthe*) – 여기에서 수동태는 능력의 원천이 신자가 아니라 '주'이심을 보여준다. [*endynamoō*]

그분의 힘의 능력으로(In the might of his strength, *en tōkratei tēs ischyos autou*) – 이 단어들(*kratei*와 *ischyos*)은 에베소서 1장 19절에서 논의했다. 그 내용을 요약하면 *kratei*라는 단어는 초자연적 능력을 가리키며, '힘, 능력, 통치'란 의미를 전달한다. *ischyos*라는 단어는 일반적으로 고유의 힘이나 능력을 나타낸다. 이 문맥에서 바울은 신자들에게 주님만 가지고 계신 능력으로 강해지라고 권면한다. [*kratos, ischys*]

6:11. 전신갑주(Armor, *panoplian*) – 고전 문학에서 이 용어는 보병의 갑옷 한 벌을 나타낸다(Herodotus 4.180, Thucydides 3.114.1, Plato, Leges, 7 §796c). 이것은 70인경에 11회, 정경들에 2회 나온다(삼하 2:21, 욥 39:20). 하지만 정경에서도 여전히 전신갑주를 가리킨다. 한 벌의 전신갑주는 "마케도니아 시대 이전에는 훨씬 더 무거웠지만, 그 후 많이 가벼워졌다"(TDNT 5:295). 바울이 이 서신을 기록할 때에 로마 군인들이 지키는 감옥에 갇혀 있었기 때문에 갑옷에 대해 사실적으로 묘사했을 가능성이 크다(행 28:16, 20 비교). '하나님의'란 표현은 기원을 나타낸다(Eadia, 457, Ellicott, 145, Abbott, 181, Westcott, 92, O'Brien, 463). 하나님께서 전신 갑주를 제공하시어 신자들로 하여금 실제의 전투가 아니라 영적 전투에 대비하게 하신다. [*panoplia*]

능히 대적하다(Able to stand, *stēnai*) – 전쟁의 관점에서 볼 때, 이 용어는 공격 태세보다는 자신의 영역을 유지하기 위한 방어 태세에 대해 사용된다. '우리'가 능히 대적하기 위해서 반드시 하나님의 전신갑주를 입을 필요가 있다는 것을 잊어서는 안 된다. 여기에서 말하는 적은 바로 마귀다. [*histēmi*]

6:12. 통치자들, 권세들, 우주의 주관자들을 상대하는(Against the rulers, against authorities, against cosmic potentates, *pros tas archas, pros tas exousias, pros tous kosmokratoras*) – 처음 두 단어들, 즉 *archais*('통치자들')와 *exousiaia*('권세들')는 에베소서 1장 21절에서 논의했으며, 사람이나 천사의 지도자들을 가리킨다. 이 문맥에서 이 존재들은 이 땅의 통치자들이 아니라 하늘의 존재들이다. 왜냐하면 이 구절 앞부분에서 바울은 신자들의 싸움은 혈과 육을 상대하는 것, 즉 인간의 통치자들과 권세들을 상대하는 육체적 싸움이 아니라고 상세하게 말하고 있기 때문이다. 세 번째 단어 *kosmokratoras*는 신약 시대 이전에는 사용되지 않았다. 신약에서 여기에만 나오며, '세상의 통치자들'을 의미한

다(BAGD, 445, BDAG, 561, NIDNTT 3:716-18, LN §37.73). 바울은 그들의 엄청난 영향력과 그들의 폭넓은 계획을 알리고 그로 인한 상황의 심각성을 강조하기 위해 그들을 '이 어두움의 우주적 주관자들'로 묘사한다(TDNT 3:914). 이 주관자들은 초자연적 존재이며, 따라서 '세상 주관자들' 또는 '우주의 주관자들'로 번역하는 것이 좋다. 그들의 지도자는 마귀이며(11절), 그들은 그리스도와 신자들과 직접적인 갈등 관계에 있다. [*archē, exousia, kosmokratōr*]

하늘의 영역에 있는(In the heavenly realms, *en tois epouraniois*) – 이 단어 *epourantois*('하늘의 영역')는 에베소서 1장 3절과 3장 10절에서 논의했으며, 천사들이 거주하고 인간 세상에 영향을 주는 하늘을 가리킨다. 여기에서 천사들은 악한 지도자들이다. 이 존재들은 바울이 꾸며낸 것이 아니다. 구약에서 하나님과 사단은 하늘에서 대화를 나누며(욥 1:6-12), 착한 천사들과 악한 천사들이 하늘과 땅에서 서로 싸운다(단 10:13, 20). 1장에서 논의한 것처럼 하늘은 또한 그리스도와 교회의 거처다. 왜냐하면 하나님께서 죽으신 그리스도를 살리셔서 하늘에서 오른편에 앉히셨고(1:20), 그리스도와 함께 신자들을 다시 살리셔서 하늘에 앉게 하시기 때문이다(2:11). 잠시 동안 마귀와 마귀의 추종자들, 그리스도와 그리스도의 추종자들이 모두 하늘에 머문다. [*epouranios*]

6:14. 너희 허리에 <u>띠를 두르고</u>(<u>Having girded</u> your waists, *perizōsamenoi tēn osphyn hymōn*) – 고대로부터 이 용어는 허리띠든 앞치마든 '허리 주위에 두르거나 매는 어떤 것'을 의미했다 (Aristophanes, Pas, 687, Josephus, Ant. 11.5.8 §177). 이 본문에서만 '허리띠를 두르는 것'이 군사적으로 응용되고 있다. 바울이 살던 시대의 로마군인의 '허리띠'는 필시 '갑옷이나 검대위에 걸치던 방어용 허리띠'는 아니었으며, 또한 군인의 속옷을 고정시키는 띠도 아니었을 것이다(TDNT 5:307). 이 허리띠(ciggulum militare or balteus)는 넓적다리를 보호하기 위해 '갑주 아래에 입은, 가죽 끈들을 풀거나 묶은 앞치마'처럼 보이는 반바지였을 가능성이 크다(TDNT 5:303). [*perizōnnymi*]

진리(Truth, *alētheia*) – 에베소서 4장 21절에서 논의한 이 용어는 '의지할 수 있고, 믿을 만한 것'이라는 기본 개념을 갖고 있으며, '거짓된 것'과 대조된다. 바울은 여기에서 기독교의 객관적 진리(Best, 599, TDNT 5:307-8)에 대해 말하고 있는가, 아니면 주관적 진리, 즉 신자들의 성실과 충성(Calvin 220, Eadie, 467, Ellicott, 149-50, Abbott, 185, Westcott, 95, Barth, 767-68, 796-97, Lincoln, 448, NIDNTT 3:886)을 말하고 있는가? 이 본문에서는 객관적 진리와 주관적 진리 둘 다를 염두에 두고 있을 가능성이 있다. 신자들은 하나님의 객관적 진리의 허리띠를 매야 한다. 그 때 이 객관적인 진리가 신자들의 일부가 된다. 진리의 허리띠를 맬 때, 하나님께서 의지할 수 있고 믿을 수 있는 분이 되시는 것처럼 신자들도 의지할 수 있고 믿을 수 있는 사람이 된다. 허리띠가 다른 장비들의 근간이 되는 것처럼 진리는 악한 자의 공격을 맞설 때 필요한 다른 특성들의 근간이 된다. [*alētheia*]

흉배(Breastplate, *thōraka*) – 바울이 살던 시대에 이것은 아마도 가슴과 등을 보호하기 위해서 가죽조끼나 쇠사슬로 된 갑옷 위에 걸치던 금속판(BAGD, 367, BDAG, 463–64, LN §8.38, TDNT 5:308–10)이었을 것이다(계 9:9, 17의 '철호심경'). 허리띠와 마찬가지로 이것은 방어용 갑주였다. [*thōrax*]

의(Righteousness, *dikaiosynēs*) – 에베소서 4장 24절에서 논의한 이 용어는 그것이 하나님의 속성(신 33:21, 롬 3:25–26)이든지 사람의 속성(신 9:4–6, 롬 10:3)이든지 간에 하나의 속성으로서의 의를 나타낸다. 이것은 또한 하나님(사 5:16)이든지 사람들(레 19:15, 롬 6:13)이든지 간에 바르게 행동하는 사람들을 가리킨다. 끝으로 이것은 사람의 하나님과의 올바른 관계를 의미했을 수도 있다(롬 3:21–22, 4:3, 5). 이 문맥에서는 의를 거룩하게 하는 의나 주관적인 의로 간주하는 것이 좋다(고전 1:30, 비교–Calvin, 220, Ellicott, 150, Abbott, 185, Westcott, 96, Lincoln, 48, O'Brien, 474–75, TDNT 2:210). 물론 이 거룩하게 하는 의는 의롭게 하는 의에 근거한다. 이사야 59장 17절(솔로몬의 지혜서 5:18 비교)은 의의 흉배를 두르신 하나님에 대해 말한다. 이 문맥에서 신자들은 하나님의 의를 자신의 것으로 받아들여, 하나님과 사람과의 일상 관계에서 의롭게 행동해야 한다. 군인의 흉배가 적의 공격에서 가슴을 보호했던 것처럼 거룩함을 입은 의로운 삶(롬 6:13, 14:17)은 마귀의 공격을 상대하는 신자들의 심장을 보호한다. [*dikaiosynē*]

6:15. 평안의 <u>복음</u>(The <u>gospel</u> of peace, *tou euaggeliou tēs eirēnēs*) – '복음'이란 용어는 에베소서에서 4회 사용된다(1:13, 3:6, 6:15, 19). 이 용어는 처음에 '기쁜 소식으로 인한 상'(삼하 18:22 비교)을 의미했지만, '복음'(NLT), 특히 예수님과 관련하여 하나님께로부터 온 기쁜 소식으로 적절하게 번역되고 있다(BAGD, 317–18, BDAG, 402–3). 에베소서 1장 13절에서는 구원이 복음이며, 3장 6절에서는 그리스도 안에서 믿는 유대인들과 이방인들의 통일이 복음이다. 에베소서 3장 6절은 한 몸으로 결합된 유대인과 이방인 신자들의 비밀을 삽입 형식으로 확장한 것이다. '우리의 화평'이신 그리스도를 언급하고 있는 2장 11–22절(특히 14–18절)에서 자세히 설명되고 있는 비밀은 그 범위가 처음에는 수평적이고, 그 다음에는 수직적이다. 다시 말해서 유대인과 이방인 사이의 적개심이 해소되고(수평적), 죄인인 인간과 하나님 사이의 적대심이 해소된다(수직적). 신자들이 준비하고 신는 신발은 평안의 복음이다. 이것이 이 문맥에서 어떤 의미인가? 어떤 이들은 악한 세력들의 공격의 한가운데 있는 신자들이 평강의 복음을 전파할 준비를 하고 신을 신어야 한다고 주장한다(TEV, JB, NJB, NRSV, Calvin, 220, Robinson, 215, Westcott, 96, O'Brien, 476–77, TDNT 2:706, TDNT 5:312). 하지만 이 문맥은 발이 평안의 복음의 전파라는 신발을 신는 것이 아니라, 평안의 복음이 준비한 신을 신어야 한다고 말하고 있다. 다시 말하면, 문맥에서 신발은 전진하기 위한 공격적 무기가 아니라, 서 있기 위한 방어 무기다. 그러므로 신자들은 평안의 복음을 전파하기보다는 오히려 평안의 복음으로 굳게 서서 악의 세력들의 맹공격에 맞서기로 결심하거나 준비를 해야 한다(Alford 3:146–47, Eadie, 469, Abbott, 185, Hendriksen, 277, Lincoln, 449, Best, 599–600). 평안의 복음을 확실하게 딛고 서 있을 때

마귀와 그 일당들을 물리치는 데 필요한 일치, 마음의 평안, 안도감이 생긴다. [*euaggelion*]

6:16. <u>믿음</u>의 <u>방패</u>(The <u>shield</u> of <u>faith</u>, *ton thyreon tēs pisteōs*) – 고전 문학에서 방패라는 용어는 '문을 닫기 위해 문의 바깥쪽에 놓는 돌'(LSJ, 811, Homer, Odyssea 9.240, 313), 또는 군대와 관련하여 사람의 온 몸을 가리는 문(*thyra*는 문을 뜻하는 단어다)처럼 생긴 직사각형의 방패(Polybius 2.30.8, 6.23.2, Plutarch, Pyrrhus 26.5)에 대해 사용되고 있다. 신약에서 '방패'는 여기에서만 사용된다. 게다가 바울은 이 방패를 믿음의 '방패'로 묘사하고 있다. *pistis*('믿음')이란 단어는 에베소서 2장 8절에서 논의했으며, '신뢰하다, 확신하다'라는 뜻이다. 여기에서는 객관적 믿음(기독교 신앙, TDNT 5:314)이 아니라 신자들의 주관적 믿음(Calvin, 220–21)을 가리키며, 다른 갑주와 마찬가지로 공격적 용도가 아닌 방어적 용도를 지닌다. 신자가 확고한 믿음의 방패를 지니게 되면, 굳게 서서 마귀와 그 음모에 대항하는 데 도움이 된다. [*thyreos, pistis*]

그것으로 너희는 악한 자의 모든 불타는 <u>화살</u>을 <u>능히</u> <u>소멸하고</u>(Which with you able to <u>extinguish</u> all the flaming <u>arrows</u> of the Evil One, *en hōdynēsesthe panta ta belētou ponērou [ta] pepyrōmena sbesai*) – '화살'은 끝이 뾰족하여 미사일같이 생긴 무기를 가리키며, 쏘는 화살이나 던지는 화살(dart)를 지칭하는 광범위한 용어다. 그러나 이것은 검, 투창, 어떤 것이든지 빠르게 날아가는 것과 같은 다른 무기들을 지칭할 때도 있다(LSJ, 313, MM, 108, TDNT 1:608–9). 이것은 길이 약 2미터 정도의 투창을 가리켰을 수도 있다. 그것에는 길이 약 60센티의 철로 된 촉이 달려 있으며, 약 30미터의 살상 반경을 지녔었다. 그것들에는 긴 밧줄이 감겨져 있고, 거기에 불을 붙였기 때문에 '불타는'(*pepyrōmena*) 것으로 묘사된다(Ammianus Marcellinus 23.4.14–15). 두 번째 단어 *sbesai*는 신약에서 6회 나오며(마 12:20, 25:8, 막 9:48, 엡 6:16, 살전 5:19, 히 11:34), 단 한번만 제외하고(살전 5:19) 모두 불과 연관이 있으므로 '끄다, 소멸하다'(BAGD, 745, BDAG, 917, TDNT 7:165–68)로 번역된다. 가죽을 씌운 방패들을 사용하여 불이 붙은 화살을 끄고, 나무들에 불이 번지는 것을 막았다(Thucydides 2.75.5). 게다가 전투를 시작하기 전에 방패들을 물속에 담가 두었기 때문에 물이 흠뻑 배어 있는 가죽 덮개와 가죽 밑에 있는 범포 역시 불붙은 화살을 끄는 데 도움이 되었다(NIDNTT 3:966). 이 은유적 표현은 신자들을 겨냥한 악한 자의 영적 공격에서 신자들을 보호하는 확고한 믿음의 방패를 묘사하고 있다. 이 방패는 불붙은 공격 무기들을 막을 뿐만 아니라 사실상 그 불을 꺼서 그 무기들을 소용없게 만든다. 신자들은 믿음의 방패를 버려두고 자신들의 힘만으로 전투에 임하는 것을 경계해야 한다. [*sbennymi, belos*]

6:17. <u>구원</u>의 <u>투구</u>(The <u>helmet</u> of <u>salvation</u>, *tēn perikephalaian tou sōtēriou*) – *perikephalaian*라는 단어는 보통 '머리 가리개'를 뜻하나, 군사적 맥락에서는 '투구'를 가리킨다(Aeneus Tacitcus 24.6, Polybius 3.71.4). 신약에서 이 용어는 2회만 사용되고 있으며(엡 6:17, 살전 5:8), 계속해서 '투구'란 뜻이다. 로마 시대의 투구는 다른 시

기와 다른 장소에서 여러 가지 모양으로 등장했다. 그러나 일반적으로 투구는 동으로 만들었으며, 가죽이나 천을 그 안에 붙였다. 클라디우스 황제의 통치 기간(A.D. 37-41년) 동안에 투구는 목의 뒷부분을 가리도록 고쳐졌고, 어깨 위까지 약간 내려오며, 코와 눈을 보호하기 위해 얼굴 위를 가리는 눈썹마루가 있고, 얼굴을 보호하기 위해 아래턱 끈으로 고정한 경첩이 뺨 부근에 있었다(TDNT 5:314 비교). 두 번째 단어 *sōteriou*('구원')는 객관적인 의미에서의 구원을 가리키는 것이 아니다. 오히려 악한 자의 공격을 받을 때 확신하는 구원을 가리킨다. 다시 말해서, 바울은 데살로니가 5장 8절에서 마음속에 상상하고 있는 장래의 심판으로부터의 구원('구원의 소망의 투구')이 아니라 현재 경험하는 악한 자의 공격으로부터의 구원을 말하는 것이다. 머리를 보호하는 투구를 쓰고 있는 군인이 전투의 와중에서 안전을 느끼는 것과 마찬가지로 하나님의 구원에 대한 신자의 확신은 마귀의 공격을 받을 때에 안전감을 갖게 한다. [*perikephalaia, sōtērios*]

성령의 검(The <u>sword</u> of the Spirit, *tēn machairan tou pneumatos*) - *machairan*는 조각을 하거나(Herodotus 2.61)과 제물을 잡는 것(Homer, Ilias 19.252)을 비롯하여 여러 가지 용도로 사용되었던 큰 칼을 일컫는 일상 용어다(Homer, Ilias 18.597, Aristotle, Politica 1.1.5 §1252b.2). 짤막한 검이나 단도(Herodotus 6.75, 7.225, Pinder, Nemean Odes 4.59), 또는 후에 일직선의 검과 대조되는 기병도(Xenophon, Cyropaedia 1.2.13)는 무기로 사용되었다. 이 단어는 신약에서 29회, 그 가운데 바울에 의해서는 3회만 사용되며(롬 8:35, 13:4, 엡 6:17), 2회를 제외하고(롬 8:35, 히 4:12), 군사용 검을 가리킨다. 이것은 비교적 짧은 검(또는 단검)이었으며, '폭 약 5센티미터, 길이 약 60센티미터의 양날로 된, 근접거리에서 자르고 찌르는 데 매우 적합한 무기였다'(BAGD, 496, BDAG, 622, TDNT 4:524-25, LN §6.33 비교). 이것은 신체의 오른쪽 허리띠 높이에 부착하는 검 집안에 들어 있어서, 방패를 들고 있는 왼팔에 아무런 방해가 되지 않았고, 다리와 부딪히는 일도 없었을 것이다. 언급된 전신갑주 가운데 유일하게 공격용 무기다.

이 본문에서 이 무기는 '성령의' 검으로 묘사되고 있는데 기원이나 출처를 나타낼 가능성이 크다(Eadie, 473, Ellicott, 153, Abbott, 187, Westcott, 97, Barth, 776-77, O'Brien, 481-82, TDNT 4:526n.21). 따라서 이 공격용 무기의 출처는 성령이시며, 영적 전투에 필요한 것이 분명하다(12절). [*machaira*]

성령의 검 곧 하나님의 <u>말씀</u>(Which is the <u>word</u> of God, *ho estin rhēma theou*) - 초기시대부터 *rhēma*라는 단어는 '말해진 것, 언어, 말'(Herodotus 7.162, 8.83, Plato, Respublica 5.11 §464a)을 뜻했다. 70인경에서 이 단어는 하나님께서 하신 명령이나 말씀을 가리킬 때가 많다. 이 용어는 신약에 68회, 복음서와 사도행전에 52회, 바울 서신에 8회(롬 10:8[2회], 17, 18, 고후 12:4, 13:1, 엡 5:26, 6:17), 신약의 다른 부분에 8회 나온다. *logos*와 마찬가지로 *rhēma*는 '일, 사건'을 뜻할 때도 있지만, 유력한 개념은 '언어, 말, 메시지, 증언'이며, 의사 전달에 초점을 둔다(BAGD, 735, BDAG, 905, LN §§13.115, 33.98). 여기에서 이 말의 출처는 바로 하나님이시다. 그러므로 하나님께서 하신 말씀, 즉 성령의 검은 마귀의 영적 사악함을 공격적으로 상대할 때 사용한다. 단, 하나님의 말씀을 주문처럼 외워서는 안 된다는 점이 강조되어야 한다. 주문과 달리 하나님께서 하신 말씀은 성령의 도구다. 비록 검이 이 문맥에서 공격적으로 사용되고 있다 하더라도 전진하는 데 사용하기보다는 사탄과의 전투에서 신자들이 견고하게 서 있게 하는 데 사용된다. 마귀와 그 추종 세력들이 그리스도의 왕국에서 새 영토를 획득하거나 그리스도 안에 있는 신자들의 영적 축복들을 빼앗도록 허용해서는 안 된다(1:3). [*rhēma*]

6:18. 조심하다/ 지키다(Keeping alert/ watching, *agrypnountes*) – 고전 시대에 이 용어는 '밤에 깨어 있다'(Xenophon, Cyropaedia 8.3.42, Hellenica 7.2.19) 또는 양을 '지키다'(Plato, Leges, 3 §695a)라는 뜻으로 사용되었다. 신약에 4회만 나오며(막 13:33, 눅 21:36, 엡 6:18, 히 13:17), '지키다', 특히 현재의 문맥에서는 일어날 수도 있는 위협에 대비하여 '깨어 있다, 방심하지 않는, 빈틈없는'(LN §27.57, BAGD, 14, BDAG, 16)이란 뜻이다. 구원의 투구와 성령을 검을 획득하게 되면 항상 깨어 기도하게 된다. 깨어 있음은 신자들로 하여금 계속 기도하게 한다. 깨어 있음이 사라질 때, 위험을 보지 못하며 기도할 필요성을 깨닫지 못한다. [*agrypenō*]

6:19. 그리스도의 <u>비밀</u>(<u>Mystery</u> of Christ, *mystērion*) – 3장 9절에서 논의한 이 용어는 인간의 재간이나 연구로 이해할 수 없고, 오직 하나님의 계시로만 이해할 수 있는 '거룩한 비밀'을 가리킨다. 특히 에베소서에서 이 비밀은 믿는 유대인들과 이방인들이 하나의 몸으로 연합되는 것을 가리킨다. 그리스도의 비밀을 전하는 것은 복음을 전파한다는 뜻이 아니다. 왜냐하면 문맥은 공격적인 전진이 아니라, 방어적인 입장과 관련이 있기 때문이다. 구체적으로 말하면, 바울이 이 말을 할 때에 로마에서 네로 황제 앞에서 받게 될 재판을 염두에 두었을 수도 있다. 로마 정부는 그리스도인들을 유대교의 한 종파로 간주했고, 유대인들은 그리스도인들을 이단적 단체로 간주했다. 바울은 재판에서 그리스도인들이 유대교의 한 종파도 아니며, 또한 이단적 단체도 아니고, 유대인과 이방인 신자들로 구성된 그리스도의 몸이요, 전적으로 새로운 단체요, 교회라고 변호할 필요가 있었다. [*mystērion*]

6:20. 대사(Ambassador, *presbeuō*) – 이 동사는 '연장자가 되다/ 최고 연장자가 되다'(Sophocles, Oedipus Coloneus, 1422, Herodotus 7.2), 또는 '첫 번째 자리를 차지하다'(Sopholes, Antigone, 720, Euripides, Heraclidae, 45)라는 의미뿐만 아니라 '보냄을 받다, 대사가 되다, 대사의 일을 하다'(Herodotus 5.93, Andocides 4.41, Xenophon, yrropaedia 5.1.3), 어떤 사람이나 물건을 대신하다는 의미를 갖고 있다. 신약에서 이 단어는 여기와 고린도후서 5장 20절에서만 사용되고 있으며, '누구를 대리하다, 누구의 사신이 되다'(LN §37.88, 비교–BAGD, 699, BDAG, 861)라는 뜻이다. 바울은 쇠사슬에 매였음에도 불구하고 복음의 비밀을 전하는 사신이었다. 쇠사슬에 매인 대사라는 표현은 모순어법에 속한다. 왜냐하면 일반적으로 대사란 지위는 존경을

받으며, 대사라는 사실만으로도 방문 지역에서 면책특권을 누리기 때문이다. 모든 주권자들 가운데 가장 강한 분에게서 임무를 부여받은 바울은 감옥에 갇혔고, 생명의 위협을 받았다. 이것이 바로 바울이 이 구절 뒷부분에서 담대하게 말할 수 있게 해달라고 기도한 이유다. [*presbeuō*]

6:21. 진실한 일꾼(Faithful servant, *pistos diakonos*) – 여기에서 바울은 두기고가 사랑을 받은 형제일 뿐만 아니라 에베소 신자들에게 바울의 상황을 알려줄, 주 안에서 진실하고 신뢰할 만한 일꾼이었다고 진술한다. [*pistos, diakonos*]

6:22. 위로/ 격려(Comfort/encourage, *parakalesē*) – 에베소서 4장 1절에서 논의한 이 용어는 '위로하다, 격려하다', '호소하다, 탄원하다, 요청하다' 그리고 '권면하다' 등 세 가지 주된 의미를 갖고 있다. 이 문맥에서 첫 번째 의미가 가장 적절하다. 따라서 두기고는 이제부터 에베소 사람들에게 감옥에 있는 사도 바울의 근황과 사역에 관해 숨김없이 알려 그들의 마음을 위로할 사람이다. [*parakaleō*]

6:23. 평안(Peace, *eirēnē*) – 이 구절에서 말하는 평안은 우리 안에 있는 하나님의 평강뿐만 아니라 하나님께로부터 오는 평강을 가리킨다. 이 두 가지 평강이 신자들 사이에서 평강의 열매를 맺게 한다. [*eirēnē*]

<u>아버지</u> 하나님과 주 예수 그리스도께로부터(From God the <u>Father</u> and the Lord Jesus Christ, *apo theou patros kai kyriou Iēsou christou*) – 에베소서 1장 2절에서 바울은 에베소 사람들에게 "하나님 우리 아버지와 주 예수 그리스도로부터 은혜와 평강이 너희에게 있을지어다"라고 인사말을 했는데, 지금 여기에서 거의 동일한 표현으로 서신을 끝맺는다. 이 구절에서 이 전치사구는 평강, 믿음, 사랑이 바로 아버지(*patros*) 하나님과 주 예수 그리스도께로부터 오는 것임을 암시한다. 1장 2절에서 언급한 것처럼, 아버지로서의 하나님의 개념은 구약에서 15회만 나온다. 하지만 신약에서는 260회 이상 나오며, 그 가운데 45회가 바울의 서신에 나온다(엡 1:2, 3, 17, 5:20 비교). 하나님께서는 신자에게 하나님이실 뿐만 아니라 아버지도 되신다. [*patēr*]

6:24. 은혜(Grace, *charis*) – 이 은혜의 축복은 그리스도를 변함없이 사랑하겠다고 서약하고, 세상이 그리스도를 미워했던 것처럼 앞으로 자신들을 미워하게 될 세상에서 살아남기 위해서 하나님의 은혜를 필요로 하는 사람들을 위한 것이다(요 15:18–20). [*charis*]

변함없이/ 썩지 않는(Unceasingly/ incorruptible, *aphtharsia*) – 고전 문학에서 희귀 용어였던 이 단어는 '썩지 않음, 불멸'을 의미하며(Plutarch, Aristides 6.2, Moralia: De defetu orculorum, 28 §425d), '부패에 속한 모든 소멸하는 것'(MM, 96)이란 뜻으로 사용되고 있다. 이것은 70인경에 5회(솔로몬의 지혜서 2:23, 6:18, 19, 제4 마카비 9:22, 17:12) 나오며, 고전 문학에서와 동일한 의미로 사용되고 있다. 현재의 문맥을 제외할 경우 신약에서 6회 사용되며, 모두 바울 서신에 나온다(롬 2:7, 고전 15:42, 50, 53, 54, 딤후 1:10). 여기서는 변함없이 주 예수 그리스도를 사랑하는 에베소의 신자들과 관련이 있다. 안타깝게도 에베소의 일부 신자들은 후에 그리스도의 사랑을 떠나거나 부인했고, 그에 따른 징계를 받았다(계 2:4). 하지만 이 문맥에서 바울은 주 예수 그리스도에 대한 그들의 끊임없는 사랑을 보고 그들을 위해 은혜의 축복 기도를 했을 것이다. 이 축복은 서신에 매우 적합한 결말이다.

이 서신은 바울의 은혜와 평강을 기원하는 문안 인사(1:2)로 시작했으며, 은혜와 평강을 바라는 축복으로 끝맺고 있다. 하나님께서 은혜를 주시지 않는다면, 진실로 신자는 평강을 소유할 수 없다. [*aphtharsia*]

한글 색인

ㄷ

ㄹ

ㅅ

ㅇ

ㅈ

ㅊ

ㅎ

헬라어 음역 색인

A

B

C

D

E

G

H

I

K

L

M

P

R

S

T

X

Z